17411

STUDIEN ZUR GESCHICHTE DER UNIVERSITÄT ZU KÖLN

Herausgegeben von der Senatskommission
für die Geschichte der Universität zu Köln

Band 13

DIE BURSEN
DER KÖLNER ARTISTEN-FAKULTÄT
BIS ZUR MITTE DES 16. JAHRHUNDERTS

von

GÖTZ-RÜDIGER TEWES

1993

BÖHLAU VERLAG KÖLN WEIMAR WIEN

Gedruckt mit freundlicher Unterstützung des Erzbistums Köln, des Kölner Gymnasial- und Stiftungsfonds, der Universität zu Köln sowie des Vereins der Freunde und Förderer der Universität zu Köln.

Die Deutsche Bibliothek – CIP-Einheitsaufnahme

Tewes, Götz-Rüdiger:
Die Bursen der Kölner Artisten-Fakultät bis zur Mitte des 16. Jahrhunderts / von Götz-Rüdiger Tewes. – Köln ; Weimar ; Wien : Böhlau, 1993
(Studien zur Geschichte der Universität zu Köln ; Bd. 13)
Zugl.: Diss.
ISBN 3-412-02592-5
NE: GT

Copyright © 1993 by Böhlau Verlag GmbH & Cie, Köln
Alle Rechte vorbehalten

Ohne schriftliche Genehmigung des Verlages ist es nicht gestattet, das Werk unter Verwendung mechanischer, elektronischer und anderer Systeme in irgendeiner Weise zu verarbeiten und zu verbreiten. Insbesondere vorbehalten sind die Rechte der Vervielfältigung – auch von Teilen des Werkes – auf photomechanischem oder ähnlichem Wege, der tontechnischen Wiedergabe, des Vortrags, der Funk- und Fernsehsendung, der Speicherung in Datenverarbeitungsanlagen, der Übersetzung und der literarischen oder anderweitigen Bearbeitung.

Gesamtherstellung: Richarz Publikations-Service, Sankt Augustin

Printed in Germany
ISBN 3-412-02592-5

INHALT

Vorwort XI

I.
Einleitung, Methodenerörterung 1

II.
QUELLENANALYTISCHE ERSCHLIESSUNG DER KÖLNER BURSEN

A. Die Bursen in den Statuten der Artisten-Fakultät 11

B. Die Regenten der Bursen 14

— Glossar universitärer Spezialtermini 14
1. Die erste Kölner Großburse 17
2. Die personelle Zusammensetzung der vier Kölner Prinzipal-Bursen 27
   a) Montana 27
   b) Laurentiana 47
   c) Corneliana 73
   d) Kuckana 92
3. Die personelle Zusammensetzung der Klein-Bursen 105
   a) Raemsdonck-Burse 105
   b) Bursa Ottonis 108
4. Quantitative Analyse der personellen Bursen-Zusammensetzung 110

C. Die Institutionalisierung der Kölner Prinzipal-Bursen im Spiegel der Fakultätsprotokolle 121

1. Einflußgewinn der Bursen bis 1450 121
2. Die Entwicklung zur Identität von Bursen und Artisten-Fakultät 1450-1500 140
   a) 1450 – 1466 140
   b) Widerstand gegen die Dominanz der vier Prinzipal-Bursen in der Artisten-Fakultät – Die Raemsdonck-Kontroverse 161
   c) Die Institutionalisierung der Prinzipal-Bursen nach der Raemsdonck-Kontroverse 194
3. Organe der Fakultätsleitung: Fakultäts-Konsilium und Senioren-Kollegium 219
   a) Die Leitung der Fakultät durch das monatlich tagende Kollegium der 16 Bursen-Senioren . 222
   b) Zulassungsprobleme 223
   c) Bursen-Streit 228
   d) Bewahrung des Ämter-Turnus 235
   e) Problematische Ämter-Besetzungen 238
   f) Kapelle und Krankenhaus 241
   g) Disziplinarangelegenheiten 243
   h) Prüfungs- und Unterrichtswesen 247

D. Die materielle Fundierung der Bursen . . 250

1. Hauserwerb 250
   a) Montana 250
   b) Laurentiana 254
   c) Corneliana, Kuckana, Raemsdonck, Ottonis 257
2. Studienstiftungen – Wohnen in der Burse 262
   a) Montana 262
   b) Laurentiana 273
   c) Kuckana 277

III.
DIE WISSENSCHAFTSGESCHICHTLICHE DIFFERENZIERUNG AN DER KÖLNER ARTISTEN-FAKULTÄT

A. Die Ereignisse im Vorfeld der Etablierung der realistischen Bursen 279

   1. Der Terminismus 279
   2. Der Terministen-Beschluß von 1414/16 285
   3. Die Bursen-Regenten und der Terministen-Beschluß 293
   4. Die Gegner 296
   5. Hieronymus von Prag an der Kölner Artisten-Fakultät 302
   6. Der wyclifistische Universalienrealismus 306
   7. Die Auseinandersetzungen an der Prager Universität Anfang des 15. Jahrhunderts 311
   8. Prag und der Kölner Terministen-Beschluß ... 315
   9. Das Konstanzer Konzil 322
  10. Folgebetrachtungen im Hinblick auf den Wegestreit 330

B. Der Kölner Bursen-Realismus 332

   1. Pariser Ursprünge 332
   2. Personengeschichtliche Verflechtungen der Kölner Bursen-Realisten an der Pariser Universität ... 343
   3. Buridanistische „Gralshüter" an der Kölner Universität 348
   4. Der wissenschaftsgeschichtliche Standort des Begründers der Montana-Burse 350
   5. Die Spaltung des Kölner Bursen-Realismus: albertistische und thomistische Grundpositionen ... 357

C. Etablierung und Tradierung des Bursen-Realismus 367

   1. Der Albertismus 367
      a) Die „Belastungsprobe": das kurfürstliche Mahnschreiben 1425 367

	b)	Konsolidierung	376
	c)	Tradierung des Albertismus im Lehrbetrieb	378
2.	Der Thomismus		385
	a)	Tradierung in der Studienliteratur: Montana	385
	b)	Corneliana	389

IV.
EXPANSION UND VERNETZUNG

A. Albertistische Einflußbereiche 396

1. Löwen 396
2. Schottland 404
3. Albertistische Knotenpunkte in Köln 417
   a) Thomas Lyel de Scotia 417
   b) Bursa Ottonis 421
      bb) Städtische Vernetzung und inhaltliches Profil 427
   c) St. Kolumba 439
   d) St. Johann Baptist 452
   e) St. Paul 456
4. Heterogenere Verflechtung der Bursen-Regenten mit Kölner Institutionen 460
   a) Klein St. Martin 460
   b) Fraterherren und Beginen-Konvente 465

B. Thomistische Einflußbereiche 470

1. Heidelberg 470
   a) Vorgeschichte 470
   b) Nach 1452 480
   c) Motive und Zusammenhänge 493
2. Leipzig 513
3. Basel 535
4. Trier 544
5. Tübingen 550
6. Pforzheim 558
7. Mainz 573
   a) Die Montana und die Fundierung der thomistischen Burse Zum Schenkenberg 580

Inhalt IX

8. Wittenberg 601
9. Goldberg 638
10. Nürnberg 643

V.
BURSEN-HUMANISMUS UND
BURSEN-SCHOLASTIK IN KÖLN

A. Die thomistische Schule 666

1. Das aus der Raemsdonck-Burse erwachsene politisch-humanistische Umfeld – Die Nähe zu den Habsburgern 666
2. Der Humanismus an Montana und Corneliana . 679
   a) Der Montana-Prinzipal Valentin Engelhardt von Geldersheim als eine „Bedingung der Möglichkeit" 679
   b) Poetik und humanistische Musiklehre 690
   c) Die Korrelation zwischen der Montana und dem humanistischen Schulwesen: Münster und Emmerich 696
   d) Der Humanismus an der Montana im zweiten Jahrzehnt des 16. Jahrhunderts 706

B. Die albertistische Schule 713

1. Charakterisierung humanistischer Bestrebungen an den albertistischen Bursen 713
   a) Der Münsteraner Albertisten-Kreis um Rudolf von Langen 715
   b) Humanismus und humanistisches Umfeld an den albertistischen Bursen um 1500 726

C. Der Gegensatz der Schulen 730

1. Das Kölner Forum 730
   a) Die Druckwerke 730
   b) Das Dekanatsbuch 736
2. Konsequenzen des Gegensatzes 748
   a) Die Reuchlin-Kontroverse 748

b) Zins-Kontroverse und frühe Luther-Sache . 768
c) Erasmianer und kirchliche Reformbewegung 786
d) Ausblick 801

VI.

Schlußgedanken 807

Ungedruckte Quellen und Druckwerke bis 1600 817

Literaturverzeichnis 821

Nachträge zur Literatur 865

Anhang 867

Register 889

VORWORT

Im Wintersemester 1990/91 wurde die vorliegende Arbeit von der Philosophischen Fakultät der Universität zu Köln als Dissertation angenommen. Während ich mittlerweile als wissenschaftlicher Mitarbeiter am Deutschen Historischen Institut in Rom tätig bin, werden die letzten für die Drucklegung notwendigen Korrekturen von vergewissernden wie dankerfüllten Rückblicken begleitet. Sie am Beginn der Studie schriftlich zu fixieren, erfolgt nicht allein aus Pflicht, eher aufrichtigen Herzens aus pflichtgemäßer Neigung.

Die Wurzeln der Beschäftigung mit den Kölner Bursen reichen weit zurück. Mit der Absicht, in einem an der Bonner Universität von Herrn Kottje (ihm ein herzlicher Dank für die Hinwendung zum Mittelalter) im Sommersemester 1983 geleiteten Hauptseminar städtischen Schulen im spätmittelalterlichen Köln nachzuspüren, stieß ich sehr rasch, da es ein städtisches Gymnasium nicht gab, auf die vermutliche Ursache dieses bemerkenswerten Phänomens: die Bursen der Kölner Artisten-Fakultät.

Das Interesse an diesen in der Forschung nicht recht gewürdigten Einrichtungen ließ micht nicht los; und so sehe ich es als eine glückliche Fügung an, daß sich mein Lehrer Erich Meuthen in jenen Jahren – mit Blick auf die nahende 600-Jahr Feier 1988 – einer grundlegenden Neubearbeitung der Geschichte der alten Kölner Universität widmete. Nach meinem Wechsel an die Kölner Universität regte er mich an, die Bursen in einer Dissertation zu bearbeiten, und zwar unter einem personengeschichtlichen Ansatz, der seiner Meinung nach die bestmögliche Annäherung erlaubte. Mit Recht! Ohne Erich Meuthens Förderung, Korrekturen, Anregungen, seine Toleranz wie Entschiedenheit bei Fehlern des Schülers und nicht zuletzt: ohne die von ihm vorgelegte Geschichte der alten Kölner Universität wäre die hier präsentierte Arbeit in dieser Form nicht möglich gewesen. Er ist ein akademischer Lehrer im wahrlich besten Sinne des Wortes, und an diesem Maßstab ausgerichtet will sich mein Dank an ihn verstanden wissen. Des weiteren besitzt er die Gabe, mit glücklicher Hand Mitarbeiter zu gewinnen, deren Kompetenz wie Freundschaft eine Atmosphäre äußerst fruchtbarer

Zusammenarbeit geschaffen haben. Herauszustellen ist hier Johannes Helmrath, dem ich aus vielen, vielen Gesprächen zahlreiche Problemvertiefungen zu verdanken habe. Er hat sich zudem wie Wolfgang Schmid in Trier und meine Frau Annette der Beschwernis einer gründlichen und gewinnbringenden Durchsicht des Manuskripts unterzogen. Weiterhin sind Korrekturen und Hinweise der Koreferentin dieser Dissertation, Frau Anna-Dorothee von den Brincken, sowie von Dirk Wassermann aufgenommen worden. Ihnen ein ganz herzliches Dankeschön!

Dank sei ferner den Mitarbeitern des Historischen Archivs der Stadt Köln gesagt, die mich bei meinen Studien berieten und unterstützten, insbesondere Joachim Deeters, Manfred Groten und Manfred Huiskes; gleiches gilt für die Mitarbeiter der Universitäts- und Stadtbibliothek Köln.

Die Aufnahme der Arbeit in die Reihe „Studien zur Geschichte der Universität zu Köln" ist von den Mitgliedern der zuständigen Senatskommission gefördert worden. Ihnen sei gedankt, ebenso wie ganz herzlich den Institutionen, die mit umfangreichen Geldbeträgen die Drucklegung ermöglichten: dem Erzbistum Köln, dem Kölner Gymnasial- und Stiftungsfonds, der Universität zu Köln sowie dem Verein der Freunde und Förderer der Universität zu Köln. Einen freudigen Dank bewirkt die Auszeichnung der Dissertation mit dem „Heinz Maier-Leibnitz-Preis 1992" durch den Bundesminister für Bildung und Wissenschaft sowie mit dem „Köln-Preis 1991" durch die Universität zu Köln und die Stadt Köln. Fühle ich mich zwar der einen wie der anderen verbunden, so bemühte ich mich doch, mit dem gebotenen Abstand – was mir als Norddeutschem nicht gar so schwer fiel – zu schreiben.

Zum Schluß gilt es in Worte zu fassen, was hier und überhaupt nur schwer in Begriffe zu kleiden ist, der Dank an den ruhenden Pol, die Mitte und das Fundament fruchtbaren Arbeitens, an die Familie. Meinen Eltern und meiner Frau sei die Studie daher gewidmet.

Rom, im Herbst 1992.   Götz-Rüdiger Tewes

I.
EINLEITUNG, METHODENERÖRTERUNG

Die Bedeutung, die den Bursen der Kölner Artisten-Fakultät zukommt, ist erst vor wenigen Jahren erkannt worden. Erich Meuthen hat in seiner grundlegenden Arbeit über die alte Kölner Universität,[1] welche die Geschichte einer einzelnen Universität in einem umfassenden europäischen Zusammenhang erforscht und nicht nur dadurch entscheidende neue Erkenntnisse erzielt, nicht zufällig „die Kölner Bursen im 15. Jahrhundert"[2] noch vor den einzelnen Fakultäten behandelt. Denn: „Ohne ihren von den Bursen bestimmten Rahmen läßt sich die Entwicklung, die das Kölner Universitätsleben so stark geprägt hat, nur unzureichend verstehen".[3] Kurz vorher hatte Rainer Chr. Schwinges den Kölner Bursen eine speziellere Abhandlung gewidmet, die neben einem detaillierten Einblick in das deutsche Bursenwesen eine sozialgeschichtlich und quantitativ-statistische Untersuchung über die Kölner Bursen bietet.[4]

Man muß einige Jahrzehnte durchschreiten, um in früheren Jahren erneut auf eine Darstellung der Bursen zu stoßen. Der Kölner Archivar und Universitätshistoriker Hermann Keussen, überaus verdienstvoller Herausgeber der Kölner Matrikel, ohne dessen Vorarbeiten auch diese Studie nicht möglich wäre, hatte in seiner Arbeit über „die alte Universität Köln"[5] ein gesondertes Kapitel über die Bursen verfaßt.[6] Doch der Stellenwert, den Keussen in seiner verfassungsgeschichtlich ausgerichteten Arbeit den Bursen zumaß, wird bereits durch einen Blick in das Inhaltsverzeichnis deutlich. Innerhalb des größeren Abschnitts über die artistische Fakultät

---

[1] Meuthen 1988.
[2] Meuthen 1988, 91-97 bzw. 91-100.
[3] Meuthen 1988, 91.
[4] Schwinges 1986a.
[5] Keussen 1934.
[6] Keussen 1934, 343-353; vgl. zu diesem Werk die einleitenden Bemerkungen bei Meuthen 1988, V, XI. Teilweise übernahm Keussen Ergebnisse der Ausführungen Kuckhoffs über die Bursen, welche dieser seiner Geschichte des Gymnasiums Tricoronatum voranstellte (Kuckhoff 1931), aber ebenfalls ohne den spezifischen Charakter der Institutionen zu erfassen.

stehen die Bursen an neunter und letzter Stelle, nach Ausführungen über die Bibliothek, den Karzer oder den Garten der Artisten-Fakultät. Ein Stellenwert, der erstaunlich wirkt – vor allem, wenn man einen Blick auf das im Anhang gebotene „Verzeichnis der Professoren der Artisten-Fakultät" wirft.[7] Einen Zeitraum von 1420 bis Ende des 18. Jahrhunderts abdeckend führt Keussen die Lehrer bzw. Regenten der Artes nach ihrer Zugehörigkeit zu den Bursen Montana, Laurentiana, Corneliana, Kuckana, zu dem 1556 ins Leben gerufenen Gymnasium Tricoronatum sowie zu den kleineren Bursen Raemsdonck und Ottonis auf.[8] Nur etwas mehr als neun von den insgesamt 74 Seiten des Regenten-Verzeichnisses nimmt die bis 1530 reichende, 189 Namen umfassende Liste der Regenten ohne eine bekannte Bursenzugehörigkeit ein.[9] Allein 165 von 189 Magistern aus den Jahren 1389 bis 1530, die Keussen vorgeblich keiner Burse zuordnen konnte, lehrten allerdings in den ersten Jahrzehnten bis 1450. „Vorgeblich", denn Keussen muß eine erstaunliche Inkonsequenz bescheinigt werden: Zu den Bursenlehrern zählten für ihn nur diejenigen der oben genannten Bursen Montana, Laurentiana usw., die allesamt der Via antiqua angehörten, also dem philosophischen Realismus verpflichtet waren. Doch es existierten in den ersten Jahrzehnten auch Bursen, deren Lehrer (selbstverständlich) dem anfangs in Köln dominierenden philosophischen Nominalismus, der Via moderna, anhingen;[10] diese Magister führte Keussen ebenfalls unter der Rubrik „ohne bekannte Bursenzugehörigkeit". Wie hoch die Zahl jener Bursen-Regenten der Via moderna war, läßt sich jedoch aus den Quellen nicht eruieren; ebensowenig kann genau angegeben werden, wie viele Magister tatsächlich keiner

---

[7] Keussen 1934, 504-578.
[8] Nach Keussens Berechnung sind es insgesamt 1121 Personen.
[9] Keussen 1934, 569-578.
[10] Die Existenz zweier „Viae" in Köln, ihre zeitweilige Konkurrenz am Anfang und der daraus resultierende „Wegestreit", der Sieg der v.a. in den genannten Bursen organisierten Via antiqua sowie die enorme Bedeutung dieser Vorgänge können hier nur angesprochen werden. Die Thematik wird einsetzend mit dem Kapitel über „die wissenschaftsgeschichtliche Differenzierung an der Kölner Artisten-Fakultät" intensiv behandelt werden. Nach der Präsentation der Ergebnisse – wobei schon hier auf das Spezifikum der Kölner Bursengeschichte, die Scheidung innerhalb der Via antiqua in einen an Thomas von Aquin orientierten und einen sich an Albertus Magnus anlehnenden Weg, hingewiesen sei – soll im Schlußkapitel eine resümierende Reflexion unter Einbeziehung der Forschungskontroversen erfolgen. Erst dann nämlich kann ein solches Unterfangen sinnvoll betrieben werden.

Burse inkorporiert waren.¹¹ Mit Sicherheit ist nur festzustellen, daß es diese Gruppe für den Untersuchungszeitraum gegeben hat, und daß sie mit den Jahrzehnten immer kleiner und unbedeutender wurde. Hervorzuheben ist also: Das Gros der Kölner Artes-Lehrer war einer Burse angeschlossen; die weitaus meisten gehörten einer der Bursen der Via antiqua an.¹² Indiziert dieses Phänomen nicht bereits den Stellenwert der Bursen in der Fakultät? Wie erklärt sich vor allem mit Blick auf Meuthens Wertung das Mißverhältnis bei Keussen?

Die Ursache dürfte im methodischen Zugriff auf die Geschichte der Universität liegen. Keussens verfassungsgeschichtlicher Ansatz sonderte einzelne Elemente des Fakultätsaufbaus und -lebens heraus, in denen er auch immer wieder die Bursen anzusprechen hatte, ohne jedoch nach dem „Wie" und „Wer" der Gestaltung dieser Elemente und Organe zu fragen. Dekanat oder Examina etwa waren zentrale, unverrückbare Bestandteile einer Fakultät; in welcher Weise aber und durch wen Dekanate zu besetzen oder Examina durchzuführen waren, war durchaus offen, abhängig von Gruppenkonstellationen und Machtverhältnissen an der Fakultät. Die günstige Kölner Quellenlage¹³ erlaubt es, fast alle Inhaber dieser und weiterer Fakultätsämter namentlich zu erfassen, die handelnden Personen kennenzulernen. Mit Blick auf die mögliche Formbarkeit solcher Ämter, das bedeutet hier wesentlich eine von bestimmten Machtverhältnissen an der Fakultät abhängige Besetzungspolitik,¹⁴ haben wir es immer zugleich mit gestaltenden Personen zu tun. Ungleich mehr gilt dies für Fakultätsorgane, die entweder nur zu bestimmten Zeiten bestanden oder deren Form sich mit der Zeit änderte. Ein Beispiel: Wenn in den Quellen über einen längeren Zeitraum hinweg stets vier Deputierte zur Regelung bestimmter Angelegenheiten abgeordnet werden, erlaubt erst die Frage nach

---

¹¹ Manche Magister sind schlicht durch fehlende Anhaltspunkte keiner Burse zuzuordnen.
¹² Ein wesentlicher Grund hierfür war das Fehlen von Kollegien in Köln, s.u.13.
¹³ S.u. 7f.; 17, A. 15; 121 f.
¹⁴ Einen interessenfreien Raum, durch die in den Universitätsstatuten verbürgte Wahlfreiheit bedingt, gab es bei der Besetzung der Ämter nicht. Es wird sich zeigen, wie in Köln seit den zwanziger Jahren die Zugehörigkeit zu einer Burse – v.a. zu welcher! – das entscheidende Kriterium darstellte; an anderen Universitäten war es die zu einem Kollegium (vgl. das Erfurter Beispiel, u. 188 f., A. 237), doch gibt es für die deutschen Universitäten keine erschöpfenden personengeschichtlichen Untersuchungen.

den Personen und nach ihrer universitären Herkunft Aufschluß, ob es sich sowohl bei der Form des Organs als auch bei dessen Zusammensetzung um ein zufälliges oder um ein notwendig-strukturelles Ereignis handelt. Wenn dann konsequent hinter den Deputierten Vertreter der einzelnen Bursen erscheinen, wird das allgemeinere Ordnungsprinzip sichtbar, das in keinem Statut verankert ist.

Wendet man sich dem „Herz" des Fakultätslebens zu, der Lehre und den damit verbundenen wissenschaftsgeschichtlichen Strömungen, erweist sich ein personengeschichtlicher Zugriff vollends als unabdingbar.[15] Einen Kölner Realismus mit seinen wichtigen Differenzierungen in einen thomistischen und albertistischen Zweig hätte es ohne die Bursen nicht gegeben. Erst durch deren Institutionalisierung war den Inhalten ein gesicherter Rahmen geboten, konnten sie von einem festen Fundament aus tradiert werden. Hier zeigt sich denn auch besonders eindringlich der bahnbrechende Fortschritt, den Meuthen mit seinem personengeschichtlichen Ansatz erzielte. Der Rückgriff auf die Personen als Träger der wissenschaftsgeschichtlichen Schulen stellt nicht nur die Bedeutung der Bursen ins rechte Licht, weil die Thomisten und Albertisten eben primär Bursen-Regenten waren. Er verdeutlicht zudem, warum eine Darstellung der Bursen vor der Behandlung der einzelnen Fakultäten geboten scheint. Begegnen doch die thomistischen oder albertistischen Protagonisten sowohl als Bursenleiter oder -Regenten wie als Angehörige der höheren Fakultäten, vornehmlich der Theologischen. Es waren durchaus keine namenlosen Persönlichkeiten, die dank ihres Wirkens „ihren" Bursen einen dominierenden Status in der Artisten-Fakultät verschafften und vor allem eine vertikale Dynamik zwischen den Fakultäten herstellten, d.h. aber zugleich: ihren Bursen eine zentrale Stellung innerhalb der Universität zuweisen konnten.

Die vorliegende Arbeit fühlt sich diesem methodischen Ansatz verpflichtet und versucht, sich mit ihren Ergebnissen in die umfassende Universitätsgeschichte Meuthens einzufügen, ohne das dort Grundgelegte wiederholen zu wollen.[16] Wir glauben, daß mit dem prosopographischen Ansatz die Geschichte der Kölner Bursen

---

[15] Vgl. die grundlegenden Überlegungen bei Meuthen 1988, VIII f.
[16] Aus diesem Grunde bedarf beispielsweise der wichtige Komplex der Lehrprogramme und der Unterrichtsreformen in der ersten Hälfte des 16. Jahrhunderts keiner erneuten ausführlichen Darstellung; über das von Meuthen Dargelegte hinaus gibt es nicht viel Neues zu sagen. Umfassend jetzt auch: Nauert 1991.

am fruchtbarsten erschlossen werden kann. Eingedenk der unterschiedlichen Auffassungen über den gewinnversprechendsten Weg innerhalb der prosopographischen Methode, der natürlich stets vom jeweiligen Ziel abhängig ist, bekennen wir uns unumwunden zu jener Form prosopographischer Methode, die jetzt Heribert Müller in seiner Habilitationsschrift über „die Franzosen, Frankreich und das Basler Konzil"[17] aus einem mustergültigen Forschungsüberblick heraus zum Leitfaden seiner Darstellung gewählt hat.[18] Auch hier soll der Mensch als handelndes und gestaltendes Wesen gewürdigt werden, soll – soweit es die Quellen erlauben und das Thema Grenzen zieht – eine biographische Annäherung versucht werden. Im Grunde bedeutet dies nicht nur die Entscheidung für eine bestimmte Form der prosopographischen Methode, sondern das bedingende Bekenntnis zu einer bestimmten Perspektive. Der Mensch wird als Ausgangspunkt gesehen; sein Handeln gilt es auf den verschiedensten Feldern zu verfolgen. Denn dieses bewirkt faktische Phänomene, Institutionen oder Strukturen. Sie walten nicht losgelöst über ihm, mögen zwar schon vorher bestehen, werden dann jedoch entweder (mit entsprechenden Modifizierungen) anerkannt (d.h. tradiert) oder abgelehnt – auch hierin sehen wir eine Form des Handelns. Da wir nicht wissen, welche Handlungsbereiche von Bedeutung für die Bursengeschichte waren und welche nicht, können wir die Untersuchung auch nicht auf festgelegte Sektoren reduzieren.[19] Ein Bursen-Regent wie Heinrich von Gorkum (M 1)[20], Arnold von Tongern (L 60) oder Ulrich Kreidweiß (R 3) wird demnach weitestgehend in der Gesamtheit seines

---

[17] Müller 1990.
[18] Müller 1990, 11-22 (Lit.).
[19] Mit der methodischen Problematik haben wir uns bereits früher in einer Auseinandersetzung mit dem quantifizierend-statistischen Verfahren, das auf dem gleichen Untersuchungsgebiet von Schwinges (1986a) intensiv angewandt wurde, befaßt (Tewes 1986, bes. 39). Nicht nur, daß das quantifizierende Verfahren gewisse Mängel aufweist. Das eigentliche Problem hat Müller auf den Punkt gebracht: „Et l'homme dans tout cela?' – der Handelnde soll nicht unter Prozentwerten subsumiert werden, die Person nicht im Zahlenwerk verschwinden. Wenn Einzelschicksale vorrangig nur noch dazu dienen, Statistiken im speziellen Fall zu belegen, besteht die Gefahr, ein Prinzip allen historischen Arbeitens aus den Augen zu verlieren: Daß Menschen ihre Geschichten sind, Geschichten aber erzählt werden müssen, und gerade in Zeiten zunehmender Versachlichung – kompensatorisches – Erzählen nottut" (Müller 1990, 21).
[20] Diese Siglen verweisen auf die im Kapitel über die personelle Zusammensetzung der Bursen schematisch nach Bursenzugehörigkeit aufgelisteten Regenten (mit laufender Nummer zu M wie Montana, L wie Laurentiana, C wie Corneliana, K wie Kuckana, R wie Raemsdonck, O wie Ottonis).

nachvollziehbaren Handelns zu erschließen sein: als akademischer Prüfer, als Vertreter einer wissenschaftsgeschichtlichen Strömung und eines bestimmten Weltbildes, als Seelsorger, Politiker oder auch Polemiker. Eine fundamentale Neugier auf alle Schattierungen der jeweiligen Persönlichkeit soll nicht geleugnet werden, denn wir glauben, daß die gesamte Persönlichkeit die jeweilige Burse prägte und formte, Gleichgesinnte anzog wie ausbildete, und daß in einem korrelativen Verhältnis eine gewonnene Bursenstruktur, ein Profil, wiederum traditionsbildend wirkte, anerkannt und weitergetragen wurde. Doch dies war ein lebendiger Prozeß, da von Menschen getragen, und damit immer auch Modifikationen ausgesetzt.

Das spannende Wechselspiel von Tradierung und Erneuerung nachzuzeichnen kann nach unserer Überzeugung nur durch den Rückgang auf die einzelne Person gelingen. Wenn wir sie – auch die vermeintlich unbedeutende – als „Bedingung der Möglichkeit" des faktischen Phänomens, der so und nicht anders gewordenen Bursengeschichte begreifen und ernst nehmen, werden wir auch Türen öffnen können, die durch einen sektoralen Blickwinkel verschlossen geblieben wären, und manche vermeintliche Antinomie auflösen. Wir werden nicht nur Personennetze aufdecken, welche die einzelnen Bursen in ein überregionales Verflechtungssystem einbanden und eine weit über Köln hinausreichende Wirkmächtigkeit bedeuteten. Die miteinander verknüpften lokalen Knotenpunkte waren mehr. Sie fungierten als Schaltstellen innerhalb eines umfassenden Personenverbandes, dessen Mitglieder sich in einem ständigen wechselseitigen geistigen wie personellen Austausch befanden und deren gemeinsame Geisteshaltung für Grundpositionen stand, die ein keineswegs bangloses Spannungsfeld erzeugten. Die Bursen werden in den darzustellenden Auseinandersetzungen eine wesentliche Rolle spielen.

Die vorliegende Studie versteht sich somit auch als ein Beitrag zur Thematik „Verflechtungs- bzw. Klientelsysteme", der sich die Forschung in den letzten Jahren mit zunehmendem Interesse gewidmet hat.[21] Eine primär sozialwissenschaftlich ausgerichtete Untersuchung soll und kann gleichwohl nicht vorgelegt werden. Denn

---

[21] Vgl. insbesondere die Forschungen und methodologischen Überlegungen von W. Reinhard (1979; 1988) und die Sammelbände Klientelsysteme 1988; Patronage 1989. Als bemerkenswerte Einzelstudien wären zu nennen: Sieh-Burens 1986; Schwarz 1988. Kritik am dominanten Patronage-Faktor im Verflechtungsmodell Reinhards wurde beispielsweise von Weber (1988, bes. 14 f.) geäußert.

nicht die Gattungen verschiedener Beziehungstypen bestimmen die Fragestellung, den Forschungsgegenstand, nicht die Diskussion der Modelle unter Zuhilfenahme ausgewählter Fallbeispiele. Der personengeschichtliche Ansatz wird bestimmte Hauptformen der Personenbeziehungen wie Verwandtschaft und Landsmannschaft, Freundschaft und Patronage, als konstitutiv für die Bildung eines Personennetzes innerhalb einer Burse oder zwischen einer Burse und anderen Universitäten aufzeigen;[22] doch in erster Linie wollen wir wissen, zwischen welchen Punkten die Beziehungslinien verlaufen, welches Netz aufgebaut werden kann. Die genannten Kategorien der Personenbeziehungen werden dann erklären helfen, warum sich ein bestimmtes Verflechtungssystem entwickeln konnte, das wiederum – und dies erscheint uns letztendlich als das Entscheidende – Handlungsabläufe trug und förderte. Andere Kategorien wie wissenschaftlicher und geistesgeschichtlicher Gleichklang, die Zugehörigkeit zu einer bestimmten Schule, werden Personenbindungen und Handlungsresultate zusätzlich, in Kombination auch mit den anderen Kategorien, verstehbar(er) machen.

Doch bevor wir uns diesem Komplex nähern können, gilt es die „dramatis personae" zu erschließen und vorzustellen. Hieraus ergibt sich denn auch der Aufbau der in vier größere Abschnitte unterteilten Arbeit. Zuerst sollen sämtliche Bursenlehrer vorgestellt werden, die bis 1550 aktiv als Regenten nachweisbar sind.[23] Conditio sine qua non ist die Tätigkeit als Prüfer bei den Examina oder die Übernahme eines Fakultätsamtes. Sind die bekleideten Ämter größtenteils schon bei Keussen in den Matrikelanmerkungen verzeichnet, wurde der Einsatz bei den Examina und Graduierungen sowie die Zahl der Schüler allein aus handschriftlichen Quellen gewonnen, nahezu ausschließlich aus dem Dekanatsbuch[24]

---

[22] Zu den Typen der Personenbeziehungen vgl. Reinhard 1979, 35-41; Reinhard 1988, 49 f. In einem grundlegenden Aufsatz sind sie von Moraw (1988) für verschiedene Fragestellungen der spätmittelalterlichen und frühneuzeitlichen Geschichte des Deutschen Reiches fruchtbar gemacht worden bzw. wurde auf ihre Fruchtbarkeit (beispielsweise für die Universitätsgeschichte; vgl. Moraw 1988, 16 f.) hingewiesen.

[23] Der zeitliche Einschnitt bietet sich aus zwei Gründen an. Zum einen hat Keussen für das Quellenmaterial bis 1550 (bzw. 1559) äußerst wertvolle Vorarbeiten geleistet (s. v.a. M; R), zum andern beginnt mit der Studienreform von 1550, mit der Gründung des Gymnasiums Tricoronatum und dessen Übernahme durch die Jesuiten ein so neues Kapitel in der Geschichte der Artisten-Fakultät, daß es hier nicht mehr adäquat eingearbeitet werden könnte (einschlägig jetzt: Meuthen 1988, 284-316).

[24] HAStK, Un. 478-481; ausführlicher zu dieser wichtigsten Quelle u.17, A.15; 736 u. pass.

der Artisten-Fakultät. Sowohl für die quantitative Analyse wie für die Bursenstruktur schien es bei der Vorstellung der Personen unerläßlich, auf den weiteren akademischen Werdegang, also auf Graduierungen in höheren Fakultäten, hinzuweisen.[25]

Haben wir so ein klares Bild über die personelle Zusammensetzung der Bursen gewonnen und die handelnden Regenten namhaft gemacht, soll im nächsten Schritt nachgezeichnet werden, wie die Regenten ihre Einrichtung institutionalisierten. Die feste, verbindliche Form erhielten die Bursen zunächst dadurch, daß sie immer stärker zum Ausgangspunkt und Instrument der Fakultätsleitung wurden, indem recht bald nur noch der ihnen zugehörige Kreis das Geschehen in der Artisten-Fakultät bestimmte. Entscheidend ist die maßgebliche Beteiligung von Doktoren der höheren Fakultäten, die formal zwar nicht mehr an der Artisten-Fakultät „regierten", dennoch aber weiterhin in den Bursen und den Fakultätsgremien wirkten. Als Materialbasis dienen wiederum die unedierten Protokolle der Dekane über die Ereignisse in der Artisten-Fakultät. Ein weiteres Element der Institutionalisierung bestand in der materiellen Fundierung der Bursen durch ihre Regenten, wobei besonders der Erwerb von Häusern und mit geringerer Gewichtung die Aussetzung von Studienstiftungen den Status und die Solidität der Burse sicherten und ausbauten.

Nach der Sicherung des institutionellen Rahmens, der Würdigung des organisatorisch-administrativen Engagements wendet sich unser Interesse den Inhalten zu. Für welche wissenschaftsgeschichtliche Ausrichtung standen die Bursen-Regenten, welche Denkinhalte und Denkhaltungen wurden in den Schulen tradiert? Wie sahen die Alternativen aus und mit welchen Gegnern hatten sich die Realisten auseinanderzusetzen? Von welcher Tragweite war die Differenzierung innerhalb des philosophischen Realismus; ging es nur um formale, inhaltsleere Unterschiede, handelte es sich gar nur um künstlich aufrechterhaltene Schulgegensätze? Oder war

---

[25] Die stets gleichen Termini technici, das eng begrenzte Untersuchungsfeld sowie die Vielfalt an Namen und Zahlen erlauben kaum stilistische Variationen und werden beim Leser zweifellos gewisse Ermüdungserscheinungen hervorrufen. Doch bietet dieser Teil das personelle Fundament, auf dem sich erst das Folgende aufbauen läßt. So kann beispielsweise der Nachweis einer bestimmten Person als Angehöriger der Laurentiana, das Wissen um seinen akademischen Lehrer und um die Dauer einer vielleicht nur kurzen Regentschaft in Köln vor dem Hintergrund einer folgenden Lehrtätigkeit an einer anderen Universität von großer Tragweite sein (vgl. etwa den Laurentiana-Regenten Johannes Flamingi de Audenardo, L 2).

mit dem Bekenntnis zu einer Lehre, die sich auf Thomas von Aquin bzw. Albertus Magnus berief, mehr verbunden, eine geistige Grundhaltung, eine bestimmte Form der Hinwendung zur Welt? Wie gelang schließlich die Bildung einer über Jahrzehnte immer wieder anerkannten Schultradition?

Ein umfassender Fragenkomplex öffnet sich hier, der eine genaue Untersuchung erfordert. Denn dann erst können wir ermessen, was es bedeutete, wenn die wissenschaftsgeschichtlichen Inhalte der Kölner Bursen erfolgreich in andere Universitäten und Schulen verpflanzt oder von den Regenten an außeruniversitären Institutionen vermittelt werden konnten. Die gewonnenen Knotenpunkte der aus den Bursen hervorgegangenen Vernetzung wurden keineswegs willkürlich gewählt. Wir brauchten nur den Wegen der Magister oder ihrer Schüler zu folgen; sie hielten den Ariadnefaden in der Hand und führten uns zu den Kristallisationspunkten konzentrierten Wirkens im Geiste des philosophischen Realismus. (Es versteht sich, daß das Aufzeigen der Verknüpfung ein Resultat des analytisch-synthetisch rekonstruierenden Historikers ist,[26] und daß eine erschöpfende Auswertung dieses prosopographischen Verfahrens ins Uferlose führen würde; eine exemplarische Begrenzung war geboten.) Die Kölner Regenten müssen dabei als Zentrum gesehen werden, von dem die Expansion – nicht nur über die Schüler – ausging und die vernetzenden Fäden gesponnen wurden: entweder direkt durch ein handelndes Heraustreten aus der Universität – ohne diese dabei zu verlassen – oder indirekt durch initiatorisches Verhalten. Doch fast in der gleichen Bewegung wurden sie gesucht, wandte man sich ihnen von außen zu. Nur diese Korrelation erklärt die Festigkeit des Bandes. Die Namen der Partner lassen sich zu einem großen Teil durchaus als Programm verstehen, in bekannten Personen spiegeln sich die inhaltlichen Eigenarten der mit ihnen verbundenen Bursen.

Wissenschaftsgeschichtliches Profil im Verbund mit dem jeweiligen personellen Netzwerk bestimmen schließlich maßgeblich die Spannungsfelder um die Wende vom 15. zum 16. Jahrhundert. Gegensätzliche Auffassungen beispielsweise darüber, welche humanistischen Inhalte in den (grundsätzlich nie in Frage gestellten) scholastisch-universitären Lehrstoff integriert werden sollten und vor allem, welche Konsequenzen man dabei für die geistige

---

[26] Vgl. Müller 1990, 20 u. Anm. 26.

Grundhaltung und Formung der Schüler in Kauf nehmen wollte, bestanden auf Köln bezogen zwischen den Bursen bzw. den Schulen, zu einem geringen Maße auch innerhalb dieser. Durch die überregionale Vernetzung erfahren wir jedoch ebenfalls, daß die in Köln sichtbaren Spannungen kein isoliertes Phänomen darstellen, sondern Teil einer umfassenden geistigen Gereiztheit sind. Die Existenz der wissenschaftsgeschichtlichen Schulen und die praktische Bedeutung ihrer Doktrinen trugen maßgeblich zum Aufbau der Gegensätze bei. Die Protagonisten suchten durchaus nicht nur in Köln die Konfrontation. Doch wir werden sehen, ob nicht grundlegende Differenzierungen zu treffen sind.

II.
QUELLENANALYTISCHE ERSCHLIESSUNG DER KÖLNER BURSEN

A. Die Bursen in den Statuten der Kölner Artisten-Fakultät

Ihre erste Erwähnung finden die Bursen in den Statuten der Kölner Artisten-Fakultät von 1398.[1] Neben den organisatorisch-inhaltlichen Bestimmungen über Fakultätsämter wie Dekan[2] oder Rezeptor, über Lehrstoff und Examina,[3] erscheinen in einem eigenen Punkt auch genaue Ausführungen *De magistris regentibus bursas*.[4] Leitgedanke ist die Aufsichtspflicht des Regenten gegenüber den Scholaren seiner Burse. Für sie stellt er nicht nur die Unterkunft, er hat auch für ihre Disziplinierung zu sorgen. Wie sehr die Bursen von Beginn an als reglementierende Kraft in der Fakultät vorgesehen waren, wird deutlich, wenn ganz und gar undisziplinierten Schülern nach Ausschluß aus ihrer Burse die Möglichkeit verwehrt wurde, in anderen Bursen Aufnahme zu finden. Zugleich bedeutete dies für solche Schüler, daß ihnen die Teilnahme an den studienbegleitenden Übungen (*exercitia*) in den Bursen versagt blieben.[5] Wenn auch nicht für jeden Scholar die Unterbringung in Bursen vorgesehen war (die Nicht-Zulassung zu den Examina sollte ausdrücklich auch für jene Nachtschwärmer gelten, die außerhalb der Bursen wohnten), so hatte sich doch

---

[1] Gedruckt: Bianco 1855, Anhang 59-73. Eine intensive Untersuchung fanden die Statuten jüngst durch v. den Brincken (1989). Die komparatistisch angelegte Studie arbeitet Gemeinsamkeiten und fundamentale Unterschiede zu den Wiener Statuten heraus, die als Vorlage für die Kölner dienten.
[2] Vgl. v. den Brincken 1989, 401 f.
[3] V. den Brincken 1989, 403-408.
[4] Bianco 1855, Anh. 70 f.; vgl. v. den Brincken 1989, 409 f.
[5] Vgl. v. den Brincken 1989, 409.

jeder „seinem" Magister anzuschließen.[6] Ihm mußte der Schüler pro Quartal einen fl. zahlen.

Die detaillierten statutarischen Verpflichtungen, die den Bursen-Regenten überantwortet wurden, lassen erkennen, daß ihnen bzw. ihren Einrichtungen eine grundlegende Stellung in der Kölner Artisten-Fakultät zugedacht war. Sie ist nach den Ausführungen der Statuten vorwiegend in der Disziplinierung der Schüler zu sehen, schloß aber auf den Unterricht bezogen auch schon das Abhalten von Übungen in den Bursen ein.[7]

Die a priori hervorgehobene Position der Bursen-Regenten in der Fakultät läßt sich durch einen Vergleich mit den Statuten der Wiener Artisten-Fakultät unterstreichen.[8] Obwohl diese in vielen Belangen Vorgaben für die Kölner Statuten boten und ungleich umfassender in ihren Regelungen waren, führte doch keiner der 33 Titel die Bursen bzw. deren Regenten.[9] Anders als in Köln war in Wien nicht der einzelne Regent für seine Burse hauptverantwortlich, sondern der Dekan. Ihm oblag, wie im dritten Titel *De electione decani* ausgeführt, die Visitation der Bursen.[10] Sie wurde ihm so nachdrücklich auferlegt, daß sie als einzige der Aufgaben des Dekans bei Unterlassung eine Strafe von vier fl. nach sich zog. (Nur die unbegründete Weigerung, die Wahl zum Dekan anzunehmen,

---

[6] Zur Sache s. auch Schwinges 1986a, 534 f. u. Anm. 33. Schwinges bietet eine notwendige Klärung der Begriffe „Magisterzwang" und „Bursenzwang". Mit Recht weist er darauf hin, daß der Magisterzwang „das entscheidende Kriterium seiner (sc. des neuen Universitätsbesuchers) sozialen und nicht bloß örtlichen Bindung an die Universität" war (535). Gerade für Köln gilt es freilich zu differenzieren, da sehr früh, seit Mitte des 15. Jahrhunderts, Magistern ohne Anschluß an eine der etablierten Bursen die essentielle Graduierungsmöglichkeit eigener Schüler verwehrt wurde (s.u. 151 ff.). Dem Regenten blieb damit keine andere Möglichkeit als die Bindung an eine Burse, die dann entsprechend auch für die Schüler zu einem Bursenzwang wurde. Hierzu auch Meuthen 1988, 95 f.

[7] *Nec aliquis aliorum magistrorum debet ipsum* (sc. transgressorem) *recipere ad bursam suam vel exercitium* (Bianco 1885, Anh. 70). Bursen-Übungen waren wohl an allen Universitäten Usus; sie scheinen aber sonst in den Statuten nicht so eng an die Bursen-Regenten geknüpft worden zu sein, so etwa in Heidelberg (vgl. Winkelmann 1886 I, 31-44; in den ältesten Statuten der Heidelberger Artisten fällt der Begriff „Burse" gar nicht), Leipzig (vgl. Zarncke 1861, 305-345) oder Basel (Bernoulli 1907, 22: *Item quilibet studens nostre facultatis magistrum habeat actu in eadem regentem cuius lectiones et exercicia diligenter visitet ...*; anschließend wird explizit und differenzierend vom *bursalis* und seinen Pflichten gesprochen).

[8] Ediert: Lhotsky 1965, 223-262.

[9] Vgl. auch v. den Brincken 1989, 409 (Bursenwesen in Wien nur am Rande gestreift, in Köln ein Zehntel der Statuten einnehmend). Zum Texteinfluß der Wiener Statuten auf die Kölner s. Seifert 1971, 51 f.; v. den Brincken 1989, 399-414.

[10] Lhotsky 1965, 228 ff., vgl. auch 43.

wurde mit zehn fl. Strafe belegt.) Der sechste Titel *De vita et moribus scolarium facultatis artium* handelt über die disziplinarischen Bestimmungen für die Schüler.[11] Hier erscheinen die Bursen-Rektoren (aber neben den übrigen Magistern) als diejenigen, denen die Schüler Gehorsam zu leisten haben. Die einzelnen Verbote werden im folgenden jedoch allgemein für die Scholaren ausgesprochen, nicht der Verantwortung und Pflicht der Bursen-Regenten übertragen. Deren Status scheint in Wien bei weitem nicht dem in Köln entsprochen zu haben. Denn in Wien konnten sich generell bis zu vier Schüler selbst zu einer Burse zusammenschließen. Bei einer größeren Zahl hatten sie sich zwecks Konfliktvermeidung einem eigenen aufsichtsführenden Magister oder sogar Bakkalar zu unterstellen. Jenem mußte ebenso gehorcht werden wie dem Rektor der Burse, der somit anscheinend bestimmten Bursen zugeordnet war bzw. diese betreute, dabei aber dem Dekan unterstand.[12] In alleiniger Verantwortung leitete der Rektor seine Bursen also nicht.

Der in den Statuten vorgezeichnete Kölner Modus eines hohen Selbständigkeitsgrades in der Bursenleitung scheint für die deutschen Universitäten singulär gewesen zu sein. Zu erklären ist er vielleicht aus dem Fehlen von Kollegien in Köln sowie aus dem Charakter der Universität als städtischer Gründung. Denn die Stadt nahm anders als Landesherren oder sonstige Zentralgewalten außer bei Stellenbesetzungen kaum auf die Organisation der Universität Einfluß, wodurch diese möglicherweise stärker als anderswo auf eigene und weniger zentral organisierte reglementierende Kräfte angewiesen war bzw. solche bewußt förderte.[13]

---

[11] Lhotsky 1965, 234 f., vgl. 45; v. den Brincken 1989, 410.

[12] Selbst an der städtischen Universität Basel, wo den Bursen (und natürlich entsprechend ihren Rektoren) durch das Fehlen einer „kollegialen Pfründen- oder Stiftungskonkurrenz" eine bedeutende organisatorische Funktion zukam (Schwinges 1986a, 542 f. u. Anm. 55), unterstand der Bursen-Rektor bei Vernachlässigung seiner Visitations- und Aufsichtspflicht der Strafe des Dekans (vgl. Bernoulli 1907, 23). Zudem wurde festgelegt, daß der Universitätsrektor bei Amtsantritt eine Visitation der Bursen durchzuführen hatte (Vischer 1860, 152; vgl. Bonjour 1960, 74-77, dort nicht immer eindeutige Scheidung zwischen Bursen- und Universitäts-Rektor). Analoge Bestimmungen gab es in den Kölner Statuten nicht; hier betonte man offenbar mehr das Prinzip der Eigenverantwortlichkeit.

[13] In Heidelberg und Erfurt etwa scheinen die Regenten der Bursen anfangs ganz im Schatten des Einflusses der Kollegien gestanden zu haben, wobei – zumindest in Heidelberg – die Bursen ebenfalls von Beginn an in der Universität etabliert waren (vgl. Ritter 1936, 151 ff.; Kleineidam 1985, 372 ff.) Bezeichnend im Unterschied zu Köln das Bild in Erfurt, wo ebenfalls eine städtische Universität

B. Die Regenten der Bursen

– Glossar universitärer Spezialtermini

Für den nicht einschlägig Bewanderten sollen – zur besseren Orientierung bei den folgenden Ausführungen – kurze Erläuterungen zu den wichtigsten und nicht unbedingt gängigen Fachbegriffen aus dem Bereich der Graduierungstätigkeit an der spätmittelalterlichen Universität, der Kölner im besonderen, gegeben werden. Eine eingehendere begriffsgeschichtliche Abhandlung unter Einbeziehung der Fachliteratur ist dabei nicht intendiert.[14] Grundlage der Darstellung sind die Statuten der Kölner Artisten-Fakultät und die einschlägigen Passagen aus den Dekanatsbüchern. Die Abfolge der Begriffe folgt einer sachlichen und chronologischen Differenzierung hinsichtlich der Grade, Prüfungen bzw. Graduierungen und Ämter.

---

etabliert wurde. Doch anders als in Köln nahm der Erfurter Stadtrat erheblichen Einfluß auf die Geschicke der Artisten-Fakultät, indem er nicht nur ein Kolleg errichtete, das „Collegium universitatis" bzw. „maius", das auch als zentrales Gebäude der Artisten-Fakultät diente, sondern indem er ebenso die dazugehörigen acht Kollegiaturen für Artes-Lehrer aus einem Stiftungsfonds finanzierte und sogar die Besetzung der Stellen allein für sich in Anspruch nahm (vgl. Kleineidam 1985, 18 f., 365 f.; vgl. ebenfalls die grundlegenden Arbeiten von Oergel 1894 und Oergel 1904, wobei Oergel allerdings die beiden Einrichtungen „Burse" und „Kollegium" oft nicht genau genug voneinander abgrenzt). Das „Rückgrat der philosophischen Fakultät" (Kleineidam 1985, 365) bildete sich auf diese Weise nicht aus dem Universitätskörper selbst heraus; es verdankte Existenz und Substanz vielmehr einer außeruniversitären Institution – gegenüber Köln ein diametrales Verhältnis, wie im weiteren Verlauf noch deutlicher werden wird. (Allerdings nahm der Fakultätsrat in Erfurt eine Eignungsprüfung der von der Stadt Präsentierten sowie die anschließende „receptio" für sich in Anspruch; vgl. Kleineidam 1985, 234). Neben weiteren mächtigen gestifteten Kollegien (hierzu Kleineidam 1985, 366-372) mußte den Erfurter Bursen zwangsläufig ein untergeordnetes Dasein beschieden sein; selbst von den Bursenleitern sind nur ganz wenige namentlich bekannt (Kleineidam 1985, 373). Wie in Basel oblag auch in Erfurt dem Rektor der Universität die Visitation der Bursen, die er mit dem Dekan der Artisten-Fakultät und weiteren zwei deputierten Magistern aufzusuchen hatte: *et ibi inquirere de vita moribus studio et doctrina singulorum simul vel singulatim, prout videtur expedire, bursalibus omnibus convocatis; nec non de suis rectoribus, si servant ea que promiserint* (Weissenborn 1881, 11; vgl. auch Abe 1967, 45). Analog die Situation in Freiburg: dort gab es teilweise eine noch strengere Oberaufsicht über die Bursen durch den Rektor (vgl. Mayer 1926, 22 f.). Ein Quellenbeispiel für eine Visitation an den Tübinger Bursen bei Haller 1929, 182*-186*.

[14] Einschlägige Untersuchungen finden sich bei Meuthen 1988; von den Brincken 1989; Weijers 1989.

Scholar: Im eigentlichen Sinne, d.h. in dem der akademischen Hierarchie, der Student bis zum Erreichen des Bakkalaureats (→); im weiteren Sinne (besonders in der deutschen Übertragung) synonym für jeden Studenten, der sich einem Universitätslehrer, gegebenenfalls noch einer bestimmten Schule, angeschlossen hatte (die jeweilige Bedeutung wird aus dem Kontext deutlich werden).

Bakkalar, Bakkalaureand, Bakkalaureat: Student, der an der von ihm besuchten Fakultät die Prüfung zum ersten an ihr verliehenen akademischen Grad, dem Bakkalaureat, bestanden hatte bzw. anstrebte; wenn nicht anders angegeben, ist stets das Bakkalaureat an der Artisten-Fakultät gemeint.

Lizentiat, Lizentiand, licentia: Student, dem nach dem Temptamen (→) durch die fünf Temptatoren (→) und dem sich im Fall des Bestehens anschließenden Examen durch den Vizekanzler und die vier durch diesen deputierten Examinatoren (→) die *licentia* (sc. *docendi*) seitens des Vizekanzlers erteilt wurde bzw. jener Bakkalar, der die Lizenz (das Lizentiat) anstrebte.

Magister, Magistrand: Lizentiat, der durch die *inceptio* (→) unter dem von ihm gewählten Inzeptor (→) den Grad „Magister artium" erworben hatte bzw. zu erlangen beabsichtigte.

Regens, Regent: Gemeint ist entweder der in der Regel tatsächlich *ordinarie* lehrende Magister (*actu regens*), der dabei – wenn er nicht einer Quotierung zum Opfer fiel – auch eine Stimme im Fakultätskonsilium besaß oder der bzw. die Leiter einer Burse.

Examinator: Einer von fünf durch die Fakultät gewählten Prüfern, die alle Bakkalaureanden auf einer ersten Stufe des Bakkalaureats-Examens über den obligatorischen Lehrstoff examinierten. Dieses Examen fand in Köln zweimal jährlich um Allerheiligen und um Christi Himmelfahrt statt; die von den Examinatoren als geeignet Zugelassenen erbrachten danach die Determination (→) unter den von ihnen gewählten Determinatoren (→). Von den Examinatoren der Bakkalaureanden sind die *examinatores vicecancellarii* (→) zu unterscheiden.

Determinator, Determination, determinieren: Synonym gebraucht für den (persönlicheren) Prüfer während des zweiten Teils des Bakkalaureats-Examens bzw. für dieses selbst, da nach der Determination der Grad eines Baccalaureus artium verliehen wurde; begrifflich abgeleitet aus der entscheidenden Handlung des Bakkalaureanden, sc. der Disputation und begrifflichen Klärung einer ihm gestellten Frage (*determinare questionem suam pro gradu baccalariatus in artibus*). Meist handelte es sich bei dem Determinator um den Magister einer Burse, der an einem Tag (üblicherweise 3-5 Wochen nach der Wahl der Examinatoren, in den Krisenjahren nach 1520/30 aber durchaus auch 1 Semester später) für alle Bakkalaureanden seiner Burse, teilweise auch für manche aus anderen, die Determination durchführte.

Temptator, Temptamen: Fünf gewählte Prüfer (*temptatores*) nahmen (analog zum Bakkalaureatsexamen) vor dem Lizentiatsexamen eine Eignungsprüfung vor, die gewöhnlich einmal jährlich am 3.2. stattfand; die erfolgreichen Bakkalare wurden von den Temptatoren anschließend offiziell zugelassen und sodann dem Vizekanzler präsentiert.

Examinatores vicecancellarii: Nach der Präsentation der zugelassenen Lizentianden durch die Temptatoren nahm der Vizekanzler die Kandidaten an (*recepit*) und deputierte bzw. wählte vier Examinatoren für das von ihm geleitete Lizentiats-Examen, das in der Regel zwischen Mitte Februar und Anfang März stattfand. Die Examinatoren des Vizekanzlers mußten nicht mit den Temptatoren identisch sein, üblicherweise handelte es sich um je einen älteren Regenten der vier Hauptbursen.

Inzeptor, Inzeption, inzipieren: Die *inceptio in artibus* war gleichbedeutend mit der *promotio ad gradum magisterii*, da der Lizentiat nach diesem Prüfungsakt unter dem von ihm gewählten Magister den Grad „Magister artium" verliehen bekam und als äußeres Zeichen hierfür das *birretum* erhielt (daher auch häufig *birretare* oder *actus birretationis* gleichbedeutend mit *incipere*). In Köln setzte sich sehr rasch (seit ca. 1430) die Form durch, daß an jeweils einem Tag (meist mehrere Wochen nach der Lizenzverleihung, teilweise aber auch Jahre später) nicht mehr, selten weniger als drei Lizentiaten unter dem gewählten Magister ihrer Burse inzipierten, so daß in Blütezeiten die Inzeptionsakte 4-6 Wochen in Anspruch nahmen.

Rezeptor, Quästor: Finanzverwalter der Artisten-Fakultät, seit 1474 im jährlichen Wechsel in der Regel aus den vier Hauptbursen gewählt. Der zweite Begriff wurde von den Humanisten eingeführt.

Promotor: Für die Wahrung der Disziplin unter den Artes-Studenten zuständig; seit 1485 wie bei den Ämtern des Dekans und Rezeptors Wahlen unter jährlichem Turnus der Bursen. 1530 wurde das Amt aufgegeben.

Intrans: Vertreter der vier Fakultäten, aus jeder einer, für die Rektorwahlen.

1. Die erste Kölner Großburse

Nach seiner Nennung in den Statuten erscheint der Begriff Burse in einem Amtsbuch der Universität offensichtlich zum ersten Mal im Oktober 1411 in den Matrikeln der Universität.[15] Anläßlich der

---

[15] Einschlägig für diese Arbeit sind die von Hermann Keussen herausgegebenen drei Bände der Kölner Matrikeln (s. im Literaturverzeichnis unter M). Die jeweils zu den Kölner Universitätsangehörigen angegebenen Matrikelnummern (die Zahl vor dem Komma gibt dabei das laufende Rektorat an, die Zahl nach dem Komma die laufende Immatrikulation innerhalb des Rektorats; die Siglen der Montana-Regenten, z.B. M 24, sind hiervon zu unterscheiden) verweisen zugleich auf die durch Keussen in den entsprechenden Anmerkungen zusammengetragenen personenbezogenen Daten, die generell in die Darstellung einbezogen werden, ohne daß dies (bis auf Ausnahmen) gesondert vermerkt wird. Angaben zur Immatrikulation, zu den absolvierten Examina, zu akademischen Ämtern und zu sonstigen Lebensdaten der jeweiligen Personen sind also den Matrikelangaben Keussens entnommen. Die Zusammenstellung sämtlicher Bursen-Regenten, die zwischen 1406 und 1550 als aktive Lehrkräfte nachgewiesen werden konnten, beruht auf einer umfassenden Auswertung der bisher unedierten Protokolle des Dekans der Kölner Artisten-Fakultät. Diese Dekanatsbücher befinden sich im Historischen Archiv der Stadt Köln (HAStK) unter der Signatur Universität (Un.) 478-481. Generell protokollierte der Dekan alle die Fakultät betreffenden Angelegenheiten, wobei die Ereignisse aus dem Bereich des Prüfungswesens den eindeutigen Schwerpunkt bildeten. In ihrer Ausführlichkeit unterlagen die Protokolle Schwankungen, die meist auf äußere Begleitumstände, aber auch auf die Person des jeweiligen Dekans zurückgingen. Es ist noch darauf hinzuweisen, daß der erste, 1406 einsetzende Band eine „gebrochene" Paginierung enthält, da er ursprünglich falsch eingebunden war. Un. 478 baut sich deshalb wie folgt auf: f. 45r (9.12.1406) bis f. 99v (31.5.1429), f. 2r (28.6.1429) bis f. 44v bzw. f. 45b, r/v (ca. März-Mai 1440). (Ungeachtet einer neuen, vom Archiv durchgeführten fortlaufenden Foliierung wird in dieser Arbeit die alte Paginierung beibehalten, da sie keine Unklarheiten bewirkt.) Im ersten Abschnitt über die personelle Zusammensetzung der Bursen richten wir unseren Blick primär auf das Studium und die Lehrtätigkeit der Regenten, wobei wir uns hinsichtlich der Bursenzugehörigkeit wesentlich an der Zusammenstellung bei Keussen (M I, S. 93*-139*; mit Korrekturen des ansonsten identischen Verzeichnisses bei Keussen 1934, 504-578, dort aber die Nummern der Matrikel-Nachträge) orientieren, teilweise aber Ergänzungen anführen oder zu anderen Schlüssen hinsichtlich der Bursenzugehörigkeit kommen (Näheres im Kontext). Die Namen der Prüfer (des Determinators für den artistischen Grad eines Bakkalars und des Inzeptors für den eines Magisters) sowie die bekleideten akademischen Ämter finden sich in Keussens Matrikelanmerkungen. Lehrerfolg und -dauer eines Regenten wurden allein durch die Auswertung der Dekanatsprotokolle erarbeitet. Die quantitativen Ergebnisse über den Einsatz als einer der fünf Examinatoren oder als einer der fünf Temptatoren sowie als Determinator, Examinator des Vizekanzlers und Inzeptors können nur summarisch präsentiert werden. Einzelne Quellenverweise für jeden Prüfungsakt mußten aus Gründen der Praktikabilität unterbleiben. Einige Protokolle über Lizentiats-Examina der Jahre 1432 bis 1443 sind in Auszügen enthalten in der Handschrift Wien, Nationalbibliothek, CVP 5104, f. 20v-24v. (Herrn Prof. Meuthen danke ich für die freundliche Erlaubnis zur Einsicht in seine Photographien.) Er-

Immatrikulation des Klerikers Johannes de Dumo[16] aus der Diözese Köln bemerkte der Rektor, Johannes habe keine Immatrikulationsgebühr bezahlt, da er arm sei und Koch in der Burse der Magister Gotfridus de Dorsten al. de Heege[17] und Andreas de Werdena[18]. Diese Bemerkung ist insofern aufschlußreich, als sie für einen frühen Zeitpunkt einen Beleg dafür bietet, daß in Köln anscheinend recht bald Bursen bzw. eine Burse in Form eines Zusammenschlusses mehrerer Magister geführt wurde. Mit diesem ersten Schritt zu einer Kollegialisierung der Bursenregentschaft konnte man dieser Einrichtung mehr Stabilität, eine straffere Leitung und Organisation verleihen. Unter der singulären Bursenleitung eines einzelnen Magisters oder gar in dem Zusammenschluß einiger Scholaren zu einer „bursa" unter Aufsicht eines respektierten Bakkalaren wäre dies nicht im gleichen Maße möglich gewesen.[19] Die Anstellung des armen Studenten als Koch in der Burse bezeugt allerdings noch nicht mehr als das mit dem Begriff Burse schlechthin gegebene Vorhandensein einer Hausgemeinschaft von Magistern und Scholaren, einer universitären „familia", wie sie überall üblich war.[20]

Anderthalb Jahre später, im Frühjahr 1413, wurde wiederum in der Matrikel einem armen Studenten die Gebühr erlassen, der in der Burse des Magisters Gottfried von Dorsten angestellt war. Franco Ghiselberti de ts Gravenzande[21] erhielt diese Vergünstigung ebenfalls aufgrund seiner Tätigkeit als Koch. Der Rektor Johannes de Spul[22] erwähnte in diesem Fall zwar nicht Andreas de Werdena als zweiten Leiter der Burse. Da Franco jedoch unter diesem 1415

---

staunlicherweise enthält diese Handschrift einige Examensprotokolle, die im Kölner Dekanatsbuch fehlen.

[16] M 90,29.
[17] M II,271.
[18] M 44,12.
[19] Hierzu auch Meuthen 1988, 92.
[20] Grundlegende Betrachtungen zur „familia" als „Kern des mittelalterlichen Universitätslebens", die eben auch die Bursengemeinschaft unter dem „regens bursae" gleichsam als „pater familiae" formte: Schwinges 1986, 418 ff.; Schwinges 1986a, 535 ff.; Schwinges 1986b, 333 (Lit.). Der enge Zusammenhalt innerhalb der Bursen und das von ihren Angehörigen geknüpfte personelle Netz, welches oft genug auch noch nach Verlassen der Burse aktiviert wurde, sind nicht ohne die konstitutive Sozialform der bursalen „familia" und natürlich die fortschreitende Institutionalisierung der Kölner Bursen verständlich. Nicht umsonst sprach ein bedeutender Haupt-Regent der Laurentiana-Burse von der *principalis cura scolarium*, die er ausgeübt habe (Un. 760, f. 11r).
[21] M 97,8.
[22] M 99,20.

determinierte, also sein Bakkalaureat erwarb, dürfte er trotz jener Unterlassung weiterhin als Regent in der gemeinsamen Bursenleitung anzusehen sein.

Tatsächlich bietet eine Zusammenstellung der Scholaren, die ihre beiden artistischen Grade unter Gotfridus de Dorsten und Andreas de Werdena erwarben, eine recht sichere Bestätigung für eine kollegiale Bursenregentschaft.[23] Vier von sieben Scholaren, die bei den Bakkalaureats-Examen vom Oktober 1412 und August 1413 unter Gottfried determinierten, inzipierten 1414 und 1415 unter Andreas de Werdena, wurden hiermit also durch ihren Lehrer zu Magistern promoviert.[24] Zwei andere inzipierten 1415 unter dem Magister Nicolaus de Amsterdamis[25], der gerade erst 1414 von Erfurt kommend als „rector scolarium" in Köln immatrikuliert worden war.[26] Gebraucht man allein dieses Kriterium für eine Zuordnung bestimmter Magister zu jener Burse, dann könnte auch Mathias de Eversberg[27] zu ihr gezählt werden, der neben den beiden Vorgenannten als einziger Magister Lizentiaten promovierte, die unter Gotfridus de Dorsten determiniert hatten.[28]

Mit Sicherheit ist jedenfalls Gottfried von Dorsten als Regens einer der ersten größeren Bursen in Köln zu betrachten. Schon 1389 an der Universität immatrikuliert, erscheint er 1403 als „Magister regens" und Student der Theologie. Im ersten Dekanatsbuch der Artisten-Fakultät, dessen Protokolle allerdings erst im Dezember 1406 einsetzen, begegnet sein Name nicht vor dem Jahr 1410.[29] Im April 1410 wird er erstmals als Determinator zweier Scholaren genannt, im Juni des gleichen Jahres wählte man ihn zum Dekan der Fakultät. (Dieses Amt bekleidete er nochmals von März bis

---

[23] Natürlich sind solche Zusammenstellungen in ihrem Aussagewert nicht absolut zu nehmen. Denn grundsätzlich war zumindest anfangs – die weitere Entwicklung wird aufschlußreiche Modifikationen bringen – jeder Scholar frei, sich seinen Magister für die Examina auszusuchen. Dieser mußte nicht aus der gleichen Burse stammen. In ihrer Dichte ist eine derartige Auflistung allerdings eine erkenntnisfördernde Quelle und Bestätigung für die personelle Struktur schon bestehender Bursen.
[24] Es sind dies die Studenten mit den Matrikelnummern 87,3; 90,17; 92,13; 93,16.
[25] M 102,15.
[26] Näheres zu seiner Person u. 318–322. Die unter ihm inzipierenden Lizentiaten: M 90,21; 93,10.
[27] M II,179.
[28] M 78,17; 84,9. Insgesamt erwarben ungefähr acht Lizentiaten ihren Magistergrad unter ihm. Für eine positive Bursenzuordnung reichen diese Angaben allerdings nicht aus.
[29] Vgl. Un. 478, f. 49v.

Oktober 1416.) Schon 1414 hatte man den damaligen Baccalaureus biblicus zum Rektor der Universität gewählt. Bis 1413 führte er bei sechs Bakkalaureats-Examina ungefähr 18 Scholaren zu ihrem ersten universitären Grad.[30] Lediglich zweimal (1411 und 1413) erscheint er als Inzeptor von insgesamt drei Lizentiaten.

Andreas de Werdena wurde zwar hinter Gotfridus de Dorsten als Leiter der Burse genannt, scheint jedoch für sie und die Fakultät bedeutender gewesen zu sein. Ungefähr Anfang des Jahres 1400 als Kleriker immatrikuliert, besaß er 1406 das Magisterium und betätigte sich von da an bis 1428, vielleicht auch bis zu seiner theologischen Professur 1431, aktiv an der Artisten-Fakultät. Schon 1407 wird er als Determinator eines Scholaren erwähnt. Bis 1420 tritt er in dieser Funktion und in der eines Inzeptors auf. Bei zehn Bakkalaureats-Examina ist er mit ca. 26 eigenen Schülern nachzuweisen, nach fünf Lizentiats-Prüfungen wählten ihn ca. acht Magistranden zum Inzeptor. Welche Reputation er in der Fakultät besaß, wird durch die Tatsache seiner sechsmaligen Wahl zum Dekan zwischen 1411 und 1428 unterstrichen. Von Oktober 1420 an bekleidete er das Dekanat sogar für ein ganzes Jahr, statt wie üblich für ein halbes.[31] 1423 hatte er das Amt des Rektors inne. Die gemeinsame Leitung der Burse durch die beiden genannten Regenten scheint mit der Gesandtschaft Gottfrieds von Dorsten zum Konstanzer Konzil Ende 1414 eingeschränkt oder gar aufgegeben worden zu sein. Denn nach 1413 ist dieser weder als Bursenleiter noch als Prüfer belegt. (Obwohl er – hierauf wird später noch einzugehen sein – seine Gesandtschaft auch unterbrach und nach Köln zurückkehrte.)

Bemerkenswert ist nun, daß das Prinzip einer kollegialen Bursenleitung mitnichten verworfen wurde. Andreas de Werdena bewahrte Struktur und Bestand der Burse, indem er den Magister Arnoldus de Cloetinghen[32] als Konregenten hinzuzog. Bei der Gewährung eines Dispens am 17. November 1416 für den am 3. November zum Bakkalaureats-Examen zugelassenen Johannes de Gent[33] wurde notiert, daß er einen solchen als *pauper de bursa magistrorum*

---

[30] Eine genaue Ermittlung der Zahl der Scholaren, die unter Gottfried determinierten, ist nur ungefähr möglich, da die Zuordnung der Studenten zu ihren jeweiligen Magistern in den frühen Protokollen des Dekans oft nicht eindeutig erfolgte.
[31] Vgl. Keussen 1934, 491.
[32] M 63,33.
[33] M 106,17.

Andree et Arnoldi de Clotingen erhalte.³⁴ Beide zusammen konnten eine für die Frühzeit der Artisten-Fakultät erstaunlich hohe Zahl an graduierten Schülern auf sich ziehen. Zu den bereits für Andreas de Werdena genannten kommen 51 Scholaren, die zwischen 1414 und 1424 unter Arnoldus de Cloetinghen determinierten, und ca. 15 Lizentiaten, die zwischen 1417 und 1423 unter ihm inzipierten.³⁵ Noch 1421 scheinen beide in der Leitung der Burse kooperiert zu haben, wie eine Bemerkung im Dekanatsbuch nahelegt. Nach ihr hatte Arnoldus de Cloetinghen im Mai 1421 *ex commissione domini decani magistri Andree (de Werdena)* die „determinatio" zweier Scholaren und die „inceptio" zweier Lizentiaten protokolliert.³⁶ Zwingender noch als bei Gotfridus de Dorsten und Andreas de Werdena wird eine kollegiale Bursenleitung durch jene Schüler nahegelegt, die alternierend unter Andreas und Arnoldus ihre artistischen Grade erlangten.³⁷

Auch Arnoldus de Cloetinghen muß in der Fakultät ein hohes Ansehen genossen haben, denn dreimal (1414, 1418, 1423/24) wurde er zum Dekan gewählt; 1426/27 und 1449/50 zum Rektor und 1434 sogar zum dritten Vizekanzler der Universität bestimmt.³⁸ Wie Andreas de Werdena ist uns auch Arnoldus 1431 als Professor der Theologie bekannt (1425 als Baccalarius formatus bezeugt); dieser wurde in der Theologischen Fakultät dreimal, jener zweimal Dekan.³⁹

---

³⁴ Un. 478, f. 60v. Auf diese Bemerkung beziehen sich die Angaben über die „früheste in Köln gestiftete Burse" bei Denifle 1885, 402 f., und Bianco 1855, 254. Sie scheint auch in die Universitätsgeschichte des Montana-Regenten Theodor Riphaen (M 689,127) aus dem Jahr 1591 Eingang gefunden zu haben, der als die erste der Kölner Bursen die der Magister „Andreas a Werdena et Arnoldus de Clotingen" von ungefähr 1416 nennt (vgl. Un. 84, f. 9r).

³⁵ Auf eine wesentlich höhere Zahl kommt offenbar nur noch ein Schüler (und auch Lehrer?) dieser Burse: Johannes Dail al. Leyermolen de Novimagio (M 90,21), der unter Gottfried von Dorsten und Nikolaus von Amsterdam seine artistischen Grade erworben hatte. Der bereits 1429 Gestorbene wies die beeindruckende Zahl von ca. 106 graduierten Bakkalaren auf (zum Vergleich: der Durchschnitt bewegte sich in den ersten beiden Jahrzehnten der Protokollführung zwischen zehn und zwanzig Bakkalaren, betrug eher weniger denn mehr); ca. 26 Lizentiaten inzipierten unter ihm. Zu Johannes de Novimagio als Theologen (1428/29) s. Vennebusch 1976, 240, 246 f.

³⁶ Un. 478, f. 72v.

³⁷ Ohne Anspruch auf Vollständigkeit trifft diese Kooperation bei folgenden Studenten zu: M 96,9; 101,5; 101,20; 106,46; 107,5; 111,17.

³⁸ *Vicecancellarius tertius generalis universitatis fuit magister Arnoldus de Clotingen, canonicus s. Georgii* (vgl. Un. 229 [H], p. 8).

³⁹ Zum Theologen Arnoldus de Cloetinghen s. Clasen 1952, 72-76; Vennebusch 1976, 240, 246; Vennebusch 1976a, 153; Vennebusch 1983, 38; Vennebusch 1986, 31.

Die Regenten der Bursen

Zu den Regenten ihrer Burse wird wohl auch Theodoricus de Wesalia[40] zu rechnen sein, der 1419 unter Arnoldus de Cloetinghen seinen Magistergrad erwarb. Der spätere Bakkalar der Medizin (1425) ist jedoch nur für 1423 als Determinator von sechs Scholaren belegt. Er muß aber noch länger in der Burse gewirkt haben, denn am 26. März 1425 wurde dem jungen Magister Johannes Screepinesse[41] ein Dispens für die obligatorischen zwei weiteren Jahre Lehrtätigkeit an der Artisten-Fakultät verweigert, da sein Magister Theodoricus de Wesalia einen solchen *de debito precii bursalis et sue birretationis* nicht befürworten konnte.[42] Theodoricus bekleidete während seiner kurzen Regentschaft 1422/23 das Dekanat. Damit haben allein die vier genannten Bursenregenten zwischen 1410 und 1423 zehnmal den Dekan der Artisten-Fakultät gestellt (bei insgesamt 28 Dekanaten).

Glauben wir in jener kollegial geleiteten Burse ein relativ geschlossenes, für einen größeren Zeitraum überlebensfähiges „Bursen-Unternehmen" erkennen zu können, so bietet den einzigen Beleg für eine weitere, kleinere Burse in den ersten drei Jahrzehnten der Kölner Artisten-Fakultät eine Bemerkung des Rektors bei der Immatrikulation zweier Studenten im Jahr 1418. Beide[43] brauchten keine Gebühr zu bezahlen, da sie *pauperes et servitores in bursa magistri Johannis Stoyrman* seien. Mit diesem Bursenleiter dürfte Johannes Sturm de Gandavo[44] gemeint sein, der 1415 Magister artium geworden war und allein für das Jahr der Erwähnung seiner Burse als aktiver Lehrer erscheint. Drei Scholaren determinierten am 30. Mai 1418 unter ihm.

Weitere gesicherte Kenntnisse über diesen Regenten gibt es nicht. Die Vermutung liegt nahe, daß es sich bei seiner Burse um den Typus jener an allen Universitäten zu findenden Einrichtung handelte, in der ein junger Magister Studenten in seinen Haushalt aufnahm, ihnen Kost und Logis bot, eventuell armen Studenten durch bestimmte Tätigkeiten Befreiung von finanziellen Pflichten ermöglichen konnte. Diese Bursen hatten dann aber als Hausgemeinschaften meist nur eine kurze Existenzdauer, auf die Zeit

---

[40] M 109,15.
[41] M 130,113.
[42] Un. 478, f. 83v.
[43] M 117,19 u. 20.
[44] M 93,19.

der am Universitätsort ausgeübten Lehrtätigkeit des Regenten beschränkt. Sie stellen eine singuläre, flüchtige Erscheinung in der mittelalterlichen Studienwelt dar.

Herrschte in einer Burse ein kollegiales Leitungssystem, so beabsichtigte man damit, der Gefahr der allzu raschen Vergänglichkeit entgegenzutreten. Die Einrichtung der Magister Gotfridus de Dorsten, Andreas de Werdena und Arnoldus de Cloetinghen ging über eine partikulare Bursenstruktur weit hinaus. Denn nach einem Zeugnis des Universitätshistorikers Theodor Riphaen[45] aus den Jahren 1590/91 existierte ihre Burse noch im Jahr 1445.[46] Riphaen gibt die Quelle für dieses erstaunliche Datum – keiner der genannten Regenten wirkte zu dem Zeitpunkt noch an der Artisten-Fakultät – nicht an. Mit großer Wahrscheinlichkeit liegt sie in einem Beschluß der Artisten-Fakultät vom 1. September 1445 vor.[47] Ihm zufolge sollten die Pedelle am Vortag des Quodlibet sechs Zettel aushängen, mit Angabe der teilnehmenden Magister und der zu disputierenden Fragen, und zwar je einen an der Flügeltür der Artistenschule und der Predigerkirche sowie je einen an Pfählen der vier Bursen. Folglich mußte es neben den (noch zu behandelnden) drei Prinzipal-Bursen Montana, Laurentiana und Corneliana eine vierte relevante und wichtige Burse gegeben haben. Da nach dem gegenwärtigen Wissensstand keine weiteren Bursen in Frage kommen, kann es sich nur um die der nunmehrigen Theologieprofessoren Andreas de Werdena und Arnoldus de Cloetinghen gehandelt haben. Sie konnten allerdings nicht mehr die Artes unterrichten. Dennoch muß es in der vierten Burse Regenten gegeben haben. Wer einer von ihnen gewesen sein könnte, tritt in einer zeitlich früheren Quelle zutage, die gleichzeitig die Relevanz der vierten Burse demonstriert.[48]

Im Februar 1431 hatte die Fakultät über Reformen zu verhandeln, die sowohl vollständige Absolvierung wie Bezahlung der vorgeschriebenen artistischen Vorlesungen gewährleisten sollten. Sie übertrug die Verhandlungen vier Deputierten, um die Beschlußfassung zu erleichtern. Drei der Deputierten waren führende Vertreter der drei bekannten Prinzipal-Bursen, der vierte hieß Johannes

---

[45] M 689,127.
[46] Un. 84, f. 9r.
[47] Un. 479, f. 27r.
[48] Un. 478, f. 6v.

Meynardi de Novimagio[49], ein Bakkalar der Medizin (1451 Erwerb des Doktorats). Er gehörte zu den Schülern des Johannes Dail de Novimagio, der uns wiederum bereits als Schüler der ersten Kölner Groß-Burse begegnet ist.[50] Die Zahl von vier Deputierten (von denen ja drei den damals dominanten Bursen exakt zuzuordnen sind) sowie der alleinige Rekurs auf die Bursen-Rektoren zur Gewährleistung des Beschlusses lassen es recht plausibel erscheinen, daß in Johannes Meynardi de Novimagio ein Vertreter und Regent der vierten, damit noch 1445 bestehenden und bis auf das Jahr 1411 zurückgehenden Burse zu sehen ist. Ob er in den vierziger Jahren noch gelehrt hat, ist nicht bekannt. Überhaupt kann die Burse in jenen Jahren keine größere Bedeutung gehabt haben. (In den Dekanatsprotokollen findet sie seit den zwanziger Jahren namentlich keine Erwähnung mehr.) Immerhin konnte sie aber wohl für das akademische Leben (hier die quodlibetalen Disputationen) noch eine gewisse Geltung beanspruchen.[51]

Die Ursache für den Fortbestand der ersten Groß-Burse in Köln liegt sicherlich in der Form begründet, die sie im zweiten Jahrzehnt des 15. Jahrhunderts gewonnen hat. Größe und Gewicht an der Fakultät werden dabei in erster Linie auf die Persönlichkeit ihrer Leiter zurückzuführen sein – wobei natürlich eine vorhandene herausgehobene Stellung der Burse in umgekehrter Kausalität auch das Ansehen der Regenten gefördert haben könnte. Betrachten wir daher nochmals über Prüfungstätigkeit und akademische Ämter hinaus ihre Präsenz im Fakultätsgeschehen, die etwa für den Bursenleiter Johannes Sturm de Gandavo eben nicht bezeugt ist.

Von den drei maßgeblichen und für uns faßbarsten Regenten wirkte Andreas de Werdena offenbar am frühesten (1407 Determinator) an der Artisten-Fakultät. Er begegnet auch als der erste, der außerhalb des Prüfungswesens die Geschicke der Fakultät mitbestimmte. Im Dezember 1411, also in dem gleichen Jahr,

---

[49] M 117,30.

[50] 1421 hatte Johannes Meynardi de Novimagio unter seinem Landsmann Johannes Dail de Novimagio inzipiert.

[51] Möglicherweise trugen prominente Schüler dieser ersten Groß-Burse zu ihrem recht lange währenden Ansehen bei. So hatte Tilman Joel de Linz (M 86,16), Propst an St. Florin in Koblenz, Kanzler des Trierer Erzbischofs und späterer Rat des Kölners, 1412 unter Gottfried von Dorsten determiniert. Unter demselben hatte 1413 der Dekretist Lambertus Langenhove de Reyss (M 92,13) determiniert; 1415 inzipierte er unter Andreas de Werdena. Zu Lambertus Langenhove s. Schmidt/Heimpel 1977, 119. Zu Tilman von Linz: Graven 1935, 20, Nr. 25; Podlech 1988.

in dem er zusammen mit Gottfried von Dorsten als Bursenleiter genannt worden war, wurden der Rezeptor (Finanzverwalter) Albertus Wynkini[52] sowie Andreas de Werdena von der Fakultät beauftragt, zum Nutzen der Artisten-Fakultät den Hof Rijle in der Marzellenstraße zu kaufen.[53] Für den 12. Dezember 1417 werden uns die vier Magister genannt, vor denen der Rezeptor damals abrechnete.[54] Neben dem Dekan Mathias de Eversbergh waren es eben jene drei Bursen-Regenten: Gotfridus de Dorsten, Andreas de Werdena und Arnoldus de Cloetinghen. Wiederum stimmt ihre Präsenz zeitlich mit ihrer Nennung als Bursenleiter (1416) ungefähr überein. Gottfried von Dorsten trat nach 1417 bei den Artisten nicht mehr wesentlich in Erscheinung – wohl aber Andreas de Werdena und Arnoldus de Cloetinghen. Beide befanden sich wieder unter den (sieben) Magistern, vor denen Albertus Wynkini am 17. Januar 1418 Rechenschaft ablegte. Ebenso waren sie bei den Finanzprüfungen vom 14. Januar 1419 und 30. März 1420 präsent.[55] Als der Dekan Arnoldus de Cloetinghen im August 1418 Anspruch auf eine freigewordene Pfründe an St. Georg erhob, zählte Andreas de Werdena zu den vier Magistern, die von der Fakultät für entsprechende Verhandlungen als Deputierte zu den städtischen Provisoren entsandt wurden.[56]

Wenn Andreas de Werdena, Mathias de Eversbergh und Petrus de Juliaco[57] als *magistri artium, in facultate artium pro maiori parte regentes* unter den Magistern genannt werden, die bei der Bücherschenkung des angesehenen Theologen Theodoricus Kerkering de Monasterio[58] an die Artisten gegenwärtig waren, so führt uns dieser Anlaß zur inhaltlichen Seite des Lehrwesens, zu dessen Texten.[59] Im Dekanatsbuch findet sich für die Jahreswende 1421/22 ein Eintrag über den Bücherbestand der Artisten-Fakultät unter dem Titel *Isti sunt facultatis artium libri*.[60] Von den zehn genannten Titeln (die 52 durch Theodoricus de Monasterio vermachten Bücher werden

---

[52] M 8,6.
[53] Un. 478, f. 51r; vgl. Keussen 1910, II, 125 b; Keussen 1934, 303.
[54] Un. 478, f. 61v. Hier ist dieser Vorgang auch das erste Mal in den Quellen belegt. Die Fakultät verfügte damals über ein Guthaben von 64 fl.
[55] Vgl. Un. 478, f. 65r (dort auch Eintrag zum 30.3.1420) und f. 67r.
[56] Un. 478, f. 66r.
[57] M 52,6.
[58] M I,16.
[59] R 324; Keussen 1929a, 141; vgl. Stohlmann 1989, 437 f.
[60] Un. 478, f. 74r; vgl. Keussen 1929a, 141; Stohlmann 1989, 436 f.

somit erst nach dessen Tod 1422 an die Fakultät übergegangen sein) befanden sich allein vier im Besitz von Arnoldus de Cloetinghen und Andreas de Werdena. Jener hatte den Kommentar des Thomas von Aquin über die Bücher der aristotelischen Physik und ein Lehrbuch der Mathematik ausgeliehen, das der Fakultät durch Paulus de Gelria[61] vermacht worden war. Andreas verfügte über den Kommentar des Aquinaten zu ‚De anima' des Aristoteles und über einen Band zur aristotelischen Philosophie, den sein Konregent Gottfried von Dorsten der Fakultät anvertraut hatte.

Auch auf dieser universitären Ebene treffen wir die Bursenregenten also in einer zentralen Position an, die mit der institutionellen ihrer Burse korrespondierte. Die Voraussetzung der aufgezeigten Etablierung dürfte bereits in dem Freiraum zur Entfaltung der Bursen begründet liegen, den die Verfasser der artistischen Statuten gewährten und beabsichtigten. Der Entwicklungsspielraum steht dabei engstens im Dienste der Fakultätsinteressen. Denn Erfolg und Reputation der Bursen-Regenten förderten die Disziplinierung der Schüler und den Lehrbetrieb. Die Verantwortung der Bursenleiter für beides, in den Statuten so bereits intendiert, konnte sich andererseits wiederum nur vorteilhaft für das Wachstum ihrer Einrichtung und deren Integration in die Fakultät auswirken.

Derartig prinzipielle Überlegungen müssen allerdings auf den Status der ersten Kölner Groß-Burse bezogen weitgehende Einschränkungen hinsichtlich eines regulativ-erkenntnisleitenden Sinnes erfahren. Eine angemessene faktische Entsprechung finden diese Reflexionen erst mit der Gründung und Entwicklung der drei bekannten Hauptbursen Anfang der zwanziger Jahre – dann aber sehr rasch.

---

[61] M 10,5.

2. Die personelle Zusammensetzung der vier Kölner Prinzipal-Bursen[61a]

a) Montana:

Die grundlegende Quelle für die Gründung und Regentenfolge der Montana-Burse stammt aus dem Jahr 1724: die ‚series sive successio in antiquissimo apud Ubios Montis Gymnasio Regentum', verfaßt von dem Montana-Regens Johannes Gabriel de Fabri (Un. 748). Wie ein Textvergleich nahelegt, profitierte von dieser Quelle der Jesuit und Regens des Gymnasium Tricoronatum Joseph Hartzheim. In seiner 1747 entstandenen ‚Bibliotheca Coloniensis' gehen die Angaben zur Entstehung der Montana-Burse, zu finden unter den Ausführungen zu ihrem ersten Regenten Heinrich von

---

[61a] Um eine bessere Überschaubarkeit zu gewährleisten, gliedern sich die eruierbaren Angaben des personal-statistischen Teils der Prinzipal-Bursen nach folgendem Schema: Vor dem Namen steht stets das sich aus Burse und Reihenfolge ergebende Sigel des Regenten, welches zwecks leichterer Identifizierung auch im weiteren Text angegeben wird (dabei sind die höchstens zweistelligen Montana-Siglen von den ebenfalls mit M kenntlich gemachten Nummern der Rektorate wie der durch Komma unterteilten Matrikelnummern aus Keussens Matrikeledition zu unterscheiden, das gleiche gilt für das Sigel R, das mit den Zahlen 1-5 allein für die Regenten der Raemsdonck-Burse belegt ist, während höhere Zahlen auf die von Keussen herausgegebenen Regesten verweisen; vgl. jeweils unter M und R im Literaturverzeichnis. Doppelbelegungen treten im Text nicht auf.). Hinter dem Namen folgt die Matrikelnummer, der im schematischen Teil nicht wie sonst üblich ein M vorangestellt ist. Unter „A" steht das Kölner Immatrikulationsdatum mit – soweit bekannt – Angabe der Herkunftsdiözese, die sich aus der Matrikeledition und anderen Quellen gewinnen läßt (wichtig z. B. bei L 61, wo Keussens Angabe korrigiert werden konnte). „B.a" gibt mit Datum die erworbenen Grade an der Artisten-Fakultät, „B.b" jene an den höheren Fakultäten. „C" erschließt den Einsatz im Prüfungswesen: als Examinator (Exam.), Temptator (Tempt.) oder als vom Vizekanzler deputierter Examinator der Lizentiaten (Exam. Liz.) mit Angabe des Zeitraums und der Häufigkeit der Wahl sowie als Determinator (Det.) und Inzeptor (Inz.) mit Angabe des Zeitraums und der Zahl der zu ermittelnden Schüler (Bakk. bzw. Mag.). (Eine Darlegung der quantitativen Differenzierung nach Prüfungsakten pro Jahr ist unpraktikabel.) Unter „D" folgen in einer Auswahl die bekleideten Ämter an der Artisten-Fakultät und die Ämter als Rektor oder Vizekanzler (um die schematische Darstellung nicht zu überladen, wurde beispielsweise auf die Aufzählung der Wahlen zum Intrans verzichtet, die einen weitgehend aus den Anmerkungen der Matrikeledition zu erschließen sind, zum anderen jetzt durch Schwinges [1992] eine profunde Untersuchung erfahren haben; ebenso blieben die fast durchgehend bedeutungslosen Wahlen zum Quodlibetarius unberücksichtigt, die bei Keussen 1934, 579f., aufgeführt sind; beide Ämter werden nur dann genannt, wenn ein Regent sonst keine akademischen Ämter ausübte). „E" schließlich bringt Erläuterungen zu den vorhergehenden Angaben. Bei den Abkürzungen ist grundsätzlich auf das Verzeichnis in der Matrikeledition zu verweisen.

Gorkum, nicht über das bei Fabri Gesagte hinaus (Hartzheim 1747, 119f.). Nach Johannes de Fabri war Heinrich von Gorkum Begründer und erster Regens der Montana (Un. 748, f. 1v).

M 1: **Henricus de Gorcum** (Gorinchem); 124,10.

A: Imm. Dez. 1419/März 1420, Trai. d.
B.a: Bakk. 1397 in Paris; Mag. 1398 in Paris.
B.b: Lic. theol. 1420 (17.2.); dr. theol. 1420 (27.2.).
D: Rektor 1420; Vizekanzler 1424-1431.
E: Johannes de Fabri berichtet, Heinrich von Gorkum sei 1419 von der Pariser Universität nach Köln gekommen und habe in einem gemieteten Gebäude nahe dem Machabäerkloster (in unmittelbarer Nähe der alten Eigelsteinpforte) eine Schule eröffnet. Schon bald sei er jedoch von dort in ein Haus nach Unter Sachsenhausen gezogen, wo die aus dieser Burse hervorgewachsene Montana ihren angestammten Platz finden sollte. (Möglicherweise spielte für diesen Ortswechsel die Nähe zur Artistenschule in der Stolkgasse eine Rolle.) Heinrich übte die Leitung der Burse bis zu seinem Tod 1431 aus, obwohl sich – wie schon aus dem raschen Erwerb der höchsten theologischen Grade kurz nach der Immatrikulation hervorgeht – sein Ansinnen nicht auf eine Lehrtätigkeit an der Artisten-Fakultät richtete. Die in der einschlägigen Biographie zu Heinrich von Gorkum (Weiler 1962) zu findende (53), auf Keussens Matrikelanmerkung zu Gorkum zurückgehende Angabe, Heinrich von Gorkum habe 1427 kurzzeitig an der Rostocker Universität gelehrt, bedarf gerade mit Blick auf die wissenschaftliche Reputation des Gelehrten und die wissenschaftsgeschichtliche Bedeutung eines Rostocker Aufenthaltes einer Korrektur. Ursache ist die Verwechslung mit einem gleichnamigen Rostocker Bakkalar. Dieser wurde am 4.6.1421 in Rostock als „Hinricus Ghorickhem" intituliert, 1422 zum Bakkalar graduiert (Hofmeister 1899, 9, 13). Ungefähr Anfang des Jahres 1423 erschien er in Köln, wurde als „Henricus de Pufelic de Gorichem" immatrikuliert (136,15). Tatsächlich ging er in die Burse seines gleichnamigen Landsmannes und erwarb 1425 unter Bernardus de Reyda seinen Magistergrad. Nach den vorgeschriebenen 2 Jahren Regentschaft in Köln wandte er sich wieder nach Rostock und wurde folgerichtig als „Magister Hinricus Gorchim Coloniensis" in die Artisten-Fakultät rezipiert (Hofmeister 1899, 29). Dieser Eintrag führte Keussen zu der Annahme, der Kölner Theologe Heinrich von Gorkum sei in jenem Jahr für kurze Zeit nach Rostock gegangen. Dann aber wäre er 1427 in die Matrikel eingetragen worden – was bei dem Rostocker Bakkalar und Kölner Magister nicht mehr notwendig war. Weiterhin wäre der Theologieprofessor auch nicht in die Artisten-Fakultät rezipiert worden (und dann auch noch ohne Nennung des theologischen Grades), sondern in die Theologische. Zweifel am Rostock-Aufenthalt Gorkums schon bei Meuthen 1988, 177.

M 2: **Bernardus de Reyda**; 115,7.

A: Imm. Okt./Dez. 1417, ius. can., Mon. d.

B.b: Bacc. form. theol. 1429; lic. theol. 1431; dr. theol. 1434.
C: Det. 1422-1430, 61 Bakk.; Inz. 1425-1431, 27 Mag.
D: Dekan 1424; Rektor 1429, 1434, 1446.
E: Trotz der Immatrikulation für das kanonische Recht absolvierte Bernardus ein theologisches Studium; wo er seine Artes-Grade erwarb, ist unbekannt. 4 der durch ihn promovierten Magistranden wurden langjährige Regenten der Montana (Gerardus de Monte, Henricus de Embrica, Johannes de Dinslaken, Adolphus de Assendia; zu ihnen s.u.).

M 3: Johannes Schunde de Dodekum (Totichem); 117,9.

A: Imm. März/Juni. 1418, Trai. d.
B.a: Bakk. 1419 (26.5. Zulass.); Liz. 1.4.1421; Mag. 21.4.1421.
C: Det. 1422-1423, 11 Bakk.; Inz. 1423, 1 Mag.
E: Nach 1423 Eintritt in das Kölner Kartäuserkloster, von 1434-1457 Prior (vgl. Tewes 1991, pass.).

M 4: Gerardus Tersteghen de Monte domini; 130,102.

A: Imm. Juni/Okt. 1421, cl. Trai. d.
B.a: Bakk. Juli 1422; Liz. 14.4.1424; Mag. 15.4.1424.
B.b: Bacc. form. theol. 1431; lic. 1435; dr. theol. 1438.
C: Det. 1424-1436, 106 Bakk.; Inz. 1425-1438, 37 Mag.
D: Dekan 1427, 1433; Rezeptor 1433; Rektor 1436/37, 1453/54.
E: 1431-1480 Nachfolger Heinrichs von Gorkum in der Bursenleitung, von diesem selbst dazu bestimmt: *in regimine Gymnasii successorem designavit Gerardum Therstege a Monte Domini nuncupatum* (Un. 748, f. 1v). Ein früheres und genaueres Zeugnis zu diesem Vorgang stammt eventuell von Lambertus de Monte, dem dritten Regens der Montana. In einem Kompendium zur Metaphysik, das als Lehrbuch in der Montana benutzt wurde, findet sich die Angabe, daß Gerardus durch Heinrich von Gorkum sogar testamentarisch zum Nachfolger in der Bursenleitung ernannt wurde: *Et hii duo doctores in theologia et philosophia illuminatissimi fuerunt ambo gymnasiarches et rectores burse Montis inter quos secundus [sc. Gerardus de Monte] successit in regimine primo [Henricus de Gorcum] immediate iuxta ordinationem in testamento primi expressam* (Weiler 1962, 118, Anm. 21). Nach Gerardus de Monte erhielt die Burse nun den Namen Montana. Noch im Juni 1433 wurde allerdings ein Student bei seiner Immatrikulation als *cocus in bursa Gorchem* bezeichnet (vgl. M 177,26), mithin ein Zeugnis für die starke Prägung der Burse durch den Theologen Heinrich von Gorkum.

M 5: Henricus de Embrica (Emmerich); 141,30.

A: Imm. März/Juni 1424, Trai. d.
B.a: Bakk. 23.11.1424; Mag. April 1426.
B.b: Bacc. bibl. theol. 1432; bacc. form. 1433; lic. theol. 1436.
C: Det. 1428-1438, 82 Bakk.; Inz. 1432-1437, 25 Mag.
D: Dekan 1429, 1434; Rektor 1434.

E: 1438 gestorben.

M 6: Johannes de Dinslaken; 147,27.

A: Imm. Okt./Dez. 1425, Col. d.
B.a: Bakk. 4.12.1427; Liz. 14.4.1429; Mag. 21.4.1429; 30.9.1431 rez.
B.b: Bacc. theol. 1439; bacc. bibl. 1450.
C: Exam. 1434, 1435, 1439, dreimal; Det. 1438, 8 Bakk.; Tempt. 1439; Inz. 1435, 3 Mag.
D: Dekan 1438.
E: Neben Bernardus de Reyda hatte Dinslaken mit Gerardus de Monte als Determinator einen zweiten Montana-Lehrer als Prüfer. Bei dem Dekanat ist eine Verwechslung mit dem zur gleichen Zeit lehrenden gleichnamigen Laurentiana-Regenten (M 151,37) nicht auszuschließen. Joh. de Dinslaken starb 1450, bei diesem Anlaß Erwähnung des letzten theologischen Grades.

M 7: Theodoricus de Lederdam; 146,49.

A: Imm. Juni/Okt. 1425, Trai. d.
B.a: Liz. 19.4.1428; Mag. 26.5.1428; 30.9.1429 rez.
C: Exam. 1434-1435, zweimal.
E: Promotion zum Magister durch Gerardus de Monte.

M 8: Wilhelmus Fonte de Leodio (Lüttich); 134,5

A: Imm. Juni/Okt. 1422, Leod. d.
B.a: Bakk. 15.6.1423; Liz. 19.4.1425; Mag. 24.4.1425.
B.b: Bacc. leg. 1433; bacc. utr. iur. 1434; lic. utr. iur. 1435.
C: Inz. 1434, 2 Mag.
E: Wilhelmus determinierte unter Johannes Schunde de Dodekum und wurde durch Gerardus de Monte zum Magister promoviert. Nach kurzem Aufenthalt an Heidelberger Universität (1428 imm.; Toepke 1884, 177) 1431 wieder an Kölner Artisten-Fakultät erwähnt, 1436 Dispens *super regentia in artibus*, zwischen 1448 und 1461 als Kanoniker an St. Dionysius in Lüttich und als Offizial ebd. bezeugt.

M 9: Adolphus Sartoris de Assendia (Essen); 143,10.

A: Imm. Okt./Dez. 1424, Col. d.
B.a: Bakk. 31.5.1425; Liz. 7.4.1427; Mag. 10.4.1427.
B.b: Bacc. theol. 1436; bacc. form. 1439; lic. theol. 1440.
C: Exam. 1439, einmal; Det. 1439-1441, 29 Bakk.; Tempt. 1439; Inz. 1440-1441, 12 Mag.
D: Dekan 1435.
E: Auffällig ist das lange Intervall zwischen Magisterium und ersten Fakultätsämtern. Der frühe Tod 1442 verhinderte eine längere Regentschaft.

M 10: Henricus Hoveken de Monasterio; 158,55.

A: Imm. Dez./März 1428/29, Mon. d.

B.a: Bakk. 9.12.1432; Mag. 5.4.1435; 30.9.1436 rez.
C: Exam. 1443-1444, zweimal; Det. 1441, 9 Bakk.; Tempt. 1442; Inz. 1443-1444, 6 Mag.
D: Dekan 1441.
E: Die artistischen Grade unter den Montana-Regenten Henricus de Embrica (Det.) und Gerardus de Monte (Inz.). Relativ spät und selten in Fakultätsämtern nachweisbar; vor diesem Hintergrund erstaunlich, daß 1439 als Konrektor der Bursa Montana genannt.

M 11: Nicolaus Mentonis de Amsterdam; 167,43.

A: Imm. Okt./Dez. 1430, Trai. d.
B.a: Bakk. 15.6.1433; Mag. 28.4.1435.
B.b: Bacc. sent. theol. 1443; bacc. form. 1444; lic. theol. 1448.
C: Det. 1441-1446, 61 Bakk.; Tempt. 1442-1449, fünfmal; Inz. 1443-1449, 31 Mag.
D: Dekan 1442, 1448.
E: Artistische Grade unter Henricus de Embrica (Det.) und Gerardus de Monte. Früher Tod 1450 verhinderte längere Lehrtätigkeit.

M 12: Nicolaus de Tarismelli; 184,8.

A: Imm. Dez./März 1434/35, Const. d.
B.a: Mag. 10.4.1441; 20.6.1441 rez.
C: Inz. 1443, 3 Mag.
E: Zum Magister promoviert durch den Montaner Adolphus de Assendia.

M 13: Riquinus Polwijck de Arnheim; 192,26.

A: Imm. Dez./März 1436/37, Trai. d.
B.a: Bakk. 16.6.1438; Mag. 16.3.1440.
C: Det. 1447, 9 Bakk.; Inz. 1445, 3 Mag.
E: Artistische Grade unter Johannes de Dinslaken (Det.) und Adolphus de Assendia.

M 14: Everardus Aurifabri de Montabaur; 209,57.

A: Imm. 10.6.1441, Trev. d.
B.a: Bakk. 27.11.1441; Mag. 29.4.1443; 3.2.1444 rez.
C: Exam. 1446, einmal; Inz. 1447, 3 Mag.
E: Everardus kam von der Universität Erfurt (1439 imm.; Weissenborn 1881, 178); artistische Grade in Köln unter den Montanern Adolphus de Assendia (Det.) und Nicolaus de Amsterdam. 1444, also vor seiner Kölner Prüfungstätigkeit, und 1451/52 ist er als Rechtsstudent in Bologna nachweisbar (Knod 1899, Nr. 1168).

M 15: Theodoricus de Uffel (Oefelt); 202,41.

A: Imm. Juni/Okt. 1439.
B.a: Bakk. 19.11.1440; Mag. 15.4.1443.

C: Exam. 1445, einmal.

M 16: Goswinus Sluyn de Bonna; 205,122.

A: Imm. 27.6.1440, Col. d.
B.a: Bakk. 1442 (11.5. präs.); Mag. 30.4.1444.
B.b: Bacc. decr. 1452; dr. decr. 1456.
C: Exam. 1446, 1453, zweimal.
E: Promotion zum Magister durch den Montaner Nicolaus de Amsterdam.

M 17: Simon de Amsterdam; 205,72.

A: Imm. 10.5.1440, Trai. d.
B.a: Bakk. 5.7.1441; Mag. 29.4.1443.
C: Tempt. 1446.
E: Beide artistischen Grade durch den Landsmann und Montaner Nicolaus de Amsterdam. Nach dem Magisterium scheint sich Simon kurzzeitig an der Erfurter Universität aufgehalten zu haben, imm. Mai/Okt. 1443 (Weissenborn 1881, 194); seit 1448 wirkte er im Sinne seiner Kölner Burse in Heidelberg (s.u. 477 f.).

M 18: Henricus de Susato; 171,27.

A: Imm. Okt./Dez. 1431, Col. d.
B.a: Bakk. 15.6.1433.
B.b: Bacc. theol. 1453; bacc. form. theol. 1457.
C: Exam. 1449-1462, siebenmal; Det. 1451-1463, 87 Bakk.; Tempt. 1456; Inz. 1453-1456, 30 Mag.
D: Dekan 1455/56.
E: Nach seinem Bakkalaureat unter dem Montaner Henricus de Embrica wechselte Henricus mit Dispens vom 11.10.1433 sehr wahrscheinlich 1433/34 für einige Jahre an die Erfurter Universität (imm. als „Henricus Muddepennig de Sosato"; Weissenborn 1881, 159). Ob er dort, wieder in Köln oder anderswo sein Magisterium erwarb, ist ungewiß. Nach einer langjährigen Regentschaft an der Montana-Burse (seit spätestens 1449) ging er 1464, inzwischen wohl fast fünfzigjährig, als Baccalaureus formatus theologie an die Heidelberger Universität, wo er nach gut einem Jahr Lehrtätigkeit 1465 starb. Dieser Universitätswechsel erfolgte vor dem wissenschaftsgeschichtlichen Hintergrund einer gezielten Verstärkung des aus der Kölner Montana an die Heidelberger Universität verpflanzten Thomismus (hierzu ausführlicher u. 493–497).

M 19: Gerardus de Elten; 202,37.

A: Imm. Juni/Okt. 1439, Trai. d.
B.a: Bakk. 10.7.1441; Mag. 23.6.1444; 19.5.1447 rez.
B.b: Bacc. sent. theol. 1453; bacc. form. 1454; lic. 1458; dr. theol. 1462.
C: Exam. 1447-1461, siebenmal; Det. 1452-1460, 43 Bakk.; Tempt. 1451-1461, sechsmal; Inz. 1451-1461, 36 Mag.

D: Dekan 1453/54, 1460/61; Rektor 1458, 1463/64.
E: Bakkalaureat und Magisterium unter den Montanern Henricus de Monasterio (Det.) und Nicolaus de Amsterdam; 1467 Eintritt in den Dominikanerorden.

M 20: **Laurentius Jeersseken**; 205,8.

A: Imm. März/Juni 1440, Trai. d.
B.a: Bakk. 27.11.1441; Mag. 15.4.1443.
C: Exam. 1454-1459, dreimal; Tempt. 1449-1455, dreimal.
D: Dekan 1454/55.
E: Artistische Grade unter den Montanern Adolphus de Assendia (Det.) und Henricus de Monasterio; nach Magisterium 1444 Wechsel an die Universität Rostock (Hofmeister 1899, 68).

M 21: **Thomas Baest de Leodio**; 178,8.

A: Imm. Juni/Okt. 1433, Leod. d.
B.a: Bakk. 5.3.1433 (in Löwen); 28.6.1433 rez. in Köln als bacc. art. Lovan.; Mag. 18.4.1434.
B.b: Bacc. form. theol. 1450; lic. theol. 1452.
C: Exam. 1450, einmal; Tempt. 1450.
D: Dekan 1450; Rektor 1452.
E: Magisterium unter dem Montaner Henricus de Embrica.

M 22: **Henricus Boetterman de Orsoy**; 235,71.

A: Imm. Sept./März 1447/48, Col. d.
B.a: Lic. 10.4.1451; Mag. 5.6.1452; 24.11.1453 rez.
B.b: Bacc. form. theol. 1461; lic. 1463; dr. theol. 1474.
C: Exam. 1454-1468, siebenmal; Det. 1462-1466, 41 Bakk.; Tempt. 1460-1471, viermal; Exam. Liz. 1471; Inz. 1459-1471, 18 Mag.
D: Dekan 1458, 1465; Inhabitator der Artistenschule 1470-1478; Rektor 1476/77.
E: Magisterium unter dem Montaner Gerardus de Elten.

M 23: **Wigerus Hassent de Embrica**; 247,36.

A: Imm. Okt./Dez. 1450, Trai. d.
B.a: Bakk. 9.3.1452; Liz. 1453 (3.2. Zulass.).
B.b: Bacc. decr. 1459; lic. 1462; dr. decr. 1469.
C: Exam. 1454, 1463, zweimal; Det. 1461, 1463, 16 Bakk.; Inz. 1458-1462, 9 Mag.
D: Dekan 1463; Rektor 1478, 1499.
E: Erwerb des Bakkalaureats unter dem Cornelianer Herwicus de Amsterdam, Inzeptor unbekannt. Lehrtätigkeit des Wigerus für die Montana ergibt sich daraus, daß er 1454, als der Montaner Laurentius Jeersseken das Dekanat bekleidete, fünfter Examinator wurde (seit der Etablierung der vier Haupt-Bursen stellte diejenige Burse, aus welcher der Dekan gewählt wurde, normalerweise auch einen zweiten Examinator bzw. Temptator),

und daß er zahlreiche Scholaren graduierte, die ihren zweiten artistischen Grad unter eindeutigen Montana-Regenten wie Henricus de Susato und Lambertus de Monte erwarben (vgl. etwa M 271,21; 271,32; 278,38; 279,7; 279,8). Wigerus Hassent gehört zu den verhältnismäßig wenigen Juristen unter den Bursen-Regenten.

M 24: Lambertus de Monte domini; 247,68.
A: Imm. 17.12.1450, Trai. d.
B.a: Bakk. 5.12.1452; Mag. 11.4.1454.
B.b: Bacc. theol. 1459; bacc. form. 1461; lic. 1465; dr. theol. 1473.
C: Exam. 1455-1470, siebenmal; Det. 1457-1473, mehr als 155 Bakk.; Tempt. 1459-1469, viermal; Exam. Liz. 1465, 1473; Inz. 1458-1473, 55 Mag.
D: Dekan 1459; Rektor 1478/79.
E: Artistische Grade unter den Montanern Henricus de Susato (Det.) und Gerardus de Elten. Lambertus de Monte ist zu den einflußreichsten und wichtigsten Regenten der Montana zu zählen. Er war ein Sohn der Schwester des Gerardus de Monte. Von seinem Onkel bereits mehrere Jahre in der Bursenleitung als *collega* herangezogen, wurde Lambertus nach dessen Tod 1480 für 19 Jahre bis zu seinem Ableben 1499 dritter Haupt-Regent der Montana (vgl. Un. 748, f. 1v). Bemerkenswert die kontinuierliche und erfolgreiche Graduierungstätigkeit (die Zahl seiner Schüler bei den Bakkalaren muß mehr als 155 betragen haben, da die Namen seiner Bakkalaureanden des Wintersemesters 1472 im Dekanatsbuch nicht protokolliert wurden; vgl. Un. 480, f. 72v); von 1457 bis zu seinem theologischen Doktorat 1473 ist er bis auf die Jahre 1467 und 1468 jedes Jahr als Determinator und/oder Inzeptor nachweisbar – für die wissenschaftsgeschichtliche, thomistische Prägung der Montana sicherlich ein bedeutender Faktor.

M 25: Johannes Bergen de Goch; 247,22.
A: Imm. 24.10.1450, Col. d.
B.a: Bakk. 1.6.1452; Mag. 11.4.1454.
C: Exam. 1456, einmal.
E: Artistische Grade unter den Montanern Henricus de Susato (Det.) und Gerardus de Elten. Obwohl nur 1456 als Prüfer genannt, erschien Johannes Bergen nochmals am 28.6.1477 in einem Fakultätsamt, als er als Vertreter der Artisten-Fakultät zu den vier Intrantes gehörte – bezeichnenderweise zusammen mit Lambertus de Monte als Intrans der Theologen bei der Wahl des Montaners Johannes Perfusen de Harlo (vgl. M 355).

M 26: Johannes Perfusen de Harlo; 206,147.
A: Imm. 4.12.1440.
B.a: Bakk. 1442 (11.5. präs.); Mag. 20.4.1444.
B.b: Lic. leg. vor 1455 Orléans (vgl. Premier Livre 1978/85, Nr. 48).
C: Tempt. 1471, 1483.

D: Intrans 1467.
E: Magisterium unter dem Montaner Nicolaus de Amsterdam, Determinator unbekannt.

M 27: **Jacobus de Harlem**; 262,41.

A: Imm. 16.8.1454, Trai. d.
B.a: Bakk. 27.11.1455; Mag. 5.4.1457; 21.11.1458 rez.
B.b: Bacc. theol. 1464; bacc. form. 1465; lic. theol. 1469.
C: Exam. 1459-1470, fünfmal; Det. 1461-1470, 48 Bakk.; Inz. 1462-1470, 16 Mag.
D: Dekan 1467.
E: Beide artistischen Grade unter Gerardus de Elten.

M 28: **Johannes Brostrop de Roschildia**; 239,32.

A: Imm. Okt./Dez. 1448, Roskildensis d.
B.a: Liz. 1450 (3.2. Zulass.); 8.6.1459 rez. als Mag.
B.b: Bacc. decr. 1455.
C: Inz. 1460, 3 Mag.
E: Der Däne Johannes Brostrop kam von der Universität Rostock, wo er eventuell das Bakkalaureat erwarb; sein Kölner Inzeptor ist unbekannt. Das späte Datum der Rezeption hängt möglicherweise mit dem vorherigen Studium des geistlichen Rechts zusammen. Die Zugehörigkeit zur Montana ergibt sich aus der Promotion dreier Lizentiaten dieser Burse (gleiches gilt für die beiden folgenden Regenten).

M 29: **Laurentius de Dacia**; Ntr. 712.

B.a: 1459 rez. als Magister.
C: Inz. 1461, 3 Mag.

M 30: **Theodoricus de Amsterdam**; 263,14.

A: Imm. 14.10.1454, Trai. d.
B.a: Mag. 15.5.1458.
C: Inz. 1461, 3 Mag.
E: Magisterium unter Wigerus de Embrica. Theodoricus ist wohl identisch mit dem am 1.2.1455 in Heidelberg immatrikulierten Theodoricus Simonis de Amsterdam, der dort im Mai 1456 das Bakkalaureat erwarb (Toepke 1884, 280; zu ihm u. 487), nicht – wie bei Keussen in der Anm. angegeben – mit dem in der ersten Jahreshälfte 1454 in Heidelberg immatrikulierten Theodoricus de Amsterdam (Toepke 1884, 277).

M 31: **Paulus Leend**; 261,33.

A: Imm. März/Juni 1454.
B.a: Bakk. 11.6.1455; Mag. 9.4.1457; 1.9.1464 rez.
B.b: Lic. theol. 1471.
C: Exam. 1467-1473, viermal; Det. 1467-1473, 36 Bakk.; Tempt. 1470; Exam. Liz. 1468; Inz. 1467-1473, 10 Mag.

D: Dekan 1469/70.
E: Erwerb der artistischen Grade unter den Laurentianern Jacobus de Stralen (Det.) und Henricus de Campis. Bei der erstmaligen Prüfungstätigkeit 1467 gehörte Paulus jedoch eindeutig der Montana an, da er als Examinator den der Montana zustehenden Platz einnahm und als Determinator anschließend drei Bakkalaureanden graduierte, die in der Liste der zum Examen Präsentierten als Schüler der Montana protokolliert worden waren (zum Sommertermin 1467 wurden die Examinanden erstmals mit ihrer jeweiligen Bursenzugehörigkeit aufgeführt. Mit einer Ausnahme determinierten alle unter Regenten ihrer Burse; der einzige Bakkalaureand aus der Bursa Ottonis, die keinen eigenen Determinator stellte, wurde durch Paulus Leend graduiert; vgl. Un. 480, f. 42v-43v).

M 32: Ego Arnoldi de Driel; 279,35.
A: Imm. 31.10.1458, Trai. d.
B.a: Bakk. 27.11.1459; Mag. 24.4.1461; 28.6.1464 rez.
B.b: Bacc. theol. 1471; bacc. sent. 1472; bacc. form. 1473; lic. theol. 1476.
C: Exam. 1467-1487, fünfzehnmal; Det. 1466-1488, mehr als 209 Bakk.; Tempt. 1470-1488, elfmal; Exam. Liz. 1470-1489, zehnmal; Inz. 1468-1489, 85 Mag.
D: Dekan 1471/72, 1474/75, 1482/83, 1484/85; Rezeptor 1476, 1484, 1488.
E: Wie Paulus Leend stammte auch der bedeutende Regent Ego de Driel nicht aus dem Schülerkreis der Montana: sein Determinator war der Kuckaner Severinus de Moneta, sein Inzeptor der Cornelianer Livinus de Duvelandia. Mit Ausnahme von 1469 ist er von 1466 bis zu seinem Todesjahr 1489 jedes Jahr als Prüfer nachzuweisen (Zahl der von ihm graduierten Bakkalare muß höher sein, da im Nov. 1471 die Namen seiner determinierenden Schüler nicht protokolliert wurden; vgl. Un. 480, f. 72v).

M 33: Johannes Mack de Xanctis; 283,34.
A: Imm. 31.10.1459, Col. d.
B.a: Bakk. 1.12.1460; Mag. 23.3.1463; 21.3.1467 rez.
C: Exam. 1476, 1479, zweimal.
E: Artistische Grade unter den Montanern Gerardus de Elten (Det.) und Lambertus de Monte.

M 34: Mathias Johannis de Dacia; 283,52.
A: Imm. 23.11.1459, Ottoniensis d.
B.a: Bakk. 1.12.1460; Mag. 27.3.1462.
C: Det. 1467, 9 Bakk.
E: Artistische Grade unter den Montanern Gerardus de Elten (Det.) und Henricus de Susato.

M 35: **Petrus Johannis de Dacia**; 290,17.

A: Imm. 21.7.1461, Rosc. d.
B.a: Bakk. 23.11.1462; Mag. 29.4.1464.
B.b: Bacc. med. 1476; lic. med. 1477.
C: Exam. 1475-1478, viermal; Det. 1477, 30 Bakk.; Tempt. 1474; Inz. 1473-1479, 39 Mag.
E: Det. unter Lambertus de Monte; ob sein Inz. Ulrich Kridwiss de Eslingia 1464 noch der Montana angehörte oder schon der Bursa Raemsdonck, läßt sich nicht beantworten (hierzu u. ausführlicher). Die Prüfungstätigkeit des Petrus de Dacia scheint parallel zu seinem Medizinstudium – dieses im übrigen recht selten für einen Montana-Regenten – erfolgt zu sein.

M 36: **Gerardus Ysbrandi de Harlem**; 314,29.

A: Imm. Sept. 1467, Trai. d.
B.a: Bakk. 1468 (3.11. präs.); Mag. 1.4.1471; 30.3.1473 rez.
C: Exam. 1475, 1476, zweimal; Tempt. 1477; Inz. 1473-1477, 15 Mag.
D: Dekan 1476.
E: Gerardus scheint aus der Corneliana in die Montana gekommen zu sein, da durch ihren Regenten Theodoricus de Leydis promoviert.

M 37: **Voppo Nicolai de Harlem**; 336,25.

A: Imm. Okt./Dez. 1472, Trai. d.
B.a: Bakk. 27.11.1473; Mag. 30.3.1476; 14.3.1478 rez.
C: Inz. 1478, 3 Mag.
E: Beide artistischen Grade unter dem Montaner Ego de Driel; der frühe Tod 1478 (3.6. Memoria) verhinderte offensichtlich längere Lehrtätigkeit.

M 38: **Wilhelmus Engelberti de Harlem**; 334,11.

A: Imm. März/Juni 1472, Trai. d.
B.a: Bakk. 14.6.1473; Mag. 14.4.1475; 1.9.1479 rez.
B.b: Bacc. bibl. theol. 1487.
C: Exam. 1482-1488, dreimal; Inz. 1480-1488, 18 Mag.
E: Artistische Grade unter Lambertus de Monte (Det.) und Ego de Driel.

M 39: **Theodoricus de Busco(ducis) (Herzogenbusch) al. de Bardwijck**; 259,3.

A: Imm. Okt./Dez. 1453, Leod. d.
B.a: Bakk. 1454 (2.11. präs.); Mag. 22.4.1456; 7.10.1460 rez.
B.b: Bacc. form. theol. 1466; lic. theol. 1470.
C: Exam. 1478-1497, elfmal; Det. 1478-1501, 460 Bakk.; Tempt. 1479, 1487, 1490; Exam. Liz. 1487-1502, viermal; Inz. 1478-1501, 173 Mag.
D: Dekan 1478/79, 1486/87; Rezeptor 1480; Rektor 1485/86.
E: Determinator unbekannt, Inz. war der Laurentianer Henricus de Horst. Doch lehrte Theodoricus nicht in der Laurentiana, sondern in zunehmend scharfer Konkurrenz zu den Hauptbursen in der kleineren Bursa

Raemsdonck, die er nach deren Auflösung 1473 anscheinend allein bis 1477 weiterführte, um sie dann in die Montana zu integrieren (diesbezügliche Angaben in Keussens Anm. sind zu korrigieren). Nicht nur wegen dieser Laufbahn zählt er zu den auffälligsten Personen der Montana, denn nach Zahl der Graduierten war er der mit Abstand erfolgreichste Lehrer aller Bursen (die vor 1478 graduierten Schüler, 90 Bakkalare und 16 Magister, noch nicht einmal mit einbezogen). Schon als Determinator fast jedes Jahr nachweisbar, erscheint er als Inzeptor bis auf das Jahr 1498 – in ihm versäumte der Dekan die Protokollierung der Inzeptionsakte, vgl. Un. 480, f. 275r – jährlich in den Akten. 1485/86 wird er als stellvertretender Leiter (*regens secundarius*) der Montana genannt. Er starb am 23.5.1507.

M 40: **Wessel de Elst al. de Ouchten**; 307,25.
A: Imm. 1.11.1465.
B.a: Bakk. 3.2.1467; Mag. 6.4.1468; 4.9.1471 rez.
B.b: Bacc. decr. 1479.
C: Tempt. 1477-1481, dreimal; Inz. 1480, 1482, 6 Mag.
E: Beide artistischen Grade unter Ego de Driel; Ermäßigung oder Erlaß der Immatrikulationsgebühren auf Fürsprache des Montaners Gerardus de Elten.

M 41: **Remigius Porta de Malmundario (Malmedy)**; 332,54.
A: Imm. Nov. 1471, Col. d.
B.a: Bakk. 5.12.1472; Mag. 18.4.1474.
B.b: Bacc. theol. 1480; bacc. form. 1484; lic. 1484; dr. theol. 1499.
C: Exam. 1480-1492, elfmal; Det. 1479-1497, 304 Bakk.; Tempt. 1481-1498, siebenmal; Exam. Liz. 1495; Inz. 1481-1499, 106 Mag.
E: Dekan 1480/81, 1488/89, 1492/93; Rezeptor 1492; Promotor 1494; Rektor 1498.
E: Artistische Grade unter den Montanern Lambertus de Monte (Det.) und Petrus de Dacia. Zwischen 1481 und 1499 bei nahezu allen Prüfungen der Magistranden gegenwärtig; nach quantitativen Gesichtspunkten steht Remigius an dritter Stelle der erfolgreichsten Determinatoren wie Inzeptoren der Montana.

M 42: **Everardus Dinslaken de Wesalia**; 358,59.
A: Imm. 24.4.1478, Col d.
B.a: Bakk. 16.6.1479; Mag. 16.3.1481; 1484 rez.
B.b: Bacc. theol. 1487; Bacc. form. theol. 1489.
C: Det. 1486-1490, 109 Bakk.; Tempt. 1487, 1489; Inz. 1486-1490, 19 Mag.
E: Artistische Grade unter den Montanern Ego de Driel (Det.) und Theodoricus de Busco. Früher Tod im August 1490 verhinderte längere Regentschaft.

M 43: **Valentinus Engelhardt de Geldersheim**; 362,64.

A: Imm. 8.5.1479, Herbip. d.
B.a: Bakk. 1480 (12.5. präs.); Mag. 11.4.1485; 24.5.1487 rez.
B.b: Bacc. theol. 1490; bacc. form. 1491; lic. 1494; dr. theol. 1503.
C: Exam. 1489-1500, fünfmal; Det. 1491-1500, 179 Bakk.; Tempt. 1491-1501, fünfmal; Exam. Liz. 1492-1499, viermal; Inz. 1488-1503, 85 Mag.
D: Dekan 1490/91, 1500/01; Rezeptor 1496; Rektor 1503.
E: Valentin kam von der Leipziger Universität (1478/79 imm.) nach Köln an die Montana, sein Determinator ist unbekannt, sein Inzeptor hieß Theodoricus de Busco (der ungewöhnlich lange Zeitraum zwischen Bakk. und Mag. legt eine zwischenzeitliche außeruniversitäre Tätigkeit nahe, von der jedoch nichts bekannt ist). Nach dem Tod des Lambertus de Monte 1499 folgte er ihm als vierter Haupt-Regent für 27 Jahre bis zu seinem Tod 1526 (vgl. Un. 748, f. 1v/2r).

M 44: **Johannes Olisleger de Buscoducis**; 390,42.

A: Imm. 9.4.1486, Leod. d.
B.a: Bakk. 19.6.1487; Mag. 24.3.1489; 29.3.1491 rez.
B.b: Bacc. theol. 1493; bacc. sent. 1494; bacc. form. 1495; lic. 1497; dr. theol. 1499.
C: Exam. 1494, 1497, zweimal; Det. 1495, 20 Bakk.; Tempt. 1493, 1495, 1499; Exam. Liz. 1494; Inz. 1497, 3 Mag.
D: Dekan 1494/95; Rektor 1507; Vizekanzler 1504.
E: Artistische Grade unter den Montanern Remigius de Malmundario (Det.) und Ego de Driel.

M 45: **Fredericus Keutenbrauer de Nussia (Neuß)**; 390,201.

A: Imm. 22.6.1486, Col. d.
B.a: Bakk. 19.6.1487; Mag. 4.5.1489; 29.3.1491 rez.
B.b: Bacc. theol. 1495; lic. theol. 1500.
C: Exam. 1494, 1496, zweimal; Det. 1495, 18 Bakk.
D: Rektor 1531.
E: Beide artistischen Grade unter Remigius de Malmundario. Trotz der geringen Prüfungstätigkeit muß Fredericus recht kontinuierlich an der Artisten-Fakultät gewirkt haben. Noch in seinem Todesjahr 1538 wurde er als *senior facultatis artium* bezeichnet. Für seine Präsenz spricht auch die viermalige Bestimmung zum artistischen Intrans zwischen 1500 und 1536 (vgl. Angaben in Keussens Matr.-Anm.).

M 46: **Petrus de Harlem**; 390,100.

A: Imm. 28.4.1486, Trai. d.
B.a: Bakk. 11.7.1487; Mag. 23.3.1490.
C: Exam. 1493, einmal.
E: Artistische Grade unter den Montanern Theodoricus de Busco (Det.) und Everardus de Wesalia.

M 47: Petrus de Dacia; 398,40.

A: Imm. 23.4.1488.
B.a: Bakk. 16.6.1489; Mag. 7.4.1491.
C: Exam. 1495, einmal.
E: Artistische Grade unter dem Cornelianer Mathias de Venlo (Det.) und dem Montaner Remigius de Malmundario. Möglicherweise ist der Examinator von 1495 auch identisch mit dem bereits am 25.10.1486 immatrikulierten Petrus de Schanea de Dacia (M 392,25), der Bakkalaureat (1487 unter Remigius de Malmundario) und Magisterium (1489 unter Theodoricus de Busco) in der Montana erwarb. Unwahrscheinlich ist eine Identität mit dem o.g. gleichnamigen Montana-Regenten, der in den siebziger Jahren in der Burse gelehrt hatte.

M 48: Gisbertus Segeri de Buscoducis; 310,29.

A: Imm. 16.9.1466, Leod. d.
B.a: Mag. 25.4.1471; 4.6.1478 rez.
B.b: Bacc. theol. 1497.
C: Exam. 1497, einmal.
E: Det. unbekannt, Inz. war der Montaner Henricus de Orsoy. Auffallend große Intervalle zwischen Magisterium und *receptio* sowie zwischen dieser und der Prüfungstätigkeit, doch begegnet Gisbertus schon 1486 und 1494 als artistischer Intrans.

M 49: Theodoricus Born de Novimagio (Nimwegen); 396,55.

A: Imm. 30.10. 1487, Col. d.
B.a: Bakk. 2.12.1488; Mag. 3.4.1490.
B.b: Bacc. theol. 1495; bacc. form. 1496; lic. 1499; dr. theol. 1515.
C: Exam. 1496-1506, viermal; Det. 1495-1514, 344 Bakk.; Tempt. 1495-1513, elfmal; Exam. Liz. 1506-1514, viermal; Inz. 1499-1514, 99 Mag.
D: Dekan 1496/97, 1506/07; Rezeptor 1500, 1512; Rektor 1514/15.
E: Artistische Grade unter Remigius de Malmundario (Det.) und Everardus de Wesalia. 1514 als stellvertretender Leiter (*conregens*) der Montana genannt.

M 50: Rutger ter Rijt de Gelria; 414,147.

A: Imm. 15.6.1492, Col. d.
B.a: Bakk. 4.6.1493; Mag. 9.4.1495; 28.6.1498 rez.
B.b: Bacc. med. 1499.
C: Exam. 1499, einmal.
E: Artistische Grade unter den Montanern Valentin von Geldersheim (Det.) und Remigius von Malmedy.

M 51: Andreas Herl de Bardwijck; 419,76.

A: Imm. 1.10.1493, Leod. d.
B.a: Bakk. 26.11.1494; Mag. 13.7.1496; 31.3.1499 rez.

Die personelle Zusammensetzung der Prinzipal-Bursen   41

B.b: Bacc. form. theol. 1501; lic. theol. 1504.
C: Exam. 1501-1507, fünfmal; Det. 1502-1509, 183 Bakk.; Tempt. 1505-1521, dreimal; Exam. Liz. 1504-1516, viermal; Inz. 1502-1525, 146 Mag.
D: Dekan 1504/05; Rezeptor 1508; Rektor 1525/26.
E: Andreas Herl war ein Neffe des Theodoricus de Busco, unter dem er sein Bakkalaureat erwarb. Sein Inzeptor hieß Valentin von Geldersheim. Auffällig der Einsatz Herls bei den Magisterpromotionen: von 1502-1525 wurde er jedes Jahr mit Ausnahme von 1522, als der Dekan eine ausführliche Protokollierung versäumte (vgl. Un. 481, f. 143v), als Inzeptor geführt; hinsichtlich der Zahl seiner Promovenden wird er – auch im Vergleich zu den Inzeptoren der anderen Bursen – nur von seinem Onkel Theodoricus de Busco übertroffen. Diese beiden Regenten und Verwandten promovierten damit allein ein Viertel aller zwischen 1450 und 1550 graduierten Magister der Montana – eine Konzentration, wie es sie in keiner anderen Burse gab.

M 52: Rutger de Venlo; 410,60.

A: Imm. 4.5.1491, Leod. d.
B.a: Bakk. 4.7.1492; Mag. 21.4.1494.
B.b: Bacc. theol. 1501; bacc. form. 1503; lic. theol. 1506.
C: Exam. 1500-1514, sechsmal; Det. 1502-1517, 176 Bakk.; Tempt. 1503-1516, neunmal; Exam. Liz. 1503-1518, fünfmal; Inz. 1502-1518, 102 Mag.
D: Dekan 1502/03, 1514/15; Rezeptor 1504; Rektor 1519.
E: Artistische Grade unter Theodoricus de Busco (Det.) und Remigius de Malmundario. Während Rutger als Determinator nur bei 8 Terminen zwischen 1502 und 1517 auftrat, begegnet er als Inzeptor jedes Jahr zwischen 1502 und 1518. Er starb recht jung 1525.

M 53: Theodoricus Scatter de Harlem; 416,7.

A: Imm. 13.10.1492, Trai. d.
B.a: Bakk. 3.12.1493; Mag. 26.4.1496.
B.b: Bacc. theol. 1501; bacc. form. theol. 1507.
C: Exam. 1501-1505, dreimal.
E: Beide artistischen Grade unter Theodoricus de Busco. Scatters früher Tod im November 1507 verhinderte offensichtlich eine längere Lehrtätigkeit.

M 54: Henricus Leusman de Fredenborch; 432,14.

A: Imm. 12.10.1496, Col. d.
B.a: Bakk. 1498 (9.6. Zulass.); Mag. 20.3.1500.
B.b: Bacc. bibl. theol. 1504; bacc. form. 1508; lic. theol. 1512.
C: Exam. 1503-1513, elfmal; Det. 1511-1515, 90 Bakk.; Tempt. 1509-1515, dreimal; Inz. 1511-1518, 26 Mag.
D: Dekan 1508/09, 1512/13; Promotor 1514.
E: Det. unbekannt, Inz. war Theodoricus de Busco.

M 55: Mathias Cremerius de Aquis; 450,51.

A: Imm. März/Juni 1501, Leod. d.
B.a: Bakk. 24.5.1502; Mag. 8.5.1505.
B.b: Bacc. sent. theol. 1510; bacc. form. 1511; lic. theol. 1514.
C: Exam. 1507-1516, neunmal; Det. 1514-1545, 265 Bakk.; Tempt. 1511-1529, dreimal; Exam. Liz. 1519-1538, zwölfmal; Inz. 1516-1545, 70 Mag.
D: Dekan 1510/11, 1516/17; Rezeptor 1516, 1533, 1536; Promotor 1516; Rektor 1533.
E: Einer der herausragenden Montana-Regenten der ersten Hälfte des 16. Jahrhunderts. Nach dem Tod Valentins von Geldersheim 1526 nahm Matthias von Aachen dessen Platz als Haupt-Regent der Burse ein (vgl. Un. 748, f. 2r). Beide artistischen Grade hatte er unter Rutger von Venlo erworben. Auffallend, daß Matthias seine Graduierungstätigkeit erst mit dem theologischen Lizentiat begann und ungewöhnlich lange ausübte. Sehr häufig stellte er den artistischen Intrans zwischen 1512 und 1557, seinem Todesjahr.

M 56: Johannes Doebner (Dobneck) de Wendelstein al. Cochläus; 462,20.

A: Imm. 26.4.1504, Eysted. d.
B.a: Bakk. 3.6.1505; Liz. 13.3.1507; 12.5.1509 rez.
C: Exam. 1509, einmal.
E: Johannes Cochläus determinierte unter Theodoricus de Novimagio, sein Inzeptor ist nicht bekannt. Keussen hat die weiteren auf Cochläus bezogenen Angaben irrtümlich in die Anm. zu dem am 26.5.1509 immatrikulierten Johannes Dobneck de Wendelstein (M 481,85) eingefügt. Dieser mutmaßliche Verwandte des Cochläus trat ebenfalls in die Montana ein und determinierte im Dez. 1509 unter einem der Lieblingslehrer des Cochläus, Andreas Herl de Bardwijck. Zu diesem Verhältnis u. ausführlicher.

M 57: Johannes Wickede de Tremonia (Dortmund); 481,73.

A: Imm. 19.5.1509, Col. d.
B.a: Bakk. 28.5.1510; Mag. 30.3.1512; 2.5.1514 rez.
B.b: Bacc. utr. iur. 1516; lic. leg. 1521; lic. decr. 1522.
C: Exam. 1514-1518, dreimal.
E: Beide artistischen Grade unter Rutger de Venlo.

M 58: Arnoldus Halderen de Wesalia; 450,89.

A: Imm. März/Juni 1501.
B.a: Bakk. 24.5.1502; Mag. 20.4.1504; 8.10.1516 rez.
B.b: Bacc. bibl. theol. 1516; bacc. form. 1519; lic. theol. 1522.
C: Exam. 1517-1520, viermal; Det. 1519-1527, 119 Bakk.; Tempt. 1519-1526, siebenmal; Exam. Liz. 1527; Inz. 1519-1526, 31 Mag.
D: Dekan 1518/19, 1520/21; Rezeptor 1520.

E: Beide artistischen Grade unter Rutger de Venlo; erstaunlich das lange Intervall von 12 Jahren bis zur Aufnahme in die Artisten-Fakultät und damit zum Beginn der Lehrtätigkeit.

M 59: **Johannes Ott de Frickenhusen** al. **Frissemius**; 487,68.

A: Imm. 3.10.1510, Herbipol. d.
B.a.: Bakk. 1512 (21.5. präs.); Mag. 28.3.1514.
B.b: Bacc. theol. 1522; Bacc. decr. 1522; lic. decr. 1524; dr. decr. 1525.
C: Exam. 1517-1522, sechsmal; Tempt. 1523.
D: Dekan 1522/23.
E: Frissemius kam von Leipzig (1508 imm.; Erler 1895, 486) nach Köln in die Montana, zusammen mit einer Gruppe fränkischer Mitstudenten aus Frickenhausen und dem benachbarten Ochsenfurt, die allesamt (M 487,66-70) in die Montana gingen (zum fränkischen Kreis an der Montana v.a. um Valentin von Geldersheim s.u. 267–270); Det. unbekannt, Mag. unter Henricus de Fredenborch. Er starb 1533, noch vor Antritt der ihm 1532 angetragenen Kanzlerschaft im Kölner Erzstift.

M 60: **Theodoricus de Orsoy**; 475,96.

A: Imm. 3.11.1507, Col. d.
B.a: Bakk. 28.11.1508; Liz. 11.3.1510; 27.3.1518 rez.
B.b: Bacc. theol. 1518; lic. theol. 1520.
E: Bakk. unter Rutger de Venlo, Inz. unbekannt; auffallend langer Zeitraum bis zur *receptio* als Montaner; obwohl keine Prüfungs- oder Graduierungstätigkeit bekannt ist, häufige Wahl zum artistischen Intrans zwischen 1521 und 1555.

M 61: **Wilhelmus Brunonis de Harlem**; 506,72.

A: Imm. 26.5.1515, Trai. d.
B.a: Bakk. 27.5.1516; Mag. 8.6.1518.
C: Exam. 1521-1524, viermal; Tempt. 1525.
D: Dekan 1524/25.
E: Artistische Grade unter Andreas de Bardwijck (Det.) und Mathias de Aquis. 1526 wechselte Wilhelmus unter uneinsichtigen Gründen in die Kuckana, für die er 1526/27 das Dekanat und das damit verbundene Examinator- sowie Temptator-Amt übernahm.

M 62: **Hermannus Deithart de Hammone**; 518,54.

A: Imm. Mai 1518, Col. d.
B.a: Bakk. 7.7.1519; Mag. 20.3.1521; 20.3.1523 rez.
B.b: Bacc. decr. 1526; lic. leg. 1530; lic. decr. 1531; dr. leg. 1533.
C: Exam. 1524-1531, zehnmal; Det. 1531, 8 Bakk.; Tempt. 1530, 1531; Exam. Liz. 1531, 1532; Inz. 1530, 3 Mag.
E: Artistische Grade unter den Montanern Matthias von Aachen (Det.) und Arnold von Wesel; das Bakkalaureat im geistlichen Recht erwarb er unter

dem Mitregenten Johannes Frissemius. Bei beiden Montana-Juristen dominierte der mehr formale Prüfungsbereich gegenüber dem eher persönlichen Graduierungseinsatz.

M 63: **Johannes Vulsken (Volsius) de Lunen**; 492,20.

A: Imm. 29.10.1511, Col. d.
B.a: Bakk. 25.11.1512; Mag. 27.3.1514; 17.3.1520 rez.
B.b: Bacc. iur. 1523; bacc. theol. 1521; bacc. form. 1523; lic. theol. 1526.
C: Exam. 1524-1533, achtmal; Det. 1530, 1533, 30 Bakk.; Tempt. 1526-1531, fünfmal; Exam. Liz. 1530, 1531, 1532; Inz. 1526-1532, 16 Mag.
D: Dekan 1526, 1532; Rezeptor 1524, 1530; Rektor 1538.
E: Artistische Grade unter Theodoricus de Novimagio (Det.) und Rutger de Venlo, doch nach seiner recht späten *receptio* wirkte er bis 1524 in der Corneliana, aus der er nach deren Untergang in die Montana zurückkehrte (oben nur Aufnahme der Montana-Lehrtätigkeit); noch 1557 wurde er als Konregent bzw. Konrektor der Montana bezeichnet (vgl. M 676,10).

M 64: **Jacobus Cremerius de Aquis**; 492,41.

A: Imm. 31.10.1511, Leod. d.
B.a: Bakk. 25.11.1512; Liz. 16.3.1514; Mag. 27.5.1516; 1525 rez.
B.b: Bacc. theol. 1523; bacc. form. theol. 1528.
C: Exam. 1525-1527, dreimal; Tempt. 1528.
D: Dekan 1527/28; Rezeptor 1527.
E: Artistische Grade unter Theodoricus de Novimagio (Det.) und Andreas de Bardwijck. Jacobus war ein Neffe des Mathias Cremerius de Aquis; merkwürdig – wie schon bei Arnoldus de Wesalia und Johannes de Lunen – der längere Zeitraum zwischen Magisterium (das auch später als gewöhnlich erfolgte) und *receptio*.

M 65: **Petrus Gerardi de Tila**; 510,45.

A: Imm. 30.4.1516, Trai. d.
B.a: Bakk. 17.6.1517; Liz. 17.3.1519; Mag. 12.11.1530; 20.12.1531 rez.
B.b: Bacc. iur. 1532.
C: Exam. 1532, einmal; Tempt. 1532, 1533.
E: Bakk. unter Rutger de Venlo; der Inzeptor für sein sehr spätes Magisterium ist unbekannt.

M 66: **Johannes Bronkhorst de Novimagio**; 551,28.

A: Imm. 8.10.1526, Col. d.
B.a: Bakk. 1527 (16.11. Zulass.); Liz. 9.3.1529; 20.12.1531 rez.
B.b: Bacc. leg. 1543.
C: Exam. 1532-1540, fünfmal; Det. 1535-1540, mehr als 24 Bakk.; Tempt. 1533-1539, viermal; Exam. Liz. 1537, 1538, 1542; Inz. 1537-1542, 16 Mag.
D: Dekan 1534/35; Rezeptor 1539; Inhabitator der Artistenschule 1536-1542/43.

E: Det. und Inz. unbekannt (seit 1520 sind die Dekanatsbücher sehr lückenhaft protokolliert – ein Resultat und Symptom der allgemeinen Universitätskrise); zum Consilium der Fakultät rezipiert als Magister artium und *lector domus Mont.*, bezeugt durch Mathias de Aquis. Die Zahl der unter Bronkhorst determinierenden Scholaren muß höher als 24 sein, da die Namen vom Winter 1535 nicht protokolliert wurden; wohl aber wurde vermerkt, daß sie in der Montana durch ihn graduiert wurden; vgl. Un. 481, f. 199r.

M 67: Jacobus Kremer de Hochstraten; 556,6.

A: Imm. 12.12.1527, Cam. d.
B.a: Bakk. 1528 (6.6. Zulass.); Liz. 26.3.1530; Mag. 12.11.1530; 9.10.1532 rez.
B.b: Bacc. form. theol. 1536; lic. theol. 1540.
C: Exam. 1532-1546, zwölfmal; Det. 1539-1548, 53 Bakk.; Tempt. 1536-1545, siebenmal; Exam. Liz. 1540-1547, viermal; Inz. 1536-1548, 21 Mag.
D: Dekan 1537/38, 1546/47; Rezeptor 1542; Rektor 1547/48.
E: Det. und Inz. unbekannt, doch zweifelsfrei Montana-Regent.

M 68: Johannes Uphoff de Recklinghusen; 567,16.

A: Imm. Okt. 1530, Col. d.
B.a: Bakk. 13.6.1531; Mag. 1.4.1533; 1.6.1535 rez.
B.b: Bacc. bibl. theol. 1538.
C: Exam. 1535, 1536, dreimal; Tempt. 1538, 1539.
E: Artistische Grade unter den Montanern Hermannus de Hammone (Det.) und Mathias de Aquis.

M 69: Sebastianus Novimola (Niermoell) de Duisburg; 562,7.

A: Imm. 30.4.1529, Col. d.
B.a: Bakk. 12.7.1530; Mag. 4.6.1532.
B.b: Bacc. bibl. theol. 1537; bacc. form. 1539; lic. 1545; dr. theol. 1562.
C: Exam. 1535, 1537, 1540, dreimal; Det. 1545, 13 Bakk.; Inz. 1539, 1546, 6 Mag.
D: Dekan 1540/41; Rezeptor 1545; Rektor 1549/51, 1564/65.
E: Artistische Grade unter Johannes de Lunen (Det.) und Mathias de Aquis.

M 70: Hermannus Schilder Embricensis; 562,6.

A: Imm. 30.4.1529, Col. d.
B.a: Bakk. 12.7.1530; Mag. 19.3.1532; 1.9.1537 rez.
B.b: Bacc. theol. 1539.
C: Exam. 1537-1544, achtmal; Tempt. 1540-1544, dreimal; Exam. Liz. 1544.
E: Beide artistischen Grade unter Johannes Lunensis.

M 71: Ewaldus Novesiensis (von Neuß); 587,19.

A: Imm. 30.10.1535, Col. d.
B.a: Bakk. 1535 (2.11. präs.); Mag. 3.7.1537.
C: Exam. 1541-1545, fünfmal; Tempt. 1545.
E: Det. unbekannt, Mag. unter Johannes Bronkhorst.

M 72: Henricus Kraen Burensis; 602,22.

A: Imm. 16.5.1539.
B.a: Bakk. 9.12.1539; Mag. 8.5.1543; 30.5.1544 rez.
C: Exam. 1544.
E: Beide artistischen Grade unter dem Montaner Jacobus de Hochstraten; als *lector domus Mont.* 1544 rezipiert.

M 73: Philipp Mulman de Nussia; 559,9.

A: Imm. 2.9.1528, Col. d.
B.a: Bakk. 1528 (17.11. Zulass.); Liz. 20.3.1530; Mag. 12.12.1531; 21.3.1544 rez.
B.b: Bacc. form. theol. 1542; lic. theol. 1545.
D: Rektor 1557/58.
E: Det. unbekannt, Mag. unter Mathias Aquensis; wie Theodoricus de Orsoy ließ sich Mulman erst sehr spät als Bakkalar der Theologie in das Consilium der Artisten-Fakultät rezipieren; als Prüfer für die Montana nicht nachweisbar, doch zwischen 1545 und 1562 häufig artistischer Intrans.

M 74: Bernardus Cremerius de Aquis; 579,52.

A: Imm. 17.12.1533, Leod. d.
B.a: Bakk. 1538 (8.11. Zulass.); Mag. 2.5.1542; 20.12.1545 rez.
B.b: Bacc. theol. 1548; bacc. form. 1549; lic. theol. 1554.
C: Exam. 1545-1549, sechsmal; Det. 1547, 1548, 22 Bakk.; Exam. Liz. 1547; Inz. 1546, 3 Mag.
D: Dekan 1549/50; Rezeptor 1548; Rektor 1560/61.
E: Det. unbekannt, Mag. (8 Jahre nach der Imm.!) unter seinem Onkel Mathias de Aquis.

M 75: Henricus Enent Monasteriensis; 617,22.

A: Imm. 7.5.1543.
B.a: Bakk. 1543 (14.6. Zulass.); Mag. 17.6.1545; 22.12.1546 rez.
C: Exam. 1547, einmal; Temptator 1547, 1548.
E: Det. unbekannt, Mag. unter Mathias de Aquis; als *lector domus Mont.* 1546 rezipiert; in den fünfziger Jahren in Münster Ratsherr und mehrmaliger Bürgermeister.

b) Laurentiana

Auch die zweite der um 1420 gegründeten Kölner Prinzipalbursen kann mit einer eigenen Bursen-Historiographie aufwarten – ein eigentümliches Zeugnis tatsächlicher und selbstempfundener Bedeutsamkeit. Die Geschichte der Laurentiana, ‚origo et progressus gymnasii, quod Bursam Laurentiana vocant, ex eius annalibus', wurde von dem Laurentiana-Regenten Arnoldus Luyde de Tongris[62] bis zum Jahr 1530, dem Ende seiner Bursenleitung, erstellt, in der Folge dann bis 1788 fortgesetzt.[63] Vor allem im Vergleich zur Geschichte der Montana-Burse fällt bei dieser Historiographie auf, daß sie in ihren Angaben sehr ausführlich ist, den Ursprung der Burse gar bis zum Anfang der Universität zurückführt.

Die Behauptung einer mit den Anfängen der Kölner Universität korrespondierenden Genesis der Laurentiana-Burse liegt vermutlich in ihrer Konkurrenzsituation zur Montana begründet, die für sich das Prädikat *bursa antiquissima* beanspruchte. Formales Prinzip einer solch konstruierten Ursprünglichkeit, die keineswegs der tatsächlichen Entwicklung der Burse entsprach, war eine Filiation der Regenten, die auf einem Lehrer-Schüler-Verhältnis im Theologiestudium beruhte.[64] Denn als erster Regent der Laurentiana wurde Theodoricus Kerkering de Monasterio[65] postuliert, der theologische Lehrer der folgenden Regenten Rutger Overhach de Tremonia[66] und Johannes de Wachendorp[67]. Unter Rutger Overhach, spätestens 1418 Doktor der Theologie[68], wurde wiederum 1424 Henricus Bemel de Xanctis[69] promoviert, der 1423 unter

---

[62] M 392,67.
[63] Un. 760; s. auch Cavigioli 1981, 306 ff.
[64] Hierzu auch Meuthen 1988, 93.
[65] M I,16.
[66] M 6,54.
[67] M II,280. Zum Lehrer-Schüler-Verhältnis: Un. 760, f. 9r. Allerdings bezeichnete auch der Thomist Heinrich von Gorkum Theodoricus de Monasterio als seinen Lehrer: *in premissis me conformo cum preceptore meo magistro Theodorico de Monasterio* (Weiler 1962, Anm. 31).
[68] Overhachs theologische Promotion erfolgte nicht 1421, wie in Un. 760, f. 9r, angegeben (vgl. Vennebusch 1976, 238). Zu ihm ferner: Cavigioli 1981, 307 f.; Vennebusch 1976a, 51 ff., 169 f.; Vennebusch 1983, 44. Zu Johannes Wachendorp vgl. Cavigioli 1981, 307, Anm. 55 (die Matr.-Nr. ist zu korrigieren).
[69] M 33,5.

Overhach *exercens et conregens in bursa* gewesen sein soll.[70] Rutger Overhach war nun aber auch theologischer Lehrer des Heymericus de Campo[71], der als eigentlicher Begründer der Laurentiana-Burse betrachtet werden muß.[72] Mit ihm soll nun die schematisierte Regentenliste der Laurentiana einsetzen.

L 1: Heymericus de Campo; 132,124.
A: Imm. Dez. 1421/Juni 1422 (wohl Mai/Juni 1422), Leod. d.
B.a: 27.6.1422 rez.
B.b: Bacc. theol. 1424; bacc. form. 1425; dr. theol. 1428.
C: Det. 1422-1426, 44 Bakk.; Inz. 1423-1429, 21 Mag.
D: Dekan 1424/25; Vizekanzler 1435.
E: Heymericus kam als Magister artium der Pariser Universität über Diest 1422 nach Köln, wo er bis 1428, als er durch seinen *promotor* Rutger Overhach das theologische Doktorat erhielt, an der Artisten-Fakultät lehrte. Dabei ist recht außergewöhnlich, daß er noch 1429 als Professor der Theologie 2 seiner Schüler zu Magistern promovierte. Schon 1432 verließ er Köln als Gesandter der Universität zum Basler Konzil, auf dem er bis 1435 blieb. Nach seiner Rückkehr aus Basel im Februar 1435 übte er noch für kurze Zeit das Amt des Vizekanzlers aus. (Zum Datum der Rückkehr: R 557. Die Ausübung des Amtes als Vizekanzler wird für den 28.2.1435 während des Lizentiats-Examens bezeugt; vgl. Un. 478, f. 24r. Die Angabe 1431 für die Vizekanzlerschaft ist fälschlicherweise in Keussens Anm. zu M 132,124 eingegangen, das korrekte Datum findet sich in seiner Liste der Vizekanzler; vgl. Keussen 1934, 381. Entsprechend ist Cavigioli 1981, 311, Anm. 80, zu verbessern.) Doch schon im gleichen Jahr folgte er der Werbung der Stadt Löwen, an der dortigen Universität eine Theologie-Professur zu übernehmen. Seine Kölner Burse hatte Heymericus auf dem Eigelstein eröffnet. Wann dies geschah, ist nicht belegt; um 1425 dürfte es aber gewesen sein. Er leitete sie offensichtlich noch als Doktor der Theologie. Denn die Privatchronik des Kölner Bürgers Johannes Slosgin berichtet, dieser habe seinen Sohn Jan nach achtjährigem Besuch der Pfarrschule an St. Brigiden 1431 mit 15 Jahren *in meister Heymerichs burse* auf dem Eigelstein gegeben (vgl. R 475). Heymericus muß zu dieser Zeit ein

---

[70] Un. 760, f. 9r. Der Begriff „exercens" findet allerdings erst Anfang des 16. Jahrhunderts Eingang in die Quellen, muß also als zeitgebundener Transfer Arnolds von Tongern angesehen werden. Zu Henricus de Xanctis s. Graven 1935, 19, Nr. 19; Clasen 1952, 85-91; Vennebusch 1976, 239, 245 f.; Vennebusch 1976a, 152 f.; Schmidt/Heimpel 1977, 113; Cavigioli 1981, 307. (Er ist nicht zu verwechseln mit seinem gleichnamigen Neffen, dem späteren Dekretisten [M 143,26].)

[71] M 132,124.

[72] Un. 760, f. 9r. Einschlägig zur Biographie des Heymericus de Campo: Cavigioli 1981, 293-311; zum theologischen Lehrer-Schüler-Verhältnis s. auch Vennebusch 1976, 241, 248.

Haus mit Hof innerhalb der Immunität von St. Aposteln bewohnt haben (vgl. R 564).

L 2: Johannes Flamingi de Audenardo; 130,118.

A: Imm. Juni/Okt. 1421, Torn. et Cam. d.
B.a: Bakk. 14.6.1422; Liz. 14.4.1424; Mag. 17.4.1424.
C: Det. 1424, 1425, 18 Bakk.; Inz. 1425, 1426, 3 Mag.
E: Det. unter dem für die Bursengeschichte irrelevanten Petrus de Loe (M 114,13); am 3.2.1423 wurde Flamingi wegen ungenannter *defectus* nicht zum Lizentiats-Examen zugelassen, ein Jahr später inzipierte er unter Heymericus de Campo. Sowohl in der Laurentiana-Chronik als auch in Keussens Regentenliste fehlt sein Name; dabei wird seine Person von einiger Bedeutung für den frühen Einfluß der Laurentiana auf die Universität Löwen sein, wohin er seinem Lehrer Heymericus im Frühjahr/Sommer 1426 vorausging (Keussen bezog die Lehrtätigkeit des Johannes Flamingi de Audenardo auf den 1390 immatrikulierten Johannes Flamyng [M 6,25], den er gleichfalls in Löwen wirksam sah. Mit Sicherheit hat dieser frühe Namensvetter jedoch nichts mit den Handlungen des Laurentiana-Regenten in Köln und Löwen zu tun). Noch zwischen März und Juni 1426 ließ sich der Diener des Johannes Flamingi, Petrus Dudzeel de Brugis (M 149,69), in Köln immatrikulieren, der dann aber ebenfalls 1427 an die Löwener Universität wechselte.

L 3: Gerardus Hoefmans de Hamont; 134,50.

A: Imm. Juni/Okt. 1422, Leod. d.
B.a: Bakk. 22.6.1423; Mag. 21.4.1425.
B.b: Bacc. med. 1429; dr. med. 1445.
C: Det. 1428, 1429, 23 Bakk.; Inz. 1427, 3 Mag.
D: Dekan 1429; Rektor 1445, 1450/51, 1462/63.
E: Beide artistischen Grade unter Heymericus de Campo; die Angabe in Arnold von Tongerns Chronik, Gerardus sei neben dem unten (L 4) zu nennenden Johannes de Mechlinia, der ihn auch zum Magister promoviert haben soll, Konregent gewesen (Un. 760, f. 9r), ist demnach zu korrigieren. Nach der kurzen Regentschaft an der Laurentiana unter Heymericus de Campo ließ sich Gerardus im Dez. 1429 an der Löwener Universität einschreiben, wo er – zumindest 1430 – über Mathematik las (vgl. Weiler 1978, 52, 78). Seit 1445 lehrte er als Doktor der Medizin wieder an der Kölner Universität.

L 4: Johannes Hulshout de Mechlinia; 136,38.

A: Imm. Dez. 1422/März 1423, Cam. d.
B.a: Bakk. 2.6.1424; Mag. 30.4.1426; 3.11.1427 rez.
B.b: Bacc. form. theol. 1434; lic. 1438; dr. theol. 1440.
C: Det. 1430-1439, 79 Bakk.; Inz. 1429-1439, 48 Mag.
D: Dekan 1430/31; Rektor 1438/39, 1450/51, 1468; Vizekanzler 1440-1461.

E: Beide artistischen Grade unter dem Cornelianer Johannes Custodis. Nach der Rezeption in die Kölner Artisten-Fakultät wechselte Hulshout nach Löwen, wo er 1428 lehrte (vgl. Weiler 1978, 52, 78). Nach der Rückkehr Anschluß an die Laurentiana, bedingt wohl hauptsächlich durch das Theologiestudium unter Heymericus de Campo (vermutlich 1429-1432, 1435). 1436 wurde Hulshout mitgeteilt, er müsse sich einen anderen theologischen Lehrer suchen, da sein Magister (Heymericus de Campo) schon seit über einem halben Jahr in Löwen lehre (vgl. Anm. zu M 136,38). Arnold von Tongerns irrige Behauptung, Johannes de Mechlinia habe unter Heymericus die *insignia in theologia* erhalten (Un. 760, f. 9r/v), scheint v.a. zwecks Begründung der Regententradition aufgestellt worden zu sein, da Hulshout in der Bursengeschichte als Nachfolger des Heymericus geführt wird. Nach Riphaen (Un. 84, f. 9v) war Johannes de Mechlinia um 1426 gar der erste Leiter der Laurentiana. Zu Mechlinias Biographie: Pattin 1976, 104 ff.

L 5: **Laurentius Berungen (Buninch) de Groningen**; 141,23.

A: Imm. März/Juni 1424, Trai. d.
B.a: Bakk. 12.6.1425; Mag. 12.5.1427.
B.b: Bacc. theol. 1434; bacc. form. 1438; lic. theol. 1442 (1440?).
C: Exam. 1447-1462, dreimal; Det. 1430-1444, 35 Bakk.; Tempt. 1449, 1457; Exam. Liz. 1469; Inz. 1432-1446, 12 Mag.
D: Dekan 1432/33, 1447/48, 1469; Rektor 1442/43.
E: Bakk. unter dem Cornelianer Johannes Custodis, Mag. unter Heymericus de Campo (somit vermutlich nach dem Bakk. Wechsel in die Burse des Heymericus). Diesen wählte Berungen, gleich Johannes de Mechlinia, ebenfalls als theologischen Lehrer. Die Angabe Arnolds von Tongern, Laurentius habe seinen theologischen Kursus bis zum Lizentiat (1440) unter Heymericus vollendet (Un. 760, f. 9v), ist durch dessen Löwener Professur nicht zu stützen. Berungen erhielt nicht, wie Tongern besonders betont, die Insignien des theologischen Doktorats (1446 wurde ihm diesbezüglich ein Dispens gewährt). Somit konnte er sich bis zu seinem Tod 1470 über 40 Jahre lang primär in der Artisten-Fakultät engagieren und überwiegend der Burse widmen, deren Leitung er 1440 (theologisches Doktorat und Vizekanzlerschaft des Johannes de Mechlinia) oder schon 1439 (seit diesem Jahr werden in der Bursengeschichte *legentes sub Laurentio* geführt; vgl. u. L 18, L 19) übernommen haben dürfte. (Ausdrücklich festgelegt und genau datiert wird dieser Übergang jedoch nirgendwo.) Dabei fällt auf, daß er in dieser langen Zeit relativ selten als Prüfer oder mit artistischen Ämtern begegnet. Arnold von Tongern zufolge gilt Laurentius de Groningen als erster eigentlicher Regent der Laurentiana-Burse (Un. 760, f. 9v; nach Un. 84, f. 9v, und Hartzheim 1747, 217, fungierte er als zweiter Leiter nach Johannes de Mechlinia). Diese Einstufung durch Arnold resultierte wohl in erster Linie aus dem von ihm berichteten Verdienst des Laurentius, der Burse als erster ein festes und großes Domizil verschafft und dadurch die Regentschaft gefestigt zu haben. Durch den je nach Belieben der Regenten

üblichen Wechsel der Häuser sei die Stabilität der Bursenleitung recht unsicher gewesen. Die Immobilien-Fundierung der Burse durch Laurentius dürfte für ihre Bezeichnung als Bursa Laurentiana mitbestimmend, wenn nicht gar entscheidend gewesen sein.

L 6: **Nicolaus Scholten de Wesalia**; 147,20.

A: Imm. Okt./Dez. 1425, Col. d.
B.a: Bakk. Nov. 1426; Mag. 22.4.1428; 30.9.1429 rez.
B.b: Bacc. bibl. theol. 1435; bacc. form. theol. 1438.
C: Exam. 1435, einmal; Det. 1433, 1437, 17 Bakk.; Inz. 1434, 1435, 1438, 8 Mag.
D: Dekan 1435.
E: Beide artistischen Grade unter Heymericus de Campo; der frühe Tod 1438 verhinderte eine längere Regentschaft.

L 7: **Johannes Aqua de Berka** (Wegberg); 147,22,

A: Imm. Okt./Dez. 1425, Leod. d.
B.a: Bakk. 17.6.1427; Mag. 25.4.1429; 9.10.1430 rez.
B.b: Bacc. form. theol. 1439; lic. 1446; dr. theol. 1458.
C: Exam. 1434-1450, viermal; Det. 1434, 1439, 14 Bakk.; Tempt. 1439, 1453; Inz. 1440, 1453, 6 Mag.
D: Dekan 1436/37, 1446; Rektor 1459/60, 1470; Vizekanzler 1472-1477.
E: Bakk. unter Johannes Custodis in der Corneliana, Mag. unter Heymericus de Campo (dieser damals bereits dr. theol.). Johannes Aqua de Berka verdient besondere Beachtung durch die Tatsache, daß er sich 1450 zusammen mit dem gleich zu nennenden Johannes de Kuyck von Laurentius de Groningen trennte, um eine neue Burse, die Kuckana, zu eröffnen (hierzu auch Un. 760, f. 9v). Die obigen Angaben sind also ab 1450 für ihn als Kuckana-Regenten gültig.

L 8: **Johannes de Kuyck**; 170,27.

A: Imm. Aug. 1431, Leod. d.
B.a: Bakk. 9.12.1432; Mag. 21.4.1434; 20.12.1434 rez.
B.b: Bacc. sent. theol. 1442; bacc. form. 1444; lic. 1445; dr. theol. 1447 (?).
C: Exam. 1443, 1445, dreimal; Det. 1435-1445, 63 Bakk.; Tempt. 1446; Inz. 1435-1446, 23 Mag.
D: Dekan 1440/41; Rektor 1448.
E: Artistische Grade unter den Montanern Henricus de Embrica (Det.) und Wilhelmus de Leodio. Ob er bei seiner Tätigkeit als Determinator 1435/36 noch der Montana oder schon der Laurentiana angehörte, läßt sich nicht entscheiden. Nach 1436 Wechsel an die Löwener Universität (offenbar für 4 Jahre, da ab 1440 wieder im Dekanatsbuch der Kölner Artisten nachzuweisen); möglicherweise erst in Löwen, unter dem Einfluß des Heymericus de Campo, personaler und lehrinhaltlicher Konnex zur Laurentiana-Burse. In Löwen muß Johannes de Kuyck auch sein theologisches Studium begonnen

haben, denn bereits 1442 wird er in Köln als Baccalarius sententiarius, 1445 als Lizentiat der Theologie genannt. Wahrscheinlich erhielt er Ende 1446 unter Johannes de Mechlinia die Insignien des theologischen Doktorats, denn Anfang 1446 trat er noch als Temptator und Inzeptor bei den Artisten auf (A. von Tongern: *suscepit insignia 1446 sub Mechlinia*; vgl. Un. 760, f. 9v). Laurentius de Groningen hatte ihn zum *conregens*, also zum stellvertretenden Leiter, bestellt (Un. 760, f. 9v). Bemerkenswert, daß Johannes de Kuyck bei der Gründung der neuen, nach ihm Kuckana genannten Burse als mehrjähriger Doktor der Theologie formal bereits aus der Artisten-Fakultät ausgeschieden war.

L 9: **Johannes Athilmer de Scotia**; 164,31.

A: Imm. Dez. 1429/März 1430, s. Andree d., theol.
B.a: 1.9.1430 rez.
B.b: Lic. theol. 1442; dr. theol. 1450.
C: Tempt. 1445, 1446; Inz. 1435, 1437, 1446, 7 Mag.
D: Dekan 1437, 1446 (jeweils nur kurzfristig amtierend).
E: Johannes Athilmer wurde als Magister der schottischen Universität St. Andrews (Bakk. 1424, Liz. 1426) rezipiert. Mit ihm beginnt eine Reihe von Schotten, die in den 30er und 40er Jahren in der Laurentiana, später dann auch in der Kuckana, lehrten (zu ihnen sowie zu den wissenschaftsgeschichtlichen Implikationen, auf die im späteren Zusammenhang einzugehen sein wird, s. Meuthen 1988, 198 ff.; Oehler 1989). Sie sollen hier in einem ersten Block vorgestellt werden. Arnold von Tongerns Bursengeschichte vermerkt zu Athilmer: *legit 1444 sub Laurentio* (Un. 760, f. 9v).

L 10: **Wilhelmus Bell de Scotia**; 194,21.

A: Imm. Juni/Okt. 1437.
C: Tempt. 1443.
D: Dekan 1442/43.
E: Als Magister in Köln immatrikuliert.

L 11: **Archibaldus Whitelaw de Scotia**; 205,113.

A: Imm. 11.6.1440, theol.
B.a: 28.6.1441 rez.
C: Det. 1445, 5 Bakk.
E: Whitelaw wurde als Magister der Universität St. Andrews (Bakk. 1437, Liz. 1439) rezipiert.

L 12: **Thomas Baron de Scotia**; 205,114.

A: Imm. 13.6.1440.
B.a: 3.2.1443 rez.
B.b: Bacc. theol. 1447; bacc. form. theol. 1448.
C: Exam. 1446, 1448; Tempt. 1447, 1449, 1450; Inz. 1447, 1449, 1450, 14 Mag.

Die personelle Zusammensetzung der Prinzipal-Bursen 53

D: Dekan 1448/49.
E: Baron wurde als Magister der Universität St. Andrews (Bakk. 1434, Liz. 1436) rezipiert.

L 13: **Wilhelmus Andree de Scotia**; 205,115.

A: Imm. 13.6.1440.
B.a: Mag. 26.3.1442.
B.b: Bacc. form. theol. 1450.
C: Exam. 1447, 1449, dreimal; Det. 1447, 1448, 1449, 23 Bakk.; Tempt. 1448, 1450; Inz. 1447, 3 Mag.
D: Dekan 1449/50.
E: Bakk. 1439 in St. Andrews, Mag. unter Johannes de Kuyck; für 1444 von Arnold von Tongern als *legens sub Laurentio* geführt (Un. 760, f. 9v).

L 14: **Egidius Moysen de Mechlinia**; 162,56.

A: Imm. 8.10.1429, Cam. d.
B.a: Bakk. 8.6.1431; Mag. 16.4.1433; 8.12.1434 rez.
B.b: Bacc. decr. 1436; lic. decr. 1439.
C: Inz. 1437, 3 Mag.
E: Beide artistischen Grade unter seinem Onkel Johannes de Mechlinia; in der Bursengeschichte für 1437 als *legens* geführt (Un. 760, f. 9r).

L 15: **Johannes de Dinslaken**; 151,37.

A: Imm. Okt./Dez. 1426, Col. d.
B.a: Bakk. 1427 (3.11. Zulass.); Mag. 24.4.1431; 31.3.1436 rez.
C: Inz. 1435, 3 Mag.
D: Dekan 1437, 1438 (?).
E: Det. unbekannt, Mag. unter Johannes de Mechlinia; *legit sub Mechlinia 1431* (Un. 760, f. 9r). Eine Verwechslung mit dem gleichnamigen und zur gleichen Zeit lehrenden Montaner (M 6) ist leicht möglich. Der Laurentianer dürfte 1437 für Johannes Athilmer das Dekanat übernommen haben, so daß der am 24.3.1438 zum Dekan gewählte Johannes Dinslaken eher mit dem Montaner identisch sein dürfte (zu den Dekanaten: Keussen 1934, 492).

L 16: **Nanno de Cempis (Kempen)**; 169,48.

A: Imm. Juni 1431, Col. d.
B.a: Bakk. 26.6.1432; Mag. 26.4.1435; 1436 rez.
B.b: Bacc. decr. 1438; lic. decr. 1442.
C: Exam. 1439, einmal; Det. 1441, 8 Bakk.; Tempt. 1442; Inz. 1442, 1444, 6 Mag.
D: Dekan 1441/42.
E: Artistische Grade unter Johannes de Mechlinia (Det.) und Johannes de Dinslaken; nach Un. 760, f. 9r, las er 1435 bzw. seit 1435 unter Johannes de Mechlinia.

L 17: Gotfridus Milter de Ruremunda; 175,17.

A: Imm. 22.10.1432, Leod. d.
B.a: Bakk. 2.12.1434; Mag. 19.4.1436.
B.b: Bacc. decr. 1443.
C: Exam. 1443, 1445; Det. 1444, 7 Bakk.; Temptator 1446.
D: Dekan 1445/46.
E: Artistische Grade unter Johannes de Mechlinia (Det.) und Johannes de Kuyck; in der Bursengeschichte für 1436 als *legens* unter Johannes de Mechlinia aufgelistet (Un. 760, f. 9r).

L 18: Johannes Rodeneve de Dingeden; 187,38.

A: Imm. Okt./Dez. 1435, Mon. d.
B.a: Bakk. 1436 (2.11. präs.); Liz. 5.4.1438; 15.5.1439 rez.
B.b: Bacc. decr. 1441; lic. 1445; dr. decr. 1462.
C: Det. 1441, 1443, 24 Bakk.
D: Dekan 1443.
E: Det. und Inz. unbekannt; nach Un. 760, f. 9v, las er seit 1439 unter Laurentius de Groningen.

L 19: Theodoricus Flass de Nussia; 189,34.

A: Imm. März/Juni 1436, Col. d.
B.a: Bakk. 1.6.1437; Mag. 17.3.1439; 1.9.1439 rez.
B.b: Bacc. theol. 1444; bacc. form. theol. 1447.
C: Exam. 1444, einmal; Det. 1441, 1443, 15 Bakk.; Tempt. 1443, 1445, 1447; Inz. 1443-1445, 6 Mag.
D: Dekan 1444/45.
E: Det. unbekannt, Mag. unter Johannes de Mechlinia; in der Bursengeschichte als erster der *legentes sub Laurentio* genannt (Un. 760, f. 9v); bereits 1450 gestorben.

L 20: Johannes Revens de Bruxella; 205,116.

A: Imm. 22.6.1440, Cam. d.
B.a: Mag. 6.4.1441; 4.7.1441 rez.
B.b: Bacc. theol. 1447; bacc. form. theol. 1453.
C: Exam. 1444, einmal; Det. 1444, 8 Bakk.
D: Als Bakkalar der Universität Löwen in die Laurentiana eingetreten, für 1441 als *legens* geführt (Un. 760, f.9v).

L 21: Johannes Lamberti de Monasterio Eifflie; 201,35.

A: Imm. März/Juni 1439, Col. d.
B.a: Bakk. 17.11.1440; Liz. 19.3.1442.
B.b: Bacc. decr. 1445; lic. decr. 1451.
C: Exam. 1443, 1451, zweimal; Det. 1445, 7 Bakk.; Inz. 1447, 3 Mag.

E: Bakk. unter Johannes de Kuyck; Inz. unbekannt. Die Angabe in Un. 760, f. 9v, er habe 1440 unter Laurentius de Groningen gelesen, mutet mit Blick auf sein Lizentiats-Examen unwahrscheinlich an.

L 22: **Arnoldus Simonis de Dreischier**; 173,61.

A: Imm. 25.6.1432, Trai. d.
B.a: Bakk. 17.11.1433; Mag. 21.4.1435; 13.12.1441 rez.
B.b: Bacc. decr. 1440; lic. decr. 1449.
C: Inz. 1447, 3 Mag.
D: Rektor 1448/49.
E: Artistische Grade unter den Laurentianern Johannes de Mechlinia (Det.) und Nicolaus de Wesalia; in Arnolds von Tongern Bursengeschichte nicht verzeichnet.

L 23: **Albertus Adriani de Hollandia**; 162,36.

A: Imm. 30.9.1429, Leod. d.
B.a: Bakk. 23.11.1430; Mag. 6.5.1432.
B.b: Bacc. leg. 1443; lic. leg. 1444.
C: Exam. 1443, einmal; Tempt. 1439.
D: Dekan 1443/44.
E: Artistische Grade unter den Montanern Bernardus de Reyda (Det.) und Henricus de Embrica; in der Bursengeschichte Arnolds von Tongern ist Albertus Adriani nicht verzeichnet. Warum Keussen (1934, 525, Nr. 39) ihn den Regenten der Laurentiana zurechnete, ist nicht ersichtlich; er scheint über Kriterien verfügt zu haben, die nicht ohne weiteres zugänglich sind bzw. von ihm nicht transparent gemacht wurden – ein Problem, das sich des öfteren bei der Arbeit mit Keussens Angaben stellt. Dennoch soll Adriani hier eine Reihe von Laurentiana-Regenten anführen, die im Dekanatsbuch nicht mit Schülern, sondern nur als Examinatoren und Temptatoren aufgeführt sind.

L 24: **Theodoricus Pasternach de Moersa**; 195,31.

A: Imm. Okt./Dez. 1437, Col. d.
B.a: Bakk. 2.6.1439; Mag. 28.5.1442.
C: Exam. 1444, einmal.
E: Artistische Grade unter den Laurentianern Johannes de Mechlinia (Det.) und Nanno de Cempis; in Un. 760 nicht erwähnt.

L 25: **Johannes Maer de Treveri**; 204,1.

A: Imm. Dez. 1439/März 1440, iur. can, Trev. d.
B.a: Bakk. 7.7.1441; Liz. 19.3.1442.
C: Tempt. 1445.
E: Bakk. unter Johannes de Dingeden, Inz. unbekannt; in Un. 760 nicht erwähnt.

L 26: **Simon Kywaert de Venlo**; 153,14.

A: Imm. März/Juni 1427, Leod. d.
B.a: Bakk. 1428 (25.5. präs.); Mag. 7.5.1433.
B.b: Bacc. form. theol. 1447; lic. theol. 1450.
C: Tempt. 1448.
D: Dekan 1445.
E: Det. unbekannt, Mag. unter Bernardus de Galen (M 112,3), einem Regenten ohne bekannte Bursenzugehörigkeit. Warum Keussen Simon de Venlo unter den Laurentiana-Regenten aufführte (Keussen 1934, 525, Nr. 40), ist aus dessen Vita nicht nachzuvollziehen. Mit Sicherheit war Simon nach seiner Wahl zum Dekan im März 1445 beim anschließenden Bakkalaureats-Examen im Mai 1445 einer der fünf Examinatoren, doch sind diese im Dekanatsbuch nicht protokolliert worden.

L 27: **Walter Back de Buscoducis**; 178,35.

A: Imm. Juni/Okt. 1433, Leod. d.
B.a: Bakk. 2.12.1434; Mag. 8.5.1436.
B.b: Bacc. decr. 1439; lic. decr. 1446; bacc. leg. 1448; lic. leg. 1452; dr. iur. utr. 1456.
C: Exam. 1446, zweimal.
D: Dekan 1446/47; Rektor 1459.
E: Möglicherweise über Heidelberg (1427) und Rostock (1434) in die Laurentiana gekommen; beide artistischen Grade unter Johannes de Mechlinia; in Un. 760 nicht erwähnt.

L 28: **Johannes Natali de Leodio**; 222,41.

A: Imm. Juni/Okt. 1444, iur., Leod. d.
B.a: Mag. 20.4.1446; 8.10.1446 rez.
B.b: Bacc. decr. 1448.
C: Exam. 1447, einmal.
E: Als Bakkalar (1442) der Universität Löwen in die Laurentiana gekommen, Mag. unter Johannes Athilmer de Scotia; in Un. 760 nicht erwähnt.

L 29: **Wilhelmus Vollenho de Lingen**; 216,34.

A: Imm. Dez. 1442/März 1443, Trai. d.
B.a: Bakk. 19.6.1444; Mag. 26.4.1446; 30.9.1447 rez.
B.b: Bacc. decr. 1449; lic. decr. 1456.
C: Exam. 1448, 1454, zweimal.
E: Beide artistischen Grade unter Laurentius de Groningen; in Un. 760 nicht erwähnt; 1456 gestorben.

L 30: **Jacobus Noetlinck de Straelen**; 205,11.

A: Imm. März/Juni 1440, Col. d.
B.a: Bakk. 22.6.1441; Mag. 9.4.1443.
B.b: Bacc. theol. 1448; bacc. form. 1450; lic. 1453; dr. theol 1456.

Die personelle Zusammensetzung der Prinzipal-Bursen 57

C: Exam. 1446-1454, dreimal; Det. 1447-1455, 57 Bakk.; Tempt. 1454, 1455; Inz. 1447-1455, 26 Mag.
D: Dekan 1451; Rektor 1457/58, 1474/75, 1487; Vizekanzler 1480-1488/92.
E: Beide artistischen Grade unter dem Laurentianer Theodoricus de Nussia. In der Chronik der Laurentiana-Burse erscheint Jacobus de Straelen als ihr zweiter Haupt-Regent nach Laurentius de Groningen, den er offenbar noch vor dessen Tod 1470 in der Bursenleitung ablöste (Un. 760, f. 9v). Eine noch von Keussen in der Anm. angegebene Handschrift (Cod. Monast. 315), in welcher die artistischen (1448-56) und theologischen (1480-93) Promotionsreden Straelens erhalten waren, ist durch Kriegseinwirkungen vernichtet worden (freundliche Auskunft von Frau I. Kießling, Universitätsbibliothek Münster, 23.1.1989). Die Angaben über die Dauer der Vizekanzlerschaft Straelens sind bei Keussen nicht ganz stimmig. In der Anm. zu M 205,11 wird 1488 als letztes Jahr genannt, im Verzeichnis der Vizekanzler wird der Nachfolger erst für 1492 aufgeführt (vgl. Keussen 1934, 381).

L 31: Arnoldus de Unckel; 227,23.

A: Imm. 9.11.1445, Col. d.
B.a: Bakk. 1446 (2.11. präs.); Liz. 3.2.1448; 1448 rez.
E: Det. und Inz. unbekannt; in den Protokollen des Dekans keine Erwähnung als Artes-Lehrer. Doch in der Laurentiana-Chronik wird er als dritter Haupt-Regent neben Jacobus de Straelen geführt. Unklar ist die Dauer der Regentschaft. Nach Aussage der Chronik hatte Laurentius de Groningen *post separationem* des Johannes de Kuyck mit Jacobus de Straelen und Arnoldus de Unckel zwei Konregenten eingesetzt, denen er jeweils den dritten Teil aller Burseneinnahmen zusprach. Arnoldus habe jedoch nicht mehr lange gelebt, und Jacobus habe auch nach dem Tod des Laurentius für viele Jahre die Burse geführt (Un. 760, f. 9v).

L 32: Johannes Wede de Campis (Cempis?); 206,38.

A: Imm. 18.8.1440.
B.a: Bakk. 1442 (11.5. präs.); Mag. 7.5.1444; 20.6.1451 rez.
B.b: Bacc. form. theol. 1467.
C: Inz. 1455, 3 Mag.
E: Det. unbekannt, Mag. unter Nanno de Cempis (möglicherweise wie dieser aus Kempen bei Heinsberg in der Kölner Diözese, nicht aus dem holländischen Kampen); auffallend späte *receptio*. Die Chronik berichtet, daß er 1459 *sub Laurentio* las als auch später noch *sub Straelen* (Un. 760, f. 9v, 10r; dort: Johannes de Kempis).

L 33: Henricus Boese de Horst; 218,51.

A: Imm. Sept. 1443, minor.; Leod. d.
B.a: Bakk. Nov. 1448; Mag. 13.4.1451.

B.b: Bacc. bibl. theol. 1456; bacc. sent. 1459; bacc. form. 1461; lic. 1469; dr. theol. 1480.
C: Exam. 1453-1474, sechsmal; Det. 1457-1473, 63 Bakk.; Tempt. 1456-1474, fünfmal; Inz. 1457-1471, 20 Mag.
D: Dekan 1457/58, 1473/74; Rektor 1466/67, 1480/81.
E: Beide artistischen Grade unter Jacobus de Straelen, der ihn vor ca. 1462 zum Konregenten der Burse bestimmte (Un. 760, f. 9v). Eine zeitliche Unterbrechung der Prüfungstätigkeit läßt sich von 1461-1469 feststellen. Sie dürfte sich mit seiner Tätigkeit als Rat (*consiliarius*) des Herzogs Adolf von Geldern decken, der Heinrich von Horst somit wohl um 1462 in diese Stellung berief. Das Rektorat 1466/67 könnte er noch als herzoglicher Rat bekleidet haben.

L 34: Nicolaus de Dreischier; 228,26.

A: Imm. 13.5.1446, Trai. d.
B.a: Bakk. 1.6.1447; Liz. 1450 (3.2. Zulass.); 24.3.1455 rez.
B.b: Bacc. theol. 1458; bacc. sent. 1459; bacc. form. theol. 1462.
C: Exam. 1456, 1462, zweimal; Det. 1458, 8 Bakk.; Tempt. 1462; Inz. 1455, 1459, 6 Mag.
D: Dekan 1462.
E: Bakk. unter dem Laurentianer Wilhelmus de Scotia, Inz. unbekannt; in Un. 760 nicht erwähnt.

L 35: Wessel Gansfort de Groningen; 243,6.

A: Imm. Okt./Dez. 1449, Trai. d.
B.a: Bakk. 1.12.1450; Mag. 1452; 15.8.1455 rez.
C: Exam. 1455, einmal; Det. 1455, 7 Bakk.; Inz. 1456, 3 Mag.
E: Bakk. unter Jacobus de Straelen, Mag. jedoch unter dem Cornelianer Herwicus de Amsterdamis. In der Laurentiana-Chronik für 1455 als *legens* geführt; Arnold von Tongern sah sich zu einer Warnung vor dem späteren, unkonventionellen Vertreter der Via moderna (s.u. 500, 726) genötigt: *iste fuit postea doctor in omni facultate promotus alibi, sed periculosus in opinionibus, vixit usque ad tempora mea, mortuus in Groningen* (Un. 760, f. 9v). 1456 wechselte er mit weiteren Kölnern nach Heidelberg (s.u. 489).

L 36: Henricus de Campis (Kampen); 240,6.

A: Imm. Dez. 1448/März 1449, Trai. d.
B.a: Bakk. 3.12.1450; Mag. 1454.
B.b: Bacc. theol. 1459.
C: Exam. 1455-1461, fünfmal; Tempt. 1459; Inz. 1457-1462, 12 Mag.
D: Dekan 1460.
E: Bakk. unter dem Kuckaner Henricus de Breda, Mag. unter Jacobus de Straelen; nach Un. 760, f. 9v, soll er bereits 1451 in der Laurentiana gelesen haben.

L 37: **Christianus de Brackelvelde**; 233,45.

A: Imm. März/Juni 1447, Col. d.
B.a: Bakk. 1.12.1450; Liz. 1453 (3.2. Zulass.); 15.4.1455 rez.
B.b: Bacc. form. theol. 1464; lic. theol. 1470.
C: Exam. 1464, 1478, zweimal; Tempt. 1465; Exam. Liz. 1465.
D: Dekan 1464/65.
E: Bakk. unter Jacobus de Straelen, Inz. unbekannt; recht spät nach der *receptio* erstmals als Prüfer tätig.

L 38: **Johannes ten Hoilt de Groningen**; 235,76.

A: Imm. Sept. 1447/Juni 1448, Trai. d.
B.a: Bakk. 18.11.1449; Mag. 13.4.1451; 4.1.1453 rez.
B.b: Bacc. theol. 1462; bacc. form. theol. 1468.
C: Exam. 1460, 1461, zweimal; Temptator 1462.
D: Dekan 1461/62.
E: Artistische Grade unter den Laurentianern Wilhelmus de Scotia (Det.) und Jacobus de Straelen; die Angabe Arnolds von Tongern, Johannes ten Hoilt de Groningen habe schon 1446 in der Laurentiana gelesen, kann nicht zutreffen (vgl. Un. 760, f. 9v).

L 39: **Hermannus Eldervelt (Elderwolt) de Groningen**; 257,18.

A: Imm. 4.5.1453, Trai. d.
B.a: Bakk. 1454 (31.5. präs.); Mag. 10.4.1456; 3.2.1457 rez.
B.b: Bacc. theol. 1479; bacc. form. 1482; lic. theol. 1489.
C: Exam. 1458, einmal.
D: Rektor der Artistenschule 1489-1492.
E: Det. unbekannt, Mag. unter Wessel Gansfort de Groningen; zwischen 1478 und 1490 noch als artistischer Intrans für die Laurentiana tätig. Während seiner Kölner Regentschaft hielt er sich immer wieder – worauf noch einzugehen sein wird – ebenfalls in Groningen auf. Die Chronik, die ihn für 1482 (!) als Lektor aufführt, berichtet denn auch, er sei *in patria sua* gestorben (Un. 760, f. 10v).

L 40: **Johannes Zob de Zwollis**; 253,48.

A: Imm. Mai 1452, Trai. d.
B.a: Bakk. 26.11.1452; Mag. 14.4.1454; 15.4.1455 rez.
C: Exam. 1455, 1456, zweimal.
E: Beide artistischen Grade unter Jacobus de Straelen; in Un. 760 nicht erwähnt.

L 41: **Johannes Buschuys de Venroed**; 245,26.

A: Imm. 12.5.1450, Leod. d.
B.a: Bakk. 1451 (4.6. präs.); Liz. 3.4.1454; Mag. 15.4.1455; 15.8.1455 rez.
C: Exam. 1456, einmal.

E: Det. unbekannt, Mag. unter Jacobus de Straelen; in Un. 760 nicht erwähnt.

L 42: **Fredericus Dulken**; Ntr. 704.

C: Exam. 1457, einmal; Tempt. 1459.
D: Promotor 1458-1462.
E: Weder Immatrikulation, Determination noch Inzeption sind bekannt, doch wird er von Arnold von Tongern in der Bursengeschichte für 1458 als Lektor geführt (Un. 760, f. 9v). Beginn des Promotor-Amtes bei Keussen 1934, 578; noch 1462 wird er unter den Zeugen einer Urkunde, welche die Stiftung des Johannes Hueven de Arnhem betraf, als Promotor der Artisten-Fakultät bezeichnet (vgl. R 1289).

L 43: **Alexander de Scotia**; Ntr. 673a.

B.a: Mag. 1453; 23.2.1457 rez.
C: Inz. 1457, 3 Mag.
E: Immatrikulation unbekannt, ebenso der Zeitpunkt des Bakkalaureats, doch ist sein Determinator, der Cornelianer Herwicus de Amsterdam, bekannt; Mag. unter dem Kuckaner Johannes Aqua de Berka; in Un. 760, f. 9v, für 1457 unter den *legentes*.

L 44: **Conradus Vorn de Campis**; 270,14.

A: Imm. 26.7.1456, Trai. d.
B.a: Bakk. 15.11.1457; Mag. 12.4.1459; 30.9.1459 rez.
B.b: Bacc. theol. 1465; bacc. form. 1467; lic. 1470; dr. theol. 1473.
C: Exam. 1462-1471, zehnmal; Det. 1460-1472, mehr als 164 Bakk.; Tempt. 1464-1473, achtmal; Exam. Liz. 1467, 1470, 1471; Inz. 1464-1472, 81 Mag.
D: Dekan 1464, 1471; Promotor 1471; Rektor 1473, 1485.
E: Beide artistischen Grade unter dem Laurentianer Henricus Boese de Horst; nicht nur nach Umfang der Prüfungsleistungen (die Zahl der graduierten Bakkalare muß höher als 164 sein, da die Namen seiner Schüler im WS 1471 nicht protokolliert wurden) ist Conradus Vorn de Campis einer der bemerkenswerteren Laurentiana-Regenten. In der Bursengeschichte wird er als vierter Haupt-Regent geführt (Un. 760, f. 9v, 11r). Wann und für wie lange er die Bursenleitung übernahm, läßt sich nicht feststellen. Da Jacobus de Straelen die Burse noch nach dem Tod des Laurentius de Groningen (1470) geleitet haben soll, Conradus sie aber vor seinem theologischen Doktorat 1473 unter Johannes de Mechlinia übernommen haben muß – denn: ca. 1468 soll er die Regentschaft übernommen haben und *regimen burse commisit* (Un 760, f. 9v) nach 1473 zwei neuen Regenten –, ist am ehesten an eine gemeinsame Bursenleitung zu denken. Doch schreibt Arnold von Tongern, Conradus habe nach dem Weggang seines Substituten Gerardus de Elborch (um 1468) allein die Regentschaft ausgeübt (es sei denn, man interpretiert das Wort „rexit" nicht streng auf eine Person bezogen). Hervorzuheben ist, daß Conradus auch nach

Die personelle Zusammensetzung der Prinzipal-Bursen 61

Einsetzung zweier neuer Leiter, sc. Jacobus de Amersfordia und Gerardus de Harderwijck, als Doktor der Theologie weiterhin das Disputations- und Lektionswesen mitgestaltete (*simul collaborans in disputatione et lectione*; Un. 760, f. 9v). Dieses Phänomen trifft freilich auf nahezu alle Bursenleiter mit einem Doktorat in den höheren Fakultäten zu; nur wird es hier explizit dargelegt.

L 45: Adam de s. Claro de Scotia; 288,3.

A: Imm. 9.1.1461, theol., s. Andree d.
B.a: 7.3.1462 rez.
B.b: Bacc. form. theol. 1462.
C: Inz. 1462, 1 Mag.
E: Warum Keussen Adam de s. Claro unter die Laurentiana-Regenten einordnete, ist nicht nachzuvollziehen; auch der 1462 promovierte Magistrand, der „nobilis dominus Patricius de Scotia" (M 288,4; vgl. Un. 480, 19r), gibt keinen Anhaltspunkt.

L 46: Henricus Tegelen de Colonia; 231,2.

A: Imm. 12.10.1446, Col. d.
B.a: Bakk. Nov. 1448; Mag. 26.3.1450; 9.12.1462 rez.
B.b: Bacc. med. 1462; bacc. theol. 1463; dr. med. 1463.
C: Det. 1463, ca. 11 Bakk.; Tempt. 1463; Inz. 1463, 1464, 6 Mag.
D: Rektor 1467, 1471, 1481/82, 1486.
E: Artistische Grade unter Jacobus de Straelen (Det.) und Thomas Baron de Scotia; in Un. 760, f. 10r, für 1462 als *legens* geführt. Die Zahl seiner Bakkalare von 1463 kann nur ungefähr angegeben werden, da eine Zuordnung der Bakkalaureanden zu ihren jeweiligen Determinatoren bei der Protokollierung des Examens vom Mai/Juni 1463 kaum exakt möglich ist (vgl. Un. 480, f. 25v). Erstaunlich, daß er noch 1464 als Doktor der Medizin 3 Magistranden promovierte. Anfang 1465 befand er sich zusammen mit Laurentius de Groningen außerhalb Kölns, wo sie ihre Bursalen zum Schutz vor der Pest unterrichteten (vgl. R 1360). Der städtische Doktor der Medizin war Sohn einer Kölner Schöffen- und Ratsfamilie (vgl. Premier Livre 1978/85, Nr. 58: zu Heinrichs älterem Bruder Adolf [M 215,38], der nach seinem Bakkalaureat 1444 unter dem Laurentianer Johannes de Kuyck zum Erwerb des Magisteriums nach Paris wechselte und anschließend in Orléans ein Rechtsstudium bis zum lic. leg. führte; zur Familie s. auch Schleicher 1982, 134).

L 47: Gerardus Hirt de Elborch (Elburg); 281,50.

A: Imm. 16.5.1459, Trai. d.
B.a: Bakk. 18.6.1460; Mag. 1.4.1462; 9.4.1464 rez.
B.b: Bacc. theol. 1468.
C: Exam. 1466-1468, fünfmal; Det. 1467, 10 Bakk.; Tempt. 1466; Exam. Liz. 1468; Inz. 1467, 1468, 6 Mag.
D: Dekan 1467.

E: Artistische Grade unter den Laurentianern Conradus de Campis (Det.) und Henricus de Campis. Conradus de Campis suchte seinen Schüler Gerardus Hirt offenbar für die Leitung der Burse zu gewinnen, doch dieser entschied sich für die Übernahme der Schulleitung in Zwolle (*Magister Conradus Vorn de Campis ... secum adduxit magistrum Gerardum de Elborch, sed ille factus baccalaureus theologie assumpsit regimen scholasticum in oppido Zwollensi, cui regimini fructuose multis annis prefuit, illic tandem mortuus ac sepultus*; Un. 760, f. 9v).

L 48: Henricus Caseler de Brisach; 297,81.

A: Imm. März/Juni 1463, Col. d.
B.a: Bakk. 7.6.1464; Mag. 22.3.1466.
B.b: Bacc. decr. 1469; lic. decr. 1472.
C: Exam. 1470, einmal.
E: Beide artistischen Grade unter Conradus de Campis; in Un. 760 nicht erwähnt; 1473 nochmals artistischer Intrans für die Laurentiana.

L 49: Jacobus Tymanni de Amersfordia; 304,6.

A: Imm. 15.1.1465, Trai. d.
B.a: Bakk. 6.2.1466; Mag. 13.4.1467.
B.b: Bacc. bibl. theol. 1473; bacc. sent. 1476; bacc. form. 1476; lic. 1479; dr. theol. 1487.
C: Exam. 1470-1478, siebenmal; Det. 1473-1487, 284 Bakk.; Tempt. 1474-1486, fünfmal; Exam. Liz. 1473-1481, dreimal; Inz. 1473-1487, 62 Mag.
D: Dekan 1473, 1478; Rezeptor 1477; Rektor 1481, 1491.
E: Artistische Grade unter den Cornelianern Theodoricus de Bommel (Det.) und Petrus de Leydis; zwischen 1467 und 1470 muß er in die Laurentiana gewechselt sein. Deren Chronik führt ihn als 5. Hauptregenten und berichtet, daß Conradus de Campis nach Empfang der theologischen Insignien (1473) ihn sowie Gerardus de Harderwijck mit dem *regimen burse* beauftragt habe; Jacobus de Amersfordia, der die theologischen Insignien 1487 unter Jacobus de Straelen empfangen habe, sei ein *vir singularis eruditionis et mansuetudinis* gewesen und 1493 *maerore totius universitatis* gestorben (Un. 760, f. 9v, 11r).

L 50: Gerardus Henrici de Harderwijck; 317,89.

A: Imm. 23.5.1468, Trai. d.
B.a: Bakk. 6.6.1469; Mag. 23.4.1471; 30.3.1473 rez.
B.b: Bacc. bibl. theol. 1478; bacc. form. 1480; lic. 1481; dr. theol. 1501.
C: Exam. 1473-1486, fünfmal; Det. 1475-1482, 131 Bakk.; Tempt. 1475-1492, elfmal; Exam. Liz. 1480-1492, neunmal; Inz. 1474-1484, 52 Mag.
D: Dekan 1476, 1480, 1486; Rezeptor 1481; Rektor 1487/88, 1500/01.
E: Beide artistischen Grade unter Conradus Vorn de Campis; wie oben (L49) schon angeführt, wird er in der Laurentiana-Geschichte als 6. Hauptregent geführt; nach dem Tod des Jacobus de Amersfordia 1493 leitete er die Burse allein (*solus annis nonnullis rexit*) und blieb auch nach Empfang

der theologischen Insignien 1501 unter Thomas Lyel de Scotia (M 291,66; ein enger Vertrauter der Laurentiana) in der Burse wohnhaft, bis zu seinem Tod 1503 (Un. 760, f. 11r).

L 51: **Bartholomeus Scheyff de Kempis**; 314,31.

A: Imm. Sept. 1467, Col. d. (?).
B.a: Bakk. 24.11.1468; Mag. 5.4.1470; 30.3.1473 rez.
B.b: Bacc. med. 1479; lic. med. 1481.
C: Exam. 1474-1488, vierzehnmal; Det. 1474-1488, mehr als 94 Bakk.; Tempt. 1478, 1488, 1491; Inz. 1475-1490, 57 Mag.
D: Dekan 1482; Rezeptor 1489; Promotor 1482, 1486; Rektor 1501.
E: Beide artistischen Grade unter Conradus de Campis; Un. 760, f. 10r: *sub Conrado [de Campis] legit Bartholomeus Kempis 1470 ... qui me [Arnoldum de Tongeris] birritavit in artibus, mortuus est anno 1508*. Bartholomäus gehört zu den wenigen Medizinern, die in der Laurentiana ein größeres Gewicht erlangen konnten (die Zahl seiner graduierten Bakkalare muß größer als 94 sein, da der Dekan im November 1474 die Namen nicht protokollierte; vgl. Un. 480, f. 93v).

L 52: **Anthonius de Swolgen**; 328,41.

A: Imm. Okt./Dez. 1470.
B.a: Bakk. 1471 (2.11. präs.); Mag. 6.7.1473; 26.4.1475 rez.
B.b: Bacc. theol. 1480; bacc. form. 1482; lic. theol. 1485.
C: Exam. 1477-1484, sechsmal; Det. 1477-1486, 72 Bakk.; Inz. 1480-1488, 26 Mag.
D: Dekan 1484; Rezeptor 1485; Rektor 1491/92.
E: Det. unbekannt, Mag. unter Jacobus Tymanni de Amersfordia; nach Arnold von Tongern war Anthonius seit 1477 *legens* der Laurentiana; er starb 1501 (Un. 760, f. 10r).

L 53: **Johannes de Harderwijck**; 337,42.

A: Imm. Dez. 1472/März 1473, Trai. d.
B.a: Bakk. 4.12.1473; Mag. 21.4.1475.
B.b: Bacc. med. 1480; lic. med. 1481.
C: Inz. 1480-1483, 9 Mag.
E: Artistische Grade unter Henricus de Horst (Det.) und Gerardus de Harderwijck. Die Chronik berichtet, daß er ein Bruder des Gerardus gewesen sei, 1477 als *legens* begonnen habe und 1483 an der Pest gestorben sei (Un. 760, f. 10r; nicht 11r, wie bei Keussen in Anm. zu M 337,42).

L 54: **Everardus Stiger de Amersfordia**; 366,116.

A: Imm. 17.5.1480, Trai. d.
B.a: Bakk. 3.7.1481; Mag. 24.4.1483.
B.b: Bacc. sent. theol. 1489; bacc. form. 1490; lic. theol. 1492.
C: Exam. 1486-1492, sechsmal; Det. 1488-1496, 210 Bakk.; Tempt. 1493, 1494, 1497; Exam. Liz. 1495; Inz. 1487-1497, 58 Mag.

D: Dekan 1488, 1492.
E: Artistische Grade unter Gerardus de Harderwijck (Det.) und Anthonius de Swolgen; der Neffe des Jacobus Tymanni de Amersfordia verkörpert – wie schon bei anderen Regenten-Gruppen zu sehen – eine personell-verwandtschaftliche und landsmannschaftliche Vernetzung in der Burse; 1483 wurde er zu Lehraufgaben herangezogen, 1506 starb er als *praedicator* (vgl. Un. 760, f. 10v).

L 55: Johannes Gisberti Belhart de Harderwijck; 354,111.

A: Imm. 13.5.1477, Trai. d.
B.a: Bakk. 4.6.1478; Mag. 15.4.1480; 1486 rez.
B.b: Bacc. theol. 1488; bacc. form. 1490; lic. theol. 1493.
C: Exam. 1487-1500, siebenmal; Det. 1490-1502, 433 Bakk.; Tempt. 1495-1499, viermal; Exam. Liz. 1488-1502, sechsmal; Inz. 1487-1502, 92 Mag.
D: Dekan 1490, 1500; Rezeptor 1493, 1497; Promotor 1489.
E: Artistische Grade unter Gerardus de Harderwijck (Det.) und Anthonius de Swolgen; nach Un. 760, f. 10v, las er seit ca. 1480 – dem steht freilich die späte *receptio* entgegen – in der Burse und starb recht früh 1502. Unter quantitativen Gesichtspunkten muß Johannes Belhart als einer der erfolgreichsten Lehrer der Laurentiana gelten; doch ist dieser Erfolg, wie etwa auch bei den Montana-Regenten Theodoricus de Busco (M 39) und Andreas de Bardwijck (M 51), mit den hohen Immatrikulationszahlen Ende des 15. Jahrhunderts in Relation zu setzen. Als Determinator war Belhart der erfolgreichste der Laurentianer, als Inzeptor waren nur 3 erfolgreicher.

L 56: Franciscus Eymeren de Arnhem; 363,37.

A: Imm. 17.7.1479, Trai. d.
B.a: Bakk. 20.6.1480; Mag. 29.3.1482; 6.7.1484.
B.b: Bacc. sent. theol. 1489.
C: Exam. 1484.
E: Beide artistischen Grade unter Gerardus de Harderwijck; in Un. 760 nicht erwähnt.

L 57: Johannes Vorn de Campis; 339,84.

A: Imm. 8.10.1473, minor., Trai. d.
B.a: Mag. 22.3.1480; 30.3.1482 rez.
B.b: Bacc. bibl. theol. 1481.
C: Exam. 1484, einmal; Inz. 1484, 3 Mag.
E: Det. unbekannt, Mag. unter Gerardus de Harderwijck; nach Un. 760, f. 10v, ein Bruder des Conradus Vorn, 1484 *assumptus ad legendum*, bald jedoch nach Rom gereist, dort gestorben.

L 58: Gerardus Petri de Groningen; 362,94.

A: Imm. 16.5.1479, Trai. d.
B.a: Bakk. 20.6.1480; Mag. 11.4.1482.

B.b: Bacc. theol. 1488.
C: Exam. 1489, einmal; Det. 1488, 27 Bakk.; Inz. 1486-1489, 15 Mag.
E: Artistische Grade unter Gerardus de Harderwijck (Det.) und Jacobus de Amersfordia; in Un. 760 nicht erwähnt.

L 59: Johannes de Amersfordia; 380,102.
A: Imm. 19.12.1483, Trai. d.
B.a: Bakk. 28.11.1486; Mag. 17.6.1488.
B.b: Bacc. med. 1493.
E: Artistische Grade unter Everardus de Amersfordia (Det.) und Bartholomeus de Kempis; in den Quellen nicht als Prüfer nachzuweisen; die Chronik nennt den Neffen des Jacobus Tymanni de Amersfordia und Sohn des Henricus Danielis jedoch für 1491 als *legens*, als Bakkalar der Medizin sei er später in Utrecht gestorben (Un. 760, f. 10v).

L 60: Arnoldus Luyde de Tongeris; 392,67.
A: Imm. 2.11.1486, Leod. d.
B.a: Bakk. 19.11.1487; Mag. 17.6.1489; 20.6.1491 rez.
B.b: Bacc. theol. 1493; bacc. form. 1495; lic. 1498; dr. theol. 1509.
C: Exam. 1492-1497, sechsmal; Det. 1495-1502, 104 Bakk.; Tempt. 1500-1503, viermal; Exam. Liz. 1497-1504, viermal; Inz. 1492-1504, 51 Mag.
D: Dekan 1494; Rezeptor 1501; Rektor 1507/08, 1520/21, 1524/25; Vertreter des Vizekanzlers 1530/31.
E: Beide artistischen Grade unter dem Laurentianer Bartholomeus de Kempis; von Gerardus de Harderwijck noch zu Lebzeiten, 7 Jahre vor seinem Tod 1503, zur Leitung der Burse herangezogen – wobei Gerardus sich die Verfügung über alle Einnahmen und Ausgaben vorbehielt (*qui [Arnoldus de Tongeris] tamen septem annis sub eo [Gerardo de Harderwijck] prius rexerat in principali cura scholarium, salvo quod ipse omnia reciperet et exponeret*; Un. 760, f. 11r). Damit übernahm Arnold bereits sehr früh, 10 Jahre nach seiner Immatrikulation, die – wie er selbst es formulierte – *principalis cura scholarium*. 1503 gab ihm Gerardus de Harderwijck durch eine testamentarische Verfügung den Laurentianer Georg Beheim von Nürnberg, der danach aber nur noch kurze Zeit in Köln blieb, als Bursenleiter gleichberechtigt zur Seite (hierzu u. ausführlicher). Ein deutliches Schwergewicht seiner Lehrtätigkeit lag bei den Magisterpromotionen, bei denen er von 1492-1504 jedes Jahr bis auf 1498, als der Dekan lückenhaft protokollierte (vgl. Un. 480, f. 275r), in den Akten begegnet. Die theologischen Insignien erhielt er 1509 unter Thomas Lyel de Scotia, blieb aber auch danach – unter Einsetzung von Substituten – Hauptregent. 1533 verließ Arnold die Laurentiana wegen eines Kanonikats in Lüttich, wo er am 28.8.1540 starb.

L 61: Johannes Wanger de Nuertingen; 382,24.
A: Imm. 24.4.1484; Const. d.
B.a: Bakk. 15.6.1485; Mag. 19.3.1490.

B.b: Bacc. theol. 1493; bacc. form. 1499; lic. theol. 1499.
C: Exam. 1493-1504, neunmal; Det. 1499-1514, 310 Bakk.; Tempt. 1504, 1508, zweimal; Exam. Liz. 1505-1514, fünfmal; Inz. 1499-1514, 95 Mag.
D: Dekan 1496, 1504; Promotor 1513.
E: Artistische Grade unter den Laurentianern Anthonius de Swolgen (Det.) und Johannes Belhart de Harderwijck; in Un. 760, f. 10v, für 1492 als Lektor aufgeführt. Auffallend die späte Magisterpromotion und die zeitliche Deckung von theologischem Lizentiat 1499 und Einsatz als Inzeptor. In dieser Funktion ist er jedes Jahr bis 1514, ein Jahr vor seinem Tod, nachzuweisen; mit der Zahl promovierter Magistranden steht er in der Laurentiana an zweiter Stelle, mit der graduierter Bakkalaureanden an dritter.

L 62: Johannes Duycker de Venlo; 390,93.
A: Imm. 27.4.1486, Leod. d.
B.a: Bakk. 21.6.1487; Mag. 17.6.1489; 30.6.1493 rez.
B.b: Bacc. theol. 1496; lic. theol. 1501.
C: Exam. 1494-1514, neunmal; Det. 1502-1525, 343 Bakk.; Tempt. 1505-1521, viermal; Exam. Liz. 1509-1524, neunmal; Inz. 1499-1527, 144 Mag.
D: Dekan 1498, 1510; Rezeptor 1505, 1531; Inhabitator der Artistenschule 1520-1536.
E: Artistische Grade unter Jacobus de Amersfordia (Det.) und Bartholomeus de Kempis; für 1493 als *legens* in der Chronik geführt (Un. 760, f. 10v). Mit Prüfungsaufgaben ist er von 1494-1527 nachweisbar, also für die ungewöhnlich lange Zeit von 34 Jahren; als Inzeptor wirkte er über 28 Jahre jedes Jahr zwischen 1499 und 1527 (das Fehlen in den Jahren 1522/23 wird auf die mangelhafte Protokollierung jener Krisenjahre zurückzuführen sein), damit dürfte er nicht nur die Regenten der Laurentiana, sondern auch die der anderen Bursen übertroffen haben (Andreas de Bardwijck z.B. brachte es auf 23 Jahre als Inzeptor). Mit der Zahl promovierter Magistranden stellt Johannes Duycker den mit Abstand erfolgreichsten Lehrer der Laurentiana dar; bei den graduierten Bakkalaureanden erreichte nur Johannes Belhart de Harderwijck eine höhere Schülerzahl. Sein Einsatz für die Fakultät erstreckte sich als Intrans (sehr häufig zwischen 1501 und 1536) bis in sein Todesjahr 1536. 1505 wird er als Mitglied des leitenden Regenten-Kreises (*conregens*) der Laurentiana erwähnt (vgl. R 2454).

L 63: Johannes Hoelem de Venroed; 400,86.
A: Imm. 6.11.1488, Leod. d.
B.a: Bakk. 3.12.1489; Liz. 10.3.1491; Mag. 10.12.1492; 17.11.1505 rez.
B.b: Bacc. theol. 1495; lic. 1507; dr. theol. 1510.
C: Exam. 1495.
D: Rektor 1514, stellvertret. Rektor 1523.
E: Beide artistischen Grade unter dem Laurentianer Everardus de Amersfordia; in Un. 760 nicht erwähnt. Merkwürdigerweise schon 1495 Examinator, jedoch erst 1505 in die Artisten-Fakultät rezipiert. Schwerpunkt des

Wirkens lag in der Theologischen Fakultät, dort z.B. zwischen 1510 und 1528 häufiger Intrans; dennoch – wie noch deutlich werden wird – der Laurentiana und ihren Regenten eng verbunden.

L 64: **Petrus Broester de Hulss (Hüls)**; 414,110.

A: Imm. 2.6.1492, Col. d.
B.a: Bakk. 3.6.1493; Liz. 10.3.1496; Mag. 20.11.1497.
B.b: Bacc. theol. 1501; bacc. form. theol. 1503.
E: Artistische Grade unter Everardus de Amersfordia (Det.) und Johannes Belhart de Harderwijck. In den Akten nicht als Prüfer genannt, doch die Chronik berichtet von seiner Regentschaft in der Laurentiana seit 1497 unter Gerardus de Harderwijck und seinem frühen Tod 1503 (*assumptus anno 1497, postea bacc. theol., obiit anno 1503, sub Herderwick*; Un. 760, f. 10v; vgl. R 2408 zu seinem Testament vom 25.11.1503, R 2454 zu Bestimmungen des Testaments).

L 65: **Johannes Jacobi de Campis**; 418,65.

A: Imm. 13.5.1493, Trai. d.
B.a: Bakk. 2.6.1494; Mag. 24.3.1496; 16.3.1499 rez.
B.b: Bacc. theol. 1501; bacc. form. 1502; lic. theol. 1505.
C: Exam. 1500-1507, siebenmal; Det. 1505-1519, 269 Bakk.; Tempt. 1509-1516, achtmal; Inz. 1501-1520, 93 Mag.
D: Dekan 1502; Rezeptor 1509; Promotor 1509; Rektor 1521/22.
E: Artistische Grade unter Johannes Belhart de Harderwijck (Det.) und Everardus de Amersfordia; dieser weitere Regent aus dem niederländischen Kampen gehört zu den wichtigeren der Laurentiana. Nach Un. 760, f. 11r/v, gewann ihn Arnold von Tongern Anfang April 1516 per Vertrag als Substituten für die Bursenleitung und schloß je nach Lage der Burseneinkünfte neue Verträge mit ihm; wegen Pfründenstreit und anderen Gründen gab Johannes de Campis – *dum adhuc sanus* – um den 7.4.1530 die *cura regiminis* in die Hände Arnolds von Tongern zurück, verließ die Burse, las seine Lektionen aber wie gewohnt weiter; im August 1530 starb er an der Pest.

L 66: **Arnoldus Nicolaus de Dammone**; 384,47.

A: Imm. Okt. 1484.
B.a: Bakk. 11.12.1486; Mag. 24.3.1488.
B.b: Lic. theol. 1496; dr. theol. 1503.
D: Rektor 1511/12, 1528/29, 1530/31.
E: Artistische Grade unter den Laurentianern Bartholomeus de Kempis (Det.) und Gerardus de Groningen. Obwohl Arnoldus de Dammone nur 1496 als Intrans und 1497 als Quodlibetarius in einem Amt an der Artisten-Fakultät bezeugt ist, wird er noch wiederholt als einer der richtungweisenden und einflußreichsten Laurentianer behandelt werden; sein Engagement richtete sich vornehmlich auf die Theologische Fakultät (z.B. häufig zwischen 1506 und 1538 Intrans); 1542 starb er.

L 67: Johannes de Buscoducis; 434,132.

A: Imm. 8.6.1497, Leod. d.
B.a: Bakk. 1498 (9.6. Zulass.); Mag. 11.4.1500; 2.11.1503 rez.
B.b: Bacc. theol. 1505; bacc. form. 1506; lic. 1510; dr. theol. 1521.
C: Exam. 1504-1511, achtmal; Det. 1510, 1514, 1515, 82 Bakk.; Inz. 1505-1516, 40 Mag.
D: Dekan 1506; Rektor 1522/23, 1532/33, 1540/41, 1542/43.
E: Det. unbekannt, Mag. unter Johannes de Nuertingen; Arnold von Tongern berichtet in seiner Bursengeschichte, daß Johannes *legit sub Gerardo Herderwick post obitum Straelen anno 1500*, und daß er unter ihm die theologischen Insignien (1521) empfangen habe (Un. 760, f. 10v). Johannes starb als Rektor am 26.11.1543.

L 68: Arnoldus Leiendecker de Arnhem; 447,69.

A: Imm. Sept. 1500, Trai. d.
B.a: Bakk. 9.12.1501; Mag. 29.3.1503.
B.b: Bacc. theol. 1508.
C: Exam. 1508, einmal.
E: Artistische Grade unter Johannes Belhart de Harderwijck (Det.) und Johannes de Campis; nach Un. 760, f. 10v, seit 1503 *legens*, 1510 in der Burse gestorben.

L 69: Quirinus de Wylich; 446,51.

A: Imm. April 1500, Col. d.
B.a: Bakk. 24.6.1501; Mag. 12.6.1503; 1.9.1505 rez.
B.b: Bacc. theol. 1508; bacc. form. 1511; lic. theol. 1516.
C: Exam. 1506-1520, zehnmal; Det. 1517, 1520, 1521, 84 Bakk.; Tempt. 1518, 1519, 1520; Exam. Liz. 1521; Inz. 1515-1521, 33 Mag.
D: Dekan 1508, 1520; Rezeptor 1517.
E: Artistische Grade unter Johannes Belhart de Harderwijck (Det.) und Johannes de Venlo; nach Un. 760, f. 10v, noch zu Lebzeiten Gerhards von Harderwijk 1503 *legens* geworden; auffallend das (auch bei anderen zu beobachtende) stärkere Engagement im Prüfungsgeschehen seit Erwerb des theologischen Lizentiats. Der spätere Weihbischof (seit 1525) starb 1537.

L 70: Georg Beheim de Norenberga (Nürnberg); 411,48.

A: Imm. 18.9.1491, theol., Bamb. d.
B.a: 22.12.1501 rez.
B.b: Bacc. theol. 1493; lic. theol. 1501.
E: Georg Beheim hatte Bakk. und Mag. 1485 bzw. 1489 in Leipzig erworben; er muß das besondere Vertrauen des Gerardus de Harderwijck gewonnen haben. Denn obwohl er weder vor noch nach seiner recht späten *receptio* je als Prüfer der Laurentiana nachzuweisen ist, bestimmte Gerhard 1503 in seinem Testament, Georg möge an der Seite Arnolds von Tongern seine Nachfolge in der Bursenleitung antreten (R 2373; vgl. Un.

760, f. 11r: Arnold von Tongern betonte, diese personelle Erweiterung der Bursenleitung – die de facto eine Teilung der Macht bedeuten mußte – sei gleichwohl auf seinen Wunsch und mit seinem Einverständnis erfolgt – *de mea tamen voluntate et consensu*). Die offenbar einzige amtliche Funktion in der Artisten-Fakultät übernahm Georg Beheim am 27.6.1502, als er (neben Gerardus de Harderwijck als Vertreter der Theologischen Fakultät) zu den Intrantes bei der Rektorwahl des Thomas Lyel de Scotia gehörte (vgl. M 455). Mit der Übernahme einer Präbende an St. Mariengraden in Mainz 1503/04 verließ er schon nach kurzer Zeit Köln und die Laurentiana, so daß Arnold von Tongern von da an die Burse allein weiterführte (*ego mansi solus in regimine*; Un. 760, f. 11r). Der Hintergrund dieses einschneidenden Vorgangs wird u. 585–589 eingehend erörtert.

L 71: **Petrus Becker de Drolshagen**; 452,80.
A: Imm. 3.11.1501, Col. d.
B.a: Bakk. 26.1.1503; Mag. 20.6.1504; 13.4.1508 rez.
B.b: Bacc. iur. 1509; lic. decr. 1514; dr. decr. 1517.
E: Beide artistischen Grade unter Johannes de Venlo; in Un. 760 nicht erwähnt, nur 1511 und 1513 als artistischer Intrans mit einer Tätigkeit für die Fakultät nachzuweisen.

L 72: **Johannes de Alen**; 453,75.
A: Imm. April 1502.
B.a: Bakk. 12.6.1503; Mag. 3.4.1505; 13.4.1508 rez.
B.b: Bacc. theol. 1510; bacc. sent. theol. 1512.
C: Exam. 1512, einmal.
D: Dekan 1512.
E: Artistische Grade unter Johannes de Venlo (Det.) und Johannes de Campis; in der Bursenchronik wird über ihn nur vermerkt, daß er 1510 Bakkalar der Theologie, (danach) *prepositus s. Aegidii in Monasterio* geworden und (mittlerweile, d.h. vor 1530) gestorben sei (vgl. Un. 760, f. 11r).

L 73: **Theodoricus Hake de Halveren**; 471,78.
A: Imm. 31.10.1506.
B.a: Bakk. 2.12.1507; Mag. 24.4.1509; 24.3.1512 rez.
B.b: Bacc. theol. 1514; bacc. form. 1517; lic. 1518; dr. theol. 1534.
C: Exam. 1512-1520, siebenmal; Det. 1517-1527, 98 Bakk.; Exam. Liz. 1526, 1527, 1528; Inz. 1517-1522, 20 Mag.
D: Dekan 1514; Rezeptor 1521; Rektor 1534/35, 1548/49.
E: Beide artistischen Grade unter Johannes de Campis; nach Un. 760, f. 11r, seit 1509 *legens* in der Laurentiana; theologisches Doktorat unter dem Laurentianer Arnoldus de Dammone.

L 74: **Henricus Buschers de Tongeris**; 488,59.
A: Imm. 2.11.1510, Leod. d.
B.a: Bakk. 3.12.1510; Liz. 11.3.1512; 27.6.1514 rez.

B.b: Bacc. theol. 1517; bacc. form. 1519; lic. 1520; dr. theol. 1534.
C: Exam. 1516-1530, siebenmal; Det. 1522-1533, 87 Bakk.; Tempt. 1523-1528, sechsmal; Exam. Liz. 1529, 1530, 1533; Inz. 1521-1533, 33 Mag.
D: Dekan 1516, 1527, 1530; Rezeptor 1525; Rektor 1537/38, 1546/47, 1556/57; deputierter Vizekanzler 1538.
E: Bakk. unter Johannes de Campis, Inz. unbekannt; nach Un. 760, f. 11r, las er seit 1512 in der Laurentiana. Auch er verdeutlicht die Bedeutung einer gemeinsamen landsmannschaftlichen Herkunft für eine Aufnahme in den führenden Regenten-Kreis: sein Landsmann Arnold von Tongern betraute den angesehenen Theologen in Nachfolge des ausscheidenden und zu diesem Schritt ratenden Johannes Jacobi de Campis 1530 als 9. Haupt-Regenten mit der Leitung der Laurentiana (vgl. Un. 760, f. 11v: *et ita de eius [sc. Conradi de Campis] consilio ego [Arnoldus de Tongeris] ad eandem curam institui patriotam meam theol. licentiatum M. Henricum de Tungri, IX. hic itaque coepit regere die 6 mensis Aprilis in anno praefato 1530*).

L 75: Nicolaus Blockhoven de Traiecto inferiori; 486,28.

A: Imm. 27.4.1510, Trai. d.
B.a: Bakk. 10.7.1511; Mag. 7.6.1513; 8.4.1516 rez.
B.b: Bacc. theol. 1519; bacc. form. 1524; lic. theol. 1528.
C: Exam. 1516-1526, siebenmal; Tempt. 1527, 1529; Exam. Liz. 1528, 1531; Inz. 1527, 1529, 9 Mag.
D: Dekan 1518; Rezeptor 1528; Promotor 1524.
E: Artistische Grade unter den Laurentianern Johannes de Nuertingen (Det.) und Johannes de Campis; nach Un. 760, f. 11r, las er seit 1513 in der Laurentiana.

L 76: Henricus Blessen de Steynwich; 492,61.

A: Imm. 10.11.1511.
B.a: Bakk. 7.6.1513; Mag. 5.12.1515; 9.10.1517 rez.
C: Exam. 1518, einmal.
E: Artistische Grade unter den Laurentianern Johannes de Campis (Det.) und Johannes de Busco; nach Un. 760, f. 11r, *legit 1513*, doch scheint dies mit Blick auf das Datum der Magisterpromotion sehr unwahrscheinlich.

L 77: Eilardus de Emeda; 471,61.

A: Imm. 30.10.1506, Monast. d.
B.a: Bakk. 12.12.1508; Liz. 11.3.1510; 13.11.1521 rez.
B.b: Bacc. theol. 1527; lic. 1533; dr. theol. 1534.
C: Exam. 1524-1530, sechsmal; Tempt. 1529, 1530; Inz. 1533, 3 Mag.
D: Dekan 1524, 1528/29.
E: Bakk. unter dem Cornelianer Cornelius de Venlo, Inz. unbekannt. Sehr wahrscheinlich wechselte Eilardus zwischen 1510 und 1519 in die Laurentiana, denn für 1519 ist er bereits als *legens* der Laurentiana in der

Chronik verzeichnet (vgl. Un. 760, f. 11r). Recht spät erfolgte 1521 die *receptio* in das Consilium der Artisten-Fakultät.

L 78: **Hermannus van der Graeff de Venroed**; 500,47.

A: Imm. Okt. 1513, Leod. d.
B.a: Bakk. 5.12.1514; Mag. 14.3.1516; 27.3.1518 rez.
B.b: Bacc. theol. 1523; bacc. form. theol. 1540; bacc. med. 1528; lic. med. 1532.
C: Exam. 1522-1532, siebenmal; Tempt. 1530, 1531; Exam. Liz. 1532.
D: Dekan 1522.
E: Artistische Grade unter Johannes Wanger de Nuertingen und Quirinus de Wylich; nach Un. 760, f. 11r, seit 1516 *legens* der Laurentiana. Die Abschlüsse im medizinischen und theologischen Studium zeigen eine erstaunliche Studienbreite an; bei seinem Tod 1540 würdigte man ihn sogar als *doctissimus mathematicus*. 1532 wurde Hermannus van der Graeff in die Medizinische Fakultät rezipiert.

L 79: **Jacobus Brandenborch de Campis**; 516,62.

A: Imm. 5.11.1517, Trai. d.
B.a: Bakk. 27.1.1519; Mag. 12.6.1520; 12.11.1523 rez.
B.b: Bacc. theol. 1525.
C: Exam. 1525-1530, viermal; Tempt. 1526.
D: Dekan 1525/26.
E: Artistische Grade unter den Laurentianern Johannes de Campis (Det.) und Theodoricus de Halveren; nach Un. 760, f. 11r, las er seit 1521 in der Laurentiana; er starb bereits 1530.

L 80: **Hermannus Schottenius al. Ortmann de Hassia**; 516,100.

A: Imm. 5.12.1517, Mag. d.
B.a: Bakk. 27.1.1519; Liz. 15.3.1520; 15.4.1522 rez.
B.b: Bacc. theol. 1532; bacc. form. theol. 1536.
C: Exam. 1531-1542, vierzehnmal; Tempt. 1532-1540, sechsmal; Inz. 1537, 1540, 6 Mag.
D: Dekan 1533/34; Rezeptor 1537.
E: Bakk. unter Johannes de Campis, Inz. unbekannt; das späte Auftreten als Prüfer scheint auf disziplinarische Maßnahmen seitens des Haupt-Regenten Conradus de Campis gegen Schottenius zurückzuführen zu sein.

L 81: **Hermannus Blanckenfort de Monasterio**; 543,44.

A: Imm. 31.10.1524, Monast. d.
B.a: Bakk. 1525 (16.11. Zulass.); Mag. 4.4.1527; 8.9.1530 rez.
B.b: Bacc. theol. ac iur. 1531; bacc. form. theol. 1533; lic. 1535; dr. theol. 1550.
C: Exam. 1531-1542, sechsmal; Det. 1532-1543, 109 Bakk.; Tempt. 1532, 1540; Exam. Liz. 1533-1542, sechsmal; Inz. 1534-1543, 26 Mag.

D: Dekan 1531/32, 1539/40; Rezeptor 1534, 1540; Rektor 1543/45, 1553/54.
E: Det. unbekannt, Mag. unter Johannes de Venlo; nach Un. 760, f. 11r, las er seit 1528 in der Burse. Hermannus Blanckenfort war der erfolgreichste Lehrer der Laurentiana in den 30er und 40er Jahren des 15. Jahrhunderts; das theologische Doktorat erhielt er unter seinem Mit-Regenten Theodoricus de Halveren.

L 82: Arnoldus de Tongeris; 489,110.

A: Imm. 1.6.1511, Leod. d.
B.a: Bakk. 23.11.1512; Liz. 10.3.1515; Mag. 24.11.1516; 12.12.1531 rez.
B.b: Bacc. theol. 1535.
C: Exam. 1543.
E: Artistische Grade unter Johannes de Nuertingen (Det.) und Johannes de Venlo; Arnold war ein Neffe des gleichnamigen Haupt-Regenten, suchte aber offensichtlich – wie die sehr späte *receptio* und die einmalige Prüfungstätigkeit ausweisen – nicht in die Fußstapfen seines Onkels zu treten.

L 83: Johannes Noepel de Lippia (Lippstadt/W.); 522,86.

A: Imm. März/Juni 1519, Col. d.
B.a: Bakk. 12.6.1520; Mag. 28.4.1522; 5.10.1532 rez.
B.b: Bacc. bibl. theol. 1533; bacc. form. 1536; lic. theol. 1545.
C: Exam. 1532-1538, neunmal; Tempt. 1534-1538, viermal; Exam. Liz. 1540; Inz. 1536, 1539, 6 Mag.
D: Dekan 1536/37.
E: Bakk. unter Theodoricus de Halveren, Inz. unbekannt; auch das theologische Lizentiat erwarb Johannes Noepel unter seinem Determinator. Auffallend die späte *receptio*, bei der er als *exercens* der Burse bezeichnet wurde; die Lehr- und Prüfungstätigkeit an der Laurentiana beendete er mit dem Amt des Weihbischofes in der Nachfolge seines 1537 verstorbenen Mit-Regenten Quirinus de Wylich.

L 84: Bernardus Witte de Affelen; 583,30.

A: Imm. 28.10.1534, Col. d.
B.a: Bakk. 1534 (16.11. Zulass.); Mag. 16.5.1536; 1.9.1538 rez.
B.b: Bacc. theol. 1540; bacc. form. 1542; lic. theol. 1545.
C: Exam. 1538-1549, fünfzehnmal; Det. 1547, 1548, 8 Bakk.; Tempt. 1542-1549, siebenmal; Exam. Liz. 1542-1549, fünfmal; Inz. 1540-1549, 15 Mag.
D: Dekan 1542/43, 1548/49, 1551/52; Rezeptor 1543, 1549.
E: Det. unbekannt, Mag. unter Hermannus Blanckenfort; 1538 als *lector ordinarius domus Laur.* rezipiert. Bernardus Witte ist neben Hermannus Blanckenfort und Johannes Noepel zu den prägenden Regenten der Laurentiana Ende der ersten Hälfte des 16. Jahrhunderts zu rechnen.

L 85: Johannes Isbrandy de Delphis; 603,5.

A: Imm. 8.8.1539, Trai. d.

B.a: Bakk. 1540 (21.5. Zulass.); Mag. 21.3.1542; 21.3.1544 rez.
B.b: Bacc. theol. 1545.
C: Exam. 1544-1547, fünfmal; Det. 1544, 1547, 1548, 44 Bakk.; Tempt. 1546, 1547, 1549; Inz. 1545-1549, 12 Mag.
D: Dekan 1545/46; Rezeptor 1546.
E: Det. unbekannt, Mag. unter Hermannus Blanckenfort; 1544 als *lector gymnasii Laur.* rezipiert.

L 86: **Henricus Verdonensis**; 593,30.

A: Imm. 13.5.1537, Lutzenburg. d.
B.a: Bakk. 18.6.1537; Mag. 5.6.1543; 15.5.1545 rez.
B.b: Lic. theol. 1558.
C: Exam. 1545, 1546, zweimal.
E: Beide artistischen Grade unter Hermannus Blanckenfort de Monasterio, theologisches Lizentiat unter Henricus Buschers de Tongeris; 1545 als *lector burse Laur.* rezipiert. (Die Prüfungstätigkeit wurde nur bis 1550 untersucht.)

L 87: **Petrus Aldenhoven Endoviensis** (Eindhoven); 620,40.

A: Imm. 19.5.1544, Leod. d.
B.a: Bakk. 23.3.1545; Mag. 1546; 1.9.1547 rez.
B.b: Bacc. theol. 1549; lic. theol. 1554 (licentiandus).
C: Exam. 1547, 1548, 1549, viermal.
D: Dekan 1554/55; Rezeptor 1552.
E: Beide artistischen Grade unter Johannes Isbrandy de Delphis; 1547 als *lector ordinarius gymnasii Laur.* rezipiert, 1555 gestorben (Prüfungstätigkeit wurde nur bis 1550 untersucht).

c) Corneliana

Im Gegensatz zur Montana und Laurentiana gibt es für die Corneliana, die dritte der um 1420 gegründeten späteren Hauptbursen, keine eigene Bursengeschichte. Nach dem Universitäts-Historiker Theodor Riphaen ist in Johannes Custodis de Attendorn der Gründer jener Burse zu sehen, die nach ihrem folgenden Leiter Cornelius Baldwini de Dordraco Bursa Corneliana genannt wurde (vgl. Un. 84, f. 9r).

C 1: **Johannes Custodis de Attendorn**; 121,11.

A: Imm. März/Juni 1419, Col. d.
B.a: 13.6.1419 rez.
B.b: Bacc. theol. 1425.
C: Det. 1419-1427, 75 Bakk.; Inz. 1421-1427, 18 Mag.

D: Dekan 1420, 1427.
E: Johannes Custodis hatte beide artistischen Grade 1414 und 1415 in Paris unter Heinrich von Gorkum (M 1) erworben (hierzu u. 346), wurde in Köln als Magister der Pariser Universität immatrikuliert, kurz darauf mit der Bemerkung *habens 4 annos rengentie* in die Artisten-Fakultät rezipiert. Mit Heinrich von Gorkum und Heymericus de Campo komplettiert er den Kreis der Pariser Magister, die mit ihren Bursen dauerhafte und folgenträchtige Einrichtungen schaffen sollten. Custodis starb 1428.

C 2: Andreas Buck de Amersfordia; Ntr. 205.

B.b: Lic. theol. 1431.
C: Det. 1423-1432, mehr als 53 Bakk.; Inz. 1422-1430, ca. 19 Mag.
D: Dekan 1425/26.
E: Artistische Grade in Paris 1415 und 1416 (hierzu u. 346), Immatrikulation in Köln nicht nachweisbar, erstmals am 22.12.1421 in den Kölner Akten genannt. Die Zahl seiner determinierenden Schüler muß höher als 53 sein, da die Namen im WS 1431 nicht protokolliert wurden; unter den durch ihn graduierten Bakkalaureanden und promovierten Magistranden sind jeweils drei spätere Regenten der Corneliana, dieses Lehrer-Schüler-Verhältnis spricht v.a. für die Einordnung unter die Regenten der Corneliana. Für den 1.9.1432 ist Andreas de Amersfordia als Leiter eines eigenen Bursen-Hauses (eventuell des ehemaligen von Johannes Custodis) bezeugt, denn Schüler *de domo magistri Andree de Amersfordia*, die Examensanforderungen nicht genügt hatten, bekamen Dispens für die Bakkalaureats-Determination (Un. 478, f. 14r). Andreas starb 1433.

C 3: Cornelius Baldwini de Dordraco; 132,94.

A: Imm. Dez. 1421/Juni 1422, Trai. d.
B.a: Bakk. Mai/Juni 1423; Mag. 14.5.1426.
B.b: Bacc. form. theol. 1439; lic. theol. 1442.
C: Exam. 1443-1461, siebenmal; Det. 1430-1447, 90 Bakk.; Tempt. 1446-1463, viermal; Inz. 1430-1455, 51 Mag.
D: Dekan 1431, 1447, 1461; Rezeptor 1440-1474; Rektor 1444/45.
E: Artistische Grade unter Andreas de Amersfordia (Det.) und Johannes Custodis. Da Cornelius de Dordraco von Riphaen als *successor* des Johannes Custodis in der Bursenleitung bezeichnet wurde (Un. 84, f. 9r), kam der kurzen Regentschaft des Andreas de Amersfordia von 1428-1433 offenbar keine tragende Bedeutung zu. Cornelius leitete die Corneliana (als Leiter einer eigenen Burse erstmals im Juni 1432 bezeugt; s.u. C 13) für die beeindruckende Zeitspanne von gut 45 Jahren bis zu seinem Tod 1477. Das theologische Doktorat strebte er nicht an oder konnte es eventuell aus Kostengründen nicht, 1446 erhielt er einen Dispens *super insigniis suscipiendis* (Un. 229 [H], f. 15v). Die bei Keussen in der Anm. zu M 132,94 angegebene Zeitspanne für das Rezeptor-Amt ist zu korrigieren; Cornelius wurde im Dezember 1473 das letzte Mal gewählt, hierzu u. 200-204.

C 4: Johannes Tinctoris de Tornaco; 138,61.

A: Imm. Juni/Okt. 1423, Torn. d.
B.a: Bakk. 6.12.1424; Mag. April 1426.
B.b: Dr. theol. 1440.
C: Inz. 1438, 3 Mag.
D: Dekan 1433/34; Rektor 1440, 1455/56.
E: Beide artistischen Grade unter Gerardus de Monte (M 4); es ist äußerst schwer zu entscheiden, ob der bedeutende thomistische Theologe in der Montana blieb oder in die Corneliana wechselte. Auch Keussen (1934, 505) mochte sich nicht festlegen, ordnete ihn aber den Montana-Regenten zu. Die spärlichen Zeugnisse seiner Regentschaft an der Artisten-Fakultät sprechen jedoch eher für eine Lehrtätigkeit an der Corneliana. Einer seiner drei Magistranden von 1438 war der spätere Humanist Engelbert Schut von Leiden (M 185,44), der noch Jahre danach – wie u. 392 auszuführen sein wird – Johannes Tinctoris als seinen Lehrer verehrte und pries, und der als Schulleiter in Leiden seine Schüler in die Corneliana schickte. (Das Protokoll zum Lizentiats-Examen 1438 im Kölner Dekanatsbuch führt Johannes Tinctoris allerdings nicht als Inzeptor auf; vgl. Un. 478, f. 36r/v. Die genannte Promotion und die Namen der Inzipierenden, neben Engelbert Schut noch Jacobus de Zierikzee [M 185,31] und Laurentius de Delft [M 187,8] sind der Handschrift Nr. 5104, f. 23v, der Österreichischen Nationalbibliothek Wien entnommen.) Als weiteres Indiz für eine Lehrtätigkeit an der Corneliana dürfte das Bekenntnis des noch zu nennenden Loppo de Zierikzee, erst Diener, dann Regent in der Corneliana, zu werten sein. Loppo stiftete als Doktor der Rechte in seinem Testament am 18.1.1472 eine Messe am Festtag des Thomas von Aquin, und zwar deshalb, weil er die thomistische Lehre an der Artisten-Fakultät unter Johannes Tinctoris und Cornelius de Dordraco erfahren hatte (vgl. R 1518). Schließlich noch ein eher theoretisches Argument: die Corneliana muß in den ersten Jahren ihres Bestehens ein sehr großes Renommee genossen haben, gerade auch als thomistische Burse. Dies wäre verständlicher, wenn man den hervorragenden Thomisten Tinctoris in ihren Reihen wüßte. Denn außer ihm ließe sich für diese Zeit kein herausragender Theologe der Corneliana nennen.

C 5: Arnoldus Florentii de Delft; 155,49.

A: Imm. Okt./Dez. 1427, Trai. d.
B.a: Bakk. 31.5.1429; Mag. 30.4.1430.
C: Inz. 1433, 2 Mag.
E: Bakk. unter dem keiner Burse zuzuordnenden Petrus de Juliaco (M 52,6), Mag. unter Andreas de Amersfordia.

C 6: Gerardus Keteler de Amersfordia; 158,20.

A: Imm. Dez. 1428/März 1429, Trai. d.
B.a: Bakk. 21.11.1429; Mag. 24.4.1431; 6.8.1431 rez.
B.b: Bacc. form. theol. 1439.

76   Die Regenten der Bursen

C: Det. 1432-1439, 42 Bakk.; Inz. 1432-1440, 17 Mag.
D: Dekan 1437/38.
E: Bakk. unter Petrus de Juliaco, Mag. unter Andreas de Amersfordia. Im Wintersemester 1439/40 ließ er sich in Erfurt immatrikulieren (Weissenborn 1881, 177), konnte dort jedoch nicht lange geblieben sein, da er von 1440 bis mindestens 1449 kontinuierlich an der Leipziger Universität wirkte (s.u. 516 ff.).

C 7: Henricus de Zierikzee; 163,33.

A: Imm. 12.12.1429, Trai. d.
B.a: Bakk 4.12.1430; Mag. 15.4.1432; 1.9.1432 rez.
B.b: Bacc. theol. 1440; bacc. form. theol. 1444.
C: Exam. 1435, 1439, zweimal; Det. 1435-1445, 32 Bakk.; Tempt. 1439; Inz. 1435-1447, 22 Mag.
D: Dekan 1439.
E: Bakk. unter Gerardus de Monte, Mag. unter Gerardus Keteler de Amersfordia; offenbar von der Montana in die Corneliana gewechselt.

C 8: Gerardus de Venlo; 198,9.

A: Imm. ca. Juli 1438, Leod. d.
B.a: Bakk. 2.6.1439; Mag. 8.4.1441.
B.b: Bacc. theol. 1448; bacc. form. 1449; lic. 1454; dr. theol. 1460.
C: Exam. 1444, 1449, 1456, dreimal; Det. 1445-1458, 78 Bakk.; Tempt. 1448-1455, fünfmal; Inz. 1447-1457, 30 Mag.
D: Dekan 1450/51; Inhabitator der Artistenschule 1450-1463; Rektor 1460.
E: Bakk. unter dem Laurentianer Johannes de Mechlinia (L 4), Mag. unter Henricus de Zierikzee; Gerardus war bis zu seinem Tod 1463 Bewohner und Aufseher der Artistenschule, also auch noch als Doktor der Theologie.

C 9: Gisbertus de tz Grevenzande; 185,25.

A: Imm. März/Juni 1435, Trai. d.
B.a: Bakk. 1436 (2.11. präs.); Liz. 5.4.1438.
B.b: Bacc. med. 1443; lic. 1447; dr. med. 1453.
C: Det. 1444, 1445, 14 Bakk.; Tempt. 1443, 1445; Inz. 1443, 1444, 1445, 20 Mag.
D: Dekan 1444; Rektor 1452/53, 1456/57; 1460/61, 1469, 1475/76.
E: Artistische Lehrer sind nicht bekannt; Regentschaft in der Corneliana ergibt sich aus den durch ihn graduierten Schülern. Die häufigen Rektorate lassen sich durch sein medizinisches Doktorat erklären, da wegen der geringen Medizinerzahl und des ständigen Fakultätsturnus ein Mitglied der Medizinischen Fakultät öfter mit dem Rektorat betraut werden konnte.

C 10: Herwicus Gisberti de Amsterdam; 205,87.

A: Imm. 25.5.1440, Trai. d.

B.a: Bakk. 4.7.1441; Mag. 16.4.1443; 2.11.1444 rez.
B.b: Bacc. form. theol. 1450.
C: Exam. 1447, 1448, zweimal; Det. 1450, 1452, 10 Bakk.; Tempt. 1450; Inz. 1452, 3 Mag.
D: Dekan 1452.
E: Bakk. unter Cornelius de Dordraco, Mag. unter Gisbertus tz Grevenzande; Ende 1452 an die Heidelberger Universität gewechselt, dort 1458 Erwerb des theologischen Lizentiats (s.u. 482).

C 11: Gerardus Haghinc de Delft; 137,39.

A: Imm. März/Juni 1423, Trai. d.
B.a: Bakk. ca. Juni 1424; Mag. 14.5.1426.
C: Det. 1441, 1 Bakk.; Inz. 1441, 3 Mag.
D: Dekan 1439/40.
E: Artistische Grade unter Johannes Custodis (Det.) und Andreas de Amersfordia. Nach den unter quantitativen Gesichtspunkten erfolgreicheren Lehrern der Corneliana soll mit Gerardus de Delft eine Reihe von Regenten folgen, die in den Quellen seltener als Prüfer oder Lehrer für diese Burse hervortraten. Jenen, die mit eigenen Schülern erscheinen, werden diejenigen folgen, die nur als Prüfer bekannt sind. Auffallend, daß von all diesen Regenten kein einziger mehr mit einem theologischen Studium nachzuweisen ist. Sie erwarben entweder gar keine Grade in den höheren Fakultäten oder wenn, dann nur in Medizin oder Jurisprudenz. Gerardus Haghinc de Delft verdeutlicht exemplarisch bereits eine aufschlußreiche Verbindung zwischen der Corneliana und den Niederlanden, aus denen der ganz überwiegende Teil der Corneliana-Regenten und eben auch ihrer Schüler stammte (hierzu Schwinges 1986a, 549, 551 f.; Meuthen 1988, 93). Denn Gerardus erhielt 1431 einen Dispens, um Schulen in Delft zu leiten (Un. 478, f. 6v). Dort blieb er jedoch nicht allzu lange, denn schon im Jahr 1439, für das er auch als Pastor in Delft belegt ist, wurde er in Köln zum Dekan der Artisten gewählt.

C 12: Albertus Angeli de Leydis; 170,7.

A: Imm. Juni/Juli 1431, Trai. d.
B.a: Bakk. 2.12.1432; Mag. 22.4.1434.
C: Inz. 1435, 3 Mag.
E: Artistische Grade unter Gerardus de Amersfordia (Det.) und Cornelius de Dordraco.

C 13: Florentius Hirtz de Delft; 173,63.

A: Imm. 30.6.1432, Trai. d.
B.a: Bakk. 16.6.1433; Mag. 6.4.1435; 30.9.1436 rez.
B.b: Bacc. med. 1439; dr. med. 1443.
C: Inz. 1439, 3 Mag.

E: Als Angehöriger der *Burse des Magisters [Cornelius] de Dordraco* immatrikuliert, beide artistischen Grade unter diesem; als Doktor der Medizin und Arzt noch 1480 in Delft nachzuweisen.

C 14: Johannes Egidii al. Haell de Dordraco; 145,41.

A: Imm. März/Juni 1425, Trai. d.
B.a: Bakk. 20.6.1426; Liz. 1428 (3.2. präs.).
C: Exam. 1443, einmal; Det. 1443, 7 Bakk.
E: Bakk. unter Andreas de Amersfordia, Inz. unbekannt.

C 15: Wilhelmus de Gouda; 190,12.

A: Imm. Okt./Dez. 1436, Trai. d.
B.a: Bakk. 21.11.1431; Mag. 26.3.1439; 1440 rez.
B.b: Bacc. med. 1443.
C: Det. 1443, 7 Bakk.
E: Artistische Grade unter dem Montaner Henricus de Embrica (M 5; Det.) und Florentius Hirtz de Delft; offenbar Wechsel von der Montana in die Corneliana.

C 16: Wilhelmus Gisberti de Dordraco; 194,23.

A: Imm. Juni/Okt. 1437, Trai. d.
B.a: Bakk. 1438 (8.12. präs.); Mag. 8.4.1441.
B.b: Bacc. med. 1447.
C: Exam. 1447, einmal; Det. 1447, 9 Bakk.; Inz. 1446, 3 Mag.
E: Det. unbekannt, Mag. unter Henricus de Zierikzee.

C 17: Delophinus de Berch sub Dordraco; 200,14.

A: Imm. Mai 1439, Trai. d.
B.a: Bakk. 21.11.1440; Mag. 23.3.1442.
C: Exam. 1445, 1446, zweimal; Det. 1447, 11 Bakk.
E: Beide artistischen Grade unter Henricus de Zierikzee.

C 18: Hubertus Hack de Bommel; 214,36.

A: Imm. 17.8.1442, Trai. d.
B.a: Bakk. 20.11.1443; Mag. 27.4.1445.
C: Det. 1449, 7 Bakk.
E: Artistische Grade unter dem Laurentianer Theodoricus Flass de Nussia (L 19; Det.) und Henricus de Zierikzee; offenbar aus der Laurentiana in die Corneliana gewechselt.

C 19: Johannes Hugonis de Alcmaria; 146,55.

A: Imm. Juni/Okt. 1425, Trai. d.
B.a: Bakk. Nov. 1426; Mag. 27.4.1428; 21.9.1432 rez.
B.b: Bacc. decr. 1434; lic. 1441; dr. decr. 1443.
C: Exam. 1434, einmal.

D: Dekan 1434/35; Rektor 1440/41.
E: Eventuell von Rostock (1424 imm.; Hofmeister 1899, 19) nach Köln gekommen; beide artistischen Grade unter Andreas de Amersfordia.

C 20: **Nicolaus Repus de Tornaco**; 204,14.

A: Imm. Dez. 1439/März 1440, Torn. d.
B.a: Mag. 20.4.1441.
C: Tempt. 1442.
E: Artistisches Bakk. 1439 an Univ. Löwen, Mag. unter Cornelius de Dordraco.

C 21: **Andreas Moreff de Scotia**; 194,20.

A: Imm. Juni/Okt. 1437, iur.
B.a: Mag. 26.3.1439.
C: Exam. 1445, einmal.
E: Als artistischer Bakkalar der Universität St. Andrews in Köln immatrikuliert und am 13.1.1439 rezipiert; Mag. unter Florentius Hirtz de Delft.

C 22: **Baldewinus Hart (Hirtz) de Delft**; 190,46.

A: Imm. Juni/Okt. 1436, Trai. d.
B.a: Bakk. 27.11.1437; Mag. 26.3.1439; 22.2.1446 rez.
C: Exam. 1446, einmal.
E: Artistische Grade unter den Cornelianern Gerardus Keteler de Amersfordia (Det.) und Florentius Hirtz de Delft; Baldewinus war ein Bruder des Florentius; auffallend die späte *receptio*.

C 23: **Loppo Walingi de Zierikzee**; 196,5.

A: Imm. Dez. 1437/März 1438, iur., Trai. d.
B.a: Bakk. 1438 (8.12. präs.); Mag. 21.4.1441; 1451 rez.
B.b: Bacc. decr. 1449; dr. iur. utr. 1456.
C: Exam. 1452, einmal; Inz. 1451, 3 Mag.
E: Als *servitor in bursa Cornelii* imm.; Det. unbekannt, Mag. unter Henricus de Zierikzee; die späte *receptio* dürfte durch die Schwerpunktlegung auf das juristische Studium begründet sein.

C 24: **Danckardus Hugonis de Brilis**; 212,53.

A: Imm. 18.4.1442, Trai. d.
B.a: Bakk. 17.6.1443; Mag. 22.4.1446; 30.9.1447 rez.
B.b: Bacc. theol. 1453; bacc. form. 1455; lic. theol. 1458.
C: Exam. 1450-1460, siebenmal; Det. 1451-1460, 138 Bakk.; Tempt. 1461; Inz. 1452-1461, 34 Mag.
D: Dekan 1455.
E: Artistische Grade unter den Cornelianern Johannes de Dordraco (Det.) und Wilhelmus de Dordraco; von 1451 bis 1460 jedes Jahr als Determinator tätig; 1459 als *conrector* der Burse erwähnt.

C 25: Johannes Leckerkerck de Dordraco; Ntr. 559.

B.a: 20.9.1441 rez.
B.b: Bacc. form. theol. 1454.
C: Exam. 1454, einmal.
D: Dekan 1454; Rektor 1456.
E: Unbekannt, wo artistische Grade erworben; 1441 als Magister artium immatrikuliert; aus biographischen Gründen wohl unwahrscheinlich, daß mit Johannes Haell de Dordraco (C 14) oder mit Johannes Zebars de Dordraco (M 210,107) identisch.

C 26: Petrus Moriel de Tornaco; 230,7.

A: Imm. 6.7.1446, Torn. d.
B.a: Bakk. 5.6.1447; Liz. 1449 (3.2. Zulass.).
C: Exam. 1451, 1453, zweimal; Det. 1454, 7 Bakk.; Inz. 1454, 1456, 6 Mag.
E: Bakk. unter Cornelius de Dordraco, Inz. unbekannt.

C 27: Petrus de Cresco; 231,41.

A: Imm. 1.12.1446, Gebenensis d.
B.a: Bakk. 27.11.1447; Liz. 1449 (3.2. Zulass.).
C: Det. 1451, 6 Bakk.
E: Bakk. unter Wilhelmus de Dordraco, Inz. unbekannt.

C 28: Henricus Cortgeen; 209,5.

A: Imm. 8.4.1441, Trai. d.
B.a: Bakk. 29.5.1442; Mag. 16.4.1444.
B.b: Bacc. theol. 1454; bacc. form. 1455; lic. theol. 1465.
C: Exam. 1453, 1455, zweimal; Tempt. 1451, 1453, 1465; Inz. 1457, 3 Mag.
D: Dekan 1453.
E: Artistische Grade unter dem Montaner Nicolaus de Amsterdam (Det., M 11) und dem Cornelianer Henricus de Zierikzee; recht spätes Erscheinen als Regent nach dem Magisterium.

C 29: Theodoricus Balveren de Bommel; 227,33.

A: Imm. 6.12.1445, Trai. d.
B.a: Bakk. 1446 (2.11. präs.); Liz. 1448 (3.2. Zulass.).
B.b: Bacc. form. theol. 1461; lic. 1480; dr. theol. 1480.
C: Exam. 1453-1480, vierzehnmal; Det. 1457-1479, 166 Bakk.; Tempt. 1456-1480, vierzehnmal; Exam. Liz. 1469-1480, viermal; Inz. 1463-1480, 88 Mag.
D: Dekan 1456/57, 1472/73, 1479/80; Rezeptor 1478.
E: Sowohl Det. als auch Inz. unbekannt, doch Unterricht in der Corneliana wahrscheinlich, da von Beginn an als Regent für diese Burse tätig. Mit

seiner Lehrtätigkeit und den häufigen Dekanaten ist Balveren zu den prägenden Regenten der Corneliana zu zählen.

C 30: Simon Wittonis de Zierikzee; 234,11.

A: Imm. Juni/Sept. 1447, Trai. d.
B.a: Bakk. 26.11.1448; Mag. 16.4.1451.
B.b: Bacc. decr. 1455; lic. decr. 1457; dr. decr. 1469.
C: Inz. 1455, 3 Mag.
E: Artistische Grade unter den Cornelianern Gerardus de Venlo (Det.) und Cornelius de Dordraco; das juristische Studium hatte offenbar Vorrang gegenüber der Lehre bei den Artisten.

C 31: Livinus Duwlandia de Zierikzee; 222,49.

A: Imm. Juni/Okt. 1444, Trai. d.
B.a: Bakk. 1.12.1445; Mag. 28.5.1453; 30.9.1453 rez.
B.b: Bacc. bibl. theol. 1459; bacc. form. theol. 1464.
C: Exam. 1459, einmal; Tempt. 1460; Inz. 1458-1466, 27 Mag.
D: Dekan 1459/60.
E: Bakk. wie Henricus Cortgeen unter dem Montaner Nicolaus de Amsterdam, möglicherweise durch Bursenwechsel das späte Magisterium unter dem Cornelianer Gerardus de Venlo erklärbar.

C 32: Petrus Florentii de Gouda; 266,59.

A: Imm. 7.10.1455, theol., Trai. d.
B.a: 9.10.1455 rez.
C: Tempt. 1457.
E: Als Magister der Löwener Universität immatrikuliert.

C 33: Paulus de Wickroede; 245,46.

A: Imm. 28.5.1450, Leod. d.
B.a: Bakk. 4.3.1452; Mag. 1454; 20.12.1458 rez.
B.b: Bacc. bibl. theol. 1465; bacc. sent. 1466; bacc. form. theol. 1466.
C: Exam. 1463-1477, sechsmal; Det. 1461-1471, 58 Bakk.; Tempt. 1467; Exam. Liz. 1467, 1468; Inz. 1461-1473, 25 Mag.
D: Dekan 1466/67.
E: Bakk. unter dem Cornelianer Gerardus de Venlo, Mag. unter dem Laurentianer Jacobus de Straelen; dennoch durch Lehrtätigkeit und bezeugten Thomismus (vgl. Löhr 1926, 27) zweifellos nach seiner *receptio* für die Corneliana tätig.

C 34: Petrus Thome de Leydis; 245,78.

A: Imm. 26.6.1450, Trai. d.
B.a: Bakk. 6.7.1451; Mag. 28.5.1453.
B.b: Bacc. sent. theol. 1460; bacc. form. 1462; lic. theol. 1465.
C: Exam. 1462-1476, achtmal; Det. 1458-1472, 135 Bakk.; Tempt. 1464, 1471; Exam. Liz. 1471; Inz. 1458-1478, 65 Mag.

D: Dekan 1463/64, 1470/71; Promotor 1471; Rezeptor 1474; Rektor 1475.
E: Bakk. unter dem Cornelianer Petrus de Cresco, Mag. unter dem Montaner Henricus de Susato (M 18); mit Beginn seiner Lehrtätigkeit zweifellos für die Corneliana tätig. 1477 ist er als *conregens domus Corn.* bezeugt, 1478 bereits gestorben.

C 35: Petrus Boer de Viersen; 253,5.

A: Imm. 22.4.1452, Col. d.
B.a: Bakk. 9.6.1453; Mag. 17.4.1456; 30.9.1457 rez.
B.b: Bacc. med. 1460; dr. med. 1473.
C: Inz. 1460, 3 Mag.
E: Bakk. unter Jacobus de Straelen (L 30), Mag. jedoch unter dem Cornelianer Petrus Moriel de Tornaco; nach dem Bakk. offensichtlich von der albertistischen Burse an die Corneliana gewechselt, da 2 der von ihm promovierten Magistranden (M 273,62; 278,16) vorher unter Corneliana-Regenten determiniert hatten und da ihn sein späteres Engagement an den Universitäten Trier und Mainz (s.u. 547, 549, 576 f. u.ö.) als Vertreter des Thomismus zeigt. Wegen der wissenschaftsgeschichtlichen Tragweite dieser Tätigkeit ist gerade bei Viersen die Feststellung seiner Bursenzugehörigkeit wichtig; Keussen hatte Petrus de Viersen nicht unter die Corneliana-Regenten aufgenommen, sondern als Regenten ohne Bursenzugehörigkeit aufgeführt (Keussen 1934, 577).

C 36: Theodoricus Bindopp de Leydis al. de Traiecto; 263,26.

A: Imm. 23.10.1454, Trai. d.
B.a: Bakk. 2.12.1455; Mag. 7.4.1457; 30.9.1458 rez.
B.b: Bacc. theol. 1465; bacc. sent. 1466; bacc. form. theol. 1467.
C: Exam. 1459, 1466, zweimal; Det. 1459-1475, 50 Bakk.; Tempt. 1466; Inz. 1466-1475, 19 Mag.
D: Dekan 1465/66; Promotor 1467.
E: Artistische Grade unter den Cornelianern Danckardus de Brilis (Det.) und Gerardus de Venlo; 1458/59 hatte Theodoricus offenbar den letztendlich gescheiterten Versuch unternommen, außerhalb der Corneliana eine eigene Burse zu leiten (s.u. 151 ff.).

C 37: Gisbertus Klinckart de Delft; 221,54.

A: Imm. März/Juni 1444, Trai. d.
B.a: Bakk. 24.11.1445; Mag. 1453 in Heidelberg.
B.b: Dr. med. 1474 in Ferrara.
C: Tempt. 1459.
E: Artistische Grade unter den Cornelianern Gerardus de Venlo (Det.) und Herwicus de Amsterdam; Gisbertus war seinem Lehrer Herwicus 1452 nach Heidelberg gefolgt und wurde dort durch ihn promoviert (Toepke 1886, 392; s.u. 481), spätestens 1459 lehrte er in Köln. Erstaunlicherweise

erscheint er im März 1481 – 7 Jahre nach seinem medizinischen Doktorat – nochmals als artistischer Intrans.

C 38: Nicolaus Cant de Dordraco; 246,48.
A: Imm. 18.9.1450, Trai. d.
B.a: Mag. 12.4.1455; 30.5.1459 rez.
B.b: Bacc. theol. 1463; bacc. sent. 1464; bacc. form. theol. 1465.
C: Exam. 1460, 1465, zweimal; Det. 1462, 1463, ca. 13 Bakk.; Tempt. 1464; Inz. 1464, 1465, 6 Mag.
E: Det. unbekannt, Mag. unter Cornelius de Dordraco; die Zahl der von ihm graduierten Bakkalare läßt sich nur ungefähr angeben, da im Protokoll des Juni 1463 die Zuordnung zu den jeweiligen Determinatoren nicht zweifelsfrei zu entwirren ist (vgl. Un. 480, f. 25v).

C 39: Jacobus de Busco de Tornaco; 266,15.
A: Imm. 5.8.1455.
B.a: Bakk. 30.6.1457; Mag. 9.4.1459; 9.10.1459 rez.
C: Exam. 1461, einmal.
E: Artistische Grade unter den Cornelianern Gerardus de Venlo (Det.) und Danckardus de Brilis.

C 40: Johannes Sassenheym de Leydis; 257,35.
A: Imm. 16.5.1453, Trai. d.
B.a: Bakk. 26.6.1454; Mag. 17.4.1456; 18.4.1461 rez.
B.b: Bacc. med. 1462; dr. med. 1481.
C: Exam. 1461, einmal; Det. 1461, 1462, 26 Bakk.; Inz. 1462, 1463, 10 Mag.
E: Beide artistischen Grade unter dem Cornelianer Petrus Moriel de Tornaco; nach 1463 ist Johannes de Leydis erst wieder von 1481 bis zu seinem Tod 1489 an der Kölner Universität nachzuweisen, nun als Doktor an der Medizinischen Fakultät.

C 41: Johannes Arnoldi de Zierikzee; 262,14.
A: Imm. 26.7.1454, Trai. d.
B.a: Bakk. 26.11.1456; Mag. 10.4.1459; 18.4.1461 rez.
B.b: Bacc. form. theol. 1471.
C: Exam. 1466, einmal; Inz. 1462, 1463, 1465, 12 Mag.
E: Artistische Grade unter den Cornelianern Danckardus de Brilis (Det.) und Livinus Duwlandia de Zierikzee.

C 42: Nicolaus Drey de Edam; 277,31.
A: Imm. 10.5.1458, Trai. d.
B.a: Bakk. 1459 in Heidelberg; Mag. 22.4.1461; 18.3.1463 rez.
B.b: Bacc. decr. 1463; lic. decr. 1466; lic. leg. 1469; dr. decr. ca. 1471.
C: Exam. 1464, 1467, zweimal; Det. 1463, 1464, 1465, 30 Bakk.; Tempt. 1465; Exam. Liz.; Inz. 1463-1467, 16 Mag.

E: Nach der Imm. Wechsel an Heidelberger Universität, dort Bakkalaureat *in via antiqua* (Toepke 1884, 297), anschließend Rückkehr nach Köln, Mag. unter dem Cornelianer Petrus de Leydis.

C 43: **Henricus Peregrini de Buscoducis**; 285,7.

A: Imm. 10.4.1460, Leod. d.
B.a: Bakk. 9.6.1461; Mag. 26.3.1463; 3.4.1465 rez.
B.b: Bacc. decr. 1468.
C: Exam. 1467, 1468, zweimal.
D: Dekan 1468/69.
E: Artistische Grade unter dem Cornelianer Paulus de Wickroede (Det.) und dem Laurentianer Henricus de Tegelen (L 46); Examinatortätigkeit und Dekanat jedoch zweifellos für die Corneliana.

C 44: **Johannes Teets al. Witsellenborch de Bommel**; 287,36.

A: Imm. 30.10.1460, Trai. d.
B.a: Bakk. 19.11.1461; Mag. 26.3.1463.
B.b: Bacc. decr. 1473; lic. decr. 1475; dr. decr. 1477.
C: Exam. 1471, 1474, 1475, dreimal; Det. 1471-1474, mehr als 34 Bakk.; Tempt. 1473, 1475, 1476; Inz. 1471-1475, 13 Mag.
D: Dekan 1475/76; Promotor 1476; Rektor 1480, 1497; Vizekanzler 1479-1482.
E: Bakk. unter dem Cornelianer Paulus de Wickroede, Mag. unter dem Laurentianer Henricus de Tegelen; nach einem Dispens 1464 erschien er erst 1471 in der Artisten-Fakultät, mit Sicherheit als Cornelianer. Die Zahl der graduierten Bakkalare muß höher als 34 sein, da – wie bereits angesprochen – die Namen der Bakkalaureanden Ende 1471 im Protokoll fehlten. Die juristische Laufbahn verdeutlicht die relativ heterogene Zusammensetzung der Corneliana-Regenten, gemessen an ihren Schwerpunkten in den höheren Fakultäten.

C 45: **Theodoricus Adriani de Dordraco**; 293,101.

A: Imm. 26.6.1462, Trai. d.
B.a: Bakk. 5.2.1465; Mag. 26.5.1467; 20.3.1469 rez.
B.b: Bacc. med. 1472; lic. 1475; dr. med. 1476.
C: Exam. 1472, 1473, 1475, dreimal; Det. 1473, 1475, 15 Bakk.; Exam. Liz. 1473; Inz. 1473, 1474, 1505, 9 Mag.
D: Rektor 1477/78.
E: Artistische Grade unter den Cornelianern Petrus de Leydis (Det.) und Theodoricus de Bommel. Theodoricus de Dordraco war ein Neffe des Cornelius Baldwini de Dordraco; sein Schwiegervater war der Mediziner Johannes Floris von Leiden (M 217,35; immatrikuliert als Johannes Florentii de Alcmaria), der in Köln 1445 unter dem Cornelianer Henricus de Zierikzee determinierte, später in Paris und Ferrara Artes und Medizin studierte und als Doktor der Medizin wechselweise in Köln und Leiden wohnte. Theodoricus de Dordraco trat weitaus mehr in der Medizinischen

als der Artisten-Fakultät hervor (zwischen 1485 und 1512 sehr häufig Dekan der Mediziner), engagierte sich dennoch weiterhin für die Belange der Artisten und der Corneliana (z.B. 1496 als Regent der Corneliana, 1508 als Senior der Artisten-Fakultät bezeugt). Kurioserweise wurde er 1505 nochmals als Inzeptor aktiv, um u.a. seinen Sohn Cornelius zum Magister zu promovieren.

C 46: **Wilhelmus Baldewini de Brilis**; 295,29.

A: Imm. 31.10.1462, Trai. d.
B.a: Bakk. 17.11.1463; Mag. 29.3.1466; 2.10.1468 rez.
C: Exam. 1472, einmal.
E: Artistische Grade unter den Cornelianern Nicolaus de Edam (Det.) und Livinus Duwlandia.

C 47: **Arnoldus Kaffenberg de Hattingen**; 301,38.

A: Imm. 8.5.1464, Col. d.
B.a: Bakk. 20.6.1465; Mag. 17.4.1467.
B.b: Dr. med. 1477 in Ferrara; bacc. form. theol. 1505.
C: Det. 1476, 11 Bakk.
E: Artistische Grade unter den Cornelianern Petrus de Leydis (Det.) und Paulus de Wickroede; beachtenswert die zeitliche Dichte zwischen der Tätigkeit als Determinator in Köln und dem medizinischen Doktorat in Ferrara. Noch im Oktober 1505 fungierte Arnoldus – obwohl dr. med. – als artistischer Intrans, um neben dem medizinischen Intrans und Corneliana-Regenten Theodoricus de Dordraco den Cornelianer Adam Folckmar de Bopardia zum Rektor zu wählen.

C 48: **Petrus Boll de Dordraco**; 314,4.

A: Imm. Juli 1467, Trai. d.
B.a: Bakk. 20.11.1468; Mag. 10.3.1471; 20.12.1476 rez.
B.b: Bacc. theol. 1478; lic. theol. 1479.
C: Exam. 1477, 1479, zweimal; Det. 1478, 10 Bakk.; Tempt. 1478; Inz. 1479, 3 Mag.
D: Dekan 1477/78.
E: Bakk. unter dem Cornelianer Petrus de Leydis, Mag. unter Theodoricus de Busco aus der Raemsdonck-Burse; ein Bursenwechsel könnte die größeren zeitlichen Intervalle zwischen den artistischen Graden sowie zwischen Magisterium und *receptio* erklären; seit 1477 zweifellos für die Corneliana lehrend.

C 49: **Mathias Walrami de Tilia de Venlo**; 330,154.

A: Imm. 23.6.1471.
B.a: Bakk. 1.6.1472; Mag. 20.4.1474.
B.b: Bacc. theol. 1481; bacc. form. 1483; lic. 1485; dr. theol. 1492.
C: Exam. 1480-1491, siebenmal; Det. 1481-1491, 282 Bakk.; Tempt. 1482-1491, neunmal; Exam. Liz. 1481-1492, neunmal; Inz. 1480-1492, 92 Mag.

D: Dekan 1483/84, 1485/86, 1487/88; Promotor 1484; Rektor 1497/98.
E: Beide artistischen Grade unter Petrus de Leydis; recht spät begegnet Mathias erst 1 Jahr vor seinem theologischen Bakkalaureat als Prüfer, dann aber regelmäßig bis zum theologischen Doktorat. Bezeichnenderweise wurde mit ihm ein Theologe erfolgreichster Lehrer der Corneliana. (Die Angabe Keussens in der Anm. zu M 330,154, Mathias de Venlo habe 1483 das Rezeptor-Amt ausgeübt, ist falsch; sie trifft auf den gleich zu nennenden Wolterus Boem de Dordraco zu.)

C 50: **Wolterus Boem de Dordraco**; 328,27.

A: Imm. Okt./Dez. 1470, Trai. d.
B.a: Bakk. 1471 (2.11. präs.); Mag. 29.4.1473.
B.b: Bacc. theol. 1479; bacc. bibl. theol. 1482.
C: Exam. 1481, 1482, zweimal; Det. 1482, 17 Bakk.; Tempt. 1479, 1481; Inz. 1480, 1481, 1482, 15 Mag.
D: Promotor 1481; Rezeptor 1482.
E: Det. unbekannt, Mag. unter Theodoricus de Dordraco.

C 51: **Johannes de Borsalia (Borsele)**; 358,41.

A: Imm. 17.4.1478, Trai. d.
B.a: Bakk. 17.6.1479; Mag. 15.3.1481.
C: Inz. 1483, 3 Mag.
E: Artistische Grade unter den Cornelianern Theodoricus de Bommel (Det.) und Wolterus de Dordraco.

C 52: **Nicolaus Heinricus Wilhelmi de Delft**; 358,39.

A: Imm. 17.4.1478; Trai. d.
B.a: Bakk. 23.11. 1479; Mag. 22.3.1481.
C: Exam. 1486, 1487, zweimal; Tempt. 1490; Inz. 1487, 1490, 6 Mag.
E: Bakk. unter Hermannus de Berchem aus der Bursa Ottonis, Mag. unter Wolterus de Dordraco; Lehrtätigkeit eindeutig für die Corneliana.

C 53: **Jacobus Amerongen de Traiecto**; 356,90.

A: Imm. 12.11.1477, Trai. d.
B.a: Bakk. 26.11.1478; Mag. 23.3.1480.
C: Det. 1486, 10 Bakk.; Tempt. 1486; Inz. 1486, 5 Mag.
E: Beide artistischen Grade unter dem Cornelianer Theodoricus de Bommel.

C 54: **Cornelius Johannis de Leydis**; 366,155.

A: Imm. 20.6.1480, Trai. d.
B.a: Bakk. 25.6.1481; Mag. 10.4.1483.
B.b: Bacc. bibl. theol. 1487; bacc. form. theol. 1491.
C: Exam. 1487-1492, fünfmal; Det. 1489, 1492, 44 Bakk.; Tempt. 1492, 1493; Inz. 1491, 1492, 1493, 12 Mag.
D: Dekan 1491/92; Promotor 1493.

E: Bakk. unter Mathias de Venlo, Mag. unter dem Ottonis-Regenten Hermannus de Berchem; seit 1487 eindeutig für die Corneliana tätig.

C 55: **Johannes Simonis de Alcmaria**; 378,22.

A: Imm. 12.5.1483, Trai. d.
B.a: Mag. 3.12.1483; 9.12.1486 rez.
C: Exam. 1488, einmal.
E: Det. unbekannt, Mag. unter Mathias de Venlo; noch 1494 wird Johannes im Kölner Rektoratsbuch mit einer Geldzahlung von drei fl. im Namen eines Landsmannes erwähnt, der in einen Orden eingetreten war.

C 56: **Petrus Bolle de Dordraco**; 347,18.

A: Imm. 11.8.1475, Trai. d.
B.a: Bakk. 28.11.1476; Mag. 23.3.1478.
B.b: Bacc. form. theol. 1488; lic. theol. 1491.
C: Exam. 1488, 1489, zweimal; Det. 1488, 1489, 1490, 59 Bakk.; Tempt. 1488, 1490; Exam. Liz. 1490; Inz. 1488-1491, 32 Mag.
D: Dekan 1489/90.
E: Bakk. als Corneliana-Schüler unter dem Ottonis-Regenten Nicolaus Linnich, Mag. unter Theodoricus de Bommel; recht später Beginn der Prüfungstätigkeit, auch dessen Ende deckt sich mit den Jahren, in denen die beiden theologischen Grade erworben wurden.

C 57: **Johannes de Heyer**; 371,120.

A: Imm. 30.10.1481.
B.a: Bakk. 28.11.1482; Mag. 24.3.1484; 18.10.1487 rez.
B.b: Bacc. bibl. theol. 1489; bacc. form. 1492; lic. theol. 1493.
C: Exam. 1493, 1496, zweimal; Det. 1492-1497, 81 Bakk.; Tempt. 1492-1498, viermal; Exam. Liz. 1493-1497, dreimal; Inz. 1494, 1496, 1497, 16 Mag.
D: Dekan 1493/94; Rezeptor 1494.
E: Bakk. als Schüler der Ottonis unter dem Kuckaner Hermannus de Clivis (K 17, die Ottonis stellte im November 1482 keinen eigenen Determinator für ihre 6 Bakkalaureanden; vgl. Un. 480, f. 150v), Mag. unter Mathias de Venlo, spätestens seit 1492 eindeutig für dessen Burse tätig. In Keussens Liste der Corneliana-Regenten fehlt Johannes de Heyer, er wäre als Nr. 87a aufzuführen; vgl. Keussen 1934, 549. Der Eintritt in den Dominikanerorden 1499 beendete die artistische Regentschaft.

C 58: **Adam Folckmar de Bopardia**; 380,94.

A: Imm. 16.12.1483, Trev. d.
B.a: Bakk. 30.5.1485; Mag. 4.4.1487; 1489 rez.
B.b: Bacc. theol. 1493; bacc. form. 1495; lic. 1498; dr. theol. 1507.
C: Exam. 1491-1501, fünfmal; Det. 1491-1500, 122 Bakk.; Tempt. 1495-1504, neunmal; Exam. Liz. 1494-1505, achtmal; Inz. 1494-1505, 36 Mag.

D: Dekan 1495/96, 1501/02; Promotor 1504; Rezeptor 1498, 1502; Rektor 1505/06; Vizekanzler 1510, 1514.
E: Bakk. als Schüler der Bursa Ottonis unter deren Regenten Nicolaus Linnich, anschließend Wechsel in die Corneliana und Mag. unter Nicolaus de Delft. Adam Folckmar ist zu den erfolgreicheren und prägenden Regenten der Corneliana zu zählen; 1532 gestorben, wird er noch 1531 als *olim regens burse Cornelii* bezeichnet.

C 59: Wilhelmus de Alcmaria; 387,91.

A: Imm. 6.10.1485, Trai. d.
B.a: Bakk. 4.12.1486; Mag. 27.3.1488.
C: Exam. 1492, 1493, zweimal.
E: Beide artistischen Grade unter Mathias de Venlo.

C 60: Henricus Driel de Delft; 388,42.

A: Imm. 28.10.1485, Trai. d.
B.a: Bakk. 4.12.1486; Liz. 8.3.1488; 5.12.1491 rez.
B.b: Bacc. theol. 1495; bacc. form. theol. 1497.
C: Exam. 1496-1501, siebenmal; Det. 1497-1501, 51 Bakk.; Tempt. 1494, 1500, 1502; Inz. 1497-1501, 18 Mag.
D: Dekan 1499/1500.
E: Bakk. unter Mathias de Venlo, Inz. unbekannt.

C 61: Henricus Andree de Sittart; 392,42.

A: Imm. 28.10.1486, Leod. d.
B.a: Bakk. 15.11.1487; Mag. 11.4.1489; 22.1.1493 rez.
B.b: Bacc. med. 1492; lic. 1496; dr. med. 1498.
C: Exam. 1494, 1495, zweimal; Inz. 1496, 3 Mag.
D: Rektor 1506, 1510/11, 1523/24, 1526/27, 1531/32, 1536; Vizekanzler 1511-1513.
E: Artistische Grade unter Mathias de Venlo (Det.) und Petrus Bolle de Dordraco; med. Bakk. und Doktorat unter Theodoricus de Dordraco. Henricus de Sittart setzte die Tradition der Mediziner-Regenten in der Corneliana fort; er zeigte kein größeres Engagement für die Artisten-Fakultät und seine Burse.

C 62: Albertus de Delft; 397,43.

A: Imm. 16.5.1488, Trai. d.
B.a: Bakk. 15.6.1489; Mag. 16.3.1491; 9.10.1493 rez.
C: Exam. 1494, einmal.
E: Als Schüler der Corneliana Bakk. unter Nicolaus Linnich aus der Ottoniana, Mag. unter Mathias de Venlo.

C 63: Gerardus Noppenhey de Aquisgrano al. de tz Hertzogenraede; 403,102.

A: Imm. 9.9.1489, Leod. d.

B.a: Bakk. 27.11.1490; Mag. 26.11.1492; 28.4.1494 rez.
B.b: Bacc. decr. 1495; lic. decr. 1505.
C: Exam. 1503, 1504, zweimal; Det. 1496-1504, 56 Bakk.; Tempt. 1504; Inz. 1502, 1504, 4 Mag.
D: Dekan 1503/04.
E: Bakk. als Laurentianer unter Everardus de Amersfordia (L 54), Mag. unter dem Cornelianer Adam Folckmar de Bopardia; v.a. das Dekanat 1503/04 erweist Gerardus als Regenten der Corneliana.

C 64: Johannes Ryckmann de Delft; 406,22.

A: Imm. 24.4.1490, Trai. d.
B.a: Bakk. 21.11.1491; Liz. 10.3.1496; Mag. 12.12.1497.
B.b: Bacc. theol. 1501; bacc. form. theol. 1511.
C: Exam. 1500-1512, fünfmal.
E: Artistische Grade unter den Cornelianern Adam de Bopardia (Det.) und Henricus de Delft.

C 65: Cornelius Rens de Venlo; 422,74.

A: Imm. 7.5.1494, Leod. d.
B.a: Bakk. 25.6.1495; Liz. 11.3.1497.
B.b: Bacc. theol. 1503; bacc. form. 1505; lic. theol. 1507.
C: Exam. 1502-1515, fünfmal; Det. 1504-1517, 115 Bakk.; Tempt. 1505-1516, zehnmal; Exam. Liz. 1507-1518, sechsmal; Inz. 1503-1517, 32 Mag.
D: Dekan 1505/06, 1513/14, 1515/16; Promotor 1508, 1512.
E: Bakk. unter dem Cornelianer Johannes de Heyer, Inz. unbekannt; Cornelius war erfolgreichster und engagiertester Regent der Corneliana in den ersten beiden Jahrzehnten des 16. Jahrhunderts und damit unmittelbar vor ihrem Untergang, 1511 wird er als *conregens burse Corn.* bezeichnet; er starb recht früh 1518.

C 66: Cornelius de Gouda; 426,85.

A: Imm. 26.5.1495, Trai. d.
B.a: Bakk. 8.6.1496; Mag. 26.3.1498; 1501 rez.
B.b: Bacc. form. theol. 1504; lic. theol. 1507.
C: Exam. 1503-1507, viermal; Det. 1503, 1507, 18 Bakk.; Tempt. 1506, 1507, 1508; Exam. Liz. 1506; Inz. 1503-1508, 22 Mag.
D: Dekan 1507/08.
E: Artistische Grade als Schüler der Laurentiana unter dem Kuckaner Theodoricus de Goch (K 26, Det.; die Lehrer des Cornelius hatten ihr Einverständnis gegeben, daß er mit den Bakkalaureanden der Kuckana – *coactus descendere* – determinierte) und dem Laurentianer Johannes de Harderwijck (L 55); anschließend Wechsel der Burse, da mit Beginn der Regentschaft zweifelsfrei für die Corneliana tätig.

C 67: Johannes Henrici de s. Vito; 432,142.

A: Imm. 5.11.1496, Leod. d.

B.a: Bakk. 4.12.1497; Mag. 18.3.1499; 17.6.1505 rez.
C: Exam. 1505, 1506, zweimal; Inz. 1506, 3 Mag.
E: Bakk. als Schüler der Ottoniana unter deren Lehrer Bernardus de Harderwijck, Mag. unter dem Cornelianer Henricus de Delft.

C 68: Jacobus Greselius de Osnaburgis; 452,34.

A: Imm. Okt. 1501, Osnab. d.
B.a: Bakk. 31.1.1502; Mag. 10.12.1504; 1506 rez.
B.b: Bacc. theol. 1509; lic. theol. 1517.
C: Exam. 1506-1512, siebenmal; Det. 1509-1518, 39 Bakk.; Tempt. 1508-1518, fünfmal; Exam. Liz. 1515; Inz. 1508-1517, 19 Mag.
D: Dekan 1511/12.
E: Bakk. als Schüler der Corneliana unter dem Laurentianer Johannes de Nuertingen (L 61), denn: *de domo Cornelii propter penuriam baccalauriandorum non fuit celebratus actus*, Mag. unter dem Cornelianer Cornelius de Venlo, 1506 als *exercens in domo Corn.* rezipiert. Warum Jacobus 1518 die Lehrtätigkeit beendete (Tod seines Lehrers Cornelius de Venlo als Ursache?), ist nicht ersichtlich; 1532 ist er nochmals für kurze Zeit an der Kölner Artisten-Fakultät nachzuweisen.

C 69: Cornelius de Dordraco; 450,125.

A: Imm. März/Juni 1501, Trai. d.
B.a: Bakk. 26.6.1503; Mag. 10.4.1505; 17.4.1509 rez.
B.b: Bacc. med. 1509; lic. med. 1522.
E: Artistische Grade unter Cornelius de Gouda (Det.) und Theodoricus de Dordraco; Cornelius war ein Sohn des Corneliana-Regenten und Doktors der Medizin Theodoricus Adriani de Dordraco (C 45), durch den er auch – gegen die Regel – zum Magister promoviert wurde. Cornelius ist mit keinem Prüfungsamt bekannt, sondern nur für 1510 und 1522 als Intrans; obwohl er in der Tradition der Regenten- und Medizinerfamilie aus Dordrecht steht, zeigte er kein Interesse an der Leitung oder Erhaltung der Corneliana.

C 70: Adrianus de Dordraco; 450,126.

A: Imm. März/Juni 1501, Trai. d.
B.a: Liz. 14.3.1502; 29.3.1507 rez.
B.b: Bacc. med. 1507; lic. med. 1511.
C: Exam. 1507-1510, fünfmal; Det. 1510, 7 Bakk.; Tempt. 1510; Exam. Liz. 1511; Inz. 1508, 1510, 5 Mag.
D: Dekan 1509/10.
E: Als Bakkalar der Löwener Universität imm., Inz. unbekannt, als *exercens de domo Corn.* rez.; Adrianus steht in der Matrikel direkt neben Cornelius de Dordraco, er war ein Sohn der Schwester des Theodoricus Adriani de Dordraco, unter seinem Onkel erwarb er das medizinische Bakkalaureat.

C 71: **Wolterus Hinrici de Dordraco**; 462,95.

A: Imm. 20.5.1504, Trai. d.
B.a: Bakk. 11.12.1505; Mag. 13.7.1508; 18.3.1513 rez.
B.b: Bacc. med. 1511; lic. 1513; dr. med. 1515.
C: Exam. 1513, 1514, dreimal.
D: Rektor 1515, 1519/20.
E: Beide artistischen Grade als Cornelianer unter Cornelius de Venlo; Wolterus war ein Neffe des dr. med. Theodoricus Adriani de Dordraco, folgte diesem in der Medizinertradition und starb recht früh 1521 an der Pest.

C 72: **Georgius Johannis de Rotterdammis**; 462,115.

A: Imm. 9.6.1504, Trai. d.
B.a: Bakk. 11.12.1505; Liz. 13.3.1507; Mag. 7.4.1508; 10.12.1513 rez.
C: Exam. 1514, 1515, zweimal; Det. 1515, 10 Bakk.; Exam. Liz. 1514; Inz. 1514, 1515, 4 Mag.
D: Rezeptor 1522.
E: Beide artistischen Grade als Cornelianer unter Cornelius de Venlo; schon vor seiner *receptio* im Dezember 1513 wird er in der Funktion eines Eidbürgen für den minderjährigen Conradus de Duysseldorp de Colonia (M 497,13) am 15.3.1513 als *unus ex regentibus burse Cornelii* bezeichnet, lehrte demnach bereits vor seiner offiziellen Rezeption in der Burse.

C 73: **Petrus Ubbels de Wormaria**; 489,25.

A: Imm. 20.3.1511, Trai. d.
B.a: Bakk. 1512 (21.5. präs.); Mag. 20.3.1514.
B.b: Bacc. theol. 1519.
C: Exam. 1516-1524, achtmal; Det. 1518, 1519, 1520, 27 Bakk.; Tempt. 1518-1524, viermal; Exam. Liz. 1519, 1524; Inz. 1518, 2 Mag.
D: Dekan 1517/18, 1519/20; Promotor 1517.
E: Schüler der Montana, Det. unbekannt, Mag. unter Henricus de Fredenborch (M 54); danach Wechsel in die Corneliana.

C 74: **Arnoldus Pellio al. Bontmeker de Dorsten**; 489,133.

A: Imm. 4.6.1511, Col. d.
B.a: Bakk. 23.11.1512; Mag. 1.4.1514; 31.10.1517 rez.
C: Exam. 1517, 1518, 1519, dreimal; Det. 1519, 8 Bakk.; Tempt. 1519; Exam. Liz. 1520; Inz. 1518, 1520, 6 Mag.
E: Bakk. als Schüler der Corneliana unter dem Laurentianer Johannes de Nuertingen (da die Corneliana im Nov. und Dez. 1512 keinen eigenen Determinator stellte; vgl. Un. 481, f. 84r/85v, die Jahreszahl 1511 für das Bakk. in Keussens Anm. zu M 489,133 ist in 1512 zu berichtigen), Mag. unter dem Cornelianer Jacobus Greselius de Osnaburgis (im Protokoll an dieser Stelle von späterer Hand die Notiz: *postea exercens in diatriba Corneliana*; Un. 481, f. 92r/94v).

C 75: Gerlacus Gertz de Duren; 459,164.

A: Imm. 17.11.1503, Col. d.
B.a: Bakk. 3.6.1503; Liz. 13.3.1507; Mag. 28.3.1514; 10.10.1519 rez.
B.b: Bacc. decr. 1522.
C: Exam. 1519-1522, viermal; Det. 1521, 6 Bakk.; Tempt. 1520, 1523; Inz. 1521, 1 Mag.
D: Dekan 1521/22; Promotor 1520.
E: Als Schüler der Montana Bakk. unter deren Regenten Theodoricus de Novimagio (M 49), recht spätes Lizentiat und erstaunlich großes Intervall bis zum Mag. unter dem Montaner Henricus de Fredenborch, im Protokoll aber an dieser Stelle die Marginalglosse *postea exercens gymnasii Corneliane* (Un. 481, f. 92r/94v). Doch scheint er im Mai 1522 als Examinator die Montana vertreten zu haben, da diese sonst entgegen aller Regel keinen Prüfer gestellt hätte, die Corneliana ohne Besetzung des Dekanats jedoch 2 (vgl. Un. 481, f. 144r). Sein sonstiger Einsatz als Prüfer erfolgte mit großer Sicherheit für die Corneliana. Gerlacus starb bereits 1526 an der Pest.

C 76: Johannes Vulsken de Lunen; 492,20.

A–B.b: s.o. M 63.
C: Exam. 1520, 1522, 1523, dreimal; Tempt. 1521; Exam. Liz. 1524.
D: Dekan 1523/24.
E: Bei Johannes Vulsken ist gerade mit Blick auf Petrus Ubbels de Wormaria und Gerlacus de Duren nochmals hervorzuheben, daß er wie diese nach seinem Artes-Studium aus der Montana in die Corneliana wechselte. Die Graduierung von Schülern für die gefährdete Burse läßt sich bei ihm nicht ermitteln, die o. angegebenen Prüfungsämter und das Dekanat versah er noch für die Corneliana.

d) Kuckana

K 1: Johannes des Kuyck; 170,27.

A–D: s.o. L 8.
E: Nachdem Johannes de Kuyck mehr als 10 Jahre als Konregent an der Seite des Laurentius de Groningen die Laurentiana mitgeleitet hatte, trennte er sich von diesem in Zwietracht Anfang September 1450, um – als Doktor der Theologie – eine neue Burse zu errichten, die er nach sich benannte (*[Johannes Kuyck] posteaquam plus 10 annis cum Laurentio rexisset, ab illo se in discordia separavit anno 1450 in principio Septembris erigendo novam bursam, quam in domo op tem Egelsteen erectam ex nomine suo vocavit bursam Cueck*; Un. 760, f. 9v; vgl. Anm. zu M 170,27 [mit kleinen Lesefehlern]). Johannes starb 1470.

K 2: Johannes Aqua de Berka; 147,22.

A–D: s.o. L 7.
E: Eine Marginalglosse in Arnold von Tongerns Laurentiana-Geschichte berichtet von dem Wechsel des Johannes de Berka in die neue Burse an der Seite des Johannes de Kuyck: *Iste Kuyck secum traxit ... Joannem de Berck, postea Magistrum nostrum*; Un. 760, f. 9v. Johannes de Berka starb 1482.

K 3: Gerardus de Buderick; 153,27.

A: Imm. März/Juni 1427, Col. d.
B.a: Bakk. 26.1.1429; Mag. 29.4.1432; 18.10.1432 rez.
B.b: Bacc. theol. 1455; bacc. form. 1456; lic. theol. 1457.
C: Exam. 1450, einmal; Det. 1453, 1455, 1456, 25 Bakk.; Tempt. 1455, 1457; Inz. 1457, 3 Mag.
D: Dekan 1440.
E: Beide artistischen Grade in der Laurentiana unter Gerardus de Hamont (L 3, Det.) und Johannes de Mechlinia (L 4). In dieser Burse scheint er nach Ausweis der Quellen nicht so recht zum Zuge gekommen zu sein. Zwar wurde er im März 1440 zum Dekan gewählt, doch ist die folgerichtige Bestimmung zum Examinator nicht protokolliert worden; als solcher wird er erst und das einzige Mal im Mai 1450 genannt. Mit seinem Eintritt in die Kuckana (*iste Kuyck secum traxit Gerardum Buderick*; Un. 760, f. 9v) beginnt seine Prüfungstätigkeit, erstaunlicherweise auch das späte Theologiestudium bis zum Erwerb des Lizentiats. Nach 1457 ist er nicht mehr als aktiver Regent der Kuckana nachzuweisen.

K 4: Cornelius de Kuyck; 184,10.

A: Imm. Dez. 1434/März 1435, Leod. d.
B.a: Bakk. 5.6.1436; Mag. 18.4.1438.
B.b: Bacc. form. theol. 1458; lic. 1460; dr. theol. 1461.
C: Exam. 1452, 1458, zweimal; Tempt. 1451, 1453, 1454.
D: Dekan 1452/53; Rektor 1460.
E: Artistische Grade in der Laurentiana unter Johannes de Mechlinia (Det.) und Nicolaus de Wesalia (L 6). Cornelius war ein Bruder des Johannes de Kuyck, wurde – obwohl aus der Lütticher Diözese stammend – als Kleriker der Diözese Tournai immatrikuliert. Wie bereits bei Gerardus de Buderick vermutet, hatte offensichtlich auch Cornelius in der Laurentiana sowohl im Prüfungswesen wie im Theologiestudium gewisse Beschränkungen erfahren. Denn für beide Bereiche liegen Daten nicht für die 40er Jahre, sondern erst nach 1450 vor – wobei mangelhafte Protokollierung als Ursache ausscheidet. Er starb bereits 1465.

K 5: Johannes Heller de Francfordia; 220,11.

A: Imm. Dez. 1443/März 1444, Mag. d.
B.a: Bakk. 1445 (7.5. präs.); Mag. 22.4.1447; 1447 rez.

B.b: Bacc. theol. 1456; lic. 1458; dr. theol. 1467.
C: Exam. 1456, 1461, zweimal; Det. 1458, 7 Bakk.
D: Dekan 1456; Rektor 1462.
E: Det. unbekannt, Mag. in der Laurentiana unter Arnoldus de Dreischier (L 22); seit spätestens 1456 mit Sicherheit in der Kuckana tätig, 1472 gestorben.

K 6: Henricus Bays de Breda; 222,44.

A: Imm. Juni/Okt. 1444, Leod. d.
B.a: Bakk. 1446 (27.5. präs.); Mag. 1448; 9.10.1450 rez.
B.b: Bacc. decr. 1459.
C: Exam. 1451-1479, dreizehnmal; Det. 1450-1459, 27 Bakk.; Tempt. 1456-1479, sechsmal; Inz. 1455, 1458, 5 Mag.
D: Dekan 1457, 1470, 1479; Promotor 1470; Rezeptor 1479; Rektor 1464.
E: Det. unbekannt, Mag. unter dem Laurentianer Johannes de Monasterio Eifflie (L 21); Henricus de Breda wurde 1450 von Johannes de Kuyck aus der Laurentiana in die Kuckana mitgenommen (vgl. Un. 760, f. 9v); er starb 1485 und gehörte zu den Leitern der Burse.

K 7: Christoforus Petri de Goes; 223,12.

A: Imm. Okt./Dez. 1444, Trai. d.
B.a: Bakk. 1.12.1444; Mag. 7.5.1446; 1448 rez.
C: Exam. 1468, einmal; Tempt. 1461.
E: Artistische Grade in der Laurentiana unter Gotfridus de Ruremunda (L 17, Det.) und Johannes de Kuyck, mit seinem Inzeptor offenbar in die neue Burse gewechselt; 1477 ist sein Tod belegt.

K 8: Matheus Brande de Gandavo; 222,32.

A: Imm. Juni/Okt. 1444, Torn. d.
B.a: Bakk. 20.11.1445; Mag. 1.4.1447.
C: Exam. 1453, einmal.
E: Artistische Grade in der Laurentiana unter Johannes de Kuyck (Det.) und Wilhelmus de Scotia (L 13); in Keussens Liste der Kuckana-Regenten nicht verzeichnet (vgl. Keussen 1934, 551; Matheus müßte die Nr. 9a erhalten), doch übte er seine Examinator-Tätigkeit 1453 mit großer Sicherheit für die Kuckana aus. 1456 wechselte er nach Löwen.

K 9: Severinus Moneta de Colonia; 226,24.

A: Imm. 26.8.1445, Col. d.
B.a: Bakk. 1446 (2.11. präs.); Liz. 1448 (3.2. Zulass.); 1448 rez.
B.b: Bacc. theol. 1455; bacc. form. 1459; lic. theol. 1460.
C: Exam. 1458-1481, siebenmal; Det. 1459-1477, mehr als 81 Bakk.; Tempt. 1460, 1461, 1462; Inz. 1459-1483, 45 Mag.
D: Dekan 1459, 1466; Promotor 1460-1462; Rezeptor 1475; Rektor 1479.
E: Det. und Inz. unbekannt, seit spätestens 1458 als Regent der Kuckana nachweisbar; die Zahl der graduierten Bakkalare muß höher als 81 sein,

da im November 1471 die unter ihm determinierenden Scholaren nicht namentlich aufgeführt wurden (vgl. Un. 480, f. 72v). Schon während des Theologiestudiums war er von 1453-1455 Rektor der in der Juristenschule wohnenden Studenten. Severinus starb 1483; eventuell war er ein Verwandter des früheren Augustiner-Provinzials und Theologen Johannes de Moneta (van der Muntzen, 1417-1439; vgl. zu ihm Meuthen 1988, 161).

K 10: **Johannes Richardi de Scotia**; 246,25.
A: Imm. 15.8.1450.
B.a: Bakk. 30.6.1451; Mag. Mai 1453.
B.b: Bacc. sent. theol. 1476; bacc. form. theol. 1477.
C: Exam. 1457, einmal; Det. 1460, 10 Bakk.; Inz. 1457, 1460, 4 Mag.
D: Promotor 1476-1477.
E: Bakk. unter dem Cornelianer Danckardus de Brilis (C 24, Det.), Mag. offensichtlich nach Bursenwechsel in der Kuckana unter Johannes Aqua de Berka.

K 11: **Robertus Stodart de Scotia**; 262,8.
A: Imm. 11.7.1454.
B.a: Bakk. 11.6.1455; Mag. 4.5.1457; 2.11.1458 rez.
B.b: Bacc. theol. 1472; bacc. bibl. et sent. 1473; bacc. form. 1474; lic. theol. 1476.
C: Exam. 1459-1482, fünfzehnmal; Det. 1469-1482, 77 Bakk.; Tempt. 1463-1487, zehnmal; Exam. Liz. 1467-1489, dreizehnmal; Inz. 1460-1482, 41 Mag.
D: Dekan 1462/63, 1472, 1481, 1485; Rezeptor 1483; Rektor 1489/90.
E: Bakk. in der Laurentiana unter Jacobus de Straelen (L 30), Mag. offensichtlich in der Kuckana unter Johannes Richardi de Scotia. Robertus Stodart gehörte zu den prägenden Gestalten der Kuckana, deren Geschicken er sich aktiv über 30 Jahre bis zu seinem Tod 1492 widmete. Sein Ansehen in Burse und Fakultät wird durch die häufige Wahl etwa zum artistischen Intrans zwischen 1468 und 1490, zum Examinator der Lizentianden oder zum Dekan (1483 und 1489 wurde er zudem für einen abwesenden Dekan der Kuckana zum Vizedekan bestimmt) verdeutlicht.

K 12: **Cornelius Bays de Breda**; 217,28.
A: Imm. März/Juni 1443, Leod. d.
B.a: Bakk. Nov. 1444; Mag. 14.4.1447.
B.b: Bacc. bibl. theol. 1465; bacc. sent. 1466; bacc. form. 1467; lic. 1470; dr. theol. 1471.
C: Exam. 1461-1470, siebenmal; Det. 1461-1470, 158 Bakk.; Tempt. 1465-1471, viermal; Exam. Liz. 1468, 1471; Inz. 1460-1470, 28 Mag.
D: Dekan 1468; Promotor 1468; Rektor 1472, 1493; Vizekanzler 1489-1497.
E: Artistische Grade in der Laurentiana unter Johannes de Bruxella (L 20, Det.) und Johannes de Monasterio Eifflie, doch ist er nicht in ihr,

sondern erst Jahre später in der Kuckana als Lehrer nachzuweisen; die Aufnahme der Lehr- und Prüfungstätigkeit scheint parallel zum Beginn des Theologiestudiums erfolgt zu sein. Die überaus häufige Wahl zum theologischen Intrans (vierzehnmal von 1471-1496) und dreimalige Wahl zum Dekan der Theologen dürfte für ein hohes Renommee sprechen, das auch in der langen Amtszeit als Vizekanzler zum Ausdruck kommt und letztendlich auf den Status der Kuckana ausgestrahlt haben wird. Cornelius, vermutlich ein Verwandter des Kuckaners Henricus Bays, starb 1498.

K 13: Nicolaus Ruysch de Harlem; 270,29.

A: Imm. 22.9.1456, Trai. d.
B.a: Bakk. 8.6.1458; Mag. 22.4.1461.
C: Exam. 1471, 1473, 1477, dreimal; Det. 1471, 10 Bakk.; Inz. 1469, 1472, 1473, 9 Mag.
E: Artistische Grade in der Corneliana unter Gerardus de Venlo (C 8, Det.) und Petrus de Leydis (C 34); anschließend in die Kuckana gewechselt.

K 14: Adrianus Endovie de Breda; 303,6.

A: Imm. 27.10.1464, Leod. d.
B.a: Bakk. 4.2.1466; Mag. 24.4.1467.
B.b: Bacc. med. 1473; lic. 1476; dr. med. 1488.
C: Exam. 1474, 1474, 1477, dreimal; Det. 1472, 1473, 29 Bakk.; Tempt. 1473, 1476; Inz. 1471-1477, 15 Mag.
D: Dekan 1477; Rektor 1488, 1492, 1496/97.
E: Artistische Grade unter Cornelius Bays de Breda (Det.) und Robertus Stodart de Scotia; offensichtlich von seinen Landsleuten für die Kuckana gewonnen (Henricus Bays de Breda immatrikulierte ihn), trat Adrianus bis zu seinem Tod 1499 mit einer städtischen Professur in der Medizin und als Leibarzt der Gräfin von Nassau (in Breda residierend) hervor.

K 15: Johannes Moys de Breda; 303,7.

A: Imm. 27.10.1464, Leod. d.
B.a: Bakk. 4.2.1466; Mag. 22.6.1468; 1.9.1470 rez.
B.b: Bacc. med. 1475; lic. 1477; dr. med. 1498.
C: Exam. 1473-1480, fünfmal; Det. 1471-1480, mehr als 85 Bakk.; Tempt. 1477, 1481; Exam. Liz. 1479; Inz. 1473-1480, 41 Mag.
D: Dekan 1475; Promotor 1476.
E: Beide artistischen Grade unter Cornelius Bays de Breda. Die Zahl der graduierten Bakkalare muß höher als 85 sein, da die Namen der Determinierenden für den November 1474 fehlen (vgl. Un. 480, f. 93v); mit 41 promovierten Magistern war Johannes Moys der zweiterfolgreichste Inzeptor der Kuckana. Der 1502 gestorbene Moys hatte eine städtische Professur in der Medizin inne und ist für 1498 als Stadtmedikus von Deventer nachzuweisen.

K 16: Jacobus de Breda; Ntr. 820.

B.a: Bakk. 1474 (2.11. präs.); Mag. 1.4.1476; 4.6.1478 rez.
B.b: Bacc. med. 1479.
C: Exam. 1479, 1480, 1481, dreimal; Det. 1479, 1481, 30 Bakk.; Inz. 1479, 1481, 1482, 8 Mag.
E: In der Matrikel nicht nachzuweisen, Det. unbekannt, Mag. unter Johannes Moys de Breda.

K 17: Hermannus Sijberti al. Nekenyck de Clivis; 342,49.

A: Imm. 14.5.1474, Col. d.
B.a: Bakk. 1.6.1475; Mag. 15.4.1477.
B.b: Bacc. theol. 1482; bacc. form. 1484; lic. theol. 1486.
C: Exam. 1482-1490, neunmal; Det. 1479-1486, 73 Bakk.; Tempt. 1488-1498, achtmal; Exam. Liz. 1490, 1492; Inz. 1481-1494, 31 Mag.
D: Dekan 1483, 1489; 1483 Promotor.
E: Artistische Grade unter den Kuckanern Robertus de Scotia (Det.) und Adrianus de Breda. Hermannus de Clivis repräsentiert den kölnischen Einzugsbereich der Kuckana, stieg später zum *regens optimus* der Burse auf (als er am 3.2.1495 zu einem der fünf Temptatoren gewählt worden war, bezeichnete ihn der Schreiber einer Marginalglosse zum entsprechenden Protokoll als *burse Kuik regens optimus*; vgl. Un. 480, f. 245v). Er starb zwischen 1498 und 1500.

K 18: Johannes Koppheell de Nortwijck; 319,50.

A: Imm. 31.10.1468, Trai. d.
B.a: Bakk. 15.11.1469; Liz. 1472 (3.2. Zulass.); 26.4.1474 rez.
C: Exam. 1483, einmal.
E: Bakk. unter Cornelius Bays de Breda, Inz. unbekannt.

K 19: Judocus Finck de Monte s. Gertrudis; 360,31.

A: Imm. 25.10.1478, Leod. d.
B.a: Bakk. 10.12.1479; Mag. 14.4.1481; 26.11.1483 rez.
B.b: Bacc. med. 1485; lic. 1487; 1498 dr. med.
C: Exam. 1485-1493, achtmal; Det. 1484-1492, 128 Bakk.; Tempt. 1486-1493, viermal; Exam. Liz. 1495, 1496; Inz. 1485-1497, 31 Mag.
D: Dekan 1487, 1491, 1493; Rezeptor 1487, 1491, 1495; Rektor 1493/94, 1498/99.
E: Artistische Grade unter den Kuckanern Johannes de Breda (Det.) und Robertus de Scotia. Judocus setzte die Tradition der prägenden Mediziner-Regenten in der Kuckana fort; als Determinator erzielte er das zweitbeste Ergebnis in der Burse, bemerkenswert auch die häufige Wahl zum Dekan und Rezeptor. Da Judocus von 1502-1514 in der Universität nicht nachgewiesen werden kann, wird er in dieser Zeit wahrscheinlich eine außeruniversitäre Beschäftigung als Mediziner ausgeübt haben.

K 20: Stephanus Scot de Scotia; 338,100.

A: Imm. 14.6.1473.
B.a: Bakk. 1.6.1475; Mag. 20.11.1476.
B.b: Bacc. theol. 1488; bacc. form. 1490; lic. theol. 1493.
C: Exam. 1488-1500, vierzehnmal; Det. 1490-1502, 108 Bakk.; Tempt. 1503; Exam. Liz. 1493-1502, sechsmal; Inz. 1485-1499, 23 Mag.
D: Dekan 1495, 1499; Promotor 1499.
E: Beide artistischen Grade unter seinem Landsmann Robertus de Scotia; Stephanus gehörte zu den erfolgreicheren Regenten der Kuckana, ist 1503 als einer der Leiter de Burse bezeugt, starb im gleichen Jahr.

K 21: Wilhelmus Nanningi de Amsterdam; 358,66.

A: Imm. 25.4.1478, Trai. d.
B.a: Bakk. 14.6.1479; Mag. 19.3.1481; 26.11.1483 rez.
C: Det. 1485, 6 Bakk.; Inz. 1484, 1485, 1486, 8 Mag.
E: Artistische Grade unter den Kuckanern Jacobus de Breda (Det.) und Hermannus de Clivis.

K 22: Philipp Helmont; 357,39.

A: Imm. 3.5.1478, Leod. d.
B.a: Bakk. 14.6.1479; Mag. 27.3.1481; 6.7.1484 rez.
C: Det. 1485, 14 Bakk.; Inz. 1485, 2 Mag.
E: Artistische Grade unter den Kuckanern Jacobus de Breda (Det.) und Severinus de Moneta.

K 23: Nicolaus Hermanni de Rotterdam; 358,147.

A: Imm. 6.6.1478, Trai. d.
B.a: Bakk. 14.6.1479; Mag. 2.4.1481; 24.3.1487 rez.
C: Det. 1487, 9 Bakk.
E: Beide artistischen Grade unter Jacobus de Breda.

K 24: Gerardus de Zutphania; 354,49.

A: Imm. 29.4.1477, Trai. d.
B.a: Bakk. 4.6.1478; Mag. 27.11.1480.
B.b: Bacc. theol. 1485; lic. 1491; dr. theol. 1503.
C: Exam. 1495-1503, siebenmal; Det. 1495-1502, 45 Bakk.; Tempt. 1499, 1502; Inz. 1499, 1500, 1502, 7 Mag.
D: Dekan 1497; Rezeptor 1499; Promotor 1495; Rektor 1505.
E: Artistische Grade unter den Laurentianern Gerardus de Harderwijck (L 50, Det.) und Jacobus de Amersfordia (L 49); Gerardus de Zutphania scheint in der Laurentiana keine Lehrtätigkeit übernommen zu haben, widmete sich offenbar zunächst ganz dem Theologiestudium und wird sich in dieser Zeit der Kuckana angeschlossen haben. Ob er bei seiner ersten amtlichen Funktion in der Artisten-Fakultät, Intrans im Juni 1490, schon zur Kuckana gehörte, ist nicht zu ermitteln, aber anzunehmen (seit

1495 mit Sicherheit); 1493 bestimmte ihn die Fakultät zum Inhabitator der Artistenschule, deren Rektor er bis zu seinem Tod 1513 war. 1503 ist er als einer der Leiter der Kuckana bezeugt.

K 25: **Michael Kuper de ts Ravenkercke al. de Goes**; 391,35.

A: Imm. 16.9.1486, Trai. d.
B.a: Bakk. 5.7.1487; Mag. 10.12.1489; 16.8.1491 rez.
B.b: Bacc. theol. 1493.
C: Exam. 1493, einmal.
E: Artistische Grade unter den Kuckanern Nicolaus de Rotterdam (Det.) und Judocus de Monte.

K 26: **Theodoricus Berschen de Goch**; 402,17.

A: Imm. 2.5.1489, Col. d.
B.a: Bakk. 8.6.1490; Mag. 28.3.1492; 3.2.1494 rez.
C: Exam. 1495, einmal; Det. 1494, 1496, 15 Bakk.
E: Artistische Grade unter den Kuckanern Stephanus de Scotia (Det.) und Hermannus de Clivis.

K 27: **Johannes Arnhem de Clivis**; 392,18.

A: Imm. 19.10.1486, Col. d.
B.a: Bakk. 26.11.1487; Mag. 30.3.1489.
B.b: Bacc. decr. 1497.
C: Det. 1495, 1497, 20 Bakk.
E: Artistische Grade unter den Kuckanern Judocus de Monte s. Gertrudis (Det.) und Hermannus de Clivis.

K 28: **Johannes Buuch de Colonia**; 402,31.

A: Imm. 5.5.1489, Col. d.
B.a: Bakk. 15.6.1491; Mag. 19.4.1493; 15.6.1497 rez.
C: Exam. 1498, 1501, zweimal; Det. 1499, 1500, 26 Bakk.; Exam. Liz. 1504.
E: Bakk. als Schüler der Bursa Ottonis unter dem Cornelianer Mathias de Venlo (C 49), Mag. unter Judocus de Monte s. Gertrudis; ob Johannes Buuch alle o.g. artistischen Ämter für die Kuckana einnahm, scheint fraglich, da er um 1502 in enger Verbindung zur Bursa Ottonis stand (vgl. R 2377).

K 29: **Johannes Reyff de Colonia**; 373,8.

A: Imm. 12.1.1482, Col. d.
B.a: Bakk. 1483 (26.11. präs.); Mag. 21.4.1485.
B.b: Bacc. med. 1496; lic. med. 1498.
C: Tempt. 1500.

E: Det. unbekannt, als Schüler der Kuckana Mag. unter Judocus de Monte s. Gertrudis, der ihn möglicherweise zum Medizinstudium bewog; auffallend spät jedoch die medizinischen Grade und parallel dazu die artistischen Ämter (schon am 9.10.1498 als Lizentiat der Medizin Intrans der Artisten).

K 30: **Petrus de Weert** al. **Sultz de Colonia**; 396,134.

A: Imm. 26.11.1487, Col. d.
B.a: Bakk. 15.6.1489; Mag. 14.3.1491.
B.b: Bacc. theol. 1498; bacc. form. 1500; lic. 1503; dr. theol. ca. 1511.
C: Exam. 1498-1507, sechsmal; Det. 1503-1507, 23 Bakk.; Tempt. 1499-1508, siebenmal; Exam. Liz. 1503, 1505; Inz. 1501-1507, 10 Mag.
D: Dekan 1498/99, 1501, 1503, 1507; Rezeptor 1507; Promotor 1503; Rektor 1518/19; Vizekanzler 1522 (in Vertretung).
E: Als Schüler der Kuckana Bakk. unter Nicolaus Linnich aus der Bursa Ottonis, Mag. unter dem Montaner Remigius de Malmundario (M 41), warum er nicht unter einem Kuckaner inzipierte (Judocus de Monte 1491 in dieser Funktion), ist nicht ersichtlich. Petrus de Sultz ist zu den prägenden Regenten der Kuckana zu zählen, mit erheblichem Einfluß in der Universität; er starb 1525.

K 31: **Romanus Siffridi de Tan**; 413,11.

A: Imm. 24.1.1492.
B.a: Bakk. 11.7.1493; Mag. 5.4.1497; 18.3.1499.
C: Exam. 1499, einmal.
E: Als Schüler der Kuckana artistische Grade unter Stephanus de Scotia (Det.) und Judocus de Monte s. Gertrudis.

K 32: **Adrianus Bernagen de Breda**; 433,17.

A: Imm. 13.2.1497, Leod. d.
B.a: Bakk. 1498 (9.6. Zulass.); Mag. 1.12.1500; 1502 rez.
B.b: Bacc. theol. 1506; bacc. form. 1509; lic. theol. 1510.
C: Exam. 1503-1538, zehnmal; Det. 1503, 1511, 9 Bakk.; Tempt. 1509-1537, zwanzigmal; Exam. Liz. 1506-1540, dreizehnmal; Inz. 1503-1507, 11 Mag.
D: Dekan 1505, 1509, 1517; Rezeptor 1511; Promotor 1511.
E: Det. unbekannt, als Schüler der Laurentiana Mag. unter Arnold von Tongern (L 60), anschließend Wechsel in die Kuckana, denn als deren Mitglied 1502 *receptio*. Von 1503 bis ein Jahr vor seinem Tod 1541 wirkte er für seine Burse; gegenüber den zahlreichen Einsätzen in formalen Prüfungsämtern fällt die geringe Präsenz als Determinator und Inzeptor auf – sicherlich eine Folge des kleinen Schülerkreises der Kuckana. Seit dem Lizentiat in der Theologie führen ihn die Quellen als leitenden Regens der Kuckana.

K 33: Wilhelmus Rokel de Zons; 438,177.

A: Imm. 25.5.1498, Col. d.
B.a: Bakk. 1498 (9.6. Zulass.); Mag. 4.8.1500; 1502 rez.
B.b: Bacc. form. theol. 1510; lic. 1511; dr. theol. 1534.
C: Exam. 1503-1532, neunmal; Det. 1504-1527, 41 Bakk.; Tempt. 1511, 1512, 1533; Exam. Liz. 1516-1532, zwölfmal; Inz. 1504-1526, 19 Mag.
D: Dekan 1511, 1521, 1525, 1528, 1532; Rezeptor 1523; Promotor 1515, 1526; Rektor 1523, 1540.
E: Rokel wurde als *familiaris* des Kuckaners Hermannus de Clivis imm., Det. unbekannt, Mag. unter Gerardus de Zutphania; die häufige Wahl zum Dekan spiegelt sein Ansehen wider, ist jedoch auch eine Folge davon, daß die im Vergleich zur Montana und Laurentiana wenigen leitenden Regenten der Kuckana bei einem festen Turnus der Bursen dieses Amt häufiger einnehmen konnten, v.a. bei langen Regentschaften. Rokel starb 1540.

K 34: Petrus de Wylich; 446,49.

A: Imm. Mai 1500, Col. d.
B.a: Bakk. 20.7.1501; Mag. 6.4.1503; 24.4.1505 rez.
B.b: Bacc. theol. 1508; bacc. form. 1511; lic. theol. 1513.
C: Exam. 1505-1520, dreizehnmal; Det. 1506-1519, 41 Bakk.; Tempt. 1518; Inz. 1508-1521, 25 Mag.
D: Dekan 1513; Promotor 1519.
E: Artistische Grade als Schüler der Kuckana unter Stephanus de Scotia (Det.) und Petrus de Sultz; die einmalige Bestimmung zum Temptator liegt darin begründet, daß Adrianus de Breda, Petrus de Sultz und Wilhelmus de Zons in jenem Zeitraum in dieser Funktion dominierten. Petrus starb 1538.

K 35: Christian Pistoris al. Gleyn de Colonia; 450,82.

A: Imm. März/Juni 1501, Col. d.
B.a: Bakk. 8.2.1503; Mag. 22.3.1504; 29.3.1507 rez.
B.b: Bacc. theol. 1510; bacc. form. 1511; lic. theol. 1515.
C: Exam. 1507-1515, sechsmal; Det. 1507-1516, 41 Bakk.; Tempt. 1513, 1514; Inz. 1508-1516, 13 Mag.
D: Dekan 1515; Rezeptor 1515; Rektor 1535/36.
E: Artistische Grade als Schüler der Kuckana unter Stephanus de Scotia (Det.) und Petrus de Sultz, als *exercens de domo Kuyck* 1507 *ad consilium facultatis* rezipiert; nach 1515 nochmals 1526 als artistischer Intrans tätig, obwohl damals offenbar keine Lehr- bzw. Prüfungstätigkeit ausübend. Pistoris, der das universitätsstädtische Element in der Kuckana verstärkte, starb 1540.

K 36: Ortwin Gratius de Daventria; 450,91.

A: Imm. März/Juni 1501, Trai. d.

B.a: Bakk. 25.5.1502; Mag. 1.4.1506; 5.7.1507 rez.
C: Exam. 1526, einmal.
E: Artistische Grade als Schüler der Kuckana unter Gerardus de Zutphania (Det.) und Adrianus de Breda; da ca. 1480 geboren, wurde er mit gut 22 Jahren recht spät Bakkalar, auch für die Inzeption ließ er sich mehr Zeit als üblich. Obwohl eine der Personen, die das Bild der Kuckana am stärksten bestimmten (s.u. pass.), ist er außer seiner einmaligen Prüfungstätigkeit als Examinator nur noch für 1511 als Quodlibetarius und für 1514 als artistischer Intrans mit Fakultätsämtern in den Akten geführt; einen Grad in den höheren Fakultäten scheint er nicht angestrebt zu haben.

K 37: Jacobus de Amsterdam; 466,111.

A: Imm. 21.5.1505, Trai. d.
B.a: Bakk. 1506 (22.5. präs.); Mag. 1.4.1508; Sept. 1511 rez.
B.b: Bacc. med. 1514; lic. med. 1516.
C: Exam. 1512, 1513, zweimal.
E: Det. unbekannt, doch als Kuckaner zum Examen präsentiert, Mag. unter Christian Pistoris de Colonia; 1516 in die Medizinische Fakultät rezipiert.

K 38: Jacobus Backer de Amsterdam; 471,70.

A: Imm. 31.10.1506, Trai. d.
B.a: Bakk. 13.12.1507; Mag. 31.3.1509; 2.12.1516 rez.
B.b: Bacc. theol. 1519.
C: Exam. 1517-1524, siebenmal; Det. 1517, 1524, 11 Bakk.; Tempt. 1525; Inz. 1516-1524, 13 Mag.
D: Dekan 1519, 1523; Rezeptor 1523.
E: Artistische Grade als Kuckaner unter Christian Pistoris (Det.) und Petrus de Wylich; nach einem Dispens 1509 recht späte *receptio*.

K 39: Wilhelmus de Veris; Ntr. 1704.

C: Det. 1517, 7 Bakk.
E: In den Kölner Universitätsakten erscheint Wilhelmus de Veris nur für den November 1517, als er mit dem Grad eines Lizentiaten der Theologie die damaligen 7 Bakkalaureanden der Kuckana graduierte.

K 40: Jacobus de Rotterdam; 475,82.

A: Imm. 30.10.1507, Trai. d.
B.a: Bakk. 16.12.1507; Mag. 21.3.1509.
C: Exam. 1520, einmal.
E: Beide artistischen Grade als Cornelianer unter Cornelius de Venlo (C 65); anschließend muß er in die Kuckana gewechselt sein, da er im Mai 1520 für die Kuckana zum Examinator gewählt wurde.

K 41: Johannes Keyser al. Gyr de Urdingen; 512,108.

A: Imm. 24.11.1516, Col. d.

B.a: Bakk. 24.11.1517; Mag. 23.3.1519; 8.5.1521 rez.
C: Exam. 1521, einmal.
E: Beide artistischen Grade als Kuckaner unter Wilhelmus de Veris (Det.) und Jacobus Backer de Amsterdam.

K 42: **Johannes Gysberti de Amsterdam**; 518,89.

A: Imm. Mai 1518, Trai. d.
B.a: Bakk. 18.7.1519; Mag. 19.3.1521.
C: Exam. 1523, einmal.
E: Beide artistischen Grade als Kuckaner unter Petrus de Wylich (Det.) und Jacobus Backer de Amsterdam.

K 43: **Johannes de Hervordie**; Ntr. 1782.

C: Exam. 1524, einmal.
E: Außer der Examinatortätigkeit für die Kuckana ist über ihn in den Universitätsakten nichts zu erfahren.

K 44: **Theodoricus Alaertz de Antiqua ecclesia de Gelria**; 422,112.

A: Imm. 14.6.1494, Col. d.
B.a: Bakk. 6.6.1496; Liz. 11.3.1498; Juni 1525 rez.
B.b: Bacc. theol. 1528; bacc. form. 1529; lic. theol. 1532.
C: Exam. 1525-1547, fünfzehnmal; Det. 1529, 6 Bakk.; Tempt. 1528-1540, achtmal; Exam. Liz. 1526-1546, sechsmal.
D: Dekan 1529/30; Rezeptor 1526, 1532, 1535, 1538; Rektor 1541/42.
E: Bakk. als Schüler der Bursa Ottonis unter dem Cornelianer Gerardus de Hertzogenraede (C 63), als Montaner schließlich das Lizentiat erhaltend (vgl. Un. 480, f. 275r), Inz. unbekannt. Da Theodoricus sich erst 27 Jahre nach dem Lizentiat als Magister artium in die Artisten-Fakultät rezipieren ließ, wird er zwischenzeitlich anderweitig tätig gewesen sein. Bis zu seinem Tod – 1546 errichtete er sein Testament – wirkte Theodoricus dann für die Kuckana, deren damalige Schülerschwäche sich auch in der Zahl der von ihm graduierten Bursalen zeigt.

K 45: **Johannes Pauli de Horst**; 502,164.

A: Imm. Juni 1514.
B.a: Bakk. 12.6.1515; Mag. 25.6.1517; 15.4.1522 rez.
B.b: Bacc. decr. 1521; lic. decr. 1531; dr. iur. 1534.
C: Exam. 1527-1533, neunmal; Det. 1531, 3 Bakk.; Tempt. 1532; Exam. Liz. 1534.
D: Dekan 1531; Rezeptor 1529.
E: Artistische Grade als Laurentianer unter Johannes de Campis (L 65, Det.) und Quirinus de Wylich (L 69).

K 46: **Wilhelmus Brunonis de Harlem**; 506,72.

A–E: S.o. M 61.

C: Exam. 1526, einmal; Tempt. 1527.
D: Dekan 1526/27.
E: Nach seinem Wechsel aus der Montana in die Kuckana 1525 übte er die o.g. Ämter noch für seine neue Burse aus, bevor er 1527 starb.

K 47: Gotfridus Sartoris al. Thorsenius de Wylich; 562,1.

A: Imm. 14.4.1529, Col. d.
B.a: Bakk. 15.12.1529; Mag. 4.12.1531; 9.5.1533 rez.
B.b: Bacc. decr. 1535; bacc. theol. 1535; bacc. form. 1537; lic. theol. 1543.
C: Exam. 1533-1548, neunzehnmal; Det. 1539-1545, 25 Bakk.; Tempt. 1536-1549, siebenmal; Exam. Liz. 1542, 1547, 1549; Inz. 1536-1545, 17 Mag.
D: Dekan 1535/36, 1538/39, 1544/45; Rezeptor 1541.
E: Schon bei der Imm. als Student *in bursam Kuyck* bezeichnet – er war Neffe des Regenten Petrus de Wylich –, Bakk. unter Theodoricus de Gelria, Mag. unter Johannes Pauli de Horst, bei der *receptio* als Lektor der Burse genannt. Neben Theodoricus de Gelria ist Gotfridus als eine der beherrschenden Gestalten der Kuckana in den 30er und 40er Jahren des 16. Jhs. anzusehen; in jenen späten Krisenjahren erscheint er als ihr erfolgreichster Lehrer.

K 48: Johannes Montanus al. a Lapide; 567,5.

A: Imm. Juli 1530.
B.a: Bakk. 12.11.1530; Mag. 18.3.1532.
B.b: Bacc. decr. 1535; lic. decr. 1536.
C: Exam. 1535, 1536, zweimal; Tempt. 1537.
E: Beide artistischen Grade unter dem Laurentianer Henricus de Tongeris (L 74); danach für die Kuckana prüfend.

K 49: Johannes Bercken al. Lucht de Horst; 577,24.

A: Imm. 14.5.1533.
B.a: Bakk. 1534 (30.5. Zulass.); Liz. 1536 (2.2. präs.); Mag. 14.3.1537; 3.2.1539 rez.
B.b: Bacc. theol. 1541; bacc. form. 1544; lic. theol. 1548.
C: Exam. 1539-1547, vierzehnmal; Det. 1547, 1548, 13 Bakk.; Tempt. 1542-1548, sechsmal; Exam. Liz. 1549; Inz. 1548, 1549, 6 Mag.
D: Dekan 1541/42, 1547/48; Rezeptor 1544.
E: Det. unbekannt, Mag. unter Gotfridus de Wylich, als *domus Cucanae ordinarius lector* rezipiert.

K 50: Franciscus Hercanus; Ntr. 1943.

B.a: 1544 rez.
C: Exam. 1545, einmal; Tempt. 1546.
E: Als *lector* der Kuckana rezipiert, sonst nichts über ihn bekannt außer einer Teilnahme am Quodlibet 1545.

K 51: Henricus Pistoris; Ntr. 1954.

B.a: 1546 rez.
C: Exam. 1546, einmal.
E: Bei seiner *receptio* als *lector burse Cucane* und Bakkalar der Theologie bezeichnet.

K 52: Henricus Bacellius; Ntr. 1965.

B.a: 1547 rez.
C: Exam. 1547, einmal; Tempt. 1548.
D: Rezeptor 1547.
E: Bei seiner *receptio* mit dem Grad eines Magisters der Löwener Universität und eines Bakkalars der Theologie genannt.

K 53: Henricus Berenbroich Kempensis; 617,27.

A: Imm. 2.6.1543, Col. d.
B.a: Bakk. 21.3.1545; Liz. 1546 (3.2. präs.); 2.11.1547 rez.
B.b: Bacc. med. 1550.
C: Exam. 1548, 1549, dreimal.
E: Bakk. unter Gotfridus de Wylich (bereits am 30.5.1544 zu diesem Examen zugelassen), Inz. unbekannt, als *lector ordinarius gymnasii Cucani* rezipiert; am 20.3.1551 wird er nochmals als artistischer Intrans und Regens der Kuckana in den Akten genannt.

K 54: Peregrinus de Wylich; 626,46.

A: Imm. 31.7.1545, Col. d.
B.a: Bakk. 1545 (10.11. Zulass.); Liz. 10.3.1547; Mag. 16.3.1548; 2.11.1548 rez.
B.b: Bacc. theol. 1549.
C: Exam. 1549, einmal; Tempt. 1549.
E: Als Kuckaner zum Bakkalaureats-Examen zugelassen, Det. unbekannt, Mag. unter Johannes Bercken de Horst.

3. Die personelle Zusammensetzung der Klein-Bursen

a) Raemsdonck-Burse

R 1: Nicolaus Mommer de Raemsdonck; 233,62.

A: Imm. März/Juni 1447, Leod. d.
B.a: Liz. 1450 (3.2. Zulass.).
C: Exam. 1454, 1464, 1471, dreimal; Tempt. 1456, 1467; Inz. 1462, 3 Mag.
D: Rektor 1470/71.
E: Die artistischen Lehrer des Begründers und Namensgebers der Burse sind unbekannt; zum Zeitpunkt seiner ersten Examinatortätigkeit könnte

er bereits einer eigenen Burse vorgestanden haben und als ihr Vertreter in das Gremium gewählt worden sein, da die übrigen Prüfer einschließlich des Corneliana-Dekans aus den 4 Haupt-Bursen stammten (auch bei der Wahl zum Temptator 1456 stellte er den 5. Regenten neben bekannten Regenten der 4 Hauptbursen). Auch wenn er erst 1462 wieder in einem Prüfungsamt protokolliert wurde, hatte er seine Lehrtätigkeit in den vorangegangenen Jahren sicherlich nicht eingestellt, wie sich aus der Eidleistung für 3 minderjährige Scholaren (sc. M 276,22-24: Wilhelmus Melynck de Colonia, Hubertus Kannegyeter de Colonia, Ewaldus de Bachgraco) bei ihrer Immatrikulation am 11.3.1458 ergibt. Wahrscheinlich Anfang des Jahres 1473 wechselte Nicolaus de Raemsdonck mit seinen Getreuen an die neugegründete Trierer Universität (s.u. 545–549).

R 2: Jacobus Welder de Siegen; 257,58.

A: Imm. 17.6.1453, Mag. d.
B.a: Bakk. 1454 (2.11. präs.); Liz. Apr. 1456; 18.7.1458 rez.
B.b: Bacc. theol. 1467; bacc. form. 1469; dr. theol. 1471.
C: Exam. 1462-1467, viermal; Det. 1460-1470, 37 Bakk.; Inz. 1462, 1469, 1470, 9 Mag.
E: Det. und Inz. unbekannt. Wann genau Jacobus sich der Burse des Nikolaus Raemsdonck anschloß, läßt sich nicht mit Sicherheit feststellen. Doch spricht einiges dafür, daß die seit 1466/67 in enger Verbundenheit erscheinenden Regenten dieser Kleinburse anfänglich (ca. 1460/64) der Montana und Corneliana nahestanden. Eine solche Zuordnung läßt sich v.a. durch eine Analyse der Schüler-Lehrer-Verhältnisse erzielen. So determinierten 1460 z.B. 3 Dänen (M 279,72; 279,73; 281,63) unter Jakob Welder, die in Gruppen in Köln immatrikuliert worden waren und meist der Montana beitraten. Jonas Clement de Dacia (279,72) etwa determinierte 1460 unter Jakob und inzipierte dann 1463 unter dem Montana-Regenten Henricus de Susato. Am 2.4.1462 promovierte Jakob 2 Magistranden (278,33; 279,57), die 1460 unter Lambertus de Monte (M 24) bzw. Wigerus Hassent de Embrica (M 23) determiniert hatten. 1462 determinierten 3 Scholaren (289,63; 291,3; 291,47) unter Jakob Welder, die 1464 und 1465 unter den Cornelianern Nicolaus Drey de Edam (C 42) und Theodoricus de Bommel (C 29) inzipierten und von denen einer (291,3) explizit als Angehöriger der Corneliana bezeichnet wurde. Ähnliche Konstellationen lassen sich auch für die übrigen Regenten der Bursa Raemsdonck nachweisen (vgl. etwa 267,25; 279,17; 290,17; 298,33; 304,45). Sie sind wahrscheinlich für die Entstehung, sicherlich aber für das weitere Schicksal der Burse und ihren wissenschaftsgeschichtlichen Standort von Bedeutung.

R 3: Ulricus Kridwiss de Esslingen; 260,5.

A: Imm. Dez. 1453/März 1454, Const. d.
B.a: Bakk. 12.6.1455; Mag. 28.4.1457; 18.7.1458 rez.
B.b: Lic. theol. 1470; dr. theol. 1470.
C: Exam. 1467, einmal; Inz. 1467, 3 Mag.

D: Rektor 1482/83, 1495; Vizekanzler 1498-1501.
E: Beide artistischen Grade unter dem Montaner Gerardus de Elten (M 19); von den 3 1467 promovierten Magistranden hatten 2 vorher in der Montana, 1 in der Corneliana determiniert (290,17; 298,33; 304,45). Obwohl die geringe Prüfungspräsenz (im Oktober 1470 war er zudem artistischer Intrans) für ein schwaches Engagement in der Bursa Raemsdonck sprechen könnte, setzte er sich überaus stark für die Belange der Burse ein (s.u. pass.).

R 4: Theodoricus de Busco; 259,3.

A–E: s.o. M 39.
C: Exam. 1463-1476, fünfmal; Det.1460-1477, 90 Bakk.; Tempt. 1466, 1468; Inz. 1468-1475, 16 Mag.
E: Die o.g. Prüfungstätigkeit bezieht sich nur auf die Leistungen für die Bursa Raemsdonck bzw. den nach 1473 in Köln gebliebenen Teil bis einschließlich 1477, dem Zeitpunkt, für den wir die Eingliederung der unter ihm weitergeführten Burse in die Montana wohl anzunehmen haben. 1472 fungierte er auch als Quodlibetar. Die Zugehörigkeit des Theodoricus zur Raemsdonck-Burse ist von Keussen nicht erkannt worden; Gründe für die Zuordnung sind bereits bei Tewes 1986, 41 f., angegeben worden. Die Kleinburse hätte mit nur 3 Regenten für sich kaum den Status und die Rechte der 4 Haupt-Bursen beanspruchen können, Theodoricus de Busco komplettierte somit das Regenten-Quartett. Der stichhaltigste Grund für die Zugehörigkeit des Theodoricus zu dieser Burse dürfte darin liegen, daß seine Schüler, wenn sie nicht beide artistischen Grade unter ihm erwarben, ihren zweiten Grad unter einem erwiesenen Regenten der Raemsdonck-Burse erlangten oder gar als Angehörige der Burse bezeichnet wurden (vgl. etwa 283,45; 293,22; 297,70; 302,20; 305,5; 306,11; 307,38; 309,19; 318,56). Zudem hätte Theodoricus die Leitung der Burse nach Raemsdoncks Wechsel an die Trierer Universität nicht übernehmen können, wenn er nicht vorher bereits als Regent an ihr gewirkt hätte (vgl. Un. 570, f. 90r.; Un. 84, f. 9r).

(R 5): Adam Overkamp de Colonia; 262,13.

A: Imm. 26.7.1454; Col. d.
B.a: Bakk. 17.6.1457; Mag. 4.4.1460; 21.12.1463 rez.
C: Tempt. 1472.
E: Artistische Grade unter dem Montaner Henricus de Susato (M 18, Det.) und dem Cornelianer Danckardus de Brilis (C 24); ob er in seinem Temptatoramt als Vertreter der Bursa Raemsdonck neben den 4 Prüfern der Prinzipal-Bursen auftrat (vgl. Un. 480, f. 73r), oder ob er zweiter Prüfer der Montana neben dem aus ihr stammenden Dekan Ego de Driel war, muß offenbleiben. Einer der damaligen Bursen muß er angehört haben, genaue Anhaltspunkte gibt es aber nicht. Keussen hatte ihn weder einer Burse noch den Regenten ohne Bursenzugehörigkeit zugeordnet; die fehlenden Hinweise und der Zeitpunkt des Prüfungsamtes (auf dem Hö-

hepunkt des Streites um den Status der Raemsdonck-Burse wurden deren Regenten gewisse Zugeständnisse gemacht) könnten für einen zeitweiligen Anschluß an die Kleinburse sprechen.

b) Bursa Ottonis

O 1: Otto Ingenlaet de Xanctis; 217,12.

A: Imm. März/Juni 1443, Col. d.
C: Exam. 1455, 1458, zweimal; Det. 1457, 1468, 6 Bakk.; Inz. 1458, 1 Mag.
E: Det. und Inz. unbekannt; die Identifizierung des Begründers und Namensgebers der Bursa Ottonis bereitet einige Schwierigkeiten. Keussen glaubte ihn in Otto van den Bleeck de Xanctis (250,12; vgl. Keussen 1934, 567) gefunden zu haben, der im Sommer 1451 als *servitor* des Rektors Henricus de Bemel für das kanonische Recht immatrikuliert wurde. Im März 1452 determinierte van den Bleeck unter dem Cornelianer Herwich von Amsterdam (C 10) und wurde im Februar 1453 zum Lizentiats-Examen zugelassen. Den Anmerkungen Keussens zufolge lehrte er weiterhin in der Artisten-Fakultät, leitete eine nach ihm benannte Burse, wurde für den 1.2.1486 als verstorben bezeugt und hatte Thomas Lyel de Scotia sowie den Ottonis-Regenten Nicolaus Heerl de Linnich als Testatoren eingesetzt. Doch eben diese letzten Angaben beziehen sich eindeutig auf Otto Ingenlaet de Xanctis, der am 2.1.1485 sein Testament errichtete, zu seinen Testamentsvollstreckern Thomas Lyel de Scotia sowie die beiden Regenten der Bursa Ottonis Nicolaus Heerl de Linnich und Hermannus Torre de Berchem einsetzte, zu seinem Universal-Erben den Konvent Busse bzw. Bethlehem bestimmte, dessen Beichtvater Otto gewesen war. Für den 1.2.1486 ist er als verstorben bezeugt, als die Stadt Köln seinen Testamentsexekutoren eine Erbrente von 28 fl. für eine tägliche Messe im Konvent Busse verkaufte (vgl. R 1804, 2782; im Register zu den Regesten führt Keussen unter Otto Ingenlaet de Xanctis auch jene Angaben auf, die er andernorts den Daten der Bursenleitung des Otto van den Bleeck de Xanctis einfügte. Dieser wird im Register gar nicht mehr eigens genannt). In den Universitätsakten wird zwischen Otto van den Bleeck und Otto Ingenlaet nicht differenziert, stets ist nur von Otto de Xanctis die Rede. Da das Testament des Otto Ingenlaet jedoch dessen enge Verbundenheit mit erwiesenen Regenten der Bursa Ottonis bezeugt und auch sonst (weiter unten 421 ff. zu thematisierende) Anhaltspunkte enthält, die diese Verbindung stützen, und da Otto van den Bleeck in späteren Quellen nicht mehr genannt wird, so muß gegen Keussen Otto Ingenlaet von Xanten als Leiter der Bursa Ottonis angesehen werden – eine Feststellung, die entscheidende Implikationen für den Status und das Schicksal dieser Burse enthält. Ingenlaet wirkte vermutlich bis in die 60er Jahre für die Montana; der am 18.5.1458 durch ihn promovierte *dominus* Georgius Hagelstein de

Argentina (M 269,97) hatte 1456 in der Montana unter Henricus de Susato (M 18) determiniert. Im Juni 1457 hatten nachweislich erstmals 2 Schüler unter ihm determiniert, Johannes und Everardus de Cervo (266,20-21; Johannes Everardi de Cervo wurde später einflußreicher Doktor beider Rechte), Söhne des hochangesehenen Kölner Bürgers Everardus de Cervo (vanme Hirtze). Außer der Würde eines artistischen Intrans im Juni 1463 konnte Otto von Xanten kein Fakultätsamt bekleiden. Seine Burse wird in den Akten erstmals 1469 erwähnt, im Zusammenhang mit der Auseinandersetzung zwischen der Artisten-Fakultät und der Burse des Nikolaus Raemsdonck.

O 2: **Hermannus Schoem de Torre de Berchem**; 295,28.

A: Imm. 31.10.1462, Col. d.
B.a: Bakk. 17.11.1463; Mag. 23.3.1465; 31.3.1467 rez.
B.b: Bacc. decr. 1462.
C: Exam. 1468-1492, sechzehnmal; Det. 1470, 1475, 1479, 23 Bakk.; Tempt. 1478-1491, fünfmal; Inz. 1471-1485, 25 Mag.
D: Dekan 1481/82; Rezeptor 1486; Inhabitator der Artistenschule 1492-1493; Rektor 1483/84.
E: Artistische Grade unter den Cornelianern Nicolaus de Edam (C 42; Det.) und Johannes de Zierikzee (C 41); für 1473 ist er als *regens in domo magistri Ottonis Xanctis* bezeugt, doch lehrte er wohl schon seit 1467/68 für diese Burse; er starb 1499.

O 3: **Nicolaus Heerl de Linnich**; 283,31.

A: Imm. 30.10.1459, Col. d.
B.a: Bakk. 1.12.1460; Mag. 23.3.1463; 9.10.1468 rez.
B.b: Bacc. theol. 1479.
C: Exam. 1469-1490, achtmal; Det. 1473-1490, 259 Bakk.; Tempt. 1475, 1484; Inz. 1474, 1480, 1484, 5 Mag.
D: Promotor 1478.
E: Artistische Grade unter den Montanern Gerardus de Elten (M 19; Det.) und Lambertus de Monte (M 24), nach einem Dispens 1464 recht spät 1468 rezipiert. Anschließend wurde Nicolaus der mit Abstand erfolgreichste Lehrer der Ottonis, beschränkte sich dabei allerdings nahezu völlig auf die Graduierung von Bakkalaureanden. Mit der Zahl graduierter Bakkalare steht er den erfolgreichsten Lehrern der Prinzipal-Bursen kaum nach, die institutionell gravierende Vorteile besaßen. Schon hier sei jedoch darauf hingewiesen, daß die Determinatoren der Ottonis häufig zusätzlich einige Schüler der anderen Bursen übernahmen, in etwas geringerer Höhe immer aber auch Schüler abgaben oder mit ihren Graduierungs-Akten nicht protokolliert wurden. 1484 bezeichnete Hermannus de Berchem Nicolaus als seinen *collaborator* (vgl. 381,30). Nikolaus starb nach 1520.

O 4: **Petrus Capitis de Dunen**; 394,25.

A: Imm. 28.4.1487.

B.a: Bakk. 24.11.1488; Mag. 19.4.1490; 21.3.1492 rez.
B.b: Bacc. theol. 1495; bacc. form. 1497; lic. theol. 1499.
C: Exam. 1493, 1497, 1498, dreimal; Det. 1493-1500, 87 Bakk.; Tempt. 1498; Inz. 1500, 3 Mag.
D: Dekan 1497/98.
E: Bakk. als Schüler der Ottonis unter Nicolaus de Linnich, Mag. als Schüler der Corneliana unter Petrus Bolle de Dordraco (C 56); seit 1493 in der Ottonis tätig, bemerkenswert das Übergewicht bei den Determinationen; Petrus starb 1502.

O 5: Bernardus de Harderwijck; 390,130.

A: Imm. 5.5.1486, Trai. d.
B.a: Bakk. 9.7.1487; Mag. 6.4.1489.
B.b: Bacc. decr. 1497.
C: Det. 1497, 12 Bakk.
E: Beide artistischen Grade als Schüler der Laurentiana (wie seine Herkunft fast nahelegt) unter Bartholomeus de Kempis (L 51); für 1497 ist er in den Akten als Regent der Bursa Ottonis bezeugt.

O 6: Johannes Berchem de Colonia; 414,189.

A: Imm. 22.6.1492, Col. d.
B.a: Bakk. 5.6.1494; Mag. 16.4.1496.
C: Det. 1498, 1501, 28 Bakk.
E: Bakk. als Schüler der Ottonis unter dem Cornelianer Adam de Bopardia (C 58), Mag. unter dem Montaner Theodoricus de Busco (M 39); wahrscheinlich war Johannes der Sohn eines Kölner Ratsherren und Bürgermeisters.

4. Quantitative Analyse der personellen Bursen-Zusammensetzung

Zählt man in einem ersten Schritt die Gesamtzahl der Regenten für die einzelnen Bursen zusammen, so steht die Laurentiana mit 87 Regenten an der Spitze, gefolgt von der Montana mit 75 Regenten, der Corneliana mit 76 und der Kuckana mit 54 lehrenden Magistern. Für die Bursa Raemsdonck veranschlagen wir fünf, für die Ottonis sechs Regenten. Bemerkenswert ist die im Vergleich zur Montana recht hohe Regentenzahl der Corneliana, die bekanntlich bereits 1524 eingegangen war. Die Gesamtzahl beträgt demnach 303, wobei allerdings zu berücksichtigen ist, daß manche Regenten doppelt gezählt worden sind, da sie in zwei Bursen wirkten.

Versuchen wir nun eine Differenzierung hinsichtlich der Prüfungstätigkeit der einzelnen Regenten. Zuerst wollen wir wissen, wieviele Regenten sich als Determinatoren engagierten. Von den 75 Regenten der Montana lassen sich bis 1550 37 Magister in dieser Prüfungstätigkeit feststellen. Von ihnen examinierten neun überwiegend in dem Zeitraum bis 1450, 16 zwischen 1450 und 1500, zwölf zwischen 1500 und 1550. In der Laurentiana können von den 87 Regenten insgesamt 41 Magister als Determinatoren ermittelt werden, allein 16 bis 1450, weitere 15 von 1450 bis 1500 und zehn zwischen 1500 und 1550. Von den 76 angeführten Regenten der Corneliana waren 45 als Determinatoren tätig, 14 bis 1450, 22 zwischen 1450 und 1500, neun zwischen 1500 und 1524. 32 Determinatoren stellte die Kuckana, von denen 21 vorwiegend zwischen 1450 und 1500 graduierten, elf zwischen 1500 und 1550. Demnach wiesen Corneliana und Kuckana mit 59% verhältnismäßig die meisten Determinatoren auf, gefolgt von der Montana mit 49% und der Laurentiana mit 47%.

Untersuchen wir nun, ob sich bei den Inzeptoren ein analoges Bild bietet, bevor diese Ergebnisse zu den jeweiligen Schülerzahlen in Beziehung gesetzt werden. In der Montana fungierten bis 1550 46 Magister als Inzeptoren, 13 bis 1450, 21 von 1450 bis 1500, zwölf von 1500 bis 1550. Von den 87 Regenten der Laurentiana konnten 52 mit dieser Promotionstätigkeit nachgewiesen werden, 17 bis 1450, 21 zwischen 1450 und 1500, 14 zwischen 1500 und 1550. Die Corneliana wies 53 Inzeptoren während ihres Daseins auf, von denen 14 überwiegend bis 1450 Magistranden promovierten, 28 zwischen 1450 und 1500, elf von 1500 bis 1524. 25 von 54 Regenten traten in der Kuckana als Inzeptoren auf: 17 von 1450 bis 1500, 8 von 1500 bis 1550. Der verhältnismäßige Anteil der Magister an diesem Prüfungsamt zeigt nun aber gegenüber dem bei den Determinatoren Unterschiede. In der Montana und Laurentiana engagierten sich mit 61% bzw 60% zwar wieder – bezogen auf die Gesamtzahl – annähernd gleichviele Magister als Inzeptoren, doch im Vergleich zu den Determinatoren suchten mit über 10% erheblich mehr Magister diese Aufgabe. Die Corneliana steht mit ihrem Anteil an Inzeptoren erneut an der Spitze: mit 70% wirkten mehr als zwei Drittel aller Regenten gleichzeitig als „Doktorväter". Hielt die Kuckana bei den Determinatoren mit 59% noch mit den ersten Platz, so bildet sie nun mit 46% das eindeutige Schlußlicht. In ihr konnte also nur ein verhältnismäßig geringer Teil an Regenten diese Promotionsaufgabe wahrnehmen. Betrachtet man die Zahl der Prüfer für die jeweiligen Zeitabschnitte, so fällt der hohe Anteil an Determinatoren und Inzeptoren der Corneliana in den Jahren

1450 bis 1500 auf. Selbst in den 24 letzten Jahren ihres Bestehens wies sie mit elf Inzeptoren kaum weniger auf als die Montana mit zwölf und die Laurentiana mit 14 für den doppelten Zeitraum. Für die kleinen Bursen Raemsdonck und Ottonis machen ähnliche Berechnungen angesichts ihrer kleinen Regentenzahl wenig Sinn. Von den vier sicheren Regenten der Bursa Raemsdonck wirkten zwei als Determinatoren, alle vier als Inzeptoren. Umgedreht dieses Verhältnis bei der Bursa Ottonis: von den sechs aufgeführten Regenten lassen sich alle als Determinatoren nachweisen, nur vier hingegen als Inzeptoren.

Nun aber gilt es zu ermitteln, wieviele Schüler die einzelnen Bursen auf sich ziehen konnten. (Die teils nur annäherungsweise festzustellenden Zahlen werden im folgenden der Einfachheit halber als absolute angegeben.) Die 37 Determinatoren der Montana konnten bis 1550 3467 Bakkalare graduieren. Differenziert nach Jahresabschnitten heißt das: bis 1450 graduierten neun Determinatoren 376 Bakkalare, von 1450 bis 1500 16 Determinatoren 1764, von 1500 bis 1550 zwölf Prüfer 1327 Bakkalare. Den Regenten der Laurentiana gelang es, eine etwas höhere Zahl an Bakkalaren zu graduieren, bei einem allerdings größeren Anteil an Determinatoren: 41 Prüfer führten insgesamt 3499 Scholaren zum Bakkalaureat. 16 Determinatoren graduierten bis 1450 390 Bakkalaureanden, 15 Determinatoren von 1450 bis 1500 1675 Schüler, und von 1500 bis 1550 wurden 1434 Scholaren von zehn Regenten betreut.

In der Corneliana konnten während ihres gut hundertjährigen Bestehens 2087 Bakkalare von 45 Determinatoren graduiert werden. Aufschlußreich die zeitliche Differenzierung: mit 436 Bakkalaren bei 14 Determinatoren im Zeitraum bis 1450 lag die Corneliana vor den anderen Bursen an der Spitze, jedoch mit einer pro Regent geringeren durchschnittlichen Schülerzahl (gut 31 Bakkalare konnte jeder Regent der Corneliana durchschnittlich graduieren, 42 hingegen jeder aus der Montana). Von 1450 bis 1500 wurden 1365 Scholaren durch 22 Determinatoren betreut (62 pro Regent; Montana: 110 pro Regent im gleichen Zeitraum, Laurentiana: 112), von 1500 bis 1524 kamen schließlich nur noch 286 Bakkalare auf 9 Determinatoren (32 pro Regent). Die geringste Zahl an graduierten Bakkalaren konnten die 32 Determinatoren der Kuckana auf sich ziehen: 1203 insgesamt. Diese verteilten sich auf 983 Bakkalare im Zeitraum von 1450 bis 1500, graduiert von 21 Determinatoren (47 pro Regent), sowie 220 zwischen 1500 und 1550 (11 Determinatoren; durchschnittlich 20 Bakkalare pro Regent). Die Bursa Raemsdonck graduierte mit zwei Determinatoren in den gut 15 Jahren ihres Bestehens 127 Bakkalare; die Bursa Ottonis führte mit sechs Regenten in etwas mehr als 40 Jahren zwischen 1457 und 1502 415 Scholaren zum Bakkalaureat.

Bei den Zahlen der promovierten Magistranden stellt sich das Verhältnis unter den einzelnen Bursen kaum wesentlich anders dar; die Gesamtzahl beläuft sich – mit einer Ausnahme – auf jeweils rund 40% der Zahl der graduierten Bakkalare.[73] Die 46 Inzeptoren der Montana promovierten insgesamt 1427 Magistranden, das sind 41% der 3467 Bakkalare aus der Montana. Bis 1450 kamen 153 Magister auf 12 Inzeptoren (13 Magistranden pro Regent), zwischen 1450 und 1500 waren es 735 bei 21 Inzeptoren (35 pro Regent), zwischen 1500 und 1550 539 bei 12 Inzeptoren (45 pro Regent). Eine nur etwas geringere Summe erzielten die Regenten der Laurentiana, deren 52 Inzeptoren 1296 Magistranden promovieren konnten (37% der 3499 graduierten Laurentiana-Bakkalare). 17 Inzeptoren zogen bis 1450 die nachweisbare Summe von 169 Magistern auf sich (rund zehn Magistranden pro Regent), 21 Inzeptoren zwischen 1450 und 1500 592 Magistranden (28 pro Regent), 14 Inzeptoren promovierten zwischen 1500 und 1550 535 Magistranden (38 pro Regent). In beiden Bursen stieg also stetig die durchschnittliche Schülerzahl, die ein Inzeptor für sich gewinnen konnte – trotz erheblich sinkender Schülerzahlen nach 1500.

Die Corneliana konnte bis 1524 878 Magistranden vorweisen (42% der 2087 Bakkalare), die von 53 Inzeptoren promoviert wurden. Bis 1450 führten 14 Inzeptoren 197 Lizentiaten zum Magisterium (rund 14 pro Regent), zwischen 1450 und 1500 28 Inzeptoren 580 Lizentiaten (21 pro Regent), von 1500 bis 1524 schließlich elf Inzeptoren 101 Lizentiaten (neun pro Regent). Den geringsten

---

[73] Ungeachtet der verschiedenen Berechnungsformen steht fest, daß die Promotionszahlen für die Kölner Artisten-Fakultät „z.T. weit über den Zahlen (liegen), die für andere deutsche Universitäten genannt werden" (Meuthen 1988, 117); vgl. Schwinges 1986, 545 f. Die Erklärung dürfte, wie Schwinges und Meuthen wohl mit Recht hervorheben, im besonderen Charakter der Kölner Unternehmer-Bursen liegen, deren Betreiber ein besonderes Interesse an hohen Graduierungszahlen, vielleicht auch intensiveren Kontakt zu ihren Schützlingen hatten. Die Zahlen werden im Trend durch eine Spezialuntersuchung bestätigt, die jüngst durch Häfele (1988) für die Studenten der Städte Nördlingen, Kitzingen, Mindelheim und Wunsiedel vorgenommen wurde: die prozentualen Graduierungszahlen für die in Köln studierenden Söhne der ersten drei Städte (Wunsiedeler suchten Köln nicht auf) sind teilweise erheblich höher als die für die anderen Universitäten wie Heidelberg, Tübingen, Leipzig usw. (vgl. Häfele 1988, 47, 97, 126).

Anteil promovierter Magistranden im Verhältnis zu den graduierten Bakkalaren konnte von den vier Haupt-Bursen die Kuckana erzielen: die Summe von 418 bedeutet 35% der 1203 Bakkalare. Von 1450 bis 1500 inzipierten unter den 17 Prüfern der Kuckana 304 Bakkalare (rund 18 pro Regent), von 1500 bis 1550 waren es 114 unter acht Inzeptoren (14 pro Regent). Während in der Corneliana demnach in den ersten Jahrzehnten die Inzeptoren noch die durchschnittlich höchste Schülerzahl vorweisen konnten, bedeutete die hohe Zahl an Inzeptoren zwischen 1450 und 1500 bei nicht entsprechend gesteigerter Schülerzahl eine Einbuße für den einzelnen Inzeptor im Verhältnis zu Montana und Laurentiana. Diese Relation stellte sich nur bei der Kuckana noch etwas schlechter dar, in der allerdings nach 1500 in Anbetracht der geringen Schülerzahl auch die Zahl der Inzeptoren sank. Die Relation verschlechterte sich dennoch weiterhin für den einzelnen Kuckana-Regenten, jedoch längst nicht so extrem wie bei den Cornelianern. Elf Inzeptoren für 101 Lizentiaten von 1500 bis 1524 ließen nicht nur – analog zu den Determinationen – die durchschnittliche Schülerzahl für den einzelnen sinken, sondern eben auch die Verdienstmöglichkeiten. Solche Entwicklungen gilt es bei der näheren Betrachtung des Untergangs der Corneliana im Auge zu behalten.

Wie aber sah die Zahl der Inzeptionen bei den beiden Klein-Bursen aus? Die Bursa Raemsdonck konnte 31 Magistranden durch vier Inzeptoren promovieren lassen, mit Blick auf die 127 graduierten Bakkalare ein Anteil von 24%. Mehr als die Hälfte wurde allein durch Theodoricus de Busco promoviert. Gegenüber den vier Haupt-Bursen war der Anteil promovierter Magistranden an der Gesamtzahl graduierter Bakkalare also noch niedriger als bei der Laurentiana und Kuckana. Ob dies mehr im Interesse der Regenten oder der Schüler lag, sei vorerst dahingestellt. Die Frage wird allerdings noch schärfer für die Bursa Ottonis gestellt werden müssen. Denn in ihr machten 34 promovierte Magistranden gerade noch 8% der 415 graduierten Bakkalare aus.[74]

---

[74] Schwinges (1986a, 561) kommt mittels seiner Stichproben auf eine Zahl von 48 Prozent inzipierender Bakkalare der Ottonis. Möglicherweise rechnete er hier auch jene Magistranden zu, die zwar unter einem Regenten der Ottonis determinierten, ihren Magistergrad dann aber unter Regenten anderer Bursen erwarben oder deren Inzeptoren nicht bekannt sind. Diese wird man freilich nicht mehr bzw. nur schwerlich als Schüler der Bursa Ottonis bezeichnen können. Die auch für die anderen Bursen zum Teil erheblich abweichenden Prozentzahlen bei Schwinges könnten gleichfalls daraus resultieren, daß Schwinges von den einzelnen Immatriku-

Die quantitative Abstufung der Bursen hinsichtlich der Zahl an Schülern, die von ihren Regenten graduiert werden konnten, entspricht in ungefähr auch der Reihenfolge der erfolgreichsten Prüfer jeder Burse. An der Spitze der Determinatoren steht für die Montana Theodoricus de Busco (M 39, Regentschaft 1478-1502), der 460 Bakkalare graduierte, gefolgt von dem Laurentiana-Regenten Johannes Gisberti de Harderwijck (L 55, 1487-1502) mit 433 Bakkalaren und dem Cornelianer Mathias de Venlo (C 49, 1480-1492) mit 282 Bakkalaren. An vierter Stelle steht jedoch kein Regent der Kuckana, sondern Nicolaus de Linnich (O 4, 1468-1490) aus der Bursa Ottonis mit 259 graduierten Bakkalaren, während der erfolgreichste Determinator der Kuckana, Cornelius de Breda (K 12, 1460-1471), 158 Bakkalare vorweisen kann. Die Bursa Raemsdonck bildet mit den 90 graduierten Scholaren des Theodoricus de Busco (R 4, 1460-1477) das Schlußlicht.[75] Ähnlich das Bild bei den zweiterfolgreichsten Determinatoren je Burse. Hier führt die Montana mit Theodoricus de Novimagio (M 49, 1495-1515) knapp mit 344 Bakkalaren vor dem Laurentianer Johannes Duycker de Venlo (L 62, 1493-1536) mit 343 Bakkalaren. Eine deutliche

---

lierten ausgegangen ist, deren Prüfer jedoch nicht auf ihre Bursenzugehörigkeit hin überprüft hat. Abgesehen von der Frage, wie mit einer Bursenzuordnung bei jenen zu verfahren ist, die ihre artistischen Grade in verschiedenen Bursen erlangten oder deren Prüfer nicht bei beiden Graden angegeben sind, läßt sich die Graduierungsintensität der Kölner Bursen nach unserem Dafürhalten am eindeutigsten durch die jeweilige Schülerzahl ihrer einzelnen Regenten ermitteln. Dann nämlich werden unterschiedliche Schwerpunkte und Strukturen der Bursen deutlich – gerade mit Blick auf die Bursa Ottonis. Doch dies kann erst an späterer Stelle ausführlicher dargestellt werden; s.u. 421–438.

[75] Freilich wird man bei solchen Aufstellungen sowohl die Dauer der Regentschaft berücksichtigen müssen als auch die vorhandene Studentenzahl im jeweiligen Zeitraum. Regenten, die vor allem in den letzten beiden Jahrzehnten des 15. Jahrhunderts wirkten, als die Kölner Universität ihr Besuchermaximum erzielte (einschlägig: Schwinges 1986, hier 86-93), konnten naturgemäß wesentlich mehr Schüler graduieren. Dementsprechend muß beispielsweise die Zahl von 106 Scholaren bewertet werden, die Gerardus de Monte (M 4) in einer frequenzschwächeren Phase in nur zwölf Jahren zwischen 1424 und 1436 als Determinator erzielte. Mit der Auflistung der erfolgreichsten Regenten der einzelnen Bursen soll also kein Rückschluß auf ein entsprechendes Lehrengagement verbunden werden. Vielmehr geht es darum, in anschaulicher Weise Möglichkeiten der Konzentration in den Bursen vorzuführen, die Differenzierungen erkennen lassen. Aufschlußreich etwa, daß der erfolgreichste Determinator (und Inzeptor) der Kuckana nicht in der Zeit des größten Studentenzulaufs lehrte, sondern in den Anfangsjahren der Burse zwischen 1450 und 1480. Möglicherweise deutet dies auf einen verstärkten Einsatz in der jungen Burse nach den Gründungsjahren hin, vielleicht auch auf eine gewisse Nachfrage – beides mitentscheidend für die folgende Etablierung trotz relativ geringen Zulaufs.

Differenz besteht zu dem Cornelianer Theodoricus Balveren de Bommel (C 29, 1453-1480), der 166 Bakkalare graduierte, sowie zu dem Kuckaner Judocus Finck de Monte (K 19, 1483-1497) mit 128 Bakkalaren. In der Bursa Ottonis stand Petrus de Dunen (O 4, 1492-1500) mit immerhin noch 87 Bakkalaren an zweiter Stelle. Jakob Welder (R 2, 1458-1470) graduierte für die Bursa Raemsdonck 37 Bakkalare.

Die Liste der erfolgreichsten Inzeptoren führt wiederum Theodoricus de Busco für die Montana mit 173 promovierten Magistern an. Ihm folgt der Laurentianer Johannes de Venlo mit 144 Magistern, der Cornelianer Mathias de Venlo mit 92 Magistern sowie der Kuckaner Severinus de Moneta (K 9, 1458-1483) mit 45 Magistern. Bei den kleineren Bursen steht die Bursa Raemsdonck mit den 16 Magistranden des Theodoricus de Busco hinter der Ottonis, für die Hermannus de Berchem 24 Magister promovierte. Den zweiterfolgreichsten Inzeptor unter den einzelnen Bursen stellt erneut die Montana, für die Andreas de Bardwijck (M 51, 1499-1525) 146 Magister promovierte. Für die Laurentiana folgt Johannes de Nuertingen (L 61, 1492-1515) mit 95 Magistranden, für die Corneliana Theodoricus de Bommel mit 88 Magistranden, für die Kuckana Johannes de Breda (K 15, 1470-1481) und Robertus de Scotia (K 11, 1458-1492) mit 41 Magistranden. Die Bursa Raemsdonck lag hier mit den neun Magistranden des Jakob Welder knapp vor der Ottonis, für die Nicolaus de Linnich fünf Magister promovierte.

Wichtige Aufschlüsse über den Zusammenhang zwischen der Lehrtätigkeit in der Artisten-Fakultät und dem parallelen Studium in den höheren Fakultäten lassen sich erzielen, wenn man untersucht, welchen Grad die jeweils zehn erfolgreichsten Prüfer jeder Burse in den höheren Fakultäten erlangten. In der Montana erwarben alle Determinatoren das Lizentiat oder Doktorat in der Theologie – bis auf einen. Der an zehnter Stelle plazierte Everardus de Wesalia (M 42) läßt sich „nur" als Baccalarius formatus der Theologie nachweisen. Auch die führenden Inzeptoren der Montana, fast alle schon unter den Determinatoren zu finden, konnten mit einer Ausnahme mindestens das Lizentiat der Theologie vorweisen. An neunter Stelle stand mit Petrus de Dacia (M 35) ein Lizentiat der Medizin. Ein nahezu gleiches Bild bieten die erfolgreichsten Prüfer der Laurentiana: die ersten zehn Determinatoren erlangten alle mindestens das Lizentiat in der Theologie; unter den Inzeptoren befand sich nur ein Lizentiat der Medizin, Bartholomeus de Kempis (L 51), an achter Stelle. In der Corneliana erwarben die ersten acht

Determinatoren gleichfalls in der Theologischen Fakultät das Lizentiat oder Doktorat, Paulus de Wickroede (C 33) an neunter Stelle den Grad eines „baccalaureus formatus theologie". Nur Gerardus de Hertzogenraede (C 63), an zehnter Stelle, studierte in einer anderen Fakultät, der Juristischen, in der er das Lizentiat der Dekretalen erlangte. Unter den Inzeptoren der Corneliana finden sich wieder nur Theologen, von denen allein Livinus de Duvelandia (C 31) an achter Stelle als Baccalarius formatus nicht mindestens das Lizentiat erreichen konnte. Etwas heterogener stellt sich die Kuckana dar. Zwei spätere Doktoren der Medizin, Judocus de Monte (K 19) und Johannes de Breda (K 15), stellten jeweils den zweit- und viertfolgreichsten Determinator dieser Burse. Ansonsten strebten aber auch in der Kuckana die übrigen führenden Determinatoren das Lizentiat und Doktorat der Theologischen Fakultät an. Die beiden Mediziner blieben auch bei den Inzeptoren in der Spitzengruppe, wechselten nur die Plätze. Die anderen acht gehörten wiederum zu den theologischen Lizentiaten, Gotfridus de Wylich (K 47) an zehnter Position erreichte zusätzlich in der Juristischen Fakultät das Bakkalaureat in den Dekretalen. Auch bei den erfolgreicheren Regenten der kleineren Bursen lag der Schwerpunkt eines weiteren Studiums vorwiegend in der Theologischen Fakultät. Bemerkenswert bei dieser Untersuchung zum einen die nahezu vollkommene Dominanz der Theologen unter den führenden Lehrern, die sich zudem meist nicht mit einem unteren Grad begnügten. Zum anderen fällt bei den engagiertesten Prüfern die so gut wie vollkommene Abwesenheit der Juristen auf, deren Interessen ganz offensichtlich anders gelagert waren. Evident ist schließlich, daß für einen Bursen-Regenten mit dem bloßen Magisterium keine Aussicht bestand, innerhalb seiner Burse zu avancieren und eine größere Schülerzahl an sich zu ziehen. Sind die Studienschwerpunkte der führenden Lehrer und Prüfer deutlich geworden, so erhebt sich die Frage, ob und inwieweit diese Gewichtung dem Gesamtbestand der Regenten der einzelnen Bursen entspricht.

Um die Präsenz der einzelnen Bursen-Regenten in den verschiedenen Fakultäten bzw. ihre spätere Studienneigung überschaubar zu gestalten, soll die Zahl der Regenten mit ihren jeweiligen höchsten akademischen Graden in tabellarischer Form dargestellt werden.

Montana:
: Theologische Fakultät:
11 Dr. theol.
19 Lic. theol.
3 Bacc. form. theol.
2 Bacc. bibl. theol.
5 Bacc. theol. Summe: 40

Juristische Fakultät:
1 Dr. utr. iur.
2 Dr. decr.
3 Lic. utr. iur.
2 Lic. decr.
2 Bacc. iur.
2 Bacc. decr. Summe: 12

Medizinische Fakultät:
1 Lic. med.
1 Bacc. med. Summe: 2

Artes-Fakultät:
23 Mag. art. Summe: 23

Laurentiana:
: Theologische Fakultät:
18 Dr. theol.
16 Lic. theol.
10 Bacc. form. theol.
9 Bacc. theol. Summe: 53

Juristische Fakultät:
1 Dr. utr. iur.
2 Dr. decr.
1 Lic. leg.
6 Lic. decr.
1 Bacc. decr. Summe: 11

Medizinische Fakultät:
2 Dr. med.
3 Lic. med.
1 Bacc. med. Summe: 6

Artes-Fakultät:
17 Mag. art. Summe: 17

Corneliana:
: Theologische Fakultät:
6 Dr. theol.
13 Lic. theol.
11 Bacc. form. theol.
3 Bacc. theol. Summe: 33

Juristische Fakultät:
1 Dr. utr. iur.
4 Dr. decr.
1 Lic. decr.
4 Bacc. iur.   Summe: 10

Medizinische Fakultät:
9 Dr. med.
1 Lic. med.
2 Bacc. med.   Summe: 12

Artes-Fakultät:
22 Mag. art.   Summe: 22

Kuckana: Theologische Fakultät:
8 Dr. theol.
12 Lic. theol.
6 Bacc. theol.   Summe: 26

Juristische Fakultät:
1 Dr. iur.
1 Lic. decr.
3 Bacc. decr.   Summe: 5

Medizinische Fakultät:
3 Dr. med.
2 Lic. med.
2 Bacc. med.   Summe: 7

Artes-Fakultät:
17 Mag. art.   Summe: 17

Die Dominanz der Theologen unter den Montana-Regenten entspricht ihrer Stärke bei den führenden Prüfern. Wie tief die Theologen der Montana in jener Fakultät verankert waren, zeigt sich darin, daß 30 von 40 Theologen das Lizentiat und Doktorat erwerben konnten. Der Anteil von zwölf Juristen mutet recht hoch an, wenn man bedenkt, daß Studenten dieser Fakultät keineswegs repräsentativ unter den Prüfern vertreten sind. Zudem ist die über den gesamten Zeitraum kontinuierliche Präsenz von Montanern in der Juristischen Fakultät anzumerken. Unter ihnen befanden sich gerade in der ersten Hälfte des 16. Jahrhunderts einige einflußreiche Regenten (Frissemius [M 59], Johannes Lunensis, Hermannus de Hammone). Spielten sie zwar im Graduierungswesen keine größere Rolle – auch Johannes Lunensis (M 63) nicht, der immerhin gleichfalls Lizentiat der Theologie wurde[76] –, so engagierten sie

---

[76] Die Summe der mit ihren jeweiligen Graden aufgeführten Regenten einer

sich doch stärker im formalen Prüfungsbereich. Bei den häufigsten Examinatoren erscheint Hermannus de Hammone (M 62) mit zehn „Einsätzen" an vierter Stelle, Johannes Lunensis mit acht auf dem sechsten Platz. Geringer dann wieder ihr Einsatz bei den Examina der Lizentiaten. Die personelle Bindung der Montana zur Medizinischen Fakultät war offensichtlich äußerst schwach.[77] 23 wenig einflußreiche Magistri artium unter den Regenten bildeten eine nicht unbedeutende Gruppe von Montanern, die keinen Abschluß in den weiterführenden Fakultäten anstrebte.

Eindringlicher noch als bei der Montana stellt sich die Verankerung der Laurentiana in der Theologischen Fakultät dar. 53% Theologen unter den Montana-Regenten stehen 61% Lautentiana-Theologen gegenüber. Von diesen 53 Theologie-Studenten konnten 44 mindestens den anspruchsvollen Grad eines Baccalarius formatus erreichen, 34 mindestens das Lizentiat. Stimmt dieses Übergewicht mit dem der Theologen unter den erfolgreichsten Prüfern überein, so gibt die Zahl der elf Laurentianer mit einem juristischen Studium kein gegenteiliges Bild fehlender Repräsentanz. Denn zehn dieser elf Juristen übten allein zwischen 1435 und 1450 eine untergeordnete Lehrtätigkeit in der Laurentiana aus. Nach 1450 widmete sich nur noch der Regent Henricus de Brisach (L 48) der Jurisprudenz, mit seinem einmaligen Auftritt als Examinator und Intrans zweifellos keine maßgebliche Gestalt. Stärker war da schon der Einfluß der Mediziner (Gerardus de Hamont, Bartholomeus de Kempis etwa) in der Laurentiana. Bartholomeus de Kempis konnte mit seiner vierzehnmaligen Wahl zum Examinator sogar die dritte Stelle der meistgenannten Examinatoren der Laurentiana einnehmen, fand bei den Lizentiats-Examina jedoch nicht annähernd die gleiche Berücksichtigung. Ob der niedrige Anteil reiner Magister unter den Regenten auf einen größeren Ansporn zum weiteren Studium in der Laurentiana schließen läßt, sei vorerst dahingestellt.

Den geringsten Anteil an Theologen stellten die Regenten der Corneliana (43%, darunter verhältnismäßig wenige Doktoren), obwohl doch auch in ihr die fortgeschrittenen Theologie-Studenten das Prüfungswesen beherrschen – auch im formalen Bereich, wo außer den Theologen nur ein Mediziner (Adrianus de Dordraco,

---

Burse ist zum Teil höher als die aus der personellen Zusammensetzung gezogene, da manche Regenten eben in zwei höheren Fakultäten graduiert wurden.
[77] Zu einem gleichen Urteil kommt Schwinges (1986a, 563 u. Anm. 132), allerdings auf der Grundlage aller in der Montana promovierten Magister.

C 70) und ein Dekretist mehrmals gewählt wurden. Auffallend hoch erscheint dagegen neben dem starken Stamm an Juristen die Zahl promovierter Mediziner in der Corneliana, die in der Konzentration auf den Raum Dordrecht, Leiden und Sittard gleichsam regionale wie familiäre Regentenfamilien bildeten. Wenn sie zudem in der Spätphase der Burse deren Leitung übernahmen und über den existentiellen Immobilienbesitz verfügten, den entsprechenden Einsatz im fundamentalen Lehr- und Prüfungswesen aber vermissen ließen, so konnte dies für das weitere Schicksal der Burse nicht ohne Bedeutung bleiben.

Ein entgegengesetzter Anspruch scheint bei den Medizinern der Kuckana geherrscht zu haben. Wenn auch bei ihnen das Doktorat nicht so häufig angestrebt wurde, so stellten sie doch einen verhältnismäßig hohen Anteil der Regenten, und gerade die Doktoren der Medizin gehörten im Gegensatz zur Corneliana zu den führenden Lehrern. Mit 48% und gehobeneren Graduierungen bildeten auch die Theologen der Kuckana ein bedeutenderes Element unter den Regenten als die der Corneliana. Die einflußreichen theologischen Doktoren der Kuckana wirkten vornehmlich in den Anfangsjahren der Burse und über einen längeren Zeitraum. Dies dürfte für den Status der Kuckana nicht unerheblich gewesen sein.

C. Die Institutionalisierung der Prinzipal-Bursen im Spiegel der Fakultätsprotokolle

1. Einflußgewinn der Bursen bis 1450

Haben wir im vorhergehenden Abschnitt die personelle Zusammensetzung und Stärke der Bursen kennengelernt, die Dauer des Aufenthalts der Regenten, ihren Einsatz in der Lehre, bei Ämterbesetzungen und im weiterführenden Studium, so richtet sich unser Augenmerk nun auf die Frage, wie die Bursen oder vielmehr ihre Regenten die von ihnen betreuten Einrichtungen in der Fakultät etablierten, welchen Status sie ihnen verschaffen konnten. In anschaulicher Weise erlauben es die Dekanatsprotokolle der Artisten-Fakultät, in wichtigen Stationen nachzuzeichnen, wie die Regenten die Institutionalisierung ihrer Bursen vorantrieben, wie aber auch die Fakultät sich ihrer bediente – wobei Fakultäts- und Burseninteresse schließlich nicht mehr zu unterscheiden sind.

Aufschlußreich, daß dieser Vorgang nach Ausweis der Quellen überhaupt erst Mitte der zwanziger Jahre des 15. Jahrhunderts einsetzte, also mit der Etablierung der drei neuen Bursen. Er wird nicht ohne Widerstand vonstatten gehen.

Schon im April oder Mai 1425 demonstrierten die Bursenregenten in eindringlicher Form, wie sie ihren Kompetenzbereich zu erweitern suchten.[78] In der Fakultät waren Unstimmigkeiten entstanden, ob die Lizentiaten – zum Nachteil des finanziellen Gewinns und der Ehre ihrer Bursenmagister – für die abschließende Verleihung des *birretum magistrale* einen anderen als jenen Bursenmagister wählen dürften, der sie bis dahin während der Lizentiats-Examina geleitet und betreut hatte. Die Fakultät entschied, daß der Empfang der magistralen Insignien durch einen zweiten, freigewählten Magister weder vernünftig noch zuträglich sei. Offensichtlich sollte mit dieser Entscheidung die bis dahin wohl unbestrittene freie Wahl des Inzeptors zumindest für jene Studenten aufgehoben werden, die einem Bursenmagister unterstanden.

Vordergründig sicherte man mit diesem Beschluß den Lehrern der Bursen die statutenmäßig festgelegten Gebühren (einen *scutum antiquum*) und sonstigen Leistungen der *inceptio*, letztendlich hob man für die Bursalen das prinzipielle Recht einer freien Wahl des persönlichen „Promotionsvaters" auf. Denn die zum Temptamen und Lizentiats-Examen präsentierenden Magister mußten ja keineswegs mit den persönlichen Lehrern identisch sein. (Wäre dies so gewesen, hätte es kaum zu jenen Zweifeln kommen können.)

Als federführender Dekan stand Heymericus de Campo (L 1), Gründer der Laurentiana, hinter diesem Beschluß. Man wird kaum fehlgehen, interpretiert man die gefällte Entscheidung als „pro domo". Wie sehr der jeweilige Dekan – und dies gilt in der Regel für alle Beschlüsse – auf die einzelnen Themen und Probleme Einfluß nahm, die in der Fakultät zu erörtern und zu entscheiden waren, erhellt aus einem unmittelbar hiermit im Zusammenhang stehenden und durch Heymericus protokollierten Beschluß.[79]

---

[78] Un. 478, f. 84r. Die einschlägigen Dekanatsprotokolle sind für den Zeitraum von 1406 bis 1550 transkribiert und für die Thematik erschöpfend ausgewertet worden.
[79] Un. 478, f. 84r.

Ein *scisma*, nicht ein bloßer Streit, sei unter den Magistern der Fakultät entstanden, da man sich, so Heymericus, über den *ordo* der Inzeptionen nicht habe einigen können. Um die Eintracht zu wahren, appellierte man wegen der einzuhaltenden Reihenfolge keineswegs an die betroffenen Inzeptoren. Vielmehr lautete die beschlossene Regelung der Fakultät, daß der *ordo vocationis magistrandorum* mit einem *simplex circulus domorum* zu verbinden sei, so daß eine Burse (*domus*) niemals einer anderen in zwei oder mehreren Akten vorhergehe *sine interiectione actus alterius domus*. Der einzelne, die „inceptio" leitende Magister war somit schon 1425 den Interessen der jeweiligen Burse untergeordnet, womöglich gerade durch den Elan der einsetzenden Bursenkonsolidierung.

Es ist nun äußerst aufschlußreich, den Hintergrund dieses schweren Konfliktes im Dekanatsbuch zu analysieren.[80] Stein des Anstoßes waren die Inzeptionsakte im April und Mai des Jahres 1425. Wie die ungeordnete Chronologie der Akte nahelegt, wurden sie offenbar nachträglich und in einer bewußt angelegten Reihenfolge durch Heymericus protokolliert. Am 21. April 1425 promovierten unter dem Laurentiana-Regenten drei Lizentiaten. Am 24. und 25. April traten unmittelbar hintereinander die Montaner Gerardus de Monte (M 4) und Bernardus de Reyda (M 3) als Inzeptoren auf.[81] Nachdem Heymericus de Campo diese beiden Akte schriftlich festgehalten hatte, fügte er den nicht datierten Beschluß über den *ordo inceptionum* ein sowie den anfangs behandelten über die eingeschränkte Inzeptorenwahl. Anschließend fuhr er mit der Protokollierung der Inzeptions-Akte fort, bei denen die beiden Cornelianer Johannes Custodis (C 1) und Andreas de Amersfordia (C 2) an zwei aufeinander folgenden Tagen, am 27. und 28. April, ihre Schüler promoviert hatten. Die Montana- und Corneliana-Burse praktizierten somit einen „ordo", der für die konkurrierende Laurentiana ein Affront gewesen zu sein scheint.[82] Datum und Dimension dieses Konflikts müssen in Hinblick auf die wissenschaftsgeschichtlichen Ausführungen im Auge behalten werden.[83] Wenn Heymericus in ihm den Ursprung eines „Schismas" unter den Magistern sah, so

---

[80] Vgl. Un. 478, f. 83v/84r.

[81] Heymericus de Campo benutzte in begrifflicher Ungenauigkeit auch den Ausdruck *determinaverunt pro gradu magisterii*.

[82] Der Beschluß mit dem *simplex circulus domorum* wurde tatsächlich 1427 (für 1426 liegt keine Protokollierung der Magister-Promotionen vor) eingehalten, bereits 1428 und 1429 jedoch nicht mehr.

[83] Vgl. u. 371 f.

wird zu fragen sein, ob dieses Ausmaß allein in dem Streit über die Reihenfolge der Inzeptions-Akte begründet lag oder ob nicht tieferliegende Auseinandersetzungen den Zwist verschärft hatten.

Es konnte nicht ausbleiben, daß die Fakultät in ihrer Gesamtheit sich gegen die Tendenz der Bursen stemmte, wesentliche Bestandteile des Lehrbetriebs zu absorbieren. Eine besondere Brisanz entstand dann, wenn der beschlußleitende Dekan zugleich Bursenrektor war. In dem zu besprechenden Fall gilt dies für Johannes Custodis (C 1), der reglementierende Maßnahmen gegen die Bursen befürworten mußte.[84] Im Mai 1427 beklagte die Fakultät das nachlassende Interesse der Magister an den ordentlichen Disputationen. Drei Wege sah man, um diesem Übel abzuhelfen. Zum einen sollte das in den Statuten geforderte Tragen des Habitus bei den Disputationen zumindest für die *magistri seniores*, die ihre *regentia* vollendet hatten, aufgehoben werden. Ihnen sollte das Anlegen der üblichen klerikalen Kleidung (*toga rotunda aut tunica talaris*) gestattet sein.[85] Im Habitus sollten weiterhin die Junior-Magister im ersten Jahr ihrer Regentschaft kommen, ferner der Dekan, der die Disputationen und *actus ordinarios* visitierte, und schließlich allgemein die *magistri legentes et disputantes*. Zum anderen bat man die Bursenmagister, zu den Disputationen einen Magister mit geeigneten Schülern zu schicken. Die Bursen erscheinen somit in einer gewissen Distanz zum Disputationswesen der Fakultät. Freilich mußte diese auf sie zurückgreifen und sie sich dienstbar machen, um die vorgeschriebene, allgemein-verbindliche Veranstaltung auf ein akzeptables Niveau zu befördern. Die Divergenz zwischen Bursen- und Fakultätsanliegen wird vollends sichtbar, wenn schließlich der Dekan den Bursenmagistern (*magistris bursalibus*), die hier also begrifflich von offenbar nicht den Bursen angeschlossenen Magistern unterschieden werden, auf Verlangen einiger Magister befahl, zu den Zeiten der ordentlichen Disputationen keine Veranstaltungen (*actus*) in den Bursen abzuhalten oder zuzulassen, durch welche die Schüler von den Disputationen ferngehalten würden. Offensichtlich waren die Bursenregenten dazu übergegangen, in ihren Häusern längst mehr als nur die studienbegleitenden Übungen zu veranstalten. Nicht nur die Fakultät als übergeordnete Korporation,

---

[84] Un. 478, f. 92r.
[85] Einzig Arnoldus de Cloetinghen stimmte gegen diese Auflockerung statutarischer Bestimmungen – ob aus seiner damaligen Funktion als Rektor heraus oder aus Opposition gegen die dominierenden neuen Bursen, ist nicht zu entscheiden.

die aus einer prinzipiellen Notwendigkeit handelte, auch die nicht den Bursen inkorporierten Magister wehrten sich gegen eine solche Entwicklung.

Die Verlagerung des Fakultätsgeschehens in die Bursen ließ sich jedoch nicht mehr aufhalten. Deren Einfluß zu nutzen, hieß zugleich Anerkennung der jeweiligen Faktizität des Konzentrations- und Institutionalisierungsprozesses seitens der Fakultät. Die Dialektik dieses Vorgangs wird besonders prägnant illustriert, wenn – wie im Februar 1431 – die mit der Wahrung der Fakultätsinteressen beauftragten Deputierten mit führenden Vertretern der einzelnen Bursen identisch waren. Um die ordnungsgemäße Erfüllung von Studienanforderungen (rechtzeitige Begleichung der Vorlesungsgebühren, einjährige Studienpflicht nach Bakkalaureat) gewährleisten und kontrollieren zu können, sollten vier bestellte Deputierte, die Lizentiaten der Theologie Bernardus de Reyda (M 2) und Andreas de Amersfordia (C 2), der Bakkalar der Medizin Johannes Meynardi de Novimagio (als Vertreter der ältesten Kölner Hauptburse?) sowie der Dekan Johannes de Mechlinia (L 4), eine entsprechende Regelung finden.[86] Diese sah vor, daß der Dekan zweimal im Jahr zu den Terminen der Bakkalaureats-Examina (Himmelfahrt und Allerheiligen) die Bursenrektoren zusammenrufen solle. Nachdem ihnen alle im Vorjahr Promovierten vorgelesen wurden, sollten sie angeben, ob jene ihr folgendes Studienjahr den Statuten gemäß absolviert hätten. Ferner beschloß man, zukünftig die zum Examen präsentierten Scholaren und Bakkalare unter Eid zu fragen, ob sie die Gebühren vor Ende der Vorlesung bezahlt hätten. Falls nicht, sollte ihnen der entsprechende Stoff nicht *pro forma* anerkannt werden.[87]

Wurde auf die Rektoren der Bursen ohne Bedenken rekurriert, um eine Disziplinierung der Studenten nicht nur hinsichtlich ihrer Sittlichkeit, sondern auch in ihren zu erbringenden Studienleistungen zu erzielen, so leistete man Widerstand gegen Versuche, das Maß der Anforderungen für Schüler der Bursen zu reduzieren. In einer Fakultätsversammlung vertraten einige der Anwesenden am 30. September 1431 die Ansicht, die neu graduierten Bakkalare würden ihrer Verpflichtung zum weiteren Studium durchaus genügen,

---

[86] Un. 478, f. 6v. Im Protokoll werden nur die Namen genannt; die Bursenzugehörigkeit wird nicht erwähnt, ist für die bekannten Vertreter der neuen Bursen aber leicht zu erschließen.
[87] Zu den betreffenden statutarischen Verpflichtungen vgl. Bianco 1855, Anhang 65 f., 71; v. den Brincken 1989, 405, 412.

wenn sie eine Lektion pro Tag und zwei oder drei Disputationen pro Woche in ihrer Burse hören würden. Damit könnten sie vom Besuch der ordentlichen Disputationen sowie aller anderen Leistungen befreit sein, denen die artistischen Bakkalare oblägen. Doch die große Mehrheit der Versammelten wandte sich gegen ein solches Ansinnen. Nur mit einem besonderen Dispens dürfte es für die soeben Graduierten Ausnahmen von den allgemeinen Anforderungen für die Bakkalare geben.[88] Hätte man die gewünschte Modifikation befürwortet, so wäre nicht nur das Studienniveau gesenkt, sondern auch das allgemeine, öffentliche und ordentliche Disputationswesen mit dem internen der Bursen gleichgesetzt sowie der Aufsicht der Fakultät entzogen worden.

Analog gearteten Ausdruck fand der Unmut gegen eine Einflußerweiterung der leitenden (Bursen-) Magister in einem Protokoll aus dem Jahre 1433.[89] Es nahm sachlich engsten Bezug auf den anfangs erörterten Beschluß vom April/Mai 1425, wonach der präsentierende Bursenmagister mit dem Inzeptor identisch sein sollte, steht somit im Zusammenhang mit dem Konzentrationsprozeß in den Bursen.

Der Dekan Gerardus de Monte (M 4) hielt im Dekanatsbuch den Beschluß der *maior pars* einer Fakultätsversammlung fest, der es jedem Magister erlauben sollte, jeden beliebigen Lizentiaten nach strengem Maßstab zu promovieren (*birretare de rigore*) – allerdings *cum aliquo moderamine*, also mit einer gewissen Mäßigung oder Lenkung.[90] Diese Dominanz der Magister im Lehrer-Schüler-Verhältnis blieb nicht unwidersprochen. Denn in einer weiteren *congregatio* schien der nun versammelten Mehrheit eine Ergänzung notwendig: Auch jeder Lizentiat könne prinzipiell jeden beliebigen Magister für seine Inzeption wählen (*eligere de rigore*) – natürlich ebenfalls *cum aliquo moderamine*.[91] Der Begriff Burse fällt bei Gerardus de Monte zwar nicht, niemand anders als die Bursenregenten hatte jedoch ein ausgewiesenes Interesse

---

[88] Un. 478, f. 9v.
[89] Un. 478, f. 18r.
[90] Beide Bedeutungen sind dem Kontext nach möglich, doch hob man vermutlich auf das mäßigende, bestehende Lehrer-Schüler-Bindungen respektierende Element ab, um den Beschluß nicht durch einen Rigorismus zu gefährden.
[91] In diesem Protokoll wird sehr deutlich, daß ein Fakultätsbeschluß nie die Meinung aller Fakultätsmitglieder widerspiegelt, sondern stets vornehmlich die der gerade konstituierten Mehrheit.

an einer Kompetenzerweiterung der Magister. Eine alleinige Verfügungsgewalt der Bursen-Regenten über die Studenten, wie sie 1425 postuliert worden war, konnte sich offensichtlich in ihrem Rigorismus nicht durchsetzen. Der Versuch, sie in einer verhüllten und gemäßigteren Form erneut einzuführen, scheiterte letztendlich am Libertas-Verständnis der Fakultät, welche die freie Wahl des „Promotions-Vaters" erhalten wissen wollte.

Eine neue Stufe des institutionellen Ausbaus der Bursen verdeutlichen die beiden folgenden Protokolle. Im ersten vom 9. Mai 1437 ging es wiederum um eine Reform der ordentlichen Disputationen, mit der unter anderem die Zahl der Besucher erhöht werden sollte.[92] Nunmehr war nicht mehr wie noch im Mai 1427 allgemein von Bursen-Regenten die Rede, die zur Förderung des Disputationswesens beitragen sollten. Explizit sprach man die Regenten der Prinzipal-Bursen an. Sie sollten zu Beginn eines Disputationstages die Glocke in ihrer Burse läuten, um dann ihren *socii* und Studenten zur Disputation voranzugehen. Offensichtlich zeigt der Begriff *burse principales* nicht nur den mittlerweile erreichten Stellenwert der Bursen in der Fakultät an, sondern auch eine gewisse Abstufung, wenn nicht gar Hierarchie, unter den bestehenden Bursen in Köln. Mit großer Sicherheit sind unter den Prinzipal-Bursen die drei Bursen Montana, Laurentiana und Corneliana zu verstehen. (Der Begriff *bursa principalis* fällt meines Wissens hier übrigens zum ersten Mal.) Ob die ja noch existierende Burse der Magister Andreas de Werdena und Arnoldus de Cloetinghen auch zu den Haupt-Bursen zählte, kann anhand dieser Quelle nicht festgestellt werden.

Das oben geschilderte Procedere in den Bursen bei der Beschickung der Disputationen legt aber auch eine Abstufung unter den Magistern einer Burse nahe, wenn von den *socii* gesprochen wird, die der Regent haben könne und mit denen wohl Mitinhaber oder Konregenten gemeint waren. Hatte sich aber erst einmal eine komplexere Hierarchie innerhalb der Bursen ausgebildet, so konnten Rangstreitigkeiten nicht ausbleiben. (Zu erinnern ist hierbei an

---

[92] Un. 478, f. 33r. Dieser Beschluß ging in verkürzter Form in eine Aufstellung von Reformstatuten ein, die im Februar 1440 unter Bezugnahme auf ältere Beschlüsse von der Fakultät verabschiedet wurden (vgl. Un. 478, f. 43v/44r). Auch der oben 23 bereits angeführte Beschluß vom 1.9.1445 (Un. 479, f. 27r), der die Existenz von vier Hauptbursen bezeugt, zielte inhaltlich ja auf eine Förderung des Disputationswesens mittels der zu zentraler Bedeutung herangewachsenen Bursen ab.

die Trennung bestimmter und teilweise erfolgreicher Laurentiana-Magister von dem Haupt-Regenten Laurentius de Groningen.) In dem zu schildernden Beispiel vom Oktober 1439 entstanden sie zwischen den Regenten zweier Bursen, der Laurentiana und der Montana.[93] Sowohl Johannes de Mechlinia (L 4) als auch Henricus de Monasterio (M 10) hatten sich entschlossen, im neuen Vorlesungsjahr die Physik des Aristoteles zu lesen. Während der erste jedoch – wie vorgeschrieben – persönlich bei der Wahl der Bücher anwesend war, ließ Henricus die Physik nur durch seinen Stellvertreter aus der Montana, Adolphus de Assendia (M 9), wählen. Formal hätte er dadurch kein *concurrens* des Johannes de Mechlinia sein können.[94] De facto resultierte sein Anspruch offenbar in erster Linie aus seiner Stellung als Rektor oder Konrektor – der genaue Status war dem Dekan Gerardus de Delft (C 11) aus der unbeteiligten Corneliana anscheinend unbekannt – *burse magistri Gerardi de Monte doctoris sacre theologie*. Die Frage war nun, ob beide für jenes Buch *concurrentes* sein könnten oder nicht und ob der Jüngere nicht dem Senior weichen müsse. Nach eingehender Befragung der regierenden wie nicht regierenden Senior-Magister entschied der Dekan, daß die zwei Regenten Konkurrenten sein könnten, wenn nicht einer dem anderen nachgeben würde oder wenn sie nicht unter sich einen Ausgleich finden könnten. Der Streit zog sich jedoch noch weiter fort und wurde schließlich ganz einfach dadurch beendet, daß Henricus das betreffende Buch persönlich und nicht durch seinen Prokurator wählte.[95]

---

[93] Un. 478, f. 41v/42r.

[94] Der Streit zwischen konkurrierenden Magistern, die das gleiche Buch für ihre Vorlesungen gewählt hatten, hatte erst am 10.10.1436 (Un. 478, f. 30v) die Fakultät veranlaßt, sechs Deputierte einzusetzen, die zu diesem Problem ein neues Statut abfassen sollten. Danach mußten alle Magister der Fakultät am 30.9. eines jeden Jahres zusammenkommen, um die Bücher zu wählen, die sie für den folgenden *ordinarius* zu lesen beabsichtigten. Nur das persönliche Erscheinen sollte zur Wahl eines Buches berechtigen. Kein Abwesender durfte ein Buch beanspruchen, das durch einen anwesenden Magister gewählt worden war, der den Stoff auch bis zum Ende behandeln würde. Der ursprüngliche Beschluß, ein Buch von zwei oder mehreren Magistern lesen zu lassen, datiert vom 8.10.1421, aus dem Dekanat des Arnoldus de Spina. Als erster Grund wurde hierfür die Vielzahl der *magistri regentes* angegeben, ferner der Nutzen der Schüler, die unter ihren eigenen Lehrern und mit vertrauten Doktrinen mehr von den Vorlesungen profitieren würden (vgl. Un. 478, f. 73r). Bemerkenswert, daß diese Entscheidung mit der Gründung der neuen Bursen zusammenfällt. Neben quantitativen Gründen dürften auch lehrinhaltliche, wie die Rücksicht auf die Schüler vermuten läßt, ausschlaggebend gewesen sein.

[95] Vgl. Un. 478, f. 42r: Glosse des Dekans Gerardus de Delft.

Ein Magister, der keiner der großen Bursen angehörte, hätte seinen Anspruch vermutlich nicht wie der angesehene Montana-Regent durchsetzen können. Das Gewicht der Burse wirkte sich somit in maßgeblicher Weise auf die Reputation ihrer Mitglieder in der Fakultät aus. Die Geltung der Burse wiederum resultierte nicht zuletzt aus der Persönlichkeit ihrer leitenden Regenten, zumeist Doktoren der Theologie, wie wir sahen. Deren Eintreten für die Belange der Burse und der Fakultät, auch nach ihrem formellen Wechsel in die Theologische Fakultät, wird durch die Besetzung der Deputation demonstriert, die im Februar 1440 Bestimmungen zum Wohl und zur Reform der Universität abfassen sollte, dabei meist auf alte Anordnungen zurückgriff.[96] An der Spitze der Deputation standen die Theologieprofessoren Gerardus de Monte (M 4), Johannes de Mechlinia (L 4), zugleich neuer Vizekanzler, Johannes Tinctoris (C 4) und Paulus de Gerresheim[97], ihnen zur Seite Bernardus de Galen[98], Johannes de Monasterio[99] und der Dekan Gerardus de Delft (C 11). Dieser kam aus der Corneliana, die ersten drei Deputierten aus der Montana, Laurentiana und sehr wahrscheinlich – paritätswahrend – aus der Corneliana. Die übrigen drei gehörten nicht den neuen Haupt-Bursen an, vertraten möglicherweise die alte Burse oder einen nicht an Bursen gebundenen Teil der Magister.

Prägten solche Regenten die Gestalt ihrer Bursen zwar nachhaltig, so traten mittlerweile doch schon in erheblichem Maße die einzelnen Personen hinter die Institution „Burse" zurück. So setzte sich am 26. Februar 1440, unmittelbar nach den Bestimmungen der oben genannten Deputation, der Beschluß durch, daß die Klage eines Bursenmagisters, sein Haus werde bei der Wahl der Examinatoren für die (Lizentiats-) Examina schwerwiegend vernachlässigt,

---

[96] Vgl. Un. 478, f. 43v/44r. An erster Stelle standen Bestimmungen über die ordentlichen Disputationen, so etwa über die Förderung ihres Besuches durch die Bakkalare und Scholaren, indem in jeder Burse die Glocke geläutet werde und einer der Magister die Schüler in die öffentlichen *scolas arcium* führe. Ferner sollten die *magistri bursales* dafür sorgen, daß den disputierwilligen Magistern *responsales* zur Verfügung ständen, und forderte man, daß die neuen Magister die ordentlichen Disputationen wie vorgeschrieben absolvieren. Es folgten Erneuerungen der Beschlüsse über die Wahl der Bücher für die Vorlesungen, über Vorlesungs-Bescheinigungen und ähnliches.
[97] M 135,62.
[98] M 112,3.
[99] M 106,36.

den Dekan veranlassen müsse, eine Fakultäts-Versammlung einzuberufen, die eine diesbezügliche Wahrung des Friedens und des Wachstums der Bursen-Häuser ermöglichen solle.[100] Aufschlußreich ist hierbei nicht allein der Zusammenhang zwischen Examina sowie Rang und ökonomischem Nutzen für die Bursen. Vielmehr läßt erstaunen, daß nicht das Interesse einzelner Magister, sondern das ihrer Burse die Besetzung des Prüfungsgremiums bestimmte.

Da es am 26. Februar wesentlich um eine Wahrung der Fakultätsrechte gegenüber den Ansprüchen des Vizekanzlers bei den Lizentiats-Prüfungen ging, etwa um die freie Lozierung der Lizentianden durch die Examinatoren, bevor der Prüfungsraum des Vizekanzlers betreten wurde, dürften mit den Examinatoren, auf deren Wahl die Bursenmagister Einfluß nehmen konnten, die deputierten vier Prüfer des Vizekanzlers gemeint gewesen sein. Ihrer Aufgabe und der Zusammensetzung dieses Gremiums scheint somit eine größere Bedeutung zugemessen worden zu sein, als die knappe Erläuterung bei Keussen nahelegt.[101] Der Vizekanzler konnte demnach einzelne Bursen nachhaltig schädigen, wenn er für deren Lizentianden keinen Examinator aus der gleichen Burse wählte. Eine besondere Brisanz lag darin, daß der Vizekanzler oft selbst führender Regent einer Burse war, deren Spannungen mit anderen Bursen durchaus Niederschlag in seinem übergeordneten Amt finden konnten. Wie sich dies in konkreten Entscheidungen zu jener Zeit widerspiegelte, läßt sich allerdings nicht ermitteln, denn merkwürdigerweise protokollierte der Dekan die Namen dieser vier deputierten Examinatoren erstmals am 9. März 1465 und dann wieder am 1. März 1467.[102] Zu konstatieren ist immerhin eine statutarisch abgesicherte Einflußnahme der Bursen auf das Prüfungswesen. Im Bereich der Bakkalaureats- und Lizentiats-Examina läßt sich eine Dominanz der Bursen-Regenten bereits für einen früheren Zeitraum feststellen. Die Namen der fünf Examinatoren werden im ältesten Dekanatsbuch (Un. 478) erstmals im November 1434 und Mai 1435 genannt. Bis auf die Wahl vom Mai 1439 finden sie dann bis Mai 1443 wiederum keine Erwähnung. Von da an werden sie nahezu vollständig protokolliert. Die einmal

---

[100] Un. 478, f. 44v.
[101] Vgl. Keussen 1934, 299: Die Examinanden seien dem Vizekanzler vorgestellt worden, „der seinerseits nach einer Prüfung pro forma durch vier Examinatoren die Lizenz erteilte".
[102] Vgl. Un 480, f. 34r und f. 41v.

jährlich am 3. Februar zu wählenden Temptatoren sind erstmals 1439 namentlich nachzuweisen, dann ab 1442 nahezu komplett. (Lücken resultieren insbesondere aus der Abwesenheit der Magister in Pestjahren.) Mit seltenen Ausnahmen sind sie alle als Magister der drei neuen Prinzipal-Bursen zu identifizieren. Die noch existierende vierte Hauptburse scheint bei der Wahl der Prüfer somit keinen Einfluß mehr gehabt zu haben. Dabei stellten in den dreißiger Jahren und Anfang der Vierziger Montana und Laurentiana meist je zwei Prüfer, die Corneliana den fünften. In den vierziger Jahren machte sich dann ein personelles Übergewicht der Laurentiana geltend, die nun sehr oft sogar drei Prüfer abordnete. Die Frage scheint berechtigt, ob nicht die namentliche Protokollierung der einzelnen Examinatoren und Temptatoren seit Mitte bzw. Ende der dreißiger Jahre ursächlich mit einer Institutionalisierung der Bursen korrespondiert.

Je mehr die neuen Bursen institutionell mit der Artes-Fakultät „verwuchsen", desto stärker wurde auch die Wahrung der Eintracht und des Friedens unter den Bursen-Rektoren zu einem vordringlichen Anliegen – für die Fakultät. Ein Mittel *pro concordia et pace magistrorum bursas regencium* fand man im Mai 1445 in dem Beschluß, den Wechsel von Schülern, die bereits fest in einer Burse verwurzelt gewesen waren (*fuerant radicati et firmati*), in eine andere Burse zu unterbinden.[103]

In welchem Ausmaß sich die Bursen Mitte der vierziger Jahre zu einer zentralen Institution in der Kölner Artisten-Fakultät entwickelt hatten, zeigen besonders prägnant die umfassenden Reformbestimmungen der Fakultät vom Januar 1446. Längst galt ihre Sorge nicht mehr vordringlich einer Disziplinierung der Studenten durch die Bursen. Dezidiert wurde diesen ebenso die Gestaltung des Lehrprogramms und -betriebs überantwortet.

Initiator der Reformbemühungen scheint der damalige Dekan Gotfridus Milter de Ruremunda (L 17) aus der Laurentiana gewesen

---

[103] Un. 479, f. 26r. Der protokollierende Dekan hieß Simon Kywaert de Venlo (L 26). Möglicherweise wurde das Verbot des Bursenwechsels in Köln durch die hier zuerst hinzutretende Dimension wissenschaftsgeschichtlicher Spannungen früher und betonter als anderswo ausgesprochen (dennoch ließ es sich in absoluter Konsequenz nie praktizieren). In Freiburg beispielsweise verbot man nach der späteren Etablierung der Via antiqua in einer zweiten Burse vorerst nur die Aufnahme des von einer Burse Ausgeschlossenen durch die konkurrierende; ein Dispens war ebenso wie die Entscheidung über den Verbleib eines Bursalen bei Streitigkeiten zwischen den Bursen allein dem Rektor der Universität und den vier Dekanen vorbehalten (vgl. Mayer 1926, 102 f.; Ott/Fletcher 1964, 98, 132).

zu sein. Vehement beklagte er am 7. Januar 1446 den Verfall der Artisten-Fakultät, hob hervor, daß diese schließlich der Schlüssel für die anderen Fakultäten sei.[104] Ein Fehler bei ihr führe immer auch zu einem die ganze Universität betreffenden. In seiner Beschwerde wußte er sich einig mit den Ratsherren und besonders dem Rektor Tilman von Linz. Um Reformmaßnahmen anzuregen, trugen dieser und Gotfridus Milter nun den anderen Dekanen sowie den Rektoren der Bursen die Gründe des Verfalls vor: Nachlässigkeit bei den Examina und den Vorlesungen. Ein weiterer liege zudem in mangelnder Disziplin und ungebührlicher Freiheit der Schüler in den Bursen.

Der erste hierauf erfolgte Reformbeschluß nahm denn auch hinsichtlich der Disziplinierung die Bursen-Regenten in die Pflicht.[105] Die Schüler, *in domibus bursarum habitantes*, sollten zu rigorosem Gehorsam gegenüber ihren Bursenregenten zurückgeführt werden, die für den Besuch der Lektionen und Übungen sowie für die Kontrolle des Bursenausgangs Sorge zu tragen hätten. Zuwiderhandelnde unterlägen Zurechtweisungen, wie sie in den Pariser Pädagogien gehandhabt würden.

Beachtenswerter erscheint der zweite Beschluß, da er nun den Bursen eine straffe Gestaltung des Unterrichts zuwies. Ausschließlich die Bursen-Regenten, nicht mehr die Fakultät, sollten (und wollten wohl auch) dem Übel abhelfen, daß die Schüler in unnützer Weise zu unterschiedlichen, wenn nicht gar widersprüchlichen, Lektionen und Lehrern abschweiften. Daher hatten die einzelnen Leiter der Bursen je drei Magister zu bestellen. Zwei von ihnen sollten parallel für die *logici* zum einen die ‚vetus' und die ‚nova logica', zum anderen die ‚Phisica' und ‚De anima' in einem Jahr lesen. Der dritte Magister sollte sich den Bakkalaren widmen, den sogenannten *phisici*, die er mit den Büchern ‚De coelo et mundo', ‚De generatione et corruptione', ‚Parva naturalia' und ‚De metheororum' vertraut machte. Metaphysik und Ethik aber blieben den *magistri superiores* vorbehalten, nämlich den durch die Universität Benefizierten, den Bursen-Rektoren sowie anderen hierfür Beauftragten. Fanden die genannten ordentlichen Vorlesungen noch öffentlich in den Schulen der Fakultät statt, so sollten die ‚Parva logicalia' und die ‚Summulae' des Petrus Hispanus in den Bursen oder *extraordinarie* gelesen werden. Die Mathematik schließlich

---

[104] Un. 479, f. 29r.
[105] Un. 479, f. 29v. Zum Gesamtvorgang s. auch Meuthen 1988, 96.

wurde ganz dem Belieben entsprechend Befähigter überlassen.[106] Besonderer Wert wurde zuletzt auf die Übungen der Magister zu den Vorlesungen *in domo burse* gelegt. Sie sollten von den Schülern auf jeden Fall unter ihren betreffenden Bursen-Lehrern absolviert werden – es durften natürlich auch mehr unter anderen Magistern der Burse sein –, um auf diese Weise die Vorlesungen für die Schüler erst fruchtbar zu machen. Wenn mit diesen Bestimmungen einer beklagten *diversitas lectionum et lectorum* entgegengetreten wurde, so zielten sie doch in letzter Konsequenz auf eine stärkere Bindung der Schüler an die Lehrinhalte ihrer Burse.

Die Tragweite solcher Beschlüsse wird kontrapunktierend verdeutlicht durch eine vier Jahre vorher in Heidelberg statuierte Entschließung, nach der ein Schüler, der eine Übung in einer bestimmten Burse gehört hatte, frei sein sollte, weitere Übungen in anderen Bursen zu besuchen. Überhaupt, so die Heidelberger, sei jeder Schüler frei, unter wem, wann und in welcher Burse auch immer seine *exercicia* zu absolvieren. Gerade hierdurch glaubte man – den Kölner Begründungen und Beschlüssen diametral entgegengesetzt – eine *tranquillitas* unter den Magistern und Schülern bewirken und den Lernerfolg erhöhen zu können.[107]

---

[106] Schon am 3.2.1420 hatte man Mathematik-Vorlesungen in den Bursen nicht als formale, also für die Examina verbindliche, gewertet, sie aber *causa informacionis maioris* gestattet (Un. 478, f. 70v). Jedoch bescheinigte der Magister Henricus Luet (M 104,4) noch im April 1420 neben anderen seinem Schüler Hugo de Campis (M 122,28), *tres libros Euclidis* mit Fleiß gehört zu haben (Un. 478, f. 71r). Am 7.2.1432 zählten zu den Bakkalaren, denen die Temptatoren *certos defectus* nachwiesen, auch solche, die *theoricas planetarum, arithmeticam et musicam in quatuor lectionibus* und *latitudines formarum in duabus lectionibus* bei dem Magister Henricus Bloemynck de Thenis (M 134,2; Schüler des Cornelianers Johannes Custodis) gehört hatten. Offenbar erachtete man allerdings nicht das Hören dieser Bücher des Quadriviums als Mangel, sondern die geringe Anzahl der Lektionen. Denn anschließend wurde hierzu beschlossen, daß Magister, die Vorlesungen vorzeitig beendeten, das erhaltene Geld *ad fiscum facultatis* zu übergeben hätten, und daß die Schüler diese Bücher nochmals hören und bezahlen müßten, bevor sie inzipieren könnten (Un. 478, f. 11v/12r).

[107] *Item vult universitas in finem, quod de cetero scolares liberi sint ad audiendum exercicia et eo fructiosius studere ac proficere possint ac eciam maior inter magistros et supposita eiusdem universitatis maneat tranquillitas, quod scolares possint audire exercicia a quocumque magistro sive in quacumque bursa et quandocumque voluerint. Et eciam quod scolaris, qui audivit exercicium in una bursa, libere possit postea exercicia audire in alia bursa, non obstantibus statutis sive consuetudinibus universitatis prius in contrarium habitis vel editis quibuscumque* (Winkelmann 1886, I, 145, Nr. 100, Statutenrevision 1442). Zur Sache vgl. auch Classen 1983, 267.

So sinnvoll die Reform-Maßnahmen für die Fakultät auch gewesen sein mögen, den Bursen-Regenten gingen sie hinsichtlich der Disziplinierung der Jugendlichen zu weit. Kaum war das Dekanat des Gotfridus Milter de Ruremunda abgelaufen, da rief der neue Dekan Johannes Athilmer de Scotia (L 9), ebenfalls aus der offenbar noch recht heterogen strukturierten Laurentiana, die Rektoren der Bursen am 24. März 1446 zusammen, um über Mäßigungen der kurz vorher beschlossenen *conclusiones ... de rigore disciplinandi iuvenes* zu beraten.[108] Denn einigen angesehenen Persönlichkeiten seien sie doch allzu streng erschienen. Die Konzentration des Unterrichts vielleicht, die Übertragung einer rigorosen Disziplinierung konnte ihre Bursen wohl kaum attraktiver werden lassen. Ein allgemeines Fakultätsinteresse dürfte die Regenten weniger geleitet haben. Tatsächlich wurden einige *moderamina* zu den Beschlüssen am 4. April 1446 von den seitens der Fakultät deputierten Bursen-Regenten vorgestellt, um sie daraufhin den Deputierten der Universität zu präsentieren, welche die moderierten Beschlüsse prüfen und ihre statutarische Verbindlichkeit erklären sollten.[109]

Umso mehr trugen die Bursen-Rektoren aber Sorge, daß die Vorlesungen im genannten Sinne gehalten wurden. Wer genau die Metaphysik oder Ethik zu lesen hatte, war ja offengeblieben. Wer nun aber zu den *magistri superiores* gezählt werden konnte, gibt uns ein Beschluß kund, der am 30. September 1450 bei der Wahl der Bücher für das neue Ordinariat gefaßt wurde.[110] Der Doktor der Theologie Johannes de Mechlinia (L 4), ehemaliger Regens der Laurentiana, sollte zur Ehre der Fakultät und zum Nutzen der Hörer die Ethik für die zwei folgenden Jahre lesen – wie schon vorher der Theologe und frühere Corneliana-Regent Johannes Tinctoris (C 4). Falls dies nicht akzeptiert würde, wollte man die Ethik-Vorlesung nach alter Gewohnheit Bursen-Magistern anvertrauen.[111]

---

[108] Un. 479, f. 31r.
[109] Un. 479, f. 31r.
[110] Un. 479, f. 48r. Noch am 10.10.1436 sprach man ohne nähere Differenzierung von den *magistri seniores*, welche die *maiores libri* (Metaphysik, Ethik und offenbar auch die Physik) lesen sollten (Un. 478, f. 30v).
[111] Da offenbar die Ethik durch einen formal nicht mehr der Artisten-Fakultät angehörenden Professor für die Hörer aller Bursen gelesen werden sollte, praktizierte man 1448/50 in gewisser Weise schon die Form öffentlicher Vorlesungen, wie wir sie im 16. Jahrhundert vorfinden.

Die Entscheidung einer Artisten-Fakultät, eine herausgehobene Vorlesung langjährigen Professoren einer höheren Fakultät zu übertragen, dürfte generell wenn nicht einzigartig, so doch außergewöhnlich gewesen sein. Zu verstehen ist sie wohl nur durch die bis dahin vollzogene Institutionalisierung der Prinzipal-Bursen. Diese wiederum ist nicht zu begreifen ohne das (nicht immer sichtbare) Wirken ihrer führenden Persönlichkeiten, vornehmlich graduierter Studenten oder Professoren der Theologie. Wenn sie, wie im September 1450, *ad honorem facultatis* und *ad utilitatem auditorii* zehn Jahre nach ihrer Verabschiedung aus der Artisten-Fakultät, einer zudem als Vizekanzler, ordentliche Vorlesungen in der Ethik übernehmen, dann veranschaulichen sie damit nicht nur die Integration der Bursen in die Artisten-Fakultät, sondern mehr noch die personelle Verankerung der Prinzipal-Bursen in der Theologischen Fakultät.

Der Einsatz leitender Regenten galt nicht nur dem allgemeinen Anliegen der Fakultät, sondern natürlich auch einzelnen Personen ihrer Burse. So wird beispielsweise der Dispens für den erst wenige Wochen promovierten Magister Albertus de Dordraco[112] aus der Corneliana am 18. Mai 1425 ausdrücklich *ad requestam* des Johannes Custodis (C 1) verliehen, der zahlreiche Gründe für einen Dispens von der weiteren Anwesenheit an der Universität vorbringen konnte.[113] Mit einem *Nota* wurde im Dekanatsbuch zum 24. April 1438 vermerkt, daß Gerardus de Monte (M 4) noch als *sacre pagine professor* drei Lizentiaten promovierte.[114] Ihrem Magister und gleichzeitigen Rektor einer Burse verdankten zwei nicht genannte Schüler am 4. November 1441 während der Bakkalaureats-Examina einen Dispens für fehlende Studienleistungen, welche durch die *eminens sciencia* der Bakkalaureanden ausgeglichen würden. Bei anderen Schülern, die vergeblich Dispense beantragten, wirkte sich offensichtlich die fehlende Fürsprache eines Bursen-Rektors negativ aus.[115] In einem weiteren Beispiel für die Intervention der Bursen-Rektoren zugunsten ihrer Schüler können die Leiter namhaft gemacht werden. Egidius Bachut[116] aus der Diözese Cambrai erhielt am 3. Februar 1443 einen Dispens von der Pflicht zur weiteren

---

[112] M 132,92.
[113] Un. 478, f. 84v. Albertus de Dordraco hatte am 27.4.1425 unter Johannes Custodis inzipiert, für 1431 ist er als Dr. med. in Köln bezeugt.
[114] Un. 478, f. 36v.
[115] Vgl. Un. 479, f. 6v.
[116] M 197,7.

Regentschaft *ad instanciam* des Doktors der Theologie Gerardus de Monte. Und auf Drängen des Lizentiaten der Theologie Cornelius de Dordraco (C 3) wurde am gleichen Tag ein Bakkalar, der in einen Orden eintreten wollte, vom weiteren Studium dispensiert.[117]

Ein herausragendes Organisationsinstrument für die Fakultät stellte das Deputationswesen dar. In den Statuten von 1398 oder den Reformstatuten von 1457 wird es nicht eigens geregelt. Doch sahen die Bestimmungen von 1398 über den Dekan vor, daß Magister, die bei Determinationen und Replikationen Ärgernisse und Leichtfertigkeiten verbreiteten, durch den Dekan *et alios quatuor magistros sibi in adiutorium deputatos* gemaßregelt werden sollten.[118] Deputationen wurden somit als Ordnungsinstanz begriffen und vorausgesetzt. Für eine nähere Regelung sah man offenbar keine Notwendigkeit und die vorgegebene Zahl der Deputierten scheint, wie die Quellen ausweisen, in der Folge keinerlei Verbindlichkeit besessen zu haben. Einfluß, Gestaltung und Besetzung der Deputationen waren demnach grundsätzlich offen und abhängig von aktuellen Machtverhältnissen an der Fakultät. Wenn die Prinzipal-Bursen tatsächlich einen wachsenden Institutionalisierungsprozeß durchliefen und damit an Bedeutung für die Fakultät gewannen, so dürfte das Deputationswesen davon nicht unberührt geblieben sein. Diese Hypothese soll und muß, sofern es die Quellen gestatten, in einer prosopographischen Analyse hinterfragt werden. Dadurch wird allerdings mehr als nur eine Auflistung von Namen gewonnen. Vielmehr wird das aktive Handeln der Regenten für die Fakultät wie ihre Burse in einem gestaltungskräftigen Bereich sichtbar.

Die Einrichtung von Deputationen zur Regelung von Fakultätsfragen begegnet im Dekanatsbuch erstmals für den 17. November 1410, als eine Frist von zwei Monaten für die Inzeption nach dem Lizentiat beschlossen wurde.[119] An den hierfür eingerichteten Versammlungen der Artisten-Fakultät nahmen auch deputierte Senior-Theologen (*deputati magistri nostri seniores*) in *notabili numero* teil. Sie belegen das frühe Interesse der Theologischen Fakultät an den Vorgängen und Beschlüssen der Artisten.

---

[117] Vgl. Un. 479, f. 13v.
[118] Vgl. Bianco 1855, Anhang 63; v. den Brincken 1989, 399.
[119] Un. 478, f. 49r. Die Angabe von zwei Monaten wurde jedoch durchgestrichen und durch *quatuor* ersetzt.

Die nächste protokollierte Deputation war am 30. August 1418 beschickt worden.[120] Der amtierende Dekan Arnoldus de Cloetinghen hatte Anspruch auf eine durch den Tod des Anthonius de Velme[121] freigewordene Pfründe an St. Georg erhoben. Anders als im obigen Protokoll werden nun auch die Namen der Deputierten genannt. Als *oratores et nuncii* wurden seitens der Fakultät die Magister Mathias de Eversberg, Andreas de Werdena, Arnoldus de Spina und Lambertus de Reys zu den städtischen Provisoren deputiert. Die Zahl von vier Abgeordneten entspricht der Bestimmung aus den Statuten. Der Dekan wird als Betroffener von einer Teilnahme abgesehen haben.

Als am 3. Februar 1426 die Zulassung aller 41 präsentierten Bakkalare zum Lizentiats-Examen wegen bestimmter Mängel (Alter, Studiendauer usw.) ausgesetzt wurde, konnte sich ein endgültiger Beschluß gegen die Präsentierten nicht durchsetzen. Stattdessen bewirkten einige Regenten aus dem *consilium seniorum magistrorum* einen Aufschub bis zur nächsten Versammlung. Auf dieser wurden alle 41 dann doch noch *propter certa motiva* zugelassen.[122] Fungierten diese Seniores zwar nicht als Deputierte, so repräsentieren sie ein offenbar mittlerweile entstandenes Gremium, das ein entscheidendes Gewicht bei der Besetzung der Deputationen gewinnen wird. Allerdings steht nirgendwo erläutert und definiert, welcher Magister zu welchem Zeitpunkt zu den Seniores zählte. Mindestanforderung scheint eine dreijährige Regentschaft an der Fakultät gewesen zu sein.[123]

Wenig später, am 21. April 1426, spricht das Protokoll nur allgemein, ohne Nennung der Anzahl oder der Namen, von Deputierten, die bestimmt wurden, für beide artistischen Examina einen geeigneten Modus zu finden, mit dem man der „exorbitanten" Zahl sich Präsentierender besser gerecht werden könne.[124]

In dem bereits behandelten Protokoll vom 3. Februar 1431[125] wird wiederum explizit die Zahl von vier Deputierten angegeben.

---

[120] Un. 478, f. 66r.
[121] M II, 116.
[122] Un. 478, f. 86v; vgl. auch Keussen 1934, 300.
[123] In dem oben genannten Beschluß vom 10.10.1436, der die *maiores libri* den *seniores magistri* reservierte, wurde an anderer Stelle festgesetzt, daß die *legentes* dieser Bücher mindestens drei Jahre „regiert" haben müßten (Un. 478, f. 30v).
[124] Un. 478, f. 87v.
[125] Un. 478, f. 6v; s.o. 125.

Erstmals erfolgt auch eine Begründung, warum die Regelung einer Fakultätsangelegenheit einem besonderen Ausschuß anvertraut wurde: *propter multitudinem magistrorum* lasse sich nicht sorgfältig genug klären, wie man der Problematik Herr werden könne, daß viele Bakkalare ohne Dispens ihrer einjährigen Studienpflicht nach der Graduierung nicht nachkämen, und daß die Vorlesungsgebühren oft nicht *ante finem libri* beglichen würden. 1431 wird auch deutlich, daß die drei neuen Bursen die dominierende Kraft in der Fakultät geworden waren. Konnten sie doch alle einen herausragenden Regenten für diese Deputation stellen. (Der vierte Deputierte scheint ein Vertreter der alten Groß-Burse gewesen zu sein oder der nicht in Bursen organisierten Magister, die es in der ersten Hälfte des 15. Jahrhunderts ja offenbar noch in beträchtlicher Zahl gegeben zu haben scheint.) Zudem sicherten sie sich auch für die Zukunft ihren Einfluß, indem sie die Kontrolle über die angesprochenen statutarischen Bestimmungen den Bursen-Rektoren und dem Dekan übertrugen.

Gleichwohl läßt sich in diesem Verfahren noch kein abgeschlossenes Gestaltungsprinzip erblicken. Die Regelung des Fakultätsgeschehens durch die Bursen, besser deren führende Regenten, die sowohl die Deputationen als auch die Versammlungen beherrschten, hatte sich zwar durchgesetzt, war aber immer wieder den unterschiedlichsten Modifikationen unterworfen.

So beschloß die Fakultät in der bereits erwähnten Versammlung vom 10. Oktober 1436[126], sechs Deputierte zu bestimmen, die gemeinsam mit dem Dekan den Konflikt zwischen den um die gleichen Bücher konkurrierenden Magistern lösen sollten.

Am 10. Oktober 1438 entschied man sich, die Approbation zum Bakkalaureats-Examen um Allerheiligen durch den Dekan *cum duobus aut tribus magistrorum de senioribus* erfolgen zu lassen, da die Prüfungen wegen der pestbedingten Abwesenheit der meisten Magister und Studenten nicht in der üblichen Form vollzogen werden konnten.[127] Drei (wiederum nicht genannte) Deputierte berieten am 9. Oktober 1441 zusammen mit dem Dekan über ein Verfahren, mit dem das Geld beschafft werden könnte, das seitens der Universität für den vom Basler Konzil geforderten Besuch des Frankfurter Tags verwendet werden sollte.[128]

---

[126] Un. 478, f. 30v; s.o. 128, A. 94.
[127] Un. 478, f. 38v.
[128] Un. 479, f. 6v; vgl. R 865.

Immer häufiger wurden einzelne, die Fakultät betreffende Anliegen Deputierten überantwortet, deren Zahl offenbar von der jeweiligen Aufgabe abhing. Als es im Februar 1442 galt, einen geeigneten neuen Standort für die Fakultätsbibliothek zu finden, delegierte die Fakultät insgesamt sechs Deputierte. Neben dem Dekan, Nanno de Cempis (L 16), wurde sie gebildet aus den beiden Theologie-Professoren Gerardus de Monte (M 4) und Paulus de Gerresheim, dem Rezeptor Cornelius de Dordraco (C 3), dem städtischen Protonotar Johannes de Stummel sowie Theodoricus de Nussia (L 19).[129] Bis auf Gerrisheim und Stummel lassen sich alle den bekannten drei Bursen zuordnen, die demnach noch keine absolute Dominanz beanspruchen konnten. Nur zwei Magister, Cornelius de Dordraco und Nanno de Campis, wurden hingegen im Oktober 1443 deputiert, um einen Bibliotheksplatz für den Büchernachlaß des Magisters Albertus de Batentrop festzulegen.[130]

Um Bücher ging es auch bei der Bildung einer Deputation am 2. November 1442.[131] Der Dekan Wilhelmus Bell de Scotia (L 10) mahnte die Fakultät, den Beschluß über die Abschrift und Emendierung bestimmter, dringend benötigter philosophischer und logischer Werke des Thomas von Aquin und des Albertus Magnus nun endlich in die Tat umzusetzen. Das geeignete Mittel für eine schnelle Ausführung sah man in der Aufstellung von Deputierten. Diese werden vorerst nicht genannt, wohl aber der Schreiber. Anfang Februar 1443 zeigte der Lizentiat der Theologie Johannes Athilmer de Scotia (L 9), wie der Dekan also (vielleicht nicht zufällig) aus der Laurentiana, der Fakultät die von ihm in Angriff genommene Abschrift der aristotelischen Metaphysik mit den Kommentaren des Thomas wie Albertus.[132] Nach billigender Begutachtung ließ ihn die Fakultät die Arbeit fortsetzen und sagte ihm eine entsprechende

---

[129] Un. 479, f. 8v; vgl. Stohlmann 1989, 449. (Zu korrigieren ist bei Stohlmann die Angabe, die Deputation habe aus fünf Mitgliedern bestanden, wobei Gerardus de Monte den Dekan gestellt hätte. Abgesehen davon, daß er dies als Doktor der Theologie nicht mehr konnte, müßte in der von Stohlmann unvollständig wiedergegebenen Transkription des Protokolls ein Komma hinter *decanus pro tempore* gesetzt werden, da dieser sich nicht namentlich nannte, um dann mit *magister Gerardus de Monte* die Aufzählung fortzuführen.)
[130] Un. 479, f. 17v. Person und Schenkung sind in den einschlägigen Arbeiten Keussens nicht aufgeführt.
[131] Un. 479, f. 12r.
[132] Un. 479, f. 13v. Vgl. zu den Vorgängen von 1442/43 auch Keussen 1929, 159, Anm. 140, und Stohlmann 1989, 441 f.

Entlohnung zu. Athilmer scheint ein Meister in dieser entsagungsvollen und wichtigen Arbeit gewesen zu sein. Denn noch am 11. April 1447 konnte der Dekan Cornelius de Dordraco (C 3) viele Magister um sich versammeln, denen er als ersten Tagungspunkt die zu treffende Übereinkunft mit Johannes Athilmer de Scotia, nunmehr Doktor der Theologie, wegen eines zu schreibenden und teilweise schon begonnenen Buches präsentierte. Zwecks rascher Ausführung bildete man eine Deputation, bestehend aus einigen der Senior-Magister. Diesmal werden uns auch die Namen genannt, die bezeugen, wer zu den Seniores der Artisten-Fakultät gehörte und sich für solche Aufgaben engagierte. Alle fünf Deputierten stammten aus den drei Prinzipal-Bursen, zwei aus Laurentiana und Corneliana, einer aus der Montana. Drei von ihnen waren bereits langjährige Professoren der Theologischen Fakultät, die demnach als *magistri seniores* weiterhin für die Artisten-Fakultät eintraten. Motiv und „Bedingung der Möglichkeit" lagen vermutlich in ihrer Funktion als Bursen-Regenten. Für die Laurentiana wirkten der Lizentiat der Theologie Johannes (Aqua) de Berka (L 7), zugleich Rektor der Universität, und der Doktor der Theologie Johannes de Mechlinia (L 4). Diesen Grad besaßen ebenfalls der Vertreter der Montana, Bernardus de Reyda (M 2), als auch der (mutmaßliche) Cornelianer Johannes Tinctoris (C 4). Für diese Burse beteiligte sich ebenfalls der Dekan Cornelius de Dordraco (C 3) an der Deputation.[133]

2. Die Entwicklung zur Identität von Bursen und Artisten-Fakultät 1450 – ca. 1500

a) 1450 – 1466

Es bietet sich an, 1450 einen Einschnitt zu ziehen, um in der Darstellung eine höhere Stufe im Institutionalisierungsprozeß der Bursen anheben zu lassen. Nach 1445 gibt es keine Zeugnisse mehr für die weitere Existenz jener vierten, wohl auf die erste Kölner

---

[133] Un. 479, f. 36r. Nochmals sei darauf hingewiesen, daß die Bursenzugehörigkeit der Regenten durch den protokollierenden Dekan in der Regel nicht angegeben wurde. Erst seit 1545 wurde es üblich, den Namen der Prüfer ein *Montanus* oder *Laurentianus* hinzuzufügen (vgl. Un. 481, f. 234v, 235v, 236v u.ö.).

Groß-Burse zurückgehenden Prinzipal-Burse. Vielmehr konstituierte sich 1450 durch Separation von der Laurentiana die Kuckana als vierte Burse der Via antiqua, die schnell den Status einer Prinzipal-Burse gewinnen sollte. Wie würde sich die neue Konkurrenz auf den Einfluß der alten Bursen in der Fakultät auswirken? Würde sie andere Regenten anspornen, gleiches zu versuchen? Welche Antwort geben die Quellen?

Der erste große Verhandlungsgegenstand der Artisten-Fakultät resultierte tatsächlich aus der Bildung der neuen Burse, der Kuckana. Am 9. Oktober 1452 mußte sich die Fakultät unter der Leitung des Dekans Cornelius de Kuyck (K 4) mit der Kontroverse zwischen Laurentius de Groningen (L 5) und dem aus der Laurentiana in die Kuckana gewechselten Magister Gerardus de Buderick (K 3) beschäftigen.[134] Der Streitpunkt führt uns gleichzeitig anschaulich die innere Struktur der Bursen vor Augen. Worum ging es? Gerardus de Buderick hatte im vergangenen Jahr mehrere ordentliche Vorlesungen gehalten, für die er nun die Hörergelder beanspruchte. Dem stand jedoch die Ansicht des Laurentius de Groningen entgegen, der sich auf eine Übereinkunft oder einen Vertrag berief, der seine Ausgaben betraf (*convencio super expensis*), und dem zufolge ihm die Geldsumme für jene *ordinarie* gelesenen Bücher zustände. Gerardus, der selbst nicht anwesend war, ließ durch seinen Bruder Reynerus[135] der Fakultät einen eigenhändig geschriebenen Brief zeigen, in welchem er den Doktor der Theologie Johannes de Kuyck (K 1) eindringlich bat, dieser selbst und niemand anders möge seinen Schülern, die sich um Allerheiligen zum Bakkalaureats-Examen präsentieren würden, die Zeugnisse[136] (*signeta*) ausstellen. Offensichtlich stand diese Aufgabe dem Leiter der Burse zu und wurde im Fall des Gerardus de Buderick noch von dessen altem Rektor Laurentius de Groningen in Anspruch genommen, der Gerhards Schüler somit noch als Angehörige der Laurentiana betrachtet haben dürfte. Wäre dem Theologen Johannes de Kuyck nun das Recht anvertraut worden, Bescheinigungen über die Vorlesungen

---

[134] Un. 479, f. 58v.
[135] Reynerus de Buderick ließ sich nicht in die Kölner Matrikel aufnehmen.
[136] Diese *signeta* werden generell als Bescheinigungen (*cedula*) über die absolvierten Vorlesungen zu verstehen sein, die mit einem Siegel desjenigen Magisters versehen wurden, bei dem die Bücher gehört wurden. In den ältesten Statuten forderte man noch *cedula de libris auditis cum signetis magistrorum*, in den Reformstatuten von 1457 reduzierte sich diese Wendung auf den Terminus *signetum* (*de libris auditis*); (vgl. Bianco 1855, Anhang 64 und 74).

Gerhards auszustellen, so hätte dies nicht nur die Anerkennung der finanziellen Ansprüche Gerhards bedeutet, sondern auch den von Laurentius kaum gewollten Status des Johannes de Kuyck als Bursen-Rektor bestätigt. Die Fakultät verschob jedoch ihre Entscheidung bis zur nächsten Versammlung, ließ die Präsentation der betreffenden Schüler zu, wollte eine Examinierung aber erst nach Beendigung des Streits vornehmen.

Für den 4. November 1452 berief der Dekan Cornelius de Kuyck erneut eine Versammlung ein, die nun sogar eidlich verpflichtend war.[137] Zu ihr erschienen auch fünf Doktoren der Theologie, um sich die Stellungnahmen von Laurentius de Groningen und Reynerus de Buderick vortragen zu lassen. Anschließend traf die Fakultät folgende Übereinkunft: Jene Schüler, die unter Gerardus de Buderick formale, also für das Examen verbindliche, Vorlesungen gehört hatten, sollten die entsprechenden Gebühren ihren Examinatoren überreichen. Diese wiederum sollten das Geld dann namens der Fakultät bei dem Rezeptor zur Verwahrung hinterlegen, bis die Fakultät für eine endgültige Entscheidung besser informiert sei. Beiden Parteien sagte diese Regelung zu.

Wie der Streit letztlich ausgegangen ist, berichtet uns das Dekanatsbuch leider nicht. Anscheinend konnte sich Laurentius de Groningen durchsetzen, denn die Kuckana stellte mit Cornelius de Kuyck zwar einen Examinator, doch graduierte keiner ihrer Regenten in der Folge einen der Bakkalaureanden, während für die Laurentiana zwei Determinatoren genannt werden.[138] Wichtiger für die Kenntnis von der Organisation der Bursen ist allerdings der Konflikt an sich. Zum einen bezeugt er, daß die Trennung zwischen der Laurentiana und der Kuckana 1452 noch keinen formal endgültigen Abschluß gefunden hatte. Wenn Laurentius de Groningen als Leiter und Unternehmer die ihm vertraglich zugesicherten Hörergelder für den Unterhalt seiner Burse einfordern konnte, obwohl Gerardus laut Laurentiana-Chronik bereits 1450 zu Johannes de Kuyck in eine neue Regentschaft gewechselt war, so verdeutlicht dies die ausgeprägte Hierarchisierung in der Laurentiana und die Macht ihres Rektors. Auf der anderen Seite zeigt

---

[137] Un. 479, f. 58v.

[138] 32 Bakkalaureanden wurden im November von den Examinatoren zur Prüfung und Graduierung zugelassen, die auch alle zwischen dem 26.11. und dem 5.12.1452 determinierten: jeweils acht unter Danckardus de Brilis (C 24) und Henricus de Susato (M 18) sowie unter den Laurentiana-Regenten Jacobus de Straelen (L 30) und Arnoldus de Unkel (L 31) (vgl. Un. 479, f. 58r).

sich, wie schwer es die Kuckana anfangs hatte, sich zu etablieren und strukturell zu festigen. Hemmend mag sich hier neben den Hindernissen, die Laurentius aufbaute, auch die Aufhebung des normalen Fakultätsbetriebes infolge des pestbedingten Auszugs der Magister und Scholaren aus Köln 1452 ausgewirkt haben.[139]

Unbekannt bleiben die Namen der fünf Theologen, die den ausweichenden Beschluß der Artisten-Fakultät vom 4. November 1452 mittrugen. Die Vermutung, es handele sich bei ihnen vorwiegend um ehemalige Bursen-Regenten, dürfte allerdings nicht ganz abwegig sein. So war es etwa am 5. April 1453 der Theologie-Professor Johannes Tinctoris (C 4), der in einer Versammlung der Artes-Magister vorschlug, einen Ausschuß zu bilden, um den Neubau der Bibliothek in der Artistenschule voranzutreiben – was allerdings trotz günstiger Umstände erfolglos blieb.[140] Zu den vier im Protokoll genannten Deputierten gehörten drei Professoren der Theologie, von denen zwei als ehemalige Magister der Montana (Bernardus de Reyda [M 2] und Gerardus de Monte [M 4]), einer in der Laurentiana gelehrt hatte (Johannes de Mechlinia [L 4]). Der vierte Deputierte, Johannes de Berka (K 2), besaß das Lizentiat der Theologie und stammte aus der Kuckana. Seine Ernennung könnte indirekt eine Anerkennung der neuen Burse bedeuten.

Eine neue Stufe der Reglementierung des Unterrichtswesens beschritten die Bursen am 9. Oktober 1453.[141] Die treibende Kraft brauchte der Dekan Gerardus de Elten (M 19) gar nicht mehr eigens zu erwähnen. Schon die erste Bestimmung zielte auf die Bursen-Regenten. Erneuerte sie doch den alten Beschluß über die *qualitas* der Magister, die über die Metaphysik, Ethik und Physik lesen wollten. Selbstverständlich bedeutete dies zumindest für die Metaphysik und Ethik eine Eingrenzung der potentiellen Legentes auf den Kreis der *magistri superiores*, de facto auf die Bursen-Rektoren.[142] Der Rang dieser Vorlesungen wurde noch dadurch hervorgehoben, daß die Legentes im Magistral-Habitus oder mit dem Epitogium erscheinen

---

[139] Wegen der Abwesenheit der Magistri regentes war der Dekan beispielsweise gezwungen, diese an ihren jeweiligen Aufenthaltsorten außerhalb Kölns aufzusuchen, um die Ordnungsgemäßheit der Vorlesungen, die vielfach nicht den Bestimmungen der Statuten entsprachen, zu überprüfen (vgl. Un. 479, f. 58v/59r).

[140] Un. 479, f. 61r. Vgl. Keussen 1929, 139; Stohlmann 1989, 449 f.

[141] Un. 479, f. 64r.

[142] Vgl. die entsprechenden Beschlüsse vom 10.10.1436 (Un. 478, f. 30v), 7.1.1446 (Un. 479, f. 29v), 30.9.1450 (Un. 479, f. 48r).

sollten.¹⁴³ Ein Schüler, der diese Vorlesungen unter Regenten hörte, die dem nicht folgten, sollte die Veranstaltungen nicht pro forma angerechnet bekommen. Einen wichtigen Entschluß faßte man unter Punkt vier. Hiernach hatten mindestens je zwei Schüler einen Text des Aristoteles zu den ordentlichen Lektionen mitzubringen, die Bakkalaureanden vorzugsweise einen Text *Phisicorum, de Anima, Veteris Artis et Posteriorum*, die Bakkalare für ihr Magisterium einen Text *Metaphisice, Ethicorum, de Celo et Mundo et de Generatione et Corruptione*.¹⁴⁴ Weitere Anordnungen waren allgemeiner Natur, wie etwa das Verbleiben der Schüler bis zum Ende einer Vorlesung, das Verbot des unentschuldigten Fernbleibens oder aber auch die, daß alle acht Bücher der Physik des Aristoteles bis zum Bakkalaureat gehört werden müßten.

Im Vergleich zu den Texten, die in den Statuten von 1398 oder in dem Protokoll vom Januar 1446 vorgegeben wurden, fällt auf, daß es bis 1453 doch einige Akzentverschiebungen gegeben hat. Wie schon 1446 gehörte die Physik des Aristoteles nicht mehr, wie in den Statuten vorgesehen, zum Stoff für das Magisterium, sondern bereits zur Pflichtlektüre der Bakkalaureanden. Schwer zu entscheiden, ob sich bei der Logik gravierende Modifizierungen ergeben hatten. Sowohl in den ersten Statuten als auch 1446 wurde für das Bakkalaureat die ‚Logica vetus' und ‚Logica nova' (in den Statuten nach vier Büchern differenziert) gefordert. 1453 spricht man jedoch nur noch von der ‚Logica vetus' und dem ‚textus posteriorum', führt also nicht mehr die erste Analytik (‚Priora'), die Elenchik und die Topik auf. Es muß offen bleiben, ob diese drei Bücher nicht mehr zu den ordentlichen Lektionen zählten oder eventuell

---

¹⁴³ Diese Bestimmung entspricht jener aus den Reformstatuten von 1457 über die Tracht der Magister (vgl. Bianco 1855, Anhang 75 f.). Für die ordentlichen Disputationen hatte man den *magistri seniores* das Tragen des Habitus im Mai 1427 freigestellt (Un. 478, f. 92r; s.o. 124).

¹⁴⁴ Die Verordnung über den Besitz der aristotelischen Texte für die Schüler steht in einem umfassenderen, noch näher zu behandelnden, wissenschaftsgeschichtlichen Kontext (s.u. 539 f.). Denn zur gleichen Zeit etablierte sich unter dem führenden Einfluß Kölner Magister der philosophische Realismus an der Universität Heidelberg. Unter dem Druck der Realisten beschlossen die Vertreter der Via moderna wohl Ende Mai 1452, auf jeden Fall noch vor dem kurfürstlichen Statut über die Anerkennung der Via antiqua vom 29. Mai 1452, daß mindestens je zwei oder drei Schüler Texte der geläufigsten Bücher zu den Vorlesungen mitzubringen hätten. Die Moderni folgten somit der Forderung der Realisten nach einer Rückkehr zu den aristotelischen Texten und einer Abwendung von den immer schwerer verständlichen Kommentierungen der üblichen Kompendien. Vgl. Ritter 1922, 58 ff.; Weiler 1964, 263.

unter die ‚Posteriora' als Haupttext fielen und nicht mehr gesondert genannt wurden. Einheitlich stellt sich die Behandlung des Buches ‚De anima', ebenso die der Metaphysik und Ethik für die Bakkalare dar. Im Unterschied zu 1398 und 1446 zählte man allerdings nicht mehr die Bücher der ‚Meteorologica' sowie die ‚Parva naturalia' zum ordentlichen Lektürekanon der angehenden Magister. Las man diese naturphilosophischen Schriften des Aristoteles ebenso wie die nicht aufgeführten Bestandteile der ‚Logica nova' mittlerweile ebenfalls *extraordinarie* in den Bursen, wie bereits die ‚Parva logicalia' und die ‚Summulae' des Petrus Hispanus?

Als wichtiger Bestandteil des universitären Unterrichts erweisen sich einmal mehr die ordentlichen Disputationen. Über sie wurde im Dezember 1455 verhandelt, und zwar durch im einzelnen nicht genannte Deputierte, denen die Fakultät eine Entscheidungsvollmacht ohne Pflicht zur Berichterstattung erteilte.[145] Wie bereits am 9. Mai 1437[146] beschlossen die Deputierten, die Aufrechterhaltung der ordentlichen Disputationen ganz den Bursen zu übertragen. Jede *domus* oder *bursa* sollte mit ihren Schülern einen Magister schicken, der länger als ein Jahr lehrte, da die jungen Magister im ersten Jahr nach ihrer Promotion selbst noch die ordentlichen Disputationen besuchen mußten.[147] Aufschlußreich ist nun die nähere Spezifizierung des gewünschten Resultats. Denn in der Verpflichtung der Bursen sah man die sichere Gewähr, daß mit dem Dekan zumindest fünf Magister anwesend seien, die eine leitende Funktion übernähmen.[148] Dies heißt aber nichts anderes als die volle Anerkennung der Kuckana als vierter Prinzipal-Burse. Anderen Bursen oder nicht den Bursen verbundenen Magistern maß man offenbar keinerlei Bedeutung für die ordentlichen Disputationen bei. 1437

---

[145] Un. 479, f. 75v.

[146] S.o. 127.

[147] Vgl. zu den Disputationen etwa Meuthen 1988, 116 f.; zur Bestimmung der Statuten, daß der Magister im ersten Jahr nach seiner Promotion im Magistral-Habitus *diligenter* die ordentlichen Disputationen zu besuchen habe, s. Bianco 1855, Anhang 69.

[148] Der im Protokoll gebrauchte Terminus *arguere* (*quinque magistri arguere debentes*) läßt sich nicht eindeutig übersetzen, da er in verschiedenen Bedeutungen gebraucht werden kann. Zum einen oblag dem *arguens* nach Sophronius Clasen die Aufgabe, den Status quaestionis aufzustellen, in welchem das Für und Wider einer Quaestio behandelt wurde, zum anderen konnte er auch als *obiiciens* gegen die aufgestellte *solutio* Einwände vorbringen. Beide Aufgaben konnte auch der Magister praesidens oder disputans wahrnehmen. Vgl. Clasen 1960, 163 f.

wurde über die Zahl der *burse principales* keine Aussage getroffen.[149] Im übrigen erschien damals auch noch einer der Rektoren persönlich mit seinen *socii* und Studenten bei den Disputationen, 1455 sandte er einen seiner Magister. Die Deputierten, mit größter Wahrscheinlichkeit selbst Bursen-Regenten, mochten dem Einsatz ihrer Häuser zur Förderung allgemeiner Fakultätsinteressen allerdings wohl nicht so recht trauen. Denn unter Punkt vier notierte der Dekan Henricus de Susato (M 18), jede Burse, die keinen ihrer Magister entsandte, hätte eine Strafe zu erwarten. Dies sollte aber nur für die Lehrveranstaltungen innerhalb Kölns gelten, schloß also Ausnahmesituationen wie auswärtigen Lehrbetrieb in Pestzeiten aus.

Hatten sie ihre Magister in die Pflicht genommen, so galt es für die Bursen-Rektoren wenig später, am 3. Februar 1456, der Trägheit ihrer Schüler energisch entgegenzutreten, die den Besuch der ordentlichen Disputationen vernachlässigten.[150] Die Rektoren verordneten daher, daß der zur Disputation führende Magister vorher die Glocke der Burse läuten lassen sollte, um auf diese Weise die einzelnen Bursalen zusammenzurufen. Diese akkustische Aufforderung und Mahnung hatte man bereits im Mai 1437 und Februar 1440 angeordnet.[151] Zugleich schien man mit einer späteren Anfangszeit den Besuch fördern zu wollen. Hatte der disputierende Magister 1437 unverzüglich im Sommer um sechs Uhr, winters um sieben Uhr den Ort der Disputation zu betreten, so sollte er nun jeweils eine Stunde später die Glocke läuten lassen. Abschließend ermunterte der Dekan die Magister, auf diesem Weg *ad honorem facultatis et profectum scholarium* weiterzuschreiten, da die Schüler aus den einzelnen Bursen nun schon mehrmals zahlreich zu den ordentlichen Disputationen angetreten seien.

Es mutet in diesem Zusammenhang gleichwohl etwas merkwürdig und inkonsequent an, wenn die Fakultät den Bakkalar Michael von Breda[152] am 5. Juni 1458, ein halbes Jahr nach seinem Bakkalaureats-Examen, von seiner restlichen, gut halbjährigen Studienzeit mit nur einer Einschränkung dispensierte: der Verpflichtung zum weiteren Besuch der Disputationen in der Burse.[153] So befreite sie

---

[149] S.o. 127.
[150] Un. 479, f. 76r.
[151] S.o. 127; 129, A. 96.
[152] M 253,14.
[153] Un. 480, f. 2r.

ihn nicht nur von den restlichen Vorlesungsanforderungen, sondern auch vom Besuch der vehement eingeforderten ordentlichen Disputationen. Dem öffentlichen Charakter dieser Disputationsform scheint man gegenüber dem abgeschlossenen der außerordentlichen doch eine geringere Bedeutung beigemessen zu haben – oder, um es anders auszudrücken: das Fakultätsinteresse trat hinter das der Bursen zurück bzw. ging in diesem auf.

Mit welcher Konsequenz die Bursen einschließlich der nun etablierten Kuckana bereits Mitte der fünfziger Jahre einen Kreis von vier Haupt-Bursen bildeten, der die Gestaltung des Fakultätsgeschehens für sich in Anspruch nahm, erhellt aus verschiedenen Deputationen jener Jahre.

Am 23. Juni 1456 betraute die Fakultät den Lizentiaten des kanonischen Rechts Johannes Rodeneve de Dingeden (L 18), der im gleichen Jahr als *advocatus curie Coloniensis* erscheint und bereits 1439 in der Laurentiana gelehrt hatte, mit der Aufgabe, die Pflichten der neuen Magister (zweijährige Regenz) und der gerade examinierten Bakkalare (einjähriges Studium) zu überprüfen.[154] Offensichtlich wurde er nicht als Vertreter einer Burse delegiert. Denn ihm standen vier Deputierte zur Seite, die jeweils eine der vier Haupt-Bursen repräsentierten: Laurentius de Groningen (L 5), Cornelius de Dordraco (C 3), Gerardus de Buderick (K 3) und Gerardus de Elten (M 19). Als fünfter Deputierter fungierte der Dekan Johannes de Frankfordia (K 5) aus der Kuckana.

Die vier Prinzipal-Bursen stellten ebenfalls die Deputierten, denen auf einer Fakultätsversammlung vom 9. Oktober 1456 die Entscheidung übertragen wurde, zum Gebrauch der Magister einen geeigneten Bibliotheksplatz für den *liber concordanciarum* zu bestimmen.[155] Dieser Band befand sich bis dahin mit Einverständnis der Artisten im Besitz des Bernardus de Reyda (M 2). Qua Amt wurden die beiden Corneliana-Regenten Theodoricus Balveren de Bommel (C 29) als Dekan und Cornelius de Dordraco (C 3) als Rezeptor deputiert; eigentlicher Vertreter der Corneliana wurde dann Gerardus de Venlo (C 8; zugleich Bewohner der Artistenschule), während für die Laurentiana Jacobus de Straelen (L 30), für die Montana Gerardus de Elten (M 19) und für die Kuckana Gerardus de Buderick (K 3) die Deputation vervollständigten. Nebenbei

---

[154] Un. 479, f. 77v.
[155] Un. 479, f. 80r. Vgl. Keussen 1929, 156 f., 182; Stohlmann 1989, 447.

sei angemerkt, daß alle Deputierten theologische Grade vorweisen konnten, deren Höhe die Reihenfolge der Nennung bestimmte.

Am 14. Juli 1457 traten die Artisten zusammen, um über eine Reform der Fakultät zu beraten, wobei besonderes Gewicht auf die Einrichtung eines Promotor-Amtes gelegt wurde.[156] Die nähere Ausarbeitung der Reform-Bestimmungen überließ die Fakultät wiederum einigen wenigen Deputierten, d.h. je einem Vertreter der Haupt-Bursen. Laurentius de Groningen (L 5) und Cornelius de Dordraco (C 3) übernahmen diese Aufgabe für die Laurentiana und Corneliana. Die Montana deputierte Johannes Perfuyss de Harlo (M 26), der nach seinem Magisterium 1444 und einem juristischen Studium in Orléans als Lizentiat beider Rechte und *advocatus curie Coloniensis* 1457 gerade erst wieder in der Artisten-Fakultät zu wirken begonnen hatte.[157] Für die Kuckana erschien Henricus Bays de Breda (K 6), der zugleich das Dekanat innehatte. Nicht der Dekan stellte somit einen gesonderten, fünften Deputierten. Diesen Platz nahm damals der (ehemalige?) Laurentiana-Regent und Jurist Johannes de Dingeden (L 18) ein, der schon am 23. Juni 1456 die Beachtung der Statuten zu überwachen gehabt hatte.[158] Bereits am 8. Oktober 1457 konnten schließlich die durch den Ausschuß erarbeiteten Reformstatuten der Artisten-Fakultät verkündet werden.[159] Sie müssen somit in erster Linie als Werk der vier Prinzipal-Bursen angesehen werden.

Das Protokoll einer Fakultätsversammlung vom 23. August 1458 vermittelt uns wieder aufschlußreiche Einzelheiten über die innere Struktur der Bursen sowie deren Stellenwert in der Universität.[160] *Per iuramentum* berief der Dekan eine feierliche Versammlung ein, die über folgendes Problem befinden sollte: wie hatte man zu verfahren, wenn ein Angehöriger der Artisten-Fakultät von einer Burse in eine andere wechselte, dabei nur auf Weisung der Eltern handelte, nicht mit Erlaubnis seiner Magister. Es lag nahe, Vertreter der Bursen mit einer Entscheidung zu beauftragen. Es läßt jedoch aufhorchen, wenn die vier einträchtig, ohne Gegenstimme gewählten Deputierten als Senior-Rektoren der vier Bursen tituliert wurden. Offenbar fungierten innerhalb einer Burse mehrere

---

[156] Un. 479, f. 86 v. Unter dem Promotor der Artisten-Fakultät verstand man in Köln einen *corrector morum discipulorum* (vgl. Keussen 1934, 337 f.).
[157] Vgl. zu ihm Premier Livre 1978/85, Nr. 48.
[158] S.o. 147.
[159] Gedruckt bei Bianco 1855, Anhang 74-77.
[160] Un. 480, f. 2 r/v.

Personen als Rektoren, von denen wahrscheinlich meist der Inhaber eines Doktorats in einer höheren Fakultät den Senior stellte. Leider führte der protokollierende Dekan Henricus de Orsoy (M 22) die Namen der Senior-Rektoren nicht auf. Dafür nannte er zwei weitere Deputierte, die den Rektoren erstaunlicherweise zur Seite gestellt wurden: den Theologie-Professor und früheren Bursen-Leiter Arnoldus de Cloetinghen sowie Johannes de Dingeden (L 18), der anscheinend eine nicht näher spezifizierte Funktion (juristischer Art?) außerhalb der Prinzipal-Bursen, also auch außerhalb der Laurentiana, einnahm. Diese sechs Deputierten sollten dann zukünftig nach Durchsicht der Statuten und schon getroffener Beschlüsse wie nach Anhörung der Gründe eines Bursenwechsels über dessen Rechtmäßigkeit entscheiden, dabei jedoch die Eintracht der Magister und die Ehre der Fakultät im Auge behalten. Wenn sie allerdings hierbei oder bei einem ähnlichen Fall ihre Pflicht vernachlässigen würden, so sollten sich die Magister und Scholaren der Artisten-Fakultät dem Urteil des jeweiligen Rektors und der vier Dekane unterwerfen. Eine reine Bursenangelegenheit wurde folglich als Problem der gesamten Universität betrachtet. Letztendlich unterstreicht dies den Stellenwert, den die Prinzipal-Bursen mittlerweile eingenommen hatten.

Gleichwohl legt die Zusammensetzung der Deputation nahe, daß neben den bekannten vier auch kleinere, noch ungenannte Bursen Konflikte durch einen allein von den Eltern gewünschten Bursenwechsel hervorgerufen haben oder künftig bewirken könnten. Gerade bei Arnoldus de Cloetinghen liegt die Vermutung nicht fern, er könnte als Anwalt nicht etablierter kleinerer, junger Bursen gewählt worden sein oder sich Geltung verschafft haben, da eine Vertretung terministischer Interessen[161] zu jenem Zeitpunkt auszuschließen ist. (Arnoldus starb 1461. Ob seine Funktion durch einen Ersatzmann übernommen wurde, ist nicht bekannt. Johannes de Dingeden dürfte seine Aufgabe mit dem Doktorat in den Dekretalen 1462 aufgegeben haben.) Wenn wir auch über den genauen Hintergrund der Deputation dieser beiden Personen nicht informiert sind, so fällt doch auf, daß das Problem des Bursenwechsels mit dem Lehrbeginn bekannter Regenten aus den kleineren Bursen zusammentrifft. Nicolaus Mommer de Raemsdonck (R 1) etwa, seit 1450 Magister artium, begegnet im Mai 1454 als Examinator,

---

[161] Auf den wissenschaftsgeschichtlichen, terministisch-nominalistischen Standpunkt Arnolds von Cloetinghen wird unten einzugehen sein.

im Februar 1456 als Temptator, hatte somit sehr wahrscheinlich auch eigene Schüler graduiert, wenngleich dies nicht protokolliert ist. Jakob Welder von Siegen (R 2) führte im Sommersemester 1460 erstmals sieben Scholaren zum Bakkalaureat, die um 1458 ihr Studium unter ihm begonnen haben müßten. Otto von Xanten (O 1) wurde überhaupt nur zweimal zum Examinator gewählt, im November 1455 und 1458. Die ersten Schüler, die nachweislich unter ihm im Juni 1457 determinierten, waren Söhne der führenden Kölner Familie vanme Hirtze (de Cervo). Der nächste durch Otto von Xanten promovierte Schüler hieß Georg Hagelstein[162], Angehöriger einer Straßburger Patrizierfamilie, der als *dominus* 1456 in Köln immatrikuliert worden war. Georg hatte am 2. Dezember 1456 unter Henricus de Susato (M 18) in der Montana determiniert, inzipierte dann jedoch am 18. Mai 1458, wenige Monate vor dem angeführten Beschluß, unter Otto von Xanten. Ob diese Inzeption den Anlaß für die genannte Fakultätsversammlung bildete, ist freilich ebenso wie bei Welder fraglich, da zu jenem Zeitpunkt eine Kooperation mit den etablierten Bursen Montana und Corneliana eher anzunehmen als auszuschließen ist.

Die vier Haupt-Bursen prägen das Fakultätsleben also nicht allein und ausschließlich. Angedeutet wurde dieses Verhältnis ja bereits in dem Protokoll vom Dezember 1455, als man durch die Absendung je eines disputierenden Magisters aus jeder Burse zusätzlich des Dekans zumindest die Zahl von fünf *magistri arguere debentes* als gesichert ansah, man folglich glaubte, sich auf jeden Fall auf die vier Haupt-Bursen stützen zu können.[163] Eine Abgrenzung dieser Bursen gegenüber anderen, unbedeutenderen, wird auch in der folgenden Quelle vom 9. Oktober 1458 sichtbar.[164] In ihr wenden die Bursen-Rektoren ausdrücklich den Begriff Prinzipal-Bursen für die vier Haupt-Bursen an, der ja nur dann sinnvoll ist, wenn es untergeordnete, gleichsam abzusondernde Bursen gab. Das Attribut „Prinzipal" erscheint meines Wissens vorher nur in der bereits erörterten Quelle vom 9. Mai 1437, wo es ebenfalls eine Hierarchie angezeigt haben dürfte.[165]

Am 9. Oktober 1458 berichtete Lambertus de Monte (M 24), der an jenem Tag Dekan wurde, sich aber noch als Vizedekan

---

[162] M 269,97.
[163] S.o. 145 f.
[164] Un. 480, f. 2v/3r.
[165] S.o. 127.

seines Vorgängers Henricus de Orsoy (M 22) bezeichnete, daß die
Fakultät wegen bestimmter, an sie herangetragener Mängel einige
Bursen-Rektoren deputiert habe. Im einzelnen waren es die Montana-Regenten Gerardus de Elten (M 19), gleichzeitig Rektor der
Universität, und Lambertus de Monte, die Laurentiana-Regenten
Laurentius de Groningen (L 5) und Fredericus de Dulken (L 42)
in seiner Funktion als Promotor sowie Cornelius de Dordraco
(C 3) als Rektor der Corneliana. Ein Leiter der Kuckana wurde
nicht genannt. Zusammen mit anderen Konregenten trafen die Bursen-Rektoren, offenbar untereinander uneins, nicht näher erläuterte
Kompromisse über die Erziehung und Züchtigung der Schüler
und über vieles andere. Diese Beschlüsse hielt man ausführlich
in vier Schriftstücken fest, die den *quatuor principalium bursarum
rectoribus* überreicht wurden. Maßgeblich für solch allgemeine Fakultätsaufgaben wie die Disziplinierung der Schüler waren hiermit
allein die vier Prinzipal-Bursen. Sie beanspruchten die Wahrung
entscheidender Fakultätsinteressen.

In welchem Maße, mit welchen praktischen Konsequenzen die
Bursen das Geschehen in der Fakultät gestalteten, offenbart uns
ein Protokoll vom 7. April 1459.[166] Im Verlauf des Lizentiats-Examens trat plötzlich ein Problem auf, als sechs soeben examinierte
Lizentiaten um einen Termin für ihre *inceptio* baten. Bei der zweiten Dreier-Gruppe stellte sich die Frage nach der Rechtmäßigkeit
ihres vorsitzenden Magisters. Sollte es denn erlaubt sein, daß ein
Magister, der weder an einer Burse lehrte noch in ihr wohnte, seine
Kommensalen promovieren dürfe, obwohl die Regenten der Bursen
ihr Einverständnis verweigerten, da sie darin Nachteile erblickten,
die allein aus dem Haß oder Groll der Schüler gegen die Bursen-Magister resultierten? Man war sich einig: solches dürfte zum
Nachteil der Magister in den Bursen, nur weil einige Schüler diese
Einrichtung geringschätzten, nicht gestattet werden. Der Dekan
Severinus de Moneta (K 9) teilte schließlich noch mit, daß der Zwist
zwischen Danckardus [de Brilis] (C 24), dem Lizentiaten der Theologie und Konrektor der Burse [Corneliana] sowie Theodoricus de
Leydis seu Traiecti (C 36) bestanden habe. Die drei Lizentiaten,
die offensichtlich unter Theodoricus inzipieren wollten, seien dann
durch Danckardus promoviert worden.

Eine Mitteilung in diesem Protokoll, unmittelbar an das Verbot
der Inzeption durch nicht-bursale Magister angefügt, bietet eine

---

[166] Un. 480, f. 5v/6r.

gewisse, nicht unerhebliche Interpretationsschwierigkeit. Es heißt dort, ein ähnlicher Fall aus dem Vorjahr sei in diesem Zusammenhang vorgebracht worden, der den Magister Georg Hagelstein betraf. Unklar ist nun, wer dieses Beispiel für sich geltend machte: die Fakultät oder Theodoricus de Leydis? Bekanntlich inzipierte Georg Hagelstein im Mai 1458 unter Otto von Xanten (O 1) und hatte vorher in der Montana determiniert. Hätte die Fakultät jene Inzeption als Präzedenzfall angeführt, der ihr Verbot stützen sollte, so wäre dies ein Zeugnis für eine anfängliche Regentschaft Ottos von Xanten in einer etablierten Burse, wahrscheinlich in der Montana. Gegen den ursprünglichen Wunsch eines außenstehenden, nicht an einer Burse lehrenden und in ihr wohnenden Magisters hätte Otto von Xanten dann die Promotion Hagelsteins übernommen. (Er führte an jenem Termin tatsächlich nur diesen einen Lizentiaten zum Magisterium.) Im November 1455 und November 1458 wäre Otto von Xanten demnach als Vertreter der Montana zum Examinator gewählt worden. Dies wäre recht plausibel, da die Montana bei beiden Examina den Dekan stellte (Henricus de Susato [M 18] bzw. Lambertus de Monte [M 24]), außer Otto von Xanten sonst aber keinen weiteren Examinator delegiert hätte. Hätte Theodoricus de Leydis jenen Vorfall aus dem vergangenen Jahr angeführt, so hätte er sich darauf berufen, daß Hagelstein zwar von einem Bursen-Magister, wohl aus der Montana, promoviert werden sollte, trotzdem aber unter Otto von Xanten als seinem gewünschten Lehrer inzipieren durfte. Für die Fakultät hätte Otto, folgt man dieser Interpretation, 1458 und 1459 den Status eines Magisters *non regens nec habitans in bursa* besessen. Ob er damit allerdings auch zum Examinator gewählt worden wäre, erscheint doch sehr fraglich. Somit dürfte der Präzedenzfall von der Fakultät als Argument vorgebracht worden sein, ist Otto von Xanten wohl – analog zu den Regenten der Bursa Raemsdonck – für die fünfziger und frühen sechziger Jahre als der Montana nahestehend anzusehen.

Das Odium, nicht zu einer Burse zu zählen, träfe demnach allein auf Theodoricus de Leydis zu. Zweifellos hatten sich ihm aber Schüler angeschlossen, die als Kommensalen auch in seinem Haus oder in seiner Wohnung lebten. Damit führte er nach allgemeinem Verständnis eine Burse. Wenn die Fakultät ihm jedoch die Zugehörigkeit zu einer solchen Einrichtung absprach, so galt der Begriff „Burse" an der Kölner Artisten-Fakultät 1459 allein für die vier Prinzipal-Bursen! Gegen ihre Zustimmung und zu ihrem (selbst empfundenen) Nachteil war die Promotion eines

Schülers durch den Magister einer Burse, die nicht als eigentliche, als Prinzipal-Burse angesehen wurde, nicht mehr möglich! Auf kaum mißverständliche Weise wurde hiermit in Köln zu jener Zeit mehr als nur ein Bursenzwang ausgeübt. Die Entscheidung vom 7. April 1459 ist vielmehr als Versuch eines Zwanges zur Integration in die Prinzipal-Bursen anzusehen. Dies scheint vorerst gefruchtet zu haben. Denn am 4. Mai 1459 wurde Theodoricus de Leydis zum Examinator gewählt, und am 4. Juni, drei Tage nach dem ersten Determinations-Akt unter seinem früheren Konkurrenten Danckardus de Brilis, determinierten zehn Bakkalaureanden unter ihm.[167] Da kaum anzunehmen ist, daß die Bursen-Regenten ihr Urteil so schnell revidiert haben, dürfte Theodoricus gezwungenermaßen einen Gesinnungswandel vollzogen haben, um durch den Anschluß an die Corneliana, die Stätte seines Studiums, die Gewähr für die Graduierung seiner Schüler zu schaffen. Wenn gleichwohl in der Folgezeit Regenten aus kleineren Bursen als Prüfer, auch als Inzeptoren, erscheinen, so wird dies zunächst allein dem Einverständnis und Wohlwollen der Haupt-Bursen zuzuschreiben sein, die darin keine Nachteile für sich sahen.

Bei dem Gewicht, das die Prinzipal-Bursen in der Fakultät beanspruchten, gilt es sich immer wieder den Rang und die Reputation ihrer Leiter vor Augen zu halten. So wird bei einem handgreiflichen Konflikt zwischen Studenten und Kölner Bürgern am 10. Juni 1459 explizit von Studenten der Burse des Theologie-Professors Johannes Kuyck (K 1) gesprochen.[168] Somit leitete er noch 13 Jahre nach seinem theologischen Doktorat und Austritt aus der Artisten-Fakultät die von ihm gegründete Burse. Die zweite Burse, deren Angehörige im Juni 1459 besonders unter den Gewalttätigkeiten „betrunkener Laien" zu leiden hatten, wird uns als die des Lizentiaten der Theologie Cornelius de Dordraco (C 3) genannt. Durch die Übergriffe sah sich im übrigen die gesamte Universität zu einer scharfen Reaktion veranlaßt. Sie beschloß vorerst eine Aufhebung der formalen Lektionen. Anschließend begab sich *tota universitas* zum Rathaus, um durch ihren Sprecher Jacobus de Straelen (L 30), Theologie-Professor und Rektor der Laurentiana, *cum presentacione lesorum* eine Arrestierung der Übeltäter zu erreichen.[169]

---

[167] Vgl. Un. 480, f. 6v.
[168] Un. 480, f. 7v.
[169] Zum genannten Vorfall, der in einer Kette ähnlicher Konflikte zwischen Teilen der Bürgerschaft und Universitätsangehörigen steht, vgl. Keussen 1934, 156-159.

Auch der nächste wichtige Beschluß der Artisten-Fakultät geht auf die Initiative bestimmter *magistri nostri et alii rectores bursarum* zurück. Mit dieser Formulierung liegt zugleich das erste Zeugnis vor, in welchem Theologie-Professoren ausdrücklich und offiziell als Bursen-Rektoren fungierten. Ein leidiges, jedes Jahr regelmäßig von neuem anstehendes Problem wurde von ihnen am 3. Februar 1460 vorgetragen: die Zwietracht und der Zank, die zwischen den Scholaren und den Bakkalaren wie auch zwischen diesen und ihren Magistern bei der Lozierung für die Examina und Temptamina entstanden.[170] Um diesem Anlaß zu ständigem Mißmut zu begegnen, beschloß die Fakultät, Rangplätze für die zu prüfenden Bakkalaureanden und Magistranden durch eine Auslosung festlegen zu lassen (*quod deinceps singuli temptandi seu examinandi pro gradu baccalariatus vel magisterii sortirentur inter se*). Wer durch das Los dazu bestimmt worden sei, nehme eben den ersten Platz bei der Prüfung ein und so fort. Auf alle Kandidaten gleichermaßen angewandt, wäre dieses Verfahren allerdings nicht den sozialen und ständischen Abstufungen gerecht geworden. Man führte daher eine entscheidende, dreifache *differencia* ein. Innerhalb jeder dieser drei Gruppen war dann allein das Los ausschlaggebend, um auf diese Weise die ständigen Querelen zu vermeiden. Vom Inhalt her dürfte diese Unterscheidung an den deutschen Universitäten einzigartig gewesen sein. Denn den *primus ordo* bildeten allein die *commensales rectorum bursarum* und die *inponentes*, d.h. diejenigen Bursalen, die sich an den Ausgaben für die gemeinsamen Mahlzeiten beteiligten![171] (Die Zahl der Tischgenossen des Bursen-Rektors war

---

[170] Un. 480, f. 10v. Die beschlossene Lozierungsordnung sollte ebenfalls eine *implicita locacio in licencia* sein, also für das Lizentiats-Examen vor dem Vizekanzler. Vgl. zu den Lozierungen Schwinges 1986, pass. (bes. 355-360); Meuthen 1988, 118 f. Zu beachten ist, daß es bei diesem Beschluß von 1460 um einen Lozierungsmodus geht, der die Rangfolge v o r den Prüfungen festlegte; nach dem entsprechenden Examen wurden (nach sozialen und Leistungs-Kriterien) neue Platznummern vergeben, die sich aber in der Regel innerhalb des einmal vorgegebenen Ordnungsschemas bewegt haben dürften. Praktische Folgen werden in der noch zu erörternden Raemsdonck-Kontroverse sichtbar; s.u. 167 f. u.ö.

[171] Wofür die finanziellen Aufwendungen des *imponens* erbracht wurden, erläutert das Protokoll vom 3.2.1460 nicht eigens. Der Begriff *imponens* wird bereits in den Reformstatuten von 1457 spezifiziert, als die *non imponentes* den *imponentibus onera bursalia in dies sustinentibus* gegenübergestellt werden. Vgl. Bianco 1855, Anhang 76 f. Die täglichen Ausgaben, an denen sich der *imponens* beteiligte, erstreckten sich wesentlich auf die Kosten für die Mahlzeiten, wie aus einer Quelle vom 14.12.1502 deutlich wird. In ihr legte man fest, *quod quilibet inponentium annue solvat suis magistris pro portione sibi danda undecim florenos in auro* (Un.

natürlich begrenzter als die der Teilnehmer an den allgemeinen Mahlzeiten einer Burse.) Auf sie folgten als zweite Gruppe die *divites non inponentes* und die *mediocres*, die für die Fakultät in diesem Zusammenhang als „Reiche" galten. Den letzten *ordo* stellten schließlich die *pauperes*. Wie der Dekan Livinus de Duvelandia (C 31) berichtete, wurde das Verfahren schon durch die Temptatoren des Februar 1460 beachtet.

Wie lange und wie konsequent diese von den Theologie-Professoren und Bursen-Rektoren initiierte Lokationsordnung eingehalten wurde, ist nicht bekannt. Sie dürfte aber so oder in ähnlicher Form fortan praktiziert worden sein, da eine grundsätzliche Diskussion und Modifizierung des *ordo locacionis* in späteren Protokollen nicht mehr auftaucht. Wohl aber gab es einzelne Differenzen über die konkrete Frage, wer die Lozierung vorzunehmen habe oder – unter der späteren Konkurrenz kleinerer Bursen – ob der Rang eines bestimmten Schülers akzeptabel sei. Hervorzuheben ist die Vorzugsstellung, die den *commensales* der Bursen-Rektoren und den *imponentes* zuteil, der Vorrang, der ihnen vor den anderen finanziell Begüterten, selbst sozial und ständisch Höherstehenden, eingeräumt wurde.[172] Nicht die Zahlungskraft allein, die unmittelbare Bursenzugehörigkeit bildete das entscheidende Kriterium bei der Rangordnung für die Prüfungen. Der Rang wiederum besaß für Schüler und Eltern wie für die weitere Karriere eine außerordentliche Bedeutung. Man wird allerdings auch hier differenzieren müssen: der Kreis der Privilegierten dürfte sich auf die Mitglieder der Prinzipal-Bursen beschränkt haben. Schließlich ging der Beschluß auf bestimmte Theologie-Professoren und andere Bursen-Rektoren zurück. Sie aber sind hinlänglich als Leiter der vier maßgeblichen Bursen bekannt.

481, f. 21 r/v). Aus einer weiteren Unterscheidung der *solventes* und der *onera* geht hervor, daß beispielsweise die zahlungsfähigen *medii non imponentes* einen Betrag von drei fl. *pro exerciciis, materialibus ac camera* jährlich aufwenden, die *medii vero imponentes* hingegen *preter pecuniam pro portione solvendam* für die gleichen Leistungen nur zwei fl. zu zahlen hatten.

[172] Den *inponentes* hatte man bereits in den Reformstatuten von 1457 einen Vorrang *in locis tempore licentie in artibus* vor den nur *visitantes* verschafft (vgl. Bianco 1855, Anhang 77). Unter den *visitantes* werden jene zu verstehen sein, die nur den Unterricht ihrer Burse besuchten, eventuell auch eine Kammer in einem Bursen-Gebäude besaßen, sich aber selbst verpflegten. Wenn Bianco die *visitantes* als Schüler versteht, die nicht in den Bursen wohnten, die *imponentes* dagegen als „Einwohner" der Bursen (Bianco 1855, 134), so wird diese Übersetzung dem Sachverhalt, wie er sich in dem Protokoll vom Dezember 1502 darstellt, nicht gerecht.

Galt es etwa zu entscheiden, welche weiteren Bücher für die Bibliothek abzuschreiben oder auf Kosten der Fakultät zu korrigieren seien, so nahm diese Aufgabe – wie am 4. Januar 1461 – je ein Vertreter der vier Hauptbursen wahr.[173] Maßgebliche Repräsentanten der Prinzipal-Bursen müssen wir auch als Initiatoren einer großen Fakultätsversammlung vom 31. März 1461 vermuten, zu der ebenso viele Magister aus anderen Fakultäten erschienen. Denn die Betroffenen des erörterten Verhandlungspunktes dürften mit großer Sicherheit die Senior-Magister der vier Bursen gewesen sein. Es ging um die Einflußmöglichkeiten des Vizekanzlers bei der *ordinatio* und *locatio* der für das Magisterium Examinierten. Wir sahen, daß hier bereits am 26. Februar 1440 ein Interessenkonflikt zwischen dem Vizekanzler und den vier von ihm deputierten Examinatoren bestanden hatte. Damals konnten sich die Bursen ein Veto bei der Wahl dieser Examinatoren sichern, wenn sich eine einzelne Burse benachteiligt sah; sie konnten auch ihren Anspruch gegenüber dem Vizekanzler wahren, selbst die Lizentianden zu lozieren. Nun aber schien dieser Freiraum erneut in Frage gestellt. Die *seniores magistri nostri*, also die älteren Theologieprofessoren, sowie der amtierende Rektor, der Doktor der Medizin Gisbertus de tz Gravenzande (C 9), und die Mehrheit der Stimmberechtigten entschieden daher, daß die Artisten-Fakultät in ihren alten, von Beginn an beachteten Gewohnheiten und Freiheiten verbleiben solle. Da hiermit die Vorrechte der Examinatoren angesprochen waren, diese Prüfer aber – soweit seit 1465 protokolliert – stets Senior-Regenten der Prinzipal-Bursen waren, galt der Beschluß in erster Linie ihnen, nicht dem Interesse aller einzelnen Fakultätsmitglieder. Möglicherweise erklärt sich hieraus die Beobachtung, daß die Entscheidung von einer Mehrheit, aber nicht von allen getragen wurde. Den Freiheiten der Artisten-Fakultät bei der Lozierung der Lizentianden sollte nicht die Praxis des ehemaligen Vizekanzlers und Begründers der Bursa Montana Heinrich von Gorkum (M 1) entgegenstehen, der in seiner Autorität, wahrscheinlich auch gegen den Willen der alten Nominalisten, ein Vorrecht der Fakultät offensichtlich nicht

---

[173] Un. 480, f. 15r; vgl. Keussen 1929, 159, Anm. 141. Die vier Deputierten hießen Cornelius de Dordraco (C 3), Gerardus de Elten (M 19), Severinus de Moneta (K 9) und Henricus de Horst (L 33).

zugelassen hatte.[174] Für die Zukunft wollte die Artisten-Fakultät, die sich als Mutter und Ursprung aller anderen Fakultäten verstand, ihre Selbständigkeit gegenüber den höheren Fakultäten gewahrt und eine erneute „Knechtschaft" durch den aus ihnen stammenden Vizekanzler ausgeschlossen wissen. Da dieser Entschluß wesentlich durch die explizit genannten Senior-Theologen mitgetragen wurde und da für die voraufgegangenen Jahre, in denen das Interesse der Fakultät bzw. Bursen-Rektoren offenbar unangetastet geblieben war, der Theologe Johannes de Mechlinia (L 4) als Vizekanzler genannt wird[175], dürfte mit einiger Wahrscheinlichkeit bereits 1461 der erst für 1465 bei Keussen als Vizekanzler aufgeführte Dekretist Henricus de Bemel[176] den unliebsamen Einfluß bei der Lozierung ausgeübt haben. Die erfolgreiche Selbstbehauptung der Artisten-Fakultät aber gibt zugleich kund, wer als Wahrer der Fakultätsanliegen anzusehen ist: die Theologen und Bursen-Rektoren.

Es war dann nur konsequent in der Begrifflichkeit, wenn am 2. Mai 1464 die Versammlung bestimmter, nicht genannter Senior-Regenten mit einer *congregatio facultatis arcium* gleichgesetzt wurde.[177] Die vermutlichen Vertreter der Haupt-Bursen wollten über den Streit zwischen der Burse *magistri Gerardi de Monte* (M 4; tatsächlich besaß er seit 26 Jahren das Doktorat der Theologie)

---

[174] Ein Beleg für das etwas autokratische Verhalten Heinrichs von Gorkum als Vizekanzler findet sich für den Februar 1424, als er keinen der Temptatoren zu seinem Examinator bei der Lizentiats-Prüfung ordinierte, sogar den Dekan überging, *et magistri non bene contentabantur* – wie der Dekan (und philosophische Gegner Heinrichs) Arnoldus de Cloetinghen empört protokollierte (vgl. Un. 478, f. 80r). Als am 21. April 1426 Deputierte eingesetzt wurden, die eine Regelung wegen der „exorbitanten" Zahl der Prüflinge finden sollten, notierte der (keiner realistischen Burse zuzuordnende) Dekan Arnoldus de Spina etwas süffisant: *Hic nihil inpeditum est per dominum subcancellarium* (vgl. Un. 478, f. 87v). Gut drei Wochen nach Heinrichs Tod (1.3.1431 Exequien) beschloß die Fakultät unter Beteiligung von Doktoren der höheren Fakultäten, zu den Freiheiten und Gewohnheiten zurückzukehren, wie sie *usque ad adventum magistri Heinrici de Gorichem pie memorie* beachtet worden seien, d.h. zur Lozierung der Lizentianden durch die Examinatoren des Vizekanzlers ohne dessen Intervention (vgl. Un. 478, f. 7r; Weiler 1962, 49 f. [Heinrich stellte die Rangordnung allerdings nicht nach den „Bakkalariatsprüfungen" auf, wie Weiler S. 50 schreibt, sondern nach den Prüfungen der Lizentianden]). Nachfolger Heinrichs von Gorkum als Vizekanzler scheint sein Konkurrent Arnoldus de Cloetinghen geworden zu sein, der wie gesagt für 1434 als dritter Vizekanzler nach Theodoricus de Monasterio und Heinrich bezeugt ist und 1435 durch Heymericus de Campo (L 1) abgelöst wurde.

[175] Zuletzt wurde Johannes de Mechlinia wohl 1458 als Vizekanzler bezeugt (vgl. Keussen 1934, 381).

[176] M 143, 26.

[177] Un. 480, f. 29v.

et magistri Cornelii de Dordraco (C 3) entscheiden. Beide Bursen-Rektoren ereiferten sich wegen eines Schülers, der mit einem Brief aus Amsterdam in die Montana geschickt worden war. Nach Durchsicht des Schreibens beschloß die Fakultät, wohlgemerkt nicht lediglich bestimmte Senior-Regenten, der Schüler solle in der Montana bleiben. Unklar bleibt, mit welcher Begründung Cornelius de Dordraco Ansprüche auf jenen Schüler erhob. Anzunehmen ist ein Einwirken niederländischer Landsleute, die vornehmlich die Corneliana frequentierten.

Eine Autonomie der einzelnen Bursen läßt sich sehr anschaulich unter der Gewalt auftretender Pestwellen beobachten. Suchte die Pest Köln heim, so zogen nicht etwa einzelne Magister mit ihren Schülern in entfernte, pestfreie Orte, sondern die Bursen verließen die Stadt.[178] Ihr Auszug erforderte im September 1464 eine vorherige Umlagerung des in einer Kiste aufbewahrten Geldes (276 fl.) der Artisten-Fakultät in das Kartäuserkloster. Vier Regenten der einzelnen Bursen nahmen sich dieser Aufgabe an: der Dekan Conradus de Campis (L 44), der Rezeptor Cornelius de Dordraco (C 3) als Leiter der Corneliana, ferner die Lizentiaten der Theologie Severinus de Moneta (K 9) und Henricus de Orsoy (M 22).

Wie komplex und ambivalent sich allerdings die Einheit des Interesses der Prinzipal-Bursen mit dem der Fakultät im konkreten Einzelfall gestalten konnte, erwies sich im weiteren Verlauf jener Pestwelle vom September 1464. Am 16. Dezember 1464 bat der Bursen-Rektor Laurentius de Groningen (L 5) die Fakultät in einem Brief, noch bis Ostern des folgenden Jahres außerhalb Kölns bleiben zu dürfen und seinen Schülern die Lektionen *pro forma* anzurechnen, also als gültig für die Anforderungen der Examina.[179] In zwei anschließenden Versammlungen entschied man, daß der Dekan Laurentius schriftlich gemäß einem früheren Beschluß zur Rückkehr auffordern solle. Das Dekanat wurde zu jener Zeit durch Christianus de Brackelveldia (L 37) bekleidet, der sich somit nicht seinem Bursen-Rektor angeschlossen hatte, diesen sogar zur Achtung des Fakultäts-Gebotes auffordern mußte.

Beanspruchten die Prinzipal-Bursen zwar, den Fakultätsbetrieb in allen wesentlichen Elementen zu gestalten, so endeten die aus

---

[178] Vgl. zum Einfluß der Pest auf den Unterricht die recht ausführliche Darstellung bei Keussen 1934, 177-181. Beispiele für den bursenweisen Auszug der Studenten in Pestjahren ließen sich auch für andere Universitäten anführen (vgl. etwa für Freiburg Mayer 1926, 108 f.).

[179] Un. 480, f. 33r.

ihrem Status resultierenden Rechte doch genau dort, wo sie aus ihrer privilegierten Stellung heraus das Fundament des geschlossenen, durchstrukturierten Fakultätsgebäudes zu untergraben drohten, gleichsam dessen Statik ins Wanken brachten. Denn damit gefährdeten sie zugleich die Basis ihrer relativen Autonomie. Das anmaßende Verhalten des Laurentius de Groningen, der das Gebot der Fakultät mißachtete, sich noch am 19. Februar 1465 in Deventer aufhielt und im eigentlichen Sinne Privatvorlesungen veranstalten ließ, zwang die Fakultät bzw. den als Dekan fungierenden jüngeren Regenten seiner Burse, am 19. Februar 1465 scharfe Maßnahmen gegen den Leiter der Laurentiana auszusprechen.[180] Da Laurentius den Mandaten der Fakultät nicht nachkomme, sollten seine außerhalb Kölns sich aufhaltenden Schüler ihr Privileg, d.h. die Anerkennung der formalen Lektionen verlieren, die sie für einen artistischen Grad gleich jenen benötigten, *qui sunt in universitate*. Er selbst sollte für eine nicht unerhebliche Zeit sein Stimmrecht in der Fakultät verlieren.

Vermutlich wurde dieser Beschluß nicht sonderlich konsequent umgesetzt, denn einige Monate später mußten alle Bursen wegen einer neu einsetzenden Pestwelle Köln verlassen. Am 12. November 1465 bildeten dann die in Köln gebliebenen Magister eine Fakultätsversammlung, um die abwesenden Regenten zusammen mit ihren Schülern per Mandat zurückrufen zu lassen. Praktisch sollte dies so vor sich gehen, daß die anwesenden Magister der einzelnen Bursen ihren auswärts lebenden Konregenten schrieben. Diesmal ließ sich die Wahrnehmung des Fakultätsanliegens durch die Bursen offenbar einheitlich und problemlos realisieren.

Nahezu alle bisher besprochenen und interpretierten Quellenzeugnisse offenbaren als wesentliche Aussage den erstrebten und tatsächlich verwirklichten Anspruch der vier Prinzipal-Bursen, in exklusiver Weise die Gestaltung des Fakultätslebens in ihre Hand zu nehmen. Von der inneruniversitären Rangordnung her fand dieses Bemühen eine Stütze in der Beteiligung jener Theologie-Professoren, die zugleich noch als Rektoren ihrer Bursen wirkten. Indessen konnte eine solche Entwicklung jenen nicht gleichgültig sein, die sich keiner der vier Haupt-Bursen anschließen und unterordnen wollten. Proteste waren daher nur eine Frage der Zeit.

---

[180] Un. 480, f. 34r.

Anlaß hierzu bot sich durch einen Vorgang vom 14. Januar 1466.[181] Auf einer allein von Senioren der Fakultät abgehaltenen Versammlung wurde nachträglich der Schüler Arnoldus Syndorp de Colonia[182] zum Bakkalaureats-Examen präsentiert und zugelassen. Für diesen Jungen hatte sich der Theologe Gerardus de Monte (M 4) eingesetzt, dessen Begründung die Senior-Regenten zustimmten. (Arnoldus Syndorp determinierte dann allerdings nicht in der Montana, sondern unter dem Corneliana-Regenten Theodoricus de Leydis [C 36].) Gegen die nachträgliche Zulassung erhob sich jedoch ein „Murren" bestimmter Magister, die bei jener exklusiven Versammlung nicht zugegen waren. Die Aufnahme hätte durch die gesamte, per Eid zu versammelnde Fakultät beschlossen werden müssen, argumentierten sie. Ihr Widerstand führte vier Tage später, am 17. Januar, zu einer *congregatio* der Universität. Auf ihr erlangten die Protestierenden von der Artisten-Fakultät die Zusicherung, eine solche *privata presentatio* nach dem ordnungsgemäß festgelegten Termin zukünftig nicht mehr zu dulden, stimmten der umstrittenen gleichwohl zu.

Da wir in den Senior-Regenten führende Magister der vier Haupt-Bursen zu sehen haben, dürfte der Protest durch Vertreter ausgeschlossener kleinerer Bursen wie der inzwischen wohl gebildeten Bursen Raemsdonck und Ottonis ausgedrückt worden sein. Erstaunlich ist dabei, daß sie sich nun ihrerseits auf die Rechte und Pflichten der gesamten Fakultät beriefen, in ihrem Einwand gegen das „private" Handeln der Senior-Regenten zudem Unterstützung durch die anderen Fakultäten erhielten. In ihrer personellen Zusammensetzung sah sich die *tota facultas* demnach Mitte der sechziger Jahre keineswegs mehr allein durch die vier Prinzipal-Bursen bzw. deren leitende Regenten repräsentiert. Desungeachtet fuhr man weiterhin damit fort, beispielsweise Deputationen für wichtige Angelegenheiten mit je einem Vertreter dieser vier Bursen sowie dem Dekan zu besetzen. So übertrug die Fakultät am 14. März 1468 die Verschönerung der Aula in der Artistenschule mit neuen Wandteppichen im Wert von 100 fl. den Deputierten Petrus de Leydis (C 34), Henricus de Orsoy (M 22), Henricus de Breda (K 6), Conradus de Campis (L 44) und Jacobus de Harlem (Dekan, M 27).[183]

---

[181] Un. 480, f. 36r.
[182] M 282,4.
[183] Un. 480, f. 46r.

b) Widerstand gegen die Dominanz der vier Prinzipal-Bursen in der Artisten-Fakultät – Die Raemsdonck-Kontroverse

Der Protest gegen das exklusive Verhalten der vier Prinzipal-Bursen war 1466 artikuliert, nach Ausweis der Quellen zum ersten Mal seit Bestehen dieses dem philosophischen Realismus verpflichteten Bursen-Kreises. Er sollte in den nächsten Jahren nicht verstummen, verschärfte sich vielmehr. Die Protagonisten auf Seiten der Widerständischen sind bekannt, wahrscheinlich identisch mit jenen Magistern, die sich schon gegen die *privata presentatio* weniger Seniores unter Ausschluß der Gesamt-Fakultät gewandt hatten. Der Erfolg oder Mißerfolg dieses Widerstandes mußte darüber entscheiden, welche strukturelle Verfassung die Kölner Artisten-Fakultät zukünftig annehmen würde, ob und inwieweit die Prinzipal-Bursen andere Kräfte an der Leitung der Fakultät partizipieren lassen würden. Allein die Tatsache eines manifest werdenden Protestes unterstreicht den existenten Ausschließlichkeitsanspruch dieser Bursen. Die gegen sie erhobenen Vorwürfe und die an sie gerichteten Forderungen konkretisieren die Form und die strukturellen Elemente der Vorherrschaft.

Der Unmut der ausgeschlossenen Bursenmagister gegen die Vorrechte der Prinzipal-Bursen muß bereits einige Jahre für Streit in der Fakultät gesorgt haben. *Ad sopiendum lites rancores et discordias* wurde neben weiteren Forderungen als ein entscheidender Grund für eine besonders feierliche Versammlung am 21. November 1468 angegeben, zu der sämtliche Magister der Artisten-Fakultät, *regentes et non regentes*, sowie der Vizekanzler Henricus de Bemel und viele Doktoren der Theologie und Jurisprudenz eingeladen worden waren.[184] Diese *congregatio* besaß eine unmittelbare Vorgeschichte. Bestimmte Theologen und andere Senior-Regenten, also die Leiter der vier Bursen, hatten auf die Zusammenkunft gedrängt. Denn drei oder vier Tage vorher waren sie im Konvent der Dominikaner zusammengekommen, um sich die demütig vorgetragene Bitte des Lizentiaten der Theologie Ulricus Kridwiss de Eslingia (R 3) anzuhören, der in seinem und im Namen des Magisters Nicolaus

---

[184] Un. 480, f. 50r. Der Vorgang und Verlauf des Widerstandes gegen die Prinzipal-Bursen ist im wesentlichen bereits erörtert worden (vgl. Tewes 1986). Eine erneute Darstellung ist allerdings notwendig, um jener Auseinandersetzung ihren angemessenen Stellenwert im Prozeß der Bursen-Institutionalisierung zuweisen und um neue Erkenntnisse ergänzend und teilweise auch korrigierend einarbeiten zu können.

Raemsdonck (R 1) bat, *ad consorcium et unionem magistrorum principales bursas regencium* zugelassen zu werden. Treffend war damit der Status quo an der Artisten-Fakultät definiert, der von den Bursen-Regenten selbst bisher nie so bezeichnet worden war. Die Regenten der Prinzipal-Bursen hatten mittlerweile eine in sich abgeschlossene Gemeinschaft gebildet, aus der heraus die Fakultät „regiert" wurde. Diese Vereinigung muß von Außenstehenden, Ausgeschlossenen, als so etabliert angesehen worden sein, daß ein Mitwirken in dem Konsortium nur über ein nahezu förmliches Aufnahmegesuch möglich schien.

De facto bedeutete das Ersuchen von Ulrich Kreidweiß und Nikolaus Raemsdonck jedoch mehr. Nicht nur sie als Einzelpersonen, sondern die hinter ihnen stehende Burse sollte an der Fakultätsleitung teilhaben dürfen. Der Dekan Henricus de Buscoducis (C 43) brachte das, wie er sagte, äußerst diffizile Problem vor der großen Versammlung vom November 1468 denn auch wie folgt auf den Punkt: *An pro manutenencia facultatis arcium et subiectione studentium in eadem sufficiant quatuor burse principales vel necesse sit erigere plures*. Eine konkrete Folge der Anerkennung einer weiteren Prinzipal-Burse wäre die Zusprechung eines eigenen, fünften Prüfers für die Examina gewesen – von Nikolaus Raemsdonck *cum suis* genau so als Forderung erhoben, um auf diese Weise *idem ius et interesse* wie die *quatuor domus principales* zu erhalten.[185]

Erstaunlich, daß nun trotz der Dominanz der Prinzipal-Bursen deren Standpunkt keine Mehrheit fand. Einige, sicherlich die Repräsentanten der Haupt-Bursen, erklärten, *pro manutenencia facultatis arcium* genügten vier Bursen vollkommen, so wie es ja auch in Löwen an der Artisten-Fakultät nur vier Pädagogien gäbe. Die Mehrheit jedoch stimmte darin überein, zur Beendigung dieses Streites Deputierte aus jeder Fakultät zu bestimmen, die noch der Artisten-Fakultät inkorporiert seien.

---

[185] Die Bursa Raemsdonck muß sich in den Jahren vor 1468 gerade erst als Korporation gebildet haben, wobei sich der genaue Zeitpunkt nicht näher bestimmen läßt. Seit November 1462 treten seine Konregenten Jacobus Welder de Siegen (R 2), Theodoricus de Busco (R 4) und Ulricus Kridwiss (R 3) in dieser Reihenfolge bei nahezu jeder Bakkalaureats-Prüfung als einer der Examinatoren auf und stellen dabei meist den fünften Prüfer. 1468, in dem Jahr ihres Antrags und Protestes, und die folgenden zwei Jahre waren sie von diesem Examen ausgeschlossen – sicherlich ein konkreter Anlaß für ihren Schritt. Temptatoren scheint ihre Burse erst seit 1466 (Theodoricus de Busco) gestellt zu haben. Dieses Privileg gestatteten die Prinzipal-Bursen ihnen offenbar aber nur noch 1467 und 1468.

Anschließend trat allerdings etwas bisher wohl noch nie Dagewesenes ein. Nikolaus Raemsdonck und seine Mitregenten konnten sich mit dem Mehrheitsbeschluß ganz und gar nicht einverstanden erklären und stellten ihn in Frage. Ulrich Kreidweiß begab sich daher am folgenden Tag erneut vor die versammelten Magister und ersuchte sie in seinem wie im Namen des Nikolaus Raemsdonck und ihrer Mitstreiter, man möge nochmals eine *congregatio sub pena iuramenti* einberufen. Andernfalls würde man Berufung gegen jene Entscheidung einlegen. Die Anwesenden erwiderten ihm allerdings reichlich indigniert, *ille modus appellandi et provocandi* gegen einen durch Stimmenmehrheit gefaßten, vom Dekan verkündeten Beschluß sei äußerst ungewöhnlich und unpassend in der Artisten-Fakultät. *Pro bono pacis* solle er von der Appellation abstehen. Ulrich befolgte die Mahnung.

Offenbar hatten Kreidweiß, Raemsdonck und ihre Verbündeten diesen Weg der Konfrontation beschritten, um einen definitiven, positiven Beschluß in einer neuen, allgemeinen Versammlung für sich zu erzielen. Sie hatten nach der bis dahin praktizierten Deputiertenregelung zu befürchten, daß der geplante Ausschuß von den Prinzipal-Bursen beherrscht würde. Müssen doch in den noch der Artisten-Fakultät inkorporierten Doktoren der höheren Fakultäten nach den bisherigen Ausführungen und Erkenntnissen überwiegend Senioren und Rektoren dieser vier Bursen vermutet werden. In einer Generalversammlung hingegen ließ sich wahrscheinlich eine größere Zahl von Befürwortern ihrer Forderung finden.

Aufschlußreich ist in diesem Zusammenhang die Argumentation der Bursen-Rektoren, mit der die Errichtung einer weiteren, fünften Prinzipal-Burse abgelehnt wurde. Der Verweis auf die Vierzahl der Löwener Pädagogien zeigt an, für welche Richtung ein Vorbildcharakter, wenn nicht gar eine wechselseitige Beeinflussung zu konstatieren ist. Denn in Löwen konstituierte sich z.B. das „consilium minus" neben Dekan und Rezeptor aus den vier Prokuratoren der vier Nationen und den vier Regenten der vier Pädagogien.[186] In diese verlagerte sich – ähnlich wie in Köln – in der zweiten Hälfte des 15. Jahrhunderts auch der artistische Unterricht. Nachdem die Löwener Quellen wegen Verlust für 35 Jahre schweigen mußten, erscheinen 1482, nach einer Gesamtzahl

---

[186] Vgl. Van der Essen 1945, 233. Zu den Löwener Pädagogien s. ferner Van der Essen, 232-235; Claeys Bouuaert 1959, 12-18; De Maesschalck 1978, 484; Van Belle 1978, 45; Universiteit 1986, 61 f.; De Maesschalck 1991, 159.

von 25 Regenten um 1450, plötzlich nur noch vier Regenten, der Anzahl der Pädagogien entsprechend, denen ungefähr 50 Legentes gegenüberstehen.[187] Hier vollzog sich also auch im Bereich des Lehrwesens eine Konzentration, die sich in dieser Form in Köln allerdings nicht durchsetzen konnte. Die Namen der vier Pädagogien stammten anders als in Köln nicht von den Regenten, sondern teilweise von Nachbargebäuden; auch scheint die Stadt bei der Unterhaltung der Häuser beteiligt gewesen zu sein.[188] Besaßen die Löwener Pädagogien zwar nicht den gleichen Grad an Autonomie wie die Kölner Prinzipal-Bursen, so dürfte diesen doch die Konstitution eines begrenzten und für die Leitung wie Gestaltung der Fakultät maßgeblich verantwortlichen Kreises von artistischen Institutionen als Vorbild gedient haben.

An der Kölner Artisten-Fakultät hatte sich gleichwohl eine ernstzunehmende Opposition gegen die wachsenden Privilegien und den Status der Prinzipal-Bursen formiert. Ein Dissens hatte sich gebildet, der sich in den folgenden Jahren noch steigern sollte. Auch die nächste relevante Quelle vom 8. März 1469 spiegelt die entstandenen Gegensätze wider, diesmal jedoch in Fragen des Lehrstoffes und der Unterrichtsgestaltung.[189] Um über eine bessere Anordnung und Regelung der ordentlichen Lektionen zu beraten, war diese allgemeine Fakultätsversammlung einberufen worden. Ein weiterer Anlaß lag in verschiedenen Mängeln, die von Bakkalaren bei ihrer Präsentation zum Lizentiats-Examen vorgebracht worden waren und sich sowohl auf die *libri parciales* als auch auf den schlechten Besuch dieser Vorlesungen bezogen. Der Dekan Henricus de Buscoducis (C 43) rief daher die Magister zusammen, damit dem Übel Abhilfe geschaffen würde. Denn da viele Mängel in solchen Vorlesungen aufträten, könnte die Artisten-Fakultät bei Fortdauer des Zustandes großen Schaden erleiden. Welches Heilmittel am wirksamsten sei, darüber gab es jedoch unterschiedliche Meinungen. Einige forderten, die Vorlesungen in den ‚parva naturalia' aufzugeben, weil sie vollkommen nutzlos seien. Stattdessen sollten die ‚libri politicorum' des Aristoteles gelesen werden. Andere hielten dagegen eine Neuregelung der Vorlesungen in der Metaphysik, Ethik und Physik, den sogenannten *libri maiores*, für

---

[187] Van Belle 1978, 45.
[188] Claeys Bouuaert 1959, 14; Universiteit 1986, 61; Meuthen 1989a, 372 f.; De Maesschalck 1991, 159.
[189] Un. 480, f. 51r.

notwendig. Sie seien abwechselnd durch die vier *domus seu bursas* zu lesen, so daß jedes Jahr ein Magister einer der vier Bursen für alle Bakkalaureanden aller Bursen die Bücher der Physik läse und jeweils einer für die Bakkalare die Bücher der Metaphysik und Ethik. Damit genügten jeweils ein *phisicus, metaphisicus* und *ethicus*. Auf diese Weise würden die Vorlesungen fruchtbarer und nutzvoller gemacht, zugleich würden die Magister *propter solempne auditorium* zu besseren Vorlesungen angehalten.

Der Stimmenmehrheit folgend beschloß der Dekan jedoch, diesen beabsichtigten *modus ordinandi et legendi libros* bis zum Beginn des folgenden Vorlesungsjahres aufzuschieben. Der amtierende Dekan sollte dann die Magister erneut zusammenrufen, während den Senior-Magistern zwischenzeitlich die Aufgabe zukäme, über einen guten Modus zur Ehre der Fakultät und zum Fortschritt der Studenten nachzudenken.

Die vorgeschlagenen Reformen bedeuteten eine nicht unerhebliche Modifikation früherer Verfahrensweisen. Zwar konnten wir erfahren, daß bereits 1450 bedeutende Theologie-Professoren der Bursen die Ethik für die Schüler (vermutlich) aller Bursen lasen bzw. lesen sollten.[190] Doch blieben Physik und Metaphysik – wie die Reformbeschlüsse von 1446 zeigten[191] – strikt unter der Obhut der einzelnen Bursen. Nun aber beabsichtigten bestimmte Personen, diese wichtigen Vorlesungen alternierend durch jeweils einen Regenten der vier Prinzipal-Bursen für alle Bursalen lesen zu lassen. Die Metaphysik etwa wäre durch einen Thomisten auch für die Albertisten vorgetragen und kommentiert worden. Bedenkt man die strengen dogmatischen Gegensätze zwischen den beiden konkurrierenden Kölner Schulen der Via antiqua gerade in Fragen der Physik und Metaphysik, so wird erst deutlich, wie außergewöhnlich dieser Vorschlag war. Zugleich beabsichtigte man offenbar, Regenten der kleineren Bursen von Vorlesungen über die *libri maiores* abzuhalten. Eine gemeinsame Abwehrhaltung etwa gegen die aufsässigen Regenten der Bursa Raemsdonck scheint mir ein ausschlaggebendes Motiv für die letztlich unrealistische Regelung gewesen zu sein. (In den Quellen ist von dem Vorschlag später niemals wieder die Rede.)

Mehrere Gründe legen nahe, daß die Raemsdonck-Kontroverse bei diesen disparaten Vorschlägen im Hintergrund stand. In jener

---

[190] S.o. 134 f.
[191] S.o. 132.

Versammlung stießen zwei völlig kontroverse Modelle aufeinander. Eine fundamentale Auseinandersetzung an der Artisten-Fakultät vollzog sich in jenen Jahren aber ausschließlich zwischen den Prinzipal-Bursen und der Raemsdonck-Burse um deren Anerkennung als fünfte Haupt-Burse. Nur die Vertreter und Anhänger der opponierenden Burse werden als Befürworter des ersten Vorschlags anzusehen sein. Diese Annahme läßt sich erhärten, indem die Quellen genauer analysiert und hinterfragt werden. Erstaunlicherweise und bisher erstmalig hatten sich ja Magistranden während des Prüfungsablaufes über Mängel bei den Vorlesungen beschwert, nicht wie üblich die Regenten. Ebenso bemerkenswert ist nun der Grund ihrer Klage: die Vernachlässigung und Geringschätzung der *libri parciales* und deren schlechter Besuch.[192] Zu diesen *libri parciales* dürften all jene gehört haben, die im traditionellen Lehrkanon der Kölner Artisten-Fakultät keine größere, nur eine partielle Bedeutung besaßen. Welche Bücher offenbar aus dem Kanon der *libri formales* fielen, ging zum Teil schon aus der Quelle vom 9. Oktober 1453 hervor.[193] Im Gegensatz zu den Bestimmungen von 1446 zählten die ‚parva naturalia' offenbar nicht mehr zu den unbedingt gebotenen Vorlesungen für die Magistranden. 1469 forderten einige Personen ihre völlige Abschaffung.

Aufhorchen läßt die Alternative: die Bücher des Aristoteles über die Politik. Sie stehen weder in den Statuten noch sind sie je zuvor genannt worden. Die „Politik" befaßte sich weitgehend mit organisatorischen Problemen des Gemeinwesens, stand immer im Schatten der wichtigeren Ethikvorlesung, in der sie – wenn überhaupt – manchmal abgehandelt wurde. Wer konnte ein Interesse an diesen Texten sowie generell an den nicht für die Prüfungen verbindlichen Büchern haben? Welche *libri parciales* sich die Magistranden im

---

[192] Eine Differenzierung zwischen einem *liber totalis* und einem *liber parcialis* begegnet bereits in dem mehrfach erwähnten Protokoll vom 10.10.1436 (Un. 478, f. 30v; s.o. 128, A. 94), in welchem es über die Wahl der Bücher für das neue *ordinarium* und die Möglichkeit konkurrierender Magister ging. Damals wurde auch festgelegt, daß niemand *librum totalem aut parcialem* beginne, der das Buch vor Ablauf des Vorlesungsjahres zu beenden beabsichtigt. Um welche Bücher es sich hier im einzelnen handelt, wird nicht gesagt. Wahrscheinlich entsprach diese Unterscheidung jener zwischen den *libri formales et materiales*, also zwischen Büchern, die für die Erlangung der Grade verbindlich waren, und solchen, die lediglich in den Statuten vorgeschrieben waren und weder stets gelesen noch von allen gehört wurden (*libri materiales, parciales*). Vgl. hierzu etwa Clasen 1959, 126 f.; Clasen 1960, 197; Meuthen 1988, 29, 229, 488, Anm. 228 (Kritik an Clasen).

[193] S.o. 143 ff.

einzelnen stärker berücksichtigt wünschten, wird nicht gesagt. Vermutlich werden sie analog zur „Politik" mehr öffentlichkeits- und praxisorientiert gewesen sein. Zu denken wäre hier an die Grammatik, Mathematik, eventuell auch Rhetorik. (Stützende Argumente für diese These müssen weiter unten gegeben werden.[194])

Lassen sich neben der „Politik" die weiteren Lektürepräferenzen nicht eindeutig bestimmen, so besitzen wir doch sichere Anhaltspunkte, um die sich beschwerenden Bakkalare genauer identifizieren zu können. Denn als gut 15 Monate später, am 2. Juni 1469, erneut eine Versammlung, diesmal der gesamten Universität, wegen der Raemsdonck-Kontroverse zusammentrat, wurde im Verlauf der Beratungen jener Personenkreis näher umrissen, der Raemsdoncks Burse frequentierte und unterstützte.[195] Hier werden namhafte Kölner Bürger genannt, die sich durch das ausschließende Gebaren der Prinzipal-Bursen brüskiert und nicht ausreichend geehrt fühlten, da ihre in der Bursa Raemsdonck studierenden Söhne vor allem bei den Promotionen und Lozierungen gegenüber den Schülern der Hauptbursen benachteiligt würden. (Höchstwahrscheinlich dürfen wir hierin eine Folge des Lozierungsordo sehen, der den Kommensalen der Bursen-Rektoren – und zwar denen der Prinzipal-Bursen – noch vor den reichen Nicht-Kommensalen einen höheren Status einräumte.) In der Zurückweisung dieses Vorwurfs führte die Fakultät namentlich zwei Schüler Raemsdoncks als rechtfertigende Beispiele an. So sei vergangenes Jahr Robertus Blitterswijck[196] auf den ersten Platz loziert worden – wegen der Ehre seines gleichnamigen Vaters, eines Bürgers der berühmten Stadt Köln, und obwohl er aus der Burse des Magisters Nikolaus (Raemsdonck) stammte und obgleich es viele bessere Kleriker in den anderen Bursen gegeben habe. Zudem sei im gleichen Jahr der Sohn eines bestimmten Kölner Bürgers aus derselben Burse zwar zuerst wegen seiner Unwissenheit zurückgewiesen worden. Man habe ihn dann aber auf Grund der zudringlichen Bitten Raemsdoncks und seiner Magister doch noch zugelassen und außerhalb der Regel – da ein Sohn Kölns – durch eine überaus großzügige Gnade von ganz unten auf den 19. Platz unter 45 Lozierten hinaufgesetzt.

---

[194] S.u. 435 ff.
[195] Vgl. Un. 480, f. 58r-59r.
[196] M 297,70.

Auf der 19. Stelle bei der Feier des Lizentiats am 17. März 1469 befand sich Gerardus Mommer de Raemsdonck[197], höchstwahrscheinlich ein enger Verwandter des Nikolaus, der demnach in der Kölner Bürgerschaft verwurzelt gewesen sein muß. Nach der Prüfung durch die fünf Temptatoren, allesamt ältere Regenten der Prinzipal-Bursen, keiner aus der Bursa Raemsdonck, war Gerardus jedoch am 19. Februar, als die 46 Bakkalare dem Vizekanzler präsentiert wurden, auf die 13. Stelle loziert worden.[198] Erst danach, als die Examinatoren des Vizekanzlers – alle Senior-Regenten der Prinzipal-Bursen – die Lozierung für das Lizentiats-Examen vornahmen, muß es zu der Zurückweisung des Gerardus gekommen sein. Auf die erste Stelle der Lozierten hatten die Examinatoren des Vizekanzlers unter dem Druck des angesehenen und einflußreichen Vaters tatsächlich Robertus Blitterswijck gesetzt. Bei der Präsentation der Bakkalare hatte er sich allerdings noch auf dem neunten Platz befunden. Neben Gerardus und Robertus wurden im Februar 1469 noch einige weitere Söhne Kölner Bürger zum Examen präsentiert, unter ihnen Jacobus und Hermannus de Mosa (van der Masen)[199], die bei der Präsentation den 15. und 16. Platz einnahmen, bei der Prüfung vor dem Vizekanzler allerdings nur den 29. (oder 21.) und den 43. Platz einnehmen durften. Sie alle waren Schüler der Raemsdonck-Regenten Theodoricus de Busco (R 4) und Jacobus Welder de Siegen (R 2). Bis auf den prominenten Robertus Blitterswijck mußten sie bei der Feier des Lizentiats am 17. März 1469 schlechtere Plätze einnehmen als bei der Präsentation, bei der die Temptatoren nach ihrer Prüfung die Plätze festlegten. Genau zwischen der Präsentation und dem Examen vor dem Vizekanzler liegt aber das obengenannte Protokoll vom 8. März über die konträren Vorschläge zur Neuregelung der Vorlesungen! Bei der Präsentation hatten Bakkalare die Vernachlässigung der *libri parciales* kritisiert. Es liegt nun sehr nahe, in den Kritikern jene Studenten der Bursa Raemsdonck zu vermuten und die anschließende, heftig umstrittene Zurücksetzung auf eben diesen Protest zurückzuführen.

Zu den *libri parciales* werden auch die Bücher der Politik zu zählen sein. Ein verständliches Interesse an diesem Stoff dürften aber gerade die genannten Söhne und Laien aus den angesehenen Kölner Rats- und Fernhändlerfamilien sowie deren Väter gehabt

---

[197] M 302,30.
[198] Vgl. Un. 480, f. 50v-51v.
[199] M 305,5 und 6.

haben. Robert Blitterswijck schlug tatsächlich – wie wir noch sehen werden – später eine juristische und politische Laufbahn ein, die ihn zu einem äußerst engen Vertrauten Kaiser Maximilians werden ließ. Den Regenten der Bursa Raemsdonck blieb seine Familie noch viele Jahre danach verbunden. Sie scheinen für den Unterricht ihrer Burse den Schwerpunkt nicht so sehr wie die Rektoren der Prinzipal-Bursen auf die Bücher der Physik oder Metaphysik, sondern eher auf sonst vernachlässigte und praktische Themen gelegt zu haben. Mit großer Wahrscheinlichkeit steht die Forderung nach Politik-Vorlesungen im Zusammenhang mit einer lehrinhaltlichen Ausrichtung der Raemsdonck-Burse an Fächern der Studia humanitatis. Denn wie noch näher auszuführen sein wird, kann Ulrich Kreidweiß bereits für die Zeit seiner Regentschaft an der Raemsdonck-Burse als erklärter Humanist erwiesen werden.[200] Es wäre mehr als erstaunlich, wenn nicht zumindest er aus dieser geistigen Grundhaltung heraus den humanistischen Studien an seiner Burse stärkeres Gewicht verschafft hätte.[201]

Wird in den folgenden Quellen der Artisten-Fakultät auch nicht immer ausdrücklich auf die längst noch nicht erloschene Raemsdonck-Kontroverse Bezug genommen, im Hintergrund war sie doch stets gegenwärtig. Schon am 1. Juli 1469 schickte die Stadt ihre vier Provisoren[202] sowie vier weitere Ratsherren zur Universität. Die von ihnen vorgebrachte Klage resultierte offensichtlich unmittelbar aus den geschilderten Vorgängen während des Lizentiats-Examens vom Februar und März des gleichen Jahres. Denn sie beschwerten sich heftig, *dat die faculteet in artibus vurneymen, nyemant zo promovieren uyss meister Clais van Rampstorp ind meister Otten van Xancten bursen ind huyseren, sij en haven dan eyn placet ind consent van eynchem der rectoire van den anderen*

---
[200] S.u. 674 f.
[201] Auf die Thematik werden wir im Kapitel über die Bursa Ottonis erneut zurückkommen; s.u. 435 ff. Möglicherweise resultierte eine Ablehnung der Raemsdonck-Forderungen bei manchen Regenten auch aus Abneigung gegen die humanistische Bildung des Ulrich Kreidweiß. Die grundlegende Abwehrhaltung der Fakultät erklärt sich hieraus jedoch nicht, da sich die Artisten schon früher für humanistische Vorlesungen, etwa in der Rhetorik (s.u. 680 ff.), ausgesprochen hatten.
[202] Das Kuratorium der vier städtischen Provisoren wurde aus hochverdienten Honoratioren (stets Bürgermeister) gebildet, die satzungsgemäß für die Stadt betreffende Angelegenheiten der Universität zuständig waren. 1469 gehörten ihm Johann Pennink, Johann vanme Hirtze (de Cervo), Johann vanme Dauwe und Heinrich Sudermann an.

vier bursen, dardurch die studenten in meister Clais ind meister Otten huyss vurs. beswiert ind achtersatzt wurden.[203] Der Meister der Schickung hieß wohl nicht zufällig Robert Blitterswijck, Vater des gleichnamigen Schülers der Bursa Raemsdonck. Hatten wir oben die Abhängigkeit der Angehörigen der Raemsdonck-Burse von den Senioren der Prinzipal-Bursen bei den Examina aus dem Protokoll und der Chronologie der umstrittenen Prüfung eruiert, so wird hier durch die Ratsherren der tatsächliche Grad der Abhängigkeit konkretisiert: ohne das Plazet, das Einverständnis der Rektoren aus den Prinzipal-Bursen durften und konnten die Regenten der kleineren Bursen das elementare Recht eines Magisters, die Graduierung der eigenen Schüler, nicht ausüben. Die Nennung der im Februar/März 1469 wahrscheinlich nicht betroffenen Bursa Ottonis zeigt an, daß es sich hier um eine länger bestehende, grundlegende Schikane handelte. Das Veto des Rates fruchtete offenbar zunächst, denn im September 1469 teilte eine Abordnung der Universität den Ratsherren mit, der Streit zwischen der Artisten-Fakultät und den Bursenleitern Nikolaus Raemsdonck sowie Otto von Xanten sei beigelegt worden.[204]

Die exklusive Gestaltung der Examina durch die Haupt-Bursen scheint allerdings weiterhin praktiziert worden zu sein. Denn am 12. November 1469 versammelten sich lediglich einige Seniores der Bursen, um über die Anordnung der Determinations-Akte der am Vortag zugelassenen Bakkalaureanden zu entscheiden.[205] Die Zahl der 49 *admissi* vom 11. November entsprach der Anzahl der Präsentierten.[206] Die Examinatoren, von denen der fünfte mit Nikolaus Linnich (O 3) aus der Bursa Ottonis stammte, hatten somit niemanden zurückgewiesen. Die nun am 12. November durch die Seniores festgelegte Abfolge der Akte stellt sich im Protokoll so dar, daß die vier Prinzipal-Bursen ihre jeweils zehn bzw. elf Schüler

---

[203] HAStK, Schickungsbuch C 17, Bl. 7 b; vgl. R 1471; Ratsbeschlüsse 1990, 366, Nr. 25 (mit anderer Seitenzählung der Quelle). Das Exempel für diese Verfügungsgewalt der Bursen-Rektoren bei Graduierungen, die nicht in ihren Bursen erfolgten, ist in prinzipieller Hinsicht schon im April 1459 statuiert worden (s.o. 151 ff.).

[204] Vgl. HAStK, Ratsmemoriale 2, Bl. 125 a; R 1478; Ratsbeschlüsse 1990, 372, Nr. 52. Die Universitätsabordnung bestand aus dem Rektor und den Dekanen der drei höheren Fakultäten; über ihre erfolgreiche Schlichtung berichtete sie im Dom den beiden Provisoren Johann vanme Dauwe und Johann Penninck sowie Robert Blitterswijck als weiterem geschickten Ratsfreund.

[205] Un. 480, f. 55r.

[206] Vgl. hierzu und zum Folgenden das Protokoll des Bakkalaureats-Examens vom November 1469 (Un. 480, f. 54r/v).

Die Entwicklung von Bursen und Artisten-Fakultät 1450 – 1500

in der Reihenfolge Kuckana, Laurentiana, Corneliana, Montana am 15., 16., 20. und 22. November determinieren ließen. Am 28. November folgte die Raemsdonck-Burse, aus der sechs Bakkalaureanden unter Jakob Welder von Siegen determinierten: vier Kleriker aus der Diözese Utrecht (drei aus Gorkum), ferner der *militaris* und Kölner Kleriker Bernardus van den Bongart al. de Pomerio aus der alten rheinländischen, ritterlichen Familie von Schwarz-Bongart[207] und der Kölner Adlige Christian Konresheim al. Isermenger[208], später Doktor beider Rechte mit einer städtischen Professur. Für die Prüfung ihrer Schüler konnte die Bursa Raemsdonck also keinen eigenen Examinator stellen. Da nach den bisherigen Ausführungen mit den versammelten Seniores des 12. November leitende Mitglieder der Prinzipal-Bursen gleichzusetzen sein dürften, werden Jakob Welder und seine Mitregenten überhaupt keinen Einfluß auf den Termin des Determinations-Aktes ihrer Burse gehabt haben. Erwägt man den Status einiger Eltern, so werden auch diese in ihrem Ehrgefühl davon nicht unberührt geblieben sein.

Hierauf Rücksicht zu nehmen, schien den Senior-Regenten jedoch nicht geboten. Sie sorgten sich um ein ganz anderes Problem. Welche finanzielle Leistung sollte ein Bakkalaureand aufbringen, wenn er bei der Verteilung der Akte von einer Burse zu anderen geschickt würde? Nach Ansicht der Anwesenden sollte er nicht mehr als zwei fl. in jener Burse zahlen, zu der er gesandt wurde. Auch sollte diese durch ihn nicht finanziell belastet und benachteiligt werden. Selbst wenn mehrere Schüler von einer Burse in eine andere wegen der Unterbringung oder anderer Vorteile (*in hospitibus aut emolumentis aliis*) geschickt würden, sollte diese Regelung gelten. Sie wollte man auf der nächsten Versammlung der Fakultät vortragen und falls dort angenommen, als gültigen Beschluß im Fakultätsbuch niederschreiben. Später fand der Vorschlag jedoch keine Mehrheit und sollte in anderer Form nochmals der Fakultät vorgetragen werden.

Die Statuten der Fakultät von 1398 kannten die finanzielle Problematik eines Bursenwechsels vor den Prüfungsakten natürlich nicht. Dort hatte man nur allgemein die Höchstausgabe von zwei fl. für das Fest des determinierenden Bakkalaureanden und die

---

[207] M 312,36; vgl. zur Familie Premier Livre 1978/85, Nr. 9, 605, 794.
[208] M 293,22; vgl. Premier Livre 1978/85, Nr. 171 („aus adliger, seit 15. Jahrhundert in Köln ansässiger Familie"; anders dagegen Gerig 1960, 84: Eisenhändler als Vater, da Beiname Ijsermenger).

Zahlung von einem fl. an den Determinator festgelegt.[209] 1469 wird jedoch deutlich, daß nicht mehr der einzelne Magister mit seinen Schülern die Determination gestaltete, sondern die jeweilige Burse. Dabei entschieden offenbar allein die vier Prinzipal-Bursen über die Reihenfolge. Sie verfügten anscheinend sogar über das Recht, einzelne Bursalen anläßlich der Determination in andere Bursen zu schicken. Da ein Bursenwechsel ansonsten mit aller Macht unterbunden wurde, muß es hier gegenseitige, einvernehmliche Absprachen gegeben haben, die keine Burse benachteiligten – erst recht nicht diejenige, die einen neuen Bursalen erhielt. Dieses Verfahren erscheint derart eigenmächtig, daß eine Zurückweisung des Vorschlags nur allzu verständlich anmutet. Ob er zu jenem Zeitpunkt die kleinen Bursen stärker benachteiligte als die großen, läßt sich aus den Quellen nicht feststellen. Da seit 1482 die Protokolle fast regelmäßig die jeweils von den Bursen Präsentierten wie die anschließend unter deren Regenten Determinierenden verzeichnen, kann für die bis 1502 existierende Bursa Ottonis eine positive Differenz von 39 Determinierenden ermittelt werden.[210] Immerhin vergegenwärtigten die Seniores ihre eingeschränkte Kompetenz, indem sie ihren Vorschlag der Fakultät, die ja eigentlich auch für die Verteilung der Akte zuständig gewesen wäre, zur endgültigen Beratung unterbreitete.

Eine gewisse anmaßende Selbstherrlichkeit der Senior-Regenten gegenüber der Fakultät als Vereinigung aller Magister findet sich ebenso in der folgenden Quelle. Eine *solempnis congregacio facultatis arcium* war am 1. März 1470 *per iuramentum* einberufen worden, um über eine Reform der ordentlichen Lektionen und der Kleidungsvorschriften für die lesenden Magister und Bakkalare zu

---

[209] Vgl. Bianco 1855, Anhang 65; von den Brincken 1989, 405.

[210] Im einzelnen lassen sich von 1467 bis 1502 80 Bakkalare erfassen, die zwar durch die Ottonis präsentiert wurden, anschließend aber unter Regenten anderer Bursen determinierten, demnach wohl für diesen Akt in eine andere Burse „geschickt" worden sind. Diesen abgegebenen Schülern steht eine Gesamtzahl von 119 Bakkalaureanden gegenüber, die zusätzlich zu den präsentierten Schülern der Bursa Ottonis unter ihren Regenten determinierten. Sie erhielt von den Prinzipal-Bursen also mehr Schüler für das Bakkalaureats-Examen als sie an die anderen Bursen abgeben mußte. Bestimmte Präferenzen lassen sich dabei nicht feststellen. Die großen Bursen scheinen demnach ein Interesse an der Graduierungstätigkeit der Ottonis gehabt zu haben. Dies deckt sich mit dem Ergebnis aus dem Kapitel über die quantitative Analyse der personellen Bursen-Zusammensetzung, aus dem das bemerkenswerte Übergewicht der Determinationen über die Inzeptionen in der Ottonis hervorgeht.

beraten.[211] Gut ein Jahr vorher hatte bekanntlich erst eine Neuregelung der formalen Lektionen, der *maiores libri*, und der *libri parciales* zur Debatte gestanden. Damals schon sollten mit Beginn des neuen Vorlesungsjahres Anfang Oktober 1469 neue Verfahren durch die Senior-Regenten in Vorschlag gebracht werden. Eventuell verliefen entsprechende Bemühungen im Sande. Doch auch im März 1470 konnte über eine Reform der Vorlesungen kein Beschluß gefaßt werden. Denn gerade die Senior-Regenten, wohl der Prinzipal-Bursen, die vor einem Jahr einen *bonus modus* ausarbeiten sollten und vermutlich hinter dem Vorschlag standen, die *maiores libri* nur durch die vier Prinzipal-Bursen für die Bursalen lesen zu lassen, sie fehlten bei dieser feierlichen, durch Eid verpflichtenden Fakultätsversammlung. Wegen ihrer Abwesenheit und wegen der geringen Zahl Anwesender wurde eine Beschlußfassung verschoben. Es spricht einiges dafür, daß gerade die Idee gemeinsamer Bursenlektionen nicht unbedingt die Reformbemühungen vorantrieb, stand ihr doch immer noch – und mit Blick auf 1469 wohl wieder verstärkt – die gesunde Konkurrenz der Prinzipal-Bursen gegenüber. Warum die sonst so dominierenden Senior-Regenten der Versammlung fernblieben, ob aus Protest gegen Pläne aus der Raemsdonck-Burse, verschweigt uns der Dekan Paulus Leend (M 31).

Lassen die letzten Quellen schon ahnen, daß die Prinzipal-Bursen den kleineren Häusern kaum entgegengekommen sein dürften, so offenbart ein umfangreiches Protokoll des Dekans Henricus de Breda (K 6) vom 2. Juni 1470 eine Steigerung und Verschärfung des Konflikts.[212] Zugleich leuchtet das grelle Licht, in welchem die Antagonisten die kontroversen Punkte zeichneten, recht anschaulich aus, wie und auf welche Weise die Prinzipal-Bursen in der Fakultät dominierten, welche Struktur sie ihr gaben.

Erneut nahmen städtische Deputierte das Interesse der kleinen Bursen wahr und erreichten am 2. Juni 1470 die Einberufung einer Universitäts-Versammlung. Auf Seiten der Stadt werden diesmal allerdings nicht alle Provisoren genannt, sondern außer dem Bürgermeister und Fernhändler Johann vanme Dauwe noch Robert Blitterswijck, Goswin von Straelen, Jakob zo me Lewen, Andreas

---

[211] Un. 480, f. 56r.
[212] Un. 480, f. 58r-59r; bei Tewes 1986, 55, aufgrund einer falschen Jahresangabe im Text (f. 59r: über *preterito anno* in römischen Zahlen die Angabe „68") irrtümlich auf den 2. Juni 1469 datiert.

Lederbach sowie die städtischen Sektretäre Wolter von Blisia, Dr. utr. iur., und Heinrich Retheri. Zunächst beschwerte sich Johann vanme Dauwe, daß die Universität Nikolaus Raemsdonck nicht jene Freiheit gestatte, die ihm durch die Universitäts-Deputierten auf Drängen der Stadt zugesprochen worden sei. Im einzelnen ging es hierbei um die Prüfer und die *invitandi* seiner Burse, um die fehlende Ehrerbietung gegenüber den Eltern seiner Schüler bei den Zulassungen und Lozierungen während der Examina, wie sie hingegen den Schülern der anderen Bursen gewährt würde. Die vier Fakultäten zogen sich daraufhin einzeln zur Beratung zurück und antworteten anschließend durch den Theologen Johannes de Mechlinia (L 4): Den Deputierten der Universität, die eine Übereinstimmung zwischen der Artisten-Fakultät und Magister Nikolaus geschaffen hätten, seien die angesprochenen, neu entstandenen Schwierigkeiten und Streitpunkte nicht bekannt. Träfen sie zu, würde man erneut eine freundschaftliche Regelung finden.

Die Kölner Bürger waren jedoch offensichtlich ganz grundsätzlich nicht mit einem Kompromißverfahren einverstanden, das einen gegenseitig respektierten Modus vivendi bewirken sollte, im Endeffekt aber eine Bewahrung des Status quo bedeutete. Auch im Namen seiner Mitdeputierten wünschte Johann vanme Dauwe eine endgültige Antwort seitens der Universität, der Jurist Wolter von Bilsen insbesondere über den Prüfer für die Raemsdonck-Burse. Wegen der fortgeschrittenen Stunde und um weitere Verzögerungen durch erneute Beratungen zu vermeiden, übertrug der Rektor Christian Engelberti von Köln dem artistischen Dekan Henricus de Breda (K 6) die Aufgabe, den Ratsherren auf ihre Klagen zu antworten.

Bevor Henricus auf die bekannten Vorwürfe im Detail einging, hob er hervor, daß die Ratsherren oder zumindest die Deputierten darüber von den Eltern der Schüler Raemsdoncks, von diesem selbst und von seinen Kollegen (*socii*) in der Bursenleitung falsch informiert worden seien. Seine Replik, in Übereinstimmung mit den Universitäts-Deputierten und den Erwägungen und Statuten der Artisten-Fakultät gegeben, ermöglicht einen wertvollen Einblick in den damals vorherrschenden Grad der Institutionalisierung, den die Prinzipal-Bursen erreicht hatten. Zugleich offenbart sie praktische Konsequenzen der Dominanz.

Auf den ersten Anklagepunkt erwiderte der Dekan im Auftrag und auf Geheiß der gesamten anwesenden Artisten-Fakultät, diese glaube nicht, daß auf ihren Beschluß und mit ihrem Einverständnis dem Magister Nikolaus durch die Universitäts-Deputierten ein ständiger Examinator für seine Burse zugesprochen worden sei. Denn dies widerspräche den Statuten der Universität als auch der Fakultät. Da die Freiheit der einzelnen Stimmberechtigten bei der Prüferwahl gewahrt bleibe, könne weder irgendein Bursenhaus eines (eigenen) Prüfers sicher sein noch könne diesen ein solcher „zertifiziert" werden. Doch seien Nikolaus und mehrere Magister seiner Burse durchaus dann und wann zu Prüfern gewählt worden und könnten auch künftig gewählt werden. Keineswegs seien weder er selbst noch seine Magister – wie es angeklungen sei – irgendwann einmal durch die Fakultät hintangesetzt worden. Vielmehr habe die Artisten-Fakultät unter Beachtung ihrer Statuten immer frei gewählt: manchmal den Magister Nikolaus, manchmal Magister Otto von Xanten für dessen Burse, manchmal *non regentes* irgendwelcher Bursen. Weder beabsichtige noch könne die Fakultät deshalb Nikolaus irgend etwas zusprechen. Doch wenn Nikolaus in jener ungewöhnlichen und unschicklichen Weise sein lästiges und unverschämtes Beharren fortsetze, mit dem er die ganze Fakultät durcheinanderwirbele, werde er schon merken, wie gefährlich dies sei. Die Fakultät sei fest entschlossen, ihre Freiheit zu bewahren, dabei Nikolaus, seine Magister und weitere – wie mehrfach geschehen – zu Examinatoren und Temptatoren ihrer Promovenden zu wählen. Sie könne und wolle diese Magister nach den entsprechenden Bestimmungen ihrer Statuten nicht absondern. Mit Blick auf den hierüber verhandelnden Wolter von Bilsen betonte der Dekan, daß diesem, da der Fakultät eingeschworen (*iuratus*), solches nur allzu gut bekannt sei. Auch erwarte die Fakultät, daß der „bestens informierte" Rat der Stadt Köln sie eher in ihrer Wahlfreiheit erhalte als sie gegen ihre Statuten zur Zertifizierung eines Prüfers für die Raemsdonck-Burse dränge.

Was den zweiten Beschwerdepunkt über die vier einzuladenden Senioren aus der Burse Raemsdoncks angehe, so gebe es über die Zahl der Gäste bei den Promotionsfeiern keine statutarische Festlegung. Jedoch habe man seit Beginn der Universität den Brauch gepflegt, den Rektor, den Dekan, die Prüfer und wenige weitere Magister einzuladen. Da die Rektoren der Bursen eher als Magister Nikolaus damit begonnen hätten, Schüler zu halten, und da sie unnütze Einladungen vieler Gäste ohne Ehrgewinn für die Fakultät genau geprüft hätten, seien die Rektoren der (Prinzipal-) Bursen ohne eine Gesamtversammlung der Fakultät freundschaftlich unter sich zusammengekommen. Dabei wollten sie vor allem die Älteren (*senes*) ehren, die lange in der Fakultät regiert und gelehrt hätten, woraus sich eine Zahl von vieren pro Burse entwickelt habe. Deshalb würden Nikolaus und seine Magister auch keineswegs benachteiligt, da die übrigen Bursen auch nicht bitten würden, von ihm zur Last der Seinigen eingeladen zu werden. Auf jeden Fall würden die Schüler durch eine solche Vervielfachung der Einzuladenden überaus benachteiligt, so daß es vielleicht wegen der schlechten Zeiten eher ratsam sei, die Zahl der Gäste zu verringern.

Auf die Widerlegung des dritten Beschwerdepunktes über die fehlende Ehrerbietung gegenüber den Bürgerssöhnen bei den Lozierungen wurde bereits ausführlich eingegangen.[213] Welchen Hintergrund das Engagement der Kölner Ratsherren hatte, soll später näher erörtert werden. Ein offenes Ohr für ihre Forderungen scheinen die Magister der Raemsdonck-Burse auch bei einigen Deputierten der Universität gefunden zu haben. Insgesamt waren diese jedoch wohl mehr um einen Ausgleich denn um einseitige Anerkennungen bemüht. Gleichwohl bemühte sich die Artisten-Fakultät in Gestalt der Bursen-Rektoren, städtischen Interpretationen der von den Deputierten getroffenen Kompromisse, die allzu sehr in Raemsdoncks Sinne ausgelegt wurden, entgegenzutreten. Der wortführende Dekan gab dabei einiges vom Selbstverständnis der Prinzipal-Bursen, von ihrer Praxis der Gestaltung zentraler Fakultätsereignisse preis, im Ton nicht immer frei von Hochmut. In der Tat gab es in den Statuten keine nähere Bestimmung über die Wahl der Prüfer als die allgemeine Feststellung, die fünf Examinatoren bzw. Temptatoren seien durch eine Versammlung aller Magister der Artisten-Fakultät zu wählen.[214] Danach gehörte nicht einmal der Dekan eo ipso zu den Prüfern, obwohl er in den entsprechenden Protokollen stets aufgeführt ist. Wir sahen bereits, daß mit seltenen Ausnahmen die Prüfer bis 1450 stets aus den drei Haupt-Bursen der Via antiqua stammten, mit einem Übergewicht der Laurentiana. Nach 1450 besetzte jede der nun vier Prinzipal-Bursen eine Temptatorstelle, wobei die Burse, aus welcher der amtierende Dekan stammte, gewöhnlich den fünften Temptator stellte. Ähnlich war es seit der Gründung der Kuckana auch bei den Examinatoren, doch hier kamen, anders als bei den Lizentiats-Prüfungen, die kleinen Bursen schon eher einmal zum Zuge. Oft wurde dann aus jener Burse, die das Dekanat besetzte, kein zweiter Prüfer gewählt. Der

---

[213] S.o. 167 f.
[214] Vgl. Bianco 1855, Anhang 63 f., 67.

Anspruch der Raemsdonck-Burse, einen ständigen fünften Prüfer stellen zu dürfen, resultierte mithin aus einem praktikablen wie praktizierten Modus. Schwieriger erschien eine geregelte Vertretung unter den vier Examinatoren des Vizekanzlers. Seit 1465 protokolliert, stammten sie mit einer Ausnahme immer aus dem Kreis der Seniores der vier Prinzipal-Bursen. (Nur im März 1467 mußte die Montana auf einen Examinator verzichten, da die Laurentiana mit Conradus de Campis [L 44] und Jacobus de Straelen [L 30], seit 1456 Doktor der Theologie (!), zwei Prüfer entsenden durfte.) Hier ließ sich die ausschließliche Repräsentation der Fakultät durch die Prinzipal-Bursen kaum durchbrechen. Eventuell verfolgte die späte Protokollierung jener Wahl in einer konfliktbeladenen Zeit eine Hervorhebung des Vorrangs.

Die Wahlen des Ulrich Kreidweiß (R 3) und des Dietrich von 's Hertogenbosch (R 4) im November 1467 (Examinator) bzw. Februar 1468 (Temptator) erscheinen als vorerst letzte, in denen Magister der Raemsdonck-Burse in einem Prüfungsgremium vertreten waren. Bei den Examinatorwahlen vom Mai und November 1468 wurde die Burse übergangen, stattdessen die Ottonis einmal und die Kuckana zweimal berücksichtigt. Vermutlich als Folge dieser Zurücksetzung wurde der Konflikt, der zwischen Raemsdonck und den Prinzipal-Bursen um die Ernennung der Prüfer kreiste, dann am 21. November 1468 aktenkundig. Faktisch hätte die Zuweisung des fünften Prüfers für Raemsdoncks Burse die Anerkennung als Haupt-Burse bedeutet, die Aufnahme in das „Konsortium" und die „Union" der Prinzipal-Bursen. Nach der expliziten Aussprache dieses Anspruchs weigerten sich die Rektoren der Prinzipal-Bursen offenbar erst recht, Magister der aufsässigen Burse zu Prüfern zu wählen, um den Eindruck einer indirekten Anerkennung ihrer Forderung zu vermeiden, vielleicht auch, um die realen Machtverhältnisse zu demonstrieren.

Die seitens der Rektoren beschworene Freiheit der Wahl muß natürlich angesichts des seit Jahrzehnten praktizierten Wahlverfahrens als eine Farce betrachtet werden. Der Dekan führte sein Argument denn auch wenig später selbst ad absurdum, als er zur Verteidigung hervorhob, die Bursen-Rektoren würden ja durchaus dann und wann – gleichsam je nach Gutdünken, auf jeden Fall nach ihrem Belieben – Magister der kleinen Bursen in das Prüfungsgremium aufnehmen. Allein die Prinzipal-Bursen legten also fest, wer die Examenskandidaten prüfen und zulassen durfte, ob diese in dem Gremium einen Vertreter des von ihnen genossenen Unterrichts und Lehrsystems vorfanden. Dieses Verfahren war selbstverständlich in keiner statutarischen Bestimmung verankert, sondern organisch mit dem Einfluß der realistischen Prinzipal-Bursen herangewachsen. Dementsprechend verlangten deren Rektoren von Raemsdonck, sich abwartend und geduldig in diesen organischen Prozeß einzugliedern. Eine gewisse und wohl auch entscheidungsbildende Saturation der Entwicklung war gleichwohl seit längerem mit der Gründung der vierten realistischen Haupt-Burse erreicht. Konkurrenzgründe werden weiterhin zu einer Abschottung beigetragen haben. Eine Integration Raemsdoncks in das „System des Faktischen" war ihm also kaum möglich, wurde ihm aber auch so gut wie unmöglich gemacht. Demgegenüber dürften ebenso logische wie prinzipielle Gründe gegen eine statutarische Anerkennung der Forderungen Raemsdoncks geltend gemacht worden sein. Denn die eingeklagte Beschlußfassung hätte a) die fundamentale Wahlfreiheit aufgehoben, die ja Bedingung für eine „bloße" Existenz bzw. Dominanz des Faktischen ist (per Statut gäbe es dieses Faktische nicht, das eben in sich offen ist für Veränderungen), b) die Privilegien der Prinzipal-Bursen statutarisch-verbindlich und damit c) für jeden anderen ebenfalls grundsätzlich einklagbar gemacht. Auf diese Weise wäre allerdings das gesamte „Kölner System" aufgehoben worden.

Von der Zurückweisung der Burse waren neben den Regenten auch die Schüler wie deren Eltern betroffen. Zumal wenn es sich um führende und angesehene Bürger, ja sogar Adlige handelte. Denn bei ihnen wurde primär das sensible Feld der Ehre verletzt. Mochten sie noch verschmerzen, daß die Seniores der Raemsdonck-Burse bei den Promotionsfeiern ausgeschlossen blieben, eine bewußte und unangemessene Benachteiligung ihrer Söhne bei den Lozierungen mußten sie als Kränkung und Affront empfinden.

Die Versammlung vom 2. Juni 1470 ging nach den Worten des Dekans friedlich auseinander. Vorher habe er Raemsdonck und seine Magister noch aufgefordert, zu protestieren, falls er irgendwo die Wahrheit vernachlässigt hätte. Dies sei nicht geschehen. Freilich habe Ulrich Kreidweiß, aber ohne jeden Bezug auf das Thema, davon Glauben machen wollen. Und Nikolaus Raemsdonck habe sich nicht weiter um die Einladungen durch die Magister der anderen Seite gekümmert. So sei die *convocacio* aufgelöst worden, *ut servarentur statuta*.

An der personellen Dominanz der Prinzipal-Bursen in wichtigen Fakultätsangelegenheiten änderte sich allerdings nichts, wie der Ablauf einer feierlichen Versammlung der Artisten unter gewünschter Beteiligung von Doktoren der anderen Fakultäten am 23. Juni 1470 zeigt.[215] Deputierte waren zu bestimmen, die eine Erneuerung des Gebäudes der Artistenschule in die Wege leiten sollten. Die Namen der Bursen-Rektoren deuten an, daß diesen eine solche „reformatio" näher am Herzen lag als die für den 1. März 1470 beabsichtigte der formalen Lektionen. Die Versammelten deputierten zuerst vier Theologie-Professoren, den Rektor Paulus de Gerresheim, sodann den Montana-Rektor Gerardus de Monte (M 4), den Kuckana-Rektor Johannes (Aqua) de Berka (K 2) und den Laurentiana-Rektor Jacobus de Straelen (L 30). Die Abordnung vervollständigten drei Lizentiaten der Theologie, Laurentius de Groningen (L 5) für die Laurentiana, Cornelius de Dordraco (C 3) für die Corneliana, Henricus de Orsoy (M 22) für die Montana. Das letzte Mitglied stellte der Dekan, Henricus Bayss de Breda (K 6), Kuckana-Regent und Bakkalar des kanonischen Rechts. Außer dem Rektor und dem artistischen Dekan, die beide qua Amt zu den Deputierten gehörten, waren somit alle Genannten sowohl hochgraduierte Angehörige der Theologischen Fakultät als auch leitende Regenten der vier Prinzipal-Bursen.[216] Die an der Renovierung beteiligte Stadt ordnete ebenfalls eine Reihe angesehener Ratsherren ab, so die drei Provisoren Johann vanme Dauwe, Johann Pennink und Heinrich Sudermann. Weiterhin nennt das artistische Dekanatsbuch Peter zo der Klocken, Robert Blitterswijck, Goswin von Straelen, Eberhard vanme Hirtze, Johann Koeoll (Koelgyn) und schließlich als *magister deputacionis* Andreas Lederbach.[217]

Der Wunsch und die Notwendigkeit, wegen der finanziellen Beteiligung der Stadt an der Renovierung der Artistenschule ein gutes Einvernehmen mit den Ratsherren zu erzielen, werden nicht unwesentlich dazu beigetragen haben, daß Nikolaus Raemsdonck am 20. Dezember 1470 – wenn auch nur unter äußerst widerwilliger

---

[215] Un. 480, f. 59v.

[216] Regenten der Raemsdonck-Burse fanden ebenfalls keine Berücksichtigung, als am 24.11.1470 strittige Fragen wegen der Stiftung des Johannes Hueven de Arnheim zu klären waren. Die Deputation bestand damals aus Cornelius de Dordraco (C 3, zugleich Rezeptor), Henricus de Orsoy (M 22), Conradus de Campis (L 44), Petrus de Leydis (C 34, zugleich Dekan), Johannes Perfuys de Harlo (M 26), Henricus de Breda (K 6). Vgl. Un. 480, f. 62v.

[217] Zu den städtischen Bemühungen bei der Renovierung und Vergrößerung der Artistenschule vgl. R 1491, 1492; Ratsbeschlüsse 1990, 415 f., Nr. 187, 419, Nr. 205 (hieraus ergibt sich auch die richtige Namensform „Koelgyn").

Beteiligung der Artisten-Fakultät – zum Rektor der Universität gewählt wurde.[218] Der Ansatz zum Pragmatismus konnte dennoch nicht die tiefen Differenzen überbrücken. Nachdem bereits am 8. Juli 1471 eine Schickung von acht Ratsherren erneut wegen der Raemsdonck-Burse bei der Universität vorgesprochen hatte[219], bewirkte eine hochrangige Delegation der Stadt am 13. August 1471 die Einberufung einer Universitätsversammlung.[220] Die Deputierten Johann vanme Dauwe, Johann vanme Hirtze, Heinrich Sudermann, Johann Pennink, Nikolaus von Aachen und Konrad Berchem vertraten vor der Universität nicht nur die Interessen des Nikolaus Raemsdonck und seiner Mitregenten, sondern auch die bestimmter Bürger, deren Söhne in Raemsdoncks Burse studierten – „mit großer Mühe freilich", so der Kommentar des Dekans Conradus de Campis (L 44).

Die Klagen der Ratsherren deckten sich im Kern mit denen vom Juni 1470, in wichtigen Nuancen erweitern sie jedoch unsere Kenntnis der tieferen Problematik. So würden die Regenten der vier alten Bursen Nikolaus in der Leitung seiner Burse weiterhin benachteiligen und behindern, zum Schaden der Universität, gegen die Ehre der Stadt und gegen deren wie Raemsdoncks öffentlichen wie privaten Vorteil und Nutzen. Denn man gebe ihm keinen Examinator oder Temptator für die Zeit der Promotionen wie den Regenten der anderen Bursen; die Magister seiner Burse würden nicht zu den Akten eingeladen und seine Schüler, vorzugsweise die Söhne Kölner Bürger, würden bei den Lozierungen nicht gebührend geehrt. Darüber hinaus schmähten die Regenten der vier Bursen Nikolaus in läppischer Weise zum Schaden auch der

---

[218] Vgl. Un. 480, f. 63r: Der protokollierende Dekan Petrus de Leydis (C 34) bemerkte nach der Nennung des artistischen Intrans Cornelius de Breda (K 12) abfällig, daß Nikolaus Raemsdonck neuer Rektor wurde (oder durch Cornelius zum Rektor gewählt wurde), obwohl die Artisten-Fakultät Nikolaus nicht für geeignet halte, mit den Schülern in seiner Burse nutzbringend die ‚Vetus ars' (also einen Anfängerstoff der Logik) zu exerzieren – nicht einmal in seinem Bursenhaus (*saltem non in domo sua*). Intrans der Theologischen Fakultät war nicht zufällig Raemsdoncks Verbündeter und Mitregent Ulrich Kreidweiß (R 3). Wenn man Raemsdonck vorwarf, seinen Bursenschülern nicht einmal den (gleichwohl wichtigen) Anfängerstoff der Logik vermitteln zu können, dann könnte dies indirekt eine Bestätigung für die oben ausgesprochene Vermutung einer Vernachlässigung des scholastisch-logischen Lehrstoffes zugunsten des sprachlich-praktischen in seiner Burse sein.

[219] HAStK, Schickungsbuch C 17, Bl. 44a; vgl. R 1505; Ratsbeschlüsse 1990, 457, Nr. 83.

[220] Un. 480, f. 69v-70v.

Stadt wegen ihres privaten Vorteils, da jener seine Schüler in ihren Ausgaben nachgiebiger halte als die Regenten der anderen Bursen. Der Dekan wurde recht ungehalten ob dieser Beschwerden, verwies auf die verschiedenen Stufen der Auseinandersetzung und deren Schlichtungsversuche, mahnte schließlich die Ratsherren, ihre Interventionen zu beenden, um nicht noch mehr Ärger hervorzurufen.

Gleichwohl zogen sich die einzelnen Fakultäten zur Beratung zurück und bestimmten Deputierte, die nach Anhörung der streitenden Parteien dem Stadtrat innerhalb der nächsten 15 Tage antworten wollten. Nach acht Tagen trafen sich die Deputierten im Haus des Rektors, wohin neben den Senioren der Artisten-Fakultät und dem Dekan auch Nikolaus Raemsdonck bestellt worden war, der allerdings nicht erschien. Er überließ somit dem Dekan Conradus de Campis und den Senior-Regenten der Prinzipal-Bursen eine ausführliche Unterweisung der Deputierten. Diese beschlossen danach, eine neue Versammlung einzuberufen, auf der den Ratsherren eine endgültige Antwort gegeben werden sollte.

Am 27. August fand die Zusammenkunft der Angehörigen aller Fakultäten sowie der städtischen Deputierten statt. Noch bevor sich die einzelnen Fakultäten zur erneuten Beratung zurückzogen, wiederholte der artistische Dekan vor den drei anderen Fakultäten seine schon den Deputierten dargelegte Sicht der Auseinandersetzung. Daraufhin fühlte sich Jakob Welder von Siegen (R 2), inzwischen Doktor der Theologie, zu einer Verteidigung Raemsdoncks und seiner Mitstreiter genötigt. Ihnen gehe es keinesfalls um eine Aufhebung der Freiheit der Statuten, sondern nur darum, daß man ihrer Burse, nämlich der des Magisters Nikolaus, zu den Terminen der Examinatoren- und Temptatoren-Wahlen ebenso wie den anderen Bursen einen Prüfer zuweise. Der Dekan beharrte jedoch vor den Vertretern der übrigen Fakultäten auf einer Wahrung der Statuten und auf der Freiheit der Wahl. Die Entscheidung der Universitätsdeputierten trug deren Sprecher Jakob von Straelen (L 30) vor. Es verwundert daher kaum, wenn er sich der Haltung der Artisten-Fakultät anschloß und die Forderung nach einem ständigen Prüfer, die Hauptursache des Zerwürfnisses, als nicht den Statuten gemäß zurückwies. An die Artisten richtete er im Namen der Deputierten die Bitte, Raemsdonck im Rahmen der statutarischen Freiheiten freundschaftlich zu behandeln und ihm in seinen Bedürfnissen und Notwendigkeiten den *oculum pietatis* zu erweisen.

Die Reaktion der Ratsherren auf diesen endgültigen Bescheid

läßt sich leicht ausmalen. In ihrer Entrüstung schien ihnen der Kragen zu platzen. Zum ersten sei die Antwort viel zu knapp und unausgegoren. Außerdem hätten sie jüngst in einem Traktat wesentlich mehr Zugeständnisse erhalten und der Theologie-Professor Johannes (Peregrini) de Berka[221] habe sehr ermutigend eine künftige *libertas regendi* in Aussicht gestellt. Darüber hinaus habe die Stadt Köln mit großem Aufwand die Errichtung der Universität vom Heiligen Vater zur Ehre der katholischen Kirche, zur Verteidigung und Erhaltung des Gemeinwesens und zum Nutzen und Vorteil der Stadt Köln erwirkt. Demnach sei es für das Gemeinwohl Kölns förderlich, wenn es nicht nur fünf, sondern sogar zehn oder zwanzig Bursen gebe. Eine Schande sei es vielmehr, wenn die Universität auf vier Bursen reduziert bliebe. Mit wahrer Abscheu vermerkte der Dekan, daß einer der verfluchenswerten Laien „gegeifert habe", es stehe sogar in der Macht der Stadt, die vorhandenen Bursen um so viele zu vermehren, wie sie wolle, ja sogar ganz nach Belieben um zehn oder zwanzig zu vermehren, da die Stadt mit hohen Aufwendungen die Universität errichtet habe.

Die heftige Replik der Ratsherren resultierte sicherlich nicht allein ex negativo aus der Enttäuschung über die ablehnende Antwort der Universität. Vielmehr artikulierten sie erstmals – laut Protokoll –, daß die Etablierung der Raemsdonck-Burse inzwischen zu einer primär städtischen Initiative geworden war, daß es tatsächlich um eine Einflußnahme der Stadt auf die Universität ging. Nicht von ungefähr wurde in den Protokollen immer wieder die Freundschaft zwischen bestimmten Kölner Bürgern sowie Raemsdonck und seinen Magistern betont. Die Proteste der Ratsmitglieder scheinen einen gewissen Erfolg gezeitigt zu haben, denn Deputierte der drei höheren Fakultäten sollten noch einmal einen Ausgleich und eine gerechte Entscheidung suchen. Allerdings nur unter der Bedingung, daß Raemsdonck den ersten Beschluß anerkennen und weitere Unruhestiftung unterlassen würde. Dieser wie auch die Artisten-Fakultät versprachen dem Rektor, sich dem zu fällenden

---

[221] M 280, 13. Im Text wird nur die Namensform Johannes de Berka gegeben, die hier auf zwei Personen zuträfe. Da der genannte Theologe sich aber für die Sache Raemsdoncks eingesetzt zu haben schien, dürfte es sich nicht um den Kuckana-Rektor Johannes de Aqua de Berka (K 2) gehandelt haben, sondern um Johannes Peregrini de Berka, den wir später im personellen Umkreis des Ulrich Kreidweiß von Esslingen wieder antreffen werden. Johannes Peregrini war im übrigen, wie Ulrich beim ersten Mal, am 24.3.1471 theologischer Intrans bei der zweiten Wahl des Nikolaus Raemsdonck zum Rektor (vgl. M 330).

Schiedsspruch zu unterwerfen. Raemsdonck mußte zudem versichern, nicht weiterhin die Fakultät außerhalb der Universität in Verwirrung zu stürzen, die Laien und insbesondere die Ratsherren nicht mehr in die Angelegenheit mit hineinzuziehen und die Agitation mit Briefen bestimmter Machthaber und Fürsten künftig zu unterbinden – *sub pena resecationis ab universitate*.[222] Zur Sicherung dieser Beschlüsse ließ der Dekan ein Notariatsinstrument über den Vorgang anfertigen.[223]

Der Konflikt, der sich ungeachtet der Einstellung pro oder contra Raemsdonck auf die Frage nach der Autonomie der Universität zuspitzte, steigerte sich in den folgenden Monaten immer mehr. Ein ums andere Mal wurden neue Deputationen gebildet, um den Streit zu beenden. Am 4. September 1471 verabschiedete die Artisten-Fakultät eine Deputation *pro defensione cause facultatis arcium contra magistrum Nycolaum Ramsdonc*.[224] Werden auch die einzelnen Abgeordneten nicht genannt, die *causa facultatis* stellte im Grunde eine Angelegenheit der vier Prinzipal-Bursen dar. Dies zeigte sich wieder einmal, als das Protokoll vom 1. März 1472 die Namen der Deputierten aufführt, die im Anschluß an eine Anhörung der um das Wohl der Artisten-Fakultät bemühten Ratsherren bestimmt worden waren. Aus der Montana kamen der amtierende Dekan Ego de Driel (M 32) und Lambertus de Monte (M 24), aus der Laurentiana Henricus de Horst (L 33) und Conradus de Campis (L 44), aus der Corneliana Petrus de Leydis (C 34) – sie alle Lizentiaten der Theologie – und aus der Kuckana Henricus de Breda (K 6), Bakkalar des kanonischen Rechts. Anscheinend spiegelt die Zusammensetzung mit je zwei Deputierten aus den großen Bursen und je einem aus den kleineren Prinzipal-Bursen eine gewisse Hierarchie innerhalb der vier Bursen wider. *In amicicia* oder, falls es nötig wäre, *in iure*, sollten sie jenen Streitfall zwischen der Stadt mit Magister Raemsdonck und der Artisten-Fakultät zum

---

[222] Bei den angesprochenen Fürsten wäre in erster Linie an den Landgrafen und späteren Erzbischof Hermann von Hessen zu denken, dem Ulrich Kreidweiß eng verbunden war, möglicherweise auch an weitere Potentaten aus dem Kölner Domkapitel, in das Ulrich 1470 als Parteigänger Hermanns von Hessen Aufnahme gefunden hatte (hierzu unten ausführlicher).

[223] Vgl. HAStK, Un. Dep. U. 2/27. Bemerkenswert sind die abweichenden und der Sache Raemsdoncks mehr aufgeschlossenen Formulierungen des Pedells und Notars Nikolaus von Tweenbergen im Notariatsinstrument gegenüber den abwertenden des Dekans bei der Darstellung des gleichen Sachverhalts.

[224] Un. 480, f. 70v.

Abschluß bringen – *cum plena potestate sine relatione ad facultatem.*

Die Stadt hatte kurz vorher, am 26. Februar 1472, ihre Schickung der Honoratioren vom 8. Juli 1471 um fünf angesehene Bürger und Ratsherren verstärkt.[225] Trotz der Ermahnung der Universität an Raemsdonck mochte und wollte die Stadt dessen Bestreben nicht zu einer inneruniversitären Angelegenheit reduzieren. Die Hochschule wiederum verweigerte den Ratsherren wahrscheinlich deshalb nicht das Gespräch, um die weitere finanzielle Beteiligung der Stadt an der Erneuerung der Artistenschule nicht zu gefährden. Erst am 7. Februar 1472 sah sich die Artisten-Fakultät gezwungen, wegen des Abrisses des zentralen Schulgebäudes neue Anweisungen für den Lehrbetrieb zu erlassen.[226] Danach sollten die formalen Lektionen in den einzelnen Bursen, nicht in Privaträumen gegeben werden. Nur mit der Einwilligung eines Senior-Magisters der Burse durften formale Vorlesungen an einem privaten Ort gehalten werden. Die ordentlichen Disputationen sollten nur in den Schulräumen der Theologen im Dom stattfinden, falls Herzog Stephan von Bayern als „magister fabrice" des Doms sein Einverständnis gäbe. Die Disputationen der Bakkalare verlegte man für den Winter in die Bursen, unter dem wechselseitigen Zugang der Bakkalare von einer Burse in die andere.

Die Bemühungen beider Seiten um eine Beilegung des Konflikts kulminierten am 24. März 1472 in der letzten großen Universitätsversammlung, die hierzu einberufen wurde.[227] Wiederum fand sie auf Ersuchen der Ratsherren statt, an deren Spitze die beiden Bürgermeister Johann vanme Dauwe und Johann Crulmann die Deputation anführten. Vanme Dauwe begann nochmals mit einer ausführlichen Darlegung des Geschehenen. Seit drei Jahren habe man immer wieder aufs Neue bei Universität und Artisten-Fakultät angeklopft, habe um eine Antwort wegen der Klagen Raemsdoncks und seiner Schüler gegen die Artisten-Fakultät und besonders gegen die vier alten Bursen gebeten. In diesen als den tatsächlichen Repräsentanten der Fakultät sah somit auch der Kölner Rat den eigentlichen Gegner der von ihm unterstützten Burse. Seinen Anspruch auf eine zufriedenstellende Antwort begründete der Bürgermeister ferner mit dem Argument, seine Vorgänger und auch er selbst hätten

---

[225] HAStK, Schickungsbuch C 17, Bl. 44a; vgl. R 1505.
[226] Un. 480, f. 74r.
[227] Un. 480, f. 75r-76r.

schließlich mit hohem Aufwand und großen Kosten diese *alma universitas* verwaltet und versorgt. Man solle ihnen also definitiv erklären, ob Magister Nikolaus für sein Haus bzw. seine Burse einen Examinator, einen Temptator, einen Dekan oder Rektor erhielte, wie die vier alten Bursen diese Ämter bekleidet hätten, bekleideten und zu bekleiden beabsichtigten, oder ob man Nikolaus und die Magister seines Hauses wie bisher weiterhin verachten und schmähen würde. Dies erstrecke sich auch auf die Lozierungen und Ehren seiner Schüler, der Bürgerssöhne, die im Gegensatz zu den Schülern der alten Bursen benachteiligt würden. Auch sonst füge man Raemsdonck und seinen Schülern viel Unrecht zu.

Nach Beratung der vier Fakultäten übertrugen diese dem Vizekanzler und Theologieprofessor Johannes de Berka[228] die Aufgabe, zu den Vorwürfen Stellung zu nehmen. Dieser ließ die Vorwürfe der Stadt nicht gelten. Denn sowohl Universität als auch Artisten-Fakulät hätten dem Rat schriftlich und mündlich geantwortet, als die Ratsherren einen bestimmten Beschluß der Artisten-Fakultät zum Vorwand genommen hätten, um den Zwist zwischen der Fakultät und Raemsdonck weiter zu schüren. Damals hätte zwar eine feierliche Versammlung der Artisten, bei der mindestens siebzig dem Fakultätskonsilium eingeschworene Magister anwesend gewesen wären, bei fünf oder sechs Gegenstimmen einmütig beschlossen, daß – unter Beachtung der Leitung und Gewohnheiten verschiedener anderer Universitäten – für die Wahrung einer gegenseitigen Freundschaft der lehrenden Magister als auch für den Gehorsam der Supposita und Schüler gegenüber ihren Magistern die Zahl von vier Bursen und deren Magister ausreiche. Diesen Beschluß hätte jedoch die Artisten-Fakultät auf die Bitte und das Verlangen der Universität und der Ratsherren hin begraben. Sie beabsichtige auch nicht, ihn je zum Nachteil Raemsdoncks und seiner Konregenten zu gebrauchen. Diese hätten vielmehr nach Vernichtung des Beschlusses wie vorher und gleich den Rektoren der anderen Bursen gelehrt und ihre Schüler präsentiert. Weder ihnen noch irgendwelchen anderen Magistern sei die Gelegenheit dazu verwehrt worden. Auch werde die Sache des *regendi aut presentandi* nicht als die von vier Bursen bewertet, sondern als eine der ganzen Fakultät. Des weiteren würde die Fakultät Raemsdonck nicht vom Amt des Examinators, Temptators, Dekans oder von irgendeiner zu bildenden Kommission ausschließen. Sondern

---

[228] Diesmal wohl der Kuckana-Rektor Johannes Aqua de Berka (K 2).

gemäß den Statuten und Regeln der Artisten-Fakultät könnten alle durch Eid Rezipierten frei jede beliebige Person wählen, wie bisher geschehen. Der Vizekanzler Johannes de Berka fügte dem noch hinzu, daß Raemsdonck und seinen Schülern mit Rücksicht auf die Ratsherren innerhalb der letzten drei Jahre größte Ehren erwiesen worden seien, nicht anders als den Magistern und Schülern der vier alten Bursen. Denn Raemsdonck sei in diesem Zeitraum für die Artisten-Fakultät zum Rektor gewählt, seine Mitregenten und er seien zu Prüfern bestimmt worden, und schließlich hätten zwei seiner Schüler, beide Söhne von Kölner Bürgern, zweimal in den letzten Jahren den *primus universitatis* gestellt. Angesichts dieser Tatsachen zweifle die Fakultät daher nicht, den Wünschen der Ratsherren Genüge geleistet zu haben.

Die genannten Forderungen und Rechtfertigungen beinhalten äußerst präzis und über früheres hinausgehend wesentliche Elemente, die mit einer Anerkennung der Raemsdonck-Burse als Prinzipal-Burse untrennbar verknüpft waren: die qua Status bedingte Möglichkeit, Ämter wie das des Examinators, Temptators, Dekans oder auch Rektors besetzen zu können, an offiziellen Kommissionen beteiligt zu werden. Die anfangs, 1468, noch allgemein und relativ unverbindlich gehaltenen Begriffe *ius et interesse* wurden somit in den Jahren des Konflikts über die Gewährleistung eines eigenen Examinators hinaus immer exakter konturiert und definiert. Sicherlich kamen die Magister der Raemsdonck-Burse in den Genuß solcher Ämter. Teilweise war die Artisten-Fakultät gewiß auch im Recht, wenn sie beteuerte, auf Druck der Ratsherren und Universitätsdeputierten ihren apodiktischen Beschluß fallengelassen zu haben, der für die Fakultätsleitung die Zahl der Prinzipal-Bursen auf vier begrenzt hatte. Unzweifelbar ließ sich allerdings ebenfalls die Haltung des Stadtrats rechtfertigen, wenn er das Verhalten der Artisten-Fakultät gegenüber der Bursa Raemsdonck eher als Bestätigung des obigen exklusiven Beschlusses denn als dessen Aufhebung ansah, somit weiterhin auf seinen Forderungen bestehen zu müssen glaubte. Denn wie sah es tatsächlich mit der freien Ausübung der Aufgaben eines „regierenden" Magisters – etwa aus der Raemsdonck-Burse – an der Artisten-Fakultät aus, wie war es nach den Protokollen des Dekans in Wirklichkeit um die freie, ungehinderte Wahl zu den Ämtern bestellt?

Beginnen wir mit den Examinator-Wahlen. Nachdem Ulrich Kreidweiß am 21. November 1467 das letzte Mal einen der Examinatorplätze für die Raemsdonck-Burse eingenommen hatte, wurde zwar noch mit kleinen Unterbrechungen die Bursa Ottonis berücksichtigt, aber nicht mehr die renitente Burse. Nach sieben Wahlen (die vom Mai 1469 wurde nicht protokolliert) kam sie erst wieder am 2. November 1471 zum Zuge. Nikolaus Raemsdonck selbst wurde neben den Vertretern der vier Prinzipal-Bursen zum Prüfer gewählt. Denn wie hatten doch die Universitätsdeputierten in ihrem Schiedsspruch wenige Wochen vorher, in der Versammlung vom 27. August, gefordert? Die Artisten-Fakultät möge Raemsdonck unter Wahrung ihrer Freiheiten freundschaftlich behandeln und ihm *in suis usibus et necessitatibus oculum pietatis* erweisen. Doch in welch verbitterter Atmosphäre erfolgte dieser Gnadenerweis! Der Dekan Ego de Driel (M 32) vermerkte – eine seltene Handlung – hinter dem Namen Raemsdoncks die Umstände der Wahl.[229] Man habe ihn zwar gewählt, doch die Mehrheit habe heftig protestiert: wenn nochmals derartig „bewaffnete" Bittgesuche für ihn oder die Seinigen dargereicht würden, wolle man weder ihn noch einen seiner Mitregenten wählen. Wer dann jedoch am 29. November 1471 unter seinem Konregenten Theodoricus de Busco (R 4) determinierte, ist nicht bekannt, da Ego de Driel konsequent keinen einzigen Determinanten protokollierte.[230]

Entgegen den Beteuerungen von Universität und Artisten-Fakultät gab es somit keine selbstverständliche, gar regelmäßige Wahl von Magistern der Raemsdonck-Burse zu Examinatoren. Nach der Wahl vom November 1472 wurde erst im November 1474, nach dem Wegzug Raemsdoncks nach Trier, mit Theodoricus de Busco erneut ein Magister dieser Burse Examinator. Wohl aber berücksichtigte man des öfteren Regenten der Bursa Ottonis.

Schwieriger ist die Ignorierung der Burse bei den Temptator-Wahlen zu beurteilen. Möglicherweise stellte sie bei der Wahl vom 3. Februar 1470 den fünften Temptator, da durch den Dekan Paulus Leend (M 31) nur vier Namen schriftlich fixiert worden waren.[231] Am 3. Februar 1472 stellte Adam Overkamp de Colonia (R 5) den fünften Temptator[232], der bereits mit einem Fragezeichen als Regent der Bursa Raemsdonck aufgeführt wurde. Am 3. März 1467 hatte sich Adam als Eidbürge für den minderjährigen Reymbold

---

[229] Vgl. Un. 480, f. 71v.
[230] Vgl. Un. 480, f. 72v.
[231] Un. 480, f. 55r.
[232] Un. 480, f. 73r.

Overkamp[233], wohl einen nahen Verwandten, zur Verfügung gestellt. Reymbold ist für 1489 als Kölner Ratsherr belegt.[234] Als Angehöriger einer ratsfähigen Kölner Familie könnte Adam dem Kreis der Fürsprecher Raemsdoncks angehört haben. Da er zu jener Zeit als Temptator Mitglied einer Burse gewesen sein dürfte, Anhaltspunkte für eine Zugehörigkeit zu einer der Prinzipal-Bursen nicht gegeben sind, aus diesen aber nur bekannte Regenten in das Amt gewählt wurden, dürfte er am ehesten einer der kleinen Bursen zugerechnet werden. Von diesen konnte mit Sicherheit die Ottonis am 3. Februar 1475 mit Nicolaus Linnich (O 3) einen Temptator stellen.[235] Aus der zweiten Kleinburse wurde nach dem sicheren Zeugnis von 1468 erst wieder 1479 Theodoricus de Busco (R 4) gewählt. Da er damals Dekan war, wird er sich mittlerweile an die Montana angeschlossen haben.[236]

Neben den Prüfungsämtern, so hatte die Universität insistiert, würde die Raemsdonck-Burse ebenfalls nicht von der Bekleidung des Dekanats ausgeschlossen. Das konnte nur in einem prinzipiellen Sinn gemeint gewesen sein. Während ihres Bestehens wurde der Burse nie das bedeutendste Amt der Fakultät anvertraut. Sind bereits seit Oktober 1432 alle Dekane mit größter Sicherheit einer der etablierten realistischen Prinzipal-Bursen zuzuordnen, so nahm die Dominanz der Hauptbursen in den Jahren 1466/67 endgültig eine institutionalisierte Form an. Bis zu diesem Zeitpunkt muß die Reihenfolge der Bursen, aus denen der Dekan gewählt wurde, als ungeordnet bezeichnet werden. Seit dem 8. Oktober 1466 setzte sich jedoch eine Reglementierung der Bursenabfolge durch, ein fester Turnus, in dem die Corneliana von der Laurentiana, diese von der Montana, und die Montana schließlich von der Kuckana abgelöst wurde.[237] Dieser Turnus ergibt sich, wenn man der Liste

---

[233] M 312,35.
[234] Schleicher 1982, Nr. 2999, S. 466 (1470 als Goldschmied eingeschworen).
[235] Un. 480, f. 94r.
[236] Un. 480, f. 122v.
[237] Eine interessante Parallele bietet die Erfurter Artisten-Fakultät. Mit der Etablierung des Kollegiums Amplonianum als zweitem großen Kolleg neben dem Kollegium maius wurde eine Neuregelung der Machtverhältnisse in der Fakultät notwendig, so auch bei der Besetzung des Dekanats. 1439 beschloß man daher einen festen Dreier-Turnus, nach dem im ersten Semester ein Kollegiat aus dem Kollegium maius, im zweiten einer aus dem Kollegium Amplonianum und im dritten ein Vertreter der „Magistri de communi" mit dem Dekanat zu betrauen war. Eine ähnliche paritätische Berücksichtigung der Kollegien war bei der Wahl der Examinatoren und Temptatoren vorgesehen, doch kann mangels aussagekräftiger Quellenzeugnisse die

der artistischen Dekane ein durch ihre jeweilige Bursenzugehörigkeit bestimmtes Raster auferlegt und in ihm den Beginn eines regelmäßigen, nicht mehr unterbrochenen Turnus ermittelt. Nun lassen aber noch zu besprechende Quellen des 16. Jahrhunderts, in denen die Laurentiana den Beginn, die Corneliana das Ende des Turnus bildet, den Schluß zu, daß zwar mit dem Dekanat des Paulus de Wickrode (C 33) im Oktober 1466 die feste Viererfolge begann, die qualitativ hierarchische Abfolge möglicherweise jedoch erst mit dem folgenden Dekan vom März 1467 einsetzte, als die Laurentiana mit ihrem Regenten Gerardus de Elburch (L 47) das Dekanat bekleidete. Größe und Ansehen hätten dann 1467 der Laurentiana vor der Montana den Vorrang bei der Besetzung des Dekanats verschafft, nach diesen dann der personell schwächeren Kuckana den dritten Rang vor der Corneliana. Mit guten Gründen ist auch ein späterer Wechsel in der Hierarchie denkbar, der die Corneliana ans Ende der Rangfolge gebracht hätte.[238]

Während des Bestehens der bekannten Kleinbursen wurde allein der Bursa Ottonis zweimal die Ehre zuteil, aus ihrem Regentenkreis einen Dekan zur Wahl vorstellen zu dürfen. 1481/82 nahm Hermannus de Berchem (O 2) das Dekanat ein, 1497/98 Petrus de Duna (O 4). Doch die Ausnahme bedeutete keinesfalls ein Durchbrechen, eine Auflösung des Turnus: die Ottonis nahm jeweils den Platz der Corneliana ein, die auf eine Besetzung dieses Amtes verzichten mußte.

---

genaue Zusammensetzung nicht eruiert werden (vgl. Kleineidam 1985, 234–237, 244, 365). Bemerkenswert ist, daß die nicht-privilegierten Magister, d.h. die „Magistri non stipendiati", die in einem gewissen Sinne mit den Angehörigen der Kölner Klein-Bursen verglichen werden können, von den dominierenden Kollegiaten (diese besaßen auch im Fakultäts-Konsilium seit 1439 eine Mehrheit von 14 zu 6 Stimmen) durchaus mit dem wichtigsten Fakultätsamt betraut wurden. Ein weiterer wichtiger Unterschied liegt darin, daß der Kölner Turnus nie statutarisch sanktioniert wurde, damit prinzipiell offen und zugleich von tatsächlichen Machtverhältnissen abhängig war.

[238] Von März 1450 bis März 1467 konnte jedoch erstaunlicherweise die Corneliana elfmal den Dekan stellen (in der Regel bei halbjähriger Dauer), die Montana neunmal, Laurentiana achtmal und Kuckana siebenmal. Diese quantitative Dominanz der Corneliana, die ohne ein erhebliches Ansehen kaum erklärbar ist, mutet angesichts der aus späteren Quellen dokumentierten andersartigen Stellung merkwürdig an. Vermutlich setzte daher die mit der Laurentiana beginnende hierarchische Abfolge zu einer Zeit ein, als die Corneliana an Ansehen und personellem Gewicht in der Fakultät verlor. Dieser gravierende Prestigeverlust, der die Burse ans Ende der Rangfolge beförderte, scheint Mitte der siebziger Jahre eingesetzt zu haben. Auf den genauen Hintergrund wird noch einzugehen sein; s.u. 200–204.

Da gerade 1468 der Ausbruch des schon lange vorher existenten Raemsdonck-Konflikts erstmals quellenmäßig im Dekanatsbuch dokumentiert ist, dürfte der Schluß nicht abwegig sein, daß die Einführung einer festen, nie statutarisch fixierten und protokollierten Reihenfolge der Prinzipal-Bursen bei der Wahl des Dekans einen beträchtlichen Anteil an der Eskalation des Streites hatte. Möglich erscheint ebenso aus einer anderen Blickrichtung die Interpretation, daß gerade die Ansprüche der Raemsdonck-Burse zu einer solchen Form der Institutionalisierung führten – gleichsam als eindrucksvolles Mittel, um sich von den Kleinbursen abzugrenzen und den Status einer Prinzipal-Burse zu konsolidieren.

Auch die Behauptung, den Magistern der Raemsdonck-Burse werde die Teilnahme an irgendwelchen zu bildenden Kommissionen nicht verwehrt, kann in der Realität keine positive Entsprechung gefunden haben. Nach Ausweis der Quellen gibt es für den strittigen Zeitraum keine Deputation, in die jemals Mitglieder der Bursa Raemsdonck oder Ottonis gewählt worden sind.[239] Wie sich in eindringlicher Weise bereits gezeigt hat, waren solche Ausschüsse stets von Vertretern der Prinzipal-Bursen beherrscht, meist sogar von den jeweiligen Senior-Regenten. Sicherlich hatte die Fakultät nie ein Verbot statuiert, Regenten der Kleinbursen in Deputationen aufzunehmen. Doch durch die Macht des Faktischen blieben ihnen die Ausschüsse verschlossen.

Unbestritten ist jedoch die (wie üblich wiederholte) Wahl des Nikolaus Raemsdonck zum Rektor der Universität im Dezember 1470 und März 1471. Die Wahl eines zu jener Zeit derartig umstrittenen Kandidaten ist so auffallend und erstaunlich, daß die Frage nach dem genaueren Hintergrund sich geradezu aufdrängt. Seit sich mit dem Rektorat des Artisten Andreas de Werdena, das von März bis Oktober 1423 dauerte, eine geordnete Reihenfolge der Fakultäten bei der Besetzung des Rektorats durchgesetzt hatte (Artes-Fakultät, Medizinische, Juristische, Theologische Fakultät), erscheint Nikolaus Raemsdonck zudem als erster Rektor, der nur Magister artium war und weder in einer der höheren Fakultäten

---

[239] Es sei denn, man bewertet die vier Intrantes der vier Fakultäten, die den Rektor wählten, als Kommission (die dann aber natürlich nicht als eine der Artisten-Fakultät angesehen werden kann). In diesem Fall hätte jeder der vier bekannten Regenten der Raemsdonck-Burse einmal zwischen 1465 und 1470 zu den Rektorwählern gehört.

studierte noch einen Grad in ihnen besaß.[240] Nach allem bisher Gesagten dürfte es auszuschließen sein, daß die Artisten-Fakultät Raemsdonck von sich aus für das Rektorat empfahl. Wie mehrfach angedeutet, wird die Nominierung auf das massive Drängen der Ratsherren zurückzuführen sein. Den abfälligen Kommentar zur Person Raemsdoncks und dessen Eignung, durch den Dekan Petrus de Leydis in das Protokoll von der Wahl am 20. Dezember 1470 eingefügt, haben wir bereits gehört. Zwei Vertraute Raemsdoncks, die Theologen Ulricus Kridwiss de Eslingia und Johannnes Peregrini de Berka, haben wir ebenfalls bereits als seine Wähler kennengelernt. Neben Johannes Peregrini zählte am 24. März 1471 der Bakkalar der Theologie Symon de Juliaco[241] für die Artisten zu den Intrantes bei der Wahl Raemsdoncks.[242] Auch Symon de Juliaco dürfte jenem engeren Vertrautenkreis zuzurechnen sein, der sich um Ulrich Kreidweiß und den Landgrafen Hermann von Hessen gebildet hatte.[243]

Die Wahl zum Rektor kann für die Raemsdonck-Burse und deren Freunde nur als singuläre, kurzlebige Ehrerweisung betrachtet werden. Als der städtische Rat nach seinem letzten energischen Protest vom März 1472 erkennen mußte, daß die Universität nicht bereit war, auf seine Forderungen einzugehen, beschloß er am 30. März 1472 die Einstellung der städtischen Zahlungen für die Renovierung der Artistenschule. Bis zum 19. August 1472 blieb die Stadt in ihrer Haltung standhaft.[244] Grund für eine weitere Stornierung der

---

[240] Die in Keussens Rektorenliste (Keussen 1934, 385-409) als Magistri artium geführten Rektoren der Artisten-Fakultät Andreas de Werdena (M 44,12) und Petrus de Juliaco (M 52,6) waren zugleich Studenten der Theologie. Jacobus Savariis (M 129,52), Rektor 1432/33, muß zu jener Zeit die Dekretalen studiert haben, da er im April 1433 das Bakkalaureat in ihnen erwarb. Mit großer Wahrscheinlichkeit (eine genaue Überprüfung ist nicht immer möglich) waren auch die anderen als Artes-Magister geführten Rektoren zumindest seit ca. 1400 immer auch Angehörige der höheren Fakultäten. Zur Sache vgl. jetzt Schwinges 1992, hier bes. 33 f.
[241] M 290,38.
[242] Vgl. M 330.
[243] Vgl. R 1738, 1812 (Simon von Jülich als besonderer Schützling Hermanns von Hessen).
[244] HAStK, Ratsmemoriale 2, Bl. 184a; Un. 522 (Rechenschaft van den nuwer Artisten Schoilen): Baurechnung der Artistenschule 1472-1474; Rechnung beginnt 15.1.1472, vom 1.4.1472 – 19.8.1472 keine Ausgaben, Zahlungen der Stadt (insgesamt zwei Drittel der Gesamtsumme) erstrecken sich bis Februar 1474. Druck der Baukostenrechnung: Vogts 1914, 245-253, vgl. hier: 246. Vgl. auch R 1522; Ratsbeschlüsse 1990, 473, Nr. 25 (Bauarbeiten sollen insgeheim solange unterbrochen werden, bis die Universität die vom Rat gewünschte Antwort in der Raemsdonck-Sache gibt).

zugesicherten Baugelder bestand für den Rat danach nicht mehr, denn angesichts der konsequenten Verweigerung der Universität hatte sich der Großteil der Raemsdonck-Regenten offenbar genau zu jener Zeit zur Aufgabe der Kölner Burse, zum Wechsel an die neu zu gründende Trierer Universität entschlossen.[245]

Wir wollen den Schauplatz dieser langen, einschneidenden und für die Fakultät prägenden Kontroverse nicht verlassen, ohne ein erstes kurzes Resümee zu ziehen. Denn bei allen persönlichen und sonstigen Gegensätzen ging es doch immer in erster Linie um fundamentale Fragen, welche die weitere Struktur der Artisten-Fakultät bestimmen mußten. Nur vordergründig hieß das Problem, ob statt vier fortan fünf Prinzipal-Bursen existieren sollten. Nur in zweiter Linie hätte dies auf der gewiß nicht zu unterschätzenden ökonomischen Ebene eine wirtschaftliche Einbuße bedeutet, auf der hierarchischen einen partiellen Verlust an Macht und Prestige. (Wobei allerdings nie zu ergründen sein wird, ob solche Faktoren für manche nicht subjektiv im Vordergrund standen.) Primär hätte die Etablierung der Raemsdonck-Burse eine Auflösung des organischen Entwicklungsprozesses, in welchem die Institutionalisierung der Prinzipal-Bursen verlief, zur Folge gehabt. Die über einen statutarischen Beschluß geforderte Einrichtung einer fünften Prinzipal-Burse mit all den angesprochenen Konsequenzen hätte das Prinzip der universitären Libertas für die Artisten-Fakultät aufgehoben – mit möglichen Folgen für die gesamte Universität. Die grundsätzliche Wahlfreiheit etwa bei den Ämtern der Prüfer oder des Dekans wäre Makulatur geworden. Dem steht nicht die faktische Einschränkung dieser Freiheit durch die Dominanz der Haupt-Bursen entgegen. Sie erlaubte immer noch die Möglichkeit einer Berücksichtigung der Klein-Bursen. Die statutarische Verankerung des Status einer Prinzipal-Burse, das *ius et interesse* aller fünf umfassend und definierend, hätte die grundsätzliche Möglichkeit einer Nominierung aller in der Fakultät lehrenden Magister unterbunden. Für jeden Kölner Magister wäre dann der Anschluß an eine der Prinzipal-Bursen unausweichlich geworden, um eine gestaltende Rolle in der Fakultät einnehmen zu können.

Doch eine solche Form wäre durchaus denkbar und durchführbar gewesen, unterschied sie sich doch kaum von der praktizierten und

---

[245] Hierzu ausführlich u. 545 f.

weiterhin entwickelten. Trotz völligem Bursenzwang für die „regierenden" Magister wäre ja eine Wahlfreiheit innerhalb der Prinzipal-Bursen weiterhin möglich gewesen. Warum wehrten sich also große Teile der Universität so entschieden gegen die Ansprüche der Raemsdonck-Burse? Die eigentliche Antwort dürfte in folgendem Zusammenhang begründet liegen: die Forderungen der Magister aus der Burse Raemsdoncks erschienen untrennbar mit denen der Stadt verknüpft; bestimmte Ratsherren scheinen gar die Interessen der Burse erst definiert zu haben.

So ging es recht eigentlich um eine Machtprobe zwischen Universität und Stadt, genauer – wie des öfteren und mit der Zeit immer prononcierter in den Quellen betont -: zwischen Klerikern und Laien. Der Sieg in dieser Auseinandersetzung hätte eine direkte Einwirkung der Laien, d.h. der Kölner Bürger, auf die Universität und die Artisten-Fakultät im besonderen bedeutet. Damit wäre eine unmittelbare Einflußnahme auf Fakultätsangelegenheiten bis hin zu Fragen bestimmter Lehrinhalte gegeben gewesen. Die Kölner Universität, die von Beginn an ohne diese äußere „Bevormundung" konstituiert war und sich ohne sie entwickelte, wäre in ihrer weitgehenden Autonomie gefährdet gewesen. Zudem hätte die statutarische Bewilligung, welche die Struktur des organischen Hineinwachsens der Bursen in die Fakultätsleitung sowie das Prinzip und die Rechte der Seniorität verabschiedet hätte, jeder anderen Burse die gleichen Ansprüche eingeräumt. Tür und Tor wären der Errichtung weiterer städtisch geförderter, beeinflußter Bursen geöffnet gewesen. Eine solche Intention ist seitens der Ratsherren denn ja auch wiederholt geltend gemacht worden.

Der Kernpunkt lag somit in der Forderung von Burse und Rat nach Anerkennung ihrer Forderungen durch einen verbindlichen Beschluß, der nur statutarischen Charakter haben konnte. Ein Kompromiß konnte ihnen nicht genügen, da er den Status quo prinzipiell bewahrt hätte und Raemsdonck nur partiell entgegengekommen wäre. Dabei wäre er stets dem bezweifelbaren Gutdünken der Prinzipal-Bursen ausgeliefert gewesen. Ein allgemein anerkannter Beschluß hätte jedoch die Autonomie der Universität, speziell der Artisten-Fakultät, gefährdet. Wollte sie ihre Unabhängigkeit nicht verlieren, so konnte sie sich nur mit Recht immer wieder auf die Notwendigkeit berufen, die Freiheit, insbesondere die Wahlfreiheit, erhalten zu müssen. Doch argumentierten auch die Vertreter der Gegenpartei mit Recht, ihre Forderungen gingen inhaltlich nicht über das Praktizierte hinaus. Problematisch und letztlich unannehmbar nur die Form, durch die ihren Ansprüchen Geltung verschafft werden sollte. Denn sie hätte Selbstverständnis und Identität der Kölner Universität grundlegend in Frage gestellt, ja hätte mit großer Sicherheit sogar ihre Verfaßtheit in wesentlichen Bereichen nachhaltig verändert.

c) Die Institutionalisierung der Prinzipal-Bursen nach der Raemsdonck-Kontroverse

Der Wechsel Raemsdoncks an die neugegründete Universität Trier im Sommer 1472[246] hieß für Universität und Fakultät, daß sie ihre bis dahin gewonnene Identität bewahren konnten. Mit Blick auf das hier zu erörternde Thema stellt sich nun natürlich die Frage, wie die Institutionalisierung der Prinzipal-Bursen weiterhin verlief. Konnten sie in der Folge umso ungestörter und konzentrierter das Fakultätsgeschehen allein an sich ziehen? Oder nahmen sie sich eine in der Kontroverse implizit enthaltene Kritik zu Herzen und berücksichtigten verstärkt das Interesse der Klein-Bursen? Um es vorwegzunehmen: ihnen gelang beides.

Ihr Selbstverständnis als gestaltende Ordnungskraft an der Artisten-Fakultät stellten die Prinzipal-Bursen dabei nie in Frage. Formal waren sie allerdings mit der Fakultät noch nicht identisch. Dies zeigte sich immer dann besonders anschaulich, wenn die Haupt-Bursen nicht aktiv das Fakultätsgeschehen gestalteten, sondern als Bursen, gleichsam außenstehend, dem allgemeinen Fakultätsinteresse unterstanden – das gleichwohl von ihnen formuliert wurde. Gerade in Pestzeiten mit ihren Auflösungserscheinungen kann man dieses Verhältnis konkret fassen. So trat am 4. Juli 1472 unter Leitung des amtierenden Dekans Robertus Stodart de Scotia (K 11) eine Fakultätsversammlung zusammen, um über die Rückkehr der Bursenmagister und -schüler zu beraten, die wegen der anhaltenden Pest in Köln problematisch erschien.[247] Man beschloß daraufhin, ihnen solange den Aufenthalt an nicht pestgefährdeten Orten zu gestatten, bis sie von ihrer Fakultät zurückgerufen würden. Am 19. Oktober 1472 forderten die noch in Köln verbliebenen Magister – als am Universitätsort Verbliebene repräsentierten nur noch sie

---

[246] S.u. 545 ff.; vgl. Tewes 1986, 56-59; ders. 1988, 50-52.
[247] Un. 480, f. 80r.

die Fakultät[248] –, daß wegen des bevorstehenden Bakkalaureats-Examens alle Abwesenden schriftlich ihre Rückkehr bis zum 11. November bestätigen müßten.[249] Die Vertretung der allgemeinen Fakultätsanliegen war somit nur von Köln aus möglich. Mochten die Prinzipal-Bursen noch so sehr die Fakultät dominieren, außerhalb der räumlichen Universitätsfundierung fehlte ihnen hierzu jegliche Legitimation. Dann sorgten die in der Universitätsstadt Gebliebenen für die Bewahrung der konstitutiven Fakultätsinhalte, die dennoch an die Bursen, nicht an die einzelnen Magister, als Ordnungsfaktoren gebunden blieben.

Zur gleichen Zeit als Prinzipal-Burse in distanzierter Haltung von einem Fakultätsbeschluß abhängig zu sein sowie als solche die Fakultät zu vertreten, diese scheinbar paradoxe Situation ergab sich ebenfalls bei einem etwaigen Streitfall zweier Prinzipal-Bursen. Die beiden streitenden Bursen unterwarfen sich dann – erstmals Ende 1473 in dieser Form faßbar – dem Urteil der beiden nicht beteiligten Prinzipal-Bursen, die hier gezwungenermaßen allein den Fakultätswillen bestimmen mußten.[250]

Wie bereits bei dem Bursenstreit vom Mai 1464[251] stand auch am 2. November 1473 ein Zwist zwischen der Montana und der Corneliana zur Verhandlung, die sich über zwei aus den Niederlanden nach Köln geschickte Schüler stritten.[252] 1464 war ein Schüler mit einem Brief von Amsterdam in die Burse des Gerardus de Monte (M 4) gesandt worden. Damals hatten die Senior-Regenten auf Grund des Briefes für den Verbleib in der Montana gestimmt. Diesmal stellte sich der Fall etwas verwickelter dar. Der Corneliana-Regent Petrus de Leydis (C 34) erläuterte der Fakultät den genauen Vorgang. Es handle sich um gewisse neue Schüler, die ihm durch den

---

[248] Vgl. zu der an den Universitätsort gebundenen *auctoritas facultatis artium*: Keussen 1934, 179 f.
[249] Un. 480, f. 80v. Möglicherweise lag es an der Abwesenheit der Prinzipal-Bursen, daß der in Köln gebliebene Theodoricus de Busco (R 4) aus der Bursa Raemsdonck im September 1472 Quodlibetar wurde (vgl. Keussen 1934, 579).
[250] Den Streit zwischen der Montana und Corneliana im Frühjahr 1464 hatten einige nicht genannte Senior-Regenten im Namen der Fakultät am 2. Mai entschieden (vgl. Un. 480, f. 29v). Wahrscheinlich stammten auch sie schon aus den unbeteiligten Bursen.
[251] S.o. 157 f.
[252] Un. 480, f. 87r.

Magister Engbertus de Leydis²⁵³ auf ausdrücklichen Wunsch der Eltern geschickt worden seien. Doch trotz der Direktive, sich in seine Burse zu begeben, seien sie durch „unglückliche" Informationen in die Burse des Theologieprofessors (Lambertus?) de Monte gegangen, da die Briefe mit den entsprechenden Anweisungen auf der Reise zerrissen worden seien. Von der Fakultät erbat Petrus de Leydis sich nun Gerechtigkeit. Diese ordnete an, gemäß einem früheren, für solche Fälle ein für allemal gefaßten Beschluß den Streit durch vier Magister freundschaftlich beenden zu lassen. Wann diese Regelung getroffen wurde, ist nicht zu ermitteln. Möglicherweise entstand sie im Zusammenhang mit dem Bursenstreit vom Mai 1464.

Wie sich diese Deputation zusammensetzte, teilte der Dekan Jacobus de Amersfordia (L 49) mit, als er für den 9. Dezember 1473 ihre Entscheidung protokollierte.²⁵⁴ Auf ihre Bursenzugehörigkeit hin befragt, erweisen sich die vier Deputierten als Senior-Regenten der beiden unbeteiligten Prinzipal-Bursen: der Theologieprofessor Conradus de Campis (L 44) und der Dekan kamen aus der Laurentiana, der Lizentiat der Theologie Severinus de Moneta (K 9) und der Bakkalar der Dekretalen Henricus de Breda (K 6) gehörten der Kuckana an. Die Legitimation zur verbindlichen Beendigung des Konflikts besaßen sie, wie noch einmal betont wurde, kraft eines früheren Beschlusses, der für die Bewältigung derartiger und ähnlicher Fälle gefaßt worden war. Nach Anhörung der beteiligten Parteien, der beiden betroffenen Schüler sowie hierzu vor den Rektor geladener Zeugen urteilten sie, daß der eine von beiden, Nikolaus Haerlem²⁵⁵, bei Petrus de Leydis bleiben solle. Denn Nikolaus sei dem Corneliana-Regenten durch einen Brief des Engbertus de Leydis auf Drängen seiner Eltern geschickt worden, wie er selbst versichert habe und wie es auch für glaubwürdig befunden wurde. Innerhalb von drei Tagen sollte er die Burse des Magisters Lambertus (de Monte, M 24) verlassen, um in die des Petrus de Leydis einzutreten. Dort solle er solange bleiben, bis die Eltern der Fakultät oder den genannten vier Magistern schriftlich einen

---

²⁵³ M 185,44: Engelbert Schut von Leiden, humanistisch gebildeter Schulrektor zu Leiden, Schüler des Johannes Tinctoris und befreundet mit Erasmus von Rotterdam. Vgl. zu ihm zuletzt: C.G. van Leijenhorst, Art. „Engelbert Ysbrantz Schut", in: Contemporaries 1987, 233 f.
²⁵⁴ Un. 480, f. 89r.
²⁵⁵ Vermutlich M 340,33.

hinreichenden Grund darbringen würden, weshalb er nicht bei Petrus bleiben sollte.

Doch da der zweite Schüler nur *litteras promotoriales* des Engbertus vorweisen konnte, zwar im Auftrag (*ex commissione*) der Eltern, doch ohne deren (schriftlichen?) Beschluß (*sine scitu*), habe man über ihn entschieden, er solle vorerst in der Montana-Burse bleiben, bis die Deputierten genau darüber informiert seien, ob Engbertus de Leydis tatsächlich im Auftrag der Eltern den Jungen zu Petrus gesandt habe. Wegen des Zerreissens der Briefe wollten die vier Schlichter nichts unternehmen, da dies von bestimmten Laien gemacht worden sei.

Es erstaunt schon, mit welcher Schnelligkeit die vier Prinzipal-Bursen, d.h. primär deren leitende Regenten, Angelegenheiten der gesamten Fakultät als ausschließlich ihren Zuständigkeitsbereich erklärten. Ihre Kompetenz formulierten und definierten sie dabei in immer konkreterer und eindringlicherer Form; die entsprechende Legitimation gaben sie sich als dominierende Repräsentanten der Fakultät gleichsam selbst. Vergleichen wir zur besseren Veranschaulichung kurz frühere Beschlüsse zum Bursenwechsel. Am 22. Mai 1445 hatte die Fakultät nur undifferenziert entschieden, daß Schüler, die in einer bestimmten Burse verwurzelt waren und dann in eine andere wechselten, in ihre erste Burse zurückkehren müßten.[256] In welcher Form strittige Fälle geregelt wurden, dazu finden sich keine näheren Aussagen. Ganz anders dann 13 Jahre später, am 13. August 1458. Als entscheidende Instanz fungierten die vier Senior-Rektoren der vier Prinzipal-Bursen, ihnen lediglich zugeordnet der Theologe Arnoldus de Cloetinghen und der Jurist Johannes de Dingden (L 18).[257] Die Tatsache ihrer Deputation beruhte auf einer offensichtlich differenzierteren Sichtweise bei möglichen Bursenwechseln. Der pauschal formulierte Grundsatz, die zuerst frequentierte Burse habe ein Recht auf Rückforderung ihres übergetretenen Schülers, scheint so nicht mehr erfüllbar gewesen zu sein. Wenn ein Schüler auf Anordnung der Eltern und ohne Erlaubnis der Magister oder aus ähnlichen Gründen von einer Burse in eine andere ging, dann sollte erst nach Berücksichtigung der einschlägigen Fakultätsbestimmungen und Anhörung der zugrundeliegenden Motive eine Entscheidung über den zukünftigen Aufenthaltsort des Schülers getroffen werden. Dieser hatte also nicht eo

---

[256] S.o. 131.
[257] S.o. 148 f.

ipso in seine alte Burse zurückzukehren. Die zuerst aufgesuchte und bewohnte Burse besaß zwar immer noch den Erstanspruch auf den Schüler, doch waren seit den fünfziger Jahren die ausdrücklichen Bursenwünsche der Eltern offensichtlich nicht ohne weiteres ignorierbar. Die Vorentscheidungen der (ja auch finanzierenden) Eltern dürften somit zu einer abwägenden Differenzierung bei Bursenwechseln beigetragen haben. Dem Kreis des zuständigen Urteilsorgans gehörten schließlich auch jene beiden Bursen-Rektoren an, die direkt von dem Wechsel betroffen waren. Eine Konzentration auf die unabhängigen Prinzipal-Bursen war 1458 somit noch nicht erfolgt. Ebenso mochte man eine nachlässige Pflichterfüllung nicht ausschließen, wenn die Entscheidungsinstanz in solch einem Fall an den Rektor und die vier Dekane übergehen sollte. Eingetreten ist er dann allerdings offensichtlich nicht. Vielmehr übernahmen wie gesagt am 2. Mai 1464 leider nicht genannte Senior-Regenten die Schlichtung des Streites zwischen der Montana und Corneliana. Ihre ausschließliche Zugehörigkeit zu den Prinzipal-Bursen wird kaum zu bezweifeln sein. (Außenstehende Regenten wie den 1461 verstorbenen Arnoldus de Cloetinghen scheint man nicht mehr in dieses Gremium deputiert zu haben.) Es dürfte plausibel sein, den Beschluß über die alleinige Zuständigkeit der „neutralen" Bursen – dieser Terminus wird erst in späteren Jahren eingeführt werden – in den Zeitraum zwischen 1464 und 1473 zu legen, in eine konfliktträchtige Umbruchphase im Institutionalisierungsprozeß der Haupt-Bursen.

Nachdem die ordentlichen Disputationen seit 1455/56 für längere Zeit keiner näheren Bestimmung mehr bedurft hatten, wurde erstmals am 15. April 1474 eine Neuregelung dieses wichtigen Unterrichtsbereiches notwendig.[258] Auffallend die gleich am Anfang des einschneidenden Fakultätsbeschlusses getroffene soziale Differenzierung, die für einen früheren Zeitraum nicht bekannt ist. Künftig sollten bei den ordentlichen Disputationen je vier reiche und zwei arme Bakkalare respondieren.[259] Außergewöhnlich nun aber die weitere Bestimmung. Die Scholaren der einzelnen Bursenhäuser sollten als der ganzen Fakultät gemeinsam betrachtet werden. Sie sollten nicht mehr ausschließlich denjenigen Magistern zugehören,

---

[258] Un. 480, f. 91r.
[259] In den alten Statuten galt für die Bakkalare, die ordentliche und außerordentliche Disputationen besuchten, nur jene beim Examen zugewiesene Ordnung (vgl. Bianco 1855, Anhang 66).

unter denen sie die Disputationen besuchten. Dies bedeutete: Falls ein disputierender Magister aus seiner Burse keine Bakkalare zur Verfügung hatte, so konnte der Dekan auf Anfrage dieses Magisters respondierende Bakkalare aus jeder anderen Burse zur Verfügung stellen.

Erinnern wir uns. Im Dezember 1455 hatte die Fakultät verfügt, jede Burse habe mit ihren Schülern einen disputierenden Magister zu entsenden.[260] Auf diese Weise sei einschließlich des Dekans für zumindest fünf ordentliche Disputationen gesorgt. Wie bereits 1437 hatte man dann am 3. Februar 1456 noch für einen geregelten Besuch der Bursalen Sorge getragen.[261] Das Konzept, die Aufrechterhaltung der ordentlichen Disputationen durch eine alleinige Bindung an die Bursen, d.h. in erster Linie an die Prinzipal-Bursen, zu gewährleisten, ging offensichtlich 1474 nicht mehr auf. Denn jede Burse fühlte sich nur für die Disputationsteilnahme ihrer eigenen Magister und Scholaren verpflichtet. Ob und wie die übrigen Bursen diese Lehrveranstaltung abhielten, brauchte sie nicht zu kümmern. Wenn jedoch einem disputierenden Magister aus seiner Burse keine respondierenden Bakkalare zur Verfügung standen, konnte er diese Pflichtveranstaltung nicht erfüllen. Die Bestimmung vom 7. Februar 1472 über die Öffnung der Bursen bei den Disputationen ihrer Bakkalare im Winter blieb offensichtlich auf jene Jahre beschränkt, in denen die Artistenschule umgebaut wurde. Als nun 1474 die Disputationen in den zentralen Schulräumen anscheinend wiederum bursenweise gestaltet wurden, bewirkte das zur Förderung des Fakultätsinteresses eingerichtete Konzept den gegenteiligen Effekt. Es untergrub ein wesentliches Element des Lehrbetriebs. Die Schüler mußten also wieder der Fakultät unterstellt werden, aus ihrer exklusiven Bursenzugehörigkeit gelöst werden.

Doch welche konkreten Beweggründe mochten die Fakultät zu diesem Beschluß veranlaßt haben? Die vier Prinzipal-Bursen wiesen in jener Zeit ungefähr gleich große Schülerstärken bei den Bakkalaureats-Examina auf und mußten keine größeren Einbußen hinnehmen. Eine nicht ausreichende Zahl respondierender Bakkalare konnte somit nur in den Kleinbursen Anlaß zur Besorgnis gegeben haben. Für die Bursa Ottonis sind beispielsweise 1471 und 1472 keine determinierenden Bakkalaureanden nachzuweisen,

---

[260] S.o. 145 f.
[261] S.o. 146.

erst im November 1473 acht, im Mai 1474 vierzehn. Die Bursa Raemsdonck wies dagegen bis Mai 1473 kaum geringere Schülerzahlen als die Prinzipal-Bursen auf, danach determinierten nur noch sporadisch Bakkalaureanden unter dem allein in Köln verbliebenen Haupt-Regenten Theodoricus de Busco (R 4). Folglich werden nur die Regenten der Kleinbursen in die Verlegenheit gekommen sein, aufgrund nicht ausreichend vorhandener Bakkalare die vorgeschriebenen ordentlichen Disputationen nicht formgerecht veranstalten zu können. Trifft dies zu, dann sind die Prinzipal-Bursen im April 1474 den Kleinbursen erheblich entgegengekommen, indem sie für diese Lehrveranstaltungen das regulative Prinzip der Bursenbindung aufgaben. Letztendlich bedeutete diese Öffnung jedoch keine Auflösung des Status der Prinzipal-Bursen. Vielmehr bewirkten und erhärteten sie damit das, was sie für sich schon immer in Anspruch genommen hatten: die Bewahrung des allgemeinen Fakultätsinteresses. Man wird sogar behaupten können: Nur weil sie in ihrem die Fakultät so fraglos repräsentierenden Status als Prinzipal-Bursen derartig gefestigt erschienen, war ihnen diese relative Öffnung möglich. Sie beinhaltete wohl eher einen Gewinn an Substanz denn einen Verlust. Die folgenden Quellenstücke werden diese Vermutung stützen.

Kein Zweifel, die vier Prinzipal-Bursen waren aus ihrer Auseinandersetzung mit der Raemsdonck-Burse, dem Kölner Rat und Bürgertum sowie (teilweise) mit der Universität gestärkt und konsolidierter denn je hervorgegangen. So konnten sie am 21. Dezember 1474 zum ersten Mal die Besetzung eines wichtigen Fakultätsamtes ausdrücklich als reine Bursenangelegenheit im Dekanatsbuch protokollieren. Nachdem an jenem Tag Ego de Driel (M 32) als Dekan bestätigt, Petrus de Leydis (C 34) zum Rezeptor gewählt worden war, beschloß die Fakultätsversammlung, eine jährliche Wahl des neuen Rezeptors künftig durch die Bursen erfolgen zu lassen.[262] In den Statuten von 1398 hatte man lediglich festgelegt, daß der Rezeptor am 21. Dezember jährlich durch die Fakultät neu gewählt werden müsse.[263] Eine Wiederwahl war damit nicht ausgeschlossen und wurde auch schon bei Albertus Wynkini praktiziert. Gut 35 Jahre, also während seines gesamten Regenten-Daseins,

---

[262] Un. 480, f. 94r.
[263] Vgl. Bianco 1855, Anhang 71 f.; von den Brincken 1989, 412: eine im Vergleich zu Wien ausführlichere und strengere Regelung des Rezeptor-Amtes lasse den finanziellen Bereich als ein Hauptanliegen der Kölner erscheinen.

bekleidete der Corneliana-Rektor Cornelius de Dordraco (C 3) bis 1474 dieses zentrale und vertrauenswürdige Amt. Nachdem der greise Regent (er starb 1477) das Amt abgegeben hatte oder abgeben mußte, hielt man einen jährlichen Wechsel offenbar für angebrachter.

Mit der Formulierung, die Wahl eines neuen Rezeptors solle durch die Bursen erfolgen, wollte die Fakultät keineswegs den Umkreis der Stimmberechtigten festlegen, sondern eine durch die einzelnen Bursen zu erfolgende Wahl statuieren. Denn die Bekleidung des Amtes durch den Leiter der Corneliana Petrus de Leydis sollte einen Turnus einleiten, in welchem sich die einzelnen Prinzipal-Bursen in der festen Reihenfolge Corneliana-Kuckana-Montana-Laurentiana in der Besetzung des Amtes ablösten. Der Fakultät oblag dann am 21. Dezember offenbar nur noch eine Bestätigung der in den Bursen getroffenen Vor-Wahl. Sprach das Protokoll zwar undifferenziert von den Bursen, so zählte man doch die Kleinbursen nicht zu diesen Institutionen. Im Dezember 1486 wurde zum ersten und einzigen Mal mit Hermannus de Berchem (O 2) ein Regent der Ottonis in dieses Amt gewählt – und auch nur anstelle eines turnusmäßig zuständigen Corneliana-Regenten. Ihr Status erlaubte es den Regenten der Kleinbursen gar nicht, eine Berücksichtigung einzufordern. Statutenkonforme Wahlfreiheit und Wählbarkeit aller Magister der Artisten-Fakultät, von dieser als ablehnende Begründung noch vor wenigen Jahren den Ansprüchen der Raemsdonck-Anhänger entgegengehalten, galten nun nicht mehr als Grundsätze.

Umso mehr erweckt eine am 2. November 1475 gebildete Deputation unsere Aufmerksamkeit.[264] Denn in ihrer Zusammensetzung fällt sie völlig aus dem Rahmen. Zwar sollte jede Burse zwei Seniores, oder wen sie als Senior erachtete, abordnen. Doch wurden zusätzlich noch Theodoricus de Busco (R 4) und Hermannus de Berchem (O 2) aufgenommen, zweifellos als Vertreter der Kleinbursen. Ihren Häusern kam der Begriff „Burse" gar nicht zu. Der stand wie selbstverständlich synonym für die Prinzipal-Bursen, denen eine attributive Differenzierung offenbar nicht mehr nötig erschien. Die erstaunliche und singuläre Beteiligung der Kleinbursen an der Deputation dürfte durch deren Aufgabe begründet gewesen sein. Zugleich eröffnet sich uns mit ihr nun auch deutlicher der

---

[264] Un. 480, f. 99r.

Hintergrund des Beschlusses über den turnusmäßigen Wechsel im Rezeptor-Amt.

Die Fakultät hatte den zehn Mitgliedern des Ausschusses ein *plenum mandatum* erteilt, die Abrechnung zu überprüfen, die der Lizentiat der Theologie und ehemalige Rezeptor Cornelius de Dordraco vorgelegt hatte. Dazu sollten sie angemessene Schritte einleiten, mit denen eine Entlastung möglich wäre. Dies bezog sich auf erhebliche Schulden, die Cornelius als Rezeptor gemacht hatte. Schon seine Bestätigung als Rezeptor 1473/74 war am 3. Januar 1474 mit dem Vorbehalt verbunden worden, *quod de cetero pecuniam nullam apud se servet*.[265] Am 29. Dezember 1475 kamen die Deputierten schließlich in der Wohnung des Cornelius zusammen, um den Rückzahlungsmodus zu regeln.[266] Der Lizentiat der Medizin Theodoricus Adriani de Dordraco (C 45) erklärte sich bereit, die Schulden seines Onkels zu übernehmen. Als *debitor principalis* verpflichtete er sich im Beisein seines Onkels, die Summe von 136 fl., 2 Mk. und 3 Denaren innerhalb von drei Jahren in folgender Form zurückzuzahlen: pro Quartal mußten jeweils 10 bzw. 15 fl. beglichen werden, so daß sich pro Jahr 50 fl. ergaben; im dritten Jahr war dann die restliche Summe fällig. Wie sich aus dem 1475 neu, unter dem Eindruck der Vorgänge um Cornelius de Dordraco sogar erstmals angelegten Rezeptor-Buch ergibt, sind die Zahlungen bis 1478 tatsächlich geleistet worden.[267]

Die jährliche Neuwahl eines Rezeptors ist also aus der Einsicht entstanden, daß eine kontinuierliche Verwaltung des Amtes eine zu große Gefahr des Mißbrauchs in sich barg. Die alleinige Zuständigkeit der Prinzipal-Bursen stand dabei zu jenem Zeitpunkt bereits außer Frage. Wenn bei der Deputation zur Lösung des Schuldproblems auch die Kleinbursen integriert wurden, so dürfte dies damit zusammenhängen, daß auch sie von den finanziellen Versäumnissen des Corneliana-Rektors unmittelbar betroffen waren. Die Reputation der Corneliana jedoch wird durch die gravierende Pflichtverletzung ihres Rektors und Namensgebers erhebliche Einbußen erlitten haben. Mag eine gewisse Senilität im Spiel gewesen

---

[265] Un. 480, f. 89v.
[266] Un. 480, f. 99r.
[267] Vgl. Un. 514, f. 3v-11v. Die Findbuchangabe im HAStK, dieses 1475 einsetzende Rechnungsbuch der Artisten-Fakultät sei das Buch „B", ist somit irreführend und wohl aus dem Glauben entstanden, es müsse einen (nicht aufzufindenden) Vorgängerband gegeben haben. Es gab jedoch kein vorheriges Rechnungsbuch „A". Die Reihe der artistischen Rechnungsbücher setzt vielmehr erst 1475 ein.

sein, der nicht explizit protokollierte Vorwurf der Geldunterschlagung stand überdeutlich im Raum. Es gibt konkrete Indikatoren für den plötzlichen und einschneidenden Ansehensverlust. In den Quellen vom November und Dezember 1473 über den Streit zwischen Corneliana und Montana fungierte nicht mehr Cornelius de Dordraco (C 3), sondern Petrus de Leydis (C 34) als Leiter der Burse. Schwerwiegender noch: Wenn unsere Beobachtung zutrifft, daß mit dem Oktober 1466 ein Turnus der Dekanate eingesetzt hatte, der die Corneliana vor der Laurentiana, Montana und Kuckana an der Spitze sah, so muß 1473/75 die Corneliana infolge des Amtsmißbrauches ihres Rektors an das Ende der Hierarchie katapultiert worden sein. Der halbjährliche bursenweise Wechsel der Dekanate mit der Corneliana an der Spitze erstreckte sich über drei Perioden bis Ende 1472. (Die drei Amtszeiten des Robertus de Scotia [K 11] von März bis Dezember 1472 dürften aus der pestbedingten Abwesenheit der Bursen resultieren.) Von Dezember 1472 bis Juni 1473 nahm wie üblich noch ein Corneliana-Regent für ein halbes Jahr das Dekanat ein. Dann aber, als die Versäumnisse des Corneliana-Rektors unübersehbar geworden sein müssen, wurden erstaunlicherweise am 28. Juni 1473 und 21. Dezember 1473 zwei Laurentiana-Regenten hintereinander Dekan, Jacobus de Amersfordia (L 49) und Henricus de Horst (L 33, dieser sogar mit ebenfalls unüblicher zweimaliger Wiederwahl). Am 28. Juni 1474 bekleidete dann Ego de Driel (M 32) für drei Vierteljahre (um offenbar nicht hinter dem Laurentiana-Regenten zurückzustecken) das Dekanat für die Montana.[268] Anschließend verlief die nach Bursen geordnete Besetzung der Dekanate wieder regelmäßig. Die doppelte Berücksichtigung der Laurentiana hat nicht nur den Turnus durchbrochen, sie scheint auch einen Wechsel in der Rangfolge der Bursen zu indizieren, der die Laurentiana an den Anfang, die Corneliana an das Ende setzte. Denn der im Dezember 1474 einsetzende, nie durchbrochene Turnus der Bursen bei der Benennung der Rezeptoren verlief genau umgekehrt zu der Rangfolge bei der Bekleidung der Dekanate, quasi „von unten nach oben". Diesen Modus bestätigt eine noch zu besprechende Quelle vom 1. September 1517, als ein *ordo promotorum* – analog dem der Dekanate – in der Reihenfolge Laurentiana-Montana-Kuckana-Corneliana festgelegt und abschließend bemerkt wurde, dieser

---

[268] Vgl. Keussen 1934, 494.

Ordo sei *oppositus autem* dem *ordo receptorum*.[269] Wenn die Corneliana nach Cornelius de Dordraco somit sofort wieder den Rezeptor stellen durfte, zeigt dies keinen Gnadenerweis der übrigen Bursen an, sondern den fundamentalen Reputationsverlust. Deshalb auch der alleinige Verzicht der Corneliana auf das Dekanat, wenn, wie 1481 und 1497, Regenten der Ottonis den Dekan stellen durften. Zum Rangverlust der Corneliana mag auch die Tatsache beigetragen haben, daß sie als einzige der vier Prinzipal-Bursen zu jener Zeit keinen promovierten Theologen unter ihren Seniores aufwies.

Die ranghöchsten Lehrer der Universität machten ihren Status natürlich geltend, wenn sie als gleichzeitige Bursen-Rektoren etwa in Kommissionen Einfluß auf die Handlungen der Artisten-Fakultät in den unterschiedlichsten Zuständigkeitsbereichen nahmen. Als der Dekan Ego de Driel (M 32) am 25. November 1474 eine Versammlung aller Artes-Magister einberief, lud er auch einige Theologen ein, um über einen schwierigen Punkt zu beraten.[270] Vertreter des Stadtrates waren an die Senior-Regenten der Fakultät herangetreten, um eine bestimmte Geldsumme von den Artisten leihweise zu erbitten (vermutlich wegen der erheblichen finanziellen Belastungen Kölns durch den Neusser Krieg). Trotz des vor nicht allzu langer Zeit noch recht gespannten Verhältnisses sagte die Fakultät zu und deputierte für diesen Vorgang Magister aus den einzelnen Bursen, die einen Schlüssel zur Truhe (*archa*) der Fakultät besaßen. Unschwer wird man hinter ihnen Senior-Regenten der Prinzipal-Bursen vermuten.

Am 31. Mai 1475 reduzierte man die Versammlung der Fakultät gleich auf bestimmte Magister der einzelnen Bursen, die über den Verbleib der Habitus der Fakultät in der Artistenschule *apud tapeta* entschieden und ferner bestimmten, daß der *inhabitator* des Gebäudes Wandteppiche und Habitus von der Fakultät empfangen solle.[271] Wenige Monate später, am 17. Juli 1475, versammelten sich nur die Senior-Magister, um die Witwe des gestorbenen Pedells Nicolaus de Tweenbergen aufzusuchen. Aus ihrer Hand erhielten sie drei Bücher für die Fakultät, die Metamorphosen des Ovid, ein Buch, das *plura collecta in consilio Constanciensi* enthielt, sowie einen Band mit verschiedenen Texten wie dem ‚speculum humane

---

[269] Vgl. Un. 481, f. 118r.
[270] Un. 480, f. 94r.
[271] Un. 480, f. 97r.

salvacionis' oder der ‚ymago mundi'.²⁷² Als es nochmals Fragen zu klären galt, die sich hinsichtlich des Inhabitators der Artistenschule ergeben hatten, beauftragte die Fakultät am 21. Mai 1477 die beiden Theologie-Professoren Jacobus de Straelen (L 30) und Henricus de Orsoy (M 22) aus den führenden Bursen, weiterhin namentlich die Artes-Regenten Petrus de Leydis (C 34) und Henricus de Breda (K 6) aus den beiden anderen Prinzipal-Bursen sowie einige ungenannte Magister *de qualibet domo*, d.h. aus jeder Prinzipal-Burse.

Die Bedeutungsgleichheit des Begriffs *bursa* oder *domus* mit den vier Prinzipal-Bursen hatte sich an der Kölner Artisten-Fakultät in den siebziger Jahren des 15. Jahrhunderts endgültig durchgesetzt. Am 2. November 1477 hieß es wiederum nur, daß *de qualibet domo* je zwei Senioren zu bestimmen seien, die über die problematische Zulassung zweier Scholaren zum Bakkalaureats-Examen entscheiden sollten.²⁷³

Eine entscheidende Stufe im Institutionalisierungsprozeß der Prinzipal-Bursen nahm der folgende Fakultätsbeschluß ein. Auch die Zeitgenossen waren sich dessen durchaus bewußt, zeichneten sie doch eine Hand mit ausgestrecktem Zeigefinger neben die entsprechende Niederschrift des Dekans Jacobus de Amersfordia (L 49) vom 31. März 1478.²⁷⁴ Denn die Regenten der Artisten-Fakultät legten fest, daß es für das Wohl sowohl der Lehrenden wie Lernenden ihrer Fakultät am besten sei, wenn künftig am Anfang eines jeden Monats zwei Regenten aus jeder Burse gemeinsam mit dem Dekan in der Artistenschule zusammenkämen, um freundschaftlich all jene Dinge zu erörtern, welche die Ehre, den allgemeinen Nutzen wie das Gemeinwohl der Fakultät beträfen. Ferner sollten sie hören, ob der Promotor irgendwelche Anklagen oder Beschwerden gegen Schüler vorzubringen hätte, die dann durch entsprechende Disziplinarmaßnahmen angegangen werden sollten.

Die Dimension des Beschlusses liegt auf der Hand. Nicht nur, daß sich die Exekutivgewalt des Promotors realiter bei den führenden Regenten der einzelnen Prinzipal-Bursen befand. Darüber hinaus oblag ihnen, nach den allgemeinen Formulierungen zu urteilen, grundsätzlich die umfassende Regelung nahezu jeder Fakultätsangelegenheit. Sie brauchten für diese Aufgabe nicht mehr eigens

---

²⁷² Un. 480, f. 98r; vgl. Keussen 1929, 183 (unvollständige Auflistung).
²⁷³ Un. 480, f. 113v.
²⁷⁴ Un. 480, f. 118r. Der Handweiser diente im Dekanatsbuch durchaus zur Hervorhebung beachtenswerter Passagen.

deputiert zu werden. Als festes, regelmäßig zusammentretendes Gremium bildeten sie ein leitendes, repräsentatives Organ oberhalb der Fakultät in ihrer Gesamtheit der Regenten, Nicht-Regenten und Studenten. Mit der Festlegung monatlicher Zusammenkünfte unterschied sich dieser Beschluß erheblich von dem des 3. Februar 1431, der eine ähnliche Materie enthielt.[275] Damals sollten die Bursen-Rektoren nur zweimal im Jahr zusammenkommen, dabei auch nicht aus eigener Befugnis, sondern nach Aufforderung durch den Dekan, um (lediglich) zu überprüfen, ob die zuletzt Promovierten ihr obligatorisches einjähriges Studienjahr absolviert hätten.

Waren die Kompetenzen der Bursen-Leiter zwar weitreichend, die Regelung aller Fakultätsangelegenheiten kam ihnen doch noch längst nicht zu. Über die Lozierung des Dekans bei den Graduierungs-Akten und Festessen der Artisten-Fakultät beriet beispielsweise eine feierliche, durch Eid verbindliche Fakultätsversammlung, bei der auch die zwei Theologie-Professoren Jacobus de Straelen (L 30) und Conradus de Campis (L 44) anwesend waren. Fragen nach der Lozierung waren weit mehr als Quisquilien, wie bereits gezeigt wurde. Eine Erörterung über den Rang, der dem artistischen Dekan gegenüber den Dekanen und Mitgliedern der anderen Fakultäten gebührt, gewichtete eben zugleich seinen Rang in der Universität oder behauptete ihn gegen Infragestellungen. Im März 1479 ging es anscheinend um eine Abgrenzung gegenüber den Lizentiaten der drei höheren Fakultäten, die den Vorrang des artistischen Dekans zu bezweifeln schienen. Gleichzeitig könnte damit durchaus eine Aufwertung verbunden gewesen sein, denn künftig sollte er zumindest bei den genannten Anlässen unmittelbar unterhalb der Doktoren der Theologie und zugleich unterhalb der auf der linken Seite befindlichen Doktoren der Medizin und Jurisprudenz, aber oberhalb der übrigen Magister und Lizentiaten, auch der drei höheren Fakultäten, loziert werden. Dieser neu erhobene Anspruch auf eine enge Bindung an die Theologie-Professoren wenigstens auf „eigenem Terrain" wurde mit Stimmenmehrheit – es gab offensichtlich Einwände – durch das alleinige „Vorrecht einer bevorzugten Stellung" (*prerogativa prelacionis*) begründet, die der artistische Dekan vor denen der anderen Fakultäten genösse. Schließlich fügte der amtierende Dekan Theodoricus de Busco, mittlerweile wohl Montana-Regens (M 39), hinzu: wenn irgendeiner der Lizentiaten diese Ehre der Artisten-Fakultät als seiner „Mutter" und deren

---

[275] S.o. 125.

Dekan verweigern wolle, so solle er fortan von den Akten und Festessen ausgeschlossen werden.

Wie an anderen Universitäten wurde in diesem Beschluß klar der Vorrang des artistischen Dekans auch vor den Lizentiaten der höheren Fakultäten ausgesprochen, die eben so lange als der Artisten-Fakultät zugehörig und somit als ihrem Dekan unterstellt betrachtet wurden, bis sie ein Doktorat in den anderen drei Fakultäten vorweisen konnten.[276] Bemerkenswert ist die ausdrückliche, enge Verknüpfung mit der ranghöchsten Theologischen Fakultät. Es hat den Anschein, als ob man dadurch nicht nur den Status des artistischen Dekans aufzuwerten suchte, sondern zugleich die personelle und geistige Verbundenheit zwischen diesen Fakultäten auch in einem solchen Bereich herausstellen wollte. Als treibendes Bindeglied fungierten zweifellos die Prinzipal-Bursen, deren Rektoren ja zum größten Teil Theologen mit höheren Graden waren, und die nahezu ausschließlich die Dekanate besetzten.

Auch für die nächste wichtige Verordnung der Fakultät vom Juni 1480 benötigte der Dekan Gerardus de Harderwijck (L 50) die mehrheitliche Zustimmung aller Regenten.[277] Von ihm ging der Vorschlag aus, alle Scholaren der Aufsicht der Bursenmagister unterstehen zu lassen, so wie es in einem Artikel der neuen Statuten (von 1457) festgelegt worden sei.[278] Die Anwesenden stimmten zu, daß niemand eine Bescheinigung für die Promotion erhalten könne, wenn er nicht in einer Burse wohne oder nicht durch vernünftige Gründe von der ganzen Fakultät einen Dispens bekommen habe. Daraufhin wurde dieser Beschluß den außerhalb lebenden Scholaren aller Bursen zwei- oder dreimal mitgeteilt, worauf viele einen Dispens erbaten und erhielten, andere aber nicht. Bedauernd teilte der Dekan abschließend mit, diese Anordnung sei später nicht von allen Magistern ausgeführt worden.

Der Konzentrationsprozeß der Bursen ließ sich somit nicht mehr dadurch verstärken, daß man noch mehr Schüler mit entsprechendem Druck zum Wohnen in den Bursengebäuden bewegte. Offensichtlich scheiterte dies nicht nur am verständlichen Wunsch der Studenten nach weniger direkter *custodia*, sondern auch an einem zu großen Aufwand für die Magister. Die räumlichen Kapazitäten für eine Eindämmung des *extra stare* scheinen vielfach durchaus

---

[276] Vgl. Schwinges 1986, 344 f.
[277] Un. 480, f. 132r.
[278] Vgl. Bianco 1855, Anhang 76 f.

vorhanden gewesen zu sein; möglicherweise mangelte es einfach an bereitwilligen Bursen-Regenten, die in den einzelnen Gebäuden ihrer Burse wohnen und den Studenten disziplinarisch vorstehen wollten.

Die oben angesprochene personelle Verschränkung zwischen Theologischer und Artisten-Fakultät fand beispielsweise am 12. Mai 1481 eine konkrete Veranschaulichung und Bestätigung. Der verstorbene Johannes de Erpel[279], berühmter Jurist und Neffe des ebenso bedeutenden Rechtsgelehrten Christian von Erpel[280], hatte in seinem Testament unter anderem den Bau einer Kapelle in der Schola artium verfügt.[281] Um diesem Wunsch nachzukommen, bestellte die Fakultät unter Beteiligung von Doktoren der anderen Fakultäten Deputierte.[282] Kein einziger, der nicht zugleich führender Regent einer der Prinzipal-Bursen gewesen wäre. Bezeichnend die Präsenz der einzelnen Fakultäten: je einem Juristen und einem Mediziner standen je fünf Theologen und Artisten gegenüber – natürlich auch ein Resultat der Aufgabenstellung. Als Vertreter der Theologischen Fakulät fungierten Henricus de Orsoy (M 22) und Lambertus de Monte (M 24), Conradus de Campis (L 44), Cornelius de Breda (K 12) und der soeben 1480 promovierte Theodoricus de Bommel (C 29). Für die Juristen gehörte der ehemalige Corneliana-Regent und nunmehrige Dekretist wie Vizekanzler Johannes Witsellenborch de Bommel (C 44), für die Mediziner sein Bursenkollege Theodoricus Adriani de Dordraco (C 45) zu den Deputierten. Die Artisten-Fakultät sandte neben ihrem Dekan Robertus Stodart de Scotia (K 11) die beiden Montana-Regenten Theodoricus de Busco (M 39) und Ego de Driel (M 32), den Laurentiana-Regenten Jacobus de Amersfordia (L 49) sowie Henricus de Breda (K 6) aus der Kuckana. Bis auf letzteren waren auch sie alle Angehörige der Theologischen Fakultät.

Die jeweils dominierende Bindung der einzelnen Bursen an bestimmte höhere Fakultäten und damit ihre interne Hierarchie wird durch die Mitglieder einer kleineren Deputation unterstrichen, die sich am 24. Mai 1481 an die Provisoren mit dem Hilfegesuch wandte, den Kapellenbau zu unterstützen.[283] Montana, Laurentiana und

---

[279] M 138,50.
[280] M 12,3.
[281] Vgl. Keussen 1934, 305 ff.
[282] Un. 480, f. 139v.
[283] Un. 480, f. 140r.

Kuckana wurden durch die drei Theologie-Professoren Henricus de Orsoy (M 22), Conradus de Campis (L 44) und Cornelius de Breda (K 12) repräsentiert, die Corneliana durch den Doktor der Medizin Theodoricus de Dordraco (C 45). Der artistische Dekan Robertus de Scotia (K 11) fungierte schließlich als fünftes Mitglied.

Die folgenden Protokolle lassen sich alle mehr oder weniger unter die Leitfrage nach dem eigentlichen Organ zur Repräsentation und Leitung der Fakultät stellen. Übereinstimmend mit dem Beschluß vom 31. März 1478 trafen sich am 30. Oktober 1483 *de qualibet domo duo seniores magistri*, um zu entscheiden, ob das Bakkalaureats-Examen entgegen den Statuten wegen der pestbedingten Abwesenheit der meisten Scholaren überhaupt regulär stattfinden sollte.[284]

Am 17. September 1489 sprach der Dekan Hermannus de Clivis (K 17) nur unbestimmt von gewissen Senioren der Fakultät, die sich wegen eines bestimmten Anliegens einiger Magister versammelten.[285] Diese schlugen vor, die Fakultät möge doch den Magistern erlauben, mit ihren Studenten und Supposita Köln zu verlassen, da die Pest so gefährlich geworden sei, daß die Supposita bereits geflohen seien und weiterhin entweichen würden. Daraufhin entschied die Fakultät, d.h. de facto die versammelten Senioren, namens der Fakultät könne keine Erlaubnis zum Auszug gegeben werden. Denn es seien ja allein die Magister der Montana-Burse, die dies vorgeschlagen hätten und nicht die der anderen Bursen, die doch gleichermaßen betroffen seien. Wenn sich allerdings irgendwelche Personen entfernen wollten, so könne es ihnen die Fakultät nicht verbieten.

Wer hier gegen das Anliegen der Montana für die Fakultät sprach, wird am Ende des Protokolls deutlich. Nachdem nämlich die Magister der Montana vernahmen, daß die Regenten der drei Bursen ihrer Argumentation nicht folgten, sicherten sie zu, ihre Studenten zu informieren, daß sie gleich denen der anderen Bursen in Köln bleiben sollten. Wiederum standen also die Senioren ohne nähere Differenzierung allein für die der Prinzipal-Bursen. In ihrer Gesamtheit repräsentierten sie die Fakultät. Gerade aus diesem Selbstverständnis heraus unterwarf sich die einzelne Burse dem Diktum der anderen, da sie nur zusammen verbindlich für die

---

[284] Un. 480, f. 155r.
[285] Un. 480, f. 200v.

Fakultät sprechen konnten. Hätte sich eine Prinzipal-Burse Sonderrechte angemaßt, sie hätte damit auch ihren Anspruch verloren, weiterhin die Gesamtheit vertreten zu dürfen.

Die letzten Quellen konnten leicht ein Bild entstehen lassen, in welchem die vier Prinzipal-Bursen personell kaum noch vom Gesamtgefüge der Fakultät zu unterscheiden sind. Dieser Eindruck täuscht. Er resultiert sicherlich zum einen aus der nahezu vollkommenen Übertragung organisationstechnischer Aufgaben auf den Kreis der führenden Regenten aus den vier Bursen. Zu einem gut Teil dürfte er aus den deckungsgleichen Interessen der dominierenden Prinzipal-Bursen und des aus ihnen stammenden, feder- wie beschlußführenden Dekans entspringen. Gleichwohl wird aus dessen Aufzeichnungen auch die Existenz einer Gruppe von Magistern ersichtlich, die nicht in die Prinzipal-Bursen integriert war, dennoch aber deren Einfluß unterlag.

Am 20. November 1489 feierte die Artisten-Fakultät die Exequien des verstorbenen Montana-Regenten und Lizentiaten der Theologie Ego de Driel (M 32).[286] Selbst aus den Begebnissen der Begräbnisfeiern, die der amtierende Dekan Petrus Boll de Dordraco (C 48) festhielt, erhellt in ungemein anschaulicher Weise die innere Struktur der Artisten-Fakultät. Ego de Driel wurde auf dem Friedhof der Pfarrkirche Maria Ablaß bestattet. In dieser Kirche fand auch die Feier der Exequien statt, bei der allein die Regenten und Exerzenten[287] der vier Bursen von den Testamentsexekutoren vier alb. Präsenzgeld erhielten. Später aber, so fährt der Dekan fort, sei die Memorien-Messe für Ego in der Dominikaner-Kirche gefeiert worden. Sie sei auf Anordnung der Exekutoren veranstaltet worden, wobei auch wie gewöhnlich eine Mitteilung und eine Weisung des Dekans an die Mauern der Kirchen angeschlagen worden seien. Während dieser Messe hätten dann alle Magister

---

[286] Un. 480, f. 203v.
[287] Der Begriff *exercens* fällt m.W. hier zum ersten Mal im artistischen Dekanatsbuch, ohne daß sich aus der Quelle die Aufgabe der *exercentes* genauer ermitteln ließe; in begrifflicher Differenzierung zu den höher stehenden *regentes*, unter denen auf das Lehrwesen bezogen nun vornehmlich die älteren, Vorlesungen und ähnlich wichtige Lehrveranstaltungen übernehmenden Magister – aber auch mit Leitungsaufgaben betraute – zu verstehen sein werden, dürfte es sich bei den *exercentes* um jüngere, hauptsächlich Übungen veranstaltende Bursenmagister handeln. Ihr Status scheint über den des Inzipienten hinauszugehen, der statutarisch zu zweijähriger Lehrzeit verpflichtet war, ehe er die *receptio* als stimmberechtigtes Mitglied der Fakultät erhalten konnte; vielmehr ist von einer Aufgabenteilung und Hierarchisierung innerhalb der Bursen auszugehen.

der Artisten-Fakultät, Regenten wie Nicht-Regenten, Rezipierte wie Nicht-Rezipierte, einen alb. Präsenzgeld von den Exekutoren erhalten.

Der Begräbnisgang des einstmaligen Bursen-Regenten erfolgte demnach offensichtlich nur im Kreis der Regenten und Exerzenten der Prinzipal-Bursen, die auch mit weit höheren Präsenzgeldern bedacht wurden als die übrigen Magister. Den Lehrenden der Prinzipal-Bursen standen die restlichen rezipierten Regenten, vermutlich Angehörige der Ottonis, und die Nicht-Regenten gegenüber, vielleicht auch vereinzelte Magister, die an keine Burse gebunden waren. Die Fakultät in ihrer personellen Gesamtheit vervollständigten schließlich die noch nicht rezipierten Magister, bei denen in erster Linie an die gerade Promovierten aller Bursen zu denken ist.

Nicht nur für den Historiker hat sich die Frage, wer denn nun eigentlich die Fakultät in welcher Form konstituiere, zu einem Problem entwickelt. Auch die Zeitgenossen befielen hier Ende des 15. Jahrhunderts durchaus Zweifel, wie dies eine zentrale, in ihrer Bedeutung herausragende Quelle vom 1. Juni 1491 dokumentiert.[288] Durch den Dekan Judocus de Monte (K 19) wurde an jenem Tag *per iuramentum* eine Fakultätsversammlung einberufen, da man sich im Zweifel befand, auf welche Weise die Artes-Magister einzuladen seien und wer zu jenem Kreis von 64 Magistern zählen würde, der für die Lösung aller Schwierigkeiten und strittigen Angelegenheiten zuständig war. Die Mehrheit der Anwesenden entschied daraufhin, die Regenten der vier Bursen hätten diese Magister ohne irgendeinen Widerspruch der anderen Fakultäten zu ernennen. Hierbei könne jede einzelne der vier Bursen, die – und an dieser Stelle fällt expressis verbis der Begriff, mit dem das Verhältnis der Prinzipal-Bursen zur Fakultät am treffendsten ausgedrückt wird – die Artisten-Fakultät präsentierten (*que presentant facultatem arcium*), 15 rezipierte oder als ehrwürdig erachtete Magister nominieren. Und da Hermannus de Berchem (O 2, Leiter der Bursa Ottonis) friedlich und ehrbar mit den Regenten der vier Bursen einhergegangen sei (*ambulavit*), gefalle es der Fakultät, daß er, sich selbst eingeschlossen, ebenfalls Magister für jenes Gremium benennen dürfe, nämlich jene vier, die noch zur festgelegten Zahl von 64 fehlten. *Et hoc de gracia facultatis*.

---

[288] Un. 480, f. 214r.

Als Burse im eigentlichen, Kölner Sinne wurde die Ottonis hier nun explizit nicht mehr verstanden. Als solche galten nur jene vier, welche die Artisten-Fakultät repräsentierten. Sie waren nicht mehr ein dominierender Bestandteil der Fakultät, sondern diese selbst. Wenn die Fakultät sprach, drückte sich allein der gemeinsame Wille der vier Bursen aus und vice versa. Im Grunde muß diese Konzentration noch weiter gedacht werden. Denn die tatsächlichen Vertreter der Fakultät waren die (leitenden) Regenten der Bursen, die eben auch für sich über die Zusammensetzung des beschlußfassenden Gremiums, des Fakultätskonsiliums (der Begriff fällt in der Quelle allerdings nicht), entschieden. Offensichtlich erhoben sich gegen diese konzentrierte Macht Gegenstimmen aus anderen Fakultäten, sonst hätte der Dekan nicht kategorisch jede Möglichkeit eines Einspruchs seitens der höheren Fakultäten ausgeschlossen. Hier wie vor allem bei der „gnädigen" Berücksichtigung der Ottonis wird man unwillkürlich an die Raemsdonck-Kontroverse erinnert. Wenn Hermannus de Berchem bescheinigt wird, sich *pacifice et honeste* mit den Regenten der vier Bursen vertragen zu haben, dann bezeichnet dies genau die Haltung, die früher von den Magistern der Raemsdonck-Burse vergeblich erwartet wurde. Liest man diese Quelle, so kann man sich des Eindrucks nicht erwehren, ein gehöriges Maß an Unterwürfigkeit seitens der Kleinburse habe die geringe Machtpartizipation erlaubt. Es mag in einer persönlichen Färbung auf Judocus Finck de Monte (K 19), den Dekan aus der kleinsten der Prinzipal-Bursen, zurückzuführen sein, auf sein hierdurch motiviertes abgrenzendes Verhältnis zur kaum wesentlich schwächeren, sozial eher gehobeneren Ottonis[289], aber ein gewisses Maß an Arroganz wird man den Prinzipal-Bursen generell kaum absprechen können. Freilich sahen wir andrerseits, daß man im Prüfungswesen recht gut mit der Ottonis kooperierte. Vor allem Verbindungen zur Laurentiana werden noch anzusprechen sein.[290]

Die Bursa Ottonis wurde geduldet, eine gestaltende Kraft in der Fakultät kam ihr nicht zu. Denn mit den zugestandenen vier Stimmen konnte sie keine Fakultätsversammlung in ihrem Sinne beeinflussen. (Immerhin gehörte sie dem Gremium wenigstens an. Ein Magister, der keiner der fünf Bursen angeschlossen war, besaß überhaupt keine Möglichkeit zur Partizipation an Fakultätsentscheidungen!) Wenn der Burse im Winterhalbjahr 1481/82

---

[289] Vgl. Schwinges 1986a, 558 ff.
[290] S.u. 421–439.

und 1497/98 die Besetzung des Dekanats zugestanden wurde, das Hermannus de Berchem und Petrus de Duna (O 4) bekleideten, so fügten sie sich wie erläutert nicht als Vertreter einer Institution in den Turnus ein, sondern wurden der verzichtenden Corneliana untergeordnet. Doch als Hermannus de Berchem während seines Dekanats am 2. Februar 1482 zu den fünf Temptatoren gehörte, wählte der Vizekanzler Johannes de Bommel *suprascriptos magistros in examinatores dempto magistro Henrico de Breda* (K 6) *et magistro Hermanno de Berchem et de novo assumpsit magistrum Robertum de Scotia* (K 11) *in examinatorem*.[291] Selbst als Dekan und Temptator blieb ihm das Examinatoren-Gremium des Vizekanzlers verschlossen, das ausschließlich durch führende Vertreter der vier Prinzipal-Bursen besetzt blieb. Genauso war es Hermannus schon zwei Jahre vorher ergangen, als er neben den Angehörigen der vier Bursen den fünften Temptator gestellt hatte. Damals delegierte der Vizekanzler alle aufgeführten Temptatoren *pro examinatoribus baccalariorum – dempto magistro Hermanno Berchem*.[292]

Die entscheidenden Gremien und damit eine Einflußnahme in den unterschiedlichsten Zuständigkeitsbereichen blieben den Magistern der Ottonis, wie aber auch der großen Masse aus den Prinzipal-Bursen, versagt. Als im Dezember 1489 die neuen Statuten für das Gebäude und die Bibliothek der Artistenschule verabschiedet wurden, sah bereits der erste Punkt die unabdingbare Erlaubnis des Dekans und der vier Senior-Regenten vor, wenn der Inhabitator seiner Wohnung länger als einen Monat fernbleiben wollte.[293]

Die Deputation, die im November/Dezember 1489 das *officium missarum in capella facultatis artium* neu besetzte, bestand allein aus den vier Theologie-Professoren und Bursen-Rektoren Lambertus de Monte (M 24), Conradus de Campis (L 44), Cornelius de Breda (K 12) und Theodoricus Balveren de Bommel (C 29) sowie dem artistischen Dekan Petrus Bolle de Dordraco (C 48).[294]

Ob Regenten der Ottonis unter jenen Seniores waren, die am 23. Mai 1494 einen neuen Modus der Krankenfürsorge beschlossen, ist nicht bekannt, eher zu bezweifeln.[295] Jedenfalls sprach man

---

[291] Vgl. Un. 480, f. 146v.
[292] Vgl. Un. 480, f. 127v. Der gleiche Sachverhalt ist für den Februar 1484 bei Nicolaus Linnich und Februar 1485 erneut bei Hermannus Berchem überliefert (Un. 480, f. 155v, 161r).
[293] Un. 480, f. 203v; gedruckt: Bianco 1855, 173-176; vgl. Stohlmann 1989, 462 f.
[294] Un. 480, f. 205r.
[295] Un. 480, f. 240r.

ihrer Burse eine Zuständigkeit für die Lösung dieses Problems ab. Denn die Senioren bestimmten, daß jede Burse sich auf Kosten der Fakultät selbst um ein Haus für ihre kranken Schüler sorgen solle, wobei jedoch diese vier Häuser allen Bursen gemeinsam seien, so daß es in der Wahl des Kranken stehe, in welches er sich begeben wolle. Organisatorisch war die Schaffung einer effizienten Krankenpflege am besten durch die Initiative jeder einzelnen Burse zu erreichen, nicht durch ein komplexes Gemeinschaftsunternehmen. Bei der praktischen Pflege erschien eine Öffnung der Bursen auch für die Scholaren der anderen ratsam. Wiederum ist hier also eine partielle Aufhebung jener starren, hermetischen Abgrenzung der Bursen voneinander zu beobachten.

Die in Köln grassierende Pestwelle, die den Beschluß vom Mai 1494 bewirkt hatte, führte am 18. Juni 1494 zu einer Zusammenkunft der Senioren, die einen Schlüssel für die Truhe der Fakultät hatten. In Gegenwart von vier Senioren aus jeder Burse erhielten einige der Rektoren bestimmte Summen als Ausgleich für finanzielle Nachteile aus der Pest.[296] Diese scheint noch im Oktober desselben Jahres nicht schwächer geworden zu sein. Daher wandte sich der Doktor der Medizin und Rektor der Corneliana Theodoricus de Dordraco (C 45) am 5. Oktober 1494 mit folgender Darstellung und Bitte an eine Versammlung von je vier Senior-Regenten aus jeder Burse:[297] Wegen des erstarkenden Pestvirus in Köln (*ex morbo pestilentico in civitate Coloniensi invalescente*) seien bereits vier Supposita seiner Burse vor wenigen Tagen gestorben, außerdem hüteten ein oder zwei schwer an der Pest laborierend das Bett. Deshalb wagten bestimmte Magister seines Hauses und der größte Teil seiner Bursalen aus Furcht nicht, länger in der Burse zu verbleiben. Die *domini de facultate* sollten also einigen Magistern erlauben, die Stadt mit ihren Supposita zu verlassen. Für diese sollten sie sowohl in den formalen wie materialen Lektionen Vorlesungen und Übungen abhalten dürfen, wobei ihnen die Zeit so angerechnet werden möge, als seien sie in Köln. Die anwesenden Senioren stimmten der Bitte wegen des hartnäckigen Virus zu und gestatteten jenen Bedrohten, sich so lange an einen angemessenen Ort außerhalb Kölns zu begeben, bis sie von der Fakultät zurückgerufen würden – wie dies in solchen Fällen seit langem praktiziert werde.

---

[296] Un. 480, f. 241r.
[297] Vgl. Un. 480, f. 242r.

Die spezielle Zusammensetzung des beschlußfassenden Gremiums vom Oktober 1494 sollte kein Einzelfall bleiben. Am 10. Februar 1495 wurde in der Artistenschule eine Versammlung der vier Senioren aus jeder „regierenden" Burse bzw. Prinzipal-Burse, die für sich die Regierung der Fakultät beanspruchte (*de qualibet domo regentie*), einberufen.[298] Nachdem ihr Rang als Prinzipal-Bursen unbestritten war, artikulierten diese Bursen nun auch ihren Anspruch und ihre Kompetenz, exklusiv ein leitendes Organ der Fakultät zu konstituieren. Alle Anwesenden stimmten darin überein, daß der jeweils amtierende Dekan einmal im Monat eine *congregatio* abhalte, in die mindestens vier Senioren aus jeder Burse zu berufen seien, um die alltäglichen, großen und kleinen Probleme und Mängel zu erfahren und zu beheben. Einige Senior-Regenten brachten daraufhin vor, diese Regelung monatlicher Zusammenkünfte sei bereits vor 14 und 18 Jahren mit viel Erfolg für die Leitung (*regimen*) der Fakultät angewendet worden.

Ihr Gedächtnis hatte diese Senior-Regenten nicht getrogen. Wie bereits erörtert, war tatsächlich ungefähr 18 Jahre vorher, am 31. März 1478, von den Regenten der Fakultät beschlossen worden, daß am Anfang eines jeden Monats je zwei Regenten aus jeder Burse mit dem Dekan die Artistenschule aufsuchen sollten, um anfallende Disziplinarangelegenheiten zu regeln.[299] Auf den anderen angegebenen Zeitraum, 14 Jahre vor 1495, könnte jenes Protokoll vom 30. Oktober 1483 zutreffen, nach dem sich *de qualibet domo* je zwei Senior-Magister versammelt hatten, um wegen der herrschenden Pestwelle eine Verlegung des Bakkalaureats-Termins zu beraten.[300] Offensichtlich hatten diese monatlichen Treffen keinen Bestand. Nun aber sollten sie zu einer festen Einrichtung werden. Wenn im Gegensatz zu früher die Zahl der einzuladenden Senioren auf vier erhöht wurde, so könnte dies auf ein Anwachsen der Regentenzahl in den Bursen zurückzuführen sein.

In diesem Zusammenhang stellt sich die naheliegende Frage, nach welchem Kriterium ein Bursenmagister zu den Seniores gezählt wurde. Hing es vom Alter allein ab? Oder von der Dauer der Lehrtätigkeit? Im Dekanatsbuch findet sich zum 1. September

---

[298] Un. 480, f. 245v.
[299] S.o. 205 f.
[300] S.o. 209.

1491 eine kurze Bemerkung, die vielleicht einen gewissen Aufschluß bietet.[301] An jenem Tag wurde der Magister Gerardus de Zutphania (K 24) zum Quodlibetar gewählt. Aufhorchen läßt nun die Begründung für die Kandidatur, denn Gerardus *assumpsit, quia senior fuit, qui prius non fuit*. Der 1477 immatrikulierte Gerardus war 1480 Magister artium in der Laurentiana geworden, übte dort aber wahrscheinlich keine Lehrtätigkeit aus. Erst um 1490 erscheint er als Regent in der Kuckana. Der einzige Anhaltspunkt, der bei ihm für eine Erhebung in den Status eines Senior gefunden werden kann, ist sein theologisches Lizentiat, das er genau im Jahr 1491 erworben hatte. Mit diesem Grad wurde er dann auch am 1. September 1491 genannt. Aus der Koinzidenz ließe sich somit folgern, daß nicht die Dauer einer Regentschaft oder ein erreichtes Alter, sondern das Lizentiat in einer der höheren Fakultäten faktische (nicht prinzipielle) Voraussetzung war, um für die jeweilige Burse als Senior Aufnahme in das engere beschlußfassende Gremium zu finden.

Eine spätere Quelle vom 31. August 1549 gibt uns genaueren Aufschluß, wie die Frage nach Seniorität und Rang grundsätzlich geregelt wurde.[302] Damals sollte durch eine Fakultätsversammlung der Quodlibetarius gewählt werden. Hierbei entstand jedoch zwischen bestimmten Magistern ein Streit, wer als Senior und rangmäßig höher zu betrachten sei, ob dabei die Lizenz in den Artes, der Erwerb des Magisteriums oder die *receptio* durch die Fakultät die Rangfolge bestimme. Die Klärung der strittigen Frage wurde den Senioren übertragen, da sie den bisher praktizierten Modus am besten kennen würden. Wenige Tage später erfolgte die Entscheidung der Senioren, verbunden mit der Aufforderung, diese im Dekanatsbuch zu fixieren. Die *receptio*, also die Aufnahme in die Fakultät, spiele für die umstrittene Rangfolge gar keine Rolle, sondern allein für die Aufnahme in das *concilium facultatis*. (Mit dem *concilium* wird das am 1.6.1491 auf 64 Mitglieder beschränkte Gremium gemeint gewesen sein, dessen Magister von den einzelnen Bursen bzw. deren Senioren nominiert wurden.) Falls also mehrere Magister in verschiedenen Jahren die Magister-Insignien empfangen hätten, gebühre demjenigen der Vorrang, der zuerst promoviert worden sei. Dieser Rang qua Promotionsalter habe allerdings dann

---

[301] Un. 480, f. 216v.
[302] Un. 481, f. 244v; vgl. den Abdruck bei Liessem 1888, 17 f. (mit teilweise sinnentstellenden Lesefehlern).

keine Gültigkeit mehr, wenn einer der später Promovierten die Lizenz in einer der höheren Fakultäten erworben habe. Dann nämlich stehe er hinsichtlich des Ordo und der Ämter vor denjenigen, welche die Lizenz erst später erlangen würden. Was aber, wenn mehrere Magister im gleichen Jahr den Lizentiatsgrad der höheren Fakultäten erhalten? In diesem Fall, so die Senioren, stehe demjenigen der erste Platz zu, der bei der Zuteilung der Lizenz als erster vorgelesen und ordiniert worden sei – selbst dann, wenn er später als die anderen mit der Magisterwürde ausgezeichnet worden war. Seinen Platz würde dieser jedoch verlieren, wenn er das Magisterium nicht innerhalb eines Jahres nach dem Lizentiat in den Artes erlangt hätte. Unter den Lizentiaten der höheren Fakultäten wird dann wiederum – von den Senioren nicht weiter ausgeführt – das Anciennitätsprinzip gegolten haben, bis einer von ihnen das entsprechende Doktorat erwerben würde. Für den oben erörterten engeren, entscheidenden sechzehnköpfigen Seniorenkreis der Bursen dürften nahezu ausschließlich Lizentiaten und, wie immer wieder zu beobachten ist, Doktoren der höheren Fakultäten in Frage gekommen sein, denn die Präsenz von weniger als vier Lizentiaten der höheren Fakultäten in einer Burse dürfte die Ausnahme gewesen sein.

Eine anschauliche Quelle für die tatsächlich so und seit längerem praktizierte Rangfolge in einer Burse stellt ein Vertrag vom 31. Januar 1503 dar, der zwischen den Kuckana-Regenten Gerardus de Zutphania (K 24) und Stephanus Scot de Scotia (K 20) auf der einen und Petrus Sultz de Colonia (K 30) als Regent und Inhaber des Bursen-Hauses auf der anderen Seite abgeschlossen wurde.[303] Die umfangreichen Bestimmungen sahen auch eine genaue Regelung der Rangfolge bei der Besetzung sämtlicher Fakultätsämter und -würden vor, also bei der Bekleidung von Dekanaten, Rezeptor-, Promotor- sowie Examinatorämtern, wenn die Reihe an die Kuckana käme. *Iuxta promotionem et promotionis antiquitatem* sollte der Ordo festgelegt werden. Petrus Sultz war hierbei in jeder Hinsicht der jüngste. Erst 1492 hatte er inzipiert, 1500 wurde er Baccalarius formatus an der Theologischen Fakultät und hatte diesen Grad auch noch Anfang 1503 inne, erwarb allerdings noch im Laufe des Jahres das theologische Lizentiat. Als Eigentümer des Bursengebäudes zwar mit den meisten Vorrechten und Pflichten in der Bursenleitung ausgestattet, nahm er in jenem Ordo jedoch nur den letzten Platz

---

[303] Un. 92, f. 9r-10v; in Auszügen paraphrasiert bei Kuckhoff 1931, 6-9.

ein. Gerardus de Zutphania und Stephanus de Scotia wiesen dagegen zum Zeitpunkt des Vertragsabschlusses bereits seit mehreren Jahren das Lizentiat der Theologie vor. Aber obwohl Stephanus zwei Jahre früher als Gerardus, 1478, sein Magisterium erworben hatte, regelte der Vertrag, daß Gerardus de Zutphania *inter omnes sit primus*. Denn er hatte bereits 1491 – wie oben angesprochen – sein theologisches Lizentiat erlangt, Stephanus jedoch erst 1493.[304]

Was 1549 als Prinzip der Seniorität detailliert ausgeführt wurde, läßt sich also 1503 in seiner praktischen Umsetzung bestätigen, dürfte allerdings schon wesentlich früher Anwendung gefunden haben. Neu war nun aber die Formalisierung des Senioritätsprinzips. In eine vertragliche Regelung der Ämterbesetzung mochte es nur in der Kuckana gemündet sein, eine durchstrukturierte Bindung der Bursen- und damit auch Fakultätsleitung an die Senioren bestimmte das Bild Ende des 15. Jahrhunderts in allen vier Häusern. Hier wird deutlich, daß eine primär chronologische Darstellung der Bursen-Institutionalisierung dem Entwicklungsstand des Phänomens nicht mehr gerecht werden kann. Eine Sprengung des chronologischen Rahmens, der Übergang zu einer mehr strukturellen Erschließung scheint geboten. Denn die organische Entwicklung, in der sich die Institutionalisierung der Bursen vollzogen hat, kann nun doch als weitgehend abgeschlossen gelten. Leitfragen werden also sein: Wer sind die gestaltenden Kräfte und welche Bereiche wurden von ihnen geprägt? Welche Formen der Institutionalisierung haben sich herausgebildet? Welche Tragfähigkeit besaßen sie bis zum Ende des zu untersuchenden Zeitraums? Hatten sie unter sich wandelnden Rahmenbedingungen Bestand oder erfuhren sie Modifikationen?

Um die Gestalt der einzelnen Strukturelemente ergründen zu können, erscheint es sinnvoll, auf das jeweilige, im bisherigen Kontext noch nicht erörterte Quellenmaterial des Dekanatsbuches aus dem gesamten Zeitraum zurückzugreifen. Denn bestehende und verwurzelte Einrichtungen werden teilweise erst erheblich später in den Quellen angesprochen und erläutert. Wenn Veränderungen

---

[304] Dieser Ordo scheint generell praktiziert worden zu sein. Doch läßt sich die genaue Form nur schwer aus den Quellen extrahieren. Denn Stephanus de Scotia starb bereits im Laufe des Jahres 1503, Gerardus de Zutphania schied mit dem Erwerb des theologischen Doktorats im gleichen Jahr formell aus der Artisten-Fakultät aus. Der Modus, die anspruchsvolleren Ämter durch die fortgeschritteneren Studenten der höheren Fakultäten bekleiden zu lassen, hatte sich cum grano salis in allen Bursen durchgesetzt, ist aber in der Kuckana offenbar am strengsten befolgt worden.

zu beobachten sind, gilt für sie natürlich die chronologische Richtschnur.

Einen Einschnitt in der Darstellungsweise gestattet nicht allein der in seinen praktischen Konsequenzen kaum noch weiter auszubauende Institutionalisierungsprozeß auf der Ebene der Leitung und Verwaltung der Fakultät mit den damit verbundenen Differenzierungen, sondern auch eine Saturation in der Bursenlandschaft. Um 1503 ging bekanntlich die einerseits geduldete, andererseits nie gleichwertige Bursa Ottonis ein. Rücksichten brauchten die vier Prinzipal-Bursen bei der Leitung der Fakultät demnach nicht mehr zu nehmen. Sie lag nun vollkommen in ihrer Hand. Umso mehr Aufmerksamkeit wird etwa die Frage beanspruchen dürfen, wie das fest eingespielte Fakultätsregiment nach dem Untergang der Corneliana 1524 fortgesetzt wurde.

3. Organe der Fakultätsleitung: Fakultäts-Konsilium und Senioren-Kollegium

Fassen wir zusammen: 1491 definierten und verstanden sich die vier Bursen als Repräsentanten der Fakultät. Danach erscheint das Deputationswesen nicht mehr in den Akten. Der Begriff „Deputierte" taucht nahezu reliktartig offenbar nur noch einmal am 15. Juli 1496 und am 20. Oktober 1503 in einem Protokoll auf, ohne der Sache nach dem Sinn des Wortes zu entsprechen.[305] Warum? In den Jahren vor 1491 waren die vier Bursen auch ihrem Selbstverständnis nach noch nicht ganz identisch mit der Fakultät; jetzt allerdings, auch wenn sie die Fakultät personell nicht völlig abdeckten. Doch entscheidend war, daß sie sich als einzig legitim und kompetent für die Leitung, das *regimen*, der Fakultät betrachteten. Vorher gelang dies nur mit Abstrichen. In den fünfziger Jahren erweitern noch „Fremde" die Deputationen; in den sechzigern gibt es Proteste gegen Allmacht und Willkür der Bursen-Rektoren, diese wiederum agieren gegen die Fakultät; in den siebzigern und achtzigern finden die Bursen Busco und Ottonis weiterhin Berücksichtigung bei der Besetzung von Ämtern, werden also unter Wohlwollen als leitender Bestandteil der Fakultät angesehen. 1497 wird Petrus de Duna (O 4) letztmals für die Ottonis Dekan.

---

[305] Vgl. Un. 480, f. 259v; Un. 481, f. 26r.

Für die Institutionalisierung der Bursen ist der Einschnitt in den neunziger Jahren von fundamentaler Bedeutung, verläuft die Gestaltung der Fakultät danach doch auf einer völlig neuen Ebene. Bisher legitimierte die Fakultät die Einrichtung von Deputationen, die auf den unterschiedlichsten Feldern Aufgaben der Fakultätsverwaltung wahrnahmen. Auch wenn die Deputierten *cum plena potestate, sine relatione ad facultatem*[306] handeln durften, autonom waren sie nicht. Nur von Fall zu Fall, je nach Bedarf, richtete die Korporation Deputationen ein.

Die konstitutiven Elemente eines institutionalisierten Organs, dessen Form auf Verbindlichkeit und Kontinuität gründet, können nun aber mit den regelmäßigen, monatlichen Zusammenkünften der Seniorregenten aus den Prinzipal-Bursen als verwirklicht angesehen werden. Die Legitimation verliehen sich die Regenten selbst; sie handelten folglich weitgehend autonom. Denn eine Versammlung der vier Senioren aus jeder der vier „regierenden" Bursen übertrug sich die künftige Leitung der Fakultät. Der zur Einberufung verpflichtete Dekan fungierte dabei mehr als Organisator denn als Urheber. Was im Februar 1495 als Dauereinrichtung beschlossen wurde, bestand in dieser Form mehr oder weniger regelmäßig bereits seit Beginn der neunziger Jahre und hatte sich mit Unterbrechungen seit den siebziger Jahren entwickelt. Es erscheint bezeichnend, daß diese verbindliche Form der Fakultätsleitung durch einen kleinen, abgegrenzten und herausgehobenen Regentenkreis zeitlich mit der statutarischen Festlegung des Fakultätskonsiliums auf die Zahl von 64 Bursen-Regenten korrespondierte. Da sich die Prinzipal-Bursen nicht nur als alleinige und wahre Vertreter der Fakultät verstanden, sondern auch definierten, war eine legitimatorische Abgrenzung von der Fakultät nicht mehr vonnöten. Denn wenn auch nicht personell, so müssen sie doch in organisatorischer und ideeller Hinsicht als identisch mit der Artisten-Fakultät angesehen werden.

Durch diesen Institutionalisierungsgrad konnte es fortan, primär aus Effizienzgründen, zwei Instanzen oder Gremien geben, die getrennt oder in aufgabenbedingter Verzahnung die Fakultätsangelegenheiten regelten. Auf der einen Seite stand die Versammlung aller Magister der Fakultät, d.h. jener für das *consilium facultatis* nominierten Magister, auf der anderen die Zusammenkunft, das Kollegium der 16 Senior-Regenten. Beide Organe wurden aus den

---

[306] So etwa am 1.3.1472; vgl. Un. 480, f. 74r.

Bursen heraus gebildet, im eigentlichen Sinne nicht einmal durch die Artisten-Fakultät. Denn da sich die Senior-Regenten der Bursen als Doktoren der höheren Fakultäten weiterhin in entscheidendem Maße an den Handlungen und Beschlüssen beteiligten, erscheint der traditionelle Rahmen der Artisten-Fakultät in Köln Ende des 15. Jahrhunderts endgültig auch de iure gesprengt.

Soweit zu erkennen ist, stellt der „Modus Coloniensis" unter den deutschen Universitäten eine völlig singuläre Erscheinung dar. Allein die Größe des Fakultätskonsiliums ist mehr als beachtlich. An der Erfurter Universität etwa, die während des 15. Jahrhunderts stets zu den fünf größten im deutschen Reichsgebiet gehörte,[307] bestand das Konsilium der Artisten nur aus 20 Mitgliedern, die ungleichgewichtig aus den beiden großen Kollegien und aus der Masse nicht stipendierter Magister rekrutiert wurden. Trotz erheblicher Proteste der jungen *magistri extra Consilium* erhöhte man die Mitgliederzahl nicht.[308] Auch an anderen Universitäten wie Leipzig, Ingolstadt, Basel oder Mainz bestand das Leitungsgremium der Artisten nach den erforderlich gewordenen Reduzierungen aus nicht mehr als zehn bis 24 Magistern.[309] In Köln konnten also wesentlich mehr Regenten an der Selbstverwaltung der Fakultät partizipieren. Zugleich waren sie aber wohl nirgendwo derart stark auf das Gutdünken einzelner „Vorgesetzter" angewiesen, denn die Machtposition der Bursen-Rektoren fand an den übrigen Universitäten keine Entsprechung.[310] Eine Einschränkung seiner Kompetenzen erfuhr das Konsilium ebenfalls durch das Kollegium der Bursen-Senioren. Ist schon das Gremium als solches exzeptionell, so steht die mit ihm institutionalisierte Beteiligung von Doktoren der oberen Fakultäten (als Bursen-Rektoren) an der Leitung der Artisten-Fakultät vollends ohne Beispiel da.[311]

---

[307] Vgl. Schwinges 1986, 93-105.
[308] Vgl. Kleineidam 1985, 234 f.
[309] Vgl. die Zusammenstellung bei Steiner 1988, 180 f. u. Anm. 119.
[310] Eine Rekrutierung der Konsiliumsmitglieder durch Einzelpersonen wie die Kölner Bursen-Rektoren war an den anderen Universitäten schon deshalb nicht möglich, weil Kollegiaten und Inhaber öffentlicher Lekturen ex ipso dem Konsilium angehörten, diese aber durch den Landesherrn, die Stadt oder andere Dritte berufen wurden und höchstens noch einer Eignungsprüfung durch die „Consiliarii" unterlagen. Vgl. etwa für Ingolstadt: Seifert 1971, 196 f.; für Erfurt: Kleineidam 1985, 234; für Mainz: Steiner 1988, 182.
[311] Kleineidam (1985, 235) berichtet für die Frühzeit der Erfurter Universität von Doktoren der höheren Fakultäten, die einem erweiterten Konsilium der Artisten angehörten. Mag es ähnliche Beteiligungen auch anderswo gegeben haben, mit dem in Köln praktizierten Modus sind sie nicht vergleichbar.

Die Einrichtung zweier unterschiedlich starker Gremien für die Leitung der Fakultät legt die Annahme entsprechender Kompetenzverteilung nahe. In der Tat, untersucht man die jeweiligen Aufgabenbereiche in den Protokollen aus der ersten Hälfte des 16. Jahrhunderts, so wird eine bemerkenswerte, in Ansätzen seit langem bestehende Differenzierung sichtbar. Das umfassendere Konsilium beanspruchte in erster Linie die Behandlung von allgemeineren, grundlegenderen Fakultätsangelegenheiten. Es nahm dabei in weiten Bereichen eine mehr legislative Funktion ein. Das elitäre Seniorenkollegium regelte speziellere Aufgaben, die eher aus praktischen Ordnungserfordernissen erwuchsen. Man kann es durchaus, im weitesten Sinne, als ein Organ der Exekutive verstehen.

Selbstverständlich gab es hierbei keine formulierte und legitimierte Abgrenzung der Kompetenzen; teilweise überschnitten sie sich oder erfuhren im Laufe der Zeit Modifikationen. Doch die grundsätzliche Differenzierung in der Verwaltung und Regierung der Artisten-Fakultät, allein durch die maßgeblichen Angehörigen der vier bzw. später drei Bursen betrieben, wurde beibehalten und bewährte sich.

a) Die Leitung der Fakultät durch das monatlich tagende Kollegium der 16 Bursen-Senioren

Eine jede Verwaltungseinrichtung muß damit rechnen, hinterfragt zu werden, ob ihre jeweilige Form den tatsächlichen Erfordernissen der Zeit überhaupt angemessen ist. Eine solche kritische Frage scheint sich bereits drei Monate nach dem Fakultätsbeschluß über die regelmäßige Einberufung des Seniorenkollegiums der neue Dekan Stephanus de Scotia (K 20) gestellt zu haben. *Indicta fuit congregatio facultatis arcium quatuor seniorum de qualibet domo*, so notierte er am 20. Mai 1495 im Dekanatsbuch.[312] Doch mußte er, der ja eigentlich für die Einberufung zuständig war, im gleichen Atemzug gestehen: *propter quas causas, ignoro*. Desungeachtet habe man in der Fakultät entschieden, *quod singulis mensibus erit*.

Ein gravierenderer Anlaß dürfte auch der nächsten protokollierten Zusammenkunft dieses Kreises kaum zugrunde gelegen haben. Zudem wird aus ihrer Zusammensetzung deutlich, daß der vorgegebenen Zahl von 16 Seniorregenten eher eine regulative Bedeutung

---

[312] Un. 480, f. 248r.

zukam. Denn am 14. September 1495 trafen sich lediglich zwei Senioren aus jeder Prinzipal-Burse in der Artistenschule.[313] Konnte Stephanus de Scotia als Dekan zwar wiederum keinen Grund für die Zusammenkunft angeben, so hielt er doch fest, daß den Anwesenden Präsenzgeld zuteil wurde.[314] Weiterhin beschloß man einstimmig, auch zukünftig vier Senioren aus jeder „regierenden" Burse in dieser Form zusammenkommen zu lassen – was Stephanus denn auch seinem Nachfolger ans Herz legte. Die erneute Bestätigung des Beschlusses spricht nicht unbedingt für eine generelle Akzeptanz und Einsicht in die Notwendigkeit. Die reglementierte Form monatlicher Zusammenkünfte der vier Senioren aus jeder Burse konnte sich denn auch nicht durchsetzen. Die Forderung, *mensiles congregaciones quatuor seniorum de qualibet bursa* weiterhin durch den Dekan einberufen zu lassen, wurde am 9. Februar 1509 zum letzten Mal im Dekanatsbuch protokolliert.[315] Jeder Teilnehmer sollte dabei (nun nur noch) zwei alb. Präsenzgeld erhalten. Eine solch starre, formalistische Einrichtung dürfte primär an mangelnder Praktikabilität gescheitert sein. In den Jahren ungebrochener Prosperität, mit all den täglichen Problemen, die aus der großen Menge an Studenten erwuchsen, mochte die Form einer monatlichen „Regierungssitzung" zweckmäßig und vielleicht auch notwendig gewesen sein. In den Stagnations- und Krisenjahren seit Beginn des 16. Jahrhunderts erschien ein flexiblerer, situationsgerechterer Modus offensichtlich fruchtbarer und sinnvoller. An der Existenz zweier Gremien zur Leitung der Fakultät mit unterschiedlichen Kompetenzen änderte sich allerdings, wie wir sehen werden, in den folgenden Jahrzehnten nichts.

b) Zulassungsprobleme

Zu den immer wiederkehrenden Fragen des Fakultätsalltags gehörten solche, die um die Zulassung zu bestimmten Examina oder Gremien kreisten. Erinnern wir uns: Als am 14. Januar 1466 der Theologie-Professor Gerardus de Monte (M 4) vor der Senioren-Versammlung die nachträgliche Präsentation des Schülers Arnoldus

---

[313] Un. 480, f. 250r.
[314] Aus einem Protokoll vom 2.12.1495 wissen wir, daß jeder anwesende Senior drei alb. Präsenzgeld erhielt (vgl. Un. 480, f. 252r).
[315] Un. 481, f. 60r.

Syndorp de Colonia zum Examen erreichte, stieß dieses Vorgehen noch auf den vehementen Protest der nicht anwesenden Magister, welche die Verbindlichkeit der Statuten und die Zuständigkeit der Fakultät gegen eine derartige „private" Präsentation geltend machten.[316] Dagegen gab es am 2. November 1477 keinen Einspruch, als wegen der *defectus* zweier Bakkalaureanden *de qualibet domo duo seniores* gerufen wurden, die nach Darlegung des Sachverhalts für eine Zulassung zum Examen entschieden.[317] Die alleinige Kompetenz der Senioren in diesen Fragen blieb auch in der Periode monatlicher Versammlungen des Senioren-Kollegiums unangetastet.

In den Sitzungen vom 6. November 1495 und vom 6. Februar 1496 standen jeweils problematische Examenszulassungen im Mittelpunkt.[318] Während das erste Problem offensichtlich leicht zu lösen war, fand das zweite einen stärkeren Niederschlag im Dekanatsbuch. Einer der drei Punkte, die der Dekan Adam de Bopardia (C 58) auf der monatlichen Sitzung den 16 Senioren am 6. Februar vortrug, betraf den Bakkalar Henricus Ryet de Colonia[319], der den Temptatoren zum Magister-Examen präsentiert worden war. Dieser sei von kleiner Gestalt und lediglich 16 Jahre alt, so daß den Prüfern eine Zulassung ohne das Einverständnis der Fakultät zu gewagt erschienen sei. Den Senioren, stellvertretend für die Fakultät, wurde jedoch das herausragende Wissen des Bakkalars vorgebracht, mit dem er den Mangel des Alters bestens ausgleichen würde. Einer „großzügigen" Zulassung zum Temptamen stand nun nichts mehr im Wege. Übrigens kam Heinrich, Angehöriger des Kölner Ratsgeschlechts von Reidt, aus der Ottonis, in der er 1493 unter Petrus de Duna (O 4) determiniert hatte. Am 30. Mai 1496 inzipierte er dann jedoch unter dem Corneliana-Regenten Johannes Heyer (C 57), der für den 11. Januar 1496 gar als Stellvertreter des Adam de Bopardia im Dekanat genannt wurde.[320] Dem Dekan dürfte die Zulassung demnach nicht vollkommen gleichgültig gewesen sein.

Eine gewisse Voreingenommenheit des Dekans Adam de Bopardia zeigt sich ebenfalls in der folgenden Quelle vom 9. Februar 1496.[321] Sie ging erneut aus Kontroversen um die Zulassung zum

---

[316] Vgl. Un. 480, f. 36r; s.o. 160.
[317] Vgl. Un. 480, f. 113v; s.o. 205.
[318] Un. 480, f. 251r bzw. 253v.
[319] M 410,155.
[320] Vgl. Keussen 1934, 495; zu Heinrich von Reidt, der sich 1499 für ein juristisches Studium in Orléans immatrikulieren ließ, vgl. Premier Livre 1978/85, Nr. 324.
[321] Un. 480, f. 254r.

Temptamen hervor. Zum zweiten Termin hatten sich zwei Bakkalare präsentiert, von denen nur der erste seinen Bakkalaureatsgrad durch zwei anerkannte Zeugen bestätigen lassen konnte, der andere jedoch nicht, weshalb er anscheinend vom Temptamen ausgeschlossen werden sollte. Man berief deshalb für den nächsten Tag eine Versammlung der 16 Senioren ein, zu der zehn erschienen. Der Laurentiana-Regent Gerardus de Harderwijck (L 50), aus dessen Burse der umstrittene Bakkalar gestammt haben dürfte, beklagte sich dabei heftig, diese Angelegenheit werde nicht mit Ehrlichkeit und gleichem Maßstab behandelt. Denn ein Bakkalar der Corneliana sei einst nur mit persönlicher Eidleistung, ohne entsprechende Dokumente, zugelassen worden. Die Mehrheit der Anwesenden befand daraufhin, auch den anfänglich abgewiesenen Bakkalar auf seinen Eid hin zuzulassen.

Die beiden nächsten Protokollierungen von Sitzungen des Seniorenkollegiums vermelden keine wesentlichen Inhalte. Jene vom 13. Februar, noch unter Leitung des Adam de Bopardia, wurde auf Veranlassung des Corneliana-Rektors und Doktors der Medizin Theodoricus de Dordraco (C 45) einberufen, ohne daß der Dekan den Grund angab.[322] Von der monatlichen Zusammenkunft der Senioren am 28. April 1496, die der Dekan Johannes de Nurtingen (L 61) als *congregatio facultatis* titulierte, wurde nur allgemein berichtet, daß auf ihr die *singuli defectus etc.* vorgebracht worden seien.[323]

Um eine *difficultas super admissione* ging es wiederum im Verlauf des Temptamens vom Februar 1514.[324] Den Fall des Kuckana-Schülers Peregrinus de Amsterdammis[325] beriet allerdings eine *congregatio facultatis*. Ob sie alle Magister der Fakultät umfaßte oder doch nur vornehmlich die Senioren, da im weiteren Verlauf nur von den *domini de facultate* die Rede ist, läßt sich nicht klären. Auch am 27. Juni 1514 sprach der Dekan Theodoricus de Halveren (L 73) unpräzise von einer *congregatio dominorum facultatis artium*, der am Tag des letzten Determinations-Aktes problematische Fälle vorgetragen wurden.[326] Als erster legte Andreas Bardwijck (M 51) als (Prinzipal-) Regent der Montana sein Anliegen dar. Unter

---
[322] Un. 480, f. 254r.
[323] Un. 480, f. 256v.
[324] Un. 481, f. 93v.
[325] M 498, 106.
[326] Un. 481, f. 97r.

seinen Schützlingen befinde sich einer, der von ihm die Erlaubnis zur Abreise erhalten habe, mit der Intention jedoch, *ad determinationem sue questionis* zurückzukehren. Man möge ihn daher nach den Examinierten und Promovierten, also zum nächsten Termin, mit den anderen determinieren lassen. Für die Laurentiana trat anschließend der *eximius magister noster* Arnold von Tongern (L 60) vor. Der gerade zu jener Zeit in heftige, weit über Köln hinauswirkende Kontroversen verwickelte Theologie-Professor kümmerte sich mithin auch um die noch nicht einmal graduierten Scholaren seiner Burse. *Inter suos* befänden sich zwei Problemfälle. Johannes de Castro[327] sei wegen der Annahme eines Benefiziums zum vorübergehenden Verlassen Kölns gezwungen gewesen; der andere, Ludowicus de Bocholdia[328], habe wegen des Todeskampfes seiner Mutter abreisen müssen. Beide wollten ebenfalls *ad questionum suarum determinationem* wieder in Köln sein, um die Grade zu erlangen. Den Bitten der zwei Rektoren wurde stattgegeben; die Schüler sollten mit den nächsten Promovenden determinieren.[329]

Wenige Monate später baten jeweils zwei Bakkalare der Corneliana und Montana, die an anderen Universitäten graduiert worden waren, um die *receptio ad facultatem artium*.[330] Diesmal entschieden, wie der Dekan Rutger de Venlo (M 52) genau vermerkte, zwei bzw. drei Magister *de qualibet domo* über die Aufnahme. Im einzelnen handelte es sich für die Corneliana um Bertoldus de Groningen[331] und Johannes de Antwerpia[332], die aus Löwen gekommen waren, für die Montana um Gerardus Westerborch de Colonia[333] und Petrus de Bredborch[334], beide von der Trierer Universität. Als dagegen Arnoldus de Wesalia (M 58), *biblie baccalaureus* und Johannes de Ysbruck[335], *ambo de domo Montis*, am 8. Oktober 1516 um die Aufnahme *ad gremium atque consilium dominorum de facultate* baten, wandten sie sich an eine *congregatio dominorum* der Artisten-Fakultät.[336] Die Zuständigkeit für Exa-

---

[327] M 498,96.
[328] M 499,4.
[329] Die beiden Laurentiana-Schüler determinierten tatsächlich am 5.12.1514 unter Johannes de Nurtingen.
[330] Un. 481, f. 98r.
[331] M 505,30.
[332] M 505,35.
[333] M 504,18.
[334] M 330,61.
[335] M-Ntr. 1536. Obwohl 1516 als Angehöriger der Montana auftretend, hatte Johannes de Ysbruck beide artistischen Grade in der Corneliana erworben.
[336] Un. 481, f. 110v/111r.

menszulassungen oder Aufnahmen in Gremien scheint demnach nicht formalistisch in die Hand eines klar abgegrenzten Kreises von Regenten übergegangen zu sein. Die Zusammensetzung dürfte vielmehr von den jeweiligen Umständen abhängig gewesen sein. Daß die Entscheidungsgewalt allerdings konzentriert bei den Senioren lag, erweisen nicht nur die bisherigen Beispiele, sondern sehr anschaulich auch die folgenden.

Johannes Bercken Horstensis (K 49) protokollierte in seinem Dekanat für den 4. Februar 1542, unter den Bakkalaureanden für das Examen seien auch zwei aus der Montana präsentiert worden, die sich noch nicht im zweiten Jahr ihres Studiums befänden. Man habe daher nicht gewagt, sie zum Examen zuzulassen, da dies nicht den Bestimmungen der Statuten entspreche.[337] Also rief man die *domini magistri* zusammen, damit über eine Zulassung beraten würde. Gegen eine solche sprach sich apodiktisch der Laurentiana-Rektor und Theologie-Professor Heinrich von Tongern (L 74) aus, mit der Begründung, es werde der Artisten-Fakultät Schande bringen, wenn Zöglingen aus Partikular-Schulen so rasch der artistische Lorbeer zugestanden werde. Seinem Urteil schlossen sich Hermannus Monasteriensis (L 81) und Bernardus Afflensis (L 84) an (oder mußten sich anschließen), da sie – so der Dekan – gleichfalls Laurentianer waren. Die Gegenseite befand, die Gesetze oder Statuten zielten doch viel eher auf den Faktor Bildung als auf den der Zeit ab. Da beide Seiten gleich stark waren, konnte in jener Versammlung kein Beschluß gefaßt werden. Am 10. Februar 1542 wurde die Fakultät erneut einberufen, um über die strittige Zulassung zum Bakkalaureats-Examen zu beschließen.[338] Doch die maßgeblichen Kräfte fehlten. Da von den Senioren nur wenige anwesend waren, konnte keine Bestimmung getroffen werden. (Es ist denkbar, daß Gegner wie die Laurentiana-Regenten die Versammlung boykottierten.) Resigniert stellte der Dekan fest, die *domini magistri* müßten das nächste Mal *per iuramentum praestitum* eingeladen werden. Genau so sollte es denn auch kommen. Bereits am 13. Februar fand sich unter eidlicher Verpflichtung eine beschlußfähige Versammlung ein.[339] Zwar gab es außer der Zulassungsfrage noch einen weiteren Beratungspunkt, doch gleich zu Anfang entschieden die Anwesenden, wenn die beiden Montana-Schüler sich als geeignet und würdig für den

---

[337] Un. 481, f. 220v; zur Bestimmung der Statuten vgl. Bianco 1855, Anhang, 64.
[338] Un. 481, f. 221v.
[339] Un. 481, f. 221v/222r.

Grad eines Bakkalars erweisen würden, sollten sie mit den Übrigen zugelassen werden. Tatsächlich bewiesen die zwei in ihrer Prüfung einen nicht geringeren Bildungsgrad als die anderen Jugendlichen und erhielten wie sie die Zulassung. Die Versammelten legten dem Dekan hingegen nahe, die Fakultät zu einem angemessenen Zeitpunkt einzuberufen, damit für künftige Fälle statutarisch festgelegt würde, was mit jenen Schülern geschehen solle, die nicht einmal das erste Jahr ihres Studiums vollendet hatten. Skrupel des Dekans an dem Vorgang der Zulassung, die daraus resultierten, daß die drei damals negativ votierenden Laurentianer diesmal wegen wichtiger Gründe nicht anwesend waren, konnten von den Versammelten – zweifellos mehrheitlich Montaner – zerstreut werden.

Standen die Laurentiana-Regenten in dieser langwierigen Debatte mit ihrer Prinzipientreue in einem Gegensatz zur Montana, so war der „Magister noster" Heinrich von Tongern (L 74) einige Jahre später gezwungen, die beiden anderen Bursen zu bitten, die Grundsätze der Fakultät doch nicht allzu eng auszulegen. Am 3. Februar 1550 wandte er sich an die Versammlung der Artes-Magister, diese möge aus drängender Notwendigkeit zwei Lektoren, die freilich noch nicht das vorgeschriebene Jahr nach ihrer Inauguration zum Magister absolviert hätten, mit Dispens zum Konsilium der Fakultät zulassen.[340] Andernfalls sei Bernardus Afflensis (L 84) ganz allein mit bestimmten Lehr- und Prüfungsverpflichtungen belastet. Die Regenten der Laurentiana mußten sich nun für eine Weile entfernen. Dann teilte ihnen der Dekan Bernardus Cremerius Aquensis (M 74) mit: *gratiose* wolle man in Anerkennung der Notlage dem Begehren diesmal stattgeben. Doch künftig könne dies nicht erlaubt werden, wenn nicht in einer größeren Versammlung die ganze Fakultät zustimme.[341]

c) Bursen-Streit

Eine Auseinandersetzung zwischen zwei Bursen, meistens um bestimmte Schüler, war endgültig zu einer reinen Angelegenheit

---

[340] Un. 481, f. 245v.
[341] Zum Konsilium der Fakultät wurden dann Ernestus Traiectensis (M 631,97) und Melchior Schenck a Stotzem (M 631,74) zugelassen, beide erst im März 1549 zum Magister promoviert. Melchior Schenck nahm in der Tat sogleich im März 1550 Prüfungs- und Graduierungsaufgaben wahr.

weniger Senioren geworden.[342] Wie bereits am 2. Mai 1464 (damals allerdings noch ohne Angabe der Zahl) oder am 9. Dezember 1473[343] in den Streitfällen zwischen Corneliana und Montana entschieden auch am 15. Juli 1496 in der Auseinandersetzung zwischen Montana und Kuckana je zwei Senioren aus den unbeteiligten Bursen.[344] In diesem Fall ging es um den Studenten Jaspar Mettelbach von Heilbronn[345], einen Neffen des Dekans von St. Aposteln in Köln, Johannes Mettelbach[346]. Jaspar hatte sich im Mai 1495 als *minorennis* in die Matrikel eintragen lassen und war anscheinend in die Kuckana eingetreten. Denn aus ihr wollte er 1496 in die Montana überwechseln. Eine bestimmte, nicht genannte Person (eventuell der Onkel) hatte sogar an die Eltern des Jungen nach Mettelbach geschrieben, er wolle *eum habere in domo Montis*. Andernfalls würde Jaspar nicht in Köln bleiben. Desungeachtet entschieden die Senioren den Verbleib in jener Burse, in der er zuerst war, der Kuckana. Trotz der Intervention wolle man diese alte Regel nicht brechen. Dies solle auch dem *dominus* (vermutlich dem Intervenienten) des Jungen geschrieben werden.

In den Jahren 1501 bis 1503 mußten sich die vier Senioren der Bursen immer wieder mit einem Streit unter den Regenten der Kuckana auseinandersetzen, der in jenem bereits angesprochenen Vertrag von 1503[347] mündete. Hier ist der Zwist nur insoweit von Interesse, wie er zur Schlichtung den Einsatz der Senioren erforderte. Sie mußten nach Ausweis des Dekanatsbuches erstmals am 15. Dezember 1501 aktiv werden.[348] Vermerkt wurde allerdings nur, eine Versammlung der Senior-Magister der Artisten-Fakultät – zweifellos jene der drei unbeteiligten Bursen – sei zusammengetreten *ad concordandum magistros regentes de domo Kuyck*. Ausführlicher dann das Protokoll vom folgenden Tag.[349] Erneut sei eine Versammlung der Artisten-Fakultät als eine der vier Senioren aus jeder Burse abgehalten worden, *ad terminandum et sentenciandum*

---

[342] In Freiburg etwa entschieden hingegen in solchen und ähnlichen Fällen der Rektor der Universität und die 4 Dekane (Mayer 1926, 102 f.; Ott/Fletcher 1964, 98, 132).
[343] S.o. 157 f., 196.
[344] Un. 480, f. 259v.
[345] M 426,20.
[346] M 351,34.
[347] S.o. 217 f.
[348] Un. 481, f. 15v.
[349] Un. 481, f. 15v.

in causa domini sacre theologie baccalarii magistri Petri Suls de Colonia necnon aliorum magistrorum regentium eiusdem domus. Eine Einigung der zerstrittenen Parteien war auf gütlichem Wege, durch gegenseitiges Einverständnis, offenbar nicht mehr möglich. Für die Beendigung des Streits schien ein verbindliches Urteil der neutralen Senioren erforderlich. Vorerst entschieden sie, daß der Vertrag, der zwischen den Parteien in Gegenwart des Notars Gerardus de Bocholdia[350] abgeschlossen worden war, in Kraft bleibe. Eventuelle Klagen sollten dann der Fakultät – gemeint waren die Senioren – vorgetragen werden. Am 5. Januar 1502 kam man nochmals zusammen *ad terminandum causam cum regentibus de bursa seu domo Kuyck.*[351]

Mehrere Monate schweigt nun das Dekanatsbuch über diese Auseinandersetzung. Ein Modus vivendi schien gefunden. Doch für den 14. Juli 1502 berichtet der Dekan Johannes de Campis (L 65) erneut von einer *congregatio quatuor seniorum de qualibet domo*, nun *ad instantiam magistri Petri Suls* (K 30). Der Kuckana-Regent beschwerte sich bei ihnen, daß zwei *magistri exercentes* für den ihrer Meinung nach viel zu geringen Lohn keine Übungen abhalten wollten. Die Senioren sollten sich daher der Sache annehmen.

Der Zwist in der Kuckana wollte jedoch auch danach nicht enden. Kontrovers blieb vor allem die Frage nach der Aufteilung der Gewinne aus der Burse, wobei in erster Linie die Beteiligung der beiden älteren, aber nur gleichsam angestellten Regenten Gerardus de Zutphania (K 24) und Stephanus de Scotia (K 20) an den Burseneinnahmen umstritten blieb. Über die Finanzen verfügte nämlich der jüngere Besitzer und Leiter des Hauses, Petrus Sultz aus Köln (K 30). Um diesen Punkt endgültig zu entscheiden, einigten sich die Parteien auf je einen Senior der drei neutralen Bursen als Schiedsrichter[352]: Valentinus Engelhard de Geldersheim (M 43), Adam de Bopardia (C 58) sowie Johannes de Venlo (L 62), alle Lizentiaten der Theologie.[353] Diese drei legten nun in verbindlicher Form die Einnahmebeteiligungen und die im einzelnen zu leistenden Arbeiten und Aufgaben fest, soweit sie nicht schon in einer

---
[350] M 402,5.
[351] Un. 481, f. 16r.
[352] Bei Kuckhoff 1934, 6, fälschlich nur zwei Regenten als Schiedsrichter aufgeführt.
[353] Vgl. Un. 92, f. 9r.

schriftlichen Übereinkunft der drei Kuckana-Regenten ausführlich geregelt worden waren.[354]

Hatte sich für die Schlichtung der Differenzen unter den Kuckana-Regenten die Konzentration auf je einen Senior aus den neutralen Bursen schließlich als zweckmäßigste Form ergeben, so blieb die Einberufung mehrerer Senioren für Schiedsaufgaben doch die Regel. Auf Wunsch der Corneliana hielt man beispielsweise am 18. Juli 1502 eine *congregatio quatuorum de qualibet domo* ab, da die *regentia* der Corneliana einen gebürtigen Neusser Studenten aus der Montana beanspruchte.[355] Durch die Magister der Laurentiana, aus der auch der Dekan Johannes de Campis (L 65) stammte, und der Kuckana wurde er dann ohne Angabe von Gründen „der Burse", also wohl der Corneliana, zugesprochen.

Wesentlich informativer und für die Gestaltung des bursalen Schiedswesens aufschlußreicher stellt sich dagegen eine Quelle dar, die ungefähr um den 5. Oktober 1509 zu datieren ist.[356] Die erhöhte Aussagekraft mag darauf beruhen, daß hier im Gegensatz zum Juli 1502 der Dekan mit dem Kuckana-Regenten Adrianus Bernagen de Breda (K 32) nicht aus einer unbeteiligten Burse kam. Um den Schüler Arnoldus de Leydis[357] war zwischen den Magistern der Corneliana und Kuckana eine Kontroverse entbrannt. Gefordert waren nun wieder die Senioren – und in diesem Zusammenhang wird erstmals der lateinische Terminus gebraucht – *de domibus nutralibus* (!), *in quos* (sc. seniores) *magistri domorum sive bursarum Kuyck et Cornelii consenserunt*. Für die Laurentiana urteilten der Theologie-Professor Arnoldus de Tongris (L 60) und der Lizentiat der Theologie Johannes de Venlo (L 62), für die Montana Rutger de Venlo (M 52) und Andreas de Bardwijck (M 51), beide ebenfalls Lizentiaten der Theologie, daß Arnoldus de Leydis in die Kuckana zurückkehren müsse. Denn in sie sei er ursprünglich aufgenommen worden. Nur zufällig und auf Rat seiner Landsleute sei er in die Corneliana übergetreten. Doch Arnoldus weigerte sich, dem Schiedsspruch der Neutralen, den ihm der Pedell Nicolaus Venraedt bekanntgegeben hatte, zu folgen. Die Kuckana-Regenten riefen nun die nächst höhere Instanz an, den Rektor der Universität,

---

[354] Un. 92, f. 9r-10v.
[355] Un. 481, f. 20v.
[356] Un. 481, f. 64r.
[357] M 483,28.

Thomas Lyel de Scotia[358], der den Aufsässigen unter Eid zum Eintritt in die Kuckana verpflichtete. Der verständliche Wunsch, in der Nähe der niederländischen Landsleute aus Leiden zu leben und zu studieren, konnte demnach trotz größter Beharrlichkeit keine Bewilligung finden, wenn die anfangs aufgesuchte Burse auf ihrem Recht bestand.

Der Verlust von Schülern und die daraus erwachsende Notwendigkeit, diese Zöglinge mit massivem Einsatz der Regenten für die Burse zurückzugewinnen, stellt sich für die Kuckana nicht als Einzelfall dar. Nicht zuletzt durch den Status ihres Haupt-Regenten konnte sie dabei die konkurrierende Burse erheblich unter Druck setzen und die Entscheidung der Senioren erschweren. Als am 2. November 1510, also nur ein Jahr nach dem zuvor geschilderten Fall, die Examinatoren gewählt worden waren und die angehenden Bakkalare zum Examen präsentiert werden sollten, wandte sich der Prinzipal-Regent der Kuckana und gleichzeitige Rektor der Universität Petrus Sultz (K 30) an die Versammelten, um Ansprüche auf einen Bakkalaureanden der Laurentiana geltend zu machen.[359] Dieser sei zwar anfänglich in die Laurentiana eingetreten, habe dort auch den Unterricht besucht, sei dann aber durch seinen Bruder, einen Bakkalar der (erstaunlicherweise) Laurentiana, in die Kuckana geführt worden. Dort habe er sein *beanium* bezahlt, sich in den *liber regentie* eintragen lassen und ein halbes Jahr lang studiert. Anschließend sei er jedoch erneut in die Laurentiana gegangen, durch die er am 2. November zum Bakkalaureats-Examen präsentiert worden sei. Verfolgen wir diese Auseinandersetzung etwas eingehender! Bietet sie doch einen anschaulichen Einblick in die alltägliche Konkurrenz der Bursen, in das Machtgefüge innerhalb der Fakultät, vermittelt sie nicht zuletzt einige Charakterzüge des Protagonisten aus der Kuckana.

Da der Rektor und Lizentiat der Theologie – er stand kurz vor dem Doktorat – der Ansicht war, allein seine *regentia* habe das Recht, diesen Schüler zu präsentieren, wurde die Beilegung des Streits mit Stimmenmehrheit den *partibus neutralibus* übertragen – *iuxta antiquam observantiam*. Petrus Sultz wollte nun seine Chancen verbessern und forderte, der Schüler dürfe erst dann präsentiert werden, wenn die Entscheidung der neutralen Senioren

---

[358] M 291,66.
[359] Un. 481, f. 70v.

gefallen sei. Diese befürchteten jedoch dadurch nur eine unnötige Verunsicherung des Kandidaten, so daß einer von ihnen, der Theologie-Professor Adam de Bopardia (C 58), die Präsentation bestimmte und die Entscheidung vor die Zulassung zum Examen legte. Nach erfolgter Präsentation beauftragte der Dekan Mathias de Aquis (M 55) die Pedelle, für den 4. November die vier Senioren aus jeder (neutralen) Burse einzuberufen, damit die Ansicht des Rektors sowie der Laurentiana-Regentschaft zu dem Fall gehört werden könne. Was dem Dekan vernünftig erschien, mußte noch lange nicht die Anerkennung eines Rektors finden. Dieser teilte den Pedellen nämlich mit, einen Tag später, am 5. November, kämen sowieso die Prinzipal-Regenten der Bursen zum theologischen *principium* des Magisters Christianus (Pistoris de Colonia, K 35) aus seiner Burse. Nach dem *prandium* könnten sie dann zusammenbleiben, um die Anhörung über den Streit vorzunehmen. Tatsächlich versammelten sich die Bursen-Regenten, auf Verlangen des Rektors, nach dem *prandium* am 5. November, anfänglich jedoch ohne den Dekan. Der Leiter der Kuckana trug ihnen seine Ansicht zu der Sache vor, verurteilte dabei zugleich heftig den Doktor der Theologie Arnold von Tongern (L 60), den Prinzipal-Regenten der Laurentiana, daß er nicht persönlich anwesend sei und auch niemand anderen mit einem Mandat beauftragt habe, wozu er verpflichtet sei. Trotz dessen Abwesenheit forderte Petrus Sultz die Versammlung zu einer endgültigen Beschlußfassung auf. Nun trat allerdings der Dekan in die Schranken. Vermutlich sei diese Versammlung Arnold von Tongern gar nicht gemeldet worden. Er selbst habe sie weder für diesen Tag angesetzt noch habe er irgendetwas von ihr gewußt, bevor er von den Pedellen zu ihr gerufen worden sei. Der Unmut der Anwesenden richtete sich nun nicht gegen den wahrscheinlich verantwortlichen Rektor, sondern gegen die Pedelle, da sie diese Versammlung ohne Einbeziehung des zuständigen Dekans einberufen hätten. Die Bursen-Regenten erkannten daher die *congregatio* nicht als legitim an, verweigerten eine Stellungnahme und vertagten sie auf den folgenden Tag.

Der Inhalt des endgültigen Beschlusses wird nicht mehr berichtet. Doch ein Blick auf das Bakkalaureats-Examen vom Winter 1510 macht deutlich, warum Petrus Sultz in seiner Stellung als Rektor offensichtlich etwas fragwürdige Mittel einsetzte, um das Präsentations- und Graduierungsrecht für einen Bakkalaureanden zu erreichen. 80 Schüler wurden damals zum Examen präsentiert: 30 *de domo Montis*, 37 *de domo Laurentii*, 10 *de domo Cornelii*,

1 *de domo Kuyck*.³⁶⁰ Dieser Schüler der Kuckana determinierte am 24. November jedoch nicht unter einem Regenten seiner Burse, sondern unter Theodoricus de Novimagio (M 49), wie fünf Corneliana-Schüler mit ihm. Den beiden anderen Determinations-Akten vom 27. November und 3. Dezember standen zwei Laurentiana-Regenten vor.

Der nächste, am 13. Juni 1520 protokollierte Streit zwischen zwei Bursen um einen Studenten fand erneut zwischen der Kuckana und der Laurentiana statt. Die neutralen Senioren waren diesmal der Doktor der Medizin und Rektor der Universität Wolterus de Dordraco (C 71) sowie der *magister noster* Adam de Bopardia (C 58) für die Corneliana, für die Montana der Theologie-Professor Theodoricus de Novimagio (M 49) und der Lizentiat der Theologie Andreas de Bardwijck (M 51). Jener Student, von dem nur sein Vorname Johannes bekannt ist, wurde dann der Kuckana zugesprochen.

Für viele Jahre vermelden die Dekanatsprotokolle nun keinerlei Streitfälle mehr zwischen den Bursen. Die Ursache hierfür dürfte allerdings weniger in einem nachlassenden Konkurrenzverhältnis liegen als in einer gestiegenen Lückenhaftigkeit der Quellen, bedingt durch die Krise der Universität seit den zwanziger Jahren. Erst im November 1549 berichtet der Dekan Bernardus Cremerius Aquensis (M 74) von einer Kontroverse zwischen der Montana und Laurentiana wegen eines zu präsentierenden Bakkalaureanden, der Kollegiat in der den Studenten der Jurisprudenz und Theologie vorbehaltenen Kronenburse war.³⁶¹ Die Laurentiana beanspruchte die Präsentation des Studenten, da er sich auf rechtmäßige Anordnung des Rektors der Kronenburse (Jacobus Cremer de Hochstraten, M 67) bei der *regentia* der Laurentiana gemeldet und dort, „die Wissenschaften pflegend", unzählige Lektionen gehört habe. Die Magister der Montana widersprachen dem jedoch und verweigerten ihre Zustimmung, den Scholaren zur Präsentation zuzulassen, da er brieflich einem Magister der Montana empfohlen, dem *catalogus studiosorum*³⁶² ihrer Burse eingeschrieben worden sei, bevor er in die Laurentiana gewechselt sei. Um den Zwist zu beenden, einigte

---

³⁶⁰ Vgl. Un. 481, f. 70r.
³⁶¹ Un. 481, f. 245v. Zur Kronenburse, im Unterschied zu den artistischen Bursen eine Kolleg-Stiftung, vgl. Keussen 1934, 237-265; Meuthen 1988, 100 f.
³⁶² Diese Quelle ist, ebenso wie der des öfteren erwähnte *liber regentie* der Bursen, leider verschollen.

man sich schließlich nach alter Gewohnheit und Sitte auf den Regenten und die Magister der Kuckana – die Corneliana existierte ja nicht mehr – als *arbitros neutrales*. Trotz des Zuweisungsrechtes des Rektors der Kronenburse, das sich freilich auf die zu besuchenden Fakultäten bezog[363], sprachen die Kuckana-Regenten den Schüler der Montana zu, an die er auch die üblichen Gebühren zahlte. Das Prinzip der neutralen Schiedsrichter wurde somit auch aufrechterhalten, als nach Untergang der Corneliana nur noch eine Burse die Schlichtung von Streitigkeiten übernehmen konnte.

d) Bewahrung des Ämter-Turnus

Eine praktische Frage von eminenter Bedeutung stand am 2. November 1524 an.[364] Das ausgewogene und hartnäckig verteidigte System einer paritätischen Berücksichtigung der vier Prinzipal-Bursen bei der Besetzung der Prüfungsämter hatte mit dem Untergang der Corneliana einen konstituierenden Pfeiler verloren. Die strikt zu wahrende Gleichberechtigung der Bursen war erst am 1. September 1517 erneut statutarisch eingefordert worden, da die Montana 1516 statt der turnusmäßig zuständigen Corneliana den Promotor gestellt hatte.[365] Doch die Wahrung eines Turnus stellte bei Ämtern wie dem des Dekans oder Rezeptors, die sukzedan durch die Bursen zu beschicken waren, nach dem Ausfall der Corneliana kein Problem dar. Ein Dreier-Rhythmus sorgte nun für die nötige Ausgewogenheit. Im Oktober 1525 machte sich erstmals das Fehlen der Corneliana bei der Besetzung des Dekanats bemerkbar. Etwas völlig Ungewohntes sei zu jener Zeit eingetreten, bemerkte der neue Dekan.[366] Die seit vielen Jahren beachtete Regel, den Dekan des Winterhalbjahres stets aus den Bursen Corneliana und Montana zu wählen, den des Sommerhalbjahres aber aus der Laurentiana und

---

[363] Vgl. Keussen 1934, 247.
[364] Un. 481, f. 157v.
[365] Un. 481, f. 118r. Nach Ausweis der Promotorenliste (Keussen 1934, 578 f.) erfolgte die Wahl des Promotors am 1. September seit dem Jahr 1485 gemäß dem Bursen-Turnus Laurentiana-Montana-Kuckana-Corneliana, also analog der Besetzung der Dekanate. Im Jahr 1530 verzichtete man auf das unbeliebte Amt eines Promotors (vgl. Keussen 1934, 337 f.). Wie oben bereits angeführt, schärfte man 1517 dann nochmals ein, daß der „ordo receptorum" (seit Dezember 1474 im Wechsel der Bursen) dem der Promotoren genau entgegengesetzt sei.
[366] Un. 481, f. 163r.

Kuckana, sei nun durch den Untergang der Corneliana unterbrochen. Deshalb habe man den Dekan aus der Laurentiana (Jacobus de Campis, L 79) gewählt. Immerhin, durch den neuen Rhythmus kam nun jede Burse in den Genuß, wechselweise sowohl in der warmen wie in der kalten Jahreszeit ihren Dekan ins Amt schicken zu dürfen.

Bei fünf bzw. vier gleichzeitig zu wählenden Prüfern stellte sich die Wahrung der Parität wesentlich komplizierter dar. Am 6. Mai 1524 praktizierte die Fakultät noch eine ganz und gar „kölnische Lösung".[367] Obwohl die Corneliana zum anstehenden Bakkalaureats-Examen weder ein Suppositum führen konnte noch zu jener Zeit Vorlesungen in den Artes erteilte, wurde Petrus de Wormaria (C 73) noch einmal gleichsam als Vertreter der Burse zum Examinator gewählt – nach Ansicht des Dekans jedoch nicht *ex iure ullo*, sondern nur *ex gratia* wegen der von ihm geleisteten großen Arbeit. (Eine Ernennung als „Privat-Magister" stand demnach völlig außer Frage.) Nachdem die Corneliana im November 1524 allerdings *penitus ac funditus* untergegangen war, oblag es den „außerordentlich besorgten" Senioren, einen Modus zu finden, wie die in den Statuten vorgegebenen fünf Prüfer künftig zu bestimmen seien. Denn, so der Dekan Wilhelmus de Harlem (M 61), gegenüber der Vergänglichkeit und dem Zugrundegehen würden sich die Statuten ja ganz gleichgültig erweisen. Die Senioren sahen offenbar in einem „negativen Turnus" die beste Lösung: bei der Wahl der fünf Examinatoren und Temptatoren durfte in wechselseitiger Abfolge jeweils eine der drei Bursen nur einen Prüfer stellen, der mit dem Dekanat betrauten Burse stand jedoch immer ein zweiter Prüfer zu; bei den vier Examinatoren des Vizekanzlers sollte wohl jeweils abwechselnd eine Burse mit zwei Prüfern bedacht werden. Aus einer Aufstellung aller Prüfer ergibt sich allerdings, daß – wie zu erwarten – ein stabiler Turnus nicht zu verwirklichen war.

Ein konstitutives Element hatte die Corneliana ebenfalls für die ausgewogene Zusammensetzung des Fakultäts-Konsiliums gebildet, für das sie wie die anderen Prinzipal-Bursen ja maximal 15 Personen nominieren durfte.[368] Erstaunlicherweise stand die Frage, ob die Anzahl nicht obsolet und damit zu modifizieren sei, erst am 13.

---

[367] Vgl. Un. 481, f. 155v.
[368] S.o. 211.

Oktober 1531 zur Verhandlung.³⁶⁹ Noch verwunderlicher allerdings, daß diese Angelegenheit nicht durch die Artisten-Fakultät, sondern durch den Rektor Fredericus Keutenbrauer de Nussia, einen Senior-Regenten der Montana (M 45), entschieden wurde, der dazu die vier Dekane eingeladen hatte. Vermutlich stellte der artistische Dekan Hermannus Blanckenfort Monasteriensis (L 81) zur Diskussion, ob nach dem Untergang der Corneliana denn immer noch so viele Personen in der Artisten-Fakultät einberufen werden sollten, wie bisher üblich. (Der Begriff für das große beschlußfassende Gremium fällt, wie schon 1491, wiederum nicht.) Darauf wurde geantwortet, die Zahl von 64 Personen sei einst (am 1. Juni 1491) nicht den Bursen, sondern der Fakultät zugewiesen worden. Deshalb könne sie auch nicht verringert werden, selbst wenn noch mehr Bursen eingehen würden. Ein weiterer Grund sei, daß die Anzahl zugunsten der Promovierenden festgesetzt worden sei, da früher alle Magister und Lizentiaten der Artes *essentiales* gewesen seien. Von der Ambivalenz, ja Widersprüchlichkeit dieser Feststellung zeugt, wenn der Dekan im gleichen Atemzug protokolliert, man habe damals auch beschlossen, niemanden durch die Bursen nominieren zu lassen, wenn er nicht Magister artium sei.

Am Nachmittag des 13. Oktober versammelte der Dekan die *domini* der Artisten-Fakultät, trug ihnen die Übereinkunft vor, die angenommen wurde. Offensichtlich hatte die Gesamtzahl längst ihren normativen Charakter verloren. Denn der Theologie-Professor Adam de Bopardia, einst Regent der Corneliana (C 58), kündigte daraufhin an, er würde, wenn vorhanden, „überlebende" Magister seiner Burse einberufen, die fehlenden sollten von den anderen Bursen ergänzt werden. Zweifellos spricht aus den Worten des Rektors, die freilich die Vergangenheit erheblich verklärten, der Wunsch, den „gewöhnlichen" Magistern der Artisten-Fakultät wieder eine vermehrte Entscheidungs- und Mitbestimmungsgewalt zuteil werden zu lassen. Sein Votum konnte sich eigentlich nur gegen die verfestigte Konzentration des Fakultätsregiments auf wenige Senioren der Bursen gerichtet haben. Gleichwohl gehörte Fredericus Keutenbrauer selbst zu den Senioren. Entweder stellte er demnach eine Ausnahme unter ihnen dar, befand sich eventuell sogar in einer Abwehrstellung zur Mehrheit der Senioren, oder aber

---

³⁶⁹ Un. 481, f. 181v.

zu dem Beschluß trugen maßgeblich, möglicherweise in Übereinstimmung mit dem Rektor, Dekane der anderen Fakultäten bei.[370] An der institutionellen Funktion der Bursen bei der Beschickung der leitenden Gremien änderte sich allerdings nichts. Wie denn auch?

e) Problematische Ämter-Besetzungen

Ebensowenig stand jemals die Sonderstellung der Senioren gegenüber der breiten Masse der Magistri artium in Frage. Wie bei der Schlichtung von Differenzen unter den einzelnen Bursen übernahmen die Senioren seit den neunziger Jahren des 15. Jahrhunderts vor allem praktisch zu regelnde oder zu gestaltende Ordnungsaufgaben, ohne eben eigens hierfür deputiert worden zu sein. Hierzu zählten auch Probleme, die sich bei der Besetzung einzelner Fakultätsämter ergaben. So hatte, wie gesagt[371], eine Fakultäts-Versammlung am 21. Mai 1477 vier Senioren aus jeder Burse (darunter zwei Theologie-Professoren) und weitere Regenten als Deputierte bestimmt, um die Nachfolge des Doktors der Theologie und Inhabitators der Artistenschule Henricus de Orsoy (M 22) zu regeln.[372] Eine *congregatio quatuor seniorum de qualibet domo* befaßte sich beispielsweise am 6. September 1503 mit Schwierigkeiten, die sich bei der Ernennung des Quodlibetars ergaben.[373] Denn der gewählte Petrus Sultz (K 30) lehnte das Amt ab, da er schon als Dekan und Promotor mit Arbeit überhäuft sei. Johannes de Nurtingen (L 61) erklärte sich schließlich bereit, das Amt zu übernehmen.

Die Wahl eines Amtsinhabers (Dekan, Rezeptor, Promotor usw.) blieb gleichwohl Privileg der allgemeinen Fakultätsversammlung. So berichtet beispielsweise das Dekanatsbuch am 2. August 1513 von einer *congregatio omnium dominorum facultatis artium*, da die

---

[370] Doch die Dekane der drei anderen Fakultäten standen selbst alle den Bursen nahe. Dekan der Theologischen Fakultät war Johannes de Busco (L 67), der Juristischen Fakultät Johannes Frissemius (M 59), der Medizinischen Hermannus Keutenbrauer de Nussia (M 416,130; als Angehöriger der Montana 1498 rezipiert, vermachte dieser Burse eine Studienstiftung, s.u. 272), Verwandter des Rektors. Ob mit der Erneuerung des Stellenwertes der Fakultät gegen die Präponderanz der Bursen bzw. deren Senioren ein tieferliegender Gegensatz zum Ausdruck kam, wird im Auge zu behalten sein.
[371] S.o. 205.
[372] Vgl. Un. 480, f. 110v/111r.
[373] Un. 481, f. 25v.

Wahl eines neuen Inhabitators der Artistenschule notwendig geworden war.[374] Um die Nachfolge des am 23. Juli 1513 verstorbenen Gerardus de Zutphania (K 24) konkurrierten Johannes Hesseli de Daventria (Montana-Absolvent[375]) und Johannes de Campis (L 65), beide Lizentiaten der Theologie. Eine aus 23 Stimmen bestehende Mehrheit entschied sich für Johannes de Daventria, den der Dekan daraufhin zum neuen Inhabitator erklärte. Als dieser am 16. April 1520, inzwischen Professor der Theologie, sein Amt aufgab, kam die unterlegene Laurentiana zum Zuge, aus der Johannes de Venlo (L 62) seitens der Fakultät zu seinem Nachfolger gewählt wurde.[376] Kaum noch notwendig zu erwähnen, daß der Amtsübergabe auch Theologie-Professoren wie Theodoricus de Novimagio (M 49), Arnold von Tongern (L 60) oder Petrus Sultz (K 30) beiwohnten.

Ergaben sich allerdings Schwierigkeiten bei der Ausübung des Amtes, dann regelten die Senioren das Nötige. So berichtete der Dekan am 8. Oktober 1503 von den noch andauernden Beratungen der vier Senioren und des Dekans über bestimmte Punkte und Artikel, die fortan durch den Inhabitator der Artistenschule beachtet werden sollten.[377] Am 29. Februar 1548 etwa versammelten sich die *seniores et primores moderatores facultatis*, da der Fall des Johannes Bronkhorst von Nimwegen (M 66) eine definitive Entscheidung über den regulären Inhabitator erforderte.[378] Nominell war Bronkhorst noch Rektor der Artistenschule. Doch hatte er, vornehmlich wegen seiner protestantischen Neigungen, Anfang Juni 1543 vom Rat die Erlaubnis erhalten, die Fakultät zu verlassen, um nach Rostock zu ziehen, wo er sich schon Ende 1542 eingefunden hatte.[379] Als seinen Stellvertreter bzw. als *custos* der Artistenschule bestätigte die Fakultät Johannes Langenberg[380], Priester der Artisten-Kapelle

---

[374] Un. 481, f. 91v; vgl. Keussen 1934, 334 f.
[375] M 398,72. Die von Keussen in der entsprechenden Anm. angeführte Tätigkeit in der Artisten-Fakultät beschränkte sich auf die eines Inhabitators und Verwalters der Artistenschule; als Regent im eigentlichen Sinne oder Inhabers eines zentralen Fakultätsamtes wird Johannes de Daventria in den Quellen nicht genannt, daher wurde er auch nicht in das Regentenverzeichnis der Montana aufgenommen.
[376] Un. 481, f. 133r.
[377] Un. 481, f. 26r.
[378] Un. 481, f. 240v. Zur Sache vgl. Keussen 1934, 335; Meuthen 1988, 261.
[379] Vgl. Un. 481, f. 227r. Doch wird Johannes Bronkhorst de Noviomago noch am 23.7.1543 als Bakkalarius legum und Inhabitator der Artistenschule unter den Anwesenden genannt, die der Fundierung zweier Meßstiftungen für Lektoren und Theologie-Studenten der Montana durch die Testaments-Exekutoren des Hermannus Keutenbrauer de Nussia beiwohnten (vgl. Un. 481, f. 227r/v; s.u. 799).
[380] M 487,77.

und ebenfalls Angehöriger der Montana. Da Bronckhorst seit 1546 als Schulrektor in Deventer lebte, erschien eine Klärung notwendig, welchen Status Langenberg denn nun habe. Die Senioren erklärten ihn zum rechtmäßigen Kustos der Artistenschule, solange er das Amt pflichtgerecht bekleiden würde. Sie beanspruchten in diesem Zusammenhang das Recht einer umfassenden Oberaufsicht über das Geschehen in dem Gebäude, die sie zwischenzeitlich verloren hätten. Dies bedeutete vor allem, daß der Kustos niemanden ohne Zustimmung der Fakultät, *praesertim decani et seniorum*, als Mitbewohner aufnehmen durfte, damit von vornherein jeglicher Schaden und jede Täuschung ausgeschlossen würden.[381]

Ein letztes eindringliches Beispiel, um Status und Einfluß der Senioren, um die maßgeblichen Initiatoren der Handlungen in der Fakultät zu illustrieren. Im Februar 1536 wehrte sich die Fakultät entschieden dagegen, daß mit dem Doctor legum Gottfried Gropper[382] ein Vizekanzler die artistischen Lizentiaten examinieren und promovieren sollte, der selbst weder Lizentiat noch Magisterium in den Artes erworben hatte.[383] Die *bursarum regentes* bestritten ihm die Qualifikation, sein Amt an der Artisten-Fakultät ausüben zu können.[384] Sie beriefen die einzelnen rezipierten Magister der Fakultät ein, damit *multorum iudicio collato* beraten würde, und zogen auch einige Doktoren der Theologie, Jurisprudenz und Medizin hinzu. Nachdem die Mehrheit den Bursen-Rektoren zugestimmt hatte, wurden Deputierte eingesetzt, um die Ernennung eines Vizekanzlers zu bewirken, der gleichzeitig Magister artium sei. Die Zusammensetzung der Deputation, zwei Senioren der Artisten-Fakultät mit dem Grad eines Lizentiaten der Theologie sowie der Dekan, läßt auf eine Aktion der drei Bursen schließen. Auf Drängen der Fakultät setzte der Kanzler schließlich den Doctor

---

[381] Die Senioren reagierten damit offenbar auf das Verhalten des Johannes Bronkhorst, der seinerzeit gebeten hatte, Konviktoren in der Artistenschule aufnehmen zu dürfen, um seine finanzielle Lage zu verbessern (vgl. Keussen 1934, 335). Als Bronkhorst am 7. April 1548 in Köln vorsprach, um finanziellen Ersatz für die von ihm geleisteten baulichen Aufwendungen am Gebäude der Artistenschule zu erhalten, verhandelten wiederum allein die versammelten Senioren mit ihm (vgl. Un. 481, f. 241r).
[382] M 530,37.
[383] Gottfried Gropper hatte 1522 unter Arnold von Wesel in der Montana determiniert, begann dann jedoch ohne das artistische Lizentiat und Magisterium ein juristisches Studium, in dem er schon 1526 unter dem Montana-Regenten Johannes Frissemius das Bakkalaureat erwarb.
[384] Vgl. die ausführliche Schilderung des Vorgangs in Un. 481, f. 199v-202r.

legum Hermannus de Hammone (M 62), Regent der Montana, als Stellvertreter des Vizekanzlers ein.

f) Kapelle und Krankenhaus

Wie bereits ausgeführt, bildeten die Rektoren der vier Prinzipal-Bursen im Mai 1481 die treibenden Kräfte, um gemäß der testamentarischen Verfügung des Juristen Johannes de Erpel eine Kapelle in der Artisten-Schule bauen zu lassen. Ende 1489 dürfte sie fertiggestellt gewesen sein, denn Anfang Dezember berichtete das Dekanatsbuch erstmals von dem Bemühen, das *officium missarum in capella facultatis artium* zu besetzen.[385] Ursprünglich sollte laut Testament der Inhaber der Meßstiftung durch die Prioren der Kartäuser, der *Regulares ad Corpus Christi* und der Dominikaner präsentiert werden.[386] Doch diese übertrugen das Präsentationsrecht am 2. Dezember 1489 der Artisten-Fakultät, die sogleich die Aufgabe übernahm oder vielmehr: die von ihr eingerichtete Deputation. Neben dem Dekan Petrus Bolle de Dordraco (C 48) bestand sie aus vier Senioren der Bursen, allesamt Professoren der Theologie: Lambertus de Monte (M 24), Conradus de Campis (L 44), Cornelius de Breda (K 12) und Theodoricus Balveren de Bommel (C 29). Mit der Pfründe versahen sie den ehemaligen Schüler der Montana Wilhelmus Wijchem de Colonia[387]. Ihm folgte am 22. September 1508 der Kuckana-Regent Johannes Buuch de Colonia (K 28), der um das Amt gebeten hatte.[388] Die *collatio* erfolgte wiederum *per quatuor seniores de facultate*, nämlich durch den Theologie-Professor Valentinus de Geldersheim (M 43), den Doktor der Medizin Theodoricus de Dordraco (C 45), sowie durch die Lizentiaten der Theologie Arnoldus de Tongris (L 60) und Petrus Sultz de Colonia (K 30). Am 5. August 1542 präsentierte Matthias von Aachen (M 55) als Regens der Montana dem Dekan Bernardus Afflensis (L 84) sowie den versammelten Senior-Regenten *sacerdotem quendam ad missam*.[389] Dessen Name wurde nicht genannt, doch dürfte es sich um den Montana-Schüler und späteren

---

[385] Un. 480, f. 205r.
[386] Vgl. R 1911; Keussen 1934, 306.
[387] M 370,23.
[388] Un. 481, f. 58v.
[389] Un. 481, f. 224r.

Inhabitator der Artisten-Schule Johannes Langenberg de Colonia gehandelt haben, der Anfang Juni 1543, bei seiner Ernennung zum Stellvertreter des beurlaubten Inhabitators Johannes Bronkhorst de Novimagio (M 66), als *honestus sacerdos* bezeichnet wurde.[390]

Auch bei der endgültigen Regelung des Krankenwesens erfolgten die entsprechenden Versammlungen und Beschlußfassungen allein seitens der Senioren, aus eigenem Recht und ohne Mandat der Fakultät. Am 9. Februar 1509 etwa dürfte es zudem praktikabler gewesen sein, das kleinere Senioren-Kollegium einzuberufen, da wieder einmal Probleme mit dem Krankenhaus der Artisten-Fakultät bzw. dessen Eintragung im städtischen Schreinsbuch auf der Tagesordnung standen.[391] Die Übertragung dieser Aufgabe an die Senioren oder deren Anspruch, für die Einrichtung eines Krankenhauses zuständig zu sein, hatte eine lange Tradition. Bereits am 23. Mai 1494 hatten bekanntlich die Senioren beschlossen, daß jede der vier Bursen auf Fakultätskosten für ihre Kranken ein Haus einrichten solle. Doch konnte die angestrebte Effizienz auf diesem Wege offensichtlich nicht erzielt werden, so daß sich eine zentralistische Lösung aufdrängte, wie sie in Ansätzen vergeblich bereits einmal 1466 ins Auge gefaßt worden war.[392] Am 17. November 1496 trat die monatliche Versammlung der vier Senioren aus jeder Burse *propter multas rationabiles causas* zusammen, um die *res infirmarie* voranzutreiben.[393] Daß die Form der Zusammensetzung eine regulative Vorgabe bedeutete, zeigt sich bei der Kommission, die einen Tag später mit Interesse die Häuser des verstorbenen Professors der Jurisprudenz Johann vom Hirze begutachtete: ihr gehörten die Theologie-Professoren Lambertus de Monte (M 24) und Cornelius de Breda (K 12), der Doktor der Medizin Theodoricus de Dordraco (C 45), der Lizentiat der Theologie Valentinus de Geldersheim (M 43) sowie der Dekan Theodoricus de Novimagio (M 49) an. Die Laurentiana entsandte also diesmal keinen Vertreter, wie denn auch die Zahl von 16 Senioren nicht die Regel gewesen sein dürfte. Am 20. und 24. Oktober 1515 wandte sich eine Versammlung der Senioren an die Witwe des verstorbenen Theodoricus de Dordraco (C

---

[390] Un. 481, f. 227r. Die Angabe Keussens zu M 487,77 (Johannes Langenberg), dieser sei schon 1540 Priester der Artisten-Kapelle gewesen, ist nicht zu verifizieren. Vermutlich ist die Jahresangabe in 1543 zu verbessern.

[391] Un. 481, f. 60r; zum langwierigen Bemühen der Fakultät um den gesicherten Erwerb eines Krankenhauses vgl. Keussen 1934, 327-333.

[392] Vgl. Keussen 1934, 327 f.

[393] Un. 480, f. 261v.

45), um sie und ihre Familie zum Verzicht auf das Haus Merzenich in der Gereonstraße zu bewegen, das seit 1500 als Krankenhaus der Fakultät diente.[394] Denn Theodoricus de Dordraco hatte sich aus rechtlichen Gründen für die Fakultät als Eigentümer des Gebäudes im Schrein eintragen lassen. Doch da der Rat sich weigerte, die Fakultät als Besitzerin des Gebäudes anschreinen zu lassen, wurden *in presentia etiam venerabilium dominorum deputatorum singularum bursarum et ex eorum commissione* der Pedell Henricus de Vorda und seine Frau Clara als Eigentümer der Hauses Merzenich in den Schrein eingetragen.[395]

g) Disziplinarangelegenheiten

Kein anderer Aufgabenbereich stand von Beginn an derart selbstverständlich in der Eigenverantwortung der Bursen-Regenten wie die sittliche Disziplinierung der Scholaren. Legitimation und Pflicht hatten, wie anfangs erörtert, die Statuten den Bursen vorgegeben. Ein energischer Schritt, die Schüler zu einem rigorosen Gehorsam gegenüber ihren Bursen-Regenten zurückzuführen, erfolgte im Januar 1446.[396] Der Verweis auf das an den Pariser Pädagogien übliche Strafmaß, an dem man sich orientieren wollte, zeigt eine Interdependenz auf, die es später nochmals zu thematisieren gilt.[397] Die postwendend (am 24. März 1446) im nächsten Dekanat erfolgte Einschränkung der Disziplinarbeschlüsse, da sie einigen bedeutenden Personen doch allzu streng erschienen, offenbarte ein Interesse maßgeblicher Bursenleiter, der Gnade einen stimmberechtigten Sitz neben dem Recht zu gewähren. Gleichwohl führten die Bursen im Rahmen einer Fakultätsreform 1457 das Amt eines Promotors oder „Sittenwächters" ein, das möglicherweise auch deshalb Ende der achtziger Jahre dem Bursen-Turnus unterworfen wurde, da es äußerst unbeliebt und undankbar war. Aus den Quellen wird ersichtlich, daß die Kompetenz des Promotors jedoch weder eindeutig abgegrenzt gewesen sein noch daß die Entscheidungsgewalt in seinen Händen gelegen haben kann. Am 9. Oktober 1458 zogen die Bursen-Rektoren ihn und einige Konregenten hinzu, um unter

---

[394] Un. 481, f. 105r/v; zur Sache Keussen 1910, II, 250b; Keussen 1934, 328 f.
[395] Un. 481, f. 105v; vgl. Keussen 1910, II, 250b.
[396] S.o. 132 f.
[397] S.u. 497.

anderem Kompromisse über Erziehungs- und Strafmaßnahmen zu treffen, die dann als verbindlich für die vier Prinzipal-Bursen angesehen wurden.[398] Sowohl die institutionelle Stellung der Bursen als auch deren jeweiliges Eigeninteresse dürfte die Aufstellung eines allgemein gültigen wie respektierten Disziplinarkatalogs verhindert haben. Es mußte folglich eine Fall-zu-Fall-Regelung praktiziert werden, die am 31. März 1478 dann sogar erstmals auf die Stufe einer statutarischen Verbindlichkeit gehoben wurde.[399] Den festgelegten monatlichen Zusammenkünften von je zwei Regenten der vier Bursen, auf denen im gütlichen Einvernehmen die Leitung der Fakultät ausgeübt werden sollte, hatte auch der Promotor beizuwohnen. Aufgrund seines Berichts erfolgte dann seitens der Regenten der Beschluß entsprechender Maßnahmen. Der von Skepsis getragene Wunsch des Dekans nach Einhaltung der Regelung umschreibt recht gut die realen Verhältnisse.[400] Wie wir sahen, fand die Verordnung denn auch in den folgenden Jahren nicht die nötige Anerkennung. Obwohl einige Senioren am 10. Februar 1495, als die monatliche Versammlung von nun vier Senioren jeder regierenden Burse erneut zur Pflicht gemacht wurde, rückblickend von einer ungemein erfolgreichen Form des Fakultätsregiments sprachen.[401] Als diesem die Aufgabe übertragen wurde, sich all die täglichen, großen wie kleinen Mängel vortragen zu lassen, um sie dann an Haupt und Gliedern ausmerzen zu können, wurde der Promotor übrigens gar nicht mehr erwähnt.

Eine Steigerung solcher *defectus* zwang am 14. Dezember 1502 zu einer *solemnis congregatio magistrorum facultatis artium*.[402] Die Ursache der Übel sah man freilich gar nicht in den verwahrlosten Sitten der Schüler, sondern in dem Verfall des Geldwertes[403], durch den die Mahlzeiten zu dürftig und knapp ausfielen, unzureichend *pro humana sustentatione*. Deswegen würden viele Schüler, die unter der Aufsicht ihrer Magister in den Bursen wohnten, oft die Bursen zu ungebräuchlichen Zeiten verlassen, um Garküchen, Tavernen und weitere suspekte Orte aufzusuchen. Statt an den

---

[398] S.o. 150 f.
[399] S.o. 205.
[400] Vgl. Un. 480, f. 118r; Keussen 1934, 338.
[401] S.o. 215.
[402] Un. 481, f. 21r/v.
[403] Zur Inflation in Köln, die besonders im letzten Viertel des 15. Jahrhunderts drastisch anstieg, vgl. Looz-Corswarem 1980a, 55 f. (im Kontext der politischen Unruhen).

schulischen Übungen teilzunehmen, trieben sie sich auf den Straßen herum. Den Regenten schien es daher notwendig, das Übel an der Wurzel anzupacken und eine neue Ordnung für die finanziellen Aufwendungen der Schüler aufzustellen, differenziert nach sozialen Gruppen und jeweiligen Leistungen.[404] Die Gleichung lautete also: erhöhte Gebühren verbessern die Qualität der Mahlzeiten, binden die Schüler verstärkt an die Küche ihrer Burse und sichern das Ausbildungsniveau.

Angesichts der beklagten schlechten Zeiten sah sich die Fakultät veranlaßt, jede überflüssige finanzielle Belastung der Schüler zu unterbinden. Eine Verschwendung elterlicher Gelder erfolgte sicherlich während der Deposition des neuangekommenen Scholaren, des drastischen Initiationsritus, mit dem ältere Studenten den jüngeren Gelb- oder Grünschnäbeln die Hörner auf phantasievoll-sadistische Weise abstießen.[405] Am 20. Oktober 1503 traten deputierte Senior-Regenten vor die Supposita der Fakultät und ermahnten diese eindringlich, von den ganz öffentlich am Rhein praktizierten, unmenschlichen Mißhandlungen und Heimsuchungen der „Novizen" abzustehen, stattdessen eine würdige Initiation durchzuführen.[406]

Der Appell an die Sittlichkeit wollte allerdings ganz und gar nicht fruchten. Bestimmte Senioren aus jeder Burse setzten sich daher am 25. Oktober 1511 erneut zusammen, um Artikel zum Wohl und Vorteil der Schüler abzufassen.[407] Diese wurden am 13. November durch eine feierliche Versammlung der gesamten Artisten-Fakultät verabschiedet. Ohne Umschweife wurde gleich zu Anfang der Kern der Sache dingfest gemacht. Schwerwiegende Klagen seien der Fakultät durch verschiedene Magister, Bürger, Schüler und Freunde vorgebracht worden. Die neu angekommenen Schüler und Supposita der Fakultät würden von einigen Studenten nicht nur unter Mißachtung der alten Statuten der Universität ungebührlich belästigt, sondern auch zur Zahlung einer bestimmten Geldsumme gezwungen. Das ihnen von den Eltern für eine ausreichende Ernährung während des Studiums zur Verfügung gestellte Geld würde somit auf schändliche Weise verschleudert, die Universität in üblen Ruf gebracht. Daher sollten jene, die weiterhin die angeprangerte

---

[404] Die inhaltlichen Bestimmungen werden in dem Kapitel über das „Wohnen in den Bursen" näher vorzustellen sein.
[405] Zur Deposition, die vor allem in der älteren Forschung viel Aufmerksamkeit erhielt, vgl. für Köln Keussen 1934, 168-174; Meuthen 1988, 107.
[406] Un. 481, f. 26r.
[407] Un. 481, f. 76r–77v.

Form der Deposition ausübten, von der nächsten Graduierung ausgeschlossen werden oder einer öffentlichen Bestrafung unterworfen werden, welche durch die Senior-Regenten in der Artistenschule erfolgen sollte, falls der Frevel noch stärker ausufern würde. Weil die Schüler aber auch sonst das Geld ihrer Eltern recht schnell für allerlei unnütze Dinge ausgäben, so daß für die Arbeit ihrer Magister nichts übrig bliebe, die Eltern zur Zeit der Promotion vielmehr nochmals überflüssigerweise zur Kasse gebeten würden, bestimmte die Fakultät, daß jeder Neuankömmling sich möglichst bald von einem Regenten aufnehmen und in eine Burse einschreiben lasse.[408] Danach sollte er unmittelbar seinen Zahlungsverpflichtungen nachkommen und auch die weiteren fristgerecht begleichen. Die Sorge um die Moral wurde bei den Senior-Regenten offenbar nicht ganz uneigennützig von der um ihre Einnahmen begleitet. Es scheint kein Zufall zu sein, daß der eindringliche Versuch, den Mißbrauch der Deposition zu unterbinden (sie selbst sollte ja in würdiger Form erhalten bleiben), gerade in einer tiefgreifenden Krisenzeit stattfand und sich namentlich gegen die finanzielle „Ausbeutung" der Beanen richtete.[409] Denn soweit zu überschauen ist, berichtet das Dekanatsbuch während des gesamten 15. Jahrhunderts, das sicherlich kaum wesentlich mildere Formen der Deposition gesehen hatte, kein einziges Mal von Maßnahmen gegen Auswüchse dieses Brauches.

Ob die Drohungen gewirkt haben, wird bis zur Mitte des 16. Jahrhunderts in keinem Protokoll vermerkt; gemeldet werden jedenfalls auch keine neuen Rügen. Offenbar stellten disziplinarische Mängel kein Problem mehr dar, dessen Lösung größeres Kopfzerbrechen bereitet hätte. Denn der Dekan berichtete, soweit ersichtlich, nur noch am 20. März 1518 von einer Versammlung der

---

[408] Bereits im Zusammenhang mit dem Bursenstreit zwischen der Kuckana und der Laurentiana am 2. November 1510 wurde der (heute nicht mehr vorhandene) *liber regentie* der Kuckana erwähnt, in den sich der umstrittene, aus der Laurentiana gekommene Schüler einschreiben ließ, nachdem er das Beanium, also eine Depositionsgebühr, in der Kuckana bezahlt hatte (vgl. Un. 481, f. 70v).

[409] Die Krise der Kölner Universität seit Beginn des 16. Jahrhunderts zeigt sich beispielsweise in der Immatrikulationsfrequenz. Erlebte Köln zwischen 1485 und 1500 eine Blüte, die es an der Seite Löwens zur meistbesuchten Universität im Deutschen Reich werden ließ (Schwinges 1988, 86, 255; Meuthen 1988, 78 f.), so erlitt die Universität in den ersten Jahren nach der Jahrhundertwende einen Rückgang der Studentenzahlen von gut einem Viertel, der sich natürlich gerade in der Artisten-Fakultät am spürbarsten bemerkbar machte. Ein vergleichbarer Einschnitt erfolgte dann nochmals, nun aber reichsweit, nach 1520. Vgl. hierzu Meuthen 1988, 77-88.

(Prinzipal-) Regenten *singularum bursarum*, die wegen verschiedener, den Senioren vorgetragener *defectus* abgehalten wurde.[410]

h) Prüfungs- und Unterrichtswesen

Die Organisation des Prüfungswesens bildete traditionell eine weitere Domäne der Senior-Regenten.[411] Hieß es am 19. Juni 1501, eine *congregatio facultatis* habe die Verteilung der Prüfungs-Akte geregelt, um eine „Differenz" zwischen der Montana und der Kuckana zu beenden[412], so wurden am 5. Juni 1518 die maßgeblichen Kräfte herausgestellt. Es versammelten sich nämlich die *regentes principales* der einzelnen Bursen in der Artistenschule, um *super distributione actuum* zu beraten.[413]

Werden die Prinzipal-Regenten oder leitenden Senioren auch nicht immer namhaft gemacht, ihre Macht, ihr Einfluß muß doch als allgegenwärtig angesehen werden. Der Dekan Cornelius de Gouda (C 66) gab am 2. November 1507 ein eindrucksvolles Zeugnis hiervon, das zugleich die Grenzen seines Amtes offenbart.[414] An jenem Tag stand *post prandium* die Wahl der Examinatoren an. Doch die (oder bestimmte) Magister der Laurentiana waren verhindert. Durch die anwesenden *domini* der Fakultät wurde allerdings beschlossen, am nächsten Tag ohne weiteres Abwarten zur Wahl der Examinatoren überzugehen. Kein Abwesender könne sich darüber beklagen oder gar ein Unrecht daraus ableiten. Der Senior, der dem Dekan beisaß, trug diesem auf, den Beschluß im *liber facultatis* zu

---

[410] Un. 481, f. 122r.
[411] So hatte die Artisten-Fakultät beispielsweise am 3.2.1460 als quasi legislatives Organ eine neue Lozierungsordnung abgesegnet, die von Theologie-Professoren und anderen Bursen-Rektoren entworfen worden war und den Kommensalen der Bursen-Rektoren wie den sich an der gemeinsamen Küche finanziell Beteiligenden eine privilegierte Stellung zuwies (vgl. Un. 480, f. 10v).
[412] Un. 481, f. 12r. Am 9.6.1501 hatte bereits der erste Determinations-Akt unter dem Regenten der Bursa Ottonis Johannes Berchem de Colonia (O 6) stattgefunden. Die Versammlung vom 19.6. beschloß dann eine *distributio*, durch die dem Montana-Regenten Theodoricus de Busco (M 39; mit 37 Bakkalaureanden) am 21.6. der Vortritt vor dem Corneliana-Regenten Henricus de Delft (C 60; mit zehn Bakkalaureanden am 7.7.) gewährt wurde.
[413] Un. 481, f. 124r. Die Wahl der Examinatoren für das Bakkalaureats-Examen hatte am 14. Mai stattgefunden (Un. 481, f. 123v); nach der Einteilung der Akte am 5.6. begann die Montana am 8.6. mit der Determination ihrer Scholaren, gefolgt von Kuckana (14.6.), Laurentiana (15.6.) und Corneliana (12.7.).
[414] Un. 481, f. 54v.

protokollieren. Wer war der Senior, der gegenüber dem höchsten Amtsinhaber der Fakultät Weisungsbefugnis besaß? Die Liste der vom Dekan mitgeteilten Anwesenden dürfte Aufschluß geben. Die erste Stelle nahm der Theologie-Professor Remigius de Malmundario (M 41) ein, der vom Rang her als einziger für die Funktion eines Beisitzenden des Dekans in Frage kam. Ihm folgten der Doktor der Medizin Theodoricus de Dordraco (C 45), die Lizentiaten der Theologie Arnoldus de Tongris (L 60), Johannes de Nurtingen (L 61), Theodoricus de Novimagio (M 49), Petrus Sultz de Colonia (K 30), Johannes de Campis (L 65), Rutger de Venlo (M 52). Die Reihen- bzw. Rangfolge der theologischen Lizentiaten entspricht exakt der Seniorität hinsichtlich ihrer Graduierung. Von Arnold von Tongern bis Rutger von Venlo lauten die entsprechenden Jahreszahlen: 1498, 1499, 1499, 1503, 1505, 1506. Die Reihenfolge der anschließend aufgeführten Personen entspricht ebenfalls dem Rang des akademischen Grades und der Seniorität.[415]

Der drastische Rückgang der Studentenzahlen führte naturgemäß zu Einbußen bei den Prüfungsgeldern. Am 11. Oktober 1533 überlegte sich daher die Fakultät, ob nicht ein finanzieller Ausgleich für die Examinatoren geschaffen werden könnte.[416] Sie wählte drei Lizentiaten der höheren Fakultäten, *olim lectores, de quibus nulla esset suspitio*, die überprüfen sollten, ob der Vorschlag praktikabel war. Andreas de Bardwijck (M 51), Theodoricus de Halveren (L 73) und Johannes de Horst (K 45) kamen überein, daß jeder Examinator drei Mark erhalten sollte, falls der Rezeptor überhaupt soviel *ad fiscum facultatis* (aus den Prüfungen) erhalten würde.

Die Organisation des Unterrichtswesens konnte in ähnlicher Dominanz von den Bursen-Rektoren gestaltet werden, so etwa bei den Reformberatungen vom Januar bis April 1446.[417] Doch schon damals zeigte sich, daß in Fragen des Lehrwesens an der Artisten-Fakultät auch der Rektor und die Dekane der anderen Fakultäten ein gewichtiges Wort mitzusprechen hatten, da Folgen für die gesamte Universität zu bedenken waren. Stärker noch gilt dies für Entscheidungen über den Inhalt des Lehrstoffes. Hier, bei grundlegenden Weichenstellungen, forderten zudem auch jene

---

[415] Genannt werden die Bakkalare der Theologie Cornelius de Venlo (C 65), Adrianus de Breda (K 32), Johannes de Busco (L 67), sowie die Magistri artium Petrus de Wylich (K 34), Mathias de Aquis (M 55), Ortwinus Gratius de Daventria (K 36).
[416] Un. 481, f. 189r.
[417] Vgl. Un. 479, f. 29r/v; s.o. 132 f.

Bursen-Magister Voten ein, die ihnen bei der mehr alltäglich-praktischen Regelung des Fakultätsbetriebs oft genug versagt blieben. Ein Interessenausgleich war demzufolge wesentlich schwerer zu erzielen. Doch es wäre zu früh, an dieser Stelle schon auf die komplexen Vorgänge der Studienreformen in der ersten Hälfte des 16. Jahrhunderts eingehen zu wollen.[418] Trotz der divergierenden Interessengruppen blieb die Burse (nicht als räumliche Einrichtung verstanden) organisatorischer und institutioneller Mittelpunkt inhaltlicher und unterrichtsorganisatorischer Reformen. Denn ihr Status als die Artisten-Fakultät repräsentierende Einrichtung konnte mit den Jahren noch pointierter gefaßt werden. Einen Gipfelpunkt stellen sicherlich die Statuten von 1577 dar, die den drei Gymnasien bzw. Bursen auf den Fakultätsversammlungen jeweils nur noch eine Stimme zusprachen, da der einzelne Magister ganz in seinem Gymnasium aufging und die Fakultät aus der Summe oder dem Körper der drei Bursen bestand.[419]

Wenn wir bei der Untersuchung der Bursen-Institutionalisierung bereits Ende des 15. Jahrhunderts den Anspruch wie das Selbstverständnis einer Deckungsgleichheit von Bursen und Artisten-Fakultät formuliert fanden, erscheint die implizite Gleichsetzung von Burse und Prinzipal-Burse noch nicht einmal als das Bemerkenswerteste. Denn betont man allein die Repräsentation der Fakultät durch die Bursen, gerät man sehr schnell in Gefahr, das zweite Phänomen aus den Augen zu verlieren. Der methodische Ausgangspunkt einer prosopographischen Analyse der Bursen-Institutionalisierung hat uns gezeigt, daß die Geschichte und Eigenart der Kölner Artisten-Fakultät nicht durch eine Begrenzung des Blickwinkels auf die Verfassung und das Terrain dieser Fakultät zu verstehen ist. Gerade die exklusive Leitung der Artisten-Fakultät durch die Bursen-Regenten und -Rektoren veranlaßt uns, die traditionelle horizontale Struktur zwischen der „unteren" Fakultät und den „oberen" zugunsten einer vertikalen zu durchbrechen. Die Kenntnis von den handelnden und entscheidenden Personen an der Artisten-Fakultät formt das allzu oft schematisch konstruierte Verhältnis zwischen den Fakultätsebenen in eine dynamische

---

[418] Die verschiedenen Reformphasen bis zum vorläufigen Endpunkt in den siebziger Jahren des 16. Jahrhunderts sind eingehendst von Meuthen (1988, 229-238, 280-287, 305-316) untersucht worden; s.u. 802 f.; vgl. jetzt auch Nauert 1991; allgemein: Boehm 1976.
[419] Vgl. Meuthen 1988, 99.

Wechselbeziehung um, die sich vor allem zwischen der Artistischen und der Theologischen Fakultät vollzog. Denn die intensive und kontinuierliche Gestaltung der Artisten-Fakultät durch die Senioren und Bursen-Rektoren bedeutete, daß diese beispielsweise als Theologieprofessoren aus ihrer höheren Fakultät heraus auf die Geschicke der Artisten Einfluß nahmen. Sie waren gewissermaßen sogar dazu gezwungen, handelte es sich doch um ihre Schüler und Bursenangehörigen, für die sie die *principalis cura* ausübten. Nicht nur, daß der Bursen-Rektor damit auch seinen Status, seine wissenschaftliche Position und vieles mehr auf die von ihm geleitete Einrichtung übertrug. Er stand zugleich mit den jungen Schülern und Absolventen seines Hauses in einem überaus engen und kaum zu unterschätzenden Kontakt. Dieser an den Kölner Bursen praktizierte direkte persönliche Bezug zwischen den rangniedrigsten Mitgliedern der Universität und deren ranghöchsten dürfte in vergleichbarer Form an anderen Universitäten nicht üblich und möglich gewesen sein. Wir werden im weiteren Verlauf immer wieder auf exemplarische Zeugnisse ehemaliger Schüler stoßen, welche die an den Bursen gepflegte Intensität zwischen den Studenten und den Regenten rühmend bestätigen. Hiermit wird weit mehr als nur ein menschliches Element des Kölner Bursenlebens angesprochen, das im übrigen auch keineswegs romantisch verklärt werden soll. Doch wenn wir das beträchtliche Ansehen und den überregionalen Einfluß der Kölner Bursen bzw. ihrer Mitglieder auf wichtigen Feldern kennenlernen, werden wir uns zur Erklärung auch dieses administrative und fakultätsübergreifende Gefüge an den Bursen vor Augen halten müssen. Aus der Zentrifugalkraft der Kölner Bursen werden Bekenntnisse und Traditionen, aber auch Reibungen und Kontroversen um einiges verständlicher.

D. Die materielle Fundierung der Bursen

1. Hauserwerb

a) Montana

Nach Johannes Gabriel de Fabri, dem Chronisten der Montana-Regentschaft aus dem 18. Jahrhundert, hatte die Montana-Burse ihren ursprünglichen Sitz in einem Gebäude nahe dem Machabäer-Kloster.[420] Dieses sei von Heinrich von Gorkum (M 1) gemietet worden, der die darin untergebrachte Burse jedoch nicht viel später in die Straße Unter Sachsenhausen verlegt habe. An dem Mietverhältnis änderte auch Heinrichs Nachfolger Gerardus de Monte (M 4) nichts.[421] Erst dessen Neffe Lambertus de Monte (M 24) verschuf der Burse eine sichere Fundierung, indem er die *aedes* als Eigentum erwarb.[422] *In hunc finem*, also wohl in unmittelbarer Nähe der Burse, kaufte Lambertus obendrein verschiedene weitere Häuser.[423] Das erste, genannt Großenwalde[424], ging am 23. Februar 1469 aus dem Besitz des Nicolaus Swartz de Tremonia in den des Lambertus de Monte über.[425] Noch bevor der Neffe des Gerardus de Monte nach dessen Tod 1480 dritter Prinzipal-Regent der Montana wurde,

---

[420] Vgl. Un. 748, f. 1v.
[421] Un. 748, f. 1v.
[422] Un. 748, f. 1v. Grundlegende Untersuchung zum Wohnen, besonders zum Mieten und Kaufen von Häusern: Dirlmeier 1977, 239-260 (zwar für Oberdeutschland erarbeitet, doch sicherlich auf Köln übertragbar).
[423] Un. 748, f. 1v. Der erste Schritt zur Schaffung eines Gebäudekomplexes für die Montana erinnert an die Anfänge des Collège de Sorbon in Paris Mitte des 13. Jahrhunderts. Nur handelte es sich bei zwei der ersten drei Häuser, in denen das Kollegium seinen Betrieb aufnahm, um Schenkungen des Königs, während Lambertus de Monte seine ersten Häuser allein aus eigenen Mitteln erwarb. Vgl. zur Entstehung des Gebäudekomplexes der Sorbonne: Rückbrod 1977, 116-121.
[424] Bei diesem Haus kann es sich nicht um das Gebäude Zom gronen Walde im Pfarrbezirk St. Peter gehandelt haben (vgl. Keussen 1910, I, 267 b).
[425] R 1463a. Die Verbindung zwischen der Familie Schwartz und der Montana-Burse scheint nicht zufällig zustande gekommen zu sein; auf jeden Fall wurde sie in den folgenden Jahrzehnten gefestigt. Denn der spätere Dortmunder Ratsherr (1495-1538) Hildebrand Schwartz von Dortmund, gewiß ein naher Angehöriger (vermutlich ein Sohn) des Nicolaus Schwartz, wurde am 15. März 1480 als *minorennis* in die Kölner Matrikel eingetragen (M 365,27). Ihn präsentierte der Montana-Regent Theodoricus de Busco (M 39), der auch für dessen spätere Eidleistung bürgte. Ein Johannes Schwartz von Dortmund, Sohn des Albert, immatrikulierte sich im Mai 1498 in Köln (M 438,106), ging in die Montana und erwarb in ihr 1499 und 1501 beide artistischen Grade unter Theodoricus de Busco. Dietrich Schwartz von Dortmund begegnet im Mai 1517 in der Matrikel (M 514,15). Auch er ließ sich in die Montana aufnehmen, determinierte und inzipierte 1518 und 1521 unter Matthias von Aachen (M 55) bzw. Arnold von Wesel (M 58). Im Oktober 1519 immatrikulierte sich Hildebrand Schwartz von Dortmund (M 524,2), wahrscheinlich der Sohn des gleichnamigen Dortmunder Ratsherren, schloß sich der Montana an und determinierte 1520 unter Arnold von Wesel, um dann ein juristisches Studium aufzunehmen. Die Tradition unterstreicht schließlich Christoph Schwartz von Dortmund, der am 4. Juli 1533 in die Matrikel (M 579,4) und anschließend in die Montana aufgenommen wurde. In ihr erwarb er 1536 unter Jacobus de Hochstraten (M 67) das Magisterium. Die Angehörigen dieser aus Dortmund stammenden Kölner Familie Schwartz dürften mit der bedeutenden Kölner Bleihändlerfamilie um Heinrich Swartz (Mitte 15. Jh.) verwandt gewesen sein (vgl. zu dieser: Irsigler 1979, 126-129).

verwirklichte er also im Alter von etwas mehr als dreißig Jahren das grundlegende Element, mit dem die Institutionalisierung der Burse auch von der materiellen Seite her zu bewirken und zu sichern war.[426] Am 17. November 1498, ein Jahr vor seinem Tod, kaufte Lambertus durch den Kölner Goldschmied Adam Piel die wohl angrenzenden Häuser Neuen- und Aldenwalde von Hildebrand Schwartz, dem einstigen Schüler der Montana und nunmehrigen Dortmunder Ratsherren.[427] Mit dem ursprünglich gemieteten Haus Heinrichs von Gorkum verfügte die Montana nun über vier in ihrem Besitz befindliche Gebäude, die an der Straße Unter Sachsenhausen zwischen der Stolkgasse und dem Platz an St. Maria Ablaß, zur nördlich dahinter liegenden Enggasse ausgerichtet, einen relativ geschlossenen Komplex bildeten. Doch damit nicht genug.

Am 8. April 1499 übergab Lambertus de Monte 175 fl. an Valentin Engelhardt von Geldersheim, seinen Nachfolger in der Regentschaft, um den Ankauf eines kleinen Hauses an der Enggasse zu ermöglichen.[428] Bereits 1487 hatte Ego de Driel ein der Burse benachbartes Haus, genannt Zum Lamm, mit einem hinteren Stall an der Straße Unter Sachsenhausen vom Kloster Altenberg für 24 Mk. in Erbleihe genommen.[429] In einer umfangreicheren baulichen Erneuerung ließ er als neuer Besitzer die vordere Mauer

---

[426] Welche Bedeutung die materielle Fundierung der Bursen durch Hauserwerb hatte, zeigt kontrapunktierend das Ingolstädter Beispiel. Bei der seit 1515 unter Leonhard Eck durchgeführten Reform des artistischen Lehrbetriebs fiel den von der Fakultät approbierten Bursen eine zentrale Rolle zu, doch: „da es sich mit einer Ausnahme um gemietete Räume gehandelt hatte, brachte der Frequenzschwund im Verein mit dem neuen Zeitgeist sie unauffällig zum Verschwinden" (Seifert 1971, 161). Zur Sache: Seifert 1971, 156-162; Meuthen 1988, 98.

[427] R 2179; vgl. Keussen 1910, II, 149a. Die von Dirlmeier (1977, 241-252) erarbeiteten Zusammenhänge zwischen Wohnungskosten und gesellschaftlicher Stellung lassen vermuten, daß es sich entsprechend der Gesellschaftsschicht des Goldschmiedes Piel und des Fernhändlers Schwartz, Angehörigen also der höheren Mittelschicht bis Oberschicht, um Häuser mit einem Kapitalwert von rund 200 fl. und einem analogen Haus- bzw. Mietzins von rund 10 fl. handelte.

[428] R 2192; vgl. Un. 748, 1v. Wenn mit 175 fl. ein kleineres Haus gekauft wurde, dann müssen die anderen, größeren Häuser recht anspruchsvoll gewesen sein. Denn in Oberdeutschland erwarb man mit 175 fl. ein Haus der gehobenen Ausstattung (vgl. Dirlmeier 1977, 248-252). Doch weist Dirlmeier auch auf Unzulänglichkeiten des bloßen Hauspreises für eine Berechnung des Kapitalwertes hin, da etwa Zinsbelastungen nicht immer angegeben sind. Aussagekräftiger ist nach Dirlmeier die soziale Einordnung der Besitzer oder Käufer eines Hauses (die bei den Kölnern Piel und Schwartz bzw. einem Professor der Theologie möglich ist).

[429] Rechnet man 4 Mark gleich einem oberrheinischen Gulden (fl.), wie für Köln üblich (vgl. etwa Greving 1900, XXXIV f.), dann entsprechen die 6 fl. Erbleihe dem von Dirlmeier berechneten Mietzins für ein Haus, das in der Regel von gehobeneren

erhöhen und eine neue Mauer zwischen dem Vorderhaus und dem Stall errichten. Diesen baute er ebenfalls um, richtete im Untergeschoß ein *lectorium*, also wohl einen Unterrichtsraum, und im Obergeschoß zwei Kammern ein.[430] Das Haus ging als Teil einer größeren Stiftung nach Egos Tod 1489 an die Montana über.[431]

1503 erwarb Valentin von Geldersheim von Adam Piel das große steinerne Gebäude Zum Turm.[432] Es lag ebenfalls im nordwestlichen Teil der Straße Unter Sachsenhausen, nahe St. Maria Ablaß und Gereonstraße auf dem „Pfuhl", und bestand schon 1485 aus zwei Häusern unter zwei Dächern. Am 7. Juli 1504 übertrug Valentin die Häuser mit *Zoebehoere* in einer Stiftung der Montana, zusammen mit dem Haus Aldenwalde, das ja durch Adam Piel 1498 von Hildebrand Schwartz für die Montana erworben worden war.[433] Nach Fabri konnte der Regent später noch *diversas alias aedes* hinzuerwerben.[434] Am 20. Februar 1514 erweiterte Valentin vor der gesamten Fakultät die Stiftung und vermachte der Burse sämtliche Häuser *regentie montis*, auch das kleine Haus zur Enggasse hin sowie die von ihm bewohnten Häuser Zum Turm, die ihm alle durch Erbrecht gehörten. Von der Artisten-Fakultät ließ er sich die *fundatio* approbieren, der sich am 25. März die Universität anschloß.[435] Bezeichnend, daß bei der Anerkennung der Stiftung durch die Fakultät neben dem Dekan Cornelius de Venlo (C 65) namentlich je ein Senior der vier Bursen hervorgehoben wurde: Remigius de Malmundario (M 41), Adam de Bopardia (C 58), Arnoldus de Tongris (L 60), alle Professoren der Theologie, sowie der Lizentiat der Theologie Adrianus de Breda (K 32). Modifikationen des ursprünglichen Inhalts werden wesentlich auf sie zurückzuführen sein.

Ein Stocken weiteren Hauserwerbs werden hauptsächlich die sinkenden Studentenzahlen verursacht haben. Erst am 31. Oktober 1537 wird erneut von einem Ersuchen des Montana-Regenten Matthias von Aachen (M 55) berichtet, zwei Häuser (wie bei den

---

Berufsgruppen (wie Stadtärzten, städtischen Werkmeistern) bewohnt wurde (vgl. Dirlmeier 1977, bes. 247, 252).
[430] Un. 82, f. 33v; Un. 748, f. 1v; vgl. Bianco 1850, 54 f.; R 1905.
[431] Vgl. Keussen 1910, II, 149a (zum Gebäude s. auch 146a/b).
[432] R 2384.
[433] Un. 748, f. 2r; Bianco 1855, Anhang 247 f.; Keussen 1910, II, 149a/b.
[434] Un. 748, f. 2r.
[435] Bianco 1855, Anhang 247-255; vgl. R 2687; Meissner 1968, 30 ff. (mit nicht immer korrekter Darstellung des Sachverhalts).

übrigen *in behoiff und zo nutz der burssen zo gebruychen*) im Schrein zu Niederich eintragen zu lassen.[436] Sie lagen beide an der Enggasse, schlossen sich an den vorhandenen Komplex an. Dieser konnte wenig später nochmals erweitert werden. Am 10. November 1538 beurkundeten die Geschwister Lyskirchen, daß sie drei Wohnungen in der Enggasse, vom Dominikanerkloster aus Richtung St. Maria Ablaß hin gelegen, der Montana als Studentenunterkünfte für eine Jahresrente von 2 Radergulden, abzulösen mit 50 fl., überlassen würden. Wie bei der Familie Schwartz schon zu beobachten, kam diese Übereinkunft der Geschwister – es dürfte sich um Johann und Constantin Lyskirchen gehandelt haben – nicht von ungefähr. Denn beide hatten 1530 bis 1532 in der Montana studiert und unter Matthias von Aachen determiniert.[437] Ansonsten scheint sich der Prinzipal-Regent vor allem um die Reparatur der vorhandenen Häuser gekümmert zu haben.[438] Wird deren Zahl auch nirgends konkret genannt, so müßte sie mehr als 13 betragen haben, wenn ältere Häuser nicht wieder verkauft wurden. Schauen wir, wie sich die Situation bei der konkurrierenden Laurentiana darstellt.

b) Laurentiana

Der als erster Regent der Laurentiana anzusehende Heymericus de Campo (L 1) hatte seine Burse, wie oben ausgeführt, in Räumen am Eigelstein betrieben. Johannes de Mechlinia (L 4) bevorzugte dagegen eine Lage in unmittelbarer Nähe der Montana. Seine *regentia* übte er in dem Haus Zum Wolsack aus, das an der Straße Unter Sachsenhausen lag.[439] Als ihm Laurentius Berungen oder Bunyng de Groningen (L 5) um 1440 in der Leitung der Burse folgte, verlegte sie dieser ein drittes Mal, nun in die Schmierstraße, die heutige Komödienstraße, eine südliche Parallelstraße zu Unter Sachsenhausen.[440] Offenbar hatte sich der häufige Wechsel des Standorts nachteilig für die Burse und ihre Regentschaft ausgewirkt. Denn um diese zu stabilisieren, erwarb Laurentius das große und alte Haus *suo aere*, also aus seinem Privatvermögen. Die Montana hatte ihm

---

[436] R 3103.
[437] M 566,26 und 27.
[438] Vgl. R 3162.
[439] Un. 760, f. 9 r/v; vgl. Keussen 1910, II, 150a.
[440] Un. 760, f. 9v.

einen kontinuierlicheren Bursenstandort voraus, doch die materielle Institutionalisierung einer Privatburse durch Erwerb des Hauses, die Investition in das „Unternehmen Burse",[441] führte Laurentius de Groningen in Köln ein.

Hatte die Burse erst einmal einen gesicherten Platz, so lag die lokale Konzentration bei einer geplanten Erweiterung nahe. Der dritte Haupt-Regent Jacobus de Straelen (L 30) scheint einen Ausbau der Burse durch Kauf weiterer Häuser noch nicht für notwendig gehalten zu haben, wohl aber sein Nachfolger Conradus de Campis (L 44). Bei der finanziellen Absicherung des Unternehmens kam in bemerkenswerter Weise eine personelle Tradition in der Burse zum Tragen. Am 3. Juni 1472 quittierten Friedrich Bunyng von Groningen[442], jüngerer Bruder des verstorbenen Laurentius, und dessen Frau Katharina den Erhalt eines Betrages von 171 fl., den sie von Conradus de Campis wegen des Kaufs der Erbrechte des Hauses Zederwald und der anliegenden Häuser in der Schmierstraße, in unmittelbarer Nähe des Stammhauses der Burse, bekommen hatten.[443] Für den gleichen Tag stellten die beiden einen „Werschaftsbrief" (Bürgschrift) an das Kapitel von St. Andreas aus, welches Conradus de Campis das Haus Zederwald und ein Haus daneben für einen Erbzins von 7 mk. erließ.[444] Der Grund für den Umweg über die Groninger Vertrauten der Burse wird aus einem Vorgang ersichtlich, der sieben Jahre später stattfand. Am 17. Januar 1479 kaufte Konrad von Kampen, inzwischen Professor der Theologie, von Everardus de Cervo[445] und dessen Frau Agnes als Besitzern der Erbrechte die Hälfte zweier Häuser unter einem Dache, genannt Zum Zederwald, und von zwei anliegenden Häusern. Wegen des Verbots der Stadt, Grundeigentum durch Geistliche erwerben zu lassen[446], übertrug er den Besitz aber an seinen Bruder

---

[441] Einschlägig zu diesem wirtschaftlichen Aspekt: Schwinges 1986a, 541-544.

[442] M 205,56. Friedrich Bunyng ließ sich 1440, als sein Bruder Laurentius vermutlich die Leitung der Burse übernahm, zusammen mit 17 Groningern in die Kölner Matrikel eintragen, ausdrücklich als *frater magistri Laurentii*.

[443] R 1527.

[444] R 1528; vgl. Keussen 1910, II, 108b.

[445] Ratsherr und Bruder des bekannten Juristen Johann vanme Hirtze, gleich diesem 1457 Schüler des Otto von Xanten (O 1; vgl. M 266,21).

[446] Zum Gesetz gegen die Tote Hand jüngstens Gechter 1983, bes. 28-31; mit ihm wollte man v.a. die Bildung neuer Immunitäten vermeiden, der Grundbesitz des Klerus außerhalb der geistlichen Institute nahm jedoch bis zur Mitte des 16. Jahrhunderts zu (vgl. das Fazit bei Gechter 1983, 261). Warum Konrad von Kampen – offenbar im Gegensatz zu anderen Regenten – damals Rücksichten auf das Gesetz gegen die Tote Hand nahm, ist nicht ersichtlich.

Johannes Vorn von Kampen.[447] Als Zeugen fungierten die Schüler der Laurentiana Gotfridus de Clivis[448] und Altetus de Campis[449]. Johannes Vorn (L 57), der jüngere Bruder des Konrad von Kampen, seit 1473 als *minorennis* immatrikuliert, 1478 aber erst seinen Eid auf die Statuten leistend und 1480 zum Magister promoviert, wird dann in einer Urkunde vom 17. Juli 1479 als Käufer der genannten Häuser bezeugt, wobei Everardus vanme Hirtze sich verpflichtete, die andere Hälfte ebenfalls zu verkaufen.[450] Die Bindung des Besitzes an den Laurentiana-Rektor stellte Johannes Vorn vier Jahre später her, als er am 6. Juni 1483 seinen Bruder Conradus zu seinem General- und Spezialbevollmächtigten bestellte, vor allem in den Angelegenheiten seines Hauses.[451]

Die beiden Brüder verstärkten noch ihre Kooperation, um den Hausbesitz der Burse zu vermehren. Everardus und Agnes vanme Hirtze verpfändeten am 21. Februar 1486 ihr nur mit neun Weißpfennigen Erbzins belastetes Haus Stamheym an Johannes de Campis.[452] Mit diesem Hauserwerb orientierte sich die Laurentiana räumlich nach Norden, Richtung Artistenschule. Denn das Haus Stamheym lag an Unter Sachsenhausen, genau gegenüber dem Haus Zum Walde, das der Montana gehörte.[453] Wer nach dem frühen Tod des Johannes Vorn de Campis (bald nach 1486) in welcher Form die Besitzrechte übernahm, ist nicht bekannt. Doch muß Konrad von Kampen über sie verfügt haben, denn vor seinem Tod 1496 übertrug er die von ihm erworbenen Häuser der *regentia* der Laurentiana. Der Komplex bestand aus seinem Haus Zederwald (gegenüber dem Turm Rodenwichuyss) und dem angrenzenden Haus in der Schmierstraße, aus der Hälfte zweier Häuser unter einem Dach, ebenfalls gegenüber dem Turm Rodenwichuyss, aus der Hälfte

---

[447] R 1695; vgl. Keussen 1910, II, 108a/b.

[448] M 362,32. Gottfried wurde allerdings erst nach seinem Akt als Zeuge am 29.4.1479 immatrikuliert, als *famulus* des Konrad von Kampen (L 44). Er wurde 1480 und 1482 durch Gerardus und Johannes de Harderwijck (L 50 u. 53) graduiert.

[449] M 355,61. Altetus hatte sich schon 1477 immatrikulieren lassen, determinierte 1478 unter Johannes de Breda (K 15) in der Kuckana, wechselte nach einem Dispens offensichtlich in die Laurentiana, in der er 1480 unter Gerardus de Harderwijck inzipierte.

[450] Vgl. Keussen 1910, II, 108a/b.

[451] R 1787.

[452] R 1828.

[453] Vgl. Keussen 1910, II, 146a. Wie bei dem Haus Zederwald muß es sich um ein größeres Gebäude gehandelt haben, denn 1333 bestand es aus zwei Häusern unter einem Dach.

zweier Häuser auf Unter Sachsenhausen gegenüber dem Haus Zum Walde, also dem Haus Stamheym, ferner aus seinem Haus an Unter Sachsenhausen, das neben einem größeren, früher „Syntrams" genannten Haus in Richtung Würfelpforte, Gereonstraße lag und das er vom Kloster St. Gertrud in Erbleihe genommen hatte.[454] Diese fünf Häuser ließ Konrad von Kampen zum ewigen Nutzen der Laurentiana-Regenten in den Schrein eintragen.

Die folgenden Regenten aus Harderwijk und Tongern legten auf den Erwerb von Hauseigentum zugunsten der Burse offenbar weniger Wert. Erst 1527 wird uns wieder von dem Vermächtnis eines Hauses an die Laurentiana berichtet. Johannes Duycker de Venlo (L 62), der kein Prinzipal-Regent gewesen war, übertrug 1527 sein Haus Bornheim den armen Studenten der Burse. Es lag an Unter Sachsenhausen in der Pfarre St. Paul, gegenüber dem Haus Zum Wolsack, welches der Montana als Brauhaus diente. Mit Hof und Garten hatte Johannes de Venlo das Gebäude am 3. Dezember 1512 von dem Bonner Bürger Adam Bruwer gemietet. Am 20. Oktober 1545 wurde es jedoch durch die Regenten Henricus de Tongris (L 74) und Hermannus de Monasterio (L 81) dem Kölner Bürger und Verwandten des Erblassers Johannes Duycker verkauft.[455] Der Bestand an Häusern, die der Laurentiana stiftungsmäßig übertragen worden waren, nahm sich also gegenüber dem der Montana wesentlich bescheidener aus. Auch kann das von der Laurentiana gestaltete Häuserareal nicht so umfangreich und geschlossen gewesen sein, obwohl das Bestreben nach Arrondierung vor allem in Zeiten hoher Studentenzahlen bestand.

c) Corneliana, Kuckana, Raemsdonck, Ottonis

Mit dem Unterfangen, einen Gebäudekomplex in einer nicht an Einzelpersonen gebundenen und zeitlosen Form mit der Bursenleitung zu verkoppeln, standen Montana und Laurentiana unter den Kölner Bursen singulär da. Von den übrigen gibt es nur fragmentarische Zeugnisse über den Stammsitz der Burse, der durch das Wohnhaus des jeweiligen Prinzipal-Regenten definiert zu sein scheint. In

---

[454] Vgl. Un. 760, f. 9v (die Lage des dort genannten Hauses Nassau ließ sich nicht feststellen); R 2090; Keussen, 1910, II, 108a/b, 146a.
[455] R 2650, 3057; vgl. Keussen 1910, II, 146a.

welchen Häusern Johannes Custodis (C 1) und Andreas de Amersfordia (C 2) die Corneliana führten, ist nicht bekannt. Einen festen Standort bekam sie jedoch mit der Regentschaft des Cornelius de Dordraco (C 3), der nach 1433 den Hof Riehl in der Marzellenstraße mietete, nicht unweit von Eigelstein und Ursulastraße. Die „curia Rijle" war 1411 von der Artisten-Fakultät gekauft worden, doch lange währte das Glück nicht. Schon im März 1412 mietete Petrus de Juliaco *sub gracia magistrorum* für zwölf fl. den Hof von der Fakultät[456], im Februar 1416 gab Johannes de Novimagio der Fakultät das Haus zurück, die es nun wegen ruinöser Baufälligkeit und hohem Erbzins verkaufen wollte.[457] Es ging schließlich in den Besitz des Rezeptors Albertus Wynkini über, der es bis 1433 behielt. Wie sich das Besitzverhältnis weiter entwickelte, läßt sich nicht klären, doch wird von 1440 bis 1501 die Familie Bacharach als Besitzer des Hofes genannt.[458] Cornelius de Dordraco wird es demnach für seine Burse gemietet haben. Nach dem Tod (1477) des recht hoch verschuldeten Rektors der Corneliana werden die weiteren Regenten das Mietverhältnis fortgeführt haben, denn 1501 erwarb der Doktor der Medizin Theodoricus de Dordraco (C 45), Neffe des Cornelius, das Haus endgültig als Eigentum. Theodoricus hatte allerdings kein Interesse, den Hof Riehl der Burse zu übertragen. Er blieb vielmehr im Besitz der Medizinerfamilie. 1518/20 übernahm Wolter von Dordrecht (C 71), wiederum Neffe des Theodoricus und seit 1515 Doktor der Medizin, das Gebäude. Das Schicksal des Stammsitzes der Corneliana blieb demnach an das ihres Eigentümers gebunden.[459] Dessen früher Tod durch die Pest 1521 schuf für die Burse erneut eine offene, durch Einzelinitiative zu klärende Situation. Doch keiner der Lehrer oder ehemaligen Regenten der Corneliana fand sich bereit, das Bursengebäude zu übernehmen, weder der Theologe Adam de Bopardia (C 58) noch der Mediziner Henricus de Sittard (C 61). Ein Berg von Schwierigkeiten dürfte sie, wenn überhaupt der Wille vorhanden war, abgehalten haben. Wolter von Dordrecht hatte seinen Großonkel Cornelius an finanzieller Leichtfertigkeit bei weitem übertroffen. Henricus de Sittard

---

[456] Un. 478, f. 51v. Mit 12 fl. Zins muß das Haus, obwohl offenbar zu hoch belastet, recht geräumig gewesen sein. Andernfalls hätte es wohl auch kaum als einziges Gebäude Stammsitz der Corneliana werden können.

[457] Un. 478, f. 58r.

[458] Vgl. Keussen 1910, II, 125b; dort auch Aufstellung der weiteren Eigentümer.

[459] Wolter de Dordraco scheint selbst aber in der Trankgasse gewohnt zu haben (vgl. Anm. zu M 462,95).

berichtete im Dekanatsbuch der Mediziner, Wolters gesamtes Hab und Gut sei nach dessen Tod konfisziert worden, da dieser große und verschiedenartige Schulden gemacht habe. Er selbst sei als Hauptgläubiger durch ihn um 400 fl. übervorteilt worden. Deshalb sei er schon gezwungen gewesen, dessen Haus zu übernehmen, habe aber immer noch mehr als 300 fl. Verlust, weshalb er den gesamten weiteren Besitz Wolters beschlagnahmt habe.[460] Noch am 24. April 1525 mußte der Rat wegen Heinrich Sittart und weiteren Gläubigern Wolters von Dordrecht eine Schickung beauftragen.[461] Der Corneliana müssen diese Ereignisse, nach dem radikalen Reputationsverlust in den siebziger Jahren des 15. Jahrhunderts und in der tiefgreifenden Krise der ersten Jahrzehnte des 16., den endgültigen Todesstoß versetzt haben. So berichtet denn auch das artistische Dekanatsbuch folgerichtig zum 31. Mai 1522, aus der Corneliana sei niemand zum Bakkalaureats-Examen präsentiert worden, da das Haus nach dem Tod des Wolter von Dordrecht durch Henricus de Sittard geschlossen und der Besitz konfisziert worden sei.[462] Der Mediziner machte auch in den folgenden Jahren keine Anstalten, die Burse wieder zum Leben zu erwecken. Im Gegenteil, als die Stadt im Juli 1529 ihre Provisoren beauftragte, mit Henricus de Sittard wegen einer Übernahme der Burse für 400 fl. zu verhandeln, scheiterte das Bemühen trotz des lukrativen Angebots.[463]

Das Bursenhaus der Kuckana lag auf dem Eigelstein und damit am weitesten von der Artistenschule entfernt. 1461 hatte Henricus Bays de Breda (K 6) das Gebäude, Haus Reil auf dem Büchel genannt, in Besitz genommen.[464] 1481 soll es gegen einen Zins von 25 fl. an den späteren Mediziner Judocus Finck (K 19) als Eigentümer übergegangen sein, doch erwarb Judocus in jenem Jahr gerade erst sein Magisterium unter Robertus de Scotia (K 11).[465] Bis 1500 oder 1502 (danach hielt er sich gut zwölf Jahre außerhalb Kölns auf) dürfte Judocus als Rektor und Besitzer der Burse fungiert haben. Anschließend erwarb der Kölner Petrus Sultz (K 30) das Gebäude, bewahrte also den Schülern und Magistern

---

[460] Nach Anm. zu M 462,95.
[461] Vgl. Ratsbeschlüsse 1988, 214, Nr. 304.
[462] Un. 481, f. 144r.
[463] HAStK, Ratsprotokolle 7, f. 248v; vgl. Ratsbeschlüsse 1988, 631, Nr. 472. Womöglich wehrte sich aber auch die Artisten-Fakultät gegen einen erneuten Versuch der Stadt, auf das Lehrwesen Einfluß zu nehmen.
[464] Vgl. Keussen 1910, II, 81b.
[465] Zum Besitzwechsel vgl. Keussen 1910, II, 81b.

der Kuckana ihren traditionellen Bezugspunkt, bis nach 1550 eine Verlegung des Bursenhauses notwendig wurde – doch das ist eine andere Geschichte.[466]

Nikolaus Raemsdonck (R 1) suchte sich als Sitz seiner Burse die nördlich am Dom verlaufende Trankgasse aus. Sein Haus wird erstmals durch einen Vorfall bezeugt, der zwischen 1458 und 1465 stattgefunden haben muß. Damals sah sich der Jurastudent Johannes Schickenbergh von Kassel[467], *wonende in meyster Clais Ramsdoncks huse in der Dranggassen*, einem tätlichen Übergriff von Kölner Laien ausgesetzt, der Aufnahme in eine umfangreichere Klageschrift der Universität an die Stadt fand.[468] Wenn Raemsdonck 1465 bereits ein Haus in der Trankgasse besaß, dann wird für den 21. April 1468 die Erweiterung der Burse um ein zweites Haus bezeugt. Damals erwarb er von Goswin von Straelen und dessen Frau gegen sechs fl. Erbzins ein Haus, das neben dem Hof Rijle bei St. Lupus lag, ebenfalls in der Trankgasse.[469] Dürfen wir bei den Verkäufern der Häuser, die von den Regenten der Montana und Laurentiana erworben wurden, schon den Bursen nahestehende Personen vermuten, so gilt dies erst recht für Goswin von Straelen. Er muß als eine der treibenden Kräfte aus dem städtischen Rat angesehen werden, die um die Etablierung der Raemsdonck-Burse als Prinzipal-Burse kämpften, zudem scheint er über seine Stiefschwester Adelheit von Straelen, verheiratet mit Hubert Mommer (Momber) von Raemsdonck, mit Nikolaus verwandt gewesen zu sein.[470] Ebenfalls kein Zufall war die Koinzidenz von Bursenausbau und Beginn der Kontroverse mit der Fakultät. Die Entschlossenheit

---

[466] Vgl. Kuckhoff 1931, 62-66; Meuthen 1988, 288.
[467] M 306,28.
[468] HAStK, Cod.Pap. in Un. 31 F (Literalien), Bl. 57 des Literalienbandes, Bl. 8 der darin enthaltenen Klageschrift. Die ersten acht dort aufgeführten Fälle fallen in den Zeitraum 1450 bis 1458, Fall neun und zehn (der den Übergriff auf Johannes Schickenbergh schildert) sind nicht datiert, Fall elf geschah am 28.12.1465. Da Schickenbergh am 28.8.1465 immatrikuliert, 1466 aber bereits Bakkalar der Dekretalen wurde, dürfte er schon vor 1465 bei Raemsdonck gewohnt haben. Vgl. hierzu auch Tewes 1986, 47 u. Anm 13.
[469] HAStK, Schreinsbuch 262 (Niederich ad Portam, 1391-1483), f. 83r/v; 1463 erst hatten Goswin von Straelen und dessen Frau das Haus zum gleichen Zins von Thovis zom Kessel van Linz erworben (f. 76r). Mit 6 fl. Zinsbelastung dürfte es einen Kapitalwert von rund 120 fl. gehabt und der Größe des von Ego de Driel (M 32) erworbenen Hauses Zum Lamm entsprochen haben, das später als Domus collegistarum diente. Raemsdoncks Haus lag somit in der Kategorie der Häuser, die von Angehörigen der bürgerlichen Mittelschicht bewohnt wurden.
[470] Vgl. Tewes 1986, 47 f.

der Raemsdonck-Regenten und -Freunde und die Dimension ihres Vorhabens unterstreicht ein weiterer Hauskauf, der ebenfalls am 21. April 1468 im gleichen Schreinsbuch beurkundet wurde. Für 100 fl. kaufte Nikolaus Raemsdonck von Wilhelm von Berentzhem[471] sein (vermutlich) drittes Haus. Im Februar 1469 hatte er bereits 80 fl. bezahlt, im September 1470 folgten die restlichen 20 fl.[472] Raemsdonck verfügte somit über einiges Kapital, plante für seine Burse eine Fundierung, wie sie zu jener Zeit nicht einmal von der Montana und Laurentiana intendiert gewesen sein dürfte. Die Vehemenz seines Kampfes wird damit um einiges verständlicher, zugleich aber auch die Abwehrhaltung der Prinzipal-Bursen. Raemsdoncks Haus neben dem Hof Rijle ging im übrigen nach seinem Tod (1476) am 10. Dezember 1480 rechtmäßig an seine Schwester Johanna über, die mit dem Pedell Johannes de Voerda[473] verheiratet war.[474]

Am wenigsten wissen wir über die Lage der Bursa Ottonis. Ihr Haus lag nach einer Angabe im Testament ihres Regenten Petrus de Duna (O 4) 1502 in der Ursulastraße.[475] Aus einer Inventar-Aufnahme der Burse nach dem Tod des Testamentators ergibt sich, daß sie über sechs Kammern verfügte, in denen jüngere Lehrer der Burse wohnten, über weitere Kammern (eventuell für Schüler) sowie über eine *aula logicorum*, also einen Unterrichtsraum für die Bakkalaureanden.[476]

---

[471] Eventuell identisch mit dem 1437 immatrikulierten Jurastudenten Wilhelmus de Berenssem (M 194,19) aus der Diözese Trier.
[472] HAStK, Schreinsbuch 262, f. 83v.
[473] M 255,43.
[474] HAStK, Schreinsbuch 262, f. 93v. Im Besitz der Eheleute blieben auch die Zinsen einer Leibrente, die Nikolaus Raemsdonck 1469 an Johann Steynkop (M 273,83; eventuell ein Schüler Raemsdoncks, da gleichzeitig mit vier Scholaren immatrikuliert, die der Burse nahestanden) und dessen Ehefrau Styngin auf sein Haus neben dem Hof Rijle ausgegeben hatte (Schreinsbuch 262, f. 84v).
[475] Vgl. R 2377 (*iuxta et prope ecclesiam s. Revelationum*); Keussen 1934, 347.
[476] R 2377.

2. Studienstiftungen, Wohnen in der Burse

a) Montana

Die Stiftung von Studienplätzen steht mit der Hausstiftung in einem engen Zusammenhang.[477] In beiden Fällen intendierten der jeweilige Bursenregent oder eine andere, der Burse nahestehende Person, aus ihrem Vermögen zur Tradition und Kontinuität „ihrer" Burse beizutragen. Ohne persönliche Motive des Stifters wie die Sorge um sein Seelenheil oder den Wunsch nach einer über den Tod währenden Erinnerung hintansetzen zu wollen, neben allen möglichen Motiven ging es in einem untrennbaren und wechselseitigen Verhältnis auch und besonders um die Gestaltung wie Sicherung der Institution.

Die früheste und zugleich bemerkenswerteste Studienstiftung an einer Burse der Kölner Artisten-Fakultät wurde durch den Montana-Regenten Ego de Driel (M 32) ins Leben gerufen. Als Schüler nicht einmal an der Burse studierend, zählte er doch nach seiner Rezeption 1464 durch seine von 1467 bis zu seinem Todesjahr 1489 ununterbrochene Lehr- und Prüfungstätigkeit zu den prägenden und engagiertesten Regenten der Burse. Sein Einsatz für die Montana drückt sich ebenso eindrucksvoll in seinem umfangreichen Testament aus, das er im Juni und Oktober 1489 aufsetzte.[478] Als Testamentsvollstrecker[479] ernannte er Lambertus de Monte (M 24) und Theodoricus de Busco (M 39), zu denen im Oktober noch Everardus Dinslaken de Wesalia (M 42) kam, der vor allem die Schulden regeln sollte. Auffällig das Legat von 20 fl. an Theodoricus

---

[477] Hier sind nur die Stiftungen zu berücksichtigen, die an die Prinzipal-Bursen gebunden waren, nicht die weiteren privaten Studienstiftungen. Vgl. hierzu bes. Meuthen 1988, 92, 100 ff., 338 ff. (Literatur). Einen Überblick über die Kölner Studienstiftungen bis zum Ende des 19. Jahrhunderts bei Schoenen 1892. Der jüngst erschienene Beitrag von Boley (1988) zu den Studienstiftungen an der Kölner Universität ist für unseren Zeitraum wenig ergiebig und geht in seinen Ausführungen zur Universität des öfteren am Sachverhalt vorbei.

[478] Un. 82, f. 31r-34v; vgl. R 1905; Bianco 1850, 54 f. Zum Kölner Testamentsrecht s. Aders 1932.

[479] Zum Rechtsinstitut des Testamentsvollstreckers, Exekutors oder Treuhänders im Rahmen des kölnischen Rechtswesens vgl. Aders 1932, 99-117. Exemplarische Darlegung und Analyse des Testamentes eines Leipziger Juristen bei Boockmann 1987 (288 f., Anm. 7: Hinweise auf weitere Studien zu spätmittelalterlichen Testamenten).

de Busco (um ein gut zwanzigfaches höher als das an andere Regenten) mit der Begründung: *quia conqueritur de me*.[480] Offensichtlich dürfen wir hierin ein Zeichen der Versöhnung und Wiedergutmachung mit dem ehemals so heftig bekämpften Regenten der Raemsdonck-Burse sehen.[481] Zudem belegen weitere Vermächtnisse, daß Ego verwandtschaftliche Beziehungen nach 's-Hertogenbosch besaß, von wo sein Bruder und Neffe stammten.

Die durch bestimmte Vertrauenspersonen gebildeten lokalen Verflechtungsräume – wesentlich also durch Verwandtschaft und Landsmannschaft als zwei der wesentlichen Typen von Personenbeziehungen konstituiert – kamen nicht nur im Testament des Ego de Driel zum Tragen; sie werden überhaupt für die Geschichte der Bursen bestimmend sein. Als grundlegendes Stiftungskapital setzte Ego die beachtliche Summe von 700 fl. aus.[482] In den Genuß der Studienstiftung sollten sechs arme Studenten gelangen, d.h. solche, die weder durch sich noch durch Freunde oder Eltern acht fl. zum Unterhalt in Köln aufbringen könnten.[483] Ihre Herkunftsorte zeigen die räumlichen Bindungen des Stifters an. Zwei Studenten sollten aus Driel oder von der *insula Bommelensis* stammen, der dritte aus Emmerich; die drei übrigen waren durch die Senior-Regenten der Montana auszuwählen, sollten aber nach Möglichkeit aus Haarlem oder 's-Hertogenbosch kommen. Zur finanziellen Absicherung der Scholaren hatte Ego einen Erbzins von 27 fl. von der Stadt Emmerich erworben. Lambertus de Monte vermehrte als Exekutor diesen nochmals um 13 fl. sowie im Mai 1490 um eine Rente von 14 fl. bei der Stadt Aachen, von der zwölf fl. zur Unterstützung der sechs armen, von ihm unterrichteten Studenten dienen sollten (von denen nun auch einer aus Aachen heranzuziehen war).[484] Die Gesamthöhe betrug also 52 fl., womit rein rechnerisch 8,6 fl. auf

---

[480] Un. 82, f. 32r.
[481] Die Beteiligung des Ego de Driel an der Raemsdonck-Kontroverse als Vertreter der Montana erweist seine Nennung als Zeuge in dem Notariatsinstrument vom August 1471, mit dem die Beilegung des Streits dokumentiert werden sollte (vgl. Un. Dep. U. 2/27).
[482] Falsche Darstellung und nicht korrekte Zahlen bei Bianco 1850, 54; vgl. R 1905 (*700 fl. ad emendum redditus perpetuos pro scolaribus pauperibus*).
[483] Üblich war sonst eine untere Einkommensgrenze von zehn bis zwölf fl., seit der Mitte des 15. Jahrhunderts steigend auf 16 bis 20 fl. (vgl. Schwinges 1986, 447; Meuthen 1988, 32). Die Grenze von acht fl. ist durch Ego de Driel also sehr niedrig angesetzt worden.
[484] Vgl. R 1927; Bianco 1850, 71.

den einzelnen Stipendiaten entfallen wären.[485] Die Leistung des Stipendiums umfaßte die Unterkunft (zwei Kammern für sechs Pauperes, darin je ein Bett für zwei Personen), Studiengelder und Mahlzeiten. Näheres regelten die von Ego de Driel und Lambertus aufgestellten Statuten der Armen-Stiftung. Der *modus fundationis* sah beispielsweise vor, daß alle Stipendiaten Brot und Bier, Fleisch, Fisch und Butter wie die übrigen *bursales imponentes* haben sollten, gleich denen also, die sich mit jährlich 13 fl. an den gemeinsamen Mahlzeiten beteiligten.[486] Wenn durch eine Geldentwertung das Kapital nicht mehr ausreichen würde, sollten die drei vornehmsten Regenten eine entsprechende Verminderung der Portionen verfügen.

Es mutet fast als Ironie des Schicksals an, daß – wie oben bereits angesprochen – am 14. Dezember 1502 als Folge der Inflation ein neuer *modus distribuendi portiones* durch die Fakultät beraten werden mußte, da die Mahlzeiten *pro humana sustentatione insufficientes* waren.[487] Wohl um die Bursalen wieder an den Tisch ihrer Burse zurückzubringen, legte man nun den jährlich an die Magister zu zahlenden Betrag auf elf fl. für jeden *inponens* fest. Für das Fleisch an jenen Tagen, die es auf dem Speiseplan vorsahen, war (offenbar zusätzlich) ein *talentum integrum* zu zahlen, je zwei (fl.) *in auris* sollten für Brot und Bier bezahlt werden. An den fleischlosen Tagen sollte eine *proportionalis distributio* mit Gemüse, Fisch, Eiern und Butter erfolgen, jeweils zweimal am Tag, *in prandio et in cena*, mit frischer Zubereitung.[488]

Die in den Genuß der Stiftung Gekommenen hatten ferner keine Ausgaben für ihre Kammern, für die Lektionen und Übungen in

---

[485] Falls jeder arme Stipendiat rund neun fl. erhalten hätte, entspräche dies dem Betrag, der auch für Heidelberg 1496 bzw. 1509 ermittelt wurde (vgl. Rücklin-Teuscher 1933, 102 f.; Dirlmeier 1977, 445. Doch dort keine Differenzierung der Leistung.) Aus den Bestimmungen des Testament und der Statuten wird aber nicht ersichtlich, ob allein die Summe der Erbzinsen in Höhe von 52 fl. zur Finanzierung der Stipendien gedacht war oder ob diese nicht auch aus dem umfassenden Stiftungskapital erfolgte. Die zu gewährenden Leistungen lassen letztere Annahme plausibler erscheinen.

[486] Vgl. Bianco 1850, 71 f.

[487] Vgl. Un. 481, f. 21r/v.

[488] Das exakte Preis-Leistungs-Verhältnis bei der neuen Verpflegungsregelung ist durch die ungenauen Angaben in der Quelle, v.a. hinsichtlich der Geldbeträge, nicht zu eruieren. Die Angaben sind auch zu pauschal, um Vergleiche anstellen zu können. So dürfte etwa die Zahl der Fleischtage je nach Saison und Status der Beköstigten differiert haben. Die Verpflegung scheint allgemein im Bereich des Üblichen gelegen zu haben. Vgl. die ausführliche Untersuchung bei Dirlmeier 1977, 293-425.

der Burse, für die Gebühren bei Erlangung des Bakkalaureats und des Lizentiats. Auch durften sie nicht, wie bei den anderen Armen üblich, für Dienste in der Burse herangezogen werden. All dies wegen Gott und der Verdienste der Fundatoren, die – und hier wird explizit der Konnex mit den Hausstiftungen angesprochen – für die Erweiterung der Burse und den Aufbau neuer Häuser den größten Beitrag geleistet hätten.[489]

Doch welche Ausgaben kamen normalerweise auf die Studenten zu? Der Beschluß vom Dezember 1502 gibt einen recht guten Einblick, obwohl die Beträge *propter monete vilitatem* und des damit verbundenen Verlustes finanzieller Privilegien für die Bursen erhöht wurden. Pro Jahr mußten die *studentes divites* für Materialien (wie Brennholz[490] und ähnliches – *pro materialibus*), Übungen und andere Lasten der Burse vier fl. in Gold bezahlen. Unter den Divites verstand man die *commensales* (der Bursen-Rektoren vermutlich), die *imponentes* und jene, die ihre Ausgaben selbst bestritten (*suis propriis expensis militantes*).[491] Es folgte die Gruppe der *medii non imponentes*, die für Übungen, Materialien und Kammer drei fl. zu zahlen hatten. Dagegen mußten die *medii imponentes* außer dem Geld *pro portione* für Materialien, Übungen und Kammer zwei fl.

---

[489] Vgl. Bianco, 1850, 72; R 1905.

[490] Der hohe Anteil der Heizkosten an den Nebenkosten herausgearbeitet bei Dirlmeier 1977, 252-257. Obwohl erheblich differierend, dürften die Kosten für Brennholz zwischen 10 und 20 Prozent der Gesamtaufwendungen für die Haushaltsführung betragen haben.

[491] Die bevorzugte Stellung der *commensales rectorum bursarum* und der *imponentes* ging ja schon aus der Lozierungsordnung vom 29.2.1460 hervor (vgl. Un 480, f. 10v). Da für die Gruppe der Reichen Kosten für die Kammern nicht vorgesehen waren, werden sie in der Regel wohl außerhalb gewohnt haben, wie in den Reformstatuten von 1457 für Adlige und sonstige vornehme Personen vorgesehen (vgl. Bianco 1855, Anhang 77). Als Beispiel für Angehörige dieser sozialen Gruppe: der Junggraf Wilhelm von Waldeck (M 484,24), der im Oktober 1509 für ein Jahr an der Laurentiana studierte und in einem ihrer Gebäude wohnte. Für sich und seinen *pedagogus* (M 484,25) hatte er pro Jahr 50 fl. für Kost und Lektionen an den Haupt-Regenten Arnold von Tongern (L 60) zu zahlen. Rechnet man höhere Kosten für die Verpflegung ein, also mehr als die üblichen 11 fl., so scheint der Junggraf für sich und seinen Begleiter immer noch einen ungewöhnlich hohen Betrag an Lektionsgeld bezahlt zu haben. Doch waren die Kosten für die Unterkunft (vermutlich 2 Kammern) offensichtlich in den 50 fl. enthalten. Als zusätzliche Nebenkosten fielen aber noch die Ausgaben für den Tischwein, für Bier, die selbst zu stellende Wäsche, Heizung (8 Karren Holz und 5 Schanzen Reisig) und Beleuchtung an. Vgl. Huyskens 1915, 81 ff.; Meuthen 1988, 95 f. Ein ähnliches Beispiel für die Ausgaben des in Freiburg und Dôle studierenden Grafen Conrad zu Castell legte jüngst Sauthoff (1988) vor.

aufwenden. Die Armen jedoch, die privilegiert waren, sollten jährlich einen fl. für die genannten Leistungen und Lasten aufbringen.

Weitere Kosten für den normalen Studenten werden aus den ebenfalls schon angesprochenen Beschlüssen vom 13. November 1511 ersichtlich.[492] Danach hatten *iuxta moderationem antiquam* die *divites de precio scolastico* pro Quartal einen fl. zu zahlen, die *medii* einen halben und die *pauperes* eine mk.[493] Außer den Gebühren für die Vorlesungen ergaben sich für die *scolares solventes* Ausgaben, die nach dem Examen, zur Zeit ihrer Zulassung zu den Graduierungs-Akten, anfielen. Der Modus sah vor, daß die *divites et medii*, die bis 1511 für die Erwerbung des Bakkalaureats-Grades *pro fisco facultatis* einen fl. oder zwei hgl. gegeben hatten, nunmehr nur noch einen halben fl. zu zahlen hatten, Arme eine mk. Bei der *admissio ad licentiam* sollten die Reichen und Mittleren, bis dahin mit zwei fl. bzw. vier hgl. belastet, einen fl., die Armen einen halben zahlen.

Neben den Vergünstigungen unterlagen die Stipendiaten jedoch auch Anforderungen, damit die „Hilfe zur Selbsthilfe" fruchten konnte. So wurden keine Knaben aufgenommen, die von zu kleiner oder behinderter (Taub-, Blindheit) Statur waren und noch nicht das achtzehnte Lebensjahr erreicht hatten. Sie mußten intelligent und beredt sein und gute Grammatikkenntnisse aufweisen, so daß sie innerhalb des Trienniums das Lizentiat erwerben konnten, um dann selbst ihrer Armut abhelfen zu können. Hatten sie schließlich die ausführlichen disziplinarischen Bestimmungen strikt einzuhalten, so besaßen sie doch auch eine Appellationsinstanz, wenn die Regenten der Montana die Stiftung nachlässig verwalteten. Denn eine Oberaufsicht war dem Prior der Dominikaner anvertraut worden, der für seine Mühe jährlich vier mk. erhalten sollte.

---

[492] Vgl. Un. 481, f. 77r/v; s.o. 245 f.
[493] Preisstaffelungen (von 4, 2 und 1 fl.) bestätigt in den reformierten Statuten von 1522 (Bianco 1855, Anhang 302). Die Behauptung von Schwinges, unterhalb des pauschalen Schulgeldes von 1 fl. pro Quartal (wie in den Reformstatuten von 1457 festgelegt) habe es „von 1398 bis 1522 und länger" keine geregelte Differenzierung gegeben, trifft demnach nicht zu (vgl. Schwinges 1986a, 557 und Anm. 112, 113). Eine in dieser Hinsicht veränderte „Struktur der ‚neuen' Gymnasien" (also nach 1522) gab es nicht. Da Schwinges seine Annahme, es gebe „allerdings gar keinen Anhaltspunkt" für eine Staffelung der Bursenpreise, auch für eine Charakterisierung der Kölner „Unternehmerburse" heranzieht, in deren System eine solche soziale Differenzierung „nicht gut hineinpassen" würde, wird man den Kölnern nach 1457 doch eine gewisse Einsicht in soziale Notwendigkeiten bescheinigen müssen.

Kurz nach Ego de Driel (M 32) rief Everardus Dinslaken (M 42) eine Stiftung ins Leben.[494] Eine erste Fassung vom August 1490 wurde durch neue Bestimmungen im Mai 1491 abgelöst. Danach stellte Everardus 200 fl. zum Ankauf einer Rente zur Verfügung, die einem armen Schüler aus Eberhards Heimatort Wesel zugute kommen sollte.[495] Die Präsentation oblag dem Prior der Kartäuser zu Wesel.[496] Dem Scholar stand eine Kammer im Haus des Ego de Driel zur Verfügung. Ansonsten galten für ihn die gleichen Bestimmungen, wie in den obengenannten Statuten beschrieben. Der Montana vermachte Everardus zudem das von ihm besessene Braxatorium (Braustube) der Burse, das er zu je einer Hälfte Lambertus de Monte (M 24) sowie Theodoricus de Busco (M 39) und Valentinus de Geldersheim (M 43) übertrug.

Ein in mehrfacher Hinsicht bemerkenswertes Stipendium setzte 1498 der Kölner Bürger Jakob Schlegel von Hildburghausen aus.[497] Denn ein Studium an der Kölner oder einer anderen Universität scheint er nicht aufgenommen zu haben. Seine Verbindung zur Montana dürfte in erster Linie auf eine Freundschaft mit Valentin Engelhardt von Geldersheim zurückzuführen sein. Ihnen beiden war die fränkische Patria gemein, zu der sich das westlich von Schweinfurt gelegene Geldersheim wie das südlich des Thüringer Waldes an der Werra befindliche Hildburghausen zählten.[498] Häufiger noch wird uns die Kooperation der Franken beschäftigen. Jakob Schlegel verfügte, daß nach dem Tod seiner Frau Katharina eine Rente bei der Stadt Hildburghausen angelegt werden solle, durch die alle drei Jahre einem Priester seiner Heimatstadt das

---

[494] Vgl. R 1937, 1937a; Bianco 1850, 67.
[495] Offensichtlich wurde damit die Bestimmung aus dem ersten Testament vom 17.8.1490 hinfällig, nach der aus dem Verkaufserlös des Braxatoriums und mit anderem Geld eine Rente von zehn Gulden für zwei arme Studenten aus Wesel und Deventer angelegt werden sollte (vgl. R 1937).
[496] Überhaupt dürfte Everardus de Wesalia den Kartäusern sehr nahe gestanden haben. Bat er in seinem Testament doch um das Begräbnis bei den Kölner Kartäusern, denen er zehn fl. und die ‚Summa' des Thomas von Aquin vermachte. Den Kartäusern in Wesel vermachte er neben einer Bibel u.a. mehrere Schriften des Aquinaten. Vgl. R 1937; Tewes 1991, 160.
[497] Vgl. Bianco 1850, 69 ff.; Meissner 1968, 34 f.; R 2163.
[498] Vgl. etwa Revers der Stadt Hildburghausen zur Schlegelschen Stiftung:" ... Bürgermeister und Rathe der Stadt Hilpurghausenn im Würzburger Bisthumb gelegen, im Lande zu Frannken ..." (zitiert nach Bianco 1850, 69). Auf die zentrale Rolle des Valentin von Geldersheim als „landsmannschaftlichen Mittelpunkt" der fränkischen Studentenschaft macht Schwinges 1986, 428 und Anm. 51, aufmerksam. Vgl. hierzu auch Schwinges 1986a, 549, 552, 564.

Studium in der Kölner Montana-Burse ermöglicht werden könne. (Die Höhe des jährlichen Stipendiums ist nicht zu ermitteln.) Dank Valentins Engagement als Testamentator Schlegels[499] lag bereits am 18. Juni 1498 Hildburghausens Revers für die Stiftung vor. Ausdrücklich wird in ihm Valentins tragende Rolle bei der Errichtung der Stiftung sowie eine Tradition von üblicherweise an der Montana studierenden Hildburghauser Schülern hervorgehoben.[500] In diese Tradition werden sich jene Priester aus Hildburghausen und Umgebung eingefügt haben, denen das Ehepaar Schlegel am 8. März 1494 ein Stipendium von gut 14 fl. für fünf wöchentlich zu lesende Messen am Kölner Dom stiftete.[501] Mit Bedacht wird man den St.-Kilians-Altar gewählt haben, bekannten sich die Franken doch immer wieder zu ihrem Patron, dem des Würzburger Bistums im besonderen. Die Präsentation des drei Jahre an der Kölner Artisten-Fakultät studierenden Stipendiaten lag in Engelhardts Händen, die Verwaltung der Stiftung bei der Fakultät. Mag in der Urkunde eine Bindung an die Montana nicht eigens festgelegt worden sein, sie bestand, wie sich aus dem Testament bzw. einem Kodizill des

---

[499] Bemerkenswert, daß der Kölner Goldschmied Adam Piel neben Valentin Engelhardt als zweiter Exekutor des Jakob Schlegel fungierte (vgl. Meissner 1968, 44, 158). Piels Kooperation mit Lambertus de Monte und Valentin Engelhardt bei den Hauserwerbungen der Montana ergab sich demnach aus einer intensiveren personellen Verflechtung.

[500] Vgl. Bianco 1850, 69 f.; R 2163. Instruktiv eine Auflistung der in der Kölner Matrikel nachweisbaren Schüler aus Hildburghausen (Hilperhusen). Von insgesamt 15 im Register aufgeführten läßt sich bei elf die Bursenzugehörigkeit feststellen (sc. M 306,51; 390,5; 390,84; 390,125; 440,45; 446,77; 446,78; 479,19; 502,9; 524,26; 538,62). Bis auf den 1465 immatrikulierten und 1469 promovierten Nicolaus Thein (M 306,51), der als erster Hildburghauser in Köln an der Laurentiana studierte, suchten alle die Montana auf. Ihre Reihe beginnt mit Christoph Langot (M 390,5), der 1486 als Bakkalar der (nominalistischen) Erfurter Universität nach Köln an die Montana wechselte. 1485 hatte Valentin Engelhardt sein Magisterium erworben. Mehrere Schüler wurden auch durch ihn graduiert, so etwa der 1500 ebenfalls aus Erfurt gekommene *dominus Anthonius de Hilperhusen* (M 446,77), wobei der *dominus* wahrscheinlich den Priesterstand bezeugt. Hervorzuheben ist der nicht unbekannte spätere Leipziger Luthergegner Johannes Koes de Roemhylt ex Hilperhusen (M 479,19), 1508 bis 1511 an der Montana, 1525 an der Leipziger Universität, wo er Theologie studierte, als *magister Coloniensis et predicator insignis* bezeichnet (vgl. Erler 1895, 592,8; Brieger 1890, 34 f., 58; instruktiv zu Koß: Clemen 1905/06, 176-188). Der letzte Schüler und wohl auch Stipendiat kam 1523 nach Köln (M 538,62). Es scheint kein Zufall, daß der Zuzug der Hildburghauser an die Montana von Beginn und Ende der Regentschaft Valentin Engelhardts (1526 gestorben) markiert ist. Die offensichtliche Einstellung der Stiftung könnte durch die Reformation verursacht worden sein.

[501] Vgl. R 2007; Meissner 1968, 35.

fränkischen Prinzipal-Regenten vom 28. Februar 1526 ergibt.[502] Nach dem Tod eines ihm nahestehenden Pastors sollten 200 fl. *pro fundatione aliquarum missarum in ecclesia maiori Coloniensi et in altari Jacobi Sleger* zur Verfügung gestellt werden. Die *sacerdotes* dieser Messen waren *per provisorem mense principalis burse Montis atque eiusdem burse duos seniores regentes iuxta pluralitatem votorum* zu bestimmen. Auch Valentin Engelhardt zeigte demnach eine engere Bindung zum St.-Kilians-Altar.

Anfang 1504 stiftete Johann Düring, Pfarrer in Traunskirchen (vermutlich das heutige Trautskirchen westlich von Nürnberg) und Vikar an der Pfarrkirche zu Gerolzhofen (nordöstlich von Würzburg), zwei für ein vierjähriges Studium an der Montana konzipierte Stipendien, die sich in die oben genannten einreihen sollten.[503] Am 26. Januar 1504 begab sich Düring auf das Rathaus zu Windheim (Windsheim), wie die anderen Orte im Bistum Würzburg (zwischen Würzburg und Aschaffenburg bei Marktheidenfeld am Main) gelegen, um 21 fl. (anfänglich 20) als jährlichen Zins bei der Stadt Heidenfeld am Main anzulegen. Am 7. Februar 1504 fand er sich in Schweinfurt ein, um ebenfalls 21 fl. jährlichen Zins, von verschiedenen Orten im „Herzogtum zu Franken" erworben, für eine Stiftung zu legieren. Den ersten Stipendiaten, einen armen Priester oder Schüler, hatte der Rat zu Windheim abwechselnd aus Windheim und Traunskirchen zu präsentieren; den zweiten, möglichst auch ein Priester aus Dürings oder einem anderen Geschlecht, das fränkische Mellrichstadt, sein Heimatort wohl. Beide Stipendiaten sollten für jährlich 13 fl. frei Kost erhalten, so wie auch die übrigen Stipendiaten an der Montana; mit je einem fl. wurden der Prinzipal-Regent für seine Mühewaltung und die anderen Mitregenten für ihre Lehrtätigkeit bedacht, womit außer der Unterkunft *lectiones, actus et exercicia* entgolten waren. Dauernder Visitator der Stipendiaten sollte der Prior des Dominikanerklosters sein.[504]

---

[502] Meissner 1968, 147-165, bes. 163 f.; R 2892.
[503] Vgl. Bianco 1850, 55-67; R 2415, 2416; Meissner 1968, 33 f.
[504] In der Matrikel lassen sich sieben Scholaren aus Mellrichstadt nachweisen, alle studierten an der Montana (M 398,8; 398,95; 400,24; M-Ntr. 1256; 491,13; 507,25; 525,119). Der erste, Johannes Mellerstadt, „Franco", kam 1488 nach Köln, der letzte, Kylianus Rupricht, 1520. Drei von ihnen studierten vorher in Leipzig. Hervorzuheben ist Kilian Reuter von Mellrichstadt (M-Ntr. 1256), der uns noch als einflußreicher Thomist und Humanist an der Universität Wittenberg begegnen wird. Die vermutlichen Stipendiaten aus Windsheim sind schwerer zu eruieren, da

Die personelle Verflechtung der Montana mit der fränkischen Region, durch Studienstiftungen gewoben, wurde durch die zentrale Figur Valentin Engelhardt von Geldersheim (M 43) noch weiter verdichtet.[505] 1504 lieh er der Stadt Coburg 300 fl., verzinste sie mit fünf Prozent, um mit den nun jährlich zur Verfügung stehenden 15 fl. eine Stiftung zu begründen.[506] Mit dieser Summe sollte ein Schüler aus Coburg, wo Valentin Verwandte besaß, drei Jahre an der Montana studieren. Wie den anderen standen ihm Verpflegung (für 13 fl.)[507], Unterkunft und Studiengebühren frei. Mit dem gleichen Kapital sicherte sich Valentin 1505 bei der Stadt Schweinfurt einen weiteren jährlichen Zins von 15 fl., der abwechselnd einem Studenten aus Schweinfurt und Geldersheim ein fünfjähriges Studium an der Montana ermöglichen sollte. Beide Städte verpflichteten sich, die Rente nach dem Tod des Stifters für diesen Zweck auszuzahlen und die Präsentation wie Schickung eines geeigneten Kandidaten zu übernehmen.[508]

---

auch Windesheim bei Bad Kreuznach in Frage kommt, wenn die Diözese nicht angegeben wurde. Von 17 Windsheimern lassen sich fünf als Schüler der Montana bestimmen (M 396,10; 424,40; 480,63; 499,9; 502,11; 522,92). Der erste begann 1488 sein Studium in Köln, der letzte 1519; vier kamen nach 1508. Als weitere Bursen suchten fünf die Laurentiana, zwei die Kuckana auf.

[505] Die Feststellung von Schwinges, in Köln habe es in vorreformatorischer Zeit „keine nennenswerten Bursenplatzstiftungen gegeben, die mit bestimmten regionalen oder örtlichen Bedingungen hätten verknüpft werden können" (Schwinges 1986a, 550), scheint mir diskussionswürdig zu sein. Man mag sich streiten, was unter „nennenswerten" Stiftungen zu verstehen ist; immerhin ist jedoch der Versuch erkennbar, bestimmte Räume mit der Kölner Universität durch Stiftungen zu verbinden. Dies ist bei allen Bursen zu beobachten, am eindringlichsten jedoch bei der Montana mit Blick auf die fränkischen Orte.

[506] Vgl. Meissner 1968, 32, 151; R 2420. Die entsprechenden Ausführungen bei Bianco 1850, 68 f., sind völlig irreführend, beziehen sich teilweise auf die Stiftung des Ego de Driel.

[507] Bei Meissner 1968, 32, wird nicht ganz deutlich, ob dem Stipendiaten 15 oder 13 fl. zur Verfügung standen. Die einschlägigen Quellen (ebd. 107, 151) jedoch mit der Bestimmung: 13 fl. *fur sein kost*, zwei fl. zur freien Verfügung, wobei Kammer, Lektionen, Materialien usw. ebenfalls frei seien. Für diese Leistungen waren die zwei fl. vermutlich gedacht, wie aus den Bestimmungen der analogen Stiftungen ersichtlich wurde. Allgemein scheint der Stipendiensatz mit den Jahren – wie oben schon angesprochen – gestiegen zu sein.

[508] 1506 sollte der Zins (die Rente) erstmals von Schweinfurt ausgezahlt werden (vgl. Meissner 1968, 106). Welchem Zweck sie bis zum Tod Valentins diente, ob damit auch schon ein Stipendium finanziert wurde, wie der Bericht aus den Farragines Gelenii über die Einrichtung einer Freistelle durch Valentin 1504 bzw. 1505 nahelegt (vgl. R 2420, 2450; Meissner 1968, 32), läßt sich nicht genau klären. Gut 20 Jahre nach dem Tod des Stifters endete jedoch die Anerkennung der Stiftung seitens Coburg und Schweinfurt, da – wie Valentin es 1526 in seinem zweiten Testament

Am 1. Oktober 1513 stiftete Remigius von Malmedy (M 41), nach eigener Angabe gut 30 Jahre Regent an der Montana, zwei Stipendien für Schüler aus seiner Verwandtschaft zu je elf fl.[509] In den vorgesehenen fünf Jahren sollten die beiden eine Partikularschule und anschließend das artistische Studium an der Montana absolvieren, dessen ältester Rektor die Aufsicht über sie führen sollte.

Valentin Engelhardt von Geldersheim nahm am 13. März 1515 eine Stiftung für die Montana an, die in ihrer Entstehung einige Fragen offen läßt.[510] Denn ihre Fundation geht auf den Doktor der Dekretalen Heinrich Steinweg von Recklinghausen[511] zurück, der bereits 1499 gestorben war. Eine engere Verbindung mit der Montana ist nicht ohne weiteres evident. Ob er in ihr studiert hatte, kann nicht nachgewiesen werden. Doch absolvierte sein Neffe Heymericus Heger[512] von 1494 bis 1497 das Artes-Studium an der Montana. Heinrich Steinweg bekleidete das Amt eines Offizials und erzbischöflichen Rates am Kölner Hof. Da Erzbischof Hermann von Hessen über seinen Rat, Siegler und späteren Generalvikar Ulrich Kreidweiß (R 3) sowie über dessen „Kampfgefährten" Theodoricus de Busco (R 4, M 39) gute Kontakte zur Montana hatte (sie werden sich noch verdichten lassen[513]), könnte von dieser Seite eine Anregung zur Stiftung ausgegangen sein. Die späte Akzeptation bleibt gleichwohl fragwürdig. Heinrich Steinweg verfügte, daß ein Schüler oder Priester, möglichst aus Recklinghausen und aus seinem Geschlecht, für drei Jahre an der Montana studieren sollte. Jährlich elf fl. waren für die Verpflegung bestimmt, je einer wie üblich für Kammer, Bettgewand, Vorlesungs- und Graduierungsgebühren. All die genannten Stiftungen gingen in eine gemeinschaftlich verwaltete

---

schon ahnte – die Hinwendung zur Reformation die alte Intention obsolet werden ließ. So trat auch eine Prädikatur in Schweinfurt, die durch Valentin 1513 mit einem Kapital von 1200 fl. bei 60 fl. Jahreszins bei der Stadt Schweinfurt fundiert wurde, nicht wie geplant nach seinem Tod in Kraft. (Der Prediger sollte an der Montana studiert und möglichst in Köln einen theologischen Grad erworben haben.) Reformatorische Vorgänge in Schweinfurt hielten die Würzburger Bischöfe von einer Bestätigung der Prädikatur ab. Stattdessen nutzte Schweinfurt 1542 nach Einführung der Reformation das Geld, um eine reformatorische Predigerstelle zu finanzieren. Vgl. Meissner 1968, 38-42.

[509] Vgl. R 2680; Bianco 1850, 524 f.
[510] Vgl. R 2721; Bianco 1850, 68 f.
[511] M 256,20.
[512] M 422,57.
[513] S.u. 666–679.

Stiftung Collegistarum über, die noch 1892 einen Vermögensstand von 10.600 Mark und einen Zinsertrag von 392 Mark aufwies.[514]

Die Stiftung des einflußreichen Montana-Regenten Andreas Herl de Bardwijck (M 51) vom 10. November 1540 erscheint einsichtiger als die Steinwegs.[515] In ihren formalen Bestimmungen richtete sie sich ganz an den Statuten des „Collegium pauperum" an der Montana aus. Ein *schemelarmer* Schüler sollte mittels des Stiftungseinkommens von 13 fl. in den Genuß eines Studiums an der Montana kommmen, so daß er das Lizentiat erwerben könnte. Analog den anderen Stiftern bedachte Andreas arme Jugendliche aus seinem Heimatort Bardwijk, vorzugsweise solche aus der Familie des Bevis Smeds.

Betrachtet man die kargen Daten der akademischen Laufbahn des Hermann Keutenbrauer von Neuß[516], so nimmt man etwas verwundert seine Stiftung zweier Stipendien an der Montana zur Kenntnis.[517] Gewiß, sein (vermutlicher) Verwandter Friedrich Keutenbrauer von Neuß (M 45) gehörte als Lizentiat der Theologie zu den langjährigen Regenten der Burse. Doch Hermann wurde 1494 und 1496 durch zwei Lehrer der Bursa Ottonis graduiert. Zwar rezipierte ihn die Fakultät 1498 als Angehörigen der Montana, sein weiterer Studienschwerpunkt lag aber ganz an der Medizinischen Fakultät, wo er schon 1499 das Bakkalaureat, 1506 das Doktorat erwarb. In der Begründung seiner Stiftung gewinnt seine Bindung an die Montana allerdings Farbe. Er sei *einst aus demselben Studio und Gymnasio des Montaner Hauses zu Köln zu den höheren Wissenschaften geschwind aufgestiegen* und daher der Montana *in seinem Leben nicht wenig zugethan gewesen.*[518] Um der Armut entgegenzuwirken und der Zuneigung des 1539 verstorbenen Testators zur Montana zu entsprechen, fundierten seine Testaments-Exekutoren, der Montana-Regent und Lizentiat der Theologie Theodoricus de Orsoy (M 60), der Montana-Regent und theologische Bakkalar Philipp Mulemans von Neuß (M 73) sowie der ehemalige Schüler der

---

[514] Vgl. Schoenen 1892, 192 ff. (einzig die Stiftung des Remigius de Malmundario ist bei Schoenen nicht aufgeführt).

[515] Vgl. R 3181; Bianco 1850, XLV f.; Schoenen 1892, 151 f. (Vermögensstand 1892: 775 Mark, Zinsen: 28 Mark).

[516] M 416,130.

[517] Vgl. R 3203; Bianco 1850, 379-386; Schoenen 1892, 297 f. (Vermögensstand 1892: 6080 Mark, Zinsen: 224 Mark).

[518] Bianco 1850, 380.

Montana Everardus Buch de Venlo[519] – allein deren Bestimmung erweist schon die Nähe zur Montana –, am 22. Dezember 1542 die beiden Stipendien. Dem Prinzipal-Regenten Matthias von Aachen (M 55) überwiesen sie Rentbriefe in Höhe von 30 fl. Jeweils 13 fl. jährlich waren für das Vier-Jahres-Stipendium gedacht. Unter der Voraussetzung einer hinreichenden Schulbildung (mindestens die dritte Klasse einer Trivialschule war vorher zu absolvieren) sollten gemäß den Bestimmungen der anderen Stiftungen alle Leistungen von Verpflegung bis Studiengebühren frei sein.

Von diesen Bedingungen unterschied sich die am 30. Juni 1539 angelegte Stiftung des Prinzipal-Regenten Matthias von Aachen (M 55) nicht wesentlich.[520] Die aus Aachen stammenden beiden Stipendiaten mußten mindestens 16 Jahre alt sein und die zweite Klasse einer Trivialschule besucht haben. Für ein dreijähriges Artes-Studium dachte er ihnen wöchentlich neun oder zehn Rader-alb. zu, dem Haupt-Regenten jährlich zwei fl. Für Kammer, Vorlesungs- und Graduierungsgebühren stellte Matthias von Aachen keinen Betrag zur Verfügung. Dies sollte den Stipendiaten allein deshalb kostenlos gewährt werden, weil der Stifter nach eigener Angabe rund 1000 fl. in den Bau eines neuen Speichers und einer Mauer hinter dem Brauhaus der Montana sowie in die Renovierung bestehender Gebäude „investiert" hatte. Die Stipendiaten hatten jedoch Geld zurückzuzahlen, wenn sie Lektionen versäumten. Ungewöhnlich die Bestimmung, daß die Stipendiaten bis zum fünfundzwanzigsten Lebensjahr providiert werden könnten, wenn sie erfolgreich ein Studium an einer höheren Fakultät ergreifen würden.

b) Laurentiana

Analog zu den Hausvermächtnissen konnten die frühen Studienstiftungen an der Laurentiana bei weitem nicht das Ausmaß und die verwaltungstechnische Konzentration erreichen wie bei der Montana. Verglichen mit dem Stiftungseinsatz von Ego de Driel (M 32) und Lambertus de Monte (M 24) nimmt sich die erste Stiftung an der Laurentiana durch Conradus Vorn de Campis (L 44) eher bescheiden aus. Er hatte seine Hausstiftung an die Bedingung geknüpft, daß zwei armen Schülern (möglichst Verwandte) aus seinem

---

[519] M 514,67.
[520] Vgl. R 3162; Bianco 1850, 93-98.

Geburtsort jährlich zehn fl. *pro portione bursali* über fünf Jahre zur Verfügung gestellt würden.[521] Ein Studium der Stipendiaten an den oberen Fakultäten war also intendiert.

Es ist durchaus als symptomatisch zu bewerten, wenn die zweite Stiftung erst 1511 und zudem durch eine Person errichtet wurde, die von ihrem ganzen Lebensweg her keinerlei Bezug zur Laurentiana aufweist. Johannes Fabri von Meppen[522] wurde im November 1469 in Köln für ein juristisches Studium immatrikuliert. Außer seinem Bakkalaureat in den Dekretalen hinterließ er an der Universität jedoch keine weiteren Spuren. Am 15. Januar 1511, bei der Abfassung seines Testaments, läßt er sich erstmals wieder in Köln nachweisen. Eine Bindung an die Laurentiana wird nun jedoch ganz augenfällig. Ort der Aufsetzung des Testaments bildete die Wohnung des erzbischöflichen Offizials Martin Oed von Kempen[523], eines Dekretisten, den wir noch mehrmals bei der Zusammenarbeit mit Laurentiana-Regenten beobachten werden.[524] Einen der beiden Zeugen stellte der damalige Schüler der Laurentiana und spätere Regent Heinrich von Tongern (L 74). Als Exekutoren bestellte Johannes Fabri den Offizial Martin Oed von Kempen, den Prinzipal-Regenten der Laurentiana Arnold von Tongern (L 60), den (nicht zu identifizierenden) Priester Johannes Wolbertus und den Rektor der Fraterherren (Klerikal-Brüder) in Zwolle. Die dortige Schule sollte denn auch von den beiden Schülern aus Meppen, nach Möglichkeit Verwandte des Stifters, die im Haus der Brüder wohnen mußten, zuerst für drei Jahre besucht werden, um anschließend mit dem nötigen grammatischen Fundament ein dreijähriges Artes-Studium an der Laurentiana aufnehmen zu können. Für die Schulzeit in Zwolle waren jährlich fünf fl. und fünf Philippiker, für das Studium in Köln zehn fl. ausgesetzt, durch die Verpflegung, Wohnung und Vorlesungen frei waren.[525]

Unmittelbar einsichtig sind ebensowenig die Beweggründe des Johannes Schudherink von Neuß[526] für seine Stiftung, mit der die Exekutoren seines Testaments[527] 1535/36 einem armen Neusser

---

[521] Vgl. Un. 760, f. 9v/10r; R 2116.
[522] M 323,54.
[523] M 370,107.
[524] S.u. 762.
[525] Vgl. R 2585; Bianco 1850, 538-544; Schoenen 1892, 225 f. (Vermögensstand 1892: 1700 Mark, Zinsen: 62 Mark).
[526] M 445,4.
[527] Zu den Exekutoren vgl. Schäfer 1901, 200 f., Nr. 83, 85.

Schüler aus Schudherinks Familie ein dreijähriges Stipendium für ein Studium an der Laurentiana einrichteten.[528] Wo der Kanoniker an St. Aposteln (seit Juni 1500) nach seiner Immatrikulation im Januar 1500 die Artes studierte, ist nicht bekannt, doch bereits 1504 wurde er Baccalarius, 1510 Doctor decretorum. Eine persönliche Verbindung zur Laurentiana drückt sich allerdings in der Wahl seines maßgeblichen Exekutors aus. Arnold von Tongern (L 60) sorgte nach dem Tod des 1531 Verstorbenen für eine vertragliche Übereinkunft mit seinem Nachfolger als Prinzipal-Regent der Laurentiana, Heinrich von Tongern (L 74). Danach sollte der jeweilige Haupt-Regent jährlich 14 fl. erhalten, für die er dem Stipendiaten, in der *Kezerey-Lehre* gut vorgebildet, „Kammer, Hausung, Portion, Kunst und Lehre" zu gewähren hatte, doch waren das Bett und die einzelnen Graduierungsgebühren bis zum Magisterium darin nicht enthalten. Die Artisten-Fakultät akzeptierte die Stiftung durch ihren Dekan Johannes Noepel de Lippia (L 83) sowie durch je zwei Senioren der drei Bursen.[529] Bereits 1532 hatten die Testamentsexekutoren Schudherinks aus dessen Vermögen zwei tägliche Meßstiftungen an zwei Altären in St. Cäcilia errichtet, wobei die Präsentation der beiden Priester zunächst den Exekutoren, später dem Rektor der Laurentiana zustehen sollte.[530]

Die zweite Studienstiftung eines Regenten der Laurentiana entsprang 1540 der Initiative Arnolds von Tongern (L 60), ihres bedeutendsten Lehrers in der ersten Hälfte des 16. Jahrhunderts.[531] Der in Lüttich residierende Kanoniker der dortigen Kathedral-Kirche verfügte sie in seinem Testament vom 22. August 1540 zu seinem Seelenheil wie dem seiner Eltern und seines verstorbenen Bruders Johannes[532]. Ausführlicher als bei den vorherigen Laurentiana-Stiftungen regelte Arnold Luyde, bewußt „das Geschäft"

---

[528] Vgl. R 3053; Bianco 1850, 870-874; Schoenen 1892, 444 (Vermögensstand 1892: 3310 Mark, Zinsen 122 Mark).

[529] Die Annahme der Stiftung erfolgte für die Montana durch Andreas de Bardwijck und Mathias de Aquis, für die Laurentiana durch Johannes de Venlo und Hermannus de Monasterio, für die Kuckana durch Adrianus de Breda und Theodoricus de Gelria, sie alle Lizentiaten der Theologie (vgl. R 3053).

[530] Schäfer 1901, 201, Nr. 85.

[531] Vgl. R 3178; Bianco 1850, 481-488; Schoenen 1892, 336 f. (Vermögensstand 1892: 1645 Mark, Zinsen: 64 Mark).

[532] M 446,19. Johannes Luyde de Tongris hatte von 1500 bis 1505 in der Laurentiana studiert, wurde zweimal, 1508 und 1519, artistischer Intrans, 1519 auch Lizentiat der Theologie. Er starb 1528 als Kanoniker an St. Maria im Kapitol in Köln.

den Exekutoren abnehmend, die Einzelheiten der drei Stipendien für Schüler (möglichst) aus seiner Verwandtschaft in Tongern. Auf einer freigestellten Partikularschule sollten sie die für ein Universitätsstudium nötige Grundbildung erworben haben, jedoch nicht nur – wie meist verfügt – in der Grammatik, sondern auch in der Dialektik. Anschließend sollten sie sich auf das Laurentiana-Gymnasium begeben, wo sie durch den Haupt-Regenten nochmals auf ihre Tauglichkeit hin zu prüfen waren, um gegebenenfalls auf die Partikularschule zurückgeschickt zu werden. Aus zwei Rentbriefen, die Arnold bei den Städten Neuß und Maastricht gekauft hatte, standen dem Prinzipal-Regenten 50 fl. zur Verfügung, von denen jeweils 16 für die täglich durch den Regenten zu reichende Verpflegung der drei Stipendiaten zu verwenden waren. Die restlichen zwei fl. sollten ihm für seine Mühewaltung zukommen. „Aus dem väterlichen Gut" mußten die Stipendiaten jedoch bei ihrer Ankunft zwei fl. an den Regenten zahlen sowie jeweils zu Jahresbeginn einen fl. Sie waren zur Instandhaltung der Betten und für andere Kosten gedacht. Auf die Unterkunft hatte Arnold von Tongern besonderen Wert gelegt. Der Regent mußte den Schülern eine gute Kammer in der Burse zuweisen, nicht straßenwärts, sondern zum Garten hin gelegen. In ihr standen drei Betten aus weißem Holz, die Arnold anfertigen ließ. Denn er wollte, daß jeder allein schlafe und auch das Bettzeug erhalte. Nur die Leinentücher mußten von den Eltern mitgebracht werden. Solch „Luxus" forderte freilich seinen Preis. Den disziplinarischen Anordnungen war strikt zu folgen, täglich mußten die Stipendiaten für das Heil des Stifters, seiner Verwandten, Lehrer und Freunde mehrere Psalmen und Kollekten beten, das Studium war unbedingt zügig zu absolvieren. Denn Arnold wollte auf keinen Fall, daß einer von ihnen „träge dahin welken", daß „sein Schweiß und seine Mühe" von Trunkenbolden und Faulen verzehrt würde. Über die gewöhnlichen Studienstiftungen ging Arnold auch mit der Intention hinaus, entsprechend Begabte für ein anschließendes Theologie-Studium zu fördern. Bis einschließlich des Lizentiats sollten ihnen dann die 16 fl. weiterhin zukommen. Mit einem elterlichen Zuschuß durften diese sich dann auch durch den Regenten als freie Tischgenossen aufnehmen lassen, sofern sie, der umfassenden Aufsicht entrückt, nicht zur Trägheit bei den Promotionen verleitet würden. Ein Herzenswunsch war es Arnold, daß ein würdiger und fleißiger Theologiestudent von den leitenden Magistern der Laurentiana als gleichzeitiger *exercens* der Artes bestimmt würde. Zu Visitatoren der Stiftung wählte

Arnold den jeweils amtierenden theologischen Dekan und den Prior der Dominikaner. Falls die Laurentiana aber von den seit Beginn befolgten Doktrinen des Albertus Magnus und des Thomas von Aquin abweichen oder die Universität ketzerischen Lehren zusprechen würde, sollte die Vergabe der Stipendien an die Präsentatoren aus Tongern (ein Mitglied der Familie Luyde, der Prior des Regular-Konvents und der Bürgermeister Tongerns) übergehen.

c) Kuckana

Später noch und mit ungleich bedeutungsloseren Studienstiftungen sorgten die Regenten der Kuckana für einen gesicherten Zuzug von Schülern, für eine Hebung des Bildungsniveaus ihnen am Herzen liegender Regionen. In seinem Testament vom 31. August 1541 verfügte Adrianus Bernagen de Breda (K 32) die Einrichtung einer Studienstiftung für zwei Studenten.[533] Nahezu 40 Jahre hatte der Stifter an der Kuckana gelehrt. Doch fühlte er sich offenbar ebenso der Laurentiana verbunden, in der er 1500 unter Arnold von Tongern (L 60) sein Magisterium erworben hatte. Denn neben Theodoricus Alaertz de Gelria (K 44), seinem Mitregenten aus der Kuckana, setzte er auch den Theologen der Laurentiana Johannes de Busco (L 67) als Exekutor seines Testaments ein. Zudem ordnete Adrianus an, bei Untergang der Kuckana möge die Stiftung an die Laurentiana übergehen. Mit der des Arnold von Tongern konnte sie gleichwohl nicht konkurrieren. Aus einem jährlichen Zinsvermögen von zwölf fl. standen jedem der beiden armen Schüler lediglich sechs fl. zur Verfügung, einen davon mußten sie bei Studienantritt dem Regenten zum Unterhalt der von Adrianus vermachten Schlafstätte überreichen. Der eine sollte aus seiner in Breda oder Ghynnecken wohnenden Verwandtschaft stammen, der andere aus Zwolle, wo Adrianus den ersten Unterricht und „viel Gutes" erfahren hatte. Sie sollten Grundkenntnisse in Grammatik und Dialektik haben und von einem Mitglied seiner Familie präsentiert werden, zuerst von seiner Nichte Anna Bernagen, Tochter seines Bruders, des Doktors der Medizin Anthonius de Breda. In drei bis vier Jahren sollten die Stipendiaten dann das Lizentiat der Artes erwerben. Am 10. März 1545 konnte Theodoricus de Gelria (K 44)

---

[533] Vgl. R 3191, 3286; Bianco 1850, CLII ff.; Schoenen 1892, 170 f. (Vermögensstand 1892: 1800 Mark, Zinsen 66 Mark).

als einziger noch überlebender Exekutor – Johannes de Busco (L 67) war im November 1543 gestorben – vor den Kuckana-Regenten Gotfridus de Wylich (K 47), Johannes Bercken de Horst (K 49) und Hermannus Kerssenbroich de Lemgo[534] die Ausführung der Stiftung anordnen.

Theodoricus Alaertz de Gelria (K 44) ist nun auch als zweiter Regent zu nennen, der in seinem Testament vom 10. Juni 1546 seiner Burse eine Studienstiftung hinterließ.[535] Drei arme Schüler, möglichst aus seiner Verwandtschaft in den Orten Köln, Kempen und Aldekerk (seinem Geburtsort), in der Grammatik hinreichend bewandert, sollten für drei, höchstens vier Jahre ein artistisches Studium an der Kuckana absolvieren. Jeder wurde mit siebeneinhalb fl. pro Jahr unterstützt.[536] Für den Fall, daß die Kuckana irgendwann, „was fern sei", nicht mehr bestehen würde, sollte die Stiftung von der Montana übernommen werden. Die Einzelheiten hätten dann seine Testamentsexekutoren, die Kuckana-Regenten Gotfridus de Wylich (K 47) und Johannes de Horst (K 49) sowie sein Schwager Heinrich Holzwiler, zu regeln.

Für unseren Untersuchungszeitraum sind damit alle bekannten Studienstiftungen der Bursen vorgestellt worden. Für die Corneliana und (verständlicherweise) für die kleineren Bursen können keine ermittelt werden.

---

[534] M 599,38.
[535] Vgl. R 3344; Bianco 1850, VIII-XX; Schoenen 1892, 147 (Vermögensstand 1892: 2950 Mark, Zinsen: 111 Mark).
[536] Zieht man die Verteuerung der Lebenshaltungskosten in Relation, wie etwa bei Arnold von Tongern zu beobachten und auch in Heidelberg nachgewiesen (Dirlmeier 1977, 445), dann nimmt sich die Höhe der Kuckana-Stipendien noch kläglicher aus.

III.
DIE WISSENSCHAFTSGESCHICHTLICHE DIFFERENZIERUNG AN DER KÖLNER ARTISTEN-FAKULTÄT

A. Die Ereignisse im Vorfeld der Etablierung der realistischen Bursen

1. Der Terminismus

Die Frage, welchen wissenschaftsgeschichtlichen Standort die Artisten-Fakultät in ihren ersten Jahrzehnten einnahm, wird den Blick zuerst auf ihre Statuten lenken. Doch angesichts der Kanonisierung auch des Lehrstoffes, einer Grundbedingung des *Ius ubique docendi*[1] und damit der mittelalterlichen Universität, erlauben die statutenmäßig vorgeschriebenen Texte nur einen bedingten Rückschluß auf die jeweiligen Lehrinhalte. Die Statuten der Kölner Artisten-Fakultät von 1398 gingen – wie anfangs bereits ausgeführt – im wesentlichen auf die Wiener Statuten von 1389, diese wiederum auf Pariser Vorlagen zurück.[2] Dementsprechend gab es auch überall einen umfassenden Kern obligatorischer Texte, unter denen jene zur Dialektik bzw. Logik einen entscheidenden und umfangreichen Platz einnahmen.[3] In Köln wie anderswo umfaßten die Lehrbücher den traditionellen, autoritativen Kanon der meist aristotelischen Schriften. Ihre Titel allein geben in der Regel noch keinen Aufschluß über spezifische wissenschaftsgeschichtliche Positionen an der Kölner Artisten-Fakultät.

---

[1] Hierzu etwa Meuthen 1988, 10 ff.
[2] Vgl. Seifert 1971, 50 ff.; Meuthen 1988, 113; v. den Brincken 1989, 396 f.
[3] Zum artistischen Curriculum und Studiengang vgl. etwa die Aufsätze in den Sammelbänden Artes liberales 1959 (dort einschlägig für Köln – wenngleich mit manchen Ungenauigkeiten – der Beitrag von Clasen 1959); Arts libéraux 1969 (grundlegend der Aufsatz von Weisheipl 1969; Wagner 1983). Allgemein und zu Köln: Meuthen 1988, 4, 113-117; vgl. ferner Bernhard 1976, 38-54 (unter besonderer Berücksichtigung der Erfurter Artisten-Fakultät). Mustergültig die Studie von Lorenz 1985 (mit einem Vergleich der Statuten verschiedener Universitäten; zur Dominanz der Logik: 213 f.; Lit. zum Studiengang an den Artisten-Fakultäten auf 238 f., Anm. 4, 5).

Auf zeitgenössische, aktuelle Strömungen im artistischen Studiengang des 14. Jahrhunderts weist nur ein Titel unter den verbindlichen Lehrbüchern hin: die ‚Summulae' des Nominalisten Johannes Buridanus.[4] Sie waren alternativ (oder ergänzend?[5]) zu den damals überall statutarisch vorgeschriebenen[6] ‚Summulae logicales' des Petrus Hispanus für die Bakkalaureanden verpflichtend.[7] Welche Alternativen boten sich nun aber mit diesen beiden Werken für die Scholaren in lehrinhaltlicher Sicht? Die Unterschiede kommen äußerst signifikant in der jeweiligen Suppositionslehre zum Ausdruck. Ein Bekenntnis zu einer von ihnen war aber zugleich von unmittelbarster Konsequenz für das übergeordnete Feld der Metaphysik, berührte entscheidende Fragen der zentralen Universalienlehre und damit des Verständnisses von der Welt. Eine kurze Gegenüberstellung der beiden Konzeptionen läßt die Tragweite verständlicher werden, die mit der umstrittenen Einführung einer dann vornehmlich auf Hispanus aufbauenden realistischen Logik durch die neuen Bursen seit ca. 1420 verbunden war.

Nach Petrus Hispanus ist die Supposition eine Eigenschaft, die den Termini (etwas Allgemeines oder Besonderes bezeichnende Worte oder Ausdrücke) in ihrer Stellung in einem Satz zukommt, d.h. der Terminus supponiert, steht in einem bestimmten Satz für etwas, was mit ihm gemeint ist (*homo* für die Gattung oder eine einzelne Person).[8] Problematisch wird diese Lehre, wenn sie nicht

---

[4] Grundlegend zu Buridan: Michael 1985 (zu den logischen Schriften bes. 500-533). Zu den wichtigen logischen Abhandlungen Buridans ‚De suppositionibus' und ‚De consequentiis' s. ferner die ins Englische übersetzte Edition von King 1985 (mit Einführung). Der ‚Tractatus de consequentiis' ansonsten ediert von Hubien 1976, die logischen ‚Sophismata' von Scott 1977, die ‚Questiones longe super librum Perihermeneias' zur aristotelischen Logik ediert von Van der Lecq 1983. Sehr guter Überblick zur Entwicklung, Eigenart und Problematik mittelalterlicher Logik bei Kneale 1962, 224-297. (Hinsichtlich Titel und Aufbau der logischen Werke Buridans wurden die Vorgaben Michaels übernommen.)

[5] S.u. 286 f.

[6] Vgl. hierzu u. 287.

[7] Neueste Edition der ‚Summulae' in: Peter of Spain 1972.

[8] Peter of Spain 1972, 79 (VI,2): *Significatio termini, prout hic sumitur, est rei per vocem secundum placitum representatio. Quare cum omnis res aut sit universalis aut particularis, oportet dictiones non significantes universale vel particulare non significare aliquid.* Und weiterhin: *Suppositio vero est acceptio termini substantivi pro aliquo. Differunt autem suppositio et significatio, quia significatio est per impositionem vocis ad rem significandam, suppositio vero est acceptio ipsius termini iam significantis rem pro aliquo. Ut cum dicitur ‚homo currit', iste terminus ‚homo' supponi pro Sorte vel pro Platone, et sic de aliis* (ebd. 80 [VI,3]). Zur Suppositionslehre bei Hispanus vgl. Paqué 1970, 43-48 (unter Benutzung der mit vielen Lesefehlern

auf einen Einzelbegriff angewandt wird, der deutlich anzeigt, wofür er steht (ein Eigenname oder ein mit einem Demonstrativpronomen versehener Allgemeinbegriff), sondern auf einen unbestimmten Allgemeinbegriff (*terminus communis*). Eine dementsprechende *suppositio communis* (sofern sie als *suppositio communis accidentalis* eine zeitliche Bindung im Satz erfährt) kann nämlich sowohl auf einen Allgemeinbegriff mit einer konkreten Intention wie auch auf einen mit unbestimmter bezogen sein.[9] Steht *homo* für den Menschen in einem allgemeinen Sinn, so spricht man nach Hispanus von einer *suppositio simplex*, soll sich dieser Terminus aber auf einen einzelnen Menschen beziehen, so müßte eine *suppositio personalis* angewandt werden. Gemäß der realistischen Grundeinstellung des Petrus Hispanus, nach der in einem metaphysisch-ontologischen Kontext den Universalien bzw. Allgemeinbegriffen eine extramentale Realität zuerkannt wird, steht der Allgemeinbegriff (*terminus communis*) bei der *suppositio simplex* als *vox significans* für die durch den Terminus selbst bezeichnete *res universalis*.[10] Für Hispanus stellt die *suppositio simplex* bei solch allgemeinen Termini den Normalfall dar. Die Suppositionsform der *suppositio personalis*, bei der der Allgemeinbegriff hingegen für die ihm untergeordneten Einzelfälle steht, bildet für ihn die Ausnahme.[11]

Buridan stand dagegen mit seiner Neubearbeitung der Logik des Petrus Hispanus in der Tradition des konzeptualistischen bzw. terministischen Nominalismus eines Wilhelm von Ockham.[12] Hiernach war jede Art von existierendem Allgemeinen (*res universalis*) konsequent zu bestreiten; Begriffe sollten als Zeichen allein für ein konkretes Individuelles stehen (supponieren), Allgemeinbegriffe

---

behafteten älteren Textausgabe von Bochénski [Petri Hispani Summulae 1947]); ferner Prantl 1867, 50-55; Boehner 1952, 32-36; Kneale 1962, 262-265; De Rijk 1970 (zur Suppositionslehre in metaphysischer Hinsicht); Weiler 1972, 313 ff.; De Rijk 1985, 184-188 (zum Sonderfall der *suppositio naturalis*).

[9] Ein *terminus communis* wie *homo* in dem Satz *homo currit* oder *homo est species* läßt beide Möglichkeiten offen.

[10] *Simplex suppositio est acceptio termini communis pro re universali significata per ipsum. Ut cum dicitur ,homo est species' vel ,animal est genus', iste terminus ,homo' supponit pro homine in communi et non pro aliquo inferiorum* (Peter of Spain 1972, 81 [VI,5]).

[11] *Personalis suppositio est acceptio termini communis pro suis inferioribus* (Peter of Spain 1972, 82 [VI,7]).

[12] Zu Ockhams Wissenschaftsbegriff vgl. jetzt Flasch 1986, 441-459, wo Leitgedanken und v.a. Komplexität des ockhamschen Denkens gegen allzu schlagwortartige Simplifizierungen der älteren Forschung prägnant herausgestellt werden.

besaßen keine Realität, sondern waren als *termini concepti* Qualitäten der Seele, waren der Erkenntnisakt schlechthin, der sich durch die Allgemeinbegriffe auf die Wirklichkeit richten kann. Der *suppositio simplex* kam in Ockhams Suppositionslehre[13] folgerichtig eine völlig untergeordnete Bedeutung zu; der entsprechende Terminus stand nur noch für eine unsprachliche Vorstellung, nicht für die eigentliche Sache, sondern für sich selbst als vorgestelltes Zeichen. Realität besaß für Ockham nur die *res singularis extra animam existens*, das konkrete, selbständige Einzelding, für das der Terminus nur in der *suppositio personalis* stehen konnte. Nur sie konnte den direkten Bezug zur Realität herstellen.[14]

Obwohl Buridans ‚Summulae' eine Neubearbeitung des gleichnamigen Werkes des Petrus Hispanus sind, stellen sie doch ein eigenständiges logisches Kompendium dar.[15] Die größten Abweichungen zu analogen Traktaten bei Hispanus finden sich in jenen, die der Entwicklung und Fundierung einer speziell terministisch-nominalistischen Logik dienen, anschaulich ausgedrückt im Komplex ‚De proprietatibus terminorum' mit Buridans Suppositionslehre.[16] Behielt bei Ockham die *suppositio simplex* noch eine gewisse kategoriale Bedeutung, so wurde sie bei Buridan als Relikt eines überholten Realismus vollständig verworfen.[17] Buridan hatte

---

[13] Hierzu Paqué 1970, 35-41, 52-62; vgl. auch Prantl 1867, 373-380; Boehner 1952, 36-44; Kneale 1962, 265-270; Weiler 1972, 315 f.

[14] Der *suppositio personalis*, bei Hispanus noch ein Sonderfall, kam bei Ockham somit eine Vorrangstellung zu, denn allein in ihr stand ein Terminus wie etwa *homo* in dem Satz *homo est animal* für einen letztendlich immer konkreten, einzelnen Menschen.

[15] Michael 1985, 518 ff.

[16] Vgl. Michael 1985, 518-523. Zur Suppositionslehre Buridans ferner: Paqué 1970, 63-69; Weiler 1972, 316 f.; King 1985, 37-51. Allgemein zu seiner Wissenschaftslehre: Moody 1975; Moody 1975a; Moody 1975b; Palacz 1981.

[17] Vgl. etwa Prantl 1870, 25 (die Suppositionslehre Buridans wird hier nur unzureichend dargestellt); Paqué 1970, 63 f.; King 1985, 39, 118-125. Ockham ließ die *suppositio simplex* noch für Bewußtseinsvorstellungen gelten, die in einer konzeptualistischen Metaphysik und Erkenntnislehre als mental-begriffliche Zeichen für die realen Einzeldinge standen. Buridan ordnete diese Form der Supposition der *suppositio materialis* unter, unter der Ockham die Supposition eines Terminus für sich selbst als gesprochenes oder geschriebenes Wort verstand (etwa *homo* in dem Satz *homo est vox bisyllaba*). Aber auch die *suppositio materialis* erhielt bei Buridan eine sekundäre Bedeutung, insofern er ihr nur für die gesprochenen bzw. geschriebenen Begriffe, die für einen zeichenhaft verstandenen, synonymen Allgemeinbegriff des Intellekts standen, Geltung zusprach. Generell verlagerte sich bei Buridan das Problem der Wahrheit aus dem sprachlichen in den vorgestellten Satz; das Wort und damit letztendlich auch die autoritativen Texte traten folglich hinter die Vorstellung, den *conceptus* zurück (vgl. hierzu auch Paqué 1970, 65 f.).

Der Terminismus 283

zwar die Grundgedanken eines konzeptualistischen Nominalismus übernommen, demgemäß auch den neuen Stellenwert der *suppositio personalis* als einziger sachbezogener Supposition, die allein für das Bezeichnete und das heißt eben für die konkreten, realen *res singulares* stand. Doch in seiner Begrifflichkeit war er konsequenter als Ockham.[18] Buridans Radikalität in weiten Bereichen seiner konzeptualistischen Terminologie und Doktrin führte mittels einer ausgeprägt rationalen Kritik schärfer noch als bei Ockham in der Logik, philosophischen Seelenlehre und Physik zu einer strikten Trennung der philosophischen Vernunft von der Theologie und dem christlichen Glauben (ohne dabei in den Verdacht der Häresie zu geraten).[19] In der Formulierung seiner Suppositionslehre hatte sich Buridan weitaus getreuer als Ockham an den alten Text des Hispanus angelehnt; durch entsprechende Streichungen und Modifikationen an ontologisch-metaphysisch relevanten Stellen hatte er aber die Möglichkeit einer realistischen Interpretation terministischer Logik verhindert.[20] Die Grundelemente terministischer Logik konnten also von Vertretern extrem unterschiedlicher ontologischer Provenienz angewandt werden.[21] Entscheidend war jedoch die jeweilige Systematik, Gewichtung und Interpretation, durch die ein

---

[18] Eine Analyse der Differenzen zwischen Ockham und Buridan, der gerade in der Logik bzw. Sprachlogik über Ockham hinausging (und etwa in seiner Abkehr von der Metaphysik eine noch bei Ockham aufrechterhaltene Bindung von Wort und Sache, eine Verbindlichkeit der Sprache, ablehnte), bei Paqué 1970, 84-91; vgl. weiterhin Flasch 1986, 508: Buridan habe den Dissens zwischen philosophischer Vernunft und christlichem Glauben in einer über Ockham hinausgehenden Schärfe formuliert. Ein analoges Urteil zu Buridan: Pluta 1986, 37-49.

[19] Flasch 1986, 508. Gleichwohl hatte es Buridan wohl im Anschluß an das Pariser „Nominalistenstatut" von 1340 verstanden, sich den Forderungen des Statuts gemäß positiv von den häretischen Folgen der Lehre Ockhams abzusetzen, hatte dadurch einen „gemäßigten Ockhamismus" formuliert (so Michael 1985, 203 f.). Buridans genuine und diplomatische Leistung scheint darin bestanden zu haben, ein Arrangement mit der Tradition v.a. sprachlich hergestellt, dabei gleichzeitig (vielleicht gerade dadurch?) ockhamistische Positionen ausgebaut zu haben (Paqué 1970, 91).

[20] So formte Buridan etwa im achten Traktat ‚De divisionibus, diffinitionibus et demonstrationibus' terministische Logik unter den Prämissen eines ontologischen Nominalismus um, indem er den traditionell meist realistisch interpretierten aristotelischen Wissenschaftsbegriff mit der Prämisse in Einklang zu bringen versuchte, extramentale Realität komme allein den konkreten Einzeldingen zu (vgl. Michael 1985, 518 ff.; zur Sache auch: Paqué 1970, 67 f., 261 f.; De Rijk 1985, 199 f.).

[21] Buridan hatte zwar die alten Unterteilungen der Suppositionslehre des Hispanus übernommen, sie aber entscheidend umgestellt. Ging Hispanus in Absetzung von der *suppositio discreta* (für den Einzelnamen) in einem grundlegenden Bedingungsverhältnis von der *suppositio communis* (für den Allgemeinbegriff) aus, so steht bei Buridan in völliger Umkehrung als Alternative zur untergeordneten

solches logisches Kompendium eine fundamentale Tragweite für die ontologischen und metaphysischen Kontroverspositionen (gerade auch in den weiteren universitären Fächern) besaß – exemplarisch eben sehr gut an dem unterschiedlichen Stellenwert der *suppositio simplex* in der terministischen Suppositionslehre abzulesen.[22]

Trotz seiner eindeutig nominalistisch-ockhamistischen Grundhaltung in der Suppositions- und Universalienlehre gelang es Buridan weitaus besser als Ockham, Anhänger seiner Doktrin zu finden. Vielleicht war es hinsichtlich seiner ‚Summulae' gerade die „Verbindung der neuen Lehren mit traditionellen Formen und zugleich einem neuen Alltagston der Natürlichkeit, (der) Buridan wahrscheinlich zum wichtigsten ‚Popularisator' der ‚via moderna' (machte)".[23] Vor allem aber scheint er die entsprechende Ausrichtung der Lehrinhalte an den Artisten-Fakultäten bestimmt zu haben.[24] Dies wird nahegelegt durch die immense Rezeption von Universitätshandschriften mit der Lehre Buridans in ganz Europa (Frankreich, Böhmen, Polen, Deutschland, Schottland, weniger

---

allgemeineren *suppositio materialis* die *suppositio personalis* am Anfang der Suppositionsableitungen. Dies bedeutet, daß bei Buridan jede Supposition außer der zweitrangigen *suppositio materialis* eine *suppositio personalis* bleibt, bei Hispanus dagegen in umgekehrtem Bedingungsverhältnis jede weitere Supposition außer der *suppositio discreta* eine *suppositio communis* – immer also auf einen Allgemeinbegriff, nicht auf einen konkreten Einzelbegriff, bezogen wird (vgl. die schematische Übersicht bei Paqué 1970, 68; darauf aufbauend: Weiler 1972, 316 f.). Dementsprechend folgerte Scott mit Recht, die terministische Logik sei „ontologically neutral, an analytical tool for all thinkers" (Scott 1965, 671). Wenn Buridan mit der abgeleiteten *suppositio naturalis* arbeitet, d.h. einer Supposition für das allgemeine Wesen der Dinge (Paqué 1970, 45 f.), dann weist diese Form eine fundamental nominalistische Richtung auf und dient in Ablehnung der hypothetischen Wissenschaftslehre Ockhams einzig dem Zweck, in einem konzeptualistischen Sinne den Wahrheitsanspruch wissenschaftlicher Aussagen zu begründen, die aber gleichwohl auf konkretes Individuelles und nicht metaphysisch Allgemeines bezogen bleiben (vgl. De Rijk 1985, 197-200; zur Thematik: Grant 1971, 32 ff.; Palacz 1981; Imbach 1987, 251 f.). Hierin eine „tendency toward both logical nominalism and metaphysical realism" zu sehen (so Scott 1965, 670; ihm folgend Weiler 1972, 312), erscheint mir mehr als fraglich.

[22] Der hier angesprochene formende Bedingungscharakter der artistischen Logik für die auf sie aufbauenden weiteren Wissenschaften findet eine analoge Begründung in der berühmten, (später so gefaßten) programmatischen Formulierung am Anfang der ‚Summulae logicales' des Petrus Hispanus: *Dialectica est ars artium, scientia scientiarum ad omnium methodorum principia viam habens* (Michael 1985, 500; vgl. Peter of Spain 1972, 1).

[23] Paqué 1970, 262.

[24] Zum Folgenden: Michael 1985, 305-398, bes. 390-398 (Schlußbetrachtung zur Rezeptionsgeschichte Buridans); zum Einfluß Buridans in Prag, Krakau, Wien, Heidelberg, Erfurt und Leipzig vgl. Markowski 1984; zu Prag auch: Markowski 1976, 17-20.

jedoch in England und Spanien). Die Kopiertätigkeit erreichte im letzten Viertel des 14. Jahrhunderts ihren Höhepunkt und schwächte sich seit ca. 1425 stark ab.

Nimmt man nun noch den Einfluß jener Pariser Magister aus der zweiten Hälfte des 14. Jahrhunderts hinzu, deren Lehren sehr stark mit denen Buridans kongruierten (etwa Nicolaus Oresme, Albert von Sachsen oder Marsilius von Inghen), so muß wohl für die Zeit nach ca. 1350 von einem Buridanismus an den Artisten-Fakultäten Böhmens, Deutschlands und Polens, aber auch Frankreichs und Italiens, gesprochen werden. Dort war der dominierende Nominalismus, den die spätere universitäre Schulrichtung der Via moderna vertrat, buridanistisch, nicht ockhamistisch geprägt.[25]

2. Der Kölner Terministenbeschluß von 1414/16

Kommen wir auf die Statuten der Kölner Artisten-Fakultät zurück. Offensichtlich zeigt die Nennung von Buridans logischem Kompendium für den Anfangsunterricht eine programmatische Ausrichtung des Logikunterrichts an der Kölner Artisten-Fakultät im Sinne eines buridanistisch-terministischen Konzeptualismus an. Dieses Bekenntnis erscheint auch keineswegs ungewöhnlich, wenn man berücksichtigt, in welch starkem Maße die wissenschaftsgeschichtliche Ausrichtung der Artisten-Fakultäten der ersten deutschen Universitäten von der aktuellen, vorherrschenden Lehrrichtung an ihrer „Mutteruniversität" in Paris abhängig war,[26] und diese war seit der Mitte des 14. Jahrhunderts eben buridanistisch. Bemerkenswert ist, daß Buridans Logik allerdings anscheinend nur in Köln, St. Andrews und Caen in die Statuten aufgenommen

---

[25] Pointierender noch Flasch (1986, 508 f.): „Wenn man schon Etiketten braucht, ist es daher präziser, für das Spätmittelalter von ‚Buridanismus' statt von ‚Nominalismus' zu sprechen." Letzteres konzentriere die Aufmerksamkeit einseitig auf die Universaliendebatte.

[26] Hierzu Michael 1985, 331 f. Schon in dem personellen Zustrom Pariser Universitätslehrer nach Köln in den ersten Jahren (ca. 44 in den Jahren 1388/89; vgl. M I, S. 3–54) wird diese personal-geistige Abhängigkeit deutlich (vgl. auch Ehrle 1925, 147; Meuthen 1988, 58). Um über diese Personen – was hier allerdings nicht geleistet werden soll – Aufschlüsse zu erhalten, welche wissenschaftsgeschichtlichen Positionen in Köln ursprünglich herrschten, wäre neben entsprechenden Wandlungen im Lebensablauf auch die frequentierte Fakultät zu berücksichtigen, da ein Theologe sicherlich anderen doktrinären Maßgaben unterstand als ein bloßer Magister der Artes.

wurde; in den meisten anderen deutschen Universitäten ergänzte die terministische Logik seines Schülers Marsilius von Inghen als nominalistisches Pendant den ‚Tractatus' des Petrus Hispanus.[27] Dieses Werk jedoch war, vergleicht man die Statuten der bis 1425 gegründeten Universitäten[28], an allen Universitäten im Reichsgebiet verbindlich, in Paris erstaunlicherweise erst seit der Universitätsreform von 1452.[29]

In diesem Zusammenhang stellt sich die Frage, ob die Auflistung des realistischen Logiktraktats des Petrus Hispanus neben den nominalistisch-terministischen an allen deutschen Universitäten, also die formale Offenheit gegenüber einer mehr realistischen oder mehr nominalistischen Logikfundierung, schon Aussagen über die tatsächlichen Gewichtungen im Unterricht gestattet – wie die ältere Forschung für Köln stets glauben machen wollte.[30] Die jeweilige Präsenz dürfte sich doch in erster Linie aus den vorherrschenden wissenschaftsgeschichtlichen Positionen der Mehrheit

---

[27] Michael 1985, 521 ff. Doch dominierte offensichtlich in Prag bereits Mitte des 14. Jahrhunderts die Logik Buridans (vgl. Ehrle 1925, 144 f.).

[28] S. die Aufstellung bei Lorenz 1985, 229-236.

[29] Michael 1985, 520-523; dort die plausible Frage, ob nicht erst die Bearbeitung des hispanischen ‚Tractatus' durch die buridanistischen Kommentatoren jener Logik Eingang in die Universitätsstatuten verschaffte. In Paris wurde Hispanus offenbar auch erst durch Buridans Kommentierung als Textbuch auf universitärer Ebene benutzt (vgl. Pinborg 1976a, 72). Zur relativen Bedeutungslosigkeit des Hispanus in Paris im 13. Jahrhundert: Peter of Spain 1972, XCVI f.

[30] Es wäre müßig, alle Belege aufzuführen. Offenbar konnte man sich angesichts des schnell die Vorherrschaft gewinnenden Realismus auch für die Anfangsjahre nur eine zumindest gleichberechtigte Vertretung dieser Richtung vorstellen. Allein aus der formalen Offenheit in den Statuten kann jedoch nicht auf ein tatsächliches Gleichgewicht geschlossen werden. In dem noch ausführlicher zu erörternden (s.u. 370–375) Mahnschreiben der Kurfürsten aus dem Jahr 1425 sowie in dem Antwortschreiben der Kölner Universität kommen diese beiden Betrachtungs- und Argumentationsebenen sehr anschaulich zum Ausdruck. Die Kurfürsten werfen den (nun) dominierenden Realisten vor, sie seien im artistischen Unterricht von dem *von anfanghe desselben studije zu Cöln* de facto praktizierten Modus einer nominalistisch-terministischen Aristoteleserklärung, der sonst überall in Deutschland noch üblich sei, abgerückt. Die Realisten legitimierten ihren neuen Modus dadurch, daß sie sich primär auf die statutarisch vorgegebene Offenheit hinsichtlich eines bestimmten Weges (besser: der Benutzung bestimmter Kommentatoren) bei der Aristoteleserklärung beriefen (vgl. Ehrle 1925, 282 f., 357 f.). Auch Ritter (1922, 55) und Benary (1919, 56 f.) betonen, daß die Statuten ursprünglich nie den Zwang zur Befolgung einer bestimmten Via enthielten: das Herkommen, nicht die Vorschrift habe den Studienbetrieb im einzelnen geregelt. Nur wenn man anerkennt, daß auch an der Kölner Artisten-Fakultät zunächst der Buridanismus dominierend war, kann die Bedeutung des mit der Etablierung der neuen Bursen verknüpften Sieges des Realismus erfaßt werden.

der lehrenden Artistenmagister ergeben haben. Nach allem, was bekannt ist, war die dominierende artistische Doktrin in Prag, Wien, Heidelberg, Leipzig oder Erfurt, trotz der dortigen formalen Gleichberechtigung des Petrus Hispanus, in den ersten Jahrzehnten des Bestehens eben nominalistisch geprägt.[31] Nicht anders in Köln, wie das früheste Zeugnis offenbart, das uns Aufschlüsse über die faktisch vorherrschende Lehrrichtung an der Artisten-Fakultät erlaubt (und nur über die Artisten kann hier gehandelt werden). Es liegt in einem reagierenden Fakultätsbeschluß aus dem Jahr 1414 vor. Wenn also Ende des 14. Jahrhunderts überall der Buridanismus, aufbauend auf dem Traktat des Hispanus, den Logikunterricht an den Artisten-Fakultäten beherrschte, so ist zu fragen, ob das „vel" in den Kölner Statuten (*Summulas Petri Hispani vel Byridani*)[32] nicht als ein „et" zu interpretieren ist.[33]

---

[31] Hierzu v.a. Ehrle 1925, 162-182, 200-204. Für die Schwierigkeit, aus statutarisch verpflichtenden Texten auf lehrinhaltliche Präferenzen zu schließen, sei exemplarisch auf Wien hingewiesen. Denn vgl. die durchgängig gehaltenen Vorlesungen zu den ‚Summulae logicales' des (realistischen) Petrus Hispanus an der (nominalistischen) Wiener Artisten-Fakultät; auch Vorlesungen über seine ‚Parva logicalia', also gerade über die Suppositionslehre, scheinen gegenüber den ‚Parva logicalia' in der Fassung des Nominalisten Marsilius von Inghen in der Überzahl gewesen zu sein (Acta 1968, 605 f.). Zur Problematik auch Frank 1968, 151-155; jüngst Braakhuis (1989, 3): die bloße Tatsache eines Kommentars zur Logik des (realistischen) Petrus Hispanus lasse noch keinen Rückschluß auf die Position des Kommentators zu, denn ein Nominalist habe ohne weiteres über ihn lesen können, wie gerade der nominalistische Kommentar des Johannes Buridanus zu Hispanus zeige. In diesem Sinne auch Lorenz 1985, 214. Ein schlagendes Beispiel bietet Mainz: dort veröffentlichte der führende Nominalist Florentius Diel noch 1489 als Professor der Theologie einen Kommentar zu den ‚Summulae' des Petrus Hispanus unter dem Titel ‚Modernorum Summulae Logicales', der nicht nur in Mainz zu einer programmatischen Schrift für die nominalistische Schule wurde (vgl. Steiner 1989, 78-84; Diel stand in der nominalistischen Tradition des Marsilius von Inghen und des Johannes Buridan. Steiners Urteil, Diel habe mit seiner Distanzierung von Ockham einen gemäßigt-eklektizistischen Nominalismus vertreten, kann ich aufgrund der gebotenen Beispiele und der schmalen Literaturbasis nicht folgen. Da die entscheidende realistische Opposition zum leicht dominierenden Mainzer Nominalismus aus den Kölner Bursen heraus erfolgen wird, ist dieser Zusammenhang nicht ganz belanglos.).
[32] Bianco 1855, Anhang 64.
[33] Diese Vemutung auch bei Braakhuis 1989, 4, Anm. 8. Demnach wäre die Nennung der beiden Autoren nicht als Möglichkeit einer Wahl zwischen zwei konkurrierenden Wegen verstanden worden. Denn soweit wir sehen, bestand diese methodische und inhaltliche Trennung Ende des 14. Jahrhunderts noch gar nicht. Erst nach Etablierung des Realismus dürfte „vel" als ausschließendes „oder" verstanden worden sein. Für die Auffassung, Hispanus für die Zeit der Statutenabfassung nicht isoliert als eigenständiges Lehrbuch einer realistischen Fraktion zu verstehen,

Das Dokument von 1414 ist in mehrfacher Hinsicht von kaum zu unterschätzender Bedeutung. Zum einen dürfte es das früheste offizielle Zeugnis zum universitären Wegestreit sein, das überhaupt bis jetzt bekannt ist.[34] Zum andern wird sich zeigen, daß es in Inhalt und Form der Abfassung bzw. Protokollierung aufs engste mit den führenden Magistern jener ersten bedeutenden Burse an der Kölner Artisten-Fakultät verflochten ist und somit wichtige Aufschlüsse über ihre wissenschaftsgeschichtliche Ausrichtung geben kann. Schließlich ist es bis in jüngste Zeit immer wieder fälschlicherweise als Beschluß der Kölner Realisten gegen neu hinzugekommene Nominalisten interpretiert worden.[35] Wenn es nun aber als Dokument für einen vorherrschenden terministischen Nominalismus nachgewiesen werden kann, der besonders in einer bestimmten Burse an der Kölner Artisten-Fakultät verankert war, so wird die spätere Fundierung des philosophischen Realismus in Köln, die eben gerade mittels der institutionalisierten Bursen gelang, vor diesem Hintergrund zu gewichten sein. Zunächst jedoch zum Inhalt des Beschlusses.

Unter dem Gesichtspunkt seiner Hauptforderungen läßt er sich in zwei Teile gliedern. Im ersten geht es eher allgemein um die Art und Weise der Erklärung philosophisch-artistischer Texte, im zweiten mehr inhaltlich um die Texte als solche bzw. bestimmte logische Traktate. Mit Blick auf den *modus exponendi libros Aristotelis* verurteilten die Verfasser, daß an der Artisten-Fakultät jener *modus exponendi antiquus et abolitus* durch bestimmte Pariser Magister

---

spricht auch, daß die Realisten sich in ihrer Verteidigung von 1425 zwar auf die freie Wahl der Kommentatoren, nicht aber auf die statutenmäßige Verbindlichkeit des Petrus Hispanus beriefen (vgl. Ehrle 1925, 282-290).

[34] Weiler 1972, 320. Gedruckt bei Weiler 1962, 57 f. (nach Un. 478, f. 58v; s. im Anhang dieser Arbeit Anlage Nr. 1). Zum Problem der genauen Datierung s.u. 293 ff.

[35] Das Dokument wurde erstmals eindeutig von Weiler (1962, 56-59) als Beschluß der terministischen Nominalisten näher analysiert. (Zur Sache vgl. auch Meuthen 1988, 172.) Obwohl schon früher die sich gegenüberstehenden Parteien richtig dargestellt wurden (so bei Ehrle, 1925, 345, in einem Nachtrag), ist besonders durch Ritters (1922, 42), Keussens (1934, 296) und Heiß' (1938, 303) Verwechslung der Gruppen der Eindruck eines von Beginn an in Köln vorherrschenden Realismus festgeschrieben worden. In diesem Sinne jüngst Gilbert (1974, 91), Gabriel (1974, 465), Michael (1985, 364 f.: 1415 ‚schüchterner Versuch', den von Beginn an verbannten Buridanismus wieder einzuführen) und (trotz der Zitierung von Meuthen 1988) Steiner (1989, 63: „Bereits 1414 hatte sich die Artistenfakultät gegen die Lehren einiger gerade aus Paris gekommener nominalistischer Magister ausgesprochen und die Ablehnung der modernen Lehrmethode auch in der Statutenrevision von 1415 festgeschrieben.").

wieder eingeführt worden sei, den man einst verachtet, verworfen und ganz und gar abgeschafft habe (*spretus, reprobatus et abolitus*). Offensichtlich bezog man dies nicht auf ein Ereignis an der Kölner Universität zwischen 1388 und 1414. Denn anschließend wurde gefordert, der traditionelle *modus legendi, doctrinandi et libros philosophi exponendi* solle befolgt werden, welcher von Anfang an in der Kölner Artisten-Fakultät gelehrt worden sei (*ab inicio studij assumptus erat*).[36] Anscheinend – und dies wird für den späteren Kontext wichtig – war nicht nur Köln von dem Problem der Wiederaufnahme eines *modus antiquus exponendi libros* betroffen gewesen. Eine hieraus resultierende große Zwietracht (*magnum discidium*) zwischen allen Universitätsangehörigen sei nämlich nicht nur in Köln in den verschiedenen akademischen Veranstaltungen, sondern auch an anderen berühmten Universitäten zu beklagen (*hic et alibi in universitatibus famosis*).[37]

Was ist nun aber sachlich-inhaltlich unter dem verpflichtenden Modus zu verstehen? Welcher an der Kölner Artisten-Fakultät zu lehren sei, wird im Beschluß explizit erwähnt: der geläufige *modus questionis*. Unter diesem verstand man die Erörterung bestimmter Probleme und Inhalte eines autoritativen Lehrtextes mittels entsprechender Quaestionen, die von den jeweiligen Kommentatoren relativ eigenständig (unter mehr oder minder weniger starker Lösung vom vorliegenden Inhalt) zu den betreffenden Textstellen entwickelt wurden.[38] Damit konnte natürlich eine Förderung logischer Verfahren bei der Texterörterung verbunden sein, bis hin zu einem Wuchern sophistischer Subtilitäten in den Quaestionen, allerdings ebenso eine verständlichere Erschließung schwer begreifbarer Aussagen.

Diesen Modus bevorzugten die Nominalisten bzw. Terministen, während die Realisten als Vertreter jenes *modus antiquus* einen *modus expositionis* bevorzugten, der eine inhaltsgetreuere, stringentere Wiedergabe des zu kommentierenden Textes erlaubte.[39]

---

[36] Eine weiter zurückliegende, allgemeine Abschaffung eines nicht nominalistischen Modus wird durch die Kölner Realisten 1425 bestätigt. Sie berichten, vor der Zeit Buridans (geb. Anfang 14. Jh., gest. um 1360) habe an allen Universitäten der Realismus geherrscht, der dann durch Buridans Wirken, v.a. in Paris, verdrängt worden sei (vgl. Ehrle 1925, 283 f.).

[37] Dies sicherlich eine Anspielung auf Prag (s.u. 311-315) und Paris, wo um 1405 die Realisten gegenüber den Buridanisten wieder Terrain gewannen. Vgl. den Bericht der Realisten von 1425 (Ehrle 1925, 151 ff., 283 f.).

[38] Zum Modus questionis vgl. etwa Ritter 1922, 102 ff.

[39] Vgl. Ritter 1922, 102-107; Weiler 1962, 67 f.

Die Forschung glaubte in dem Protokoll eine bedeutungsvolle Differenzierung zwischen der verbindlichen Methode des *modus questionum* und den davon zu trennenden dogmatischen Lehrmeinungen konstatieren zu können.[40] In der Lehre sei den Antiqui erlaubt worden, ihre *opiniones*, etwa in der Universalienfrage, *in lecturis scolasticis* frei vortragen zu können (*Non tamen intendimus per hoc inhibere quin tales opiniones recitari possint in lecturis scolasticis, illis tamen non immanendo, sed finaliter ad modos nostros exponendi libros questionum determinationes se convertendo*). Doch waren mit den *opiniones* tatsächlich dogmatische Lehrsätze gemeint, die man „deutlich der Methode gegenüberstellte"[41] und ungehindert vortragen ließ? Angesichts der angeprangerten großen Zwietracht, die aus der Propagierung des *modus antiquus* entstanden war?

Vielmehr dürften sich die Lehrmeinungen durch die Wendung *tales opiniones* synonym auf die vorher genannten *modi antiqui et derelecti* bezogen haben. Verbieten konnte und wollte man die aus dem Modus resultierenden realistischen Lehrsätze zwar nicht, doch in den Rang von Fundamentalpositionen sollten sie auch nicht kommen. So beteuerte denn die Fakultät, selbstverständlich wolle man das Vortragen nicht verbieten, doch dieses dürfe nicht zu lange und zu intensiv geschehen (*non immanendo*). *Sed finaliter* müßten sich die Antiqui dem Modus questionum der Terministen bei inhaltlichen Entscheidungen zuwenden.

Ein Zwiespalt ist unverkennbar. In einer *facultas artium liberalium* konnte einem Magister schlechthin nicht verboten werden, eine bestimmte Lehre *scolastice* zu vertreten. In diesem Sinne dürfte die Freiheit der *opinio* zu verstehen sein.[42] Doch da eine bestimmte Weise der Texterklärung verbindlich gemacht wurde, schränkte man

---

[40] So Weiler 1962, 58 f.; Wilpert o.J., 51 f.
[41] Vgl. die Wertung bei Weiler 1962, 58.
[42] Grundlegend zur Problematik die brillante Studie von Classen (1983) zur *Libertas scolastica*; vgl. bes. S. 258 zur „eigentümlichen Situation der Universität im Hinblick auf die Freiheit des Lehrens": auf der einen Seite die prinzipielle Möglichkeit, in Lehre und Disputation auch falsche oder unbewiesene Aussagen vertreten zu können, auf der anderen der Anspruch der Magister-Korporation, beurteilen zu dürfen, „was vertretbar ist und was nicht". (Wir werden diesem Konflikt nochmals im Zusammenhang mit häretischen Implikationen begegnen.) Zum Problem der Lehrfreiheit vor dem Hintergrund des philosophischen Methodenstreits zwischen Nominalisten und Realisten, der eben nicht so eindeutig wie ein Häresieprozeß entschieden werden konnte, vgl. Classen 1983, 261-270 (der wichtige Beschluß von 1414 fand bei Classen allerdings keine Berücksichtigung).

die inhaltlich-doktrinäre Tragweite der abhängigen und methodenbedingten Aussagen erheblich und grundlegend ein. Der *opinio* wurde gleichsam ein mehr privater Charakter zuteil, nicht der einer neben der Methode institutionell gleichwertigen Lehre.

Prinzipiell hat man also 1414 die Freiheit der Lehrmeinung aufrechterhalten. Versuchen wir nun, aus dem Text zu erfahren, welchen Grad an praktischer Verwirklichung man diesem Grundsatz zugestehen wollte. Die wahre Intention der Befürworter des Beschlusses dürfte sich im Kontext der (vermeintlichen) Zugeständnisse an die Realisten offenbaren. Falls diese möglicherweise in Methode und Lehre der Nominalisten irgendwelche Irrtümer (*falsitates*) finden würden – was ihnen kaum schwergefallen sein dürfte –, so wolle man, daß diese Irrtümer angezeigt würden. Die Ironie der Nominalisten, die sich in dieser Formulierung schon andeutet, wird in den folgenden Wendungen vollends deutlich. Wenn man nämlich die eigenen Fehler bestätigt bzw. berechtigt finde, so wolle man gerne wieder zu Verstande kommen und den Realisten danken (*Et si forsitan dixerint quod in eis invenerint aliquas falsitates quas doctrinare non presumerent, volumus quod illas nobis recitent et si ita invenerimus, libenter resipisci volumus et eis regratiari.*). War es zwischen beiden Parteiungen schon zu einem *magnum discidium* wegen der Lehrunterschiede gekommen, so mußte ein solches „Entgegenkommen" nicht nur als Ironie, sondern als purer Sarkasmus erscheinen. Das Dekanatsbuch bestätigt unsere Interpretation. An genau dieser Textstelle fügte später ein Vertreter der Antiqui, zur Hervorhebung eine Hand mit ausgestrecktem Zeigefinger, die lakonisch-bittere Glosse ein: *Audiatis modistam alias terministam*.[43]

Eine analoge Verhärtung der Fronten, aber auch die Ambivalenz der Lehrfreiheit, wird bei dem zweiten „Zugeständnis" deutlich. Im Anschluß an die Aufzählung der verbindlichen nominalistischen Traktate wurde erneut auf die prinzipielle Möglichkeit hingewiesen, im Rahmen der Lehrfreiheit Einwände gegen die formalen und inhaltlichen Vorgaben geltend machen zu können (*reservata tamen semper eis libera facultate obiciendi contra talia et solvendi*

---

[43] Vgl. Anhang Nr. 1. Unter Modisten verstand man Lehrer der Artes, die sprachlogisch über die Modi significandi handelten (vgl. Grabmann 1926c, hier 141-145; Ijsewijn 1971: zu Alexander Hegius und seiner humanistisch-pädagogischen Kritik an den Modi significandi; Weiler 1972, 321). Der Schreiber meinte offenbar die nominalistischen Sprachlehrer in Köln.

obiecta). Vernünftige Gründe gegen den Inhalt der logischen und sprachlogischen Traktate sollten der Fakultät zur Kenntnis gegeben werden, so daß man für „Heilung" sorgen könne. Für wie glaubhaft die Antiqui dieses Zugeständnis hielten, offenbart eine weitere Glosse, die offenbar von einem zweiten Schreiber ebenfalls mit einer hinweisenden Hand an der betreffenden Textstelle angefügt wurde. Mit doppelter Ironie forderte er den Protokollanten des Beschlusses (stellvertretend für die Nominalisten) auf, dieser möge die Termine nur genau bestimmen, er selbst werde dann die Schriften in Übereinstimmung bringen (*distinguatis tempora et concordabo scripturas*), doch resignativ rückte nun anscheinend wiederum der Schreiber der ersten Glosse sogleich eine Realisierung in unerreichbare Ferne: *bona dies in greco*.[44]

Die im zweiten Teil verbindlich gemachten Texte und deren Interpretation bestätigen die lehrinhaltliche Ausrichtung der Fakultät, wie sie in der pejorativ gefärbten Titulierung des Glossenschreibers zum Ausdruck kommt: eine streng terministisch-modistische. Denn die Fakultätsmehrheit erwartete nicht nur die Übernahme des Modus questionis von den Antiqui, sondern ordnete zudem an, daß diese *se conforment modis nostris loquendi consuetis in terminorum significationibus*, sich also in der terministischen Bedeutungslehre ausbilden. Die einzelnen Traktate, nach denen die terministische Logik zu unterweisen war, entsprachen weitgehend jenen der ‚Parva logicalia' bzw. denen ‚De proprietatibus terminorum'.[45] Mit den Traktaten ‚De restrictionibus' und ‚De terminis et propositionibus exponibilibus' ging man allerdings über das statutarisch Geforderte sogar hinaus, manifestierte man die sprachlogische Dominanz.

Bezeugt wird in diesem Dokument also der Versuch einer Minderheit, gegen die etablierte Lehrrichtung eine realistische zur Geltung zu bringen. Die aristotelischen Texte stellte niemand in Frage; umkämpft war die entscheidende Methode der Auslegung, Kommentierung (*modus exponendi*), wobei der fundierenden Logik offenbar eine Schlüsselrolle zukam. Konzedierte man zwar eine

---

[44] Hierunter ist wohl eine Verballhornung des Sprichworts *ad Kalendas Graecas* zu verstehen, mit dem die Erfüllung von etwas Angekündigtem an einem Sankt-Nimmerleins-Tag erwartet wurde.

[45] Zu den Texten in den Statuten s. Bianco 1855, Anhang 64; Meuthen 1988, 114. Vgl. weiterhin Weiler 1962, 64 ff.; De Rijk 1962, 14-23; Lorenz 1985, 213-216; Michael 1985, 519; Braakhuis 1989, 1 f. (mit Vorliebe von den Nominalisten behandelte Traktate, doch keine exklusiv nominalistischen).

Freiheit scholastischer Lehre, so schränkte man sie in ironischer Formulierung gleichzeitig derart ein, daß sie den Betroffenen nur als Farce erscheinen mochte. Entsprechend bitter und sarkastisch dürften denn auch die späteren Glossen zu interpretieren sein. Zweifelsohne sahen die nominalistischen Verfechter des – so möchte ich ihn nun nennen – Terministenbeschlusses eine begründete Notwendigkeit für ihn. Kaum weniger wichtig als das Prinzip der Lehrfreiheit war ihnen die Bewahrung des akademischen Friedens.

Wer aber waren die treibenden Kräfte, die hinter dem Terministenbeschluß standen? Und weiter: inwiefern und inwieweit konnte der *modus antiquus et abolitus* tatsächlich Ausgangspunkt für ein Zerwürfnis unter den Mitgliedern der Artisten-Fakultät oder vielleicht gar der Universität sein? Versuchen wir, mittels einer prosopographischen Untersuchung Aufschlüsse über das Zustandekommen des Statuts und dessen Hintergrund zu gewinnen.

3. Die Bursen-Regenten und der Terministenbeschluß

Der Terministenbeschluß von 1414 ist unmittelbar mit den maßgeblichen Regenten der ersten Kölner Großburse verknüpft. Das ergibt sich aus einer genaueren Analyse der Niederschrift des Beschlusses im Dekanatsbuch. Denn – was bisher nicht beachtet wurde –: Beschlußfassung und Niederschrift liegen ca. einhalb bis zwei Jahre auseinander, und jedesmal treten dabei die Bursenregenten in den Vordergrund. Gefaßt wurde der Beschluß im Dekanat des Arnoldus de Cloetinghen.[46] Dieses begann am 24. März 1414 (auf f. 54v im ersten Dekanatsbuch) und dauerte durch die Wiederwahl am 28. Juni 1414 bis zum 9. Oktober 1414 (letzter Eintrag auf f. 55r). Neben den obligatorischen Eintragungen über die Examina und Dispense wurde durch Arnoldus de Cloetinghen in diesem Dekanat nur ein einziger allgemeiner Fakultätsbeschluß protokolliert, der zudem mit einem *nota* am Rande versehen wurde. In ihm hatte die Fakultät über die *libri ordinarii* gehandelt, die von den jeweiligen Magistern bis zum Schluß persönlich gelesen werden sollten.[47]

---

[46] Un. 478, f. 58v: *Nota. Item in decanatu magistri Arnoldi de Cloetinghe facultas arcium timens illum modum exponendi libros Aristotelis antiquum et abolitum in nostram facultatem per quosdam magistros debere introduci,* ... (Die Nota-Hervorhebung bei Weiler 1962, 57, nicht in die Abschrift aufgenommen.)

[47] Un. 478, f. 55r (datiert auf den 1.10.1414, *in festo beati Remigii*).

Der Terministenbeschluß wurde zwar unter dem Dekan Arnoldus de Cloetinghen gefaßt, aber erstaunlicherweise nicht im entsprechenden Zeitraum (also zwischen f. 54v und f. 55r) protokolliert. Dies geschah erst 1416 auf f. 58v, nach dem letzten Eintrag des vorherigen Dekans vom 3. Februar 1416 und vor dem ersten Protokoll des nächsten Dekans vom 24. März 1416, d.h. zwischen den Amtsperioden zweier anderer Dekane. Die nachträgliche Protokollierung erfolgte jedoch zweifellos durch Arnoldus de Cloetinghen, den Dekan der Beschlußfassung, selbst, wie ein Vergleich seiner Handschrift, des Duktus, der von ihm benutzten Tinte und Feder bei seinen Protokollierungen während des Dekanats 1414 mit der Handschrift des nachträglichen Schreibers des Terministenbeschlusses eindeutig erweist. Zu dem Zeitpunkt dieser späteren Niederschrift, die nicht eigens datiert wurde, muß Arnoldus dann die letzte Seite seiner damaligen Dekanatseintragungen (f. 55r) aufgeschlagen haben, um unter das letzte Protokoll[48] am Ende der Seite mit einer gegenüber den früheren Eintragungen kleineren und gedrängteren Schrift folgenden Verweis zu geben: *Nota. Vertantur quattuor folia et reperietur alia conclusio facultatis inter magistros diu ventilata.*[49] Zwischen der ursprünglichen Beschlußfassung und der tatsächlichen Protokollierung amtierten drei Dekane. Vom 9. Oktober 1414 (f. 55v) bis zum 31. März 1415 (f. 56v) dauerte das Dekanat des Johannes de Stommel[50], vom 31. März 1415 (f. 56v) bis zum 8. Oktober 1415 (f. 57v) das des Henricus de Bemel de Xanctis[51]. Das dritte Dekanat bekleidete schließlich Andreas de Werdena vom 8. Oktober 1415 bis zum 24. März 1416, wobei jedoch sein letzter datierter Eintrag am 3. Februar 1416 (f. 58r) erfolgte.[52] Nach einer halben Leerseite auf f. 58r kam dann auf f. 58v

---

[48] Es handelt sich um Dispense von der Verpflichtung zur zweijährigen Regentschaft an der Artisten-Fakultät nach dem Magisterium, die für die Magister Petrus de Graft (M 90,17) und Theodoricus de Delft (M 87,3) erteilt wurden. (Beide stammten wohl aus der Großburse, da sie 1412 zusammen unter Gotfridus de Dorsten determinierten und 1414 unter Andreas de Werdena inzipierten.)

[49] Die Untersuchung von Handschrift, Feder und Tinte erweist sicher, daß auch dieser Verweis durch Arnoldus de Cloetinghen geschrieben wurde.

[50] M 44,1.

[51] M 33,5.

[52] Nach diesem Eintrag vom 3.2.1416, einem „Nota"-Beschluß über ein maßvolles Prüfungsverfahren, protokollierte Andreas de Werdena noch ohne eigene Datierung eine Notiz über einen Dispens für zwei Magister (nach dem Schriftbild wohl ebenfalls vom 3.2.). Zur Reihenfolge der Dekane vgl. Keussen 1934, 491.

die Niederschrift des Beschlusses, ehe schließlich auf f. 59r mit dem 24. März 1416 das Dekanat des Gotfridus de Dorsten begann.

In beiden Stadien ist der Terministenbeschluß also engstens mit den Namen der ersten und einflußreichen Bursenregenten verbunden gewesen. Als zentrale Figur sticht Arnoldus de Cloetinghen hervor. Er dürfte als federführender Dekan zwischen dem 24. März und 9. Oktober 1414 maßgeblich zu den Initiatoren gehört haben. Eigenmächtig verzichtete er auf eine Protokollierung. Einen Grund gibt er uns nicht an. Immerhin war der Beschluß heftig umstritten, und dies sicherlich nicht nur durch die Konkurrenz der Moderni und Antiqui, sondern auch durch die Tragweite der Entscheidung. Möglicherweise bewogen beide Faktoren Arnold, von einer statutarischen Verbindlichmachung des Inhalts, die eine schriftliche Fixierung im Dekanatsbuch ja bedeutet hätte, abzusehen. Was auch immer den Ausschlag gegeben hat, Anfang 1416 galt dies nicht mehr. Nun fühlte er sich genötigt, das Dekanatsbuch, ohne qua Amt dazu befugt zu sein, in die Hand zu nehmen, um ein Dokument zu fixieren, dessen Rechtsverbindlichkeit die Antiqui in die Schranken weisen sollte. Aber wäre dies möglich gewesen, wenn das Amtsbuch sich zu jener Zeit im Besitz eines ihm und dem Beschluß feindlich gegenüberstehenden Dekans befunden hätte? Es wird daher wohl kaum als Zufall angesehen werden können, daß mit Andreas de Werdena und Gotfridus de Dorsten seine beiden Kollegen in der Bursenleitung unmittelbar vor und nach der nachträglichen Protokollierung das Dekanat bekleideten. Gotfridus de Dorsten hatte zudem genau in jenem Halbjahr der Universität als Rektor vorgestanden, in welchem Arnoldus de Cloetinghen als Dekan den Beschluß verabschiedet hatte – für seinen Inhalt und dessen Annahme möglicherweise nicht unbedeutend. Die Schlußfolgerungen, daß Arnoldus wohl kaum aus eigenem Antrieb die späte Fixierung des Terministenbeschlusses unternommen hätte, wenn er nicht hinter dessen Bestimmungen gestanden hätte, ferner daß die drei Regenten niemals so eng miteinander in der Bursenleitung hätten kooperieren können, wenn sie nicht mit Arnoldus der nominalistischen Mehrheit angehört hätten, lassen an der nominalistisch-terministischen Ausrichtung der ersten Kölner Großburse wohl keinen Zweifel mehr entstehen.

Eine weitere Bestätigung würde diese philosophische Ausrichtung finden, wenn jener Engelbertus de Yserenlon, der sechs Traktate der ‚Summulae' Buridans kopierte, mit dem gleichnamigen

Kölner Studenten[53] identisch wäre.[54] Denn der Kölner Artes-Student Engelbert von Iserlohn war ein Schüler Gottfrieds von Dorsten. Doch hatte der Kopist nach eigener Angabe die Handschrift schon 1404 abgefaßt, während der Student erst Ende März 1409 in Köln immatrikuliert wurde und im Mai 1410 unter Gottfried determinierte.[55] An den anderen in Frage kommenden Universitäten scheint allerdings kein Schüler namens Engelbert von Iserlohn immatrikuliert worden zu sein[56], so daß für die zeitliche Differenz, die zu berechtigten Zweifeln Anlaß gibt, möglicherweise ein nicht bekannter Grund vorgelegen hat.

Quellenmäßig belegt ist jedoch die bis in die vierziger Jahre dauernde Existenz der Terministen-Burse. Wir sahen, daß noch 1431 mit Johannes Meynardi de Novimagio ein mutmaßlicher Regent dieser Burse neben drei Antiqui das vierte Mitglied einer Deputation stellen durfte.[57] Arnoldus de Cloetinghen engagierte sich als Doktor der Theologie sogar noch im August 1458 in der Artisten-Fakultät.[58] Die später noch zu besprechende[59] Versicherung der realistischen Mehrheit von 1425, die nominalistischen Schüler würden auch weiterhin in ihrem Weg unterrichtet und examiniert, besaß demnach einen realen Hintergrund.

4. Die Gegner

Mehr noch als der ursprüngliche Beschluß läßt die Tatsache der späteren Niederschrift nach der Ursache für diese Handlung fragen. Worin lag der Anstoß, der Arnold und seine ihn unterstützenden Konregenten veranlaßte, die Entscheidung doch noch in eine schriftlich-statutarische Form zu bringen? Dieser zweite Anstoß läßt sich allerdings nur erhellen, wenn vorher die bedingenden – und erst hier sinnvoll zu erörternden – Faktoren für das

---

[53] M 81,9.
[54] Vgl. Michael 1985, 501 (Identifikation ohne Problematisierung biographischer Unstimmigkeiten).
[55] Vgl. Meuthen 1988, 480, Anm 5 (Ablehnung einer Identifizierung aus biographischen Gründen).
[56] In Paris, Heidelberg, Erfurt und Wien ist ein Engelbertus de Iserenlon nicht nachzuweisen, für Prag fehlen jedoch die Matrikel.
[57] S.o. 125.
[58] S.o. 149.
[59] S.u. 372.

eigentliche Zustandekommen des Terministenbeschlusses eruiert werden.

Es empfiehlt sich dabei, vom Text des Beschlusses auszugehen. Denn in ihm wird ausdrücklich der ursächliche Hintergrund der *conclusio* konkretisiert: durch *quibusdam parysiensibus (magistris)* sei versucht worden, den alten, längst abgeschafften Modus der aristotelischen Texterklärung in Köln einzuführen. Da die Namen der Pariser Magister nicht genannt wurden, eine mögliche Identifizierung aber von großem Aussagewert sein kann, soll der Versuch unternommen werden, diese Personen über eine Analyse der Kölner Matrikel zu bestimmen. Dabei gilt es, für einen Zeitraum von 1395 bis 1414 alle zu berücksichtigen, die als *magister Parisiensis* in Köln immatrikuliert wurden, somit ihr Magisterium in Paris erworben hatten.[60] Es ist bemerkenswert, daß nur zehn Personen sicher benannt werden können, die mit einem Pariser Magistergrad nach Köln kamen.[61] Führen wir sie erst einmal summarisch auf, bevor näher auf sie eingegangen werden soll: Henricus Bemel de Xanctis[62], Amplonius de Creveldia[63], Johannes de Stommel[64], Hugo Franconis de Leyden[65], Arnoldus Joncher[66], Jeronimus de Praga[67], Hynricus Heynemannus de Brilon[68], Arnoldus de Hokirchen[69], Arnoldus de Spina[70] und Goswin de Hueven[71]. Alle anderen, von fremden

---

[60] Die Bezeichnung *quibusdam parysiensibus* in der Quelle legt es nahe, nur von Personen auszugehen, die mit einem Pariser Magistergrad nach Köln gekommen waren, was dann in der Regel auch attributiv in den Matrikeln vermerkt wurde. Wenn man, um einen angemessenen Wirkungszeitraum für die in Frage kommenden Magister zu gewinnen, die zehn Jahre vor dem Beschluß berücksichtigt, so ergibt sich die Notwendigkeit, die Matrikeln bis 1395 zurückzuverfolgen. Denn es zeigt sich, daß bestimmte Pariser Magister schon vor ihrem Studium in Paris an der Kölner Universität immatrikuliert waren, somit (vor 1414) von Paris als Magister an ihre erste Studienstätte zurückgekehrt waren.

[61] Der *magister artium Parisiensis* Baldewinus de Beileur (M 71,9), der im Herbst 1406 in Köln immatrikuliert worden war, wurde nicht berücksichtigt, weil er sich sogleich für das kanonische Recht und die Juristische Fakultät intitulieren ließ, eine Tätigkeit an der Artisten-Fakultät somit auszuschließen ist.

[62] M 33,5.
[63] M 35,17.
[64] M 44,1.
[65] M 63,10.
[66] M 67,17.
[67] M 69,1.
[68] M 85,13.
[69] M 92,19.
[70] M 94,22.
[71] M 96,4.

Universitäten kommenden Personen, hatten vorher vornehmlich Prag, Erfurt und Heidelberg besucht. Diese zehn Magister sind nun auf eine realistische Geisteshaltung hin zu befragen.

Schon genannt wurde der wohl älteste jener Magister, Henricus Bemel de Xanctis. 1397 in Köln immatrikuliert, ließ er sich 1401 als *bachellarius studii Coloniensis* in die Natio Anglicana der Pariser Universität einschreiben.[72] 1402 erwarb er dort den Magistergrad, 1403 und 1404 ist er als *magister regens* an dieser Natio nachzuweisen.[73] Spätestens seit 1406 war Henricus de Xanctis an der Kölner Artisten-Fakultät tätig,[74] wo er gut 18 Jahre bis zu seiner Professur in der Theologie (1424) wirkte. Sein theologischer Lehrer hieß Rutger Overhach de Tremonia, dem sich bekanntlich auch der Albertist Heymericus de Campo (L 1) anschließen sollte. Arnold von Tongern (L 60) zählte denn ja auch in seiner Bursengeschichte Henricus de Bemel zu jenen Regenten, die er als geistige Gründungsväter der Laurentiana ansah. Eine realistisch-albertistische Geisteshaltung könnte bei Henricus demnach durchaus zu vermuten sein. Zwischen 1407 und 1415 bekleidete er zudem dreimal das Dekanat, besaß also offenbar einigen Einfluß und Rückhalt in der Fakultät. Sein Dekanat von 1415 lag im übrigen genau zwischen der Beschlußfassung und der Protokollierung des Terministenbeschlusses.

Der 1397 in Köln immatrikulierte Amplonius de Creveldia wandte sich über Erfurt (1399) und Heidelberg (1401) als *bachalarius Coloniensis* nach Paris, wo er 1404 seinen Magistergrad erlangte.[75] Im Mai 1407 wurde er in die Kölner Artisten-Fakultät rezipiert und noch 1410 im Rotulus als *clericus* und *magister artium* aufgeführt. Weiteres ist jedoch zu ihm nicht bekannt.

Wie Henricus Bemel und Amplonius de Creveldia kam auch Johannes de Stommel von der Universität Köln, wo er wohl im Dezember 1399 immatrikuliert worden war, als Bakkalar nach Paris. Im September 1403 wurde er in die Natio Anglicana aufgenommen.[76] Im April 1404 erwarb er das Magisterium (zusammen mit

---

[72] Auctarium 1937, I, Sp. 839.
[73] Auctarium 1937, I, Sp. 843 f., 853 f., 866, 869, 884.
[74] Am 9.12.1406 determinierten erstmals 3 Scholaren unter ihm. (Allerdings setzen die Protokolle des Dekans auch erst im Dezember 1406 ein.) Heinrich Bemel gehörte sehr wahrscheinlich der gleichnamigen Familie aus Xanten an, die zu den bedeutendsten Familien der Xantener Führungsschicht zählte (vgl. zu ihr Weinforth 1982, bes. 85 f.).
[75] Auctarium 1937, I, Sp. 880 f.
[76] Auctarium 1937, I, Sp. 869.

Amplonius de Creveldia)[77] und schon im Januar 1406 wurde er zum Prokurator der Englischen Nation gewählt.[78] Für jenes Jahr ist er auch das letzte Mal in Paris nachzuweisen. Zwischen 1407 und 1410 hielt er sich, wie schon kurz vor seiner Kölner Immatrikulation, an der Universität Erfurt auf, von wo er dann wieder nach Köln zurückkehrte.[79] Seine Tätigkeit an der Artisten-Fakultät von ca. 1410 bis 1415 erstreckte sich jedenfalls genau auf den Zeitraum vor dem Terministenbeschluß. 1410/11 und 1414/15 fungierte er sogar als Dekan. Seit 1417 scheint er als Protonotar in städtischem Dienst gestanden zu haben.

Nur wenige, kaum aussagekräftige Zeugnisse besitzen wir von den beiden folgenden Magistern. Hugo Franconis de Leyden wurde 1392 als Magister in die Natio Anglicana aufgenommen, im gleichen Jahr auch zum Prokurator dieser Nation gewählt.[80] 1404 wurde er in Köln als Magister artium und Lizentiat der Medizin immatrikuliert. Er nahm später noch ein Studium im kanonischen Recht auf, wurde 1425 als Mediziner Rektor der Universität und scheint an der Artisten-Fakultät nicht tätig gewesen zu sein.

Gleiches gilt für Arnoldus Joncher, der schon 1404 in Heidelberg als *magister Parisiensis* immatrikuliert worden war, bevor er Ende 1405 nach Köln kam. Bei ihm läßt sich selbst hinsichtlich seines weiteren Wirkens keinerlei Aussage treffen. In Köln scheint er sich nur ganz kurzfristig aufgehalten zu haben.

Nur für wenige Wochen weilte ebenfalls Hieronymus von Prag in Köln. Seine Person erweist sich jedoch gerade auf wissenschaftsgeschichtlicher Ebene als von derart großer Bedeutung für unseren Problemzusammenhang, daß auf ihn nach Vorstellung der anderen Magister ausführlich eingegangen werden muß.[81]

Von Hynricus Heynemannus de Brilon und Arnoldus de Hokyrchen ist wiederum keinerlei Nachricht über ihre Tätigkeit in Köln zu erfahren. Hynricus de Brilon war 1407 Magister in Paris geworden,[82] wurde im Dezember 1409 in die Kölner Artisten-Fakultät aufgenommen und ist nach 1410 schon nicht mehr in Köln nachzuweisen. Nur für Anfang des Jahres 1412, den Zeitraum der Immatrikulation, ist Arnoldus de Hokyrchen in Köln bezeugt, der

---

[77] Auctarium 1937, I, Sp. 880 f.
[78] Auctarium 1937, I, Sp. 913.
[79] Vgl. Kleineidam 1985, 62 f., 402.
[80] Auctarium 1937, I, Sp. 667 f.
[81] S.u. 302–306 u. ö.
[82] Auctarium 1937, II, Sp. 12.

ein Jahr vorher sein Magisterium in Paris erworben hatte.[83] Beide werden somit schwerlich zum Kreis der Pariser Magister zu zählen sein, der eine realistische Logik und Lehre an der Artisten-Fakultät propagierte.

Wahrscheinlich muß auch Goswin Hueven de Arnheim von der Liste möglicher Realisten gestrichen werden. Denn schon 1399, zu einem Zeitpunkt, für den es keinerlei Zeugnisse für eine realistische Strömung in Paris gibt, wurde er Magister in der Natio Anglicana, an der er bis 1406 nachzuweisen ist.[84] Im September 1412 ließ er sich als Magister artium und Doktor der Medizin in Wien in die Medizinische Fakultät aufnehmen, Ende 1412 wurde er mit den gleichen Graden in Köln immatrikuliert, aber erst 1418 in die Artes-Fakultät rezipiert.[85] 1419 verließ er Köln, um nach Heidelberg zu wechseln. Äußerst unwahrscheinlich somit, daß er vor 1418 – zudem als Doktor der Medizin – an der Kölner Artisten-Fakultät in den Lehrstreit eingegriffen haben könnte.

Mit dem letzten der vor 1414 als *Parisiensis* immatrikulierten Magister, Arnoldus de Spina, begegnet uns allerdings wieder einer der wenigen, den die Verfasser des Terministenbeschlusses vor Augen gehabt haben könnten.[86] Arnoldus wurde am 30. September 1412 in die Kölner Artisten-Fakultät rezipiert. Er kam aus 's-Hertogenbosch, Diözese Lüttich, und hatte demzufolge seinen artistischen Unterricht an der Pariser Universität seit ca. 1407 in der Pikardischen Nation erhalten,[87] eben jener, in der nach einem Zeugnis des Heymericus de Campo (L 1) sein albertistischer Lehrer Johannes de Nova Domo lehrte.[88] Vermutlich erster einflußreicher

---

[83] Auctarium 1937, II, Sp. 103 f. Arnoldus de Hokyrchen hatte seinen Magistergrad unter Wilhelmus Bloc erworben, nicht unter dem Thomisten Heinrich von Gorkum (M 1), der bei jenen Promotionsakten ebenfalls als Inzeptor auftrat. Vorausgesetzt, Bloc gehörte nicht zur realistischen Reformgruppe in Paris, so spräche dies eher gegen eine Zuordnung zur Gruppe der Pariser Antiqui in Köln.
[84] Auctarium 1937, I, Sp. 736 u. Nr. 3, 868, 871 f.
[85] Vgl. zu Goswin de Arnheim auch Stohlmann 1989, 444 f. (Goswin stiftete 1418 bei seiner Aufnahme in die Fakultät zwei Bücher, mit der Bedingung, daß die Fakultät dafür nach seinem Tod seine Schulden und die nicht bezahlte Aufnahmegebühr von 2 fl. bestritt. Beides erübrigte sich, da er bei seiner Abreise nach Heidelberg 1419 die gestifteten Bücher wieder an sich nahm, ohne die offenstehenden Gebühren zu begleichen.)
[86] Vgl. zu ihm Clasen 1952, 76-80; Vennebusch 1976, 246.
[87] Zuordnung der einzelnen Diözesen zu den Pariser Nationen bei Kibre 1948, 18 f.
[88] Zu Johannes de Nova Domo vorerst Meersseman 1933, 16-22; Gabriel 1974, 450.

Albertist in Paris nach der Vorherrschaft des Nominalismus in der zweiten Hälfte des 14. Jahrhunderts, hatte Johannes de Nova Domo seit Beginn des 15. Jahrhunderts mittels der *doctrina Alberti* gegen die Formalisten und Terministen gekämpft.[89] Nicht auszuschließen, daß Arnoldus ebenfalls in realistischem Sinn unterwiesen wurde.

In Köln muß Arnoldus de Spina schnell ein gewisses Ansehen gewonnen haben, denn schon im September 1413 wurde er zum Dekan gewählt. Sein bis in den März 1414 dauerndes Dekanat lag unmittelbar vor dem des Arnoldus de Cloetinghen, in welchem der Terministenbeschluß gefällt wurde. Noch dreimal (1418/19, 1421/22 und 1426) konnte Arnoldus de Spina dieses Amt bekleiden. Wenige Jahre nach seiner Ankunft in Köln dürfte er das Theologiestudium aufgenommen haben, das er zwischen 1428 und 1430 mit dem Doktorat abschloß.

Legt man nun die Kriterien eines längeren, aktiven Wirkens an der Kölner Artisten-Fakultät und einer nicht auszuschließenden, möglicherweise zu vermutenden realistischen Geisteshaltung an jene zehn Pariser Magister an (Hieronymus von Prag hierbei ausgeklammert), so bleiben allein drei übrig, die diese Kriterien mehr oder weniger erfüllten: Henricus Bemel de Xanctis, Johannes de Stommel und Arnoldus de Spina. Zwischen ihnen gab es darüberhinaus aber noch weitere Verbindungen. So übernahm am 8. Oktober 1421 Arnoldus de Spina das Dekanat anstelle des rechtmäßig verhinderten Henricus de Xanctis. Und am 18. März 1424 wurde Arnoldus de Spina für eben jene Universitäts-Pfründe an St. Aposteln präsentiert, die bis dahin Johannes de Stommel innehatte.[90] Da es in Köln vor 1414 engagierte realistische Pariser Magister gegeben haben muß, verdichtet sich der Kreis potentieller Antiqui eher ex negativo auf diese drei.

Unabhängig davon, ob sich der Terministenbeschluß primär gegen die namhaft gemachten Pariser Magister in Köln richtete oder gegen andere, die uns unbekannt bleiben: ihr Wirken verursachte zwar den Inhalt, nicht aber die Chronologie von Beschlußfassung und Niederschrift. Kein Ereignis läßt sich auf mögliche Kölner Realisten zurückführen, welches von einer solchen Tragweite wäre, daß es die Terministen zur umstrittenen Entscheidung gegen die

---

[89] Heymericus de Campo berichtete in seiner ‚Invectiva' 1456, (der 1418 verstorbene) Johannes de Nova Domo habe 16 Jahre lang den albertistischen Realismus propagiert (vgl. Meersseman 1935, 117).
[90] Vgl. Keussen 1934, 491 (Liste der Dekane); R 399.

Antiqui bewogen haben könnte. Auch sehen wir nirgendwo in Köln einen Vorgang, der initiatorischen Charakter für die anfangs nicht geplante Protokollierung gehabt haben könnte. Das eigentliche Motiv ist unseres Erachtens außerhalb Kölns zu suchen und an die Person wie das Handeln des Hieronymus von Prag gebunden. Dies gilt es im folgenden zu erläutern.

5. Hieronymus von Prag an der Kölner Artisten-Fakultät

Ist für die wenigen überhaupt in Frage kommenden Kölner *magistri Parisienses* eine explizit anti-terministische Haltung nicht nachzuweisen, so trifft dies in keiner Weise auf Hieronymus von Prag zu, den vehementen Verfechter eines extremen Realismus.[91] Währte sein Aufenthalt in Köln auch nicht allzu lange, die Folgen seines Wirkens gestalteten sich nicht nur in Köln, auch an anderen Universitäten, langfristig und schwerwiegend. Sie beeinflußten nicht allein den Terministenbeschluß von 1414/16, sondern auch und besonders die Entwicklung des gemäßigten Realismus, der sich Anfang der zwanziger Jahre des 15. Jahrhunderts an den Kölner Bursen institutionalisieren sollte.

Hieronymus von Prag war der erste Schüler, den Johannes Vogel[92] in seinem Rektorat, das vom 24. März bis zum 28. Juni 1406 dauerte, immatrikulierte. Ein genaues Datum für diese Intitulation ist nicht überliefert. Es ist jedoch anzunehmen, daß Hieronymus sich in den ersten Tagen des neuen Rektorats einschreiben ließ. Eine Aussage über den Zeitpunkt seines Eintreffens in Köln ist damit allerdings noch nicht getroffen, denn nach den Statuten war es erlaubt, vierzehn Tage zwischen Ankunft und Immatrikulation verstreichen zu lassen – eine Frist, die häufig sogar überschritten wurde.[93]

Hieronymus hatte die Kölner Universität nach Beendigung seiner Studien- und Lehrzeit in Paris aufgesucht. Dort war er im April 1404 als *bachalarius* zugelassen worden.[94] Den ersten akademischen

---

[91] Zu Hieronymus von Prag grundlegend: Emden 1959, 1512 f.; Šmahel 1966; Šmahel 1966a; Betts 1969c. Ein unselbständiges Kompilat bietet Pilný 1974. Zu seinen überlieferten literarischen Zeugnissen vgl. Bartoš 1965a, 277-289; v.a. Šmahel 1980, pass.; Herold 1985, pass. Zum Aufenthalt des Hieronymus in Köln jetzt: Herold 1989.
[92] M I,13.
[93] Vgl. M I, 18*.
[94] Auctarium 1937, I, Sp. 879.

Grad hatte er schon 1398 in Prag erworben, erhielt jedoch durch Intervention des Jan Hus einen zweijährigen Dispens, um auswärts seine Studien fortsetzen zu können. Als begeisterten Anhänger der extrem realistischen Philosophie des John Wyclif zog es ihn nach Oxford, von wo er wohl 1401 nach Prag zurückkehrte, dabei vor allem logische Schriften Wyclifs mitbrachte.[95]

Noch im gleichen Monat seiner Ankunft in Paris bestand Hieronymus von Prag als achter von vierzehn die Prüfung zum *licentiatus artium*. An dritter und vierzehnter Stelle bei diesem Lizentiatsakt im April 1404 befanden sich Johannes Stommel de Colonia und Amplonius de Creveldia, die wir schon unter den Kölner Magistri Parisienses kennenlernten.[96] Erwarben sie ihren Magistergrad unmittelbar nach dem Lizentiat, so inzipierte Hieronymus erst im Januar 1405 unter dem Magister Conradus de Lubeck.[97] Beide Kölner hatten folglich direkten Kontakt zu Hieronymus und zumindest 1404 muß auch Henricus Bemel de Xanctis den Prager noch in der Englischen Nation erlebt haben. Im Januar 1406, als Hieronymus mit großer Sicherheit noch als Regens in Paris lehrte, wurde Johannes Stommel – wie oben erwähnt – sogar zum Prokurator der Englischen Nation gewählt. Er wird somit in den unterschiedlichsten Bereichen mit Hieronymus und besonders der Wirkung seiner Lehre auf die Pariser Professoren konfrontiert worden sein.[98] Vorausgesetzt, Henricus Bemel und Johannes Stommel gehörten zur jungen Gruppe der Antiqui, so ist eine Beeinflussung durch den Wyclifisten im Bereich der Logik nicht ganz unwahrscheinlich.[99]

Die rein zeitliche Aufenthaltsdauer des Hieronymus von Prag in Köln kann wie gesagt nicht sehr lang gewesen sein kann. Denn schon am 7. April 1406 wurde er in Heidelberg, seiner nächsten Etappe, in die Artisten-Fakultät rezipiert, wo er übrigens ebenfalls

---

[95] Zu den Daten: Emden 1959, 1512 f. Vgl. Kaluza 1984, 85 u. Anm. 8.
[96] Auctarium 1937, I, Sp. 880.
[97] Auctarium 1937, I, Sp. 894.
[98] Im August 1405 hatte die Nation Hieronymus von Prag unter die *magistri regentes* für das neue Vorlesungsjahr aufgenommen (vgl. Auctarium 1937, I, Sp. 906).
[99] Das Phänomen einer neuen, abwägenden Rezeption gerade der wyclifistischen Logik seit Ende des 14. Jahrhunderts trotz der Verurteilung seiner häretischen Lehren wird von Walsh (1986, 36) betont. Besonders auf dem Kontinent sei Wyclif „als brauchbare Quelle und als autoritative Meinung in einer noch nicht entschiedenen Debatte" weiterhin verwertet worden.

nicht wesentlich länger verweilte.[100] Doch seine fanatische Agitation für die realistische Logik und Universalienlehre hinterließ ihre Spuren.[101] Wir besitzen allerdings nur ein einziges, indirektes, aus Heidelberg stammendes Zeugnis über den Inhalt seiner Äußerungen in Köln.[102] (Während des Verhörs vom 23. Mai 1415 auf dem Konstanzer Konzil wurde seitens des Kölner Vertreters nur allgemein von *multa erronea* gesprochen.)[103] Dieses aber spiegelt eindringlich die Zielsetzung des Hieronymus an den von ihm aufgesuchten Universitäten wider. Aus dem entsprechenden Protokoll des Heidelberger

---

[100] Vgl. Toepke 1884, 100 u. A. 3. Durch Šmahel (1966, 91 f.) ist erstmals mit stichhaltigen Argumenten die in der älteren Forschung angenommene Chronologie und Universitätsabfolge (Heidelberg-Köln) als falsch erwiesen worden. Die Bedeutung der richtigen Reihenfolge liegt unter anderem darin, daß der Aufenthalt des Hieronymus in Köln wahrscheinlich nur zwei bis drei Wochen gedauert haben kann, der in Heidelberg jedoch etwas länger. (Welche Konsequenzen dies im einzelnen hatte, wird noch auszuführen sein.) Für Šmahels These spricht besonders die von Hieronymus und anderen immer wieder geäußerte Reihenfolge der Universitätsstädte, in denen er das Magisterium erhielt bzw. durch Disputationen bestätigte. Sie werden stets in der Reihenfolge Paris-Köln-Heidelberg-Prag aufgeführt, eben nach der geltenden Ordnung der Seniorität. (Vgl. etwa die Angaben des Pragers bei den Verhandlungen auf dem Konstanzer Konzil bei v.d.Hardt 1699, Sp. 103, 645, 684. Gleiche Reihenfolge bei der Befragung durch die Vertreter der Universitäten Paris, Köln, Heidelberg: v.d.Hardt 1699, Sp. 217 f.) Zum Datum der Fakultätsrezeption des Hieronymus in Heidelberg und sein dortiges Wirken: Hautz 1862, 232, Anm. 16 (mit Auszug aus dem verlorengegangenen ersten Dekanatsbuch der Artisten-Fakultät); vgl. auch Ehrle 1925, 174. Die stets kurzen Aufenthalte des Hieronymus, der fast ständig auf Reisen war, hebt Šmahel (1966, 86 f.) hervor. Sie erlaubten kaum die Fertigstellung größerer Schriften, gleichwohl wirkte er v.a. durch seine Quaestionen bei den Disputationen, die dann teilweise von Studenten abgeschrieben wurden.
[101] Die ungemein suggestive Redebegabung beeindruckte etwa auf dem Konstanzer Konzil Poggio Bracciolini über alle Maßen (vgl. Watkins 1967, 112-124). Auch bei Gerson fast ein Ton der Bewunderung, als er Hieronymus während des Verhörs vom 31.5.1415 vorwarf: *et tu, cum esses Parisiis, putabas, te esse Angelum cum eloquentia tua, et turbasti universitatem ...* (v.d.Hardt 1699, 217). An den Universitäten pflegte er – zumindest ist dies für Heidelberg bezeugt – seine Auftritte vorher mittels Intimation anzukündigen: *replicationem seu defensionem suam e valvis publicis indicasset; ... sequenti die dictus M. Jeronimus iterum intimavit, ut prius, se velle replicare etc., iuxta quod intimatum ivit ad cemeterium Sancti Petri ...* (zit. nach Ehrle 1925, 174 f., Anm. 5). Zur rednerischen Lehrvermittlung bei Hieronymus vgl. auch Šmahel 1966, 88.
[102] Da das Dekanatsbuch der Kölner Artisten-Fakultät erst im Dezember 1406 beginnt, liegen keine Aussagen über sein Auftreten bei den Artisten vor. Auch in den Auszügen aus dem theologischen Dekanatsbuch (Un. 229, [Cr] u. [H]) ist keinerlei Hinweis auf Hieronymus zu finden.
[103] Vgl. v.d.Hardt 1699, 217. Herold 1989, 259, zitiert die entsprechenden Passagen aus einer erzählenden Quelle (Petrus de Mladonowic, Vita Magistri Hieronymi, in: Novotný 1932, 355), die einen etwas anderen, Hieronymus freundlicher gesonnenen Wortlaut der Aussagen während des Verhörs bietet.

Rektors über das Auftreten des Hieronymus in Heidelberg wird deutlich, daß der Prager Wyclifist – wie er selbst betonte – in Köln vehement gegen die Autoren der terministischen Logik (wie Buridan oder Marsilius von Inghen) polemisiert hatte. Sie seien für ihn keine Logiker, sondern vielmehr dialektische Häretiker.[104] Man wird sich unschwer vorstellen können, wie solche Angriffe von den Kölner Terministen aufgenommen wurden. Aber nicht nur für Köln, auch für Heidelberg sind uns fast identische Zeugnisse seiner gezielten Schmähungen terministischer Logiker überliefert, wobei er nicht nur die maßgeblichen terministisch-nominalistischen Kommentatoren namentlich aufführte, sondern offenbar stets auch ihre universitären Gefolgsleute einschloß.[105]

Eine Kritik terministischer Logik allein wäre aus der realistischen Haltung des Hieronymus ja durchaus verständlich gewesen und wohl kaum aufsehenerregend. Warum aber verstieg er sich zu einer Brandmarkung der terministischen Autoren und Gefolgsleute als

---

[104] Hieronymus hatte sich der Aufforderung des Dekans der Artisten-Fakultät, seine schriftlich zusammengefaßten Disputationsthesen vor Verlassen des Veranstaltungsraumes auszuhändigen, verweigert, dabei aber *specialiter exprimens auctores logice terminorum non loycos sed vere dyalectice hereticos, quod tamen dixit se non hic, sed Colonie dixisse et multa alia plura* (vgl. Rektorbücher 1990, 413 f., Nr. 427; eine etwas andere Lesart bietet Ritter 1936, 353, Anm. 1: ... *non loycos sed vel dyabolice haereticos esse* ...). Diese Aussage scheint in der bisherigen Forschung nicht zur Kenntnis genommen worden zu sein (z.B. auch bei Herold 1989), so daß man über Charakter und Inhalt der von Hieronymus zu Köln vorgetragenen Thesen keinerlei Information zu haben glaubte. Trifft die Aussage der Quelle zu, dann entspricht ihr Inhalt allerdings vollkommen den gleichartigen Thesen des Hieronymus in Heidelberg.

[105] So wurde auf dem Wiener Prozeß gegen Hieronymus (1410-1412) eine Aussage des ersten Zeugen Nicolaus Tell am 5.9.1410 wie folgt protokolliert: *interfuerit actui suo* (sc. des Hieronymus) *in Haidelberga, et ista materia fuerit quodam modo materia principalis posicionis sue, et magister Jeronimus nisus fuerit deducere ex illo loicam realem, et quod universalia communia realia deberent subici et predicari in proposicionibus, et propter hoc intulerit magistros Okkan, Maulveld, Biridanum, Marsilium et eorum sequaces fuisse non dialecticos, sed diabolice hereticos* ... (Klicman 1898, 13). Zum Wiener Prozeß auch: Klicman 1900. Ein weiterer Beleg bei Hautz 1862, 232, Anm. 16: *volens facere actum publicum quod importune arroganter infective contra magistros modernos sc. Buridanum, Marsilium etc. multa mirabilia in positione sua dixit, publice in scolis representans eos non vere loyce auctores, sed fere hereticos* ... Die Titulierung der Anhänger einer nominalistisch-terministischen Logik als *dialecticae haeretici* war schon in den achtziger Jahren des 14. Jahrhunderts in Prag üblich, wobei man auf eine Prägung Anselms von Canterbury in ‚De incarnatione' zurückgriff (vgl. Trapp 1957, 355). Die Wendung stammte in diesem Fall von dem Dominikaner-Theologen Nicolaus Biceps, Vertreter eines wohl gemäßigten Realismus, bei dem die sicherlich auch topischen Charakter besitzende Wendung nicht jene Implikationen aufwies, die bei Hieronymus die Polemik bestimmten.

dialektisch-diabolische Häretiker[106], die er vehement und häufig (nicht nur für Köln und Heidelberg ist sie belegt) wiederholte, und welchen philosophischen Hintergrund besaß sie für ihn? Wenn wir uns zur Erklärung dem Ideengut des Hieronymus zuwenden, so entfernen wir uns keineswegs vom Kölner Bursenrealismus. Denn dessen Entwicklung, seine Differenzierungen vor allem, sind ohne Kenntnis der allgemeinen geistes- und wissenschaftsgeschichtlichen Bewegung, der sich Hieronymus verbunden fühlte, kaum angemessen verstehbar.

6. Der wyclifistische Universalienrealismus

Als Hieronymus von Prag Anfang des 15. Jahrhunderts Oxford wieder verließ, hatte er sicherlich die wichtigsten philosophischen wie theologischen Schriften des 1384 verstorbenen John Wyclif kennengelernt.[107] Einige brachte er in Abschriften auf den Kontinent mit, die meisten der philosophischen Schriften waren jedoch schon länger in Prag bekannt gewesen.[108]

---

[106] Beide Ausdrucksformen sind in der Literatur zu finden, wobei hier nicht geklärt werden kann, ob statt *diabolice* richtig *dialectice* in den Quellen zu lesen ist.

[107] Über Wyclif und seine Schriften jüngst Kenny 1985 (allerdings mehr als der Sache dienlich mit dem recht einseitigen Bemühen, Wyclifs Lehre als kongruent in die mittelalterliche Tradition zu stellen, während die eben auch bestehenden Gegensätze zur Tradition nicht scharf genug herausgearbeitet werden). Instruktiv jetzt der von Hudson/Wilks (1987) herausgegebene Tagungsband „From Ockham to Wyclif"; in unsere Thematik führt der Beitrag von Herold (1987).

[108] Hieronymus berichtet etwa auf dem Konstanzer Konzil, daß er während seines Oxforder Aufenthaltes den ‚Dialogus' und ‚Trialogus' Wyclifs abgeschrieben und nach Prag mitgenommen habe (v.d.Hardt 1699, 635). Zu diesen beiden Spätschriften Wyclifs: Kenny 1985, 97. Besonders der weit verbreitete ‚Trialogus' stellt eine Summe des gesamten theologischen Denkens Wyclifs, damit aber auch seiner radikalen Kirchen- und Dogmenkritik dar. Vgl. auch Betts 1969c, 198. Auf dem Wiener Prozeß bestätigt ein Zeuge, daß Hieronymus *Parisius habuerit loicam Wikleph* (Klicman 1898, 22; vgl. Kaluza 1984, 85). Wahrscheinlich führte Hieronymus bei seiner Abreise aus Oxford auch die höchst umstrittenen Eucharistie-Traktate Wyclifs bei sich (vgl. Šmahel 1970, 20). Zur Eucharistie-Lehre Wyclifs, die von den meisten seiner Anhänger nicht mehr akzeptiert wurde: Kenny 1985, 80-90; Walsh 1986, 26; Patschovsky 1989, bes. 391 f. Eine kompromißlose Aneignung des wyclifistischen Universalienrealismus fand in Prag vor Hieronymus besonders durch tschechische Magister wie Stanislaus von Znaim und Stephan Pálec statt, die mit Realismus und Kirchenkritik zugleich ein genuin tschechisch-universitäres Selbstverständnis in der Prager *natio Bohemorum* zu entwickeln trachteten (Šmahel 1970, 19 f.; Herold 1987, 186-189). Umfassende Auflistung der philosophischen Werke Wyclifs in Handschriften böhmischer Provenienz bei Smahel 1980, 5-189.

Eine, wenn nicht gar die fundamentale Differenz zwischen Wyclif und seinen philosophischen Gegnern lag im Bereich der Metaphysik und Ontologie und konzentrierte sich auf die Frage nach der Realität der Universalien.[109] Von den Nominalisten wurde diese Realität bekanntlich geleugnet, was dann entsprechende Konsequenzen hatte, die wir bei Buridan etwa in der Suppositionslehre kennenlernten. Wyclif vertrat in dieser Kontroversfrage einen extrem realistischen Standpunkt, indem er dem Allgemeinen (Universale) eine eigene, von den Einzeldingen verschiedene und universale Realität zusprach, die entweder von den Einzeldingen getrennt oder als konkreter Teil in ihnen existierte. (Für den gemäßigten Realismus gab es zwar auch eine Realität des Allgemeinen, doch existierte es hier nur als unselbständiger Seinsinhalt in den Einzeldingen.)[110]

Ein weiteres, grundlegendes Kernstück seines Realismus bildete für Wyclif neben der Behauptung eines objektiven Seins der Universalien die ganz in einer platonisch-augustinischen Tradition stehende Lehre von den ewigen Ideen als real existierenden Urbildern Gottes und daraus resultierend die Doktrin von Gott als *Finalcausa*. Im Reich der Ideen lag für Wyclif auch die Wahrheit der Bibel begründet und für ewig verbürgt. Durch diese Verankerung erhielt die Heilige Schrift ihren Gesetzescharakter und ihre besondere Autorität.[111] Die traditions- und zeitübergreifende, ideengebundene Wahrheit der Schriftaussagen stand in engstem Zusammenhang mit der Logik der Bibel, die nach Wyclif jeder menschlichen Logik überlegen, auf jeden Fall aber nur durch eine realistische Logik adäquat zu erfassen sei.[112]

Wenn somit schon vor jeder weitergehenden philosophischen Erörterung eine grundsätzliche Analogie von streng realistischer

---

[109] Zur philosophisch-theologischen Lehre Wyclifs neben Kenny 1985: Kalivoda 1963; Benrath 1974; Gilbert 1974. Speziell zur Universalienlehre vgl. die Einleitung von Spade in: Wyclif 1985a, VI-XLVII.
[110] Vgl. etwa De Vries 1983, 22.
[111] Vgl. Benrath 1974, 369 ff.
[112] In diesem Sinne programmatisch schon die ersten Sätze des Proömiums von Wyclifs Logik: *Motus sum per quosdam legis dei amicos certum tractatum ad declarandam logicam sacre scripture compilare. Nam videns multos ad logicam transeuntes, qui per illam proposuerant legem dei melius cognovisse, et propter insipidam terminorum mixtionem gentilium in omni probacione proposicionum propter vacuitatem operis eam deserentes, propono ad acuendum mentes fidelium ponere probaciones proposicionum que debent elici ex scripturis.* (Wyclif 1893, I, 1). Zum besonderen, „die Unmittelbar-Beziehung des Einzelnen zu Christus" betonenden Schriftverständnis bei Wyclif und Hus vgl. jetzt Patschovsky 1989, 393-396.

Logik, Schriftauslegung und -wahrheit, Universalien- und Ideenlehre gleichsam als Prämisse konstitutiv jegliche philosophische Doktrin bestimmte, wenn mittels eines solchen Universalienrealismus eine Gleichung wie diese aufgestellt werden konnte: „Da die Universalien Wesenheiten Gottes sind, so muß der, der ihre Realität leugnet, auch Gott leugnen", dann erscheint eine Äußerung wie die obige des entschiedenen Wyclif-Anhängers Hieronymus von Prag über die Gleichsetzung von terministischer Logik und Häresie eher notwendig und zwangsläufig denn abwegig.[113]

Als Konsequenz dieses Universalienrealismus ergaben sich dann so markante und zugleich provokante Doktrinen – hier nur exemplarisch herausgestellt – wie die von der *identitas analogica*, die als reale Analogie verstanden etwa auch zwischen Gott und den Kreaturen bestehe[114] oder der sachlich verwandten Lehre von der Real-Differenz zwischen dem Universale und seinem Einzelwesen[115].

---

[113] Signifikant denn auch eine entsprechende Schlußfolgerung des Hieronymus während des berühmten Quodlibets des Magisters Knín 1409 an der Prager Universität: Wer die Universalien für bloße Namen halte, sei nicht Logiker, sondern diabolischer Häretiker zu nennen (vgl. Betts 1969c, 203). Diese Begründung des Hieronymus für seine Anklage, die somit nicht als bloßer Topos gewertet werden kann, wird durch den Zeugen Conradus de Hildesheim beim Wiener Prozeß bestätigt: *quod magistrum Marsilium et supradictos* (sc. Conradus de Susato, Johannes de Frankfordia und Nicolaus Tell, d. Verf.) *(dixit fuisse) hereticos in loica et philosophia ex eo, quia non tenerent universalia realia* (Klicman 1898, 15). Analog der Zeuge Nicolaus Tell, der die Begründung des Häresie-Vorwurfs an die Terministen für den Bereich der Logik spezifizierte: Hieronymus habe sie angeklagt, die Suppositionsfähigkeit der *universalia communia realia* in propositionalen Sätzen zu verwerfen (vgl. Klicman 1898, 13). Obwohl für Heidelberg belegt, dürften diese Vorwürfe ebenso an die Kölner Terministen gerichtet worden sein.

[114] Vgl. Wyclif 1893, 1, 10: *Identitas analogica est inter primam causam et causatam, est inter substanciam et accidens; quia quamvis Deus, substancia et accidens non communicant in aliquo genere, tamen conveniunt in ente transcendente et analogo, quia omnia que sunt, sunt encia analogice, et sic omnia sunt idem in entitate.* Besonders signifikant ist das *idem* im letzten Satz, das deutlich die extrem realistische Position Wyclifs kennzeichnet. Ein gemäßigter Realist, der grundsätzlich eine *identitas analogica* anerkennen würde (allerdings keine realistische, sondern eine logische, rational abstrahierte), hätte für *idem* wahrscheinlich *similia* gesetzt (vgl. Wyclif 1893, I, XIII ff., 10 u. Anm. zu Z. 9; s. auch De Vries 1983, 22-25).

[115] Auch in der Lehre von der Real-Differenz bestand ein gewichtiger Unterschied zum gemäßigten Realismus, der die Realität der Universalien lediglich als geistige Abstraktionen, eine Real-Differenz also nur zwischen zwei bestimmten Einzelwesen gelten lassen würde. Für Wyclif führte sein Universalienrealismus dann zu Gleichungen wie dieser: *Unde videtur mihi verum quod omnis homo* (als Universale, d. Verf.) *et duo homines sunt tres, nec est verum quod omnes duo homines sunt homo et duo homines* (Wyclif 1893, I, 92, s. auch XXXII). Vgl. ebenso Wyclif 1985, 183-207, wo diese Lehre weiter differenziert wird.

Auch die geistigen Gefolgsleute Wyclifs sahen sich dadurch immer wieder heftigen Angriffen ihrer zahlreichen Gegner ausgesetzt, die den häretischen Kern des Universalienrealismus bloßlegten und anprangerten.[116]

So lastete man Hieronymus von Prag beispielsweise an,[117] er habe als häresieverdächtige Lehren vertreten, daß es in der Dreifaltigkeit eine gemeinsame Wesenheit neben den drei Personen (die sogenannte „Quaternitarianismus-Lehre") gebe,[118] daß Gott nichts annihilieren könne (dies war Grundlage für Wyclifs Kritik an der Transsubstantiationslehre),[119] daß alle Dinge, die geschehen werden, von Notwendigkeit bestimmt seien,[120] schließlich daß Hieronymus die formale und reale Distinktion der Universalien bzw. Ideen (*formalitates*) im göttlichen Geist gelehrt habe[121].

---

[116] Vgl. etwa Šmahel 1968, 813-818.

[117] Diese Anklagepunkte sind denjenigen entnommen, die Hieronymus auf dem Konstanzer Konzil im April 1416 vorgelegt wurden, und die er besonders an den Universitäten von Paris, Köln und Heidelberg vertreten haben soll (vgl. v.d.Hardt 1699, Sp. 634-691, bes. Sp. 645 f.). Der letzte Punkt über die Realdistinktion der Universalien im göttlichen Geist wurde Hieronymus zweimal beim Wiener Prozeß zur Last gelegt (Klicman 1898, 5, 9). Zu den häretischen Konsequenzen des Universalienrealismus bei Hieronymus jüngst: Herold 1989, 268-273. Profunde Analyse der Anklagen: Kaluza 1984.

[118] Die extreme Doktrin der Real-Differenz führte hier zu einer Zersetzung der katholischen Trinitätslehre, da mit ihr v.a. zugleich die Identität der drei Personen in Frage gestellt wurde. Vgl. die Anklage an Hieronymus: *Item, quod istae res in divinis sunt sic distinctae, quod una non est alia, et tamen quaelibet earum est Deus* (v.d.Hardt 1699, Sp. 645).

[119] Die wyclifistischen Vertreter eines extremen Realismus lehrten eine entschiedene Ablehnung der Annihilations-Fähigkeit Gottes, d.h. der Möglichkeit zur Aufhebung der Existenz des Seienden, die als der Omnipotenz Gottes zugehörig gedacht wurde und eine Voraussetzung der Transsubstantiationslehre in der Eucharistielehre darstellte. Vgl. etwa die Ausführungen Wyclifs in seinem Universalientraktat: Wyclif 1985, 307; ferner: Kaluza 1984, 86-89 (keine Entsprechung in den Schriften des Hieronymus); Kenny 1985, 80-90; Walsh 1986, 26.

[120] Wyclif konzedierte Gott als *prima causa* zwar die Kategorie der *necessitas*, doch eine absolute Notwendigkeit im Geschehenden postulierte er nicht (vgl. etwa Wyclif 1985, 333). Hielt er die Lehre von der menschlichen Willensfreiheit aufrecht, so bekannte er sich in augustinischer Tradition zur Prädestinationslehre, unterschied dabei aber die zur Verdammnis bestimmten *praesciti* von den zum Heil Prädestinierten. Vgl. die recht ausgewogene Darstellung bei Benrath 1974 (kritische Auseinandersetzung mit der These De Vooghts, 1960, 1960a, von der katholizismuskonformen Lehre Wyclifs; ähnlich kritisch jüngst Šmahel 1981a); apologetisch: Kenny 1985, 31-41.

[121] Dieser Anklagepunkt bezieht sich auf eine Hauptdoktrin des Universalienrealismus, mit der Hieronymus etwa auf dem Prager Quodlibet 1409 die Real-Distinktion von Gott, Sohn und Heiligem Geist im göttlichen Geist behauptete (vgl.

Tatsächlich barg der Universalienrealismus gravierende universitäre und häretische Folgen in sich. Erhoben die Nominalisten das konkrete, individuelle Seiende in seiner Kontingenz zum Hauptgegenstand philosophischer Beschäftigung und Erkenntnis, so wurde dem nun die Kategorie des Notwendigen und Allgemeinen in einer neuen, bisher an den Universitäten so nicht gekannten Exzessivität entgegengestellt. Mit Platon (und Augustinus) wurde seitens Wyclifs und seiner universitären Gefolgsleute ein Konnex geschaffen, der sowohl das Subjekt und die es umgebende Realität als auch Gott im Sinne einer *Finalcausa* und die göttlichen Ideen als allgemeine Prinzipien und prägende Formen enger und unmittelbarer aneinander band. Hatte Buridan den Philosophen noch Zurückhaltung bei der Behandlung metaphysischer und theologischer Fragen gepredigt, so beanspruchten die Universalienrealisten gerade als Philosophen, die Kluft des einzelnen zum Göttlichen überbrückbarer zu gestalten.[122] Mag für Wyclif noch Aristoteles d e r Philosoph geblieben sein, für die Prager Universalienrealisten war er nicht mehr d i e Autorität.[123] Das aristotelische System vermittelnder Glieder, abhängig wirkender *causae*, dessen hierarchische Gliederung und Abstufung des Universums, die in Philosophie wie Ekklesiologie ihre Umsetzung gefunden hatte, sollte gemäß dem Universalismus der Extremrealisten an Gültigkeit verlieren.[124] Statt

---

die Zeugenaussage bei Klicman 1898, 31). Sie ist engstens mit der Ideenlehre Wyclifs verbunden, wie sie etwa im Universalientraktat ausgedrückt wird: *Res aeterna est idea ... Omnis idea est essentialiter ipse Deus, licet formaliter distinguatur ab invicem et a Deo* (Wyclif 1985, 368; vgl. 359-375). In Wyclifs Ideenlehre wird wohl am stärksten seine platonisch-augustinische, von Aristoteles abweichende Traditionslinie deutlich. Zu ihr bekannte sich auch Hieronymus – allen Prager Realisten voran – immer wieder nachdrücklich, so etwa in Wien 1410: *Idee ponende sunt in mente divina secundum distinccionem realem ...* (Klicman 1898, 8). Zur Adaption der wyclifistischen Lehre von den Ideen durch Hieronymus (*prima et suprema universalia sunt raciones eterne et exemplares*) vgl. Herold 1985, 296; Herold 1987, 190, 204-215; Herold 1989, 263-273. Hieronymus von Prag tradierte allerdings nicht nur die Ideenlehre Wyclifs, sondern baute sie noch erheblich aus (Herold 1987, 209 ff.).

[122] Hieronymus von Prag sprach den Theologen gar den Vorrang bei der Behandlung der Universalien- und Ideenproblematik ab (vgl. Herold 1987, 207 f.; Herold 1989, 264 f.). Zum Universalismus Wyclifs vgl. auch Kalivoda 1963 (dessen philosophiegeschichtliche Einordnung Wyclifs modifiziert durch Benrath 1974, 361).

[123] Vgl. Herold 1987, 206.

[124] Aufschlußreich für diesen Zusammenhang von umfassender Universalordnung und Universalienrealismus die stark beachtete Quaestio, die Hieronymus von Prag beim Quodlibet von 1409 an der Prager Universität stellte: *Utrum a parte rei universalia sit necessarium ponere pro mundi sensibilis armonia.* (Šmahel

Aristoteles hoben die Prager Plato auf das autoritative akademische Podest.[125] Wir werden noch darauf zurückkommen, welche Brisanz darin für die Kölner Bursenrealisten lag.

Hieronymus von Prag, der Laie und bloße Magister artium, mag seinem Vorbild Wyclif in der Kritik an den herrschenden Dogmen der katholischen Kirche nicht so eng gefolgt sein wie bei dessen Philosophie.[126] Die Tatsache aber, daß solches durch so prominente, umstrittene Weggefährten und Gesinnungsgenossen wie Jan Hus[127] oder Stanislaus von Znaim[128] geschah: diese sich entwickelnde hussitische Häresie gab der philosophischen Lehre des Universalienrealismus ihre ganz besondere Sprengkraft.

7. Die Auseinandersetzungen an der Prager Universität Anfang des 15. Jahrhunderts

Neben der hussitischen Häresie waren es allerdings primär zwei Vorgänge, die dem wyclifistischen Universalienrealismus und schlechthin jeder Form eines dezidierteren Realismus insbesondere für die Universitätsgeschichte und für die an den Universitäten institutionalisierte Wissenschaftsgeschichte ein folgenschweres Spannungsfeld bereiteten: das berühmte Quodlibet des tschechischen Magisters Knín an der Prager Universität im Januar 1409 sowie

---

1980, 26 f., Nr. 60/A-B; Šmahel 1982, 39). Harmonie und Ordnung der Ideenwelt schrieb er reale Entität zu; er sah sie als verbindlich für die Ordnung der sinnlich wahrnehmbaren Welt an, welcher er das augustinisch geprägte Ideal eines *mundus archetypus* entgegenstellte (vgl. Herold 1985, 296; Herold 1987, 217 f.).

[125] Vgl. etwa Herold 1987, 206, 210: Plato war für sie *divinissimus philosophorum*; Jan Hus zog Plato der Wahrheit wegen Aristoteles vor; Hieronymus von Prag zitierte sogar direkt aus dem ‚Timaios' Platos (in der Übersetzung des Calcidius).

[126] Weitgehende Distanzierung des „Philosophen Hieronymus" von der häretischen Dogmenkritik Wyclifs: Šmahel 1966, 94-98; vgl. Betts 1969c, 210; Herold 1987, 208. Gegen eine Gleichgültigkeit in dogmatischen Fragen: Walsh 1986, 26. Hierfür spräche auch, daß er gerade Wyclifs ‚Trialogus' in Oxford abschrieb.

[127] Zu Hus, der v.a. wegen seiner universalen Konzeption der heiligen Kirche als Totalität der Prädestinierten sowie wegen seiner Kritik an den kirchlichen Amtsträgern (Papst und Kardinälen) verurteilt wurde, hier nur Spinka 1968; Spuna 1985, 211 ff. (Lit.). Zur wyclifistischen Ekklesiologie des Hus vgl. Patschovsky 1989; relativierend: Holeton 1989.

[128] In Stanislaus von Znaim verband sich ein exzessiver Realismus mit einer radikalen Dogmenkritik. Vgl. zu ihm etwa Sousedik 1973; Lohr 1974, 144; Walsh 1986, 45 f.

das kurz darauf durch Wenzel IV. erlassene Dekret von Kuttenberg.[129]

Zwischen den tschechischen Wyclifisten und den deutschen Magistern und Scholaren hatte sich die Lage an der Prager Universität in jenen Jahren zugespitzt. Der Erzbischof von Prag hatte mit Unterstützung vieler deutscher Magister eine erneute Verurteilung der 45 Artikel und ein Verbot einiger Bücher Wyclifs erreicht, zudem im Jahr 1408 eine Verurteilung des tschechischen Magisters Matthias Knín, die sich auf dessen Verbreitung wyclifistischer Lehren stützte. In dieser Situation wählten die Tschechen an der Prager Universität im Januar 1409 demonstrativ den Magister Knín zum Quodlibetarius. Mit provokanter Eindringlichkeit nutzten die tschechischen Wyclifisten das herausragende akademische Ereignis, dem die meisten der deutschen Magister konsequent aus Protest fernblieben, um den exzessiven, prononciert wyclifistischen Universalienrealismus[130] zusammen mit einem teilweise ins Sakrosankte verklärten tschechischen Nationalbewußtsein zu propagieren und zu verteidigen. Und an der Spitze der Propagandisten stand mit weitaus größter Wirkung und Verve Hieronymus von Prag, der besonders in seiner *recommendacio arcium liberalium* in schärfster Diktion gegen die (deutschen) Gegner Wyclifs und für die *sacrosancta natio Boemica* polemisierte.

Aber nicht nur wissenschaftsgeschichtlich, auch universitätspolitisch leistete Hieronymus von Prag den entscheidenden Beitrag,

---

[129] Zu den Prager Ereignissen vom Januar 1409 s. Betts 1969c, 202-205; mehr den politischen Kontext herausarbeitend: Seibt 1957; Seibt 1965, 65-86; Kaminsky 1972, 97-104; zur Rolle des Hieronymus: Šmahel 1967, 50-55; zu den Folgen für die Prager Universität: Šmahel 1967a. Trotz mancher Korrekturen durch die Forschung immer noch wegen aufschlußreicher Details wertvoll: Höfler 1864, 221-271.

[130] Man braucht nur die Titel der gestellten Quaestionen zu betrachten, um die Vehemenz zu erahnen, mit der hier ein Universalien- bzw. Ideenrealismus auf den „akademische Schild" gehoben werden sollte (vgl. Šmahel 1980, 23-28, wo allein 22 Quaestiones pro Universalienrealismus aufgeführt sind; ferner Höfler 1864, 261-264). Äußerst informativ für den oben erörterten Zusammenhang der Universalienproblematik mit der Logik bzw. Suppositionslehre ist die Quaestio eines Anonymus mit dem Titel *Utrum ad salvandum veritates multarum proposicionum philosophicarum supposicionem simplicem significativam ponere sit necesse*. (Šmahel 1980, 28, Nr. 69/A-C). Diese Quaestio – die leitende Frage gab in der Regel ja schon die entsprechende Lösung vor – demonstriert nicht nur ein Bekenntnis zur *suppositio simplex*, mit ihr glaubte man seitens der Realisten zugleich allgemeine Wahrheiten vor Skepsis und partikularer Kontingenz bewahren zu können. Eine entscheidende Anwendung der *suppositio simplex* findet sich z.B. auch bei Hieronymus von Prag während des Quodlibets 1412 in Prag (vgl. Šmahel 1981, 51).

um die Gegensätze und Spannungen in Prag ihrem Höhepunkt zuzutreiben. Mit, vermutlich aber sogar noch vor den Magistern Jan Hus und Jan von Jesenic führte er jene tschechische Deputation an, die am 18. Januar 1409 in Kuttenberg von König Wenzel IV. die Erlassung des folgenreichen Dekrets erreichte. Es sprach der böhmischen Nation künftig drei, den drei anderen (überwiegend von deutschen Magistern gebildeten) Nationen zusammen nur noch eine Stimme bei allen universitären Amtsvergaben zu. Die traditionelle Regelung, nach der jeder Nation je eine Stimme zukam, war somit erstmalig und mit beispiellosem Eingriff in das gewachsene Gefüge der akademischen Institution außer Kraft gesetzt worden. Die deutschen Magister fanden sich mit dem Dekret nach dessen Bekanntwerden nicht ab, stritten entschieden für eine Aufhebung des Beschlusses. Die Folge ihres vergeblichen Bemühens bildete bekanntermaßen der Abzug der meisten der deutschen Magister und Scholaren aus Prag – nach neueren Berechnungen mindestens 700 – 800 Personen, bezogen auf eine vorherige Gesamtzahl von ca. 1200.[131]

Jene deutschen, aus Prag vertriebenen Magister waren es nun aber auch, die nach den zurückliegenden Erfahrungen an ihren neuen Wirkungsstätten den Kampf vornehmlich gegen einen Universalienrealismus und auch gegen die damit verbundenen Häresien führten.[132] Denn in den Augen der deutschen Magister war die Prager Universität nach ihrer Umgestaltung gleichbedeutend mit einer Auflösung der alten, eingerichteten Lehrordnung. Für sie mußte daher die neue, radikale Propagierung eines exzessiven Universalienrealismus durch die führenden Vertreter der böhmischen Nation in einem kausalen Bedingungsverhältnis mit der Dominanz dieser Nation über die anderen drei Nationen und d.h. eben auch

---

[131] Vgl. Šmahel 1967, 55 f.; Šmahel 1967a, dort (wie bei den meisten seiner Aufsätze) mit deutschem Resümee (90): Der größte Teil der „deutschen, vorwiegend von der antiwyclifistischen Gruppe beeinflußten Studenten und Magistri" sei nach Leipzig, Erfurt und Wien gezogen. Wenn konstatiert wird, daß nur wenige nach Köln gezogen seien (77), darf allerdings – was noch relevant werden wird – der spätere Wechsel an andere Universitäten nicht außer Betracht bleiben (vgl. die Grafik, 79).

[132] Vgl. Šmahel 1968, bes. 817.

mit dem Ende einer etablierten Lehrtradition stehen.[133] Die Vorgänge von 1409 bedeuteten aber zugleich, daß mit dem Umbruch im Lehrgefüge, in der Institution, die Voraussetzung geschaffen wurde, mit einem institutionell dominanten Universalienrealismus gleichzeitig implizit gegebene häretische Doktrinen in offizieller Absicherung verkünden zu können.

Wenn wir nun für die nächsten Jahre nach 1409 die Maßnahmen betrachten, die gegen den wyclifistisch-böhmischen Universalienrealismus und dessen Hauptverfechter seitens der Universitätsangehörigen getroffen wurden, so fällt auf, daß nicht nur die philosophische Lehre und die daraus abgeleiteten häretischen Aussagen im Vordergrund standen. Einen wesentlichen Anklagepunkt gegen die Böhmen stellte die von diesen betriebene Auflösung der traditionellen Institution „Universität" dar.

Eine erste wichtige Reaktion der deutschen Magister wird in dem 1410 angestrengten Wiener Prozeß gegen Hieronymus von Prag sichtbar. Er wurde von der Wiener Universität betrieben, nachdem Hieronymus freiwillig nach Wien gereist war, um seinen Widersachern entgegenzutreten.[134] Hauptgegenstand bildeten 22 an Hieronymus gerichtete Fragen, die im wesentlichen sein Verhältnis zu Wyclif und dessen Anschauungen betrafen sowie die Lehre des Realismus im allgemeinen. Auf einer anderen Ebene als jene Anklagepunkte lagen die beiden letzten (Nr. 21 und 22), die allein die Folgen des Kuttenberger Dekrets von 1409 betrafen.[135] Hieronymus sei meineidig geworden, insofern er seinen magistralen Schwur,

---

[133] Damit soll nicht behauptet werden, die Prager Wyclifisten hätten das Kuttenberger Dekret in rein instrumentaler Absicht erwirkt, um damit dem Universalienrealismus in Prag zum Sieg zu verhelfen. Da genau dies aber das faktische Resultat war, ist die wechselseitige Inbezugsetzung beider Vorgänge bei den Beteiligten bzw. Benachteiligten nicht verwunderlich. Vgl. etwa die Chronik des ehemaligen Pragers Dietrich Engelhus von Einbeck: ... *magistris Pragensibus Teutonicis a Prag recedentibus propter materiam universalium, et errorem Hussitarum* (zit. nach Kleineidam 1985, 182, Anm. 1001; vgl. auch 65, Anm. 390). Analog die Darstellungen im Kurfürstenbrief von 1425 an die Kölner Universität (Ehrle 1925, 357) und im Verteidigungsschreiben der Pariser Nominalisten von 1474 (Ehrle 1925, 324). Tatsächlich hatten sich in Prag ja schon seit längerer Zeit mit den nationalen Gegensätzen nahezu deckungsgleich die philosophischen entwickelt.

[134] Klicman 1900, 448. An dem Prozeß war primär die Artisten-Fakultät interessiert, weniger die Theologische (vgl. Walsh 1986, 40 ff.). In den Akten der Artisten-Fakultät ist mit Blick auf das Auftreten des Hieronymus in Wien nichts außer Fragen der Prozeßkosten und der zu benennenden Deputierten zu finden (vgl. Acta 1968, 349 f.).

[135] Klicman 1898, 9 f.

unter den Nationen der Prager Universität Eintracht wahren und Zwietracht vermeiden zu wollen, gebrochen habe. Denn er habe die größte Feindschaft gestiftet und den völligen Untergang der Prager Universität herbeigeführt.[136] Nachdem Hieronymus nahezu alle Vorwürfe geleugnet hatte – Antworten auf die beiden letzten Punkte sind nicht überliefert -, wurden laut Protokoll zu den einzelnen Punkten 17 Zeugen vernommen, die anscheinend alle aus den Universitäten Prag, das sie wegen des Kuttenberger Dekretes verlassen hatten, Wien und Heidelberg stammten.[137]

Hatten sich die Wiener Theologen hinsichtlich des Prozesses und des wyclifistischen Universalienrealismus eher noch zurückgehalten, so reagierten jene in Heidelberg umso eindeutiger. Im November 1412 beschloß die dortige Theologische Fakultät, *quod nullus magistrorum aut baccalarius dogmatiset aut dogmatisare presumat perversa condempnataque dogmata Wycleff eciam universalia realia, verum pocius contraria*.[138] Ganz ausdrücklich wurde hier also nicht nur Wyclifs häretische Irrlehre, sondern auch der philosophische Universalienrealismus verboten.

8. Prag und der Kölner Terministenbeschluß

Ein Spannungsverhältnis ganz eigentümlicher Art mußte in jener Situation an einer Fakultät entstehen, an der zwar langfristig

---

[136] *Item et quod ipse iuravit, quod inter naciones studii Pragensis servare et procurare vellet unionem et amiciciam et divisionem evitare, quo non obstante procuravit et fecit divisionem, discordiam et inimiciciam maximam inter naciones predictas, usque ad desolacionem universitatis eiusdem fere deductis, et sic reatum periurii incurrit palam, publice et notorie* (Klicman 1898, 9 f.). Auch außerhalb des Prozesses bildete die maßgebliche Beteiligung des Hieronymus am Kuttenberger Dekret einen Hauptvorwurf gegen ihn. So wurde ihm, nachdem er dem Magister Johannes Butzbach wegen einer Schmähung seiner Person fehlende christliche Liebe vorgeworfen hatte, eben dieser Mangel entgegengehalten, da Hieronymus seinen Eid verletzt und die ruinöse Scheidung an der Prager Universität bewirkt habe, was dieser daraufhin nochmals rechtfertigte (vgl. Klicman 1898, 18 f.). Ähnlich äußerte sich der Zeuge Nicolaus Czungel, der am Ende seiner Aussage beteuerte, Hieronymus nicht zu hassen, aber für dessen gerechte Bestrafung einzutreten *propterea, quod laboravit ad destruccionem studii Pragensibus* (vgl. Klicman 1898, 23 f.).
[137] Wahrscheinlich erklärt es sich aus dieser personellen Zusammensetzung, daß in den Prozeßakten kein Hinweis auf die Kölner Tätigkeit des Hieronymus zu finden ist (und eben auch keiner auf die zu Paris).
[138] Winkelmann 1886, I, 106, Nr. 70; vgl. Ehrle 1925, 174 f.; Ritter 1936, 356; Classen 1983, 263.

keine ausgewiesenen Anhänger eines wyclifistischen Universalienrealismus agierten, an der jedoch – wie in Köln – eine relativ geschlossene Gruppe (durch ihre gemeinsame, von den Gegnern herausgestellte Pariser Herkunft) versuchte, gegen eine vorherrschende terministische Lehrtradition den Realismus einzuführen. Auch wenn dieser wahrscheinlich weniger extrem ausgerichet war, dürfte die Sensibilität gegenüber solchen Versuchen in den Jahren nach 1409 größer als je zuvor gewesen sein.[139] Und sie mußte noch größer sein an einer Fakultät, an der nicht nur der Hauptagitator des Universalienrealismus, Hieronymus von Prag, seine Invektiven verbreitet hatte, sondern an der zudem bestimmte (vermutliche) Vertreter des Realismus (Johannes Stommel, Henricus Bemel de Xanctis) gemeinsam mit Hieronymus in Paris studiert und gelehrt hatten.

Vor dem Hintergrund einer tatsächlich praktizierten realistisch-methodischen Lehrbewegung an der Kölner Artisten-Fakultät verboten die Verfasser des Terministenbeschlusses nicht schlechthin und pauschal den Universalienrealismus,[140] sondern den aktuell gefährlichen *modus exponendi libros Aristotelis antiquus et abolitus* für ihre Fakultät. Sie scheinen dabei durchaus ohne namentliche Nennung des Hieronymus von Prag indirekt eine Verbindung zu Wirken und Lehre seiner Person, zur Propagierung des Universalienrealismus und zur Abfassung des Kuttenberger Dekrets hergestellt zu haben. Zum einen dürfte die Herkunftsbezeichnung *a quibusdam parysiensibus* von allen Beteiligten in einem Sinne verstanden worden sein, der Hieronymus, den direkt aus Paris nach

---

[139] Auffallenderweise lassen sich für die Jahre der Universitätsaufenthalte des Hieronymus in Paris, Köln oder Heidelberg keine Zeugnisse für eine Mißachtung oder ein Verbot des Universalienrealismus durch die betreffenden Universitäten finden. (In Heidelberg hatte man Hieronymus als Person v.a. wegen seiner Invektiven gegen die terministischen Logiker aus der Fakultät ausgeschlossen.) Offensichtlich bewirkte noch nicht der Universalienrealismus allein, sondern die von seinen provokant-polemischen Vertretern herbeigeführte Auflösung und Zerstörung der alten universitären Ordnung und Struktur die Einsicht in die Notwendigkeit eines abwehrenden Handelns. Dies alles zugleich intensiviert durch die rasche Entwicklung einer vorerst genuin böhmisch-wyclifistischen Häresie-Bestrebung.

[140] Ein konkreter, in der Theologischen Fakultät der Heidelberger Universität liegender Anlaß für deren Beschluß von 1412 ließ sich bisher nicht finden. Ritters Darstellung (1936, 356), nach der er als Gegenschlag gegen die Schmähungen des Hieronymus zu verstehen ist und als Möglichkeit, eine nominalistische Scholastik nach der Kompromittierung des Realismus in Böhmen „als allein rechtgläubige proklamieren" zu können, erscheint in ihrer Begründung als zu pauschal und erklärt nicht den Zeitpunkt.

Köln Gekommenen und als *magister Parisiensis* Immatrikulierten, unmittelbar mit einschloß. Weiterhin scheint offensichtlich ein eindeutiger Bezug zu den Konsequenzen seines Handelns gerade an der Prager Universität intendiert worden zu sein, wenn mit Blick auf die Folgen des Vorgehens der Kölner Realisten betont wurde: *unde repperit magnum discidium tam inter magistros quam baccalarios et scolares hic et alibi in universitatibus famosis ortum esse.* Denn die Auflösung, Scheidung der Prager Universität, das Säen der Zwietracht, bildeten ja einen zentralen Angriffspunkt der deutschen Magister gegen Hieronymus nach 1409, wobei dessen philosophisches wie politisches Agieren kaum voneinander getrennt werden können.

Offenbar begegnet hiermit erstmals in einem offiziellen Dokument – wenn auch indirekt formuliert, so doch für alle Beteiligten unmißverständlich – die für Köln so mißliche wie folgenreiche Gleichsetzung des zersetzenden, exzessiven Prager Universalienrealismus mit jener sich in Köln etablierenden realistischen Strömung Pariser Ursprungs, die den vorherrschenden nominalistischen Terminismus der Artisten-Fakultät durch den *modus antiquus* abzulösen trachtete. (Wir werden sehen, wie diese Implikation gut zehn Jahre später im Zusammenhang mit dem Bursen-Realismus auf einer höheren Ebene von neuem aktuell werden wird.)

Der Beschluß der Kölner Artisten von 1414 wäre somit durch die Verknüpfung von Kölner und auswärtigen Ereignissen an sich ohne weiteres verständlich. Einsichtig ist allerdings noch nicht, warum gerade die Regenten der Kölner Terministen-Burse die Beschlußfassung zu jenem Zeitpunkt in der Fakultät angeregt hatten bzw. maßgeblich an ihr beteiligt waren.

Wie schon ausgeführt, wurde der Beschluß zwischen dem 24. März und dem 9. Oktober 1414 gefaßt, im Dekanat des Arnoldus de Cloetinghen. Wenn es nun gelingen könnte, den Anlaß zu eruieren, der zur Beschlußfassung geführt hatte, wäre damit zugleich die Möglichkeit gegeben, unsere Kenntnis über die Magister der Terministen-Burse zu vertiefen. Denn deren Initiative bei der Beschlußfassung dürfen wir annehmen. In den einschlägigen Akten selbst ist keinerlei Hinweis zu finden, warum es gerade 1414 zu jener Fakultätsauseinandersetzung kam und wodurch diese ausgelöst wurde.

Spielten hierbei also möglicherweise bestimmte Personen eine Rolle, die zu den aus Prag vertriebenen deutschen Magistern gehörten, und die nach dem Kuttenberger Dekret seit 1409 die kritische

Kontroverse mit dem Universalienrealismus vorantrieben? Eine prosopographische Untersuchung liegt somit nahe.

Betrachten wir jene Magister, die zwischen 1409 und 1414 in Köln immatrikuliert wurden und direkt aus Prag kamen, so ist deren Zahl mit sechs erstaunlich gering.[141] Auch läßt sich aus den wenigen Daten zu ihrer Biographie kein Anhaltspunkt für eine Verknüpfung zwischen den Prager und Kölner Vorgängen erkennen.

Wesentlich aufschlußreicher stellt sich hingegen die Immatrikulation des Magisters Nicolaus de Amsterdammis[142] Ende Juli 1414 in Köln dar. Ihn näher zu identifizieren könnte einiges Licht in die Vorgänge an der Kölner Artisten-Fakultät bringen, erfordert jedoch eine genauere Untersuchung, da seine Biographie einige problematische Fragen aufwirft.

Mit großer Sicherheit dürfte es sich bei der betreffenden Person um den einflußreichen Buridanisten Nicolaus Theodorici de Amsterdam gehandelt haben. Er war schon zwischen März und Juni 1407 unter seinem vollen Namen in Köln immatrikuliert worden.[143] Im Dezember 1408 erhielt er durch den damaligen Dekan Mathias de Eversberg ein Zeugnis über das erlangte Bakkalaureat, das sich der Form nach an ein früheres Prager Graduierungszeugnis anlehnte.[144] Neben der Protokollierung seines Kölner Bakkalaureats im Dekanatsbuch der Artisten-Fakultät findet sich eine *Nota*-Hervorhebung, die offensichtlich später, mit Blick auf die Bedeutung des Amsterdamers für den Buridanismus, hinzugefügt wurde.[145] 1412

---

[141] Diese Zahl erscheint umso geringer, wenn man die Gesamtzahl (700-800) der Studenten und Magister dagegenhält, die nach Januar 1409 Prag verließen. Auch die Hinzunahme der nach Köln gekommenen Prager Scholaren bzw. Bakkalare zu der Zahl der Magister erhöht diese nur geringfügig. Bei den nachweisbaren Magistern handelt es sich im einzelnen um: Johannes van der Hallen (M 82,10), Johannes de Helden (M 84,34), Petrus Dijch de Gripeswaldis (M 87,8), Johannes de Goch (M 87,10), Johannes Mendich de Brijske (M 89,22) und Bernardus de Monasterio (M 90,1). Allein vier von ihnen ließen sich direkt für die Juristische Fakultät immatrikulieren, dürften also kaum an den philosophisch-theologischen Streitfragen der Zeit wesentlich beteiligt gewesen sein.

[142] M 102,15.

[143] M 73,3.

[144] Un. 478, f. 47v; vgl. R 126: Das Zeugnis für Nicolaus Theodorici de Amsterdammis ist durch Veränderung der Bakkalaureats-Bescheinigung hergestellt worden, die im Juli 1394 in Prag für den Kölner Bürgerssohn Adolph Bruwer (M 12,12) ausgestellt worden war (zur Determination Bruwers vgl. Monumenta 1830, 293).

[145] Vgl. Un. 478, f. 47v.

wurde er dann in Erfurt als Nicolaus de Amsterdam immatrikuliert[146] und im Mai 1413 als Kölner *baccalaureus in artibus* in die Artisten-Fakultät der Erfurter Universität rezipiert, wobei ihm der zu zahlende Betrag von einem fl. gutgesagt wurde.[147] Anfang des Jahres 1414 erwarb Nicolaus Theodorici de Amsterdam als Primus das Magister-Examen in Erfurt, im Dekanat des Johannes Wolffis de Arnstede (WS 1413/14).[148] Im Juli 1414 erscheint er wieder in Köln, wo er durch den Rektor und Bursen-Regenten Gotfridus de Dorsten wie folgt in die Matrikel eingetragen wurde: *Magister*

---

[146] Weisenborn 1881, 97b.
[147] Vgl. Pinborg 1964, 245. Zwei weitere Personen mit dem Namen Nicolaus de Amsterdammis, die v.a. bei Keussen (Anm. zu M 102,15) und Włodek (1963) zu Verwechslungen mit Nicolaus Theodorici de Amsterdammis führten, gilt es an dieser Stelle von ihm zu unterscheiden. Da wäre zuerst jener Nikolaus von Amsterdam zu nennen, der 1385 *baccalaureus in artibus* an der Prager Universität geworden war (vgl. Monumenta 1830, 231: protokolliert ist allerdings nur die *admissio* zum Bakkalaureat, nicht die Determination und auch keine spätere Inzeption) und von Keussen und Włodek mit unserem Nicolaus Theodorici gleichgesetzt wurde. Letzterer hatte nun aber sein Bakkalaureat 1408 in Köln erlangt, starb zudem erst 1460 in Greifswald, hätte also, wenn identisch mit dem Prager Bakkalar, ungefähr 90 Jahre alt werden und zweimal sein Bakkalaureat machen müssen. Die zweite Person mit dem Namen Nicolaus de Amsterdammis hatte das Artes-Studium in Paris abgeschlossen. Im Februar 1412 determinierte dieser Nicolaus unter Johann Guylic in der Englischen Nation, im April 1413 wurde er Lizentiat unter Heinrich von Gorkum (M 1) und inzipierte im gleichen Monat unter Wilhelm Lochem (vgl. Auctarium 1937, II, Sp. 115, 147 f.). Lochem aber war nicht nur – wie noch zu zeigen sein wird – ein Vertrauter des Thomisten Heinrich von Gorkum, sondern auch Lehrer eines so bekannten Realisten wie Johannes Wenck. Der Pariser Magister Nicolaus de Amsterdammis, wahrscheinlich also ein Realist und wohl kaum Verfasser der buridanistischen Schriften, wurde 1414 als *magister Parisiensis* in die Erfurter Artisten-Fakultät rezipiert (vgl. Pinborg 1964, 245; Kleineidam 1985, 406). Eine Verwechslung des Nicolaus Theodorici mit dem Pariser Magister, wie sie bei Włodek vorkommt und durch irreführende Angaben in späteren Handschriften noch begünstigt wird, ist auch deshalb leicht möglich, weil Nicolaus Theodorici de Amsterdammis sich nur Nicolaus de Amsterdam nannte (wie etwa bei seiner häufigen Wahl zum Dekan an der Rostocker Artisten-Fakultät, vgl. Hofmeister 1889, XXII ff.). Beide Namensformen tauchen ebenfalls in den Handschriften seiner Aristoteles-Quaestionen auf (vgl. Pinborg 1964, 246 f.).
[148] Kleineidam 1985, 406 f.; vgl. auch Abe 1967, 74 (Dekanat Johannes Wolfis). Die Angabe über den Zeitpunkt des Magister-Examens ist wegen der genannten Immatrikulation des Nicolaus de Amsterdam im Juli 1414 in Köln von Bedeutung, da er als Magister intituliert wurde und ein späterer, aus der Reihe fallender Examenstermin in Erfurt die Gleichsetzung des Erfurter und Kölner Magisters nicht erlaubt hätte. Temptamen und Inceptio erfolgten in Erfurt nur einmal im Jahr, während der Januar- und Februar-Wochen (Kleineidam 1985, 243 f.).

Nicolaus de Amsterdammis, nichil quia rector scolarium etc.[149] Am 28. Juli 1414 wurde er durch den Dekan Arnoldus de Cloetinghen in die Kölner Artisten-Fakultät rezipiert, schwor dabei, den Statuten gemäß zwei fl. bezahlen zu wollen, erhielt jedoch wenig später durch Arnoldus Dispens von der Zahlungspflicht.[150]

Es hat allen Anschein, als ob die Verbindung des Nicolaus Theodorici de Amsterdammis zu den Regenten der Terministen-Burse, Gotfridus de Dorsten und Arnoldus de Cloetinghen, nicht nur aufgrund ihrer Funktion als Rektor bzw. Dekan bestand, sondern sogar durch eine Lehrtätigkeit des Erfurter Magisters in ihrer Burse gekennzeichnet ist. Denn zwei der vier Bakkalare, die am 8. August 1413 unter Gottfried von Dorsten determiniert hatten, inzipierten am 21. März 1415 unter Nikolaus von Amsterdam[151], die beiden anderen[152] wählten Andreas de Werdena, den dritten Regenten der Terministen-Burse, zu ihrem Inzeptor. Dieses für den Kontext aufschlußreiche Wirken als Inzeptor ist allerdings auch das einzige nachweisbare Zeugnis für eine Lehrtätigkeit des Erfurters in Köln.[153] Freilich bestärken uns diese Zusammenhänge

---

[149] Un. 36, f. 66v; vgl. M 102,15. Unsere Gleichsetzung würde allerdings bedeuten, daß sich Nicolaus Theodorici de Amsterdammis zweimal in Köln immatrikulieren ließ, zuerst bei seiner Ankunft 1407 als Scholar (M 73,3), dann wiederum als Magister artium (ohne den Zusatz „Theodorici"). Solche Doppeleintragungen waren zwar nicht üblich, da die erste Immatrikulation gewohnheitsrechtlich bei einer späteren Rückkehr wieder in Kraft trat, kamen dennoch häufiger vor (vgl. Keussen, M I, 19*). Keussen ist jener Doppeleintragung und dem etwas differierenden Namen zufolge von zwei verschiedenen Personen ausgegangen, hat einen Teil der zusammengehörenden biographischen Daten wahlweise für die eine, wahlweise für die andere Person benutzt und wollte in dem 1414 intitulierten Magister zugleich noch den Prager Bakkalar von 1385 sehen. Es ist jedoch gut möglich, daß Gottfried von Dorsten den Erfurter quasi ehrenhalber ein zweites Mal in die Matrikel eintrug, da er nun als Magister und Lehrer in Köln erschien.

[150] Un. 478, f. 55r. (Auch dieser Dispens könnte wie schon bei den Immatrikulationsgebühren möglicherweise ehrenhalber gewährt worden sein, denn als *pauper* trat Nicolaus nicht auf.)

[151] Nämlich Johannes Dail de Novimagio (M 90,21) und Johannes Vulpis de Gandavo (M 93,10).

[152] Lambertus Langenhove de Reyss (M 92,13) und Gerardus de Wesalia (93,16).

[153] Vgl. Un. 478, f. 56v. (Für den dritten unter Nicolaus inzipierenden Lizentiaten, Theodoricus de Hammone (M 93,3), kann keine weitere Zuordnung gegeben werden.) Neben der Promotion von Schülern der Terministen-Burse legt auch der etwas saloppe, auf Bekanntes anspielende Schluß des Immatrikulationseintrags (*rector scolarium etc.*) eine nähere Bekanntschaft Gottfrieds von Dorsten mit Nikolaus von Amsterdam nahe. In der Regel drückte die Bezeichnung *rector scolarium* eine Funktion als Schulmeister an einer Partikularschule aus, doch ließ sich nicht ermitteln, welche Stelle Gottfried von Dorsten im Auge hatte.

in der Ansicht, daß es sich bei dem im Juli 1414 immatrikulierten Nikolaus von Amsterdam nicht um den sehr wahrscheinlich realistisch orientierten Pariser Magister handeln kann, der sich nach der Magisterpromotion seines Namensvetters in Erfurt rezipieren ließ,[154] sondern um den Kölner Bakkalar und führenden Lehrer der Via moderna.

Denn Nicolaus Theodorici de Amsterdammis ist uns, um nun schließlich einen Bogen zum Kölner Terministenbeschluß von 1414 bzw. zu dessen Inhalt zu schlagen, durch seine spätere (seit 1422) Lehrtätigkeit an der Rostocker Universität als ausgewiesener Terminist wie strenger Buridanist bekannt, und nichts spricht dagegen, daß er dies nicht auch bereits bei seiner Ankunft 1414 in Köln war, Buridanist vielleicht sogar durch sein früheres Studium hier geworden ist.[155] In Rostock jedenfalls, wo er zwischen 1425 und 1438 allein neunmal zum Dekan gewählt wurde, war es wesentlich seinem Wirken zu verdanken, daß dort eine breite Rezeption der Pariser terministischen Schule (Buridan, Albert von Sachsen u.a.) erfolgte. Es wäre äußerst verwunderlich, wenn Nikolaus von Amsterdam 1414 nicht nachdrücklich die Position der Terministen gegen die Pariser Realisten unterstützt hätte.

Zudem wird der Buridanist während seines Aufenthaltes in Erfurt 1412 bis 1414 mit den seit 1409 extrem gestiegenen Aversionen gegenüber dem Universalienrealismus konfrontiert worden sein – in einem Maße, das in Köln nicht möglich gewesen wäre. Denn ein großer Teil der aus Prag vertriebenen Magister und Scholaren wandte sich in der Folge nach Erfurt, wenn die Zahl auch nicht die der nach Leipzig gezogenen erreichte.[156] Doch unter ihnen

---

[154] Kleineidam (1985, 407) vermutete, der Pariser Magister sei 1414 auch in Köln erschienen.

[155] Zur einflußreichen Buridan-Rezeption bei Nicolaus Theodorici de Amsterdammis vgl. Włodek 1963; Pinborg 1964 (mit Korrekturen zu den biographischen Angaben Włodeks); Lohr 1972, 303 ff.; Michael 1985, 361 ff. (zu dem intensiven Prozeß einer umfassenden Aneignung der Philosophie Buridans in Rostock sei es weitgehend durch die überragende Gestalt an der Rostocker Artisten-Fakultät, Nicolaus Theodorici de Amsterdam, gekommen) und Moonan 1987, 234, 242, 244 ff., 265; Moonan 1988, 302, 307 (Nikolaus als eigenständiger Denker und obwohl dem Buridanisten Laurence of Lindores geistig sehr nahestehend, nur teilweise von ihm abhängig), 312. Doch Moonan (1987, 234) sorgt mit seinen knappen und völlig falschen biographischen Angaben für noch größere Verwirrung. Denn er behauptet, Nikolaus habe sich 1404, im Dekanat des Johannes Wartberg, als Pariser Magister Nicolaus Theodorici de Amsterdam in Erfurt rezipieren lassen. (Zu den beiden Personen und den richtigen Erfurter Daten: Pinborg 1964, 244 ff; Kleineidam 1985, 406 f.)

[156] Vgl. Kleineidam 1985, 68 f.; ferner Šmahel 1967a, 77-79, 90.

befand sich mit Ludolph Meistermann einer der angesehensten und bedeutendsten Magister der Prager Universität, der zwischen 1410 und 1417/18 maßgeblich die Erfurter Artisten-Fakultät prägte.[157] In Prag war er der führende Kopf der Sächsischen Nation gewesen, Vorkämpfer in der Auseinandersetzung mit der wyclifistischen Universalienlehre. Schon 1407/08 hatte er an der Kurie bei Papst Gregor XII. einen Prozeß gegen den Prager Wyclifisten Stanislaus von Znaim angestrengt. Seine Person bildete demzufolge einen Hauptangriffspunkt für die böhmischen Magister. In den tumultuarischen Konflikten an der Prager Universität seit dem Januar 1409 ist er gar tätlich angegriffen und verletzt worden. Als Ludolph Meistermann 1410 nach Erfurt kam, wo er sofort für das Wintersemester 1410/11 zum Dekan der Artisten-Fakultät gewählt wurde[158] und wesentlich an der Neufassung ihrer Statuten beteiligt war, wird von seiner Person wohl ein entscheidender Beitrag im Kampf gegen den Universalienrealismus geleistet worden sein. Hierbei galt es nicht zuletzt, eine tiefgreifende Zwietracht in der Fakultät, wenn nicht gar der Universität, zu verhindern, einer potentiellen Auflösung gewachsener Strukturen entgegenzuarbeiten.

Man wird wohl kaum behaupten können, Nikolaus von Amsterdam sei gezielt nach Köln zurückgekehrt oder gar gesandt worden, um den Kampf der Kölner Terministen gegen die Realisten aus Paris zu unterstützen. Doch wußte er aus erster Hand um die Vorgänge an der Prager Universität. So dürfte er als Buridanist kaum gezögert haben, seine Parteigänger in ihrem Bemühen zu unterstützen, dem *magnum discidium* mittels eines Fakultätsbeschlusses die Wurzel zu entziehen. Wenn er hierzu den entscheidenden Impuls gegeben haben sollte, dann ist das Datum des Beschlusses zwischen Juli und Oktober 1414 anzusetzen.

9. Das Konstanzer Konzil

Mit guten Gründen könnte Nicolaus Theodorici de Amsterdammis somit der Initiator des Kölner Terministenbeschlusses von 1414 gewesen sein. Die spätere Protokollierung wird durch seine Person allerdings nicht verständlich. Auch gab es möglicherweise schon vor seiner Ankunft heftige Auseinandersetzungen zwischen den

---

[157] Zu Ludolph Meistermann: Kleineidam 1985, 72-78.
[158] Vgl. Abe 1967, 73.

Parteiungen, ob und wie der *modus antiquus* eingedämmt werden sollte. Die Bemerkung des Arnoldus de Cloetinghen von 1416, es habe sich um eine *conclusio facultatis inter magistros diu ventilata* gehandelt, könnte darauf hinweisen. Ein längeres Ringen um eine Entscheidung wird es angesichts des existenten harschen Zwistes auf jeden Fall gegeben haben, auch wenn sie schließlich *concorditer* gefällt wurde.[159] Die nicht erfolgte Protokollierung scheint mir auf den damit verbundenen statutarischen Charakter zurückzuführen zu sein. Denn sonst hätte eine *facultas artium liberalium* nicht nur eine bestimmte Lehrweise per Statut bzw. Fakultätsentscheid für alle Mitglieder verbindlich vorgeschrieben, sondern zudem eine andere, die an sich noch in keiner Weise als häretisch gebrandmarkt war.[160] So hat man denn auch, obzwar mit ironischem Unterton und in faktischer Relativierung, das Postulat einer grundsätzlichen Lehrfreiheit aufrechterhalten.

---

[159] Die Eintracht bei der Beschlußfassung dürfte sich, wie oft zu beobachten, auf die entstandene Mehrheitspartei beziehen. Keinesweg ist unter ihr eine Gemeinsamkeit aller Mitglieder des Fakultätsrates zu verstehen. Eventuell sah es in der beschlußgebenden Versammlung dann so aus, daß an ihr nur noch Befürworter teilnahmen.

[160] M.W. waren Verbote einer bestimmten Lehrweise bis dahin nur auf spezielle, genau umrissene oder personell gebundene Doktrinen und Aussagen beschränkt und gingen in der Regel von geistlichen oder weltlichen Zentralgewalten aus. Vgl. grundsätzlich Classen 1983. Eine Ausnahme stellte offenbar das Verbot der Lehre Ockhams dar, das von der Pariser Artisten-Fakultät 1339 betrieben wurde. Es richtete sich zwar gegen dessen logische Schriften und später auch gegen bestimmte nominalistische Lehrmethoden, doch begründete die Fakultät zum einen ihre Entscheidung mit der noch nicht erfolgten Approbation und Prüfung der ockhamschen Doktrin. Dann schließlich – und für unseren Zusammenhang entscheidend – konzentrierte sie das Lehrverbot auf in vier Artikeln zusammengefaßte Fälle, in denen Ockham Irrlehren *contra fidem* vertreten habe (vgl. Ehrle 1925, 323 f.; Classen 1983, 261 f.). Ebenso schrieb die Kölner Universität, als sie 1425 von den Kurfürsten zur Wiederaufnahme der Via moderna aufgefordert wurde, in ihrer berühmten Antwort weder eine bestimmte Via vor noch ließ sie ihre Replik jemals als Universitätsbeschluß in offiziellen Universitätsakten protokollieren. (Das Antwortschreiben wurde im Briefbuch der Universität festgehalten.) Dennoch scheint der Kölner Beschluß von 1414/16 in Verbindung mit der Verurteilung der hussitischen Häresie durch das Konstanzer Konzil und inhaltlichen Berührungspunkten zwischen hussitischem Universalienrealismus und Albertismus initiatorischen Charakter besessen zu haben: An der schottischen Universität St. Andrews forderte man 1415 nur, *quod more Parisiensi libri consueti legantur ordinarie*, 1418 beschloß die Mehrheit der Artisten konkret, daß die *doctrina Alberti* nicht mehr gelehrt werden dürfe, nur noch die Buridans (s.u. 404 f.; der an der Universität dominierende Buridanist und Inquisitor Laurence of Lindores spielte dabei die maßgebliche Rolle); wahrscheinlich eine Reaktion hierauf stellte dann das Verbot der nominalistischen Doktrinen durch die stark von Kölner Albertisten geprägte Löwener Artisten-Fakultät im Jahre 1427 dar (s.u. 402).

Wenn der Anspruch der Kölner Terministen, eine *libertas docendi* für die Artisten-Fakultät wahren zu wollen, ein ausschlaggebender Grund war, von einer statutarisch verbindlichen Protokollierung abzusehen, so muß der Beweggrund, der schließlich dennoch zur Niederschrift führte, umso gravierender gewesen sein. Mit großer Wahrscheinlichkeit wurzelt er in Vorgängen auf dem Konstanzer Konzil, die mit der Person des Hieronymus von Prag verbunden waren. Denn in sie war auch die Kölner Universität involviert.

Zum Deputierten der Artisten-Fakultät für das Konzil wurde, wie schon gesagt, der Bursen-Regent Gottfried Hege von Dorsten bestimmt, Rektor der Universität von März bis Oktober 1414. Die weiteren drei Gesandten der anderen Fakultäten waren neben dem Theologen Dietrich Kerkering von Münster der Kanonist Johann von Vorburg und der Mediziner Anton von Velme.[161] In Konstanz wurden die Kölner Universitätsangehörigen erstmals seit dem Aufenthalt des Hieronymus von Prag 1406 in Köln wieder persönlich mit ihm und seinen wyclifistischen Doktrinen konfrontiert. Die Begegnung vollzog sich nun aber vor einem Hintergrund, der durch die Ereignisse an der Prager Universität seit 1409, durch die hussitische Häresie und den böhmisch-deutschen Gegensatz geprägt war. In ihrer Brisanz ging sie somit weit über die von 1406 hinaus. Im Rahmen der *causa fidei* bildete der Prozeß gegen die Wortführer der hussitischen Häresie, Jan Hus und Hieronymus von Prag, einen Hauptgegenstand der Konzilsverhandlungen.[162]

Hieronymus traf am 4. April 1415 in Konstanz ein, floh aber schon am 9. April wegen der für ihn höchst unsicheren Lage und wurde schließlich am 23. Mai in Ketten in die Stadt zurückgebracht.[163] Eine Häresie-Anklage seitens des Konzils war schon am

---

[161] Zur Gesandtschaft: Keussen 1929, 228-234; Swanson 1977, 10-15; Brandmüller 1991, 142 f.

[162] In diesem Zusammenhang kommt es mit Blick auf die Konfrontation der beiden philosophischen Schulen in Köln nur darauf an, die Beteiligung der Kölner Universität an dem Prozeß gegen Hieronymus von Prag als dem wesentlichen Exponenten der philosophisch-theologischen Irrlehren herauszustellen. Im Mittelpunkt wird dabei die Rolle des wyclifistisch-hussitischen Universalienrealismus in den betreffenden Konstanzer Verhandlungen stehen, da allein diese Problematik eine unmittelbare Bedeutung für die Kölner Terministen in ihrem Kampf gegen die aus Paris gekommenen Realisten besaß. Grundlegend zum Prozeß gegen Hus jetzt Brandmüller 1991, 322-359 (324 f. zum wyclifistischen Universalienrealismus und seinen häretischen Konsequenzen), der Prozeß gegen Hieronymus von Prag wird im noch nicht veröffentlichten zweiten Band dargestellt werden.

[163] Zum Prozeß gegen Hieronymus in Konstanz vgl. etwa Bartoš 1965, 25-32; Šmahel 1966a, 151-189; Watkins 1967, 104-129; Betts 1969c, 221-235.

17. bzw. 18. April gegen Hieronymus erfolgt. Am 2. Mai schloß sich die öffentliche Verkündigung der ersten sowie eine zweite Zitation des Hieronymus an. Zu diesem Zeitpunkt begegnet uns erstmals namentlich ein Kölner Universitätsangehöriger (wenn auch keiner der vier Deputierten), der an dem Verfahren gegen Hieronymus maßgeblich beteiligt war: Henricus de Piro[164], zugleich Initiator dieser Zitationen.[165]

Am 23. Mai 1415, dem Tag der zwangsweisen Rückkehr des Hieronymus nach Konstanz, fand sogleich seine erste öffentliche Vernehmung statt.[166] Sie begann seitens der drei Universitätsvertreter von Paris, Köln und Heidelberg, den Wirkungsstätten des Hieronymus von 1404 bis 1406, mit Jean Gerson, dem Kanzler der Pariser Universität. Aufschlußreich sind die Anklagepunkte, die Hieronymus von Gerson vorgeworfen werden. Er habe Unruhe in der Universität gestiftet (*turbasti universitatem*), Verwirrung angerichtet, indem er viele Irrlehren (*conclusiones erroneas*) mit ihren Folgerungen in den Hörsälen vertreten habe. Sie lägen besonders *in materia universalium, et de Ideis, et alia quam plurima scandalosa*.[167]

Auch Gerson klagte Hieronymus also vor allem an, mittels des Universalienrealismus Zwietracht in der Universität gestiftet zu haben. Bemerkenswert ist ferner, daß Gerson explizit das tatsächlich vorhandene Bekenntnis des Hieronymus zur platonischen Ideenlehre anprangerte, die bei einer traditionell aristotelisch-peripatetischen Ausrichtung der universitären Philosophie wie ein zersetzender Fremdkörper empfunden werden mußte – gerade in dem mit der Theologie eng verknüpften Bereich der Metaphysik,

---

[164] M II,571.
[165] V.d.Hardt 1699, 134, 141-148 (148: *legebat et executus fuit citationem supra proximam, per sanctam Synodum decretam, ad instantiam Magistri Henrici de Piro, promotoris et instigatoris*). Zur Glaubwürdigkeit dieser Edition Konstanzer Konzilsakten, die „zuverlässig ist und mit gutem Gewissen benutzt werden kann", vgl. etwa Fink 1964. Zu Henricus de Piro, „the most active" der beiden Promotoren des Konzils, vgl. Woody 1961, 58; Council 1961, 452, Anm. 89; Brandmüller 1991 s.v. Henricus de Piro war als Promotor und Prokurator auch entscheidend an der Verurteilung der 45 Thesen und Bücher Wyclifs sowie an einer erneuten Zitation der Anhänger jener verurteilten Lehre beteiligt (vgl. v.d.Hardt 1699, 150-157).
[166] Vgl. v.d.Hardt 1699, 216 ff.
[167] V.d.Hardt 1699, 217; vgl. auch Nowotný 1932, 355 (etwas andere Darstellung des Petrus de Mladonowic in seiner Vita Magistri Hieronymi).

den Hieronymus ja zudem als Domäne der Philosophen beansprucht.[168]

Der Wyclifist verteidigte sich hierauf gegen den Vorwurf, häretische Irrtümer propagiert zu haben und bestand darauf, immer nur rein philosophisch, als Philosoph und Magister der Pariser Universität argumentiert zu haben. Er verwies folglich auf die rein philosophische, akademische Auseinandersetzung, für die er eine prinzipielle Freiheit aller Positionen geltend machte. Falls man ihm häretische Konklusionen nachweisen könne, so wolle er diese gerne revidieren (*volo humiliter emendare et informari*).[169]

Diese Verteidigung und Rechtfertigung ließ nun allerdings der Vertreter der Kölner Universität, wahrscheinlich Dietrich Kerkering von Münster[170], nicht gelten. Als Hieronymus in Köln gewesen

---

[168] Leider müssen zu den nicht erhaltenen Werken des Hieronymus wohl auch seine Vorträge bei den Disputationen in Paris und Köln gezählt werden (vgl. Šmahel 1982). In einer von Hieronymus wahrscheinlich kurz vor dem Quodlibet 1409 gehaltenen Quaestion findet sich jedoch ein schlagendes, exemplarisches Zeugnis für seine Hochschätzung der Ideenlehre. So pries er gegen die Positionen des Terminismus Plato als *rex philosophorum gentilium* und setzte dessen Lehre von den Ideen – für Hieronymus *exempla veritatis* und *causae legitimae* – entschieden von dem terministischen Begriff der *termini intelligibiles* ab (Šmahel 1982, 35). Desgleichen wurde Plato, nicht nur von Hieronymus, sondern auch von anderen Prager Wyclifisten wie Stephan Palecz, sogar als *Plato divinissimus* bezeichnet. In die Reihe dieser Plato-Verehrer ist ebenso Jan Hus einzureihen. Und bei ihm wird wie bei Palecz deutlich, warum Plato diese Hochschätzung zuteil wurde. Denn gerade in der Frage nach der Entstehung der Welt erschien ihnen Plato mit seiner Lehre von den ewigen Ideen katholischer, orthodoxer und dem Göttlichen zugewandter als etwa *Aristotelis cum sequacibus*, der *non capit sensum Platonis*, und der in häresieverdächtiger Weise leugne, daß das Universum durch Gott geschaffen worden sei (s. Jeauneau 1979, bes. 207-214; ferner Šmahel 1970/71; Herold 1985, 295, u. Herold 1987, 206, 210, zur Plato-Verehrung bzw. -kenntnis bei Hieronymus). (Zum Platonismus bei Palecz in seiner ‚Positio de Universalibus': Palacz 1970, bes. 124.)

[169] Es mag Zufall sein, fällt jedoch auf, daß in dem 1416, also nach dem Prozeß, protokollierten Terministenbeschluß eben diese Argumentationsstruktur des Hieronymus („und wenn irgendwelche falschen Lehren nachgewiesen werden könnten, dann werde man sie selbstverständlich korrigieren") in ironisch-spöttischer, fast sarkastischer Modifikation zweimal von den Terministen gegen die Realisten aufgegriffen wurde.

[170] Vgl. v.d.Hardt 1699, 217: *Et adhuc eo loquente, alter (ut credo Magister Universitatis Coloniensis in Rheno) surgens dixit: Et tu cum esses in Colonia, in positione, quam ibi determinasti, multa erronea posuisti. Et M. Hieronymus dixit ad eum: Dicatis primo unum errorem, quem posui. Et ille quodammodo attonitus dixit: Non occurrit mihi primo, sed postea tibi bene objicientur)*; Nowotný 1932, 355 (*His dictis, magister Coloniensis, nescio quis, assurgens, inquit ad Hieronymum: ‚Tua oratio, mehercle, quam apud nos Coloniae habuisti, multis erroribus scatebat, qui nondum e memoria hominum effluxerunt.' Hinc Hieronymus: ‚Agedum, inquit,*

sei, da habe er bei der Disputation (*positio*), die er dort gehalten habe (*determinasti*), ebenfalls viele häretische Irrlehren vertreten. Dietrich Kerkering unterstützte und sicherte somit sogleich die Anklage Gersons, der Universalienrealismus mit seinen impliziten, von Hieronymus gezogenen Folgerungen enthalte und fördere häretische Irrtümer, spalte letztendlich die Universität.

Der Heidelberger Universitätsvertreter klagte zuletzt die von Hieronymus dort verfochtene Trinitätslehre an, die dieser mit der Zeichnung eines Schildes (*scutum fidei*) veranschaulicht habe, wobei er die Personen der Trinität mit Wasser, Schnee und Eis in Analogie gesetzt habe.[171]

Äußerst problematisch erweist sich der Versuch, genauer zu bestimmen, ob, wann und inwieweit Gottfried von Dorsten an den Verfahren gegen Hieronymus von Prag beteiligt war. Eine Klärung könnte einen inhaltlich dichteren Zusammenhang zwischen seinem Aufenthalt in Konstanz und der späteren Protokollierung des Beschlusses von 1414 durch die Leiter der Terministen-Burse herstellen. Mit Sicherheit hielt sich Gottfried von Dorsten vom 2. Januar 1415, dem Eintreffen der vier Kölner Gesandten in Konstanz, bis zum 17. April 1415 am Konzilsort auf.[172] In den zwei Wochen vor seiner dann erfolgenden Abreise nach Köln zählte der Fall des Hieronymus von Prag und die Verurteilung seiner Lehren bereits zu einem Hauptanliegen des Konzils. Da Gottfried von Dorsten seit 1403 Magister an der Kölner Artisten-Fakultät war, hatte er den Auftritt des Hieronymus in Köln sicherlich persönlich erlebt, zumindest muß er anschaulich von ihm Kenntnis gehabt haben. Nach neun Jahren wurde er dann Anfang April (erneut) mit dem polemischen Prager konfrontiert, dürfte dessen erste Vernehmung

---

obsecro, vel unum palam profer.' Atque is pudefactus: ,Nunc non recordor, ait, ullius, caeterum post paulum producentur contra te.'). Ungeachtet der Details hatte der kurze Auftritt des Hieronymus in Köln demnach einen bleibenden, negativen Eindruck hinterlassen. Der Name des Kölner Vertreters wird in den Quellen nicht genannt, doch da Dietrich auch an der Vernehmung des Jan Hus als Deputierter beteiligt war und offensichtlich damals als einziger Kölner Universitätsabgeordneter noch in Konstanz weilte, wird er hier wortführend gewesen sein (mit dieser Annahme: Keussen 1929, 231; Šmahel 1966a, 158; Herold 1989, 259).

[171] V.d.Hardt 1699, 218 (vgl. 505 f.).
[172] Zum Datum des Eintreffens der Gesandten vgl. deren Brief vom 7.1.1415 (Martene-Durand 1717, II, Sp. 1609-1611; R 213). Vom 17.4.1415 datiert ein Brief der Gesandten an die Kölner Universität, in dem berichtet wird, daß Gottfried von Dorsten das Schreiben überreichen und nähere Auskünfte erteilen wird (Martene-Durand 1717, II, Sp. 1626-1628; R 225). An jenem Tag oder kurz darauf wird er also nach Köln abgereist sein.

wie Verteidigung, sodann die Flucht erlebt haben. Mit Gottfrieds Rückkehr nach Köln Ende April wird die Auseinandersetzung mit den Realisten und ihrem *modus antiquus* unter dem Eindruck der Konstanzer Vorgänge in verschärfter Form wieder aufgenommen worden sein. Allerdings verlief sie nun auf einer neuen Ebene, haftete doch dem (extremeren) Realismus seit Beginn des Konstanzer Konzils das Odium der Häresie an.

Unter dem Eindruck der Hinrichtung des Jan Hus am 6. Juli 1415 schwor Hieronymus von Prag zwar seinen häretischen Aussagen ab. Dies konnte jedoch nicht verhindern, daß durch eine Initiative der Deutschen Nation am Konstanzer Konzil vom 19. Dezember 1415 sein Fall wieder aufgenommen wurde.[173] In der Session vom 24. Februar 1416 wurden daraufhin – wiederum unter Beteiligung des Henricus de Piro – der (lateinische) Patriarch von Konstantinopel und der Wiener Theologe Nikolaus von Dinkelsbühl mit der Zeugenbefragung *in materia fidei contra Magistrum Hieronymum de Praga* beauftragt.[174] Schon am 27. April 1416 schloß man die Untersuchung ab und verlas eine umfangreiche Liste von Anklagepunkten gegen Hieronymus.[175] Nach zwei weiteren Untersuchungen der Irrlehren des Pragers am 23. und 26. Mai erfolgte schließlich am 30. Mai 1416 seine Verbrennung.

Parallel zum Fortgang des Prozesses gegen Hieronymus werden die Kölner Terministen immer stärker die Notwendigkeit einer Protokollierung des Beschlusses empfunden haben. Dessen Platz im Dekanatsbuch legt die Annahme nahe, daß die Entscheidung hierzu während des Dekanats des Andreas de Werdena (Oktober 1415 bis März 1416) fiel. Da der Beschluß allerdings nicht seiner Amtszeit angehörte, durfte er offenbar nicht von Andreas in die laufenden Protokolle eingefügt werden. So wartete man das Dekanat ab, um dann im Februar oder März 1416 durch Arnoldus de Cloetinghen mit einem *Nota* den Inhalt des Beschlusses verbindlich

---

[173] Vgl. v.d.Hardt 1699, Sp. 556 f.
[174] V.d.Hardt 1699, Sp. 616. Die Namen der Zeugen werden nicht genannt.
[175] Vgl. v.d.Hardt 1699, Sp. 634-689. Ein eigener Artikel führte die mit der Universalienlehre verbundene Häresie hinsichtlich der Gottes- und Trinitätslehre auf, wie sie durch Hieronymus an der Pariser, Kölner und Heidelberger Universität proklamiert worden sein soll: *Item, quod dictus Hieronymus saepe et saepius in diversis locis, et praesertim Parisiis, Coloniae, Heidelbergae, has infra scriptas conclusiones dogmatizavit, legit, tenuit et pertinaciter defendit, eas esse veras et catholicas asseruit* (v.d.Hardt 1699, Sp. 645).

machen zu lassen – fast zeitgleich zu den letzten Vernehmungen des Hieronymus von Prag.[176]

Wie zentral und fundamental der immer wieder invektiv (und entschiedener als je durch Jan Hus) verteidigte Universalienrealismus für die Häresie des Hieronymus – und das heißt in letzter Konsequenz für seinen Tod – war, bezeugte noch Jahre später eindringlich Jean Gerson. So schrieb er am 7. Dezember 1426 in einem Brief an einen Minoriten, in welchem er das gesunkene Ansehen von Bonaventura und Alexander von Hales sowie die häufige Fehlinterpretation ihrer Lehren beklagte, das Konstanzer Konzil habe mit Blick auf die Irrlehren des Hus und Hieronymus von Prag den Universalienrealismus und die Ewigkeitslehre schlechthin verurteilt.[177] In seinem ebenfalls 1426 erschienen Traktat ‚De modis significandi' wiederholte Gerson im zweiten Teil („De concordia metaphysicae cum logica") seine Behauptung, die er in den größeren, bis ins 12. Jahrhundert zurückreichenden, Zusammenhang von Verurteilungen des Universalienrealismus stellte.[178]

---

[176] Gottfried von Dorsten scheint erst im Februar 1417 seine Konstanzer Gesandtschaft wieder aufgenommen zu haben (vgl. Martene-Durand 1717, II, Sp. 1673 f.; R 277/78 [Jahreszahl in 1417 zu verbessern]). Unwahrscheinlich eine Identität mit dem gleichnamigen *cursor sedis Apostolicae* und *portenarius* der „Natio Germanica", der für 1415-1417 in den Akten genannt wird (vgl. etwa v.d.Hardt 1699, 178, 193, 790, 1274). Denn teilweise zur gleichen Zeit wirkte Gottfried von Dorsten in Köln, so von März bis Oktober 1416 als Dekan der Artisten. Eine endgültige Klärung war jedoch noch nicht möglich.

[177] *Damnata est novissime per celeberrimum Constantiense Concilium inter errores Hus et Hieronymi de Praga, positio ista de universalium realium et aeternorum positione, et maxime quod aliqua sit entitas realis aeterna communis Deo et creaturae, quia tunc nulla creatura potuisset creari quasi de nihilo, sed nec posset annihilari; ita fuit tunc argutum me audiente et a dicto Hieronymo statim concessum, sed damnatum; nuper etiam Parisiis revocatum* (Gerson 1960, II, 278, Nr. 58).

[178] So sei durch eine Dekretale Innozenz III. folgende Verurteilung ausgesprochen worden: *Universalia realia extra animam ponere alibi vel alter quam in Deo est haeresis*. Sie sei neuerdings vom Konstanzer Konzil bestätigt worden: *Univocatio hujusmodi realium positio damnata fuit novissime per sacrum Constantiense Concilium contra Hus et Hieronymum Pragenses combustos; et qui vidit et audivit testimonium perhibet de his. Ex quibus sequitur evidenter quod assertor pertinax doctrinae talis cum suis sequelis haereticus est censendus* ... (Gerson 1973, IX, 637, 639, Nr. 466). Vgl. zu beiden Zitaten auch Kaluza (1984), der diesen Anklagen Gersons eine gründliche Untersuchung gewidmet hat. Er kommt zu dem Schluß, daß Gerson die wahren Aussagen zur Ideenlehre und die eigentliche Intention des Hieronymus, z.T. zweckbestimmt und von der Erinnerung getrogen, verkannt und häretisch umgeformt hat. Unabhängig von dieser Problematik geht es in unserem Zusammenhang allein um die Tatsache einer häretischen Diskreditierung des platonisierenden Universalienrealismus, die nun einmal primär an die Reizfigur eines

10. Folgebetrachtungen im Hinblick auf den Wegestreit

Mag die Frage nach der Häresie des Hieronymus noch manchen Anlaß zur Diskussion geben, im philosophisch-akademischen Bereich bedeutete der Universalienrealismus zweifellos eine Akzentverschiebung. Mit dem Bekenntnis zu Platon und seiner Ideenlehre verband sich freilich auch eine Umgestaltung der aristotelischen Universalkonzeption einer hierarchisch geordneten, stufenweise aufgebauten Welt, in der die verschiedenen Teile in einer festen, von dem Mittelpunkt des *ens realissimum* abhängigen Ordnung zueinander standen. Diese Konzeption findet sich nun aber ebenfalls etwa bei Thomas von Aquin und der katholischen Kirche. Deren einzelne Instanzen wären gemäß der Lehre von der vollkommenen und alleinigen Durchdringung der organischen wie anorganischen Welt durch die göttlichen Ideen hinfällig und überflüssig geworden.[179] Ein Grund also, der Nominalisten wie gemäßigte Realisten zwang, sich gegen diese Lehre zur Wehr zu setzen – die Realisten, gerade die eben auch platonisierenden, sogar noch eindringlicher, wenn sie nicht in den Sog des Häresie-Verdachts gegenüber den exzessiven Realisten geraten wollten.

Der Weg, die Methode, wie die Bücher des Aristoteles zu interpretieren seien (siehe 1414/16), ob nach alter, mehr thomistischer, aber auch mehr augustinisch-neuplatonischer Auslegung, oder nach moderner, zeitgenössischer und neuerer Weise, entschied somit nicht nur über bestimmte Autoritäten, sondern auch über das jeweilige wissenschaftstheoretische Wirklichkeitsverständnis, über die am Ende dieses Weges stehende Universalordnung.

Ein Wegestreit konnte recht eigentlich aber nur dort entstehen, wo tatsächlich zwei Methoden mit ihren jeweiligen, mehr oder weniger diametral zueinanderstehenden Folgelehren innerhalb der Artisten-Fakultäten oder auch Universitäten miteinander konkurrierten. Doch ein Streit der Wege war mehr als nur der Kampf zweier Schulen um ihre Methoden. Schon in der Logik begründet, beinhalteten die Modi gesamtphilosophische Folgelehren, mit denen Antworten auf Fragen der Zeit gegeben und bestimmte Verständnisweisen von Welt, von Glauben, ausgedrückt werden sollten.

Hieronymus von Prag gebunden war. Mit Blick auf den sprachphilosophischen Aspekt: Martin 1990, 181.

[179] Es ist bezeichnend, daß Hieronymus von Prag den Aquinaten betont ignorierte (vgl. Herold 1987, 211; Herold 1989, 267).

Je weiter diese Konzeptionen in ihrer Tragweite und Bedeutung voneinander entfernt waren, desto tiefer wurden die trennenden Gräben auch in der Universität, desto entschiedener aber zugleich die Gegenmaßnahmen bei der Etablierung eines solch kontroversen Systems.

In Köln, wo wir mit dem Beschluß von 1414/16 wohl das früheste offizielle Dokument für diesen Wegestreit haben, wurde der Grad der Frontstellung, der Dichotomie, wesentlich durch den Hintergrund des Wirkens von Hieronymus von Prag an den genannten Universitäten bestimmt und durch die Antizipation der Konsequenzen, die der Sieg eines dezidierten Realismus gegenüber der nominalistischen Phalanx bedeutete. Die Differenzen innerhalb des Realismus dürften dabei für die Nominalisten weniger von Belang gewesen sein. Die Beweislast, der Häresie eines Universalienrealismus nicht entgegenzuarbeiten, lag nunmehr bei den gemäßigten Realisten, wie wir die aus Paris an der Kölner Universität gekommenen Realisten vorerst undifferenziert bezeichnen müssen. (Hätten sie einen Universalienrealismus wyclifistisch-platonischer Prägung vertreten, wäre die Reaktion in Köln entschieden schärfer ausgefallen und als Häresie auch beim Namen genannt worden.)[180]

---

[180] Zum Wegestreit unter besonderer Berücksichtigung des wyclifistischen Realismus: Gilbert (1974). Er hebt v.a. die Notwendigkeit der gemäßigten Realisten hervor, sich gegenüber Wyclif und seinen Gefolgsleuten abzusetzen, und die sich daher *antiqui* statt *reales* nannten. Mit Wyclif habe somit der Gegensatz zwischen Via antiqua und moderna erst einen tieferen Ausdruck gefunden, denn als erster habe er auch den Gegensatz zwischen den Antiqui und Moderni in Logik und Theologie ausgesprochen. Man könnte dem hinzufügen: Hieronymus von Prag war auf dem Kontinent der „Katalysator" dieses Gegensatzes und der daraus resultierenden Auseinandersetzungen! (Der Beschluß von 1414/16 ist durch Gilbert in Anlehnung an Ritter [1922] falsch interpretiert worden.) Zum Wegestreit und dem Problem der Begrifflichkeit: Gössmann 1974, 109-116; zu den wissenschaftstheoretischen Implikationen und Hintergründen: Weiler 1969. Gilberts Thesen sind jüngst durch Courtenay (1987) auf einem Symposium über Antiqui und Moderni diskutiert und grundsätzlich anerkannt worden, mit der Anmerkung Courtenays, daß nominalistische oder realistische Schulen im Sinne einer umfassenden Lehrrichtung im 14. Jahrhundert noch nicht existierten. Die Wurzeln des Gegensatzes sieht Courtenay in Vorgängen begründet, die sich schon Mitte des 14. Jahrhunderts v.a. an der Pariser Universität ereigneten. Gegen die terministische Logik und ihre Auswirkungen in Philosophie wie Theologie habe sich die der Modisten gewandt, welche durch ihre quasi-metaphysische, spekulative Grammatik besonders mit dem Realismus der skotistischen Logik und Metaphysik kompatibel gewesen seien. Wenn allerdings jene Kölner *modistae*, die in der Glosse zu dem Beschluß von 1414/16 mit den Terministen gleichgesetzt wurden und zu den Gegnern der Realisten zählten, ebenfalls einem Skotismus nahegestanden haben sollten, so wird man sie – anders

Die Anhänger eines Nominalismus hatten sich somit nur gegenüber den Realisten abzusetzen; die gemäßigten Realisten hingegen mußten sich nach zwei Seiten hin abgrenzen. Was aber, wenn es wie in Köln nach 1420 zwei rivalisierende, in Bursen institutionalisierte realistische Gruppierungen mit unterschiedlichen Metaphysikkonzeptionen gab? Vereinte sie der gemeinsame Kampf gegen die Terministen oder entstanden ganz andere Zweckbündnisse? Und vor allem: Welche Schwierigkeiten mußten die seit ca. 1420 von Paris neu dazukommenden Realisten vor dem Hintergrund der Erblast gewärtigen, die ihnen der Universalienrealismus hinterlassen hatte? Mußte die akademische Etablierung der „neuen" Via antiqua und der damit verknüpfte Perspektivenwechsel nicht von einem grundlegenden Mißtrauen begleitet gewesen sein? An den Kölner Bursen konnte der Realismus erstmals an einer deutschen Universität institutionell verankert werden; aus ihnen heraus erfolgte in entscheidendem Maße die „Eroberung" weiterer und traditionell nominalistischer Hochschulen. Doch die Startbedingungen waren nach 1414/16 erschwert. Gerade dieses Faktum sollte auch für die beiden Kölner Schulen ungleiche Bedingungen schaffen. Wenden wir uns also dem Kölner Bursen-Realismus zu! Beginnen müssen wir aber mit seinen Pariser Ursprüngen.

B. Der Kölner Bursen-Realismus

1. Pariser Ursprünge

Präzise Angaben zu den wissenschaftsgeschichtlichen Spannungen an der Pariser Universität Anfang des 15. Jahrhunderts[181]

---

als Courtenay bei den Pariser Modisten vermutet – in Köln nicht zu den Vorläufern und Parteigängern des Modus antiquus zählen dürfen. Falls eine rezipierende Nähe der Kölner Modisten zum Skotismus zugetroffen haben sollte, dann könnte ihre mit den Terministen eingenommene Frontstellung gegen die Antiqui das Phänomen der geringen Bedeutung des Skotismus in Köln erklären helfen (vgl. hierzu Meuthen 1988, 158 f., 192 f.). Der Wegestreit an den deutschen Universitäten des 15. Jahrhunderts hat in der Forschung immer wieder starke Beachtung gefunden. Als einschlägige Studien seien außer den o.g. ferner aufgeführt: Ritter 1922; Ehrle 1925; Gabriel 1974; Oberman 1979; Oberman 1987; Overfield 1984, bes. 49-60; Sikora 1988. Für eine Diskussion der wichtigsten Positionen und Kontroversen ist es an dieser Stelle jedoch noch zu früh; sinnvoller erscheint es, sie rückblickend an den Schluß der Arbeit zu stellen.

[181] Grundlegend jetzt: Kaluza 1988.

liegen in den Ausführungen vor, die von den Verfassern der bekannten nominalistischen Verteidigungsschrift aus dem Jahr 1474 stammen.[182] Diese führen an, daß sie nach der Ermordung des Herzogs von Orléans durch Johann ohne Furcht von Burgund (23. November 1407) eine entscheidende Verfolgung (*persecutio*) in Paris zu erleiden gehabt hätten. Statt von Verfolgung spricht man allerdings besser von einer tiefgreifenden Schwächung ihrer bisherigen Dominanz. Denn nach eigenem Bekunden wurden die Nominalisten nicht wirklich verfolgt, sondern zerstreuten sich wegen der bürgerkriegsähnlichen Unruhen in Paris, die nach der Ermordung einsetzten, in die verschiedensten Regionen. Durch den Abzug des Großteils der Nominalisten seien dann einige Albertisten zum Zuge gekommen, welche die nominalistische Doktrin in den Hintergrund drängen konnten, da ihnen kein wirksamer Widerstand mehr entgegengesetzt wurde. Aufgrund der fehlenden Präsenz der Nominalisten konnte somit die realistische Lehre der Albertisten zur Vormacht gelangen.[183]

Die universitären Gegner der Nominalisten sind also erstaunlich konkret bezeichnet worden. Der Terminus *quidam Albertistae* legt eine relativ geschlossene Gruppe nahe, die durch das Bekenntnis zu bestimmten Lehrpositionen Alberts des Großen vereint wurde. Diese Pariser albertistische Schule stellt nun zugleich eine grundlegende Verbindung zum Kölner Bursen-Realismus (albertistischer Prägung) her. Denn der einzige bisher namentlich als Albertist bekannte Pariser Magister vom Beginn des 15. Jahrhunderts ist der schon angesprochene Johannes de Nova Domo, der Pariser Lehrer des Kölner Albertisten Heymericus de Campo (L 1).[184]

Heymericus berichtet im Jahre 1456, daß Johannes de Nova Domo ihn (seit ca. 1410) in albertistischem Sinne unterrichtet habe,

---

[182] Gedruckt bei Ehrle 1925, 322-326. Zur Sache vgl. ebd. 124; Meersseman 1933, 10-14; Kaluza 1988, 21 u. Anm. 32.

[183] Michael (1985, 329, Anm. 134) vermutet einen zwar nicht juristischen, wohl aber faktischen Ausschluß der Nominalisten nach 1407 durch die Albertisten. Mangels nominalistischer Gegner wird man wohl kaum von einem Ausschluß sprechen können. In diesem Sinne auch Meersseman 1933, 13; Kaluza 1988, 20 f. u. Anm. 32 (die vor allem an der Natio Anglicana angesiedelte buridanistische Schule habe nach 1400 die führenden Lehrer und damit auch ihre literarische Produktivität verloren; der Bedeutungsrückgang der Nominalisten sei demnach vor 1407 erfolgt).

[184] Zu Johannes de Nova Domo vgl. Meersseman 1933; Meersseman 1936; Weiler 1968; Lohr 1971, 264; Park 1980, bes. 522 f., 529 ff.; Senger 1981 (zur Problematik eines Albertismus als wissenschaftsgeschichtlicher Strömung); Michael 1985, 328 f.; Kaluza 1986 (Lit.); Kaluza 1988, bes. 87-125.

sich 16 Jahre lang als überzeugter und vehementer Gegner der platonisierenden, skotistischen *formalizantes*[185] und der buridanistischen Terministen gezeigt habe.[186] Da Johannes de Nova Domo mit großer Wahrscheinlichkeit 1418 starb, muß er seit ca. 1402, eher früher, in albertistisch-realistischem Sinne gelehrt haben.[187] Es gibt, soweit ich sehe, keinerlei direkte Zeugnisse, wer diejenigen *Albertistae* waren, die neben Johannes de Nova Domo den terministischen Nominalismus bekämpften.[188]

Doch die alten Autoritäten fanden überhaupt gewichtige Befürworter. So sei nur daran erinnert, wie der einflußreiche Pariser Kanzler Jean Gerson gegen die platonische Ideenlehre eine Lösung der Universalienfrage in enger Anlehnung an Thomas von Aquin bevorzugte, wie er den Aquinaten, Bonaventura und generell die *auctoritates* zu Vorbildern für die Theologie erklärte.[189] Aber auch Albertus Magnus hatte eine zentrale und grundlegende Bedeutung für den Gedankenkosmos Gersons. In maßgeblicher Weise führte ihn Albertus in die neuplatonischen Lehren des Dionysius Areopagita bzw. Pseudo-Dionysius ein, vornehmlich die von einer genau abgestuften Ordnung der himmlischen und kirchlichen Hierarchien

---

[185] Kritisch gegenüber dieser Behauptung: Kaluza 1988, 22.

[186] Meersseman 1935, 117.

[187] Am 2.6.1418 wurde in der Englischen Nation durch den Prokurator Johannes de Leydis der Tod des *discretus vir magister Johannes de Nova Domo* in den Akten erwähnt (Auctarium 1937, II, Sp. 244 f.; vgl. auch Senger 1981, 223). Einen Lehrbeginn zwischen 1395 und 1397 vermutet Kaluza (1988, 87).

[188] Senger (1981, 223) vermittelt m.E. zu Unrecht den Eindruck, daß Johannes de Nova Domo meistens ein Einzelkämpfer gewesen sei, da während seines Wirkens „die Lehre Alberts an der Pariser Universität nicht präsent" gewesen sei. Die Nominalisten sprachen 1474 allerdings von *quidam Albertistae*. Noch unzureichend untersucht ist die Frage, ob und inwiefern die Neubelebung des Realismus Anfang des 15. Jahrhunderts mit dem Restitutionsedikt vom August 1403 in Verbindung zu bringen ist, das den faktischen Ausschluß der Dominikaner von der akademischen Lehre und Predigt aufhob. Zur Sache vgl. etwa Hübener 1974, 171; Burger 1986, 159-162. Unbefriedigend die Ausführungen bei Meersseman 1933, 23-30; eine kompakte, subtile Erörterung der Problematik bei Cavigioli 1981, 298 f., Anm. 17 („le problème est complexe et pour l'instant n'est pas résolu").

[189] Zu den Reformgedanken Gersons s. jetzt Burger 1986, bes. 45-55, 118-125. Vgl. ferner Ritter 1922, 133 f. (mit fragwürdiger Wertung); Glorieux 1959; Weiler 1962, 296-301 (möglicher Einfluß auf die Lehrhaltung des Thomisten Heinrich von Gorkum); Ozment 1970, 112-116; Hübener 1974; Smolinsky 1976; Park 1980, 522 u. Anm. 83.

sowie die einer mystischen Theologie.[190] Sicherlich ist Gerson damit nicht als ein Wegbereiter des Realismus anzusehen. Seine ausgleichende, reformzugewandte, auf Konkordanz und Vermeidung starrer Parteiungen sowie überflüssiger Begriffssophistik angelegte Haltung dürfte jedoch einer neuen Wertschätzung traditioneller (realistischer) Philosophen und Theologen wenn nicht Vorschub, so doch zumindest keinen Widerstand bereitet haben.[191]

Wie Gerson war nun ebenfalls der Albertist Johannes de Nova Domo mit Dionysius Areopagita vertraut, den er hoch verehrte.[192] In wichtigen Traktaten wurde der *divinus* bzw. *sanctus Dionysius* mit seinem ‚Liber de Divinis nominibus', einem der beiden von Albertus Magnus kommentierten Bücher des Pseudo-Areopagiten, namentlich zitiert.[193] Öfter noch wird Plato, Augustinus oder der von Proklos beeinflußte ‚Liber de causis' (den man bis ins 15.

---

[190] Vgl. etwa generell Combes 1973 oder Kaluza 1988, 47 u. Anm. 45, 46. (Keinerlei Erwähnung der Albertus-Rezeption durch Gerson bei Burger 1986.) Bemerkenswert, daß die Behauptung einer traditionsbewahrenden himmlisch-kirchlichen Hierarchie einige Jahre später auch Heinrich von Gorkum (M 1) bei seiner Zurückweisung der wyclifistischen Aufhebung dieser hierarchischen Ordnung zu einem zentralen Anliegen werden wird (vgl. Weiler 1962, 212-217). (Zur Polemik Wyclifs gegen die Hierachie-Konzeption des Pseudo-Dionysius vgl. etwa Luscombe 1978, 234 f.) Zu Dionysius Areopagita: Riedinger, Rudolf – Honemann, Volker, Art. „(Pseudo-) Dionysius Areopagita", in: Verfasserlexikon 2 (1980), Sp. 154-166; Meinhardt, H. – Ritter, A.M. – Biedermann, H.M., Art. „Dionysios Are(i)opagites", in: LM 3 (1986), Sp. 1079-1087; Flasch 1986, 74-81. Zu Gersons Umsetzung der Hierarchie-Konzeption des Dionysius (u.a. über Bonaventura) s. ebenfalls Luscombe 1978, 229, 237 f.; Betonung der Harmonisierungs- und Synthetisierungsbestrebungen Gersons sowie albertistischer Einflüsse auf ihn auch bei Meuthen 1988, 186.

[191] Gersons Kritik an den modernen Theologen richtete sich v.a. gegen ihre terminologische Neuerungssucht. Gerade die älteren Autoren würden dagegen mit ihren Schriften Stabilität der Wissenschaft, Wahrheit und Moralität bewirken. Der sich bei Gerson zeigende Traditionalismus, Eklektizismus und Konkordismus ist noch von seinem Lehrer Pierre d'Ailly strikt abgelehnt worden. Vgl. hierzu bes. Hübener 1976. Der Beginn einer albertistischen Opposition durch Johannes de Nova Domo scheint mir nicht zufällig von Kaluza (1988, 87) mit dem Wechsel in der Pariser Kanzlerschaft (1395 Gerson als Nachfolger Pierre d'Aillys) in Verbindung gebracht worden zu sein. Zu Gersons fördernder Haltung gegenüber den albertistischen Intentionen vgl. auch Kaluza 1986, 509.

[192] Den Einfluß von Albertus Magnus und Dionysius auf Gerson wie auf Johannes de Nova Domo hebt Park (1980, bes. 529) hervor, die zugleich die grundlegende Bedeutung der in Paris zu neuem Ansehen gelangenden, stark neuplatonisch geprägten Metaphysik und Theologie für die Kölner Bursengeschichte herausstreicht.

[193] Über die bei Park (1980, 529) angegebene eine Zitatstelle hinaus lassen sich noch weitere anführen. So etwa mehrfach im Traktat ‚De esse et essentia' (Meersseman 1933, 121, 130 oder 157) und im Universalientraktat (Weiler 1968, 148).

Jahrhundert hinein für eine aristotelische Schrift hielt) angeführt. Dieser Traditionszweig zeigt noch deutlicher als der Verweis auf Dionysius Areopagita das Bekenntnis des Johannes de Nova Domo zum Neuplatonismus an, der sich bekanntlich auch bei Albertus Magnus in nicht unerheblichem Maße findet. Wie aber wirkte sich dies auf die Haltung des Pariser Albertisten in der Universalienfrage aus, die bei den Wyclifisten ja gerade durch ihren Platonismus so heikel geworden war?

Johannes de Nova Domo behauptete die Realität der Universalien, wie bereits der Titel seines Traktats ‚De universali reali' und sein Neuplatonismus nahelegen. Da der Gründer der Kölner Laurentiana, Heymericus de Campo (L 1), der ihr die albertistische Lehrdoktrin konzipierte und vorgab, inhaltlich in überaus starkem Maße von Johannes de Nova Domo abhing,[194] scheint es geboten, dessen Lehre etwas näher zu umreißen. Auffallend und für den bisherigen Zusammenhang aufschlußreich ist nun, daß er sich am Anfang seines Universalientraktats, noch bevor er die Lehre seiner nominalistischen Gegner bekämpft, entschieden vom platonisch geprägten Universalienrealismus des Hieronymus von Prag absetzt: *Et in hoc puncto deceptus est Jeronimus hereticus et sui sequaces, qui ponebant rem universalem separatam a singularibus et extra singularia.*[195] Denn eine solche, von den Einzeldingen getrennte Realität der Universalien anzuerkennen hieße, einen neuen *ordo angelorum* oder *ordo sanctarum animarum* zu postulieren, einen Ordo der *extra singularia* unabhängig existierenden *substancie intellectuales*, sowie die Trinitätslehre in Frage zu stellen. Johannes

---

[194] Vgl. Kaluza 1988, 92.
[195] Weiler 1968, 127. Die Authentizität des ersten Teils der Einleitung, in dem sich der Angriff auf Hieronymus von Prag befindet, ist von Kaluza (1986; 1988, 91 u. 110 f., Anm.16) mit Blick auf die anderen Teile des Universalientraktats in Frage gestellt, ein späterer Abfassungszeitpunkt für möglich gehalten worden. Träfe dies zu, wäre eine Datierung des Universalientraktats, der sich hauptsächlich gegen die Buridanisten richtete, vor 1404 nicht auszuschließen. Die Bezeichnung des Hieronymus als Häretiker scheint mir für eine Datierung des strittigen Teils nach 1416 zu sprechen, es sei denn, Johannes de Nova Domo verketzerte den Prager schon vor seiner Verurteilung als Häretiker (so von Kaluza 1986, 483, als plausibel dargestellt). Möglicherweise verfaßte Johannes de Nova Domo die Einleitung nachträglich, um sich inhaltlich vom wyclifistischen Universalienrealismus abzusetzen, da er selbst einen platonisierenden Realismus vertrat (s.u. 337 f., A. 196). Bemerkenswert zudem, daß er nur Hieronymus, nicht Wyclif oder Hus, namentlich nannte.

propagierte also die Realität der Universalien in den Einzeldingen.[196] Immer wieder berief er sich dabei auf Aristoteles und die Prinzipien *aliorum approbate auctoritatis antiquorum* wie Augustinus, Thomas von Aquin oder Albertus Magnus. Zugleich wies er der Anerkennung der Realität der Universalien eine grundlegende Bedeutung für die Wissenschaften und das Wissen von der Welt bei, die diametral zur Auffassung der Nominalisten steht: *Universale est principium artis et sciencie, ... quod omnis sciencia speculatur et quo non speculato nichil penitus intelligimus nec concipimus, ... et (est) causa sciendi.*[197] Diese auf der Realität der Universalien gründende, aufbauende Wissenschaft ist für Johannes de Nova Domo identisch mit der *sciencia peripateticorum*. Doch auffallend stark wird die intendierte peripatetische Lehre bei ihm von neuplatonischen Elementen durchdrungen. Für den Albertisten bedeutete sie mithin die *sciencia veritatis*, mit Theologie und Metaphysik in herausragender Position. Pure Notwendigkeit schien ihm daher die Rückkehr der verblendeten buridanistischen Logiker, der *epicurii moderni sive nominales*, zu dieser Wissenschaft.[198]

---

[196] *Nunc restat probare, quod universalia sint in singularibus ... Universalia sunt, et non tantum in anima nec extra animam, separata a singularibus, ut nunc probatum est, ergo sunt in singularibus ... Universalia sunt forme rerum dantes esse, ... universale nec est materia nec forma partis materie proporcionata, nec eciam hoc aliquid compositum ex utrisque, sed est esse seu quiditas vel forma tocius, que format totum compositum, et formaliter eciam esse participat* (Weiler 1968, 137 f.).

[197] Weiler 1968, 126 f.; vgl. Kaluza 1988, 23, 93 ff.

[198] Weiler 1968, 142 f. Johannes de Nova Domo hatte diese zentralen Gedanken im Anschluß an die Untersuchung über das vierfache *esse* der Universalien formuliert, die eine deutliche Abstufung von der Theologie zur Logik aufweist und zugleich die ambivalente Wertung Platos und seiner Ideen- bzw. Universalienlehre durch den Albertisten offenbart. (Wegen der entscheidenden Relevanz, die diese Doktrinen für den wissenschaftsgeschichtlichen Kontext in Köln haben, ist eine ausführliche Darstellung erforderlich.) Jedes Universale konnte nach Johannes de Nova Domo folgendes *esse* haben: a) *ydeale et in intellectu prime cause,* b) *intellectuale tantum et formale, sicut est luminis corporalis et influxus ipsius a simplici emanacione a sole,* c) *formale et formatum in singularibus (rebus),* d) *in intellectu abstrahente ipsum a contagione materie per resolucionem ipsius in simplicem intencionem* (Weiler 1968, 140 f.). Diesen Formen wies er nun bestimmte Schulen zu. *De universale primo modo locuta est scola platonicorum, de eodem tercio modo scola epicurorum, quarto modo scola modernorum nominalium. Sed de hiis secundo modo perscrutata est scola peripateticorum, quorum princeps et dux fuit egregius Aristotiles, cuius perfectissima doctrina est in hac materia, et per consequens in omni materia sciendi, ex quo omnis sciencia est universalium, ut dicunt pariter platonici et peripatetici* (Weiler 1968, 141). Hinsichtlich des Universalienrealismus als „Bedingung der Möglichkeit" sind sich nach Johannes de Nova Domo demnach Peripatetiker und Platoniker einig. (Vgl. hierzu auch Kaluza 1988, 94.) Die Platoniker werden also nicht nur als Vertreter der

unter a) formulierten Seinslehre, sondern auch als Befürworter der zweiten Doktrin angeführt. Betrachtet man die stark plotinisch-proklisch gefärbte Terminologie (*lumen, influxus, emanacio*) dieser Lehre, erscheint dies gar nicht so erstaunlich. Bemerkenswert ist vielmehr, daß die neuplatonisch fundierte Schlüsselstellung der Universalienlehre als aristotelisch-peripatetisch dargestellt wird. Nicht Plato, Aristoteles war und blieb der Fürst der Philosophen, doch wie sehr hatte man seine Lehre mit genuin neuplatonischen Elementen durchsetzt. (Die Zuordnung Platos zu den Peripatetikern findet sich bereits bei Alberts Schüler Ulrich von Straßburg; vgl. De Libera 1985, 115.) Noch deutlicher wird diese grundlegende Neubewertung nicht nur der Wissenschaften, sondern auch Platos, wenn man sich nun die Zuweisung der obigen Differenzierungen zu einzelnen Wissenschaften und Schulen ansieht. *Ex hoc apparet, quomodo differunt theorice sive speculative sciencie. Theoria enim primi universalis est theologica; theoria secunda est metaphisica, scilicet prima philosophia; theoria tercia est phisica et mathematica; theoria quarta universalis est loyca communiter dicta. De primo sollicitus fuit Plato, et ideo dicitur a Boecio divinus, et theologizans a beato Augustino. De secundo et tercio fuit sollicitus in preallegatis locis Aristotiles. De quarto similiter fuit sollicitus in loyca, quam, tamquam obumbraculum theoriarum precedencium, amplexi sunt epicurii moderni sive nominales, velantes et obnubilantes per illam meretriculam loquacem et cecam omnium aliarum theoreticarum principia sic, quia in nulla alia sciencia aliud sapiunt quam sophisticalem garritum* (Weiler 1968, 142 f.). Plato gilt für unseren Albertisten also als Autorität für die Universalienlehre in der Theologie. Wenn man das ihm zugesprochene Attribut *divinus* mit jenen der nominalistischen Logiker vergleicht, so wird ersichtlich, daß hier zugleich eine Rangfolge und Hierarchie der Wissenschaften aufgestellt wird. Die nominalistische Logik kann nicht mehr *principium* aller anderen Wissenschaften sein, wenn sie die Realität der Universalien, der wahren *principia sciencie*, leugnet. Eine solche Einschätzung terministisch-nominalistischer Logik mußte bei den Albertisten Konsequenzen im Verhalten gegenüber diesem in der Artisten-Fakultät fundamentalen Fach und seinen nominalistischen Vertretern zeitigen – auch in Köln! (Zu den wissenschaftsgeschichtlichen Hintergründen der Universalienlehre des Johannes de Nova Domo vgl. auch Weiler 1969, 67-71. Der Albertist weigerte sich schlichtweg entschieden, sich mit den Doktrinen der Nominalisten Ockham, Buridan, Marsilius von Inghen und ihrer Gefolgsleute auseinanderzusetzen: *cum illis et quibusdam aliis in sciencia Aristotilis recusamus disputare*; Weiler 1968, 137; vgl. Kaluza 1988, 92 f.) Offenbar wird auch, daß die Wertschätzung Platos und des Neuplatonismus bei Johannes de Nova Domo in gefährlicher Nähe zu der bei Hieronymus von Prag und den hussitischen Wyclifisten stand (ein ähnliches Urteil bei Kaluza 1986, 484, Anm. 39). Nichts war demnach dringender, als die albertistische Interpretation prononciert von jener häresiebeladenen abzugrenzen, wenn man nicht zugleich die Neubewertung universitärer Wissenschaften in Frage stellen wollte. (Zur Ambivalenz von teilweiser Ablehnung Platos bei den Albertisten und gleichzeitigem platonisierenden Realismus, der deutlich vom sonstigen gemäßigten Realismus unterschieden ist, vgl. auch Włodek 1981, 198-202: Stellung des Johannes de Nova Domo zwischen platonisierendem und gemäßigtem Realismus.) In exemplarischer Ausführlichkeit galt es albertistische Kerndoktrinen darzustellen, die von Paris aus den Kölner Albertismus prägten – denn Heymericus de Campo (L 1) übernahm in seiner albertistischen Programmschrift wesentliche Teile aus dem Universalientraktat des Johannes de Nova Domo! (hierzu zuletzt: Kaluza 1988, 92) – und die Gegnerschaft der beiden realistischen Bursen-Doktrinen maßgeblich begründeten – mit gravierenden Konsequenzen für die Ereignisse unseres Untersuchungszeitraumes.

Die Neubelebung des Realismus, die Neubewertung der Antiqui und ihrer Lehren im universitären Wissenschaftskanon konnte in Paris am Anfang des 15. Jahrhunderts also (primär auf die Theologie bezogen) in Gerson einen grundsätzlichen Befürworter finden; sie besaß erwiesenermaßen einen vehementen Vorkämpfer in Johannes de Nova Domo, der mit und über Albertus Magnus als maßgeblicher Autorität einen stark neuplatonisch geformten peripatetischen Artes-Kanon lehrte.

Johannes de Nova Domo wirkte ungefähr seit der Jahrhundertwende an der Natio Picardiae, an der im ersten Jahrzehnt des 15. Jahrhunderts auch der spätere Kölner Magister Arnoldus de Spina unterrichtet worden sein muß, war er doch gebürtig aus 's-Hertogenbosch in der Diözese Lüttich. In der Umgebung dieser Stadt ist vermutlich auch Johannes de Nova Domo aufgewachsen.[199] Da Arnoldus in Köln wahrscheinlich zu dem engeren Kreis realistischer Pariser Magister zu zählen ist, könnte er recht gut durch Johannes de Nova Domo unterrichtet worden sein. Wäre dem so – eine von Arnoldus seit 1412 in Köln praktizierte Mißachtung nominalistischer Logik und Methodik wäre nur verständlich. Hätte er des weiteren auch die Invektiven des Pariser Albertisten gegen die terministischen Logiker übernommen, dann wäre das 1414/16 beklagte *magnum discidium* ursächlich auch auf ihn zu beziehen.[200]

Albertistisch dürfte auch Henricus Bemel de Xanctis eingestellt gewesen sein, der erste aus Paris nach Köln gekommene Magister, der oben als Realist in Betracht gezogen worden ist. Spätestens 1411 hatte er wohl seine theologischen Studien begonnen, die er 1424 unter dem „Albertisten" Rutger Overhach de Tremonia mit dem Doktorat abschloß. Wann Henricus durch Overhach, der ca. 1418 Professor der Theologie geworden war[201], in „albertistischem" Sinne unterrichtet worden sein könnte, läßt sich nicht sagen. Da er aber allem Anschein nach schon als Pariser Magister, spätestens jedoch in den Jahren vor 1414, das realistische Bekenntnis zu den Antiqui vertreten hatte, dürfte diese geistige Wurzel noch in die Pariser Jahre hineinreichen, könnte er somit als Realist (und Albertist?) zu dem gleichgesinnten Rutger Overhach gestoßen sein.

---

[199] Vgl. Kaluza 1988, 107 f., Anm. 3.
[200] Gegen Gilbert (1974, 97), der den scharfen Tonfall bei Johannes de Nova Domo primär auf eine gesteigerte Anymosität gegenüber den Wyclifisten nach Konstanz bezieht, ist einzuwenden, daß sich die heftigsten und meisten Schmähungen gerade nicht gegen die Wyclifisten, sondern gegen die Nominalisten richteten.
[201] Vennebusch 1976, 238.

Anhaltspunkte für Beziehungen der fraglichen Kölner zu möglichen Pariser Antiqui gibt es nur spärlich. Am ehesten könnte eine prosopographische Untersuchung weiterhelfen. Hier fällt zuerst die Person des aus Erfurt gekommenen Pariser Magisters Conradus Lubeck de Wolfhagen auf.[202] Unter diesem nämlich hatte Hieronymus von Prag im Januar 1405 in einem singulären Akt, neun Monate nach dem regulären Inzeptions-Akt der Natio Anglicana, seinen Magister-Grad erworben.[203] Im August 1405 standen sowohl Conradus Lubeck als auch Hieronymus von Prag in der Reihe der Magistri regentes des folgenden Vorlesungsjahres, beide jedoch als einzige ohne den üblichen *fideiussor* (Bürgen).[204] 1403 allerdings hatte Conradus Lubeck einen Bürgen gehabt: Henricus Bemel de Xanctis.[205]

Mit Hieronymus von Prag absolvierte im April 1404 Johannes Stommel, der dritte unserer drei möglicherweise realistischen Magister, sein Lizentiats-Examen. Als erster wurde er im gleichen Monat auch zum Magister promoviert. Einen Monat später bestellte die Nation Deputierte, die sich um Bursenplätze in drei Kollegien bemühen sollten, die der Natio Anglicana zustanden.[206] Es scheint, als ob Johannes Stommel anschließend als *bursarius* in die Sorbonne aufgenommen wurde, denn sein Name steht in der Liste der *Sorbonae socii hospitesve*, die unter dem Bischof und Provisor Johannes Diodona (1388-1409) in das Kollegium aufgenommen wurden.[207] Johannes Stommel muß somit das Studium der Theologie nach seinem Magister-Examen begonnen haben. Offenbar

---

[202] Vgl. zu ihm Benary 1919, 66 (bei Kleineidam 1985 nicht erwähnt).
[203] Auctarium 1937, I, Sp. 894.
[204] Auctarium 1937, I, Sp. 906.
[205] Auctarium 1937, I, Sp. 868.
[206] *Eciam ibidem dabantur deputati ad inquirendum bursas in tribus collegiis ad nacionem spectantibus* (Auctarium 1937, I, Sp. 882).
[207] Franklin 1875, 227. (Mit Johannes de Colonia war Johannes Stommel de Colonia gemeint. Bei Franklin ist jedoch der Provisor falsch angegeben; vgl. Auctarium 1937, I, Sp. 836, Anm. 1). Schon 1401 wurde durch den Supplikanten Johannes Scotus, einen späteren *socius*, beklagt, *quod non esset nisi unus bursarius in collegio Sorbone de suppositis nacionis nostre*, und weiterhin hält er der Englischen Nation vor, *quod essent multi, non de nacione nostra, sed de aliis nacionibus, qui pro hujusmodi bursa diligenter laborarent, quod maxime videtur fieri in prejudicium nacionis nostre* (Auctarium 1937, 1, Sp. 836). Die *socii bursales* waren diejenigen (armen) Magister, die für ihr weiteres Theologiestudium durch das Kollegium finanziell unterstützt wurden. Von ihnen unterschieden waren die *socii*, die sich selbst finanzierten. Beide hatten jedoch im Gegensatz zu den *hospites* Anteil an der Verwaltung des Kollegiums (vgl. hierzu Franklin 1875, 18 ff.; Glorieux 1966, 94-106).

erwarb er jedoch nie einen Grad der Theologie – zumindest ist uns hierfür kein Zeugnis bekannt. Doch auch Johannes de Nova Domo erwarb nach eigenen Angaben nie einen theologischen Grad, da ihm die nötigen Mittel gefehlt hätten.[208] Und, was für unseren Zusammenhang nicht ganz unerheblich scheint: er ging ebenfalls als *bursarius* oder *socius* der Sorbonne den theologischen Studien nach; sein Name steht wie der des Johannes Stommel in der Reihe der *socii* unter dem Provisorat des Johannes Diodona.[209] Beide könnten sich also mit einer gewissen Wahrscheinlichkeit dort, in den Räumen der Sorbonne, begegnet sein.

Ob Johannes Stommel von Johannes de Nova Domo geistig beeinflußt worden ist, wissen wir nicht mit Sicherheit. Wer auch immer seine wissenschaftlichen Väter waren, der Theologie und den Antiqui scheint er zugeneigt gewesen zu sein. Denn in seinem Büchernachlaß finden sich theologische Schriften wie eine ‚Summula' des Petrus Lombardus in Pergament oder der ‚Liber de consolatione theologiae', eine von Gerson 1418 in Dialogform abgefaßte poetische Schrift, die auf Erbauung und praktische Frömmigkeit gerichtet war, ferner des Augustinus ‚Libellum de conceptu mundi', Senecas ‚De moribus', ein ‚antiquum commentum' über die ‚libros de Anima' und ‚De plantis' von Albertus Magnus.[210]

Zwischen 1407 und 1410 hatte sich Johannes Stommel in Erfurt aufgehalten. Hier muß er in näherem Kontakt mit Amplonius Ratingk de Bercka gestanden haben. Denn Johannes Stommel war am 1. Mai 1412 der einzige Nicht-Verwandte, der die wichtige Urkunde mit unterschrieb, in der Amplonius seine herausragende Bibliothek seinem geplanten Kollegium übertrug.[211] Von Amplonius ist aber auch bekannt, daß er die Antiqui durchaus wertschätzte. So empfahl er nach der Verpflichtung seiner Kollegiaten auf die Texterklärungsmethode der Moderni, zu den betreffenden,

---

[208] Vgl. Meersseman 1933, 21.
[209] Vgl. Franklin 1875, 227. Diese Tatsache scheint Meersseman entgangen zu sein. Daß mit Johannes de Nova Domo in dieser Liste der *socii* von 1388 bis 1409 jemand anderes als der gleichnamige Albertist gemeint sein könnte, ist unwahrscheinlich. Zumal seine Angabe bzw. die von der Universität im Rahmen einer Danksagung für die Verleihung eines Benefiziums formulierte („er hätte auch gern die theologischen Grade erreicht") dafür spricht, daß er das Theologie-Studium zumindest begonnen hatte. Einen näheren Bezug zur Theologie legt schließlich seine ganze Wissenschaftskonzeption nahe.
[210] Vgl. HAStK, Geistl. Abtlg. 56, f. 41v-43r.
[211] Vgl. Kleineidam 1985, 62 f., 402.

problematischen Textstellen die Bücher der Antiqui, solch traditioneller, bewährter Kommentatoren wie Averroes, Albertus Magnus, Thomas von Aquin oder Alexander von Hales, heranzuziehen, sofern sie Gutes beizutragen hätten – ganz im Sinne Gersons.[212] Für den Studiengang der zukünftigen Theologen (das Vorherige galt für die Artisten) stellte er nun eindeutig die Antiqui, und zwar neben Bonaventura besonders Thomas von Aquin, heraus. Eventuell war es kein Zufall, daß drei seiner Schüler, die mit ihm 1399 nach Köln und dann Anfang 1402 geschlossen nach Paris gingen (zur gleichen Zeit, als dort auch Henricus de Xanctis und Conradus de Wolfhagen erschienen), 1402 unter dem Thomisten Heinrich von Gorkum (M 1) ihr Magister-Examen absolvierten.[213] Insgesamt bleiben die genannten Bezüge allerdings recht vage, so daß die tatsächlichen Hintergründe dieses ersten, noch vor 1414/16 erfolgenden Vorstosses Pariser Realisten nach Köln recht konturlos bleiben.

Fragen wir nun, was bei den drei Pariser Magistern, die mit ihrem vermutlich vertretenen Realismus in Köln so viel Widerstand erfuhren, als gesichertes Gemeinsames gewonnen werden kann, so schält sich das Studium der Theologie heraus. Möglicherweise bildete es den Ausgangspunkt für eine neue Bewertung der alten Autoritäten und damit verbunden für eine neue Konzeption wissenschaftlicher Methodik und Inhalte auch an der Artisten-Fakultät. In exemplarischer Form fanden wir diese Sichtweise bei dem Albertisten Johannes de Nova Domo vor. Er machte die Anerkennung der Realität der Universalien zur Bedingung der Möglichkeit von Wahrheitserkenntnis, die in allererster Linie durch die Fächer der Theologie und Metaphysik geleistet werden könne. Die terministisch-nominalistische Logik, einem engen Untersuchungs- und Themenkreis verhaftet und verfallen, in ihrer Erkenntnisstruktur stets auf das kontingente Singuläre zielend, mußte demnach bei den Realisten nicht nur weitgehend ihren Wert verlieren; sie mußte

---

[212] Kleineidam 1985, 182 f.; vgl. auch Benary 1919, 61-65; Michael 1985, 350 f. (Aufschlußreich, daß auch Amplonius de Bercka nach den Prager Vorgängen von 1409 in den Statuten seines Kollegiums ausdrücklich verbot, eine Lehre vorzutragen, die direkt oder indirekt zur Häresie, zum Hussitismus oder zum Universalienrealismus der Platoniker hinführe; vgl. Kleineidam 1985, 183, Anm. 1004.)

[213] Bei den drei von Erfurt über Köln nach Paris gekommenen Bakkalaren handelt es sich um Johannes Mulnhusen de Bercka (M 42,12), Johannes Lueffelt de Xanctis (M 42,13) und Henricus Maltmyngher de Bercka (M 42,14); vgl. zu ihnen auch Benary 1919, 16 f. u. Anm. 6, 65; Kleineidam 1985, 62.

zudem gerade bei den ontologisch und metaphysisch am weitesten entgegengesetzten Realisten aus deren Wissenschaftsanspruch heraus (und hier unterschieden sich Johannes de Nova Domo und Hieronymus von Prag nur noch graduell voneinander) polemische Verbalinjurien hervorrufen.

Wenn wir nun zu einer Untersuchung der wissenschaftsgeschichtlichen Positionen der führenden Kölner Bursen-Regenten übergehen, werden wir sehen, wie sich die oben skizzierten Formen in eindringlicher Weise fortsetzen, und zwar aus ihren Pariser Wurzeln heraus. Ferner wird sich zeigen, wie das gesamte wissenschaftlich-universitäre Spannungsfeld, das für die ersten beiden Jahrzehnte des 15. Jahrhunderts aufgezeigt wurde, in die weitere Kölner Entwicklung hineinragen und -wirken wird, und nicht zuletzt in die Bursen der Artisten-Fakultät.

2. Personengeschichtliche Verflechtungen der Kölner Bursen-Realisten an der Pariser Universität

Die einflußreiche Strömung eines an den traditionellen, philosophischen wie theologischen Autoritäten orientierten Realismus und seine Etablierung an den Kölner Bursen ist ohne seine Träger, d.h. die entsprechenden Personen, nicht zu verstehen. Erst recht kann die in Köln stattfindende Differenzierung innerhalb dieses Realismus in einen thomistischen und albertistischen Zweig nur durch eine Analyse des personalen Kontextes ergründet werden. Ihn zu erschließen aber heißt, die wissenschaftsgeschichtlichen Positionen der maßgeblichen Bursen-Regenten und deren Verhältnis zueinander zu hinterfragen.

Der erste für die Bursengeschichte bedeutende Realist in Köln war bekanntlich Heinrich von Gorkum (M 1), *thomistarum coloniensium monarcha*, wie Heymericus de Campo (L 1) ihn titulierte.[214] Als er 1419 nach Köln kam, mit nahezu vollendetem theologischen Studiengang, erschien er nicht, um hier den Realismus erst kennenzulernen. Den hatte er schon in Paris gelehrt. Denn ein Zeitgenosse des Henricus bezeugte, dieser sei nach Abschluß seiner theologischen Studien nach Köln gegangen, um seine Studenten

---

[214] Vgl. Meersseman 1935, 115.

und Schüler wie schon an der Pariser Universität *secundum viam predictam antiquorum* zu unterweisen.²¹⁵

Wir kennen die personalen Wurzeln seines Realismus nicht. Doch es ist naheliegend, sie bei seinen theologischen Lehrern zu vermuten. Denn anscheinend widmete er sich sogleich nach Absolvierung der nach dem Magisterium (1398) vorgeschriebenen Lehrjahre dem Studium der Theologie – wird er doch zwischen 1402 und 1409 nicht mehr als Regens oder in einer anderen Funktion in den *acta procuratoria* der Natio Anglicana genannt.²¹⁶

Von 1410 bis zu seiner Abreise nach Köln wirkte Heinrich von Gorkum jedoch als einer der hervorragenden Magister an der Englischen Nation. Eben für dieses Jahr erfahren wir nun, daß die Nation im Juli 1410 bei dem Rektor Henricus Statter (Scatter)²¹⁷ intervenierte, er möge für die Reform der Fakultät Sorge tragen.²¹⁸ Und genau in diesem Monat erscheint Johannes de Nova Domo, regulär Mitglied der Pikardischen Nation, erstmals in den Akten der Natio Anglicana.²¹⁹ Am 13. Februar 1413 wurde er dann einmütig und mit dem Einverständnis der drei anderen Nationen in die Englische Nation durch den Kanzler Jean Gerson eingeschworen, in der er allerdings offenbar nicht als Regent oder Prüfer in

---

²¹⁵ Im Prozeß der Universität gegen den Kollektor der Annaten im Jahr 1461 sagte der ca. fünfzigjährige Zeuge Wilhelmus de Mylendonk, ehemaliger Schüler der Corneliana (M 149,62), im Zusammenhang mit seinem Universitätsstudium aus: *se novisse quondam magistrum Henricum de Gorichem sacre Theologie doctorem in eadem universitate Parisiensi promotum, qui prout testis tunc audivit, post huiusmodi sui promotionem venit Coloniam, ubi suos studentes et scholares informavit secundum viam predictam antiquorum, prout in ipsa universitate Parisiensi fieri consueverat.* (Un. 70, f. 194r; vgl. Weiler 1962, 55, Anm. 54. In der dortigen Transkription ist *facere consueverat* in *fieri consueverat* zu korrigieren.)

²¹⁶ Vgl. Weiler 1962, 23–25 (mit der Vermutung, daß in jenen ganz der Theologie gewidmeten Jahren Gerson einen prägenden Eindruck auf Heinrich gemacht haben könnte, da seine Theologieauffassung sich stark mit Gersons reformatorischen Inhalten decke). Wenn Heinrich tatsächlich seit 1402 vornehmlich Theologie studierte, wäre er wahrscheinlich ein Kommilitone von Johannes de Nova Domo und Johannes Stommel gewesen.

²¹⁷ Henricus Statter war zuerst 1389 in Köln immatrikuliert (M II,579), wurde in Paris Doktor der Medizin, wechselte 1433 nach Löwen und war Gesandter am Basler Konzil (vgl. zu ihm Weiler 1978, 79; Gabriel 1978, 86, 92).

²¹⁸ „... *super tercio voluit nacio, ut rector requireretur ista expedire, scilicet reformationem facultatis* ..." (Auctarium 1937, II, Sp. 79).

²¹⁹ Hierzu auch Senger 1981, 223. Ob – wie Senger annimmt – Johannes de Nova Domo an der Fakultätsreform des Jahres 1410 beteiligt war, läßt sich aus den Prokuratsakten nicht entnehmen, ebensowenig, um welche Reform es sich im einzelnen handelte. Doch scheint auch mir diese zeitliche Koinzidenz kein Zufall gewesen zu sein.

Erscheinung trat.[220] Die Vermutung liegt nahe, daß sein Wechsel in die Englische Nation mit dem Wiedererstarken des Realismus in Verbindung stand und mit der genannten Fakultätsreform[221] in Beziehung zu setzen ist. Eventuell gingen von der Englischen Nation die entscheidenden Schritte für eine fundierte Erneuerung des Modus antiquus aus. Johannes de Nova Domo könnte sich dieser Institution angeschlossen haben, um die Bemühungen wirkungsvoller zu unterstützen.

Zweifellos aber ist die personelle Konstellation an der Englischen Nation, wie sie sich in den folgenden Jahren zeigt, für die Geschichte des universitären Realismus und besonders den der Kölner Bursen höchst aufschlußreich. Bürge des Heinrich von Gorkum für das Vorlesungsjahr 1410/11 – und damit unter Umständen Unterrichtsvertreter – war Wilhelmus Lochem, später Pfarrer von Deventer.[222] Unter diesem determinierte im Februar 1413 Johannes Wenck von Herrenberg; im April 1414 legte er auch sein Lizentiats- und Magister-Examen unter Wilhelmus ab.[223] Johannes Wenck wird ebenso als Vertreter einer mehr albertistisch-realistischen Richtung Bedeutung erlangen – und zwar als einer ihrer frühesten und gewichtigsten in Heidelberg, wo er als der führende Theologe entscheidend an der Etablierung der Via antiqua mittels einer eigens für die realistische Unterweisung gegründeten Burse beteiligt sein wird. Wenn der in seinen späteren Heidelberger Jahren dem Kölner Albertismus kritisch gegenüberstehende Wenck als eine der Schlüsselfiguren gerade mit den Thomisten der Kölner Bursen kooperieren wird, dann werden wir sein und seiner Freunde Handeln – es wird gravierende initiatorische Folgen für die Geschichte weiterer Artisten-Fakultäten haben – nicht zuletzt auf Begegnungen und Erfahrungen innerhalb des in Paris geknüpften Personennetzes zurückführen dürfen.

---

[220] Auctarium 1937, II, Sp. 140.

[221] Gemeint war wohl eine Reform der Artisten-Fakultät, da die Nationen primär für die artistischen Studien zuständig waren. Zur Englischen Nation an der Pariser Universität vgl. die rein verfassungsgeschichtlich angelegte Arbeit von Toulouse (1939). Da die tragenden Personen so gut wie anonym bleiben, ist sie für unsere Untersuchung unergiebig. Vgl. zur Englischen Nation auch Gabriel 1969; zu den Pariser Nationen allgemein jetzt: Schumann 1974, 60-66.

[222] Vgl. Weiler 1962, 26. Wilhelmus Lochem war auch Deputierter der Englischen Nation für das Konstanzer Konzil (vgl. Auctarium 1937, II, Sp. 185 f., Anm. 4).

[223] Auctarium 1937, II, Sp. 143, 175. Zu Wenck hier vorerst Gabriel 1974, 451. Auf ihn wird im Zusammenhang mit der Einführung der Via antiqua in Heidelberg näher einzugehen sein; s.u. 471 f. u. ö.

Knüpfen wir das Netz weiter! Im Februar 1414 determinierte der spätere Corneliana-Regent Johannes Custodis (C 1) unter Heinrich von Gorkum, im April 1415 führte ihn Heinrich durch die Lizentiats- und Magister-Prüfungen.[224] Gleich seinem thomistischen Lehrer zog es Custodis im Juni 1419 nachweislich nach Köln, um wie schon in Paris die Schüler in der *via antiquorum* zu unterrichten.[225]

Zwei Jahre nach Johannes Custodis kam sein wichtiger Bursen-Konregent Andreas de Amersfordia (C 2) ebenfalls aus Paris nach Köln. Sein Determinator in Paris hieß im Februar 1415 Wilhelmus Lochem, Lehrer des Johannes Wenck.[226] 1416 erhielt Andreas de Amersfordia den Magistergrad unter Johannes Johannis.[227] Unter Wilhelmus Lochem determinierte im Februar 1415 zugleich Paulus Cravar, der schon im Mai 1415 unter Johannes Wenck seinen Lizentiats- und Magistergrad erwarb.[228] Ein Jahr später ging Cravar an die Prager Universität,[229] wo er sich der hussitischen Bewegung anschloß. Von dort brach er nach Schottland auf, propagierte die Lehren von Wyclif und Hus, bis er 1433 auf Veranlassung des schottischen Nominalisten Laurence of Lindores, der auch als Inquisitor von Häretikern und Lollarden wirkte, dem Flammentod übergeben wurde.[230] Paulus Cravar bietet somit wiederum ein Beispiel für den

---

[224] Auctarium 1937, II, Sp. 168, 194 f.

[225] Vgl. Un. 70, f. 194r, wo der Zeuge Wilhelmus Mylendonk über Johannes Custodis angibt: ... *promotus fuerat in universitate Parisiensi in magistrum artium. Et postea veniens ad civitatem et universitatem studii Coloniensis informavit ibidem studium in artibus de via antiquorum, que tenebatur in dicta universitate Parisiensi.* (Vgl. Weiler 1962, 55, Anm. 54.)

[226] Auctarium 1937, II, Sp. 189 f.

[227] Auctarium 1937, II, Sp. 209 f.

[228] Auctarium 1937, II, Sp. 189 f. u. Anm. 6, Sp. 196 f.

[229] Vgl. Monumenta 1830, 439: *Item anno, ut supra [1416], die 4. mensis Maji facta plena congregatione magistrorum facultatis artium Paulus de Crawar, universitatis Parisiensis magister, et baccalarius medicinae universitatis Montis Pessulani, susceptus est ad gremium magistrorum dictae facultatis studii Pragensis post determinatam quaestionem sub mag. Procopio de Plzna, et ad alia facienda juxta statuta dictae facultatis liberrime se submisit ...*

[230] Vgl. Anderson 1910/11, 239; Spunar 1985, 354 f. (Cravar 1417 unter den Respondenten im Quodlibet des anti-hussitischen Procopius de Cladrup); Oehler 1989, 47 ff. (das von Laurence of Lindores durchgesetzte Verbot der albertistischen Lehre 1418 – hierzu und zu Lindores u. 404 ff. mehr – stand in einem engen Zusammenhang mit der ebenfalls von ihm initiierten Verpflichtung der Magister, gegen Wyclifismus und Lollardentum zu kämpfen). Zu Cravar s. insbesondere Moonan 1976; der vom Autor angekündigte Beitrag (vgl. Moonan 1987, 230, Anm. 16) zu „Pavel Kravar on necessity" konnte noch nicht ermittelt werden.

fatalen Übergang vom (albertistischen?) Realismus zum häretischen Universalienrealismus, für das weiterhin manifeste Spannungsfeld, in welchem sich der gemäßigte, aber unter denkbar schlechten Vorzeichen stehende universitäre Realismus bewegte.

Ein weiterer, ungleich bekannterer und unproblematischerer Schüler des Johannes Wenck war Henricus Brunonis de Piro, der 1418 unter Wenck determinierte.[231] Der spätere Kartäuser kam 1421 als Student des Zivilrechts nach Köln, ging 1428 als Legist nach Löwen, um nach Pariser und Kölner Vorbild die ersten Universitätsstatuten der jungen „Tochteruniversität" von Köln aufzustellen.[232]

In Köln immatrikulierten sich Anfang der zwanziger Jahre noch weitere Schüler der drei Realisten Heinrich von Gorkum, Johannes Custodis und Johannes Wenck, wie etwa Theodoricus Johannis de Harlem[233], Henricus Meynershagen[234], Jacobus Dordraci[235] und Johannes de Lapide[236]. Sie alle treten jedoch in Köln oder für den Realismus nicht in bemerkenswerter Weise in Erscheinung.

Drei für die Kölner und Heidelberger Universitätsgeschichte wichtige Protagonisten der Via antiqua haben wir somit unmittelbar mit ihrer Lehrtätigkeit an der Englischen Nation in Paris kennengelernt. Besonders zwischen 1415 und 1418 dürften sie die dominanten Kräfte an der Nation gewesen sein. So fungierten etwa beim Bakkalaureats-Examen 1418 allein Wenck und Custodis als Determinatoren der 13 Scholaren, zu einer Zeit, als die meisten Regenten Paris wegen der politischen Unruhen und hohen Sterblichkeit schon verlassen hatten.[237] Erfahrene und engagierte Lehrkräfte brachten also nun in den zwanziger Jahren die Via antiqua nach Köln und Heidelberg.[238]

---

[231] Auctarium 1937, II, Sp. 240.
[232] M 129, 61. Vgl. Weiler 1978, 53, 78; Gabriel 1978, 87; Meuthen 1988, 202.
[233] M 130,89.
[234] M 132,117.
[235] M 134,11.
[236] M 134,32.
[237] Auctarium 1937, II, Sp. 240. Im Juni 1418 war Johannes Custodis *solus regens* in der Nation (Auctarium 1937, II, Sp. 250). Hinter den Namen der fünf Regenten, die im September 1418 erneut um Schulen baten, fügte der Prokurator hinzu: *isto tempore fuit maxima mortalitas Parisius* (Auctarium 1937, II, Sp. 254; vgl. Weiler 1962, 35 f.).
[238] Johannes Wenck wurde 1426 in die Heidelberger Theologische Fakultät intituliert (Toepke 1884, 171).

3. Buridanistische „Gralshüter" an der Kölner Universität

Doch die Nominalisten hatten in Köln offensichtlich längst noch nicht die Segel gestrichen. Eine problemlose Etablierung konnte die Via antiqua kaum erwarten.

Noch im September oder Oktober 1418 erschien der bedeutende Buridanist und Doktor der Medizin Johannes Dorp in Köln, dem sogar *propter honorabilitatem persone* die Gebühren erlassen wurden.[239] Zwischen 1393 und 1404 hatte er äußerst einflußreich an der Englischen Nation in Paris gelehrt, 1403 etwa als Regens neben Henricus Bemel de Xanctis und Conradus Lubeck de Wolfhagen.[240] Ende des 14. Jahrhunderts hatte er einen Kommentar zu Buridans ‚Summulae' geschrieben, der 1487 in Paris gedruckt wurde. Dorp gehörte demzufolge auch zu den 1474 in Paris verbotenen nominalistischen Autoren. Sein Aufenthalt in Köln 1418 – für 1417 ist er noch als Arzt der Gräfin von Hennegau bezeugt – ist anscheinend das letzte Lebenszeugnis, das von ihm bekannt ist. Weshalb kam er, der doch schon seit längerer Zeit nicht mehr an der Universität lehrte, gerade zu diesem Zeitpunkt nach Köln? Wenn auch keine gesicherte Antwort gegeben werden kann, so dürfte sein Erscheinen den Terministen in Köln Unterstützung und Auftrieb gegeben haben. Zudem wird ihm ein Einblick in die Vorgänge von 1414/16 kaum verwehrt geblieben, wird ihm ein Interesse an den Auseinandersetzungen um Erhalt oder Abschaffung der terministischen Logik nicht abzusprechen sein.

Ein Jahr vor Johannes Dorp hatte sich in Köln ein Magister immatrikulieren lassen, dessen Vita uns noch enger an den Kontext des Beschlusses von 1414/16 heranführt. Im März 1417 ließ sich der Magister artium und Bakkalar der Medizin Nicolaus Tell de Tongris für die Medizinische Fakultät intitulieren.[241] Er war der erste und einer der wichtigsten Zeugen im Wiener Prozeß gegen Hieronymus von Prag gewesen und hatte diesen besonders wegen seiner Angriffe gegen die nominalistischen Logiker und wegen seines Universalienrealismus angeklagt.[242] Hieronymus hatte er während dessen

---

[239] M 118,21. Zu Dorp vgl. Ehrle 1925, 310, 313, 329, 335; Gabriel 1974, 446, 455; Michael 1985, 327, 542-552; Lohr 1987, 536; Kaluza 1988, 20 f. u. Anm 30.
[240] Auctarium 1937, I, Sp. 868.
[241] M 113,3.
[242] Klicman 1898, 12 f.

Aufenthalt in Heidelberg erlebt. Von 1410 bis 1413 lehrte Nicolaus Tell dann an der Wiener Artisten-Fakultät.[243] Gerade er wird jeglicher realistischen bzw. universalienrealistischen Bestrebung in Köln äußerst mißtrauisch gegenüber gestanden haben, wird daher wie Johannes Dorp die Erhaltung der nominalistischen Logik und Methodik mehr als nur befürwortet haben.

Es ist nicht bekannt, wie lange sich die beiden Nominalisten in Köln aufgehalten haben. Aber schon ihre Anwesenheit dürfte die Flamme der Kölner Auseinandersetzungen um die Etablierung eines universitären Realismus, der so verhängnisvoll mit häretischen Folgen und sich steigernden politischen Konflikten in Verbindung stand, nicht zum Erlöschen gebracht haben.

Gleiches gilt zweifellos für den erklärten Buridanisten Albert Varrentrap, der sich Ende 1423 an der Kölner Universität immatrikulieren ließ.[244] In seiner Vita bündeln sich die gesamten bisher dargestellten Ereignisse und Spannungsfelder. Varrentrap hatte an der Prager Universität studiert und gelehrt; als einer seiner Examinatoren bei der Bakkalaureats-Prüfung in Prag amtierte im Jahr 1400 Ludolph Meistermann,[245] den wir bereits als Erfurter Magister kennengelernt hatten. Alberts 1408 in Prag gehaltenen Disputata zur aristotelischen Physik zeigen nach Moonan eine derartig „precise relationship" zu den Kommentaren des Laurence of Lindores, daß der Lindores-Forscher sie anfänglich für eine Schrift des schottischen Buridanisten gehalten hatte.[246] Varrentrap amtierte zugleich 1408/09 als letzter deutscher Dekan der Artisten in Prag,[247] hatte sich entschieden gegen die Anwendung des Kuttenberger Dekrets gewehrt. Als Abgeordneter der Leipziger Universität auf dem Konstanzer Konzil wurde er erneut mit den Prager Wyclifisten konfrontiert. Hus griff den Buridanisten im Juni 1415 sogar persönlich wegen Mißachtung des königlichen Edikts

---

[243] Vgl. Acta 1968, 553.
[244] M 139,28. Vgl. zu Albert Varrentrap Höfler 1864, 227; Lohr 1974, 120; Schmidt/Heimpel 1977, 110 (nicht erst 1417 als Deputierter in Konstanz); Meuthen 1979, 506-513, bes. Anm. 270; Moonan 1987, 246, 248-251; Moonan 1988, 283, 304, 307 f., 310, 312.
[245] Monumenta 1830, 350, 352; vgl. Moonan 1988, 283 u. Anm. 57.
[246] Moonan 1987, 248; Moonan 1988, 304.
[247] Vgl. Monumenta 1830, 401 ff. (1.10.1408 Wahl Varrentraps zum Dekan; nächstes Dekanat am 9.5.1409: ... *propter dissensiones et discordias quatuor nationum in universitate, et magistrorum in facultate artium, qui discordantes in electione decani non poterant pro decano concordare* ...; Symon de Tyssow wird daher durch König Wenzel für das Dekanat präsentiert.).

an, zeigte mit dem Finger auf ihn und warf ihm vor: *Et hic fuit unus de illis, qui iuraverunt, et erat tunc decanus facultatis arcium.* Varrentrap bat daraufhin, den Erzählungen des Tschechen keinen Glauben zu schenken, ihn statt dessen anzuhören – *et non est auditus.*[248] Bei seiner Immatrikulation 1423 fungierte Varrentrap bereits als Dr. decr. und Offizial des Kölner Erzbischofs. Welche Sprengkraft in seiner nominalistischen Bildung und den Prager wie Konstanzer Erlebnissen lag, vor dem Hintergrund einer Erstarkung des Realismus in Köln, wird freilich erst ersichtlich, wenn wir uns den inhaltlichen Positionen und rasch einsetzenden Kontroversen der realistischen Schulen in Köln zuwenden.

4. Der wissenschaftsgeschichtliche Standort des Begründers der Montana-Burse

Als Heinrich von Gorkum (M 1) an die Kölner Universität wechselte, um im Sinne der Via antiqua zu dozieren, war ihm dies jedoch nicht mehr an der Artisten-, sondern nur noch an der Theologischen Fakultät möglich.[249] Schon im Februar 1420 wurde er wenige Wochen nach seiner Ankunft zum Doktor der Theologie promoviert, hatte somit keinerlei Anteil mehr am Unterricht der Artisten. Und doch wird von ihm berichtet, er habe kurz darauf eine Schule für Artisten in einem gemieteten Gebäude eröffnet und geleitet: die spätere Bursa Montana. Heinrich von Gorkum hatte demzufolge also nicht nur (wenn überhaupt!) Schülern in den von ihm genutzten Räumen Kost und Logis geboten, sondern

---

[248] Novotný 1932, 79, s. auch 105 (Varrentrap an der Seite des Magisters Palecz in der Auseinandersetzung mit Hus), 183 u. 206 (entsprechende deutsche Fassung); vgl. Höfler 1864, 227. Von 1433-1437 war Varrentrap im übrigen Gesandter des Kölner Erzbischofs am Basler Konzil, seit 1433 auch Rotarichter am Konzil (vgl. Schmidt/Heimpel 1977, 110; Meuthen 1979, 506-513); er dürfte dort wiederum mit der Hussitenproblematik konfrontiert worden sein.

[249] Neben der einschlägigen Arbeit von Weiler (1962) zu Heinrich von Gorkum jetzt auch: Meuthen 1988, 173 f.; vgl. ferner Graven 1935, 19, Nr. 20/21; Schmidt/Heimpel 1977, 113 f.; zu den philosophischen Handschriften: Lohr 1968, 224 ff; zu den in Köln befindlichen Schriften: Vennebusch 1976a, 27 ff., 53-57; Vennebusch 1980, 92 f., 105, 133 f., 210, 253; Vennebusch 1983, 36, 134 (auffällig die häufige Abschrift des Hussiten-Traktats).

offenbar ziel- und zweckgerichtet eine Lehreinrichtung geschaffen.[250] Wie die weitere Entwicklung der Burse zeigt, dürfte sie in erster Linie für artistische Scholaren, weniger für seine theologischen Schüler gedacht gewesen sein. Welches Motiv mochte den Theologie-Professor bei diesem Unternehmen geleitet haben, das – soweit ich sehe – für einen Mann seines akademischen Standes für jene Zeit singulär zu sein scheint? War es das ökonomische des „Unternehmer-Regenten", der vor allem um die „Erträge" seines „Betriebes" besorgt war, wie Schwinges diesen für Köln in der Folge charakteristischen Typus des Bursen-Regenten treffend beschrieben hat?[251] Oder leitete Heinrich von Gorkum nicht vielmehr fern von ökonomischen Anreizen der Gedanke, dem Realismus, der Via antiqua, in Köln eine effektive Wirkungsstätte zu schaffen, die sich der Struktur nach an die in Köln schon bestehende Form einer Großburse unter Leitung eines kleinen Magisterkollegiums anlehnte?[252]

Heinrich von Gorkum ist uns als entschiedener Vorkämpfer eines thomistischen Realismus bekannt, als *monarcha thomistarum*. Gerade seine wissenschaftsgeschichtliche Haltung dürfte als die eines Bursengründers von prägendem Einfluß für seine Mit- und Folgeregenten gewesen sein. Versuchen wir also, die wesentlichen Grundzüge seines Denkens und seiner Lehre herauszustellen.[253]

Für die Frage nach der Ausrichtung der Montana wäre ein Einblick in Heinrichs philosophische Schriften äußerst aufschlußreich. Leider ist er jedoch nicht zu gewinnen, da zum einen die Werke zur Logik nur ihrem Titel nach vorliegen, die zur Naturphilosophie zwar handschriftlich vorhanden sind, von Weiler aber nicht besprochen wurden. Diejenigen Schriften schließlich, die in spätere Sammeltraktate des Montana-Gymnasiums bzw. ihrer Regenten Eingang gefunden haben, sind nur selten auf die ursprünglichen Aussagen des Verfassers hin zu eruieren.[254] Allerdings beweist

---

[250] Fabri, Regens des Montana-Gymnasiums 1699-1730, spricht in seiner Chronik explizit von einer Schule, die Heinrich von Gorkum in dem gemieteten Gebäude einrichtete (*Scholam ... in aedibus conductitiis ... aperuit*; Un. 748, f. 1v).

[251] Schwinges 1986a, 541-544.

[252] Betonung dieses Aspekts bei Meuthen 1989, 386 f.

[253] Maßgeblich: Weiler 1962. Die konsequent thomistische Position Heinrichs von Gorkum betont auch einer seiner Nachfolger, der Regent Lambertus de Monte (M 24), der die Werke Heinrichs deshalb so nachdrücklich empfiehlt, *quia sancti Thome interpres fidelissimus fuit, ut testantur eiusdem post se opera relicta* (Weiler 1962, 112).

[254] Vgl. Weiler 1962, 84-88, 107-119.

schon die Tatsache, daß Schriften Heinrichs von Gorkum zur Physik oder Seelenlehre des Aristoteles seit Ende des 15. Jahrhunderts in Frühdrucke des Montana-Gymnasiums eingegangen sind, wie traditionsbildend er wirkte.[255]

Immerhin zeigen z.B. die Titel der logischen Schriften Heinrichs (‚De obligationibus', ‚Tractatus praenotatus insolubilia') an, daß er sich allem Anschein nach auch mit den terministischen Logiktraktaten ‚De obligatoribus' und ‚De insolubilibus' auseinandergesetzt hatte.[256] Es ist anzunehmen, daß er dabei die Traktate der ‚Parva logicalia' in einem thomistisch-realistischen Sinne bearbeitet hatte. Dies war ein durchaus gebräuchliches Unterfangen der Realisten, um der modernistisch gewendeten und kommentierten Logik durch einen dezidiert realistisch vertretenen Standpunkt in der Universalienfrage (etwa mittels entsprechender Umstellungen bei der Suppositionslehre[257]) eine dem Realismus adäquate Prägung zu geben.[258]

---

[255] Aus den Buchtiteln ist leider nicht zu erkennen, ob die philosophischen Schriften noch in der Pariser Zeit entstanden waren und nach Köln mitgebracht wurden oder ob sie ganz bzw. teilweise durch den Theologen und Bursenleiter verfaßt wurden.

[256] Weiler 1962, 85, 107.

[257] Wie entscheidend die Suppositionslehre für die jeweilige Interpretation des Aristoteles war, hatte z.B. auch Johannes de Nova Domo hervorgehoben. Heftig polemisierte er gegen die Verleugnung der für die realistische Universalienlehre so bedeutenden *suppositio simplex* durch die Buridanisten, die diese Suppositionsform in der *suppositio materialis* aufgehen ließen (vgl. Kaluza 1988, 99-103: „le problème de la supposition simple reste au centre de la polémique anti-buridaniste"). Zur Suppositionslehre in einem Logiktraktat der Montana vgl. Braakhuis 1989, 9-14.

[258] Diese Annahme wird besonders durch einen Frühdruck von Kommentaren zu den ‚Summulae' des Petrus Hispanus unterstützt, die 1503/06 für das Montana-Gymnasium zusammengestellt wurden. Nach Prantl (1870, 220, Anm. 257) soll in diese Ausgabe auch ein Kompendium Heinrichs von Gorkum zu den ‚Analytica Posteriora' des Aristoteles aufgenommen worden sein. Bemerkenswert ist der Sammelband insofern, als in ihm nicht nur die hispanische Logik mit den ‚Parva logicalia', sondern auch Traktate der Moderni in enger Anlehnung an Thomas von Aquin, *peripateticorum interpres veracissimus*, dargestellt, modifiziert und thomistisch interpretiert wurden. Vgl. Weiler 1962, 107 ff. Für abwegig halte ich die These von Braakhuis (1989), daß die Tatsache der Vorstellung und Behandlung solch nominalistischer Traktate im Unterricht sowie ihr Druck aus einer „institutional dominance of nominalism" resultiere, die ihre Ursache vor allem in den Verordnungen von 1414/16 habe. Diese Bestimmungen hatten nur unter einer nominalistischen Mehrheit bis Anfang der zwanziger Jahre Gültigkeit. (Das Motiv, die Schüler durch Darlegung einer Lehre mit deren Gefahren vertraut zu machen, scheint mir ursächlich für die Präsentation der nominalistischen Logiktraktate gewesen zu sein. Zudem wurden offenbar nominalistische Traktate in die meisten Logikwerke der Bursen eben nicht

Einsichtiger als in der Philosophie wird uns Gorkums wissenschaftsgeschichtliche Einstellung in seinen theologischen Werken. Gerade hier tritt uns ein herausragender Zug entgegen, der insgesamt für die Lehre an seiner Burse wie für die Via antiqua als charakteristisch angesehen werden muß: die didaktische Prägung seines Thomismus. Auf vorzügliche Weise wird diese auf die Belange der Studenten eingehende Haltung in einem der theologischen Hauptwerke Heinrichs deutlich, dem ‚Compendium Summae Theologiae'.[259] Auf Bitten seiner theologischen Schüler hatte Heinrich das Kompendium verfaßt, um ihnen eine besonders für scholastische Disputationen geeignete Zusammenfassung der ‚Summa Theologiae' des Thomas von Aquin zur Verfügung zu stellen. Im Gegensatz zu früheren Werken dieser Art entwickelte Heinrich ein neues methodisches Vorgehen, das eine wesentlich größere Selbständigkeit des Verfassers gegenüber dem Text und der schwierig zu durchdringenden und zu gestaltenden Stringenz der leitenden Grundgedanken des Aquinaten an den Tag legt. Er orientierte sich nicht mehr an den einzelnen Artikeln der ‚Summa', sondern faßte in der Regel mehrere Quaestionen zusammen. Die Hauptpunkte eines Gedankenganges wurden dann in sogenannten *propositiones principales*, d.h. zu beweisenden Kernsätzen, vorgelegt, die durch angeschlossene *proposiciones correlariae* ergänzt wurden. In enger Anlehnung an den thomistischen Wortlaut folgte schließlich die Beweisführung. Martin Grabmann rühmte denn auch dieses Kompendium, das er in eingeschränktem Sinne „als den

---

aufgenommen. Vgl. auch meine Rezension in GiK 27 [1990], 100-108, hier 100 f.) Zur realistisch gewendeten Adaption des logischen Lehrstoffes der Via moderna vgl. auch Ritter 1922, 91-94. Man wird jedoch berücksichtigen müssen, daß die Logik den Realisten längst nicht so am Herzen liegen konnte wie den Moderni. Denn jene maßen ja etwa durch ihren Standpunkt in der Universalienfrage der Metaphysik eine ungleich höhere Bedeutung bei, besonders hinsichtlich des Wahrheitsanspruches der Wissenschaften. Dieser Stellenwert der Metaphysik kommt sehr nachdrücklich im Incipit eines wahrscheinlich von Lambertus de Monte (M 24) zusammengestellten Traktats zum Ausdruck, der vornehmlich Heinrich von Gorkums ‚Quaestiones metaphysicae super de ente et essentia Thomae Aquinatis' zur Grundlage hat. Die Metaphysik sei deshalb auch die weise und erste Wissenschaft, *quia circa res honorabiliores versatur scilicet circa primas causas entium cuiusmodi sunt substantie seperate ut deus et intelligentie. Hinc fit quod non solum metaphysica dici mereatur honorabilis, sed etiam divina et omnium aliarum scientiarum domina et regina* (Weiler 1962, 116). Man halte dagegen die den ‚Summulae' des Petrus Hispanus vorangestellte Gewichtung der Dialektik als *ars artium et scientia scientiarum*!
[259] Hierzu Weiler 1962, 130-137. Vgl. des weiteren Grabmann 1936b, 440-443; Grabmann 1956c, 411 f.; Höhn 1974, 644 ff.; Meuthen 1988, 174.

ersten Kommentar zur Summa theologiae" gelten lassen möchte, ob der didaktisch vorbildlichen und wissenschaftlich hochstehenden Ausarbeitung, möchte gar einen Neudruck für die Anfänger des Thomasstudiums empfehlen.[260]

Die didaktische, schul- und studentengerechte Prägung des Thomismus bei Heinrich von Gorkum, die ganz im Dienste einer Förderung thomistischer Theologie stand, wird weiterhin auch in seinem Traktat ‚De divinis nominibus' sichtbar.[261] Um die *novitii in theologia* besser und leichter mit den göttlichen Namen vertraut zu machen, habe er aus den verstreuten Aussagen der Autoritäten sowie aus philosophischen Schriften des Aristoteles jenen Traktat entworfen. Das Ergebnis ist ein harmonisches Gebilde christlich-peripatetischer Ausrichtung (neben Augustinus, Dionysius, Bernhard von Clairvaux wird auch der ‚Liber de causis' zitiert – die neuplatonisch-dionysische Strömung war ihm also beileibe nicht fremd), das frei von jeder Polemik ist. Obwohl thematisch eine scharfe Auseinandersetzung mit nominalistischen und skotistischen Gegnern nur nahe gelegen hätte, obwohl Heinrich auf die kritischen Fragen mit thomistischem Bekenntnis eingeht, vermeidet er es strikt, die nominalistischen Opponenten mit ihren Gegenpositionen zur *causa querelae* zu machen. Auch dieser irenische Zug sei – nach Weiler und dem soll nachdrücklich zugestimmt werden – aus den vordringlich pädagogischen Absichten Heinrichs von Gorkum zu erklären.[262]

Weitaus angriffslustiger zeigte sich der Thomist jedoch in der doktrinären, grundsätzlichen Abgrenzung gegenüber ketzerischen Positionen, insbesondere gegenüber dem extremen Realismus der

---

[260] Grabmann 1956c, 412, 430 (eher Einführung denn Kommentar).
[261] Vgl. Weiler 1962, 139-149.
[262] Konfliktscheu war Heinrich von Gorkum allerdings keineswegs, wie aus mehreren Protokollen des Dekanatsbuches hervorgeht. So zog er sich sogleich im Februar 1424 nach Antritt seines Amtes als Vizekanzler den Unwillen der Artes-Magister zu, als er gegen die Regel keinen der Temptatoren zum Examinator beim Lizentiats-Examen bestellte, offenbar nicht einmal den Dekan Arnoldus de Cloetinghen (vgl. Un. 478, f. 80r). Überhaupt dürfte er auch recht eigenmächtig in die gewohnten Rechte der Examinatoren bei der Lozierung und Prüfung der Lizentianden eingegriffen haben. Denn wie schon angesprochen (s.o. 157, A. 174), beschloß die Fakultät nach seinem Tod am 26.3.1431, daß die bis zum Auftreten Heinrichs beachteten Freiheiten der Examinatoren bei der Lizentiats-Prüfung wieder gültig sein sollten (vgl. Un. 478, f. 7r; Weiler 1962, 49 f.). Am 31.3.1461 sah sich die Fakultät erneut genötigt, die alten Freiheiten der Examinatoren gegen die Ansprüche des Vizekanzlers zu bestätigen – auch wenn diese Gewohnheit durch Heinrich von Gorkum nicht gleichermaßen beachtet worden sei (vgl. Un. 480, f. 15v).

Hussiten und dessen ekklesiologischen Konsequenzen. Mutet die Zurückhaltung hinsichtlich der nominalistischen Doktrinen noch erstaunlich an, so darf die konsequente Auseinandersetzung mit dem häretischen Universalienrealismus nach dem bisher Aufgezeigten nicht verwundern.

In zwei wichtigen Traktaten hatte sich Heinrich von Gorkum eingehend mit der Hussitenproblematik beschäftigt, in der im Rahmen des akademischen Unterrichts entstandenen ‚Lectura super Evangelium' (zugleich seine nach Weiler bedeutendste Schrift)[263] sowie in dem von der Kölner Universität 1430 in Auftrag gegebenen Traktat ‚Contra articulos Hussitarum'[264]. Letzterer atmet denn auch wegen seiner für die Öffentlichkeit bestimmten Wirkung einen wesentlich kompromißloseren Geist als die Diskussion der Argumente von Wyclif und Hus in der Bibelvorlesung, die von weitgehendem Bemühen um Verständnis ihrer Lehren geprägt ist. Die Tatsache, daß Heinrich von Gorkum in einer Erklärung der Evangelien neben allgemeinen philosophischen und theologischen Problemen überhaupt auf die zeitgenössische Herausforderung in einem gewichtigen Maße eingegangen ist, kann wohl als ein Indikator für den Grad der Gefährdung des (ja noch jungen) universitären, gemäßigten Realismus angesehen werden.

So setzte sich Gorkum in seinen theologischen Vorlesungen explizit mit der Kritik der Kirche, der Kirchenordnung und des Papsttums bei Hus und Wyclif auseinander. Der Konzeption eines spirituellen Kirchenbegriffs, bedingt durch den dogmatischen Universalienrealismus, eines universellen Priestertums der Gemeinschaft der durch Gottes Gnadenwahl unmittelbar Prädestinierten, die sich gehorsamsmäßig nur an das Gesetz des Evangeliums gebunden glaubten, setzte Heinrich von Gorkum eine aus dem gemäßigten Realismus abgeleitete Lehre entgegen. Mittels einer thomistischen Metaphysik und Theologie galt es die bestehende kirchliche Ordnung und die Institution des Papsttums zu verteidigen. Zentraler Ausgangspunkt zur Wahrung der kirchlichen Hierarchie war bei ihm die thomistische Analogielehre,[265] nach der die subordinierte und subsidiäre Weltordnung unverrückbar durch Gott als Abglanz seines Wesens analog zur Heilsordnung gestaltet und in ihren Wirkkräften bestimmt worden sei. Diese sekundären Wirkkräfte (*causae*

---

[263] Weiler 1962, 88, 196-241.
[264] Weiler 1962, 99 f., 242-256.
[265] Zur Sache auch De Vries 1983, 28-32.

secundae)²⁶⁶ der irdischen Wirklichkeit – wobei die menschliche Mitwirkung im göttlichen Heilsplan die erste Stelle einnimmt – fungieren nun als zentrales Argumentationskriterium bei Gorkum: auch und vor allem gegen den radikalen Spiritualismus der Hussiten. Eine streng realistische Determination alles Seienden durch direkte Einwirkung der Ideen wird in einer ästhetisierenden Ontologie durch das Postulat jener *causae secundae* als Zwischeninstanz aufgehoben. Gerade die personalen *causae secundae* seien als Empfangende der göttlichen Güte aufgerufen, diese in kausaler Wirkung tätig weiterzuvermitteln, um so die Weltordnung desto stärker von Gottes Güte durchdrungen werden zu lassen. Diese Aufgabe der *causae secundae* zur Verwirklichung der *pulchritudo ordinis* sei als stufenweise verlaufend anzusehen, da solche Schönheit nur in einer gestuften Hierarchie sichtbar und wirksam werde.²⁶⁷

Wir sehen, wie gerade diese realistische, neuplatonisch orientierte Idee einer harmonisch-hierarchischen Ordnung inhaltlich wieder auf Paris zurückweist, auf dem Kölner Thomisten bekannte Personen wie Johannes de Nova Domo oder Jean Gerson.²⁶⁸ Auch des Pariser Kanzlers Forderung etwa nach einer Reform des theologischen Unterrichts durch Vermeidung müßig-sophistischer Fragen und nach einer Rückkehr zu den klassischen, traditionellen Autoritäten ist durch Heinrich von Gorkums didaktisch ausgefeilte thomistische Lehre sicherlich hervorragend umgesetzt und praktiziert worden. Wir werden noch eindrücklich erfahren, wie Gersons Postulat nach praktischer Frömmigkeit gerade von den Kölner Bursen-Realisten nachhaltig unterstützt und verwirklicht wurde.

---

²⁶⁶ Vgl. etwa De Vries 1983, 99 f.
²⁶⁷ Es wäre zu untersuchen, inwieweit in diese Hierarchie-Konzeption nicht auch pseudo-dionysische Gedanken eingeflossen sind. Weiler (1962, 292) macht darauf aufmerksam, daß Heinrich von Gorkum gerade bei diesem Punkt mit Vorliebe neuplatonisch inspirierte Lehren des Aquinaten aufgegriffen hat. Wahrscheinlich waren hier auch entsprechende, in Paris Anfang des 15. Jahrhunderts vorherrschende Strömungen einflußreich (Gerson, Johannes de Nova Domo, Johannes Wenck).
²⁶⁸ Mindestens einmal, bei der von Gerson veranlaßten Versammlung vom 30.11.1413 zur Verurteilung des den Tyrannenmord rechtfertigenden Jean Petit, mußte der anwesende Heinrich von Gorkum den Pariser Kanzler auch persönlich erlebt haben (vgl. Weiler 1962, 33, 297).

5. Die Spaltung des Kölner Bursen-Realismus: albertistische und thomistische Grundpositionen

Die überragende und formende Gestalt des Kölner Albertismus war Heymericus de Campo (L 1).[269] Ungefähr 1420 hatte er Paris verlassen, wo er nach Abschluß der Artes-Studien unter Johannes de Nova Domo (ca. 1415) wohl sogleich mit dem Theologiestudium begonnen hatte. Er wandte sich jedoch nicht sofort an die Kölner Universität, sondern ging zuerst nach Diest bei Löwen, sammelte an der dortigen Kapitelschule junge Schüler um sich, um sie im Sinne Alberts des Großen zu unterrichten.[270] Noch bevor Heymericus selbst die Kölner Universität aufsuchte, sollen ihm nach eigener Aussage einige seiner Schüler nach Köln vorausgegangen sein; andere folgten unmittelbar.[271] Eventuell machten die vorausgegangenen

---

[269] Biographie und Werk am ausführlichsten bei Meersseman 1933/35 und (abwägender wie detaillierter) bei Cavigioli 1981; für die Kölner Zeit vgl. auch den biographischen Überblick in Albertus Magnus 1980, 156 f. Aus der mittlerweile recht umfangreichen Literatur zu Heymericus vgl. etwa Colomer 1964; Lohr 1968, 213 f.; van Eijl 1977, 508-510 (Lit.); Black 1977; Vennebusch 1976, 248; Ladner 1981; Meuthen 1988, 187 ff.

[270] Vgl. Meersseman 1933, 17-21; Meersseman 1935, 12 ff.; Cavigioli 1981, 296-304.

[271] Meersseman 1935, 114. Es dürfte recht aufschlußreich sein, einmal jene Studenten zusammenzustellen, die als Schüler des Heymericus von Diest nach Köln gekommen sein könnten und wohl primär aus der Lütticher Diözese (dem hier angewandten Minimalkriterium) stammten. Als Heymericus vorausgegangene Schüler kämen in Betracht: Wilhelmus de Herderen, Leod. d., (M 129,84), ca. Mai/Juni 1421 imm., 1422 unter Heymericus determinierend; Wilhelmus de Diest, cl. Leod. d., (M 130,86), zwischen Juni und Oktober 1421 imm.; Henricus Zigeri dict. Dillen de Thenismonte, Leod. d., (M 130,133), 1422 unter Heymericus determinierend, 1426 in Löwen; Jordanus Nicolai de Ast, Leod. d., (M 130,134), 1422 unter Heymericus determinierend, 1424 unter ihm inzipierend, 1437 in Löwen; Gerardus de Cairlewisch de Thenismonte, Leod. d., (M 132,63), Anfang 1422 imm., 1423 unter Heymericus determinierend, 1446 in Löwen. Ungefähr im Juni 1422 wurde Heymericus de Campo in Köln immatrikuliert. Mit ihm bzw. ihm unmittelbar folgend könnten aus Diest gekommen sein: Egidius Rysyngen de Buscoducis, Leod. d., (M 134,35); Gerardus de Cortenbac, Leod. d., (M 134,36), wie vorgenannter zwischen Juni und Oktober 1422 imm., 1424 in Heidelberg, 1426 in Löwen; Johannes de Gravenbrant, Leod. d., (M 134,37), Juni/Okt. 1422 imm.; Johannes de Busco, Leod. d., (M 134,38), 1425 in Erfurt; Fastraerd de Busco, Leod. d., (M 134,39), ebenso Juni/Okt. 1422 imm., 1423 unter Heymericus determinierend, 1425 unter ihm inzipierend, später bedeutender Jurist; Egidius de Juliaco de Diest, Leod. d., (M 134,40), anscheinend zusammen mit den beiden vorgenannten Juni/Okt. 1422 imm.; Arnoldus Vrient de Buscoducis, Leod. d., (M 134,47), Juni/Okt. 1422 imm., 1423 unter Heymericus determinierend; Gerardus dict. Hoefmans de Hamont, Leod. d., (M 134,50), 1423 unter Heymericus determinierend, 1425 unter ihm inzipierend, schon als Regent der

Schüler Heinrich von Gorkum (M 1) auf ihren Lehrer in Diest aufmerksam; auf jeden Fall wußte er von dessen Tätigkeit. Denn Heymericus berichtete, Heinrich habe ihn *cum suis benignis litteris* von Diest an die Kölner Universität eingeladen.[272] Beide hatten sich sehr wahrscheinlich in Paris kennengelernt, zudem wirkte der albertistische Lehrer des Heymericus, Johannes de Nova Domo, seit ungefähr 1410 an der Natio Anglicana.[273] Dies bedeutet aber gleichzeitig, daß Heinrich von Gorkum sehr wohl um die albertistische Grundauffassung des Heymericus wußte. Ob er den Albertisten bewußt für seine „Thomistenburse" gewinnen wollte,[274] sei dahingestellt. Plausibler dürfte die Annahme sein, daß es ihm über solche Parteigrenzen hinweg eher darum ging, einen begabten Lehrer für die realistische Fraktion in Köln zu gewinnen.

Wenden wir uns nun dem Ursprung der Trennung zwischen albertistischen und thomistischen Regenten zu – der eben auch eine Spaltung in thomistische und albertistische Bursen-Fraktionen nach sich zog[275] –, so wird die gemäßigte, ausgleichende Haltung

---

Laurentiana genannt (L 3); Johannes Bertrandi de Dyonanto, Leod. d., (M 134,55), Juni/Okt. 1422 imm., 1426 unter Heymericus inzipierend; Henricus Oerle de Dyest, Leod. d., (M 135,57), Okt./Dez. 1422 imm., 1424 unter Heymericus determinierend, 1433 in Löwen. Wenn diese Namen auch oft nur wahrscheinliche bzw. mögliche Schüler aus Diest angeben, zugleich aber wohl nicht alle tatsächlichen abdecken, so ist die Zahl der engen Schüler des Heymericus, die er von Beginn an in Köln um sich versammelte, doch erstaunlich groß. Auffallend die beträchtliche Zahl derer, die vor oder nach ihm nach Löwen gingen, unter ihnen der recht einflußreiche Regent Gerardus de Hamont (L 3).

[272] So Heymericus in seiner ‚Invectiva' von 1456: *qui (Henricus de Gorcum) cum suis benignis litteris de doctrina studii Diestensis ad disciplinam studii Coloniensis invitavit* (Meersseman 1935, 114).

[273] Die „engen Beziehungen" zwischen Heymericus und seinem „Landsmann" Heinrich von Gorkum in Paris, von denen Meersseman (1935, 13) spricht, sind keinesfalls belegt. Außerdem studierte Heymericus vermutlich an der Pikardischen Nation (vgl. Cavigioli 1981, 300, Anm. 20), während Heinrich an der Englischen Nation lehrte.

[274] Wie Meersseman 1935, 21, vermutet.

[275] Diese Spaltung der Bursen zu miteinander konkurrierenden Schulen zweier Wege innerhalb der Via antiqua – thomistische Montana und Corneliana contra albertistische Laurentiana und Kuckana – wurde in erster Linie durch die führenden Lehrkräfte und ihre engeren Schüler gefördert, mit der Institutionalisierung der Bursen dann immer stärker zementiert. Vorreiter waren die Regenten der Montana und Laurentiana, während die der Corneliana und Kuckana insgesamt weniger exponiert in Erscheinung traten, eher eine nicht zu unterschätzende unterstützende Rolle spielten. Die im Institutionalisierungs-Kapitel beschriebene Rivalität der Bursen um einzelne Schüler scheint von diesen lehrinhaltlichen Fronten weitgehend unabhängig gewesen zu sein; die Gegensätze zwischen den Bursen-Schulen werden auf einer

Heinrichs von Gorkum sichtbar. Heymericus hatte auf einer Disputation (ca. 1423) seine Thesen zu verteidigen, wollte dabei jedoch nach eigenem Bekunden keine Gräben zwischen den Doktrinen von Thomas und Albertus ziehen. Er folgte dabei dem Rat des „Thomistenführers", einen mittleren Weg zwischen beiden Lehrern einzuschlagen.[276] (Es gab demnach bereits eine thomistische und albertistische Schule in Köln.) Ein solcher Konkordierungsversuch rief nun aber schärfsten Protest hervor. Gerardus de Monte (M 4), Schüler in der Burse Heinrichs von Gorkum, soeben 1422 unter Johannes de Doytichem (M 3) zum Bakkalar graduiert, ein junger, vielleicht siebzehnjähriger Schüler der Artes also, griff den fortgeschrittenen Theologiestudenten an.[277] Heymericus sei ein unwissender *mediator*, der vorgebe, *opiniones extraneas* zu konkordieren, die selbst von Thomas und Albertus zu Lebzeiten nicht in Einklang hätten gebracht werden können.[278] Gerardus machte ihm folglich zum Vorwurf, divergierende Lehrmeinungen mediatisieren zu wollen, sie in ihrem wesentlichen Inhalt somit zu nivellieren.[279]

Heymericus de Campo ließ diesen Vorwurf nicht auf sich sitzen. Er arbeitete nun mit aller Deutlichkeit heraus, was der Thomist Gerardus de Monte ihm (in vielleicht jugendlichem Ungestüm)

---

höheren Ebene, bei prinzipiellen Fragen und Entscheidungen, Konsequenzen zeitigen – und dort ist denn auch ihre eigentliche Bedeutung anzusetzen.

[276] Vgl. Meersseman 1935, 20, 114. Heymericus stellte den Ablauf jener konfliktauslösenden Disputation immerhin aus einer gut 30 Jahre späteren Retrospektive dar, wird den Kern der nun folgenden Dissens aber wohl richtig wiedergegeben haben.

[277] Um die Genesis der Spaltung in der Kölner Via antiqua in allen Bezügen erhellen zu können, sollte die Jugend des Gerardus de Monte, sein wahrscheinlich gerade geweckter Enthusiasmus für eine genuin thomistische Lehre, nicht wie bisher außer Betracht bleiben. Außerdem war Heymericus ein *novellus advena* für Gerardus, ein Neuankömmling aus einer Kapitelschule, der sofort mit einem festen, auswärts geformten Schülerkreis in Köln auftrat und somit wie ein konkurrierender Eindringling erscheinen konnte.

[278] Meersseman 1935, 114.

[279] Die Interpretation dieses Vorwurfs durch Senger (1981, 225) trifft m.E. nicht ganz den Kern. Heymericus wurde nicht vorgehalten, er sei ein ‚Vermittler fremder, auswärtiger Ideen' (Senger stellt vorher selbst heraus, daß Heymericus den Albertismus bei seiner Ankunft schon als existente Richtung vorfand). Unter die fremden Ideen müßte dann nicht nur der Albertismus, sondern auch der Thomismus fallen, da Heymericus ja beide Ideen vermitteln (nicht übermitteln) wollte – aus dem Munde des Thomisten Gerardus de Monte wäre ein solcher Vorwurf sinnlos. Der Kontext scheint doch zu erweisen, daß man Heymericus de Campo Konkordierung auseinanderliegender, divergent zueinanderstehender Lehrmeinungen anlastete, die ohne gleichzeitige Verfälschung der wesentlichen Inhalte nicht angeglichen werden konnten. (Diese interpretative Unterscheidung ist für die folgende Reaktion des Albertisten Heymericus grundlegend.)

vorhielt, ignoriert zu haben: die problematischen Divergenzen zwischen den Lehren des Albertus Magnus und des Thomas von Aquin. Bald nach jener folgenschweren Disputation, also in dem Zeitraum von 1423 bis 1425, verfaßte Heymericus eine Kontroversschrift unter dem Titel ‚Problemata inter Albertum Magnum et Sanctum Thomam', die sogleich in albertistischen, gar thomistischen Kreisen zirkulierte und 1428 einer größeren Öffentlichkeit zugänglich wurde.[280]

Welches waren nun aber die wesentlichen Aussagen, die in der Folge ein ungeheures Aufsehen erregen und traditionsbildend wirken sollten? Der ‚Tractatus problematicus' des Heymericus gliedert sich in zwei ungleiche Teile. Im ersten, kürzeren, behandelte er die Universalienfrage. Ohne jegliche Erörterung gegnerischer Argumente behauptete Heymericus dabei einen seiner Meinung nach gemäßigten Realismus.[281] Gegner seiner Konzeption waren für ihn die *platonici*, die das Universale als getrennt existierend neben dem Einzelseienden postulierten sowie die *moderni* mit ihrem abstrahierenden Konzeptualismus. Aufschlußreich, daß die Vertreter jenes exzessiven Universalienrealismus zwar in negativer Abgrenzung als Platoniker angeprangert wurden, er selbst aber grundsätzlich einen ausgeprägten Neuplatonismus verfochten hat, so daß er in der Universalienfrage den Platonikern näher stand als den Thomisten.[282] (Hierauf wird noch näher einzugehen sein.)

Warum aber erfolgte bei Heymericus keine grundlegendere Auseinandersetzung mit den tatsächlichen Widersachern in der Universalienfrage, den Nominalisten auf der einen und den (in metaphysischen Kernfragen allerdings oft nahestehenden) Platonikern auf der anderen Seite? Offenbar sah er die vordringliche Aufgabe darin, lehrinhaltliche Differenzen zu den Thomisten herauszuarbeiten.

Diesen Streitfragen widmete er nun breiten Raum in 18 *questiones disputatae*, die dem Aufbau der artistischen Fächer entsprachen. Sie können hier nicht in extenso erörtert werden, einige Kerndifferenzen müssen wir jedoch herausstellen.

---

[280] Ausführlich behandelt bei Meersseman 1935, 23-66; vgl. Albertus Magnus 1980, 157 ff.; zu den Schriften des Heymericus vgl. neben Lohr und Cavigioli auch Burie 1977, 221-237; sowie mit Ergänzungen: Cavigioli/Imbach 1981.

[281] *Jam occurit probandum quod universale non sit separatum a singularibus, sicut aiunt platonici, nec omnino abstractum velut communis conceptus et intentio seu notio singularium, sicut dicunt moderni* (Meersseman 1935, 26, mit weiterer Beweisführung).

[282] Zur Universalienlehre bei Heymericus de Campo vgl. Włodek 1981, 202-207; Braakhuis 1983, 17-20.

So sah Heymericus in den *scientiae sermocinales*, in Logik, Grammatik und Rhetorik also, eine erste grundlegende Antinomie zwischen thomistischer und albertistischer Lehre, die darin bestehe, daß diese Wissenschaften für jene mehr praktischer Art, für diese jedoch spekulativer seien.[283]

Eine weitere essentielle Differenz zu den Thomisten bestand für den Albertisten in der Gewichtung des Verhältnisses von Form und Materie. Die Albertisten werteten die ontologische Qualität der Form dabei entschieden stärker als die Thomisten. Nach diesen präexistiere die Form in der Materie nur *per potentiam subiectivam*, für die Albertisten seien die Formen *per essentias suas formales formabiles* in der Materie.[284] Analog diesem Formverständnis könne die Materie auch nicht (wie für die Thomisten) ein wesentlicher Bestandteil der physischen Quiddität (Wesenheit) sein, da die Wesenheit definitionsmäßig als reine Form zu verstehen sei.[285] Ebenso existiere auch die metaphysische Wesenheit einer materiellen Sache primär immateriell, bevor sie in der Materie ihre Konkretisierung finde.[286]

Einen fundamentalen Streitpunkt zwischen Albertisten und Thomisten bildete nun das unter Punkt dreizehn behandelte Problem, das inhaltlich der Seelenlehre zuzuordnen ist. Es betraf die Frage, „ob der intellektuelle Erkenntnisprozeß beim Menschen ohne Behelf irgendeines Phantasma's während dieses Lebens überhaupt möglich sei".[287] Nach Ansicht der Thomisten war ein Denk- und Erkenntnisprozeß ohne Mitwirkung von Phantasmen (sinnlichen Abbildern) nicht möglich.[288] Heymericus postulierte dagegen in ausführlicher Erörterung die albertistische Aristotelesinterpretation, nach der die rein geistigen Dinge vom menschlichen Intellekt erfaßt werden könnten, wenn dieser, von allen Phantasmen frei, über sich selbst reflektiere. Denn neben einem niederen intellektuellen Vermögen, das sich mit Hilfe der *phantasmata* auf die zeitlichen

---

[283] Vgl. Meersseman 1935, 28; Braakhuis 1989, 15 f.
[284] Meersseman 1935, 37 f.
[285] Meersseman 1935, 38.
[286] Meersseman 1935, 52 f.
[287] Meersseman 1935, 46.
[288] Zur Phantasmenlehre bei Thomas von Aquin vgl. Mundhenk 1980, bes. 40-45, 185 f., 278. Nach Thomas werden die *phantasmata* als ein „reales, aber nicht mehr materielles Abbild des realen Gegenstandes" in der menschlichen Sinnlichkeit erzeugt (Mundhenk 1980, 42). Ohne die *conversio* zu den *phantasmata* gebe es keine Erkenntnis.

Erscheinungen beziehe, gebe es – wie auch Augustinus lehre – ein höheres, auf das Ewige gerichtetes Vermögen: die *particula divina*. Durch sie sei – frei von allen Phantasmen – eine Erkenntnis der Prinzipien und des höchsten metaphysischen Seins möglich.[289] Als Kronzeugen fungieren hierbei für Heymericus nicht Albertus-Zitate, denn Albertus Magnus hatte die Notwendigkeit der Phantasmata für die Erkenntnis gelehrt, sondern Pseudo-Dionysius und Plato![290] Indem Heymericus auf neuplatonische Traditionen zurückgriff, wie etwa auf den Gedanken von der Möglichkeit einer Teilhabe des Menschen am Göttlichen, schlug er in der Erkenntnistheorie und Seelenlehre geistige Brücken zur Mystik, die stets dezidiert als peripatetische Lehre deklariert wurden.[291]

Das Bekenntnis zu neuplatonischen Motiven kommt vielleicht stärker noch in der Ethik des Heymericus zum Tragen. So lehrte er im abschließenden 18. Punkt des ‚Tractatus problematicus‘, daß die Keime des *habitus*, also etwa der Tugenden, der menschlichen Seele angeboren seien. Damit tendierte er folglich mehr zu Plato als zu Aristoteles.[292] In einem in Köln, eventuell sogar schon in Diest geschriebenen ‚Compendium Ethicorum‘ legte Heymericus, anders als bei einem Artisten zu erwarten, keinen eigentlichen Kommentar zur aristotelischen Ethik vor, sondern einen relativ selbständig konzipierten Traktat, der albertistisch inspiriert war und einen primär neuplatonisch interpretierten Aristotelismus präsentierte.[293]

---

[289] Vgl. hierzu bes. Park 1980, 528 ff. Dort anschließend auch über die hier zur Geltung kommenden pseudo-dionysischen Motive bei Heymericus und über dessen Einfluß auf Nikolaus von Kues. (Zur Sache vgl. auch Haubst 1980, bes. 176 ff.: abwägende Rezeption der Phantasmenlehre des Heymericus durch Nikolaus.) Bemerkenswert, daß der Schüler der Bursa Montana, Dionysius Rickel (der Kartäuser), der später zwischen albertistischer und thomistischer Position stand, gerade in der Lehre von den Phantasmata der Interpretation des Heymericus folgte und Albertus Magnus eben in diesem Kontext als hervorragendsten Peripatetiker pries (vgl. Teeuwen 1938, 84 ff.; Haubst 1980, 178, Anm. 73). Zur Ablehnung dieser Phantasmenlehre durch Johannes Wenck s.u. 471 f.

[290] Vgl. Meersseman 1935, 48 f.

[291] Die mystische Lehre von einer reinen, ungetrübten Wesensschau der höheren Intelligenzen (Engel, Gott) im geistigen Aufstieg von der intellektuellen Selbsterkenntnis *in corpore* wie *extra corpus* wurde von Heymericus im 14. Problem des ‚Tractatus‘ als albertistisch ausgegeben und gegen die ablehnende thomistische Lehre verteidigt (vgl. Meersseman 1935, 51 f.).

[292] Vgl. Meersseman 1935, 53-60.

[293] Vgl. Cavigioli 1981, 333-341, 356-371 (Edition des Ethik-Traktats). Der Neuplatonismus-Bezug bei Heymericus erscheint ebenso signifikant ausgedrückt im Aufbau seiner 76 ‚Quaestiones super libros philosophiae Aristotelis‘, wo als Krönung und Abschluß der aristotelischen Bücher noch über Ethik und Metaphysik der ‚Liber de causis‘ gestellt wurde (vgl. Cavigioli 1981, 316 ff.).

Heymericus ging es also, wie aus dieser knappen Skizze schon zu erkennen ist, in keiner Weise darum, einen möglichst unverfälschten Albertus Magnus in seinen genuinen Lehrauffassungen herauszuarbeiten und der thomistischen Doktrin entgegenzustellen. Nicht nur im ‚Tractatus problematicus', auch in seinen anderen Schriften (wie etwa dem ‚Compendium divinorum'[294]) griff er vornehmlich auf Alberts Kommentare und Paraphrasen zum pseudo-aristotelischen, neuplatonischen ‚Liber de causis' und zu Dionysius Areopagita zurück, um aus ihnen neuplatonische Gedanken zu filtrieren und zu rezipieren.[295] Immer aber ging es ihm hierbei um die eigentliche peripatetische Lehre und Tradition. Als Peripatetiker galten ihm dann neben Albertus und Thomas auch so ausgewiesene Neuplatoniker wie Avicenna, Augustinus, Proklos oder der Autor des ‚Liber de causis'![296]

Berechtigt jedoch die Anerkennung eines solchermaßen „offenen peripatetischen Systems", in das christlicher und arabischer Neuplatonismus grundlegend eingearbeitet wurden, schon zu der Folgerung, Heymericus und anderen Albertisten schlechthin die Zugehörigkeit zu einem Albertismus abzusprechen?[297] Sicherlich, wenn man als Maßstab an ihre Lehre ein „kohärentes und konsistentes philosophisches und theologisches System"[298] von genuinen Aussagen Alberts des Großen anlegt.

Damit wird man allerdings wohl kaum dem oben skizzierten Phänomen eines universitären Albertismus gerecht werden können. Denn Heymericus de Campo ging es, wie wir sahen, mitnichten um den Aufbau eines in sich stringenten, streng den Doktrinen Alberts folgenden „albertistischen" Systems – ebensowenig den nachfolgenden Albertisten. Er erstrebte die Konzeption einer neuplatonisch ausgerichteten Aristotelesinterpretation, um über eine solche Lehre zu einer bestimmten Form metaphysischer Wahrheit zu gelangen.

---

[294] Hierzu Korolec 1967/1968.
[295] So neben der schon genannten Konzeption der Erkenntnis des metaphysischen Seins Vorstellungen über einen einheitlichen Seinszusammenhang zwischen intelligibler und sinnlicher Welt, über eine dynamische Emanationslehre und über eine auf alles Sein und Erkennen zu übertragende Lichtsymbolik (vgl. Haubst 1952, 422 f.). Auf den wichtigen Lullismus im Denken des Heymericus kann hier nicht eingegangen werden (vgl. hierzu etwa Imbach 1979; Senger 1981, 230-233; Cavigioli 1981, 293-295: Lit.). Eine ausführliche Erörterung der peripatetischen Lehre des Heymericus hätte diesen Aspekt jedoch zu berücksichtigen.
[296] Vgl. auch Haubst 1952, 422; Senger 1981, 228.
[297] In diesem Sinne Senger 1981.
[298] So u.a. die Kriterien bei Senger 1981, 218 f.

Heymericus war hierbei jedoch – im Unterschied etwa zu dem in vielerlei geistig nahestehenden Nikolaus von Kues – zugleich in erster Linie Universitätslehrer. Er war also eng an den Kanon aristotelischer Texte und an universitär anerkannte Aristoteles-Interpreten gebunden. Als Realist mit ausgesprochen spekulativ-spiritueller metaphysischer Denkhaltung bot sich für ihn wie für seinen Lehrer Johannes de Nova Domo in vorzüglichster Weise Albertus Magnus als universitär-autoritativer Peripatetiker an. Albertismus könnte somit recht verstanden als ein Bekenntnis von in der Universität Lehrenden zu dem Universitätslehrer Albertus Magnus gefaßt werden, mit dem die Bedingung der Möglichkeit gewonnen wurde, um in die universitäre Lehrtradition und -interpretation eine Vielzahl neuplatonischer Elemente integrieren zu können.[299] Denn Dionysius Areopagita selbst, Proklos oder auch Augustinus ließen sich schlecht zu Autoritäten peripatetischer Tradition erklären.

In diesem Sinne könnte mit vollem Recht von einem Albertismus an den Universitäten mit Beginn des 15. Jahrhunderts gesprochen werden. Nicht eine Via Thomae, sondern eine Via Alberti erlaubte es, im philosophischen Unterricht an der Artisten-Fakultät einen Realismus zu lehren, der in möglichst breitem Maße neuplatonische, spekulative und mystische Vorstellungen integrierte – Gedanken, die durchaus „in der Zeit lagen", wie bei Gerson beobachtet wurde und in der Folge bestätigt werden kann.

Wie sehr für Heymericus die relativ unsystematische, komplexe Philosophie des Albertus Magnus (lediglich) autoritativer Ausgangspunkt war, um durch sie eine neuplatonisch gefärbte Aristotelesinterpretation lehren zu können, bezeugt uns der Jahrzehnte (1456) nach den ‚Problemata' erschienene ‚Tractatus concordiae' des Gerardus de Monte.[300] Der Thomist warf Heymericus explizit vor, nur die philosophischen Werke Alberts für seine Antinomien zwischen Thomas und Albertus herangezogen zu haben. Dieser

---

[299] Wichtig in diesem Zusammenhang die großen Kommentare Alberts des Großen zu den pseudo-dionysischen Schriften (vgl. z.B. Park 1980, 529). Zum Platonismus Alberts des Großen jüngst: Mojsisch 1985, 30-44; trotz der Tradierung platonischer und neuplatonischer Theoreme verstand sich Albertus als Aristoteliker und Peripatetiker.

[300] Zum ‚Tractatus concordiae' vgl. Meersseman 1935, 67-85; Albertus Magnus 1980, 160. Zu Gerardus de Monte: Grabmann 1926b, 318-320; Graven 1935, 21, Nr. 26; Feckes 1935, 671 ff.; Meersseman 1935a; Grabmann 1936b, 469 ff.; Meersseman 1937; Lohr 1968, 165; Meuthen 1988, 182. (Zeugnis für eine thomistische Stimme gegen den Albertismus schon zu Lebzeiten des Johannes de Nova Domo: Meersseman 1937a.)

habe jedoch selbst bekannt, in den philosophischen Schriften eine peripatetische, nicht die eigene Meinung vertreten zu haben. Alberts eigene Ansichten fänden sich vornehmlich in seinen theologischen Werken. Um die genuin albertistische Lehre zu erkennen, müsse man folglich seine Theologie kritisch berücksichtigen. In ihr zeige sich eher eine grundlegende Konkordanz zwischen ihm und Thomas von Aquin.

Im Gegensatz zum deduktiven, relativ freizügig die Quellen benutzenden Verfahren des Heymericus wies Gerardus in analytischer, quellentreuer Methodik nach, daß sein albertistischer Kontrahent auch in der Philosophie in vielen Punkten nicht Albertus gefolgt, sondern mittels seines Namens weit über ihn hinausgegangen sei, ihn oft nur ungenau wiedergegeben habe. So sei z.B. für Albertus wie für Thomas ein intellektueller Erkenntnisprozeß ohne Anwendung eines Phantasmas unmöglich, wie der Thomist mit einer Reihe von Quellenbelegen nachwies. In einer langen Auseinandersetzung legte er ebenfalls mit einer Fülle von handschriftlichem Material dar, daß Albertus auch den thomistischen Realunterschied zwischen Essenz und Existenz anerkannt habe. Gleiches gelte für Ulrich von Straßburg. (Hier hatte Gerhard – wie weiter unten zu sehen sein wird – wohl eher den Albertisten Johannes de Mechlinia im Visier.) Mit Blick auf das Vorherbestehen der Tugenden bzw. des Habitus in der Seele sei Thomas teilweise noch über Albertus hinausgegangen.[301] Trotz aller (teilweise übertriebenen) Konkordierungsbemühungen blieb für den Thomisten natürlich Thomas von Aquin der *insignis peripatetice veritatis interpres*.[302] Doch mit seinen Quellenbelegen lief Gerardus de Monte ins Leere, mit seinen Beweisen trug er nur zahlreiche Eulen ins albertistische Athen.[303]

---

[301] Eine weitere scharfe Antinomie behauptete Heymericus de Campo mit Blick auf das Subjekt der Physik, welches für Thomas eher das *ens mobile*, für Albertus eher das *corpus mobile* gewesen sei. Diese Problematik ist jüngst durch Donati (1989) eingehender erörtert worden.

[302] Zitat am Beginn seines Kommentars zu ‚De ente et essentia' des Thomas von Aquin (vgl. Grabmann 1926b, 319).

[303] In seiner folgenden ‚Invectiva' gestand Heymericus denn auch ausdrücklich, nicht die Lehre Alberts oder des Thomas gegenübergestellt zu haben, sondern die Lehren der verschiedenen Schulen, also der albertistischen und thomistischen, voneinander abgesetzt zu haben. Er habe somit die Wahrheit einer bestimmten Aristoteleserklärung problematisiert, wie sie primär in den philosophischen Schriften Alberts zu suchen sei, und habe z.T., wie in der Habitus-Lehre, ganz eigene Ansichten verfolgt. Vgl. Meersseman 1935, 88, 92; Albertus Magnus 1980, 160 f. Zum Bestreben des Gerardus de Monte, die Lehren von Albertus und Thomas

Grundsätzlicher war ein Vorwurf Gerhards an Heymericus, den er besonders in seiner ‚Apologia' formulierte, der Anwort auf die ‚Invectiva' des Heymericus, die dieser als Replik auf Gerhards ‚Tractatus concordiae' geschrieben hatte.[304] Heymericus habe sich, so Gerardus de Monte, nicht nur einseitig auf die philosophischen Positionen Alberts beschränkt und damit dessen Philosophie von der Theologie getrennt. Er habe Albertus auch ausschließlich als Peripatetiker interpretiert, somit die philosophischen Schriften als *sapientia* und *scientia* überbewertet und ihn dann mit den Heiden in Übereinstimmung zu bringen versucht.[305] Zu den heidnischen Philosophen gehöre Albertus jedoch nicht, sondern zu den christlichen. Daher sei das Korrektiv zur heidnischen Philosophie in Alberts Theologie maßgebend.

Diese thomistische Replik auf die Anschauungen des Heymericus erfolgte zwar erst Mitte des 15. Jahrhunderts, zeigt aber doch deutlich die Unterschiede in Methodik und Intention zwischen Thomisten und Albertisten, wie sie schon in den zwanziger Jahren bestanden haben müssen. Erstaunlich ist der späte Zeitpunkt der thomistischen Gegen- bzw. Konkordanzschrift, die 1456 veröffentlicht wurde.[306] Wie ist er zu erklären?

Mit Blick auf das Lager der Gegner des Realismus ist Gerardus sicherlich zu glauben, wenn er seine Konkordierung damit

---

auszugleichen, vgl. auch Feckes 1935, 672 f. (Gerhard sei dabei den „verschiedenen geistesgeschichtlichen Bedeutungen dieser Fürsten einer aristotelischen Scholastik" nicht gerecht geworden).

[304] Die ‚Invectiva' ist nur indirekt durch ihre genaue Widerlegung in Gerhards abschließender ‚Apologia' zu eruieren (vgl. zu beiden Meersseman 1935, 86-128).

[305] Im Kern wurde dieser Vorwurf schon von Thomas von Aquin geäußert, als er den Averroisten vorhielt, ausschließlich Aristoteles-Erklärung zu betreiben, diese aber nicht hinsichtlich ihrer Vereinbarkeit mit dem christlichen Glauben zu überprüfen – ein Hieb, der eben auch Albertus Magnus für seine philosophischen Schriften treffen konnte. Wenn Thomismus also hier die enge, aufeinander bezogene Systematik von Philosophie und Theologie meint, dann steht der Kölner Albertismus für den Philosophen Albertus Magnus in seiner Vielfalt rezipierter Traditionsstränge, in seiner prinzipiellen Heterogenität und damit für die Möglichkeit, sich vom Zwang der Konkordierung philosophischer und theologischer Positionen lösen zu können. (Zum Problemkreis s. auch Flasch 1986, 317-320). Analog betont Mojsisch (1985) die Bedeutung des arabischen Peripatetikers Averroes für Albertus sowie Alberts Überzeugung von der Divergenz theologischer und philosophischer Prinzipien, von der Eigenständigkeit der Philosophie, so daß gerade seine Philosophie nicht mehr als „christlicher Aristotelismus" bezeichnet werden könne (35, 43).

[306] Vgl. Meersseman 1935, 69. Wann genau der ‚Tractatus concordiae' abgefaßt wurde, wird durch Meersseman nicht thematisiert. Doch dürfte das Datum nicht weit vor 1456 gelegen haben.

begründet, daß durch den Zwist der beiden realistischen Schulen diese selbst der Lächerlichkeit preisgegeben und Albertus und Thomas als Feinde hingestellt worden seien, unter Schwächung ihrer Autorität.[307] Ein etwas profanerer und wohl nicht ganz selbstloser Grund für den teilweise über Gebühr strapazierten Ausgleich scheint mir allerdings in dem Bestreben zu liegen, den Albertisten mit ihrer eigentümlichen peripatetischen Auslegung das doktrinäre Fundament zu entziehen. Ein Anlaß hierfür war 1456 zweifellos gegeben. Hatte sich der führenden thomistischen Burse doch gerade erst durch die Gründung der Kuckana eine zweite albertistische Konkurrenz-Einrichtung entgegengestellt, von führenden Theologen getragen. Der in Bursen institutionalisierte Albertismus hatte also eine entscheidende Stärkung erfahren, stand den beiden thomistischen Bursen Montana und Corneliana der Zahl nach gleichstark gegenüber.

C. Etablierung und Tradierung des Bursen-Realismus

1. Der Albertismus

a) Die „Belastungsprobe": das kurfürstliche Mahnschreiben 1425

Der ursprüngliche ‚Tractatus problematicus' des Heymericus de Campo (L 1) hatte wohl in der Tat initiatorische Bedeutung. Nach Meersseman wurde er rasch das „Evangelium der Albertistenpartei".[308] Vor allem der zweite, kontroversphilosophische Teil soll eine starke Verbreitung gefunden haben. Er wird, seit ca. 1424 in beiden Lagern zirkulierend, durch sein rigoristisches Bekenntnis zum Gegensatz, zur Abgrenzung von einer thomistischen Schule, zu einer Verschärfung der Fronten zwischen Albertisten und Thomisten geführt haben. Nun erst, mit oder nach der doktrinären Grundlegung, soll Heymericus, so Meersseman, gleichgesinnte albertistische Lehrer an sich gezogen und seine Burse, die

---

[307] Vgl. Meersseman 1935, 94.
[308] Meersseman 1935, 67.

spätere Laurentiana, gegründet haben.[309] Bedenkt man, daß die bedeutendsten Lehrer der jungen Burse neben Heymericus meist nicht aus dessen Schülerkreis stammten, gerät man in Zweifel, ob die Anziehungskraft mehr aus der Attraktivität des kontroversen Lehrprogramms oder eher aus der werbenden Persönlichkeit des Albertistenhauptes resultierte. In der Tat, Laurentius de Groningen (L 5) beispielsweise hatte 1425 noch unter Johannes Custodis (C 1) determiniert, 1427 aber unter Heymericus de Campo inzipiert. Oder Johannes de Mechlinia (L 4): er hatte sogar beide artistischen Grade 1424 bzw. 1426 unter Custodis erworben, bevor er für die Laurentiana lehrte. 1427 unter Custodis determinierend, wechselte auch Johannes Aqua de Bercka (L 7) aus der Corneliana in die albertistische Burse, in der er 1429 unter Heymericus inzipierte. Johannes de Kuyck (L 8) schließlich war aus der Montana zu den Laurentiana-Regenten gestoßen. Aufgrund der zeitlichen Dichte dieser Wechsel dürften sie nicht zufällig erfolgt sein. Vielmehr scheinen sie eine gezielt herbeigeführte Konzentration neuer und guter Lehrkräfte anzuzeigen. Begeisterung werden diese Übertritte bei den Leitern von Montana und Corneliana kaum hervorgerufen haben, erst recht nicht vor dem Hintergrund des kursierenden ‚Tractatus problematicus'.

Ob nun die Burse erst 1424 gegründet wurde oder schon seit 1422 bestand, auf jeden Fall besaß sie seit Fertigstellung der ‚Problemata' eine mehr oder weniger programmatische Lehrausrichtung, die (unabhängig von der Frage nach der Berechtigung) eine distinktive Abgrenzung gegenüber der mehr thomistisch ausgerichteten Lehrweise in der Via antiqua aufwies, wahrscheinlich auch gerade durch die Schärfe der Akzentuierung an Anziehungskraft gewann. Diese albertistische Doktrin neigte nun aber dazu, durch ihre Rezeption eines spekulativ-spirituellen Neuplatonismus das traditionelle aristotelische Korpus inhaltlich-interpretativ aufzubrechen. Die traditionsauflösende Tendenz ebenso wie der kontrovers-distinktive Grundzug des hier konzipierten Albertismus dürften die Frontstellung zu den philosophischen Gegnern entscheidend verstärkt haben. So nimmt es nicht wunder, wenn Heymericus in seiner

---

[309] Meersseman 1935, 22. Meersseman gibt für diese Behauptung keinerlei Quellenbeleg. Tatsächlich wird Heymericus wohl schon 1422 für seine Schüler aus Diest eine Burse unterhalten haben; seit 1424 konnte sie dann aber eine programmatisch konzipierte albertistische Lehrrichtung auf ihre Fahnen schreiben. Von da an hat Heymericus anscheinend auch systematisch Schüler aus anderen Bursen, besonders aus der des Johannes Custodis (C 1), gleichsam abgeworben.

‚Invectiva' eingestehen muß, daß unter den drei in Köln bei seiner Ankunft bestehenden Gruppierungen sehr bald ein „Haß" seitens der Terministen und Thomisten gegenüber den Albertisten entwickelt worden sei, da diese die subtilere und bei den meisten Studenten begehrtere Philosophie gelehrt hätten.[310] Die Frontstellung verlief also erstaunlicherweise nicht zwischen den Nominalisten und Realisten! Terministen und Thomisten fanden in ihrer Abwehr gegen den Albertismus mehr Gemeinsamkeit untereinander als die beiden realistischen Gruppierungen gegenüber den Moderni![311] Wir werden noch beobachten können, welch gravierende Konsequenzen dies für die Ausbreitung des universitären Realismus in Deutschland hatte. Hat sich aber, wenn wir Heymericus beim Wort nehmen, der Haß von Terministen und Thomisten in erster Linie aus Neid am Lehrerfolg der Albertisten entzündet? War nicht entscheidender noch die „subtile Philosophie", die von ihnen propagiert wurde, und unter der wir nach dem Bisherigen wohl primär die spekulativ-spirituelle, Aristoteles denaturierende, neuplatonisch gewendete Philosophie der Albertisten verstehen dürfen?

Der Zündstoff, den dieser Albertismus in sich barg und der zu einer ersten Belastungsprobe für den jungen Bursen-Realismus führen sollte, scheint mir evident zu sein. Denn nach Erörterung der Doktrinen des Johannes de Nova Domo und des Heymericus de

---

[310] *Cum reperiret ibi similem cum ea, quam reliquit (sc. Heymericus) parisius, inter terministas, qui dicebantur tunc moderni, thomistaque et albertistas, qui dicebantur antiqui, controversiam utrobique per opiniones solemniter vulgatas, problematice tripartitam, et praevalente odioso duarum sectarum primarum adversus tertiam, tamquam subtiliorem et a plerisque studentibus avidius optatam ...* (Meersseman 1935, 113 f.). Wenn auch Heymericus von einer Dreiteilung sprach, die schon vor seiner Ankunft in Köln bestanden habe, so dürfte ein Haß gegen die Albertisten erst für die Zeit nach Abfassung des ‚Tractatus problematicus' plausibel erscheinen.

[311] Diese ungewöhnliche Trennungslinie, der m.E. bisher zuwenig Aufmerksamkeit geschenkt wurde, wird auch durch den Angriff des Heymericus auf die thomistische Position im Universalienstreit bestätigt, die seiner Meinung nach gefährlich nahe an nominalistische Standpunkte herankam (vgl. Braakhuis 1983, bes. 17-22: „Om het anders te zeggen, kennelijk ligt voor Heymeric het afwijzen van de nominalistische opvatting in één lijn met het afwijzen van een aantal thomistische zienswijzen, of in ieder geval zienswijzen die hij aan de thomisten toeschrijft. De nadruk die in de albertistische zienswijze gelegd wordt op de werkelijkheidswaarde van de universalia ... hebben er klaarblijkelijk toe geleid dat Heymeric de thomistische visie op die universalia en daarmee samenhangende visies als min of meer nominalistisch heeft ervaren" [18].); Braakhuis 1989, 15).

Campo dürfte eines deutlich geworden sein: die Analogien des Albertismus zum platonisierenden Realismus der Prager Hussiten.[312] Es spricht einiges dafür, wenn man das berühmte Mahnschreiben der Kurfürsten vom November 1425 auch vor diesem Hintergrund sieht.[313] Nicht nur, daß es zeitlich genau mit der Abfassung des ‚Tractatus problematicus' zusammenfällt. Auch sachlich und personell dürften sich einige Bezüge herstellen lassen.

Die Kölner drückten in ihrem Antwortschreiben explizit die Vermutung aus, die Kurfürsten seien von bestimmten *informatores* zu ihrer Mahnschrift angehalten worden, und forderten die Unbekannten zu einem klärenden wissenschaftlichen Gespräch auf.[314] Die Fürsten selbst hatten von *treflichen gheterten personen* gesprochen, die über den Realismus in Köln Sorge bekundeten.[315] Bei den Informatoren muß es sich folglich um Personen gehandelt haben, die so akademisch gebildet waren, daß sie die neue philosophische Strömung beurteilen und einschätzen konnten, die zugleich aber in gewisser Distanz zum Kölner Lehrbetrieb und in einflußreicher Nähe zu den Kurfürsten standen. Aus dem konkurrierenden, nominalistischen Heidelberg käme etwa Johannes von Frankfurt in Frage, Heidelberger Rat und Professor, der 1406 Hieronymus von Prag noch persönlich in Heidelberg kennengelernt hatte und in der Folge zu einem der heftigsten Kämpfer gegen die Hussiten wurde.[316] Unsere Kategorien treffen kaum minder eindrucksvoll auf Albert Varrentrap zu, den wir seit 1423 als Offizial des Kölner Kurfürsten kennen. Der ausgewiesene Buridanist hatte in Prag drastisch die Folgen eines extrem realistischen Eifers erfahren, in Konstanz den Häresieprozeß miterlebt. Als Kanonist lehrte er an

---

[312] Die Albertisten wandten sich zwar betont gegen die extreme, hypostasierende Ideenlehre Platons, was sie jedoch nicht daran hinderte, ihn ansonsten oft genug zur Autorität zu erheben – ihn bekanntlich gar wie Johannes de Nova Domo als *divinus* und *theologizans* zu bezeichnen (vgl. auch Haubst 1952, 429; Włodek 1981, 206).

[313] Gedruckt bei Ehrle 1925, 356 ff., Antwortschreiben der Kölner Universität: 282-290; zu den Schreiben vgl. etwa Classen 1983, 263 ff. (erster bekannter Eingriff einer politischen Instanz in die Lehrfreiheit an einer deutschen Universität, primär vor dem Hintergrund eines durch den Hussitismus gefährdeten Friedens); zuletzt: Meuthen 1988, 174 f.; Herold 1989, bes. 262-268 (Thematisierung des Problemkreises „gemäßigter – extremer Realismus, Kölner Realisten – Prager Wyclifisten, doch ohne Berücksichtigung des Kölner Terministenbeschlusses von 1414/16 und der inhaltlichen Differenzen innerhalb des Kölner Realismus).

[314] Ehrle 1925, 285, vgl. 156.

[315] Ehrle 1925, 357.

[316] Vgl. zu Johannes von Frankfurt: Ritter 1936 s.v.; Heimpel 1969a, 150; Heimpel 1982 s.v.

der Juristischen Fakultät in Köln;[317] er wird den Machtzuwachs der Realisten und die Spannungen an der Kölner Artisten-Fakultät aufmerksam verfolgt haben. Kein Zweifel, daß ihm gerade die Albertisten mehr als suspekt erscheinen mußten.

Angesichts dieser biographischen Hintergründe erstaunt es nicht, wenn die Kölner Universität von den Kurfürsten bzw. ihren Beratern aufgefordert wurde, zu der bisherigen, nominalistisch-terministischen Lehrweise[318] zurückzukehren, weil die neue Lehre implizit die häretischen Konsequenzen der böhmischen bzw. Prager Hussiten in sich trage. Der Albertismus berechtigte zu diesem Vorwurf allerdings weitaus eher als der Thomismus. Des weiteren wird die Via antiqua in die Schranken gewiesen, da sie für die Jugendlichen zu schwer und unbegreiflich sei. Auf wen träfe dies aber besser zu als auf den „subtilen", spirituellen Albertismus, der sich gerade in Kernproblemen der Metaphysik nicht leicht verständlich machen ließ – vor allem, wenn man die didaktisch klare, sachliche Konzeption des Thomismus dagegenhält?[319] Schließlich wird in dem Mahnschreiben die *zweytracht* angeführt, die aus der Lehre des Realismus entstehe bzw. entstehen könne. Prag bot hier das warnende Beispiel, das sicherlich auch schon hinter dem gleichen Vorwurf aus dem Terministenbeschluß stand. Ende 1425 dürfte das Verdikt, der Realismus säe Zwietracht, in erster Linie an die Albertisten gerichtet gewesen sein. Deren Kontrovers-positionen, von Heymericus 1423/24 erarbeitet, riefen einen haßerfüllten Zwist zwischen Terministen und Thomisten auf der einen sowie Albertisten auf der anderen Seite hervor. Und erinnern wir uns! Heymericus de Campo beklagte sich als Dekan der Artisten im April oder Mai 1425, daß in der Fakultät ein *scisma* wegen der

---

[317] Zu seinem Vermächtnis juristischer Bücher an die Universität und die Juristische Fakultät im Jahr 1440 vgl. Keussen 1899, 318 f., 348-352.

[318] Auch hier also, wie schon bei obiger Äußerung des Heymericus über die Dreiteilung in Köln, eine Bestätigung für den von Beginn an in Köln existenten Nominalismus.

[319] Wenn die eigenartige Terminologie und der schwer verstehbare lateinische Stil, die Heymericus etwa in seiner ‚Invectiva' anwandte und die ihm auch von Gerardus de Monte vorgeworfen wurden (vgl. Meersseman 1933, 18 f.; Meersseman 1935, 99), signifikant für den damaligen Albertismus waren, dann hätte sich der Vorwurf der Unbegreiflichkeit auch hinsichtlich der Sprache in erster Linie an die Albertisten gerichtet. Der „überladene, schwer verständliche Stil" des Heymericus wird ebenfalls durch Imbach (1979, 187 u. Anm. 18) hervorgehoben.

Reihenfolge der magistralen Promotionsakte entstanden sei.[320] Anlaß zur Klage hatte aber der Ordo geboten, den die thomistischen Bursen Montana und Corneliana praktiziert hatten. Durch ihn hatte sich die konkurrierende Laurentiana derart benachteiligt gesehen, daß sie den Konflikt zu einem Schisma dimensionierte. Wir hatten damals offen gelassen, ob allein der Streit über die Reihenfolge der Inzeptions-Akte das Ausmaß bewirkte. Nun möchten wir dafürhalten: ohne die zirkulierenden Kontroversdoktrinen des Heymericus hätten solche Rangstreitigkeiten nie diese Qualität gewonnen. Wenn aber die platonisierenden Albertisten mit ihrer „subtilen" Philosophie die konflikttreibende Partei stellten, wenn sie gefährliche Spannungen und Spaltungen in der Kölner Universität hervorriefen, wie sollten da bei den mißtrauischen Außenstehenden, in Hussitenkriege, Ketzerei und Prager Kontroversen involviert, Analogien zu Prag ausbleiben? Sie mußten sich gezwungen sehen, vor *irresal* und *zweytracht* zu warnen.[321]

Die Kölner Universität betonte denn auch mit Recht, daß der Prager Hussitismus nicht aus dem Realismus als solchem, sondern aus einer besonderen wyclifistischen Prägung resultiere. Und ohne daß der Name im kurfürstlichen Schreiben gefallen wäre, führten die Kölner namentlich Hieronymus von Prag als Verkörperung der hussitischen Ketzerei an, dessen Häresie am ehesten mit dem in Köln gelehrten Realismus zu bekämpfen sei. (Man sieht, wie lebendig die Gestalt des Hieronymus noch war, wie dunkel sein Schatten weiterhin über der Kölner Universität lag.) Zudem verwies man entschieden darauf, daß man Buridan, Marsilius (von Inghen) und andere Nominalisten in Köln keineswegs gering achte, vielmehr sogar, wenn angebracht, eine Integration ihrer Lehren vornehme. Jeder Schüler könne nach dem von ihm gewählten Weg Unterricht erhalten und graduiert werden.[322] Der Realismus könne

---

[320] S.o. 123 f.
[321] Zum kausalen Konnex zwischen realistischer Lehre, die im Hussitismus gipfelt, und der Gefahr eines Zwiespalts in der Universität vgl. auch Classen 1983, 265. Erstaunlicherweise hatte man 1414/16 den Realismus zwar auch wegen seiner zwietrachtstiftenden Eigenart verurteilt, eine Verbindung zur hussitischen Ketzerei trotz Konstanz jedoch noch nicht hergestellt.
[322] *Ab exordio Studii Magistris pertractando suas questiones licitum fuit et liberum, allegare diversos auctores, utpote ... Buridanum aut quemcumque alium, prout eis visum fuit ad declarandum materias, quas discutiebant, expedire; et hic modus etiam jam usitatur. Nemini namque precluditur via modernorum; quin ymmo Magistri componendo libros questionaliter, plurima modernorum dicta reverenter inserunt. At vero ipsi Scolares, dum ad tentamen seu examen veniunt, recipiuntur*

aber unter anderem auch deshalb nicht in der Philosophie verboten werden, weil sonst notwendig ein gleiches Verbot für die Theologie erfolgen müßte. Hier erscheint ein Argument, das wir in vielerlei Hinsicht gerade bei den Thomisten verwirklicht fanden. *Artium cum Facultate Theologie tam indissolubilis est connexio, quod per idem valere est, prohibere hujus doctrine usum in Artibus et in Theologia, et permittere in Theologia et in Artibus.*[323] Zur Verdeutlichung wird schließlich allein auf Thomas von Aquin verwiesen. Dieser folge in allen seinen (theologischen) Summen den gleichen Prinzipien, die er auch auf die Erklärung der aristotelischen Bücher anwende. (Den Mangel einer solchen Stringenz hatte Gerardus de Monte ja gerade den Schriften des Albertus Magnus sowie seinen Interpreten vorgeworfen.) Ein Verbot des Thomas in den Artes müßte dann ebenso an der Theologischen Fakultät erfolgen. Ausschließlich von der Theologie her wurde somit der Realismus in den Artes-Studien verteidigt und legitimiert – damit natürlich auch der Realismus in den neuen Bursen. Das ganze Schreiben erweckt schließlich den Eindruck, es trüge die Handschrift des Thomisten und damaligen Vizekanzlers Heinrich von Gorkum, dessen gemäßigt unpolemische Haltung bekannt ist. Ihm und den Thomisten schlechthin, die ja damals mit den Terministen verbündet waren, könnte man vom Sachlichen her am ehesten den Kompromiß zwischen Antiqui und Moderni zutrauen, wie er in vielen Passagen der Antwort durchscheint.[324]

Die Universität hat bekanntlich mit Erfolg ihre *primitiva libertas* behauptet, d.h. hier insbesondere das Recht, eine realistische Lehre unterrichten zu können.[325] Der manifest gewordene Verdacht, daß es gefährliche, potentielle Verbindungen gebe zwischen

---

unusquisque in sua via, secundum quam dirigitur, caritative locatur et promovetur (Ehrle 1925, 282 f.). Nominalistische Elemente wie der Modus questionis scheinen am ehesten von den Thomisten (s.u. 393 f. etwa zu Johannes Tinctoris) aufgegriffen und modifiziert worden zu sein, die den Nominalisten ja auch in der Universalienfrage näher standen als die Albertisten. Die in dem Brief noch für 1425 bezeugte Existenz einer Via moderna in Köln erhält ihre Berechtigung, wenn man den Fortbestand der Terministen-Burse in Rechnung stellt. Die Ausage kann also kaum, wie in der älteren Literatur oft geschehen, als unglaubwürdige Ausrede interpretiert werden, wenn auch der Realismus seit den zwanziger Jahren mehr und mehr allein beherrschend wurde.

[323] Ehrle 1925, 284, vgl. auch 152 f.
[324] Stimmen die obigen Hypothesen, so wäre den Albertisten aus der Situation heraus – denn sie dürften der eigentliche Adressat des Mahnschreibens gewesen sein – kaum viel anderes als Stillschweigen übrig geblieben.
[325] Zum Grundsätzlichen: Classen 1983, bes. 264.

dem Kölner Realismus und dem extrem realistischen Hussitismus ist mit Sicherheit nicht ohne Spuren am Kölner Bursenrealismus vorbeigegangen. Auch wenn er allem Anschein nach wesentlich auf die Albertisten und ihren exzessiveren Realismus zielte, in Ansehen und Wirkung war auch der Thomismus gefährdet. Beiden Parteien mußte demnach daran liegen, die Zwietracht nicht noch weiter zu schüren, um den Anklagen einen wichtigen Teil ihrer Basis zu entziehen. So legt sich die Vermutung nahe, daß eine Gegenschrift der Kölner Thomisten eben deshalb nicht gleich erfolgte, um den Streit zwischen den verschiedenen Lagern und die Flamme des Mißtrauens der Kurfürsten nicht weiter anzuheizen.[326] Es galt, Ruhe und Eintracht herzustellen, wollte man dem mit Argusaugen beobachteten universitären Realismus nicht von vornherein das Wasser abgraben.

Ferner war es vordringlicher denn je, den Realismus von der hussitischen Häresie abzugrenzen, sich inhaltlich und kämpferisch mit ihm auseinanderzusetzen.[327] Wir sahen, wie Heinrich von Gorkum solches mindestens zweimal leistete, in seiner ‚Lectura super Evangelium' und in der von der Universität veranlaßten Schrift gegen die Hussiten.[328]

Schon 1425 soll Heymericus die ‚Disputatio de incomposito statu ecclesiae et de haeresi Bohemorum ad Martinum V. papam' verfaßt haben, in der er sich auch mit den Thesen des Hieronymus von Prag befaßte.[329] Eine weitere Schrift von ihm unter dem Titel

---

[326] In diesem Zusammenhang sei bereits hier darauf hingewiesen: die 1456 veröffentliche Gegenschrift des Gerardus de Monte erfolgte in einer Phase, als die Kölner Thomisten gerade in Heidelberg Vertrauen und Ansehen bei dem Pfälzer Kurfürsten und seinen gelehrten Räten gewonnen hatten (s.u. zum „thomistischen Knotenpunkt Heidelberg"). Dieser Aspekt wird von dem inneruniversitären in Gestalt der neuen Konkurrenzburse Kuckana nicht zu trennen sein.

[327] Damit soll nicht unterstellt werden, der Antrieb zur inhaltlichen Zurückweisung der hussitischen Lehren sei primär durch die Problematik von 1425 erfolgt. Allerdings stieg durch die Diskreditierung des Kölner Realismus die Notwendigkeit, den Verdacht ad absurdum zu führen. Aufschlußreich könnte eine Untersuchung sein, ob und inwieweit sich die Kölner Hussitenschriften von anderen, etwa denen der Heidelberger Professoren, unterschieden (vgl. etwa zu den Schriften von Nikolaus Gross von Jauer oder Johannes von Frankfurt: Heimpel 1969a, 148, 150).

[328] Zum Hussitentraktat vgl. auch Vennebusch 1976, 57; Vennebusch 1980, 133 f.; Vennebusch 1983, 134

[329] Vgl. Burie 1977, 227 f.; Herold 1989, 262, Anm. 28 (Mitteilung, daß J.B. Korolec diese Schrift zur Edition vorbereitet, und Hinweis auf die Hieronymus-Thesen).

‚Articuli erronei asscribuntur Hussitis vel Pragensibus' könnte mit der oben genannten inhaltlich identisch sein, könnte aber auch einen zusätzlichen Traktat bezeichnen.[330]

1434 schließlich schrieb der Theologe Henricus Bemel de Xanctis, den wir als vermutlichen albertistischen Vorläufer der Laurentiana-Regenten im Zusammenhang mit dem Terministen-Beschluß kennengelernt hatten, auf Geheiß der Theologischen Fakultät einen ‚Liber contra errores Hussitarum'.[331]

In der Tat, die hussitische Häresie war seit Anfang der zwanziger Jahre zu einer aktuellen Bedrohung auch für das Rheinland geworden. Sie spiegelt sich, außer in Hussitenzügen, anti-hussitischen Bündnissen oder Rechtgläubigkeitseiden, anschaulich in mehreren Inquisitionsverfahren aus den Jahren 1421/22 und 1425.[332] Geleitet wurden sie vom Wormser Bischof, der zugleich Kanzler der Heidelberger Universität war und tatkräftig von bedeutenden Heidelberger Professoren wie Job Vener, Johannes von Frankfurt oder Nikolaus Gross von Jauer unterstützt wurde. Die unmittelbare Nähe der hussitischen Gefahr für den Kölner Raum wird besonders in den Prozessen gegen Johannes Drändorf und Peter Turnau offenbar, in denen die Existenz hussitischer Anhänger in Köln und Bonn bezeugt wurde.[333] Und selbst in eine Angelegenheit wie die des Bacharacher Pfarrers und Kanonikers von St. Andreas in Köln, Winand von Steeg, in der es in den Jahren 1424 bis 1426 um die Zollfreiheit des von Bacharach nach Köln rheinabwärts transportierten Weins ging und die durch Gutachten von 69 Gelehrten zu einer Grundsatzentscheidung wurde, spielte die Hussitenproblematik hinein.[334]

---

[330] Burie 1977, 228.

[331] *Liber contra errores Hussitarum iussus fuit conscribi per magistrum Henricus de Xantis expensis facultatis* (Un. 229 [H], p. 9).

[332] Einschlägige Erörterung, v.a. aus der hier wichtigen Heidelberger Perspektive, bei Heimpel 1969; Heimpel 1969a; Heimpel 1982, pass. Vgl. Classen 1983, 265. Zur Aktualität der Hussitenfrage aus Sicht der Basler Konzilsproblematik vgl. etwa Meuthen 1985, 16 f., bes. Anm. 36.

[333] *Dicit tamen, quod unus presbiter est in Colonia, qui se a secta Hussitarum expurgavit; ... item dixit, quod unus est presbiter circa Bonnam et vocatur Wigandus* (Heimpel 1969b, 71, 85).

[334] Hierzu Schmidt/Heimpel 1977, bes. 84-87; vgl. auch Heimpel 1982, 406-419. Allein 39 der Gutachter waren Kölner Gelehrte, unter ihnen Heinrich von Gorkum (dezidiert thomistisch argumentierend), Heinrich Bemel von Xanten und sicherlich mit einiger Sprengkraft: Albert Varrentrap. Im Jahre 1425 (Ketzerprozeß und Kurfürstenschreiben) wurden bemerkenswerterweise keine Gutachten erstellt.

b) Konsolidierung

Zurück zur Etablierungsphase der Laurentiana. Heymericus de Campo (L 1) wirkte seit 1428 als Theologieprofessor und übernahm 1429 die Professur seines theologischen Lehrers Rutger Overhach de Tremonia. Sehr wahrscheinlich leitete er seine Burse auch in dieser Funktion, wie die bereits genannte Erwähnung von *meister Heymerichs burse* aus dem Jahre 1431 nahelegt. Mit seiner Delegation zum Basler Konzil (1432 bis 1435) mußte diese Regentschaft aber zwangsläufig eingestellt werden.[335] Da Heymericus nach seinem Basler Aufenthalt eine Professur in Löwen annahm, dürfte spätestens zu diesem Zeitpunkt die Regentschaft an Johannes Hulshout de Mechlinia (L 4) übergegangen sein, den Heymericus wahrscheinlich bei dessen Theologiestudium für den Albertismus gewonnen hatte.[336]

Die Schriften des Johannes de Mechlinia sind, so Pattin, von didaktischer Klarheit und breiter Gelehrsamkeit bestimmt.[337] Offenbar hatte Johannes inhaltlich den Konnex der Kölner Albertisten an die neuplatonisch-spekulative Tradition noch enger gestaltet als sein Lehrer Heymericus de Campo, der auf jeden Fall kein isolierter, singulärer Stern am Kölner Albertistenhimmel war. So griff Johannes de Mechlinia die neuplatonisch-dionysische Rezeption auf, indem er als Theologe einen eigenen, großen Kommentar zum Traktat ‚De divinis nominibus' des Pseudo-Dionysius schrieb. In ihm

---

[335] Es ist an dieser Stelle nicht möglich, auch nur annähernd adäquat auf die äußerst komplizierte realistisch konziliaristische Haltung des Heymericus einzugehen. Nach Ladner sei sie paradoxerweise gerade durch den Neuplatonismus begründet worden, der bisher vorwiegend einen papalen Monarchismus gerechtfertigt habe. Dieser, von pseudo-dionysischen Motiven geprägt, habe die Konzeption einer hierarchisch gegliederten Struktur der Kirche erlaubt, mit dem Papst an der Spitze. Dessen *potestas ordinata* gehe dann aber nach Zusammentritt eines Generalkonzils an das die *ecclesia catholica* repräsentierende Konzil über (vgl. Ladner 1985, 13 f.). Zur Problematik s. des weiteren etwa Meersseman 1933a; Black 1970; Black 1977. Grundlegend zur Universität und Basler Konzil jetzt: Helmrath 1987, bes. 137-157, zu Konziliarismus und philosophiegeschichtlicher Problematik: 413-460 (über Heymericus de Campo 441 f.: Hervorhebung der „Weiterführung gersonschen Gedankenguts" bei Heymericus, „wenn er versucht, Ps.-Dionys konziliar fruchtbar zu machen und damit der Konzilsidee eine metaphysische Dimension zu öffnen").

[336] Einschlägig zu Mechlinia: Pattin 1976; Pattin 1977. Wichtige biographische Angaben: Van Doorslaer 1927. Vgl. weiterhin Graven 1935, 20, Nr. 24; Hammer 1953; Lohr 1970, 205 ff.; Monballieu 1974; Vennebusch 1976a, 65 f., 170 ff.; Albertus Magnus 1980, 161 f.; Belgien in Köln 1981, 61 f., 67 f.; Boockmann 1986, 342; Meuthen 1988, 189; Werres 1989.

[337] Pattin 1976, 128.

wollte er die schwierigen Texte des *divinus dyonisius* erklären.[338] Es scheint, als ob Johannes auch stärker als je Heymericus den Albertus-Schüler Ulrich von Straßburg in die albertistisch-peripatetische Tradition aufnahm.[339] Von Johannes ist ein umfassender Traktat ‚De homine' überliefert, der in weiten Teilen eine Kompilation entsprechender Ausführungen Ulrichs von Straßburg darstellt.[340] Der Charakter dieser Schrift als eines Kompendiums, das in Kürze und Klarheit auf das Wesentliche abzielt, läßt auf eine Bestimmung für die Studenten schließen.[341] Wenn auch Aristoteles natürlich die am meisten zitierte Autorität bleibt, so treten doch auffällig Autoren wie Sokrates, Plato, Augustinus, Avicenna, Al-Gazali, Proklos, Dionysius Areopagita, Alexander von Aphrodisias, der Autor des ‚Liber de causis' und schließlich sogar Hermes Trismegistos an seine Seite.[342] In eindringlicher Weise wird in diesem Traktat die peripatetische Tradition heidnisch-neuplatonisch ausgeformt, dominieren Motive einer spekulativen Lichtmetaphysik und Ausführungen zur Göttlichkeit des Intellekts, zur Erkenntnis ohne Phantasmata.[343]

Indem Johannes de Mechlinia im Rückgriff auf Ulrich von Straßburg bewußt die komplementären Stränge einer neuplatonischen und aristotelischen, ja sogar hermetischen Tradition der Lehre Alberts des Großen herausstellte, wird er die Dichotomie zum

---

[338] ... *ut libros divini dyonisii intellectu difficiles utcumque exponerem* (Pattin 1976, 125).
[339] Zu Lehre und Wirkung Ulrichs von Straßburg auf Philosophie und Theologie des Spätmittelalters s. etwa Grabmann 1926a; Sturlese 1981; De Libera 1985.
[340] Ediert durch Pattin 1977.
[341] *Pro brevitate huius compendii, multa summatim percurrimus* ... (Pattin 1977, 467, vgl. auch 436). Pattin weist wohl mit Recht darauf hin, daß die bündige Klarheit der Darstellung durchaus eine Reaktion auf den Einwand der Kurfürsten von 1425 darstellen könnte, die Lehre der Antiqui sei zu schwer verständlich für die Studenten. Allerdings war der Leitgedanke didaktischer Verständlichkeit offenbar von Beginn an in der Via antiqua verankert, nur anscheinend nicht so sehr im spekulativeren Albertismus (vgl. die Klagen über den Sprachstil des Heymericus de Campo).
[342] Vgl. etwa Pattin 1977, 474 f., 486 f., 502, 505.
[343] In exemplarischer Beliebigkeit: *Sicut enim hoc lumen intellectus nostri est imago lucis divinae* ... (Pattin 1977, 492); *quod intellectus agens, postquam intellectus possibilis fuerit informatus speciebus omnibus a phantasmatibus abstractis, eidem unitur ut forma intelligibilis, qui a phantasia aversus et puro lumine agentis actuatus disponitur ad susceptionem superioris luminis* (Pattin 1977, 503). Die Beispiele ließen sich leicht vermehren. Zum neuplatonischen Zug bei Ulrich von Straßburg, auch in seiner Abhängigkeit von Albertus Magnus: Sturlese 1981, 134-139; De Libera 1985 (135 f.: als Schüler Alberts Versuch einer Synthese von Platonismus und Aristotelismus bzw. Peripatetismus, in die auch Augustinismus Eingang fand, um christlichen Neuplatonismus albertistischer Prägung zu formen).

Kölner Bursen-Thomismus und dessen Lehrsystematik gefestigt, wenn nicht sogar schärfer akzentuiert haben. Die von Heymericus de Campo und Johannes de Mechlinia ausgearbeitete und formulierte albertistische Lehrrichtung ist für die Laurentiana verbindlich geworden! Sie wurde von den folgenden Regenten anerkannt und weitergegeben; der Albertismus entwickelte sich zum Programm der Burse und bestimmte das Handeln der Regenten. In welcher Form, das wird zu untersuchen sein.

c) Tradierung des Albertismus im Lehrbetrieb

Eine Form, den Albertismus an die Burse zu binden, bot sich darin, ihn in Lehrbüchern weiterzuvermitteln. Äußerst traditionsbildend wirkten hier die Schriften des Johannes de Mechlinia (L 4), der noch zu Lebzeiten dazu beitrug.[344] Aus einer Marginalie seines ‚Tractatus de homine' erfahren wir, daß er bei der Kompilierung den späteren Regenten Henricus de Horst (L 33), seit 1451 Magister artium, für diese Aufgabe heranzog.[345] Der vermutlich vor 1440, d.h. vor seiner Vizekanzlerschaft entstandene[346] ‚De anima'-Kommentar des Johannes de Mechlinia wurde 1491 und 1497 mit Verbesserungen und Zusätzen gedruckt, die aus der Feder des Regenten Gerardus de Harderwijck (L 50) stammten.[347] Ebenfalls mit Korrekturen und natürlich gleichfalls *secundum intentionem magni*

---

[344] So wird in den Annalen der Laurentiana-Burse vermerkt: *et discipulis suis in libros philosophicos commentaria edidit, quibus postea usi sunt annis plurimis usque ad annum 1496, quoniam tunc propter impressorias librorum alterabantur commentarii* (Un. 760, f. 9r).

[345] Vgl. Pattin 1977, 435. Grundsätzliche Überlegungen zu diesen albertistischen Lehrbüchern der Laurentiana: Meuthen 1988, 189 f.

[346] Die Datierung bei Pattin 1976, 110 (ca. 1442) ist nicht ganz zutreffend. Pattin schließt sie aus der Angabe des Gerardus de Harderwijck: *commentaria ... edita ... per eximium virum magistrum Johannem de Mechlinia ... inclyteque universitatis Coloniensis vicecancelarium*. Nach Pattin sei der Kommentar daher entstanden, als Mechlinia Vizekanzler gewesen sei, *d.i. circa 1442*. Zum einen ist die ehrende und selbstverständliche Erwähnung des hohen, 22 (1440-1462) Jahre bekleideten Amtes nicht als Erläuterung der Abfassungszeit gedacht gewesen, zum anderen müßte sich dann ein Datum zwischen 1440 und 1462 ergeben.

[347] Vgl. Pattin 1976, 110-119 (117: Beispiel einer Problemtradierung: *utrum anima singulare et universale cognoscit eadem potentia, et seipsam et separata sine conversione ad fantasmata*). Erstaunlich ist der Hinweis auf die Rhetorik des Cicero, dessen Lehre der Autor bei der Abfassung des Proömium befolgen wollte (Pattin 1976, 110). Zu fragen ist allerdings, ob dieser Verweis nicht später durch Gerardus de Harderwijck für den Druck hinzugefügt wurde.

Alberti gab Jacobus de Amersfordia (L 49) den Kommentar des Johannes de Mechlinia zu den ‚Parva naturalia' 1491 in Druck.[348]

Der bis 1475 lebende Johannes de Mechlinia (L 4) scheint im 15. Jahrhundert die geistige Führung der Laurentiana ausgeübt zu haben. Denn von den anderen Prinzipal-Regenten wie Laurentius de Groningen (L 5), Jacobus de Straelen (L 30) oder Conradus de Campis (L 44) ist kein Beitrag zum Lehrkanon der Burse überliefert. Einen eigenen Kommentar zu Aristoteles hat offenbar erst wieder Jacobus de Amersfordia (L 49) verfaßt, der seit 1470 als Lehrer der Laurentiana nachweisbar ist. Nach seinem Tod (1493) wurden ca. 1497 seine ‚Commentaria in libros de generatione et corruptione' gedruckt.[349] Dem naturphilosophischen Korpus der aristotelischen Schriften wandten sich auch die ‚Commentaria trium librorum Metheororum Aristotelis' zu, *per Jacobum de Amsfordia ... olim elaborata, per artium et scripture sacre professorem magistrum Arnoldum de Tungri eiusdem dudum discipulum accurate revisa et castigata* und 1513 bei Heinrich Quentell in Druck gegeben.[350] Weiterhin verfaßte Jacobus de Amersfordia ‚Commentarii librorum parvorum naturalium Aristotelis ad mentem magni Alberti', die 1512 in überarbeiteter Form gedruckt wurden.[351] Die Kommentare des verstorbenen Regenten wurden demnach auch nach seinem Tod dem Unterricht der Burse zugrundegelegt, seine Interpretationen tradiert.

Stehen bei Jacobus de Amersfordia die naturphilosophischen Themen im Vordergrund, so wandte sich sein Nachfolger in der Bursenleitung, Gerardus de Harderwijck (L 50), in eindrucksvoller Weise der Logik zu. Von zwölf zwischen 1488 und 1497 gedruckten Kommentaren handelte nur je einer über Physik, Seelenlehre und Naturphilosophie[352], die restlichen befaßten sich neben der ‚Logica vetus' und ‚Logica nova' vor allem mit den ‚Summulae' des Petrus Hispanus.[353] Die ‚Commentaria nove logice' wurden 1511 wiederum von Arnoldus de Tongris (L 60) herausgegeben.[354] Ein

---

[348] Pattin 1976, 119.

[349] Vgl. Voulliéme 1903, Nr. 610.

[350] Eingesehen wurde der Sammelband der Universitäts- und Stadt-Bibliothek Köln (UStB), Ad^{bl} 405.

[351] UStB, Ad^{bl} 405.

[352] Gerhards Kompendium zur Naturphilosophie ist jetzt mit interessanten Beobachtungen von Wuttke (1988, 119-122) vorgestellt worden; s.u. 772 f.

[353] Vgl. Voulliéme 1903, Nr. 438-446; Grabmann 1956a, 228 f.; Pattin 1976, 111; Senger 1981, 234; Meuthen 1988, 190.

[354] UStB, GBII^b/373^a.

schlagendes Beispiel, wie der albertistische Realismus des Johannes de Nova Domo und Heymericus de Campo (L 1) an der Laurentiana-Burse weitervermittelt wurde, bieten die ‚Commentarii in omnes tractatus parvorum logicalium Petri Hispani iunctis nonnullis Modernorum', die Gerardus de Harderwijck 1493 bei Ulrich Zell in Köln drucken ließ.[355] Sie sind jetzt von H. Braakhuis näher untersucht worden.[356] Es zeigt sich, daß Gerardus wie Heymericus de Campo gegen die nominalistische als auch thomistische Doktrin der Montana in der Logik argumentierte. Besonders die Universalienlehre weist viele Parallelen zu den ‚Problemata' des Heymericus und zu den Konzeptionen des Johannes de Nova Domo auf. Die Tradition albertistisch-ontologischer Vorstellungen führte bemerkenswerterweise gerade in der Suppositionslehre[357] zu einer nicht unoriginellen Kritik an Petrus Hispanus als auch an thomistischen Ansichten.[358]

Eine desinteressierte Abwendung von Heymericus de Campo und seiner Kontroverslehre ist an der Laurentiana auch Ende des 15. Jahrhunderts mitnichten zu konstatieren.[359] Nichts illustriert dies eindringlicher als die 1496 erfolgte Drucklegung der ‚Problemata' des Heymericus. Ein als Lehrer und Prüfer der Laurentiana gar nicht einmal so auffälliger Regent zeichnet für sie verantwortlich: Arnoldus de Dammone (L 66). Er war in den Artes wie in der Theologie ein Schüler des Gerardus de Harderwijck (L 50), hatte 1488 unter diesem inzipiert, sollte 1503 in einem umstrittenen Akt

---

[355] UStB, AD^s/83^c.

[356] Vgl. Braakhuis 1989.

[357] Eine Darstellung der Suppositio naturalis in Gerhards Traktat zu Petrus Hispanus bei De Rijk (1985, 200 f.): aufschlußreiche Modifizierung traditioneller realistischer Konzeptionen, bei der die mystische Grundhaltung der Albertisten deutlich zum Tragen kommt! Imbach (1987, 250 ff.) möchte in seiner profunden Besprechung der Arbeit De Rijks gerade die durchaus nicht belanglose Sonderlehre der natürlichen Supposition als „beredten Beleg für die Originalität der mittelalterlichen Logik" werten.

[358] Braakhuis 1989, 15-18. Aus der Tatsache, daß Gerardus in langen Passagen nominalistische Thesen wiedergab, sich aber nur relativ kurz von ihnen distanzierte, daß er sogar Buridan beim Namen nannte, will Braakhuis, wie oben bereits angeführt, eine „institutional dominance of nominalism" herauslesen. Es sei nochmals betont: der Realismus in Köln war Ende des 15. Jahrhunderts derart fest etabliert, der Nominalismus dagegen so bedeutungslos, daß eine Rücksicht auf einen gut 80 Jahre zurückliegenden Beschluß einer damaligen terministischen Mehrheit völlig abwegig erscheint.

[359] Der Ansicht Sengers (1981, 233), die Kölner Albertistenschule habe den philosophiehistorisch interessanten Ansatz des Heymericus, auch den des Problemata-Traktats, „verpaßt und anders genommen"), kann ich mich hier nicht anschließen.

durch ihn zum Doktor der Theologie promoviert werden. 1496 ist Arnoldus als Lizentiat der Theologie bezeugt; er dürfte damals zugleich Vikar an St. Paul in Köln und vor allem Kaplan an der bedeutenden Kölner Kirche St. Kolumba gewesen sein, an der Gerardus de Harderwijck als Pfarrer wirkte.[360] Welchen Rang Heymericus de Campo damals noch für die Laurentiana hatte – denn Arnoldus de Dammone wird mit dem Einverständnis, vielleicht auf Anregung seines Lehrers und Haupt-Regenten gehandelt haben – zeigt der Schluß des bei Johannes Landen[361] in Auftrag gegebenen Druckes: *Acerrimi argumentatoris atque acutissimi difficilium nedum in philosophia sed et in theologia materiarum resolutoris Laurentii burse agrippine Colonie gymnasii olim regentis artium et sacre theologie profundissimi professoris Hemerici de Campo problemata accuratissime per Arnoldum Dammonis alias de Remmerzvalis artium magistrum et sacrarum litterarum licentiatum castigata; omni pene studendi nedum utilia verum necessaria.*[362] Ein noch eindrucksvolleres Bekenntnis zur albertistischen Kontroversphilosophie des Heymericus offenbart das Schlußgedicht an den Leser, vermutlich von Arnoldus de Dammone verfaßt. In kämpferischen Wendungen wird der Wert dieses Buches für den *fortis athleta*, der in den *scolastica bella* schon viele Bände durchforscht hat, angepriesen. Die ‚Problemata' würden ihn die Geheimnisse der Weisheit entdecken, Ockhams Lehre als *vanum figmentum* erkennen lassen. Als zweiten Gegner neben den Nominalisten stellte Arnoldus de Dammone die Anhänger des Thomas von Aquin heraus, da dieser die *sana dogmata Alberti patris* verlassen habe. Heymericus habe als *fautor* deshalb diese *arma* zusammengetragen.[363] Man wird sich leicht vorstellen können, welche Reaktionen die etwas martialische

---

[360] Vgl. etwa R 2394-2396. Hierzu ausführlicher u. 449 f.
[361] Zu ihm Voulliéme 1903, LXXI-LXXIV. Zum Druck vgl. auch Burie 1977, 237.
[362] UStB, Ennen 284; vgl. Voulliéme 1903, Nr. 546.
[363] *Qui studio varia scrutare volumina lector, / munere leteris palladis ut placido / Arte sua fortis athleta scolastica bella / accedas docta nec timeas iacula, / Iste tuis manibus versetur crebro libellus, / invenies namque cum brevitate tibi / Grata prius tacita clare secreta sophie, / quam vanum facile pellitur ockanicum / Figmentum cernes et quare beatus Aquinas / liquerit alberti dagmata (!) sana patris. / Contulit arma tibi fautor tuus hec Hemericus, / Albertum recto tramite qui sequeris, / Suscipe felicis ne spreveris assecla thome / comperies namque comoda multa tibi. / Landensem celi deus o tueare Iohannem / impensis presens cuius id extat opus / Nec minus Arnoldum tua salvum cura gubernet, / qui studuit turpes tollere falce notas.* (UStB, Ennen 284, f. oii-b [= Schlußblatt]). Hierzu im Kapitel über den Gegensatz der Schulen ausführlicher; s.u. 731 f.

Erneuerung des schon früher ungeliebten Grabenkampfes bei den Thomisten auslöste, die doch erst Anfang der achtziger Jahre den Konkordanz-Traktat des Gerardus de Monte einer Drucklegung überantwortet hatten.³⁶⁴ Unmittelbar nach dem ‚Tractatus problematicus' gab die Laurentiana im Mai 1496 ein Werk bei Quentell in Druck, welches vor allem die kontroversen Lehren zwischen Albertus und Thomas in der Naturphilosophie zum Thema hatte, selbstverständlich *secundum opinionem magni Alberti*.³⁶⁵ Eine Verflachung oder Verwischung der inhaltlichen Gegensätze war in den neunziger Jahren des 15. Jahrhunderts demnach zumindest von den Albertisten nicht beabsichtigt! Bemerkenswert auch die Übertragung auf die Theologie. (Wir werden sehen, daß die Antwort der Montana nicht lange auf sich warten ließ.)

In den neunziger Jahren begann Everardus de Amersfordia (L 54), Neffe des Jacobus, als Lizentiat der Theologie (seit 1492) ‚Commentaria' zu den aristotelischen Büchern ‚De coelo et mundo', die er aber am Schluß des ersten Buches abbrach, als er in den Dominikanerorden eintrat. Den Kommentar zum zweiten Buch führte dann Johannes Wanger de Nurtingen (L 61) fort, der das Werk 1499 ebenfalls als Lizentiat der Theologie bei Quentell herausgab.³⁶⁶ Eine Gemeinschaftsarbeit vieler Laurentiana-Angehöriger zeichnet die erstmals 1496, dann 1500 in einer Neuauflage veröffentlichten ‚Epitomata sive reparationes logice veteris et nove Aristotelis' aus, die von Arnold von Tongern (L 60) angefertigt und von Professoren, Lizentiaten, Bakkalaren der Theologie sowie *per artium magistros eiusdem burse regentes* anschließend durchgesehen wurden.³⁶⁷ Ein weiteres Schulbuch zur Logik, die ‚Reparationes lectionum et exercitiorum tractatuum parvorum logicalium Petri Hispani et trium modernorum', bearbeitete Arnold 1500.³⁶⁸

Darüberhinaus gibt es für jene Zeit Zeugnisse, die ein generelles Interesse der Laurentianer an der Verbreitung „ihres" Albertus

---

³⁶⁴ Vgl. Vouliéme 1903, Nr. 447.

³⁶⁵ *De proprietatibus elementorum questio utilissima ad mixtorum naturam et complexionem cognoscendam cuilibet recte philosophanti summe necessaria inter Albertum et Thomam aliosque plerosque philosophos problematica* (vgl. Vouliéme 1903, Nr. 983; R 2091).

³⁶⁶ Vgl. Vouliéme 1903, Nr. 408; Lohr 1967, 406; Lohr 1971, 264; Senger 1981, 235; Meuthen 1988, 190.

³⁶⁷ Vgl. Vouliéme 1903, Nr. 164 und 165; R 2094/95; Lohr 1967, 369; Senger 1981, 234; Meuthen 1988, 190.

³⁶⁸ Vgl. Vouliéme 1903, Nr. 167; R 2223; Senger 1981, 234.

Magnus durch renommierte Drucker aufzeigen. So findet sich im Amerbach-Briefwechsel ein Schreiben des Regenten Johannes de Buscoducis (L 67), ca. 1506 verfaßt, in welchem er mit einem Basler, dem Haus Amerbach offensichtlich nahestehenden *corrector* Probleme einer Drucklegung der ‚Summa Alberti magni' erörterte.[369]

Die enorme Zahl an Veröffentlichungen in den neunziger Jahren, zweifellos auch ein Ergebnis des „Studentenberges", wird durch einen Titel bereichert, der das übliche Spektrum sprengt. Das ‚Repertorium aureum', das die Laurentiana im Mai 1495 bei Quentell drucken ließ, war *ad profectum scholarium utrique iuri operam impendentium* gedacht.[370] Mir scheint, die treibende Kraft hinter diesem Unternehmen hieß Gerardus de Harderwijck (L 50). Denn er bewies seine enorme Bildung, insbesondere seine juristischen Kenntnisse, als er 1493 die berühmten ‚Ennarationes in quattuor libros Institutionum Imperialium' des 1492 verstorbenen Juristen Nicasius Voerda de Mechlinia[371] für die Drucklegung revidierte, an gegebener Stelle dem Fassungsvermögen der Jugendlichen anpaßte.[372] Nicasius Voerda muß – was später näher auszuführen sein wird[373] – dem Albertistenkreis der Laurentiana zugerechnet werden, bedingt teilweise durch seine Mechelner Herkunft und sein Löwener Studium, veranschaulicht auch durch sein Lizentiat in der Theologie. Gerardus de Harderwijck wiederum hatte erwiesenermaßen einschlägige juristische Kenntnisse – von solcher Qualität, daß ihn 1496 der Legist Adam Kaltbecker[374] auf Anraten des Legisten Johannes Fastrardi de Busco[375]

---

[369] Vgl. Hartmann 1942, 471 f., Anh. Nr. 1.
[370] Vgl. Voulliéme 1903, Nr. 1017; R 2047; Meuthen 1988, 137.
[371] M 402,68. Vgl. zu ihm vorerst Becker 1987, 50 f. (Lit.); Meuthen 1988, 129, 137.
[372] Vgl. Voulliéme 1903, Nr. 830 (*per altidoctum dominum et magistrum Gerardum harderwyckensem licentiatum etc* [sc. theologie] *lustratum et nonnunquam, ubi pro maiori iuvenum capacitate oportunum visum fuit, ex doctorum eiusdem professionis doctrinalibus scriptis suppletum* ...).
[373] S.u. 420, 447, 721 f.
[374] M 261,15.
[375] M 266,14. Sein Vater, Fastrardus de Busco (M 134,39), war – und wie mir scheint, für den obigen Zusammenhang nicht ganz unwichtig – ein Schüler des Heymericus de Campo (L 1), unter dem er beide artistischen Grade erwarb. Johannes Fastrardi scheint ebenfalls der Laurentiana sehr nahegestanden zu haben, wie etwa aus seinem Testament hervorgeht, in welchem er Arnold von Tongern als ersten Exekutor bestimmte (R 2660).

während seiner Abwesenheit zum Vertreter seiner Vorlesung bestellte.[376]

Die Regenten der Kuckana verfaßten offenbar keine eigenen Lehrbücher für die Schüler ihrer Burse. Doch kann kein Zweifel daran bestehen, daß die ehemaligen Laurentiana-Regenten, wie etwa Johannes de Kuyck (K 1) oder Johannes Aqua de Bercka (K 2), den Albertismus in der Kuckana weiter pflegten, ihn also auch dort institutionell absicherten. Ihre Hinwendung zu Albertus Magnus belegt beispielsweise eine Handschrift aus dem Bestand „Gymnasialbibliothek" des HAStK. Am 13. November 1446, also noch in der Laurentiana, vollendete der damalige Bakkalar der Artes Henricus Bays de Breda (K 6; im Mai zum Bakkalaureat präsentiert, 1448 Magister), seine Abschrift des Albertus Magnus-Werkes ‚De quattuor coaequaevis', die er im Auftrag des Johannes Aqua de Berka ausgeführt hatte.[377] Aus den Aufzeichnungen des Dominikaners Servatius Fanckel, der auch die theologischen Doktor- und Bakkalaureatspromotionen von 1467 bis 1488 vermerkte und zu jedem Promovierten die Schulrichtung angab, ergibt sich, daß die Angehörigen der Kuckana alle als Albertisten auftraten.[378] Der Magister Gerardus de Clivis[379], der 1482 in einer Disputation gegen den Montana-Thomisten Andreas Schirmer de Oxenfurt respondierte,

---

[376] R 2085/86. Keussen erkennt zwar die Revisor-Tätigkeit des Laurentiana-Regenten Gerardus de Harderwijck an, vermutet hinter dem Vorlesungsvertreter jedoch m.E. zu Unrecht den ansonsten völlig unbekannten Gerardus de Nova Ecclesia al. de Harderwijck (M 356,4), der von 1477 bis 1480 sein Artes-Studium in der Laurentiana absolviert hatte (vgl. auch M I, 80*, Nr. 159). Doch Gerardus scheint die Erwartungen der Studenten nicht ganz erfüllt zu haben, die einen anderen Vertreter forderten.

[377] *Finitus et completus per manus Henrici Bays de Breda, quem scripsi pro venerabili viro magistro Johanne de Berka sacre theologie licentiato Colonie*; vgl. Vennebusch 1976, 172 f.

[378] Vgl. Löhr 1926, 23: Cornelius Bays de Breda (K 12), *albertista*, 26: Johannes Aqua de Bercka (K 2), *albertista*, 30: Robertus de Scotia (K 11), *albertista*; Gerardus de Clivis (M 337,21), *albertista*, 31: Gerardus de Zutphania (K 24), *albertista*. Zu Fanckels Aufzeichnungen s. auch Albertus Magnus 1980, 163. Dagegen ist keiner der Kuckaner als Thomist oder als Anhänger einer anderen Autorität bezeichnet worden; angesichts der Geschlossenheit der Bursen in lehrinhaltlicher Hinsicht und der häufigen Kooperation mit der Laurentiana in grundsätzlichen Fragen möchte ich die (wegen der schwächeren Quellenlage gegenüber der Laurentiana nicht ganz so offensichtliche) Bindung der Kuckana an den Albertismus ohne Einschränkung behaupten. Ein Schlaglicht etwa die ‚Orationes quodlibeticae' des Ortwin Gratius (K 36) von 1507, die er als einen Panegyrikus für Albertus Magnus und dessen einzig wahre Nachfolger, Laurentiana und Kuckana, gestaltete (s.u. 728 f., 734 f.)!

[379] M 337,21 (die Vermutung M 371,121 ist unsinnig, da gerade 1481 als Anfänger der Artes immatrikuliert).

wurde sogar explizit als *Albertista de bursa Kuck* bezeichnet.[380] Der bereits mehrfach genannte Gerardus de Zutphania (K 24), zuerst Schüler der Laurentiana unter Gerardus de Harderwijck (L 50) und Jacobus de Amersfordia (L 49), disputierte 1484 als *Albertista, de collegio Laurencii*.[381] Sein Wechsel in die Kuckana 1490 bedeutete somit einen Transfer als auch eine Verstärkung des Albertismus an dieser Burse. Gerardus de Zutphania scheint auch der einzige Kuckana-Regent gewesen zu sein, der ein nennenswerteres Studienbuch verfaßte: die ‚Glossa notabilis' zu der grundlegenden lateinischen Grammatik des 15. Jahrhunderts, dem ‚Doctrinale' des Alexander de Villa Dei.[382] Der in Deutschland am weitesten verbreitete Kommentar zum ‚Doctrinale' dürfte auch an der Kuckana obligatorisch gewesen sein, obwohl er ihn offenbar noch vor 1490 an der Laurentiana geschrieben hatte. Eine Tradierung genuin albertistischer Doktrinen bietet er zwar nicht, doch dominierte mit den Quästionen, Argumenten und Solutionen die Methode der scholastischen Philosophie, ein Grund, weshalb dieses Werk und sein Autor später zur Zielscheibe der Humanisten werden sollte.

2. Der Thomismus

a) Tradierung in der Studienliteratur: Montana

Der an der Montana für die Artes-Studenten vermittelte Thomismus geht in entscheidendem Maße auf Heinrich von Gorkum (M 1) zurück.[383] Richtungweisend wurde seine Thomas-Interpretation (*sancti Thome interpres fidelissimus*) als auch die didaktisch geformte Darstellung für den Schulbetrieb. Diese an der Montana – aber auch an den anderen Bursen – konzipierten Lehrbücher trugen die Bezeichnung „Kopulate".[384] Ganz auf den Studienbetrieb an den Bursen zugeschnitten, boten sie den jeweiligen aristotelischen Text (in Kurzform oder Paraphrase) mit einer der Schulrichtung

---

[380] Löhr 1926, 68.
[381] Löhr 1926, 72.
[382] Vgl. Reichling 1893 (bes. LXIV f.); Kuckhoff 1931, 27-30.
[383] Zum Thomismus an der Kölner Universität jetzt grundlegend: Meuthen 1988, 178-181.
[384] Instruktiv: Meuthen 1988, 182-186.

entsprechenden, durch Quästionen erschlossenen Interpretation.[385] Um 1485 begegnen die ersten gedruckten ‚Copulata circa octo libros phisicorum Aristotelis iuxta doctrinam sancti Thome de Aquino' bzw. ‚Copulata super tres libros de anima Aristotelis', die Lambertus de Monte (M 24) als Theologieprofessor und Prinzipal-Regent in Druck gab.[386] Es würde zu weit führen, sämtliche Drucke im einzelnen aufzuführen. Sie umfaßten den gesamten Stoff der Artisten-Fakultät, wobei der Schwerpunkt aber eindeutig bei den Texten für die Anfänger (Logik, Physik, Naturphilosophie) lag – offenbar ebenfalls ein Reflex auf die quantitative Nachfrage. In der Logik setzte man sich natürlich auch an der Montana mit den Traktaten der Moderni auseinander, wie etwa im Anschluß an die Traktate des Petrus Hispanus mit den Syncategoremata.[387] Analog zur Laurentiana entwickelte man an der Montana ein ausgesprochenes Traditionsbewußtsein, indem man immer wieder auf die Arbeiten früherer Regenten zurückgriff, sie in die neuen Ausgaben einarbeitete und teilweise aktualisierte. In den 1494 veröffentlichten ‚Positiones circa libros phisicorum et de anima Aristotelis iuxta processum magistrorum Coloniae in bursa montis regentium', die Lambertus de Monte herausgab, griff man ausdrücklich auf die Schriften von Heinrich von Gorkum (M 1), Gerardus de Monte (M 4), Gerardus de Elten (M 19)[388] und Henricus de Orsoy (M 22) zurück.[389]

Mitte der neunziger Jahre scheint der Streit zwischen den Albertisten und Thomisten neu entflammt, der doktrinäre Gegensatz in alter Form auf eine neue Stufe gehoben worden zu sein. Wir sahen[390], daß der Konkordanz-Traktat des Gerardus de Monte in dessen Todesjahr 1480 in Köln gedruckt wurde, dann erneut um

---

[385] Meuthen 1988, 182 f.
[386] Vgl. Voulliéme 1903, Nr. 720, 721, 727; R 1818-1822; Corsten 1985, 126; Meuthen 1988, 182 f.
[387] Vgl. Voulliéme 1903, Nr. 928-932; R 1843/48; Weiler 1962, 107 ff.; Braakhuis 1989, 6-14.
[388] Die wissenschaftsgeschichtliche Bedeutung Gerhards von Elten, seit 1466 oder 1467 Dominikaner, resultiert streng genommen allein aus seinen theologischen Arbeiten, in denen sein von gedanklicher Selbständigkeit und von Sachlichkeit ausgezeichneter Kommentar zur ‚Summa' des Thomas von Aquin nach allgemeiner Ansicht eine Meisterleistung darstellt (vgl. etwa Höhn 1974, 649-655; Meuthen 1988, bes. 156, 179 f. [Lit.]).
[389] Vgl. Voulliéme 1903, Nr. 977; R 2012; Weiler 1962, 111-114; Meuthen 1988, 184.
[390] S.o. 382.

1485 im Anschluß an seine ‚Commentatio' zu ‚De ente et essentia' des Thomas von Aquin.[391] Im März 1496 sorgte Arnoldus de Dammone (L 66) für die Drucklegung der ‚Problemata inter Albertum Magnum et sanctum Thomam', die ausdrücklich als Waffe im scholastischen Kampf gegen die Thomisten im allgemeinen, die der Bursen Montana und Corneliana natürlich im besonderen, dienen sollten. Ihnen schloß sich schon im Mai 1496 eine albertistische Darstellung der zwischen Albertisten und Thomisten problematischen Lehren ‚De proprietatibus elementorum' an.

Am 22. September 1497 erfolgte schließlich die Antwort der Montana. Initiator dürfte Lambertus de Monte (M 24) gewesen sein, der bei Quentell nicht nur die ‚Expositiones textuales' des Gerardus de Monte (M 4) zu naturphilosophischen Schriften des Aristoteles sowie den Kommentar seines Onkels zu ‚De ente et essentia' veröffentlichen ließ, sondern auch dessen 1456 verfaßten Konkordanz-Traktat zu den ‚Problemata' und die offensichtlich erstmals veröffentlichte ‚Apologia' Gerhards zur ‚Invectiva' des Heymericus.[392] Aufhorchen läßt der scharfe Ton, der diese beiden Traktate des Gerardus schon im Titel begleitet und bei den früheren Drucken des Konkordanz-Traktats offenbar nicht zu finden ist. So heißt es mit Blick auf die ‚Problemata': *ex quorum contentiosa disputatione nonnullis olim dabatur fomentum odii, aliis vero occasio detrahendi utrique doctori.* Noch aufschlußreicher ist die Bemerkung zur ‚Apologia' des Gerardus: *Apologetica sive responsiva magistri Gerardi de Monte ... ad quandam invectivam a nonnullo recenti et opulento philosopho licet tunc temporis inopi theologo editam!* Der Herausgeber nahm hier eine Formulierung auf, mit der sich Heymericus 1456/57 in seiner ‚Invectiva' (der Antwort auf Gerhards Konkordanz-Traktat von 1456) selbst charakterisiert hatte: aber als jungen Verfasser des ‚Tractatus problematicus', um

---

[391] Vgl. Voulliéme 1903, Nr. 447 (Neuauflagen 1489: Nr. 1170, und ca. 1493: Nr. 1236); Feckes 1935, 669-673; Meersseman 1935a, 265.

[392] Vgl. Vouliéme 1903, Nr. 150. Enttäuschend die Ausführungen bei Meersseman (1935, 109 ff.), der einen wenig aussagekräftigen Druck benutzte und überhaupt die Datierungsfrage bei den verschiedenen Drucklegungen unzureichend erörtert (die polemischen Schriften des Gerardus de Monte seien „bereits in den ersten Jahren nach der Erfindung der Buchdruckerkunst" auf Veranlassung des Lambertus in Köln gedruckt worden; vgl. Meersseman 1935a, 265).

Unzulänglichkeiten der ‚Problemata' zu erklären!³⁹³ Gerardus de Monte hatte sie dann in seiner ‚Apologia' aufgegriffen.³⁹⁴ Hier, im Titel eines Druckwerkes und aus dem Zusammenhang gerissen, mußte diese Wendung jedoch einen ganz anderen Anstrich erhalten, als ihn Heymericus intendierte: abwertend, statt verständnisfördernd. Und vor allem: Heymericus hatte die Eigenschaften (*recens et opulentus philosophus, licet tunc temporis inops theologus*) auf sich als den Kölner Anfänger im Theologiestudium (1423/25) bezogen; nun standen sie für den greisen, ehrwürdigen Verfasser der ‚Invectiva' von 1456/57, der 1460 als Domherr zu Löwen sterben sollte! Der Inhalt der ‚Invectiva' aber, eine entschiedene Ablehnung jeglicher Vermittlung zwischen Albertus und Thomas in einem überaus kantigen, wuchtigen Ton, er wurde in der ‚Apologia' getreu wiedergegeben und gedruckt einer breiten Öffentlichkeit bekannt gemacht. Wenn 1497 also tatsächlich erstmals die ‚Apologia' Gerhards gedruckt worden ist, zusammen mit dem erneut aufgelegten Konkordanz-Traktat, dann offenbar bewußt als kämpferische Antwort auf die Veröffentlichung der ‚Problemata' von 1496! Die in den zwanziger Jahren entstandenen Gegensätze zwischen Albertisten und Thomisten, d.h. aber auch zwischen den konkurrierenden Bursen, wurden Ende des 15. Jahrhunderts erneut lebendig und nach außen getragen. Sie eskalierten, getragen von einer Atmosphäre der Unversöhnlichkeit, in welcher der Begriff des *odium* durchaus seine Berechtigung fand. Wir müssen uns der Kluft zwischen den Anhängern beider Lager gewärtig sein, wenn wir uns den Ereignissen Anfang des 16. Jahrhunderts zuwenden werden.

---

³⁹³ Vgl. Meersseman 1935, 116. Die ‚Invectiva' erschien wie gesagt nach dem Konkordanz-Traktat des Gerardus, der Heymericus nach Löwen zugespielt worden war, und stellte gleichsam einen öffentlichen Brief an die Kölner Professoren dar, mit dem Heymericus verbittert, überaus polemisch und in einem mehr als schwülstigen Stil vor „betrügerischen Waffenstillstandsvorschlägen" (Meerssemam 1935, 87) zwischen Albertisten und Thomisten warnte. Brisant war die Veröffentlichung der ‚Apologia', mit der Gerardus sehr sachlich auf die ‚Invectiva' geantwortet hatte, vor allem dadurch, daß in ihr die ‚Invectiva' nochmals zwecks Widerlegung vollständig von Gerhard wiedergegeben worden war.

³⁹⁴ *Heymericus de Campo, famosus magister in artibus, sacerdotii etiam dignitate praeditus, in theologia tunc studens Coloniae, et, ut idem ipse in sua invectiva, de qua mentio fiet infra, testificatur de semetipso, tunc temporis exsistens tamquam inops theologus, licet recens et opulentus philosophiae peripateticae Alberti Magni, ut asserit didascalus, edidit Tractatum quemdam problematicum* (Meersseman 1935, 122).

Zurück zum thomistischen Artes-Studium. Eines der ersten gedruckten Lehrbücher der Montana waren die ‚Questiones' des Pariser Thomisten Johannes Versor[395] zu den aristotelischen Büchern ‚De generatione et corruptione secundum processum burse Montis'.[396] Um 1493 ließ offenbar die Montana Versors ‚Quaestiones super parva naturalia cum textu Aristotelis' drucken, da sie zusammen mit dem Kommentar des Gerardus de Monte (M 4) zu ‚De ente et essentia' des Thomas von Aquin sowie mit Gerhards Konkordanz-Traktat (ohne die anklagenden Bemerkungen der Ausgabe von 1497) erschienen.[397] Generell weist die hohe Anzahl der Kölner Drucke dieses „für die Verschulungstendenz insgesamt kennzeichnenden Gelehrten"[398] eine zweifellos vorhandene Nachfrage nach seinen Werken aus.

b) Corneliana

Versors Thomismus scheint besonders in der Corneliana rezipiert worden zu sein. 1489 druckte Quentell die ‚Questiones Versoris super octo libros phisicorum Aristotelis'. Im Explicit heißt es dann, sie seien *accuratissime correcte in alma universitate Coloniensi in bursa magistri Cornelii de Dordraco ad communem scolarium utilitatem*.[399] Eine sorgfältige Überarbeitung durch die Corneliana-Regenten fanden auch Versors ‚Questiones iuxta textum de anima Aristotelis', die 1496 in Druck gegeben wurden.[400] In zwei

---

[395] Vgl. M-Ntr. 897; Lohr 1971, 290-299; Meuthen 1988, 185 (Lit.). Wiedergabe der längst überholten Annahme, Versor habe in Köln gelehrt, noch bei Markowski 1989, 285. Widerlegung der älteren Forschung: M-Ntr. 897; Meuthen 1988, 185. Zur philosophiegeschichtlichen Einordnung Versors vgl. etwa Prantl 1870, 220f. (Erläuterung der aristotelischen Hauptwerke grundsätzlich nach thomistischen Doktrinen); Feckes 1935, 671f. (in Versors Kommentar zu ‚De ente et essentia' des Thomas von Aquin deutlicher Reflex auf die Kölner Kontroverse zwischen Albertisten und Thomisten, dabei mit einer Ausnahme [Realdistinktion] „unzweifelhafte" Ablehnung der Auffassungen des Albertus Magnus). In neuerer Zeit wird auf die Rezeption albertistischer Elemente bei Versor hingewiesen, auf eine Tendenz zur Vermittlung zwischen Thomas und Albert (vgl. Meuthen 1988, 191; Markowski 1989, 285). In welcher Form Versor an den Kölner Bursen rezipiert wurde, bedürfte einer Untersuchung.
[396] Vgl. Voulliéme 1903, Nr. 1230; R 1814. Neuauflage offenbar 1488 zusammen mit Versors ‚Quaestiones super parva naturalia' (Voulliéme 1903, Nr. 1234).
[397] Vgl. Voulliéme 1903, Nr. 1236; R 1998/99.
[398] Meuthen 1988, 185.
[399] Vgl. Voulliéme 1903, Nr. 1224, 1225 (Neuauflage 1497); R 1890/91.
[400] Vgl. Voulliéme 1903, Nr. 1220; R 2104.

Drucken von 1497, welche Quästionen Versors zur ‚Nova logica' und ‚Vetus ars' enthielten, findet sich gar die Angabe, Versor selbst habe die Texte Magistern der Corneliana zur Anwendung nahegelegt.[401] Persönliche Kontakte Versors zu Corneliana-Regenten dürften demnach bestanden haben.[402] In der Tat, blickt man auf die Zeitgenossen Versors, der 1449 das Rektorat ablehnte, es aber 1458 in Paris bekleidete[403] und nach 1482 starb, so fällt ein Name auf, der einen unmittelbaren Bezug zur Corneliana nahelegt. Zur gleichen Zeit, als Versor dem Rektorat vorstand, erwarb Jacobus Bindopp de Traiecto seine artistischen Grade.[404] An der Natio Alemannica scheint er recht angesehen gewesen zu sein, denn 1465 wurde er zum Prokurator, 1466 zum stellvertretenden Rezeptor und zum Intrans gewählt.[405] Jacobus wird ein naher Verwandter des Corneliana-Regenten Theodoricus Bindopp de Leydis al. de Traiecto (C 36) gewesen sein, der 1459 erstmals als Prüfer der Corneliana begegnete, zwischen 1460 und 1465 aber nicht mit Lehraufgaben nachzuweisen ist. Ein Pariser Aufenthalt läßt sich allerdings nicht feststellen. Dagegen hielt sich nachweislich ein weiterer Angehöriger der Corneliana zu einem Zeitpunkt in Paris auf, zu dem auch Versor in den Akten erwähnt wurde. 1449 wurde Johannes Florentii de Alcmaria in Paris zum Magister promoviert.[406] Er hatte 1445 in der Corneliana determiniert, ging 1448 nach Paris und ist uns bereits unter der Namensform Johannes Floris von Leiden als Schwiegervater des Theodoricus Adriani de Dordraco (C 45) begegnet. Er lebte noch in den achtziger Jahren in Köln.[407] Floris wie Bindopp kämen demnach als Vertreter der Corneliana in Betracht, die Versors Schriften (eventuell auch ihn persönlich) kennenlernten und an die Corneliana übermittelten.

Im Gegensatz zur Kuckana läßt sich für die Corneliana auch eine (gleichwohl bescheidene) Tradierung von Lehrbüchern erkennen, die auf Vorlesungen früherer Regenten zurückgingen. Im Februar 1475 vermachte der Jurist Loppo von Zierikzee (C 23) als Testamentsvollstrecker des 1472 verstorbenen Dekretisten Simon von Zierikzee (C 30), gleichfalls ehemaliger Schüler wie Regent der

---
[401] Vgl. Voulliéme 1903, Nr. 1214, 1216; R 2124-2129; Meuthen 1988, 185.
[402] Vgl. Meuthen 1988, 185.
[403] Vgl. Auctarium 1937, II, Sp. 788 f. und 920.
[404] Auctarium 1937, II, Sp. 918 und 922.
[405] Auctarium 1937, II, Sp. 955-960, 985 f.; Auctarium 1935, Sp. 17, 19.
[406] Auctarium 1937, II, Sp. 763.
[407] Vgl. R 1775.

Corneliana (1447-1455), dem Regenten Petrus de Leydis (C 34) testamentarisch mehrere Bücher.[408] *Pro cotidiano studio in bursa prefati magistri Cornelii* sollten sie armen Schüler zur Verfügung gestellt, dabei jeweils nach Gebrauch von einem zum anderen weitergereicht werden. Neben Quästionen zur Metaphysik, Physik und Naturphilosophie handelte es sich auch um *questiones logice (Johannis) Custodis in 2 libris papireis* und um *reportata in 2 libris logice ab ore magistri Cornelii de Dordraco*.

Obwohl Loppo von Zierikzee sich weitaus stärker an der Juristischen Fakultät engagiert hatte als an der Corneliana, bekannte er sich doch noch am Lebensende zu „seiner" Burse. In einer Fassung seines Testaments vom Januar 1472 hob er zwei Lehrer hervor, die ihn während seines Artes-Studiums mit der Lehre des Thomas von Aquin vertraut gemacht hatten: Johannes Tinctoris (C 4) und Cornelius de Dordraco (C 3).[409] Aus diesem Grunde stiftete Loppo eine Messe am Fest des Aquinaten. Der Thomismus hatte also an der Corneliana seine zweite wichtige institutionelle Heimstatt gefunden. Doch entsprach er der Via, die an der Montana vorherrschte?

Differenzen zwischen den Thomas-Interpretationen an Montana und Corneliana sind offenbar nicht hervorgetreten. Schwierig ist es allerdings, anhand der literarischen Quellen eine Kongruenz nachweisen zu wollen. Denn außer Johannes Tinctoris (C 4) ist keiner der Corneliana-Regenten in bemerkenswerterer Weise mit philosophischen oder theologischen Werken hervorgetreten – zumal die leitenden Regenten nach Cornelius de Dordraco (C 3) Mediziner waren. Tinctoris schließlich kann nicht bar jeden Zweifels der Corneliana zugerechnet werden. Denn 1424 und 1426 hatte er beide artistischen Grade unter Gerardus de Monte (M 4) erworben, der sicherlich auch Einfluß auf seinen Thomismus hatte.[410] Einige Gründe für eine Regentschaft an der Corneliana hatten wir bereits angeführt.[411] Zu ergänzen wäre ein Vorgang

---

[408] Vgl. R 1607.
[409] Vgl. R 1518; Meuthen 1988, 186.
[410] Die verwunderliche Annahme, Heymericus de Campo (L 1) sei theologischer Lehrer des Johannes Tinctoris gewesen (Grabmann 1956c, 413; Monballieu 1974, 107), geht auf ein falsch plaziertes Zitat Keussens in der Anm. zu M 138,61 zurück (er müsse sich einen anderen theologischen Lehrer suchen, da seiner seit mehr als einem halben Jahr in Löwen lehre [sc. Heymericus de Campo]). Keussen hatte das gleiche Zitat auch in der Anm. zu Johannes de Mechlinia (L 4; vgl. M 136,38) aufgeführt, hier zweifellos zu Recht. Zu Tinctoris bzw. zu seinen Schriften vgl. außer Grabmann (1956c) ferner Lohr 1971, 286-289; Höhn 1974, 646 ff.; Frank

aus dem Jahr 1439. Als Tinctoris zwei wertvolle Bücher von der Artisten-Fakultät ausleihen wollte, mußte er zwei Bürgen stellen. Einer von ihnen war Cornelius de Dordraco.[412] Hinzuweisen ist nochmals auf einen seiner Magistranden von 1438, Engelbert Schut von Leiden[413], der seine enge Verbundenheit mit der Corneliana durch seine Leidener Schüler belegt, die er in die thomistische Burse schickte. Von Engelbertus, dem humanistisch gebildeten Leiter der Großen Schule (1458-1464) und anschließend einer florierenden Partikularschule zu Leiden, ist ein euphorischer (ohne Jahresangabe auf die zwölften Kalenden des März, aber wohl nicht allzu spät nach 1438 anzusetzender) Brief aus Leiden an Johannes Tinctoris in Köln bekannt.[414] In ihm pries er Tinctoris als seinen Lehrer und nennt diesem die Schriftsteller, mit denen er sich sogleich nach dem Weggang von ihm beschäftigt habe: Cicero, Sallust, Vergil, Persius, Horaz, Ovid, Terenz und Seneca.[415] Er glaubte also, bei Tinctoris, dem „scholastischen" Theologen, zumindest Interesse und Verständnis für seine humanistischen Studien voraussetzen zu können, offenbar wurden sie sogar primär durch seinen Lehrer geweckt und gefördert. Eine humanistische Bildung kann Tinctoris demnach nicht fremd gewesen sein. Immerhin ist im Dekanatsbuch der Artisten-Fakultät bezeugt, daß er sich am 10. März 1442 aus der Bibliothek gegen Hinterlegung eines Schuldscheins den ‚Liber epistolarum Senece' für eine kurze Zeit auslieh, um ihn sich abschreiben zu lassen.[416]

1974, 614-618; Monballieu 1974, 107 f.; Van Balberghe 1979; Belgien in Köln 1981, 61; Vennebusch 1983, 38; Lohr 1987, 537; Meuthen 1988, 179.

[411] Vgl. den Kommentar zu C 4.

[412] Vgl. Stohlmann 1989, 446. Der zweite Bürge war der Theologe Paul von Gerresheim (M 135,62).

[413] Vgl. zu Engelbert Schut von Leiden außer dem bereits genannten Artikel von C.G. van Leijenhorst (in: Contemporaries 1987, 233 f.): Van Rhijn 1917, 149 f.; Van Rhijn 1927; Van Rhijn 1933, s.v. (in allen drei Werken Van Rhijns keine Erwähnung des Tinctoris als Inzeptor Engelberts); Ijsewijn 1975, 207, 219-222, 298.

[414] R 676. Eine Abschrift des Briefes befindet sich in der Handschrift Nr. 5104 der ÖNB Wien auf f. 198r/v; an anderer Stelle werde ich ausführlich auf Inhalt und Hintergrund eingehen.

[415] Zum Humanisten Engelbert Schut von Leiden: Ijsewijn 1975 (etwa 222: Ambivalenz von klassischer Bildung und mittelalterlicher Tradition bei Engelbert). Zu Engelberts Verbindung zu Erasmus s. den genannten Artikel von Leijenhorst.

[416] Un. 479, f. 9r; vgl. Keussen 1929a, 173, Anm. 35 (vermutlich der apokryphe Briefwechsel zwischen Seneca und dem Apostel Paulus), so auch: Stohlmann 1989, 446.

Thomist war Johannes Tinctoris jedoch mit Sicherheit und ein bedeutender dazu. Zahlreiche, didaktisch vorzügliche und ausgefeilte Kommentare zu aristotelischen Schriften sind von ihm bekannt, besonders zu naturphilosophischen Themen, aber auch zur Ethik und Metaphysik.[417] Dabei griff er zum Teil auch die Methode der Moderni auf und verfaßte Aristoteles-Kommentare *per modum questionis*, die in selbständiger Form und Lösung vom Text bestimmte Probleme behandelten.[418] Deutlicher noch als in seinen philosophischen Schriften findet sich sein thomistisches Bekenntnis in den theologischen Schriften, etwa in seinem Kommentar zur ‚Summa Theologiae' des Thomas von Aquin. Hatte die Erklärung Heinrichs von Gorkum (M 1) zur ‚Summa' noch starken Einführungscharakter, so kann man mit Johannes Tinctoris „die Kommentatoren der theologischen Summa in deutschen Landen beginnen lassen".[419] Neben der textnahen *expositio* ist auch dieser Summenkommentar methodisch in seinen an die *expositio* anschließenden *dubia* von einem „selbständigen Weiter- und Durchdenken des Kommentators" geprägt.[420]

Sowohl in seinen philosophischen wie theologischen Werken geht der Thomist Tinctoris auch auf wesentliche Unterschiede zwischen

---

[417] Vgl. Grabmann 1956c, 414-419; Lohr 1971, 286-289; Lohr 1987, 537. Tinctoris soll auch einen logischen Traktat über die ‚Summulae' des Petrus Hispanus geschrieben haben (Grabmann 1956c, 414). Die schon bei den anderen Thomisten beobachtete didaktische Zielsetzung läßt sich trefflich im Incipit der ‚Textualia vel copulata Metaphysicae' des Tinctoris nachvollziehen. Diesen trockenen, abstrakten Lehrstoff beginnt er mit der Einsicht, daß Weitschweifigkeit nur Abscheu errege, den Geist von den Früchten des Studiums ablenke, dagegen: *brevitas ... eloquii modernis sit amica* (Grabmann 1956c, 416 f.; Lohr 1971, 287). Zu den „in ihrer Klarheit und didaktischen Bündigkeit vortrefflichen" Kopulaten s. auch Grabmann 1956c, 414-417.

[418] Grabmann 1956c, 417. Die bei Ritter (1922, bes. 103-115) so oft geäußerte Annahme einer „sklavischen Erläuterung des Textsinnes" in der Via antiqua, einer „Vermeidung jeder eigentlichen wissenschaftlichen Erörterung der angerührten Fragen" gegenüber dem „echten Bedürfnis nach wissenschaftlicher Selbstbestätigung und tiefer eindringender Erfassung der Probleme", welches die Moderni auszeichne, dürfte auch durch Tinctoris in ihrem Schematismus und ihrer Einseitigkeit relativiert worden sein. Den praktizierten mittleren, gemäßigten Modus quaestionis der Kölner Realisten hebt ebenfalls Cavigioli (1981, 316) hervor.

[419] Grabmann 1956c, 430. Vgl. Meuthen 1988, 179.

[420] Grabmann 1956c, 421.

Thomisten und Albertisten ein, wie z.B. hinsichtlich der Präexistenz der Form in der Materie.[421] Er wiederholte hier genau die Gegensätze, die wir bereits oben bei Heymericus de Campo (L 1) und Gerardus de Monte (M 4) formuliert fanden. Maßgebliche Autorität ist für Tinctoris der *sanctus Doctor*, dessen Meinung die wahre *doctrina peripatethicorum* darstellt.[422]

---

[421] Vgl. Grabmann 1956c, 418: *Dominus enim Albertus cum sequacibus ymaginatur formas rerum naturalium preexistere in materia potentialiter secundum potentiam non solum materie, quam vocat subiectivam, sed etiam secundum potentiam forme, quam vocat formalem formabilem ... Sed sanctus Doctor, precipuus librorum Aristotelis commentator, dicit formam preexistere in materia solum secundum esse potentiale subiectivum ipsius materie et nullo modo preesse in materia secundum substantiam suam.* Zu einer weiteren Lehrverschiedenheit s. 422.

[422] Dies hindert Tinctoris jedoch nicht, u.a. auch den Albertus-Schüler Ulrich von Straßburg, den *reverendus Ulricus de Argentina*, in besonderen Ehren zu halten (Grabmann 1956c, 422, 425).

IV.
EXPANSION UND VERNETZUNG

Die Anfang des 15. Jahrhunderts entwickelten Doktrinen eines thomistischen und albertistischen Weges wurden in den Lehrbüchern der Bursen weitervermittelt. Vorhandene Lehrstrukturen ließen sich auf diese Weise festigen. Beredter Ausdruck hierfür sind die immer wieder betonten Beteuerungen, man verfahre bei der Interpretation des Stoffes *iuxta doctrinam* oder *secundum processum* der jeweiligen Burse. Die Regenten sorgten auch sonst mit Nachdruck für eine Bindung des Thomismus oder Albertismus an ihre Burse. Valentin Engelhardt von Geldersheim (M 43) etwa verknüpfte 1504 seine Hausstiftung für die Montana ausdrücklich mit der Bestimmung, *darin zu leren die lere des heyligen lerers Sancti Thomae von Aquinen.*[1] Conradus Vorn de Campis (L 44) ließ seine Häuser vor seinem Tod 1496 *ad usus perpetuos* der Laurentiana-Regenten, welche *doctrinam Alberti magni* lehren, einschreinen.[2] Die materielle Fundierung läßt sich von der Sicherung geistiger Inhalte nicht trennen. Doch auf jeder der verschiedenen Ebenen erfolgte eine quantitative Konzentration im letzten Viertel des 15. Jahrhunderts.[3] In der Krisenzeit der ersten Hälfte des 16. Jahrhunderts mußte man vielfach von dem vorher Grundgelegten zehren.

Inhaltlich ist zweifellos eine Verschulung in der Tradierung festzustellen. Die jeweiligen Doktrinen sollten möglichst effektiv, inhaltsgetreu und verständnisgerecht vermittelt werden. Man mag

---

[1] Bianco 1855, Anhang 248.
[2] Un. 760, f. 9v; vgl. R 2090; Meuthen 1988, 190.
[3] Auch bei den aristotelischen Lehrbüchern scheint es nach 1510, d.h. mit Beginn der tiefgreifenden Krise, kaum noch Neuauflagen der in den achtziger und neunziger Jahren geschriebenen Werke gegeben zu haben. Als letzte Ausgaben sind mir beispielsweise bekannt: die von Arnold von Tongern (L 60) revidierten ‚Commentaria nove logice' des Gerardus de Harderwijck (L 50), Köln 1511 (UStB, GBII^b/373^a), die ‚Commentaria in libros de generatione et corruptione' des Jacobus de Amersfordia (L 49), Köln 1512 (UStB, AD 405), vom gleichen Autor die ‚Commentaria librorum parvorum naturalium', Köln 1512 (UStB, AD^{bl} 405). Auf einem anderen Blatt stehen die Lehrbücher, die von den Humanisten geschrieben wurden.

dies bedauern und „programmatische Erklärungen zugunsten eines Albertismus" bzw. Thomismus oder die Entwicklung neuer kontroverser Gedanken vermissen.[4] Freilich wird dann auch zu fragen sein, ob im Rahmen der Kommentare eines überall verbindlichen Schulstoffes überhaupt grundlegende Neuerungen möglich und erwünscht waren. Hatten die Albertisten nicht schon einen universitären Grenzbereich ausgeleuchtet? Wenn es ihnen gelungen war, ihre Doktrin trotz großer Widerstände zur erfolgreichen Via zu gestalten, warum sollten sie von dem einmal beschrittenen Weg abweichen? Andererseits: die traditionalistischen Formen, zwecks Bewahrung entwickelt und gefördert, gaben gleichzeitig Grenzen vor, die nicht überschritten werden konnten, wollte man nicht das Fundament zum Einsturz bringen, auf dem man sich befand. Daß die Kölner Regenten zu mehr und anderen geistigen Leistungen fähig waren, als in den Schulbüchern zum Ausdruck kommt, dürfte sich von selbst verstehen, wird aber noch konkretisiert werden.

Zentrum, Wurzel des Handelns, auch des individuellen geistigen Handelns, blieb die Burse und deren Lehrtradition. Aus ihr heraus gelang die Vermittlung der Lehren über die Grenzen der Artisten-Fakultät hinaus, konnte ein weitreichender Einfluß gewonnen werden. Ob er jeweils bewußt und geplant herbeigeführt wurde oder sich dank anderer, auswärtiger Kräfte etwa ergab, wird zu differenzieren sein, ist oft aber kaum zu erkennen. Dann muß das Faktum für sich sprechen.

A. Albertistische Einflußbereiche

1. Löwen

Heymericus de Campo (L 1) hatte kaum die kontroversen Positionen eines Kölner Albertismus formuliert, da wechselte 1426 Henricus Zigeri de Thenismonte, der 1422 unter Heymericus determiniert hatte und den wir bereits als einen seiner Schüler aus Diest vermuteten[5], als Bakkalar an die 1425 gegründete Universität

---

[4] Senger 1981, 235.
[5] S.o. 357.

Löwen.⁶ Johannes Morchoven de Herentalz⁷ hatte ebenfalls 1422 unter Heymericus determiniert, wahrscheinlich auch 1424 unter ihm inzipiert, bevor er 1428 nach Löwen ging. Bleiben sie beide noch recht unbekannt, so steht der nächste Schüler des Heymericus für den großen Einfluß, den der Albertist auf diesem Wege in Löwen gewinnen konnte. 1424 promovierte Heymericus de Campo den 1423 wegen fehlender Studienleistungen noch zurückgewiesenen Johannes Rudolphi Flamingi de Audenardo (L 2).⁸ Dieser konnte bereits im folgenden Jahr, am 4. Juni, zwei Bakkalaureanden und spätere Weggefährten graduieren: Johannes Pulchrijohannis⁹ und Goswin de Vivario¹⁰. Im April 1426 inzipierte Adrianus Wachtebeke de Biervliet¹¹ unter Johannes Flamingi. Nur wenige Monate später reiste Flamingi mit seinen drei Schülern an die sich gerade konstituierende Löwener Universität, offenbar einem Ruf der Stadtväter folgend.¹² Schon am 25. März 1426 wurde er in Köln als *absens in partibus* bezeichnet, könnte damals also Vorgespräche in Löwen geführt haben.¹³ Bis 1428 wurde er gleich den anderen Artisten von der Stadt besoldet.¹⁴

Flamingi stand sofort im ersten Vorlesungsjahr 1426/27 an der Spitze der fünf Regenten, die den artistischen Vorlesungsbetrieb eröffneten und zu denen auch der Kölner Henricus Wellens gehörte.¹⁵ Von Mai bis August 1427 bestimmte Flamingi als Dekan

---

⁶ Zu den engen Verbindungen zwischen Köln und Löwen s. Meuthen 1988, pass. (bes. 176, 201 f.).
⁷ M 132,46.
⁸ M 130,118.
⁹ M 135,54.
¹⁰ M 141,41.
¹¹ M 134,21.
¹² Vgl. Reusens 1903, 254, 278. S. auch Paquet 1958, 5; Weiler 1978, 51 f., 77 (doch fehlt dort Johannes Flamingi unter den 1426 Immatrikulierten); Van Eijl 1978, 40. Zu Flamingis Wirken an der Löwener Universität: Actes 1903 pass.
¹³ Vgl. Anm. zu M 6,25 (falsche biographische Zuordnung bei Keussen, Angabe muß sich auf M 130,118 beziehen).
¹⁴ Vgl. Reusens 1903, 7-16; Paquet 1958, 7. Flamingi erhielt siebeneinhalb fl. pro Quartal.
¹⁵ Reusens 1903, 201. Zu Henricus Wellens, der sich 1424 in Köln für das Theologie-Studium immatrikuliert (M 142,22) und in Paris das Magisterium erworben hatte, vgl. Reusens 1903, 201, 279 f.; De Maesschalck 1984, 165. Wellens gehörte von 1427 bis 1431 zu den einflußreicheren Artes-Magistern in Löwen (August bis Oktober 1427 Dekan bzw. Prokurator, 1428-1430 Rezeptor). Im September 1427 wurde der Kölner Magister Johannes de Coesfeldia zum Löwener Fakultäts-Consilium zugelassen. Unklar ist, ob es sich um den Magistranden von 1424 (M 130,61; unter Arnoldus de Spina) oder um den späteren Dekretisten Johannes

die Geschicke der Löwener Artisten-Fakultät; ihm folgte bis zum Oktober Henricus Wellens.[16] Beide gehörten auch in der Folge zu den prägenden Magistern der Gründungsphase; Flamingi etwa hielt 1428 die erste Ethik-Vorlesung in Löwen.[17] Der Zusammenhalt zwischen Schüler und Lehrer zeigte sich unmittelbar nach Ankunft des Heymericus de Campo 1435 in Löwen: schon 1436 setzten sie sich gemeinsam für einen jungen Artisten ein; bis 1443 sind sie zudem mehrmals, Flamingi als Kanonist für die Juristische, Heymericus für die Theologische Fakultät, Seite an Seite in wichtigen Deputationen nachzuweisen.[18] Mehr noch: es hat den Anschein, als ob die Kölner versuchten, das Modell der bursalen Lehrverankerung auch an die Löwener Artisten-Fakultät zu übertragen. Johannes Flamingi ist (möglicherweise von 1433 bis 1442) als zweiter Senior des bedeutenderen Pädagogiums Zum Falken bezeugt (eines der vier, die nach 1439 allein existierten).[19] Henricus Wellens gründete (1426?) ebenfalls ein Pädagogium, das er in seinem Testament von 1433 jedoch den Brüdern vom Gemeinsamen Leben überließ.[20] 1435 wird der Heymericus de Campo-Schüler Daniel de Biervliet[21], seit 1433 in Löwen, als Leiter eines weiteren der damals noch sieben Löwener Pädagogien genannt.[22] Ob und inwieweit sich ein Albertismus an den Löwener Pädagogien etablieren konnte, welche Rolle dabei Kölner Regenten spielten, ist bisher noch nicht untersucht worden. Parallelen dürften jedoch auch schwer zu ziehen sein. Denn anders als in Köln gingen die vier anfangs recht autonomen Pädagogien teilweise schon Mitte des 15. Jahrhunderts, endgültig

---

Scuckinck de Coesfeldia (M 132,23) handelt (Keussen hatte beide mit dem Löwener identifiziert). Zu Johannes de Coesfeldia s. auch Reusens 1903, 250 (Gleichsetzung mit dem Schüler des Arnoldus de Spina. Träfe dies zu, dann hätte der vermutete Pariser Realist über Johannes de Coesfeldia die Löwener Antiqui verstärkt.).

[16] Vgl. Reusens 1903, 254, 279 f.
[17] Vgl. Reusens 1903, 229 f. Bis in die vierziger Jahre wurde die Ethik-Vorlesung an verschiedene Magister durch jährlich neue Wahlen vergeben, ehe 1445 dank der neuen Kanonikate eine feste Nominierung erfolgen konnte (Reusens 1903, 234).
[18] Actes 1903, 267 f., 386 f., 405, 446, 460.
[19] Vgl. Actes 1903, 222, Anm. 5; De Maesschalck 1984, 194, 199.
[20] De Maesschalck 1984, 165.
[21] M 134,18; 1423 und 1425 beide artistischen Grade unter Heymericus de Campo.
[22] Vgl. Reusens 1903, 209-214, 246 f.; Actes 1903, 190 u. Anm. 7.

dann Mitte des 16. Jahrhunderts, in der Artisten-Fakultät bzw. in Kollegien auf.[23]

Personell stellten die Kölner Albertisten schon früh eine eindrucksvolle Phalanx dar. 1428 erschien Bertholdus Steenwijck[24], der 1423 unter Heymericus sein Magisterium erworben hatte und sofort von Juli bis Oktober 1428 Dekan der Löwener Artisten wurde.[25] Ob Johannes de Mechlinia (L 4), 1424 und 1426 Schüler des Johannes Custodis (C 1), bei seiner Ankunft 1428 in Löwen[26] schon Albertist war, läßt sich nicht entscheiden. 1429 kehrte er bereits nach Köln zurück; auch scheint er sich an der Löwener Artisten-Fakultät nicht weiter engagiert zu haben.[27]

Ob Gerardus Hoefmans de Hamont (L 3) wesentlich länger an der Artisten-Fakultät der Brabanter Universität blieb, ist ungewiß; zweifellos gehörte er mit dem Bekenntnis zum Albertismus seines Lehrers und seiner Löwener Lehrtätigkeit zu den auffälligeren Persönlichkeiten. 1423 und 1425 durch Heymericus graduiert, wirkte Gerardus noch von 1427 bis 1429 für die Laurentiana, um 1429 nach Löwen zu wechseln.[28] An der Artisten-Fakultät lehrte er nur von 1429 bis 1431, kann allerdings erst 1445 wieder in Köln, nun als Doktor der Medizin, nachgewiesen werden. Die Schüler des Heymericus demonstrierten in Löwen anschaulich ihre Verbundenheit: im Vorlesungsjahr 1430/31 standen Johannes Flamingi (L 2) und Gerardus de Hamont (L 3) füreinander als Eidbürgen ein.[29] Gerardus hatte – wie oben schon vermerkt[30] – in Löwen über Mathematik gelesen.[31] Wir wissen vor allem durch die Forschungen Markowskis,[32] daß Hoefmans seine eminente Begabung in der

---

[23] Einschlägig: De Maesschalck 1984 (interessanterweise verloren die Pädagogien im Gegensatz zu Köln gerade durch das Eigentumsrecht an ihren Gebäuden ihre Autonomie; diese wurde durch den Besitz zwar zuerst gestärkt, verlor sich aber, als durch Stiftungen immer mehr Rechte in die Hand von außenstehenden Personen und Institutionen gerieten).
[24] M 130,30; vgl. Weiler 1978, 52, 78.
[25] Vgl. Reusens 1903, 271 f.; s. auch 202 f. Wir werden auf Bertholdus Steenwijck noch im Zusammenhang der Etablierung des Realismus in Heidelberg zurückkommen; s.u. 476 f.
[26] Vgl. Weiler 1978, 52, 78.
[27] In den von Reusens veröffentlichten Auszügen der Akten wird Johannes de Mechlinia nicht erwähnt.
[28] Vgl. Reusens 1903, 205 ff., 256; Weiler 1978, 52, 78.
[29] Vgl. Reusens 1903, 207.
[30] Vgl. den Kommentar zu L 3.
[31] Reusens 1903, 235.
[32] Vgl. Markowski 1981, 186; Markowski 1989, 281 ff.

Astronomie, Astrologie und Meteorologie mit der Propagierung der albertistischen Doktrinen seines Lehrers Heymericus de Campo zu verbinden verstand. Der Krakauer Mediziner und Astronom Peter Gaszowiec[33] arbeitete während seines Kölner Aufenthaltes 1454/56 äußerst eng mit Hoefmans in wissenschaftlichen Fragen der Meteorologie und Astronomie zusammen, gleichzeitig kopierte Peters Schreiber Johann Zmora das ‚Compendium divinorum' des Heymericus de Campo, welches mit weiteren albertistischen Schriften nach Krakau mitgenommen wurde.[34] Möglicherweise wirkte Gerardus de Hamont mit seiner Verbindung von Medizin und Astronomie bzw. Mathematik in Löwen durchaus wegbereitend. Denn 1431 wurde mit Erfolg Johannes de Wesalia, *doctor in medicinis et expertus in astronomia*, gebeten, *ut vellet in scolis artistarum mathematicam legere*.[35]

---

[33] M 260,16.
[34] Markowski 1981, 186; Markowski 1989, 281 ff. Zum Einfluß des Kölner Albertismus auf die Krakauer Universität s. jetzt Meuthen 1988, 191. Meuthens Ausführungen werden bestätigend ergänzt durch Markowski (1989) und Kuksewicz (1989). Die Forschung ist sich einig, daß der Kölner Albertismus in Krakau stärker rezipiert wurde als der Thomismus. Doch habe die polemische Kontroverse zwischen den Albertisten und Thomisten keinen Anklang gefunden, die Kölner Schriften wurden recht eigenständig aufgenommen, teilweise umgeformt und durch Gedanken aus dem „konkurrierenden" Lager erweitert. Die prosopographische Analyse zeigt, daß auch der studentische Austausch eher zwischen Krakau und der Laurentiana stattfand als mit der Montana. Ein albertistischer Knotenpunkt konnte sich freilich in Krakau nicht entwickeln: kein bedeutender Kölner Albertist zog „missionierend" nach Krakau, um dort eine Schule zu gründen, die ein wechselseitiges Beziehungsgeflecht mit Köln unterhalten hätte. Für die Montana ließen sich drei Bakkalare der Krakauer Universität nennen, die aus Breslau stammten (M 390,32; 432,83; 432,89) und in den achtziger und neunziger Jahren in Köln studierten. Aus der größeren Menge Krakauer Studenten an der Laurentiana muß Lukas Waitzenrode von Thorn herausgehoben werden. Der Onkel und Erzieher des Nicolaus Kopernikus (vgl. Markowski 1989, 283 f.) hatte nach seinem Studienbeginn in Krakau 1466 und 1468 beide artistischen Grade unter Conradus de Campis (L 44) erworben (M 305,89). Die Preußen Michael und Peter Kretzmer von Elwing (M 349,10 u. 11) ließen sich am 15.2.1476 in Köln immatrikulieren und gingen 1480 bzw. 1482 nach ihrer Determination an der Laurentiana als Kölner Bakkalare nach Krakau. Peter Kretzmer gilt als Autor der „besten mittelalterlichen Biographie Alberts des Großen" (Markowski 1989, 279), der ‚Legenda Alberti Magni', die 1483 bei Guldenschaff in Köln gedruckt wurde (Voulliéme 1903, Nr. 936). Seine Verbundenheit mit Köln stellte Kretzmer durch eine Meßstiftung an St. Maria ad Gradus unter Beweis, für die es aus dem Jahr 1519 ein Zeugnis gibt (vgl. Anm. zu M 349,11).
[35] Reusens 1903, 235; vgl. 194 ff. zu Johannes de Wesalia.

Weitere Schüler des Heymericus in Löwen ließen sich nennen. 1432 verstärkte Johannes Vos[36], 1424 Bakkalar unter Heymericus, das albertistische Lager in Löwen. Ihm folgte im gleichen Jahr wie Daniel de Biervliet 1433 Heinrich Oerle de Diest[37] (1424 Bakkalaureat unter Heymericus). Für Daniel de Biervliet trat Johannes Vos 1435/36 als *fideiussor* ein.[38] Ein Jahr nach seinem Bruder Heymericus zog Arnoldus de Campo[39] nach Löwen.[40] Seit 1430 in Köln, hatte er 1432 und 1434 unter Johannes de Mechlinia (damals sicherlich Albertist) die artistischen Grade in der Laurentiana erlangt.

Heymericus de Campo (L 1) nahm 1435 den Ruf nach Löwen an, wo er bis zu seinem Tod 1460 lehrte und zu den einflußreichsten Professoren gehörte, allein fünfmal das Rektorat bekleidete.[41] Er

---

[36] M 136,32.
[37] M 135,57.
[38] Reusens 1903, 214.
[39] M 166,30.
[40] Vgl. Weiler 1978, 80.
[41] Zum Schreiben der Stadt Löwen an Heymericus: Reusens 1903, 139 f., 163 f. Der in der Forschung vertretenen Auffassung, Heymericus habe sich 1453 von seinen Lehraufgaben zurückgezogen (Meersseman 1935, 17, mit der Vermutung; ihm folgend: Imbach 1979, 186, 193; und Ladner, in: Verfasserlexikon 3 (1981), Sp. 1210, mit der zur Gewißheit erhobenen Behauptung) kann ich nicht folgen. Heymericus unterrichtete – wenn auch sicherlich nicht mehr so intensiv wie in jüngeren Jahren – bis zu seinem Tod am 11.8.1460 (so auch Actes 1903, 207 f., Anm. 3). Dies wird eindeutig durch das Rechnungsbuch der Stadt Löwen, welche Heymericus besoldete, bezeugt: *Jerst meester Emeryck vanden Velde, doctoir jnt heylich scrijft, die van deser werelt schiet opden xjten dach der maent van augusto lx.; ende jn syn quartier jaers* (sc. 1460 bei Heymericus Juni bis August [sonst Juli bis September], da das vorherige Quartal Ende Mai beendet; vgl. Reusens 1903, 128) *gelesen hadde ij. maende ende x. dage, loepende de selue jn gulden deser rekeningen, xxiij gulden xjx1/2 quartier* (Reusens 1903, 129 f.; vgl. Actes 1903, 207 f., Anm. 3). Die städtischen Zahlungen von 50 fl. (1435-1445: 55 fl. bzw. 55 fl. u. 30 plecken) erfolgten durchgehend seit September 1435 (Reusens 1903, 44), wurden im Dezember 1457 halbiert, *want de stad hem gedaen heeft een canonix provende sinte Peters de Loeuen, die toebehoirde heren Arnde van Merrode, canonick te Ludick, vallende also daeromme xxv gulden* (Reusens 1903, 118; vgl. zu Kanonikat und Lehrtätigkeit ebenfalls Van Eijl 1977, 92 f.) und betrugen 1459/60 nochmals 31 fl. und 1/4 (vgl. Paquet 1958, 11, Anm. 3). Die Annahme eines vom Lehrbetrieb zurückgezogenen Daseins entstand vermutlich durch das Zeugnis des Johannes Cornelii, Angehöriger des Klosters Bethlehem bei Löwen und Studienfreund des Heymericus, der berichtete, daß dieser *tempore magnarum vacanciarum apud fratres Bethleemitas feriatus* viele Schüler in der *ars Raymundi Lulli* unterrichtet habe. Die Klosterchronik ergänzt: *in mathematica arte scienciam Raymundi Lulli*, und weiß, daß Heymericus in den großen Ferien während der Hundstage in einer Kammer des Klosters gestorben ist. Vgl. Cavigioli 1981, 302 ff., Anm. 34 und 38. Zur Wirksamkeit des Heymericus in Löwen s. etwa: Actes

wird den Realismus in Löwen erheblich beeinflußt haben.[42] Schon 1427 hatte man in Löwen von jedem Regenten den Eid verlangt, *se nunquam debere doctrinare Buridanum, Marsilium, Ockam aut eorum sequaces*.[43] Mittelbar dürfte der Kölner Albertist an dieser grundlegenden Entscheidung beteiligt gewesen sein. Denn der Beschluß wurde am 2. Juni 1427 gefaßt[44], unter dem federführenden Dekan (24. Mai bis 24. August) und Heymericus-Schüler Johannes Flamingi (L 2). 1447 gehörte Heymericus selbst zu einem fünfköpfigen Gutachtergremium von Theologen, das den theologischen Bereich strikt vom philosophischen trennte und sich energisch gegen die wyclifistische, aber auch ockhamistische Interpretation des Aristoteles wandte, stattdessen die Kommentatoren Averroes (wo er nicht gegen den christlichen Glauben verstoße), Albertus Magnus, Thomas von Aquin, Ägidius von Rom und andere vorschrieb.[45] Die Artisten-Fakultät erkannte diese Bestimmungen an und nahm sie in ihre Statuten auf.

Wandten die Löwener bei der Rekrutierung der ersten Lehrkräfte ihre Blicke ganz allgemein zuvorderst nach Köln[46], so scheint die wissenschaftsgeschichtliche, bekanntlich realistische Ausrichtung der Artisten-Fakultät wesentlich stärker von den Kölner Albertisten als von den Thomisten beeinflußt worden zu sein. Nur zwei Schüler des Thomisten Bernardus de Reyda (M 2) treten in der

---

1903 s.v.; De Jongh 1911 s.v.; Rotsaert 1977, 60. Die Frage nach der Lehrdauer des Heymericus ist mit Blick auf den Zeitpunkt seiner polemischen ‚Invectiva' (1456) nicht ganz ohne Belang. Denn als noch aktiv lehrender Theologieprofessor gab er seiner unversöhnlichen Stellungnahme gegen den thomistischen Konkordanzversuch sicherlich mehr Gewicht und verschaffte ihr eine größere Tragweite.

[42] Wie bei den Pädagogien wäre auch mit Blick auf die doch überaus einflußreiche Persönlichkeit des Heymericus de Campo prosopographisch zu untersuchen, ob er an der Löwener Universität wie in Köln langfristig eine albertistische Schule errichten konnte und ob es aus dieser Tradition heraus zu intensiveren Kooperationen zwischen Laurentianern und Löwener Regenten kam.

[43] Weiler 1978, 60, Anm. 63; vgl. Ehrle 1925, 159; Weiler 1972, 322 f.; Meuthen 1988, 176.

[44] Ehrle 1925, 159; Weiler 1978, 60.

[45] Vgl. Ehrle 1925, 159 ff.; Weiler 1978, 60 f.; Meuthen 1988, 176. Brisanz erhalten diese Verordnungen vor dem Hintergrund der später veröffentlichten Anklagen des Gerardus de Monte, daß der Albertismus des Heymericus zu sehr die neuplatonisch-heidnischen Aristoteles-Kommentatoren rezipiere und zu wenig auf theologische Glaubenswahrheiten abgestimmt sei. Zu Heymericus und der dominanten realistischen Ausrichtung der Löwener Universität s. auch Van Eijl 1977, 72 f., Anm. 8.

[46] Vgl. Weiler 1978, 51 f.; Meuthen 1988, 201 f.

Anfangsphase augenfälliger in Erscheinung: Ambrosius Engelen[47] und Dionysius Zilleken de s. Trudone[48]. Heymericus de Campo (L 1) hat hingegen mit einiger Sicherheit in maßgeblicher Weise für die Etablierung eines albertistischen Realismus in Löwen gesorgt. Auch nach seinem Wechsel blieb er mit seinen Kölner Freunden in Verbindung. Eindrucksvoll zeigte sich dies im Zuge der Bemühungen, welche die Stadt Mecheln zusammen mit Herzog Philipp von Burgund auf die Gewährung des Jubiläumsablasses von 1450 anwandte.[49] Tatkräftige Unterstützung erhielt die Stadt vor allem von Heymericus de Campo und dessen früherem theologischen Schüler Johannes Hulshout von Mecheln (L 4), die sich wiederholt (und nicht nur auf diesen Zeitraum beschränkt) in den Jahren 1450 und 1451, von Löwen bzw. Köln kommend, in Mecheln trafen.[50] Beide wurden in der Ablaßbulle vom 1. Februar 1451, die freilich eine Gewährung des Ablasses nur noch durch den Besuch von Kirchen in Mecheln vorsah[51], zu Beichtvätern bestimmt, neben anderen übrigens auch der Thomist Johannes Tinctoris (C 4).[52] In der gleichen Würde finden wir Heymericus de Campo und Johannes de Mechlinia in der Ablaßbulle, die Calixt III. der Stadt Mecheln am 21. August 1455 gewährte.[53]

Es verwundert demnach kaum, wenn Heymericus 1456 sehr schnell von dem Konkordanz-Traktat des Gerardus de Monte (M 4) Kenntnis erhielt und mit seiner nach Köln gesandten ‚Invectiva' eine Verwässerung seiner albertistischen Positionen in barschem Ton verdammte.[54] Die Verbundenheit mit der Kölner Universität bewies er in seinem Testament vom 10. Juli 1460, in welchem er

---

[47] M 137,26; vgl. Reusens 1903, 253.
[48] M 145,29; vgl. Reusens 1903, 281 f.
[49] Hierzu Meuthen 1989, 423 f. (Lit.).
[50] Vgl. die Nennungen in den städtischen Rechnungsbüchern: Fredericq 1922, 101 ff., 105, bes. 107 ff., 113 f.; van Doorslaer 1927, 67, 73 f. Die Bindung des Johannes Hulshout an seine Heimatstadt blieb überhaupt sehr eng. Anschaulich die Bitte Mechelns von 1441, er möge das Pastorat des Beginenhauses übernehmen (vgl. Van Doorslaer 1927, 72; Monballieu 1974, 107).
[51] Zur Sache: Meuthen 1989, 424.
[52] Fredericq 1922, 120; vgl. auch De Jongh 1911, 95 f., Anm. 2; Monballieu 1974, 108.
[53] Fredericq 1922, 210. Ein weiterer Anlaß, zu dem sich Johannes Hulshout und Heymericus de Campo in Mecheln trafen, bildete beispielsweise das Essen, welches die Stadt dem päpstlichen Legaten Anthonius Ferrarii im Mai 1456 gab (vgl. Fredericq 1922, 157, 162 f.; Van Doorslaer 1927, 74).
[54] Vgl. Meersseman 1935, 86 f.

der Artisten-Fakultät seine in Basel geschriebenen Werke vermachte, die er noch als Suppositum der Kölner Universität vollendet hatte, ferner die in Köln begonnene, aber erst in Löwen vollendete ‚Lectura supra Apocalipsim'. Schließlich sollten seine in Löwen verbleibenden Handschriften, sofern lesbar, abgeschrieben und den Kölner Studenten zur Verfügung gestellt werden.[55] Daß auch nach seinem Tod das Band zwischen Löwen und den Kölner Albertisten nicht riß, wird sich noch des öfteren erweisen.

2. Schottland

Außer Köln stellte auch Löwen für die schottischen Studenten einen besonderen Anziehungspunkt dar, vor allem nach der Besetzung von Paris durch die Engländer.[56] Wirkte Köln für die 1410 gegründete Universität St. Andrews schon bei der Abfassung der Statuten als Vorbild,[57] so scheint sehr früh auch der Realismus in Köln und Löwen Attraktivität ausgeübt zu haben. Erstaunlicherweise gab es in St. Andrews schon vor 1418 eine dezidiert albertistische Fraktion. Offenbar war sie nicht ganz unbedeutend. Denn nachdem man 1415 gefordert hatte, *quod more Parisiensi libri consueti legantur ordinarie*[58], konkretisierte die Artisten-Fakultät, d.h. die *maior pars*, 1418 ihr Anliegen. *Conclusum fuit, quod doctrina Alberti adhuc non legatur in isto Studio, sed Buridani.*[59] Wer die Albertisten waren, wird nicht gesagt und läßt sich wohl auch kaum ermitteln. Doch dürften Pariser Wurzeln zugrunde gelegen haben.

Nach allgemeiner Ansicht ging der Beschluß gegen die Albertisten auf Laurence of Lindores zurück, den früheren Pariser Regenten und überzeugten Buridanisten, dominierende Persönlichkeit der Universität St. Andrews.[60] Die Parallelität der Ereignisse und

---

[55] Vgl. Weiler 1978, 64 f. und Anm. 82; Meuthen 1988, 187; Stohlmann 1989, 438 f.
[56] Zu den schottischen Studenten in Löwen vgl. Meuthen 1988, 198 f.; Oehler 1989, 34-39.
[57] Meuthen 1988, 199; Oehler 1989, 46.
[58] Acta 1964, 3.
[59] Acta 1964, 12. Vgl. Michael 1985, 367; Lyall 1985, 55; Oehler 1989, 48 f.
[60] Vgl. etwa Acta 1964, XIV-XXI; Michael 1985, 366 f.; Oehler 1989, 47 ff. Zu Lindores jetzt: Moonan 1987 und 1988 (Lit.).

die wissenschaftliche Einheit der handelnden Personen ist bemerkenswert. Ungefähr zeitgleich und einige Jahre später vermuten wir seine (geistigen) Schüler Nicolaus de Amsterdammis und Albertus Varrentrap als Mitwirkende in Köln, die auf Seiten der Terministen den Realisten den Kampf ansagten und in erster Linie die Albertisten im Visier gehabt haben dürften. In seiner Konsequenz war der schottische Beschluß wesentlich radikaler als der zwei bzw. vier Jahre vorher formulierte Kölner Terministenbeschluß, aber kaum weniger unerbittlich als das Löwener Nominalisten-Verbot von 1427. Es scheint nicht abwegig zu sein, in dem Beschluß von 1427 (auch) eine Replik der Löwener Albertisten auf den Ausschluß des Albertismus durch die schottischen Buridanisten zu sehen. Das vollständige Verbot einer bestimmten Lehre und die alleinige Vorschrift einer anderen ging 1418 doch derart über den bislang immerhin gewahrten Anspruch hinaus, ein freies, scholastisches Vertreten einer Lehrmeinung wenigstens im Grundsatz aufrechtzuerhalten, daß der Anlaß ähnlich gravierend wie die Folge gewesen sein muß. Vermutlich sah der fanatische Inquisitor Laurence of Lindores, Kämpfer gegen Lollarden und Häretiker[61], im Albertismus mit seinem dezidierteren Realismus einen Nährboden für die verfemten Anhänger Wyclifs, wenn nicht gar Analogien zwischen beiden Doktrinen.

Hatte man zwar die Doctrina Alberti verboten, so ist sie offenbar dennoch weiterhin von einer Minderheit gelehrt worden.[62] Denn auffällig ist es schon, wie zielstrebig schottische Studenten in der Folge ihren Weg nach Löwen und an die albertistischen Bursen Kölns fanden.[63] David Ogilvy[64] ließ sich als Bakkalar von St. Andrews im August 1428 in Löwen immatrikulieren, wandte sich aber bereits nach wenigen Monaten nach Köln, wo er Anfang 1429 neben dem *clericus s. Andree*, Magister artium und Theologiestudenten Robertus de Essy[65] in die Matrikel eingetragen wurde. Der damals ungefähr 22 Jahre alte Ogilvy suchte als erster schottischer Student[66]

---

[61] Vgl. Anderson 1910/11, 239 (auf die Initiative des Lindores ging bereits 1406 oder 1407 die erste Verbrennung eines Häretikers zurück).
[62] Vgl. auch Lyall 1985, 56 f.
[63] Quantitative Auflistung der Verteilung schottischer Studenten auf die Kölner Bursen: Oehler 1989, 96 f. (Präferenz in dieser Reihenfolge: Kuckana, Laurentiana, Corneliana, Montana).
[64] M 158,51; vgl. Oehler 1989, 94 f., 285.
[65] M 158,50.
[66] Lyall 1985, 56.

sofort die Laurentiana auf, offensichtlich nicht zufällig. Denn im Mai 1429 inzipierte er unter Johannes de Mechlinia (L 4), der erst kurze Zeit vorher von Löwen nach Köln zurückgereist sein kann, möglicherweise zusammen mit Ogilvy. 1431 in Köln rezipiert, erhielt er als Angehöriger einer einflußreichen adligen Familie schon 1430 das Rektorat der Pfarrei zu Fettercairn.[67] 1445 ließ er sich in die Artisten-Fakultät von St. Andrews inkorporieren.[68]

Bedeutender für die albertistischen Beziehungen zwischen Köln und Schottland wurde John Athilmer (Aylmare; L 9).[69] 1424 und 1426 hatte er seine artistischen Grade in St. Andrews erworben,[70] Anfang 1430 immatrikulierte er sich in Köln für ein Theologiestudium. Gleichzeitig wirkte er als Artes-Lehrer an der Laurentiana, für die er 1435 und 1437 insgesamt drei Lizentiaten promovierte. Als erster Schotte wurde er im März 1437 zum Dekan gewählt, doch unterbrach er die Amtsführung schon im Mai und beendete das Dekanat vor dem regulären Termin im Oktober.[71] Am 1. April 1438 wird Athilmer bereits unter den Regenten der Artisten-Fakultät von St. Andrews genannt[72]; Anfang September 1437 war Laurence of Lindores gestorben. Es hat allen Anschein, als ob der vorzeitige Abbruch des Kölner Dekanats mit dem Ableben der nominalistischen Galionsfigur in St. Andrews im Zusammenhang steht.[73] Denn wenig später startete die albertistische Minderheit unter Athilmers Führung den Versuch, der Via antiqua – offenbar zuerst nur auf die Logik bezogen – offizielle Anerkennung und Gleichberechtigung zu verschaffen. Doch die Mehrheit der Fakultät beschloß, *quod non legeretur doctrina Alberti in logicalibus nec Summule Petri Hispani sed Buridani* und ließ dies in einem Notariatsinstrument verankern.[74] Nun appellierte John Athilmer *cum suis adherentibus* an die Universität, zur Empörung einer zwanzigköpfigen Mehrheit, die Athilmers Angriff gegen die Autorität und Autonomie

---

[67] Vgl. Copiale 1930, 420; zur Familie s. etwa Dunlop 1950 s.v.
[68] Vgl. Acta 1964, 63.
[69] M 164,31. Vgl. zu ihm Lyall 1985, 56-62; Meuthen 1988, 199 f.; Oehler 1989 pass.
[70] Acta 1964, 19, 22.
[71] Vgl. Lyall 1985, 57 f.
[72] Acta 1964, 47.
[73] Vgl. Lyall 1985, 58. Die in Anm. 27 vorgebrachte Bemerkung, in Rom habe man noch im November nichts vom Tod des Laurence of Lindores gewußt, kann für die Abreise Athilmers aus Köln nicht als Einwand gelten.
[74] Acta 1964, 48 f.

der Fakultät verurteilte.[75] Ein solcher Appell sei *contra libertatem Facultatis* und die Universität könne nichts beschließen, was gegen die Freiheit der Fakultät ginge.[76]

Die Albertisten um John Athilmer ließen jedoch keine Ruhe. Wegen der *turbatio*, die von bestimmten, den anti-albertistischen Beschluß ablehnenden Magistern verursacht wurde, und um die *concordia* in Fakultät wie Universität zu wahren, drängte der Kanzler die Artisten-Fakultät zur Annahme eines Kompromisses. Danach beschloß die Fakultät einstimmig, *quod doctrina Alberti vel cuiuslibet alterius non continens errores in logica et in philosophia*

---

[75] Merkwürdigerweise befand sich unter den zwanzig Gegnern des Appells von Athilmer auch Thomas Baron (L 12), der 1434 und 1436 seine artistischen Grade in St. Andrews erhalten hatte (Acta 1964, 37, 42). Er wechselte jedoch schon 1440 nach Köln (M 205,114) und wirkte neben seinem Theologiestudium bis 1450 recht erfolgreich an der Laurentiana. Von 1451 bis 1454 läßt er sich dann wieder an der Artisten-Fakultät von St. Andrews nachweisen (Acta 1964, 90-107). Entweder schloß sich Baron nach 1438 dem albertistischen Lager an oder – was weniger plausibel erscheint – er stimmte nur deshalb bei der nominalistischen Mehrheit mit, weil es ihm primär um eine Ablehnung des Appells von Athilmer an die Universität ging.

[76] Vgl. Acta 1964, LXXXIII; Lyall 1985, 58; Oehler 1989, 140 ff. Doch Oehler hier – wie auch sonst oft – mit verwirrender und falscher Darstellung des Sachverhalts: die Mehrheitsgruppe wird zu Albertisten, die Minderheit unter Führung Athilmers zum Gegner des Appells. Diese fünf Widersacher hätten der albertistischen Lehre wohl kaum ferner gestanden als ihre Kollegen. Einer dieser zwanzig „Kollegen" war Thomas Ramsay, den Oehler dann später (1989, 145) – und diesmal richtig – als „überzeugten Anhänger Buridans" bezeichnet. Ein weiteres Beispiel für die ungenaue Arbeitsweise Oehlers: der bei der Mehrheit befindliche Walter Stewart wird mit dem 1421 immatrikulierten Kölner Studenten (M 130,67; möglich ist auch M 132,5) identifiziert. Oehler behauptet, dieser Walter Stewart habe „wohl die beste Ausbildung in der realistischen Lehre erhalten, denn nach seiner erneuten Rückkehr nach Köln im März 1455 ließ er sich Ende Januar 1458 an der Universität Löwen immatrikulieren". (Oehler 1989, 141). Oehler bezieht sich hier vor allem auf eine Formulierung Gabriels (1974, 467, Anm. 139: ... „received the strongest realist training" ... [dort ist übrigens der Druckfehler „to Cologne, 1435" in: „Cologne, 1455" zu verbessern]). Doch Gabriel spricht unzweideutig davon, daß der Schotte Jacobus Lindsay diese realistische Schulung in den fünfziger Jahren in Köln, Paris und Löwen erhalten habe. Auch die von Oehler für die angebliche zweite Kölner Immatrikulation des Walter Stewart zitierte Matrikelnummer (M 264,17) steht bei Keussen für den am 8.3.1455 intitulierten Jacobus Lindizae de Scotia. Der offensichtliche Wortführer der Buridanisten, Johannes de Camera, ist wohl kaum – wie Oehler (1989, 141) behauptet – mit jenem Johannes de Camera identisch, der sich am 18.10.1440 in Köln für ein theologisches Studium immatrikulierte (M 206,111). Dieser könnte mit Johannes de Camera identisch sein, der 1438 sein Lizentiat in St. Andrews erwarb (Acta 1964, 48). Der gleichnamige Buridanist dürfte einer der 1416 bzw. 1427 promovierten Namensträger sein (vgl. Acta 1964 s.v., Identifizierung durch Ed. offengelassen), der auch noch 1442 an der Artisten-Fakultät von St. Andrews wirkte (Acta 1964, 57). Keinerlei Problematisierung bei Oehler.

ad libertatem magistrorum pro tempore doceretur et instrueretur.[77] Auch hier steht wieder die Gefahr der häretischen Irrtümer im Raum.

John Athilmer (L 9) blieb noch bis 1440 in St. Andrews, dann zog es ihn zurück in die Kölner Laurentiana, d.h.: vorerst zog es ihn zum Basler Konzil, wo er sich im Juni 1441 inkorporieren ließ.[78] Anfang 1442 nach Köln zurückgekehrt, erwarb er noch im gleichen Jahr das theologische Lizentiat. Sein in den nächsten Jahren zu beobachtendes Engagement in Köln ist beachtenswert. Wir hatten schon im Kapitel über die Institutionalisierung der Bursen gesehen, daß John Athilmer 1442/43 die zeitraubende und wichtige Arbeit der Abschrift der aristotelischen Metaphysik mit den Kommentaren des Thomas und Albertus auf sich nahm.[79] Das Unternehmen ging seinerzeit auf eine Initiative des Dekans Wilhelmus Bell (L 10) zurück, wie sein Landsmann Athilmer Regent der Laurentiana. Noch 1447 wird Athilmer, bereits Doktor der Theologie, als Kopist für die Fakultät in deren Akten erwähnt.[80] Im Mai 1444, als der Kölner Erzbischof eine größere Delegation der Universität für den Nürnberger Reichstag und die Behandlung der Konzilsfrage forderte, wünschte er neben beispielsweise Johannes de Mechlinia (L 4) und Johannes Tinctoris (C 4) auch Athilmer unter den Teilnehmern.[81] Johannes de Scotia gehörte denn auch im September 1444 zu den Gutachtern, die dem Erzbischof zur Erklärung für das Konzil rieten.[82] 1445 und 1446 wirkte er wieder für die Laurentiana als Inzeptor und Temptator; im März 1446 bekleidete er für sie das Dekanat und sorgte im Interesse der Bursen-Rektoren sofort – wie oben ausgeführt[83] – für eine Mäßigung der strengen Disziplinarbeschlüsse aus dem vorangegangenen Dekanat. Im April 1446 übernahm sein Konregent Johannes Aqua de Bercka (L 7) die Amtsführung. Vermutlich hatte sich Athilmer mit dem Verlust bestimmter Pfründeneinkünfte auseinanderzusetzen, auf die er kurz

---

[77] Acta 1964, 49.
[78] Vgl. Burns 1962, 172; Lyall 1985, 58.
[79] S.o. 139 f.
[80] Vgl. Lyall 1985, 61 (doch mit falscher Wertung des Sachverhalts, denn Athilmer war 1447 mitnichten „source of controversy" und Grund für die Einrichtung einer schlichtenden Deputation).
[81] Kaemmerer 1963, 271 f., Nr. 120; vgl. Bianco 1855, Anhang 232 f.; R 924; Lyall 1985, 61.
[82] Kaemmerer 1963, 330-333, Nr. 164; vgl. Lacomblet 1858, 318 ff., Nr. 263; R 927.
[83] S.o. 134.

vor seinem theologischen Doktorat mehr denn je angewiesen war. Die Universität, möglicherweise mit dem Vizekanzler Johannes de Mechlinia an der Spitze, unterstützte ihn hierbei, honorierte damit auch seinen Einsatz. Am 24. April 1446 schrieb sie an König Jakob von Schottland und bat ihn, besonders im Fall des Johannes Athilmer die *privatio beneficiorum* aufzuheben.[84] Noch im Mai 1450, als Athilmer schon seit zwei Jahren wieder in St. Andrews lehrte, wandte sie sich mit der Bitte um ein Benefizium für John Athilmer, *nostrum suppositum, virum scientia et moribus preclarum*, an Papst Nikolaus V.[85]

Die Kölner Initiatoren des Briefes werden bei ihrer Unterstützung Athilmers auch die von ihm betriebene Förderung des Albertismus im Auge behalten haben. Denn der schon 1448 zum Dekan der Theologischen Fakultät von St. Andrews gewählte Athilmer setzte seine ganze Energie daran, dem albertistischen Realismus ein institutionelles Fundament an der schottischen Universität zu verschaffen. An der Seite des Bischofs von St. Andrews und Kanzlers der Universität James Kennedy[86] realisierte er die Gründung des St. Salvator College, wobei Athilmer mehr die Ausarbeitung der Statuten, Kennedy mehr die materielle Fundierung übernahm und natürlich als eigentlicher Gründer anzusehen ist.[87] Athilmer wurde durch Kennedy zum Vorsteher („provost") des Kollegiums bestimmt. Er erwies sich als streitbarer Kämpfer gegen den Nominalismus. Kennedy hatte mit dem College die Förderung des theologischen Nachwuchses intendiert, die 13 Kollegiatsstellen waren für drei Theologen (einen Bakkalar, einen Lizentiaten und den Provost als Doktor der Theologie), vier Magistri artium und sechs arme Kleriker, „fit for pursuing the speculative sciences", gedacht.[88] Die Artes-Schüler des Kollegiums wurden durch zwei Magister unterrichtet, die jährlich von Athilmer zu bestimmen waren und zweifellos seiner Geisteshaltung konform sein mußten.[89] Daneben unterhielt der Albertist offenbar nach Kölner Vorbild eine *domus* bzw. ein Pädagogium an der Artisten-Fakultät, an deren Geschehen

---

[84] Bianco 1855, 93a, 94b; vgl. R 956.
[85] Copiale 1930, 358 f., Nr. 52. Vgl. R 1012; Lyall 1985, 62.
[86] Zu ihm: Dunlop 1950.
[87] Dunlop 1950, 273.
[88] Dunlop 1950, 274 f. (zum College: 273-302); Acta 1964, XXII-XXV; Oehler 1989, 144 f.
[89] Vgl. Acta 1964, LXXXIII f., Anm. 5.

er auch als Theologieprofessor lebhaft mitwirkte. Athilmer muß seine Burse unmittelbar nach der Ankunft in St. Andrews eingerichtet haben, denn am 30. Januar 1449 stand sie schon in der Schußlinie der Buridanisten. Deren Führer war Thomas Ramsay. 1430 wurde er unter dem Prinzipal-Regenten Laurence of Lindores bereits zu einem der beiden Gubernatoren des Pädagogiums bestimmt. Denn damals hatten die führenden Nominalisten die verschiedenen Pädagogien zu einem vereinigt, *in quo scolares unite viverent et virtuose proficerent temporibus profuturis ac doctrine diversitas infructuosa ad perfectionem tenderet singularem.*[90] 1449 leitete Ramsay mit einigen *socii* immer noch das Pädagogium, hatte aber den Verlust eines Schülers zu beklagen, der in das konkurrierende des John Athilmer *preter formam statutorum* gewechselt war.[91]

Die Existenz einer buridanistischen Burse mußte dem Albertisten auf Dauer untragbar, sie auszuschalten unabdingbar erscheinen. Athilmer gelang dies – offenbar mit einem genialen Schachzug. Blicken wir auf die offizielle Darstellung. Am 29. Januar 1454 trat John Balfour als Gesandter des Bischofs vor die Artisten-Fakultät und beklagte heftig die zunehmende *dissolucio studencium*, die vor allem aus dem Wechsel der Scholaren von einem Pädagogium zum anderen resultiere. Um der Disziplinlosigkeit entgegenzutreten, sollte für fünf Jahre nur ein einziges Pädagogium bestehen dürfen. Dieses sollte auf Wunsch des Bischofs von John de Atholia geleitet werden. Wie es denn auch geschah.[92] Man hat diesen Eingriff des Bischofs als Reaktion auf die erbitterte Rivalität zwischen Athilmer und Ramsay bzw. ihren Pädagogien sehen wollen, welche durch die Einsetzung eines „neutralen Vermittlers" aufgehoben werden sollte.[93] Doch Atholia war keineswegs neutral. Noch in dem gleichen Protokoll wird er als Regent aus Athilmers Pädagogium genannt.[94] Im November 1448 ließ sich Johannes de Atholia zusammen mit John Athilmer junior in die Artisten-Fakultät von St. Andrews

---

[90] Acta 1964, 28 f. Man wird unweigerlich an analoge Begründungen der Kölner Realisten für ihre Bemühungen um eine Konzentration des Unterrichts auf die einzelnen Bursen erinnert.
[91] Acta 1964, 77.
[92] Acta 1964, 100 f.
[93] Dunlop 1950, 289 f.; Acta 1964, XXV f.; Oehler 1989, 145 (Dunlop folgend).
[94] *Supplicavit insuper magister Johannes de Atholia pro parte quorundam bachalariorum de pedagogio magistri Johannis Athilmer deficiencium ...* Auf der Gegenseite supplizierte Johannes Boyl *pro parte quorundam bachalariorum de pedagogio magistri Thome Ramsay* (Acta 1964, 101).

rezipieren.[95] Beide kamen aus Köln, wo sich Atholia 1441 in die Matrikel hatte eintragen lassen[96], Athilmer jun. (al. Zhoman) Ende 1443[97]. Beide schlossen sich ihrem Landsmann bzw. Verwandten an und traten in die Laurentiana ein. Atholia, als Bakkalar zusammen mit Richard Guthrie de Scotia[98] am 3. März 1442 rezipiert[99], inzipierte mit diesem und John Young[100] am 8. Mai 1443 unter Johannes de Kuyck (L 8).[101] John Athilmer jun. wurde 1445 bzw. 1447 durch seine Landsmänner Archibald Whitelaw (L 11) und Thomas Baron (L 12) graduiert, beide ebenso Laurentiana-Regenten.[102]

Atholia ist demnach als Albertist und enger Vertrauter Athilmers anzusehen. Als jener 1454 das einzige noch zugelassene Pädagogium übernahm, Ramsay aber ausgeschaltet war, hatte Athilmer den Buridanisten vorerst ein institutionelles Rückgrat gebrochen – eben so, wie es 1430 Laurence of Lindores praktiziert hatte. Sowohl das artistische Pädagogium als auch das St. Salvator College standen nun unter albertistischem Einfluß. Doch Atholia starb schon vor April 1456.[103] Ihm folgte John Lock als Leiter des Pädagogiums, der jedoch in immer stärkere Spannungen mit Athilmer geriet.[104] Offenbar bemühte sich dieser daraufhin, über seinen Schützling Adam Sinclair al. de s. Claro (L 45) einen neuen, ungehinderteren Einflußbereich aufzubauen, denn Adam versuchte im April und Juni 1460 mit aller Macht die Etablierung eines neuen Pädagogiums durchzusetzen. Allerdings gelang dies nicht, denn eine Mehrheit setzte eine Verlängerung der Bestimmung über die Beschränkung auf ein Pädagogium durch. Den Kompromißvorschlag, Adam de s. Claro an der Regentschaft neben John Lock zu beteiligen, lehnte Adam ab.[105] Stattdessen zog er 1461 nach Köln, wo wir ihn

---

[95] Acta 1964, 74.
[96] M 209, 58. Falsche Matrikel-Nr. bei Oehler 1989, 215, Anm. 205, richtige auf 289.
[97] M 219,63.
[98] M 209,59; am 10.6.1441 an der Seite Atholias in die Matrikel eingetragen.
[99] Obwohl Atholia 1433 das Magisterium in St. Andrews erlangt hatte (Acta 1964, 32). Bei der Rezeption der Bakkalare bürgte John Athilmer sen. für einen der beiden, daß dieser die spätere Zahlung der Gebühr leisten werde (vgl. Lyall 1985, 60).
[100] M 206,139.
[101] Vgl. Lyall 1985, 60.
[102] Vgl. Lyall 1985, 60.
[103] Acta 1964, XXVI, Anm. 3.
[104] Vgl. Dunlop 1950, 292 ff.; Acta 1964, XXVII ff.; Oehler 1989, 146.
[105] Vgl. Acta 1964, 133-139.

bereits als kurzfristig wirkenden Regenten der Laurentiana kennengelernt hatten (L 45). Jahre später steigerte Athilmer sein Bemühen, konkurrierende Mächte auszuschalten, noch ein weiteres Mal. Im Februar 1469 erhielt er in Rom eine päpstliche Bulle, die ihm eine autonome Graduierung der Artisten und Theologen für das St. Salvator College gestattete.[106] Er war somit unabhängig von Fakultät und Kanzler, die ein solches Unterfangen natürlich nicht dulden konnten. Athilmer mußte schließlich einlenken und nachgeben. Als er um 1473 starb, folgte ihm bis 1477 der etwas glücklose James Ogilvie als Provost des Kollegiums, der dort schon vorher als Theologe gelehrt hatte.[107]

Glasgow, 1451 als zweite schottische Universität gegründet, wurde ebenso wie St. Andrews von Kölner Albertisten geprägt.[108] An erster Stelle ist Duncanus Bunch zu nennen.[109] Im September 1443 hatte er sich in Köln immatrikuliert.[110] Vermutlich von seinen schottischen Landsmännern angezogen, trat auch er in die Laurentiana ein, determinierte 1445 unter Archibald Whitelaw (L 11), inzipierte 1447 unter Thomas Baron (L 12).[111] Gleich ihnen kehrte er jedoch Ende der vierziger Jahre nach Schottland zurück. Unter dem Dekanat des ehemaligen Kölners Thomas Lech[112] wurde er Ende 1448 in die Artisten-Fakultät von St. Andrews rezipiert.[113] Schon bei der Ausarbeitung der Universitätsstatuten von Glasgow beteiligt, konnte Bunch sehr schnell eine, wenn nicht gar die führende Rolle an der Artisten-Fakultät einnehmen. 1460 wurde ihm

---

[106] Acta 1964, XXIX.
[107] Vgl. Acta 1964, XXX ff.; Oehler 1989, 147 f. Zu James Ogilvie, der zwischen 1472 und 1474 auch für kurze Zeit an der Universität Glasgow lehrte, vgl. ferner Copiale 1930 s.v.; Burns 1962, 170 f. Ogilvie hatte 1434 als Bakkalar von St. Andrews in Köln unter Bernardus de Galen inzipiert (M 176,2); eine Bursenzugehörigkeit läßt sich demnach nicht behaupten.
[108] Vgl. generell Durkan/Kirk 1977; Meuthen 1988, 200; Oehler 1989, 149-154.
[109] In der Anfangsphase traten weitere Personen in Erscheinung, die auf Kölner Studienaufenthalte zurückblicken konnten. Der Zisterziensermönch Alexander Geddes (M 161,17) hatte sich im April 1429 für ein Theologiestudium in Köln immatrikuliert; einige Monate vorher, Ende 1428, war der spätere Inquisitor Robert de Essy (M 158,50) zusammen mit David Ogilvy als Magister nach Köln gekommen. Beide gehörten 1451 schon dem Komitee zur Abfassung der Statuten an (vgl. Durkan/Kirk 1977, 12, 109 ff.; Oehler 1989, 149).
[110] M 218,59.
[111] Vgl. Oehler 1989, 282.
[112] M 197,37: als Magister artium 1438 in Köln für Theologiestudium immatrikuliert, 1443 in die Artisten-Fakultät rezipiert.
[113] Acta 1964, 74 f.

das Amt des Prinzipal-Regenten am College of Arts übertragen, das er bis ca. 1475, seinem vermuteten Todesjahr, innehatte.[114] An der Artisten-Fakultät lehrte in den fünfziger Jahren ein weiterer Schüler der Laurentiana, John Young, ein Student der Jurisprudenz, der 1441 unter Nanno de Cempis (L 16) determiniert, 1443 unter Johannes de Kuyck (L 8) inzipiert hatte.[115]

Noch 1490 konnte ein Mitglied der Kölner Albertistenschule eine zentrale Position in Glasgow besetzen. John Doby war 1459 in die Kuckana eingetreten, hatte 1460 unter Severinus de Moneta (K 9) determiniert und 1463 unter Cornelius de Breda (K 12) inzipiert.[116] Seit längerem wohl schon in Glasgow, übernahm er 1490 die Prinzipal-Regentschaft am College, dem er bis zu seinem Tod (vor November 1498) vorstand.[117]

Eine bemerkenswerte Dichte zeichnet also die Präsenz Kölner Albertisten an den ersten schottischen Hochschulen aus. Aus den thomistischen Bursen konnte kein Schotte diese Form des Realismus in nennenswerter Weise in seine Heimat transferieren. Ursächlich wirkte sich hier natürlich die Anziehungs- und Bindekraft schottischer Albertisten in Köln aus. Exemplarisch Matthew de Romanox[118]: determinierte er 1436 unter Gerardus de Monte (M 4), so inzipierte er im April 1437 unter Johannes Athilmer de Scotia (L 9).[119] 1442 vom Konzilspapst Felix V. mit der Anwartschaft auf ein Benefizium versehen, wurde er deshalb 1444 als Anhänger des Basler Konzils einer Pfründe beraubt; später lebte er als Notar in Edinburgh.[120]

Teilweise gelang es den Kölner Albertisten, ihre philosophische Grundhaltung in exponierter Stellung zu vertreten. John Athilmer (L 9) etwa war nicht nur Provost des St. Salvator College, sondern bekleidete auch das Amt eines Vizekanzlers (seit 1455) oder Rektors (1457).[121] Der ehemalige Laurentianer Thomas Baron (L 12) wird 1453 als erster Quodlibetarius von St. Andrews genannt, wobei man

---

[114] Durkan/Kirk 1977, 25, 79; Oehler 1989, 149 ff.
[115] M 206,139; vgl. Durkan/Kirk 1977, 75, 128; Lyall 1985, 60; Oehler 1989, 150.
[116] M 281,59; vgl. Oehler 1989, 151.
[117] Vgl. Durkan/Kirk 1977, 140, 144 ff.; Oehler 1989, 151.
[118] M 182,44 = M-Ntr. 479.
[119] Vgl. Lyall 1985, 57.
[120] Vgl. Copiale 1930, 324-327; Burns 1962, 176 f.
[121] Acta 1964, CCXLIV f.

sich überhaupt bei der Einführung der quodlibetalischen Disputationen an dem Kölner Vorbild orientiert hatte.[122] Bei der Besetzung der Dekanate lösten seit Mitte der vierziger Jahre ehemalige Kölner Supposita die Vorherrschaft der Nominalisten Laurence of Lindores und Thomas Ramsay auf, doch läßt sich bei David Crannach[123] (Dekan 1446 und 1450), Adam Hepburn[124] (Dekan 1447, 1451 und 1452) sowie Thomas Leitch[125] (Dekan 1448)[126] kein Bezug zu einer bestimmten Burse feststellen.[127]

Über persönliche Einwirkungsmöglichkeiten hinaus konnte der Albertismus durch Bücherschenkungen gefestigt und weiter verbreitet werden. Auch Magister, die während ihres Kölner Aufenthaltes kein Zeugnis für ein Bekenntnis zum Realismus hinterließen, zeigen hier, daß sie dennoch Vertreter dieser Richtung waren. John Dun[128] hatte sich 1437 für ein Theologiestudium in Köln einschreiben lassen, kehrte dann nach Löwen zurück und erscheint 1456 unter den Spendern für die gerade entstehende Bibliothek der Universität von St. Andrews.[129] Die von ihm unter anderem dedizierte ‚Expositio Sancti Thome de Ethica'[130] erweist die Nähe zur Via antiqua, die zur albertistischen Spielart bezeugt die von ihm 1437 angefertigte Handschrift der ‚Summa de Corpore Domini' des Albertus Magnus, in der er sich als einer der letzten Schüler des Albertus bezeichnete.[131] Der zusammen mit John Athilmer (L 9) am 10. Juni 1441 in Köln immatrikulierte Richard Guthrie hinterließ als Benediktinerabt seinem Kloster Arbroath 1473 zahlreiche Werke des Albertus.[132] Athilmer hingegen schrieb selbst einen Kommentar zur Physik des Aristoteles, den er mit denen des Albertus nach Glasgow vermachte, an das von Duncanus Bunch geleitete Kollegium.[133] Dieser wiederum hinterließ den Glasgower

---

[122] Oehler 1989, 154-158.
[123] M 217,32; 1443 als Jura-Student in Köln immatrikuliert. Vgl. zu ihm Burns 1962, 51 f.
[124] M 210,7; 1441 als Bakkalar von St. Andrews nach Köln.
[125] M 197,37; 1438 für ein Theologiestudium in Köln eingeschrieben, 1443 in die Artisten-Fakultät rezipiert.
[126] Zu den Dekanaten: Acta 1964, CCLIX f.; Oehler 1989, 143 f.
[127] Warum Thomas Leitch von Keussen für 1443 zu den Laurentiana-Regenten gezählt wurde (Keussen 1934, 526), ist nicht ersichtlich.
[128] M 193,11.
[129] Oehler 1989, 164.
[130] Acta 1964, 115.
[131] Oehler 1989, 164.
[132] Oehler 1989, 165.
[133] Oehler 1989, 165 f.

Regenten gut ein Dutzend Handschriften, die Autoren wie den „Modernen" Gilbertus Porretanus (der ja auch von Gerardus de Harderwijck kommentiert wurde) und seinen Studienkollegen John Athilmer mit seinen Kommentaren zur Logik des Petrus Hispanus (1438 anfänglich noch von den Buridanisten um Lindores verboten) enthielten, dazu ein Werk Alberts zur Physik.[134]

Hinsichtlich des Wirkungsbereiches und des geistigen Schwerpunkts unterschied sich der Laurentiana-Albertist Archibald Whitelaw (L 11) erheblich von den anderen Schotten. Nach einer kurzen Lehrtätigkeit in St. Andrews von 1453 bis 1455[135] schlug er eine politische Laufbahn ein, die ihn von 1462 bis 1493 als Sekretär König Jakobs III., seines einstigen Zöglings, in das Zentrum der Macht führte.[136] In dieser Position scheint er den akademischen Aufstieg und das materielle Wohlergehen seines Kölner Schülers Duncanus Bunch in Glasgow erheblich gefördert zu haben.[137] Whitelaw verband seinen Albertismus mit einem dezidierten Bekenntnis zum christlichen Humanismus. In seiner Bibliothek finden sich Lucans ‚Pharsalia', die ‚Carmina' des Horaz, Appians ‚Historia Romana' oder des Asconius ‚Commentarii in orationes Ciceronis', aber auch das 1479 in Mantua gedruckte Werk des Albertus Magnus ‚De animalibus'.[138]

Eine gewisse Fundierung ihrer Richtung innerhalb der Via antiqua hatten die Albertisten sicherlich erzielen können, doch eine nachhaltige Lehre dürfte auf die rein persönlichen Einwirkungsmöglichkeiten beschränkt gewesen sein. Denn eine Institutionalisierung des Albertismus wie in Köln gab es in Schottland nicht. Kein Pädagogium oder Kollegium konnte von den Regenten in seiner Existenz mit der Via Alberti gekoppelt werden, kein Schulbuch folgte einem bestimmten *processus*. Mit dem Ableben albertistischer Lehrer stand die Doktrin zur Disposition. Die Gründe liegen auf der Hand. Die nominalistische Fraktion ließ sich nicht in die Knie

---

[134] Durkan/Kirk 1977, 77; vgl. Dunlop 1947, 55 f.; Oehler 1989, 167.
[135] Acta 1964, 95-108.
[136] Vgl. Macdougall 1977, 103 f.; Lyall 1985, 61. Wichtige politische Ämter unter Jakob III. übernahm auch sein Kölner Schüler David Guthrie (M 219,64), der 1445 zusammen mit John Athilmer jun. und Duncanus Bunch unter ihm determiniert hatte. In der Laurentiana wurzelten also wichtige Pfeiler „of James III's impressive administration" (Lyall 1985, 61).
[137] Durkan/Kirk 1977, 79.
[138] Durkan/Ross 1961, 159; vgl. MacQueen 1967, 206 f.; MacQueen 1977, 194; Meuthen 1988, 200; Oehler 1989, 167.

zwingen. Der Handlungsspielraum der Realisten war beschränkt, da es eine Autonomie wie in Köln an den Universitäten von St. Andrews und Glasgow nicht gab. Zentralistische Mächte wie der König oder der örtliche Bischof gaben ihr entscheidendes Mitspracherecht nicht preis. Möglicherweise wirkte sich auch das exzessive, radikale Verhalten eines Albertisten wie John Athilmer nachteilig für das Ganze aus, erzeugte es mehr Widerstand als Unterstützung. Bereits hier stellt sich die Frage, ob sich nicht auch der Albertismus generell als zu wenig konsensfähig erwies.

Die maßgeblichen Impulse zur Verbreitung des Albertismus kamen aus der Laurentiana. Bis auf John Doby, der in Glasgow avancierte, steuerte die Kuckana keinen nennenswerten personellen Beitrag zu seiner Förderung bei. Dies, obwohl sich der Großteil der Schotten nach 1450 dem albertistischen Ableger der Laurentiana zuwandte.[139] Johannes Richardi, der 1453 unter Johannes Aqua de Berka (K 3) inzipiert hatte, lehrte mit Unterbrechungen bis 1477 parallel zu seinem Theologiestudium an der Kuckana. Bezeichnend das Verhalten seines Schülers Robertus Stodart (K 11), der eine mehr als dreißigjährige, erfolgreiche Regententätigkeit an dieser kleineren Burse einem Wechsel in seine Heimat vorzog; und anders als etwa John Athilmer (L 9) graduierte er wider Erwarten nur wenige schottische Landsmänner.[140] Kaum anders das Verhalten seines Schülers Stephanus Scot (K 20), der zeitlebens an der Kuckana blieb, in dem Vertrag von 1503 aber gegenüber dem Besitzer der Burse, Petrus Sultz (K 30), ein Beköstigungs- und Präsentationsrecht seiner Landsleute gewahrt zu haben scheint. Diese kamen in der zweiten Hälfte des 15. Jahrhunderts immer häufiger mit einem geringen sozialen Status nach Köln.[141] Möglicherweise erfolgte dann auf dem Höhepunkt die Reaktion der Kölner Stadtväter. 1473 wurde per Edikt die Ausweisung der „muylenstoesser, Schotten, Poellachen, ledichgengere" und anderer das Bettelunwesen forcierender Personen verfügt, 1483 gar gezielt nur die der Schotten.[142] Hatte man, neben den allgemein mit diesem Namen bezeichneten

---

[139] Vgl. Oehler 1989, 95 f.
[140] Lyall 1985, 63 f.
[141] Vgl. Oehler 1989, 78-83.
[142] Irsigler/Lassotta 1989, 27 f.

Außenstehenden, dabei auch und zuvorderst die bettelnden schottischen Studenten im Blick?[143] Wenn ja, dann lag vielleicht in diesen sozialen Gegebenheiten ein Grund für die geringe Übertragung des Kuckana-Albertismus nach Schottland.

3. Albertistische Knotenpunkte in Köln

a) Thomas Lyel de Scotia

Als einflußreicher schottischer Albertist in Köln wird Thomas Lyel de Scotia anzusehen sein. Allerdings stellt er einen Problemfall dar, dessen Klärung vor allem dazu beitragen soll, die Verankerung des Albertismus in Köln erhellen zu helfen. Lyel stammte aus der Diözese St. Andrews, erwarb seine artistischen Grade jedoch 1458 und 1459 in Paris.[144] Nach einem zweijährigen Studium der Kanonistik in Löwen immatrikulierte er sich am 18. Dezember 1461 für ein Theologiestudium in Köln.[145] 1470 als Lizentiat der Theologie erwähnt, erhielt er 1486 das Doktorat. Verblüffend nun, daß der Dominikaner Servatius Fanckel, der 1486 bei der *aula magistralis* Lyels respondierte, diesen als Skotisten bezeichnete.[146] Fanckel nennt überhaupt nur drei Skotisten unter den 23 Promovierten der Jahre 1467 bis 1488. Neben zwei Minoriten stellte Lyel den einzigen Weltgeistlichen.[147] Verwunderlich erscheint die Angabe Fanckels, weil die prosopographische Analyse Lyel in den folgenden Jahren in äußerst enger Kooperation mit den führenden Kölner Albertisten zeigt. Die Zusammenarbeit vollzieht sich darüber hinaus auf derart exponierten, für den Ruf der Universität zentralen Feldern, daß eine weitere skotistische Grundhaltung (die ja schon von den frühen Albertisten heftig bekämpft wurde) auszuschließen ist. Vermutlich beschränkte sich der Skotismus Lyels auf die Jahre seines theologischen Studiums.

---

[143] Verklärend, ohne Problematisierung und ohne Berücksichtigung der Ratsedikte gegen die „Schotten" die Darstellung des Bettelwesens bei den schottischen Scholaren, das „dem Vorbild der Mönche entsprechend ... durchaus nicht als Schande empfunden wurde", bei Oehler (1989, 82).
[144] Auctarium 1937, II, Sp. 918, 926.
[145] M 291,66; vgl. zu ihm Lyall 1985, 64.
[146] Löhr 1926, 25.
[147] Vgl. Löhr 1926, 15; Meuthen 1988, 192 f.

Die aufzuführenden Zeugnisse für den wissenschaftsgeschichtlichen Standort Lyels, zu erschließen aus seinem klar konturierten Freundeskreis, führen uns vorwiegend zu den Bursen, obwohl er offenbar niemals an der Artisten-Fakultät lehrte. In exklusiver Weise fühlte er sich ohne Zweifel der Laurentiana verbunden. Eine personelle wie inhaltliche Nähe bezeugt das artistische Dekanatsbuch im Januar 1493, als Thomas Lyel de Scotia, Gerardus de Harderwijck (L 50) und Anthonius de Swolgen (L 52) als Exekutoren des Büchervermächtnisses aufgeführt werden, welches der 1496 verstorbene Theologe und Laurentiana-Prinzipal Conradus Vorn de Campis (L 44) der Artisten-Fakultät hinterlassen hatte.[148] Im November und Dezember 1497 bestimmte der Laurentiana-Regent Hermannus Eldervelt de Groningen (L 39) den Schotten in seinem Testament zum Haupt-Exekutor.[149] Auch Eldervelt muß also in einem engen Vertrauensverhältnis zu Lyel gestanden haben.[150] Als weitere Testamentsvollstrecker ernannte er seinen Prinzipal-Regenten Gerardus de Harderwijck und den in der Kölner Matrikel nicht nachweisbaren Johannes Cleyman de Monasterio. Eindringlicher noch das Band zwischen Lyel und der Laurentiana im Testament des Gerardus de Harderwijck (L 50) vom August 1502 bzw. 1503.[151] Haupt-Exekutor ist wiederum der Magister noster Thomas Lyel, dem die Laurentiana-Regenten Bartholomeus de Kempis (L 51), Arnold von Tongern (L 60) und Georg Beheim von Nürnberg (L 70) zur Seite gestellt wurden. Thomas Lyel und Bartholomäus de Kempis erhielten als Exekutoren auch die höchste Geldzuwendung, acht fl. Als Buchlegat hinterließ Gerardus dem Schotten eine ‚Ecclesiastica historia' *cum aliis in eodem libro*. Da der Leiter der Laurentiana ansonsten Vermächtnisse nur an Regenten und Angehörige seiner Burse verfügte, ist die Stellung Lyels als Intimus der maßgeblichen Albertisten-Burse evident.

Zweifellos verband Lyel mit der Laurentiana auch ein geistiger Gleichklang. Denn sonst hätten ihn führende Regenten kaum als theologischen Lehrer und Doktorvater gewählt, da sie sich hierbei

---

[148] Un. 480, f. 265v/266r. Zum Bücherlegat: Keussen 1929a, 186 f. (darunter auch Bände der Regenten Johannes de Mechlinia und Henricus de Horst).
[149] R 2144.
[150] Zum Verhältnis zwischen Testamentator und Vollstrecker: Aders 1932, 102-107.
[151] R 2373.

traditionell Theologen der eigenen Burse anschlossen.[152] 1501 empfing Gerardus de Harderwijck (L 50) die theologischen Insignien unter Thomas Lyel, 1509 Arnold von Tongern (L 60).[153] Lyel erwiderte das Vertrauensbekenntnis, indem er Arnold zu seinem Testamentsvollstrecker bestimmte. Das Testament selbst ist nicht bekannt, doch Arnold von Tongern gab am 20. August 1530 Kenntnis von den Exekutoren.[154] Vor mehreren Professoren der Theologischen Fakultät erklärte er damals, einziger noch lebender Exekutor des Thomas Lyel zu sein. Auf dessen Wunsch hatte er 1519 zusammen mit den anderen Exekutoren Johannes Hoelem de Venroed (L 63), früherer Regent der Laurentiana und Professor der Theologie, sowie seinem Bruder Johannes Luyde de Tongri von dem Kempener Bürger Hans Paep eine Erbrente in Höhe von acht fl. gekauft. Mit dieser Rente stiftete Lyel ein Jahrgedächtnis am Hieronymustag, das in der Dominikanerkirche gefeiert werden sollte. Der Messe sollte die Theologische Fakultät gegen Präsenzgeld beiwohnen, ein Tischgeld war für die *Magistri regentes et exercentes* der Laurentiana gedacht – auch hier wieder der Konnex Lyels zu dieser Burse. Arnold übergab 1530 den Kaufbrief der Theologischen Fakultät, welche die Verpflichtungen übernahm.

Weitere Indizien für die Integration Lyels in die Laurentiana lassen sich aufführen. Drei seiner *famuli* bzw. *familiares* sind bekannt, sie alle nahmen ihr Artes-Studium an der Laurentiana auf. 1498 wurde Rutger de Sonsbeck immatrikuliert; als *familiaris* des Thomas de Scotia brauchte er keine Gebühren zu bezahlen.[155] Er determinierte 1499 unter Johannes de Harderwijck (L 55), inzipierte 1501 unter Arnold von Tongern (L 60). Jacobus de Venraedt ließ sich 1502 durch den Rektor Thomas Lyel einschreiben, dem er damals schon als *famulus* diente.[156] 1503 und 1505 erwarb er seine Grade unter Johannes de Venlo (L 62) bzw. Johannes de Nurtingen (L 61). Unter den gleichen Lehrern erlangte Paulus

---

[152] Heymericus de Campo (L 1) fungierte während seiner Kölner Zeit als theologischer Lehrer des Johannes de Mechlinia (L 4) und des Laurentius de Groningen (L 5); Johannes de Kuyck (L 8, K 1) und Jacobus de Straelen (L 30) erhielten die theologischen Insignien unter Johannes de Mechlinia. Jacobus de Straelen wiederum war Doktorvater des Jacobus de Amersfordia (L 49), Arnold von Tongern (L 60) der des Johannes de Busco (L 67). Vgl. Un 760, f. 9v-11r.
[153] Un. 760, f. 11r.
[154] R 3003.
[155] M 438,70.
[156] M 453,185.

Wylich 1507 bzw. 1509 das Bakkalaureat und Lizentiat. Er hatte sich 1506 immatrikuliert[157] und wird durch ein Zeugnis von 1522 als früherer *familiaris* des Thomas bekannt. Weniger aussagekräftig, doch unsere Beobachtungen durchaus stützend: bei allen Wahlen Lyels zum Rektor waren Regenten der Laurentiana und (einmal) der Kuckana als Intrantes beteiligt. Im Juni 1489 fungierte seitens der Theologischen Fakultät Jacobus de Amersfordia (L 49), seitens der Artisten Hermannus Eldervelt de Groningen (L 39) als Intrans, im Oktober des gleichen Jahres der Theologieprofessor Henricus de Horst (L 33) sowie der erst seit wenigen Monaten in Köln befindliche Lizentiat der Theologie Nicasius de Voerda, dessen Verbindung zur Laurentiana bereits angesprochen wurde.[158] Von Juni 1502 bis Juni 1503 bekleidete Lyel gleich für ein ganzes Jahr das Rektorat. Bei der ersten Wahl traten der Theologe Gerardus de Harderwijck (L 50) und der Artist Georg Beheim (L 60) für ihn ein, bei der zweiten Stephanus de Scotia (K 20) als Intrans der Artisten-Fakultät, für diese im Dezember 1502 Arnold von Tongern (L 60), im März 1503 der Theologieprofessor Johannes de Busco (L 67) aus der Laurentiana und der Magister artium Johannes Stael de Novimagio[159], der von 1474 bis 1479 an der Kuckana studiert hatte.[160] Als Thomas Lyel im Juni 1509 die dritte Rektoratsperiode antrat, standen Arnold von Tongern für die Theologen und Johannes de Suchtelen[161] für die Artisten hinter ihm. Letzterer hatte 1491 und 1493 unter Johannes de Harderwijck (L 55) und Arnold von Tongern die artistischen Grade erworben, ließ sich erst 1507 in die Fakultät rezipieren, für die er nur 1509, inzwischen Lizentiat der Theologie, als Intrans wirkte. Die Wiederwahl Lyels im Oktober 1509 bewirkte unter anderen Johannes de Nurtingen (L 61) als Intrans der Artisten.[162] Überaus oft bestimmte die Theologische Fakultät Lyel zwischen 1486 und 1517 zu ihrem Intrans, meist verhalf er dabei Albertisten zur Rektorwürde.

Thomas Lyel nahm also einen zentralen Platz im Beziehungsgeflecht der Laurentiana-Albertisten ein. Verbunden war damit ein gemeinsames Handeln bei gleicher Zielsetzung. Zur Illustration seien einige markante Zeugnisse hervorgehoben. Sie offenbaren, daß auch

---

[157] M 470,133.
[158] M 403 und M 404; s.o. 383.
[159] M 342,54.
[160] M 455-458.
[161] M 408,58.
[162] M 483 und 484.

die Albertisten der Kuckana dieses Geflecht aktiv mittrugen. Am 8. Januar 1510 erhob der Kuckana-Regent Petrus Sultz (K 30) als Rektor der Universität Einspruch gegen das Vorgehen des Dompropstes Georg von Sayn, welches sich gegen die Theologie-Professoren Thomas Lyel und Johannes Hoelem de Venroed (L 63) richtete.[163] Der genaue Hintergrund ist nicht ohne weiteres ersichtlich, doch fällt auf, daß Georg von Sayn sich schon 1503 in einem heftigen Streit mit Albertisten befunden hatte.[164] Auf seine Klage kam es von Juni bis August zu einem Prozeß gegen die Laurentianer Gerardus de Harderwijck (L 50) und Arnoldus de Dammone (L 66, den Herausgeber der ‚Problemata' des Heymericus), da dieser die theologische Doktorwürde durch Gerardus erhalten hatte und sie sich nicht, wie vom Dompropst gewünscht, durch den Vizekanzler und Dekretisten Wigerus Hassent de Embrica (ehemals Montana!, M 23) übertragen ließ. Wir müssen diese Differenzen vorerst auf sich beruhen lassen, wie auch das nächste Zeugnis nur oberflächlich angerissen werden kann. Denn am 27. Mai 1513 vertraten Thomas Lyel, Gerardus de Zutphania (K 24) und Arnoldus de Tongeris (L 60), drei Albertisten mithin, die Universität in ihrer Auseinandersetzung mit Reuchlin.[165] Dieses Kapitel erfordert allerdings eine ausführlichere Untersuchung, die erst später geleistet werden kann.[166] Schon hier sei jedoch darauf hingewiesen, daß die Bursen-Albertisten im Verbund mit Thomas Lyel in diesem für die Kölner Universität so schicksalhaften Streit eine zentrale Rolle einnehmen werden.

b) Bursa Ottonis

Einen weiteren, wenngleich ambivalenten und nicht uneingeschränkten Knotenpunkt im Beziehungsgeflecht der Albertisten stellte die Bursa Ottonis dar, ersichtlich jedoch erst in den letzten Jahren ihres Bestehens. Bis zur Dominanz tritt uns in diesem Zeitabschnitt erneut und wiederholt Thomas Lyel de Scotia entgegen. Sein nicht zu unterschätzender Einfluß in der Artisten-Fakultät schält sich dabei immer deutlicher heraus. Es erstaunt schon, wenn

---
[163] R 2551.
[164] R 2394-2396.
[165] R 2667/68.
[166] S.u. 748-768.

der Namensgeber und Haupt-Regent der Bursa Ottonis, Otto Ingenlaet de Xanctis (O 1), in seinem Testament vom Januar 1486 den damals doch noch recht bursenfernen Thomas Lyel als ersten Exekutor einsetzte.[167] Erst als weitere Testamentsvollstrecker bestimmte Otto von Xanten seine Mitregenten Nicolaus de Linnich (O 3) und Hermannus de Berchem (O 2), als Universalerben den nicht unweit der Ursulastraße gelegenen Konvent zur Busse auf dem Eigelstein, in welchem reuige Dirnen seit 1471 die Umkehr zu einem ehrbaren Leben finden sollten.[168] Die Exekutoren stifteten eine tägliche Messe in dem Konvent, die 1519 bis 1522 einige rechtliche Schwierigkeiten bereiten sollte.[169] Denn nach dem Tod Lyels beanspruchten offenbar seine Exekutoren aus der Laurentiana das Ernennungsrecht. Dieses Recht ist dann von unbekannter Seite bestritten worden. Die hier gespannte Kette Ottonis-Lyel-Laurentiana wird durch die Namen der angegebenen Zeugen, Arnold von Tongern (L 60) und Paulus de Wylich, *familiaris* des Thomas Lyel, sowie durch den letzten Inhaber der Meßstiftung, den Laurentiana-Theologen Johannes de Busco (L 67), verstärkt. Das bedeutet: Thomas Lyel hatte noch zu Lebzeiten als Haupt-Exekutor des Otto von Xanten den Laurentianer als Priester der wöchentlichen Messe im Konvent zur Busse ernannt.

Auch Ottos Nachfolger Hermannus de Berchem (O 2) offenbarte in seinem Testament vom 1. und 2. bzw. vom 9. Juli 1499 das erhebliche Gewicht des Schotten an der Bursa Ottonis.[170] Doch zeigt sich nun zugleich deren Platz im Umfeld der Laurentiana-Albertisten. Denn zweiter Exekutor neben Thomas Lyel wurde Gerardus de Harderwijck (L 50), denen die beiden Regenten der Ottonis Petrus de Duna (O 4) und (im Nachlaß vom 9. Juli) Nicolaus Linnich (O 3) zur Seite gestellt wurden. Auch die Zeugen weisen auf die Laurentiana. Unter den dreien des Testaments befand sich Arnoldus de Amersfordia[171], der 1493 in der Laurentiana unter

---

[167] R 1804.
[168] Zur Lage des Konvents: Keussen 1910, II, 82; zu Geschichte und Zielsetzung: Irsigler/Lassotta 1989, 219-222.
[169] R 2782.
[170] R 2201/02.
[171] M 402,203. Die beiden anderen Zeugen waren Conradus Krysch de Ercklens (M 428,84 und M-Ntr. 1324), der 1495 als *minorennis* und vermutlicher Angehöriger des Dekans von St. Severin, Johannes Krysch de Ercklens (M 297,93), immatrikuliert, 1502 und 1504 unter Gerardus de tz Hertzogenraede (C 63) graduiert wurde, sowie Antonius Wipperfurth de Colonia (437,34), 1498 immatrikuliert und 1500 unter Petrus de Duna (O 4) determinierend.

Johannes de Harderwijck (L 55) inzipiert hatte und noch 1502/03 im Testament des Gerardus de Harderwijck als dessen Famulus mehrmals erwähnt wurde, unter anderem eine Bibel erhielt, die Gerardus von (Arnoldus) Tongeris (L 60) erworben hatte, sowie eine ‚chronica in vulgari' und das Werk des Albertus Magnus ‚De laudibus gloriose virginis'.[172] Arnoldus de Amersfordia wurde auch bei der Inventarisierung des Nachlasses am 9. Juli als Zeuge gerufen, ebenso wie der schon genannte Laurentiana-Schüler und *familiaris* des Thomas Lyel, Rutger de Sonsbeck.[173]

Hermannus de Berchem (O 2) hatte in seinem Testament die Nachfolge in der Bursenleitung eindeutig geregelt: Bartholomäus de Bedborch[174] und Petrus de Berchem[175] sollten *bursam suam in lectionibus et aliis factis ibidem consuetis* regieren.[176] Zunächst lagen die Geschicke der Ottonis allerdings noch in der Hand des Petrus de Dunen (O 4), der von 1493 bis 1500 an ihr lehrte. Doch war er schon im Oktober bzw. November 1502 gezwungen, sein Testament aufzusetzen und über den Nachlass zu verfügen.[177] Petrus de Dunen plädierte mit anderen Regenten offensichtlich dafür, *ut magister Johannes Boch de Colonia ... ad exercendum et legendum in domo Ottonis communiter appellata admittatur*. Der uns schon als Kuckana-Regent bekannte Johannes Buuch (K 28) fand jedoch nicht uneingeschränkte Zustimmung. Denn Tilmann Brüggen, Kölner Bürger und Ratsherr[178], fragte Petrus daraufhin, ob er nicht Petrus Berchem de Colonia die Regentschaft übertragen wolle. Aufschlußreich nun die Antwort des Testamentators. In ihr liegt der Schlüssel für den Untergang der Bursa Ottonis. *Postquam ego mortuus fuero*, so erklärte Petrus de Dunen, *amici mei amplius nullum interesse de huiusmodi regimine domus habebunt, sed executores magistri Hermanni de Berchem, predecessoris mei, videlicet magister Thomas de Schocia, rector universitatis, et Gerardus de Harderwick, professores theologie, habebunt et possunt disponere et ordinare ad beneplacitum de domo et regentia ipsius*.[179] Nachdem

---

[172] R 2373.
[173] Als weitere Zeugen fungierten der Presbyter Johannes de Marcello (M 384,23), der 1485 und 1489 unter Judocus Finck (K 19) in der Kuckana die artistischen Grade erwarb, sowie der Pedell Henricus de Vorda (M 381,78).
[174] M 413,5.
[175] M 418,14.
[176] R 2201.
[177] R 2377.
[178] Zu ihm ausführlicher u. 427 f.
[179] R 2377.

der Regentenkreis der Ottonis kein Interesse mehr an der Burse hatte, lag deren Schicksal also ganz in den Händen der Albertisten Thomas Lyel und Gerhard von Harderwijk (L 50)! Obwohl beide offenbar Zukunftspläne für die Burse geäußert hatten, schien ihnen am Fortbestand der Ottonis nicht allzuviel zu liegen. Lassen sich Gründe hierfür erkennen?

Zunächst einmal dürfte der rasche, im August 1503 eingetretene Tod des Gerardus de Harderwijck vorhandene Absichten hinsichtlich des Fortbestandes der Ottonis hinfällig gemacht haben. Der Prinzipal-Regent war für die Zukunft der Burse sicherlich der entscheidendere Mann. Sodann muß in Betracht gezogen werden, daß die Jahre 1502/03 einen erheblichen Einschnitt für die Laurentiana mit sich brachten. In diesen Monaten verlor sie fast schlagartig allein vier Regenten. Neben dem Prinzipal-Regenten starb 1502 der überaus erfolgreiche Lehrer Johannes Belhart de Harderwijck (L 55); 1503 verlor die Burse den jungen Baccalarius formatus theologie Petrus Broester der Hulss (L 64)[180] sowie den nicht als Lehrer hervorgetretenen, ungefähr 25 Jahre alten Petrus Kamerer von Nürnberg[181], der acht Jahre als *commensalis* an der Seite Gerhards von Harderwijk verbracht hatte. Todesursache war vermutlich die Pest, durch welche die Laurentiana 1502/03 zum Auszug nach Kaiserswerth gezwungen gewesen war.[182] Aus noch zu klärenden Gründen verließ 1503 schließlich auch noch Georg Beheim von Nürnberg (L 70) die Laurentiana, den Gerhard zusammen mit Arnold von Tongern (L 60) als seinen Nachfolger in der Bursenleitung vorgesehen hatte. Möglicherweise hätte Arnold als neuer Prinzipal und (wie Thomas Lyel) Exekutor des Gerhard von Harderwijk zusammen mit dem Schotten für die weitere Existenz der Kleinburse eintreten können. Dies geschah jedoch nicht. Arnold mag, im Gegensatz offenbar zu Gerhard, grundsätzliche Bedenken gegen die Gesamtstruktur der Ottonis gehabt haben, die eine durchaus heterogene, im Vergleich zu den Prinzipal-Bursen untypische personelle Zusammensetzung und – wie gleich darzulegen sein wird – lehrinhaltlich eine andere Intention aufwies.

Die mit der Ottonis in Verbindung zu bringenden Personen zeigen, daß offenbar keiner ihrer Regenten sein Artes-Studium ausschließlich an dieser Burse absolvierte. Hermannus de Berchem

---

[180] Vgl. zum Testament R 2408.
[181] M 428,39; zum Testament R 2400.
[182] Vgl. R 2524.

(O 2) kam aus der Corneliana, Nicolaus de Linnich (O 3) aus der Montana, Bernardus de Harderwijck (O 5) aus der Laurentiana, Johannes Berchem de Colonia (O 6) aus Corneliana und Montana. Nach dem Tod des Petrus de Dunen (O 4), der in Ottonis und Corneliana graduiert wurde, erfolgte eine Inventaraufnahme der Burse.[183] Dabei wurden auch sechs Personen aufgeführt, die eigene Kammern in dem Haus bewohnten und offenbar als Lehrer wirkten, unter ihnen der Laurentiana-Intimus Arnoldus de Harderwijck. Allen war gemeinsam, daß sie noch recht jung waren und als Schüler nicht bzw. nicht allein in der Ottonis, sondern in verschiedenen Bursen studiert hatten.[184] Thomas Lyel und Gerardus de Harderwijck (L 50) besaßen zwar 1502 eine Verfügungsgewalt über die Ottonis und mit Arnoldus de Harderwijck einen der ihrigen unter den Bewohnern der Burse, doch eine personelle Verbindung zur Kleinburse wiesen zweifellos alle Prinzipal-Bursen auf.

Mit dieser Beobachtung deckt sich eine weitere, die auf die Ebene der lehrinhaltlichen Ausrichtung führt. Die Regenten der Ottonis graduierten zwar nachweislich 415 Bakkalare, promovierten hingegen nur 33 Magistranden; oder anderes ausgedrückt: die große

---

[183] Vgl. R 2377.
[184] Arnoldus de Harderwijck (M 410,184) wurde 1492 und 1494 durch Everardus de Amersfordia (L 54) und Arnoldus de Tongeris (L 60) graduiert, hielt sich schon 1499 an der Ottonis auf, für die er auch einige Küchengeräte zur Verfügung stellte, gehörte aber noch 1502 sowohl im Testament des Johannes de Harderwijck (L 55, vgl. R 2372) als auch in dem des Gerardus de Harderwijck (L 50) zu den Bedachten; Henricus de Clivis ist entweder mit M 420,13 zu identifizieren (1494 und 1496 artistische Grade unter Everardus de Amersfordia und Johannes de Harderwijck) oder mit M-Ntr. 1293 (Determination 1501 unter Johannes de Berchem [O 6] in Ottonis, Inzeption 1503 unter Petrus Sultz [K 30] in Kuckana); Petrus Berchem de Colonia (M 418,14), der laut Hermannus de Berchem die Burse weiter leiten sollte, hatte 1496 unter Remigius de Malmundario (M 41) in der Montana determiniert, 1498 sein Lizentiat erworben und wurde 1501 als Magister der Ottonis rezipiert; Johannes de Berchem (M 414,189) determinierte 1494 unter Adam de Bopardia (C 58), inzipierte 1496 unter Theodoricus de Busco (M 39) und wurde 1499 im Vermächtnis des Hermannus de Berchem bedacht; Mathias de Tremonia (M 426,144) wurde durch Gerardus de tz Hertzogenraede (C 63) und Adam de Bopardia 1496 bzw. 1500 graduiert; Nicolaus de Bedbergh (M 442,45) hatte 1500 unter Petrus de Dunen determiniert, im April 1502 in der Montana unter Theodoricus de Novimagio (M 49) inzipiert; seine Kammer befand sich dann aber wie bei den anderen im November 1502 *in domo Ottonis*.

Mehrheit der Ottonis-Schüler suchte sich für die Magister-Promotion einen Lehrer aus einer anderen Burse.[185] Dies bedeutet aber zugleich, daß die Ottonis gar keine eigene Lehrer-Schüler-Tradition aufbauen konnte, offenbar auch nicht wollte. Schikanen der Prinzipal-Bursen scheinen dem nicht entgegengestanden zu haben. Denn zum einen sahen wir bereits, daß Hermannus de Berchem (O 2) in einem engeren Vertrauensverhältnis zur Laurentiana stand, daß er 1491 durch sein friedfertiges Verhalten vier Sitze im Fakultäts-Konsilium für die Ottonis erhielt.[186] Zum anderen zeigen die Examens-Protokolle, daß die Ottonis zwar immer wieder präsentierte Schüler an Determinatoren anderer Bursen abgegen mußte (insgesamt ca. 80), letztendlich aber mehr Schüler aus allen Prinzipal-Bursen erhielt (insgesamt ca. 119). Dieser Austausch scheint nicht immer in konkurrierender Spannung erfolgt zu sein. Nicolaus Linnich (O 3) etwa dürfte der Montana, an der er in den sechziger Jahren studiert hatte, zeitlebens verbunden gewesen sein. Die unter ihm in den achtziger Jahren determinierenden Schüler inzipierten meist unter dem Montaner Theodoricus de Busco (M 39), sodann unter Remigius de Malmundario (M 41) oder Valentin Engelhardt (M 43), einige auch in der Corneliana, in thomistischen Bursen mithin. Von Konflikten über Abwerbungen von Schülern hören wir in diesem Zusammenhang nichts, im Gegensatz eben zu den Prinzipal-Bursen untereinander. Petrus de Dunen (O 4), Schüler von Linnich und Petrus Boll de Dordraco (C 48), könnte anfangs gleichfalls eine gewisse thomistische Tradition gepflegt haben. Unter den hinterlassenen Büchern im Testament des Theologie-Studenten befand sich ein Druck der ‚Questiones (metaphysicae super de ente et essentia Thomae Aquinatis', oder: ‚in Summam Sancti Thomae') des Heinrich von Gorkum[187], ein ‚processus Petri Hispani secundum processum burse Montis', ‚tres partes s. Thome', ‚dicta Versoris impr.', aber auch ‚De laudibus' des Albertus Magnus.[188] Hermannus

---

[185] Mit dieser Formulierung würden wir uns wohl der Beobachtung Schwinges annähern, der mittels seiner Stichproben ein hohes Promotionsverhalten der Bakkalare aus der Ottonis feststellte (Schwinges 1986a, 561). Für die Struktur dieser Burse bleibt jedoch festzuhalten, daß die Regenten der Ottonis offenbar kein Interesse hatten, Magistranden an sich zu binden. Eine Ausnahme bildet Hermannus de Berchem (O 2), bei dem sich Determinationen (23) und Inzeptionen (25) ungefähr die Waage hielten.

[186] S.o. 211.

[187] Vgl. Weiler 1962, 88 f. Möglicherweise handelt es sich auch um die ‚Questiones circa tres libros metheororum', deren Verfasser jedoch nicht eindeutig mit Heinrich von Gorkum (M 1) zu identifizieren ist (Weiler 1962, 86).

[188] R 2377.

de Berchem (O 2) war also offenbar mehr der Laurentiana zugewandt gewesen, Nicolaus Linnich (O 3) eher den thomistischen Bursen. Möglicherweise deutet der Verweis des Petrus de Dunen (O 4) auf die albertistischen Exekutoren des Hermannus de Berchem, als er auf die Zukunft der Ottonis angesprochen wurde, auf eine spätere Zugehörigkeit zur albertistischen Schule. Darauf läßt auch der Wunsch schließen, den albertistischen Kuckaner Johannes Buuch (K 28) als Regenten einzusetzen. Eventuell übertrug Dunen nach dessen Absage das Schicksal der Ottonis den Albertisten Lyel und Harderwijk (L 50), die sich um den Erhalt der Burse kümmern wollten.

bb) Städtische Vernetzung und inhaltliches Profil[189]

Wenn wir demnach konstatieren können, daß die Regenten der Ottonis – offenbar im Einvernehmen mit den Prinzipal-Bursen – den Schwerpunkt ihrer Lehrtätigkeit auf den Anfangsunterricht in den Artes legten, so scheint dies ihrer Anziehungskraft durchaus keinen Abbruch geleistet zu haben. Denn anders wäre es kaum zu erklären, daß gerade die vornehmsten Kölner Familien ihre Söhne bis zuletzt in diese Kleinburse schickten.[190] Ein überaus starkes Interesse am Weiterbestand der Ottonis hatte ja schon Tilmann Brüggen offenbart. Bei ihm handelt es sich um einen der reichsten Bürger Kölns,[191] Fernhändler und von 1485 bis 1499 Ratsherr, Schwiegervater des mächtigen Arnold Brauweiler[192]. Brüggen

---

[189] Dieses Unterkapitel stellt in gewisser Weise ein Zwischenglied in unserer Untersuchungskette dar: mit der Darstellung der intensiven Hinwendung führender Kölner Familien zu der Kleinburse Ottonis greifen wir auf Ergebnisse des Kapitels über die Raemsdonck-Kontroverse zurück (s.o. 161-194), wobei die dortigen Resultate untermauert und noch stärker akzentuiert werden können; mit der Erörterung des inhaltlichen Profils der Ottonis können wir mit Blick auf die offensichtliche Ablehnung dieses Spezifikums der Ottonis durch die Laurentiana-Regenten und Thomas Lyel de Scotia ex negativo den Charakter des Kölner Albertismus nicht unwesentlich näher konturieren, zugleich weisen die Kontakte bestimmter Kölner Familien zu Ottonis und Laurentiana auf die folgende Analyse der Vernetzung zwischen Albertisten und Kölner Pfarreien voraus.
[190] Vgl. zu diesem Phänomen: Schwinges 1986a, 559; Tewes 1986, 49.
[191] Zu Tilman Brüggen: Kuske 1917/34 s.v. (Brügge); Pohl 1971, 506; Gramulla 1971, 564; Kellenbenz 1974, 270 ff.; Irsigler 1979, 134 f., 138, Anm 120; Schleicher 1982, 114.
[192] Arnold Brauweiler, ca. 1473 geboren, Ratsherr von 1510 bis 1550 und Bürgermeister von 1516 bis 1552 (Schleicher 1982, 115), wurde am 17.3.1484 als

ließ seinen gleichnamigen Sohn an der Kölner Universität studieren, der am 5. Februar 1489 immatrikuliert wurde, dessen Lehrer aber nicht bekannt sind.[193] Ob der Vater oder der Sohn sich für Petrus Berchem als Leiter der Ottonis einsetzte, läßt sich nicht klären.[194]

Der Schulterschluß zwischen der Bursa Ottonis und führenden Kölner Familien erfolgte schon in der frühesten Zeit. Aus der angesehenen Familie vanme Hirtze ließen sich am 12. August 1455 die Brüder Johannes und Everardus, Söhne des Everardus, immatrikulieren.[195] Beide determinierten, wie bereits angesprochen, am 20. Juni 1457 unter Otto von Xanten (O 1). Allzu schlecht kann zumindest Johanns Eindruck von der Kleinburse nicht gewesen sein. Denn sonst hätte er, bekannter Doktor beider Rechte der Universität Pavia und – wie seine Handschrift bezeugt[196] – der humanistischen Bildung offensichtlich zugewandt, seinen Sohn Johannes wohl kaum ebenfalls in die Ottonis gegeben, wo dieser im Juni 1483 unter Nicolaus Linnich determinierte.[197] Aus einer bekannten Kölner Familie stammte auch Adolf von Rolantzwerde

---

minorennis immatrikuliert (M 381,56), also mit ungefähr elf Jahren; sein Eidbürge war vielleicht nicht zufällig der damalige Rektor und Leiter der Ottonis Hermannus Berchem (O 2).

[193] M 401,20.

[194] Tilman sen. hatte offenbar zwei gleichnamige Söhne, die beide ebenfalls Ratsherren wurden (1502-1508 bzw. 1506-1509); vgl. Schleicher 1982, 114.

[195] M 266, 20 und 21. Vor allem zu dem bekannteren Juristen Johannes de Cervo vgl. Baumeister 1931/33, Sp. 444 f.; Premier Livre 1978/85, Nr. 95; Herborn 1985, 338-342, 348; Meuthen 1988, 73, 183.

[196] Vgl. die Rektoratseintragungen des Johannes de Cervo in Un. 38, f. 58r-60r (Juni-Dezember 1476): Anlage 2a, b. Seine Schrift ähnelt der des Ulrich Kreidweiß (vgl. Anlage 5 u. 6; Tewes 1988, 62 f.), betont aber weniger stark die Buchstabenformen der karolingischen Minuskel, aus der Kreidweiß beispielsweise ein sehr auffälliges „g" übernahm. Bemerkenswert bei Cervo das steile, teilweise auch gerade „d", das gerade Schluß-„s" (etwa f. 58v, Z. 1 auf Anl. 2a: *henricus de hulss*; doch möglicherweise stellt das Doppel-„s" am Schluß einen Sonderfall dar, bei dem das gerade, lange „s" eher Anwendung fand). Es findet sich auch das runde Schluß-„s", doch überwiegt das sigmaförmige Schluß-„s", während Kreidweiß nahezu konsequent das runde Schluß-„s" schreibt. Im Vergleich mit der Schrift des Pedells in seinem Protokoll über die Wiederwahl zum Rektor im Okober 1476 (Anlage 2b, Mitte) zeigt sich besonders deutlich die humanistische Intention des Johannes de Cervo, die er im hellen, klaren Schriftbild und in der Buchstabenformung ausdrückt. Hinsichtlich Kennzeichnung und Terminologie liegt den Ausführungen zur humanistischen Schrift der grundlegende Aufsatz von Steinmann (1976, bes. 384, 437) sowie der entsprechende Abschnitt bei Bischoff (1986, 195-201; Lit.) zugrunde. Johannes de Cervo wird seine humanistische Schrift vermutlich während des Rechtsstudiums in Italien erworben haben.

[197] M 369,1. Johannes de Cervo jun. wurde am 24.12.1480 als *minorennis* immatrikuliert.

(Rolinxwerd), Ratsherr von 1480 bis 1491, der 1464 als Minderjähriger immatrikuliert wurde und nur das Bakkalaureat (1468 unter Otto von Xanten) anstrebte.[198] Gleiches gilt für Heinrich Kannengießer, Sohn des Peter Kannengießer (Ratsherr 1465), der nach seiner 1465 erfolgten Immatrikulation 1468 unter Otto von Xanten determinierte, 1474 als Löwener Bakkalar der Dekretalen zur Kölner Juristischen Fakultät zugelassen wurde, von 1489 bis 1504 als Ratsherr für die Stadt Köln wirkte.[199] 1479 fungierte Heinrich als Eidbürge für seinen minderjährigen Bruder Peter Kannengießer[200]. Wohl als dessen Lehrer bürgte zudem Nicolaus Linnich (O 3) für die spätere Eidleistung des Immatrikulierten. Die Familie Kannengießer war eng mit der Familie Rinck versippt. Heinrich etwa heiratete Elisabeth, die Tochter Hermann Rincks. Angehörige dieser bedeutenden Familie werden uns noch häufiger im Zusammenhang mit den Bursen Ottonis und Laurentiana begegnen.

Es würde den Rahmen sprengen, wollte man im folgenden sämtliche Schüler der Ottonis vorstellen, die aus Kölner Ratsfamilien stammten. Doch die wichtigsten wenigstens summarisch aufzuführen ist unerläßlich, um das Ansehen dieser Kleinburse annähernd erfassen zu können. Ihr hoher Stellenwert unter den maßgeblichen Familien der damals größten deutschen Stadt, bis zuletzt nachzuverfolgen, läßt den Verlust erahnen, den ihr Untergang bedeutete. Vermutlich aus der Ratsherren- und Metallhändlerfamilie Meinertzhagen stammte Theodoricus Meinertzhagen de Colonia[201], der 1479 immatrikuliert wurde, 1483 unter Nicolaus Linnich (O 3) determinierte und 1486 in der Montana unter Ego de Driel (M 32) inzipierte. 1499 Doctor decretorum, lehrte er an der Universität, diente gleichzeitig der Stadt Köln und dem Herzog von Jülich als Rat. In die Raemsdonck-Kontroverse führt uns Arnold von Straelen[202] zurück.[203] Am 22. März 1481 als *filius domini Goiswini de Stralen* immatrikuliert, erwarb er sein Bakkalaureat 1485, also recht

---

[198] M 300,12. Zur Familie Rolantzwerde: Baumeister 1931/33/36, bes. 1931/33, Sp. 404 (unrichtig allerdings die Angabe, Adolph habe keinen Grad erworben); Schleicher 1982, 488 f.
[199] M 305,78. Zur Familie Kannengießer vgl. etwa Irsigler 1973, 317 f.; Kellenbenz 1974, 273; Herborn 1980, 45, 48 f; Schleicher 1982, 328 f.
[200] M 364,58.
[201] M 362,86. Vgl. Schleicher 1982, 418 f.; Irsigler 1979, 126-130.
[202] M 369,33.
[203] S.o. 173, 179, 260.

spät, unter Nicolaus Linnich. Am gleichen Tag wie Arnold wurde sein Bruder Michael in die Matrikel eingeschrieben[204], allerdings als *minorennis*. Die personelle, konstante Verknüpfung der hinter den Kleinbursen stehenden Persönlichkeiten zeigt sich darin, daß der Jurist Johann vanme Hirtze als Eidbürge für Michael von Straelen eintrat. Dieser wird wohl ebenfalls seinen Unterricht in der Bursa Ottonis erhalten haben. Wie ihr Vater Goswin (Ratsherr von 1453 bis 1492, Bürgermeister von 1474 bis 1490) traten Arnold und Michael, der 1507 Gertrud Rinck heiratete, später in den Kölner Rat ein.[205]

Erinnern wir uns. Goswin von Straelen, wahrscheinlich sogar verwandt mit Nikolaus Mommer von Raemsdonck (R 1),[206] stand während der Raemsdonck-Kontroverse als treibende Kraft hinter dem Bemühen der Stadt, die Kleinbursen mit den Privilegien und dem Status der Prinzipal-Bursen ausstatten zu lassen. Eine mächtige Allianz hatte sich bei diesem Kampf zusammengefunden. Die Angehörigen der Familien von Straelen, vanme Dauwe und Blitterswijck gehörten sowohl zur politischen wie wirtschaftlichen (Fernhandel) Führungsspitze Kölns.[207] Der Kreis der Beteiligten läßt sich verdichten, wenn man die Familien Revue passieren läßt, aus denen Söhne ihr Studium in der Raemsdonck-Burse aufnahmen und absolvierten. Die bereits genannten Jakob und Hermann van der Masen stammten wohl aus einer Kölner Apothekerfamilie, die mit Jakob van der Masen 1476 einen Ratsherrn stellte.[208] Einer der bedeutenden Bleihändlerfamilien, die mehrere Ratsherren stellte, ist vermutlich Heinrich Junge[209] zuzuzählen. Er hatte 1467 unter Ulrich Kreidweiß (R 3) inzipiert. Angehörige führender Fernhändlerfamilien dürften auch Johann Voss[210], Johann Krufft[211], die beide 1470 unter Theodoricus de Busco (R 4) determinierten, sowie

---

[204] M 369,34.
[205] Schleicher 1982, 524 f.
[206] Tewes 1986, 47.
[207] Vgl. etwa Kuske 1917/34 s.v.; Kellenbenz 1974; Irsigler 1974, 69-74 (instruktiv zur politischen Aktivität führender Kölner Händler; auch für die noch zu nennenden Personen zu konsultieren); Irsigler 1979 s.v.; Herborn 1980, 40-49; Tewes 1986, 45 ff.
[208] Schleicher 1982, 414. Die Vermutung, Jacobus und Hermannus de Mosa stammten aus der bekannten Bleihändlerfamilie Maess (Tewes 1986, 48), trifft wohl nicht zu. Zur Händlerfamilie Maess: Irsigler 1979 s.v.
[209] M 304,45. Zu seinen vermutlichen Vorfahren vgl. Militzer 1979.
[210] M 325,3; vgl. Irsigler 1979, 276, 270 f. (führende Weinhändlerfamilie).
[211] M 313,62; Irsigler 1979, 267 f. (Weinhändlerfamilie).

mit Sicherheit Rutger Attendaer[212] (1474 Magisterpromotion unter Theodoricus de Busco, später Vikar an St. Maria im Kapitol und Kanoniker an St. Georg) gewesen sein. Aus den alten Geschlechtern Kölns fanden Johann Quattermart[213] (1472 und 1475 durch Theodoricus de Busco examiniert, später Theologieprofessor in Mainz) und Wilhelm Lyskirchen[214] (1477 Determination unter Theodoricus de Busco) ihren Weg in die Bursa Raemsdonck, ähnlich wie vorher schon Söhne der adligen Familien van den Bongart und Konresheim.

Nachdem Theodoricus de Busco Ende der siebziger Jahre in die Montana übertrat, existierte neben den Prinzipal-Bursen nur noch die Ottonis als Kleinburse. Obwohl Goswin von Straelen jahrelang vornehmlich die Regenten der Raemsdonck-Burse unterstützt hatte, ließ er – wie auch Johann vanme Hirtze – seinen Sohn nicht unter Theodoricus de Busco (M 39), dem er jahrelang eng verbündet gewesen war, das Bakkalaureat erlangen, sondern unter Nicolaus Linnich (O 3). (Der Erwerb des Lizentiats oder Magisteriums ist für Arnold von Straelen und Johann vanme Hirtze jun. nicht belegt.) Auch Ulrich Kreidweiß hielt es für angebracht, seinen Neffen Udalricus[215] in der Ottonis unter Nicolaus Linnich 1485 determinieren, in der Montana aber 1487 unter Theodoricus de Busco inzipieren zu lassen. Analog der ritterliche Johannes Aldenhoven de Haymborch[216] und sein minderjähriger Bruder Lambertus[217]: am 17. November 1483 immatrikuliert, determinierte Johannes 1484 unter Nicolaus Linnich, um 1486 in der Montana unter Remigius de Malmundario (M 41) zu inzipieren, während Lambertus jeweils zwei Jahre später unter den gleichen Regenten die artistischen Grade erwarb. Die gleiche Abfolge ist bei dem Ratsherrensohn

---

[212] M 318,72. Die Familie Attendaer zählte zu den bedeutenden Kupfer- und Heringshändlerfamilien Kölns, war mit Nikolaus Pirckheimer in Augsburg verwandt; vgl. Kuske 1917/34 s.v.; Irsigler 1979, 147.

[213] M 326,21. Zur Familie Quattermart vgl. etwa Herborn 1972 pass.; Herborn 1977 pass.; Schleicher 1982, 467. Johan Quattermart war vermutlich ein Sohn des in den Aufstand von 1482 verwickelten Werner Quattermart (vgl. Herborn 1980, 42; Looz-Corswarem 1980, 84). Untersuchungen zur Familie Quattermart beschränken sich überwiegend auf das 14. Jahrhundert.

[214] M 347,20. Zur Familie Lyskirchen: Herborn 1972 pass.; Herborn 1974 pass.; Herborn 1980, 47 ff.; Schleicher 1982, 393-396.

[215] M 377,1.

[216] M 380,46.

[217] M 380,47. Zu Johannes und Lambertus de Haymborch vgl. Premier Livre 1978/85, Nr. 214.

Petrus Nassau de Colonia[218] zu beobachten: dem Bakkalaureat 1485 unter Nicolaus Linnich folgte 1488 das Magisterium unter Remigius de Malmundario. Allein das Bakkalaureat strebte offenbar Johannes Hardenrath de Colonia[219] an, der 1494 unter Petrus de Dunen (O 4) determinierte und vermutlich ein Enkel des bekannten gleichnamigen Kaufmanns und Stifters war, mithin aus der wohl reichsten Kölner Familiengruppe der Jahrzehnte vor und nach 1500 stammte.[220]

Eine bemerkenswerte Anzahl von Sprößlingen aus angesehenen Kölner Familien suchte die Ottonis in einem noch nicht eidfähigen Alter auf, also jünger als 14 Jahre, teilweise ohne einen artistischen Grad zu erlangen.[221] Dies trifft neben dem bereits genannten Petrus Kannengießer (1479 immatrikuliert) beispielsweise auf Wijnrich Buydel[222] zu, Sohn eines Kölner Goldschmiedes und Ratsherrn, für den am 26. Mai 1481 Nicolaus Linnich (O 3) den Eid bei der Immatrikulation ablegte. Seinem Vorgehen folgte Lufart Schiderich[223], dessen Eidbürge bei der Immatrikulation am 16. Juni 1481 *in domo Ottonis* Bernardus de Dorsten[224] hieß, der gerade 1480 unter Ego de Driel (M 32) das Magisterium erworben hatte. Lufart Schiderich entstammte einer Familie, die in der zweiten Hälfte des 15. Jahrhunderts überaus häufig ein Ratsherren- und Bürgermeisteramt bekleiden konnte. Angesprochen wurde schon Arnold Brauweiler[225], der am 17. Februar 1484 Hermannus Berchem (O 2) als Eidbürgen wählte. Aus der einflußreichen, in faszinierend vielen Lebensbereichen engagierten und überaus erfolgreichen Familie Rinck[226] kam im März 1485 Adolph Rinck[227] als *minorennis*

---

[218] M 381,73. Peter Nassauwe Ratsherr von 1459 bis 1477 (Schleicher 1982, 446).
[219] M 419,80.
[220] Zu den Hardenrath: Kellenbenz 1974, bes. 272; Premier Livre 1978/85, Nr. 337; Irsigler 1979, 86 f.; Schleicher 1982, 258; Kümmerling 1988. Einschlägig jetzt: Schmid 1990, 494-536, 497 f. zu dem genannten Johann (III) Hardenrath, der später in einer engeren Verbindung zum kaiserlichen Hof stehen sollte.
[221] Vgl. Tewes 1986, 50-53.
[222] M 370,130; vgl. Schleicher 1982, 116 f.
[223] M 370,180; vgl. zu den Schiderich: Baumeister 1931/33, Sp. 447 f.; Herborn 1972, 128 ff. (Besetzung eines Bürgermeisteramtes); Herborn 1977, bes. 590 (Lufart von Schiderich d.Ä. als Ratsherr und Bürgermeister); Kellenbenz 1974; Herborn 1980, 39, 48; Schleicher 1982, 538.
[224] M 354,16.
[225] M 381,56.
[226] Zur Familie Rinck etwa: Irsigler 1973; Irsigler 1975; Herborn 1980, 48 ff.; grundlegend jetzt: Schmid 1990.
[227] M 385,47.

mit ca. 13 Jahren in die Bursa Ottonis. Denn als sein Eidbürge fungierte Nicolaus Linnich, obwohl sein Verwandter, der bekannte Jurist Peter Rinck[228], zu jener Zeit Rektor war. Adolph, der als Fernhändler ganz in die Fußstapfen seines Vaters Hermann (I) Rinck trat und in der ersten Hälfte des 16. Jahrhunderts mehrmals die wichtigsten politischen Ämter Kölns übernahm[229], strebte im Gegensatz zu seinem jüngeren Verwandten Hieronymus Rinck keinen artistischen Grad an. Hieronymus war ein unehelicher Sohn des Peter Rinck,[230] der ihn am 11. Januar 1495, noch minderjährig, in die Matrikel einschreiben ließ. Für Hieronymus leistete Johannes Delft[231] den Eid, ein junger Magister, der wie so viele in der Ottonis sein Bakkalaureat, in einer Prinzipal-Burse (Corneliana) aber sein Magisterium erlangt hatte. Hieronymus scheint eher den wissenschaftlichen als den kaufmännischen Neigungen der Rincks gefolgt zu sein, denn 1497 determinierte er in der Ottonis unter Petrus de Dunen (O 4), inzipierte dann 1499 in der Laurentiana unter Arnold von Tongern (L 60). Nicht von ungefähr schloß er sich der albertistischen Burse an, deren personelle wie geistige Verknüpfung mit Angehörigen der Familie Rinck wir noch ausführlicher darstellen werden.[232]

Als minderjährige Schüler suchten auch Johann Medeman de Colonia[233] und Jacobus Pastoris de Colonia[234] im Mai bzw. September 1485 die Ottonis auf, beide als Söhne von Ratsherren anzusehen.[235] Johann und Jakob determinierten zusammen am 15. Juni 1489 unter Nicolaus Linnich (O 3), doch führte nur Johann Medemann sein Studium weiter, inzipierte 1491 unter Remigius de Malmundario (M

---

[228] M 255,51.
[229] Vgl. Irsigler 1973, 319 ff.; Schleicher 1982, 479.
[230] Irsigler 1975, 65 f.: Hieronymus sei 1481 oder 1482 als unehelicher Sohn des hoch in den Fünfzigern stehenden Peter Rinck geboren worden; damit ist überholt die Aussage bei Irsigler 1973, 323: „anscheinend" unehelich; zu Hieronymus Rinck vgl. jetzt Schmid 1990, 88.
[231] M 392,62; 1487 Determination unter Nicolaus Linnich (O 3), 1489 Inzeption unter Mathias de Venlo (C 49) in der Corneliana. Johannes de Delft scheint als Lehrer junger Söhne aus führenden Familien gewirkt zu haben, denn am 20.4.1496 bürgte er bei der Immatrikulation des minderjährigen Petrus Effern de Colonia (M 429,21), der sein Studium in der Laurentiana aufnahm und vermutlich der patrizischen, landadligen Familie Overstolz-Effern angehörte (vgl. Schleicher 1982, 168. Zum älteren Zweig: Herborn 1977, 146 ff.).
[232] S.u. 441-448, 469 f., 722 f.
[233] M 386,78.
[234] M 387,11.
[235] Vgl. Schleicher 1982, 415 f. (zur Familie Medemann), 52 f. (Familie Pastoyr).

41) und erwarb 1493 sogar das Bakkalaureat in den Dekretalen. Als Eidbürge wirkte Henricus Zutphanie[236] für die zwei, ein Schüler der Laurentiana, der noch weitere junge Ratsherrensöhne bei der Immatrikulation betreute.[237] Lediglich mit ihrem *fideiussor* aus der Ottonis begegnen Henricus Blitterswijck[238] (Hermannus Berchem *promisit* bei der Immatrikulation 1485), Johannes Westerburch de Colonia[239], für den Petrus de Dunen bei der Immatrikulation im März 1495 bürgte, Johann von Merle[240] (Bartholomäus Bedborch *cavit pro eo* am 12.10.1497) und Jaspar Questenberg[241], dessen Eidbürge im Juni 1498 Petrus de Dunen (O 4) hieß.

Die Spitze des wirtschaftlichen wie politischen Kölner Nachwuchses konzentrierte sich eindrucksvoll in der Kleinburse Ottonis, nachdem sich die Raemsdonck-Burse aufgelöst hatte. Nicht daß dieser Schülerkreis die Prinzipal-Bursen gemieden hätte, doch gemessen an der Regentenstärke und dem Status der Ottonis muß die Frequenz mehr als überproportional hoch erscheinen. Und dies angesichts der Kategorien „Ehre" und „Status", die für die Patrizier und Fernhändler von so eminenter Bedeutung waren, das Movens in der erbitterten Auseinandersetzung mit der Universität in der Raemsdonck-Kontroverse bildeten. Trotz mancher *gratia facultatis* hatte auch die Ottonis nicht die Ehrerbietung erfahren, die einem Goswin von Straelen oder Robert Blitterswijck für die akademische Ausbildungsstätte ihrer Söhne als unerläßlich galt. Dennoch zogen sie und ihresgleichen die Ottonis den Prinzipal-Bursen vor. Reiner Trotz kann nicht dahinter gestanden haben. Etwas anderes als der Status muß demnach ausschlaggebend gewesen sein. Diese Anziehungskraft dürfte auf der inhaltlichen Ebene des Unterrichts zu suchen sein.

---

[236] M 347,40; 1475 Determination unter Jacobus de Amersfordia (L 49), 1480 Inzeption unter Anthonius Swolgen (L 52).
[237] Vgl. M 387,64-70.
[238] M 387,11.
[239] M 425,25. Vermutlich ein Sohn oder Verwandter des Arnold von Westerburg, Ratsherr von 1481 bis 1513 (Schleicher 1982, 582) und einer der reichsten Fernhändler Kölns (Kellenbenz 1974, bes. 274 f.; Irsigler 1974, 72 ff.; Irsigler 1979 s.v.).
[240] M 436,4. Vgl. Irsigler 1979, bes. 268 ff. („Dynastie von Weingroßhändlern"); Schleicher 1982, 423 (wie sein gleichnamiger Vater ebenfalls später Ratsherr).
[241] M 438,261. Zur Familie: Kellenbenz 1974, 271 f.; Irsigler 1979, 127 f., 189; Schleicher 1982, 468.

Die obigen Beispiele unterstrichen unsere Beobachtung, daß die meisten Schüler an der Ottonis nur ein Grundstudium absolvierten, sich – wenn überhaupt – mit dem untersten artistischen Grad zufrieden gaben und einen höheren Abschluß meist an einer Prinzipal-Burse erwarben. Eine wissenschaftliche Ausbildung und Laufbahn war wohl auch nur in den seltensten Fällen beabsichtigt.[242] Aber entsprach denn der Unterricht in Logik, Naturphilosophie oder Metaphysik den Bildungsbedürfnissen der Fernhändler und Stadtpolitiker? Mußte ihnen nicht viel eher an einer praktisch verwertbaren Ausbildung liegen? Im Zusammenhang mit dem Raemsdonck-Streit äußerten wir bereits die Vermutung, daß der Vorschlag vom März 1469, die *libri parciales* aufzuwerten und die Politik des Aristoteles in den Lehrplan aufzunehmen, aus dem Kreis der Raemsdonck-Studenten stammte.[243] Es gibt nun Quellenbelege, aus denen eindeutig hervorgeht, daß die Ottonis sich lehrinhaltlich spezialisiert hatte, einen Unterricht anbot, der maßgeblich auf die Belange der Kölner Führungsschicht zugeschnitten war, was mutatis mutandis natürlich auch für die Raemsdonck-Burse gilt. Im Rahmen der umfassenden Reformbemühungen Mitte der zwanziger Jahre des 16. Jahrhunderts reichte die Medizinische Fakultät 1525 einen Vorschlag ein, in welchem sie sich ausdrücklich auf die Struktur der Ottonis bezog.[244] Zur Förderung der Studien sollten zwei Bursen *instar Ottonis* eingerichtet werden, in denen die Supposita einen Anfangsunterricht in Grammatik und Dialektik, aber auch in den *politiores literae*, also den humanistischen Fächern, erhalten sollten. Bezeichnenderweise sollte diese Unterweisung bis einschließlich des Bakkalaureats erfolgen, dem

---

[242] 1481 sah sich die Universität gezwungen, vor allem die Bursen-Regenten zur Immatrikulation ihrer Schüler anzuhalten. Der Tadel, die eidliche Bindung an die Universität zu versäumen, richtete sich dabei namentlich an die *filii civium istius civitatis Coloniensis, qui tandem donantur consulariatus munere, dum ad eiusdem civitatis consilium eliguntur* (M I, S. 16* f.). Ferner kritisierte man die Regenten, daß sie eine von der Universität losgelöste Regentschaft ausübten und ihre Schüler nicht energisch genug zur Erlangung der Grade anhielten. Mit dieser Lehrweise näherten sie sich der Struktur von Partikularschulen an. Da eine Umgehung der Immatrikulationsgebühren bei der angesprochenen sozialen Gruppe als Motiv auszuschließen ist, dürfte vielmehr ein fehlender „akademischer Ehrgeiz" zugrunde gelegen haben, wie wir ihn der Tendenz nach schon bei den Schülern der Ottonis festgestellt haben. Auch wenn sie nicht explizit angeprangert wurde, scheint sich die Kritik doch primär an ihre Klientel gerichtet zu haben. Vgl. auch Schwinges 1986a, 561, Anm. 127 (mit entgegengesetzter Wertung).
[243] S.o. 166-169.
[244] Vgl. Meuthen 1988, 281.

sich dann ein philosophischer Unterricht in den vier Prinzipal-Bursen bzw. Gymnasien anzuschließen hatte. Damit hoffte man die Privatschulen ausrotten, die Kölner Bürgerssöhne gleichzeitig für die der Ottonis angeglichenen Bursen gewinnen zu können.[245] Da die Mediziner in ihrem Reformvorschlag von 1525 offensichtlich auf tatsächliche Strukturelemente der Ottonis zurückgriffen, scheinen die Humaniora in die Kleinbursen Eingang gefunden zu haben. Da wir ferner annehmen dürfen, daß der Humanist Ulrich Kreidweiß (R 3) humanistische Studien in der Raemsdonck-Burse eingeführt hatte, könnte dieses Unterrichtsmodell von der Ottonis aufgenommen und weitergeführt worden sein. Denn gerade die den *politiores literae* zugeordneten Fächer gehörten zu den untergeordneten sprachlichen Disziplinen des Triviums. Genau dort lag der inhaltliche Schwerpunkt der Klein-Bursen, mit dem zumindest die sich arrangierende Ottonis eine kooperative Verzahnung mit den Prinzipal-Bursen erreichen konnte.

Es ist evident, daß das 1525 vorgelegte Modell in seinen einzelnen Elementen ganz den Charakteristika entsprach, die wir oben für den Lehrbetrieb der Ottonis herausgearbeitet haben. Der relativ fest umrissene Besucherkreis suchte und fand in der Ottonis einen Unterricht, der aus Sicht des obligatorischen Artes-Studiums der Haupt-Bursen auf einer niedrigeren Stufe angesiedelt, in den Augen der Kölner Bürger aber auf ihre Interessen zugeschnitten war. Wer höhere Ambitionen hatte, wechselte halt zu den Regenten der großen Bursen. In der Ottonis wird man weniger eine spekulativ-theoretische als praktische Bildung vermittelt haben, d.h. im Rahmen des Sprachunterrichts mehr die Grammatik, vermutlich auch Elemente der Rhetorik, eventuell sogar die mathematischen Fächer gepflegt haben. Damit stand sie zwischen den Elementarschulen und der Artisten-Fakultät, war institutionell aber dem Artes-Studium integriert. Ihren geringeren Rang, aber auch ihre universitäre Einbindung bestätigte man noch 1542, als nicht von ungefähr der Kölner Rat die Etablierung eines *studium particulare instar domus Ottonis* an der Kölner Universität forderte, in welchem die Jugend vornehmlich in der Grammatik, Briefkunst

---

[245] Un. 74; vgl. auch Un. 317, f. 90v.

und ähnlichem zu unterrichten sei.[246] Von der Warte einer aus ihrer Sicht anspruchsvolleren philosophischen Bursenunterweisung lehnten die Regenten der Artisten-Fakultät diesen Reformvorschlag entschieden ab.

Wir haben entscheidende Anhaltspunkte gewonnen, die den Untergang der Ottonis erklären helfen. Eine direkte Einwirkung auf den Studienbetrieb an der Artisten-Fakultät war den Stadtvätern schon in der Raemsdonck-Kontroverse nicht gelungen. Gleichwohl mußte ihnen daran gelegen sein, in Köln neben den Parochial- und Stiftsschulen eine gehobenere Ausbildungsstätte zur Verfügung zu haben.[247] Denn eine städtische Schule gab es nicht. Der Versuch, städtische Bildungsinteressen mit der Universität institutionell zu verknüpfen, läßt sich folglich immer wieder, nicht nur in der Raemsdonck-Kontroverse, beobachten. Nach dem Untergang der Corneliana beauftragte die Stadt im Juli 1529 beispielsweise die vier Provisoren, mit Henricus de Sittart (C 61) wegen der Übernahme seines Hauses für 400 fl. zu verhandeln, um in ihm eine städtische Burse einzurichten (*und rectoire ader meistere dairinnen zo stellen und sust na aller noittorft dairinne zo handelen*).[248] Wie sich aus dem entsprechenden Ratsprotokoll ergibt, hatte man als Regenten den ehemaligen Laurentiana-Schüler Gerardus Bencken de Bocholdia[249] ausersehen, einen Humanisten,[250] der für 40 fl.

---

[246] Un. 481, f. 220v-221v. Vgl. Meuthen 1988, 227 (Grammatikunterricht), 281; s. auch Kuckhoff 1931, 52 f.; Keussen 1934, 347 f. Der Begriff des „studium particulare" muß vor dem Hintergrund eines Mitte des 16. Jahrhunderts differenzierten Schul- und Studienwesens gesehen werden. Während der Existenz der Ottonis und auch 1525 fiel er nicht, doch trifft er generell die Struktur der Ottonis, die als artistische Burse lehrinhaltlich einen anderen, mit Blick auf die weiteren Studien vorgeordneten Unterrichtsschwerpunkt legte. Eine Abqualifizierung der Ottonis ist damit nicht ausgesprochen, andernfalls wäre auch kaum das konstante Bekenntnis der Kölner Elite zu ihr verständlich. Durch Schwinges (1986a, 560 ff.) ist m.E. dieser Zusammenhang nicht angemessen berücksichtigt bzw. der Begriff Partikularschule überbewertet worden (vgl. auch meine Kritik in Tewes 1986, 54 u. Anm 16). Erkennt man allerdings den strukturellen Unterschied der Ottonis zu den Prinzipal-Bursen nicht an, wird weder ihr Untergang noch die spätere Ablehnung dieser Bursenform erklärbar.

[247] Vgl. Tewes 1986, 61.

[248] HAStK, Ratsprotokolle 7, f. 248v; vgl. R 2953; Ratsbeschlüsse 1988, 631, Nr. 472.

[249] M 524,47: determiniert 1520 unter Quirinus de Wylich.

[250] Vgl. außer der Lit. in Anm. zu M 524,47: Bissels 1965, 14, 19 f., 26 u.ö.

Gehalt nach Anweisung der Provisoren lesen sollte.[251] Mit dem Bekenntnis zur Ottonis offenbarten die Bürger, daß diese Burse ihren Bedürfnissen am weitesten entgegenkam. Es hat allen Anschein, als ob es auch einen personellen Anknüpfungspunkt gegeben hat. Petrus Berchem de Colonia dürfte wie Johann Berchem von Köln (O 6)[252], der ebenfalls an der Ottonis lehrte und eine Kammer in ihr besaß[253], der bedeutenden Kölner Fernhändler- und Seidenverlegerfamilie von Berchem angehört haben.[254] Läßt sich ein Verwandtschaftsverhältnis auch nicht eindeutig klären, so zeigt das Interesse, welches Tilmann Brüggen – gemäß dem Testament des Hermannus de Berchem[255] – an Peter Berchem als neuem Leiter der Ottonis hatte, daß dieser zumindest dem Interessenkreis der Kölner Bürger zuzurechnen ist. Schon Petrus de Dunen (O 4) verwies jedoch auf die Exekutoren des Hermannus Berchem, die *ad beneplacitum de domo et regentia ipsius* entscheiden würden und wollten.[256] Gerhard von Harderwijk (L 50) konnte seine Absichten nicht mehr verdeutlichen oder gar verwirklichen. Thomas Lyel scheint als Theologieprofessor keinerlei Interesse an der Kleinburse gehabt zu haben. Wenn dem neuen Laurentiana-Leiter Arnold von Tongern (L 60) offenbar ebenfalls nichts daran lag, die Ottonis am Leben zu erhalten, dann dürfte deren Unterrichtsstruktur dabei nicht unerheblich ins Gewicht gefallen sein. Ihm wird der Hiatus, der in der Ottonis zwischen dem Bakkalaureats- und Magisterstudium (und damit eben auch dem Theologiestudium![257]) geschaffen worden war, wenig sinnvoll vorgekommen sein. Eine Abwendung von der Kölner Bürgerschaft ist freilich weder bei ihm noch bei den anderen Laurentiana-Regenten zu erkennen – ganz im Gegenteil. Am transparentesten offenbart sich das stadtkölnische Engagement

---

[251] Im Ratsprotokoll (7, f. 278v) sind beide Aufträge, der zur Verhandlung über den Hauserwerb wie der zu Gesprächen mit Gerardus de Bocholdia, mit einer geschweiften Klammer zusammengefaßt, die in dem Stichwort „Bursa Cornelii" mündet. Die Bemühungen blieben offensichtlich ergebnislos; vgl. Ratsbeschlüsse 1988, 631, Nr. 472.

[252] M 414,189.

[253] R 2377.

[254] Zur Familie von Berchem: Irsigler 1974, 70 ff.; Irsigler 1979 s.v.; Herborn 1980, 35, Anm. 34, 44; Schleicher 1982, 66 ff.

[255] Hermannus de Berchem scheint nicht der Kölner Familie angehört zu haben, denn sein voller Name „Hermannus Schoem de Torre de Berchem" legt eine Herkunft aus einem Ort (Bergheim) außerhalb Kölns nahe.

[256] R 2377.

[257] Vgl. die besondere Förderung von Theologiestudenten in Arnold von Tongerns Studienstiftung für die Laurentiana; s.o. 276.

der Albertisten in bestimmten Pfarreien; in diesem Geflecht werden dann auch die Regenten der Ottonis erneut zum Zuge kommen.

c) St. Kolumba

Die Pfarre St. Kolumba bildete den größten, bevölkerungsreichsten Pfarreibezirk Kölns.[258] Die Kirche St. Kolumba lag an der Ecke Brückenstraße/Kolumbastraße; das Kirchspiel in Form eines Rechteckes wurde im Osten begrenzt durch die Straßen Unter Fettenhennen und Hohe Straße, im Süden durch die Schildergasse und den Neumarkt, im Westen durch die Gertrudenstraße und die St. Apernstraße, im Norden schließlich durch Burgmauer und Zeughausstraße.[259] Einflußreiche Persönlichkeiten und Familien besaßen hier ihren Wohnsitz, die Rinck, Wasservas, Schiderich etwa.[260] Schon 1425 gewährte Papst Martin V. den Pfarrgenossen von St. Kolumba das Recht, ihren Pfarrer gleich den Bürgern von St. Laurentius bei Vakanz selbst wählen zu dürfen, d.h. durch eine Kommission, die aus den vier Provisoren oder Kirchmeistern und neun gewählten Pfarrangehörigen bestand.[261] Die päpstliche Bulle ging auf ein Ersuchen der Bürger zurück, die sich über die mangelnde Seelsorge des meist nicht residierenden Pfarrers beklagten. Da aber die Pfarrei von St. Kolumba umfangreicher und bevölkerter sei als die übrigen, wohl sechs- bis achttausend Personen umfasse, sei ein gewissenhafter Rektor unerläßlich, der *morum patrie non ignarus* eine ständige persönliche Residenz ausübe.[262] Nahezu über unseren gesamten Untersuchungszeitraum hinweg sollten sich die Angehörigen dieses Kirchspiels für maßgebliche Albertisten der Laurentiana-Burse entscheiden. Ein in seiner ganzen Dimension kaum zu ermessender Vertrauensbeweis, ein – hier freilich nur oberflächlich zu durchleuchtendes – Zusammenspiel mit wechselseitigen

---

[258] Greving 1904, 6; Keussen 1910, I, 196* f.; Vogts 1936, (1). Zum geistlichen Grundbesitz in St. Kolumba vgl. Gechter 1983, 245-249.
[259] Vgl. den Plan bei Greving 1900, 176; Keussen 1910, I, 274; Gechter 1983, 434 f.
[260] Vgl. Greving 1900.
[261] Schaefer 1903, 158 ff., Nr. 53-58.
[262] Schaefer 1903, 159, Nr. 56. Vgl. Kulenkampff 1987/88; unrichtig allerdings die Angabe (445), das Rektorat an St. Kolumba sei mit einer Professur für Theologie an der Kölner Universität verbunden gewesen (dieses trifft in Köln allein auf Stiftspfründen zu).

Einflüssen und Konsequenzen zeichnet sich dabei ab. Versuchen wir wenigstens die handelnden Personen namhaft zu machen, uns einigen Resultaten ihrer Kooperation anzunähern.

Möglicherweise entschieden sich die Pfarrgenossen bereits 1440 für einen albertistischen Realisten, als sie den städtischen Protonotar Johannes Stommel, den wir zum engeren Kreis der möglichen frühen Pariser Realisten zählten,[263] zum Pfarrer wählten.[264] Immerhin gehörte zu den *parrochiani s. Columbe* auch Fastrardus Bareyt de Busco, der Schüler des Heymericus de Campo (L 1). Doch bestimmte Kräfte im Domkapitel erhoben Einspruch gegen die Investitur Stommels, scheinen in einer zweijährigen Auseinandersetzung – die genauen Vorgänge bleiben jedoch undurchsichtig – dessen Resignation bewirkt zu haben.[265] Stommel folgte dem Schiedsspruch des erzbischöflichen Kommissars und übernahm in einem Tausch das Rektorat der St. Apern-Kapelle, das bis dahin Johannes von Mecheln (L 4) innehatte, der nun 1442 neuer Pfarrer an St. Kolumba wurde.[266] Mit ihm setzte eine beispiellose Integration der Laurentiana in bestimmte Schichten der Kölner Bevölkerung ein – und vice versa.

1444 ernannten die Kirchmeister und Pfarrangehörigen zu St. Kolumba Wilhelm von Hambroich zum Küster bzw. Glöckner (*campanarius*).[267] Wilhelm ließ seinen Sohn Johannes jenen Studienweg einschlagen, den wir schon so häufig beobachten konnten: 1468 als *civis Coloniensis* und *filius campanarii s. Columbe, servitoris rectoris* immatrikuliert,[268] determinierte Johannes de Hambroich 1473 unter Nicolaus de Linnich (O 3), um 1475 in der Laurentiana unter Gerardus de Harderwijck (L 50) zu inzipieren. Wohl nicht zufällig ließ sich Johannes im Rektorat des Johannes de Mechlinia immatrikulieren, als dessen *servitor* sein Vater dabei bezeugt wurde.

---

[263] S.o. 298 f., 301 u.ö.

[264] Schaefer 1903, 161, Nr. 62. Noch durch päpstliche Reservation scheint Johannes Creyt (M 163,12), *litterarum apostolicarum scriptor et abbreviator*, 1440 gestorben, 1426 in den Genuß des Rektorats gekommen zu sein (vgl. Schaefer 1903, 160, Nr. 57).

[265] Schaefer 1903, 161 f., Nr. 62, 63; vgl. Kulenkampff 1987/88, 444 f.

[266] Schaefer 1903, 161 f., Nr. 63; vgl. Kulenkampff 1987/88, 445 (Hinweis auf die gemeinsame prokonziliare Haltung bei Johann von Mecheln und Erzbischof Dietrich von Moers. Mag dieser auch die Ernennung des Laurentiana-Regenten gefördert haben, so weist doch nichts auf einen Widerstand der Pfarrgenossen von St. Kolumba gegen Johann von Mecheln hin, wie ihn Kulenkampff andeutet.).

[267] Schaefer 1903, 162, Nr. 64.

[268] M 318,62.

Später begegnet Johannes als Altarist an St. Kolumba und Pfarrer in Merzenich.[269]

Zu den prägenden Persönlichkeiten an St. Kolumba gehörten die Angehörigen der Familie Rinck. Johann (I) Rinck begann seine steile kaufmännische Karriere in Köln als Geschäftspartner des Johann Dasse, dessen gleichnamiger Sohn Rincks Tochter Geirtgin heiratete.[270] Johann (II) Dasse nahm 1436 ein Artes-Studium auf, welches er bis zum Bakkalaureat absolvierte.[271] Sein Determinator hieß Johannes de Mechlinia (L 4). In einem Transsumpt wird Johann (II) Dasse als Präsentator des Altaristen am Marienaltar in St. Kolumba genannt, den seine verstorbene Mutter fundiert hatte.[272] In den fünfziger Jahren wurde er zusammen mit Hermann (I) Rinck, dem Neffen des Johann (I), Nachfolger im Rinckschen Fernhandelsunternehmen.[273] Zwischen Johann (I) Rinck, schon 1449 als Kirchmeister bezeugt[274], und Johannes de Mechlinia muß sich ein äußerst enges Vertrauensverhältnis entwickelt haben. Mechlinia wurde erster Exekutor einer umfangreichen Ordinatio, die Johann (I) Rinck in einer Erweiterung seines 1463 errichteten Testamentes am 26. Januar 1464 aufstellte.[275] Die zahlreichen Anordnungen betrafen Messen und Anniversarfeiern an der durch Rinck errichteten (*suis sumptibus et expensis ex fundamento erecta usque ad tectum inclusure*)[276] Marienkapelle der Kirche St. Kolumba. Die Kapelle,

---

[269] Die Vermutung Illmers (Premier Livre 1978/85, Nr. 215), es habe sich bei Johann Hambroich um einen Angehörigen der gleichnamigen Kölner Adelsfamilie gehandelt, erscheint mir sehr fragwürdig. Hätte einem Adligen denn die Aufgabe eines Küsters und Dieners des Pfarrers zugestanden?

[270] Irsigler 1973, 313 f.; Schmid 1990, 23-82 zu Johann (I) Rinck.

[271] M 190,31 (die dortige Todesnachricht wird sich auf Johann Dasse sen. bezogen haben); zu Johann (II) Dasse vgl. Schmid 1990, 321-337.

[272] Schaefer 1903, 164, Nr. 77; zur Altarstiftung vgl. Schmid 1990, 330 f.

[273] Irsigler 1973, 316.

[274] Schaefer 1903, 162, Nr. 68; zu Rinck als Kirchmeister vgl. Schmid 1990, 43-46.

[275] Kulenkampff 1987/88, 446 f.; vgl. Schaefer 1903, 166, Nr. 87; Schmid 1990, 48-52. Weitere Exekutoren und Zeugen waren die Kirchmeister Johannes de Cervo, Bertholdus Questenberg, Franco Heck und Johannes (II) Rinck, sowie Walterus Back de Buscoducis (L 27), Offizial des Kölner Erzbischofs Ruprecht von Bayern und ehemaliger Schüler des Johannes de Mechlinia wie kurzzeitiger Regent der Laurentiana, ehe er ein juristisches Studium in Orléans aufnahm (vgl. Premier Livre 1978/85, Nr. 22). Seine Bestimmung als Exekutor erscheint signifikant für eine enge, lebenslang demonstrierte Verbundenheit der Bursen-Angehörigen. Ferner unter den Zeugen sein *servitor* und *familiaris* Hermannus de Wijlre (M 301,107), der im Juni 1464 immatrikuliert wurde.

[276] Kulenkampff 1987/88, 451, Anm. 17.

eine „Kirche in der Kirche"[277], erhob sich über dem Marienaltar, den Guytgin (Geirtgin) Dasse 1448 gestiftet hatte. Bemerkenswert der Konnex des Fernhändlers zur Theologie, zweifellos auch ein Ergebnis seiner Begegnungen mit Johannes de Mechlinia. Die zwei Weltkleriker, denen die beiden täglichen Gottesdienste am Marienaltar als *officiati removibiles* anvertraut wurden, sollten Studenten der Theologie sein.[278] Das Kollationsrecht stand den nächsten Angehörigen der Familie Rinck zu, bei Streitfragen sollten die Kirchmeister (*magistri fabrice*) von St. Kolumba, der Pfarrer mit dem Prior der Kreuzbrüder sowie als oberste Instanz der Kartäuser-Prior entscheiden. Johannes de Mechlinia zählte in der Ordinatio zu dem Kreis der Wohltäter und Freunde, derer in den Messen und Gebeten gedacht wurde. In sein Pfarrektorat fallen die 1456 begonnenen, aufwendigen baulichen Erweiterungen der Kirche, bei denen die Familie Rinck offenbar die beiden nördlichen Schiffe gestiftet hatte.[279] Als Stifter verewigten sich in den Schlußsteinen des spätgotischen Netzgewölbes unter anderem auch die Familien Schiderich und Westerburg.

Johannes de Mechlinia hat seine Grabstätte in seiner Pfarrkirche gefunden, möglicherweise lag sie im Chor.[280] Vermutlich zierte seine Grablege das von ihm in Auftrag gegebene Epitaph „Fürbittbild eines Kanonikers", das ihn als knienden Beter porträtiert.[281] Seine innige Verbundenheit mit St. Kolumba unterstreicht der gleichfalls von ihm (sehr wahrscheinlich für den Hochaltar) gestiftete aufwendige Altaraufsatz, der auf der Tafel mit dem Tempelgang Mariens den knienden Theologen und Stifter zeigt.[282] Die enge Nähe zu den

---

[277] Kulenkampff 1987/88, 446; vgl. zur Kapelle auch Schmid 1990, 49 f.
[278] Zu den Bestimmungen: Kulenkampff 1987/88, 447; Schmid 1990, 48 f.; vgl. auch Schaefer 1903, 166, Nr. 87.
[279] Vogts 1936, (4); Irsigler 1975, 62; Schmid 1990, 45.
[280] Schmid 1990, 35, 34-43 ausführlicher zu Hulshout als Stifter an St. Kolumba.
[281] Kulenkampff 1987/88, 445 f. Die Argumente Kulenkampffs für Johannes de Mechlinia scheinen mir sehr überzeugend. Vgl. zu dieser Kunststiftung Schmid 1990, 40 ff.
[282] Abbildung bei Boockmann 1986, 342, Nr. 501; vgl. zu diesem Tafelwerk Schmid 1990, 36-40 (im Fazit auf 43: der Altar zeige wie ähnliche Stiftungen von „universitären Mäzenen" ein relativ ausgefallenes ikonographisches Konzept, das den Stifter „in sehr enger Beziehung zu dem Heilsgeschehen" zeige); ferner Boockmann 1986a, 598 f. (Betonung des ausgeprägten Selbstverständnisses des Universitätstheologen als Pastor von St. Kolumba; ähnlich auf 599 zu dem ebenfalls aus der Institution Universität hinausweisenden Tersteegen-Altar aus St. Andreas, der von Gerardus de Monte [M 4] gestiftet worden war und auf der Innenseite des linken Flügels seinen Neffen Lambertus [M 24] zeigt).

Rinck wiederum demonstrierte er in seinem Testament.[283] Am 16. Mai 1473 wählte Johannes de Mechlinia zu seinen *manufideles* und *executores*: den Doktor beider Rechte Petrus Rinck, den Lizentiaten der Theologie Thomas Baest (M 21) sowie den Schulmeister an St. Kolumba Heinrich Schelert von Beek. Als vierten Exekutor bestimmte er am 12. Dezember 1475 zusätzlich Cornelius de Breda (K 12), Doktor der Theologie und Pastor an Klein St. Martin in Köln.[284] Dieser Kreis bedarf einer Erläuterung. Denn unter den ihm nahestehenden Bursalen aus Laurentiana und Kuckana fällt Thomas Baest aus der Reihe. Gehörte der Löwener Bakkalar doch 1450/52 zu den Regenten der Montana, in der er 1434 unter Henricus de Embrica inzipiert hatte. Es gab allerdings einen zentralen Berührungspunkt zwischen Thomas Baest[285] und Johannes de Mechlinia: die Kölner Kartause. Das Buchvermächtnis Baests an die Kartause[286] legt nahe, daß er ihr nahe stand. Intensivere Kontakte zu den Kartäusern erweist eindrucksvoll das Testament des Johannes de Mechlinia. Keinen Orden bedachte er so nachhaltig wie diesen. Vier fl. setzte er als Legat für den Kölner Konvent aus, jeweils zwei fl. für die in Roermond, Wesel und den bei 's-Hertogenbosch. Die Kölner Kartäuser beschenkte er zudem mit den ‚Epistole Pauli cum glosa ordinaria' und mit dem Werk des Albertus Magnus ‚super Ysayam prophetam', welches jedoch erst nach dem Tod des Heinrich von Beek, der es für Mechlinia abgeschrieben hatte, an das Kloster fallen sollte.[287]

Die Bündelung von Kartause und St. Kolumba in der Person Peter Rincks ist hinlänglich bekannt.[288] Als Novize gesundheitlich den strengen Anforderungen des Ordens nicht gewachsen, blieb er im Herzen Kartäuser, bedachte das Kölner Kloster in einmaliger Weise mit reichhaltigen Stiftungen.[289] An St. Kolumba, wo

---

[283] Un. 92, f. 29r-30v; vgl. auch R 1557/58 (stark verkürzt).
[284] Un. 92, f. 30r/v.
[285] Als Buchvermächtnis erhielt Thomas Baest die ‚Glosa Nycolay de Lyra super psalterium' von Johannes de Mechlinia.
[286] Vgl. Anm. zu M 178,8; Tewes 1991, 160 f.
[287] Weiterhin bedachte Mechlinia den Konvent an Groß St. Martin und den der Kreuzbrüder mit je fünf fl., die Konvente der vier Mendikantenorden mit je zwei fl. und den „ad olivas" mit einem fl.
[288] Vgl. etwa Irsigler 1975; Schmid 1990, 84 f., 94-97, 101-108.
[289] Irsigler 1975, 59-62; Schmid 1990, 91 f., 108. Zu den „Kunststiftungen im spätmittelalterlichen Köln" vgl. auch die eher grundsätzlichen Überlegungen in Schmid 1990a.

er seit 1475 als Kirchmeister nachweisbar ist,[290] erweiterte er die Meßstiftung an der Marienkapelle, bedachte Kapelle, Kirche und die an ihr wirkenden Personen nochmals großzügig in seinem Testament.[291] Der dritte Testamentator des Johannes de Mechlinia, Heinrich Schelert von Beek, hatte bereits 1464 in der Stellung eines Vikars die *Ordinatio missarum* des Johann (I) Rinck als Zeuge und Bürge unterschrieben.[292] Der Schulmeister an St. Kolumba hatte seine Bildung – man möchte fast sagen: selbstverständlich – an der Laurentiana erhalten. Unter dem Rektor Laurentius de Groningen (L 5) um die Jahreswende 1482/83 immatrikuliert,[293] determinierte er 1444 unter Johannes de Kuyck (L 8), inzipierte recht spät 1450 unter Thomas Baron de Scotia (L 12). Johannes de Mechlinia (L 4) vermachte ihm 1473 ein Bett *cum tegumento et lectica*, wünschte ferner, daß Heinrich eine der drei Jahrmessen für den Verstorbenen lese.

Eine Bestätigung für den Zusammenhalt der Albertisten findet sich in der nachträglichen Ernennung des Cornelius Bays de Breda (K 12) zum Exekutor. Der ehemalige Schüler der Laurentiana, dann Lehrer an der Kuckana, hatte 1471 das Doktorat in der Theologie erworben. 1473 wählte ihn die Pfarrgemeinde von Klein St. Martin zum Pfarrer, doch regte sich in bestimmten Bevölkerungsteilen Widerstand, teilweise gewaltsam (der Notar Hermann Wegberg entriß Cornelius zweimal vor dem Pfarrhaus das Birett), so daß Stadt und Universität sich zu seiner Unterstützung veranlaßt sahen.[294] Neben dem Vertrauensbeweis bedachte ihn Johannes de Mechlinia mit seiner ‚lectura super psalterium', *quam ego* (J. de M.) *collegi* sowie mit dem Werk des Ambrosius ‚super Lucam'. Unter den Personen, die Mechlinia mit Präsenzgeld und *prandium* besonders versehen wissen wollte, zählte er namentlich auch den Kuckana-Albertisten Severinus de Moneta (K 9) auf, neben Thomas Baest (M 21), Wilhelm Gressenich (ebenfalls ein früherer Montana-Schüler)[295] und den Laurentianern Henricus Horst (L 33) und

---

[290] Schaefer 1903, 168, Nr. 96.
[291] Irsigler 1973, 62 f.
[292] Schaefer 1903, 166, Nr. 87.
[293] M 216,8.
[294] Vgl. R 1544, 1549, 1568.
[295] M 252,8. Gressenich erwarb 1453 und 1455 seine artistischen Grade unter Gerardus de Elten (M 19) und Henricus de Susato (M 18); 1473 wurde ihm das theologische Lizentiat verliehen, doch starb er bereits 1474.

Conradus Campis (L 44). Unter letzterem hatte der Testaments-Zeuge Conradus Heymbach (Bucker) de Colonia[296] 1467 und 1469 Bakkalaureat bzw. Magisterium erworben, nachdem er am 28. März 1465 als *minorennis* immatrikuliert worden war. Seit 1499 ist er als Kölner Johanniter-Komtur nachzuweisen.[297] Als zweiten Zeugen wählte Johannes de Mechlinia den uns schon bekannten Sohn des Küsters an St. Kolumba, Johannes Hambroich von Köln, der gerade 1473 an der Ottonis unter Nicolaus Linnich (O 3) sein Bakkalaureat erworben hatte.

Als sich die Kirchmeister an St. Kolumba, unter ihnen Petrus Rinck, im Juli 1475 angesichts des zu erwartenden Todes ihres Seelsorgers entschieden, mit Henricus Boese de Horst (L 33) erneut einen Albertisten und Laurentiana-Regenten zum Pfarrer zu wählen, gaben sie keinem Unbekannten ihr Vertrauen. Wirkte er doch bereits als Kaplan an ihrer Kirche.[298] Freilich sah es vorher gar nicht so aus, als ob Heinrich Boese eine theologisch-kirchliche Laufbahn einschlagen würde. Denn wenige Jahre, nachdem ihm Jacobus de Straelen (L 30) die stellvertretende Bursenleitung übertragen hatte, nahm er um 1462 das Amt eines *consiliarius* unter Herzog Adolf von Geldern an.[299] Offenbar beendete die Gefangennahme seines Herrn in Brabant das politische Intermezzo, da Heinrich Ende der sechziger Jahre wieder an der Laurentiana als Regent (bis 1474), gleichzeitig wohl als Kaplan an St. Kolumba wirkte.[300] Um 1474 bekundete er bei der Stadt seine Absicht, in Köln Doktor der Theologie zu werden, bat deshalb um eine Pfründe oder um Fürsprache in einem Kirchspiel, da er krankheitshalber sein Benefizium an St. Cäcilia zurückgegeben hatte und das des Wilhelm Gressenich nicht erhalten konnte.[301] Heinrich erfüllte sein Versprechen und wurde als Pastor an St. Kolumba 1480 durch seinen alten Lehrer Jakob von Straelen (L 30) zum Doktor promoviert.[302] Vergeblich versuchten der Kölner Johannes Harnischmacher von Meinertzhagen[303] und der ehemalige Corneliana-Regent Nikolaus

---

[296] M 305,2.
[297] Vermutlich stammte Konrad Heymbach aus der gleichnamigen Kölner Stahlhändlerfamilie (zu ihr Irsigler 1979 s.v.).
[298] Un. 760, f. 9v.
[299] Vgl. Kommentar zu L 33.
[300] *Iste magister Henricus, postquam captus esset in Brabantia dominus suus dux, rediens factus fuit capellanus in ecclesia s. Columbe* ... (Un. 760, f. 9v).
[301] R 1573.
[302] Löhr 1926, 87.
[303] M 240,16; 1449 immatrikuliert, doch Studiengang unbekannt.

Drey von Edam (C 42)[304] in einem sich bis 1481 hinziehenden Prozeß die Wahl anzufechten.[305] Mit Heinrich von Horst hatte das Kirchspiel zweifellos nicht nur einen gewissenhaften, theologisch hervorragend gebildeten Seelsorger gewonnen, sondern auch einen Repräsentanten, der in die Öffentlichkeit hinausstrahlte. Obwohl er nicht das Rektorat der Universität bekleidete (Rektor damals der Montaner Theodoricus de Busco, M 39), hielt Heinrich von Horst am 2. April 1486 seitens der Universität die Begrüßungsrede beim Empfang König Maximilians in Köln, die noch im gleichen Jahr gedruckt wurde.[306]

Auch in das Rektorat Heinrichs von Horst fallen bedeutende Stiftungen an St. Kolumba. 1489 bestätigte er zusammen mit den Kirchmeistern das Offizium und die Messen, Memorien und Anniversarien, die Godert vom Wasservas d.Ä. (1464 gest.) zusammen mit seinem gleichnamigen Sohn (1494 gest.) an der von ihm errichteten Georgskapelle gestiftet hatte.[307] Nach der Familie Rinck dürften die politisch äußerst einflußreichen Wasservas[308] die stärksten Bindungen zu St. Kolumba entwickelt haben; zahlreiche Stiftungen und ihre Familiengrabstätte geben hiervon Zeugnis.[309] Und wie bei den Rinck läßt sich auch bei ihnen die geistige Nähe zu den Laurentiana-Albertisten feststellen. Gut ein Jahr, nachdem Petrus Rinck seinen Sohn Hieronymus der Ottonis und Laurentiana anvertraut hatte, übergab der Bürgermeister Gerhard vom Wasservas seinen gleichnamigen Sohn der Laurentiana. Gerhard vom Wasservas jun. ließ sich am 27. Juni 1496 immatrikulieren,[310] determinierte dann im November 1498 unter Johannes de Harderwijck (L 55) und wurde – wie ein Jahr früher Hieronymus Rinck – im April 1500 durch Arnold von Tongern (L 60) zum Magister promoviert. Seit

---

[304] M 277,31. Keussen gibt auf ihn zutreffende Angaben (päpstlicher Auditor etwa), teilweise doppelt, bei dem 1418 immatrikulierten Nikolaus Loy von Edam (M 119,5) an. Dieser scheidet jedoch aus biographischen Gründen für die Ereignisse um Heinrich Horst aus.
[305] Schaefer 1903, 168, Nr. 97-99; vgl. Schmid 1990, 92 f.
[306] R 1831; Vouliéme 1903, Nr. 598.
[307] Schaefer 1903, 170 f., Nr. 108; vgl. Groten 1981, 96-99.
[308] Zur Familie Wasservas maßgeblich: Groten 1981; vgl. auch Schleicher 1982, 568 f.
[309] Aus der älteren Literatur: Ferrier 1878, 34 ff.; Merlo 1889. Die Familie Wasservas besaß Ende des 15. Jahrhunderts mehrere Häuser in unmittelbarer Nähe der Kirche St. Kolumba (auf der Hohen Str., Brückenstr., Minoriten- und Kolumbastr.; vgl. Greving 1900 s.v.).
[310] M 430,225.

1502 ist er als Kanoniker des Stiftes St. Aposteln in Köln nachzuweisen; später übernahm er die Verwaltung der Obödienz Linz und wurde 1535 Schenk der Stiftsgemeinschaft.[311] Schon jetzt sei darauf hingewiesen, daß diese geistige Brücke zwischen Albertisten und wichtigen Stadtpolitikern tiefgreifende praktische Konsequenzen haben wird. St. Kolumba als geistig-geistlicher Fokus der Kölner Albertisten: eher paradigmatisch denn zufällig scheint mir in diesem Zusammenhang ein Ereignis zu sein, welches sich Weihnachten 1489 in der Kirche St. Kolumba ereignete. Der blinde Nicasius Voerda de Mechlinia, Theologe wie Dekretist und seit Mai in Köln immatrikuliert, sang hier in der Christnacht das Evangelium, obwohl er am Dom ein Predigtamt versah.[312]

1496 starb Heinrich von Horst; er wurde im Chor von St. Kolumba begraben.[313] Zu seinem Nachfolger wählte man den Prinzipal-Regenten der Laurentiana Gerardus de Harderwijck (L 50). Am 1. Juni 1496 präsentierten ihn Gerhard vom Wasservas und Johann (II) Rinck, stellvertretend für die Provisoren, sowie für die Pfarrgenossen Petrus Rinck und Johann Muysgen dem Dompropst Graf Georg von Sayn-Witgenstein.[314] Ohne Widersprüche konnte sofort die Investitur vollzogen werden.[315] Herrschte bei den Parrochiani offenbar ungetrübt der Wunsch vor, den Albertisten und Lizentiaten der Theologie für das Rektorat zu gewinnen, so gab es diesmal Zweifel bei dem Kandidaten. Schon 1493 hatte er den

---

[311] Groten 1981, 109 und Anm. 78, 79. Für die dortige Annahme, daß der 1496 immatrikulierte Gerhard vom Wasservas, ein unehelicher Sohn Gerhards, nach seinem Bakkalaureat an einer anderen Universität studiert, sich 1500 neu immatrikuliert (M 448,52) und dann inzipiert habe, gibt es allerdings keinen Anhaltspunkt. Der spätere Kanoniker Gerhard vom Wasservas blieb in der Laurentiana und inzipierte in der üblichen Zeit, nach nicht ganz anderthalb Jahren, am 29.4.1500 unter Arnold von Tongern. Die zweite Immatrikulation (M 448,52), vielleicht bewußt im Rektorat des vertrauten St.-Kolumba-Pfarrers Gerardus de Harderwijck (L 50), zwischen Oktober und Dezember 1500 (als Gerhard vom Wasservas Rentmeister [Groten 1981, 116] und der uneheliche Sohn Gerhard schon seit Monaten Magister war), muß sich auf den um 1484 geborenen gleichnamigen Sohn aus der Ehe mit Kathringin Kempgin beziehen. Der Bürgermeister der dreißiger Jahre, einer der vermögendsten Männer Kölns (Groten 1981, 129 f.), hat offenbar keinen akademischen Grad angestrebt.
[312] Chroniken XIV, 875; vgl. Ferrier 1878, 38 f.
[313] Un. 760, f. 9v.
[314] Schaefer 1903, 174, Nr. 127; vgl. Schmid 1990, 234.
[315] Doch geht aus einer Prozeßentscheidung von 1503 hervor, daß Wessel Somerhus (M 398,61; außer Immatrikulation nichts weiter zu ihm bekannt) ihm die Pfarrei später vergeblich streitig gemacht hatte; vgl. Schaefer 1903, 178, Nr. 149; Schmid 1990, 234.

eindringlich vorgetragenen Wunsch der Pfarrgemeinde an St. Johannes Baptist ausgeschlagen, Nachfolger des verstorbenen Pfarrers Jacobus de Amersfordia (L 49) zu werden.[316] Denn mit dem Tod des Jacobus mußte Gerhard die Last der Bursenleitung ganz allein tragen, in einer Zeit hoher Studentenzahlen. Neben organisatorischen Aufgaben banden ihn literarische. Mit den zahlreichen von ihm verfaßten Schulbüchern der Laurentiana wurden wir bereits vertraut gemacht, 1493 etwa revidierte er das juristische Opus des Nicasius de Voerda.[317] Umso energischer muß das Begehren der Parrochiani an St. Kolumba vorgetragen worden sein, die Tradition der Laurentianer-Pfarrer fortzusetzen. Arnold von Tongern (L 60) dürfte den Kern getroffen haben, als er in seiner Chronik festhielt, Gerhard habe *victus precibus parochianorum ecclesie s. Columbe* und *renitens* das Seelsorgeamt angenommen.[318]

Nahtlos fügte Gerhard sich gleichwohl in die ebenfalls schon traditionelle Interessengemeinschaft zwischen der Familie Rinck und der Laurentiana-Burse ein. Peter Rinck, dessen geistige Leidenschaft eher auf dem theologischen als auf dem juristischen Gebiet lag,[319] bestimmte ihn neben dem Prior der Kölner Kartause und Verwandten zum Exekutor seines umfassenden Testamentes,[320] bedachte ihn auch in einem gesonderten Legat.[321] Dem Laurentiana-Regenten gelang es, die personelle Verankerung seiner Burse an St. Kolumba weiter zu fundieren. Nachdem Johannes Harnischmacher, Vikar am St. Nikolaialtar der Kirche und uns schon als Widersacher des Heinrich von Horst bekannt, gestorben war, präsentierten die Provisoren Gerhard vom Wasservas, Johann Rinck, Matthias von Blitterswijk und Johann Questenberg dem Pfarrer einen neuen Kandidaten für die Vikarie. Ihre Wahl war auf Arnold Schack von Amersfoort gefallen, den Gerhard annehmen und einsetzen sollte. Es wird ihm nicht schwer gefallen sein. Denn Arnold Schack studierte seit 1489 an der Laurentiana,[322] wirkte an

---

[316] Un. 760, f. 11r; vgl. Meuthen 1988, 64.
[317] S.o. 383 f.
[318] Un. 760, f. 11r.
[319] Unter seinen nachweisbaren Büchern befinden sich bezeichnenderweise kaum juristische Titel, vielmehr überwiegend theologische Werke und Erbauungsliteratur (vgl. Werhahn 1955, 185; Irsigler 1975, 63; Schmid 1990, 119-124).
[320] Schaefer 1903, 176, Nr. 136; vgl. Schmid 1990, 99, auf 98-101 ausführlicher zum Testament Rincks.
[321] Irsigler 1975, 63.
[322] M 402,203.

ihr als Famulus und erreichte beide artistischen Grade 1492 und 1493 unter Johannes de Harderwijck (L 55). Kein Unbekannter also für Gerhard von Harderwijk, aber auch nicht für uns. Begegnete er uns doch bereits als Zeuge des Testamentes und Nachlasses vom 1. und 9. Juli 1499, die der Ottonis-Regent Hermannus de Berchem aufgesetzt hatte, an der Seite von Gerhard von Harderwijk, Thomas Lyel und dessen Famulus Rutger Soensbeck.[323] 1502/03 schließlich wurde er als Famulus in Testament und Nachlaß Gerhards genannt, der ihm die von Arnold von Tongern (L 60) erworbene Bibel und ein Werk des Albertus Magnus vermachte. Freilich schlug Arnold Schack von Amersfoort kein theologisches Studium ein, sondern ein medizinisches und war beispielsweise 1504 und 1505 bei Lepra-Untersuchungen anwesend.

Am 21. August 1503 starb Gerhard von Harderwijk; am 24. August wählten die vier Provisoren um Gerhard vom Wasservas und die neun Vertreter der Pfarrgemeinde bereits den Laurentiana-Regenten Arnoldus de Dammone (L 66) zum neuen Pfarrer.[324] Es ist anzunehmen, daß die Auswahl des Kandidaten noch in Absprache mit Harderwijk erfolgt war. Denn dieser hatte noch 1503 Arnoldus de Dammone gegen den Widerstand des Dompropstes Georg von Sayn zum Doktor der Theologie promoviert. Schon vorher amtierte der überzeugte Albertist, Herausgeber der ‚Problemata' des Heymericus de Campo, als Kaplan an St. Kolumba, versah auch ein Vikariat an St. Paul. Am 20. Oktober 1504 stiftete er als einer der Testaments-Exekutoren des Gerhard von Harderwijk für diesen ein Jahrgedächtnis an St. Kolumba.[325] Arnold von Damme konnte allerdings das Pfarrektorat nicht unbeschwert antreten. Gegen die Wahl der Parrochiani erfolgte Einspruch, der zu einem schweren Prozeß führte.[326] Vermutlich ließen sich die Pfarrangehörigen von St. Kolumba aus diesem Grund 1503 das von Martin V. erteilte Wahlprivileg bestätigen.[327] Die Kirchmeister und die neun Wähler des Pfarrers, an der Spitze Gerhard vom Wasservas, entschlossen sich sogar, „ihrem" Pfarrer wegen der hohen

---

[323] S.o. 422 f.
[324] Schaefer 1903, 179, Nr. 151.
[325] R 2435. Arnoldus de Dammone wurde zwar im ursprünglichen Testament (R 2373) nicht als Exekutor genannt, doch dürften ihn Arnold von Tongern (L 60) und Thomas Lyel anstelle der verstorbenen bzw. abgereisten Petrus de Hulss (L 64) und Georg Beheim (L 70) nachträglich nominiert haben.
[326] Schaefer 1903, 180, Nr. 156, 160.
[327] Schaefer 1903, 179, Nr. 152, 153; vgl. Schmid 1990, 235.

Prozeßkosten beizustehen.[328] Erstaunlicherweise handelte es sich bei Arnold Dronckeler, der Anspruch auf das Rektorat erhob, sehr wahrscheinlich um einen ehemaligen Schüler der Laurentiana.[329]

Arnold von Damme wirkte bis zu seinem Tod 1542 als Pfarrer, also über die bemerkenswert lange Zeit von fast 40 Jahren. Zugleich lehrte er an der Theologischen Fakultät, für die er häufig den Intrans stellte; dreimal bekleidete er das Rektorat der Universität, 1528/29 für ein ganzes Jahr.

Ein spätes Zeugnis für einen langjährigen Zusammenhalt der Albertisten an St. Kolumba bot Johannes Hambroich, Sohn des Küsters Wilhelm Hambroich, einst Schüler an Ottonis wie Laurentiana und Altarist an St. Kolumba. Als seine testamentarischen Treuhänder werden 1534 Arnold von Damme (L 66) und Arnold von Tongern (L 60) genannt, die unter anderem eine Meßstiftung am St. Nikolai-Altar für ihn fundierten.[330] Damme fungierte 1535 (zusammen mit Hildebrand Sudermann) ebenfalls als Treuhänder des verstorbenen Schulmeisters an St. Kolumba[331], Mathias Herstrais de Colonia[332]. In seinem Testament 1541 stellte Arnold von Damme eine Rente von 100 fl. für vier Erbmessen zur Verfügung, die wöchentlich von vier Priestern zu lesen waren.[333] Vorzugsrecht hatten dabei unter anderem die von ihm geweihten Priester und Laurentiana-Regenten Quirinus de Wylich (L 69) und Johannes de Lippia (L 83).

Der für unseren Untersuchungszeitraum letzte Pfarrer an St. Kolumba stammte wiederum aus der Laurentiana. Hermannus Blanckenfort de Monasterio (L 81) lehrte von 1528 bis 1543 recht erfolgreich an der Burse, befand sich jedoch bereits im August 1542 unter den Personen, die das Inventar im Haus des verstorbenen Arnold von Damme aufnahmen.[334] Am 23. August 1542 erfolgte die Wahl, am 30. die Investitur.[335] Seine Anwesenheit bei der Inventaraufnahme darf nicht verwundern, hatte ihn doch Arnold von

---

[328] Schaefer 1903, 180, Nr. 156.
[329] M 406,86; 1491 und 1493 durch Johannes de Harderwijck (L 55) bzw. Arnoldus de Tongris (L 60) graduiert; weiter ist nichts zu ihm bekannt, außer daß er im November 1506 schon als gestorben genannt wird (Schaefer 1903, 180, Nr. 160).
[330] Schaefer 1903, 189 ff., Nr. 214, 225.
[331] Schaefer 1903, 190, Nr. 216.
[332] M 507,51.
[333] Schaefer 1903, 192, Nr. 228.
[334] Schaefer 1903, 192 f., Nr. 232.
[335] Schaefer 1903, 193, Nr. 233, 234.

Damme zu seinem Exekutor bestimmt, dazu den Priestervikar an St. Kolumba Johann Bruwer von Altenahr[336], ein ehemaliger Schüler der Laurentiana (natürlich) ebenso wie Nikolaus von Grefrath[337], der dritte Exekutor Dammes. In dieser Funktion stifteten sie 1544 fünf Erbmemorien an St. Kolumba, die das Traditionsbewußtsein des Pfarrers erkennen lassen, der nicht nur an sein Seelenheil, sondern auch an das seiner Vorgänger Johannes de Mechlinia (L 4) und Gerardus de Harderwijck (L 50) dachte.[338] Die Predigten der Albertisten scheinen eine breitere Öffentlichkeit beeindruckt zu haben. Denn der Jurist Peter von Clapis[339] berichtete 1543 dem Kölner Domkapitel, daß mehrere Personen eine Summe von 300 fl. zusammengetragen und damit eine Rente von zwölf fl. gekauft hätten, die für zwei wöchentliche Predigten am Dom bestimmt waren. Als Prediger seien der Weihbischof Johannes Noepel de Lippia (L 83) und Hermannus Blanckenfort (L 81) gewonnen worden.[340]

Der Tod beschloß am 12. August 1554, wie bei den vorherigen Pfarrern der Laurentiana, das Rektorat des Hermann Blanckenfort.[341] Mit ihm endete auch eine Ära an St. Kolumba, denn 1554 wurde mit Sebastianus Niermoell (Novimola) de Duisburg (M 69) erstmals ein Regent der Montana Pfarrer an St. Kolumba.[342] Doch geriet er bald in einen Konflikt mit den Kirchmeistern, was bei den Laurentiana-Pfarrern nie zu beobachten war. 1557 richteten die Provisoren sowie die neun Deputierten der Gemeinde einen Beschwerdebrief an Sebastianus, da er mit dem von den Kirchmeistern zu ernennenden Schulmeister sowie mit Nikolaus Grefrath (den ehemaligen Laurentiana-Schüler) in Streit geraten sei und da er die Kirchmeister unfreundlich behandelt habe.[343] Tatsächlich setzte Sebastianus kurz darauf, am 5. Juni 1557, einen neuen Schulmeister

---

[336] M 470,41; 1506 Determination unter Johannes de Venlo, 1518 Inzeption unter Quirinus de Wylich.
[337] M 596,31; 1537 wird Zulassung zum Bakkalaureat als Laurentiana-Schüler belegt.
[338] Schaefer 1903, 194, Nr. 240.
[339] M 430,200.
[340] Schaefer 1903, 194, Nr. 239. Spätere Prediger sollten durch den Dekan der Theologischen Fakultät ernannt werden. Falls jedoch ein lutherischer, bucerischer oder anderer sektirerischer Prediger erscheine, sollte die Rente den Hausarmen an St. Kolumba übergeben werden.
[341] Vgl. Ferrier 1878, 51 f.; dort auch Abdruck des Epitaphs.
[342] Ferrier 1878, 52 ff.; Greving 1899, Sp. 35.
[343] Schaefer 1903, 198, Nr. 263.

ein: Wilhelm Paludonis, der gerade in der Montana sein Lizentiat erworben hatte.[344] Mit Sebastianus Niermoell fand erstmals auch seit langem ein Pfarrer von St. Kolumba sein Grab nicht in dieser Kirche, sondern im Dom. Doch verfügte er Stiftungen an St. Kolumba, außer einem Jahrgedächtnis auch solche für seine Verwandten, deren Söhne an der Pfarrschule an St. Kolumba auf das Studium an der Montana vorbereitet werden sollten.[345] Ob diese Bestimmung immer Unterstützung fand, ist fraglich, denn mit Johannes Noepel de Lippia (L 83) und Caspar Ulenberg entschieden sich die Pfarrangehörigen an St. Kolumba in der Folge für eine Fortsetzung der alten Tradition, nach der ihr Pfarrer ein Albertist der Laurentiana sein sollte.

d) St. Johann Baptist

Eine aufschlußreiche Abfolge von Laurentiana-Pfarrern läßt sich ebenso für die Pfarre St. Johann Baptist eruieren, wenngleich weniger eindrucksvoll und stringent als an St. Kolumba. Die Kirche lag auf dem Gebiet des Stiftes St. Severin, dessen Tochterkirche sie mit mannigfachen Abhängigkeitsverhältnissen war[346]; topographisch befand sie sich an der südlichen Grenze des Schreinsbezirkes Airsbach, Ecke Spulmannsgasse/Severinstraße,[347] wo sie heute in einem Neubau zu besuchen ist. Das Kirchspiel gehörte zu den sieben bevölkerungsreichsten Kölns.[348] Schon seit 1230 besaßen die Parochiani von St. Johann Baptist das Recht, aus ihren Reihen vier Deputierte zu wählen, die wiederum zwei Kandidaten für das Rektorat bestimmen sollten. Freilich mußten sie diese dann dem Propst von St. Severin vorstellen, der die endgültige Entscheidung über den neuen Pfarrer fällte.[349]

Die Reihe der Universitätsangehörigen an St. Johann Baptist beginnt mit Theodoricus Kerkering de Monasterio, dem bis 1489 allerdings keine hervorragenderen Lehrer folgten.[350] 1489 fiel die

---

[344] M 663,176; Schaefer 1903, 198, Nr. 264.
[345] Ferrier 1878, 53 f.
[346] Esser 1885, 27-32.
[347] Vgl. Karte des Bezirks bei Keussen 1910, II, 1, 47 f. (zum Gebäude).
[348] Esser 1885, 6 f.; Keussen 1910, I, 196* (insgesamt 19 Pfarren).
[349] Vgl. Esser 1885, 27 ff., 193-196 (Anhang I), 202-205 (Anhang III).
[350] Vgl. Esser 1885, 105 f. Von Pfarrern wie Johannes Bardun (M 355,45), Pastor von 1464 bis 1486, oder Thomas von Zülpich (M 295,58), Amtszeit 1486 bis 1489, wissen wir kaum mehr als das Datum ihrer Immatrikulation.

Wahl wieder auf einen herausragenden Universitätslehrer, den Laurentiana-Regenten Jacobus de Amersfordia (L 49), der 1487 gerade das theologische Doktorat unter Jacobus de Straelen (L 30) erworben hatte.³⁵¹ Für die Ernennung Jakobs von Amersfoort mag es nicht unerheblich gewesen sein, daß er seit 1483 ein Universitäts-Kanonikat an St. Severin bekleidete. Beeindruckend das vielseitige, dichte Tätigkeitsfeld des Theologen und Pastors seit 1487: umfangreiche Kommentare zu aristotelischen Schriften und deren Drucklegungen zeugen vom weiteren Engagement für die albertistische Burse, Rektorat (1491) und theologisches Dekanat (1492/93) an der Universität sprechen für Renommee und Verantwortungsbewußtsein im organisatorisch-praktischen Bereich. Es klingt glaubhaft, wenn sein Tod 1493 *in eadem ecclesia (sc. s. Joannis Baptistae)* laut Arnold von Tongern (L 60) *maerore totius universitatis* beklagt worden sein soll.³⁵² Ebenso verblaßt der Charakter wohlwollender Topik angesichts verschiedener Zeugnisse über seine herausragende Gelehrsamkeit und Tugend.³⁵³ Jakob von Amersfoort unterstrich seine Bindung an die Pfarrkirche St. Johann Baptist mit dem Wunsch, im Chor dieser Kirche begraben werden zu wollen.

Wenn die *primores* der Pfarre sich nun „unter Tränen" an Gerhard von Harderwijk (L 50) wandten, er möge die Nachfolge im Pfarrektorat antreten,³⁵⁴ scheinen sie bewußt den albertistischen Theologen und Bursen-Regenten angesprochen zu haben. Das Wirken des Jakob von Amersfoort dürfte im Zusammenspiel mit seiner universitären Herkunft und vielleicht auch dem Beispiel der Pfarrer an St. Kolumba traditionsbildend geworden sein. Gerhard von Harderwijk lehnte bekanntlich ab. Doch spricht einiges dafür, daß er in maßgeblicher Weise die personelle Alternative namhaft machte. Schlaglicht- und bausteinartig erhellt hierbei die prosopographische Analyse erneut den Konnex zwischen Laurentiana und Ottonis Ende des 15. Jahrhunderts. Denn Nachfolger des Jakob von Amersfoort wurde der Ottonis-Regent Hermannus de Berchem

---

³⁵¹ Un. 760, f. 11r; Esser 1885, 106.
³⁵² Un. 760, f. 11r.
³⁵³ Besonders von Rudolf von Langen, Arnold von Tongern (in Un. 760, f. 11r *vir singularis eruditionis et mansuetudinis*) und der Stadt Arnheim. S. Anm. zu M 304,6; s.u. 721 f.
³⁵⁴ Vgl. o. 447 f.

(O 2).³⁵⁵ Der Bakkalar der Dekretalen (1472 belegt) amtierte noch 1492/93 als Inhabitator der Artisten-Schule. Seine Verflechtung mit der Laurentiana zeigte sich bereits in seinem Testament, in welchem er Gerhard von Harderwijk (damals Pfarrer an St. Kolumba) und Thomas Lyel als Haupt-Exekutoren bestimmte. Aus seinem Vermächtnis geht zugleich die Verwurzelung mit der Pfarrei im Süden Kölns hervor. Bedachte er doch auch den (nicht zu identifizierenden) Küster Johannes, Bernhard Pistoris, *rector scolarium*³⁵⁶, und den Kaplan an St. Johann Baptist, Arnoldus Nagel de Camen³⁵⁷, einen Studenten der Rechte.

Nach dem Tod des Hermannus Berchem entschieden sich die Pfarrherren wiederum für einen Regenten der Ottonis, Petrus de Dunen (O 4). Mit ihm, der 1499 das theologische Lizentiat erworben hatte, stand erneut ein Theologe auf der Kanzel. Sein baldiger Tod Ende 1502 dürfte der Grund gewesen sein, daß Zeugnisse seines Wirkens an St. Johann Baptist oder der Bindung an die Kirche nicht überliefert sind.

Während dieser Zeit scheint das Band zwischen der Laurentiana und der Pfarre nicht abgerissen gewesen zu sein. Die Wahl fiel 1502 auf den Studenten der Theologie und Laurentiana-Regenten Johannes Hoelem de Venroed (L 63), einen Schüler des Everardus de Amersfordia (L 54).³⁵⁸ Bis zu seinem Tod 1530 widmete er sich engagiert den Lehr- und Verwaltungsaufgaben an der Theologischen Fakultät wie der Seelsorge an St. Johann Baptist. Im Netzwerk der Kölner Albertisten markierte der eifrige Judenbekehrer³⁵⁹ einen besonders folgereichen Knotenpunkt: stellte er doch – wie wir noch genauer sehen werden – eine der Galionsfiguren im Kampf bestimmter Kölner gegen Reuchlin. Möglicherweise ist die Tatsache,

---

³⁵⁵ Die bei Esser (1885, 106) angegebene Reihenfolge, nach der Petrus de Dunen 1493, Hermannus de Berchem erst 1500 Pastor geworden sein soll, kann nicht stimmen. Denn erstens starb Hermannus bereits 1499, und zwar eindeutig als Pastor an St. Johann Baptist, zweitens dürfte Petrus de Dunen, der 1492 gerade rezipiert wurde, für das Amt noch nicht hinreichend qualifiziert gewesen sein. Zudem wird er 1502 in seinem Testament als Pastor dieser Pfarre bezeugt.

³⁵⁶ Vermutlich M 412,148; 16.12.1491 immatrikuliert, Studiengang nicht bekannt, doch 1505 als Bakkalar der Jurisprudenz (wie Hermannus Berchem) belegt.

³⁵⁷ M 411,34; 1491 für ein juristisches Studium immatrikuliert, 1495 Bakkalar der Dekretalen.

³⁵⁸ Bei seinem Tod 1530 wird berichtet: *qui ut pastor rexerat ecclesiam s. Joh. bapt. ca. 28 annos* (Anm. zu M 400,86). Die Angabe bei Esser (1885, 106), er habe 1510 sein Rektorat begonnen, ist demnach vorzudatieren.

³⁵⁹ Ferrier 1878, 107; Liessem 1888, 17 f.

daß Petrus Sultz (K 30) am 8. Januar 1510 gerade Johannes Hoelem und Thomas Lyel gegen das Vorgehen des Dompropstes in Schutz nahm,[360] in diesen Zusammenhang zu stellen. Lyels Vertrautheit mit dem Pastor von St. Johann Baptist erweist sich auch darin, daß er diesen zusammen mit Arnold von Tongern (L 60) und dessen Bruder Johannes Luyde zu seinen Exekutoren bestimmte.[361]

An St. Johann Baptist war die Kirchgemeinde mit den Laurentianern eine unverbrüchliche Liaison eingegangen. Auf Johannes Hoelem (L 63) folgte 1530 der Albertist Eilardus de Emeda (L 77), seit 1519 Lehrer an der Laurentiana.[362] Wenige Jahre nach Antritt seines Pastorats erlangte er die höheren theologischen Grade, 1533 das Lizentiat, 1534 das Doktorat. Seine Predigtbegabung scheint der des Pfarrers an St. Kolumba und Dompredigers Hermannus Blankenfort (L 81) nicht nachgestanden zu haben. Denn als die Grafen von Ostfriesland Ende 1538 geeignete Lehrer zur Wiedereinführung des Katholizismus von der Kölner Universität erbitten, fallen zuerst die Namen von Eilardus de Emeda und Hermannus Blankenfort de Monasterio, denen als Vorkämpfer (*antesignanus*) der Laurentiana-Theologe Johannes de Buscoducis (L 67) zugesellt werden sollte.[363]

Der offenbar unerwartete Tod des Eilardus de Emeda 1540 (man hatte ihn schon als neuen Rektor der Universität ausersehen) tat der Tradition an St. Johann Baptist keinen Abbruch. Mit Heinrich Immendorf folgte wiederum ein Schüler der Laurentiana.[364] 1522 zum Bakkalar graduiert, wurde er 1524 durch Heinrich von Tongern (L 74) zum Magister promoviert. Immendorf blieb nicht an der Universität, obwohl er noch das theologische Bakkalaureat erwarb, sondern lehrte zunächst als Schulmeister an St. Elogius, seit 1530 an St. Alban, wo er auch das Vikariat des Marienaltars bekleidete.[365] Bis 1570 konnte er mit großer Einsatzfreude die Pfarre St. Johann Baptist als Seelsorger betreuen, stand daneben sogar noch der Universität 1554/55 für fünf Quartale als Rektor vor.[366] Zeitlebens blieb er, wie sein Vermächtnis an die Burse

---

[360] Vgl. R 2551.
[361] Vgl. R 3003.
[362] Un. 760, f. 11r; Esser 1878, 107.
[363] R 3136, 3140/41.
[364] M 532,15.
[365] Esser 1878, 107 f.; St. Alban 1941, 54; Meuthen 1988, 261.
[366] Esser 1878, 107 f.

nahelegt, der Laurentiana verbunden, der er offenbar auch eine kontemplativ-mystische Neigung verdankte.[367]

e) St. Paul

Die Pfarre St. Paul konnte sich an Größe und Einfluß bei weitem nicht mit St. Kolumba oder auch St. Johann Baptist messen.[368] Doch begeben wir uns mit der Filialkirche des Stiftes St. Andreas,[369] nur wenige Meter östlich von diesem gelegen, topographisch in das Herz des mittelalterlichen Universitäts- und Bursenviertels. In ihrem Kirchspiel lagen Komödien- (Schmier-) und Marzellenstraße, an deren Ecke sich das Kirchgebäude befand, sowie die Straße Unter Sachsenhausen.[370] Eventuell erklärt sich schon aus der Lage die auffallende Ballung von Bursenregenten an St. Paul, bemerkenswerterweise aber dominierend wieder die Laurentianer. Die frühen Pastoren freilich besaßen außer ihrer Immatrikulation keine stärkere Beziehung zur Universität.[371]

1483 änderte sich dies grundlegend. Nach dem Tod des Pfarrers Johannes de Sommeren erhielt der Laurentiana-Regent (seit 1475) Anthonius de Swolgen (L 52) das Rektorat.[372] Ihn dürfte Gisbert de Venrath, 1480 als Thesaurar an St. Andreas bezeugt,[373] ernannt haben, da der jeweilige Thesaurar am Stift für die Besetzung des Pastorats zuständig war.[374] Mit dem Lizentiaten der Theologie

---

[367] Vgl. Anm. zu M 532,15; in Immendorfs Besitz befand sich Clichtoveus, ‚De mystica nunciorum significatione'. Das Buch ging in den Besitz seines Neffen Johannes Bollichius (Bremarus) Efferensis (M 663,119) über, ebenfalls (seit 1555) Schüler, dann Lehrer der Laurentiana und an der Einführung des Tridentinums beteiligt.
[368] Vgl die Zahlen bei Keussen 1910, I, 196*.
[369] Schaefer 1903, 82; Keussen 1910, I, 191*.
[370] Keussen 1910, I, 193*.
[371] Mathias de Lapide (M 132,2) ließ sich 1422 bereits als *pastor ecclesie s. Pauli* immatrikulieren, er amtierte bis ca. 1432 (Schaefer 1903, 87 f., Nr. 26, 33). Gottschalk Voyss de Carpena (M 124,3) hatte sich 1419/20 für ein Theologiestudium in Köln immatrikulieren lassen, ist 1432 als Pastor an St. Paul nachzuweisen (Schaefer 1903, 88, Nr. 33); Johannes Wanckheym (1440/42 belegt: Schaefer 1903, 89, Nr. 36, 39) läßt sich gar nicht in der Matrikel ermitteln; der langjährige Pfarrer Johannes Rijt de Sommeren (M 170,54) wurde 1431 als *choralis* am St. Andreas-Stift immatrikuliert, ist 1452 bis 1483 als Pastor bezeugt (Schaefer 1903, 90, Nr. 42 und 98, Nr. 83).
[372] Anfang 1486 erstmals in diesem Amt belegt (Schaefer 1903, 98, Nr. 86).
[373] M 368,9.
[374] Schaefer 1903, 109 f.

(1485) stand nun ein versierter Universitätslehrer der Pfarre als Seelsorger vor. Er blieb bis 1501 in diesem Amt, ließ sich auch an der Kirche begraben. Zugleich wurden ihm verschiedene Aufgaben an der Universität anvertraut, wenngleich er seit 1489 nicht mehr als Prüfer der Laurentiana begegnet. Von Tragweite waren sicherlich die Bruderschaften an St. Paul, die unter der Ägide des Anthonius de Swolgen entstanden.[375] Die 1488 gestiftete, 1495 bestätigte Marien-Lukasbruderschaft sowie die 1500 bestätigte St. Paulsfraternität zeugen vom praktischen Frömmigkeitsideal, das er tatkräftig umsetzte. Die von diesen Bruderschaften an St. Paul ausgehende Assimilationskraft dürfte nicht unerheblich gewesen sein. Ein schlagendes Beispiel das Testament des Kölner Bürgers Johann Forst[376] vom März 1502: mehrere Vermächtnisse gingen an die Pfarrkirche St. Paul und die gleichnamige Bruderschaft, der Testator aber wünschte auf dem Pfarrfriedhof neben dem im August 1501 verstorbenen Pfarrer Anton Swolgen beerdigt zu werden.[377]

Gleichzeitig läßt sich auch unter dem Pastorat Swolgens die Verknotung der Pfarre mit den Laurentiana-Regenten nachzeichnen. Als ersten Zeugen seines Testamentes ließ Johann Forst den damaligen Kaplan an St. Paul auftreten: den Baccalarius formatus theologie Johannes Hoelem de Venroed (L 63). Hoelem, der bald zum Pfarrer an St. Johann Baptist gewählt werden sollte, erscheint auch im Testament des Laurentiana-Regenten Johannes Belhart de Harderwijck (L 55) vom 18. Juli 1502.[378] Eine besondere Rente, zu bestreiten aus einem Haus der Laurentiana, dachte Belhart, Schüler des Anton Swolgen, dem Kaplan an St. Paul zu; aus weiteren Haus-Renten sollte sein Exekutor Gerardus de Harderwijck (L 50) Begräbnis und Jahrgedächtnis an St. Paul einrichten. Der Nachfolger Gerhards als Pfarrer an St. Kolumba, Arnoldus de Dammone (L 66), wird im Sommer 1503 als Kaplan an St. Kolumba, aber auch als Vikar an St. Paul genannt.[379] Den für die Laurentiana katastrophalen Pestjahren 1502/03 entspringt ein weiteres Zeugnis für ihre personelle Verschränkung mit der Pfarrkirche. Im November 1503 setzte der kranke Petrus de Hulss (L 64), Schüler des Johannes Belhart

---

[375] Schaefer 1903, 100 f., Nr. 102, 103, 109.
[376] Möglicherweise identisch mit M 224,14 (Joh. Vorst Col., 22.1.1445 imm.) und dem gleichnamigen Kölner Ratsherren von 1498 (Schleicher 1982, 205).
[377] Schaefer 1903, 102, Nr. 112.
[378] R 2372; vgl. Schaefer 1903, 102, Nr. 113.
[379] Vgl. R 2394 (im Zusammenhang mit der Klage des Dompropstes gegen Gerhard von Harderwijk wegen der Promotion des Arnoldus de Dammone, L 66).

de Harderwijck, sein Testament in der Laurentiana auf.[380] Auch er wünschte ein Begräbnis in St. Paul, vermachte der Kirche zwei fl. für die Kirchenfabrik und ein Jahrgedächtnis. Ein weiteres Legat ging an Gotfridus Dronckeler de Arnhem, Kaplan an St. Paul und 1482 bis 1491 Schüler erst der Kuckana, dann der Laurentiana.[381] Schließlich stiftete Petrus noch eine Wochenmesse an St. Paul für einen Priester der Laurentiana.[382]

Undurchsichtig stellt sich die Nachfolge des Anton Swolgen dar. Zwar wird seit 1504 mit Johannes Bowman (Boemans), der offensichtlich nicht in Köln immatrikuliert war, ein neuer Pastor genannt,[383] doch maßgeblich scheint dessen Vizekurat gewesen zu sein. Als solchen ernannte der bischöfliche Offizial nach dem Tod Swolgens den Kaplan Gotfridus Dronckeler de Arnhem.[384] Mit Simon von Xanten verwaltete dann 1512 kurzzeitig ein ehemaliger Schüler der Montana[385] die Pfarre, ehe mit dem Lizentiaten der Theologie Johannes de Busco (L 67) wieder ein Laurentiana-Angehöriger für längere Zeit das geistige Leben an St. Paul bestimmte, allerdings auch er nur als Statthalter Bowmans.[386] Mehrere Meßstiftungen sprechen für die ungebrochene Bindung der Albertisten an St. Paul. Im August 1515 stiftete der Laurentiana-Regent Johannes Wanger de Nurtingen (L 61) eine Wochenmesse am Kreuzaltar in St. Paul.[387] Am 19. November 1516 erhielten Johannes de Busco und die Kirchmeister an St. Paul von Michael Schwab von Augsburg[388]

---

[380] R 2408.

[381] M 373,145. Dessen Landsmann (und Verwandter?) Arnold Dronckeler de Arnhem machte 1503/06 Arnold von Damme das Pastorat an St. Kolumba streitig. Im übrigen suchten alle in der Matrikel nachweisbaren Kölner Schüler dieses Ortes (oder dieser Familie) die Laurentiana auf (vgl. M 406,86; 418,134; 432,143; 532,80).

[382] Vgl. R 2454. Petrus de Hulss bzw. seine Erben finanzierten die Messen durch den Erlös von je einem Malter Roggen (für das Erbgedächtnis) und fünf Malter Roggen (für die erbliche Wochenmesse), die aus 9 Morgen Artland gewonnen wurden. Am 14.10.1505 übernahmen die Exekutoren Arnoldus de Tongris (L 60), Johannes de Nurtingen (L 61), Johannes de Venlo (L 62) und Johannes de Campis (L 65), mithin alle Laurentianer, das Land in der Nähe von Kempen. Da die Ackerfläche insgesamt sechseinhalb Malter hervorbrachte, kaufte Arnold von Tongern das überschüssige halbe Malter für 9 fl. auf.

[383] Schaefer 1903, 103, Nr. 119, noch 1531 belegt (104 f., Nr. 128).

[384] Schaefer 1903, 103, Nr. 118, 119.

[385] M 394,114; 1488 Bakkalaureat unter Ego de Driel.

[386] Schaefer 1903, 103 ff., Nr. 122-128 (noch 1531 als Vizekurat, Priester und Offiziant bezeugt). Die Anmerkung Keussens (zu M 434,132), Johannes de Busco sei 1523 Pastor an St. Paul gewesen, trifft nicht zu.

[387] Schaefer 1903, 103 f., Nr. 123. Zeugen waren die Laurentianaschüler Mathias de Tongris (M 489,109) und Theodoricus Nicolai de Campis (M 498,92).

[388] M 428,23.

und Arnold von Tongern (L 60), beide Exekutoren des Johannes Wanger, einen Rentbrief über einen Gulden für die Memorienstiftung.[389] 1528 fundierte dann der Kuckana-Regent Theodoricus Alaertz de Gelria (K 44) eine Gedächtnismesse (von dreien) an St. Paul.[390] Für drei Jahrzehnte liegt dann im dunkeln, wer die Seelsorge in diesem Kirchspiel ausübte. Der schließlich 1568/69 als Pastor an St. Paul und Kanoniker an St. Andreas bezeugte Hermann Aldenkirchen[391] stammte freilich wieder aus der Laurentiana.

Die dichte Tradition von Laurentiana-Regenten an den Pfarrkirchen St. Kolumba, St. Johann Baptist und St. Paul stellt ein Phänomen dar, das von keiner anderen Burse auch nur annähernd bewirkt werden konnte. Wahrlich einzigartig, wohl nicht nur für Köln, die Präsenz von Angehörigen einer Burse an der bedeutendsten Pfarrkirche Kölns, St. Kolumba. Die mit Johannes de Mechlinia (L 4) beginnende Reihe veranlaßte noch Ende des 17. Jahrhunderts den damaligen Pfarrer, den Laurentiana-Theologen an die Spitze einer geschlossenen Sammlung von möglichst realistischen Bildnissen seiner Vorgänger zu stellen.[392] Traditionsbildend wirkten freilich nicht nur die Pfarrer dieser Burse, sondern auch die aus ihr stammenden Kapläne, Vikare, Küster oder Schulmeister. Ein Kaplan an St. Kolumba vermochte dann dort eine Pfarrnachfolge anzutreten, teilweise aber auch Ämter an den anderen genannten Pfarrkirchen zu übernehmen. Ein dichtes Netz spann sich zwischen den verschiedenen Pfarreien und der Burse, in welchem ein und dieselbe Person aus unterschiedlichen Positionen und von mehreren Knotenpunkten aus neue Fäden ziehen, verdichtend handeln konnte.

---

[389] Schaefer 1903, 104, Nr. 124. Die Schreibform Michael Swaur von Arnsburg ist in Michael Schwab von Augsburg zu verbessern. Auf dessen Verbindung zur Laurentiana wird noch einzugehen sein, s.u. 776-780. Vgl. zu den beiden Exekutoren auch R 2729, 2750 (Michael Schwab war höchstwahrscheinlich ein Verwandter des Johannes Wanger).

[390] Schaefer 1903, 104, Nr. 126.

[391] M 611,42; 1542 immatrikuliert, im gleichen Jahr als Laurentianer zum Bakkalaureat zugelassen, 1544 Lizentiat. Vgl. Schaefer 1903, 105, Nr. 133.

[392] Greving 1899, bes. Sp. 34; vgl. Albertus Magnus 1980, 162 (Vorlage des Bildes für das Pfarrhaus von St. Kolumba war das Portrait Mechlinias auf dem von ihm beim Meister des Marienlebens in Auftrag gegebenen Aufsatz für den berühmten Kolumba-Altar. Fünf Vorgänger des Johannes de Mechlinia, unter ihnen auch Johannes de Stommel, wurden auf einem Bild zusammengefaßt, die Portraits scheinen allerdings reine Phantasiebilder gewesen zu sein.

Ein nüchterner Geist mag einwenden, hier habe in erster Linie systemerhaltende Protektion geherrscht. Sicherlich, ein Gerhard von Harderwijk (L 50) etwa förderte seine Schüler und trachtete danach, Angehörige seiner Burse in die unterschiedlichen Ämter zu heben. Doch das personelle Geflecht offenbart mehr. Denn die Laurentianer protegierten sich ja nicht nur. Über Jahrzehnte hinweg kooperierten sie in einem geschlossenen Zirkel, mit immer wieder neuen Vertrauensbekundungen verschiedenster Art. Dieser Zusammenhalt wäre ohne Unterstützung und Anerkennung von außen nicht möglich gewesen. Ohne das vielseitige Bekenntnis einflußreicher Kölner Bürger wie der Rinck oder Wasservas zu der Laurentiana hätte deren dauerhafte Etablierung in den Kirchspielen nicht vonstatten gehen können. Ein Zusammenspiel von Impulsen und Bestätigungen vollzog sich hier auf mannigfachen Ebenen. Damit verband sich aber auch eine tiefgreifende Verwurzelung geistiger Inhalte. Vom albertistischen Prediger und Theologen bis zum albertistischen Schulmeister und Bursen-Regenten reichte die Skala täglicher Berührungspunkte. Ihre Existenz war ganz und gar nicht selbstverständlich, wie nicht zuletzt die heterogene Verankerung der anderen Bursen an Kölner Institutionen beweist.

4. Heterogenere Verflechtung der Bursen-Regenten mit Kölner Institutionen

a) Klein St. Martin

Selbstverständlich ist es nicht möglich, die vielfältigen Kölner Bindungen der Bursen in extenso zu verfolgen. Eine exemplarische Auswahl ist demnach unerläßlich. Sie mit Klein St. Martin beginnen zu lassen, bietet sich aus mehreren Gründen an. Denn die Filialkirche des Kölner Kanonissenstiftes St. Maria im Kapitol erhielt schon im 13. Jahrhundert das Recht der freien Pfarrwahl durch die Parochianen der Gemeinde.[393] Die Möglichkeit zu einer Traditionsbildung durch ein Bündnis zwischen Bürgern und Burse

---

[393] Vgl. Schaefer 1907, 5, Nr. 11 (1223 Privileg über freie Pfarrwahl durch Äbtissin Gerberna von St. Maria im Kapitol; Präsentation des Gewählten an Äbtissin, durch sie Übertragung der Kirche, Investitur durch Dompropst). Topographische Beschreibung des Kirchspiels um St. Maria im Kapitol und Heumarkt: Keussen 1910, I, 193*.

bestand also von Anfang an. Gleichwohl konnte an St. Martin keine Burse festen Fuß fassen.

Die besten Voraussetzungen besaß die Montana. Wählten doch die vier Kirchmeister und 21 Parochianen nach dem Tod des Heinrich Vrunt im August 1426 den „Fürsten der Thomisten", Heinrich von Gorkum (M 1), zu ihrem neuen Pfarrer.[394] Als Vizekanzler der Universität, Theologieprofessor und Bursen-Rektor hätte Heinrich sicherlich genug Einfluß gehabt, um die thomistische Burse personell in das gemessen an seiner Einwohnerzahl zweitgrößte Kölner Kirchspiel zu integrieren.[395] Doch kein konkretes Zeugnis spricht für ein derartiges Bemühen. Möglicherweise wirkte sich hier, bedingt durch die lange Selbständigkeit, auch die hohe Zahl der Entscheidungsträger hemmend aus. Nach Heinrichs Tod wurden im Februar 1431 nach längerem Streit 41 Wahlmänner bestimmt, die sich auf einen neu zu präsentierenden Pfarrer einigen mußten.[396] Sie wählten keinen Theologen, sondern den Legisten Henricus de Judeis[397], der den Kölner Kartäusern nahe gestanden zu haben scheint. Möglicherweise unterhielt er auch noch Beziehungen zur Montana, an der er studiert hatte.[398] Von dem in seiner Amtszeit 1437 genannten Schulmeister, Magister Godscalus[399], ist nicht einmal der artistische Studiengang bekannt, von den 1472 bezeugten Ober- und Unterschulmeistern Albrecht und Gerhard nicht mehr als der Vorname.[400]

---

[394] Schaefer 1907, 117 f., Nr. 9, 10.
[395] Nach St. Kolumba mit 1466 Schornsteinen wies die Pfarre St. Martin im Jahr 1492 1377 Schornsteine auf (Keussen 1910, I, 196*).
[396] Schaefer 1907, 118, Nr. 15. Die Konzentration auf Kirchmeister und wenige Parochiani bei Entscheidungsfindungen war an St. Martin sicherlich weniger ausgeprägt als an St. Kolumba, wo die Gefahr konkurrierender Interessengruppen geringer gewesen sein dürfte. Auch scheint beispielsweise an St. Martin der Pfarrer durch Wahlkapitulation oder der Küster durch Amtsvertrag, jeweils vor einem umfangreichen Gremium aus Kirchmeistern und Parochianen zu geloben, stärker gebunden gewesen zu sein. Vgl. Schaefer 1903, 117 f., Nr. 10, 14.
[397] M 129,11; Determination 1422 unter dem späteren Kartäuser-Prior Johannes Schunde de Dodekum (M 3), der für kurze Zeit an der Montana gelehrt hatte; als Konzilsteilnehmer (1434) schenkte Henricus de Judeis den Kartäusern die Basler Konzilsdekrete; vgl. hierzu auch Tewes 1991, 158. Zur Pfarrwahl: Schaefer 1903, 118 f., Nr. 16, 17.
[398] Bei der Ordination zweier neuer Kirchmeister am 30.1.1434 trat der Montana-Regent Bernardus de Reyda (M 2) als Zeuge auf (Schaefer 1907, 119, Nr. 18).
[399] M-Ntr. 476.
[400] Schaefer 1907, 120, Nr. 25.

Als im September 1473 die Nachfolge des Henricus de Judeis anstand, mochte die mittlerweile erfolgte Etablierung der Bursen die Wahl eines ihrer Angehörigen mit verursacht haben. Kirchmeister und Parochianen entschieden sich für den Kuckana-Regenten Cornelius Bays de Breda (K 12), einen Theologen (1471 Doktorat), der 1489 bis 1497 sogar Vizekanzler der Universität war.[401] Die Schwierigkeiten, die ihm nach seiner Wahl entgegenschlugen, hatten wir bereits im Zusammenhang mit seiner nachträglichen Bestimmung zum Exekutor des Johannes de Mechlinia angesprochen.[402] Doch gingen sie wohl nicht von der Gemeinde aus, sondern von Personen im Umkreis der Äbtissin von St. Maria im Kapitol. Noch 1490 ließen sich Cornelius und die Parochianen von Papst Innozenz VIII. zu ihren Gunsten die Pfarrwahlprivilegien von 1223 bestätigen; noch 1497 entschied der Offizial des Erzbischofs im Streit zwischen der Äbtissin und den Parochianen wegen des Wahlprivilegs zugunsten der Gemeinde.[403]

Auch Cornelius de Breda konnte seine Burse nicht personell mit der von ihm bis zum Tod 1498 geführten Pfarre verkoppeln. Wissenschaftsgeschichtlich dürfte er jedoch in dem 1498 als Schulmeister bezeugten Romerus de Alcmaria einen Gleichgesinnten in seiner Umgebung gehabt haben. Bei der Immatrikulation des minderjährigen Gottfried Hittorff,[404] nach seinem Artes-Studium in der Laurentiana Mitte des 16. Jahrhunderts eine bedeutende Kölner Persönlichkeit als Buchdrucker, Schriftsteller, langjähriger Ratsherr und Bürgermeister,[405] leistete Romerus den Eid für den Bürgerssohn. Der Schulmeister hatte selbst auch von 1477 bis 1480 an der Laurentiana studiert[406] und ist 1491 sogar als Presbyter in die Artisten-Fakultät rezipiert worden.

Der Burse blieben die Parochianen bei der Neuwahl im Oktober 1498 nicht treu, wohl aber der universitären Lehrrichtung. Mit dem Theologen Remigius de Malmundario (M 41) als neuem Pfarrer an

---

[401] Schaefer 1907, 120 f., Nr. 26, 27.
[402] S.o. 444.
[403] Schaefer 1907, 121, Nr. 31, 33.
[404] M 439,17; determiniert 1501 unter Johannes de Harderwijck (L 55), Lizentiat 1503.
[405] Vgl. Kellenbenz 1975, 362; Schleicher 1982, 289; Meuthen 1988, 112.
[406] M 356,85; Determination und Inzeption 1478 bzw. 1480 unter Jacobus de Amersfordia (L 49). Er leistete zwischen 1495 und 1499 noch für weitere minderjährige Bürgerssöhne den Immatrikulationseid (vgl. die M-Nr. in Anm. zu M 356,85), doch ist für keinen von ihnen eine Bursenzugehörigkeit überliefert.

Klein St. Martin traten sie wieder mit der Montana in näheren Kontakt.[407] Doch ähnlich wie Jahrzehnte später bei Sebastianus Novimola (M 69) an St. Kolumba geriet die Pfarrgemeinde mit dem Montana-Regenten in einen erbitterten Streit, der sich von März bis Dezember 1511 hinzog.[408] Worum es ging, ist angesichts unterschiedlicher Quellenaussagen schwer zu erkennen. Am 10. März 1511 sagte ihm der Rat (nach der wohl maßgeblicheren Begründung) den Schirm deshalb auf, weil Remigius sich widerspenstig gegenüber Kirchmeistern und Gemeinde verhalten, gegen alte Gewohnheiten im Kirchspiel und zum Nachteil dortiger Bürger gehandelt habe.[409] An der Spitze des Rates aber stand zu jener Zeit Gerhard vom Wasservas,[410] der zweifellos den Albertisten eng verbunden war. Ob Differenzen zwischen den Bursen-Fraktionen in diese Auseinandersetzung mit hineinspielten oder gar ursächlich waren, läßt sich nicht entscheiden. Doch drängt sich eine entsprechende Vermutung auf. Denn Remigius wurde nun durch den Lütticher Bischof Erhard von der Marck in Schutz genommen, der dies ausdrücklich mit seiner Dankbarkeit gegenüber seinem alten Lehrer an der Kölner Universität begründete.[411] Die Involvierung der Montana ging allerdings wesentlich weiter. Die Gegenseite machte nämlich geltend, man habe Remigius und seinem Neffen Jaspar de Malmundario Güter aus dem Pfarrhaus geraubt. Dieser Jaspar war

---

[407] Schaefer 1907, 122, Nr. 35-37.
[408] R 2586, 2597-2599, 2600/01, 1603-2613, 2617, 2621, 2626-2628.
[409] Der Rat habe allerlei Klagen über Remigius gehört, *wie wederspennich hey sich halde gegen die kirchmeistere in gemeyne kirspell zo cleyne s. Mertin ind allerleye nuwe funde degelichs furnympt, damit des kirspels gerechticheit ind gude alde gewoinheit vermynnert ind zorucke gestalt wirt zo beswerunge des ganzen kirspels,* sein Exempel würde nur viele zur Nacheiferung bewegen, *die zoleste den gemeynen burgeren ind ingesessenen zo nachdeill ind schaden reichen moechten;* R 2586; ebenfalls abgedruckt in Eckertz 1874, 259, Beilage VII; vgl. zum Vorfall Eckertz 1874, 209, 238-241, die auf 248 als Beil. II abgedruckte Quelle berichtet von anderen Ursachen des Ratsbeschlusses: der Pastor von Kl. St. Martin habe nämlich auf dem *Predigtshull* die steuerlichen Belastungen der Bürger durch den Rat angeprangert, woraufhin sich einige Ratsherren so verärgert fühlten, daß sie ihm – nach der Aufsage von Schutz und Schirm – ein vermummtes und plünderndes Mordkommando ins Pfarrhaus schickten (möglicherweise entsprechen beide, sich ja nicht ausschließenden Begründungen der Realität); vgl. zum Ratsbeschluß gegen Remigius auch Ratsbeschlüsse 1990, 894, Nr. 2. Zu dem im Hintergrund des Geschehens stehenden Aufruhr von 1512/13 umfassend: Looz-Corswarem 1980a.
[410] Vgl. Groten 1981, 120 (ab Oktober 1510 amtierte neben Gerhard vom Wasservas ein Neuling als zweiter Bürgermeister).
[411] Erhard von der Marck wurde 1485 an der Kölner Universität immatrikuliert (M 387,78), weiterer Studiengang nicht bekannt. Vgl. zu ihm etwa Halkin 1930.

nun aber zugleich Diener des Johann von der Marck, Neffen des Erhard, und hatte von 1498 bis 1502 an der Montana studiert.[412] Zusammen mit seinen Lehrern Valentin von Geldersheim (M 43) und Dietrich von Nimwegen (M 49) verlangte er wenig später auf dem Rathaus erfolglos die Rückgabe seiner Habe.[413] Nachdem Johann von der Marck zum Nachteil der Kölner mehrere Pfändungen vornahm, Köln eine hochkarätige Verhandlungsdelegation zum Bischof gesandt hatte, konnte man im Dezember 1511 eine Einigung erzielen. Erhard von der Marck schickte Remigius mit dem Ratschlag nach Köln zurück, sich um einen Ausgleich mit seinen Kirchmeistern zu bemühen; die Stadt gab ihm den Schirm in der Hoffnung zurück, er werde sich so freundlich mit seiner Gemeinde vertragen wie sein Vorgänger Cornelius de Breda (K 12)![414]

Zu gern wüßten wir, ob Remigius den Bruch mit Stadtrat und Kirchengemeinde durch personalpolitische Entscheidungen,[415] liturgische Eigenmächtigkeiten oder tatsächlich primär durch eine Kritik der städtischen Steuerpolitik hervorgerufen hatte. Auch wenn sein thomistischer Standort und seine Bursenzugehörigkeit nicht entscheidend gewesen sein sollten, im Vergleich mit den albertistischen Pfarrern hatte die Montana zweifellos Punkte bei den Kölner Bürgern verloren.

Welche Konsequenzen die Pfarrgemeinde nach dem Tod des Remigius 1513 zog, wen sie als neuen Seelsorger wählte, ist nicht bekannt. Doch ist für 1523 bis 1534 ein Jurist als Pfarrer an Klein St. Martin bezeugt, der Doktor beider Rechte Johannes Düsseldorf al. Sternenborch.[416] Der Sohn des gleichnamigen Ratsherren[417] hatte

---

[412] M 439,1; Determination 1499 unter Valentin Engelhardt (M 43), Inzeption 1502 unter Theodoricus de Novimagio (M 49).

[413] R 2600/01.

[414] R 2626/28. Für einen gütlichen Ausgleich mit der Stadt spricht die Tatsache, daß die Freitagsrentkammer dem Priester Jaspar von Malmedy für den im Haus des Pfarrers von Klein St. Martin erlittenen Schaden am 10.6.1513 100 Hornsche Gulden zahlte, die von der Kölner Witwe Yß eingefordert werden sollten (Ratsbeschlüsse 1989, 76, Nr. 612, vgl. 72, Nr. 578). Erstaunlich ist dagegen, daß der Anführer des Einbruchs in das Pfarrhaus, Clas Barth, sich um 1516 bereits wieder des Wohlwollens der Stadt erfreute (vgl. Eckertz 1874, 241).

[415] Der in seiner Amtszeit 1505 neu ernannte Schulmeister und Baccalarius artium Hermann Kannengiesser von Herford (M 459,89) als auch dessen Vorgänger Gerhard Zierikzee von Köln (M 331,23) lassen keine Bursenzugehörigkeit erkennen. Vgl. Schaefer 1907, 122, Nr. 38.

[416] M 473,5; Schaefer 1907, 123, 40.

[417] Schleicher 1982, 166.

allerdings von 1507 bis 1510 an der Montana die Artes studiert, bevor er an die Juristische Fakultät wechselte. Zu seinem Nachfolger bestimmten die Parochiani den Priester und Prinzipal-Regenten der Laurentiana Heinrich Buschers von Tongern (L 74).[418] Der versierte Artes-Lehrer erwarb noch im gleichen Jahr das theologische Doktorat.

b) Fraterherren und Beginen-Konvente

Im Zuge der Hussitenkämpfe sah sich in Köln auch die religiöse Gemeinschaft der Schwestern vom gemeinsamen Leben dem Vorwurf der Häresie ausgesetzt. Auf die Klage eines Dominikaners eingehend, beauftragten Erzbischof und Universität wohl um 1426 den Thomisten Heinrich von Gorkum (M 1) mit einer eingehenden Untersuchung.[419] Sein Urteil, übermittelt von dem Windesheimer Prior Wilhelmus Vornken, ließ an Deutlichkeit nichts zu wünschen übrig: *Si illa vita non est talis, qua quisque christianus merito Christum sequeretur, tunc ego numquam legi scripturas.*[420] Beeindruckt von der vorbildlichen christlichen Lebensweise, unterstützte Heinrich von Gorkum die Schwestern weiterhin, wenn sie sich in Schwierigkeiten befanden, bedachte sie in seinem Testament mit beachtlichen Legaten.[421] Sein Eintreten für diese Form praktischer Frömmigkeit, das sich so ganz mit den Postulaten Gersons deckte, wurde auch von den Kölner Fraterherren am Weidenbach gewürdigt. In ihrem Gedächtnisbuch, in dem neben den verstorbenen Brüdern für gewöhnlich nur die Namen von Wohltätern und Freunden erscheinen, sicherten sie Heinrich von Gorkum bleibende Erinnerung.[422] Bereits 1422 hatte er zu den elf Gelehrten gehört, die das Privileg Erzbischof Dietrichs von Moers für die Konvente der

---

[418] Schaefer 1907, 123, Nr. 40, 41.
[419] Acquoy 1875/80, III, 243; vgl. Weiler 1962, 48.
[420] Acquoy 1875/80, III, 243.
[421] So wiederum Wilhelm Vornken († 1455) in seiner ‚Epistola de prima institutione monasterii in Windesem' (Acquoy 1875/80, III, 243).
[422] Löffler 1919, 22: *1467. Obiit dignae memoriae magister Henricus de Gorychem.* In dem erst Anfang des 16. Jahrhunderts angelegten Buch ist das Todesjahr allerdings falsch angegeben worden (richtig: 1431).

Brüder in der Kölner Erzdiözese unterzeichnet und gutgeheißen hatten.[423]

In seinem Einsatz für die spätmittelalterlichen Frömmigkeitsbewegungen wurde Heinrich von seinem Schüler Bernardus de Reyda (M 2) noch übertroffen.[424] Das Gedächtnisbuch der Kölner Fraterherren charakterisierte präzis sein Verdienst: *Eodem anno (1466) obiit dignae memoriae venerabilis magister Bernardus de Reyda, doctor theologiae, in reformatione monasteriorum et defensione iustitiae zelator praecipuus.*[425] Doch Bernardus de Reyda wirkte nicht von außen, von seiner Position als Universitätstheologe, auf die religiöse Gemeinschaft ein. Er stand mitten in ihr. Vornken berichtet, sein Zeitgenosse Bernardus habe die von Heinrich unterstützten Schwestern geleitet, sei ihr *confessor et commensalis* gewesen.[426] Das hier angesprochene Schwesternhaus war ursprünglich ein Beginenkonvent, erst Schele, seit Ende des 15. Jahrhunderts Groß Nazareth genannt, auf der Gereonstraße gelegen.[427] Nachdem der Konvent schon früh, zwischen 1423 und 1426, die Dritte Regel des hl. Franziskus angenommen hatte, nahm er 1426 die Augustinerregel an, zu jener Zeit also, als Heinrich von Gorkum sein positives Gutachten verfaßte. Papst Martin V. bestätigte 1427 diesen Übertritt; in der Lebensweise sollte sich der Kölner Konvent an den Schwestern vom gemeinsamen Leben in Diepenveen bei Deventer orientieren.[428] Dieses Schwesternhaus war 1400 von Johannes Brinckerinck errichtet worden, wurde 1407

---

[423] Weiler 1962, 46; Post 1968, 216. Posts Feststellung (424 f.), die Kölner Brüder vom gemeinsamen Leben hätten in der Universität keinen Wohltäter gefunden („but no one [of these benefactors] calling himself a professor of the university of Cologne"), kann angesichts der Person Heinrichs von Gorkum und der noch zu nennenden kaum unterstützt werden, insbesondere mit Blick auf die Leistungen des Bernardus de Reyda.

[424] Wilhelm Vornken: *Discipulus et successor huius doctoris (Henricus de Gorcum), videlicet magister Bernardus de Reyda, et ipse inter preclarissimos merito annumerandus ...* (Acquoy 1875/80, III, 243).

[425] Löffler 1919, 21 f. (Das Todesjahr des Bernardus ist richtig angegeben.) Als weitere bekannte Wohltäter aus der Universität erscheinen Tilmann Joel von Linz, *singularis fautor domus nostrae*, (20) und der aus der Laurentiana kommende Henricus de Stipite (23; M 257,61), der 1472 als Decretorum doctor starb.

[426] Acquoy 1875/80, III, 243.

[427] Zum Schelenkonvent: Asen 1928, 124-139 (124 f. zum Namen); vgl. zum Konvent auch Gechter 1983 s.v.

[428] Asen 1928, 133.

Konvent der Regularkanonissen und der Windesheimer Kongregation eingegliedert.[429] Als Beichtvater des personell wie finanziell recht gut ausgestatteten Kölner Schelenkonvents wird 1447 Bernardus de Reyda genannt.[430] Dieses Amt sollte statutengemäß einem guten Priester übertragen werden (keinem Ordensgeistlichen), nach Wahl durch den ganzen Konvent. Zusammen mit der Vorsteherin oblag dem Beichtvater als geistlichem Rektor die Leitung des Hauses. Bernardus wird auch 1452, bei der Revision der Kölner Beginenhäuser, als Rektor von mittlerweile 56 Schwestern genannt, stand damit einem der bedeutendsten und größten Kölner Konvente vor.[431] Die Revisionsprotokolle des Stadtrates, dem es darum ging, die Zahl der Beginenhäuser zu verringern und den Grundbesitz der Toten Hand nicht noch weiter zu vergrößern, dem also an der Annahme einer approbierten Ordensregel nicht gelegen sein konnte, zeigen uns Bernardus in weiterer Verbindung zu Kölner Beginenkonventen. Er visitierte den Konvent Zederwald an der Komödienstraße (auch Lysloch oder Große Einung genannt) sowie den Konvent Einung (Ver Lore bzw. Elisabeth) in der Antonsgasse, diesen mit ausdrücklichem Mandat des Kölner Erzbischofs.[432] Beide Häuser widmeten sich der Krankenpflege, standen also „in der Welt" und nicht in mystischer Abgeschiedenheit außerhalb; beide schlossen sich auch, vielleicht unter dem Einfluß Bernhards, in den folgenden Jahren der Augustinerregel an.[433] Die Ausübung des Visitatoramtes durch Bernardus de Reyda erscheint durchaus exzeptionell, denn soweit zu erkennen wirkte 1452 nur an vier von den 102 besuchten Konventen ein Visitator, am vierten übte ein Fraterherr die geistliche Aufsicht aus.[434] Außer dem Montana-Thomisten wurde kein anderer Universitätslehrer in dieser oder einer

---

[429] Post 1968, 266, 302.
[430] Greving 1902, 45; Asen 1928, 130.
[431] Greving 1902, 45; Asen 1928, 138 (nach Annahme der Ordensregel stieg die Mitgliedszahl um mehr als das fünffache).
[432] Greving 1902, 48, 51; Asen 1928a, 60 f., 78.
[433] Greving 1902, 75 f. (Die Angabe bei Asen, 1928a, 78, der Konvent Elisabeth habe schon 1434 die Augustinerregel angenommen, stimmt mit dem Protokoll von 1452 nicht überein.) Nach Greving (1902, 76 f.) führten jene Beginenkonvente, die sich mehr der Askese verschrieben hatten, in der Regel die Dritte Regel des hl. Franziskus ein, während jene Häuser, welche eher die praktische Nächstenliebe pflegten, meist die Augustinerregel annahmen.
[434] Greving 1902, 41, 67 (zu den vier Konventen mit geistlichem Visitator).

ähnlichen Funktion genannt.⁴³⁵ Bernhards Bekenntnis zu dieser Form praktischer Frömmigkeit drückt sich auch in den Titeln seiner Traktate aus: ‚De dilectione fraterna', ‚Copulatum ... de correctione fraterna'.⁴³⁶ In seinem tatkräftigen kirchenreformerischen Wirken traf er sich zweifellos mit gleichgerichteten Bestrebungen am Heidelberger Hof, und es wäre gut denkbar, daß Bernardus an der verblüffenden Dominanz der Thomisten in Heidelberg seit 1452 einen gewissen Anteil hatte. Zu denken wäre hier auch an den Kampf des Johannes Wenck gegen das weltabgewandt-mystische *abgescheiden leben* der Beginen und Begarden und für deren Eintritt in einen der approbierten Orden.⁴³⁷

Unter den weiteren, bekannten Beichtvätern am Schelenkonvent begegnet 1487 nochmals ein Bursen-Regent, auch er aus der Montana: Remigius de Malmundario (M 41), der spätere Pfarrer an Klein St. Martin.⁴³⁸ Doch genau zu jener Zeit macht sich mit Blick auf die Beginenkonvente erstmals die starke Präsenz der Albertisten an Kölner Institutionen bemerkbar. Entsprechend dem fortdauernden Bemühen der Stadt, leerstehende oder kaum bewohnte und verfallene Konvente aufzuheben bzw. in andere zu integrieren, setzte um 1487 auch der Kölner Erzbischof Hermann von Hessen eine Kommission ein, die Vorschläge zur Reduzierung der Häuser machen sollte.⁴³⁹ Neben dem städtischen Protonotar Edmund Frunt wurden vier Angehörige der Universität benannt. Drei von ihnen waren Albertisten. Aus der Laurentiana stammte neben dem

---

[435] Der allen Konventen zugeordnete Superior, oft der Pfarrer des entsprechenden Kirchspiels, scheint in erster Linie für organisatorische und disziplinarische, nicht für geistliche Aufgaben zuständig gewesen zu sein (Greving 1902, 66 f.). In diesem Bereich besaßen dann natürlich auch andere Bursenregenten Einfluß auf die Beginen, etwa Johannes de Mechlinia (L 4) als Pfarrer an St. Kolumba.

[436] Vgl. Van Rhijn 1946/47, 83. Zu den Handschriften des Bernardus in Köln: Vennebusch 1980, 145 f.; Vennebusch 1983, 37 f.; Vennebusch 1986, 31 (sie alle weisen ebenfalls sein Interesse für praktisch-theologische Fragen aus). In einer seiner Schriften sprach sich Bernardus dafür aus, in Frauenklöster auch dann noch Novizinnen aufzunehmen, wenn dadurch Versorgungsmängel entstünden. Diese Ansicht führte zu einem Konflikt mit seinem berühmten Schüler Dionysius Rickel, der Ende Dezember 1421 oder Anfang 1422 in Köln immatrikuliert worden war (M 132,6) und im November 1422 unter Bernardus determinierte (zu diesem Zeitpunkt schon für den Kartäuserorden bestimmt). Dionysius lehnte den Standpunkt in seiner Gegenschrift ‚Contra simoniam' ab, bestätigte in ihr zugleich, daß Bernardus sein Lehrer gewesen sei, die Wahrheit jedoch über Ehrerbietung und Freundschaft gehe. Vgl. Teeuwen 1938, 16, 41 f.; Van Rhijn 1946/47, 82.

[437] Vgl. Haubst 1955, 114 f.

[438] Asen 1928, 130.

[439] Asen 1927, 110.

Domkanoniker Jacobus de Straelen (L 30) auch Henricus de Horst (L 33), Pfarrer an St. Kolumba. Sein Pfarrbezirk gehörte zu jenen, in denen die Mehrzahl der Konvente angesiedelt war.[440] Aus dem gleichen Grund dürfte auch Johannes Erwini de Ratingen[441] in die Kommission aufgenommen worden sein. Der Pfarrer an Maria Ablaß und Doctor decretorum kann jedoch keiner Burse eindeutig zugeordnet werden. Dies gilt freilich nicht für Cornelius de Breda (K 12), den Kuckana-Regenten und Pfarrer an Klein St. Martin. Sein Kirchspiel wies allerdings weniger unmittelbare Berührungspunkte mit den Beginen auf.

Ein Konvent stand in direkter personeller Verbindung zur Laurentiana: Lämmchen auf der Burgmauer, im Kirchspiel St. Kolumba gelegen.[442] Das Haus wurde in der zweiten Hälfte des 15. Jahrhunderts durch Zusammenlegung dreier kleinerer Konvente gegründet. Obwohl es gleich die Augustinerregel annahm, eingeführt durch den Bursfelder Benediktiner-Abt Adam Meyer von Groß St. Martin in Köln,[443] verstand es sich doch stets als Beginenkonvent. Bekannt war es auch als *Rinckiorum conventus*.[444] Wiederum stoßen wir also auf eine Kölner Institution, an welcher der enge Zusammenhalt zwischen Mitgliedern der Familie Rinck und der Bursa Laurentiana augenfällig wird. Johann (II) Rinck ließ 1502 die Kirche des Konvents erbauen, 1511 stiftete er 40 fl. (den jährlichen Zins einer für 800 fl. erworbenen Erbrente) für einen Priester, der pro Woche sechs Messen in dem Konvent, eine in der 1510 errichteten Hauskapelle der Rincks im Haus Königsstein auf der Schildergasse zu lesen hatte.[445] Als Oberster und Visitator des seit 1502 als Augustinerinnenkloster existierenden Konvents wird 1511 Arnold von Tongern (L 60) genannt, damals bereits Doktor der Theologie. Zu ihm stand Johann (II) Rinck offensichtlich in einer engeren Beziehung, ihn ernannte er auch neben seinen Brüdern und anderen Vertrauten als einzigen Universitätsangehörigen zu seinem Testamentsvollstrecker.[446] Heinrich von Tongern (L 74) fungierte

---

[440] Vgl. Greving 1902, 63: in den vier Kirchspielen Maria Ablaß, St. Paul, St. Peter und St. Kolumba lagen von 98 reinen Beginenhäusern allein 81 (vgl. auch 68).
[441] M 252,25.
[442] Zu ihm: Asen 1927, 162-166.
[443] Asen 1927, 165.
[444] Asen 1927, 163; vgl. auch Irsigler 1973, 327; ausführlich: Schmid 1990, 237-243.
[445] Asen 1927, 163 f.; Schmid 1990, 237.
[446] Vgl. Schmid 1990, 227, 238.

später als Beichtvater der Schwestern (1559 bezeugt). Wenn Angehörige der Familie Francken von Sierstorff regelmäßig im 16. und 17. Jahrhundert den Obersten und Visitator des Konvents stellten, Kaspar Ulenberg sich dort begraben ließ, wird evident, daß die Bindung der Laurentianer zu diesem Konvent und damit sicherlich auch zur Familie Rinck zur Tradition wurde.[447]

B. Thomistische Einflußbereiche

1. Heidelberg

a) Vorgeschichte

An der Heidelberger Artisten-Fakultät dominierte bekanntlich in den ersten Jahren ihres Bestehens der Buridanismus, eingeführt durch den Buridan-Schüler Marsilius von Inghen.[448] 1444 jedoch muß es eine realistische Gruppe in Heidelberg gegeben haben, die sich stark genug fühlte, diese Richtung an der Universität zu vertreten. Denn als Kurfürst Ludwig IV., seit 1442 an der Regierung, die Universität um einen Lagebericht und mögliche Reformvorschläge bat, forderte eine Reformpartei die Zulassung der Via antiqua.[449] Das Argument der Antiqui, damit würde zum Wachstum der Artisten-Fakultät beigetragen, fruchtete nicht. Die Fakultätsmehrheit beschloß aus mehreren Gründen, den Vorschlag abzulehnen, sah sich in der Folge sogar gezwungen, *ad obviandum cunctis, qui niterentur istam viam antiquorum adducere, et non solum sancti Thome, sed et Alberti.*[450] Diese Differenzierung hinsichtlich zweier Wege läßt freilich aufhorchen. Offenbar gab es unter den Heidelberger Realisten solche, die doch recht distinktiv der thomistischen Richtung, andere, die Albertus folgten. Kölner Einflüsse liegen also nahe.[451] Mehr noch: die albertistische Strömung wurde von

---

[447] Asen 1927, 164 f.; zu Ulenberg und der Familie Francken von Sierstorff in ihrem bedeutenden Einfluß auf die Laurentiana: Meuthen 1988 s.v., bes. 373 f.
[448] Grundlegend die philosophiegeschichtlichen Untersuchungen von Ritter (Ritter 1921; Ritter 1922); zum Einfluß des Marsilius von Inghen in Heidelberg: Ritter 1936 pass.; neuestens: Michael 1985, 324, 357 ff.; vgl. auch Ehrle 1925, 171 ff.; Klauser 1961, 237 ff.
[449] Vgl. Ritter 1922, 56; Ehrle 1925, 175; Ritter 1936, 379; Weiler 1964, 261 f.
[450] Ritter 1922, 56, Anm. 1; Weiler 1964, 262.
[451] Eine Differenzierung innerhalb der Heidelberger Via antiqua nach Kölner Vorbild nimmt auch Weiler (1964, 262) an.

den Buridanisten anscheinend als das größere Übel empfunden. Spannungen und Gräben kommen hierbei zum Vorschein, wie wir sie knapp 20 Jahre vorher schon bei der Intervention der Kurfürsten annahmen,[452] wie sie zugleich gerade von den Albertisten in ihrer nahezu polemischen Abgrenzung gegenüber Thomisten und Nominalisten bestätigt wurden. Wenn es 1444 Kölner Albertisten gab, dann ist aus deren wissenschaftsgeschichtlicher Grundhaltung heraus nur zu verständlich, daß die Nominalisten in ihr die größere Gefahr sahen. Doch trifft unsere pejorative Interpretation des *sed et Alberti* denn zu? Lassen sich Kölner Realisten zu diesem Zeitpunkt in Heidelberg nachweisen? Und wer waren die Heidelberger Antiqui?

Über die frühen Vorkämpfer des Realismus in Heidelberg sind wir recht gut unterrichtet. Vor allem die Forschungen von Ritter und in jüngerer Vergangenheit Haubst haben die entscheidende Rolle des Johannes Wenck herausgearbeitet.[453] Der junge Wenck hatte sich in Paris offensichtlich zu einem Realismus albertistischer Prägung bekannt, möglicherweise wie Heymericus de Campo (L 1) unter dem Einfluß des Johannes de Nova Domo.[454] Bewahrte er zwar, wie sein Kommentar zu den ‚Himmlischen Hierarchien' des Dionysius Areopagita von 1455 zeigt,[455] eine Neigung für neuplatonisches Gedankengut, so läßt sich in den dreißiger und vierziger Jahren bei zentralen Fragen ein Wandel vom Albertisten zum „kämpferischen Thomisten" erkennen.[456] Gerade in dem vielleicht fundamentalsten Scheidepunkt zwischen Albertisten und Thomisten schlug sich Wenck entschieden auf die Seite der rationaleren Realisten: in der Phantasmenlehre. Die Lehre einer geistigen Erkenntnis ohne sinnlich-anschauliche Bilder sei auch deshalb nicht anzuerkennen, da sie zum *abgescheiden leben* der Eckhartisten und Begarden führen, somit häretische Entwicklungen begünstigen könne.[457] Im Kern begegnen wir hier erneut der thomistischen Kritik

---

[452] S.o. 370-375.
[453] Ritter 1922, bes. 50-55, 67 f., 133; Ritter 1936 s.v.; Haubst 1951; Haubst 1955; Haubst 1974, 260-263; Haubst 1980, bes. 176 f. Vgl. zu Johannes Wenck ferner Weiler 1964, bes. 264 ff.; Lohr 1971, 302; Gabriel 1974, bes. 451, 459 ff.; Luscombe 1978, 239; Classen 1983, 266, 269; Lohr 1987, 538.
[454] Haubst 1951, 316 f.; Haubst 1955, 74, Anm. 5, 88, Anm. 27.
[455] Haubst 1951, 323; Haubst 1955, 103-110; Haubst 1980, 177, Anm. 70.
[456] Haubst 1974, 260 ff.; Haubst 1980, 177.
[457] Haubst 1955, 86 ff., 113-124. Haubst zufolge habe Wenck in seiner Kritik an Nikolaus von Kues, dieser arbeite mit seiner Erkenntnisauffassung solchen Gefahren

an einer spiritualisierten, weltabgewandten Vergeistigung, wie sie etwa im Einsiedlertum kulminiert. Auf der gleichen Ebene ist auch das Bemühen von Thomisten wie Bernardus de Reyda (M 2) zu betrachten, die Kölner Beginen-Konvente an eine Ordensregel zu binden, sie nicht außerhalb der kirchlichen Ordnung ihr Dasein fristen zu lassen.

Als weiterer Thomist offenbarte sich bereits 1445 Jodocus Eichmann von Calw in einer Disputation an der Artisten-Fakultät.[458]

Wie aber sah es mit Kölner Einflüssen zu jenem Zeitpunkt aus? Die prosopographische Analyse weist aus, daß sie zwischen 1444 und 1452, dem eigentlichen Durchbruch der Realisten, intensiver waren, als bisher bekannt.[459] Wenige Anhaltspunkte bietet freilich Johannes Horens de Weert[460], der im November 1442 in Köln immatrikuliert wurde und im Wintersemester 1442/43 in Heidelberg erscheint.[461] Vermutlich war er seinem Landsmann Mathias Huberti de Weert gefolgt, der sein Studium der Kanonistik in Heidelberg[462] 1440 unterbrach, um einige Jahre an der Kölner Juristischen Fakultät zu studieren.[463] Bereits 1444 wird er wieder als Bakkalar, 1446 als Lizentiat der Dekretalen in Heidelberg genannt.[464]

Aussagekräftiger dann Heinrich von Luxemburg, am 11. Februar 1444 als Magister artium und *in iure baccalarius* in Heidelberg

---

entgegen, in erster Linie als „Schulphilosoph" und „Schultheologe" gehandelt, als ein der universitär-scholastischen Tradition verpflichteter Vorkämpfer der Via antiqua, der das Neue und dem universitär-peripatetischen Konsens Fremde wie Unvereinbare bei Cusanus bekämpfte (Haubst 1955, 134 f.; teilweise nach Ritter 1922, 51). Der Begriff „abgescheiden leben" begegnet bereits in Wencks gegen Cusanus gerichteter Kampfschrift ‚De ignota litteratura': Vansteenberghe 1910, 31. Zur Problematik vgl. auch Steer 1967, 16 f., der im übrigen eine recht gute Einleitung zu Leben und Werk Wencks bietet (9-18), aber stärker als Haubst die Anlehnung des Theologen an Albertus Magnus hervorhebt (bes. 69 ff.). Werden zu diesem Problem sicherlich noch weitere Forschungen nötig sein, so gilt zweifellos, daß die unterschiedliche Auffassung in der Phantasmenlehre eine unüberbrückbare Kluft zwischen Wenck und den Kölner Albertisten darstellte.

[458] Ritter 1922, 54 f. Zu Jodocus Eichmann jüngst: F. J. Worstbrock, in: Verfasserlexikon 2 (1980), Sp. 394-397.

[459] Es sind wesentlich mehr als die drei bei Weiler (1964, 267 f. u. Anm. 43) angeführten Kölner Magister, unter ihnen auch – anders als Weiler behauptet – mehrere Studenten. Die Zahlen liegen ebenso für den konzentrierten Zustrom Kölner Supposita nach 1452 höher als bei Weiler eruiert.

[460] M 215,46.

[461] Toepke 1884, 237.

[462] Toepke 1884, 159; Sommersemester 1423 Immatrikulation.

[463] M 206,148; 9.12.1440 Immatrikulation Köln.

[464] Toepke 1886, 513, 529.

eingeschrieben.[465] Bei ihm handelt es sich um Heinrich Rommersheim von Luxemburg[466], der sein artistisches Studium seit 1434 in Löwen absolviert hatte, sich 1440 für ein kanonistisches Studium in Köln immatrikulieren ließ. An einer realistischen Schulung dürfte nicht zu zweifeln sein, als Löwener Artist könnte er dem dortigen Albertismus Kölner Provenienz angehangen haben. Heinrich Rommersheim kam offensichtlich, da am gleichen Tag immatrikuliert[467], in Begleitung des Johannes Renicomes zume Steyn[468] aus dem Geschlecht der Wild- und Rheingrafen[469]. Der mit Kanonikaten in Köln, Trier, Metz und Lüttich versehene Graf hatte sich am 31. Mai 1441 für ein kanonistisches Studium in Köln einschreiben lassen. Beiden erließ am 11. Februar 1444 der damalige Heidelberger Rektor Graf Adolf von Nassau die Gebühr. Auch dieser widmete sich seit 1441 in Heidelberg dem Kirchenrecht[470] und wird sich ungefähr im Juli 1444 aus dem gleichen Grund an die Kölner Universität begeben.[471] An seiner Seite in Heidelberg wie Köln der Kanoniker Johannes Rullonis von Idstein.[472] Rullonis hatte von ungefähr 1426 bis 1432 an der Pariser Universität studiert und gelehrt,[473] in jener Zeit also, für die mehrere Zeugnisse von einer völligen Dominanz des Realismus, insbesondere des Albertismus, sprechen.[474] Die genannten Personen verweisen demnach sowohl auf den artistischen Realismus als auch auf die Jurisprudenz. Erstaunlicherweise richteten sich bei den Reformbemühungen von 1444 Forderungen auf beide Bereiche: neben der Via antiqua wünschte man für die Juristische Fakultät die Einführung zweier legistischer Lehrstühle, so daß eine Orientierung an Kölner Verhältnissen nicht unwahrscheinlich erscheint.[475] (Beides ist 1452 in maßgeblicher Weise durch den Kanonisten und kurpfälzischen Kanzler Johann Guldenkopff verwirklicht worden.)

---

[465] Toepke 1884, 240.
[466] M 205,10.
[467] Toepke 1884, 240.
[468] M 209,49.
[469] Zum Geschlecht der Wild- und Rheingrafen vgl. Premier Livre 1978/85, Nr. 1014; Fouquet 1987, 738 f., Nr. 304.
[470] Toepke 1884, 232.
[471] M 222,25.
[472] M 222,26; Toepke 1884, 232.
[473] Auctarium 1937, II, s.v.
[474] Ehrle 1925, 124, 153 f.; Gabriel 1974, 449 f.
[475] Vgl. Ritter 1936, 378, 439 (Verweis auf Kölner Vorbildfunktion). In die Reformforderungen gehörte auch die nach einer zweiten medizinischen Professur.

Möglicherweise spielte hier ebenso der Dekretist Johannes Rysen eine Rolle. Er hatte von 1418 bis 1422 in Köln ein artistisches Studium absolviert,[476] bevor er 1424 an die Heidelberger Universität wechselte.[477] Rysen wurde juristischer Lehrer des reformfreudigen Johann Guldenkopff.[478] Nach 1444 unterrichtete er auch Heinrich Rommersheim von Luxemburg, der im Januar 1446 durch Rysen zum Lizentiaten *in iure* promoviert wurde.[479] Eine Verbindung Rysens zum Kreis der Förderer und Anhänger der Via antiqua scheint sich auch in der Tatsache auszudrücken, daß der Realist Johannes Wenck 1450 für ihn eine *collacio pro exequiis* abfaßte.[480]

Heinrich Rommersheim blieb offenbar noch einige Jahre in Heidelberg. 1458 wurde er dann als Dechant von Luxemburg und mit dem Grad eines juristischen Lizentiaten zum Rat des Luxemburger Provinzialrates ernannt, 1468 von Karl dem Kühnen in diesem Amt bestätigt.[481] Auffallend seine Anwesenheit bei der maßgeblich von Kölner Magistern betriebenen Gründung der Trierer Universität 1473, für die er noch ein Jahr bis zu seinem Tod als Professor des kanonischen Rechts wirkte.[482]

Trotz des Bestrebens der Heidelberger Nominalisten, den Thomisten und Albertisten eine Etablierung zu verwehren, hielt der Zustrom von Kölnern auch nach April 1444 an. Ende des Jahres immatrikulierte sich unter Johannes de Gamundia (Rektor Sommersemester – also Juni bis Dezember – 1444) ein Johannes de Colonia, *clericus Coloniensis*[483], der sich allerdings nicht identifizieren läßt. Größere Aufmerksamkeit erweckt eine Gruppe von drei Kölnern, die sich ungefähr im Februar 1446, im Rektorat des Johannes Rysen (Wintersemester 1445/46), in Heidelberg einschrieben.[484] An ihrer Spitze stand der Abt des Benediktiner-Klosters Groß St. Martin in Köln, Jakob von Wachendorf (1439-1454), mithin einer der drei

---

[476] M 117,14.
[477] Toepke 1884, 162.
[478] Ritter 1936, 439, Anm. 2. Hierzu auch: Meuthen 1988, 126.
[479] Toepke 1886, 529.
[480] Ritter 1936, 503, Nr. o.
[481] Van Werveke 1904, 227 f. Zum Provinzialrat: Van Werveke 1983, 69-96.
[482] Van Werveke 1904, 228; Zenz 1949, 19.
[483] Toepke 1884, 244.
[484] Toepke 1884, 247.

Konservatoren der Universität.⁴⁸⁵ Was ihn nach Heidelberg trieb, läßt sich nicht feststellen. Doch werden wir im Zusammenhang mit dem Realismus an der Leipziger Universität noch einmal ausführlicher auf ihn zurückkommen.⁴⁸⁶ Den Abt begleitete Henricus de Rees (Reis), der sich im Oktober 1443 in Köln für das Studium des geistlichen Rechts eingeschrieben hatte.⁴⁸⁷ Möglicherweise ist er mit Heinrich van Rees identisch, dem späteren Abt des Zisterzienser-Klosters Aduard (1449-1485), westlich von Groningen, das unter ihm in den achtziger Jahren einen Anziehungspunkt gelehrter Theologen und Humanisten wie Wessel Gansfort, Rudolf von Langen, Johannes Canter oder Rudolf Agricola bildete.⁴⁸⁸ Als dritter der Gruppe erscheint ein Jacobus de Colonia, der wiederum keine Identifikationsmöglichkeit bietet.

Im gleichen Semester wie diese drei Kölner, aber wohl etwas früher immatrikuliert, hatte sich Petrus Yvonis de Alcmaria nach Heidelberg begeben.⁴⁸⁹ Er hatte sein Studium im Juli 1443 in Köln

---

⁴⁸⁵ Zum Amt der Kölner Konservatoren, denen der Schutz der von Papst Urban VI. erteilten Universitäts-Privilegien oblag, vgl. Keussen 1934, 7-13; Meuthen 1988, 67 f. Zu Jakob von Wachendorf als Abt an Groß St. Martin gibt es keine eigene Untersuchung. Gemeinhin gilt von ihm das Diktum, daß er „leichtsinnig und verschwenderisch wirtschaftete" (Haacke 1980, 378).
⁴⁸⁶ S.u. 516 f.
⁴⁸⁷ M 219,19. Der Kanonist ist wohl kaum, wie Keussen annimmt, identisch mit dem 1460 genannten gleichnamigen Presbyter des Kölner Fraterhauses Weidenbach.
⁴⁸⁸ Die hier angesprochene sog. „Aduarder Akademie" wurde in der Forschung häufiger behandelt: vgl. Allen 1914; Post 1922, 271-276; Post 1923, 132-145, 226 (Amtszeit des Abtes Heinr. v. Rees: Anfang Jan. 1450-1.12.1485); Hyma 1965, 202 ff.; Post 1968, 597; Ijsewijn 1975, 228. In der jüngeren Forschung fand sie v.a. in den Studien von Akkerman zum friesischen Humanistenkreis um Rudolf Agricola Berücksichtigung (vgl. bes. Akkerman/Santing 1987; Akkerman 1989, 21-27). Die Vita des Heinrich von Rees vor 1449/50 wird in der Forschung nicht behandelt. Angaben über seine akademische Bildung sind demnach nicht zu finden. Wäre er mit dem Kölner Kanonistik-Studenten identisch, dann wäre nicht nur dieses Studium und den Heidelberg-Aufenthalt an der Seite des Kölner Konservators, sondern auch über den zur Aduarder Akademie zählenden und eng mit der Laurentiana verbundenen (s.u. 715-726) Rudolf von Langen eine Brücke von Aduard an die rheinische Universität geschlagen. Trifft die Identität zu, dann müßte Heinrich von Rees nach 1446 in den Zisterzienser-Orden eingetreten sein. Für eine Gleichsetzung spräche das von allen Seiten bezeugte hohe Bildungsniveau. Zurückhaltung gebietet allerdings die Tatsache, daß sich zwischen Dez. 1448 und März 1449 ein *frater Henricus Aedwerth o. Cist.* für ein Artes-Studium in Köln immatrikulieren ließ (M 240,19). Doch würde dessen Identifizierung mit Heinrich von Rees bedeuten, daß dieser noch kurz vor Übertragung der Abtswürde am Jahreswechsel 1449/50 und nach einem längeren Status als „frater o. Cist." ein Artes-Studium aufgenommen hätte.
⁴⁸⁹ Toepke 1884, 247.

begonnen,⁴⁹⁰ wandte sich nach seinem Heidelberger Aufenthalt 1446 nach Paris, wo er als Bakkalar rezipiert wurde – zusammen mit David Guthrie, dem Schüler des Archibald Whitelaw (L 11) in der Laurentiana.⁴⁹¹ Anschließend kehrte Petrus für fünf Jahre erneut nach Köln zurück, wohnte dort in der Juristenschule.

Johannes Recht de s. Vito⁴⁹² hatte sich im Dezember 1445 in Köln immatrikuliert, wird dann gut anderthalb Jahre später in der Heidelberger Matrikel unter dem Rektorat des Bartholomäus de Herkenrode (WS 1446/47) aufgeführt.⁴⁹³ Seine artistischen Grade erwarb er jedoch nicht an der pfälzischen Universität, sondern 1453 und 1456 wiederum in Köln.

Als letzten Intitulanten seines Rektorats vom Juni bis Dezember 1447 verzeichnete Johannes Vaihinger de Leonberg den *arcium liberalium magister et baccalarius theologie Coloniensis* Johannes Reventz de Bruxella.⁴⁹⁴ Mit Blick auf den Wegestreit erlaubt uns seine Person erstmals eine deutlichere Zuweisung. Johannes Reventz war nach Erwerb des artistischen Bakkalaureats in Löwen am 22. Juni 1440 in Köln immatrikuliert worden, wo er in die Laurentiana eintrat. 1441 inzipierte er unter Johannes Kuyck (L 8) und begann nach seinem Magisterium eine Lehrtätigkeit an der Laurentiana-Burse, in deren Regenten-Verzeichnis er auch aufgelistet ist (L 20). Wie bereits ausgeführt, begegnet er im Winter 1444 als Examinator und Determinator seiner Burse. Demnach ist nicht daran zu zweifeln, daß Reventz einen albertistisch geprägten Realismus von Köln nach Heidelberg trug. Allzu lange scheint er jedoch nicht in Heidelberg geblieben zu sein, denn 1453 ist er wieder für Köln belegt.⁴⁹⁵

Es ging nun Schlag auf Schlag. Am 5. September 1448 folgten zwei weitere Kölner Magister.⁴⁹⁶ Bertholdus Steenwijck aus dem niederländischen Koevorden ist uns bereits als Schüler des Heymericus de Campo (L 1) bekannt, als der er 1428 nach Löwen ging

---

⁴⁹⁰ M 218,14.
⁴⁹¹ Vgl. Auctarium 1937, II, Sp. 645. 1448/49 folgten Lizentiat und Magisterium in Paris (Auctarium 1937, II, Sp. 745, 762).
⁴⁹² M 227,40.
⁴⁹³ Toepke 1884, 252.
⁴⁹⁴ Toepke 1884, 254. Genannt auch bei Weiler 1964, 267, Anm. 43.
⁴⁹⁵ Der nicht in Heidelberg immatrikulierte Kölner Magister Wilhelm Schelken von Brüssel (M 215,28) schrieb 1453 ‚Gregorii Magni Moralia' für seinen Herrn Johannes Reventz ab (vgl. Anm. zu M 215,28).
⁴⁹⁶ Toepke 1884, 257. Nennung auch bei Weiler 1964, 267, Anm. 43.

und dort sogleich artistischer Dekan wurde.[497] Auch Steenwijck widmete sich dem geistlichen Recht, wurde in Löwen *baccalarius in decretis*.[498] Mit diesem Grad verließ er die brabantische Universität, um in der Trierer Abtei St. Matthias dem Benediktiner-Orden beizutreten. Als *Magister Coloniensis et baccalarius in decretis Lovaniensis* immatrikuliert, konnte Steenwijck als Profeß des Trierer Klosters schon am 17. Dezember 1448 in Heidelberg durch Johannes Rysen zum Lizentiat der Dekretalen promoviert werden.[499] Doch Steenwijck hatte es nicht bei seinem juristischen Studium in Löwen bewenden lassen, sondern bezeugt Gelehrsamkeit durch ein gleichzeitiges Theologiestudium. Unter Johannes Vaihinger, der wie Rysen ebenfalls Johannes Wenck nahegestanden haben dürfte,[500] erwarb er am 15. Dezember 1449 das theologische Lizentiat.[501]

Am gleichen Tag wie Steenwijck ließ sich Simon Nicolai von Amsterdam in Heidelberg immatrikulieren. Allerdings zählte er zu den thomistischen Vertretern der Via antiqua. Am 10. Mai 1440 in Köln immatrikuliert,[502] determinierte und inzipierte er 1441 bzw. 1443 unter dem Montana-Regenten Nikolaus von Amsterdam (M 11). Nach einem kurzen Zwischenspiel an der Erfurter Universität[503] lehrte er anschließend als Regent an der Montana und fungierte für sie im Februar 1446 als Temptator. Warum er gerade im September 1448 seine Lehrtätigkeit aufgab, um nach Heidelberg zu wechseln, wo er bis zur obrigkeitlichen Einführung der Via antiqua keine

---

[497] S.o. 399.

[498] Vgl. Reusens 1903, 271 f.

[499] Toepke 1886, 530. In dem gleichen Promotionsakt erscheint mit Petrus Stocz ein weiterer Profeß des Benediktiner-Ordens (aus dem fränkischen Kloster Amorbach). Unklar ist, ob die Ankunft und die Graduierungen dieser Benediktiner mit dem Aufenthalt des Jakob Wachendorf in Verbindung stehen. Wachendorf wird 1445 und 1449 wieder in Kölner Urkunden genannt (Schaefer 1907, 175). Auffällig ist immerhin, daß 1448 Adam Mayer mit weiteren Benediktinern aus St. Matthias in Trier, das sich bekanntlich der Bursfelder Observanz angeschlossen hatte, nach Köln zog, wo er 1454 Nachfolger Wachendorfs wurde (vgl. Frank 1973, 179; Haacke 1980, 377).

[500] Johannes Vaihinger war theologischer Schüler des Johannes Wenck (nach dem Tod des Johannes Blatt 1438 wählte ihn Vaihinger zu seinem Magister; Toepke 1886, 597). Wenck hielt für den wie Rysen ebenfalls 1450 gestorbenen Vaihinger gleichfalls eine *collacio pro exequiis* (Ritter 1936, 503, Nr. n). Zwischen Juni und Dezember 1440 lösten sich beide gegenseitig als Vizerektoren ab (Toepke 1884, 228, Anm. 3; Toepke 1886, 611). Als Rektor amtierte Rysen.

[501] Toepke 1886, 599.

[502] M 205,72.

[503] Weissenborn 1881, 194 (zusammen mit zwei Landsleuten aus Amsterdam immatrikuliert).

Regentschaft an der Artisten-Fakultät ausüben durfte, ist nicht zu ersehen. Erst im Oktober 1452 bekam er nach einer öffentlichen *responsio* die Erlaubnis, als *magister regens* an der Fakultät zu wirken.[504] Nach dem Zeugnis der Zeitgenossen stellte er damit den *primus Coloniensis regens*[505] unter den Heidelberger Artisten. Privat könnte er natürlich bereits vorher gelehrt haben, doch scheint es bis zur offiziellen Anerkennung an der Artisten-Fakultät keinen realistischen Regenten gegeben zu haben.[506] In den Fakultätsrat wurde er schließlich am 5. Januar 1453 aufgenommen, mußte aber mit einer Lozierung hinter den in Heidelberg promovierten Magistern, gleichsam als Neugraduierter, vorliebnehmen.[507]

Am 22. September 1449 immatrikulierte der Rektor Johannes Trutzenbach den Doktor der Medizin und Magister artium Dietrich Heck von Büderich.[508] Man hatte ihn nach Heidelberg berufen, um die Nachfolge des am 26. Dezember 1448 verstorbenen, 1420 aus Köln gekommenen Mediziners Gerhard von Hohnkirchen[509] anzutreten. Dessen Pfründe an St. Peter in Wimpfen und an der Heilig-Geist-Kirche in Heidelberg sowie sein Haus wurden Heck zugesprochen. Im Domizil des Johannes Rysen nahm er die Nomination an, mit dem Versprechen, die Medizin zu lehren und sein in Siena erlangtes Doktorat zu bezeugen. Im Zusammenhang mit der in Bewegung geratenen Reformbestrebung an der Heidelberger Universität spricht einiges dafür, daß es sich bei jenem in Italien promovierten Mediziner um den Anfang 1428 in Köln immatrikulierten Theodoricus de Buderick handelt.[510] Dieser studierte an der Laurentiana und erwarb im Mai 1429 unter dem Albertisten und damaligen Bakkalar der Medizin Gerardus de Hamont (L 3) sein artistisches Bakkalaureat, könnte sich also bereits in Köln mit einem Medizin-Studium angefreundet haben. Dietrich Heck von Büderich

---

[504] Weiler 1964, 265. Vgl. Ritter 1936, 382.
[505] Weiler 1964, 265, Anm. 33.
[506] Als Indiz mag man das Verhalten des Burckhard Wenck von Herrenberg (wahrscheinlich ein Verwandter des Johannes Wenck) werten, der nach seiner Immatrikulation 1449 in Heidelberg (Toepke 1884, 259) an die Pariser Universität wechselte, um die artistischen Grade zu erwerben (vgl. Ritter 1922, 56 f.; Weiler 1964, 265 u. Anm. 37; Gabriel 1974, 460). Offensichtlich suchte er Paris bewußt wegen einer realistischen Schulung auf, denn unmittelbar nach seinem Magisterium kehrte er nach Heidelberg zurück, wo er einer der führenden Antiqui wurde.
[507] Weiler 1964, 265, Anm. 34.
[508] Toepke 1884, 261 u. Anm. 4.
[509] Zu Gerhard von Hohnkirchen: Meuthen 1988, 196 (Lit.).
[510] M 156,11.

konnte sein Heidelberger Lehramt allerdings nicht lange ausüben, da er bereits am 5. April 1450 starb.[511]

Seinem Landsmann Johannes Recht von St. Vith folgte im Juli 1450 der Kölner Bakkalar Petrus de s. Vito.[512] Er hatte sich am 19. Dezember 1445 in Köln eingeschrieben,[513] ungefähr zur gleichen Zeit wie Johannes Recht. 1446 wurde er zum Bakkalaureats-Examen präsentiert, allerdings ohne Angabe von Lehrer oder Burse. An einer realistischen Bildung kann freilich kein Zweifel sein. Petrus von St. Vith kehrte später nach Köln zurück, ist dort von 1473 bis 1504 als Kanoniker an St. Aposteln nachzuweisen.

Im Juni 1451 kam eine Studenten-Gruppe um die Brüder Hessler von Köln nach Heidelberg, bei der nicht ersichtlich ist, ob sie eine dezidierte Position im Wegestreit einnahm. Am 24. August 1450 immatrikulierten sich in Köln die Leipziger Henricus Koeler[514], Henricus Carnificis[515], Johannes Hessler[516], Nicolaus Hessler[517] und Georg Schar[518]. Koeler hatte sich für ein theologisches, Carnificis für ein kanonistisches, die übrigen für ein artistisches Studium eingeschrieben. Gut ein Jahr später erscheint genau diese Gruppe für den 16. und 17. Juni 1451 in der Heidelberger Matrikel.[519] Wenige Monate nach seinen Brüdern war Georg Hessler[520] am 2. Dezember 1450 an die Kölner Universität gekommen,[521] um sich dem kanonistischen Studium zuzuwenden. In Heidelberg ließ er sich am 24. Juni 1451 in die Matrikel eintragen.[522]

In den folgenden zwölf Monaten schweigen die Matrikel über die Aufnahme von Kölner Universitätsangehörigen. Von 1444 bis Anfang 1452 können demnach 19 Kölner Supposita in Heidelberg nachgewiesen werden, die direkt oder auf dem Umweg über Löwen an die pfälzische Universität zogen. Ein gut Teil von ihnen dürfte

---

[511] Vgl. Toepke 1884, 264, Anm. 3 (die Jahreszahl 1550 muß ein Druckfehler sein).
[512] Toepke 1884, 264.
[513] M 227,37.
[514] M 246,30.
[515] M 246,31.
[516] M 246,32.
[517] M 246,33.
[518] M 246,34.
[519] Toepke 1884, 267.
[520] Zu den Hessler-Brüdern, bes. zu Georg, vgl. etwa Hollweg 1907; Strnad 1970; Wendehorst 1989, 409-414 (Lit.).
[521] M 247,57.
[522] Toepke 1884, 267.

tatkräftig die Antiqui unterstützt haben. Dabei hat es den Anschein, als ob die Albertisten leicht in der Mehrheit waren. Dies allerdings sollte sich nach 1452 nachhaltig ändern.

b) Nach 1452

Anfang der fünfziger Jahre nahmen die Pläne der Reformpartei am kurpfälzischen Hof und an der Universität Gestalt an. Offenbar unter Kenntnis unmittelbar bevorstehender Maßnahmen gingen die Antiqui an der Artisten-Fakultät, unter ihnen Jodocus Eichmann von Calw, in die Offensive, prangerten – wie im April 1452 – den üblichen nominalistischen Lehrbetrieb an und bekannten sich *ad viam antiquorum*.[523] Postwendende Strafen der Fakultätsmehrheit blieben wirkungslos. Am 29. Mai 1452 erließ Friedrich I. von der Pfalz ein Edikt, das in einer umfassenden Neuordnung der Universität auch die Gleichberechtigung der Via antiqua an der Artisten-Fakultät forderte.[524] Beide Wege sollten zu einem friedlichen Miteinander finden. Die kategorische Ablehnung zahlreicher Änderungswünsche der Nominalisten seitens des Kurfürsten bzw. seines Kanzlers Johann Guldenkopff unterstreicht den landesherrlichen Charakter der Reform. Für die Ausbreitung des universitären Realismus war sie wegweisend, denn Heidelberg bildete die erste deutsche Universität, an der den dominierenden Nominalisten die Via antiqua statutarisch verbindlich gleichberechtigt zur Seite gestellt wurde. Umso mehr Beachtung darf der Anteil Kölns, der Bursen insbesondere, an dem erfolgreichen Gelingen verdienen.

Seit Juni 1452 wechselten Kölner Supposita derart schnell und massiv nach Heidelberg, daß von einem zufälligen Geschehen nicht die Rede sein kann. Fast hat man den Eindruck, die Kölner und Heidelberger Realisten hätten nach einer langen und schwierigen Vorbereitungsphase nur auf den Startschuß für einen geregelten realistischen Lehrbetrieb gewartet. Unter den jungen Scholaren sind zudem so viele, die erst kurze Zeit in Köln immatrikuliert waren, daß eine billigende Ermunterung, wenn nicht gar Aufforderung durch die Kölner Magister anzunehmen ist. Immerhin verloren

---

[523] Ritter 1922, 57; Ritter 1936, 383; Weiler 1964, 262 f.
[524] Gedruckt: Winkelmann 1886, I, 161-165, hier: 163, Nr. 109; vgl. Ritter 1922, 60 f.; Ritter 1936, 384 f.; Weiler 1964, 264; und unter Berücksichtigung grundsätzlicher Fragen: Classen 1983, 265-270.

sie dadurch existenzsichernde Schüler. Die Annahme einer ausschlaggebenden, landsmannschaftlich begründeten Anziehungskraft durch einzelne Magister trägt den tatsächlichen Bindungen nicht genügend Rechnung.[525] Lassen wir jedoch vorerst die Motive und den genaueren Hintergrund des Kölner Zuzugs beiseite, um zunächst die Dramatis personae Colonienses zu erfassen.

Im Rektorat des Johannes Trutzenbach (SS 1452)[526] dürften von den insgesamt 62 Immatrikulierten allein elf in zwei Gruppen aus Köln gekommen sein. Die erste Vierer-Gruppe wurde angeführt von dem Kölner Bakkalar Gisbert Klinckart von Delft[527], einem Zögling und späteren Regenten der Corneliana (C 37), der bereits 1445 unter Gerhard von Venlo (C 8) determiniert hatte, seine Inzeption jedoch aus unerklärlichen Gründen hinausschob. Am 8. Oktober 1452 wurde er als Bakkalar in die Heidelberger Artisten-Fakultät rezipiert, im April 1453 inzipierte er als *primus magister in via antiqua* unter Herwich von Amsterdam (C 10).[528] Hinter Gisbert trug der Rektor Dietrich von Amsterdam in die Matrikel ein. Dieser hatte sich erst wenige Wochen vorher, um den 17. Juni 1452, für ein juristisches Studium in Köln immatrikuliert.[529] Als dritter erscheint Dietrich von Delft, der bereits im Frühjahr 1449 in die Kölner Matrikel eingetragen worden war.[530] Einige Zeit später kehrte er nach Köln zurück und wurde hier im November 1454 zum Bakkalaureats-Examen präsentiert. Der letzte dieser ersten Gruppe war Johannes Erwini de Ratingen. Auch er hatte sich noch nicht lange in Köln aufgehalten, wurde ungefähr am 16. März 1452 immatrikuliert.[531] Wann Johannes von Ratingen nach Köln zurückkehrte, ist nicht genau zu ermitteln. Sicher ist nur, daß er später als Kanonist sowohl an der Universität als auch am erzbischöflichen Hof erheblichen Einfluß hatte.

---

[525] Vor allem Weiler (1964) hatte durch die Fixierung auf die Person des Kölner Magisters Herwich von Amsterdam, der desungeachtet eine zentrale Rolle spielte, eine verkleinerte und schiefe Perspektive erhalten, durch die der Blick auf manch wichtiges Phänomen verstellt wurde.
[526] Toepke 1884, 271 f.
[527] M 221,54.
[528] Toepke 1886, 392 (in Heidelberg wechselte 1417 der Begriff für die Magister-Promotion: der Magistrand inzipierte nicht mehr, sondern determinierte unter seinem Doktorvater; vgl. Toepke 1886, 372); Weiler 1964. 266.
[529] M 253,91.
[530] M 241,32.
[531] M 252,25.

Die zweite, größere Gruppe aus Köln wurde von dem Magister artium und Bakkalar der Theologie Herwich von Amsterdam (C 10)[532] angeführt, der gegen Ende des genannten Rektorats in Heidelberg erschien. Sehr wahrscheinlich kam er mit sechs weiteren Kölnern. Auf Herwich folgt Christian von Zülpich (de Tulpeto) in der Matrikel. Christian war im Frühjahr 1451 in die Montana-Burse eingetreten[533] und erwarb am 5. Juni 1452 unter seinem Lehrer Gerhard von Elten (M 19) das Bakkalaureat. Als die Artisten-Fakultät ihn am 4. November 1452 vom weiteren Studium dispensierte, tat sie dies sicherlich mit Blick auf den anstehenden Wechsel nach Heidelberg. Dort inzipierte er am 4. Juli 1454 unter dem Thomisten Herwich von Amsterdam.[534] Der dritte dieser Gruppe, der Kleriker Jakob Herinck von Kassel, hatte sich im Mai 1452 in Köln einschreiben lassen.[535] 1455 erwarb Jacobus de Cassel in Heidelberg unter Christian von Zülpich das Magisterium.[536] Der nach ihm in der Matrikel aufgeführte Dietrich von Arnheim dürfte mit Theodoricus Philippi de Arnem[537] identisch sein, einem im Frühjahr 1449 immatrikulierten Schüler der Montana, der am 28. Juni 1451 unter Henricus de Susato (M 18) determiniert hatte.[538]

Mit einem Fragezeichen hinsichtlich ihrer Kölner Herkunft müssen auch die beiden folgenden (vermutlichen) Brüder Petrus und Reinerus Brucken de Sittart versehen werden. Petrus wird sehr wahrscheinlich mit dem am 8. Juli 1452 in Köln immatrikulierten Petrus de Sittart[539] identisch sein. Dafür spricht, daß er, wie Theodoricus de Arnem, nach 1452 nicht mehr in den Kölner Akten erscheint. Reinerus Brucken ist allerdings gar nicht in der Kölner Matrikel verzeichnet. Eventuell stieß er erst kurz vor Abreise zu Petrus, so daß sich eine Kölner Einschreibung erübrigte. Beide bestanden im Mai 1454 in Heidelberg ihre Prüfung zum Bakkalar

---

[532] Maßgeblich zu ihm: Weiler 1964.
[533] M 249,15.
[534] Toepke 1886, 393.
[535] M 253,63.
[536] Toepke 1886, 394.
[537] M 241,8.
[538] Nimmt man die Identität des Kölners mit dem Heidelberger Theodoricus de Arnem an, dann hätte der Heidelberger Rektor das Kölner Bakkalaureat nicht in der Matrikel (wie etwa bei Christian von Zülpich) verzeichnet. Als Argument gegen eine Identifizierung kann dies schwerlich gelten, denn solche Unterlassungen finden sich häufiger.
[539] M 254,1.

in der Via antiqua[540] – ein erneutes Indiz für ihre Zugehörigkeit zur Kölner Gruppe. Diese würde, falls die Annahme einer Gruppenimmatrikulation zutrifft, von dem Studenten des kanonischen Rechts Gerardus Eckart de Bercka beschlossen worden sein. Für ein kirchenrechtliches Studium hatte sich Gerhard ungefähr Anfang des Jahres 1440 in Köln eingeschrieben.[541] Hierbei wird er auch als Familiaris des damaligen Rektors und Kölner Legisten Theodoricus de Novo Lapide (von Neuenstein)[542] genannt.

Im folgenden Rektorat des Johannes Wildenhertz (WS 1452/53)[543] lassen sich fünf Kölner Schüler nachweisen, die Heidelberg wegen eines Studiums in der Via antiqua aufsuchten. Nach nur kurzem Aufenthalt in Köln wandte sich der Kleriker Hilbrandus de Monikedam gen Süden. Am 19. Oktober 1452 hatte er sich in Köln einschreiben lassen,[544] an fünfter Stelle trug ihn Wildenhertz in die Matrikel ein. Einige Positionen weiter verzeichnete er den Kleriker Petrus Rogeri de Aquisgrano. Dieser war im April 1452 in Köln,[545] ungefähr Anfang April 1453 in Heidelberg immatrikuliert worden. Im Mai 1454 erwarb er das Bakkalaureat in der Via antiqua, 1455 das Magisterium unter Herwich von Amsterdam.[546] Johannes Kese de Embrica erreichte dagegen 1455 erst das Bakkalaureat im alten Weg, obwohl er bereits für den 19. Oktober 1450 in der Kölner Matrikel verzeichnet ist.[547] Er hatte sich gegen Ende des Rektorats von Wildenhertz immatrikulieren lassen.

Eine gemeinsame Ankunft in Heidelberg ist bei den beiden zuletzt immatrikulierten Kölnern Henricus Das de Colonia und Thomas Sonck de Horn anzunehmen. Der offenbar ältere Henricus Das war bereits Bakkalar, was Wildenhertz allerdings nicht in der Matrikel vermerkte. Henricus hatte sich 1449 als *minorennis* in Köln eingeschrieben,[548] studierte dann in der Montana-Burse, um am 1. Juni 1452 unter Henricus de Susato (M 18) zu determinieren. Am 25. Juni 1454 wählte er folgerichtig den Thomisten Herwich

---

[540] Vgl. die entsprechenden Anmerkungen Toepkes zu den immatrikulierten Personen.
[541] M 204,4 (Gerardus Eggers de Bercka).
[542] M 115,55.
[543] Toepke 1884, 272 ff.
[544] M 255,5.
[545] M 253,22.
[546] Toepke 1886, 394.
[547] M 247,13.
[548] M 241,46.

von Amsterdam (C 10) als seinen Inzeptor,[549] doch scheint er sich bald wieder nach Köln begeben zu haben. Denn dort ist er für 1458/59 in den Schreinsbüchern verzeichnet. Wenig Licht fällt auf die Person von Thomas Sonck. Außer seiner Heidelberger Immatrikulation ist lediglich die in Köln 1452[550] bekannt.

Eine größere Gruppe von Kölner Antiqui scheint sich gleich zu Beginn des Rektorats, das Johannes de Swendin von Juni bis Dezember 1453 führte,[551] eingefunden zu haben. Angeführt wird sie von dem an dritter Stelle der Intitulanden genannten Kölner Magister Baldewilus de Amsterdammis, einem älteren Angehörigen der Montana. Baldewilus hatte sein Studium 1443 in Köln begonnen[552] und inzipierte 1446 unter dem Montana-Regenten Nikolaus von Amsterdam (M 11). Sein Aufenthalt in Heidelberg kann nicht von längerer Dauer gewesen sein, denn von 1453 bis 1502 bekleidete er ein Kanonikat an St. Aposteln in Köln,[553] ist auch immer wieder in der Stadt nachzuweisen. Der hinter Baldewilus aufgeführte Johannes de Delft dürfte mit dem Kölner Bakkalar identisch sein, der sich als Johannes Lire prope Delft am 8. Juni 1450 in Köln immatrikuliert hatte.[554] Auch dieser gehörte zu den Zöglingen der Montana, determinierte 1451 unter Henricus de Susato (M 18). Ob der anschließend immatrikulierte Kölner Kleriker Gotfridus de Morsa, der 1455 in Heidelberg Bakkalar in der Via antiqua wurde, ebenfalls von der Kölner Universität kam, ist nicht zu ermitteln. Möglicherweise verzichtete er auf eine Kölner Einschreibung, da er gerade 1453 sein Studium begonnen zu haben scheint. Mit Sicherheit kam jedoch der als übernächster erscheinende Petrus de Brilis aus einer Kölner Burse. Er hatte 1450[555] sein Studium in der Corneliana begonnen, 1451 bereits unter Petrus de Cresco (C 27) determiniert und wurde am 31. Juli 1453 als Bakkalar in die Heidelberger Artisten-Fakultät rezipiert. 1454 erlangte er am 4. Juli unter Herwich von Amsterdam das Magisterium. Als letzten der Kölner Realisten trug der Rektor den *baccalarius formatus* der Theologie Theodoricus Polman de Venrath ein. Bereits 1423 und 1424 hatte er seine artistischen Grade unter Johannes de Novimagio

---

[549] Toepke 1886, 393.
[550] M 255,29.
[551] Toepke 1884, 274 ff.
[552] M 217,41.
[553] Vgl. neben der Anm. zu M 217,41 etwa Schaefer 1901, 150, Nr. 95 (zu 1464).
[554] M 245,49.
[555] M 246,11.

in Köln erworben.⁵⁵⁶ 1472 erreichte er wiederum dort das theologische Doktorat. Eine von ihm besessene theologische Schrift des Thomisten Johannes Tinctoris (C 4) könnte ihn als Vertreter dieser Richtung in der Via antiqua ausweisen. Mehr als ein Zufall war es vielleicht, daß direkt hinter Theodoricus Polman der Pariser Realist Johannes Petri de Dacia in der Heidelberger Matrikel aufgeführt wird.⁵⁵⁷

Im Rektorat des Kilian Wolff de Haslach von Dezember 1453 bis Juni 1454⁵⁵⁸ lassen sich mit großer Sicherheit vier aus Köln gekommene Studenten nachweisen. Johannes Danne de Bopardia ist für den 14. Januar 1453 in den Kölner Matrikeln verzeichnet.⁵⁵⁹ Näheres zu seinem Studium kann allerdings weder für Köln noch für Heidelberg vermerkt werden. Eine gemeinsame Reise brachte offenbar die beiden Kölner Bakkalare Cornelius Goes und Petrus de Susato nach Heidelberg. Sie wurden zusammen immatrikuliert und am 9. Mai 1454 als Bakkalare in die Heidelberger Artisten-Fakultät rezipiert. Cornelius Goes hatte seit 1449 in Köln studiert,⁵⁶⁰ war 1451 zum Bakkalaureats-Examen präsentiert worden und konnte schon am 4. Juli 1454 (zusammen mit Petrus de Brilis) unter Herwich von Amsterdam (C 10) inzipieren. Petrus de Susato hatte sich 1450 in Köln eingeschrieben⁵⁶¹, trat in die Montana ein, als deren Schüler er im November 1453 unter seinem Landsmann Henricus de Susato (M 18) determinierte. 1455 konnte er in Heidelberg durch den Kölner Thomisten Christian von Zülpich zum Magister promoviert werden.⁵⁶² Unmittelbar nach seinem Bakkalaureats-Examen, für das er am 31. Mai 1454 in Köln präsentiert wurde (Determinator leider nicht bekannt), muß Wilhelmus Goes nach Heidelberg gezogen sein, wo er gegen Ende (22. Juni) des Rektorats von Kilian Wolff immatrikuliert wurde. In die Kölner Matrikel hatte er sich im Juni 1452 eintragen lassen.⁵⁶³ Der durch Wolff immatrikulierte Theodoricus de Colonia läßt sich nicht identifizieren, könnte

---

[556] M 132,91.
[557] Toepke 1884, 274. Vgl. zu diesen Immatrikulationen und zu Johannes Petri de Dacia: Ritter 1922, 62; Weiler 1964, 265; Gabriel 1974, 460 f.
[558] Toepke 1884, 276 f.
[559] M 256,8.
[560] M 241,21.
[561] M 247,10.
[562] Toepke 1886, 394.
[563] M 253,100.

aber als Kölner ebenfalls die Via antiqua in Heidelberg verstärkt haben.

Das Rektorat des Petrus Krebs de Sezlach (SS 1454)[564] sah mindestens fünf neue Kölner Supposita. Johannes de Eyck, der am 10. September 1454 in die Heidelberger Universität eintrat, ist mit Johannes Eyck de Aquis[565] identisch, dessen Kölner Bakkalaureat für 1446 belegt ist. Vor und nach seinem Heidelberger Aufenthalt wirkte er an der Löwener Universität, kam also nicht direkt von Köln. Für 1478 bis 1499 wird er als Dekan von St. Paul in Lüttich genannt.[566] Im August 1454 schrieb sich Goswinus Klut de Morsa ein, der seit 1445 in Köln nachweisbar ist[567] und sich damals als Familiaris des Grafen Johann von Saarwerden[568], Propst an St. Aposteln, ausgab. Aus der Montana-Burse kam der Kölner Bakkalar Simon von Heinsberg[569], der 1453 unter Henricus de Susato (M 18) determiniert hatte, nach Heidelberg, wo er sich am 27. September 1454 einschrieb. Gut ein Jahr später inzipierte er unter Herwich von Amsterdam (C 10).[570]

Ein Schüler des Herwich war ebenfalls der am 2. November 1454 in Heidelberg immatrikulierte Arnoldus Weert. Schon in Köln[571] hatte er im März 1452 unter dem Corneliana-Regenten determiniert, in Heidelberg konnte er im September 1455 unter ihm das Magisterium erlangen. Am 16. Dezember 1454 ließ sich Lupoldus de Hallis Vallisseni aus der Diözese Brixen in die Heidelberger Matrikel eintragen. Auch er ein Kölner Bakkalar,[572] im Juni 1453 sogar schon zum Lizentiats-Examen zugelassen, ohne daß eine Inzeption oder die Bursenzugehörigkeit bekannt wären.

Von den sechs Kölner Studenten, die sich im Rektorat des Johannes Doliatoris de Heydelberga (WS 1454/55)[573] einschreiben ließen, hatten allein fünf bereits in Köln ihr Bakkalaureat erworben. Aus

---

[564] Toepke 1884, 277 ff.
[565] M 223,4.
[566] Johannes Eyck de Aquis scheint in einer Dreier-Gruppe von Löwen angereist zu sein. Ein Mitglied, Johannes Hen de Castellino, wandte sich später nach Köln, wo er sich für ein juristisches Studium einschrieb (M 285,38) und eine größere Gruppe Heidelberger Realisten nach Köln mitführte.
[567] M 224,6.
[568] M 224,3.
[569] M 252,21.
[570] Toepke 1886, 394.
[571] M 247,23.
[572] M 244,15.
[573] Toepke 1884, 280 ff.

der Corneliana stammte als vermutlich einziger Adam de Wickrod, am 11. Januar 1455 in Heidelberg, Ende 1448 in Köln als Adam op Gastendonc de Becraide[574] immatrikuliert. 1453 hatte er unter Danckardus de Brilis (C 24) determiniert, in Heidelberg inzipierte er im September 1455 (natürlich) unter Herwich von Amsterdam,[575] nachdem ihn die Fakultät am 3. Februar 1455 als Bakkalar rezipiert hatte.

Drei Bakkalare lassen sich als ehemalige Studenten der Montana nachweisen. Gisbertus Reyneri de Amsterdam hatte im Juli 1454 unter Gerardus de Elten (M 19) determiniert,[576] unter dem bereits im Juni 1453 Johannes Erici de Amsterdammis sein Bakkalaureat erworben hatte,[577] der wie Gisbertus am 1. Februar 1455 in Heidelberg immatrikuliert wurde. Beide erwarben hier auch ihr Magisterium *in via antiqua*: Johannes Erici noch 1455 unter seinem Landsmann Herwich von Amsterdam,[578] Gisbertus ein Jahr später am 23. September 1456 als ehemaliger Montaner erstaunlicherweise unter dem früheren (und noch zu nennenden) Laurentiana-Regenten Wessel Gansfort von Groningen (L 35)[579]. Ebenfalls in der Montana, jedoch unter Henricus de Susato (M 18), hatte Theodoricus de Essendia[580] im November 1453 seinen ersten akademischen Grad erworben. Er dürfte im Mai oder Juni 1455 in Heidelberg eingeschrieben worden sein, wurde aber erst im April 1456 in die Fakultät als Bakkalar rezipiert. Zusammen mit Gisbertus de Amsterdammis inzipierte er ebenfalls am 23. September 1456 unter Wessel Gansfort.[581]

Zusammen mit Gisbertus und Johannes de Amsterdam ließ sich am 1. Februar 1455 Theodoricus Symonis de Amsterdam in die Heidelberger Matrikel eintragen, der das Bakkalaureat erst im Mai 1456 in der Via antiqua erwarb. Da er demnach Studienanfänger gewesen sein dürfte, wird er mit Theodoricus de Amsterdammis identisch sein, der am 14. Oktober 1454 sein Studium in Köln begann.[582] Dieser Theodoricus erstrebte denn auch kein Bakkalaureat in Köln, wohl aber 1458 das Magisterium unter Wigerus de

---

[574] M 239,10.
[575] Toepke 1886, 394.
[576] M 257,64.
[577] M 256,26.
[578] Toepke 1886, 394.
[579] Toepke 1886, 395.
[580] M-Ntr. 685.
[581] Toepke 1886, 395.
[582] M 263,14.

Embrica (M 23) in der Montana. Daher ist anzunehmen, daß er wie die beiden anderen Amsterdammer sein Studium in der Montana begonnen hatte, mit ihnen nach Heidelberg wechselte, zwischen 1456 und 1458 aber in seine Stammburse nach Köln zurückkehrte. Wir haben ihn bereits für 1461 als Regenten der Montana und Inzeptor dreier Lizentiaten kennengelernt (M 30).

Einen Tag vor der niederländischen Gruppe, am 31. Januar, hatte sich Servatius Göswein von Koblenz[583] in Heidelberg immatrikulieren lassen. Obwohl der Determinator bei seinem Kölner Bakkalaureats-Examen im November 1453 nicht bekannt ist, scheint auch er der Montana angehört zu haben. Ein Grund für diese Vermutung liegt darin, daß er in Heidelberg im September 1455 unter dem ehemaligen Montana-Angehörigen und Elten-Schüler Christian von Zülpich inzipierte.[584] Weitere Argumente sollen in einem späteren Zusammenhang angeführt werden[585], wie überhaupt noch häufiger auf diesen wichtigen Vertreter der Via antiqua einzugehen sein wird.

Betrachtet man die Namen der unter Erhard Knab zwischen Juni und Dezember 1455 immatrikulierten Supposita,[586] so fällt eine Identifizierung Kölner Scholaren oder Magister ungleich schwerer als bei den vorhergehenden Rektoraten. Als einziger dürfte wohl der *clericus Coloniensis* Petrus Hachenberg, immatrikuliert am 11. November, in Frage kommen. Im November 1456 wurde er in der Via antiqua zum Bakkalar graduiert. Er wird mit Petrus Schippleir de Hachenborch[587] identisch sein. Dieser hatte sich ungefähr im April 1455 in Köln einschreiben lassen. Wenn er im November des gleichen Jahres nach Heidelberg wechselte, so hätte er jene Studiendauer in Köln absolviert, die den geringen Zeitraum des Heidelbergers zwischen Einschreibung und Bakalaureat erklären würde. Zudem ist über weitere Studienleistungen des Kölner Namensträgers nichts bekannt; der Heidelberger aber inzipierte am 22. August 1458 unter Petrus Wenck.[588]

---

[583] M 253,69.
[584] Toepke 1886, 394.
[585] S.u. 519 ff., 536 f., 543 f.
[586] Toepke 1884, 282 ff.
[587] M 265,13.
[588] Toepke 1886, 397.

Anders das Bild zwischen dem 20. Dezember 1455 und dem
23. Juni 1456, im Rektorat des Johannes Schröder von Heidelberg.[589] Er konnte zwischen dem 1. und 6. Juni 1456 eine Gruppe von sechs Kölner Universitätsangehörigen immatrikulieren. Sie wurde angeführt von dem bekannten Wessel Gansfort von Groningen (L 35)[590], der am 1. Juni 1456 als Magister Coloniensis immatrikuliert, am 23. Juni in die Fakultät rezipiert wurde. Wessel hatte vor seinem Wechsel nach Heidelberg an der Laurentiana gelehrt, obwohl er zwar unter Jacobus de Straelen (L 30) determinierte, doch unter Herwich von Amsterdam (C 10) inzipierte. Aus der Laurentiana brachte er seinen Schüler Henricus Stipite (vanme Stock) de Colonia[591] nach Heidelberg mit, den Wessel im November 1455 zum Bakkalar graduiert hatte und am 23. August 1457 in Heidelberg zum Magister promovieren sollte.[592] Ende 1457 kehrte Henricus nach Köln zurück, wo er 1462 das Doktorat im geistlichen Recht erwerben konnte. Als dritter wurde am 1. Juni 1456 der *presbiter Coloniensis* Gottschalckus de Hagdorn immatrikuliert. Er ist zwar nicht in der Kölner Matrikel nachzuweisen, dürfte aber ebenso zu der aus Köln angereisten Gruppe zu zählen sein, zumal er im November 1456 in der Via antiqua sein Bakkalaureat erlangte. Zum gleichen Termin determinierte der schon zusammen mit ihm immatrikulierte Johannes Swelm de Colonia[593]. Im Sommer 1457 kehrte Johannes nach Köln zurück und wurde in der Kuckana durch Henricus de Breda (K 6) im Mai 1458 zum Magister promoviert. Von 1468 bis 1477 ist er dann als Kölner Ratsherr nachzuweisen, vermutlich ein früher Vorfahre des bekannten Kölner Chronisten Hermann Weinsberg.[594]

Am 3. Juni 1456 ließ sich Nicolaus Simonis de Amsterdam als *magister promotus Colonie* intitulieren. Er stammte wiederum aus der Montana, in der er schon in den vierziger Jahren seine artistischen Grade (Inzeption 1446 unter Nikolaus von Amsterdam, M 11) erhalten hatte.[595] Vor Nicolaus de Amsterdam, aber erst am

---

[589] Toepke 1884, 284 f.
[590] Zu Wessel Gansfort vorläufig: Sarah D. Reeves, Art. „Gansfort, Wessel", in: TRE 12 (1984), 25-28 (Lit.); Meuthen 1988, 94, 205 f., 213 f. (Lit.).
[591] M 257,61.
[592] Toepke 1886, 396.
[593] M 267,7.
[594] So Schleicher 1982, 558 ff.
[595] M 217,43.

9. Juni eingeschrieben, wird Johannes de Hassel in der Matrikel aufgeführt. Er determinierte im November 1456 in der Via antiqua. Ob er mit dem 1453 in Köln immatrikulierten Johannes de Hasselt[596] identisch ist, wie Keussen behauptet, ist fraglich, da ein zweiter Kölner Namensträger im Juni 1459 unter Henricus de Breda (K 6) determinierte.

Als Rudolf von Brüssel von Juni bis Dezember 1456 sein drittes Rektorat bekleidete,[597] scheint nur ein Kölner Schüler um Immatrikulation gebeten zu haben, Johannes Cornelii de Reymerswael am 30. Juni. In der Via antiqua wurde er 1457 Bakkalar, 1459 am 11. Oktober unter Christian von Zülpich Magister.[598] Er wird mit Johannes Remersoellis[599] identisch sein, der sich Anfang 1456 in Köln eingeschrieben hatte.

Fünf Kölner Supposita nahm Sebastianus de Pfortzen zwischen Dezember 1456 und Juni 1457 in die Matrikel auf:[600] am 6. Februar Ludwig von Helmstatt, den Kanoniker in Mainz und Speyer und späteren Bischof von Speyer, der 1454 in Köln immatrikuliert und 1456 zum Bakkalar graduiert worden war[601]; am 14. Februar 1457 den Kölner Kleriker Johannes Empel de Rees[602]; am 24. März Henricus de Essendia, einen Bakkalar der Kuckana[603]; am 20. Mai Paulus Wickrod, seit September 1454 in Köln[604], Juli 1457 Heidelberger Bakkalar in der Via antiqua; und schließlich am 2. Juni Henricus Bruchhusen de Nussia, einen Kölner Bakkalar[605].

Zahlen von fünf oder sechs Kölner Supposita in einem Rektorat sollten nun in den nächsten Jahren nicht mehr erreicht werden. Johannes Wildenhertz hat vermutlich drei Kölner in seinem Rektorat vom Juni bis Dezember 1457 aufgenommen.[606] Mit Sicherheit kann dies bei Hermannus Kempis angenommen werden, den er am 17. Juni immatrikulierte. Ungefähr ein Jahr vorher wurde Hermannus in die Kölner Matrikel eingetragen.[607] Am 26. Juli meldete sich Pe-

---

[596] M 259,40.
[597] Toepke 1884, 286 f.
[598] Toepke 1886, 398.
[599] M 268,20.
[600] Toepke 1884, 287 f.
[601] M 263,63 (keine Angabe des Determinators, 14.8.1456 Dispens, vermutlich mit Blick auf Wechsel nach Heidelberg); vgl. zu ihm Fouquet 1987, 574 ff., Nr. 195.
[602] M 264,8; Januar 1455 Immatrikulation Köln.
[603] M 265,19; Determination 1456 unter Gerardus de Buderick.
[604] M 262,73.
[605] M 245,17; 1454 Bakkalaureat in Köln, Determinator unbekannt.
[606] Toepke 1884, 288 ff.
[607] M 269,122.

trus Johannis de Brilis bei Wildenhertz. Im Mai 1459 determinierte er in der Via antiqua. Er dürfte mit dem am 31. Oktober 1456 in Köln immatrikulierten Petrus Brilis identisch sein,[608] über den sonst auch nichts weiter in Kölner Akten vermerkt ist. Gleiches gilt für den Kölner Reynaldus Jerici de Groningen,[609] seit Mai 1452 in Köln. Wenn er mit dem am 27. Juli in Heidelberg eingeschriebenen Rynerus Jharici de Gruningen identisch ist, würde der längere Zeitraum zwischen diesen beiden Immatrikulationen erklären, weshalb er schon im November 1457 in Heidelberg Bakkalar in dem „alten Weg" werden konnte.

Unter dem Rektor Bartholomäus de Herkenrode (WS 1457/58)[610] traten im März und Juni die beiden Kölner Bakkalare Gerardus Inchusen[611], der im August 1458 unter Petrus Wenck inzipierte[612], und Geldolphus Haeck de Breda[613] in die Heidelberger Universität ein. Von beiden ist eine Kölner Bursenzugehörigkeit nicht zu ermitteln. Gleiches gilt für Paul Lescher von Esslingen, der am 23. Mai 1458 in Heidelberg immatrikuliert wurde. Er wurde nach seiner Kölner Einschreibung im Mai 1453[614] drei Jahre später zum ersten Artes-Grad präsentiert, ohne daß wir von seinem Determinator Kenntnis erhalten. Sein Heidelberger Inzeptor ist allerdings bekannt: der Thomist Christian von Zülpich, der ihn am 11. Oktober 1459 zum Magister promovierte.[615]

Mit einem Fragezeichen muß die Kölner Bursenzugehörigkeit auch bei Gotfridus Arnoldi und Jacobus Gerhardi de Amsterdam versehen werden. Sie hatten sich freilich auch erst am 12. Oktober 1458 in Köln immatrikuliert,[616] um bereits am 31. Oktober durch den Rektor Johannes Trutzenbach[617] in die Heidelberger Matrikel aufgenommen zu werden. Nachdem Jacobus de Amsterdam im November 1459 Bakkalar in der Via antiqua wurde, reiste er wiederum nach Köln, trat in die Montana ein (der er vielleicht schon

---

[608] M 271,29.
[609] M 253,50.
[610] Toepke 1884, 291 ff.
[611] M 249,23; seit Juni 1451 in Köln, Determinator unbekannt.
[612] Toepke 1886, 397.
[613] M 253,12; 1454 Bakkalar in Köln.
[614] M 257,27. Zu Paul Lescher jüngst: F.J. Worstbrock, Art. „Lescher, Paul", in: Verfasserlexikon 5 (1985), Sp. 733 f. (wo allerdings das Kölner Studium und Bakkalaureat nicht erwähnt werden).
[615] Toepke 1886, 398.
[616] M 279,3 und 4.
[617] Toepke 1884, 293 ff.

im Oktober 1458 kurz angehört hatte) und inzipierte im April 1461 unter dem oben genannten ehemaligen Heidelberger Theodoricus de Amsterdam (M 30).

Eine Ausnahme stellt der am 28. Dezember unter Herwich von Amsterdam (Rektor Dezember 1458 bis Juni 1459)[618] immatrikulierte Johannes de Bacharach dar. Er hatte sich zwar am 17. Oktober 1458 in Köln eingeschrieben, determinierte jedoch im Januar 1462 in Heidelberg in der Via moderna. Realisten waren jedoch Nicolaus Johannis de Edam und Wilhelmus Jacobi de Dordraco, die am 30. April bzw. 7. Juni in Heidelberg intituliert wurden. Nicolaus de Edam[619] konnte schon im Mai 1459 sein Bakkalaureat in der Via antiqua erlangen. Sein Magisterium erhielt er allerdings im April 1461 unter Petrus de Leydis (C 34) in der Kölner Corneliana, in der er auch noch einige Jahre unter der Namensform Nicolaus Drey de Edam (C 42) lehrte. Unter Danckardus de Brilis hatte 1456 Wilhelmus Jacobi de Dordraco[620] in der Corneliana determiniert; unter Christian von Zülpich inzipierte er am 11. Oktober 1459 in Heidelberg.[621]

Von Juni 1459 bis Februar 1461 lassen sich erstmals für solch lange Zeit keine Kölner in der Heidelberger Matrikel feststellen. Erst im Rektorat des Johannes Schroeder (WS 1460/61)[622] trugen sich wieder drei ein. Albertus Wilhelmi de Oudewater steht für den 22. Februar 1461 in der Matrikel. Im Mai 1459 hatte er das Studium in Köln begonnen,[623] im November 1461 erwarb er in Heidelberg das Bakkalaureat als Realist, inzipierte dann aber 1465 unter Paulus de Wickroed (C 33) in der Kölner Corneliana. Aus ihr kam im März 1461 Wilhelmus Delft als Bakkalar (er hatte 1455 unter Danckardus de Brilis [C 24] determiniert[624]) nach Heidelberg. Seit Mai 1458 war Theodoricus Bartholomei de ts Gravenzand[625] in Köln. Am 5. Mai 1461 ließ er sich in Heidelberg intitulieren.

Lediglich ein Kölner Scholar scheint sich im folgenden Rektorat des Johannes Blocher (SS 1461)[626] immatrikuliert zu haben: Gerardus Wilhelmi de Amsterdam am 29. Juli 1461. Im Mai 1460 in Köln

---

[618] Toepke 1884, 295-298.
[619] M 277,31; seit Mai 1458 in Köln.
[620] M 266,33.
[621] Toepke 1886, 398.
[622] Toepke 1884, 303 f.
[623] M 281,47.
[624] M 262,56.
[625] M 277,27.
[626] Toepke 1884, 304 ff.

eingeschrieben⁶²⁷, konnte er zwei Jahre später in der Via antiqua in Heidelberg sein Bakkalaureat erwerben.

Der nächste Student aus Köln dürfte Nicolaus Pauli de Harlem[628] gewesen sein, am 30. August 1459 in Köln immatrikuliert, Ende 1462 in Heidelberg im Rektorat des Nikolaus Wachenheim.[629]

Nun dauerte es zwei Jahre, bis im September 1464 wieder mehrere Kölner nach Heidelberg wechselten. Zeitpunkt und Zusammensetzung dieser Gruppe sind freilich von größtem Aussagewert. Vermitteln sie uns doch die Erkenntnis, daß der Strom Kölner Realisten an die vormals strikt nominalistische kurpfälzische Universität keine einseitige Intervention oder gar eine Invasion darstellte. Vielmehr kooperierten die Heidelberger und Kölner Antiqui bei der Etablierung des Realismus in Heidelberg. Verfolgen wir einzelne Schritte dieses Zusammenspiels, um dann das Betrachtungsfeld zu erweitern.

c) Motive und Zusammenhänge

Nach dem 6. September 1464 erscheint in der Heidelberger Matrikel[630] eine Person, die sich in ihrer Biographie fundamental von den bisherigen Kölnern abhebt. Noch nie wechselte bis dahin ein gestandener, langjähriger, mittlerweile wohl gut fünfzigjähriger Regent nach Heidelberg. Es handelt sich um den Montana-Regenten Henricus de Susato (M 18), selbst Lehrer vieler vor ihm nach Heidelberg gezogener Montana-Scholaren. Er hatte Köln freilich nicht allein verlassen. Der hinter Henricus aufgeführte Conradus Langerhans de Bucheim läßt keinen Bezug zu Köln erkennen. Wohl aber der auf ihn folgende Wilhelmus Kurneman (Kairmann) de Werdena. Wilhelm steht als Doctor decretorum der Universität Pavia in der Matrikel. Diesen Grad hatte er erst 1462 an der italienischen Universität erworben. Zugleich war er jedoch, und das ist in diesem Zusammenhang ebenso relevant, Schüler der Montana und des Henricus de Susato.[631] Unter diesem hatte er 1454 inzipiert, unter Gerhard von Elten (M 19) 1452 determiniert. Der dritte Kölner

---

[627] M 285,44.
[628] M 282,21.
[629] Toepke 1884, 307.
[630] Rektorat des Johannes Trutzenbach SS 1464 (Toepke 1884, 310-313).
[631] M 246,53. Vgl. zu Wilhelm Kairmann: Meuthen 1988, 133, 195 f. (Lit.).

hieß Jacobus Daub de Wachenheim[632], ein Student der Jurisprudenz und im September 1464 bei seiner Heidelberger Immatrikulation Baccalarius legum. Von seinen Kölner Lehrern ist als Determinator (1460) Jakob Welder von Siegen (R 2) bekannt, der zu jener Zeit wahrscheinlich noch an der Montana oder Corneliana lehrte. Als letzter dieser Gruppe wird Otto Aer von Münstereifel genannt. Er hatte sich am 21. November 1461 in Köln immatrikuliert,[633] kehrte 1465 als Bakkalar der Jurisprudenz dorthin zurück und wurde 1468 als Anhänger Wilhelm Kairmanns mit diesem von der Universität relegiert.[634]

Nachdem im WS 1464/65[635] drei für den Wegestreit wenig aussagekräftige Kölner Supposita nach Heidelberg gezogen waren,[636] folgte im Oktober 1465 nochmals eine Gruppe von drei Angehörigen der Montana.[637] Als ersten trug der Rektor am 22. Oktober den Magister Florentius Kremer von Holzweiler in die Matrikel ein. Florentius hatte am 15. Juni 1464 in Köln unter Henricus de Susato (M 18) inzipiert, nachdem er bereits 1462 unter ihm determiniert hatte.[638] Gleichfalls am 22. Oktober wurde der Kölner Bakkalar Rudolphus Harleschem de Hildessem immatrikuliert. 1462 studierte er noch in Erfurt. Nach seinem Wechsel an die Kölner Universität[639] ungefähr im April 1463 determinierte er im Juni 1464 in der Montana-Burse unter Jacobus de Harlem (M 27), wirkte schließlich 1464/65 in Leipzig, bevor er nach Heidelberg ging. Mit ihm wurde hier am gleichen Tag und ebenfalls als Baccalarius Coloniensis Hermannus Kolerbeck de Munder (al. de Hildessem) eingeschrieben, der bereits gemeinsam mit Rudolphus Harleschem die Kölner Universität aufgesucht hatte,[640] ebenfalls in die Montana

---

[632] M 275,4.
[633] M 291,53.
[634] Kairmann führte einen Prozeß mit der Universität, die sein italienisches Doktorat nicht anerkannte und ihm (angeblich) deshalb die Übernahme einer städtischen Professur im geistlichen Recht verwehrte. Einschlägig: Keussen 1936; vgl. Burmeister 1974, 144, 161; Meuthen 1988, 133.
[635] Toepke 1884, 313 f.
[636] Es handelt sich im einzelnen um die Trierer Domherren Robert von Flerzheim (M 277,69; 1458 Immatrikulation Köln) und Eberhard von Reipoltzkirchen (M 282,16; 1459 Immatrikulation Köln) sowie um Gerhard Kranenburch (M 273,30; seit 1457 in Köln immatrikuliert).
[637] Rektorat des Petrus Wacker SS 1465 (Toepke 1884, 315).
[638] M 289,67 (das Datum der Inzeption in Keussens Anmerkung ist zu korrigieren).
[639] M 297,17.
[640] M 297,20.

eintrat und in ihr am 14. Juni 1464 unter Lambertus de Monte (M 24) determinierte. Hermannus Kolerbeck inzipierte in Heidelberg am 16. Oktober 1466 unter dem ehemaligen Montana-Schüler Christian von Zülpich.[641]
Dieser scheint im übrigen auf die geschilderten Ereignisse einen offenbar nicht unerheblichen Einfluß genommen zu haben. Denn Rudolph Harleschem von Hildesheim kam im Frühjahr 1463 mit einer Gruppe von Mitschülern[642] aus dem nominalistischen Erfurt nach Köln; sie alle traten in die Montana ein. Am bekanntesten von ihnen dürfte der Doktor beider Rechte und Propst Tilmann Brandis von Hildesheim[643] sein, der 1466 unter Lambertus de Monte inzipierte. Zur gleichen Zeit nun, als diese vier Hildesheimer sich in Erfurt 1462 immatrikulierten, trug sich dort auch Christian von Zülpich in die Matrikel ein![644] Wissen wir zwar nicht, ob er gezielt zur Förderung des Realismus nach Erfurt gegangen war, so konnte er offensichtlich zumindest die vier Norddeutschen zu einem Wechsel in die Kölner Montana bewegen. Einige Monate später, Ende 1463, folgte er ihnen nach Köln und ließ sich am 3. Januar in die Artisten-Fakultät rezipieren. Wie lange er in Köln blieb, läßt sich nicht feststellen, doch spätestens im Oktober 1466 (bei der Magister-Promotion des Hermann Kolerbeck) lehrte er wieder in Heidelberg. Vermutlich kehrte er mit der ersten Gruppe um Henricus de Susato (M 18) oder mit der zweiten „Montana-Crew" um Florentius Holzweiler in die Kurpfalz zurück. Christian wird in der Montana mit Erfolg die Einsicht in eine (erneute) personelle Unterstützung der Via antiqua an der Heidelberger Universität bewirkt haben.
Tatsächlich war sie nötiger denn je. Denn nachdem die Realisten 1459 mit 15 Magistranden erstmals die Nominalisten mit 13 überflügelt hatten, konnten sie 1460 lediglich zwei (Moderni: sechs), 1461 einen (Moderni: fünf), 1462 zwei (Moderni: sechs) und 1463 (Moderni: drei) gar keinen Magister promovieren.[645] Grund für Kölner Hilfe war somit gegeben.

---

[641] Toepke 1886, 402.
[642] M 297,16-19.
[643] M 297,19; vgl. zu Tilmann Brandis: Hänselmann 1896, VI und s.v.; Schwinges 1986a, 559 f. Tilmanns Neffe, der Bürgermeisterssohn Johannes Brandis (M 427,59), suchte 1495 ebenfalls die Montana auf.
[644] Weissenborn 1881, 294.
[645] Vgl. Toepke 1886, 397-400.

Aber es kam noch schlimmer. Am 18. August 1464 verstarb in Heidelberg der bis dahin mit 16 Magistranden erfolgreichste Lehrer in der Via antiqua, Johannes Petri de Dacia, mit Burkhard Wenck Leiter der von Johannes Wenck eingerichteten Pariser Burse.[646] (Zum Vergleich: Burkhard Wenck von 1458 bis 1460: acht Magistranden; als erfolgreichste Kölner Realisten promovierten Herwich von Amsterdam von 1453 bis 1462: 13, Christian von Zülpich von 1455 bis 1466: neun, Wessel Gansfort von 1456 bis 1457: sieben Magistranden.) Verblüffend, was nun nach dem Tod des Johannes Petri geschah. Unmittelbar vorher oder nachher verließ Johannes Eichmann von Calw, sicherlich ein naher Angehöriger des Thomisten Jodocus Eichmann, Heidelberg in Richtung Köln und ließ sich am 21. August in die Kölner Matrikel einschreiben.[647] Er war seit dem 7. Februar 1463 in Heidelberg immatrikuliert,[648] erwarb hier sowohl in der Via antiqua sein Bakkalaureat am 8. November 1466 als auch 1468 sein Magisterium.[649] In Köln wird er außer in der Matrikel in keiner Akte genannt. Offenbar hatte seine Reise einzig und allein den Zweck, an der Kölner Universität und besonders bei den Thomisten der Montana (eventuell noch in direkter Begegnung mit Christian von Zülpich) um Verstärkung der realistischen Lehrkräfte in Heidelberg zu bitten.[650] Jodocus Eichmann aber dürfte ihn gesandt haben. Wenige Tage nach der Kölner Immatrikulation des Johannes Eichmann begab sich dann Henricus de Susato (M 18)[651] mit Wilhelm Kairmann und den übrigen auf die Reise, rhein- und neckaraufwärts!

Die bemerkenswerte Kooperation zwischen den Heidelberger und Kölner Thomisten läßt sich noch konkreter fassen. Am 7. November 1464 bitten vier Magister der Via antiqua in Heidelberg um Erlaubnis, *ut admitterentur ad regendum novam bursam in via antiqua* und erhalten sie, wie Ritter berichtet, nach Vorlage eines

---

[646] Toepke 1886, 401, Anm. 1. Zur Burse: Ritter 1922, 62; Ritter 1936, 393 f.
[647] M 302,19.
[648] Toepke 1884, 307.
[649] Toepke 1886, 404.
[650] Möglicherweise wurden Gespräche durch die Aufnahme in die Matrikel erleichtert, vielleicht sollte sie auch als eine Geste der Höflichkeit verstanden werden. Denn da Johannes Eichmann offensichtlich nicht wegen eines Artes-Studiums nach Köln gegangen war, hätte er sich formal nicht immatrikulieren lassen müssen.
[651] Henricus de Susato hatte übrigens die meisten der nach Heidelberg gewechselten Montana-Schüler graduiert, gefolgt von Gerhard von Elten (M 19) und Nikolaus von Amsterdam (M 11). Henricus starb schon 1465, wahrscheinlich in Heidelberg.

modus regendi communis in eorum via.[652] Gehen wir, die Chronologie der Ereignisse betrachtend, in der Annahme fehl, hinter dem Ersuchen dieser vier Realisten die maßgebliche Initiative und Beteiligung von Mitgliedern der im September 1464 immatrikulierten Kölner Vierer-Gruppe zu sehen?

Gemäß dem Kölner Vorbild hätten sie den Realismus in einer Burse etabliert und damit die zwei schon bestehenden der Via antiqua verstärkt. Überhaupt scheinen die Bursen in Heidelberg erst mit der Zulassung und Konkurrenz zweier Wege eine institutionelle Bedeutung erlangt zu haben.[653] Zielstrebig hatte bereits 1453 Johannes Wenck ein Pädagogium *ad instar paedagogii Parisiensis* eingerichtet, wie sich ja auch die Kölner bei ihren Reformbeschlüssen vom Januar 1446 an den Pariser Pädagogien orientiert hatten.[654] Ähnlich wie in Köln wurde später an Wencks Burse, auch Pariser Burse genannt, eine personelle Brücke zur Theologischen Fakultät geschlagen. Jodocus Eichmann verfaßte als Wencks Testamentsvollstrecker 1486 eine Bursenordnung, nach der einem Theologieprofessor der Via antiqua als *superattendens viae realium* zusammen mit einem Magister artium die Oberaufsicht zukam, die auch die Verwaltung der Schüler-Beiträge durch die Theologische Fakultät vorsah. Die Regenten wurden verpflichtet, die Via antiqua nach Thomas, Albertus und ihren Nachfolgern zu lehren.[655] Auch in Heidelberg verschmolzen wie in Köln Via und Burse zu einer Einheit, wobei ihre Angehörigen oft zeitlebens von

---

[652] Ritter 1936, 395, Anm. 3.

[653] Ritter 1936, 393.

[654] Ritter (1922, 62) wollte anfänglich eine Ausrichtung der Wsenckschen Burse an der Sorbonne erkennen, womit sein Pädagogium für angehende Theologen eingerichtet worden wäre. Später (1936, 394, Anm. 1) griff er diese These nicht erneut auf, sondern stellte die Frage in den Raum, ob die Burse anfangs vielleicht nur den Charakter einer untergeordneten Lateinschule hatte. Beides trifft wohl nicht zu. Analog zur Sorbonne, an der Theologiestudenten als Kollegiaten lebten, konnte Wencks Burse nicht konzipiert gewesen sein, da diese der Artisten-Fakultät angegliedert war und von Magistri artium geleitet wurde. Als Unterrichtsstätte für Schüler der Artes, die gezielt auf ein Theologiestudium vorbereitet werden sollten, hätte sie *ad instar parvae Sorbonae* geplant gewesen sein müssen. Denn an der sogenannten Kleinen Sorbonne bzw. dem späteren Collège de Calvi, einem der Sorbonne angeschlossenen Gebäudekomplex, wurden junge Kleriker durch Theologiestudenten der Sorbonne unterrichtet. Vgl. hierzu Franklin 1875, 15; Glorieux 1965, 31 ff.; Glorieux 1966, 134 f.; Rückbrod 1977, 46 f., 119 f. Von der Kleinen Sorbonne ist in den Heidelberger Quellen freilich nicht die Rede. Gleichwohl scheint das Pädagogium Wencks diese Einrichtung zum Vorbild gehabt zu haben, zumindest näherte sie sich später ihren Strukturen an, die allerdings ebenso an den Kölner Bursen vorherrschten.

[655] Ritter 1936, 394.

ihrer Bursen- und Wegezugehörigkeit geprägt wurden. Wissen wir trotz der Forschungen Ritters insgesamt noch recht wenig über die Heidelberger Bursen, so tritt uns das geschilderte Phänomen zeitweilig umso eindringlicher entgegen. Der Humanist Jakob Wimpfeling etwa, der Via moderna zugehörend[656], bat noch 1499 den damaligen Dekan der Theologischen Fakultät, den Thomisten Pallas Spangel[657], daß man in einer Streitsache zwischen ihm, Wimpfeling, und einem Prediger nicht nur ohne Ansehen der Person, sondern auch unabhängig von Wegezugehörigkeit und Burse (*vie ac burse abstrahens*) entscheiden möge.[658]

Dank mannigfacher Stiftungen und kurfürstlicher Unterstützung konnte die Realistenburse die Stürme der ersten Hälfte des 16. Jahrhunderts überstehen, wurde dann erst 1546 ihres relativ autonomen Charakters enthoben und der Universität förmlich inkorporiert. Mit der Artisten-Fakultät waren in erster Linie die nominalistischen Bursen, Schwabenburse und Neue Burse, organisatorisch und personell verknüpft – was zugleich die Mehrheitsverhältnisse unterstreicht. 1456 war, vielleicht als Antwort auf Wencks Realistenburse, die Neue Burse (später Katharinenburse) als zweite Einrichtung der Nominalisten ins Leben getreten.[659] 1462, als man sich bei der militärischen Organisation der Akademiker auch an der Struktur der Bursen orientierte, wird uns Herwich von Amsterdam als Leiter einer *bursa Coloniensis* genannt.[660] Neben der *bursa doctoris Wenck* sorgte somit die Kölner Burse wenn nicht für eine zahlenmäßige Gleichstellung gegenüber den nominalistischen Bursen (da wir die Zahl der privat geführten nominalistischen Bursen nicht kennen), so doch zumindest für eine Alternative im realistischen Lager. Wenn nun die Kölner Realisten 1464 offiziell die Erlaubnis zur Errichtung einer neuen, dritten realistischen Burse erhielten, demonstrierten sie nicht nur eindrucksvoll den Zusammenhalt zwischen Kölner und Heidelberger Antiqui, sondern auch den Willen zur Behauptung ihres Weges in einer kritischen Zeit.[661]

---

[656] Wimpfeling inzipierte 1471 in Heidelberg als Lizentiat *de via modernorum* (Toepke 1886, 405) und unterrichtete auch in ihr; vgl. Knepper 1902, 17 u. Anm. 5; Herding/Mertens 1990, 73, Anm. 7.
[657] Zu Spangel s.u. 507 ff.
[658] Herding/Mertens 1990, 314-319, Nr. 95.
[659] Ritter 1936, 394 f.
[660] Ritter 1936, 393, Anm. 2.
[661] Diese zweite Kölner Burse in Heidelberg dürfte nicht lange Bestand gehabt haben, kaum über den Tod des Henricus de Susato 1465 hinaus. 1480 schließlich,

Aber nicht nur der Zeitpunkt, auch die auffällig exklusive Besetzung der beiden Gruppen durch Montana-Angehörige fordert eine nähere Untersuchung. War sie zufällig oder folgerichtige Konsequenz einer längeren Entwicklung? Wenn wir nur diejenigen Supposita berücksichtigen, die mit einer Kölner Matrikel-Nummer nachweisbar sind und bei denen eine Identität des Kölner und Heidelberger Namensträgers sehr plausibel erscheint bzw. gesichert ist, dann lassen sich vom Sommersemester 1452 bis zum Sommersemester 1465 einschließlich insgesamt 75 Kölner an der Heidelberger Universität ermitteln. (Daneben dürfte eine erhebliche Anzahl von Personen in Kölner Gruppen mitgereist sein, die nach kurzem Aufenthalt von Köln kam und sich gar nicht erst in die Kölner Matrikel eintragen ließ.) Zusammen mit den 19 Kölnern des Zeitraumes 1444 bis 1451 ergibt sich also eine Gesamtzahl von 94. Versuchen wir nun, diese Supposita den einzelnen Kölner Bursen zuzuordnen. In welcher Form wirkte der Kölner Realismus auf Heidelberg ein? Von den 94 kann für 32 Kölner mit großer Sicherheit die Bursenzugehörigkeit angegeben werden.[662] Daraus ergibt sich, daß 18 Supposita der Montana angehört hatten (Jakob Welder als anfänglicher Lehrer der Montana gerechnet), acht der Corneliana, fünf der Laurentiana, einer der Kuckana.[663] Die beiden thomistischen Bursen hatten demnach mit 26 Angehörigen einen derartig dominierenden Anteil an der Etablierung der Via antiqua in Heidelberg, daß zum einen nicht von einem zufälligen Ergebnis gesprochen werden kann, zum anderen dieses Resultat hinterfragt werden muß.

Die Kölner Albertisten stellten mit sechs nachweisbaren Schülern einen erstaunlich niedrigen Anteil. Zudem wirkten sie zum größten Teil vor 1452 in Heidelberg, doch wie der Benediktiner Berthold Steenwijck oder der Mediziner Dietrich Heck von Büderich wohl

---

ein Jahr vor dem Tod des Herwich von Amsterdam, ist nur noch von drei *magistri principales bursarum* die Rede, vermutlich also von dem Leiter der Realistenburse neben den zwei Nominalisten (vgl. Ritter 1936, 393, Anm. 2).

[662] Viele gingen ja vor ihrem Bakkalaureat nach Heidelberg, so daß die Zuordnung schwer möglich ist.

[663] Die meisten der aus Amsterdam stammenden Kölner Bursalen kamen im übrigen aus der Montana, waren meist Schüler des Regenten Nikolaus von Amsterdam (M 11), dessen Schüler Simon Nicolai von Amsterdam schon 1448 nach Heidelberg vorausgegangen war. Die Person des Cornelianers Herwich von Amsterdam (C 10) stellt sich zweifellos als Anziehungspunkt für die Niederländer dar, doch darf er bei deren Wechsel nach Heidelberg nicht – wie bei Weiler (1964) geschehen – einseitig als Movens in den Vordergrund gestellt werden.

kaum an der Artisten-Fakultät. Sie brachten überhaupt nur einen Lehrer hervor, der für zwei Jahre in bemerkenswerterer Weise in Erscheinung trat: Wessel Gansfort von Groningen (L 35). Doch vertrat er, der sein Magisterium unter dem Thomisten Herwich von Amsterdam (C 10) ablegte, jenen dezidierten Albertismus in Heidelberg, den wir von den Kölner Laurentianern kennen? Nicht nur, daß er in Heidelberg einige Thomisten promovierte. Sein baldiger Wechsel nach Paris, die Suche nach neuen Herausforderungen, der rasche und energische Übertritt ins nominalistische Lager, all dies läßt uns einen „eigenen Kopf" vermuten, der nicht bereitwillig in klare Schultraditionen treten wollte.

Vergleichen wir die fehlende Präsenz in Heidelberg mit der Expansion nach Löwen oder Schottland, mit der dichten Verankerung an Kölner Institutionen, so scheint die albertistische Absenz weniger durch Desinteresse als durch bestimmte Schranken vor den Heidelberger Toren verursacht worden zu sein. Rekapitulieren wir das größere Umfeld. 1425 hatte allem Anschein nach die polarisierende Polemik der Kölner Albertisten sowie deren relativ radikale Doktrin zur Intervention der Kurfürsten, gerade auch des Heidelbergers, geführt. Der vor 1452 führende Realist in Heidelberg, Johannes Wenck, der sicherlich eine große Sympathie für albertistisches Gedankengut hatte, setzte sich im zentralen Punkt der Phantasmenlehre entschieden von den Kölnern ab. Wenn dem kurpfälzischen Hof also um 1450 daran lag, die Via antiqua in Heidelberg zu etablieren, lag es dann nicht schon aus reinem Pragmatismus nahe, eher den Zuzug der gemäßigteren Thomisten zu fördern als den der Albertisten? Welche Chancen hätte wohl der Realismus in Heidelberg angesichts der erdrückenden nominalistischen Mehrheit gehabt, wenn die Kölner Albertisten, die noch 1456 den Streit mit den Thomisten neu entfachten und schürten, die den Thomisten eine geistige Kumpanei mit den Terministen vorwarfen, wenn diese Albertisten also mehrheitlich für eine Anerkennung der Via antiqua gekämpft hätten?

Das Interesse des Heidelberger Hofes an der Via antiqua ist in der Forschung bereits konstatiert worden,[664] doch ist man bisher noch nicht der Frage nachgegangen, ob die Einrichtung der Via antiqua seit 1452 planmäßig und systematisch zwischen Heidelberg

---

[664] Ritter 1936, 384 f., 390.

und Köln vorbereitet wurde. Die schnelle Etablierung auf „feindlichem Terrain" legt an sich schon eine solche Vermutung nahe.[665] Blicken wir also auf die handelnden Personen. Gab es Vertraute aus der engeren Umgebung Friedrichs I., die in dem entscheidenden Zeitraum vor 1452 an der Kölner Universität aufgetreten sind?

Ob Heinrich Franck von Koblenz in Frage kommt, ist nicht zu erkennen. Er hatte sich im März 1449 in Heidelberg immatrikuliert[666] und ist für den Dezember 1449 in Köln nachzuweisen.[667] 1459 wurde er Doctor decretorum in Ferrara und erscheint als Trierer Offizial 1473 bei der Trierer Universitätseröffnung.[668] Ein erwiesenermaßen enger Vertrauter des Kurpfälzers ließ sich dann aber im April oder Mai 1450 in Köln immatrikulieren: Matthias von Rammung.[669] Die Immatrikulationsgebühr erließ man ihm wegen seiner eigenen Person als auch wegen Ruprecht von der Pfalz, dem Bruder Friedrichs I. und späteren Kölner Erzbischof[670]. 1446 hatte Rammung das Lizentiat im kanonischen Recht an der Heidelberger Universität erworben. Doch 1450 kam er nicht primär als Heidelberger Suppositum nach Köln. Denn genau seit jenem Jahr stand er als *secretarius* und *consiliarius* im Dienst Friedrichs I.[671] Dieser bzw. sein Kanzler Johann Guldenkopff wird ihn also in einer politischen Mission nach Köln gesandt haben, aber eben an die Universität. Nichts anderes als eine universitätspolitische Maßnahme war dann die zwei Jahre später erfolgte Reform in Heidelberg und die Gleichberechtigung der Via antiqua. Erfahrene Lehrkräfte aber konnte man am ehesten und leichtesten im realistischen Köln gewinnen, der außer Löwen und Paris bis dahin einzigen Universität mit fest fundierter Via antiqua. Einiges spricht dafür, daß Matthias von Rammung die entscheidenden Vorgespräche für den konzentrierten Zuzug der Thomisten nach Erlaß des kurfürstlichen Edikts führte.

---

[665] Annahme einer gezielten Planung auch bei Weiler 1964, 264.
[666] Toepke 1884, 259.
[667] M 243,60.
[668] Zenz 1949, 19 (Hermann Frank).
[669] M 245,11.
[670] M 220,3. Ruprecht von der Pfalz war seit 1442 Domherr in Köln und seit 1443/44 an der Universität immatrikuliert. 1455 ernannte er Rammung zu seinem Sekretär (Fouquet 1987, 726).
[671] Buchner 1909, 261 u. Anm. 3; Buchner 1909a, 85; Haffner 1961, 3; Fouquet 1987, bes. 724-728. Zu Rammung im Kreis der Heidelberger Hofhumanisten, bes. in seinen Beziehungen zu dem italienischen Humanisten und Juristen Petrus Antonius de Clapis zuletzt: Probst 1989, hier 31 ff.

Gerade mit Blick auf Rammung müssen wir die Perspektive erweitern und auch die Motive des Kurpfälzer Hofes bei der Etablierung der Via antiqua ins Auge fassen. Zwei Bereiche lagen den Reformern besonders am Herzen, die man offensichtlich mit einem starken Realismus zu heben hoffte: die Kirchenreform und eine Erneuerung der Studieninhalte.

Rammung hob sich auf beiden Gebieten hervor. Seit 1457 Nachfolger Guldenkopffs als Kanzler der Kurpfalz[672] und seit 1464 gleichzeitig Bischof von Speyer (1464-1478), wirkte Rammung in herausragender Weise für eine Kirchen- und Klosterreform in der Pfalz.[673] Gleiches trifft auf den Thomisten Jodocus Eichmann von Calw zu, der dem Kurfürsten bei der Klosterreform ebenfalls maßgeblich zur Seite stand. Als kurpfälzischer geistlicher Rat war er beispielsweise 1469 an der Reformierung des Klosters Weißenburg im Sinne der Bursfelder Kongregation beteiligt.[674] Mehrfach ist er als Klostervisitator bezeugt.[675] Seine persönliche Nähe zum Kurfürsten drückt sich anschaulich in dessen Testament von 1467 aus.[676] Zum einen wurde Eichmann, dem Prediger an der Heilig-Geist-Kirche in Heidelberg, eine Summe von 15 fl. zugedacht. Zum anderen bestimmte ihn Friedrich I. neben den Bischöfen Reinhard von Worms und Matthias Rammung von Speyer zum Testamentsexekutor. Als solcher war er beispielsweise auch für die Verteilung der finanziellen Zuwendungen zuständig. In Friedrichs Vertrautenkreis findet sich außer seinem Hofmeister Blycher Lantschaden weiterhin nur noch *Meister Jost Dernbecher*, auch er mit 15 fl. bedacht.[677] Bei ihm handelt es sich um den Heidelberger Magister Jodocus Dernbecher de Alberswyler, der 1454 und 1456 seine artistischen Grade in der Via antiqua erworben hatte.[678] Wenn der Pfalzgraf in seinem Letzten Willen als einzige Universitätslehrer zwei Realisten hervorhob, unterstreicht auch dies seine persönliche Bindung zur Via antiqua. Vor diesem Hintergrund scheint die Reise des Johannes Eichmann von Calw 1464 nach Köln von einer Anteilnahme seiner Person nicht ganz frei zu sein.

---

[672] Fouquet 1987, 726 (Haffner 1961, 4: 1461).
[673] Vgl. Lossen 1907, pass.; umfassende Darstellung: Haffner 1961.
[674] Lossen 1907, 174.
[675] Lossen 1907, 153, Anm. 2.
[676] Das Testament Friedrichs I. vom 28.10.1467 mit Nachtrag vom 3.11.1476 (er starb am 12.12.1476) gedruckt bei Lossen 1907, 210-218.
[677] Vgl. Lossen 1907, 214 ff.
[678] Toepke 1884, 266; Toepke 1886, 395.

Kaum weniger engagiert finden wir die Reformer in ihrem Bekenntnis zu den Studia humanitatis – eine eindringliche Synthese geistiger und geistlicher Erneuerung. Matthias von Rammung etwa unterstützte nicht nur die humanistischen Studien in Heidelberg, sondern bildete sich selbst in ihnen. Eine Gesandtschaft nach Rom im Jahr 1453 benutzte er, um eigenhändig humanistische Texte (Reden, Briefe und Gedichte etwa von Poggio, Enea Silvio und Leonardo Bruni) abzuschreiben.[679] In der betreffenden Cambridger Handschrift finden sich weiterhin Schriften Peter Luders.[680] Dieser bedeutende Frühhumanist[681] wurde, wie auch sein Nachfolger Petrus Antonius Finariensis[682], als Lehrer der Studia humanitatis in Heidelberg unter anderem von Rammung entscheidend gefördert.[683]

Peter Luder nun führt uns zu seinen weiteren Heidelberger Gönnern. Als erster wäre Johannes Wenck zu nennen. Schon am 23. August 1456, nur wenige Wochen nach seiner bekannten Antrittsrede, schrieb Luder einen hymnischen Brief an seinen Protektor Wenck, der eine vorbehaltlosere Würdigung verdient als in der Forschung geschehen.[684] Wenn Luder den *theologice veritatis doctor optimus* schon in der Anrede als *restaurator* und *firmum domicilium*

---

[679] Baron 1971, 13, 60 f.; Probst 1989, 32, Anm. 77.

[680] Baron 1966, 49; Baron 1971, 61.

[681] Zu Peter Luder s. jetzt: Frank Baron, Art. „Luder, Peter", in: Verfasserlexikon 5 (1985), Sp. 954-959; immer noch wertvoll durch Erfassung und Auswertung wichtiger Quellen: Wattenbach 1869; umfassend: Baron 1966; vgl. auch Bernstein 1978, 34-38, und zuletzt mit einer Edition der Metrikvorlesung Luders: Bockelmann 1984 (instruktiv das vorläufige Werkverzeichnis 157-178).

[682] Grundlegend zu ihm jetzt: Probst 1989; vgl. auch Ritter 1935; Ritter 1936, 461 f.

[683] Wattenbach 1869, 43; Baron 1966, 48 ff.; Probst 1989 s.v.

[684] Der Brief Luders (10 kal. Sept. 1456) an Wenck ist in Auszügen gedruckt bei Vansteenberghe 1910, 5, Anm. 1 (nach Cod. Pal. lat. Vat. 149, f. 140v/141r) und bei Ritter 1923, 116 f. (nach dem gleichen Kodex des Vatikana, jedoch mit anderer Paginierungsangabe [141v-142] und ohne Kenntnis des Teilabdrucks bei Vansteenberghe). Vgl. zu dem Brief Baron (1966, 69 f., 126); mit einer Schriftanalyse des vermutlichen Briefentwurfs Luders in PLV 870, f. 197: Steinmann 1976, 400 f. (dort Jahreszahl 1457!); vgl. auch Bockelmann 1984, 176. In Leipzig formte Luder den Brief an Wenck zu einem Musterbrief um, den er seinen Vorlesungen zugrunde legte (Württembergische Landesbibliothek Stuttgart, HB XII. Poet. lat. 4, f. 105-106v; vgl. Baron 1966, 126, 197, Anm. 111). Pejorative Wertung der Verehrung Wencks durch Luder: Ritter 1923, 116 f. („Schon in Italien – so lügt er – habe er von dem ‚ungeheuren Ruhm' des grossen Heidelberger Gelehrten gehört"); Baron 1966, 70 („excessive flattery").

der Artes begrüßt, könnte er damit durchaus auf Wencks Schlüsselrolle bei der Etablierung der Via antiqua in Heidelberg angespielt haben.[685] Ob Wencks *fama ingens* als *omnium optimarum artium restaurator* Luder tatsächlich, wie er behauptet, bereits in Italien erreichte, bleibt fraglich. Im Kern glaubhaft dürften jedoch seine rühmenden Worte sein, nach denen Wenck nicht nur in der Theologie, sondern auch in den Studia humanitatis äußerst gelehrt (und lehrbegierig) sei. Bemerkenswert, daß Luder gerade in dem realistischen Theologen einen Verbündeten in seinen Angriffen gegen die Verächter der Poeten und der *divina litterarum studia* gefunden hatte.[686] Er selbst wollte in seinen Schriften Wenck ein unvergängliches Denkmal setzen. Vielleicht stellt das folgende Werk Luders sogar ein Zeugnis dieser Absicht dar. 1460, im Todesjahr Wencks, sandte er Pfalzgraf Friedrich die ‚Elegia Petri Luder ad Panphiliam amicam singularem', wobei mit der verehrten Panphilia der Kurfürst selbst gemeint war.[687] In mythologischer Umschreibung hob er darin Johannes Wenck und einen zweiten Lehrer der Via antiqua als Bewunderer seiner Fähigkeiten hervor – das heißt: Luder sprach nur von Yopas und Cynthius, den Schlüssel lieferte in einer Glosse der Besitzer der Handschrift, Hartmann Schedel, Nürnberger Arzt, Humanist und Luder-Schüler in Leipzig. Er erklärte, daß mit Yopas und Cynthius zwei Doktoren, *illuminati viri*, gemeint seien, welche die Heidelberger Universität reformiert, dort in der Via antiqua gelehrt hätten und von denen einer Doktor Wenck gewesen sei.[688] Als zweiten Realisten hatte er offenbar Jodocus Eichmann im Auge.[689]

---

[685] So aber auch Baron 1966, 70.
[686] Vgl. Ritter 1923, 117; Baron 1966, 70. Die Problematik wird uns noch wiederholt begegnen.
[687] Wattenbach 1869, 59 ff.
[688] Die betreffenden Verse Luders lauten: *Fistula namque mihi est quam non contempnit Yopas / Cynthius hanc olim laudibus usque tulit,* ... Dazu die Glossen Schedels: *Yopas cecinit generacionem tocius mundi et etiam philosophie et preceptor suus fuit Atlas. – Per Yopam et Cinthium denotat duos doctores, qui illuminati viri fuerunt et instauraverunt universitatem Heidelbergensem, qui et viam antiquam ibidem legere fecerunt, de quibus doctor Wencka* (sic) *unus fuit* (Wattenbach 1869, 60, Anm. 1). Vgl. Ritter 1922, 67 f.; Baron 1966, 47 u. Anm. 14. Zur Handschrift, die vor allem Briefe Ciceros enthielt, vgl. auch Stauber 1908, 109. Zu Wenck als besonderem Gönner Luders s. auch Wattenbach 1869, 43, 50 f.
[689] Ritter (1922, 67 f.) legt diese Vermutung nahe; Baron (1966, 47 u. Anm. 14) erhebt sie etwas undifferenziert zur Gewißheit.

Eichmanns Freundschaft zu Peter Luder ist jedoch nicht nur hinter einem mythologischen Gewand zu erahnen. Luder bezeugt sie selbst, wie wir aus einer Bitte des Humanisten um eine finanzielle Unterstützung wissen, die er nach einer Abendeinladung bei dem damaligen Lizentiaten der Theologie an diesen richtete.[690] Eichmann schließlich gab beispielsweise in einer Festrede zur Katharinenfeier der Artisten, die er 1459 hielt, authentischen Einblick in seine Hochschätzung der humanistischen Studien. Die Art, wie der Prediger an der Heilig-Geist-Kirche für ein notwendiges Studium der Poeten, Oratoren und Historiographen eintrat, Überlegungen zum Verhältnis von Fortuna und Virtus anstellte und die Griechen als Fürsten aller Wissenschaft pries, ließ Ritter gar an ein „Echo der Antrittsrede Peter Luders" denken.[691] In seiner Gedächtnisrede 1460 auf den Kanonisten Johannes Wildenhertz, auch er ein hervorragender Förderer Luders[692], rühmte Eichmann diesen als ersten Humanisten Heidelbergs.[693]

Jodocus Eichmann verband sein Bekenntnis zum Humanismus mit dem zum Thomismus, wie sich schon in seiner 1445 gehaltenen quodlibetalischen Quästion zeigte, die in knapper, klarer und unsophistischer Form das natürliche Vermögen des Menschen zum sittlich Guten in „streng thomistischem Sinn" erörterte.[694] Die gleiche Synthese findet sich bei dem Kölner Herwich von Amsterdam (C 10). Der „thomistische Parteiführer"[695] hielt beispielsweise als Lizentiat der Theologie (nach 1458) unter anderem eine Predigt über Petrus und Paulus *secundum formam Tulii rethoris*.[696] Herwich muß sich immerhin mit seinen Predigten, die sich recht streng an den ciceronianischen Redeaufbau hielten, einen so guten Namen gemacht haben, daß ihn die Universität nach dem Tod Friedrichs I. die Leichenrede halten ließ.[697] Diese Rede beeindruckte sogar den nominalistischen Humanisten Wimpfeling so sehr, daß er sie 1498 „als Stilmuster moralisierender Historie"[698] drucken

---

[690] Wattenbach 1869, 48 f.

[691] Ritter 1936, 463.

[692] Vgl. etwa Wattenbach 1869, 42-46; Baron 1966, 50 ff.

[693] Vgl. Ritter 1936, 518 f., Exkurs 11. Zu Eichmanns Stellung im Heidelberger Humanistenkreis vgl. jetzt auch Probst 1989, bes. 25 ff.

[694] Ritter 1936, 420 u. Anm. 2 (s. auch 188, Anm. 1).

[695] Weiler 1964, 274, Anm. 61a.

[696] Weiler 1964, 275 f., 278.

[697] Vgl. Weiler 1964, 280; Müller 1989, 17-20 (19, Anm. 6: Herwich hob bezeichnenderweise die Verdienste des Kurpfälzers um die Klosterreform stärker hervor als die für seinen Kriegsruhm).

[698] Ritter 1936, 464.

ließ.⁶⁹⁹ Es stellt sich hier natürlich die Frage, wo Herwich diese rhetorischen Fähigkeiten erworben hatte. Brachte er Kenntnisse aus Köln mit? Oder wandte sich der Thomist in Heidelberg dem humanistischen Fach zu? Dann aber dürfte er zu den Schülern Peter Luders gezählt haben. Es gibt in der Tat Anhaltspunkte für diese Vermutung. Zu eruieren sind sie allerdings nur, wie so oft, aus Beobachtungen, die sich als Phänomene innerhalb eines umfassenderen personellen Netzes darstellen.

Hartmann Schedel gehörte, worauf noch einzugehen sein wird, seit seinem Studium in Leipzig zum Freundeskreis Luders, zu dem auch der Thomist Servatius Göswein von Koblenz zu zählen ist. Nun weist Schedels Bibliothek eine Handschrift auf, die zweifelsfrei eine Brücke nach Heidelberg (und Köln) schlägt. Es handelt sich um die logischen Disputationen, ‚questiones veteris artis', des Herwich von Amsterdam, die dieser noch in Köln gehalten hatte und die über Peter Luder oder vielleicht Servatius Göswein nach Leipzig transferiert worden sein dürften.⁷⁰⁰ Wenn Peter Luder ein logisches Werk des Herwich von Amsterdam nach Leipzig mitbrachte oder dort Hartmann Schedel auf die Schrift aufmerksam machte, dann dürfte er wohl mit dem Kölner Thomisten näher vertraut gewesen sein. Und da Luder wohl nicht mehr Herwich wegen einer Unterrichtung in der ‚Vetus ars' aufgesucht haben wird, könnte das Verhältnis durch eine Rhetorik-Unterweisung des Theologen bei Luder begründet worden sein.

---

[699] Weiler 1964, 281; vgl. Knepper 1902, 26 u. Anm. 3, 95 u. Anm. 1; Ritter 1936, 499, 1.c.

[700] Zur Handschrift (Staatsbibliothek München, Clm 500): Weiler 1964, 260f. Vgl. auch Stauber 1908, 104 („Commentum ac questiones veteris artis per Colonienses: Questiones [Amsterdamß] super vetere arte de relationibus' ...); Mittelalterliche Bibliothekskataloge III,3, 807 f.: Zu korrigieren die Registerangabe, es habe sich um einen Leipziger Magister namens Nikolaus von Amsterdam gehandelt; Herwichs Verfasserschaft eindeutig geklärt bei Weiler 1964, 260. Herwichs Logiktraktat ist bei dieser Registerangabe den Werken des Buridanisten Nikolaus von Amsterdam eingereiht worden, der in einer Katalogangabe des Benediktinerklosters St. Ägidien in Nürnberg irrtümlich als „Lipcensis" bezeichnet wurde – vermutlich die Folge einer nachträglichen Angabe in der Erfurter Matrikel, als der 1414 in Erfurt rezipierte zweite Vertreter dieses Namens, der Pariser Magister und Realist Nikolaus von Amsterdam (s.o. 319, A. 147), sehr wahrscheinlich durch eine Verwechslung mit dem Buridanisten, der kurzzeitig in Leipzig lehrte (s. die Handschriftenzitate bei Lohr 1972, 303 ff.), mit der sächsischen Universität in Verbindung gebracht wurde. Vgl. Mittelalterliche Bibliothekskataloge III,3, 548; Włodek 1963, 26; Pinborg 1964, 245, Anm. 5; Lohr 1972, 303 ff.; Kleineidam 1985, 407.

Möglicherweise zog der Frühhumanist noch weitere Kölner als Schüler der Studia humanitatis an sich. Für Servatius Göswein werden wir dies wohl ebenfalls behaupten dürfen.[701] Dessen Doktorvater, der Montaner Christian von Zülpich, promovierte aber noch einen weiteren späteren Lehrer des Humanismus. Am 11. Oktober 1459 inzipierte wie gesagt[702] Paulus Lescher von Esslingen unter ihm,[703] der am 12. Mai 1453 in Köln immatrikuliert worden war[704] und am 7. Mai 1456 dort sein Bakkalaureat erworben hatte. Lescher wird als Doktor beider Rechte einer der maßgebenden Lehrmeister des Kanzleistils und der Rhetorik, der als *humanitatis ac oratorie professor* auftrat.[705] Seine ‚Rhetorica pro conficiendis epistolis accomodata' wurde allein in Köln zwischen 1490 und 1500 dreimal gedruckt.[706] Wurzeln seines humanistischen Interesses könnten bis in seine Schülerzeit unter den Kölner Thomisten und eventuell unter Luder zurückreichen.

Diese hier in ihrem status nascendi angedeuteten persönlichen und geistigen Verbindungen zogen kaum zu unterschätzende Konsequenzen nach sich. Zu den engsten Freunden Herwichs von Amsterdam zählte der thomistische Theologe und Humanist Pallas Spangel, Mitglied der Sodalitas litteraria Rhenana.[707] Spangel hatte 1466 unter Bartholomäus Egan von Calw in der Via antiqua inzipiert;[708] 1477 wurde er Lizentiat, vor 1481 Doktor der Theologie.

---

[701] S.u. 519 ff.
[702] S.o. 491.
[703] Toepke 1886, 398.
[704] M 257,27.
[705] Vgl. Mayer 1900, 32; Worstbrock, in: Verfasserlexikon 5 (1985), Sp. 733 f. (Lit.).
[706] Vouilliéme 1903, 334 f., Nr. 745-747. Leschers Lehrgebiet läßt einen freilich nicht zu beweisenden Einfluß seines bekannten Landsmannes, des überwiegend in Esslingen beschäftigten Frühhumanisten und Protonotars Niklas von Wyle (zu ihm jetzt: Worstbrock, in: Verfasserlexikon 6 [1987], Sp. 1016-1035) vermuten.
[707] Zu Pallas Spangel: Holstein 1893, 12-17 (16: Verhältnis zwischen Herwich von Amsterdam und Spangel); Ritter 1936 s.v.; Weiler 1964, 282 f.; Baron 1971, 47, 59. Vgl. auch Kristeller 1987, 12 (die dortige Behauptung, Spangel sei einer jener Theologen gewesen, die sich schon vor Luders Ankunft für humanistische Studien interessiert hätten, kann schwerlich zutreffen, da Luder Heidelberg 1460 verließ, Spangel aber erst im gleichen Jahr immatrikuliert wurde. Auch findet sich in der angegebenen Literatur hierfür kein Hinweis.).
[708] Toepke 1886, 402. Zum Thomismus Spangels aufschlußreich die Zeugnisse bei Herding/Mertens 1990, 234 f., Nr. 50, Anm. 1 (ein Anonymus beklagte den Rückgang des Ruhmes des Thomas von Aquin in Heidelberg seit dem Tod Spangels), 753 f, Nr. 307 (Wimpfeling über den verstorbenen Spangel: *iste divi Thomae doctrinam secutus sit*).

Noch zu Lebzeiten wünschte Herwich von Amsterdam, Spangel möge sein Leichenredner werden.[709] Dieser folgte der Bitte, nachdem Herwich am 15. Mai 1481 gestorben war, würdigte ihn als Säule der Universität und besonders der Theologischen Fakultät.[710] Indikatoren seines Ansehens ließen sich nennen. Die Heidelberger Universitätsakten berichten nach dem Tod des *piissimi magistri nostri Herwici*, dieser sei zu Lebzeiten Provisor der wertvollen Bibliothek in der Heilig-Geist-Kirche gewesen.[711] Als Herwich in seinen letzten Lebensjahren den Wunsch äußerte, er würde lieber in der Heimat im Kreise seiner Familie und Freunde sterben als in der Fremde, und seine Freunde von diesem Stoßseufzer in Amsterdam erzählten, baten ihn die Stadtväter im Mai 1477 postwendend, in seine Heimatstadt zurückzukehren, um die Leitung des Amsterdamer Beginenkonvents zu übernehmen, da dessen Pater gestorben sei. Herwich könne zwar nicht mit den Erträgen seines Heidelberger Benefiziums, wohl aber mit einer städtischen Pension rechnen.[712]

Die freundschaftlichen Kontakte zu Kölner Thomisten beschränkten sich bei Pallas Spangel nicht nur auf Herwich von Amsterdam. Bemerkenswert auch seine Verbundenheit mit Jakob Welder von Siegen (R 2), dem thomistischen Theologen und ehemaligen Regenten der Bursa Raemsdonck. Wo und wann beide sich kennengelernt hatten, liegt im dunkeln. Fest steht, daß Spangel als Vertrauter Welders offensichtlich eine entscheidende Rolle bei der Berufung des Kölners nach Heidelberg einnahm.[713] Die Heidelberger Universität hatte sich 1474 für Welder als Nachfolger des verstorbenen Theologieprofessors Johannes Trutzenbach entschieden. Da der Kölner sich damals noch in Trier befand, wo er maßgeblichen Anteil an der Einrichtung der jungen Universität hatte, vertrat ihn Pallas Spangel, der von Dezember 1474 bis Juli 1475 die Vorlesungen für Welder übernahm. Beide standen in einem engen Briefkontakt, Spangel informierte die Universität über die

---

[709] Holstein 1893, 16, Anm. 4.
[710] Holstein 1893, 16; Weiler 1964, 282 f.
[711] De Bont 1896, 191 f. Durch Herwichs Tod wurde die Wahl eines Nachfolgers nötig. Als zweiten Provisor nennen die Akten den *doctor Hartmannus*. Bei ihm handelt es sich um den Juristen Hartmannus Pistoris de Eppingen, der als artistischer Lehrer für die Via moderna wirkte (vgl. Toepke 1884, 256; Toepke 1886, 391, 397, 399 u.ö.). Demnach hätte Herwich von Amsterdam für die Via antiqua das Rektorat der Bibliothek bekleidet. Zur Heilig-Geist-Bibliothek vgl. Ritter 1936, 399 f.
[712] Der Amsterdamer Brief ist abgedruckt bei De Bont 1896, 192 f.; vgl. zur Sache auch Van Eeghen 1941, 329, Anm. 3; Weiler 1964, 281.
[713] Hierzu Menn 1950, 18–21.

Absichten Jakobs (der sich noch nicht zu einer Annahme der Professur entschließen konnte) und versuchte dessen verspätetes Erscheinen („an Welders Ernst und Zuverlässigkeit sei aber nicht zu zweifeln") zu erklären.[714] Am 15. August 1475 schließlich ließ sich Jakob Welder in Heidelberg immatrikulieren.[715] Er blieb bis zum 4. Oktober des Jahres, als er sich zur Regelung seiner Angelegenheiten von der Professur beurlauben ließ. Trotz einer Verlängerung der Beurlaubung und des energischen Drängens der Heidelberger, das Lehramt definitiv anzunehmen, entschied sich Welder im Laufe des Jahres 1476 negativ. Eine größere Herausforderung und vielleicht stärkere Bindungen zogen ihn an die zu gründende Universität Mainz – doch dies ist einem eigenen Kapitel vorbehalten.

Direkt vor Jakob Welders Immatrikulation wird für den 13. August 1475 die Gerhards von Elten (M 19) in der Heidelberger Matrikel verzeichnet.[716] Können wir für Welder ein Interesse des Kurfürsten an seiner Berufung nur vermuten, so ist es für den Thomisten und Dominikaner von Elten verbürgt. Schon Anfang 1475 wechselte er auf den ausdrücklichen Wunsch Friedrichs I. nach Heidelberg, wo er *cum plenissima potestate super capite et membra* das Vikariat am neugegründeten Dominikanerkloster übernahm.[717] Das dem Kloster angeschlossene Studienhaus ließ der Kurfürst der Universität inkorporieren, doch sollten nur Ordensangehörige die Vorlesungen besuchen.[718] Ganz offensichtlich suchte er vor seinem nahen Tod die Via antiqua und insbesondere den Thomismus durch die Errichtung des Dominikaner-Studiums und durch die Berufung Gerhards von Elten abzusichern – wie vermutlich schon 1452 durch eine Anwerbung thomistischer Magister in Köln.[719] Aufhorchen läßt in diesem Kontext, daß die mit der Theologischen Fakultät eng verknüpfte Realistenburse, an der wohl Jodocus Eichmann als Theologieprofessor und Testamentsverwalter Wencks die Oberaufsicht führte, schon vor 1486 den geläufigen Namen Predigerburse führte.[720] Möglich erscheint allerdings auch, daß sich diese Namensform nicht auf einen Einfluß der Dominikaner bezog, sondern auf

---

[714] Menn 1950, 19.
[715] Toepke 1884, 346.
[716] Toepke 1884, 346.
[717] Vgl. Walz 1923/24, 86; Löhr 1951, 273, 277, 291; F. J. Worstbrock, Art. „Gerhard von Elten", in: Verfasserlexikon 2 (1980), Sp. 1232 f., hier 1232.
[718] Vgl. Lossen 1907, 137; Ritter 1936, 83.
[719] Gerhard von Elten blieb freilich nur bis Anfang 1476 in Heidelberg.
[720] Ritter 1936, 394, Anm. 1.

die Funktion ihres Leiters, des Predigers an der Heilig-Geist-Kirche.

Evident ist letztlich das Interesse des Pfalzgrafen an den Kölner Realisten. Die Thomisten werden ihm dabei durch ihre gemäßigtere Geisteshaltung attraktiver erschienen sein, fanden doch die Lehren des Kölner Albertismus, wohl seit 1425 generell in Heidelberg diskreditiert, selbst bei Johannes Wenck, der ihnen von allen bekannten Heidelberger Realisten am nächsten gestanden haben dürfte, keinen stärkeren Anklang. Zudem dürfte dem Landesherrn an Schulstreitigkeiten nach Kölner Muster durch Etablierung beider Richtungen wenig gelegen gewesen sein. Denn dadurch wäre wahrscheinlich der eigentliche Grund der Studienreform in Mitleidenschaft gezogen worden: die umfassende Reform im kirchlichen und klösterlichen Bereich. Sie aber erforderte zunächst eine Reform der Theologie, die wiederum an eine Reform des Artes-Unterrichts gebunden war. Wohl nicht von ungefähr führte ein Doktor der Theologie an der neuen Realistenburse als *superattendens* das Regiment, standen der Artisten-Fakultät nach 1452 vier Plätze am Artistenkolleg nur noch für Magister zu, die zugleich Theologie studierten.[721] Für eine Reform der Artisten-Fakultät und ihres Unterrichts wirkte das Kölner Vorbild sicherlich überzeugend, denn die Organisationsform der Bursen stellte gerade für die Zwecke des Kurfürsten eine Art „Kaderschmiede" dar. Die neuen realistischen Bursen setzten denn auch in Heidelberg den inhaltlichen, personellen und institutionellen Konnex zwischen Artisten- und Theologischer Fakultät um. Weiterhin zeigten die Kölner Thomisten mehr als nur eine geistige Offenheit für humanistische Inhalte, was ihre Anziehungskraft für die Heidelberger Reformer gesteigert haben dürfte.[722] Der Thomist Johannes Tinctoris (C 4), den der Humanist Engelbert von Leiden als seinen Lehrer rühmte, bildet hier nur ein Glied in der Kette, freilich ein bezeichnendes. Welchen Anteil die damaligen Montana-Regenten wie Gerardus de Monte (M 4) oder Bernardus de Reyda (M 2) daran hatten, ein Interesse an den Studia humanitatis zu wecken, muß offen bleiben. Sicherlich wurde von

---

[721] Winkelmann 1886, I, 163 f.; vgl. Ritter 1936, 386.

[722] Es ist an dieser Stelle noch zu früh für eine Diskussion der in der Forschung heftig umstrittenen Beziehung zwischen der Via antiqua und dem Humanismus. Obwohl hier eine Auseinandersetzung mit Ritter (bes. 1922, 115-131) angebracht wäre, ist sie wegen ihrer grundsätzlichen Bedeutung erst am Schluß sinnvoll; s.u. 811 f.

ihnen aber der Zuzug von Montana- und Corneliana-Angehörigen nach Heidelberg gefördert und mitinitiiert.

War die „Etablierungswelle" zwar offensichtlich nach 1465 „ausgerollt", so folgte nun als Frucht der voraufgegangenen Anstrengungen ein unkomplizierter personeller Austausch zwischen den beiden Hochschulen. Der Wechsel Heidelberger Realisten nach Köln setzte in stärkerem Ausmaß Ende der fünfziger Jahre ein.[723] Exemplarisch dann etwa Paulus Cistificis de Tulpeto, der als Heidelberger Bakkalar der Via antiqua[724] 1467 in Köln immatrikuliert wurde,[725] oder Johannes Mercatoris de Bonna, ebenfalls zuerst von 1466 bis 1467 in Heidelberg, dort unter einem Realisten determinierend,[726] aber 1469 durch Theodoricus de Bommel (C 29) in Köln erneut zum Bakkalar graduiert.[727] Anschaulich auch das Beispiel des Johannes Kreidweiß von Esslingen, einem jüngeren Bruder des Kölner Theologen Ulrich Kreidweiß (R 3).[728] Am 23. Juni 1476 in Heidelberg immatrikuliert,[729] ließ er sich am 9. April 1478 in Köln einschreiben,[730] um die Montana aufzusuchen, in der er unter Ego de Driel (M 32) im Dezember 1478 determinierte und unter Theodoricus de Busco (M 39), dem Weggefährten seines Bruders, 1480 inzipierte.

Ungleich folgenreicher erscheint der Wechsel eines weiteren Esslingers nach Köln. Der bekannte Humanist und Jurist Bernhard Schöfferlin von Esslingen[731] begann seine akademische Ausbildung an der Heidelberger Universität, ließ sich am 19. Oktober 1454 immatrikulieren.[732] Unter der Namensform *Schouerlin* wurde er am 10. Juli 1456 zum Bakkalar graduiert, und zwar in der Via moderna. Bisher lag der folgende Studiengang Bernhards bis zu

---

[723] Vgl. etwa die Gruppe von Amsterdamer Magistern und Bakkalaren der Via antiqua, die im Mai 1460 von Heidelberg nach Köln wechselte (M 285,39-44). Zu dieser Gruppe s. auch Weiler 1964, 271, Anm. 51 (die von Weiler als Grund des Wechsels vermuteten persönlichen Reibungen in Heidelberg scheinen nicht sehr stichhaltig zu sein).
[724] Toepke 1884, 315.
[725] M 315,6.
[726] Toepke 1884, 318.
[727] M 317,128.
[728] Vgl. zu Johannes Kreidweiß: Tewes 1988, 54, Anm. 158.
[729] Toepke 1884, 350.
[730] M 358,17.
[731] Maßgeblich jetzt: Ludwig 1986; Ludwig 1987 (mit wichtigen Korrekturen der älteren Forschung); vgl. auch Röll 1988; Ludwig 1989, 108 ff.; Ludwig 1991.
[732] Toepke 1884, 279.

seinem italienischen Rechtsstudium im dunkeln bzw. glaubte man fälschlicherweise an den Erwerb des Magisteriums an einer italienischen Universität.[733] Hypothese mußte auch bleiben, Schöfferlin könnte in Heidelberg noch Peter Luder gehört haben, der am 15. Juli 1456 seine Antrittsvorlesung hielt – ein nicht unwichtiger Zusammenhang, lag doch Schöfferlins große Leistung auf dem Feld der Studia humanitatis in der von ihm erstmals in deutscher Sprache erarbeiteten Römischen Geschichte.[734] Bernhard Schöfferlin weilte allem Anschein nach tatsächlich noch fast zwei Jahre in Heidelberg und wird dann wohl kaum versäumt haben, Vorlesungen Luders zu besuchen. In dieser Zeit muß Schöfferlin jedoch gleichzeitig engere Verbindungen zum Kölner Thomistenzirkel hergestellt haben. Nach dem bisher Aufgezeigten wäre es nicht unwahrscheinlich, wenn sie durch Luder selbst oder in seinem Freundeskreis entstanden wären. Die Kontakte müssen derart eindrucksvoll gewesen sein, daß Schöfferlin nicht nur das scholastische Lager, sondern auch den Studienort wechselte. Er entschloß sich nämlich, was bisher nicht beachtet wurde, sein Magisterium an der Kölner Montana zu erwerben! Am 20. März 1458 immatrikulierte ihn der damalige Kölner Rektor Jacobus de Straelen mit der Namensform *Bernardus Scheuerlyn de Eslingia* (ähnlich jener also, die sein Heidelberger Bakkalaureat bezeugt).[735] Als *baccalarius Heydelbergensis* rezipierte ihn die Artisten-Fakultät am 24. November 1458. Am 19. April 1459 inzipierte Schöfferlin, der vermutlich in Heidelberg weiterhin artistische Pflichtveranstaltungen besucht hatte, unter seinem

---

[733] Vgl. Ludwig 1986, 76; Ludwig 1987, 32 f. (die dort geäußerte Vermutung, Schöfferlin könnte den Magistergrad, der 1467 zuerst erwähnt worden sei, in Pavia erhalten haben, wird sich als unrichtig herausstellen); ihm folgend: Röll 1988, 218. Ludwig hat in einer späteren Veröffentlichung (Ludwig 1989, 108 f.) anhand neuer Ergebnisse die Vermutung dann zu dem Grad der hohen Wahrscheinlichkeit verdichtet: „nachweislich" habe Schöfferlin zwischen 1456 und 1466 in Pavia studiert; da er schon am 19.12.1461 von Niklas von Wyle als *maister in den siben fryen künsten* bezeichnet worden sei, 1464 durch denselben als *arcium doctor*, hatte er den Grad des Dr.art. – so Ludwig – „mit hoher Wahrscheinlichkeit in Pavia" erworben. Bei Ludwig 1991 (72) heißt es dann: Schöfferlin „war Doctor artium und Jurastudent in Pavia (1964)".

[734] Hierzu jetzt die o.g. Studien Ludwigs (einschlägig: Ludwig 1987; s. bei Ludwig 1986: 80-85: Ludwig 1991: 71-88) sowie Röll 1988 (der im Rahmen eines DFG-Forschungsprojekts weitere Studien zu dieser Thematik erarbeiten wird). Auf die näheren Umstände dieser Römischen Historie wird im Rahmen des Mainzer Humanismus und Thomismus noch einzugehen sein.

[735] M 276,31.

Kölner Lehrer Lambertus de Monte (M 24).[736] Dieses Bekenntnis Schöfferlins zum Thomismus zeugt nicht allein von dem korrelierenden Miteinander der beiden realistischen Schulen in Köln und Heidelberg, auf das wir noch häufiger zu sprechen kommen werden. Es hatte langfristige und bedeutende praktische Folgen. Wir werden Bernhards jüngsten Bruder Konrad noch als Schüler der Kölner Thomisten in den siebziger Jahren kennenlernen, zugleich als Wegbereiter des thomistischen Realismus an den jungen Universitäten von Trier und Tübingen. Bernhard Schöfferlin wird um die Jahrhundertwende in Mainz als Freund an der Seite Ivo Wittichs stehen, jenes Mannes, der entscheidend an der festen Etablierung der thomistisch-kölnischen Burse in Mainz beteiligt war.

Heidelberg bot in gewisser Weise den Auftakt für eine „Offensive" der Thomisten an mehreren wichtigen deutschen Universitäten. Köln, vor allem die Montana, war dabei immer wieder Ausgangspunkt, stand aber zugleich im Zentrum eines umfassenden Netzes persönlicher Bindungen und Kooperationen. Die für Heidelberg erschlossene personelle Synthese von Bursen-Thomismus und Humanismus wird sich als nachhaltiges Charakteristikum der Bewegung erweisen. Möglicherweise erklärt sich die enge und zugleich weitgespannte Zusammenarbeit zwischen diesen Realisten aus der schlechten Ausgangslage, in der sich die Via antiqua befand. In Heidelberg war der Nominalismus nicht nur in den ersten Jahrzehnten dominierend, er zog auch nach Einführung der Via antiqua insgesamt deutlich mehr Schüler an sich.[737]

Untersuchen wir, wie sich das Verhältnis an anderen Universitäten darstellte und welche Rolle den Kölner Bursen, insbesondere den thomistischen, dabei zukam.

2. Leipzig

Nähern wir uns dem Realismus in Leipzig von der sicheren Warte seiner Dominanz, nicht über den steinigen Weg der Entstehungsgeschichte. Als Paulus Niavis (Schneevogel) um 1487 sein ‚Latinum

---

[736] Falls Bernhard Schöfferlin noch die vorgeschriebene zweijährige Lehrtätigkeit an der Kölner Artisten-Fakultät bzw. in der Montana ausübte, dann hätte er Pavia frühestens 1461 wegen des Jurastudiums aufgesucht. Diese Annahme besitzt einige Plausibilität, denn ein Dispens nach der Inzeption ist für Schöfferlin in den Kölner Akten nicht belegt.
[737] Vgl. die Zahlen bei Meuthen 1988, 177.

ydeoma pro novellis studentibus' verfaßte, hatte der Thomismus in Leipzig seine unbestrittene Vorherrschaft bereits errungen.[738] In dieser zweiten Schrift seiner dreiteiligen, aber geschlossen erschienenen ‚Latina ydeomata'[739] bietet Niavis nicht nur ein lebendiges Bild spätmittelalterlichen Studentenlebens (und des Leipzigers im besonderen), sondern ebenso aufschlußreiche Informationen zur Situation der philosophischen Schulen in Leipzig. Im dreizehnten Kapitel läßt Niavis seine Protagonisten *in patria* ein Gespräch *de universitatis ritu* führen.[740] Die Leipziger Alma mater blüht, alle Kollegien und Bursen sind voll, die Artisten-Fakultät überragt die übrigen an Stärke. Auf die Frage, welche Via denn am mächtigsten sei, antwortet Bartoldus: von jedem Weg gebe es *cultores*, aber die *via Doctoris Sancti amplior est aliis*.[741] Früher seien die Moderni in der Mehrzahl gewesen; einige Senioren, meist aus der Natio Saxonum, hingen noch der Via moderna an, doch die Scholaren hätten keine Neigung mehr zu diesem Weg.[742] Wie es denn um die Via des Albertus Magnus und Duns Scotus stehe? *Nihil*, antwortet Bartoldus. Albertus folgten nur wenige, drei oder vier Magister, die in Köln promoviert worden seien, kaum besser stehe es um die Skotisten.

---

[738] Zum ‚Latinum ydeoma': Streckenbach 1970 und 1972. Während noch Bömer (1897; 1898, 65) das ‚Manuale scolarium', das sog. Heidelberger Gesprächsbüchlein, für die Vorlage des ‚Latinum ydeoma' hielt, konnte Ritter (1923) erstmals schlüssig nachweisen, daß der Ursprung des Gesprächsbüchleins in Leipzig lag, und daß der Heidelberger Verfasser die notwendigen Modifikationen vornahm. Zur Forschungsentwicklung und Überlieferung: Streckenbach 1970, 152 ff., 176-189; Streckenbach 1972, 187. Zu Niavis als Schulleiter in Chemnitz jüngst: Klein 1990, 300; zu Fragen der Biographie und der schriftstellerischen Tätigkeit ist immer noch auf Bömer (1898) zurückzugreifen; das literarische Wirken wird auch kurz bei Rupprich (1970, 591 f.) dargestellt.
[739] Streckenbach 1970, 176 f.
[740] Streckenbach 1972, 220-223.
[741] Streckenbach 1972, 220.
[742] Die bei Helssig (1909, 29 f.) aufgeführten, meist in der zweiten Hälfte des 15. Jahrhunderts erworbenen Handschriften nominalistischer Autoren bestätigen ein weiterhin vorhandenes Interesse an dieser Richtung. Prominenter Vertreter der Via moderna dürfte der spätere Dr. iur. utr. Johannes Fabri de Werdea (Donauwörth) gewesen sein; vgl. hierzu Prantl 1870, 203 f. (Fabri wird der Richtung des terministischen Skotismus zugerechnet) und Helssig 1909, 30, 34 f. Zum akademischen Werdegang Fabris s. auch Friedberg 1898, 142, Anm. 1 (Fabri war Haupt des sog. „Schwäbischen Bundes" an der Leipziger Universität, einer Fraktion, die an der Universität um 1500 offenbar große Zwietracht provozierte; instruktiv hierzu die Textzeugnisse bei Friedberg 1898, 127 ff., 148 u.ö. Ob der Wegestreit hierbei eine Rolle spielte, wäre zu klären.).

Die Exaktheit dieser Angaben verblüfft. Unweigerlich werden wir in das Spannungsfeld der deutschen Universitäten geführt. Im siebten Kapitel nimmt Bartoldus die Rolle eines Erfurter Studenten ein, berichtet von der völligen Dominanz der Via moderna, die man in Erfurt aufrechterhalte, um die *dissensio* infolge konkurrierender Wege zu vermeiden.[743] Camillus wirbt mit der Offenheit der in Leipzig dominierenden Realisten: erstens schließe man die Moderni nicht aus, zweitens akzeptiere man durchaus das Gute ihrer Lehre, drittens sei es jedem freigestellt, Thomas, Albertus oder Scotus zu folgen.[744] Eine erstaunliche Parallele zur Argumentation der Kölner 1425! Überhaupt weist die Leipziger Entwicklung einige Analogien zu Köln auf: die Ablösung des Nominalismus durch den Realismus, die Existenz eines (wenngleich peripheren) Albertismus neben dem Thomismus. Köln drängt sich demnach als Ausgangspunkt dieser Vorgänge auf.[745] Lassen sich Roß und Reiter namhaft machen, um dem Ganzen Konturen zu verleihen?

---

[743] Streckenbach 1972, 208.

[744] Streckenbach 1972, 209. Im vierten Kapitel (200-204) werden inhaltliche Unterschiede der einzelnen Wege, auch unter Albertisten und Thomisten, angesprochen, doch gehen sie über Gemeinplätze und Bekanntes nicht hinaus. Hierzu auch Ritter 1923, 27-30. Bemerkenswert ist allerdings eine Beobachtung, die mir recht instruktiv zu sein scheint. Paulus Niavis läßt im vierten Kapitel den thomistischen Schüler (diesmal Bartoldus) seine toleranten Ansichten über den Nutzen der nominalistischen Logik sowie eine prinzipielle Achtung gegenüber der „gegnerischen" Lehre und ihren gebildeten Vertretern äußern. Der Anhänger des Albertus (hier Camillus) zeichnet sich dagegen durch eine rigoristische Ablehnung der „unechten" nominalistischen Wissenschaft aus, die sich vorwiegend mit Sophistereien abgebe. Niavis charakterisiert damit grundlegende Haltungen der beiden realistischen Schulen (selbst wenn dies nicht intendiert gewesen sein sollte). Die dargestellten Differenzen in der jeweiligen Einstellung zur nominalistischen Schule decken sich mit dem Kölner Ergebnis. Auch in den folgenden Ausführungen wird sich zeigen, daß die Unterschiede durchaus von exemplarischer Gültigkeit sind. In ihnen scheint mir ein wesentliches Kriterium für die größere Akzeptanz der thomistischen Schule an den deutschen Universitäten zu liegen.

[745] Schon Ritter (1923, 26) wies mit Blick auf diese Leipziger Universitätsverhältnisse auf Köln (und die Niederlande) hin, von wo sich die „große scholastische Restaurationsbewegung" in der zweiten Jahrhunderthälfte „parallel mit zahlreichen Reformbestrebungen auf dem Gebiete des innerkirchlichen Lebens" auf die deutschen Universitäten ausbreitete. Da es in Leipzig im Unterschied zu anderen Universitäten keine institutionelle Anerkennung bzw. Verankerung verschiedener Viae in gesonderten Studiengängen oder Bursen gab, läßt sich der Wissenschaftstransfer anhand der Erschließung des personellen Transfers etwas schwerer konkretisieren. Generell läßt sich jedoch feststellen: da der Thomismus den Nominalismus in Leipzig in der zweiten Hälfte des 15. Jahrhunderts als beherrschende Kraft ablöste, und da in der entscheidenden Phase von den deutschen Universitäten in erster Linie Köln hierfür das Reservoir an Lehrkräften stellen konnte, kann sicherlich nicht bei allen, aber doch bei den meisten der von Köln nach Leipzig Wechselnden,

Über die anfängliche Vorherrschaft des Nominalismus in Leipzig gibt es nur karge Nachrichten. Allgemein nimmt man an, daß die Universität in erster Linie durch die aus Prag geflohenen Magister geprägt worden sei.[746] Doch mittlerweile kennen wir einige Protagonisten. Zu denken wäre hier natürlich an den Buridanisten Albert Varrentrap[747], der in Leipzig seit 1409 erheblichen Einfluß ausübte, sich noch 1424/25 als Kölner Offizial zeitweilig dort aufhielt. Oder an den ehemaligen Kölner Nicolaus Theodorici de Amsterdam, der nach Ausweis mehrerer Handschriften um 1451 in Leipzig buridanistische Vorlesungen hielt.[748]

Die früheste realistische Einwirkung Kölns auf Leipzig fand offensichtlich 1440 statt. Im Sommersemester 1440 immatrikulierten sich in der Natio Bavarorum: *dominus Jacobus Wachendorp, abbas monasterii sancti Martini Coloniensis conservatorque privilegiorum studii et universitatis ibidem; Gerhardus Kethelair de Amersfordia, arcium magister et in theologia baccalarius formatus; Tilmannus Ziberti de Colonia.*[749] Zweifellos eine Gruppe, die von dem Kölner Abt und Konservator Jakob Wachendorf angeführt wurde – so wie er gut sechs Jahre später in Heidelberg an der Spitze einer Gruppe Kölner Studenten stehen sollte.[750] Der Benediktiner ist in der Kölner Matrikel nicht nachzuweisen. Verwunderlich ist dies kaum, denn Wachendorf begann gerade im Sommer 1440 in Leipzig sein Studium. Sein Lehrer dürfte allem Anschein nach Gerhard Keteler von Amersfoort (C 6) gewesen sein, der recht erfolgreiche Corneliana-Regent (1432-1439/40). Keteler hatte sich wenige Monate vor seiner Leipziger Immatrikulation in Erfurt einschreiben lassen.[751] Bedenkt man in diesem Zusammenhang die kurzzeitigen Besuche der Thomisten Henricus de Susato (M 18; 1433/34), Simon de Amsterdam (M 17; 1443) und Christianus de Tulpeto (1462) in Erfurt – sie alle auch in Heidelberg! –, so drängt sich die Vermutung gezielter thomistischer Vorstöße auf, die

---

v.a. wenn sie eine bursale Bindung zeigen, ein Transfer der albertistischen oder thomistischen Lehre angenommen werden. Unzweifelhaft wird er, wenn – was nicht selten vorkam – bestimmte Supposita mehrmals zwischen einer Kölner Burse und Leipzig wechseln.

[746] Ehrle 1925, 204-207; vgl. Ritter 1923, 25 f.
[747] S.o. 349 f.
[748] Lohr 1972, 303 ff.
[749] Erler 1895, 129.
[750] S.o. 474 f.
[751] Vgl. den Kommentar zu C 6.

im erklärtermaßen nominalistischen Erfurt freilich nicht fruchten konnten. In Leipzig dagegen gelang es Gerardus de Amersfordia (C 6), Fuß zu fassen. Am 4. Februar 1441 wurde er *ex certis causis* zum Fakultätskonsilium zugelassen.[752] Schon am 4. März 1441 wählte ihn die Bayerische Nation zum Examinator der Bakkalaureanden, ebenfalls im Juni und Dezember 1441. Am 28. Juni des gleichen Jahres wurde Gerhard zum theologischen Lizentiatsexamen zugelassen.[753] 1443 vertrat er die Universität zusammen mit einem Baccalaureus formatus theologie beim Bischof von Merseburg in einer umstrittenen Frage der universitären Rangordnung.[754] Seine institutionelle Integration erweist die Aufnahme in das Collegium maius, unter dessen Mitgliedern er 1444-1449 erscheint.[755]

Jakob Wachendorf wurde im Februar 1442 zum Bakkalaureatsexamen zugelassen, am 31. Dezember 1442 *ad examen magisterii*.[756] Zwar wird weder sein Determinator noch sein Inzeptor genannt, doch wäre es sehr erstaunlich, wenn dieser nicht Gerhard Keteler geheißen hätte. Über das dritte Mitglied dieser Gruppe, den zuerst 1436 in Köln immatrikulierten Tilmannus Ziberti de Colonia[757], gibt es keine weiteren Informationen. Unbefriedigender stellt sich das mit bleibenden Fragen behaftete Phänomen der Universitätsbesuche Jakob Wachendorfs in Leipzig und Heidelberg dar. Sie sind zu eng mit dem von Köln ausgehenden, im Begriff der Etablierung stehenden Realismus an diesen Universitäten verbunden, als daß die Aufenthalte des Kölner Konservators von den wissenschaftsgeschichtlichen Prozessen getrennt werden könnten. Seine genaue Rolle bleibt jedoch vorerst ungeklärt. Ein Konnex zwischen der kirchlichen und universitären Reformbewegung scheint mir keineswegs abwegig zu sein. Wir werden diesem weitgehend noch ungeklärten Phänomen bei der Beteiligung der Trierer Benediktiner an der endgültigen Universitätsgründung in ihrer Stadt noch deutlicher begegnen.

In Leipzig wirkte sich die Lehrtätigkeit Gerhard Ketelers wie ein Magnet aus. Im Sommersemester 1441 ließen sich allein fünf

---

[752] Erler 1897, 125 f.
[753] Brieger 1890, 3.
[754] Vgl. Stübel 1879, 52.
[755] Vgl. Zarncke 1857, 750, Nr. 35 (*Gerhardus Kethelair, Ammersford. discessit*).
[756] Erler 1897, 127f., 129f. Nach Erler soll Wachendorf mit seiner Promotion in Leipzig unter den hohen kirchlichen Würdenträgern durchaus eine Ausnahme gebildet haben (Erler 1897, LXVIII).
[757] M 191,36.

Scholaren aus Amersfoort in Leipzig immatrikulieren,[758] von denen einer bereits 1439 in Köln unter Gerardus Keteler determiniert hatte und 1444 zum Erwerb des Magisteriums in die Corneliana zurückkehrte.[759] Drei seiner Landsmänner reisten 1442 wieder nach Köln und determinierten noch im gleichen Jahr (wahrscheinlich in der Corneliana, an der einer 1444 auch das Magisterium erlangte).[760] Möglicherweise zog nun auch die Theologische Fakultät als Folge seines Wirkens Kölner nach Leipzig. Im Sommersemester 1444 ließ sich Erhardus Kuol de Alpibus[761] als *Magister Coloniensis* in Leipzig immatrikulieren.[762] Der Baccalarius formatus der Theologie hatte auch diesen Grad in Köln erworben; schon Anfang 1445 konnte er in Leipzig das theologische Doktorat erlangen.[763] Bemerkenswert der akademische Werdegang des Nicolaus Meltzer de Glogavia.[764] Als er sich Ende 1444 in Köln immatrikulieren ließ, war der Leipziger Magister artium (seit 1428) zugleich Lizentiat der Medizin, wollte in Köln aber Kanonistik und Theologie studieren. 1440 hatte man ihn in Leipzig *ad legendum cursum in theologia* zugelassen, im Juni 1445 nach seiner Rückkehr aus Köln *ad Sentencias*.[765] Doch 1451, als ihn Mainzer Kanoniker in Kreuznach seiner Bücher und Kleider beraubten, wird er als *medicus* und *studens in sacra pagina universitatis studii Coloniensis* bezeichnet.[766] Köln bildete für den Leipziger demnach das Zentrum seiner theologischen Ausbildung.

Der mehrfache Wechsel zwischen Köln und Leipzig ist in der Folge wiederholt zu beobachten. Exemplarisch etwa Johannes Beyssel von Aachen[767], der nach seiner Kölner Immatrikulation im Oktober 1445 im Sommersemester 1446 nach Leipzig wechselte,[768] dort das Bakkalaureat erwarb und sich mit diesem Grad 1450 wiederum in Köln rezipieren ließ, um im April 1451 in der

---

[758] Erler 1895, 134.
[759] Thomas Lyen de Amersfordia (M 198,52).
[760] M 212,41-43.
[761] M-Ntr. 611.
[762] Erler 1895, 147.
[763] Brieger 1890, 4.
[764] M 223,37.
[765] Brieger 1890, 3 f.
[766] Später schenkte Meltzer dem Collegium maius einen *Liber autoritatum philosophie moralis* (Boysen 1909, 60 f., Nr. 116).
[767] M 227,2.
[768] Erler 1895, 155.

Corneliana unter Cornelius de Dordraco das Magisterium zu erwerben. Man hatte ihn also auch in Leipzig in thomistischem Sinne unterrichten können. Schon vor seinem Magisterium stand der Sohn einer Aachener Schöffenfamilie in burgundischen Diensten.[769] Auffallend viele Aachener (neben mehreren Kölnern) finden sich in den nächsten Jahren in der Leipziger Matrikel, die teilweise auch in der Kölner begegnen, ohne daß sich jedoch Rückschlüsse auf die Bursenzugehörigkeit gewinnen ließen.[770]

Erst um 1460 erscheinen in Leipzig wieder einflußreichere Personen, maßgebliche sogar für die deutsche Universitätsgeschichte. Im Wintersemester 1459 immatrikulierte sich Servatius Göswein von Koblenz als *Magister Heydelbergensis* in Leipzig.[771] Der Schüler des Kölner Thomisten Christian von Zülpich dürfte in den Jahren seines Aufenthalts an der sächsischen Universität (bis Ende 1462 oder Anfang 1463) die Grundlagen für ein weitgespanntes Netz gleichgesinnter Thomisten und ihrer Freunde geschaffen haben, das allerdings in seiner ganzen Tragweite weder bisher erkannt wurde noch im folgenden angemessen erschlossen werden kann. Göswein stand in einem humanistischen Freundeskreis, der Peter Luder, Heinrich Stercker von Mellrichstadt und Hartmann Schedel von Nürnberg umfaßte. Luder wechselte im Wintersemester 1461/62 an die Leipziger Universität,[772] nachdem er sich von 1460 bis Anfang 1462 in Ulm und Erfurt aufgehalten hatte.[773] Die Beendigung seiner Lehrtätigkeit in Erfurt nach gut einem Jahr wirkte für manchen Betrachter etwas erstaunlich, da Luder an der dortigen Universität mannigfaches Entgegenkommen fand.[774] Ausschlaggebend für Leipzig dürften personelle Bindungen gewesen sein, etwa die Anwesenheit seines Heidelberger Schülers Servatius Göswein.[775] Beide

---

[769] Vgl. Paravicini 1975 s.v., bes. 289 f., Anm. 159b (Angabe über vermutliches Leipziger Magisterium ist zu streichen).
[770] Vgl. etwa M 247,63; 273,94; 378,32. Als Kölner wären in Leipzig etwa zu nennen: Hinricus Rosdorp de Colonia, 1444 Köln (M 222,4), 1447 Leipzig (Erler 1895, 162); Wilhelm de Cancro de Colonia und Gerlacus Segen de Colonia, 1448 Leipzig (Erler 1895, 163); Rynoldus Swarcz de Colonia, 1449 Leipzig (Erler 1895, 168); Bartholomeus Dunsber de Colonia, 1451 Leipzig (Erler 1895, 173); Hinricus Sontag de Colonia, 1454 Leipzig (Erler 1895, 190), determiniert 1463 in Corneliana (M 290,47).
[771] Erler 1895, 220.
[772] Erler 1895, 230.
[773] Baron 1966, 99-113.
[774] Wattenbach 1860, 63; Baron 1966, 113.
[775] Vgl. Baron 1966, 115.

werden der Begeisterung für den Humanismus erheblichen Auftrieb verliehen haben. Denn nicht nur Luder, auch Servatius hielt (wenngleich wohl in geringerem Maße) Vorlesungen in den Studia humanitatis, wie eine Ankündigung über Rhetorik, Epistolographie und Vergils Äneis – über die auch Luder las – belegt.[776] Daneben kam Servatius Göswein den traditionellen Pflichten eines scholastischen Artes-Lehrers nach, wie seine für das Wintersemester 1461/62 bezeugte Vorlesung für die Magistranden über die ‚Libri topicorum' erweist.[777] Dies bezeichnende Beispiel für die widerspruchsfreie Verbindung von scholastischer und humanistischer Lehre gerade bei den Frühhumanisten legt die Annahme nahe, daß Göswein und vermutlich auch Luder zugleich dem Thomismus an der Artisten-Fakultät neue Impulse gegeben hatten. Denn wer sonst als einer von ihnen hätte eine Handschrift der logischen Disputationen des Herwich von Amsterdam an Hartmann Schedel veräußern können, der im übrigen auch einige Traktate des Thomas von Aquin in Leipzig erwarb?[778] Der Nürnberger gehörte zu den treuesten Schülern Luders, bewahrte unter anderem das Original von dessen *intimacio* zur Antrittsvorlesung auf.[779] Hartmann, seit April 1456 Leipziger Artes-Student,[780] begann seine humanistischen Studien erstaunlicherweise schon um 1459, zu jener Zeit, als Servatius Göswein seine Leipziger Lehrtätigkeit begann.[781] Noch 1458 hatte ihm sein Onkel Hermann Schedel zu einem Studium in Italien geraten.[782]

Gleichgesinnter Freund Hartmann Schedels war der fränkische Landsmann Heinrich Stercker von Mellrichstadt, der seit dem Sommersemester 1454 in Leipzig studierte.[783] In Schedels Handschriftensammlung finden sich zahlreiche Briefe, die seinen Freundeskreis

---

[776] Bertalot 1970, I, 230 f. (223-227 zu Luders Vorlesungsankündigungen in Leipzig; vgl. hierzu auch Bockelmann 1984, 159 ff.).
[777] Vgl. Boysen 1909, 11.
[778] Zu den Thomas-Traktaten: Stauber 1908, 42. Die Möglichkeit, daß Hartmann Schedel den Kodex mit den logischen Disputationen des Herwich von Amsterdam während seines kurzen Kölner Aufenthaltes 1468 erstand, halte ich für unwahrscheinlich, da Schedel damals offensichtlich mit der Universität nicht in nähere Berührung kam (vgl. Wattenbach 1871, 370 f.).
[779] Wattenbach 1869, 63 f. u. 121 f., Nr. XXVII; Wattenbach 1871, 362 f.; Stauber 1908, 42; Baron 1966, 118 ff., 123 f.
[780] Wattenbach 1871, 358.
[781] Vgl. Baron 1966, 116 f.
[782] Joachimsohn 1893, 39 ff., Nr. 17.
[783] Erler 1895, 188. Zu Heinrich Stercker: Wattenbach 1869, 64 ff.; Wattenbach 1871, 362, 372; Baron 1966, 155 ff.

erschließen.⁷⁸⁴ So berichtete etwa Heinrich Stercker in einem Brief vom 2. Dezember 1461 über die Tischgenossenschaft, zu der auch Hartmann Schedel gehöre.⁷⁸⁵ Die Freundschaft zwischen diesen beiden blieb über das Studium hinaus bestehen; Hartmann übertrug das Epitaphium seines 1483 verstorbenen Freundes in seine Handschriftensammlung.⁷⁸⁶ Seine Leipziger Briefsammlung enthält ferner drei Briefe Sterckers an Servatius Göswein von 1461, mit klassischen Zitaten gespickte humanistische Stilübungen, welche die Freude der jungen Männer an erotischen Abenteuern illustrieren.⁷⁸⁷

Der Kreis blieb nicht mehr lange bestehen. Servatius Göswein ging, nach einem kurzen Aufenthalt 1460, Ende 1462 oder Anfang 1463 erneut an die junge Universität Basel.⁷⁸⁸ Hartmann Schedel kündigte im August und Oktober 1462 an, zwecks weiterer Studien nach Italien ziehen zu wollen, zudem gebe es in Leipzig keine *preceptores ydonei* der humanistischen Studien mehr, *qui aliarum scientiarum noticiam habent*.⁷⁸⁹ Diese Feststellung dürfte sich bereits auf die Abreise Göswein bezogen haben, der Mitte der siebziger Jahre als Doctor decretorum begegnen wird. Sicherlich traf sie ebenso auf Peter Luder zu. Er hielt sich bereits im November 1462 an der Universität Padua auf, wo er den Erwerb des medizinischen Doktorats beabsichtigte. Schon als Luder ungefähr im Spätsommer 1462 eine Vorlesung zur Rhetorik ankündigte, wies er auf den baldigen Mangel solcher Veranstaltungen hin.⁷⁹⁰ Demnach wußte er, daß sein Schüler Servatius Göswein die Stadt ebenfalls in Kürze

---

⁷⁸⁴ Wattenbach 1869, 86 ff.
⁷⁸⁵ Wattenbach 1869, 88, Nr. 33.
⁷⁸⁶ Wattenbach 1869, 85; vgl. Wattenbach 1871, 372.
⁷⁸⁷ Wattenbach 1869, 87, Nr. 14-16; Baron 1966, 115 f.; vgl. Bertalot 1970, I, 230, Anm. 4. Wenn Stercker in einem der Briefe (Nr. 16) laut Wattenbach trotz der Freude über das Schreiben den „anzüglichen" Inhalt moniert habe, könnte dies zum einen an einem gewissen Rigorismus Wattenbachs bei der Interpretation des Briefes gelegen haben, wie er häufig auch mit Blick auf Luder angewandt wird (58; doch 56: Relativierung der „italienischen Liederlichkeit"), darf zum anderen ein freundschaftlicher Tadel Sterckers nicht überbewertet werden, finden sich doch ungleich mehr Zeugnisse seiner eigenen amourösen Abenteuer (vgl. etwa 86, Nr. 2-6, 88, Nr. 28-29).
⁷⁸⁸ S.u. 536 f.
⁷⁸⁹ Joachimsohn 1893, 94, Nr. 45 (vgl. 92 f., Nr. 44); vgl. Baron 1966, 126 f.
⁷⁹⁰ Bertalot 1970, I, 226 f., Nr. 12; vgl. Baron 1966, 126.

verlassen würde.[791] Sie sollten sich denn ja auch einige Monate später in Basel wiedertreffen.

In Padua sammelte sich wiederum eine Gruppe deutscher Studenten um Peter Luder. Seit Dezember 1463 studierte Hartmann Schedel dort Medizin, hörte aber zugleich humanistische Vorlesungen unter Luder.[792] Einen eigenhändig kopierten Seneca schenkte ihm in Padua 1465 sein Landsmann und Freund Georg Pfintzing.[793] Auch diesen Nürnberger Humanisten werden wir Jahre später an der Seite von Kölner Thomisten wiedertreffen, in der Gründungsphase der Mainzer Universität.

Wenden wir uns wieder dem personellen Austausch zwischen Köln und Leipzig zu. Ein Albertist der Kuckana erscheint als nächster in der Leipziger Matrikel. Jaspar Schocher de Cempnitz[794] hatte 1460 unter Severinus de Moneta (K 9) determiniert, um 1463 nach Leipzig zu gehen,[795] wo er anscheinend das Magisterium erwarb. Denn 1466 wurde er, nun wieder in Köln, *ad leges* zugelassen. In jenem Jahr wandte sich Tilmann Brandis von Hildesheim[796] nach Leipzig. Ihn erlebten wir bereits als Mitglied der Erfurter Studentengruppe, die vermutlich auf Initiative des Christian von Zülpich in die Kölner Montana wechselte.[797] Tilmann schloß sich in Köln Lambertus de Monte (M 24) an, der ihn 1463 und 1466 zu Bakkalaureat und Magisterium führte. Im August 1466 ließ sich der Hildesheimer von seiner Lehrpflicht in Köln dispensieren, reiste anschließend nach Leipzig. Ob er dort an der Artisten-Fakultät die thomistische Via antiqua verstärkte, ist nicht bekannt. Wenige Monate später kehrte er jedenfalls nach Köln zurück, wo ihm am 22. Februar 1467 sein Studienzeugnis ausgestellt wurde, mit dem er sich nach Italien begab, um die Rechte zu studieren.

---

[791] Die vermutete Datierung (1463) der Leipziger Rhetorik-Vorlesung Gösweins durch Bertalot (1970, 1, 230, Nr. 17) muß früher angesetzt werden, da Göswein spätestens Anfang 1463 bereits in Basel war.
[792] Wattenbach 1871, 364; Stauber 1908, 46; Baron 1966, 129 ff.; vgl. Bolte 1887/88, 77-84; Sottili 1968, bes. 56-71 (zur Petrarca-Rezeption durch Hartmann Schedel und andere deutsche Humanisten); Rupprich 1970, 633, zur literarischen Frucht des diesem Paduaner Humanistenkreis entstammenden „Lustspiels deutscher Studenten in Padua" (1465).
[793] Stauber 1908, 46 f.; Baron 1966, 129.
[794] M 281,38.
[795] Erler 1895, 240.
[796] M 297,19.
[797] S.o. 495.

In den nächsten Jahren schufen die albertistischen Kölner Bursen die personellen Grundlagen für eine dauerhafte Präsenz ihrer Schule an der meißnisch-sächsischen Universität, die traditionell zu den am stärksten besuchten gehörte.[798] Michael Bauerwynck von Braunsberg[799] studierte von 1465 bis 1467 an der Laurentiana, erwarb an ihr im Januar 1467 das Bakkalaureat unter Gerardus de Elburg (L 47). Wenige Monate später ging er nach Leipzig,[800] wo er offenbar sein Artes-Studium abschließen konnte, denn 1470 ist er schon als Student der Rechte in Bologna bezeugt.[801] Bauerwyncks Einfluß in Leipzig kann unter einem zeitlichen Gesichtspunkt nicht allzu groß gewesen sein. Dies trifft freilich ganz und gar nicht auf Nikolaus Thein von Hildburghausen[802] zu. In ihm dürften wir einen jener „drei oder vier" Kölner Albertisten erblicken, von denen Paulus Niavis berichtet hatte. Seine Bildung hatte Nikolaus Thein in beiden albertistischen Bursen erhalten. Am 28. Januar 1467 determinierte er – am gleichen Tag übrigens wie Michael Bauerwynck – unter Gerardus de Elburg (L 47), inzipierte dann aber im Juni 1469 unter Robertus de Scotia (K 11). Nach Erhalt eines Dispenses im Dezember 1469 ließ er sich im Wintersemester 1470/71 in Leipzig immatrikulieren und wurde als Lehrer der Artes zugelassen.[803] Mindestens 35 Jahre wirkte er anschließend an der Artisten- und Theologischen Fakultät. 1484 wird er sowohl als Dekan der Artisten wie als Cursor bei den Theologen bezeugt.[804] Auch mit jenem Nikolaus von Hildburghausen, der im Juni 1505 zu den Sentenzen-Vorlesungen zugelassen wurde, dürfte er identisch sein.[805]

Noch vor der Ankunft des Nikolaus Thein wechselte Johannes Wernigerode von Göttingen[806] von Leipzig nach Köln, eventuell auf Anregung Michael Bauerwyncks. Denn nach seiner Rezeption als Baccalarius Lipzensis am 1. Februar 1469 in Köln scheint er sich der Laurentiana angeschlossen zu haben. Zwar wird sein Kölner Inzeptor vom 20. März 1469 nicht namentlich genannt,[807] doch suchte

---

[798] Vgl. Schwinges 1986, 105-117.
[799] M 307,34.
[800] Erler 1895, 263.
[801] Knod 1899, 399, Nr. 2732.
[802] M 306,51.
[803] Erler 1895, 280.
[804] Brieger 1890, 13, 66 f.
[805] Brieger 1890, 20.
[806] M 320,14.
[807] Vgl. Un. 480, f. 51v.

er am gleichen Tag (21.12.1469) wie der Albertist Nikolaus Thein um einen Dispens von seiner weiteren Lehrverpflichtung nach. Für eine Zugehörigkeit zum Köln-Leipziger Albertistenzirkel spricht auch sein Begleiter, mit dem er sich erneut nach Leipzig begab. Am 20. Mai 1475 beriefen die Leipziger Artisten eine Versammlung ihres Fakultätsrates ein. Denn der Magister Johannes Wernigerode von Göttingen und der Bakkalar Adalbert Theschner von Thorn, *ambo in alma universitate Coloniensi promoti*, hatten um Zulassung zum Fakultätsgremium gebeten.[808] An der Seite des Kölner Magisters befand sich ein junger Zögling der Laurentiana. 1472 in Köln immatrikuliert, hatte Adalbert von Thorn 1474 unter Jacobus de Amersfordia (L 49) determiniert, um noch im gleichen Jahr – vermutlich mit Johannes Wernigerode – die Leipziger Universität aufzusuchen. Schon bald zog es ihn weiter in seine preußische Heimat, denn 1477 wird er als Rektor der Johannisschule in Thorn erwähnt.

Nur wenige Monate nach diesen beiden Kölner Supposita bat der Kuckana-Magister Valentinus Pferd de Frankfordis[809], *in alma universitate Coloniensi rite et legitime promotus*, in Leipzig um Aufnahme *ad gremium facultatis*.[810] Unter den üblichen Bedingungen (*responsio in ordinaria magistrorum disputacione*, Vorlage der Promotionszeugnisse) wurde sie ihm gewährt. Valentinus war als Bakkalar der Pariser Universität im Sommer 1472 nach Köln gekommen und hatte im März 1473 unter Johannes de Breda (K 15) inzipiert. Ob er in Leipzig seinen vermutlichen Bursengefährten Jacobus Phreymder de Kemnayd[811] noch erlebte, der sich 1479 als *Magister Coloniensis* in Leipzig immatrikulieren ließ,[812] ist ungewiß. Sicher ist aber, daß Jacobus anfangs ebenfalls in der Kuckana studiert hatte, wo er 1467 unter Cornelius de Breda (K 12) determinierte. Erst 1471 erwarb er das Lizentiat. Mit zeitlicher Verzögerung nahm er auch sein Theologiestudium in Leipzig auf. Denn ihn werden wir hinter jenem Magister Jacobus Coloniensis de Kempnit vermuten dürfen, der 1488 *ad cursum in theologia*

---

[808] Erler 1897, 243.
[809] M 334,120.
[810] Erler 1897, 245.
[811] M 306,49.
[812] Erler 1895, 319.

zugelassen wurde.[813] Vier Jahre später präsentierte man ihn dann zu den Sentenzenvorlesungen.[814]

Anfang der achtziger Jahre bestand mithin eine albertistische Schule in Leipzig, die sowohl die weitere Bildung Kölner Supposita als auch den umgekehrten Weg erlaubte. Matheus de Cardana[815] etwa determinierte im November 1480 unter Jacobus de Amersfordia (L 49) in der Laurentiana, um anschließend als *Baccalarius Coloniensis* an der Leipziger Alma mater aufgenommen zu werden.[816] Ähnlich Gallus Merringher Boburgensis (de Curia).[817] Nach seinem Studienbeginn 1472 in der Laurentiana determinierte er 1475 unter Gerardus de Harderwijck (L 50). Am 18. Januar 1483 begegnen wir ihm dann in Leipzig. Als *Baccalarius Coloniensis* bezeugte er zusammen mit zwei Thomisten der Montana das Kölner Magisterium des Laurentianers Wilhelmus Angeren de Gedano.[818] Angeren hatte seit 1477 an der Laurentiana studiert, 1479 und 1481 beide artistischen Grade unter Jacobus de Amersfordia (L 49) erworben.[819] Wenn Gallus de Curia Anfang 1483 bei Wilhelm Angerens *assumptio ad gremium facultatis arcium* dessen Kölner Promotion bezeugen konnte, mußte er sich noch sechs Jahre nach seinem Bakkalaureat in Köln aufgehalten haben und wird wohl mit dem Magister die Reise nach Leipzig angetreten haben. Paulus Schiller de Plawen[820] immatrikulierte sich 1484, drei Jahre nach seinem Bakkalaureat unter Gerardus de Harderwijck (L 50), in Leipzig,[821] gefolgt von Petrus Zabeltyts de Lusacia[822], der 1486 unter Bartholomeus de Kempis (L 51) determiniert hatte und im Wintersemester 1486/87 nach Leipzig ging.[823] Gar neun Jahre ließ Johannes Mussell de Stargadia[824] verstreichen, ehe er sich nach seiner Determination 1479 unter Gerardus de Harderwijck 1488 als Kölner Bakkalar in Leipzig rezipieren ließ[825]. Doch erwarb er

---

[813] Brieger 1890, 15.
[814] Brieger 1890, 16.
[815] M 366,34.
[816] Erler 1895, 325.
[817] M 335,31.
[818] Erler 1897, 280.
[819] M 356,7.
[820] M 370,42.
[821] Erler 1895, 341.
[822] M 382,191.
[823] Erler 1895, 355.
[824] M 360,15.
[825] Erler 1897, 306.

dann bereits 1489/90 das Magisterium.[826] Den gleichen Weg schlug Hieronimus Rupricht de Bautzen[827] ein, der 1486 unter Anthonius de Swolgen (L 52) determinierte, sich 1488 als *Baccalarius Coloniensis* in Leipzig rezipieren ließ und 1489 dort inzipierte.[828] Schon wenige Jahre danach wurde er Ratsherr und später auch Bürgermeister seiner Heimatstadt. Georg Seynner de Rensdorp[829] erwarb 1486 und 1488 Bakkalaureat und Magisterium unter Jacobus de Amersfordia (L 49) bzw. Johannes de Harderwijck (L 55), um als Kölner Magister 1491 nach Leipzig zu gehen.

Für die Bereicherung des Kölner Laurentiana-Albertismus durch Leipziger Schüler sprechen die Namen des Jeronymus Mulberch[830], Gregorius Camens[831], Nicolaus Luydewick de Bruxs[832], Johannes Schyldo de Peitzen[833], Gregorius Schoylt de Pyrnis[834], Paulus Crapmer de Frantenhausen[835] oder Johannes Roil de Tachonia[836]. Viele weitere ließen sich nennen.[837] Andere wie Andreas Emel de

---

[826] Erler 1897, 314.
[827] M 386,32.
[828] Erler 1897, 300.
[829] M 388,25.
[830] M 352,19: 1473/74 Studienbeginn in Leipzig, Oktober 1476 Immatrikulation Köln, November 1476 Determination unter Jacobus de Amersfordia (L 49).
[831] M 356,100: 1475 Immatrikulation in Leipzig, 1477 in Köln, 1478 Bakkalaureat unter Gerardus de Harderwijck (L 50).
[832] M 357,23: 1475 Immatrikulation in Leipzig, Februar 1478 in Köln, Juni 1478 Determination unter Jacobus de Amersfordia.
[833] M 364,56: 1479 in Leipzig immatrikuliert, noch im November des gleichen Jahres in Köln, wo er 1480 unter Jacobus de Amersfordia determinierte und 1485 unter Bartholomeus de Kempis (L 51) inzipierte.
[834] M 364,84: Anfänglich 1479 in Köln immatrikuliert, 1482 nach Leipzig, von dort wieder zurück nach Köln, um 1483 unter Jacobus de Amersfordia zu determinieren.
[835] M 366,67: 1478/79 Immatrikulation in Leipzig, Mai 1480 in Köln, dort 1481 Bakkalaureat unter Jacobus de Amersfordia.
[836] M 366,163: 1474 Studienbeginn Leipzig, 1480 Immatrikulation Köln, 1482 Inzeption unter Jacobus de Amersfordia.
[837] Vgl. etwa M 370,71; 375,14; 375,111; 382,112; 382,176; 384,25; 399,31. Der Besuch der Kuckana in den achtziger Jahren fiel etwas schwächer aus. Zu nennen wären hier etwa Leonardus Ruckell de Wyntsem (M 368,35: 1479 Leipzig, 1480 Köln, 1481 Determination unter Hermannus de Clivis [K 17]), Petrus Weyselsdorff de Plawen (M 370,43: 1480 Leipzig, Mai 1481 Köln, zusammen mit Leonardus Ruckell am 28.11.1481 Determination unter Hermannus de Clivis), Johannes Gera de Jhenis (M 381,63: 1477/78 Leipzig, 1484 Köln, 1485 Inzeption unter Hermannus de Clivis) oder Hermannus Gamper de Culmach (M 381,64: 1479 Leipzig, April 1484 Köln, Dezember 1484 Determination unter Judocus de Monte [K 19]).

Kijrchaen[838], Johannes Gerber de Kitzing[839], Hieronimus Sculteti de Glogavia[840] oder Johannes Ade de Gulberch[841] suchten in den achtziger Jahren als Leipziger Bakkalare in Köln um die *receptio* nach, um anschließend unter Laurentiana-Magistern zu inzipieren.

Der Austausch zwischen den Kölner und Leipziger Albertisten scheint doch intensiver und dauerhafter gewesen zu sein, als die knappe Angabe des Paulus Niavis es erwarten läßt. Freilich kann es durchaus zutreffen, daß zu dem Zeitpunkt, als er sein ‚Latinum ydeoma' abfaßte, tatsächlich nur drei oder vier in Köln promovierte Albertisten in Leipzig wirkten, die gegenüber den Thomisten keine allzu große Anziehungskraft auf die Masse der Studenten ausübten. Dafür könnte die Beobachtung sprechen, daß nicht wenige Leipziger – teilweise mit beträchtlichen zeitlichen Intervallen – zum Erwerb ihres ersten oder eines höheren Grades nach Köln reisten. Schließlich lehrten offensichtlich nur wenige Albertisten – Nikolaus Thein von Hildburghausen wäre hier zu nennen – für einen längeren Zeitraum an der Artisten-Fakultät, die sich beispielsweise mit einem parallelen Theologiestudium tiefer an der Universität verwurzelten. Anziehungskraft und Verankerung der Thomisten müssen in Leipzig wesentlich stärker gewesen sein. Schauen wir, welchen Anteil die Kölner seit den sechziger Jahren daran hatten.

Nach der Leipziger Immatrikulation des Tilmann Brandis von Hildesheim 1466 vergingen gut zehn Jahre, ehe das Fahrwasser des thomistischen Flusses zwischen Leipzig und Köln stärker in Bewegung geriet. Nikolaus Fabri von Coburg[842] hatte zwar 1472 in der Laurentiana determiniert, doch inzipierte er 1475 in der Montana unter Ego de Driel (M 32), um noch im gleichen Jahr nach Leipzig

---

[838] M 383,110: 1476 Studienbeginn in Leipzig, 1484 Immatrikulation in Köln, Januar 1485 *receptio* als Leipziger Bakkkalar, Juni 1485 *inceptio* unter Jacobus de Amersfordia (L 49).

[839] M 386,116: 1473/74 Immatrikulation in Leipzig, Mai 1485 in Köln, Juni 1485 als Leipziger Bakkalar rezipiert, April 1486 Magisterium unter Bartholomeus de Kempis (L 51).

[840] M 387,22: Schon 1466, dann wieder 1479/80 in Leipzig erwähnt, als Bakkalar 1485 nach Köln, 1486 Magisterium unter Bartholomeus de Kempis, 1487 erneut in Leipzig, anschließend Rechtsstudium in Italien und seit 1507 Bischof von Brandenburg.

[841] M 389,10: 1472/73 Beginn des Studiums in Leipzig, 1474 dort Bakkalar, 1486 in Köln immatrikuliert und mit diesem Grad rezipiert, März 1487 Inzeption unter Everardus de Amersfordia (L 54).

[842] M 332,26.

zu wechseln.[843] Für eine seit Gerardus Keteler de Amersfordia (C 6) bestehende Tradition thomistischer Interaktionen zwischen Köln und Leipzig spricht Ambrosius Chirt von Pilsen[844]. Er hatte von 1466 bis 1469 in Leipzig studiert und dort auch das Bakkalaureat erworben. Im September 1469 ging er nach Köln, offenbar in die Bursa Raemsdonck. Denn nach seiner *receptio* als Leipziger Bakkalar im Oktober 1469 inzipierte er 1470 unter Jakob Welder von Siegen (R 2). Möglicherweise lehrte er nun einige Jahre in Köln. Auf jeden Fall kehrte er im Dezember 1476 nach Leipzig zurück, wo man ihm in überschwenglichen und aus dem Rahmen fallenden Worten sein Kölner Magisterium (*prout litteris sufficientissimis edocuit*) anerkannte und in das Gremium der Fakultät aufnahm.[845]

Eventuell lernte Ambrosius Chirt in Leipzig noch Georgius Axt de Helburg[846] und Johannes Keyl de Lichtenfels[847] kennen, die ebenfalls in die Kölner Montana aufbrachen. Seit 1475 in Leipzig, ließen sich beide am 19. November 1476 in Köln immatrikulieren und determinierten auch zusammen am 12. Juni 1477 unter Petrus de Dacia (M 35). Nach einem Dispens im September 1477 kehrte Georg Axt Jahre später in die Montana zurück, um unter Ego de Driel (M 32) im April 1485 sein Magisterium zu erwerben. Mit einem überaus prominenten Thomisten bereicherte Leipzig wenige Jahre nach diesen beiden die Kölner Montana. Valentin Engelhart de Geltershaym (M 43) hatte sich im Wintersemester 1478 in Leipzig immatrikuliert[848] und wurde bekanntlich im Mai 1479 in Köln eingeschrieben. Die Leipziger verloren keinesfalls das Interesse an seinem Werdegang, wie ein späterer Eintrag neben seinem Namen in der Matrikel bezeugt (*hic theologie doctor per plures annos rexit bursam montis studii Coloniensis vigilantissime*).

Ein Schlaglicht fällt durch Fredericus Beyer de Erbach[849] auf das kooperative Verhalten der thomistischen Schulen in Leipzig und Köln, die sich wie zwei ineinander greifende Zahnräder weiter entwickelten. Im Wintersemester 1474/75 ließ er sich in Leipzig immatrikulieren.[850] Im September 1476 determinierte Fredericus unter

---

[843] Erler 1895, 299.
[844] M 322,66.
[845] Erler 1897, 251.
[846] M 352,58.
[847] M 352,59.
[848] Erler 1895, 314.
[849] M 368,7.
[850] Erler 1895, 297.

Martin Polich von Mellrichstadt,[851] dem in der Folge wohl einflußreichsten Thomisten und Humanisten in Leipzig und Wittenberg, einer Säule der Köln-Leipziger Phalanx. Polich hatte selbst erst Ende 1475 oder Anfang 1476 unter Johannes Brandt von Rotenburg inzipiert.[852] Seine geistigen Väter verrät er in einem späteren, für die Wittenberger Studenten des thomistischen Weges gedachten Druck seiner Logikvorlesungen, denen er die Kommentare der *patres Parisienses et Colonienses* zugrundegelegt habe.[853] Um die Jahreswende 1481/82 inzipierte im übrigen Paulus Niavis unter Martin Polich,[854] was eine gewisse Sympathie Schneevogels für die Thomisten erklären hilft. Während Polich um 1480 in Mainz vermutlich unter dem Kölner Thomisten und Mediziner Peter von Viersen (C 35) sein medizinisches Studium zum Doktorat führte (wir kommen hierauf noch zurück[855]), ging sein Schüler Fredericus Beyer im Oktober 1480 in die Kölner Montana und inzipierte im März 1481 unter Remigius de Malmundario (M 41). Am 1. September 1481 wurde er in Köln dispensiert. Unmittelbar danach reiste er wieder zurück nach Leipzig, wo er noch im Sommersemester 1481 als Kölner Magister rezipiert wurde.[856] Im Gegensatz zu vielen anderen läßt er sich nun auch als Lehrer an der Artisten-Fakultät nachweisen. Schon im Februar 1482 wird er als Determinator genannt, dann erneut im September.[857] Am 18. Januar 1483 gehörte er zu den *testes*, welche die Kölner Promotion des oben genannten Wilhelm Angeren bezeugten;[858] im Wintersemester 1483/84 veranstaltete er unter anderem eine Übung zu den ‚parva logicalia'.[859] Eine tiefere Einbindung in die Universität erreichte Friedrich Beyer durch sein gleichzeitiges Theologiestudium, in welchem er im Juni 1484 *ad cursum* aufgenommen wurde.[860]

Mehrere Schüler der Montana wechselten in den achtziger und neunziger Jahren als Bakkalare nach Leipzig. Wigandus Eck de Retsbach al. de Karlstadt[861] hatte sich im Mai 1479 in Köln im-

---

[851] Erler 1897, 250.
[852] Erler 1897, 247.
[853] Vgl. Bauch 1899, 7.
[854] Erler 1897, 275.
[855] S.u. 577 f.
[856] Erler 1897, 274.
[857] Erler 1897, 275, 279.
[858] Erler 1897, 280. Wilhelm Angeren hatte wie Friedrich Beyer im März 1481 in Köln inzipiert, nur wie gesagt in der Laurentiana.
[859] Vgl. Helssig 1909, 15.
[860] Brieger 1890, 13.
[861] M 362,107.

matrikuliert, determinierte im Juni 1481 unter Ego de Driel (M 32). Nach seinem Dispens könnte er mit Friedrich Beyer nach Leipzig gezogen sein, denn Wigandus bezeugte am 18. Januar 1483 als zweiter Thomist das Kölner Magisterium des Wilhelm Angeren. Johannes Schelder de Lichtenfeltz[862] wurde im Mai 1482 als Montaner zum Bakkalaureat präsentiert, ließ sich aber erst 1486 in Leipzig immatrikulieren.[863] Als *baccalarius Coloniensis* trug man in Leipzig Philippus Culmacher de Egra[864] im Wintersemester 1489/90 in die Matrikel ein.[865] Seit Oktober 1486 in Köln, hatte Philipp im Juni 1487 als Angehöriger der Montana unter Nicolaus Linnich (O 3) determiniert. Nach seiner *responsio in disputacione ordinaria magistrorum* und Vorlage seiner Examenszeugnisse wurde er dann als Kölner Bakkalar am 9. Mai 1490 zum Gremium der Leipziger Artisten-Fakultät zugelassen.[866] Sixtus Sultzer de Hochsted[867] begann sein Studium 1483 in Leipzig,[868] ließ sich dann im Juni 1484 in Köln immatrikulieren, um fünf Monate später unter Theodoricus de Busco (M 39) zu determinieren. Am 7. Oktober 1490 wurde er als *Baccalarius Coloniensis* wiederum in Leipzig *ad gremium facultatis* zugelassen.[869] Ihm folgte am 12. Juli 1491 der Kölner Bakkalar Johannes Meyer de Haynis, der am 1. Dezember 1489 zusammen mit zwei ehemaligen Leipziger Scholaren[870] unter Everardus de Wesalia (M 42) in der Montana determiniert hatte.[871] Am 22. Oktober 1493 erhielt Johannes Stern de Coburch[872] die Zulassung zum Leipziger *gremium facultatis*.[873] Er hatte im Mai 1486 unter Remigius de Malmundario (M 41) sein Bakkalaureat erworben. Beschließen wir diese Reihe mit Balthasar Kittel von Pirna[874], der eindrucksvoll das korrelative Verhältnis der Leipziger und Kölner Thomisten unterstreicht. 1493 nahm Balthasar sein

---

[862] M 370,30.
[863] Erler 1895, 353.
[864] M 392,27.
[865] Erler 1895, 374.
[866] Erler 1897, 317.
[867] M 382,182.
[868] Erler 1895, 337.
[869] Erler 1897, 318.
[870] Bartholomeus Rudo de Spando (M 400,33) und Erasmus Arnym de Chycho (M 400,35), beide zuerst 1488 in Leipzig immatrikuliert, seit 29.10.1488 in Köln.
[871] M 397,49.
[872] M 388,68.
[873] Erler 1897, 340.
[874] M 428,118.

Artes-Studium an der sächsischen Universität auf,[875] führte es dort aber nicht bis zum Bakkalaureat. Diesen Grad erwarb er, seit Dezember 1495 in Köln immatrikuliert, am 13. Juli 1496 unter dem früheren Leipziger Valentin Engelhardt von Geldersheim (M 43). Als Kölner Bakkalar ließ er sich anschließend am 8. Oktober 1496 in das Leipziger Fakultätsgremium aufnehmen.[876] Vermutlich bereits im nächsten Jahr trat Kittel durch die Veröffentlichung einer humanistisch geformten Liebeserklärung auf eine Cynthia hervor.[877] Doch die humanistische Dimension des universitären Thomismus muß vorerst außen vor bleiben.

Einer der prominentesten Zöglinge des Köln-Leipziger Thomistenverbundes dürfte Johannes von Staupitz[878] gewesen sein. Im Mai 1483 immatrikulierte er sich in Köln und trat in die Montana ein. Unter Ego de Driel (M 32) erhielt er im November 1484 sein Bakkalaureat. Danach setzte er aber sein Artes-Studium in Leipzig fort, wo er sich 1485 in die Matrikel einschreiben ließ.[879] Zur Erlangung seines Magistergrades begab er sich wieder in die Kölner Montana und inzipierte am 1. April 1489 unter Remigius de Malmundario (M 41). Den fließenden Übergang zwischen den beiden thomistischen Schulen veranschaulicht seine erneute Reise an die sächsische Heimatuniversität, wo Staupitz sich am 30. Oktober 1489 als *magister Coloniensis* in das Gremium der Artisten-Fakultät aufnehmen ließ.[880] Schon ein Jahr später folgte ihm ein weiterer Magister der Montana, Christian Scoenbeeck de Struyssenberch.[881] 1485 Bakkalar unter Remigius de Malmundario, inzipierte er nach einer Studienunterbrechung im März 1490 unter Theodoricus de Busco (M 39). Noch im gleichen Jahr ließ er sich in die Leipziger Matrikel eintragen.[882]

---

[875] Erler 1895, 399.
[876] Erler 1897, 353.
[877] ‚In osculum Cynthie Bal. Kittel Pirnensis Panegyris'. Ebenfalls in Leipzig gab Kittel noch heraus: ‚Mithica historia Joannis Boccatii poete laureati de Tito romano Gisippoque Atheniensi philosophie tironibus ac commilitonibus amicitie vim elucidans nuper per Philippum Beroaldum ex italico in latinum transuersa' (Bauch 1899, 70 u. Anm. 4).
[878] M 378,25.
[879] Erler 1895, 347.
[880] Erler 1897, 313. Vgl. zum Studiengang des Johannes von Staupitz: Wolf 1927, 30 ff.
[881] M 382,39.
[882] Erler 1895, 378.

Zahlreiche thomistische Studenten wechselten seit den achtziger Jahren zwischen Leipzig und Köln, suchten hier aber nahezu ausschließlich die Montana auf.[883] Sicherlich wirkte sich hierbei die Anziehungskraft des fränkischen Kreises an der Montana aus. Sie alle aufzuführen würde den Rahmen der Arbeit bei weitem sprengen, böte auch nur eine Bestätigung des bisher Aufgezeigten. Exemplarische Fälle müssen daher für den weiteren Verlauf genügen. Einen von ihnen stellt der bedeutende Humanist Petrus Mosellanus dar.[884] Von 1512 bis 1514 hatte er an der Montana studiert und im November 1512 unter Theodoricus de Novimagio (M 49) determiniert. Nach kurzer Lehrtätigkeit an der Freiberger Stadtschule unter Aesticampian trat er 1515 in die Leipziger Universität ein, wo er 1517 die Griechisch-Professur übernahm und sich gleichzeitig theologischen Studien widmete.[885] Während der Leipziger Wirkungszeit des Humanisten kam Nicolaus Wolff de Thum[886] an die Universität. Wolff hatte sein Studium 1508 in der Montana begonnen und 1509 unter Theodoricus de Novimagio determiniert. Sein Inzeptor ist nicht bekannt. Doch wurde er 1518 als *magister Coloniensis* in Leipzig *ad legendum cursum in theologia* zugelassen.[887] Sein Landsmann Nicolaus Boscher de Thum[888] hatte sich bereits 1507 in Köln immatrikuliert, noch im gleichen Jahr unter Andreas Bardwijck (M 51) determiniert und 1509 unter Rutger de Venlo (M 52) inzipiert. Den Montaner zog es ebenfalls zum Theologiestudium in die meißnisch-sächsische

---

[883] Zwei Leipziger Scholaren lassen sich in den siebziger Jahren als Angehörige der Corneliana nachweisen: Johannes Schrauff de Erbipoli (M 322,48; inzipierte 1471 als Leipziger Bakkalar unter Theodoricus de Leydis [C 36] und Thomas Fridach de Bruxs (M 358,7; determinierte 1478 unter Theodoricus de Bommel [C 29]). Danach spielte die Corneliana keine Rolle mehr. Leipziger Supposita wie Johannes Gerijsen de Ultzen (M 362,158), Nicolaus Reymann de Coburg (M 370,29), Johannes Multoris de Sweinfurdia (M 381,69), Nicolaus Ulmani de Wormacia (M 384,2), Johannes Colmon de Slusselfeldt (M 384,85) oder Hinricus Nagel de Hoelvelt (M 386,63) graduierten dagegen in der achtziger Jahren in der Montana.

[884] M 493,2. Vgl. zu Mosellanus Meuthen 1988, 253 (Lit.); Erbe, Michael, Art. „Petrus Mosellanus of Bruttig", in: Contemporaries 1986, 466 f. Immer noch instruktiv: Helbig 1953 s.v., bes. 26 f., 32-35. Eine neuere Arbeit zu Mosellanus ist ein Desiderat; die bislang einzige umfangreiche, aber dem damaligen Forschungsstand entsprechend heute unbefriedigende Biographie stammt von Schmidt 1867.

[885] Vgl. Brieger 1890, 31 (als Rektor 1520 *assumptus ad legendum cursum in sacra theologia*), 33, 69.

[886] M 478,101.

[887] Brieger 1890, 30.

[888] M 473,64.

Heimat. 1519 Kursor, wurde er 1522 in Leipzig zu den Sentenzenvorlesungen zugelassen,[889] 1531 wird er als Lizentiat der Theologie bezeugt.[890] Erinnern wir uns an die Stipendiaten der Montana aus Hildburghausen, die dank des Einsatzes von Jakob Schlegel und Valentin Engelhardt (M 43) in Köln studieren konnten.[891] Einer von ihnen könnte Johannes Koes (Koß) de Roemhylt ex Hilperhusen[892] gewesen sein. Auch er verstärkte den Kreis thomistischer Theologen in Leipzig. Von den Lutheranern aus seiner Heimatstadt Römhild in Sachsen-Meiningen vertrieben, kam er 1525 nach Leipzig, wurde als *magister Coloniensis et predicator insignis* in der Matrikel hervorgehoben[893] und erhielt im gleichen Jahr die Zulassung *ad cursum in theologia*. Nun ging es Schlag auf Schlag. 1527 erreichte Koß den Grad eines Sententiarius, 1528 den eines Lizentiaten der Theologie.[894] Sicherlich war es kein Zufall, daß ihn jedesmal der Franke Hieronymus Dungersheim von Ochsenfurt präsentierte, Inhaber des Lehrstuhls der thomistischen Theologie[895], der schon theologischer Lehrer des Montaners Nicolaus Wolff de Thum gewesen war und auch einmal Nicolaus Boscher de Thum präsentiert hatte.[896] Zusammen mit Dungersheim gehörte Johannes Koß als Leipziger Pfarrprediger zu den einflußreichen Gegnern der lutherischen Lehre, ein Freund auch des Johannes Cochläus, den Koß im übrigen noch an der Montana kennengelernt haben dürfte.[897]

Die Achse Köln-Leipzig bestand also noch in der ersten Hälfte des 16. Jahrhunderts, auf einer personellen wie inhaltlichen Ebene. Erhellend für die letztgenannte, schwerer aus den Quellen zu eruierende ein Kölner Druck von 1488: Die ‚Copulata supra

---

[889] Brieger 1890, 30 (Nicolaus Pußherus ex Thum), 32.
[890] Erler 1897, 24, 26, 28.
[891] S.o. 267 ff.
[892] M 479,19.
[893] Erler 1895, 592.
[894] Brieger 1890, 34 f.
[895] Vgl. Freudenberger 1987, 2 (dort auch die Angabe, Dungersheim habe um Ostern 1497 die Universität Köln aufgesucht, um das theologische Lizentiat zu erwerben; in der Matrikel läßt er sich allerdings nicht nachweisen).
[896] Vgl. Brieger 1890, 30, 34 f.
[897] Cochläus (M 462,20; zu ihm ausführlicher u. 649-662) war bis Pfingsten 1510 an der Montana geblieben; im Juni 1505 hatte er unter Theodoricus de Novimagio (M 49) determiniert. Unter dem gleichen Lehrer erwarb Johannes Koß im Juni 1509 sein Bakkalaureat. Zu Koß, der in der Literatur zu dem katholischen, anti-lutherischen Personenkreis um Herzog Georg von Sachsen häufiger erwähnt wird, vgl. bes. Clemen 1905/06, 176-188; im übrigen s.o. 268, A. 500.

veterem artem Aristotelis secundum viam Thomistarum' befanden sich Ende des 15. Jahrhunderts im Besitz eines Leipziger Studenten und gelangten schließlich ins Altzeller Zisterzienser-Kloster.[898] Genauer handelt es sich dabei um ein Kopulat ‚secundum processum magistrorum Colonie bursam Montis regentium in via s. Thome de Aquino', das bei Heinrich Quentell in Köln gedruckt[899] und von Montana-Absolventen offensichtlich nach Leipzig „exportiert", wenn nicht sogar direkt aus Leipzig bestellt worden war. Aus einem 1519 durch Herzog Georg verfügten humanistisch-reformierten Lehrplan wird deutlich, daß der Thomismus die vorherrschende philosophische Strömung in Leipzig blieb, wobei sich der Albertismus offensichtlich noch als zweite realistische Spielart behaupten konnte.[900] Entscheidend ist nun, daß der enge Schulterschluß zwischen den sächsischen und rheinischen Thomisten von gravierender Konsequenz für die Geschichte weiterer Universitäten war. Der Werdegang des Petrus Scheu von Wickersheim[901] (Diözese Würzburg) mag dies noch nicht so schlagend beleuchten. Nach seinem Bakkalaureat in Leipzig ließ er sich im Oktober 1487 mit diesem Grad in Köln rezipieren und inzipierte im März 1488 unter Theodoricus de Busco (M 39) in der Montana. Seit 1496 wird er dann als Doktor der Theologie in Freiburg den dortigen Realismus gestützt haben. Von ungleich größerer Tragweite dürfte eine andere „Brücke" gewesen sein. Denn die Etablierung des anfangs dominierenden Thomismus an der Wittenberger Universität ist ohne die bis hierhin eruierte Entwicklung nicht annähernd zu erfassen. Doch zunächst müssen wir einen weiten Sprung in den Süden machen. Der Köln-Heidelberg-Leipziger Thomistenverbund wird sich um die junge Basler Universität erweitern. Eine vertraute Person werden wir dabei als Vorkämpfer wiedertreffen.

---

[898] Vgl. Helssig 1909, 21 (die Schreibung „Cölln" für den Druckort ist irreführend.

[899] Vgl. R 1878.

[900] Vgl. Helbig 1953, 28-32, 32: „für die höheren und schwierigeren Probleme der Philosophie (seien) Albertus Magnus und vor allem der hl. Thomas" heranzuziehen; bestätigt auch durch Wimpina: Eberhard 1802, 31. Der Nominalismus besaß keinerlei Bedeutung mehr. Zur Dominanz des Thomas und des Princeps Thomistarum Johannes Capreolus an der Theologischen Fakultät: Kirn 1909, 32 f.

[901] M 396,141.

3. Basel

Am 4. April 1460 öffnete die Basler Universität ihre Tore, neben Köln und Erfurt die dritte erfolgreiche städtische Gründung im Reich.[902] Von Beginn an gab es Bestrebungen, den wissenschaftsgeschichtlichen Entwicklungen Rechnung zu tragen, außer dem immer noch dominierenden Nominalismus auch dem philosophischen Realismus eine institutionelle Gleichberechtigung zu verschaffen. Einige Wochen vor der Gründung setzte sich ein unbekannter Verfasser mit diesem Problem auseinander. In seinem Gutachten vom Februar oder März 1460 gab er den Ratschlag, beide Wege einzuführen und vier Lehrstühle jeder Richtung mit berühmten Gelehrten auf Kosten der Stadt zu besetzen, neben denen dann weitere außerordentliche Lehrer wirken sollten.[903] Doch es sollte noch einige Jahre dauern, bis dieser Plan verwirklicht werden konnte. Vorerst gab die Via moderna in Basel den Ton an. Aus ihren Hochburgen Erfurt und Heidelberg kamen größtenteils die 17 Magister, aus denen sich in der ersten Hälfte des Jahres 1460 die Artisten-Fakultät zusammensetzte.[904] Von den vier aus der Stadtkasse besoldeten ordentlichen Lehrern, den sogenannten Collegiati, stammten drei aus Erfurt; einer, Johannes Blocker de Holzhusen[905], hatte in den vierziger Jahren in Heidelberg studiert.

Doch war die Dominanz der Nominalisten anfangs tatsächlich so ausschließlich, wie behauptet wird?[906] Von den übrigen 13 Magistern kamen zwei aus Erfurt, sieben aus Heidelberg (von denen vier als Schüler der Via moderna identifiziert werden können[907]), aber zwei aus Leipzig, und bei weiteren zweien konnte der Studienort nicht ermittelt werden. Von der Forschung bisher unbeachtet blieb

---

[902] Zu Basel zuletzt: Schwinges 1986, 163-171 (Lit.), hier: 165; Meuthen 1988, 32, 52-55 (Lit.). Kaum überholt die Gesamtdarstellung von Vischer 1860; vgl. auch Wackernagel 1916, 590-603. Mit wenigen neuen Ergebnissen und großenteils materialärmer: Bonjour 1960.
[903] Vischer 1860, 140 f.; vgl. Ehrle 1925, 185. Vischer äußerte weiter oben (15, Anm. 4) die Vermutung, der Verfasser könnte ein auswärtiger Gelehrter gewesen sein. Doch es wird sich zeigen, daß es auch in Basel Förderer der Via antiqua gegeben haben muß.
[904] Die Namen bei Vischer 1860, 141. Zum Einfluß Erfurts auf Basel: Kleineidam 1985, 166-176 (167 f. zu den drei Erfurter Kollegiaten).
[905] Toepke 1884, 241.
[906] Vgl. Vischer 1860, 142; Ehrle 1925, 185.
[907] Rudolf Ment von Aarau, Johannes Syber von Wangen, Johannes Hertach von Kleinbasel, Johannes Betzmann von Durlach (vgl. Toepke s.v.).

allerdings der einzige nachweisliche Realist unter den ersten Basler Magistern: der Köln-Heidelberger Thomist Servatius Göswein von Koblenz.[908] Seit 1459 in Leipzig, hatte Göswein seine dortige Lehrtätigkeit unterbrochen, um vermutlich die Gründungsphase der Basler Universität mitzugestalten. Wahrscheinlich hatten sich ihm die beiden Leipziger Magister Peter Herb von Schongau[909] und Johannes Steger von Kaufbeuren[910] angeschlossen. Ein unmotivierter Wechsel Gösweins mutet recht unwahrscheinlich an. Er dürfte eine Möglichkeit gesehen haben, die realistische Lehre zusammen mit der humanistischen in Basel vermitteln zu können, ist eventuell durch einen Förderer des Realismus oder Humanismus, vielleicht auch beider Richtungen, gerufen worden.[911] Angesichts der realen Entwicklung blieb Servatius nicht lange in Basel, sondern kehrte nach Leipzig zurück.

Doch bereits zwischen Oktober 1462 und April 1463, also im Wintersemester 1462/63, erschien Servatius erneut in Basel und ließ sich nun auch in die Matrikel eintragen.[912] Denn diesmal

---

[908] Einzig Baron (1966, 134) scheint er aufgefallen zu sein, doch setzt er Gösweins Ankunft in Basel mit dessen zweitem Aufenthalt seit 1462 gleich.
[909] Immatrikuliert Leipzig SS 1443, Zulassung zum Bakkalaureat SS 1445, Zulassung zum Magisterium WS 1448 (Erler 1895, 144; Erler 1897, 136, 145).
[910] Immatrikuliert Leipzig SS 1453 (Erler 1895, 183).
[911] Es liegt hier natürlich nahe, an Peter von Andlau zu denken, die einflußreichste Persönlichkeit der jungen Basler Universität (zu ihm zuletzt: Walther 1989; Tilman Struve, Art. „Peter von Andlau", in: Verfasserlexikon 7 [1989], Sp. 420-425; hierdurch ist Hürbin 1897 in einigen Punkten überholt). Bisher galt er wegen seines Studiums an der damals allein nominalistischen Heidelberger Universität (WS 1438/39-1443; vgl. Toepke 1884, 222) als Vertreter der Via moderna (vgl. etwa Hürbin 1897, 13, 60; Hossfeld 1908, 83). Doch hat jüngst Walther (1989, 80) überzeugend nachgewiesen, daß Andlau kein Artes-Studium in Heidelberg absolviert haben kann (so noch bei Struve 1989, Sp. 420; das dortige Immatrikulationsdatum 22.4. gilt im übrigen für eine andere Person), sondern direkt mit dem des kanonischen Rechts begonnen haben muß, da er sonst nicht schon 1444 das juristische Lizentiat in Pavia hätte erlangen können (Promotion zum Doctor decretorum nicht 1444: Struve 1989, Sp. 420, sondern 1459 oder 1460: vgl. Walther 1989, 83). Demnach gibt es für die Annahme einer Schulung Andlaus in der Via moderna keinen Anhaltspunkt mehr. Vielmehr deutet einiges auf eine Sympathie für die Via antiqua hin. Denn der humanistisch gebildete Jurist war in Basel ein Förderer humanistischer Realisten wie Sebastian Brant und gehörte 1465 zu der Kommission, die eine Ordnung über die Gleichheit beider Wege ausarbeitete (Vischer 1860, 144; Hossfeld 1908, 83 f.). Schließlich schlug auch Servatius Göswein wie Peter von Andlau ein Studium des geistlichen Rechts ein, das er ebenfalls bis zum Decretorum doctor führte. Konkrete Anhaltspunkte für eine Verbindung zwischen den beiden humanistisch gebildeten Juristen konnten allerdings noch nicht gewonnen werden.
[912] Wackernagel 1951, 37.

beabsichtigte er, länger zu bleiben und aktiv Einfluß auf die Geschicke der Artisten-Fakultät zu nehmen. Eine solche Intention legt zumindest sein weiteres Verhalten nahe. 1464 gab es einen Aufstand an der bis dahin friedlichen Fakultät. Im Mai wehrten sich sieben jüngere Magister gegen die Statuten, da diese vor allem bei der Wahl der Prüfer die älteren Magister bevorteilten.[913] An der Spitze der Aufständischen stand Servatius Göswein, daneben ein weiterer ehemaliger Heidelberger.[914] Immerhin wurde die Sache vor Rektor und Kanzler gebracht, deren Sympathie für die Protestierer zu Zugeständnissen seitens der Artisten-Fakultät geführt zu haben scheint.[915]

Allem Anschein nach bildete das von Servatius Göswein geleitete Aufbegehren den Auftakt für die endgültige Etablierung der Via antiqua in Basel. Im Sommersemester 1464 (Beginn: 1. Mai) wurde an dritter Stelle Gösweins Heidelberger und Leipziger Gefährte Peter Luder als *poeta, medicine doctor* immatrikuliert.[916] Nach dem erfolgreichen Abschluß seines Paduaner Medizinstudiums besoldete ihn Basel sowohl als Doktor der Medizinischen Fakultät und Stadtarzt wie als Poetiklehrer an der Artisten-Fakultät.[917] Ist ein konkreter Einsatz Luders für die Belange der Via antiqua zwar nicht bekannt, so erweist doch der Personenkreis, der unter seinem Einfluß stand, eine deutliche Präferenz für die Realisten. Dies zeigte sich schon in Heidelberg, ist in einem ähnlichen Rahmen für Leipzig eher zu vermuten, wird in Basel wiederum evident.

Nur acht Positionen unter Peter Luder wurde ein Realist immatrikuliert, der sich ebenfalls in seinem geistigen Umfeld aufhielt: Johannes Heynlin von Stein.[918] Heynlin, der mit seinen beiden realistischen Freunden Johannes Künitz von Bern und Theobaldus Rasoris de Thann von Paris aus nach Basel gekommen war und sein theologisches Studium unterbrochen hatte, war zu jener Zeit bereits ein erklärter Anhänger des Realismus. Seine philosophische

---

[913] Vischer 1860, 142.
[914] Es bleibt jedoch offen, ob Pelagius Spyser von Bischofszell Realist war oder nicht. Die übrigen fünf Magister waren alle in Basel promoviert worden.
[915] Vischer 1860, 142 f.
[916] Wackernagel 1951, 45.
[917] Baron 1966, 137 f. Zur Besoldung Luders vgl. Rosen 1972, 178, 186 f., 210.
[918] Wackernagel 1951, 46. Immer noch einschlägig zu Heynlin: Hossfeld 1907 und 1908. Zur Basler Immatrikulation: Hossfeld 1908, 81 u. Anm. 3; eine aufschlußreiche Analyse der Schrift Heynlins unter Bezug auf den Basler Aufenthalt bietet Steinmann 1976, 411-427.

Grundbildung hatte er vorwiegend in Leipzig (1448-1452) und Löwen (1453) erhalten, ehe er dann in Paris (1454-1464) das Magisterium und das theologische Bakkalaureat erwarb.[919] Kommentare zu aristotelischen Schriften, an denen er schon in Leipzig gearbeitet hatte, zeigen nach Hossfeld eine Anlehnung sowohl an Thomas als auch an Albertus.[920] Angesichts der nominalistischen Mehrheit an der Artisten-Fakultät, an der allein Heynlin wirken wollte, fand er wie Luder im Basler Stadtrat seinen Verbündeten. Denn nachdem ihm die Fakultät wegen seiner realistischen Gesinnung die Aufnahme in das Fakultätsgremium verweigerte, wandte er sich an die Stadtväter, die nun von der Universität eine Grundsatzentscheidung forderten. Am 3. Juli 1464 legte sie den städtischen Deputierten das angeforderte Gutachten über die Zulassung der Via antiqua vor.[921] Die Universität freilich stemmte sich gegen die Etablierung zweier Wege, da aus ihr nur Zwietracht entstehe. Wenn der Rat den neuen Weg mißbillige, so solle man lieber nur den alten einrichten statt beide. Doch der Universitätsherr setzte sich mit seinem Modell durch.

Am 19. August 1464 wurde Johannes Heynlin mit seinen beiden Pariser Freunden und dem Vermerk *ad doctrinandum in via antiqua* in das Konsortium der Fakultät aufgenommen.[922] Offensichtlich übernahmen sie anschließend die Leitung einer Burse, die ent-

---

[919] Hossfeld 1907, 327-343 (die wissenschaftsgeschichtliche Differenzierung an der Leipziger Universität war Hossfeld freilich noch nicht bekannt, so daß er – was unmöglich zutreffen kann – erst seit der kurzen Löwener Zeit realistische Einflüsse geltend macht).

[920] Hossfeld 1907, 328 f., 343-346. Doch folgt Hossfeld hier ganz den Ausführungen Prantls (1870, 229 f.), die für eine neueren Erkenntnissen genügende Einordnung Heynlins in die universitären Strömungen völlig unzureichend sind. Dagegen kann Oberman (1979, 53) aufgrund einer Analyse der Meßkommentare Heynlins feststellen, daß er in erster Linie Thomas von Aquin, in zweiter Skotus gefolgt sei.

[921] Vischer 1860, 143 f.; Hossfeld 1908, 81 f.; Baron 1966, 144 f. Die These Hallers (1929, 6*), es sei „wenig wahrscheinlich", daß Heynlin nach Basel gegangen war, um für die Via antiqua zu wirken, da er auch so bald wieder davongegangen war, besitzt keinerlei Plausibilität. Die Rückkehr nach Paris, um das theologische Studium fortzuführen und abzuschließen, gehörte zur üblichen akademischen Mobilität und sagt rein gar nichts über ein fehlendes Engagement für die Via antiqua in Basel aus. Warum wohl ließ sich Heynlin ausdrücklich mit dem Vermerk *ad doctrinandum in via antiqua* (s.u.) in die Basler Artisten-Fakultät rezipieren? Eine grundlegende und wichtige Kritik an der Tendenz Hallers (und etwa auch Ritters), die Gegensätze der Wege herunterzuspielen, bietet Oberman 1979, hier: 40 ff. (Auf die Problematik wird noch ausführlicher einzugehen sein; s.u. 812 f.).

[922] Vischer 1860, 143; Hossfeld 1908, 82.

sprechend „Pariserburse" genannt wurde.[923] Auf Hörergelder war Heynlin gar nicht so sehr angewiesen, denn der Stadtrat sicherte ihn sofort mit einer ordentlichen Professur und entsprechender Besoldung ab.[924] Dies spricht dafür, daß dem Rat nicht nur an einem dauerhaften Wirken Heynlins lag, sondern daß er womöglich auch gezielt um realistische Kräfte geworben hatte.[925] Die Stadt sorgte nun durch fünf Deputierte, denen die gleiche Zahl an Universitätsvertretern zugeordnet war, für eine institutionelle Gleichberechtigung der Via antiqua. Ihre Deputierten designierten zehn Realisten als Lehrer der Artisten-Fakultät und ordneten an, alle weiteren ohne Gebühren in die Fakultät aufzunehmen.[926] Die von der Kommission Anfang 1465 ausgearbeitete Ordnung *super paritate regiminis ambarum viarum* galt im wesentlichen der Artisten-Fakultät, diente aber auch als Vorlage für eine Neuordnung der Universitätsstatuten. An beiden Ausschüssen beteiligte sich Peter von Andlau, dem im zweiten auch Heynlin von Stein zur Seite saß.[927]

Im Herbst 1465 wurden die neuen Statuten der Artisten-Fakultät verabschiedet, die wesentlich durch den Dekan Heynlin von Stein geprägt wurden und deutliche Bezüge zu Köln und Heidelberg erkennen lassen.[928] Gehörten Bursenanschluß und Verbot des Bursenwechsels noch zu den üblichen disziplinarischen Anordnungen, und bildete die Neuregelung des Bursenwesens analog zu Heidelberg ein Signum der Studienreform, so weist die Bestimmung, daß eine Examenszulassung nur dann möglich ist, wenn mindestens drei Schüler gemeinsam einen Text der aristotelischen Schriften zur Verfügung haben,[929] auf eine konkrete Hauptforderung der realistischen Schule. Als Reaktion auf die Kritik der Antiqui und unter

---

[923] Vischer 1860, 171 f.; Hossfeld 1908, 81.
[924] Vgl. Hossfeld 1908, 82 u. Anm. 2; Rosen 1972, 178, 186-189, 207.
[925] Zwar glaubte Hossfeld eine Berufung Heynlins nach Basel ausschließen zu können, doch zog er nur die nominalistische Artisten-Fakultät als Instanz in Betracht (Hossfeld 1908, 80). Die werbenden Aktivitäten des Stadtrates sind allerdings bekannt, sie bezogen u.a. auch den Kölner Theologen Johannes Peregrini de Bercka ein, der uns bereits als Vertrauter des Ulrich Kreidweiß (R 3) und der Raemsdonck-Burse begegnet ist (s.o. 182, 191; vgl. Vischer 1860, 71 f. u. Anm. 46; Kleineidam 1985, 168 f.).
[926] Vischer 1860, 147.
[927] Vischer 1860, 144-147; Hossfeld 1908, 84.
[928] Gedruckt: Bernoulli 1907; vgl. auch Steinmann 1976, 423: die Schrift des Statutenentwurfs zeige deutliche Anlehnungen an die Heynlins, so daß einer seiner Schüler als Schreiber zu vermuten sei.
[929] Bernoulli 1907, 24; vgl. Vischer 1860, 154 f.

dem Druck der kurz vorher dekretierten Studienreform hatten die Heidelberger Nominalisten am 1. Juni 1452 für je zwei oder drei Schüler einen Text der aristotelischen Vorlesung verlangt.[930] Die Kölner Realisten hatten dieses Verfahren sicherlich schon länger praktiziert, erhoben es jedoch auch, wie ausgeführt[931], am 9. Oktober 1453 in den Rang einer statutarischen Verpflichtung und faßten die Textnähe ihrer Unterweisung noch enger: je zwei Scholaren hatten einen Aristoteles-Text zu den ordentlichen Vorlesungen zu tragen.

Wie in Heidelberg blieb die Via moderna der attraktivere Weg für die Scholaren: bis ca. 1490 konnte sie meist eine um gut das dreifache höhere Zahl an Schülern graduieren als die Antiqui; erst 1491, im letzten Jahr der Wegetrennung, veränderte sich das Verhältnis.[932] Doch die bekannteren Persönlichkeiten mit der fortschrittlicheren Geisteshaltung konzentrierten sich auf die Via antiqua. Einer der Gründungsväter der Universität, der aus Heidelberg gekommene Nominalist Johannes Syber von Wangen, wechselte nach einiger Zeit ins realistische Lager, wurde Doktor an der Theologischen Fakultät, Schulmeister an St. Peter und gehörte zeit seines Lebens zum engeren Freundeskreis Heynlins.[933] Im Frühjahr 1465 konnte Heynlin von Stein als erster Dekan des alten Weges zwei neue Antiqui in die Fakultät aufnehmen. Aus Heidelberg kam Henricus Cultellificis de Horb, der 1459 unter Johannes Petri de Dacia inzipiert hatte.[934] Schon zu den Pariser Freunden Heynlins dürfte Johannes Matthias von Gengenbach gehört haben, der in Basel sogleich zweiter Dekan der Via antiqua wurde und dieses Amt noch fünfmal bekleiden sollte.[935] Johannes Gengenbach zählte zu den prägenden Gestalten der Basler Universität, verkörperte die Synthese von Realismus und Humanismus. Bereits im August 1465 erhielt er einen Lehrauftrag für die scholastischen Fächer der Artisten-Fakultät, schon wenige Jahre später dürfte er daneben die Poesie gelesen haben, die er seit 1470 im Rahmen eines offiziellen Lehrauftrags las. Auch nachdem der Kanonist 1480 in die Juristische

---

[930] Weiler 1964, 263 u. Anm. 29; vgl. Ritter 1922, 59 f.; Ritter 1936, 384.
[931] S.o. 144.
[932] Vgl. die Zahlen bei Vischer 1860, 169 f.
[933] Zu Siber: Ochs 1821, V, 149 f.; Vischer 1860, 168; Hossfeld 1908, 88 f., 279 ff.; Rosen 1972, 178, 186-193, 215 (städtischer Gehaltsbezug von 1465 bis 1502).
[934] Vischer 1860, 148; Toepke 1886, 398.
[935] Vischer 1860, 148; Hossfeld 1907, 349; Hossfeld 1908, 88; Baron 1966, 147.

Fakultät eingetreten war, versah er weiterhin diese artistische Professur.[936] Gengenbach scheint wie sein Freund Heynlin von Stein durch Peter Luder, der bis 1468 die poetische Professur bekleidete, und eventuell durch Servatius Göswein in nachhaltiger Weise zu den Studia humanitatis geführt worden zu sein.[937] Im Mai 1467 übertrug Heynlin ein religiöses Gedicht Luders in eine Handschrift, die neben philosophischen und grammatischen Traktaten weitere Gedichte enthielt.[938]

Gemessen an seinen Abschriften von Werken Peter Luders (u.a. die Antrittsrede 1464 und die ‚Elegia ad Panphiliam') müßte Bernhard Oiglin von Altkirch zu den größten Bewunderern des Humanisten gezählt haben.[939] Seit 1466 in Basel, gehörte Oiglin zu den herausragenden Basler Realisten, bekleidete mehrmals das artistische Dekanat, erlangte 1481 das Doktorat im geistlichen Recht und wurde später Vizekanzler.[940] Als „Leuchte der Heimat" rühmte ihn ein weiterer berühmter Basler Humanist und Realist: Sebastian Brant.[941] Der Straßburger studierte seit dem Wintersemester 1475/76 in Basel, schloß sich an Johannes von Gengenbach an, den er als „gelehrtesten Professor der göttlichen Dichtkunst" pries.[942] Bekannt ist Brants Freundschaft mit Johannes Geiler von Keisersberg,[943] der gleich dem kaum minder einflußreichen Johann Ulrich

---

[936] Vischer 1860, 187 f.; Wackernagel 1916, 596 f. u. Anm. auf 111* (Korrektur der Jahresangabe 1474 bei Vischer 1860, 187). Vgl. Baron 1966, 147; Rosen 1972, 178, 186 ff., 204 (Gehalt durch die Stadt von 1465 bis 1471, doch las er noch 1474 in der Poesie).

[937] So Baron 1966, 146 f.; doch kann Steinmann (1976, 412 f.) anhand eines Schriftzeugnisses von 1459 nachweisen, daß Heynlin schon während seines ersten Pariser Aufenthalts unter humanistischen Einflüssen stand. Aber auch Steinmann sieht in Luder „das Vorbild jener ersten Basler Humanisten" und „das Haupt ihres Kreises" (405 f.).

[938] Baron 1966, 149 f.; vgl. Hossfeld 1908, 95, Anm. 1. Hossfelds pauschale Wertung, nach der ein „lockerer Vogel" wie Peter Luder, der als in Italien ausgebildeter Poet eine „Vertiefung des Denkens und Wissens" nicht gekannt habe, einen so sittlich ernsten Mann wie Heynlin von Stein nur abgeschreckt haben konnte (Hossfeld 1908, 86), entspringt ganz den Vorurteilen der älteren Forschung vom „herumstreunenden, in der Gosse versinkenden Wanderhumanisten". Bereits die Heidelberger Gönner und Freunde Luders führten diese Einschätzung ad absurdum, ebenso ist sie für die Leipziger, Paduaner oder Basler Zeit entschieden zurückzuweisen.

[939] Vgl. Baron 1966, 140 f.; zur humanistischen Schrift Oiglins: Steinmann 1976, 401 f.

[940] Vischer 1860, 168; Wackernagel 1916, 575, u. Anm. auf 107*; Baron 1966, 140.

[941] Vgl. Wackernagel 1916, 575.

[942] Vischer 1860, 188 f.; Baron 1966, 147.

[943] Vgl. etwa Vischer 1860, 191; Wackernagel 1916, 600.

Surgant von Altkirch, Freund und Schüler Heynlins, ebenfalls die Via antiqua in Basel zierte.[944]

Surgant folgte Heynlin wohl 1468/69 nach Paris, wo er 1470 das Magisterium erwarb. Hier fand er auch Freundschaft mit Johannes Amerbach, der sich gleichfalls zu den Schülern Heynlins zählte, später als Basler Buchdrucker weiterhin unter dem Einfluß seines Lehrers stand und vielfach mit diesem zusammenarbeitete, beispielsweise Heynlins 1464 oder 1465 entstandenen Traktat ‚über die Kunst, den lästigen Beweisführungen der (nominalistischen) Sophisten zu begegnen' druckte.[945] In Paris trat Heynlin nicht nur als einer der 22 Theologen hervor, die 1474 den Beschluß eines Verbotes der nominalistischen Doktrin faßten, aufgrund dessen Ludwig XI. am 1. März 1474 das entsprechende und berühmte Edikt erließ.[946] Er offenbarte auch seine innige Verbundenheit mit einer Personengruppe, deren Bezug zu dem von Köln aus aufgebauten thomistischen Realistennetz nicht unmittelbar einsichtig ist, im weiteren aber immer klarer zum Vorschein kommen wird: Er stand dem Haus der badischen Markgrafen sehr nahe.

Zusammen mit Guillaume Fichet hatte Johannes Heynlin, damals Prior der Sorbonne, in deren Gebäude ca. 1469 die erste Pariser Druckpresse eingerichtet.[947] 1471 druckten sie die Reden Kardinal Bessarions über den Kreuzzug gegen die Türken, die mit 46 von Fichet verfaßten Begleitbriefen an europäische Fürstenhöfe verschickt wurden – und eben auch an Markgraf Karl von Baden sowie dessen Bruder Georg, Bischof von Metz.[948] Fichet berief sich in seinen Schreiben an die ihm unbekannten Herrscher auf Heynlin von Stein, der beiden vertraut war. Besonders den Bischof von Metz schien Heynlin persönlich gut zu kennen, denn Fichet schrieb dem Markgrafen: *Joannes Lapidanus, litteris et moribus vir egregius, magna de te saepius mihi narraverat*, und spielte auf das freundschaftliche Verhältnis zwischen beiden nochmals in einem

---

[944] Vischer 1860, 168. Zu Surgant s. Konzili 1975-77: 1975, 269-274, 279 f. zu Surgant als Realist in Basel und Paris, aufschlußreich die offensichtliche, starke Verehrung des Thomas von Aquin, dessen ‚Summa theologica, secunda secundae' Surgant als Artes-Lehrer und Student der Jurisprudenz für die Artisten-Fakultät kaufte und den er vorwiegend in seinem ‚Manuale curatorum' zitierte (vgl. auch Konzili 1977, 367). Zum Basler Kreis christlicher Humanisten um Heynlin vgl. etwa Hossfeld 1908, 280 ff.; Wackernagel 1916, 598 ff.; Rupprich 1970, 503.
[945] Hossfeld 1908, 82 f. u. Anm. 3, 283-303; Konzili 1975, 272 ff.
[946] Hossfeld 1908, 155 ff.; Ehrle 1925, 116 f., 137.
[947] Hossfeld 1908, 120-125.
[948] Hossfeld 1908, 129 f. Zu den badischen Markgrafen vgl. Tewes 1988 (Lit.).

dritten Brief an Georg an.[949] Heynlin brachte die Briefe an die beiden Markgrafen denn auch persönlich zu ihnen. 1472 gab Heynlin, zum Teil auf Anregung Fichets, einen Band mit Werken Ciceros heraus. Ein Exemplar schickte er mit einem Widmungsschreiben an seinen erlauchten Gönner, Bischof Georg von Metz, empfahl es als Lektüre und Gewinn für alle Lebenslagen. Dem *Vale* des gedruckten Briefes fügte er handschriftlich noch hinzu: *prestantissime pater*.[950] Sicherlich bildete die gemeinsame Neigung für die humanistischen Studien ein starkes Band zwischen beiden.

Nach Beendigung seiner Kollegiatur an der Sorbonne 1474 widmete sich der Doktor der Theologie nahezu ausschließlich einer umfangreichen Predigttätigkeit in seiner Heimat, wie etwa an der dem Windesheimer Konvent angeschlossenen Pfarrkirche St. Leonhard in Basel.[951] In diesen Jahren ist seine Verbundenheit mit den Markgrafen offenbar noch intensiver geworden. 1479 etwa gab er überraschend eine gut dotierte Professur an der Tübinger Universität auf, um einem Ruf der Markgrafen nach Baden zu folgen, das immerhin nur wenige Kilometer von seinem Heimatort Stein entfernt lag.[952] Als Kustos an der Kollegiatkirche zu Baden erhielt er freilich nur ein Drittel (40 fl.) seines Tübinger Einkommens.[953] Neben seinen pfarramtlichen Pflichten predigte Heynlin aus eigenem Antrieb im Nonnenkloster Lichtental in Büren (Beuern), das den besonderen Schutz der Markgrafen genoß und unter der Leitung der Äbtissin Margarete, einer Schwester Markgraf Christophs, stand.[954] Auch Bischof Georg von Metz versäumte anläßlich seiner Aufenthalte in Baden nicht, den Predigten Heynlins beizuwohnen.[955]

Erstaunlicherweise begegnet uns nun auch Servatius Göswein von Koblenz im unmittelbaren Umkreis der badischen Markgrafen. 1474 stand er ihnen schon so nahe, daß Servatius, mittlerweile Decretorum doctor, sowohl durch den Trierer Erzbischof Johann von Baden als auch durch Markgraf Karl von Baden mit einer Gesandtschaft an den Mailänder Herzog Galeazzo Maria Sforza und an Papst Sixtus IV. betraut wurde.[956] 1475 reiste der Koblenzer

---

[949] Hossfeld 1908, 130 f.
[950] Hossfeld 1908, 136 f.
[951] Hossfeld 1908, 168 f.; van Buijtenen 1964, 205.
[952] Hossfeld 1908, 212-219.
[953] Hossfeld 1908, 218.
[954] Hossfeld 1908, 237.
[955] So etwa bezeugt für den 31.8.1483 (Hossfeld 263 u. Anm. 3).
[956] Tewes 1988, 59 f. (Lit.).

im Auftrag des Kölner Domkapitels, das in jenen Jahren in enger Verbindung mit Johann von Baden stand, an die römische Kurie.[957] 1477 trat Servatius die Amtsnachfolge des Kölner Juristen Johann von Erpel als Trierer Offizial an; mit seinem Kanonikat an St. Florin in Koblenz trat er in eine institutionalisierte Verbindung mit dem thomistischen Theologen und ehemaligen Raemsdonck-Regenten Ulrich Kreidweiß (R 3), der seit 1471 ein Benefizium an diesem Stift besaß, ein guter Bekannter Johanns von Baden war und schon als Kölner Domkanoniker 1475 mit Göswein näheren Kontakt gehabt haben muß.[958] Kreidweiß und der Trierer Erzbischof sind nun in hervorragender Weise geeignet, eine Brücke von Basel und Baden an die Mosel zu schlagen, an die junge Trierer Universität.

4. Trier

Den persönlichen Verbindungen zwischen Ulrich Kreidweiß (R 3) und Johann von Baden dürfte es zu danken gewesen sein, daß nicht nur der Erfurter Nominalismus, sondern auch der Kölner Thomismus in Trier eine Heimstätte fand. Die lokalen Wurzeln wurden übrigens in den Anfangsjahren anschaulich in den Namen zweier maßgeblicher Bursen ausgedrückt, der Erfurter und Kölner Burse.[959] Der bedeutendste Träger Erfurter Gedankengutes ist wohl Johannes Leyendecker gewesen, der aus einer einflußreichen Trierer Ratsfamilie stammte, seit 1456 in Erfurt immatrikuliert und noch im Sommersemester 1471 zum Dekan der Artisten gewählt worden war.[960]

Die Esslinger Kreidweiß, eine der führenden Familien der schwäbischen Reichsstadt, hatten seit den fünfziger Jahren des 15. Jahrhunderts intensivere Kontakte mit dem Haus der badischen Markgrafen, die offensichtlich zu einem freundschaftlichen und vertraulichen Verhältnis führten.[961] Ulrichs Onkel Johann Kreidweiß, der in Padua zum Doktor beider Rechte promoviert worden war und

---

[957] Tewes 1988, 59.
[958] Vgl. Tewes 1988, 50, 59 f.
[959] Matheus 1980, 72-76 (mit den Namen wichtiger Kölner und Erfurter Supposita).
[960] Vgl. Matheus 1980, bes. 80-87. Als Doktor der Theologie verehrte Leyendecker freilich auch Thomas von Aquin, der allerdings über die Grenzen wissenschaftsgeschichtlicher Parteiungen hinaus als Autorität anerkannt wurde.
[961] Vgl. Tewes 1988.

sich damals mit Peter Luder anfreundete, stand sehr wahrscheinlich seit 1458 im Dienst des Trierer Erzbischofs, arbeitete aber auch für dessen Brüder Karl und Georg von Baden.[962] Spätestens 1466 versah er das Kanzleramt für Johann von Baden.[963]

Nun zur Gründungsphase der Trierer Universität! Seit 1455, dem Jahr der päpstlichen Genehmigung, schleppten sich die Verhandlungen über die Errichtung der Universität zwischen Erzbischof und Stadt dahin.[964] Nach längerer Unterbrechung traten die Gründungsvorbereitungen im Herbst 1472 in ihre entscheidende Phase. Angesichts der imposanten Präsenz von Mitgliedern der Raemsdonck-Burse bei der Errichtung der Trierer Universität müssen wir die Chronologie der Kölner Ereignisse im Blick behalten.[965] Im März 1472 hatte die Stadt nochmals mit einer eindrucksvollen Deputation vor der Universität ihren Willen demonstriert, der Raemsdonck-Burse die geforderten Rechte zukommen zu lassen. Vom 1. April bis zum 19. August stoppte sie ihre Zahlungen für den Bau der Artistenschule, um den Forderungen auf drastische Weise Nachdruck zu verleihen.[966] Dann aber setzte sie ihre finanzielle Unterstützung fort, ohne daß Universität und Stadtrat ihre Haltungen in der Kontroverse aufgegeben hätten. Warum?

Der Casus belli bestand nicht mehr, hatte sich ganz offensichtlich durch seine Entscheidung für Trier aufgelöst. Es hat den Anschein, als ob sich dieser Prozeß personell greifen läßt. Am 11. Juli 1472 tagten das Kölner Domkapitel sowie das Trierer und Mainzer mit weiteren Klerikern im Koblenzer St. Florin-Stift, an dem auch der Kanzler Johann Kreidweiß ein Kanonikat bekleidete. Ulrich Kreidweiß (R 3), dessen Name in den Akten des Kölner Domkapitels genau in jenen Wochen fehlt, dürfte als Stiftsherr an St. Florin bei diesem Anlaß mit seinem Onkel und Johann von Baden die entscheidenden Gespräche über die Zukunft der von ihm mitregierten Raemsdonck-Burse geführt haben.[967] Vermutlich im September 1472 nahmen die Trierer Stadtväter und ihr Erzbischof erstmals nach vielen Jahren wieder Verhandlungen über die Universität auf. Johann Kreidweiß war der unmittelbare Ansprechpartner der Stadt.

---

[962] Tewes 1988, 37-44, 62, 64.
[963] Tewes 1988, 44.
[964] Matheus 1980, 62 ff.
[965] S.o. 184-192.
[966] Vgl. Tewes 1986, 56 f.; s.o. 191.
[967] Vgl. Tewes 1988, 50 f. Auf die dortigen Ausführungen bezieht sich, wenn nicht anders angegeben, das Folgende.

Vain des studiums wegen sandten die Ratsherren einen Brief an ihn, zu dem sie der Abt der Trierer Benediktinerabtei St. Matthias, Johannes Donner von Utrecht, angeregt hatte.[968] Die Bemühungen des Benediktiners und späteren Konservators der Universität[969] waren erfolgreich. In seiner Abtei traf sich am 11. Oktober 1472 der Trierer Kanzler Johann Kreidweiß mit Abgesandten des Rates, um über die anstehende Gründung der Alma mater zu beraten. Zwar übertrug der Erzbischof nach den abschließenden Verhandlungen im Februar 1473 die Gründungsbulle an die Stadt Trier, doch die Mitglieder der Raemsdonck-Burse, entscheidende Kräfte an der neuen Universität, dürften durch die Initiative der erzbischöflichen Kanzlei gewonnen worden sein. Die oft mit kritischem Unterton geäußerte Verwunderung darüber, daß Johann von Baden der Stadt die entscheidende Rolle bei der Einrichtung der Universität zudachte und nicht einmal bei der Eröffnungsfeier zugegen war,[970] wird seinem Verhalten angesichts der realen Umstände keinesfalls gerecht. Die Gründungsphase der Trierer Universität kollidierte mit der Kölner Stiftsfehde, in deren Verlauf Johann von Baden zentrale Aufgaben zuteil wurden. Gerade im März 1473, zur Eröffnung der Hohen Schule, wurde ihm ein erneuter Schiedsversuch zwischen dem Domkapitel und Erzbischof Ruprecht von der Pfalz anvertraut. Bis zum abschließenden Kulminationspunkt, dem Neusser Krieg 1475, blieb Johann von Baden in die diplomatischen und militärischen Anstrengungen der kaiserlichen Seite und des verbündeten Kölner Domkapitels eingespannt bzw. trieb sie selbst voran, oft an der Seite des kaum minder aktiven Ulrich Kreidweiß (R 3), der demzufolge ebenfalls selten Gelegenheit fand, sich mit seinen Freunden an der Errichtung der Trierer Universität zu beteiligen.[971]

Ihre herausragende Stellung demonstrierten die Kölner bereits bei der Eröffnungsfeier der Trierer Universität am 16. März 1473. Jakob Welder von Siegen (R 2) feierte morgens im Dom mit einer Predigt

---

[968] Johannes Donner wird 1483 zusammen mit Ulrich Kreidweiß in Köln eine Klosterreform im Sinne der Bursfelder Kongregation vornehmen (Tewes 1988, 61). Vermutlich lagen die Wurzeln dieser Zusammenarbeit in der Gründungsphase der Trierer Universität.

[969] Matheus 1980, 68 u. Anm. 46.

[970] Vgl. etwa Zenz 1949, 19 (Johann von Baden habe sich nach Verkauf der Stiftungsbriefe an die Stadt nur noch wenig um die Universität gekümmert); Matheus 1980, 62, 68.

[971] Zu den Vorgängen um die Kölner Stiftsfehde vgl. Tewes 1988, 52-60.

über den Heiligen Geist den Eröffnungsgottesdienst.[972] Nikolaus Mommer von Raemsdonck (R 1) wurde von den Wahlberechtigten zum Gründungsrektor gewählt. Zweifellos eine Genugtuung für ihn, der an der Kölner Universität so heftig angefeindet und nur durch äußeren Druck von der Artisten-Fakultät für das Rektorat ausgewählt worden war; sicherlich aber auch ein Signal seiner Trierer Freunde. Zu seinen Wählern gehörten neben Johannes Donner und Jakob Welder weiterhin der Corneliana-Regent Peter von Viersen (C 35), nun Doktor der Medizin, der zu den führenden Thomisten in Mainz gehören wird, ferner die Schüler seiner Burse Gerhard Mommer von Raemsdonck und Jakob Schmitz von Bacharach[973], der am gleichen Tag (20.6.1469) unter Theodoricus de Busco (R 4) determiniert hatte, an dem Gerhard Mommer unter ihm inzipierte. Nikolaus Mommer von Raemsdonck (R 1) erwarb wenig später das Haus „Zur Taube", welches wohl auch als Sitz seiner „Kölner Burse" diente.[974] Die Stadt schien dieser Einrichtung recht verbunden gewesen zu sein, denn mehrfach sandte sie nach Promotionen Weinpräsente in die Burse.[975] Auf ihrer Gehaltsliste stand von 1473 bis 1482 Gerhard von Raemsdonck, der 1475 zum Dekan der Artisten gewählt wurde und 1476 nach dem Tod seines (vermutlich) nahen Verwandten Nikolaus (R 1) die Bursenleitung übernahm.[976] Als weiteren Angehörigen der Raemsdonck-Burse besoldete der Trierer Rat von 1480 bis 1483 Jakob von Bacharach für Vorlesungen an der Artisten-Fakultät.[977] Wahrscheinlich lehrte auch er schon vorher an der Kölner Burse.

Die Annahme liegt nahe, daß jene Schüler, die in Köln einen artistischen Grad unter Raemsdonck-Regenten erwarben und im Anschluß daran der Burse nach Trier folgten bzw. sie begleiteten, sich für ihre folgende Graduierung an der neuen Universität ebenfalls einem Regenten der Kölner Burse anschlossen. Dies dürfte auf den schon genannten[978] Konrad Schöfferlin von Esslingen zutreffen. Eventuell auf Anraten seines älteren Bruders Bernhard, der 1458 wegen seiner Magisterpromotion von Heidelberg an die Montana gewechselt war, entschied sich auch Konrad für eine thomistische

---
[972] Zenz 1949, 18.
[973] M 322,25.
[974] Matheus 1980, 73 f.
[975] Matheus 1980, 74 f.
[976] Matheus 1980, 74 f., 108 f.
[977] Matheus 1980, 111 f.
[978] S.o. 513.

Bildung an der Kölner Universität. Am 14. Juli 1470 immatrikulierte er sich.[979] Gut drei Monate später übrigens bestätigte Kaiser Friedrich III. ihm und seinen Brüdern mit einer erneuten Wappen- und Adelsverleihung den „rittermäßigen" Stand.[980] Konrad trat allerdings nicht in die Montana ein, sondern in die Burse seines thomistischen Landsmannes Ulrich Kreidweiß (R 3). Am 17. Juni 1471 determinierte er dann unter dessen Mitregenten Theodoricus de Busco (R 4). In Köln muß Konrad sein Artes-Studium so weit fortgesetzt haben, daß er schon im Mai 1473 in Trier zum Magister promoviert werden konnte.[981] Im gleichen Monat erhielt auch Antonius Petri de Dordraco[982], der ebenfalls am 17. Juni 1471 unter Theodoricus de Busco determiniert hatte, das Magisterium, und konnte Johannes Raemsdonck[983], seit Dezember 1471 in Köln immatrikuliert, sein Bakkalaureat in Trier erwerben.[984] Nikolaus (R 1) oder Gerhard von Raemsdonck dürfte ihr Inzeptor bzw. Determinator gewesen sein.[985] Der frühe Zeitpunkt der Graduierung läßt darauf schließen, daß Konrad Schöfferlin mit Jakob Welder (R 2), Nikolaus Mommer und den weiteren Mitgliedern der Burse nach Trier gereist war. Im Januar 1475 zählte er noch zu den Regenten der Artisten-Fakultät.[986] Dann aber zog es ihn in die süddeutsche Heimat. Im Oktober 1475 ließ er sich in Basel immatrikulieren.[987] Zu jener Zeit hielt sich Heynlin von Stein ebenfalls wieder in der Stadt auf, predigte hauptsächlich an St. Leonhard in Basel.[988] Beide werden wir 1477 bei der Gründung der Tübinger Universität wiedertreffen: den Realisten Heynlin von Stein als eigentlichen

---

[979] M 326,8.
[980] Ludwig 1986, 76, 90 f.
[981] Keil 1917, 1; vgl. Ludwig 1987, 38, Anm. 87 (das Datum 3.5. ist freilich nicht belegt; die Ordnungszahl drei bei Keil 1917, 1, bezieht sich auf die laufende Graduierung des Dekanats, nicht auf das Tagesdatum. Das Kölner Studium blieb Ludwig wie schon bei Bernhard Schöfferlin unbekannt).
[982] M 322,1.
[983] M 332,76.
[984] Keil 1917, 1; vgl. Matheus 1980, 72 f., Anm. 74 und 78.
[985] Da Konrad Schöfferlin und Antonius de Dordraco ihr Studium an der Raemsdonck-Burse in Köln formal beendet haben müssen, erscheint es völlig ausgeschlossen, daß sie in Trier einen fremden Magister als Inzeptor wählten. Außer den beiden Angehörigen der Familie Mommer aus Raemsdonck kommt aber kein anderer vertrauter Kölner in Frage, denn die übrigen waren entweder Doktoren der höheren Fakultäten oder selbst noch nicht promoviert.
[986] Matheus 1980, 72.
[987] Ludwig 1987, 38, Anm. 87.
[988] Vgl. etwa Hossfeld 1908, 168 f., 401 f.

Gründungsvater, den Thomisten Konrad Schöfferlin als einen der vier ordentlich besoldeten Kollegiaten der Artisten-Fakultät und als Examinator Viae antiquae! Die Theologische und Medizinische Fakultät der Trierer Universität wurde ebenso nachhaltig von Kölnern geprägt. Jakob Welder (R 2) gehörte als Dekan der Theologen, Peter von Viersen (C 35) als Dekan der Mediziner dem Satzungsausschuß an, der seit März 1474 unter dem Vorsitz des Rektors Johannes Leyendecker die Universitätsstatuten ausarbeitete.[989] Ulrich Kreidweiß (R 3) fand trotz der umfassenden Verpflichtungen, die er in der Kölner Stiftsfehde für das Domkapitel übernahm, Zeit, zusammen mit seinem Konregenten Jakob Welder und anderen die Statuten der Trierer Theologischen Fakultät abzufassen. Beide zählten daher zu den *primordiales inceptores* dieser Fakultät. Zumindest Ulrich Kreidweiß konnte sich eine solche Auszeichnung nur in der zweiten Hälfte des Jahres 1474 verdient haben, denn vorher und nachher erwarb er für Kaiser und Kölner Domkapitel politische Meriten.[990] Aber auch Jakob Welder, der seit März 1473 für ein Jahr mit 90 fl. als Theologieprofessor von der Stadt bezahlt worden war,[991] muß Ende 1474 Trier verlassen haben, denn zu jener Zeit begannen die komplizierten Berufungsverhandlungen in Heidelberg[992], zudem wird seine Anwesenheit in Mainz und Worms bezeugt.[993] Länger blieb Peter von Viersen in Trier. Als einziger Professor der Medizin gehörte er am 16. Januar 1475 zu den Lehrpersonen, welche die allgemeinen Universitätsstatuten abschließend genehmigten.[994] Bis zum Sommer 1477 besoldete ihn die Stadt mit 40 fl. jährlich; anschließend dürfte er mit Jakob Welder die thomistische Speerspitze an der 1477 gegründeten Mainzer Universität gebildet haben. Doch hierzu später.[995] Wenden wir uns vorerst der im gleichen Jahr ins Leben getretenen Tübinger Universität zu, die zwar weniger eindrucksvoll, doch in nicht zu unterschätzender Weise gleichfalls eine durchaus wechselseitige Verbindung mit Köln einging.

---

[989] Zenz 1949, 20; Duchhardt 1978, 132 f.
[990] Vgl. Tewes 1988, 51 f., 57 (zur zeitlichen Eingrenzung).
[991] Matheus 1980, 115 f.
[992] S.o. 508 f.
[993] Menn 1950, 18 f.; Matheus 1980, 116.
[994] Zenz 1949, 20; Matheus 1980, 118.
[995] S.u. 576 f. u.ö.

5. Tübingen

Die Vorgeschichte der Tübinger Hohen Schule kann allem Anschein nach ein eindrucksvolles Beispiel für das Zusammenwirken führender Realisten verschiedener Universitäten geben. Seitdem Papst Sixtus IV. mit einer Bulle vom 13. November 1476 dem württembergischen Grafen Eberhard im Bart die Errichtung einer Universität zu Tübingen erlaubt hatte,[996] wurde mit Nachdruck an der Realisierung dieses Vorhabens gearbeitet. Am 10. März 1477 beschloß man mit einer Urkunde die Verlegung der Sindelfinger Propstei mit acht Chorherrenpfründen an die Kirche St. Georg nach Tübingen, an der zwecks wirtschaftlicher Absicherung der Lehrkräfte ein Kollegiatstift eingerichtet wurde, während an der Sindelfinger Propstei ein Augustinerkloster errichtet wurde.[997] Am 11. März 1477 wurde die Bulle vom 13. November durch öffentliche Bekanntmachung in Urach, der Residenzstadt des Grafen, vollzogen, trat somit die Universität rechtlich ins Leben.[998] Am 3. Juli 1477 schließlich verkündigte man einem breiten Publikum die Gründung der Universität und lud für das Wintersemester 1477/78 zu ihrem Besuch ein.[999]

Als einer der vornehmsten *inceptores et auctores* des Tübinger Studiums wird Johannes Heynlin von Stein bezeichnet, und zwar aus berufenem Munde.[1000] Johannes Trithemius berichtet von diesem Verdienst in seinem Werk ‚De scriptoribus ecclesiasticis'; und zweifellos trachtete er nicht danach, eine Legende zu bilden, denn Heynlin selbst begutachtete das Buch vor der Drucklegung bei Amerbach in Basel.[1001] Ein authentisches und höchst glaubwürdiges Zeugnis also. Tatsächlich läßt sich Heynlins Beteiligung an der Gründung dank seiner Stationen als Prediger konkret nachzeichnen. Obwohl er sich vorher nie in Württemberg aufgehalten hatte, unterbrach er im Februar 1476 seine Predigttätigkeit in Basel, um in Urach an der Residenz Eberhards zu predigen.[1002] Dort arbeitete

---

[996] Vgl. Teufel 1977, 30 ff.; Teufel 1977a, 5. Ein halbes Jahr vorher wurden bereits durch die vom Papst genehmigte Umwandlung von Chorherrenpfründen die wirtschaftlichen Grundlagen gelegt (vgl. Teufel 1977, 27-30).
[997] Teufel 1977, 30; Teufel 1977a, 7.
[998] Vgl. Teufel 1977, 32; Teufel 1977a, 7 f.
[999] Vgl. Teufel 1977, 35-40.
[1000] Vgl. Hossfeld 1908, 198 f.; Haller 1927, 25; Haller 1929, 7*.
[1001] Hossfeld 1908, 198.
[1002] Hossfeld 1908, 169 f., 199.

man zu jener Zeit die Supplik an den Papst aus, mit der eine Erlaubnis für die Umwandlung der Sindelfinger Propstei erbeten werden sollte.[1003] Am 11. Mai 1476 genehmigte der Papst das Vorhaben; im August 1476 weilte Heynlin *cum patribus visitatoribus* in Sindelfingen, wo er bei der Visitation des Stiftes helfen sollte.[1004] Der 1. und 25. Mai 1477 datieren den Zeitraum, in welchem er nicht in Basel, sondern erneut in Urach lebte und auch predigte.[1005] Nach dem rechtlichen Vollzug galt es in der Residenzstadt, die Errichtung der Universität praktisch umzusetzen. Heynlins Erfahrung wurde zweifellos gesucht. Zur gleichen Zeit hielt sich in Urach ein Mann auf, der dort wahrlich nicht vermutet werden konnte: Jodocus Eichmann von Calw.[1006] Am 18. Mai, einem Sonntag, predigten er und Heynlin sogar unmittelbar hintereinander.[1007] Der erstaunlicherweise von der einschlägigen Forschung zur Tübinger Universitätsgeschichte nirgendwo zur Kenntnis genommene Aufenthalt Eichmanns[1008] legt die Erklärung nahe, daß er wie Heynlin durch Eberhard im Bart als Ratgeber für die Errichtung der Tübinger Universität herangezogen wurde. Graf Eberhard dürfte den Heidelberger Thomisten und Prediger 1476 bei seinem Aufenthalt am Kurpfälzer Hof kennen- und schätzengelernt haben, als er eventuell auch mit dem nominalistischen Fraterherren und Butzbacher Propst Gabriel Biel Bekanntschaft machte, der im Sommer 1477 die Umwandlung der Uracher Amanduskirche in ein Kollegiatstift der Windesheimer Kongregation vorantrieb und um 1480 selbst die Propstei in Urach übernahm.[1009]

Biel freilich dürfte an den Gründungsvorbereitungen der Universität nicht beteiligt gewesen sein.[1010] Mit Jodocus Eichmann und

---

[1003] Vgl. Teufel 1977, 27-30.
[1004] Hossfeld 1908, 170, 199, 402.
[1005] Hossfeld 1908, 194, 199, 404.
[1006] Hossfeld 1908, 194 f., 404. Bei dem *doctor Jodocus de Heydelberga* konnte es sich nur um Jodocus Eichmann (s.o. 504 f.) gehandelt haben (vgl. auch die Überlegungen Hossfelds 1908, 195, Anm. 1. [Jodocus Dernbecher blieb Magister artium und erwarb nie das theologische Doktorat, Jodocus Gallus Rubeacensis wurde gerade 1476 in Heidelberg immatrikuliert.] Zu den angeblich aus Eichmanns Feder stammenden Predigten, die Heynlin benutzt habe, vgl. die kritischen Einwände Worstbrocks in: Verfasserlexikon 2 [1980], Sp. 396. Ob sich aber Heynlin nicht doch namentlich auf Predigtvorlagen Eichmanns berief, konnte nicht überprüft werden.).
[1007] Hossfeld 1908, 404.
[1008] Hossfeld setzte die Tätigkeit Eichmanns in Urach nicht mit der künftigen wissenschaftsgeschichtlichen Ausrichtung der Tübinger Universität in Verbindung.
[1009] Vgl. Hossfeld 1908, 201; Haller 1927, 155 f.; Haller 1929, 56*; Post 1968, 444 f.; Oberman 1979, 65.
[1010] Haller 1927, 153; Haller 1929, 56*.

Heynlin von Stein standen dem württembergischen Landesherrn allerdings zwei erklärte Realisten zur Verfügung, beide humanistisch gebildet, beide engagiert eintretend für eine Institutionalisierung der Via antiqua durch deren Verankerung in Bursen. Dies sollte Konsequenzen haben. An ihrer Seite befand sich Johannes Vergenhans (Nauclerus), ehemals Lehrer Eberhards, nun als Decretorum doctor Vertrauter und Berater des Grafen.[1011] Vergenhans stand schon 1459 mit Heynlin in einem freundschaftlichen Verhältnis, bezeugt durch theologische Quästionen, die Vergenhans aufstellte und Heynlin schriftlich ausarbeitete, um sie den Pariser Theologieprofessoren Thomas de Courcelles, Lucas Desmoulins und Petrus de Vaucello vorzulegen.[1012] In den für die Basler Universität so wichtigen Jahren 1464 und 1465 lehrten Vergenhans und Heynlin gemeinsam dort.[1013] Vermutlich durch seine dominierende Stellung als „Hauptantriebskraft bei der Universitätsgründung"[1014] fiel Vergenhans fast zwangsläufig das erste Rektorat der Tübinger Universität zu, deren Betrieb er am 14. September mit den ersten Matrikeleintragungen eröffnete. Auch in der Berufung der Lehrkräfte erkennt man seine Handschrift.[1015] Heynlin von Stein konnte im März 1477 – bis dahin hielten ihn Verpflichtungen in Basel zurück – als Theologieprofessor wie Pfarrer und Prediger an der Stiftskirche gewonnen werden.[1016] Zweiter Rektor in Tübingen wurde von Mai bis Oktober 1478 Konrad Vessler, der wohl ebenfalls auf Anraten von Vergenhans nach Tübingen berufen worden war. Denn Vessler hatte zur gleichen Zeit wie jener und Heynlin in Basel studiert und gelehrt, und zwar auf Seiten der Via antiqua.[1017] Mit der nachfolgenden Wahl Heynlins zum Rektor zeigt sich also

---

[1011] Vgl. zu Vergenhans: Haller 1927 pass., bes. 14-19; Haller 1929, 3* ff.; Teufel 1977 s.v.

[1012] Hossfeld 1907, 347 f.; Haller 1929, 3*.

[1013] Hossfeld 1908, 200; Teufel 1977, 19.

[1014] Teufel 1977, 40.

[1015] Haller 1927, 19.

[1016] Hossfeld 1908, 202 f.; Haller 1927, 23; Teufel 1977, 19. Vgl. auch Kuhn 1971, 514, Nr. 3476 (doch die biographischen Angaben Kuhns zu den Tübinger Supposita sind durchweg mit Vorsicht zu rezipieren, da ihnen eine unzureichende Quellen- und Literaturauswertung zugrunde liegt – so etwa auch bei Heynlin von Stein, dessen Pariser Studium und Magisterium beispielsweise nach Freiburg verlegt wird. Widerlegung des behaupteten Freiburger Studiums schon bei Hossfeld [1907, 321].).

[1017] Was Haller (1927, 25 f.; 1929, 7*) verschweigt. Vgl. aber Vischer 1860, 168; Hermelink 1906, 150 f., 212 f. (Zeugnis für realistische Interpretation der ‚Parva logicalia' und ihrer Suppositionslehre durch Vessler).

nicht nur eine Abfolge von drei ehemaligen Baslern in diesem Amt, sondern auch eine deutliche Dominanz der Realisten.[1018]

Zwei der Chorherrenpfründen an St. Georg dienten zur Besoldung der vier ständigen Kollegiaten der Artisten-Fakultät.[1019] Ihre Namen werden uns bereits auf der ersten Seite des Tübinger Dekanatsbuches zum 9. Oktober 1477 genannt;[1020] gleichsam programmatisch weisen sie auf die wissenschaftsgeschichtlichen Wurzeln. Johannes Stein von Schorndorff, zugleich erster Dekan der Artisten, war aus Freiburg gekommen und ist zu den Vertretern der Via moderna zu zählen.[1021] Der zweite Kollegiat hieß Konrad Vessler, der auch in Tübingen als Lehrer und Prüfer der Via antiqua wirkte, im Wintersemester 1479/80 zum Dekan der Artisten gewählt wurde und sowohl ein theologisches wie juristisches Studium aufnahm.[1022] Nach Vessler wird Wilhelm Mütschelin von Rottenburg genannt. Er stand für die Heidelberger Realistentradition. Denn 1469 wurde er *in via antiqua* durch Burckhard Wenck zum Magister promoviert.[1023]

Der vierte Kollegiat lehrte ebenfalls nach der Via antiqua, genauer: nach der thomistischen Spielart, wie sie an jener deutschen Universität geformt wurde, die Ausgangspunkt und Zentrum des realistischen Universitätsnetzes bildete.[1024] Es war Konrad Schöfferlin von Esslingen.[1025] Der Kölner Thomist muß nach seiner Basler Immatrikulation 1475 das Vertrauen der Erzherzogin Mechthild

---

[1018] Vgl. Hossfeld 1908, 211 (zum Rektorat Heynlins). Für Vergenhans ist mir eine eindeutige Position im Wegestreit nicht bekannt, doch sprechen die Personen, mit denen er befreundet war und die er förderte, eher für eine Sympathie für die Via antiqua.

[1019] Teufel 1977, 31.

[1020] Hofacker 1978, 3, Nr. 1.

[1021] Vgl. zu Johannes Stein: Haller 1927, 125 f.; Haller 1929, 20*, 42*; Finke 1972, pass., bes. 109 ff.; s. auch Kuhn 1971, 515, Nr. 3479. Die Zugehörigkeit zur Via moderna wird sich aus einem späteren Zusammenhang ergeben.

[1022] Zu Vessler neben der oben genannten Lit.: Finke 1972, pass., bes. 100-104; vgl. auch Kuhn 1971, 251, Nr. 1294. Späte Kontinuitäten zeigten sich, als Vessler im Jahre 1500 neben Vergenhans und dem Thomisten Bernhard Schöfferlin einer der Richter des Schwäbischen Bundes wurde.

[1023] Toepke 1886, 404. Vgl. zu Mütschelin: Hermelink 1906, 209, 213 f.; Haller 1927, 125 f.; Haller 1929, 12*, 42* (keine Erwähnung der realistischen Bildung Mütschelins); Kuhn 1971, 395, Nr. 2492.

[1024] Die Annahme einer mit Blick auf die jeweilige Via „paritätischen Besetzung" der vier Kollegiatstellen von Anfang an" (Haller 1929, 26*) entspricht demnach nicht den Tatsachen. Dominant war vielmehr die Via antiqua, sicherlich auch das Resultat einer Verfestigung des universitären Realistennetzes.

[1025] Hofacker 1978, 3, Nr. 1.

gewonnen haben. Denn die Mutter Graf Eberhards, deren Anteil an der Universitätsgründung in der neueren Forschung wieder höher eingeschätzt wird,[1026] ernannte ihn 1477 zum Kirchherrn von Rottenburg, ihrem Residenzort.[1027] Dieses Amt bekleidete er bis zu ihrem Tod 1482. Zur gleichen Zeit wirkte Konrads Bruder Bernhard als Kanzler Mechthilds.[1028] Als Lehrer an der Tübinger Artisten-Fakultät, eventuell durch Erzherzogin Mechthild oder Bernhard empfohlen, führte Konrad Schöfferlin die thomistische Tradition seiner Kölner und Trierer Lehrer fort.[1029] Schon im Dezember 1477 wurde er mit Vessler und Mütschelin zum Temptator *de via antiqua* gewählt[1030] und fungierte als Prüfer auch im Februar und September 1478.[1031] Als Johannes Vergenhans, der nach Heynlins Abreise im Juli 1479 dessen Nachfolge als Pfarrer an der Stiftskirche St. Georg angetreten hatte, am 30. September 1482 Propst des Stiftes und damit auch Kanzler der Universität wurde,[1032] trat Konrad Schöfferlin als Pfarrer (bis 1491) an seine Stelle.[1033] In dieser Funktion besaß er immerhin zusammen mit dem Kanzler als gleichsam verlängerter Arm des Landesherrn das entscheidende Aufsichtsrecht gegenüber der Universität (seit dem gräflichen Erlaß von 1481), wirkte mit dem Kanzler als Vermittler und Tädingsmann bei Konflikten zwischen Landesherrn und Universität oder zwischen der Hochschule und der Stadt.[1034] Der Esslinger war zugleich im Besitz einer Chorherrenpfründe an der Stiftskirche in Stuttgart. Schon 1481/82 hatte man ihn in Tübingen zum Rektor der Universität gewählt.[1035]

[1026] Teufel 1977, 20-24 (mit kritischer Zurückweisung der Wertung Hallers).
[1027] Teufel 1977, 23; Ludwig 1987, 38, Anm. 87.
[1028] Ludwig 1986, 77; Ludwig 1987, 37 f.
[1029] Der aus stadtadligem Patriziat stammende Schöfferlin setzte ganz gewiß nicht – wie die meisten seiner Kollegen – aus finanziellen Motiven die Lehrtätigkeit an der Artisten-Fakultät fort. Dazu war er schon als Sproß einer äußerst begüterten Familie nicht gezwungen (vgl. Ludwig 1986, 73 ff.). Die Annahme des Rufes als Kollegiat dürfte demnach eher als Bekenntnis zu seinem wissenschaftsgeschichtlichen Standort verstanden werden.
[1030] Hofacker 1978, 10, Nr. 40. Die Prüfer der Via moderna, neben Johannes Stein noch Johannes Hann de Horhen und Hermannus Vetter de Bernstat, kamen aus Freiburg, Wien und Erfurt, repräsentieren in gewisser Weise damit die nominalistischen Hochburgen jener Zeit (vgl. zu ihnen Haller 1927, 126 f.; Hofacker 1978, 4 f., Nr. 7, 8, 16, und 10, Nr. 40).
[1031] Hofacker 1978, 11, Nr. 44, und 16, Nr. 84.
[1032] Teufel 1977, 211.
[1033] Haller 1927, 132; Haller 1929, 70* f.; Finke 1972, 90. Vgl. auch Hermelink 1906, 12 f.
[1034] Vgl. Hermelink 1906, 13; Teufel 1977, 207-211.
[1035] Vgl. Ludwig 1986, 77.

1477/78 konnte die Tübinger Universität zwei Thomisten der Montana gewinnen, die durchaus exemplarisch für das Zusammenspiel der realistischen Schulen stehen können. Johannes Büchler von Herrenberg[1036], ein württembergischer Landsmann des Johannes Wenck also, hatte sein Studium am 11. April 1470 in Heidelberg begonnen[1037] und dort auch als Schüler der Via antiqua im Mai 1471 sein Bakkalaureat erlangt. Im Januar 1473 ließ er sich in Köln immatrikulieren, um an der Montana sein Magisterium zu erwerben. Am 26. März 1473 inzipierte er unter Lambertus de Monte (M 24). Verständlich, daß er für eine weitere Lehrtätigkeit im Wintersemester 1477/78 die Universität seiner Heimat aufsuchte,[1038] wo er zu den ersten Regenten gehörte.[1039] Noch 1477 wurde er in das *consilium facultatis* aufgenommen und saß damit neben Konrad Vessler, Wilhelm Mütschelin und Konrad Schöfferlin, die zusammen mit den Nominalisten Johannes Stein und Johannes Hann die ersten fünf Mitglieder des Konsiliums gestellt hatten.[1040]

Kurz nach Büchler wurde Konrad Huf von Münsingen die *assumptio ad regentiam facultatis artium* zuteil.[1041] Auch dieser Württemberger war ein Schüler der Montana. Von Basel aus suchte er die Kölner Burse auf, wurde im Januar 1473 immatrikuliert und als Bakkalar der Basler Universität am 3. Februar rezipiert.[1042] Bereits am 24. März des gleichen Jahres konnte er unter Paulus Leend (M 31) inzipieren, zwei Tage vor Johannes Büchler. Beide mußten sich demnach in der Montana kennengelernt, mußten ebenso einen großen Teil des Magistrandenstudiums schon in Heidelberg bzw. Basel absolviert haben. Motiv ihres Wechsels scheint also der Wunsch gewesen zu sein, das Studium an der Quelle, der „Mutter-Burse", ihrer Via kennenzulernen und dort das Magisterium zu erwerben. Erstaunlich viele Parallelfälle von Heidelberger, Leipziger oder anderen Supposita ließen sich vor diesem Hintergrund anführen. (Einige besonders signifikante Beispiele werden wir noch kennenlernen.) Konrad Huf war offensichtlich an der Montana auch mit

---

[1036] M 337,7.
[1037] Toepke 1884, 329.
[1038] Immatrikuliert an zwölfter Stelle der ersten Matrikel, zwei Positionen vor Konrad Schöfferlin (Hermelink 1906a, M 1,12). Vgl. zu ihm auch Kuhn 1971, 153, Nr. 503.
[1039] Hofacker 1978, 6, Nr. 18.
[1040] Hofacker 3 f., Nr. 3, 6, Nr. 23.
[1041] Hofacker 1978, 7, Nr. 24. Vgl. zu Huf: Kuhn 1971, 335, Nr. 1987 (allerdings ist Huf, anders als Kuhn behauptet, durchaus in der Kölner Matrikel nachzuweisen).
[1042] M 337,22.

den Leitern seiner Burse in nähere Verbindung getreten. Denn als er nach seinem Examen von der weiteren Lehrpflicht dispensiert wurde, geschah dies ausdrücklich *ad instantiam magistrorum Henrici Orsoy* (M 22) *et Lamberti de Monte* (M 24). Die beiden Regenten dürften auch seinen weiteren Werdegang mit ihm besprochen haben, der allerdings bis 1477 im dunkeln bleibt. Kurz nach seiner *assumptio* wurde Konrad Huf in Tübingen ebenso zum Konsilium der Fakultät zugelassen,[1043] auf jeden Fall noch im Wintersemester 1477/78. Im Februar 1478 prüfte er nämlich schon zusammen mit Konrad Vessler, Konrad Schöfferlin und seinem Kölner Kommilitonen Johannes Büchler die angehenden Bakkalare.[1044] Der gleiche Personenkreis, drei Kölner mithin, wirkte dann auch im September 1478 beim Bakkalaureatsexamen für die Via antiqua.[1045]

Büchler, Huf und Schöfferlin sind freilich nach 1478 nicht mehr in artistischen Ämtern an der Fakultät nachzuweisen. Anders dagegen Konrad Vessler und Wilhelm Mütschelin. Ihr längeres Engagement an der Artisten-Fakultät ist vermutlich durch die Leitung der realistischen Bursen zu erklären. Sogleich nach Eröffnung des Lehrbetriebes ließ die Fakultät vier Häuser für die Einrichtung von Bursen mieten. Zugleich deputierte und approbierte sie vier Magister *ad regendum easdem bursas*: die beiden Nominalisten Johannes Stein und Hermann Vetter sowie die beiden Realisten Konrad Vessler und Wilhelm Mütschelin.[1046] Von Beginn an betrieb man also nach Heidelberger und Basler Vorbild eine strikte Trennung der Wege.[1047] Sie drückte sich räumlich noch anschaulicher

---

[1043] Hofacker 1978, 7, Nr. 24. Zum *Consilium facultatis* der Tübinger Artisten-Fakultät vgl. Teufel 1977, 218-223, bes. 220. Da die Tübinger Statuten – wie allgemein üblich – bestimmten, daß nur derjenige zum Konsilium zugelassen werden kann, der mindestens zwei Jahre als Magister gelesen hatte, ist eine zwischenzeitliche Lehrtätigkeit Hufs (und Büchlers, der ebenfalls in Köln dispensiert worden war) an einer anderen Universität als Köln anzunehmen, obwohl dies grundsätzlich nicht erwünscht war. Zwischen 1488 und 1505 wurde die Zahl der Mitglieder des Konsiliums auf die vier Kollegiaten und 14 Magister mit besonderen Lehraufträgen begrenzt. Hier werden recht gut die Proportionen gegenüber der Kölner Artisten-Fakultät deutlich, die 1491 das Konsilium auf 64 einzuberufende Bursen-Magister begrenzte; s.o. 211.

[1044] Hofacker 1978, 11, Nr. 44.

[1045] Hofacker 1978, 16, Nr. 84.

[1046] Beschluß bei Hofacker 1978, 7, Nr. 25; vgl. Haller 1929, 12*.

[1047] Hier drängt sich natürlich die Vermutung auf, daß die Parität der Wege nicht nur auf den Einfluß Heynlins von Stein zurückging (so etwa Haller 1927, 81), sondern auch auf Erfahrungen und Empfehlungen des Jodocus Eichmann von Calw.

in dem neuen zentralen Bursengebäude aus, das 1480 anstelle der gemieteten Häuser gebaut wurde.[1048] Der geräumige Bau war streng symmetrisch in zwei gleich große Flügel unterteilt, der östliche beherbergte die Realisten, der westliche die Nominalisten. Jede Burse wurde durch einen Rektor geleitet, dem je fünf Konventoren, die in den höheren Fakultäten studieren mußten, zur Seite standen.[1049] Ob Vessler oder Mütschelin das Rektorat der Realistenburse übernahm, läßt sich nicht feststellen; anzunehmen ist aber, daß einem von ihnen diese Funktion 1480 anvertraut wurde.[1050] Eine Gleichberechtigung der Wege herrschte erstaunlicherweise bald auch an der Theologischen Fakultät. Als vor 1496 nur drei Lehrstühle bestanden, hatte stets auf einen Vertreter der Via moderna ein Realist zu folgen und umgekehrt.[1051]

Die Laurentiana konnte offensichtlich keinen Einfluß auf die Tübinger Universität gewinnen. Signifikant ihr für die Frühzeit einzig nachweisbarer Schüler in Tübingen: Johannes Kachel de Guglingen.[1052] Im Dezember 1475 in Köln immatrikuliert, determinierte er im November 1476 unter Jacobus de Amersfordia (L 49). Nach erteiltem Dispens ließ er sich im Wintersemester 1477/78 in Tübingen als *baccalarius Coloniensis* einschreiben,[1053] setzte aber sein Studium anscheinend nicht fort, denn im Dekanatsbuch wird er nicht unter den Magistranden genannt.[1054] Ein Knotenpunkt im akademischen Werdegang Tübinger Studenten blieb die Montana. Wir werden dieser Entwicklung nur gerecht, wenn wir Pforzheim, obwohl keine Universitätsstadt, in dieses Netzwerk einarbeiten.

[1048] Vgl. Haller 1927, 41 f., 80-89. Grundlegende und ausführliche Anmerkungen zu den Tübinger Bursen: Haller 1929, 12*-15*, 25*-29*. Mehr „folkloristisch" und kaum ertragreich für die Frühzeit: Leube 1928.

[1049] Haller 1927, 87 f. (ein Konventor sollte Medizin studieren, von den übrigen vieren jeweils zwei die Rechte und die Theologie).

[1050] Noch am 14.5.1480 wird Mütschelin als Leiter einer realistischen Burse genannt (Haller 1929, 12*). Ob dies schon jene im zentralen Bursengebäude war, wird von Haller (ibid.) bezweifelt, da er frühestens seit dem 23.5.1480 die Existenz der neuen Burse annimmt. Zur weiteren Wirksamkeit der beiden Realisten an der Artisten-Fakultät vgl. Hofacker 1978 s.v.

[1051] Haller 1927, 164. Grundsätzlich zum Verhältnis der Wege in Tübingen: Oberman 1979, 28-42.

[1052] M 347,139.

[1053] Hermelink 1906a, M 1,122.

[1054] Vgl. auch Kuhn 1971, 158, Nr. 548 (allerdings mit falscher Information hinsichtlich einer fehlenden „Verzeichnung im Kölner Matrikeltext").

6. Pforzheim

Die badische Stadt Pforzheim zu einem Knotenpunkt des thomistischen Netzwerkes zu erklären, ergibt sich aus der prosopographischen Analyse. Sie an dieser Stelle in die universitären Standorte einzufügen, bedarf einer kurzen Erklärung. Zum einen: jene Personen, die Pforzheim und die Montana miteinander verknüpfen, verdichten zugleich die bisher gewonnenen Ergebnisse. Zum anderen aber bilden einige von ihnen wichtige Bindeglieder für den späteren Kontext, der ohne ihren spezifisch Pforzheimer Standort nur unzureichend verständlich wird.

In allgemeiner Hinsicht stellt sich das Phänomen wie folgt dar: Zwischen 1480 und 1507 lassen sich 21 Studenten aus Pforzheim in Köln immatrikulieren. Von ihnen können 13 mit Sicherheit, zwei weitere mit großer Wahrscheinlichkeit einer Burse zugeordnet werden. Sie verteilen sich allein auf Montana und Laurentiana. In die albertistische Burse treten nur zwei Pforzheimer ein. Diese auffällige Entscheidung zugunsten der Montana kann kaum als zufällige Erscheinung gewertet werden.

Der erste Pforzheimer Bursale in Köln entschied sich allerdings für die Laurentiana. Es handelt sich um Lucas Schlepplin von Pforzheim[1055], der sich am 24. Dezember 1479 in Köln immatrikulieren ließ. Als Bakkalar der Mainzer Universität wurde er am 22. Januar 1480 in die Artisten-Fakultät rezipiert. Freilich hatte der Sohn einer der führenden Patrizierfamilien der Stadt sein Studium nicht in Mainz begonnen, sondern im Wintersemester 1477/78 in Tübingen.[1056] In Köln konnte er bereits am 15. April 1480 unter Anthonius Swolgen (L 52) inzipieren. Doch wurde ihm anschließend, was selten vorkam, der Dispens verweigert, welcher ihm die geplante Rückkehr an die Mainzer Universität erlaubt hätte. Dies scheint für ein nicht gerade gutes Einvernehmen mit seinen Bursenleitern zu sprechen. Schlepplin wurde später Stiftsherr an St. Michael in Pforzheim und mit einem Doktorat Weihbischof in Speyer.[1057] Der zweite Pforzheimer, der die Laurentiana aufsuchte, hieß Wilhelm Theodorici.[1058] Er wurde am 27. April 1496 in die

---

[1055] M 365,1.
[1056] Vgl. Fouquet 1983, 140 und 158, Nr. 45 (Lucus Schlepplin). Allerdings ist Fouquet das Mainzer und Kölner Studium Schlepplins unbekannt geblieben.
[1057] Fouquet 1983, 158, Nr. 45.
[1058] M 430,38.

Matrikel eingetragen und determinierte am 20. November 1497 unter Johannes de Harderwijck (L 55). Das Magisterium strebte er in Köln nicht mehr an.

Die Reihe der Montana-Schüler wird angeführt von Dietrich Weiler von Pforzheim.[1059] Am 9. Dezember 1485 immatrikulierte er sich in Köln und wurde bald darauf als Bakkalar einer anderen Universität rezipiert, der Tübinger vermutlich, an der er im Sommersemester 1481 sein Studium aufgenommen hatte.[1060] Am 21. April 1486 wurde er durch Remigius de Malmundario (M 41) zum Magister promoviert. Die Erklärung zum bald darauf gewährten Dispens weist die außergewöhnlichen Umstände seines Studiums an der Montana aus. Denn die Befreiung von der weiteren Lehrpflicht wurde ihm zuteil, damit er sich mit den Söhnen des badischen Markgrafen Christoph an eine andere Universität begeben könne. Dietrich Weiler fungierte also in Köln zugleich als Erzieher oder Tutor der jungen Markgrafen.[1061] Verwunderlich ist das nicht, denn die Familie Weiler gehörte neben den Rot gen. Vaihinger zu den angesehensten des Pforzheimer Patriziats. Zugleich ist sie seit Dietrich zur Klientel der Markgrafen zu rechnen.

Nicht nur die näheren Umstände, auch der Zeitpunkt des Studiums von Dietrich Weiler erweckt Aufmerksamkeit. Denn zur gleichen Zeit, von Februar bis April 1486, befand sich nahezu die gesamte Familie der badischen Markgrafen um Christoph, Albrecht, Friedrich und natürlich ihren Onkel, den Trierer Erzbischof Johann von Baden, anläßlich der Wahl- und Krönungsfeierlichkeiten Maximilians zum Römischen König in Frankfurt, Köln und Aachen.[1062] Markgraf Christoph dürfte also unmittelbaren Anteil an der Wahl der Burse für den Tutor seiner Söhne gehabt haben. Es ist anzunehmen, daß auch die jungen Grafen Unterricht an der thomistischen Burse erhielten. Zwar läßt sich ein Montana-Studium aus den Akten nicht belegen, doch dies trifft auch auf Erhard von der Mark zu.

[1059] M 388,99.
[1060] Vgl. Fouquet 1983, 160, Nr. 52 (die dortige Behauptung, er sei an einer „nicht nachweisbaren Universität zum Magister artium" promoviert worden, trifft nicht zu; es war in Köln an der Montana).
[1061] Um welche es sich handelte, wird im Protokoll nicht angegeben. Auch diese Stellung Weilers ist Fouquet zwangsläufig entgangen; sie würde aber die Beobachtung des Patronatsverhältnisses der Markgrafen über das „bürgerliche Netz" der patrizischen Pforzheimer Familien ergänzen und bestätigen (vgl. Fouquet 1983, 141).
[1062] Vgl. jetzt Angermeier 1989 s.v.

Und der spätere Lütticher Bischof, gut zwei Monate vor Dietrich Weiler immatrikuliert,[1063] bezeugte wie gesagt 1511, daß Remigius de Malmundario (M 41), der Inzeptor Weilers, sein Lehrer „in seinen jungen Tagen" an der Kölner Universität gewesen sei.[1064] Die Montana war also eine erste Adresse für die jungen Adligen. Ulrich Kreidweiß (R 3), auch er als Rat und Siegler des Kölner Erzbischofs Hermann von Hessen mit einer zentralen Rolle beim Krönungsakt,[1065] wird den Markgrafen als „Freund der Familie" und Weggefährte des Montana-Regenten Theodoricus de Busco (M 39) in entscheidendem Maße den Weg in die Montana gewiesen haben. (Die Verflechtungen der Montana mit dem politischen Umfeld vor allem der Habsburger werden später gesondert behandelt.[1066]) Dietrich Weiler konnte bereits 1488 ein Kanonikat am Ettlinger Stift, 1459 von den badischen Markgrafen gegründet,[1067] in Besitz nehmen, das er 1498 resignierte, um zunächst eine Vikarspfründe, dann (1520) eine Stiftsherrenstelle an St. Michael in Pforzheim in Empfang zu nehmen.[1068]

Auf Dietrich Weiler folgte am 31. Oktober 1490 der Pforzheimer Jacobus Funyficis.[1069] Er scheint keiner Familie der Oberschicht angehört zu haben,[1070] und so erklärt sich vielleicht der gebrochene Studienverlauf. Am 5. Dezember 1491 determinierte er unter Remigius de Malmundario (M 41), doch dann ließ er sich dispensieren. Nach Jahren kehrte er allerdings nach Köln zurück, um am 19. März 1499 als *pauper* unter Theodoricus de Busco (M 39) zu inzipieren. Vermutlich begleitete Jacobus jene Gruppe junger Pforzheimer, die sich zwei Jahre vor seiner Promotion in die Kölner Matrikel eintragen ließ. Wenn nun 1497 und nochmals 1505/07 zahlreiche Söhne dieser Stadt ihr Studium ausgerechnet an der Kölner Montana begannen oder fortführten und nicht, wie

---

[1063] M 387,78.
[1064] S.o. 463.
[1065] Ulrich Kreidweiß (R 3) gehörte beispielsweise am 9.4.1486 bei der Krönung in Aachen zu den Würdenträgern, die den König mit einer Prozession empfingen; während des Gottesdienstes las er Maximilian im Auftrag Hermanns von Hessen *etlich artikel fur zum ersten in latin, darnach in tutsch*, die der König zu halten versprach (vgl. Angermeier 1989, II, 932 f.).
[1066] S.u. 666–679.
[1067] Fouquet 1983, 110, 116 f.
[1068] Fouquet 1983, 160, Nr. 52.
[1069] M 408,46.
[1070] Bei Fouquet (1983), wo die führenden Familien Pforzheims erschlossen sind, nicht erwähnt.

zu erwarten wäre, an näheren und somit meist kostengünstigeren süddeutschen Universitäten, stellt sich die Frage nach den Motiven. Einen Landsmann, der für die Montana an der Artisten-Fakultät gelehrt und eine *familia* in Köln um sich hätte versammeln können, gab es nicht. Der Anstoß dürfte demnach aus Pforzheim selbst gekommen sein. Es hat allen Anschein, als ob wir dieses Movens mit Georg Simler von Wimpfen, Lehrer und Rektor der Pforzheimer Lateinschule, personifizieren können.

Georg Simler hatte sein Studium im Wintersemester 1490/91 in Leipzig begonnen.[1071] Er schien sich seinem (zumindest namensmäßigen) Landsmann Conradus Coci de Wimpina angeschlossen zu haben, denn unter diesem determinierte er ungefähr im März 1493.[1072] Wimpina wiederum war ein Schüler des Martin Polich von Mellrichstadt, und trotz der scharfen Kontroverse zwischen beiden um die Jahrhundertwende stand Wimpina zur Zeit von Simlers Bakkalaureat ganz unter den von seinem Lehrer ausgehenden thomistischen und humanistischen Einflüssen.[1073] Dieser Leipziger und Kölner Schule Polichs blieb Georg Simler auch in späteren Jahren verbunden. Einen schlagenden Beleg – auch für die Konstanz und Homogenität des von Köln aus geflochtenen Thomistennetzes – bietet die spätere Tätigkeit des Humanisten an der Heidelberger Realistenburse des Johannes Wenck – wohl als *paedagogus* zwischen 1494 und 1497[1074] – und als Konventor der Tübinger Realistenburse zwischen 1510 und 1515.[1075] Mit viel Vorbehalt begegnete man in der Forschung der bekannten Bemerkung

---

[1071] Erler 1895, 380. Recht gute Zusammenfassung der biographischen Daten zu Simler bei Finke 1972, 185-189 (Lit.); ausführlich: Mertens 1972, 250-268. Weitere Literatur im Kontext.

[1072] Erler 1897, 334.

[1073] Bauch 1899, 12-16. Zur Kontroverse Wimpina-Mellrichstadt vgl. neben Bauch und kurzen Darstellungen in Handbüchern (etwa Rupprich 1970, 705) auch Overfield 1984, 173-185. Auf den Streit werden wir noch genauer zurückkommen; s.u. 602 ff., 607.

[1074] Mertens 1972, 251 u. Anm. 19; vgl. Bigelmair-Zoepfl 1938, XLII, 62 f., Nr. 89.

[1075] Haller 1929, 214* (der Jurist Johann Kingsattler berichtete in seiner Autobiographie, daß er am St. Martinstag 1515 zum Konventor der Realistenburse gewählt worden sei *in locum Georgii Simlers, qui eandem conventoriam providit usque ad IX. kalendas Januarias eiusdem anni*); vgl. Maurer 1967, 30; Finke 1972, 187. Wann genau Simler sein Amt als Konventor angetreten hatte, ist nicht bekannt, doch dürfte es nicht erst 1515 gewesen sein. Diese Entscheidung Simlers verdient umso stärkere Beachtung, als er bei seinem Eintritt in die Tübinger Universität 1510 schon seit einigen Jahren ein enger Freund des nominalistischen Humanisten Johannes Reuchlin war.

Melanchthons, der in Pforzheim zu den Schülern Simlers gehörte, dieser sei ein Zögling der Kölner Universität gewesen.[1076] Ungeachtet der besonderen Umstände, unter denen Melanchthon 1543 schrieb, scheinen die Indizien doch eher für als gegen die Annahme zu sprechen, daß Melanchthon mit seiner Behauptung der Wahrheit entsprach, und daß jener am 13. November 1493 in Köln immatrikulierte Jaerdus Sijmmelon[1077] mit Simler identisch sein könnte. Zum einen würde sich dieser Kölner Aufenthalt ohne weiteres in die traditionelle thomistische Wanderungsbewegung zwischen Köln und Leipzig einfügen und hätte auch ohne die Identität mit Jaerdus Sijmmelon einiges für sich. Zum anderen wäre aber ebenso eine Kölner Immatrikulation bzw. ein ohne Immatrikulation erfolgender Studienaufenthalt Ende 1493 zeitlich mit der Vita Simlers stimmig. Denn Simler strebte nach seinem Bakkalaureat vorerst nicht das Magisterium an, sondern begab sich von Leipzig aus über Köln und Heidelberg nach Pforzheim, wo er eine Anstellung als Lehrer an der Lateinschule fand. Wann dies geschah, ist unbekannt.[1078] Ein mehrmonatiges Magistrandenstudium 1493 in Köln kann also nicht ausgeschlossen werden. Es ist vielmehr sogar anzunehmen, da Simler nach seinem Eintritt in die Tübinger Artisten-Fakultät 1510 unter Anerkennung seines Leipziger Bakkalaureats ohne weiteres Studium direkt zum Magister promoviert wurde.[1079] Dies konnte aber nur geschehen, wenn er die notwendigen Studienleistungen

---

[1076] Vgl. Haller 1927, 263; danach: Finke 1972, 186, Anm. 803; zuletzt: Meuthen 1988, 255. Zu Melanchthons Schulzeit in Pforzheim vgl. etwa Maurer 1967, 20. Mit Blick auf die realistische Geisteshaltung Simlers ist die Feststellung nicht unwichtig, daß Melanchthon sich in seinen ersten Studienjahren an der Heidelberger Universität, wo er privat bei dem Thomisten Pallas Spangel wohnte, der Via antiqua anschloß und in ihr 1511 auch das Bakkalaureat erwarb (Toepke 1884, 472; Maurer 1967, 23-29). Die Äußerung Melanchthons über Simler bei Rotscheidt 1904, 6.

[1077] M 420,55. Die Ursache für die merkwürdige Namensvariante „Jaerdus" ließ sich nicht klären. Daneben ist natürlich nicht auszuschließen, daß Simler sich – wie anschließend in Heidelberg – für seinen Kölner Aufenthalt gar nicht immatrikulieren ließ.

[1078] Ein genaues Datum kann nirgendwo gegeben werden. Vgl. Pflüger 1862, 13 f.; Bucherer 1925, 199; Haller 1927, 263; Finke 1972, 185; Zier 1982, 49 f. Am plausibelsten erscheint das durch Mertens (1972, 250 f.) aus Kingsattlers Autobiographie eruierte Datum 1503/04. Für die Annahme Bucherers (1925, 199), die Stadt habe den Humanisten Simler auf Empfehlung Reuchlins hin als Rektor berufen (von Zier 1982, 50, tradiert), gibt es keinen direkten Beleg; sie wäre aber bei einem nicht auszuschließenden Treffen Simlers mit Reuchlin in Heidelberg 1496/97 nicht abwegig (vgl. Mertens 1972, 267).

[1079] Finke 1972, 186.

schon vorher erbracht hatte und mit entsprechenden „Scheinen"
belegen konnte.

Für eine unmittelbare Kenntnis der Kölner Universität, besonders der Montana, sprechen nun auch die Pforzheimer Bürgerssöhne, die seit 1497 in konzentrierter Form an der Montana studierten – offenbar auf Anraten Simlers. Am 20. April 1497 ließen sich Jacobus Ysungen und Johannes Weybeyl (Vibel) in Köln immatrikulieren.[1080] Beide besaßen bereits das Bakkalaureat einer anderen, unbekannten Universität und wollten in Köln das Magisterium erwerben. Johannes Weybeyl wurde am 11. März 1498 als Schüler der Montana zum Lizentiat zugelassen. Zwar ist sein Inzeptor nicht bekannt, doch bezeugt sein Auftritt als Magister und *responsalis* des Quodlibet im Dezember 1499 die erfolgreiche Promotion. Bei Jacobus Ysungen verzögerte sich die Graduierung aus Altersgründen. Erst im November 1498 wurde er als Bakkalar rezipiert und am 30. April 1499 zum Magister promoviert. Leider fehlt im Protokoll der Name seines Inzeptors.[1081] Er dürfte aber aus der Montana gestammt haben, da Jacobus vermutlich die gleiche Burse aufgesucht hatte wie sein Weggefährte und Landsmann Johannes Weybeyl, und da auch Jacobus Funyficis von Pforzheim im März 1499 unter einem Montana-Regenten, Theodoricus de Busco (M 39), inzipierte.

In die Montana trat auch Jacobus Hoss von Pforzheim ein, der sich knapp einen Monat nach seinen beiden Landsleuten, am 13. Mai 1497, in die Kölner Matrikel eintragen ließ.[1082] Hoss hatte seit Mai 1496 in Freiburg studiert. Dort konnte sich bekanntlich seit 1486/87 unter maßgeblicher Beteiligung Tübinger Magister eine Via antiqua etablieren, obwohl sich die Nominalisten heftig gegen das Reformedikt Erzherzog Siegmunds von 1484 gesperrt hatten.[1083] Doch der Pforzheimer zog eine Graduierung in Köln vor. Am 11. November 1497 determinierte er unter Theodoricus de Busco

---

[1080] M 434,24 und 25.
[1081] Vgl. Un. 480, f. 280r.
[1082] M 434,91.
[1083] Vgl. etwa Ehrle 1925, 183 f.; Haller 1927, 206 f.; Ott/Fletcher 1964, 19 f. Die Tübinger Realisten scheinen in Freiburg einen skotistischen Realismus vertreten zu haben; Johann Kingsattler beispielsweise nennt in seiner Autobiographie die Realistenburse synonym *bursa Scotistarum* (Haller 1929, 212*). Am bekanntesten wurde Georg Nordhofer, der die Leitung der realistischen Burse übernahm. Zur Entwicklung der Freiburger Bursen nach der Existenz zweier Wege vgl. auch Mayer 1926, 13 f., 96 f.

(M 39). Auch Jakob Hoss gehörte einer Familie der Pforzheimer Oberschicht an, die intensive Kontakte mit dem markgräflichen Hof unterhielt.[1084] Der am 26. Mai 1497 immatrikulierte Philipp Hoss von Pforzheim[1085] dürfte sowohl ein Verwandter Jakobs als auch ein Mitbewohner der Montana gewesen sein, doch sind weitere Studienaktivitäten Philipps nicht bekannt.

Wie Philipp Hoss scheinen auch Johannes Erclyn und Michael Zoller von Pforzheim direkt nach dem Besuch der städtischen Lateinschule zum Studium an die Kölner Montana gereist zu sein. Sie gehörten schon jener Gruppe an, die zwischen 1505 und 1507 die thomistische Burse aufsuchte. Zu dieser Zeit amtierte Simler mit Sicherheit als Rektor der Pforzheimer Schule. Erclyn und Zoller immatrikulierten sich am 28. September 1505 in Köln; beide blieben auch während ihres Kölner Studiums zusammen.[1086] Sie schlossen sich dem Montana-Regenten Theodoricus de Novimagio (M 49) an, unter dem sie am 3. Dezember 1506 determinierten und am 28. März 1508 inzipierten. Michael de Lapide al. Phortzem minor wird gut ein Jahr später, für den 6. Juli 1506, in der Kölner Matrikel verzeichnet.[1087] Er schloß sich seinen Landsleuten als Schüler des Theodoricus de Novimagio an, der ihn am 17. Juni 1507 zum Bakkalar graduierte. Wo er zum Magister promoviert wurde, ist ungewiß. Sicher ist nur, daß er mit diesem Grad 1512 die Pastorie in Niefenbach, 1514 die in Gochsheim erhielt, und daß er als Mitglied des Landkapitels Pforzheim 1523 Stiftsherr an St. Michael wurde.[1088]

Mag man bei all den bisher Genannten der These, Georg Simler habe sie zu einem Studium an der Montana bewogen, noch mit Zweifeln begegnen können, so bringen die nun Folgenden endgültig das Licht der Gewißheit. Vor allem durch (den noch häufiger zu nennenden) Nikolaus Gerbel von Pforzheim wird das aufgezeigte Verhältnis zwischen der badischen Stadt und der thomistischen

---

[1084] Fouquet 1983, 141 f., 164 f., Nr. 20 und 21. Fraglich ist, ob der Kölner Jakob Hoss mit dem gleichnamigen Stiftsherrn (1496/97) an St. Michael und Inhaber einer Präbende am Alten Schloß in Baden-Baden (seit 1497) identisch ist (vgl. Nr. 20) oder mit einem Verwandten des Stiftsherrn, dem Magister Jakob Hoss (vgl. Nr. 21). Freilich ist ein Magisterium des Kölners bisher nicht bekannt.
[1085] M 434,117.
[1086] M 467,51 und 52.
[1087] M 471,6.
[1088] Fouquet 1983, 159, Nr. 49.

Kölner Burse auf eine Ebene geistesgeschichtlicher Zusammenhänge emporgehoben, die von kaum zu unterschätzender Bedeutung und Tragweite für die Kölner Universität war. Doch zunächst zum Kölner Studium. Gerbel immatrikulierte sich am 16. Juni 1507 zusammen mit Sebastian Liesch von Pforzheim in Köln.[1089] Beide traten in die Montana ein. Da Gerbel bereits das Bakkalaureat besaß, welches er während seines Studiums in Wien erworben haben muß,[1090] ging es ihm nur um den Erwerb des Magisteriums. Dies erlangte er am 28. März 1508 unter Theodoricus de Novimagio (M 49). Anschließend gewährte man ihm den erbetenen Dispens von der weiteren Vorlesungsverpflichtung, damit er sich nach Pforzheim und Tübingen zurückbegeben könne. Sebastian Liesch determinierte schon am 12. Juli 1508 unter Andreas Bardwijck (M 51), dürfte demnach schon einige Zeit in Köln studiert haben (auch Gerbel war, wie noch zu zeigen sein wird, bereits vor seiner Immatrikulation in Köln), begab sich dann aber ebenfalls zurück in seine Heimatstadt. Sebastian stammte wie die Söhne der Weiler und Hoss aus einer Familie der Oberschicht, die einflußreiche politische Ämter bekleiden konnte.[1091] Sicherlich hatte er die mittlerweile berühmte Lateinschule unter Simler besucht, der ihn zusammen mit Gerbel nach Köln geschickt haben dürfte. In Pforzheim trat Sebastian wiederum mit Simler in Verbindung, denn beide reisten 1510 zusammen nach Tübingen und ließen sich nebeneinander, Sebastian als *Baccalarius Coloniensis*, in die Matrikel eintragen.[1092]

Sebastians (vermutlicher) Bruder Vitus Liesch wählte den gleichen Studienweg. Am 27. Oktober 1507 trug ihn der Rektor in die Kölner Matrikel ein. Einige Monate nach Sebastian, am 28. November 1508, wurde er durch seinen Lehrer Rutger de Venlo zum Bakkalar graduiert, ebenso wie Michael Neuwelt von Pforzheim, der

---

[1089] M 473,146 und 147.
[1090] Zum Wiener Studium Gerbels vgl. etwa Büchle 1886, 3 f.; Merker 1923, 241 ff.; Heinrich Grimm, Art. „Gerbellius", in: NDB 6 (1964), 249 f. (Juni 1506 als Kölner Immatrikulationsdatum ist zu korrigieren, ebenso die Behauptung, Gerbel habe als Lehrer, u.a. des Melanchthon, an der Pforzheimer Lateinschule gewirkt). Völlig unzureichend in den Ausführungen zur Schul- und Studienzeit Gerbels: Horning 1918, 9-13 (die Behauptung, Gerbel sei 1506 mit seinem Vater, einem aus Wien gebürtigen und nicht unbedeutenden Kunstmaler, nach Köln gezogen, da dieser hier kurzzeitig seinen Beruf ausgeübt habe, ist nicht belegt und offenbar frei erfunden).
[1091] Fouquet 1983, 166, Nr. 31.
[1092] Finke 1972, 186; vgl. Kuhn 1971, 358, Nr. 2180.

schon für den 4. September 1507 in der Kölner Matrikel steht.[1093] Am 1. April 1509 immatrikulierte Vitus sich dann in Tübingen, wo er im Januar 1511 das Magisterium erwarb.[1094] 1519 präsentierte ihn der badische Markgraf Philipp auf ein Vikariat an St. Michael.[1095]

Michael Neuwelt und Vitus Liesch sind sowohl die letzten Schüler, die direkt aus Pforzheim in die Montana gingen, als auch die letzten, die überhaupt aus dieser Stadt nach Köln zum Studium reisten. Viele Universitäten lagen günstiger. Auffallend, daß der weitaus größte Teil von ihnen während Simlers Lehrtätigkeit an der Lateinschule die thomistische Burse frequentierte. Wir werden wohl annehmen dürfen, daß die genannten Bürgerssöhne allesamt wie der Künstlersohn Nikolaus Gerbel, bei dem es gewiß ist,[1096] unter ihm die Schulbank drückten. Trifft dies zu, dann entschieden sie sich mit einer geistesgeschichtlichen Vorbildung für die Montana, die näherer Ausführungen bedarf.

Georg Simler führte die Pforzheimer Lateinschule auf ein ausgesprochen hohes humanistisches Niveau. Männer wie Franciscus Irenicus und Philipp Melanchthon rühmten seine Verdienste um ihre Bildung.[1097] Wimpfeling lobte sein didaktisches Geschick.[1098] Simler unterrichtete sogar Griechisch; als Lehrer an der Tübinger Artisten-Fakultät (vermutlich schon an der Realistenburse) gab er 1512 die erste griechische Grammatik heraus.[1099] Bereits 1502 trat er erstmals als Editor der wiederholt durch den Pforzheimer Drucker Anshelm aufgelegten ‚Ars memorandi' hervor;[1100] es folgten Kommentare zu Werken seines Freundes Reuchlin, wie etwa zum ‚Liber

---

[1093] M 475,37.
[1094] Vgl. Kuhn 1971, 357, Nr. 2179; Fouquet 1983, 166, 31 (keine Erwähnung des Kölner Studiums).
[1095] Fouquet 1983, 166, Nr. 31.
[1096] Bucherer 1925, 203; Grimm, in: NDB 6 (1964), 249.
[1097] Vgl. Karl Hartfelder, Art. „Simler, Georg", in: ADB 34 (1892), 350 ff.; Bucherer 1925, 199, 201 f.; Maurer 1967, 20 f.; Finke 1972, 186; Mertens 1972, 251.
[1098] Vgl. Knepper 1902, 275, Anm. 2; Mertens 1972, 251.
[1099] Haller 1927, 277; Finke 1972, 187.
[1100] Zu dem Werk, an dem u.a. Sebastian Brant literarisch beteiligt war, und das auch die Titel ‚Rationarium Evangelistarum' bzw. ‚Memorabiles Evangelistarum figurae' trug: Volkmann 1929, 120 f.; Alberts 1955, 210; Finke 1972, 186, 236 f. Eine ausführliche Erörterung bietet Burger 1969, 248-251 (inhaltlich ging die Gedächtniskunst auch auf Ausführungen von Albertus Magnus und Thomas von Aquin ein; vielleicht ist es kein Zufall, daß sich eine Einleitung zur ‚Ars memorativa', die dezidiert auf die Autoritäten Aristoteles, Seneca, Cicero und Thomas von Aquin verweist, in einer vatikanischen Handschrift [Cod. Pal. lat. Vat. 884, f. 8] unmittelbar an eine Rhetorikvorlesung Peter Luders anschließt; vgl. Ritter 1923a, 123, Anm. 1).

de arte predicandi' (1504) oder in pädagogischer Hinsicht zum satirischen Drama ‚Sergius' (1507).[1101] Zugleich war Simler bis 1507 als Korrektor und Herausgeber weiterer Werke bei Anshelm tätig.[1102] Von der praktischen Umsetzung seiner humanistischen Bildungsideale zeugt die bedeutsame, von ihm mit seinen Schülern einstudierte Aufführung von Reuchlins Satire ‚Henno' vor dem Verfasser und den Stiftsherren von St. Michael.[1103]

Dieses Ereignis wurde später durch Nikolaus Gerbel in seiner Beschreibung Griechenlands tradiert.[1104] Vermutlich konnte Gerbel bei einem seiner Besuche in der Heimatstadt, die er als Lehrer an der Tübinger Artisten-Fakultät (seit Mai 1508) unternahm, der Aufführung zugegen sein. Da Gerbel 1509/10 einem Ruf als Regent an die neu und maßgeblich von Köln aus fundierte thomistische Burse der Mainzer Universität folgen wird[1105], ist es für eine Charakterisierung des Köln-Mainzer Gemeinschaftsunternehmens nicht ganz uninteressant, einen näheren Blick auf die Geisteshaltung dieses thomistischen Bursenlehrers zu werfen.

Nicolaus Gerbellius kann – zumindest bis zur Reformation – als Inbegriff der Synthese von humanistischer und scholastisch-thomistischer Bildung gelten. Sein Vater war Künstler, ein Maler und vielleicht auch Bildhauer, aus Wien gebürtig.[1106] Vermutlich bestimmte diese lokale Bindung in nicht unerheblichem Maße die Entscheidung Gerbels, sein Studium 1502 an der Wiener Universität zu beginnen. Eine frühe Beeinflussung durch den dominierenden

---

[1101] Vgl. Alberts 1955, 210, 217; Rupprich 1970, 638 f. (zum Sergius); Finke 1972, 187 (falsches Datum 1513 zur Erstauflage des Sergius), 235 f.

[1102] Alberts 1955, 217. Unter Simlers Verantwortung fallen beispielsweise auch die beiden Auflagen der ‚Ars metrificandi' des Robert Gaguin (1505 u. 1506) oder die Herausgabe der Schrift ‚De institutione clericorum' des Hrabanus Maurus (1504 u. 1505); vgl. Alberts 1955, 210 f., 217. Nachfolger Simlers als Korrektor wurde Johannes Hildebrandt von Schwetzingen (Alberts 1955, 217; grundlegend zu Hildebrandt: Mertens 1972), der schon länger erfolgreich als Lehrer unter Simler an der Lateinschule lehrte (Merker 1923, 241; Bucherer 1925, 201; Finke 1972, 185; Mertens 1972, bes. 250, 266) und im übrigen der Heidelberger Realistenschule entstammte (9.11.1497 Bakkalaureat *in via antiqua*; Toepke 1884, 419; vgl. Mertens 1972, 249 f.). Hildebrandt folgte Simler an die Tübinger Universität, wurde dort 1512 zum Magister promoviert (Kuhn 1971, 325, Nr. 1911; Mertens 1972, 265).

[1103] Bei dieser Aufführung erhielt bekanntlich Philipp Schwartzerdt, der 1508/09 an der Schule unterrichtet wurde und im Stück die Hauptrolle spielte, durch seinen Onkel den Namen Melanchthon (Maurer 1967, 20 f. und 216, Anm. 8).

[1104] Merker 1923, 241; Maurer 1967, 20 f.

[1105] S.u. 695 ff.

[1106] Merker 1923, 240.

Nominalismus war damit nicht zwangsläufig verbunden, denn seit spätestens 1492 regte sich in Wien Kritik an den nominalistischen Sophismen und Kommentaren, an der fehlenden Berücksichtigung der Texte allgemein anerkannter Autoritäten (wie Skotus, Albertus Magnus oder Thomas von Aquin, ja selbst Ockham), die hauptsächlich von dem kaiserlichen Superintendenten Bernhard Perger[1107], aber auch von dem kaiserlichen Rat Johannes Fuchsmagen vorgetragen wurde.[1108] 1499 erreichten diese Reformbemühungen, die essentiell mit einem humanistischen Reformprogramm einhergingen, ihren vorläufigen Abschluß. Die Artisten-Fakultät beschloß nicht nur die Verbindlichkeit der Vorlesungen *in artibus humanitatis* und Verbesserungen an den nominalistischen Texten, sondern auch die institutionalisierte Etablierung einer Burse ausschließlich für realistische Studenten und Magister mit eigenen Promotionen, falls künftig so viele Schüler kommen würden, die in der realistischen Via unterrichtet werden wollten.[1109] Solche Bestrebungen könnten etwa durch die Montana-Schüler Johannes Reichl von Neu-

---

[1107] Zu ihm zuletzt: F.J. Worstbrock, Art. „Perger, Bernhard, von Stainz", in: Verfasserlexikon 7 (1989), Sp. 404-408.

[1108] Kink 1854 I/1, 194 f., 200 f; Bauch 1903, 30 u. Anm. 4 (mit vollständigem Text der Reformwünsche Pergers von 1492); Großmann 1929, 301-304.

[1109] Text in Ausschnitten bei Kink 1854 I/1, 198 f., Anm. 230; ausführlich und mit sehr guter Paraphrase: Bauch 1903, 94-102; vgl. auch Großmann 1929, 303 f. Zur Sache vgl. auch Lhotsky 1965, 184 f. (Problematisierung, ob die Bemühungen um Förderung des Humanismus wie des Realismus in einem ursächlichen Zusammenhang stehen, doch ohne Stellungnahme. Lhotskys Zweifeln, ob die Dominanz der Nominalisten tatsächlich bestand, läßt sich das Zeugnis des Paulus Niavis in seinem ‚Latinum ydeoma' entgegenhalten, der seinen Protagonisten zuverlässig berichten läßt, daß in manchen Ländern ganze Universitäten, Wien und Erfurt etwa, von den Moderni beherrscht würden; vgl. Streckenbach 1972, 200.) sowie Seifert 1984, 137 f. Die Beschlüsse wurden 1501 bestätigt, 1509 in ein Statut eingearbeitet. Die Paraphrase Großmanns, falls künftig Realisten kämen, wolle man für sie eine eigene Burse errichten, trifft nicht den Sachverhalt, da er das Adjektiv *tanta* zu *affluentia* wegließ. Entscheidend ist aber, daß anscheinend schon ein beträchtlicher Zulauf von realistischen Schülern bestand, die vermutlich in Privatbursen untergebracht waren. Daher der Entschluß: wenn aber weiterhin so viele kämen, dann sei die Institutionalisierung einer eigenen realistischen Burse mit eigenen Lehrern und Graduierungen auch in Wien unumgänglich. Bauch weist mit Recht (Bauch 1903, 100 f.) auf die Parallele zu den Freiburger Vorgängen hin (man könnte auch schon Heidelberg anführen), wo ebenfalls durch landesherrliche Initiative die Etablierung der Via antiqua betrieben wurde. Seine Vermutung, Maximilian könnte „diesen Keil in die Fakultät getrieben haben", hat mit Blick auf die Kölner Thomisten, die dieser in einflußreiche Stellungen hob, einiges für sich. Wir werden auf die Thomisten in seinem Umfeld zurückkommen; s.u. 666-679.

markt[1110], der sich im Sommersemester 1489 als Dominikaner in Wien immatrikulieren ließ,[1111] und Meinrad Zindel von Nördlingen[1112] getragen worden sein, ebenso gut aber auch durch den Magister der Laurentiana Johannes Keck von Isny[1113].

Gerbel freilich erreichte recht bald, vermutlich durch entsprechende Vorbildung unter Simler, die Aufnahme in das 1501 durch Maximilian gestiftete Collegium poetarum et mathematicorum des Konrad Celtis.[1114] Schon 1502 war er Augenzeuge, als Johannes Stabius durch den hierfür vom Kaiser beauftragten Johannes Cuspinian zum Dichter gekrönt wurde.[1115] Joachim Vadian berichtete 1517, wie er Nicolaus Gerbellius als einen der Schüler des Celtis angetroffen habe, der mit den anderen dichterische Wettkämpfe ausgetragen habe, zum Teil um den Preis eines von Celtis als Schiedsrichter verliehenen Kranzes.[1116] Näheren Einblick vermittelt uns das von Celtis 1504 verfaßte kleine Festspiel ‚Rhapsodia‘, mit dem er den bei Regensburg 1504 errungenen Kriegserfolg Maximilians im bayerisch-pfälzischen Erbfolgekrieg rühmte.[1117] Er ließ das Stück, welches von den Schülern seiner Sodalitas litteraria Collegii poetarum gesungen und rezitiert worden war, 1505 unter den Auspizien der Sodalitas litteraria Danubiana in Augsburg drucken.[1118] Im Anhang

---

[1110] M 368,37: Oktober 1480 in Köln immatrikuliert, Dezember 1481 Determination unter Remigius de Malmundario (M 41), 1484 Inzeption unter Theodoricus de Busco (M 39).

[1111] Gall/Szaivart 1967, 208.

[1112] M 403,129: Oktober 1489 in Köln immatrikuliert, November 1490 Determination unter Theodoricus de Busco, 1492 Inzeption unter Remigius de Malmundario; Wintersemester 1501/02 Immatrikulation Wien (Gall/Szaivart 1967, 297).

[1113] M 430,30: 1492 in Leipzig, April 1496 Immatrikulation Köln, Juni 1496 Determination unter Johannes de Harderwijck (L 55), 1498 Lizentiat und Magisterium (Inzeptor unbekannt); Wintersemester 1498/99 in Wien immatrikuliert (Gall/Szaivart 1967, 268). Insgesamt ist der Wechsel von in Köln graduierten Supposita nach Wien aber sehr gering. Für 1492 wäre noch der Kölner Bakkalar Johannes Mulsteter de Lawdn (Gall/Szaivart 1967, 224; in Köln nicht eindeutig zu identifizieren) zu nennen. Weitere drei Kölner kamen noch zwischen 1509 und 1517, unter ihnen ein Bakkalar der Kuckana (M 475,104) und ein Magister der Montana (M 489,120), der 1517 in die Wiener Universität eintrat und noch zu nennen sein wird, da von gewisser Bedeutung für die Montana; s.u. 709.

[1114] Zum Collegium zuletzt: Wuttke 1987, 278 f.; umfassend: Bauch 1903, 117-156.

[1115] Ankwicz-Kleehoven 1959, 23.

[1116] Bauch 1903, 143.

[1117] Druck: Pindter 1945, 7-13, 16-27 (Appendix); vgl. Bauch 1903, 144-152; Müller 1982, 45; Wuttke 1987, 282; Füssel 1987, 165 ff. (mit einer umfassenden Einordnung weiterer künstlerischer Werke in die historischen Vorgänge um den bayerisch-pfälzischen Erbfolgekrieg 1504/05).

[1118] Bauch 1903, 14 f. u. Anm. 5.

zur ‚Rhapsodia' wurden die jeweils vier ordentlichen Mitglieder der drei Klassen seines Kollegiums aufgeführt, unter ihnen als Schüler und Sodale der dritten Klasse – mit seinem Poetennamen – Nicolaus Musophilus Phorcensis.[1119] Jeder von ihnen steuerte dem Druck, auch zum Beweis der erlernten Fähigkeiten, ein Huldigungsgedicht an den Kaiser bei.[1120]

Gerbel dürfte das Collegium und seine Sodalitas 1506 oder 1507, in den Jahren des Zerfalls[1121], verlassen haben. Seine Verbundenheit mit dem „Erzhumanisten" bewies er noch über dessen Tod hinaus, als er für die 1513 erschienenen Oden des Celtis ein begleitendes

---

[1119] Bauch 1903, 147 ff.; Pindter 1945, 19.

[1120] Gedruckt: Pindter 1945, 21-26, 26 (Gedicht des Nikolaus Gerbellius). Der gleiche Kriegserfolg Maximilians wurde wenig später an der Freiburger Universität ebenfalls in Form humanistischen Dramas verherrlicht, das personell wie inhaltlich eine Brücke zum Wiener Poetenkolleg schlägt. Zugleich bezeugt es die Pflege des humanistischen Dramas an der Pforzheimer Lateinschule unter Simler. Denn dessen Schüler Hieronymus Vehus (zu dem bekannten markgräflich-badischen Kanzler: Kattermann 1935; Immenkötter 1982), der nach Besuch der Lateinschule seit März 1503 an der Freiburger Universität studierte, veröffentlichte 1504/05 (wohl eher 1505) das Drama ‚Boemicus Triumphus', in welchem er wie Celtis in der ‚Rhapsodia' ebenfalls den Sieg Kaiser Maximilians im bayerisch-pfälzischen Erbfolgekrieg bei Regensburg 1504 pries (vgl. Kattermann 1935, 15 f.; Michael 1971, 261 f.; Immenkötter 1982, 12 f.; Füssel 1987, 167, Anm. 92). Michael (1971, 261 f.) hat darauf hingewiesen, daß Vehus sich ganz offensichtlich an der Celtis'schen Vorlage orientiert hatte und sogar dessen musikalischen Intentionen durch die Hinzufügung von drei je vierstimmigen Choralsätzen nachfolgte. Der humanistische Vermittler war Nikolaus Gerbel, der von Vehus in den Einführungsversen seines Stückes genannt wird (nur von Michael 1971, 262, aufgeführt, der Gerbel allerdings nicht mehr in Wien, sondern in Freiburg vermutet; bei Kattermann 1935, 15 f., Immenkötter 1982, 12 f., Füssel 1987, 167, Anm. 92, wird Gerbel nicht erwähnt). Gerbel wird mit großer Wahrscheinlichkeit bis 1502 ein Mitschüler des Vehus in Pforzheim gewesen sein. Da er 1504/05 noch in Wien am Collegium poetarum studierte und vermutlich nicht nach Freiburg gereist war, wird er Vehus am ehesten während eines gemeinsamen Aufenthaltes in Pforzheim getroffen und ihn mit der ‚Rhapsodia' des Celtis vertraut gemacht haben. Für diese Annahme spricht eine interessante Beobachtung: in dem um 1504 in Pforzheim bei Anshelm erfolgten Druck des von Georg Simler für den lateinischen Elementarunterricht nach humanistischen Gesichtspunkten bearbeiteten Schulbuchs ‚Regulae puerorum Remigii' erscheint auf dem Titelblatt nach den Namen Georgius Symler und Joannes Hiltebrant – von Mertens (1972, 256 f., Anm. 35), der das Titelblatt abdruckte, nicht identifiziert – explizit Nikolaus Gerbel, und zwar unter seinem Poetennamen Musophilus (dort: *Nicolaus Musiphilus*). Er hatte dem Druck wie Hildebrandt ein werbendes Distichon beigegeben (*Grammatices elementa puer primumque liquorem / Qui petis hic fluuij maxima vena scatet.*) Es ist anzunehmen, daß der Schüler des Poetenkollegs während eines Heimataufenthalts Gelegenheit zur Abfassung des Distichons und zu jenem Gespräch mit Vehus fand, das diesen dann zur Niederschrift des Dramas ‚Boemicus Triumphus' nach dem Vorbild des Celtis-Werkes anregte.

[1121] Vgl. Bauch 1903, 154-161.

Epigramm schrieb.[1122] Durch die Jahre in der Wiener Sodalitas wuchs in ihm nicht nur eine euphorische Begeisterung für die humanistischen Studien und Lebensinhalte, sondern offenbar auch das Gefühl, dem Kreis der Geistesgrößen seiner Zeit als gleichberechtigtes Mitglied anzugehören. Anders kann man wohl kaum jene beiden Briefe interpretieren, die Gerbel unmittelbar nach seinem Aufenthalt bei Celtis an Reuchlin und Trithemius schrieb.

Vermutlich 1507, während eines Zwischenaufenthaltes in Pforzheim und vor seiner Kölner Immatrikulation, bekundete er seine innige Zuneigung zu dem berühmten Landsmann.[1123] Er schwelgt in den Erinnerungen an eine Disputation Reuchlins über platonische Philosophie, stellt ein Leben an der Seite Reuchlins über alles andere, will Heimat und väterliches Haus verlassen, um ganz nach Reuchlins Anregungen zu leben: *Vis graecis studeam, studebo graecis; si Platonicum me esse velis Platonem volvam, revolvam, volutabo; sin Livianum, Livium perlegam. Omnia sub nutu stentque cadentque tuo.*[1124] Nun, Gerbel ging 1507 an die Kölner Montana. Hat ihn in diesem Beschluß neben Simler, wie wohl anzunehmen ist, auch Reuchlin, vielleicht gar Celtis[1125] bestärkt? Beides kann nach den noch darzulegenden personellen Vernetzungen keineswegs ausgeschlossen werden.

Aus der Montana, *ex Colonia*, richtete Nicolaus Gerbellius Phorcensis dann an den vierten Iden des Juni 1507, also am 10. des Monats und sechs Tage vor seiner Immatrikulation[1126], den bekannten Brief an den Benediktiner-Abt Johannes Trithemius.[1127] Zu

---

[1122] Büchle 1886, 7 f.
[1123] Verkürzt bei Geiger 1875, 103, Nr. 98. Der Brief ist von Reuchlin sowohl in die ‚Clarorum virorum epistolae' als auch die ‚Illustrium virorum epistolae', beide gegen seine Kölner Feinde gerichtet, aufgenommen worden. Die Datierung Winter 1507/08 bei Merker 1923, 244, ist kaum haltbar, resultiert wohl daraus, daß Merker ein falsches Kölner Immatrikulationsdatum (Juni 1506) übernahm, und daß ihm das Magisterium an der Montana, am 28.3.1508 unter Theodoricus de Novimagio (M 49), unbekannt war.
[1124] Vgl. Merker 1923, 244 f. (dort ausführlicheres Zitat als bei Geiger 1875, 103, Nr. 98).
[1125] Immerhin war Celtis mit dem Montana-Regenten Valentin Engelhardt (M 43) befreundet, empfahl ihm schon 1496 einen Neffen (Meuthen 1988, 228). Hierzu später mehr; s.u. 683-688.
[1126] M 473,146.
[1127] Gedruckt in: ‚Joannis Tritemii Abbatis Spanhemensis Epistolarum familiarium libri duo ad diversos Germaniae Principes, Episcopos, ex eruditione praestantes viros', Hagenau 1536, 272 ff. (eingesehen wurde das Exemplar der UStB Köln, GB II^d 264).

geflügelten Worten wurde sein Hymnus: „Wie oft beglückwünsche ich mich, ehrwürdiger Vater, in diesem so überaus glücklichen Jahrhundert geboren zu sein, das so viele berühmte Männer in Deutschland hervorgebracht hat, unter denen du einer bist, welcher die Deutschen sowohl mit dem Lateinischen als auch Hebräischen wie Griechischen bereichert hat."[1128] Vom humanistischen Selbstbewußtsein und Umfeld zeugt denn auch das Anliegen Gerbels: Er wolle sich dem *consortium* des Trithemius und der Seinigen *adscribere*, der *secta* des humanistischen Abtes ganz *consecrare*. Die enge Freundschaft zwischen Gerbels Lehrer Celtis und Trithemius wird dem fordernden Begehren des Montana-Schülers einen Anstrich von Vermessenheit genommen haben.[1129]

Trithemius ließ seinen Bewunderer nicht lange warten, antwortete ihm mit einem langen Brief am 16. Juli 1507 aus Würzburg.[1130] Schnell kam er zum Kern: *Oras in primis te nostris adscribamus amicis, rem certe non difficilem postulans, quando bonarum literarum studiosos omnes inter fratres nobis atque charissimos habere semper fuerit iucundissimum.* Die Dunkelmänner (*tenebriones*) dagegen und Schatzgeister (*divitiarum avarissimos incubones*) würden sie

---

[1128] *Gratulor mihi ipsi saepiuscule, reverendissime pater, me felicissimo hoc saeculo progenitum, quo tot illustres viri, nec ignobilis famae, in Germania passim prodiere, quos inter tu unus es, qui cum literis Latinis et Hebraeas et Graecas apud Germanos fecisti locupletiores* ... Vgl. Merker 1923, 243; Arnold 1971, 75; Spitz 1975, 401; Meuthen 1988, 215. Arnold und Spitz erwähnen nicht den Ort, an dem der Brief geschrieben wurde, Arnold zudem nicht einmal den Zeitpunkt (irreführend auch dessen Formulierung: „Dies schreibt auf dem Höhepunkt seines Ruhmes ein Mann an Trithemius, der dabei um Aufnahme in seinen Freundeskreis bittet". Aus dem Späteren geht hervor, daß der Ruhmesgipfel auf Trithemius bezogen ist; die grammatikalische Struktur des Satzes weist zweifellos auf Gerbellius.). Nicht anschließen kann ich mich Arnolds Interpretation des „unus" mit „der einzige". Denn da Gerbellius zumindest Reuchlin und dessen Hebräisch- wie Griechisch-Kenntnisse sehr gut bekannt waren, wird er diese Art von Schmeichelei kaum angewandt haben; vielmehr wird das „unus" als „einer derjenigen" zu verstehen sein. In diesem Sinne denn auch die weiteren Gedanken Gerbels: ... *inter quos tantum polles et enitescis, ut an cuiquam te comparem, an praeferam cunctis in trivio sim, fluctuemque Chrementis instar Therentiani. Verum non inconsyderate dubito, cum non trivium in te, sed disciplinarum omnium theatrum spaciosum, exuberans, nitidissimum conspiciamus, non in te virtutem unam aut tres, sed eas omneis tenaciter et agminatim coagulatas perinde ac spectaculo decentissimo spectemus.*

[1129] Zur gleichen Zeit, am 1.7.1507, berichtete übrigens Trithemius von Würzburg aus seinem *frater et amicus* Celtis von den mißlichen Sponheimer Vorgängen, die zur Aufgabe der Abtwürde und Übernahme der Abtei St. Jakob in Würzburg führten (vgl. Rupprich 1934, 592-595; zur „engen geistigen Verbundenheit zwischen beiden" bündig: Arnold 1971, 97 f.).

[1130] Gedruckt: ‚Tritemii Epistolarum familiarium libri duo', 274 ff.

von ihrer Freundschaft ausschließen, da jenen nur das winselnde Knurren *contra viros doctos et eruditos* vertraut sei. *Te autem studiose Gerbelli, quem ornatissimae tuae literae doctum et panaretum declarant, in amicitiam nostram (tametsi medioximi sumus) obviis manibus libenter accipimus, fidemque et charitatem inviolabili constantia pollicemur.* Er wisse nämlich, daß Gerbel nicht jene eitlen Schmeichler nachahme, daß seine Absichten lauter und wahrhaftig seien. – Ein Schlaglicht nicht nur auf die geistige Situation der Zeit, sondern auch auf das wissenschaftliche Klima an der führenden thomistischen Burse Kölns! Versuchen wir zu verstehen, warum Nicolaus Gerbellius dem Kölner Thomismus und den Bursen mit seiner bald folgenden Regentschaft in Mainz die Treue gehalten hat.

7. Mainz

Bereits der Name des ersten Rektors der am 1. Oktober 1477 eröffneten Mainzer Universität, Jakob Welder von Siegen (R 2), weist auf die nachhaltigen Einflüsse der Kölner Thomisten hin.[1131] Der Name des ersten Kanzlers, Georg Pfintzing von Nürnberg, könnte einen Schlüssel für dieses nicht unwesentliche Faktum bieten.[1132] Erstaunlicherweise sah der Mainzer Erzbischof Diether von Isenburg das Kanzleramt für den Propst des Stiftes St. Mariengraden vor, nicht – wie für Mainz zu erwarten gewesen wäre – für den ranghöchsten Würdenträger des Domstiftes.[1133] Vermutlich drückte Diether damit auch seinen Dank für Pfintzings maßgebliches Engagement bei der Universitätsgründung aus. Der Nürnberger Humanist, den wir ja bereits an der Seite Hartmann Schedels

---

[1131] Zu Welders Rektorat zuletzt: Steiner 1989, 33 (Lit.). Steiner (75) sieht Welders Zugehörigkeit zum Thomismus nur durch seine „Kölner Vergangenheit" als wahrscheinlich an, was sich aber „aufgrund fehlender einschlägiger Quellenaussagen" nicht endgültig beweisen lasse. Abgesehen davon, daß ein Kölner Studium nicht unbedingt zum Thomismus führen mußte, ist hier nur wiederum auf das klare Zeugnis des Servatius Fanckel über die thomistische Parteizugehörigkeit Welders zu verweisen (vgl. Löhr 1926, 23). Als erster Rektor der Mainzer Universität hat Welder naturgemäß bei den Mainzer Universitätshistorikern größere Beachtung gefunden; vgl. Mathy 1977, 38 ff., und (fast wortgleich) Mathy 1986, 7-12.
[1132] Zur Kanzlerschaft Pfintzings: Diener 1974, 41, 43.
[1133] Vgl. Diener 1974, 42 f. (aber schon nach Pfintzings Tod 1478 erhielt der Domkustos das Amt); Steiner 1989, 36.

und Peter Luders in Padua erlebt hatten,[1134] wird erstmals 1471 als Propst an St. Mariengraden in Mainz genannt.[1135] An diesem Stift besaß nun auch Jakob Welder von Siegen ein Kanonikat, für 1471 erstmals bezeugt.[1136] Er trat damit gewissermaßen in eine Traditionslinie, denn ein gleichnamiger Verwandter von ihm war seit 1439 Stiftsherr, seit 1445 sogar Dekan an St. Mariengraden;[1137] ein Johann Welder schließlich starb 1490 als Pleban dieses Stifts.[1138] Jakob Welder d.J. fungierte zudem vermutlich seit 1473 als Dekan an St. Peter in Mainz und damit als *os cleri saecularis*.[1139]

Enge Verbindungen mit Mainz bestanden demnach bereits während seines Kampfes um die Privilegierung der Raemsdonck-Burse, begleiteten seine Wirksamkeit in der Gründungs- und Aufbauphase an der Trierer Universität und standen wohl auch im Hintergrund der Heidelberger Berufungsverhandlungen 1474/76.[1140] Wenn er sich schließlich 1476, offenbar nach längerem inneren Ringen und wider den Wunsch guter Freunde wie Pallas Spangel, gegen die Annahme einer theologischen Professur an der kurpfälzischen Universität entschied, dürfte sein persönlicher Kontakt zu Georg Pfintzing als treibender Figur bei den Mainzer Universitätsplänen entscheidend gewesen sein. Dies legt auch die Chronologie der Ereignisse nahe. Im Dezember 1475 hatte Jakob Welder die Heidelberger um eine dreimonatige Verlängerung seines Urlaubs wegen persönlicher Angelegenheiten gebeten.[1141] In den Wochen oder Monaten nach März 1476 muß die negative Entscheidung gefallen sein.[1142] Seit Ende des Jahres 1475 hielt sich Georg Pfintzing als Mitglied einer Delegation Diethers von Isenburg in Rom auf, um dessen Wahl zum Mainzer Erzbischof vom Papst bestätigen zu lassen.[1143] Im

---

[1134] Vgl. etwa Baron 1966, 128 ff.
[1135] Vgl. Dörr 1953, 19, 30, 79; Diener 1974, 36.
[1136] Dörr 1953, 91.
[1137] Dörr 1953, 91. Menn (1950, 21) glaubte in den Erwähnungen Jakob Welders d.J. als Kanoniker an St. Mariengraden eine Verwechslung mit dem älteren Namensträger sehen zu müssen.
[1138] Vgl. Herrmann 1914, 43, Anm. 7 (der Tod Johann Welders wurde im Dominikaner-Nekrolog verzeichnet). Dieser Familienangehörige dürfte identisch sein mit dem gleichnamigen, 1450 immatrikulierten Kölner Studenten (M 245,20), der aus Erfurt gekommen war und in der Laurentiana 1452 unter Arnoldus Unckel (L 31) determinierte.
[1139] Menn 1950, 18, 20 f.; vgl. Diener 1974, 20.
[1140] Zur Sache s.o. 508 f.
[1141] Menn 1950, 20.
[1142] Das genaue Datum läßt sich nicht ermitteln (vgl. Menn 1950, 20).
[1143] Diener 1974, 34.

Spätsommer nahm Diether mit praktischen Schritten die von seinem Vorgänger Adolf von Nassau nicht zu verwirklichende Absicht der Errichtung einer Universität in Mainz auf.[1144] Nicht nur die zu vermutenden Aufenthalte Welders in Mainz zu jener Zeit und sein Kontakt mit Pfintzing, auch die vertrauensvolle Übertragung des ersten Rektorats an den Kölner Thomisten legen – analog zu Nikolaus Raemsdonck (R 1) in Trier – eine schon bestehende Zusammenarbeit mit den maßgeblichen Betreibern und Vollendern der Mainzer Universität nahe.[1145] Freilich bewirkte Welders Entschluß mitnichten einen Riß der Vernetzungen zu den thomistischen Knotenpunkten in Köln, Trier und Heidelberg. Eindrucksvoll das Beispiel des Florentius Kremer von Holzweiler. Der Schüler des Montana-Regenten Henricus de Susato (M 18) hatte nach seiner Heidelberger Immatrikulation im Oktober 1465 weiterhin den Kölner Thomismus gelehrt. Neben seinem Studium beider Rechte[1146] wirkte er längere Zeit an der Artisten-Fakultät, bekleidete 1472 als Bakkalar der Jurisprudenz das Dekanat für die Via realistarum.[1147] Es ist zu vermuten, daß der thomistische Jurist dem thomistischen Theologen Jakob Welder während dessen Aufenthalt in Heidelberg begegnete. Dies würde den Wechsel an die Mainzer Universität erklären. Zwar läßt sich der genaue Zeitpunkt nicht nennen, doch wollte Kremer offenbar erst sein Rechtsstudium vollends abschließen. 1488 wird er als Inhaber einer legistischen Professur an der Mainzer Universität genannt.[1148] Im gleichen Jahr etablierte er sich

---

[1144] Diener 1974, 37 f.
[1145] Möglicherweise ist die Tatsache, daß Georg Pfintzing am 29. April 1477 ein Kanonikat mit Präbende an St. Gereon in Köln verliehen wurde (Diener 1974, 36, 41; bei Nattermann 1960, 282, erwähnt, doch wurde „Georg Phinzingen" nicht identifiziert; das von Nattermann konstatierte Fehlen von Pfintzings Namen in den Akten und Urkunden des Stifts erklärt sich durch den baldigen Tod des Nürnbergers), nicht nur durch seine guten Beziehungen in Rom zu erklären, sondern auch in den Zusammenhang der Köln-Mainzer Kooperation zu stellen. Denn immerhin war damals Hermann von Hessen, Verweser des Kölner Erzstifts, Dekan an St. Gereon. Über einen seiner engsten Vertrauten, Welders Mitregenten Ulrich Kreidweiß (R 3), stand er zu jener Zeit – wie noch näher nachzuweisen sein wird, vgl. 666–679 – dem Thomistenkreis um Theodoricus de Busco (M 39) an der Montana nahe. Er setzte sich auch, wie etwa bei seinem Schützling, dem Montana-Schüler Simon von Jülich (M 290,38; vgl. Tewes 1989, 64 f.), der 1480 Scholaster an St. Gereon wurde, nachdrücklich für diesen Personenkreis ein.
[1146] 1469 Promotion zum „bacc. utr. iur." durch Petrus Wacker de Sinsheim (Toepke 1886, 517); 1480 Doktorat unter Hartmannus Pistoris de Eppingen (Toepke 1886, 533).
[1147] Toepke 1886, 407 (Vizedekan: Burckhard Wenck).
[1148] Bauch 1907, 7; Praetorius 1952, 96.

auch im personellen Umfeld Erzbischof Bertholds von Henneberg, der ihn als Richter und Rat nominiert hatte.[1149]

Kontakte mit Jakob Welder scheinen auch den Heidelberger Realisten Johannes Vilhauer von Heidelberg zur Annahme einer Professur an der hessischen Alma mater bewogen zu haben. Nach seiner Inzeption 1464 unter Bartholomeus Egan de Calw[1150] schlug er ein Theologiestudium ein, das er ebenfalls mit einer Lehrtätigkeit für die Via antiqua verband. Von 1468 bis letztmalig am 17. November 1477 begegnet er als Inzeptor.[1151] Schon im Jahr der Mainzer Universitätsgründung wird er dort neben Welder als Lizentiat der Theologie und Inhaber einer theologischen Professur genannt.[1152] 1479 erhielt Vilhauer durch Diether von Isenburg die Lektoralpräbende an St. Stephan in Mainz,[1153] wird für das gleiche Jahr auch als Dompfarrer erwähnt.[1154] 1480/81 wurde er zum Rektor gewählt, nach Jakob Welder und dem noch zu nennenden Peter von Viersen der dritte Realist in Folge.[1155] Vermutlich auf Anregung Vilhauers wechselte dessen Schüler Martin Kuppel von Bodmann nach Mainz.[1156] 1480 erhielt er dann durch den Erzbischof die Bestätigung als Kanoniker am Frankfurter St. Bartholomäus-Stift und als ordentlicher Lektor an der Mainzer Artisten-Fakultät.[1157]

Die Medizinische Fakultät in Mainz dürfte in ihren Anfangsjahren maßgeblich durch den Kölner Thomisten Peter von Viersen (C 35) geprägt worden sein. Sein Wirkungsbereich ist in der Tat erstaunlich. Zusammen mit Jakob Welder (R 2) in Trier 1473/74 Wähler des ersten Rektors Nikolaus Raemsdonck (R 1) und Mitglied des Satzungsausschusses für die Universitätsstatuten, endete seine Besoldung als Medizinprofessor durch die Stadt Trier exakt im Sommer 1477, nachdem Diether von Isenburg am 31. März 1477 mit einem allgemeinen Aufruf zur Eröffnung der neuen Universität

---

[1149] Vgl. Hasselwander 1954, 11.
[1150] Toepke 1886, 401.
[1151] Vgl. Toepke 1886, 404 ff., 409 f. Übrigens fungierte Vilhauer auch im Herbst 1475, als Welder sich in Heidelberg aufhielt, als Inzeptor der Realisten (Toepke 1886, 409).
[1152] Herrmann 1907, 97 f.; Praetorius 1952, 93; Steiner 1989, 75.
[1153] Steiner 1989, 306, vgl. auch 314.
[1154] Praetorius 1952, 93.
[1155] Steiner 1989, 75.
[1156] Im Herbst 1475 inzipierte er unter Johannes Vilhauer (Toepke 1886, 409); vgl. auch Steiner 1989, 90 f.
[1157] Praetorius 1952, 134; Steiner 1989 s.v.

am 1. Oktober des Jahres eingeladen hatte.[1158] Kaum zu zweifeln, daß er dieser Aufforderung und einer Bitte seines Freundes Jakob Welder folgte. Ohne eine aktive Präsenz in der Gründungsphase wäre auch kaum verständlich, daß er als Mediziner nach dem Theologen Welder 1479/80 das zweite Rektorat in Mainz bekleidete.[1159] Wie dieser nahm er ein Kanonikat an St. Mariengraden ein, das ihm vermutlich bald nach seiner Ankunft übertragen wurde.[1160] Sehr wahrscheinlich handelte es sich dabei um die für die Medizinische Fakultät vorgesehene Lektoralpräbende, die einzige im übrigen.[1161]

Dieser Zusammenhang ist für das Innenleben des universitätsübergreifenden Thomistenverbundes nicht ganz unerheblich. Denn wenn der junge Leipziger Thomist Martin Polich von Mellrichstadt um 1480 an die kaum etablierte Mainzer Universität geht,[1162] um dort für eine gewisse Zeit seinem Medizinstudium nachzugehen, wird er Leipzig wohl in erster Linie wegen Peter von Viersen verlassen haben. Da Polich bereits 1482 als Lizentiat der Medizin und Leibarzt Friedrichs des Weisen genannt wird, dürfte er das Medizinstudium in Mainz – eventuell unter Anerkennung voraufgegangener Fachstudien in Leipzig – unter Peter von Viersen mit einem akademischen Grad absolviert haben, dem er sich zudem schon allein wegen der gemeinsamen wissenschaftsgeschichtlichen Wurzeln angeschlossen haben dürfte.[1163] Denn der wegen seiner humanistischen Neigungen hier ebenfalls ins Spiel gebrachte Dietrich Gresemund d. Ä.[1164] wirkte von 1476 bis 1483 als Stadtarzt

---

[1158] Vgl. Diener 1974, 5.

[1159] Steiner 1989, 75 (dagegen 306, Anm. 122: 1480 Wahl zum Rektor); vgl. auch Menn 1950, 22 f. (Hinweis auf die ungewöhnliche Abfolge der Fakultäten hinsichtlich der Besetzung der ersten Rektorate).

[1160] Vgl. Dörr 1953, 89 (als Kanoniker erstmals 1480 erwähnt).

[1161] Steiner 1989, 306, 313 ff.

[1162] Von Polichs Mainzer Medizinstudium wissen wir freilich nur durch eine Andeutung Konrad Wimpinas in dessen ‚Responsio et Apologia', die gegen Polich gerichtet war (vgl. Bauch 1899, 10; Negwer 1909, 10, Anm. 1). Wann genau dies geschah, wird nicht gesagt. Doch erscheint Polich im September 1480 das letztemal als Magister artium in den Akten der Artisten-Fakultät (Erler 1897, 269), Anfang 1482 begegnet er dann wieder als Inzeptor des Paulus Niavis, nun als Lizentiat (der Medizin) (Erler 1897, 275). In jenem Jahr ernannte ihn Kurfürst Friedrich der Weise auch zu seinem Leibarzt (Bauch 1899, 10).

[1163] Wann und wo Polich sein gesamtes Medizinstudium betrieb und das medizinische Doktorat erwarb, ob vielleicht ebenfalls unter Peter von Viersen, läßt sich nicht ermitteln.

[1164] Bauch 1907, 11.

in Frankfurt/M. und bekleidete erst seit 1484 eine medizinische Professur.[1165]

Maßgebliche personelle Anstöße für die Mainzer Realisten kamen nicht zuletzt aus Köln, aber eben aus der thomistischen Schule. Zu einem der einflußreichsten und bekanntesten frühen Lehrer der Via antiqua rechnete der Mainzer Chronist Hebelin von Heimbach in seiner 1500 entstandenen ‚Historia Maguntina' den Artisten Johannes Wacker von Neckargemünd.[1166] Seine realistische Haltung wurde in Heidelberg grundgelegt, wo er von 1468 bis 1472 studierte, ohne jedoch einen artistischen Grad zu erwerben.[1167] Im Oktober 1472 ließ er sich in Köln immatrikulieren,[1168] um sogleich im Dezember unter Conradus de Campis (L 44) zu determinieren. Er blieb freilich nicht an der albertistischen Burse, sondern wechselte anschließend an die Montana – offensichtlich ein entscheidender Schritt für seine spätere Mainzer Wirksamkeit. Im April 1474 promovierte ihn der Montana-Regent Gerardus de Harlem (M 36) zum Magister. Sicherlich lehrte er noch für einige Jahre an der thomistischen Burse.[1169] Nach Martin Kuppel wurde ihm am 30. November 1480 die zweite Lektoralpräbende der Artisten-Fakultät am Stift Heiligkreuz bei Mainz verliehen.[1170] Als Lizentiat der Theologie wurde er später durch das Kapitel des Stiftes St. Moritz in Mainz zum Dekan gewählt.[1171] Auf seine weitere Bedeutung für den Mainzer Realismus soll weiter unten eingegangen werden.

Johann Quattermart von Köln hatte 1472 und 1475 beide artistischen Grade unter Welders früherem Mitregenten Theodoricus

---

[1165] Vgl. Fleischer 1967, 9; Steiner 1989, 402. Selbst wenn der ältere Gresemund um 1480 schon privat gelehrt hätte, wird sich Polich wohl trotz seiner späteren humanistischen Bildung kaum dem Zögling der Erfurter Nominalistenschule zugewandt haben (vgl. Fleischer 1967, 5 f.; Mathy 1977, 24). Ob der ansonsten recht unbekannte Albert von Minsingen, der seit 1478 kurfürstlicher Leibarzt und Professor an der Medizinischen Fakultät war (Bauch 1907, 11; Praetorius 1952, 131), ebenfalls als Lehrer Polichs in Frage kommt, erscheint mir zumindest hinsichtlich des prägenden Einflusses sehr fraglich.
[1166] Vgl. Herrmann 1907, 97; Steiner 1989, 89.
[1167] Toepke 1884, 325; vgl. Steiner 1989, 89 f.
[1168] M 336,12.
[1169] Ein Dispens wird in den Akten nicht angegeben.
[1170] Steiner 1989, 306, 310.
[1171] Steiner 1989, 316.

de Busco (M 39) erworben.[1172] Wann genau er Köln zugunsten von Mainz verließ, ist nicht zu ermitteln, doch muß er an einer der beiden Universitäten, wahrscheinlich an jeder von ihnen, ein Theologiestudium absolviert haben. Denn 1489 übertrug Berthold von Henneberg dem Lizentiaten der Theologie eine Professur für Bibelexegese, die mit einer Stiftspfründe an St. Johannes in Mainz verbunden war.[1173] Quattermart scheint auch während seiner Mainzer Lehrzeit die Verbindung mit Köln aufrechterhalten zu haben, da er von 1478 bis 1492 im Kölner Schrein verzeichnet ist.[1174] 1498 starb er, immer noch Lizentiat der Theologie, und vermachte der Mainzer Universität 30 Bücher.[1175]

Mit Lambert Richtergin von Aachen[1176] entsandte die Montana einen thomistischen Juristen an die Mainzer Universität. Nach seiner Immatrikulation 1482 trat er in diese Burse ein und determinierte im November 1484 unter Ego de Driel (M 32). 1486 erwarb er das Lizentiat; sein Inzeptor ist allerdings unbekannt. Seit 1500 ist er in Mainz als Doktor beider Rechte und Ordinarius bezeugt, doch wohnte und arbeitete er schon vorher dort. Er legte für die Universität den ‚Liber benefactorum' an, wurde 1515 Assessor am Mainzer Hofgericht.[1177] 1501 und 1505 läßt er sich zugleich in Diensten der Stadt Köln nachweisen.[1178]

[1172] M 326,21. Er war unter anderem ein Mitschüler Konrad Schöfferlins von Esslingen, der wie schon gesagt (s.o. 548) im Juni 1471 unter Theodoricus de Busco (M 39) determinierte. Quattermart ist keineswegs nur, wie Steiner (1989, 90) behauptet, „aufgrund seiner Kölner Vergangenheit wahrscheinlich den Thomisten zuzurechnen". Nicht eindeutig zu belegen, aber anzunehmen: seine Herkunft aus der alteingesessenen Kölner Familie Quattermart; vgl. zu ihr etwa Herborn 1972, pass.; Herborn 1977, pass.

[1173] Vgl. Roth 1900, 186, und (mit nahezu identischem Text) Roth 1909, 427; Herrmann 1914, 18, Anm. 16; Steiner 1989, 91. Hierbei handelt es sich um eine der 14 Lektoralpräbenden, von denen die an St. Johann seit 1511 nur noch für die Artisten-Fakultät vorgesehen war (vgl. etwa Steiner 1989, 319, 339). Auch Quattermarts Vorgänger, der Lizentiat der Theologie Johannes Gassel von Augsburg, bekleidete für die Theologische Fakultät das Kanonikat an St. Johann (Herrmann 1914, 18, Anm. 16).

[1174] Vgl. Anm. zu M 326,21.
[1175] Roth 1909, 427.
[1176] M 375,33.
[1177] Vgl. Roth 1900, 186 ff.; Herrmann 1914, 31, Anm. 2; Pick 1977, 17, 22.
[1178] Vgl. R 2341; Anm. zu M 375,33.

a) Die Montana und die Fundierung der thomistischen Burse Zum Schenkenberg

In den Gründungsjahren war es den thomistischen Realisten zweifellos gelungen, einen beherrschenden Einfluß auf die Mainzer Universität auszuüben. Ein schlagendes Beispiel bietet der Prozeß gegen den Mainzer Dompfarrer Johann Ruchrath von Wesel im Februar 1479.[1179] Denn seine Verurteilung als Häretiker stand ganz im Zeichen der wissenschaftsgeschichtlichen Gegensätze. Der aus der Erfurter Nominalistenschule stammende Ruchrath fand in Mainz einen Prozeßbeobachter und Berichterstatter, der sich als Anhänger der Via moderna zu erkennen und näheren Einblick in das Hintergrundgeschehen gab: nach neueren Forschungen der Heidelberger Nominalist Jakob Wimpfeling.[1180] Er berichtete, daß Diether von Isenburg die Universitäten Köln und Heidelberg erst unter massivem Druck „gewisser Thomisten" zum Inquisitionsverfahren und zur Beschickung des Ketzergerichts aufgefordert habe.[1181] Für den Ausgang des Verfahrens sei es entscheidend gewesen, daß seine sechs Richter bis auf einen alle der Via antiqua angehörten. Tatsächlich bestätigen ihre Namen die gefestigte Einheit des universitätsübergreifenden Thomistenverbundes. An der Spitze der Richter befand sich als Inquisitor der Dominikaner Gerhard von Elten (M 19), dem zwei weitere Kölner Dominikaner (u.a. Jakob Sprenger) zur Seite standen;[1182] wohl kaum zufällig die Namen der drei bekannten Heidelberger Thomisten: Herwich von Amsterdam (C 10), Pallas Spangel und Jodocus Eichmann von Calw.[1183] Sicherlich wird man hier den Aufenthalt Gerhards von Elten 1475/76 in Heidelberg in Rechnung setzen müssen.[1184] Weiterhin war an den Verhandlungen vermutlich auch Jakob Welder von Siegen (R 2) beteiligt, wenn er Anfang 1479 noch das Rektorat der Mainzer Universität bekleidete; ansonsten hätte Peter von Viersen (C 35) seine Stelle eingenommen.[1185]

[1179] Zusammenfassend: Steiner 1989, 70-75 (Lit.).
[1180] Vgl. jetzt Steiner 1989, 73 f.
[1181] Vgl. Ritter 1927, 41; Steiner 1989, 74.
[1182] Vgl. auch Meuthen 1988, 148 f.
[1183] Zu den Personen vgl. etwa Kleineidam 1985, 309; neuestens: Gustav Adolf Benrath, Art. „Rucherat, Johann, von Wesel", in: Verfasserlexikon 8, Lfg. 1, Sp. 298-304, hier 300. Einziger Nominalist unter den Richtern war Nikolaus von Wachenheim aus Heidelberg.
[1184] S.o. 509.
[1185] Vgl. Steiner 1989, 75.

Konnten die Thomisten mit der Verurteilung Ruchraths – zumindest in den Augen ihrer Gegner – indirekt auch einen Sieg über die nominalistische Partei erringen, so sah ihre Situation an der Mainzer Artisten-Fakultät in den ersten Jahrzehnten recht betrüblich aus. Die Nominalisten um ihren führenden Kopf Florentius Diel besaßen ein deutliches Übergewicht, anschaulich ausgedrückt in der Tatsache, daß sie das zentrale, durch Diether von Isenburg 1478 der Universität zugewiesene Gebäude Zum Algesheimer als ihren Stammsitz behaupten konnten.[1186] Die Realisten zogen die Konsequenz. Sie verließen das Kollegium Algesheimer und richteten sich um 1480 im angemieteten Schenkenberger Hof ein.[1187] Hinter diesem Vorgang, welcher der Via antiqua zweifellos bessere Behauptungsmöglichkeiten gewähren sollte, scheint in erster Linie der ehemalige Montaner Johann Wacker als Initiator gestanden zu haben.[1188] Doch das unsichere Mietverhältnis konnte auf Dauer nicht genügen.

In den Jahren 1509 und 1510 erfolgte gewissermaßen eine Institutionalisierung der Burse durch Ankauf des Gebäudes und durch Abschluß eines Vertrages über Leitung und Aufbau. Durch die beteiligten Personen wird unser Betrachtungs- und Erkenntnisfeld auf eine neue, nochmals höhere Ebene gehoben. Der erste Schritt wurde im März 1509 von den Magistern Johannes Coci von Speyer, Kanoniker an St. Viktor, und Tilman Selbach, Vikar an St. Mariengraden, geleistet. Sie verschrieben für sich, die Magister der Bursa realistarum und all deren Nachfolger eine Schuld von 130 fl. an den Besitzer des Hofes, Elogius Jostenhofer, dessen Verwandte die jährlichen sechs fl. Zins erhalten sollten.[1189] Am 10. Januar 1510 schlossen die drei Regenten der Burse den Ankauf durch eine Anleihe von 200 fl. ab, die einzig für den Kauf des Hofes Schenkenberg zu verwenden waren.[1190] Schon in allgemeiner, prinzipieller Hinsicht wird man hinter den Geldgebern Förderer des Thomismus

---

[1186] Steiner 1989, 46-52, 97-101 (resümierend: 513 ff.). Zu Florentius Diel, der als Theologe und Regent der Nominalistenburse gleichsam offizielle Schulbücher für die Moderni herausbrachte, vgl. auch den grundlegenden Aufsatz von Diel 1949.
[1187] Steiner 1989, 101-104.
[1188] Vgl. Steiner 1989, 89, 103 (als Indiz die Angabe Hebelins von Heimbach von 1500, Wacker habe neben Johannes Bruder de Monasterii zu den beiden einflußreichsten Realisten gehört, die *doctrinam eorum, qui reales (in sermocinales scholis) appelantur, plantant, roborant, et augent*; wobei die Berufung Wackers 1480 zeitlich mit der Einrichtung der realistischen Burse gut übereinstimmen würde.).
[1189] Steiner 1989, 104 f.
[1190] Steiner 1989, 105 f.

vermuten dürfen. 40 fl. stellte Tilman Selbach gegen zwei fl. Zins zur Verfügung. 60 fl. stammten aus der Kasse Peters von Viersen (C 35), der ja wie Selbach dem Stift St. Mariengraden verbunden war. Aufsehen muß der Name des dritten Kreditors erregen: Georg Beheim von Nürnberg (L 70); nochmehr erstaunt die Höchstsumme von 100 fl. und die Quelle, der sie entnommen wurden: *ex testamento* des nicht unbedeutenden humanistischen Juristen Ivo Wittich von Hammelburg![1191] Die sich hier eröffnenden Zusammenhänge sind bisher nicht annähernd gewürdigt worden, bedürfen allerdings ob ihrer Tragweite einer umfassenderen Darstellung.

Georg Beheim verdankte seine realistische Haltung der Leipziger Universität. An ihr begann er im Sommersemester 1482 sein Studium, zusammen mit so illustren Personen wie Eitelwolf von Stein vom Steineck, Johannes Stromer von Auerbach und Stefan Tolhopf von Kemnat (nahe Verwandte wohl von Heinrich Stromer und Johann Tolhopf).[1192] Ein Semester später schloß sich ihnen Adam Werner von Themar an, der vor allem als Realist, Humanist und

---

[1191] Steiner (1989, 106) erkannte weder die tatsächlich ungeheure Sprengkraft, die in der Beteiligung Georg Beheims lag, noch den Zusammenhang mit Ivo Wittich und dessen Freundeskreis. Nähere Belege im Folgenden.

[1192] Vgl. Erler 1895, 329 ff.; Bauch 1899, 27 u. Anm. 10. Der Celtis-Freund und Humanist Johann Tolhopf hatte von 1465 bis 1470/71 in Leipzig studiert, wirkte dann als entschiedener Realist seit Eröffnung der Universität im März 1472 in Ingolstadt, zugleich 1474/75 erneut in Leipzig; vgl. etwa Bauch 1901a, 5 ff.; Rupprich 1934, 69, Anm. 1; Liess 1980, 13 f. (Tolhopf als einer der ersten realistischen, vom Landesherrn fest besoldeten Kollegiaten in Ingolstadt, wobei im übrigen alle 3 Kollegiaten der Via antiqua aus Leipzig kamen) und neuestens (mit knappen biographischen Notizen) Csapodi-Gárdonyi 1988, 89-92; Arnold 1989, 134. (Erstaunlicherweise sind Csapodi-Gárdonyi und Arnold die ersten, die sich Tolhopf intensiver zugewendet haben.) Ein drittes Mitglied der Familie, Andreas Tolhopf von Kemnat, immatrikulierte sich im SS 1483 in Leipzig (Erler 1895, 336); angesichts des gleichsam kämpferischen Eintretens von Johann Tolhopf für die Via antiqua wird auch er sich vermutlich den Leipziger Realisten angeschlossen haben. Am 3.11.1499 ließ sich Johann Tolhopf als *vates percelebris* in Köln immatrikulieren (M 444,60). Warum er Köln aufsuchte, ist unbekannt. Arnold (1989, 151, Anm. 18) äußerte die Vermutung, Tolhopf könnte in Köln seinen kanonistischen Doktorgrad erworben und sich deshalb (erstmals oder erneut?) dorthin gewandt haben. Dagegen spricht, daß Tolhopf 1499 schon als Dr. decr. immatrikuliert wurde; wäre er früher in Köln promoviert worden, hätte man ihn sicherlich bei dieser Gelegenheit schon in die Matrikel eingetragen. Plausibler erschiene mir die Annahme, daß Tolhopf den ebenfalls mit Celtis befreundeten und ebenfalls Humanismus und Via antiqua verbindenden Valentin Engelhardt von Geldersheim (M 43; s.u. 683-689) aufsuchte.

Freund des Konrad Celtis in Heidelberg bekannt werden sollte.[1193] Mit seiner Entscheidung für Leipzig folgte Georg seinem älteren Bruder Lorenz, der nach dem ersten artistischen Studienabschnitt in Ingolstadt (1473-1476; möglicherweise unter Johann Tolhopf)[1194] als Bakkalar im Wintersemester 1476/77 an die sächsische Universität ging und dort vermutlich bis 1481 blieb.[1195]

Zwei Personen müssen nun hervorgehoben werden, die zur gleichen Zeit wie Georg Beheim in Leipzig studierten, und die beide in entscheidenden Phasen seinen späteren Lebensweg kreuzen sollten. Der eine war Johannes von Staupitz, dessen Studiengang wir bereits verfolgten.[1196] Staupitz kam als Bakkalar der Kölner Montana 1485 nach Leipzig und blieb vermutlich bis Ende 1488 oder Anfang 1489, ehe er sich zur Erlangung seines Magisteriums erneut in die thomistische Burse an den Rhein begab.[1197] 1518 wird uns Georg Beheim dann in einem Brief Christoph Scheurls als Mitglied der Nürnberger Sodalitas Staupitziana genannt, der sich auch Willibald Pirckheimer, sein und seines Bruders Lorenz enger Freund, anschloß.[1198] Beheim und Staupitz werden sich mit großer Wahrscheinlichkeit erstmals in Leipzig kennengelernt haben, wiesen sie doch auch einen ungefähr gleichen Bildungsstand auf. Georg hatte im März 1484 sein Bakkalaureat, im Wintersemester 1488/89 sein Magisterium in Leipzig erworben.[1199] Er zumindest widmete sich neben seinem Thomas von Aquin auch den humanistischen

---

[1193] Erler 1895, 333; vgl. zu Adam Werner von Themar: Hartfelder 1880; Rupprich 1934, 372, Anm. 1; Düchting 1963 (Lit.); Rupprich 1970 s.v. Der Humanist las 1495 beispielsweise „in finem artis poeticae Horatii" in der Heidelberger „bursa realistarum" (Hartfelder 1880, 51). Mehrere Aufsätze erschließen das poetische Wirken Adam Werners; vgl. jüngst Worstbrock 1981 (Lit.). Werners ungebrochenes Bekenntnis zur Via antiqua wird indirekt durch seine (mutmaßlichen) Verwandten Petrus Werner de Themar, Johannes Wernherus Themarensis sowie nochmals einen Petrus Wernherus Themarensis unterstrichen, die alle zwischen 1506 und 1529 in Heidelberg „in via realium" promoviert wurden (Topeke 1886, 429, 444 f.).

[1194] Reicke 1906, 6; Schaper 1960, 121.

[1195] Schaper 1960, 121 ff. Auf Lorenz Beheim ist weiter unten noch zurückzukommen. Georg und Lorenz entstammten nicht der bekannten patrizischen Familie Beham; ihr Vater war ein angesehener Bürger und Geschützmeister in Nürnberg (vgl. Reicke 1906, 4; Schaper 1960, 120).

[1196] S.o. 531.

[1197] Vgl. Wolf 1927, 30 ff.; Dohna/Wetzel 1979, 4 (kritische Sichtung der Literatur).

[1198] Vgl. Schaper 1960, 219 (zu korrigieren in Anm. 479: „S. 176" in „Nr. 176"); Soden/Knaake 1872, Nr. 176; Dohna/Wetzel 1979, 23 f.; Junghans 1985, 51; Hamm 1989, 133, 142, Anm. 302b.

[1199] Erler 1897, 286, 306; vgl. Schaper 1960, 195.

Studien. Der 1487 von ihm erworbene Druck des ‚Quodlibet sancti Thome', gedruckt 1485, weist zahlreiche Marginalglossen auf, deren Schriftzüge von einer humanistischen Bildung des Besitzers zeugen.[1200]

Die hierdurch vorauszusetzenden Studien unter den Leipziger Humanisten führen uns zu der zweiten Person, die er allerdings früher als Staupitz wiedertreffen sollte: Ivo Wittich von Hammelburg. Der Franke hatte seit 1473 in Leipzig studiert, im Wintersemester 1476/77 determiniert und in der Folge ein Studium des kanonischen Rechts aufgenommen.[1201] Seit ungefähr 1480 lehrte er zugleich an der Artisten-Fakultät, und eben auch in den Studia humanitatis, wie wir durch ein Zeugnis Konrad Wimpinas, einem seiner Hörer (Studium 1479/80-1485/86), wissen.[1202] Wimpina war damals thomistischer Schüler des Martin Polich von Mellrichstadt, dem sich offensichtlich auch Ivo Wittich recht bald anschloß. Dessen Förderung des thomistischen Realismus in Mainz möge als Indiz dienen. Doch eine enge Verbindung läßt sich viel schärfer fassen. Wittich gehörte mit Martin Polich zu den engsten Freunden und Verehrern des Konrad Celtis während dessen Leipziger Aufenthalt 1486/87, sie alle drei ihre gemeinsame fränkische Herkunft kultivierend.[1203] Der fränkische Patriotismus darf in diesem Zusammenhang nicht

---

[1200] Landeskirchliches Archiv Nürnberg, Fenitzer IV, 578 2º; zum Druck vgl. Schaper 1960, 197 u. Anm. 387. Als Schriftprobe s. Anhang, Anlage Nr. 3 und 4 (f. bi, di): sowohl die Marginal- wie Interlinearglossen als auch die Angaben auf der Kopfseite des Blattes stammen von Georg Beheim. Die kleinere Glossenschrift wirkt – wie nicht nur bei ihm zu beobachten – traditioneller, doch zeigt auch sie das Bemühen um genaue Ausformung der Einzelbuchstaben, um Vermeidung von Schlingen (etwa bei „b" und „l") und damit um ein helleres Schriftbild. Die Schreibweise der einzelnen Buchstaben ist nicht konsequent. Auf humanistische Einflüsse weist deutlich das gerade Schluß-"s" (bei „dis"), das steile „d" („dialogorum" auf bi; „deo" auf di links unten), wobei jedoch das „d" mit kursiver Schlinge überwiegt. (Eine ähnliche Glossenschrift findet sich beispielsweise in der Handschrift des Basler Luderschülers Bernhard Oiglin; vgl. Steinmann 1976, 401 u. Abb. 19.)

[1201] Vgl. jetzt Dotzauer 1977, 81. Genau zehn Jahre vorher hatte sich schon ein vermutlicher Verwandter Ivos, Johannes Wittich von Hammelburg, in Leipzig immatrikuliert (Erler 1895, 238).

[1202] Vgl. Bauch 1899, 7, 12, 22; Negwer 1909, 7, 9, 11; Dotzauer 1977, 82 (etwas verwirrend die Angabe, Wimpina habe 1503 in Leipzig promoviert; dies bezieht sich natürlich auf das theologische Studium, nicht auf das artistische, in welchem Wimpina der Vorlesung Wittichs beigewohnt haben dürfte).

[1203] Bauch 1899, 18 f.; Rupprich 1934, 1-9; Dotzauer 1977, 81 f. Zeugnis für den Freundeskreis sind die begleitenden Gedichte in der von Celtis 1486 in Leipzig herausgegebenen ‚Ars versificandi'. Grundlegend zur ‚Ars versificandi et carminum': Worstbrock 1983 (476: zum humanistischen Freundeskreis).

unterschätzt werden, genausowenig wie das deutliche Bekenntnis des Celtis zur Via antiqua.[1204] Zu dem fränkischen Humanistenkreis gesellte sich ferner der italienische Humanist Fridianus Pighinucius von Lucca, der 1486 mit Wittich in Magdeburg den jungen Erzbischof Ernst von Sachsen unterrichtete;[1205] beide gaben 1487 die ‚Epitome' des Lucius Florus heraus, eine auf Livius gestützte Übersicht der römischen Geschichte.[1206] Über Florus hielt Wittich auch Vorlesungen in Leipzig.[1207]

Die humanistische Bildung Georg Beheims, sein späteres Wirken im Umfeld Mainzer Humanisten, legen die Annahme nahe, daß er während seines Leipziger Studiums in lernender Verbindung zu diesem Kreis stand. Als Regens und Prüfer wird er nur einmal genannt, im Verlauf des Bakkalaureats-Examens im September 1490.[1208] 1491 wandte er sich dann nach Köln, um Theologie zu studieren. Das Bakkalaureat erwarb er schon 1493, vor 1501 das Lizentiat.[1209] Offenbar gegen Ende seines Theologiestudiums muß Beheim sich den Albertisten der Laurentiana angeschlossen, insbesondere das Vertrauen des Gerhard von Harderwijk (L 50) gewonnen haben. Im Dezember 1501 ließ er sich in die Artisten-Fakultät rezipieren; im Juni 1502 wählte er als artistischer Intrans zusammen mit Gerhard als theologischem den Albertisten Thomas Lyel de Scotia zum Rektor.[1210] Im Testament Gerhards vom August 1502 bzw. 1503 erscheint er nach Arnold von Tongern (L 60) als zweiter in der Hierarchie der Laurentiana-Regenten; ihm und Tongern wird das

---

[1204] Celtis hatte sich beispielsweise nach seinem Kölner Studium und Bakkalaureat an der Kuckana 1478/79 (vgl. jetzt Meuthen 1988, 228 u. 488, Anm. 210) bei der Fortsetzung seines Artes-Studiums in Heidelberg, immatrikuliert am 13.12.1484 (Toepke 1884, 377; nicht „zwischen dem 13. Dezember 1484 und dem 20. Oktober 1485": Wuttke 1987, 273), wiederum der Via antiqua angeschlossen und inzipierte am 20. Oktober 1485 unter dem Realisten Johannes Heym von Weinheim, einem Schüler des Burckhard Wenck (Toepke 1886, 416 u. 412 [zu Heym]). Celtis muß dabei ein Kommilitone des Adam Werner von Themar gewesen sein, der sich am 1.10.1484 immatrikulierte und am 12.11.1485 determinierte (Toepke 1884, 376), später auch als Freund und Sodale des Celtis bekannt ist (s.o. 582 f.). Noch in späteren Jahren, an den Universitäten Ingolstadt und Wien, wandte sich Celtis scharf gegen die Via moderna (vgl. Bauch 1901a, 48 f.; Bauch 1903, 87).
[1205] Dotzauer 1977, 82.
[1206] Bauch 1899, 21 f.; Dotzauer 1977, 82. Nach Florus hatte im übrigen auch Celtis in Wien die römische Geschichte behandelt (Bauch 1903, 91).
[1207] Vgl. Bauch 1899, 22; Fleischer 1977, 55.
[1208] Erler 1897, 318 f.; vgl. Schaper 1960, 195.
[1209] Vgl. Anm. zu M 411,48; Schaper 1960, 195.
[1210] M 455.

von Harderwijk erworbene und bewohnte große Bursengebäude vermacht und die Leitung der Laurentiana übertragen.[1211]

Fürwahr, angesichts der Tatsache, daß Beheim nur wenige Jahre später in maßgeblicher Weise die thomistische Burse in Mainz fundieren wird, ein erstaunlicher Vorgang. Läßt sich Licht in die Hintergründe bringen? Georg Beheims Konnex zu den Kölner Albertisten und sein Ansehen bei Gerhard von Harderwijk scheint mehrere Wurzeln gehabt zu haben. Ein Neffe Georgs, Sebald Porst (Borsch, Puesch) von Nürnberg, ließ sich einige Monate nach ihm, am 3. April 1492, in Köln immatrikulieren und trat in die Laurentiana ein. Als *primus universitatis* inzipierte Sebald im März 1494 unter Everardus de Amersfordia (L 54) und schlug danach ein medizinisches Studium ein, in welchem er 1498 unter dem Kuckana-Albertisten Adrianus de Breda (K 14) das Bakkalaureat erwarb.[1212] Falls Georg nicht schon von Beginn an Kontakte zur Laurentiana pflegte, so könnten sie auch durch seinen Neffen initiiert worden sein.

Weiterhin lebte ein Landsmann Georgs, Petrus Kamerer von Nürnberg, seit seiner Immatrikulation im Oktober 1495 in der Laurentiana.[1213] Er war als Bakkalar einer anderen Universität nach Köln gekommen, inzipierte 1497 unter Johannes de Harderwijck (L 55) und gehörte bis zu seinem Tod 1503 acht Jahre lang zu den Kommensalen des Gerhard von Harderwijk (L 50). Zu seinem Testamentsvollstrecker bestimmte er im August 1503 Georg Beheim (L 70), vermachte ihm ein *parvum horologium*. Eine beeindruckende Liste humanistischer (und thomistischer) Titel zeugt nicht nur von der Gelehrsamkeit Petrus Kamerers, sondern auch von einer geistigen Offenheit an der Laurentiana unter der Regentschaft Harderwijks.[1214] Ob nun Kamerer durch Georg Beheim an die

---

[1211] Un. 760, f. 11r; R 2373; vgl. auch Schaper 1960, 195 f.

[1212] M 414,6. Eine Schwester von Lorenz und Georg war mit Nikolaus Porst verheiratet; sie war ebenfalls eine gute Bekannte Willibald Pirckheimers (vgl. Reicke 1906, 5; Reicke 1940 s.v.).

[1213] M 428,39; vgl.o. 424.

[1214] Vgl. R 2400. In Kamerers Büchernachlaß werden beispielsweise als Titel genannt: ‚Libellus dictus Grammatica nova impr.‘, ‚Flores poetarum de virtutibus et viciis‘, ‚Epistole Enee Silvii impr.‘, ‚Opera Omeri impr.‘, ‚Orationes Francisci Phillelphi impr.‘, ‚Donatus minor cum vulgari expositione impr.‘, ‚Therencius cum commento impr.‘, ‚Opera Oracii Flacci cum Juvenali impr.‘, ‚Astrolabium planum impr.‘, ‚Marc. Tullius de officiis cum commento impr.‘. Daneben befanden sich erstaunlicherweise auch zahlreiche Schriften des Thomas von Aquin und der thomistischen Schule, die Ethik Buridans, allerdings nur ein Werk (die Physik) *secundum processum burse Laurentiane*.

Laurentiana gebunden wurde oder umgekehrt (auffällig immerhin das späte Erscheinen Beheims unter den Regenten), ein personelles Bindeglied dürfte der Kommensale des Prinzipal-Regenten sowohl in landsmannschaftlicher als auch in geistiger Hinsicht allemal gewesen sein.

Denn Georg Beheim widmete sich auch während seines Kölner Theologiestudiums einem breiten Spektrum anspruchsvoller Literatur. In den Jahren vor und nach 1500 erwarb er in Köln ein Werk des Symon de Cassia und einen Sammelband, der den nominalistischen Dominikaner Robert Holcot enthielt sowie eine kirchenpolitische Schrift Lupolds von Bebenburg, Sebastian Brants ‚Nihil sine causa' und schließlich Johannes Reuchlins ‚De verbo mirifico'.[1215] Reuchlins 1494 erschienenes Buch bildete 1498 in Rom unter anderem die Grundlage eines intensiven Gesprächs zwischen dem Verfasser und Lorenz Beheim, von dem auch Georg Kenntnis hatte.[1216] Wir werden auf diese interessante Konstellation nochmals zurückkommen.[1217] Ferner bereicherte Georg seine Bibliothek um den ‚Tractatus super passione Christi' des Wilhelmus Parisiensis sowie um ein Werk des Nominalisten und Mystikers Gabriel Biel, von dem Beheim auch später noch Arbeiten erwarb.[1218] Die mystisch-theologischen Tendenzen im Kölner Albertismus trugen denn wohl auch wesentlich zur Bindung Beheims an die Laurentiana bei. Dies wird unterstützt durch eine Buchbestellung, um die Hartmann Schedel Ende der neunziger Jahre Georg Beheim in Köln bat. Er sollte ihm ‚De natura deorum' des Albertus Magnus und die ‚Opuscula Dionysii Ariopagite' (offenbar in der Bearbeitung des Marsilio Ficino) besorgen.[1219] Von verschiedenen Seiten wird uns

---

[1215] Vgl. Schaper 1960, 197 f.
[1216] Schaper 1960, 137 f., 198.
[1217] S.u. 753 ff.
[1218] Schaper 1960, 198. Im übrigen rezipierte Biel wesentliche Gedanken und Doktrinen Robert Holcots (vgl. Oberman 1965, 220-232).
[1219] Vgl. Stauber 1908, 83 f., 172 (zu den ‚Opuscula' der Vermerk: *Beham in Colonia*; hierbei kann es sich nur um Georg Beheim gehandelt haben, der allerdings von Stauber nicht identifiziert wurde). Während in Staubers Wiedergabe des Schedelschen Bestellzettels neben dem Werk des Albertus Magnus nicht der Name Beheims steht, wird er in Mittelalterliche Bibliothekskataloge III,3, 841 f., genau neben jenes Werk gesetzt (auch dort keine Identifizierung des *Magister Beham in Colonia*). Beide Schriften wird Schedel demnach bei Georg in Köln bestellt haben. Er muß den Theologen also näher gekannt haben, wußte ferner um die albertistisch-neuplatonischen Strömungen in Köln und offenbar ebenso um die gleichgelagerten Interessen Georgs. Die ‚Opuscula' des Dionysius Areopagita hatte

Georg als ein in sich gekehrter, sittlich strenger, frommer und ernster Mensch beschrieben;[1220] mit solch introvertiertem, auf rigorose Wahrhaftigkeit bedachtem Charakterzug wird er manche Entsprechung im Laurentiana-Albertismus gefunden haben. Gleichwohl ist ihm sicherlich nicht der oft anzutreffende orthodoxe Parteieifer der Kölner zu eigen gewesen. Schon hier ist darauf hinzuweisen: Wenn Gerhard von Harderwijk (L 50) diesen Mann an sich heranzog und Arnold von Tongern (L 60) durch eine testamentarische Verfügung als gleichberechtigten Bursenleiter zur Seite stellte, wird er ganz gewiß programmatische Absichten damit verfolgt haben. Zwar befleißigte sich Tongern, in seiner Bursengeschichte in diesem Zusammenhang hinzuzufügen: *de mea tamen voluntate et consensu*[1221], doch wer mag Tongern angesichts der für ihn sicherlich befremdlichen späten Berufung des außerhalb promovierten Homo novus von einer nachträglichen beschönigenden Glättung seiner tatsächlichen Reaktion freisprechen.[1222] Auf ein Spannungsverhältnis zu Beheim weist auch die Beobachtung hin, daß Tongern in seiner Laurentiana-Geschichte nur die Präbenden Beheims in Mainz und Nürnberg erwähnt und als Grund seiner daraufhin alleinigen Regentschaft anführt, nicht aber die thomistische Bursenfundierung in Mainz, von der er zweifellos wußte.[1223]

Am 25. November 1503 erscheint Georg Beheim als einer der vier Testamentsvollstrecker des Laurentiana-Regenten Petrus Brostart de Huls (L 64) letztmalig unter den Leitern der Burse.[1224] Im gleichen Jahr erfolgte bereits die Weichenstellung Richtung Mainz. Papst Alexander VI. hatte seinem *familiaris et commensalis* Lorenz Beheim am 16. Februar 1503 ein Kanonikat an St. Mariengraden in Mainz verliehen, auf das Lorenz jedoch zugunsten seines Bruders Georg verzichtete. Diesem erteilte es dann Pius III. am 8. Oktober

---

Schedel wohl tatsächlich von Beheim erhalten, denn im Jahr 1500 schrieb er dieses Werk eigenhändig ab (Stauber 1908, 91).

[1220] Vgl. Schaper 1960, 120, 194, 200.

[1221] Un. 760, f. 11r.

[1222] An der Montana beispielsweise wurde 1504 durch Valentin Engelhardt ausdrücklich festgelegt, daß ein Nachfolger in der Bursenleitung in der Burse selbst promoviert haben mußte (vgl. Meissner 1968, 31), kaum anders wird es – wie auch die Praxis zeigt – an der Laurentiana verbindlich gewesen sein. Allein die Tatsache, daß Arnold von Tongern die erklärende Rechtfertigung hinzufügte, weist darauf hin, daß Gerhards Entschluß nicht völlig spannungsfrei aufgenommen worden sein kann.

[1223] Vgl. Un. 760, f. 11r.

[1224] R 2408.

1503, während Julius II. nach dem Tod Pius III. (18.10.1503) am 26. November 1503 die Besitzergreifung für Georg unterschrieb.[1225] An dem Mainzer Stift besaß nun nicht nur Peter von Viersen (C 35) ein Kanonikat, sondern auch Ivo Wittich.[1226] Die erstaunliche Tatsache, daß Georg Beheim trotz testamentarischer Verfügung schon 1503/04 die Leitung der Laurentiana niederlegte, könnte ex negativo durch Spannungen mit Arnold von Tongern (L 60) begründet sein,[1227] ex positivo durch eine werbende Kraft Ivo Wittichs und seines Umfeldes.

Der Kausalnexus läßt sich natürlich nicht zweifelsfrei erschließen, immerhin jedoch annäherungsweise, indem einzelne Wirkkräfte namhaft gemacht werden und der Blick auf ein übergreifendes Netz von Freundschaften mit ihren verbindlichen Gemeinsamkeiten gelenkt wird. Zugleich aber eröffnen sich dadurch wesentliche Dimensionen der Bursengeschichte. Georg Beheim (L 70) hielt sich 1504 in Nürnberg auf,[1228] wo er seinen Bruder Lorenz wiedertraf, der nach 22 Jahren aus Rom nach Deutschland zurückgekehrt war.[1229] Dieser hatte unter anderem eine Sammlung antiker Inschriften mitgebracht, die er seinem (und seines Bruders) Freund Hartmann Schedel zur Abschrift überreichte.[1230] Der Kreis läßt sich verdichten: Schedel war schon seit langem ebenso ein enger Freund Ivo Wittichs. Beiden war besonders eine Leidenschaft gemein: die klassische Literatur und besonders die römische Geschichte. Im März 1489 hatte Hartmann Schedel von seinem Freund Petrus Munich, Pfarrer in Amberg, einen Livius geerbt. Es handelte sich um die in Rom 1472 bei Schweinsheim und Pannarz gedruckte erste Volksausgabe.[1231] Für den gleichen Zeitraum erhalten wir Einblick in die Freundschaft zwischen Schedel und Wittich. Am

---

[1225] Schaper 1960, 199 u. Anm. 393a.
[1226] Vgl. Dotzauer 1977, 83 f., u. Steiner 1989, 411 f. (Kanonikat an St. Mariengraden vor 1499); Dörr 1953, 92 (als Kanoniker für 1505 genannt).
[1227] Das wissenschaftsgeschichtliche Spannungsfeld zwischen Beheim und Tongern ist von Schaper (1960, 196 f., 204) nicht angemessen ausgeleuchtet worden; zum einen war ihr die albertistische Ausrichtung der Laurentiana nicht bekannt (zumindest wird sie nicht thematisiert), zum anderen charakterisiert sie Georg Beheim pauschal als Thomisten. Beheims Geisteshaltung ist zweifellos komplexer und schwerer zu systematisieren.
[1228] Schaper 1960, 199.
[1229] Schaper 1960, 144 ff.
[1230] Reicke 1906, 14 f.; Schaper 1960, 146 f. (noch 1504 erfolgte die Abschrift durch Schedel).
[1231] Stauber 1908, 72.

20. September 1491 antwortete Ivo Wittich dem *clarissimo artium et medicine doctori domino Hartmanno Schedell amico maiori et observando ut fratri* aus Schloß Steinheim, Residenz Bertholds von Henneberg, der Wittich im Februar 1491 zu seinem Rat und Diener ernannt hatte.[1232] Ivo berichtete, daß er sich bisher vergeblich bemüht hatte, bei den Mainzer Buchhändlern den erbetenen Vitruv („De architectura et aqueductibus') und Frontinus („De strategematibus') zu besorgen. Seine eigenen, im vorhergehenden Jahr aus Italien mitgebrachten Bücher wolle er aber auch nicht missen, doch sende er ihm, gleichsam als Ausgleich, einen in Italien erworbenen Aelianus ‚De aciebus et turmis instruendis'.

Wir werden immer tiefer in das Zentrum thomistischer Gelehrsamkeit hineingeführt. 1495 berief Berthold von Henneberg den Juristen als ersten Mainzer Beisitzer für das in Frankfurt und Worms tagende Reichskammergericht, ein Amt, das Wittich bis 1499 ausübte.[1233] Hier freundete er sich mit seinem Kollegen Bernhard Schöfferlin an, dem Zögling der Kölner Montana[1234], der für den gleichen Zeitraum durch Eberhard im Bart als württembergischer Beisitzer ernannt wurde. Eine berühmte Frucht ihrer Verbindung stellt die erste deutschsprachige Römische Geschichte dar. Während Schöfferlin seit Mitte der neunziger Jahre eine zwar wesentlich aus Livius, aber auch aus anderen Quellen gezogene eigenständige Römische Geschichte bis zum Ende des zweiten Punischen Krieges erarbeitete, führte Wittich das Werk seines 1501 gestorbenen Freundes inhaltlich bis zum Tod Philipps von Makedonien bzw. dem Regierungsantritt des Perseus fort, indem er jedoch nahezu ausschließlich die Bücher 31-40 des Livius-Textes übersetzte.[1235] Nicht auszuschließen, daß Wittich durch Hartmann Schedel 1489/90 zum Erwerb eines Livius-Druckes bewogen wurde.[1236]

[1232] Der Brief gedruckt bei Stauber 1908, 244 f. (vgl. 73; dort aber noch falsche Identifizierung). Zur Ernennung Wittichs als erzbischöflicher Rat: Dotzauer 1977, 82. Schedel könnte vor allem durch die von Pighinucius und Wittich 1487 herausgegebene Florus-Ausgabe mit dem Juristen in Kontakt gekommen sein. Auf jeden Fall besaß Schedel eine ‚Epithoma Lucij Flori historici gestarum Romanorum' (Stauber 1908, 115, 175).

[1233] Dotzauer 1977, 83.

[1234] S.o. 511 ff.

[1235] Ausführlich und mit wichtigen Korrekturen früherer Darstellungen: Ludwig 1987; zusammenfassend zu Werk und Biographie jetzt: Ludwig 1991, 71-74.

[1236] Von Ludwig (1989) ist die Frage nach der Vorlage Wittichs nicht thematisiert worden, auch ist ihm die Freundschaft mit Hartmann Schedel unbekannt. Möglicherweise unternahm Wittich seine Italien-Reise 1490, nachdem er Schedels

Als Georg Beheim (L 70) 1503/04 nach Mainz ging, traf er somit an St. Mariengraden nicht nur einen Mann wieder, den er schon in Leipzig kennengelernt haben dürfte und dem er vermutlich einen gut Teil seiner humanistischen Bildung verdankte, sondern der sich auch nach der Leipziger Zeit im gleichen humanistischen Freundeskreis bewegte. Daß dies keine zufälligen Verbindungen waren, sollte sich ebenso in Mainz erweisen. Beheim und Wittich gehörten beide zu den besonders engen Freunden des Humanisten Johannes Rhagius Aesticampianus. Ihn hatte Berthold von Henneberg 1501 nach Mainz berufen und ihm einen Lehrstuhl für Rhetorik und Moralphilosophie eingerichtet.[1237] In seinen größtenteils 1505 verfaßten, 1507 gedruckten ‚Epigrammata' stellt Aesticampian seine Gönner und Freunde vor. Als seinen großen Förderer und Freund pries er Georg Beheim und charakterisierte ihn als einen Menschen, der rein denke, spreche und handele, bescheiden lebe, selten lache, wenig rede, ein strenger Richter der Vergehen und ein frommer Priester sei.[1238] Lebenslustiger gestaltete sich offenbar die Freundschaft zwischen Ivo Wittich und Aesticampian, der den Juristen bat, ihm statt des bisherigen schweren nunmehr leichteren Wein zu schenken, den er nicht mehr mischen müsse.[1239] Gleichzeitig deutete der Poet die hervorragende Vertrauensstellung Wittichs unter Berthold von Henneberg an. In einer Klage über

---

Livius kennengelernt hatte, auch zum Kauf eines eigenen Exemplars. Auffällig ist ferner, daß Wittich in seiner Widmungsvorrede des gesamten Druckes von 1505 häufig den Widmungsbrief des Bischofs Johannes Andreas von Aleria an Papst Paul II. aus der Editio princeps von 1469 (Rom) heranzieht (Ludwig 1987, 20 f.), den auch Schedel später in seine 1489 ererbte Ausgabe eintrug (Stauber 1908, 72). Da dieser Widmungsbrief der Editio princeps in fast allen Livius-Ausgaben des 15. Jahrhunderts wieder abgedruckt wurde (Ludwig 1987, 20), nicht aber in Schedels Exemplar von 1472 vorhanden war, erhielt der Nürnberger eventuell durch Wittich Kenntnis von ihm. Freilich erwarb Schedel in den folgenden Jahren von Titus Livius noch eine ‚Epitoma omnium decadum et tres decades eius integre' (gedruckt 1498; Stauber 1908, 115, 191 f.).

[1237] Bauch 1907, 48 f.; Fleischer 1968/69, 79 f.; Steiner 1989, 404.

[1238] Bauch 1884, 343 f.; Bauch 1907, 54; Schaper 1960, 200; Fleischer 1968/69, 83 f. Beheim konnte Aesticampian bereits bei dessen erster Immatrikulation in Köln 1498 (M 438,47) kennengelernt haben. – Als weiterer Realist zählte übrigens auch der Mainzer Magister und Theologiestudent Johannes Bruder von Münster als Schüler Aesticampians zu seinen Freunden (Fleischer 1968/69, 84). Er gehörte zu den tatkräftigen Unterstützern der Burse Schenckenberg (Steiner 1989, 109). Freilich soll damit nicht der Versuch unternommen werden, den Freundeskreis des Humanisten nach philosophiegeschichtlichen Parteiungen zu gewichten. Ein solches Unterfangen wäre ganz und gar unergiebig.

[1239] Bauch 1907, 54; Fleischer 1968/69, 82 f.; Dotzauer 1977, 89 f.

seine miserable materielle Situation in Mainz befaßt er sich mit dem Gedanken, Mainz entgegen seiner Absicht verlassen zu müssen, stellt bedauernd fest, daß Ivo ihm kein Gehalt mehr zahlen könne, da die Schatzkammer des verstorbenen Erzbischofs (Berthold starb am 21.12.1504) verschlossen sei und dieser nicht per Testament für ihn vorgesorgt habe.[1240] Berthold von Henneberg hatte also offenbar die Besoldung des Humanisten in Wittichs Hände gelegt, dem nach dem Tod des Erzbischofs allerdings die Hände gebunden waren.

Tatsächlich spricht einiges dafür, daß der Erzbischof Wittich mit zentralen universitären Aufgaben betraut hatte. 1499 berief er seinen Vertreter am Reichskammergericht auf eine Professur für Kirchenrecht in Mainz, die mit einer Lektoralpräbende an St. Viktor verbunden war.[1241] 1501 wurde er nicht nur Großsiegler des Mainzer Kurfürsten, sondern auch Kanzler der Universität (bis 1502), 1504/05 schließlich Rektor.[1242] Wittich konnte in seiner exponierten Stellung an der Universität und als erzbischöflicher Vertrauter sehr gut die entscheidende Kraft dargestellt haben, die Georg Beheim zum endgültigen Wechsel nach Mainz veranlaßte, die den Nürnberger schließlich aus einer freundschaftlichen Bindung heraus zur maßgeblichen Persönlichkeit bei der Institutionalisierung der thomistischen Burse werden ließ. Handelte Wittich bei diesem Köln-Mainzer Unternehmen vielleicht sogar im Sinne Bertholds von Henneberg, der sich bekanntlich auch nachhaltig für die humanistische Reformbewegung einsetzte?[1243] Undenkbar wäre es nicht. Als Mitglied des Kölner Domkapitels stand Berthold während der Kölner Stiftsfehde auf Seiten der kaiserlichen Partei, agierte in unmittelbarer Nähe des humanistischen Thomisten Ulrich Kreidweiß (R 3), mit dem er durch Kaiser Friedrich III. sowohl in den kleinen wie großen Rat delegiert wurde, der Hermann von Hessen in Verwaltungsaufgaben und wichtigen Entscheidungen beratend unterstützen sollte.[1244] Als Mainzer Erzbischof förderte er

---

[1240] Fleischer 1968/69, 83. Die Paraphrase Bauchs (1884, 341; 1907, 54), Ivo verweigere die Gehaltszahlung an Aesticampian – weshalb an einen Scherz zu denken sei –, verkehrt den Sachverhalt.

[1241] Dotzauer 1977, 83 f.; Steiner 1989, 411 f.

[1242] Dotzauer 1977, 84 f.; Steiner 1989, 412.

[1243] So veranlaßte Berthold von Henneberg etwa neben der Berufung Aesticampians die Abschaffung der von den Humanisten stark kritisierten Grammatik (,Doctrinale') des Alexander de Villa Dei (vgl. Steiner 1989, 387).

[1244] Vgl. Tewes 1988, 59.

einen prominenten thomistischen Schüler der Raemsdonck-Burse: Otto von Breitbach.[1245] Dieser war ein Sohn des Ritters Gerlach von Breitbach, der wie Ulrich Kreidweiß zu den entschiedensten Anhängern Hermanns von Hessen zu zählen ist.[1246] 1473 und 1475 erwarb Otto beide artistischen Grade unter Theodoricus de Busco (M 39). Nach einem juristischen Studium in Orléans wurde er 1484 Propst an St. Martin in Worms und 1485 Kanoniker an St. Florin (wo auch Ulrich Kreidweiß und Servatius Göswein Stiftsherren waren).[1247] Vor 1490 ernannte ihn dann Berthold neben Georg von Hell zu seinem Kanzler.[1248] Doch Otto von Breitbach bat seinen Patron 1490 aus unbekannten Gründen um Entlassung aus dem Kanzleramt, blieb ihm freilich mit Rat und Dienerschaft verwandt *bis uff sein* (Bertholds) *abschreiben*.[1249] Die andauernde Verbundenheit zwischen beiden zeigte sich noch 1495, als Berthold von Henneberg den Papst ermahnte, Otto von Breitbach in einem Pfründenstreit mit dem Trierer Domkapitel beizustehen.[1250]

Im Gegensatz zu Berthold von Henneberg sorgte Ivo Wittich vor seinem Tod (4.12.1507)[1251] für die von ihm beabsichtigten universitären Ziele. Zu seinem Haupt-Testamentarier ernannte er Georg Beheim (L 70), sowie als zweiten den Vikar an St. Mariengraden Kaspar Kelbel.[1252] Beheim hatte nun zwei bedeutende Pläne organisatorisch zu bewerkstelligen: die Einrichtung der ersten Geschichtsprofessur an einer deutschen Universität und die dauerhafte Etablierung der thomistischen Burse Schenkenberg.[1253] Wie ernst er die Aufgabe nahm, zeigt sich in seinem ablehnenden Bescheid gegenüber dem Wunsch seines Freundes Willibald Pirckheimer, der ihn Ende 1507 für Nürnberg zurückgewinnen wollte.[1254] Eine

---

[1245] M 328,58.
[1246] Vgl. Tewes 1988, 54 u. Anm. 158.
[1247] Vgl. Premier Livre 1978/85, Nr. 152; vgl.o. 544.
[1248] Kirn 1928, 538, 542.
[1249] Kirn 1928, 546, Anm. 53, 548.
[1250] Schröcker 1970, 142.
[1251] Dotzauer 1977, 90.
[1252] Vgl. Herrmann 1914, 119, Anm. 54; Schaper 1960, 201; Steiner 1989, 353.
[1253] Dieser inhaltliche und personelle Konnex ist in der bisherigen Forschung zur alten Mainzer Universität nicht gewürdigt worden. Die biographischen Angaben Steiners (1989, 106) zu Georg Beheim etwa sind – auch hinsichtlich der Verwertung einschlägiger Literatur – schlicht unzureichend.
[1254] Vgl. Schaper 1960, 202 f.: Pirckheimer konnte Georg Beheim allerdings neben einer komfortablen Wohnung nur eine recht geringfügige Pfründe in Aussicht stellen, doch würden sich Freunde für weitere materielle Hilfen gewinnen lassen. Hierzu ausführlicher im Kapitel „Nürnberg"; s.u. 647 f.

prinzipielle Vorbemerkung: Es ist völlig undenkbar, daß Beheim nicht hinter den Absichten seines Freundes stand oder daß der sittenstrenge Theologe eigenmächtig Wittichs Geldmittel für nur von ihm intendierte Vorstellungen zweckentfremdete.

Aufgrund der bahnbrechenden Forschungen Ludwigs dürfte es als erwiesen gelten, daß die Installation des historischen Lehrstuhls nicht – wie bisher behauptet – während Wittichs Rektorat 1504, sondern aus seinen testamentarischen Bestimmungen heraus nach 1507 erfolgte.[1255] Die von Wittich gestifteten 20 fl. Gehalt für die Vorlesung setzten sich zusammen aus 15 fl., die der Erzbischof bzw. sein Sigillifer zu zahlen hatten sowie 5 fl. aus einem Zinsertrag.[1256] Diesen sicherten Beheim und Kelbel am 5. Oktober 1508, als sie einer dritten Seite 100 fl. gegen 5 fl. Jahreszins für einen Hauserwerb liehen.[1257] Der Lehrstuhl hatte immerhin bis zum Ende des dreißigjährigen Krieges Bestand.[1258] Wer ihn zu besetzen hatte, ist unbekannt, doch wäre zumindest für die Anfangszeit an Wittichs Testamentsvollstrecker Beheim zu denken.

Als nächstes galt es, dem Thomismus in Mainz einen gesicherten Boden zu bereiten. Die ersten Schritte hatten wir bereits oben verfolgt. Am 5. Januar 1510 konnten die drei Regenten der Burse Schenkenberg den Ankauf des Gebäudes durch die Anleihe von 200 fl. bei Beheim, Viersen und Selbach verwirklichen.[1259] Ganz offensichtlich bildete dieser Vorgang den Abschluß längerer, genauer Planungen und Vorbereitungen, die im wesentlichen zwischen Mainz und der Kölner Montana ausgearbeitet worden sein müssen. Anders sind weder die Ergebnisse noch die Namen der beteiligten Personen zu erklären. Georg Beheim stellte wie gesagt mit 100 fl. den Löwenanteil der Kaufsumme, ausdrücklich *ex testamento eximii viri domini doctoris Ivonis Wittich canonici ad Gradus*.[1260]

[1255] Vgl. Ludwig 1986, 84 u. Anm. 77; Ludwig 1987, 26 u. Anm. 50 (in beiden Arbeiten mit grundsätzlicher und konkreter Kritik an den unkritischen und teilweise erfundenen Behauptungen des Autodidakten F.W.E. Roth, auf den auch die Angabe der Stiftung der Professur im Jahre 1504 zurückgeht); Steiner 1989, 413 f. (Steiners Argumente auf 414 f. für eine eventuelle Installation 1504/05 wirken wesentlich weniger überzeugend als jene für den Zeitraum nach 1507).

[1256] Steiner 1989, 353.

[1257] Steiner 1989, 353; vgl. auch Herrmann 1914, 119, Anm. 54.

[1258] Fleischer 1977, 57. Zur Mainzer Geschichtsprofessur vgl. jetzt auch Meuthen 1991, 32 f., der den Mainzer Vorgang auch generell in die Thematik „Humanismus und Geschichtsunterricht" einordnet.

[1259] Kaufurkunde gedruckt bei Steiner 1989, 538-543 (Anlage 3).

[1260] Steiner 1989, 539.

Auch als in der Urkunde die ihm anteilsmäßig zukommenden fünf fl. Zins der geliehenen Summe festgeschrieben wurden, betonte man, daß sie ihm *nomine prefati testamenti* zuständen.[1261] Beheim handelte somit im Sinne Wittichs, der ihm auch in gemeinsamer Absprache die entsprechenden Vorkehrungen für die Etablierung der Burse überantwortet haben muß.[1262] Eine Aufgabe bestand darin, weitere Geldleiher zu gewinnen. Da mit Petrus de Viersen (C 35) und Tilman Selbach zwei Personen gefunden wurden, die ebenso sowohl dem Stift St. Mariengraden als auch dem Thomismus verbunden waren, dürfte dies nicht sehr schwer gewesen sein. Weiterhin mußte Beheim geeignete Regenten gewinnen. Daß er und die anderen Kreditoren tatsächlich die Berufungsfunktion wahrnahmen, geht auch aus dem Kauf- und Regentenvertrag vom 5. Januar 1510 hervor, der die Aufnahme neuer Regenten an die Zustimmung der Geldgeber als Verpächter (*locatores*) band.[1263] Die ersten drei Regenten im neu fundierten Haus holte Georg Beheim offenbar allesamt aus der thomistischen Schule der Kölner Montana; so konnten sie in der Kaufurkunde denn auch erklären: *prefati domini emptores et magistri regentes omnes et singuli tam principales quam minus principales de via Sancti Thome d'Aquino unanimiter.*[1264]

Die geistig anregendste Kraft dürfte er mit Nikolaus Gerbel von Pforzheim, dem Celtis-Schüler, herangezogen haben, der freilich, da als jüngster promoviert, als letzter der drei Regenten genannt wird.[1265] Nach den bisherigen Untersuchungen können wir die Entscheidung Gerbels für die Regentschaft in Mainz nur als seiner bisherigen Vita völlig kongruent, als folgerichtig bezeichnen. Seine ersten Pforzheimer und Wiener Lehrer, Simler und Celtis, waren Realisten und Humanisten; in freier Entscheidung wählte er 1507 die Kölner Montana zum Erwerb seines Magisteriums, suchte in ihr die humanistische Freundschaft des Johannes Trithemius.[1266] Selbstverständlich bot es ihm in geistiger Hinsicht keine Schwierigkeit,

---

[1261] Steiner 1989, 539.

[1262] Georg Beheim demonstrierte eindringlich seine innige Freundschaft mit Ivo Wittich, als er im August 1510 50 fl. erwarb, die er für das Anniversarium Ivos zur Verfügung stellte (vgl. Steiner 1989, 538, Anm. a).

[1263] Vgl. Steiner 1989, 110, 542.

[1264] Steiner 1989, 542.

[1265] Steiner 1989, 538.

[1266] S.o. 564-573. Steiner (1989, 107 f.), der Gerbels Kölner Studium auch nicht hinsichtlich der Bursenzugehörigkeit differenziert, ist bemüht, Gerbels Mainzer Aufenthalt auf schmaler Literaturbasis als gleichsam akademischen und biographischen Fehltritt darzustellen: er habe sein Studium an der nominalistisch geprägten Wiener Universität aufgenommen (kein Wort vom Realismus in Wien und Gerbels

am 5. Januar 1510 mit vertraglicher Bindung eine Regentschaft an einer Burse zu übernehmen, deren Struktur wesentlich von einem Leipziger Freund seines Lehrers Celtis konzipiert worden war, die von einem humanistischen Theologen eingerichtet und beaufsichtigt wurde und die sich wissenschaftsgeschichtlich „seinem" Kölner Thomismus verpflichtet fühlte. Beheim dürfte in Tübingen oder Pforzheim mit ihm Kontakt aufgenommen haben.[1267]; er suchte ihn offensichtlich – eventuell durch Montana-Regenten aufmerksam gemacht. Möglicherweise wirkte sogar der Freund seines Bruders Lorenz und das Vorbild des jungen Gerbel, Johannes Reuchlin, vermittelnd. Nikolaus Gerbel wird die Hoffnungen seines Mentors, dem es ja um einen attraktiven Unterricht an der thomistischen Burse gegangen sein muß, nicht enttäuscht haben. Durch das Zeugnis Wimpfelings wissen wir, daß der Kölner Thomist bei der Unterweisung seiner realistischen Schüler in Mainz die 1508 erstmals erschienene humanistische Grammatik des Johann Brassican, die ‚Institutiones Grammaticae', statt des verpönten ‚Doctrinale' des Alexander de Villa Dei benutzte.[1268] Seine Beschlagenheit auf die-

---

Zeit im Collegium poetarum), habe in Köln „Bekanntschaft mit der via antiqua gemacht", könne „aufgrund seines Studiums und seiner Lehrtätigkeit in Wien" (er lehrte freilich nie in Wien, sondern studierte 1512/14 dort die Rechte) „und seiner weiteren geistigen Entwicklung nach dem Weggang aus Mainz kaum als eingefleischter Thomist eingestuft werden". Auch habe er der Via antiqua den Rücken gekehrt, da er sich im Reuchlinstreit für seinen Landsmann entschieden und sich der Reformation angeschlossen habe. Es ist fast müßig, diese naiven Behauptungen und Schlußfolgerungen im einzelnen zu widerlegen, doch da sie symptomatisch für eine häufig anzutreffende Verkennung der historischen Situation sind, hier nur soviel: in der Reuchlinkontroverse standen viele Realisten, beileibe nicht nur Nominalisten, auf der Seite des Humanisten, ebenso schlossen sich viele Antiqui der Reformation an. Und warum wohl folgte Gerbel aus Tübingen dem Ruf nach Mainz – mit der Bereitschaft, finanzielle Nachteile für sich in Kauf zu nehmen!; s.u. 598 f. – und bekannte sich entschieden für den Thomismus, wenn er nicht – zumindest in jenen Jahren – voll und ganz hinter dieser Schulrichtung stand?

[1267] Gerbel hatte nach Erwerb seines Kölner Magisteriums Ende März 1508 um einen Dispens von der zweijährigen Lehrpflicht gebeten. Er ging kurzzeitig an die Tübinger Universität, wo er sich am 10.5.1508 immatrikulieren ließ (Hermelink 1906a, M 59,5).

[1268] Vgl. Merker 1923, 245 (bei Steiner 1989 nicht erwähnt). Zur Grammatik Brassicans vgl. etwa Rupprich 1970, 655. Für die nominalistische Schule in Mainz hatte Florentius Diel erst 1508 eine Kurzfassung des Donat herausgegeben (Steiner 1989, 387). Brassican fand 1515 dann auch in Erfurt Eingang in den Grammatikunterricht. Wimpfeling hatte Gerbel im übrigen schon 1506 gelobt, als einen der *oratores atque poetae Suevi, qui carmina et prosas terse scribunt et ceteros docere possunt* (Herding/Mertens 1990, 534, Nr. 203). 1515 berichtete dann Erasmus von Rotterdam Wimpfeling von einer Begegnung mit Gerbel, von dem er sich besonders viel versprach (vgl. Herding/Mertens 1990, 780 ff., Nr. 316).

sem Felde stellte Gerbel auch 1513 in Wien unter Beweis, als er das berühmte ‚Introductorium artis grammaticae' Bernhard Pergers (die erste lateinische Grammatik eines deutschen Humanisten, die – gestützt auf Perotti – vollkommen mit den mittelalterlichen Lehrbüchern brach)[1269] neu bearbeitete und herausgab.[1270] Außerdem war er damals bereits des Griechischen mächtig.[1271] Da Gerbel schon am 5. Januar 1510 den Regentenvertrag unterzeichnete, dürfte er bereits 1509 in Mainz gewesen sein; Anfang 1512 scheint er es wieder Richtung Pforzheim, Tübingen und Wien verlassen zu haben, um offenbar sein recht weit fortgeschrittenes Studium des kanonischen Rechts mit dem Doktorat abzuschließen.[1272] Zu Beginn des Jahres 1512 ging auch Georg Beheim für einige Monate aus Mainz fort, um sich in Bamberg mit seinem Bruder Lorenz und in Nürnberg mit Pirckheimer zu treffen.[1273]

Als erster der geworbenen Regenten wird Johannes Lapicide genannt.[1274] Bei ihm handelt es sich um den Schüler der Montana Johannes Lapicida de Colonia.[1275] Er hatte am 10. Dezember 1500 unter Theodoricus de Busco (M 39) determiniert, im üblichen Turnus dann im März 1502 sein Lizentiat erworben. Doch verzichtete er aus nicht zu ermittelnden Gründen auf die anschließende Inzeption. Die Magisterpromotion strebte er verblüffenderweise erst an, als ihm offenbar eine Regentschaft an der Mainzer Thomistenburse angetragen wurde. Denn am 4. Dezember 1509 inzipierte er unter dem Neffen seines Determinators, Andreas von Bardwijk (M 51); unmittelbar darauf muß er sich nach Mainz begeben haben. Daraus läßt sich schließen, daß einer der maßgeblichen Thomisten aus Mainz 1509 in Köln war, um mit den Regenten der Montana die personelle Ausstattung der Burse abzuklären.

[1269] Vgl. Worstbrock, in: Verfasserlexikon 7 (1989), Sp. 405 f.
[1270] Bauch 1903, 15-18; vgl. auch Büchle 1886, 5, 24.
[1271] Vgl. Büchle 1886, 5, 24; Merker 1923, 248.
[1272] Vgl. Merker 1923, 246-250: Konrad Pellikan traf ihn 1512 in Pforzheim an; die im März 1512 bei Anshelm in Tübingen herausgegebene griechische Grammatik Georg Simlers empfahl Gerbel mit einem griechischen Distichon (vgl. auch Büchle 1886, 5, 24); im Mai 1512 schrieb er bereits aus Wien an Reuchlin (Geiger 1875, 173, Nr. 149). Eventuell beabsichtigte Gerbel schon bei seiner Abreise in Mainz, das juristische Doktorat in Italien zu erwerben, welches ihm dann im Herbst 1514 in Bologna verliehen wurde (Merker 1923, 250).
[1273] Schaper 1960, 203.
[1274] Vgl. Steiner 1989, 106, 538 (es trifft allerdings nicht zu, daß von Lapicide „außer seiner Beteiligung an dieser Aktion nichts bekannt" sei).
[1275] M-Ntr. 1283.

Als Thomist bezeichnete sich schließlich auch Nikolaus Holtmann von Ahaus.[1276] Seine Identifizierung in der Kölner Matrikel ist allerdings nicht ganz unproblematisch. Keussen setzt ihn mit dem 1501 immatrikulierten Hermannus Ahuys[1277] gleich, der unter dem Vornamen Nikolaus 1502 und 1505 seine artistischen Grade an der Laurentiana erworben habe. Sein Wechsel ins thomistische Lager erklärt sich vielleicht daraus, daß ihn Georg Beheim noch aus seiner Regentenzeit an der Laurentiana kannte und später für die Via s. Thome gewann. Holtmann wurde jedenfalls schon im Dezember 1510 als Nachfolger des Realisten Johannes Bruder mit der Lektoralpräbende an St. Johannes bedacht, konnte schließlich noch das Dekanat an St. Peter und ein Vikariat an St. Mariengraden bekleiden[1278] und gehörte noch für lange Jahre zu den aktivsten Lehrern der Via antiqua in Mainz.

Als Bürgen der drei Regenten traten die Realisten Johannes Bruder, Richard Fridwald sowie Jakob Pistoris von Alzey[1279], ein Kölner Schüler des Theodoricus de Busco (M 39), ein.[1280] Pistoris stellte sich 1519 als alleiniger Bürge zur Verfügung, nachdem Peter von Viersen (C 35) 1517 testamentarisch auf seine geliehenen 60 fl. verzichtete und nunmehr nur noch 40 fl. an Tilman Selbach, 100 fl. an das Stift St. Mariengraden (das die Forderung Beheims nach dessen Rückkehr nach Nürnberg 1513 übernahm) und 130 fl. an die Gläubiger des 1509 geliehenen Geldes ausstanden.[1281]

Inhaltlich und verfassungsmäßig orientierten sich die Regenten im Januar 1510 ganz an dem Vorbild der Kölner Prinzipal-Bursen. Charakteristisch das Strukturmoment der Eigeninitiative: Gerbel, Holtmann und Lapicida verpflichteten sich, das Haus zu bewohnen, instandzuhalten und das jährliche Zinsaufkommen aus eigenen Mitteln zu begleichen, falls die Studenten nicht die nötigen Erträge einbringen würden.[1282] *Ad proficiendum ac constructionem structure domus* sollte jeder Scholar mit zwei, jeder Bakkalar mit vier und jeder Magister mit sechs alb. beitragen.[1283] Hinsichtlich der Nachfolgeregelung der Regenten beschlossen diese *unanimi consensu*

[1276] Vgl. Steiner 1989, 106 f.; 538.
[1277] M 451,12.
[1278] Steiner 1989, 107, 316.
[1279] M 390,12. Jakob determinierte 1487 als Schüler der Montana unter Theodoricus de Busco.
[1280] Vgl. Steiner 1989, 109, 541.
[1281] Steiner 1989, 111 f.
[1282] Vgl. Herrmann 1907, 100; Steiner 1989, 108 f., 540.
[1283] Herrmann 1907, 100; Steiner 1989, 109, 542.

mit den Lokatoren bzw. Senioren Viersen, Beheim und Selbach, daß nur gelehrte und ehrbare Magister mit dem Einverständnis der Geldgeber als Regenten angenommen werden sollten. Falls diese thomistischen Senioren dazu aber nicht mehr in der Lage wären, sollte der Prior oder Lektor der Mainzer Dominikaner in letzter Instanz darauf achten, daß *ob honorem Sancti Thome de Aquino* geeignete Regenten ernannt werden – sei in Mainz keiner zu finden, so solle er *pro conservacione vie predicte* von Köln kommen (womit die Montana gemeint gewesen sein dürfte).[1284] Schließlich legten Regenten wie Senioren fest, daß jeder von ihnen aus seinen zeitlichen Gütern zwei fl. *ad coenam construacionem vie* zur Verfügung stelle; der Betrag sollte geschlossen angelegt werden und aus ihm die jährliche Memorienmesse der Dominikaner für die Wohltäter der Burse gegen einen halben fl. bestritten werden.[1285] (Man bedenke, daß auch der Reuchlinist Gerbel diese Beschlüsse kurz vor Ausbruch der Kontroverse um die Judenbücher verfaßte.)

Zweifellos glichen sich die Mainzer Thomisten bei ihrer Bursenfundierung dem Typus der Kölner „Unternehmer-" bzw. Kollegialburse an. Die *conservacio* ihres thomistischen Weges konnte recht eigentlich nur in Anlehnung an die Montana erfolgen. (Interessant und aufschlußreich, daß die Corneliana in personeller wie wohl auch in organisatorischer Hinsicht um 1500 keine Rolle mehr gespielt zu haben scheint; dies bestätigt frühere Beobachtungen.) In der Tat gab es in Köln offenbar ein ganz konkretes Vorbild für die Mainzer: die *Fundatio burse Montis* des Valentin Engelhardt von Geldersheim (M 43) von 1504.[1286] Die Parallelen sind erstaunlich. Beidemal Vertragswerke, in denen es um die materielle Sicherung der Burse durch Gebäudekauf und um weitere finanzielle Stützpfeiler ging (wobei die Montana hier natürlich ganz andere Voraussetzungen besaß), um die verpflichtende Bindung der *lere des heyligen lerers Sancti Thome von Aquinen* an eben diese Häuser, um eingehende Regelungen für die Nachfolge der Regenten, die seitens der führenden Senioren bzw. durch den Prinzipal einzusetzen und zu bestätigen waren. Analog denn auch an der Montana wie an der

---

[1284] Herrmann 1907, 100; Steiner 1989, 109 f., 542. Ein schönes Beispiel für die Präsenz des „Thomisten-Fürsten" Heinrich von Gorkum (M 1) um 1520 in Mainz bei Brecht 1991, bes. 363, 366.
[1285] Herrmann 1907, 100; Steiner 1989, 110, 542 f.
[1286] Gedruckt: Bianco 1855, I/2, 247-252; vgl. Meissner 1968, 30 f.

Burse Schenkenberg die vertragliche Festlegung einer Oberaufsicht durch die örtlichen Dominikaner. Die maßgebliche Funktion Beheims als Testamentarier Wittichs, der wiederum die entscheidende Summe aus seinem Nachlaß für die Etablierung der thomistischen Burse zur Verfügung stellte, dürfte den Schluß zulassen, daß Ivo Wittich noch zu Lebzeiten und vermutlich mit Beheim und Viersen die notwendigen Maßnahmen für eine Institutionalisierung der Burse getroffen hatte. Wäre es denn nicht auch vorstellbar, daß Ivo Wittich und Valentin Engelhardt in persönlichen oder wenigstens mittelbaren Kontakt getreten sind? Das fränkische Hammelburg liegt nur wenige Kilometer von Geldersheim entfernt; Valentin war ein Lokalpatriot ersten Ranges. Als dieser 1478/79 in Leipzig sein Studium begann, hatte jener gerade seit kurzem sein Bakkalaureat dort erworben. Valentin hatte engste Beziehungen zu Mellrichstadt und später sehr wahrscheinlich zu Martin Polich. Mit diesem Sohn Mellrichstadts stand Wittich gewiß in Leipzig in einem freundschaftlichen Verhältnis, all die genannten Franken schließlich mit Konrad Celtis. Der Humanist und Jurist Ivo Wittich war dann aber als wesentlicher Initiator der Schenkenberg-Fundierung nicht nur ebenfalls Thomist, sondern auch von der Überzeugung geleitet, daß dem thomistischen Weg neben dem dominierenden Nominalismus die Bedingung der Möglichkeit kraftvollen Existierens geschaffen werden mußte.

Aus den skeptischen Überlegungen der Schenkenberg-Regenten über hinreichende finanzielle Einnahmen durch die Studenten ging bereits hervor, daß sich die Via antiqua in Mainz gegenüber den Moderni in der schwächeren Position befand.[1287] Doch das Kölner Modell fruchtete. 1520 konnten die vier Regenten, unter ihnen Nikolaus Holtmann und Jodocus Selbach (wohl ein Verwandter des Tilmann), das benachbarte Haus Laufenberg für 100 fl. erwerben, die sie bei dem nunmehrigen Weihbischof Johannes Bruder von Münster geliehen hatten.[1288] Bereits 1529 waren sie in der Lage, die Summe zurückzuzahlen. Als Erzbischof Sebastian von Heusenstamm, der selbst im Kollegium Schenkenberg studiert hatte, dieses 1546 aus finanziellen Gründen in ein Pädagogium umwandeln wollte, kamen die Regenten in ihrer folgenden Supplik nochmals auf die Kerndifferenzen zur konkurrierenden Algesheimer Burse zu

---

[1287] Zusammenfassend zur Dominanz der Mainzer Nominalisten in den ersten Jahrzehnten: Steiner 1989, 514 f.
[1288] Herrmann 1914, 60, Anm. 12; Steiner 1989, 112 f.

sprechen.[1289] Unter anderem würden testamentarische Stiftungen (*legata*), wie die großzügige des (ehemaligen Montana-Schülers) Jacobus Pistoris de Alzey, und Stiftungen, die an das Kollegium gebunden seien, verfallen. Ferner hätten die Thomisten im Gegensatz zu den Nominalisten, denen der Algesheimer Hof durch die Erzbischöfe als universitäre Einrichtung überlassen worden sei, ihr Kollegium allein aus eigenen Mitteln und unter persönlichen Entbehrungen erstanden, da sie als *studiorum amatores* eines eigenständigen Thomistenkollegiums nicht entbehren wollten.[1290] Nun, das Kollegium Schenkenberg blieb als einzige allgemeine Burse der Artisten und Theologen bestehen, die Burse Zum Algesheimer dagegen wurde 1562 von Erzbischof Daniel Brendel von Homburg aufgehoben und den Jesuiten übergeben.[1291]

8. Wittenberg

Die 1502 gegründete Universität Wittenberg gilt gemäß einem oft zitierten Wort Melanchthons als „Tübinger Kolonie".[1292] Zweifellos mit einer gewissen Berechtigung. Nicht nur, daß die ersten Statuten der Wittenberger Artisten-Fakultät nahezu wörtlich mit denen der Tübinger übereinstimmen, die vorläufig endgültigen Statuten von 1508 noch zu einem großen Teil,[1293] auch die ersten Dekane, Johannes von Staupitz als Theologe, Wolfgang Stähelin als Jurist und Sigismund Epp als Artist, stammten aus Tübingen.[1294] Dieser Einfluß wird dem Augustinerprior Johannes von Staupitz zugute geschrieben, der in Tübingen zum Doktor der Theologie promoviert worden war, 1502 den Konvent der Münchner Augustinereremiten leitete und von Kurfürst Friedrich von Sachsen für die

---

[1289] Gedruckt: Steiner 1989, 597-602 (Anlage 6).
[1290] Vgl. Herrmann 1907, 101; Steiner 1989, 110 f., 598-501.
[1291] Vgl. Steiner 1989, 114, 505-512.
[1292] Vgl. etwa Oberman 1979, 12 u. Anm. 8.
[1293] Vgl. Friedensburg 1926, 7, Nr. 9, 18-58, Nr. 22-26; Steinmetz 1952, 107 f.; Ludolphy 1984, 321 f.
[1294] Steinmetz 1952, 107. Zusammen mit Stähelin gingen 1502 auch die Tübinger Juristen Hieronymus Schürpf und dessen Vetter Ambrosius Volland nach Wittenberg (Finke 1972, 170 f.). Im Gefolge des Augustiners Sigismund Epp (bzw. des Johannes von Staupitz) befand sich z.B. der Tübinger Theologiestudent und Benediktiner Dionysius Bickel (zweiter Dekan der Wittenberger Artisten-Fakultät), die beide jedoch schon 1504 wegen ihrer theologischen Promotion nach Tübingen zurückkehrten (Köstlin 1887, 1; Hermelink 1906, 201 f.; Steinmetz 1952, 107; Oberman 1979, 131 f. u. Anm. 173).

vielfältigen Aufgaben während der Gründungsphase herangezogen worden war.[1295]

Doch die prägenden personellen Kräfte an der Wittenberger Artisten-Fakultät – und dies ist von der Forschung bisher nicht im zukommenden Maße gewürdigt worden[1296] – kamen aus der Kölner Montana. Bevor wir im einzelnen auf sie eingehen, müssen wir die zentrale Schaltfigur zwischen Wittenberg und der Montana namhaft machen: Martin Polich von Mellrichstadt, in Anlehnung an seinen Herkunftsort auch Martin Mellerstadt genannt.[1297] Er darf mit Fug und Recht als „Vater und Haupt" der neuen Universität bezeichnet werden.[1298] Auf Wunsch Friedrichs des Weisen, dessen ständiger Ansprechpartner und Vertreter er nicht nur in den ersten Jahren war,[1299] bekleidete Polich das erste Rektorat.[1300] Neben dem später wohl weniger einflußreichen Kanzler der Universität, dem Antoniterpräzeptor Goswin von Orsoy – was ebenfalls bisher übersehen wurde: auch er ein Schüler der Kölner Universität[1301] –, nahm Polich bis zu seinem Tod 1513 die Aufgaben des Vizekanzlers wahr.[1302]

Der erklärte Thomismus Martin Polichs hat in der Forschung angesichts seiner humanistischen Bildung immer wieder zu Irritationen geführt – scheint doch beides unvereinbar zu sein.[1303] Aufsehen erregte Polich durch seine (teilweise bereits angesprochenen)

[1295] Vgl. etwa Ludolphy 1984, 316 f.

[1296] Die für die Wittenberger Universitätsgeschichte immer noch grundlegende Arbeit von Friedensburg erwähnt nur undifferenziert und eher beiläufig die Kölner Herkunft der noch ausführlicher zu behandelnden Magister Andreas Bodenstein von Karlstadt und Kilian Reuter von Mellrichstadt (vgl. Friedensburg 1917, 67 f., 74).

[1297] Um seine Verbindung zur Montana ins rechte (zumindest annäherungsweise) Licht rücken zu können, ist es notwendig, seiner Person an dieser Stelle klarere Konturen zu verleihen. Eine moderne Biographie bleibt ein Desiderat; einschlägig bis heute der Forschungen Bauchs (bes. 1897, 1899).

[1298] Grüneberg 1952, 87; die Titulierung nimmt eine Wendung des Epitaphs für Polich auf (*Proh iacet hic nostrae duxque parensque scholae*), das bei Grüneberg (1952, 89 ff.) in einer Abbildung und einem Druck zu finden ist. Zur unumstrittenen Führungsposition Polichs vgl. auch Friedensburg 1917, 45 f.

[1299] Vgl. etwa die Aktenstücke zur organisatorischen Einrichtung bei Friedensburg 1926, 6-12, Nr. 8, 10-13.

[1300] Ludolphy 1984, 316.

[1301] M 314,32: im September 1467 als Antoniter für ein artistisches Studium in Köln immatrikuliert.

[1302] Vgl. etwa Grossmann 1975, 41.

[1303] Jeweils entsprechend dem angelegten Maßstab denn auch die Urteile, wie etwa: „Er (Polich) las die ihm zugänglichen Klassiker, suchte seinen Stil nach ihrem Muster zu veredeln und schwang sich selbst bis zu lateinischen Dichtungen

Kontroversen mit dem Leipziger Mediziner Simon Pistoris und seinem ehemaligen Schüler, dem Theologen Konrad Wimpina. Polich, der vermutliche Mainzer Schüler Peters von Viersen (C 35), hatte sich auf medizinischem Felde den klassischen, hauptsächlich von italienischen Humanisten rezipierten römischen und griechischen Autoritäten zugewandt; mit der Folge, daß er hinsichtlich der Ursachen der Syphilis die astrologiegläubigen Thesen seines Kollegen Pistoris, eines traditionellen Arabisten, scharf angriff.[1304] Dieser hatte in Wimpina einen literarischen Helfer gefunden, und als der Theologe 1500/01 eine polemische Schrift gegen die Ansicht verfaßte, Ursprung und Quelle der Theologie sei die Poetik,[1305] nutzte Polich, der sich persönlich angegriffen fühlte, in seiner Gegenschrift ‚Laconismos' die Gelegenheit, seinen abtrünnigen Schüler heftig zu attackieren. Unter betonter Berufung auf Thomas von Aquin und die communis opinio der Thomisten wollte er die Poetik nicht als *scientia*, sondern als *modus sciendi* verstanden wissen, weshalb sie sich auch nicht subalternieren lasse, verteidigte er die Poetik als eine

---

auf; aber hier erwies sich seine Vorbildung (sc. die streng thomistische) kräftiger als das Neugelernte, er ist als lateinischer Stilist und Poet allewiel ein ziemlicher Stümper geblieben, und die Früchte seiner humanistischen Studien waren nur ein gewisser Citatenschatz, ein freieres Urteil und ein etwas weiterer Blick" (Bauch 1897, 293). Steinmetz (1952, 107, 110) stellt fest, daß man bei Polich „vergebens nach irgendwelchen neuen Gedanken suchen wird, daß sich sein ganzes Denken in ausgefahrenen Geleisen bewegte; als Nachbeter des Thomas von Aquino und hartnäckiger Verfechter der via antiqua" habe er dem Humanismus nicht die Möglichkeit zur vollen Entfaltung und Umgestaltung des Lehrbetriebs gegeben, obwohl er durch seine Vermittlung von Scholastik und Humanismus dessen Sieg (nach der Universitätsreform 1518) vorzubereiten half. Steinmetz nahm damit das ähnlich enttäuschte Urteil von Friedensburg über die fruchtlose Vermittlung von Scholastik und Humanismus bei dem „unselbständigen" Thomisten auf (Friedensburg 1917, 46 f.). Overfield (1984, 177; und analog: Overfield 1976, 399), der es mit Blick auf die zitierte Literatur eigentlich besser wissen müßte, behauptet gar: „He (Polich) was neither a poet nor rhetorician, but a physician trained in scholastic philosophy who had shown no real interest in humanism before 1500; ... he was an unlikely candidate to defend poetry against the denigrations of Wimpina". Bezeichnend und stellvertretend für viele ebenso die Wertung Ludolphys (1984, 325): „Anfangs hatte der geistig wenig selbständige Mellerstadt, ein eifriger Thomist, trotz gewisser moderner Ansätze die Tradition der jungen Hochschule bestimmt", nämlich die des „alten Weges"; und ein „frischer Wind" wehte erst, als der Nominalist Jodocus Trutfetter den „neuen Weg" repräsentierte.

[1304] Grundlegend: Bauch 1899, 96-104; vgl. auch Grüneberg 1952, 88 f.; Overfield 1984, 178.

[1305] Der Titel lautete: *Apologeticus in sacre theologie defensionem. Adversus eos, qui nixi sunt eidem fontem, caput, et patronam Poesim instituere*; von Negwer anders als bei Bauch um ein Jahr später auf 1501 datiert (Negwer 1909, 59, 203 f.).

der Quellen heiliger Weisheit und letztendlich die humanistischen Studien schlechthin.[1306] 1504 wurde der Streit dann durch den Bruder Friedrichs des Weisen, Erzbischof Ernst von Magdeburg, Goswin von Orsoy und Johannes von Staupitz geschlichtet – wobei Polich das letzte Wort eingeräumt wurde.[1307] Schon im Januar 1503 ist dem streitbaren Thomisten durch Staupitz das theologische Doktorat verliehen worden.[1308]

Als Beleg für die Fähigkeit zeitgenössischer Poeten, „Göttliches zu singen", hatte Martin Polich auch die Gedichte seines Freundes Konrad Celtis angeführt.[1309] Ihre erste Verbindung 1486/87 in Leipzig, zusammen mit Ivo Wittich, hatten wir bereits behandelt.[1310] Obwohl Polich sich nach dem Vorwurf des böhmischen Humanisten Bohuslaus von Hassenstein, Celtis sei des Plagiats anzuklagen, von seinem fränkischen Landsmann für eine Zeit zurückgezogen zu haben scheint,[1311] zeigte sich die Freundschaft bald wieder in alter Selbstverständlichkeit. Polichs vehementes Leugnen (seit 1497), daß die Konstellation der Sterne auf Entstehung und Behandlung des Morbus gallicus Einfluß habe, seine Überzeugung, daß auch medizinisch weniger Gelehrte mit dem nötigen Wissen eine Selbstheilung erzielen könnten, dürfte Celtis zum Trost gereicht haben, der im Sommer 1498 schwer an der Syphilis erkrankt war, aber genesen durfte.[1312] Spätestens 1496 stand der Leipziger Thomist wieder im Freundeskreis des Celtis: dessen Freund Dietrich Ulsenius, Poeta laureatus, Orator und damals Stadtarzt in Nürnberg, dedizierte Mellerstadt seine 1496 veröffentlichten ‚De pharmacandi comprobata ratione libri II' und im gleichen Jahr das ‚Vaticinium in epidemicam scabiem' mit dem sogenannten Pestbild Dürers,[1313] berichtete Celtis im Juli 1496 von Briefen, die er von Martin Polich

---

[1306] Vgl. zur Kontroverse: Bauch 1899, 104-167; Negwer 1909, 47-70; Overfield 1976, 399-402; Overfield 1984, 173-185 (Overfields Wertung, es habe sich allein um einen Streit zwischen den Personen, nicht um Inhalte, gehandelt – wobei Overfield die Perspektive auf den Gegensatz „Scholastik vs. Humanismus" verkürzt –, kann ich mich nicht anschließen).
[1307] Vgl. Bauch 1899, 166; Grüneberg 1952, 90.
[1308] Vgl. Friedensburg 1917, 45.
[1309] Bauch 1899, 122; Overfield 1984, 179.
[1310] S.o. 584 f.
[1311] Bauch 1899, 20 f.; Spitz 1957, 8 f.
[1312] Vgl. etwa Wuttke 1987, 278.
[1313] Vgl. Rupprich 1934, 90, Anm. 1, Nr. 55.

erhalten habe.[1314] Möglicherweise war es kein Zufall, daß der Franke Valentin Engelhardt von Geldersheim aus der Montana-Burse ebenfalls im Juli 1496 seinem *promotor et fautor singularissimus*, Konrad Celtis, schrieb.[1315] 1501 schließlich, als Celtis die Werke Roswithas von Gandersheim mit der Widmung an Friedrich den Weisen herausgab, steuerte Polich als Mitglied der Sodalitas litteraria – an der Spitze der humanistischen Elite mithin – dem Band ein Epigramm bei.[1316]

Offensichtlich vertraten einige der 14 Humanisten, welche die ‚Opera Hrosvite' mit Epigrammen begleiteten, verschiedene geographische Regionen Deutschlands sowie einzelne Sodalitäten der umfassenden, von Celtis (in welcher Form auch immer) kreierten und letztendlich auf seine Person ausgerichteten Sodalitas litteraria per universam Germaniam.[1317] Als Princeps der Sodalitas litteraria

---

[1314] Rupprich 1934, 202 f., Nr. 122.
[1315] Rupprich 1934, 198 f., Nr. 119.
[1316] Vgl. Rupprich 1934, 461-471, Nr. 267 f., hier: 470.
[1317] Dies hat Brandis (1917, in seinem Beitrag über die „Sodalitas Polychiana und Sodalitas Leucopolitana", 20 f.) m.E. richtig gesehen. Meist wurden die Humanisten als Mitglieder der Sodalitas litteraria Rhenana bezeichnet, so jüngst noch bei Holzberg 1981, 32, 60, 73. Doch: diese Einzel-Sodalität wurde weder im Titel genannt noch lassen die 14 Personen eine solche Gleichsetzung zu. Daß an der Spitze des überregionalen Sodalitäts-Verbandes letztlich nur Celtis stand, beweist das Kolophon des Druckes von 1501, welches von einer Sodalitas Celtica spricht, die zugleich von dem in Nürnberg tagenden Reichsregiment ein Druckprivileg, damit gleichsam eine „reichsrechtliche ‚Anerkennung'" (Lutz 1984, 51) erhielt. Möglicherweise versuchte Celtis zu einem Zeitpunkt, mit den 14 Humanisten in landsmannschaftlicher Hinsicht eine gewisse, wenngleich noch fiktive (man beachte etwa das sicherlich auch durch den Druckort zu erklärende Übergewicht der Franken unter den 14 Epigrammatikern!) Repräsentanz verschiedener Regionen des deutschen Reiches zu erzielen, um auf die sieben, nach geographischen Räumen eingeteilten Sodalitäten zu verweisen, die er in Epode 14 vorgestellt hatte (vgl. Brandis 1917, 20 f.; Pindter 1937, 112 f.; Lutz 1984, 51; Csáky 1986, 751). Insgesamt stellt die Geschichte der humanistischen Sodalitäten, v.a. ihrer Leiter und Mitglieder, ein dringendes, eventuell prosopographisch zu lösendes Forschungsdesiderat dar. Die letzte größere Arbeit von Hummel (1940) zu den humanistischen Sodalitäten ist unstrukturiert und verfolgt die von Celtis ausgehenden Fäden nur teilweise, blendet beispielsweise den Leipzig-Wittenberger Kreis um Polich völlig aus. Instruktiv und gleichzeitig ernüchternd der Forschungsüberblick von Lutz 1984 (mit wegweisenden thematischen und methodischen Reflexionen). Jüngst bot Csáky (1986) eine längst überfällige, kritische, von der Sodalitas litteraria Danubiana ausgehende Untersuchung zu den Sodalitates und zum Sodalitas-Begriff des Celtis. Notwendige weitere Forschungen werden von dieser Studie auszugehen haben. Csákys Ergebnisse sind zu unterstreichen: Feste Organisationsformen oder gar Gründungsstatuten hatten die Sodalitates nicht; dementsprechend gab es auch keine fest umrissenen regionalen und personellen Abgrenzungen; ebenso variieren die jeweiligen, oft durch

Germaniae erscheint 1501 der Wormser Bischof Johannes Dalberg, zugleich Oberhaupt der Sodalitas Rhenana, für die auch Johannes Trithemius zu den Epigrammatikern gehörte; Johannes Tolhopf und Johannes Stabius standen beispielsweise für die Sodalitas Danubiana. Das Diversorium litterarium bildete Nürnberg, genauer die *aedis* des Willibald Pirckheimer,[1318] der das einzige, wenngleich noch fehlerhafte, griechische Epigramm schrieb.[1319] Martin Polich von Mellrichstadt schließlich stand der Sodalitas Polychiana vor, die sich in Leipzig Ende des 15. Jahrhunderts um ihn herum gebildet hatte. Sein Kreis schenkte Kurfürst Friedrich dem Weisen eigens ein Exemplar der ‚Opera Hrosvite' von 1501, welches auf der Innenseite des Vorderdeckels die Widmungsüberschrift trug: *Votum Polychianae Sodalitatis decastichon.*[1320] Als Verfasser des Decastichons (1501 oder 1502) ist Sigismund Fagilucus (Buchwald) von Breslau anzusehen.[1321] Doch Fagilucus war nicht nur ein Schüler Polichs; er verkörperte den Anlaß für Konrad Wimpinas zornige Polemik gegen die Poeten![1322] Fagilucus hatte die Poetik

---

Celtis' Neigung zur Symbolik geformten Unterbegriffe (Rhenana, Danubiana usw.) entsprechend bestimmter poetischer Fiktionen, die gleichwohl in ihren regionalen und geographischen Einteilungsprinzipien auf reale Gegebenheiten zurückgehen; real – und letztlich für die Existenz wie auch immer strukturierter Sodalitates entscheidend – war die Summe der auf viele Orte verstreuten Freunde des Celtis, in der Regel seine Briefpartner. Die gleich anzusprechende Sodalitas Polychiana bzw. Leucopolitana ist wie die Studie von Brandis (1917) nicht in Csákys Untersuchung einbezogen worden; mit Blick auf Martin Polich hätten sich hier aufschlußreiche, Csákys Ergebnisse stützende Ergänzungen ergeben. Auf die Sodalitas-Thematik wird im Zusammenhang mit der Person Valentin Engelhardts (M 43) nochmals einzugehen sein; s.u. 683–688.

[1318] Rupprich 1934, 467, Nr. 267.
[1319] Vgl. Holzberg 1981, 95. Als weitere Nürnberger schrieben Heinrich Grieninger (Groninger), Leiter der Poetenschule, Johannes Lateranus (Ziegler), Sebastian Sprenz, Leiter der St. Lorenz-Schule, und der Astronom Johannes Werner (vgl. Rupprich 1934, 469, Nr. 268). Ob diese Franken einer Sodalitas Rhenana angehörten – wie Holzberg (s.o.) behauptet –, einer Sodalitas Augustana oder gar eine eigene Nürnberger Sodalität bildeten, vermag ich nicht zu entscheiden. Ganz unwichtig ist dies für die Bursengeschichte nicht, da Pirckheimer für die humanistische Neuordnung des Nürnberger Schulwesens Angehörige der Kölner Montana heranziehen wird (und offenbar eine Lehrkraft eigens vorher an diese Burse schickte!); s.u. 643–664.
[1320] Brandis 1917, 12 (13-17: eingehende und völlig überzeugende Argumente, daß die Namensform Sodalitas Polychiana nur auf Polich zurückgeführt werden kann).
[1321] Brandis 1917, 14f. Fagilucus benutzte in einem Gedicht an seinen Lehrer auch die Form „Martino Polychio Mellerstad", schrieb also das -y- wie in Sodalitas Polychiana. Zu Sigismund Fagilucus vgl. auch Bauch 1909 pass.; Negwer 1909 s.v.
[1322] Vgl. Bauch 1899 s.v., bes. 105, 112.

als *fons sophiae sacratae* bezeichnet, sich dadurch vermutlich die Empörung der Dominikaner zugezogen, für die Wimpina dann das literarische Schwert ergriff. Ihn verteidigte schließlich Polich 1500 oder 1501.[1323] Vor diesem Hintergrund wird auch die Bitte in der Widmung des Roswitha-Bandes an Friedrich den Weisen verständlich, er möge sich der Dichter nicht ungnädig erinnern.[1324]

Die an die Person Martin Polichs gebundene Sodalitas Polychiana bildete einen Bestandteil – vielleicht den Kern – der geographisch definierten Sodalitas Leucopolitana, die ihren Namen von dem Zentrum des sächsischen Kurkreises, Wittenberg, herleitete.[1325] Die (bisher) einzige Nachricht über diese Sodalitas verdanken wir wiederum der Wimpina-Kontroverse, denn Polich berichtet in seiner ersten Kampfschrift, dem ‚Laconismos‘, interessante Details über sie.[1326] Sie stehen im Zusammenhang mit Wimpinas reuigem Eingeständnis, sich früher selbst einmal von der Theologie zur Poesie verirrt zu haben. Polich berichtet, die daraus entstandenen, leider sogar gedruckten dichterischen Ergüsse gelesen zu haben. Mit ihnen habe sich Wimpina als Stümper entlarvt. Offenbar sind die Gedichte des Leipziger Theologen in den humanistischen Elitezirkeln einer eingehenden Kritik unterzogen worden. Denn Polich berief sich

---

[1323] Bauch 1899, 112 ff. Fagilucus begleitete auch die Streitschriften Polichs gegen Wimpina mit Epigrammen (Bauch 1899, 131 f.; Negwer 1909, bes. 59, 205 ff.). Um 1502 ging Fagilucus nach Breslau zurück und unterrichtete als Lehrer, las dort als erster über Plautus; einen Gedichtband von ihm führte Laurentius Corvinus mit lobenden Versen ein (vgl. Bauch 1909, 224 f.). Die Plautinischen Komödien hatte er von der Leipziger Universität mitgebracht; sein Freund Corvinus (hierzu Bauch 1909, 231, 234), eventuell von ihm unterstützt, führte die ‚Aulularia‘ des Plautus dann im Februar 1502 in Breslau auf. Im übrigen vertrat Corvinus, in seiner 1496 in Krakau gedruckten Anleitung zur Dichtkunst ‚Carminum structura‘ etwa, die Lehre von einer göttlichen Poesie, die bei einem keuschen Dichter durchaus lasziv sein dürfe und nicht zu sittlicher Schlaffheit verführe (vgl. Bauch 1909, 233 f.). Nahm er hier Gedanken seines Krakauer Lehrers Konrad Celtis auf, die dann in Leipzig durch Fagilucus propagiert, von Celtis-Freunden verteidigt wurden und so zur Wimpina-Kontroverse führten?

[1324] Vgl. Brandis 1917, 12, 16. Die Bitte wird in dem auf das Decastichon folgenden Distichon des Wolfgang Amidobatos *cum condiscipulis suis* vorgetragen. Brandis bezieht sie nicht auf den Polich-Wimpina-Streit, doch scheint mir eine Anspielung sehr wahrscheinlich.

[1325] Brandis 1917, 18 ff. Nicht ganz korrekt die Ausführungen bei Spitz (1975, 415) zu den Sodalitäten Polychiana und Leucopolitana, da allein auf Wittenberg bezogen und den Leipziger Ursprung nicht berücksichtigend.

[1326] Vgl. Brandis 1917, 17. Am ausführlichsten zum ‚Laconismos‘, der 1501/02 erschien: Bauch 1899, 114-129 (129: Paraphrase der Äußerungen Polichs über die Sodalitäten); vgl. Negwer 1909, 55-65 (um ein Jahr späterer Datierungsansatz als Bauch).

für sein vernichtendes Urteil auf die Zeugnisse der drei keilförmig angeordneten *litterariae phalanges*, nämlich der (Sodalitas) Rhenana mit dem Bischof von Worms (Johann von Dalberg) als Anführer, der Danubiana und Leucopolitana mit ihren von allen Veteranen und Rekruten akzeptierten *imperatores et praefecti* Konrad Celtis und Bohuslaus Hassenstein. (Der böhmische Humanist und Freund Polichs hatte sich nach anfänglicher Antipathie mit Celtis angefreundet, nachdem dieser ihn in Prag besucht hatte.[1327]) Hassenstein hatte die Leitung der Leucopolitana allerdings erst nach dem um 1501 eingetretenen Tod des Mattaeus Lupinus Calidomius übernommen, der wie Polich – und offenbar ebenso als Thomist – engagiert (beim Leipziger Quodlibet 1497) die Dichter als *vates* vor den Angriffen bestimmter Theologen in Schutz genommen hatte.[1328] Martin Polich nahm demnach ohne Zweifel schon vor 1500 eine aktive und führende Rolle in dem auf die Person des Celtis ausgerichteten Sodalitäten-Gebilde ein.

Nichts spricht dafür, daß Martin Polich von Mellrichstadt 1502 seine Rolle als *veteranus sodalitatis* mit seiner neuen Aufgabe an der Universität Wittenberg aufgegeben hätte. Eher bezeichnend, wenn er noch auf seinem Epitaph – offenbar in selbstgewählter Programmatik – nicht nur als *philosophus*, *medicus* und *theologus*, sondern eben auch als *vates* tituliert wurde.[1329] An ihrer Spitze waltete demnach keine retardierende Figur. Wenn Friedrich der Weise „sich seiner und seiner gelehrten Verbindungen"[1330] bediente,

---

[1327] Vgl. Rupprich 1934, 455 ff., Nr. 265.

[1328] Lupinus wollte allein den *divinus vates* mit dem *divinus furor*, also den unter dem Einfluß der Musen und des göttlichen Geistes stehenden Poeten, als wirklichen Dichter gelten lassen. Auch er argumentierte mit Thomas von Aquin und versuchte ihn als Dichter und Dichterfreund herauszustellen. Polich und Ulsenius rühmte er als humanistische Ärzte, den Franken Johannes Cuspinian aus Schweinfurt als wohl begabtesten seiner Leipziger Schüler. Vgl. Bauch 1899, 59-66; Machilek 1988, 214 (wichtig für den späteren Kontext); Druck des ersten der drei Artikel bei Rupprich 1935, 268-275. Cuspinian war dann in Wien Lehrer und Freund des Nikolaus Gerbel (vgl. etwa Ankwicz-Kleehoven s.v.), womit sich in gewisser Weise das thomistisch-humanistische Personennetz weiter verdichten läßt.

[1329] Vgl. den Druck bei Grüneberg 1952, 90.

[1330] Ludolphy 1984, 316. Instruktive Quellenzeugnisse für Polichs Werben um gute Lehrkräfte bei Clemen 1906: zwei Briefe richteten sich an den in Leipzig graduierten Humanisten Hermann Kaiser von Stolberg (vgl. zu ihm u. 613), der sich 1502 in Köln (!) befand und einem Wechsel nach Wittenberg zustimmte. Analog könnte Polich weitere Lehrkräfte in Köln geworben haben, eventuell wurden einige auch durch Kaiser angesprochen. Fest steht, daß Polich in der Gründungsphase mit Hermann Kaiser einen humanistisch und vermutlich thomistisch gebildeten Freund in Köln hatte.

Polich dadurch zum eigentlichen Gestalter einer „weitsichtigen Berufungspolitik"[1331] werden durfte, dann bedeutete dies einen Vertrauensbeweis[1332] und eine Anerkennung der geistigen Einstellung. Doch Polich stand vor der entscheidenden Aufgabe, nicht nur fortgeschrittene *tirones* und Lehrer der Studia humanitatis für die Universität zu gewinnen, sondern auch gut ausgebildete Dozenten der traditionellen, scholastischen Universitätsfächer.

Ad personas! Eine vortreffliche Quelle für die personelle Zusammensetzung der Wittenberger Universität in ihren Anfangsjahren bietet der ‚Rotulus doctorum vittembergae profitentium' von 1507, den der im gleichen Jahr berufene Jurist und Humanist Christoph Scheurl nach Bologneser Vorbild zur Werbung für die Universität aufgestellt hatte.[1333] Für die uns vorerst allein interessierende Artisten-Fakultät offenbart er ein Novum hinsichtlich der vertretenen Wege. Denn es existierte in den ersten Jahren nur die Via antiqua, differenziert nach Via Scoti und Via sancti Thome, wobei den Thomisten eindeutig die größere Bedeutung zukam.[1334] Zehn Magister werden für die philosophischen Fächer als *ordinarie legentes* genannt, jeweils vier als Skotisten und Thomisten, zwei ohne besondere Wegezugehörigkeit. Alle vier Thomisten entstammten der Kölner Montana!

Um sechs Uhr morgens las in der Via s. Thome (ein Text wird nicht genannt) der theologische Bakkalar Andreas Bodenstein von Karlstadt, der zugleich um drei Uhr nachmittags die aristotelische

---

[1331] Baumgart 1984, 180. Doch Baumgart (1984, 181) hat die Bedeutung Polichs als gestaltende Kraft eher zu gering eingestuft. Auch trifft die Formulierung, Polich sei „Haupt einer der beiden humanistischen Sodalitäten in Wittenberg" gewesen, nicht die personal und regional ausgerichtete Struktur dieser humanistischen Zirkel, die weniger lokal gebunden waren. Als „bedeutendste Leistung des Kurfürsten" würdigte jüngst Klein (1990, 290) die Gründung der Universität Wittenberg. Kleins Behauptung in seinen knappen Ausführungen zum Wittenberger Humanismus (290 ff.), in der Artisten-Fakultät habe „der herkömmlichen philosophischen Grundlagenwissenschaft eine eigentliche humanistische Abteilung gleichberechtigt" (291) gegenübergestanden, gibt die tatsächlichen, personengebundenen humanistisch-scholastischen Verschränkungen in Wittenberg nicht adäquat wieder.

[1332] Polich hatte den Kurfürsten beispielsweise auch als Leibarzt während der Pilgerreise nach Palästina 1493 begleitet und ihm offenbar nach einem Kreislaufkollaps das Leben gerettet (vgl. Ludolphy 1984, 61).

[1333] Gedruckt: Friedensburg 1926, 14-17, Nr. 17. Der Nürnberger Scheurl war 1506 in Bologna zum Doktor beider Rechte promoviert, 1507 durch Friedrich den Weisen für eine kanonistische Professur berufen worden; zugleich las er in den Studia humanitatis an der Artisten-Fakultät. Vgl. Graf 1930, 31-40; Grossmann 1975, 64-67; Ludolphy 1984, 326 f.

[1334] So das Urteil bei Steinmetz 1952, 112.

Metaphysik traktierte.[1335] Karlstadt hatte sein Studium in Erfurt begonnen, dort auch 1502 sein Bakkalaureat erworben, doch ohne nachhaltigere Prägung durch die Via moderna.[1336] Vielmehr wandte er sich 1503 nach Köln, ließ sich am 14. Juni immatrikulieren.[1337] Sein Magistrandenstudium absolvierte er an der Montana, an der er sich offenbar seinem fränkischen Landsmann Valentin Engelhardt (M 43) anschloß, den er noch in Wittenberg als einen seiner Lehrer und herausragenden Thomisten rühmte.[1338] Im Frühjahr 1505 wechselte er dann nach Wittenberg,[1339] ließ sich ungefähr im März rezipieren[1340] und wurde schon im August unter dem Dekanat des Petrus Lupinus zum Magister promoviert.[1341] Da Andreas Karlstadt 1507 bereits als theologischer Bakkalar *in via sancti Thome* las,

---

[1335] Konkurrierender Skotist war der Neffe von Staupitz, Nikolaus von Amsdorf (vgl. zu ihm Ludolphy 1984 s.v.).

[1336] Vgl. Bauch 1898, 37; Barge 1905, I, 3 ff.; Bubenheimer 1980, 11. Zu Karlstadt vgl. auch Bubenheimer 1981 (mit Schwerpunkt auf der Spätzeit); Bubenheimer 1991.

[1337] M 458,151. Nicht: „17. Juni", wie noch in der neuesten Forschung immer wieder zu lesen steht (diese Angabe geht auf eine völlig überholte Arbeit von Carl Krafft [1868] zurück, die lange vor der Edition der Matrikel erschienen war).

[1338] *Circa illam materiam dicunt multi egregii Thomiste de Bursa montis preceptores mei Colonienses, inter quos non modicus extat Valentinus Engelhart de Geltershaym* (zit. nach Barge 1905, I, 6, Anm. 20, aus Karlstadts ,Distinctiones Thomistae'; vgl. auch Bauch 1898, 38; Bubenheimer 1980, 11; Bubenheimer 1991, 47).

[1339] Das von Bubenheimer (1980, 11 f.; in dieser Arbeit geht Bubenheimer am ausführlichsten auf die frühen Studien- und Lehrjahre Karlstadts in Köln und Wittenberg ein) angenommene Motiv, Karlstadt sei aus Abneigung gegen einen thomistisch-schulmäßigen Ausschließlichkeitscharakter an der Kölner Montana fortgezogen, dürfte dem tatsächlichen Zusammenhang nicht entsprechen. Auch bedeutet Engelhardts Festlegung der Montana auf die Lehre des Thomas von Aquin nicht, daß damit nur „eine Schulmeinung" galt, die beispielsweise eine Anerkennung realistischer skotistischer Doktrinen ausschlösse oder gar eine teilweise Läuterung der Schullehre an der Montana durch einen unmittelbareren Rückgang auf Thomas – genau darum ging es Karlstadt in Wittenberg und eben dieses Vorhaben wird von Bubenheimer als Argument für eine Distanzierung von den Montanern angeführt. (Mir scheint, Engelhardt hätte [oder hat] dieses Bestreben eher unterstützt denn kritisiert.) Doch werden wir noch ausführlicher auf Bubenheimers Argumentation zurückkommen müssen. Grundsätzlich ist jedoch anzumerken, daß ein Wechsel an eine wissenschaftsgeschichtlich „kompatible" Universität und eine dortige Graduierung in der gleichen Via in keiner Weise unter dem Vorzeichen existenter Spannungen gesehen werden muß. Im Gegenteil, er bestätigt vielmehr das kooperative Verhalten unter diesen Schulen, muß hier im Zusammenhang mit dem Aufbau eines starken thomistischen Weges an der jungen Wittenberger Artisten-Fakultät gesehen werden – man denke nur an die analogen Vorgänge etwa in Heidelberg, Leipzig oder Trier.

[1340] Köstlin 1887, 5.

[1341] Köstlin 1887, 22; vgl. Barge 1905, 1, 8.

muß er gegen die Regel schon vor seiner Magisterpromotion in Köln ein Theologiestudium begonnen haben, das ihm in Wittenberg angerechnet wurde.[1342]

Petrus Wolff al. Lupinus von Radheim traf in Karlstadt wissenschaftsgeschichtlich einen Gleichgesinnten an. Nicht nur, daß er nach Aussage des Rotulus von 1507 nach ihm um sieben Uhr morgens als *sacre theologie baccalaures formatus* und Thomista *in naturali philosophia, phisicorum et de anima* las.[1343] Lupinus war ebenfalls aus der Kölner Montana nach Wittenberg gekommen, allerdings über Leipzig. Am 19. April 1494 wurde Lupinus in die Kölner Matrikel eingetragen und am 7. Juli 1495 durch Remigius de Malmundario (M 41) zum Bakkalar graduiert.[1344] 1502 immatrikulierte er sich dann in Leipzig,[1345] wechselte aber schon bald darauf nach Wittenberg, wo er im ersten Dekanat des Sigismund Epp 1503 zum Magister promoviert wurde.[1346] 1505 schon Baccalarius biblicus, konnte er 1508 Lizentiat und Doktorat in der Theologie erlangen. 1514 sollte er als einer der Reformatoren der Universität die in Leipzig entstandenen Vorlesungen Martin Polichs zur Physik als offizielles thomistisches Lehrbuch zum Druck befördern.[1347] Für eine weitere Sicherung thomistischen Lehrgutes sorgte Lupinus, indem er nach Polichs Tod 1513 dessen Lehrveranstaltungen übernahm.[1348]

Um zwölf Uhr mittags setzte der Magister Chilianus de Mellerstadt, ein *juris utriusque baccalaureus*, als Thomista die ordentlichen Vorlesungen *in minori logica, id est Petri Hyspani* fort.[1349] Bei ihm handelt es sich um den ehemaligen Montaner Kilian Reuter von Mellrichstadt, sicherlich eine der interessantesten Personen der frühen Wittenberger Jahre. Wir hatten ihn bereits als einen der sieben Mellrichstädter in Köln kennengelernt, die allesamt an der Montana

---

[1342] Die Statuten der Wittenberger Theologischen Fakultät sahen den Grad eines Baccalarius biblicus frühestens fünf Jahre nach dem Magisterium in den Artes vor (vgl. Friedensburg 1926, 34).
[1343] Friedensburg 1926, 15.
[1344] M 422,23; immatrikuliert als Petrus Wolf de Rodenheym. Dieses Kölner Studium ist in der Forschung unerwähnt geblieben.
[1345] Erler 1895, 445.
[1346] Köstlin 1887, 21; vgl. Bauch 1897, 312.
[1347] Bauch 1897, 326 f.
[1348] Steinmetz 1952, 111.
[1349] Friedensburg 1926, 16.

studierten, dem fränkischen Kreis um Valentin Engelhardt angehörten und sogar durch eine Stiftung mit der Burse „verknotet" wurden.[1350] Gerade sie verkörpern in anschaulicher Weise den Brückenschlag zwischen der Montana und den (fränkischen) Thomisten um Martin Polich von Mellrichstadt. Ein mutmaßlicher Bruder oder naher Verwandter Kilians, Andreas Reuter von Mellrichstadt[1351], hatte beispielsweise 1488 anfangs in Leipzig studiert, ehe er Ende des Jahres an die Kölner Montana wechselte, um im Dezember 1489 unter Everardus de Wesalia (M 42) zu determinieren. Kilian Reuter muß die Montana vor 1499 besucht haben, denn er hob den im gleichen Jahr verstorbenen Theologieprofessor Lambertus de Monte (M 24) als seinen Lehrer hervor.[1352] Erstaunlich ist dies schon: muß demnach doch angenommen werden, daß der Theologe noch im Greisenalter junge Artisten seiner Burse unterrichtete – verwunderlich wäre es gleichwohl kaum. Leider kennen wir Reuters weitere Lehrer und seine Prüfer an der Montana nicht,[1353] doch sein Kölner Magisterium ist unbestritten, da er im Wintersemester 1505/06 als Kölner Magister in Wittenberg immatrikuliert, im Februar 1506 rezipiert wurde.[1354] Lernten wir ihn zwar für 1507 als Ordinarius der Philosophie und Lehrer der Logik des Hispanus kennen, so sollten seine herausragenden Leistungen schon kurz nach Ankunft auf dem Gebiet der humanistischen Studien liegen.

Doch vorerst gilt es, den vierten thomistischen Ordinarius und einstigen Montaner vorzustellen: Matheus Torgensis, der um zwei Uhr nachmittags über *de celo et mundo, de generatione et corruptione, metheororum; item in parvorum naturalium libros* las.[1355] Matthäus Beskau von Torgau hatte sein Artes-Studium am 25. Oktober 1498 mit seiner Kölner Immatrikulation aufgenommen.[1356] Am 3. Dezember 1499 determinierte er unter Valentin Engelhardt von Geldersheim (M 43), scheint aber noch einige Zeit an der Montana weiter studiert zu haben. Denn im Wintersemester 1502/03 wurde er in Wittenberg als Bakkalar immatrikuliert, als erster rezipiert und

---

[1350] S.o. 267-270.
[1351] M 400,24.
[1352] Bauch 1897, 323 (allerdings ohne Angabe der Quelle).
[1353] Vgl. M-Ntr. 1256.
[1354] Köstlin 1887, 23; Bauch 1897, 323.
[1355] Friedensburg 1926, 16.
[1356] M 440,24.

im Juli 1503 zum Magister promoviert.[1357] Möglicherweise hielt sich Beskau schon vor seiner Wittenberger Immatrikulation im Umkreis des Martin Polich auf, wenn er mit jenem Mathias Besold von Torgau identisch ist, der Hermann Kaiser in Köln am 10. August 1502 berichtete, daß Wimpina eine Antwort auf den ‚Laconismos' Polichs vorbereite.[1358] Beskau wurde 1506 und 1510 Dekan der Artisten, schlug später ein juristisches Studium ein, erlangte 1514 das Doktorat und wurde zu einem der einflußreichsten Männer in Wittenberg. Seit 1514 auch Scholaster des Allerheiligen-Stifts, übernahm er 1521 als Nachfolger des Thomisten Petrus Lupinus das Amt des Thesaurarius und eines Reformators und noch 1523 wurde er als „Seele und treibende Kraft der (katholischen) Opposition"[1359] zum Dekan des Kollegiatstifts gewählt.[1360] Doch auch die Thomisten Lupinus und Karlstadt (vor seiner reformatorischen Wende seit 1517) gehörten anfangs zu den Gegnern der Theologie Luthers.[1361]

Ohne Wegezugehörigkeit wurde 1507 der damalige Dekan und Ordinarius der Grammatikvorlesung um drei Uhr nachmittags genannt: Simon Stein von Penig.[1362] Dieser „neutrale" Status in Wittenberg ist bezeichnend, denn Stein kam aus der Kölner Laurentiana. Am 1. Oktober 1496 hatte er sich in die Kölner Matrikel eintragen lassen, trat in die Laurentiana ein, in der er am 20.

[1357] Köstlin 1887, 1, 21; vgl. Müller 1911, 238-246, hier 239 (in Unkenntnis des Kölner Studiums).
[1358] Vgl. Brandis 1917, 19. Hermann Kaiser von Stolberg, seit 1493/94 Leipziger Magister artium und Student der Theologie, hatte 1497 als Erzieher der Grafen Albrecht und Gebhard von Mansfeld wie diese am Leipziger Quodlibet teilgenommen, auf dem Matthäus Lupinus in Leipzig gleichsam den Auftakt für eine religiöse Aufwertung der Poesie einleitete. Der humanistisch gebildete Kaiser al. Caesar Caliboritanus, ein Freund des Hermann von dem Busche, war 1502/03 für kurze Zeit Propst am Allerheiligen-Stift in Wittenberg, bevor er mit den Grafen nach Bologna ging (vgl. Bauch 1899, 28 f., 58 f., 162, 169; s. auch Liessem 1884, 15-19). Da neben Buschius 1502/03 auch Hermann Kaiser zu den Anhängern und Freunden Polichs, der seit April 1502 in Wittenberg war, zu zählen ist (Ludolphy 1984, 316, 320, Anm. 452), wird man auch Besold/Beskau diesem Kreis zuordnen dürfen. Auch wenn Besold nicht mit Beskau identisch ist, so könnte doch Kaiser 1502 von Köln aus den Engelhardt-Schüler Beskau für Wittenberg gewonnen haben.
[1359] Müller 1911, 243; vgl. auch Steinmetz 1952, 111.
[1360] Müller 1911, 239-243; vgl. auch Bubenheimer 1977, 22.
[1361] Vgl. Bubenheimer 1977, 290, Anm. 3.
[1362] Friedensburg 1926, 16; zur späteren Tätigkeit Steins als Mediziner vgl. auch Friedensburg 1917, 63 f. Für die Behauptung Grossmanns (1975, 65), Stein habe zu den Skotisten gehört, gibt es keinen Anhaltspunkt.

November 1497 unter Johannes de Harderwijck (L 55) determinierte.[1363] Dank seiner Kölner Studien konnte er nach seiner Wittenberger Immatrikulation 1502 bereits 1503 (zusammen mit Matthäus Beskau) zum Magister promoviert werden.[1364] Der spätere Pfarrer an der Wittenberger Kirche schloß 1510 sein medizinisches Studium mit dem Doktorat ab. Aufsehen erregt freilich die Grundlage seines Wittenberger Grammatikunterrichts. Es handelte sich um die von den Humanisten favorisierte Grammatik des Sulpitius Verulanus in der zweiten Auflage, die der Magister Johannes Crispus von Freistadt um 1506 mit Gedichten und Verbesserungen des Badius Ascensius unter den Auspizien von Polich und Staupitz veröffentlicht hatte.[1365]

Die Frucht des Kölner Einflusses offenbarte sich beispielsweise bei der Besetzung der Dekanate. Zwischen 1505 und 1510 bekleidete sechsmal ein ehemaliger Kölner das höchste artistische Amt, fünfmal waren es Thomisten (Lupinus, Beskau, Bodenstein, Reuter, Beskau), einmal ein früherer Albertist (Stein).[1366] Dieser Dominanz, die von Polich gefördert und unterstützt worden sein dürfte, wird es zuzuschreiben sein, daß der Via moderna in Wittenberg vorerst nur ein kurzes Dasein vergönnt war. Der Erfurter Nominalismus war in der Person des Theologen und Luther-Lehrers Jodocus Trutfetter 1507 nach Wittenberg eingeführt worden. Ob damit der Kurfürst die gängigen Viae an seiner Universität komplettieren wollte[1367] oder ob man durch den Erfurter bzw. die Via moderna gar eine „Modernisierung" der Universität anstrebte[1368], stehe da-

---

[1363] M 431,98.
[1364] Köstlin 1887, 21 (Simon de Bemck; vermutlich verlesen für Benick); Bauch 1897, 313.
[1365] Vgl. Bauch 1897, 308 f.; Grossmann 1975, 53.
[1366] Vgl. Köstlin 1887, 5-10, 22 ff.
[1367] So etwa Bauch 1897, 314; Barge 1905, 31; Friedensburg 1917, 50 f.. Trutfetter wird bereits im Rotulus Scheurls vom 1.5.1507 hinter Martin Polich als Theologieprofessor aufgeführt (Friedensburg 1926, 15).
[1368] Exemplarisch für diese vor allem in der neueren Literatur zu findende These, die in undifferenzierter Analogie Via moderna mit „modern" (teilweise auch „reformatorisch") gleichsetzt, etwa Aland 1952, 164: „Wenn man schon die via moderna als Schritt zur Neuzeit hin über Thomismus und Scotismus hinaus ansehen will, so ist Trutfetter für Wittenberg der Exponent der neuen Zeit". Ähnlich Ludolphy 1984, 325: „(Trutfetter) wurde der erste Repräsentant dieses ‚neuen Wegs' an der Universität. Mit ihm hat man wohl eine Modernisierung angestrebt, die nach der Pestzeit wieder Studenten nach der Stadt locken sollte." Doch auch Friedensburg (1917, 67) urteilte und folgerte mit Blick auf den Thomismus Karlstadts, dieser habe daher noch ganz im mittelalterlichen Denken gestanden, „selbst die ‚modernere'

hin. Offensichtlich ist, daß man ihm in Wittenberg einen dauerhaften Einfluß verschaffen wollte; sonst hätte er nicht bereits 1507 das Archidiakonat am reorganisierten Allerheiligenstift und die damit verbundene Predigerstelle an der Schloßkirche erhalten.[1369] Der Neudruck seiner Logikvorlesungen in Form einer Epitome erfolgte offensichtlich für die Artes-Studenten der Via moderna,[1370] für die auch Luther 1508/09 eingetreten sein dürfte.[1371] Das Wirken Trutfetters scheint schon 1508 einen wichtigen Niederschlag gefunden zu haben – erstaunlicherweise an der Artisten-Fakultät. Die im November 1508 durch den Kurfürsten verliehenen Statuten der Fakultät sahen bei der Besetzung der Lektionen wie des Dekanats eine Gleichberechtigung von drei Wegen vor. Neben die realistischen Viae Thome und Scoti war als nominalistisches Pendant die Via Gregorii (de Rimini) getreten, der Trutfetter bereits in Erfurt auf ockhamistischer Grundlage „eine kämpferische, programmatische Gestalt" gegeben hatte.[1372]

Für den dezidierten, anerkannten Restaurator der Via moderna (neben dem Erfurter Bartholomäus Arnoldi von Usingen) muß es eine unvorstellbare Schmach gewesen sein, daß und unter welchen Umständen er aus Wittenberg „hinausgeekelt" wurde. Zwei Thomisten werden hierfür verantwortlich gemacht: Martin Polich und dessen Schützling Andreas Karlstadt.[1373] Angesichts der entschiedenen Vorbehalte gegen ihn und seine Lehrrichtung kehrte Trutfetter im Sommer 1510 von einem Aufenthalt in Erfurt nicht nach Wittenberg zurück, bat vielmehr den entrüsteten Kurfürsten um seine Entlassung. Polich als damaliger Rektor beschlagnahmte ohne weitere Rücksprache die Einkünfte Trutfetters aus dem Archidiakonat, welches mit der zugehörigen Prälatur durch Intervention Polichs sofort an Karlstadt vergeben wurde. Auf einer

---

Richtung des Ockhamismus, der für Luthers innere Entwicklung so bedeutungsvoll geworden ist", habe er verständnislos abgelehnt.
[1369] Bauch 1897, 314; Ludolphy 1984, 325.
[1370] Bauch 1897, 315; Steinmetz 1952, 110.
[1371] Junghans 1985, 95.
[1372] Friedensburg 1926, 51-58, Nr. 26; vgl. Bauch 1897, 316. Zur Via Gregorii s. Schulze 1981 (1 f. zu Wittenberg 1508). Trutfetters Bedeutung für die programmatische Erneuerung der Via moderna in Erfurt (und Wittenberg) behandelte jüngst Urban 1981 (erstaunlicherweise erfolgte sie pointiert ebenfalls 1497 während des Quodlibet in Erfurt, als zur gleichen Zeit in Leipzig ein thomistisch fundiertes Bekenntnis zur Poesie zu beobachten ist).
[1373] Vgl. Bauch 1897, 316 f.; Bauch 1898, 55 ff.; Barge 1905, I, 32 f. Spätere Darstellungen gehen über das dort Gegebene nicht hinaus.

hitzig geführten Senatsdebatte verteidigten die beiden Thomisten ihr Vorgehen, gaben zugleich ihrer tiefen persönlichen Abneigung gegen Trutfetter Ausdruck.[1374]

Andreas Karlstadt führte außer Valentin Engelhardt (M 43) als seinem Kölner Lehrer für Wittenberg nur noch Martin Polich an.[1375] Diesen rühmte er in seiner ersten Schrift ‚De intentionibus', die er 1507 für die thomistische Schule in Wittenberg veröffentlichte – das erste selbstverfaßte Werk eines Wittenberger Professors im übrigen.[1376] Karlstadt ging es darum, in möglichst getreuem Rückgriff auf Thomas von Aquin darzulegen, daß die Dialektik sich primär mit den *secundae intentiones*, also den Allgemeinbegriffen, befasse, nicht mit den auf das konkrete einzelne gerichteten ersten Intentionen. Damit entsprach er einer Bitte von Schülern seiner Metaphysik-Vorlesung. Aufschlußreich nun die Gegenspieler für das scholastische Für und Wider: Unter den Scheinargumenten für eine größere Bedeutung der ersten Intentionen führte er sieben *rationes Montanorum thomistarum* auf, aber eben auch Argumente aus Aristoteles, Thomas von Aquin und von ihm selbst.[1377] Zur klareren Konturierung seines eigenen Standpunktes setzte er sich dann von bestimmten Autoritäten und Schulen ab, zuvorderst von Ockham und den Nominalisten, schließlich ebenso von den Vertretern seiner Partei, dem Thomisten Petrus Nigri, dem Skotisten Petrus Tartaretus und von den Thomisten der Montana, weil auch deren Meinung in dieser Frage nicht immer den Aussagen des hl. Thomas entspreche.[1378] Noch vor Ablauf des Jahres 1507, am 30. Dezember,

---

[1374] Vgl. auch die Schilderungen Scheurls, der als Freund und Interessenvertreter Trutfetters in Wittenberg für diesen eintrat (Soden/Knaake 1867, 62-65, Nr. 44, 69-74, Nr. 48; für Trutfetter setzte sich auch der ehemalige Laurentianer Simon Stein ein).

[1375] Bauch 1897, 318, 320; Bauch 1898, 43; Bubenheimer 1980, 12.

[1376] Hierzu Bauch 1897, 318 ff.; über weite Teile in fast wörtlicher Wiederholung: Bauch 1898, 40-44 (Bauch wie so oft auch hier mit einem Maßstab, der den Verdiensten und Absichten der Erstlingsschrift Karlstadts kaum gerecht werden kann); differenzierter: Barge 1905, I, 9-19. S. auch Bubenheimer 1980, 11 f. (mit einer knappen Zusammenfassung, die wesentlich danach trachtet, Differenzen zur Kölner Montana-Schule hervorzuheben – Karlstadts Abgrenzungen gegenüber anderen strengen Thomisten aber unterschlägt –, und Ansätze zu einer Annäherung Karlstadts an die Skotisten erkennt).

[1377] Bauch 1898, 41.

[1378] Bauch 1898, 41 f.; Barge 1905, I, 13 u. Anm. 43; Bubenheimer 1980, 12. Freilich führt Bubenheimer den Thomisten Nigri nicht als Gegner Karlstadts auf, sondern primär die „orthodoxen" Montaner. Offenbar wandte sich Karlstadt gegen einige Autoritäten der Montana und gegen Auswüchse der Schultradition, die sich

drang Karlstadt mit der Herausgabe seiner Schrift ‚Distinctiones sive Formalitates Thomistarum' in eine begriffstheoretische Domäne der Skotisten ein.[1379] Zwar ging es ihm auch hierbei um ein Lehrbuch für die thomistischen Schüler in Wittenberg, um eine Darstellung der unverfälschten Lehre des Thomas von Aquin, doch bot er vielfach schon einen gewissen inhaltlichen Ausgleich zwischen den beiden realistischen Schulen.[1380] Neben thomistischen Autoritäten wie Petrus Nigri und Johannes Capreolus führte er in diesem Werk ebenfalls die Montaner als Quelle auf: *Circa illam materiam dicunt multi egregii Thomistae de Bursa montis, praeceptores mei Colonienses, inter quos non modicus extat Valentinus Engelhart de Geltersheim.*[1381]

Bemerkenswert für unseren Zusammenhang nun die Zeugnisse humanistischer Bildung in Karlstadts Schriften. Sie bilden keineswegs isolierte Versatzstücke, sondern wurden in die scholastische Philosophie integriert. In seiner Metaphysik-Vorlesung verglich er die Ausrichtung der Logik auf die *secundae intentiones* mit

---

von der Schriftquelle entfernt hatte. Bedenkt man, daß er sich dabei mit einer gut achtzigjährigen Tradition auseinandersetzte, erscheint dies mit Blick auf seine Intention nicht verwunderlich, muß zudem keine Kritik an seinen damaligen Lehrern bedeutet haben; hält man sich vor Augen, daß diese Schrift nur eine gesonderte Doktrin zum Thema hatte, wird man eine stellenweise kritische Position nicht als fundamentales „Abweichlertum" überbewerten. Warum sollte er dann beispielsweise in seiner kurz darauf veröffentlichten zweiten thomistischen Schrift Valentin Engelhardt (M 43) als seinen Lehrer rühmen? Wenn Karlstadt am Schluß der Schrift ‚De intentionibus' seine nicht genannten Widersacher scharf angreift, muß er damit durchaus nicht – wie Bubenheimer angesichts des „Gesamtkontexts" vermutet – seine thomistischen Lehrer in Köln gemeint haben; vielmehr legt die Formulierung vom Neid der Gegner, von dem Karlstadt seinen Schülern und Bittstellern berichtet (Barge 1905, I, 10), Widersacher unter den Wittenberger Artisten und Professoren nahe. Eine nüchterne Bestandsaufnahme von Karlstadts Anerkennung bzw. Zurückweisung der Montana-Doktrinen wäre erst erreicht, wenn man überprüfen würde, welche positiven Argumente er von den Kölnern übernommen hatte. So auch der scharf angegriffene Petrus Nigri wird von Karlstadt bei der anschließenden Darlegung der „eigentlichen" thomistischen Intentionen-Lehre eifrig rezipiert.

[1379] Vgl. zu dieser Arbeit Bauch 1897, 321 ff.; Bauch 1898, 46-49; Barge 1905, I, 20-28; Bubenheimer 1980, 13.

[1380] Schon Martin Polich hatte 1503 eine von Sigismund Epp für die Via Scoti angeregte Ausgabe der Kommentare des Skotisten Tartaretus mit einer humanistischen Widmung an den Kurfürsten begleitet, die der Metaphysik beigegeben wurde und sowohl die Wittenberger Synthese der „bonae artes" mit der „eloquentia" als auch den Nutzen des Tartaretus für die skotistischen Studenten pries (vgl. Bauch 1898, 303 f.). Berührungsängste gab es für die Thomisten innerhalb des realistischen Weges also nicht.

[1381] Zit. nach Bauch 1898, 38; der Kontext wird leider nicht angegeben.

dem in Ovids Metamorphosen (4. Buch) geschilderten Schicksal der Klythie, die, aus Gram über die Zurückweisung durch Phöbus gestorben, in eine Heliotroppflanze (Sonnenblume) verwandelt wurde und ihre Blüten immer der Sonne zuwendete, setzte sie auch mit der alles andere vernachlässigenden Liebe des Phöbus zu Leukothoe in Analogie.[1382] In einer umfangreichen Nachschrift zu ‚De intentionibus' erklärte er nochmals seine mythologischen Metaphern. Schon am Anfang seines Logikbuches finden sich humanistische Epigramme, der Hinweis auf das Patronat der Minerva, des Apollo und der Mäoniden, sowie die Feststellung, seine (Karlstadts) Geschenke habe Thomas von Aquin und der himmlische Apollo verliehen.[1383] Seine ‚Distinctiones Thomistarum' schmückte Karlstadt zur Verehrung des Thomas von Aquin zwischen den Propositiones und Corollaria mit Hexametern und sapphischen Strophen; in diesem Versmaß auch sein Schlußgedicht auf Friedrich den Weisen. Ein griechischer Satz zierte den Titel.[1384] Hervorzuheben sind die vier Zeilen Hebräisch in den ‚Distinctiones', die in der neueren Forschung als Beweis für Karlstadts frühe Kenntnis Reuchlins, vor allem des ‚De verbo mirifico', gewertet werden, als „Illustration der Reuchlinschen Lehre von den drei Äonen der Gottesoffenbarung".[1385] Wo hatte Karlstadt diese Kenntnisse erworben, in den zwei Jahren seines Wittenberger Aufenthaltes oder bereits an der Kölner Montana? Angesichts der intensiven humanistischen Studien an der Burse zu jener Zeit wird man letztere Vermutung als wahrscheinlicher annehmen dürfen.

Es verwundert daher nicht, wenn Christoph Scheurl den Thomisten in seiner großen Rede zum Lob der Wissenschaften und des Allerheiligenstiftes im November 1508 als *virum latine, graece et hebraice vehementer eruditum, magnum philosophum, maiorem theologum, maximum Thomistam* auszeichnete.[1386] Karlstadt revanchierte sich mit einem Gedicht, welches er dem Druck der Rede beigab und in welchem er mit vielen Klassizismen nicht nur Scheurl,

---

[1382] Vgl. Barge 1905, I, 10.
[1383] Bauch 1898, 52; Barge 1905, I, 11; vgl. Steinmetz 1952, 115.
[1384] Vgl. Bauch 1898, 52 ff. (mit Gedichtauszügen).
[1385] Rüger 1984, 302 (299-302 ausführlich zu den hebräischen Zeilen in den ‚Distinctiones').
[1386] Zit. nach Bauch 1898, 49; Barge 1905, I, 28, Anm. 95; vgl. Grossmann 1975, 70.

sondern auch Lukas Cranach als Freund pries.[1387] Scheurl hatte seine Rede im Anschluß an das große Wittenberger Turnier vom 14. bis 16. November gehalten, das von dem Universitäts- und quasi Hofpoeten Georg Sibutus in einem Gedicht von 1020 Hexametern rühmend der Nachwelt übermittelt wurde.[1388] Als Freund des Sibutus steuerte Karlstadt dem Druck des Gedichtes von 1511 ein Gedicht bei, ebenso Kilian Reuter von Mellrichstadt; ihnen ging als erster Martin Polich voran, dessen Verszeilen allein mit größeren Lettern hervorgehoben wurden.[1389] Unversehens haben wir damit ein kleines Netz humanistischer Freundschaften geknüpft, das eine genauere Analyse der Struktur verdient und uns geradewegs an die Kölner Montana als Ausgangspunkt zurückführt.

Kilian Reuter war ein enger Freund des Georg Sibutus. Gemeinsam reisten beide von Köln aus nach Wittenberg und ließen sich zusammen im Wintersemester 1505/06 in die Matrikel eintragen.[1390] Einiges spricht dafür, daß Sibutus sich dem Schüler des Lambertus de Monte (M 24) schon an der Montana angeschlossen hatte. Die Tatsache, daß die erste bekannte Schrift des Sibutus, die 1497 gedruckte ‚Ars memorativa‘, zusammen mit mehreren beim Leipziger Quodlibet 1497 vorgetragenen Gedichten des Matthäus Lupinus Calidomius und mit dessen Quästio zur Verteidigung der Poeten erschien, deutet auf frühe Verbindungen zum thomistischen Humanisten-Kreis um Martin Polich hin.[1391] Da Sibutus in Wittenberg wiederum im Zentrum dieser Problematik auf Seiten der Thomisten stehen wird, dürfte eine Kontinuität vorliegen. Durch eine frühe Bekanntschaft mit den Häuptern der Sodalitas Leucopolitana und Polychiana, Calidomius und Mellerstadt, wäre auch der rasche Eintritt des Sibutus in den Wiener Schülerkreis des Celtis verständlicher.[1392] Er blieb im personellen Umfeld der Sodalitäten, denn um 1502 stand er Willibald Pirckheimer in Nürnberg und dem Leiter der dortigen Poetenschule, Heinrich Grieninger, nahe, eventuell sogar als Lehrer der Schule.[1393] Offensichtlich aufgrund der Anfeindungen einiger Nürnberger Dominikaner und anderer

---

[1387] Bauch 1898, 55; Barge 1905, I, 29; Schulze 1973, 71 f.; Grossmann 1975, 127 f.
[1388] Hierzu zuletzt Schucan 1977; Machilek 1988, 225 ff.
[1389] Schucan 1977, 39; Machilek 1988, 227.
[1390] Machilek 1988, 222; vgl. auch Bauch 1898, 323.
[1391] Vgl. (recht zurückhaltend) Machilek 1988, 213 f.
[1392] Zu Sibutus als Celtis-Schüler: Machilek 1988, 214 f.
[1393] Machilek 1988, 215 ff.

Gegner der Poetenschule verließ Sibutus Nürnberg und begab sich nach Köln.[1394] Intensiv und in humanistischer Form nahm er Anteil an dem 1505 in Köln stattfindenden Reichstag, anläßlich dessen er einen ‚Panegyricus' auf die Ankunft Maximilians in Köln verfaßte. Im Juni 1505 wurde er mit der Dichterkrönung durch den Kaiser belohnt. Den Druck des ‚Panegyricus' bereicherte dann neben Hermann von dem Busche oder Johannes Trithemius auch Kilian Reuter, sie alle Augenzeugen der Krönung zum Poeta laureatus, mit einem Gedicht, während Sibutus auf den Tannroder Dekan Jakob Jacobi ein Lob auf die Kunst der Musik – die damals gerade an der Montana sehr gepflegt wurde[1395] – schrieb.[1396] Im Anhang des ‚Panegyricus' auf Maximilian findet sich auch ein längeres Gedicht auf Willibald Pirckheimer, welches ihm Sibutus wahrscheinlich schon Ende Mai bei der Ankunft in Köln überreicht hatte.[1397] Auf dem Reichstag befand sich nun auch der sächsische Kurfürst Friedrich der Weise.[1398] So, wie er dort dem Vater des Christoph Scheurl eine Professur für den Sohn in Wittenberg in Aussicht stellte,[1399] könnte er durchaus in größerem Rahmen universitäre Personalpolitik betreiben und auch – eventuell unter Anraten Martin Polichs – Sibutus und Reuter für seine Universität geworben haben. Deren gemeinsame Immatrikulation gleich zu Beginn des Wintersemesters 1505/06 könnte diese These stützen.

Gleich nach seiner Ankunft und offenbar noch vor seiner Immatrikulation geriet der Montaner Reuter in einen heftigen Streit mit dem aus der Erfurter Schule stammenden Poeten Balthasar Fabritius Phaccus.[1400] Hier offenbaren sich Fronten, die weit über Wittenberg hinausweisen, auch manches Kölner Ereignis verständlicher machen. Der Kölner Thomist, Humanist und Schüler der Jurisprudenz hatte noch 1505 Phaccus mit einer Schrift, offenbar

---

[1394] Machilek 1988, 217; vgl. Meuthen 1988, 215.

[1395] S.u. 690-696.

[1396] Machilek 1988, 220; vgl. auch Reicke 1940, 240 (zu Nr. 69bis); zum ‚Panegyricus' des Sibutus vgl. Müller 1982, 170; zum Poeta laureatus Sibutus s. auch Schmid 1989 pass., bes. 99 (die Ausführungen Schmids zu Sibutus bewegen sich freilich auf recht schmaler Literaturbasis).

[1397] Gedruckt Reicke 1940, 236-239, Nr. 69bis.

[1398] Vgl. etwa Ludolphy 1984, 191. Friedrich der Weise blieb offenbar bis zum 6. August 1505 in Köln.

[1399] Graf 1930, 31.

[1400] Zu Phaccus und dem Streit mit Reuter: Treu 1989; kurze Erwähnung des Phaccus bei Grossmann 1975, 65, 67, 84.

einem ‚centimetrum' genannten Gedicht[1401], schwer angegriffen und gekränkt, ihn einen *poeta nasutus* und *zoilus* geschimpft. Phaccus verfaßte eine Gegenschrift, die er Ende 1505 bei Hermann Trebelius, einem Erfurter Schüler des Nikolaus Marschalk, drucken ließ, und deren Spitze er durch polemische Epigramme des befreundeten Druckers verschärfte.[1402] Zwei Kernpunkte der Differenz lassen sich herausschälen. Der erste betraf die Eigenschaften des wahren Poeten: für Reuter mußte er ein *vates* sein, also ein religiös inspirierter Dichter. Der Kölner ordnete sich offenbar dieser Kategorie zu und bestritt sie dem Erfurter.[1403] Um eben diese „conditio", nach der ein göttlicher Sänger und Poet die Ars poetica beherrschen und zugleich von dem *divinus furor* beseelt sein müsse, ging es 1497 Lupinus Calidomius beim Leipziger Quodlibet und wenig später Martin Polich in seiner Kontroverse mit Wimpina, die er ja noch in Wittenberg weiterführte. Sibutus nun, Reuters Freund, der vermutlich schon in Leipzig Verbindungen zu Calidomius und Polich unterhielt, würdigte Pirckheimer in seinem ‚Panegyricus' vom Juni 1505 gleich zu Beginn als *vates*[1404], bezeichnete sich schließlich selbst in seinem Dankgedicht an Friedrich den Weisen von 1506, das er seinem Panegyrikus auf den Kurfürsten, auf Dichtkunst und Dichter, der ‚Silvula', beigab, als *vates*.[1405]

[1401] Treu 1989, 71 ff.

[1402] Treu 1989, 69-76. Trebelius richtete u.a. hilfesuchende Carmina an Petrus Ravennas und dessen Sohn Vinzenz, erstaunlicherweise auch an den Thomisten Petrus Lupinus, offenbar jedoch, weil Lupinus das Rektorat bekleidete (vgl. Treu 1989, 75 f.).

[1403] Vgl. Treu 1989, 72.

[1404] Vgl. Reicke 1940, 236 u. 242, Anm. 6 (m.E. trifft Reickes neutrale Übersetzung von *vates* mit „klasssich gebildeter Mann, Humanist", anstelle von Dichter oder Sänger nicht die Intention des Sibutus, wie sie im umfassenderen Kontext sichtbar wird). Zu einer ausführlicheren Diskussion der Vates-Problematik s.u. 627 u. A. 1436.

[1405] *Iam tibi me princeps toto cum corpore vatem / offero ...* (zit. nach Böcking 1864/70, III, 470). Bezeichnend in diesem Gedicht auch die vielen sakral-religiösen Anklänge, die offenbar durchaus nicht heidnisch-mythologisch gemeint waren: *Conradus sacro lavit me flumine Celtis ... Post ubi me divus cognovit Maximianus / Imposuit sacram regali pollice laurum ...* Zur stark von Celtis beeinflußten ‚Silvula' vgl. Machilek 1988, 209, 223 f. Als wenig hilfreich erweist sich m.E. die undifferenzierte Abwertung des Gedichts durch den Germanisten Wolfgang F. Michael: „Die extremste Form des Rezitationsdramas – aber man sollte nicht von Drama sprechen – zeigt die *Silvula* des Georg Sibutus, der sich übrigens auch stolz poeta laureatus nennt. Ein reicher Apparat an antiken Figuren, an Lobhudelei, an Humanistengenossen dient einzig, eine Lobeshymne des Dichters einzurahmen. Stolz bemerkt Sibutus, daß er 600 Verse auswendig gesungen habe. Wir bedauern nicht, daß uns dieser Genuß entgangen ist" (Michael 1971, 262).

Kilian Reuter hatte Phaccus einen bloßen Grammaticus genannt, woraufhin dieser den Kölner als *versificator* herabsetzte, im gleichen Atemzug aber für sich tatsächlich das Attribut *grammaticus* statt *poeta* in Anspruch nahm. Denn die Grammatik sei Grundlage aller gelehrten Bildung, ob Rede- oder Dichtkunst, Jurisprudenz oder Theologie. Reuters Zeugnisse seiner (wohl noch recht rudimentären) Bildung in der griechischen Sprache – die er doch wohl in Köln erworben haben muß –, unterzog Phaccus daher auch einer peinlichen Prüfung und Kritik; mit philologischer Akribie und Schärfe suchte er also den Poeten in die Schranken zu weisen.[1406]

Georg Sibutus stand Reuter keineswegs nach; er griff seinerseits Trebelius derart heftig an, daß dieser (wohl auch wegen der Pest) 1506 samt seiner Druckerei in seinen Heimatort Eisenach flüchtete.[1407] Trithemius tadelte Sibutus deshalb in einem Brief vom 20. April 1506, mahnte ihn zu mehr Respekt vor den Älteren.[1408] Doch konnte Trebelius – sicherlich zum Ärgernis von Reuter und Sibutus – durch Verwendung des Konrad Mutian im Juli 1506 die Krönung zum Dichter in Wittenberg erreichen.[1409] Die Freundschaften wie die Gräben zu den Gegnern vertieften sich.

Reuter schrieb 1506, bezeichnenderweise der Muse Kalliope, Siegerin im Sängerinnenwettstreit, in den Mund gelegt, eine Empfehlung für die ‚Silvula in Albiorim illustratam' des Georg Sibutus, der sich mit dem Stück sowohl am Städtelob (Norimberga) wie an den Bildungsdramen des Celtis orientierte.[1410] 1507 verfaßte Sibutus ein geistreiches Situationsgedicht, das aus einer Begebenheit mit Reuter resultierte. Dieser hatte versucht, eine Fliege zu zeichnen, die er auf einem Buchzeichen seines Freundes im Schnabel einer Grasmücke gesehen hatte. In dem daraufhin in nur wenigen Stunden

---

[1406] Vgl. Treu 1989, 72 ff.
[1407] Bauch 1904, 156; Grossmann 1975, 91; Machilek 1988, 223.
[1408] Vgl. Böcking 1864/70, III, 469; Machilek 1988, 221; Treu 1989, 77.
[1409] Bauch 1904, 156; Machilek 1988, 223.
[1410] Machilek 1988, 209, 223 f; vgl. auch Rupprich 1970, 645 f. (warum Rupprich die Muse zu Calliopius verwandelt, bleibt unklar). Kalliope verzauberte im übrigen die unterlegenen Töchter des Pieros, die ihre Niederlage nicht anerkennen wollten, in schwatzhafte Elstern, in die Schandmäuler der Wälder (s. Ovid, Metamorphosen, 5. Buch). Ein von Sibutus und Reuter beabsichtigter Hintersinn scheint nicht abwegig zu sein, muß jedoch auf die Wittenberger Situation bezogen bleiben. Denn die zentrale Darstellungsfunktion der Muse Kalliope begegnet natürlich nicht nur bei Kilian Reuter. So hatte beispielsweise auch der Badener Hieronymus Vehus in seinem ‚Boemicus Triumphus' (s.o. 570, A. 1120) nach dem Aufzug der neun Musen und Apollos Kalliope die Heldentaten Kaiser Maximilians erzählen lassen (vgl. Kattermann 1935, 15, Anm. 98).

geschriebenen ‚Carmen de musca Chilianea' beschrieb Sibutus in scherzhaften Versen das anschließende Rätselraten um Kilians Bild und nutzte den Anlaß, einen Panegyrikus auf den befreundeten und verehrten Lukas Cranach abzufassen, der sich im übrigen auf das kunstvolle Malen von Fliegen besser verstand als Kilian.[1411]

Im Jahr 1507 verfaßte Kilian Reuter, dessen Ruhmesworte auf Lambertus de Monte (M 24) in einem seiner Wittenberger Werke enthalten sein müssen, ein lateinisches Drama, das bis heute noch keine angemessene Würdigung erfahren hat. Unter dem Namen Chilianus Eques Mellerstatinus veröffentlichte er eine ‚Comedia gloriose parthenices et martiris Dorothee agoniam passionemque depingens', die sich unzweideutig an die Legendendramen der Roswitha anlehnte (*Sacrimonialem secutus Rosphitam* (!) */ stilum que vortit in sacratos martires*).[1412] Intention war, *ut imbelles tirunculi ... in latino iam initiati eulogio exuberantius in humanarum literarum affectus raperentur*.[1413] Zwar folgte Reuter inhaltlich den Legenden der Roswitha, doch hinsichtlich der Form in fünf Akten und vieler Szenen und Sprachwendungen orientierte er sich an Plautus (v.a. Amphitruo), nicht ohne das Talent zum eigenständigen Dramatiker sichtbar werden zu lassen.[1414] Die grundlegende Anregung verdankte er zweifellos der Roswitha-Ausgabe des Celtis – sicherlich nicht verwunderlich angesichts der Nähe und Gönnerschaft seines Landsmannes Martin Polich.[1415] Verheerend und vielleicht auch bezeichnend nun das Urteil des Hauptes der Erfurter Humanisten, Mutianus Rufus, dem Kilian sein Drama zuschickte: *Incidit in*

[1411] Machilek 1988, 224 f. Zur Symbolik der Fliege (Fliege = Satan) vgl. Kühnel 1980, 97 f. (freundlicher Hinweis von W. Schmid, Trier).

[1412] Mit der bisher noch ausführlichsten Erörterung: Spengler 1898; Robertini 1991. Vgl. auch Bauch 1897, 323; Schachner 1903, 161 (Reuter habe nur über den gleichen Dünkel, nicht aber über ähnliche Fähigkeiten wie seine Vorbilder im Renaissancedrama verfügt); Rupprich 1970, 646; Michael 1971, 266 (wiederum mit dem vernichtenden Urteil des Germanisten: „Kilian Reuters *Dorotheendrama* zeigt ebenfalls völligen Mangel an dramatischem Empfinden"); ähnliche Kritik am Stil Reuters im Vergleich zu Roswitha bei Robertini 1991. Der von der germanistischen Forschung hier wie schon bei Sibutus angelegte Maßstab scheint mir gerade in Reuters Fall der Bedeutung seines Stückes nicht gerecht zu werden, da er sowohl die grundlegende scholastische Bildung und Herkunft unberücksichtigt läßt und die humanistischen Intentionen herabsetzt als auch eine angebliche „Wertlosigkeit" des Stückes postuliert, die eine notwendige und wohl durchaus lohnende historisierende Würdigung von vornherein als überflüssig erscheinen läßt.

[1413] Zit. nach Bauch 1897, 323.

[1414] So das insgesamt recht positive Fazit Spenglers (1898, 128 f.).

[1415] Dies auch durch Robertini (1991, 209) hervorgehoben.

manus meas Chiliani opus, plenum erroribus, refertum vitiis, scatens barbarismis. Neque fieri potest, ut culpa transferatur in librarios.[1416] Von einer gewissen Parteilichkeit werden diese Worte kaum freizusprechen sein.

Das gleiche Jahr 1507 sah ein weiteres, für Wittenberg wichtiges Werk, das ebenfalls mit Kilian Reuter in Verbindung zu bringen ist. Martin Polich hatte den jungen Magister Andreas Meinhardi von Pirna beauftragt, einen Dialogus in Form der humanistischen Schülergespräche zum Ruhme Wittenbergs und seiner Universität abzufassen, der gleichzeitig für den Artes-Unterricht angewandt werden sollte.[1417] Meinhardi hatte 1493 sein Studium in Leipzig begonnen, dürfte dort Polich kennengelernt und dessen Humanistenkreis nahe gestanden haben. Denn aus dem von ihm 1502 abgefaßten Gutachten über die Gebrechen der Leipziger Universität geht hervor, daß er für die Studienanfänger *yn poesi* las.[1418] Im Wintersemester 1504/05 wechselte er schließlich nach Wittenberg über. Wem er sich hier neben Polich, *dominus et maior meus observandus*, anschloß, wird gleich zu Beginn seines Dialogus deutlich. Die *commendatio* schrieb Chilianus Eques Mellerstatinus in Form eines vierundzwanzigzeiligen Panegyrikus auf Wittenberg und den Verfasser.[1419] In welche akademische Tradition sich Meinhardi und seine Freunde und Gönner stellten, erhellt schon aus den einleitenden Dialogen. Die beiden Protagonisten, Meinhardus aus Pirna und Reinhardus aus Freiberg, treffen sich zwischen Dresden und Meißen, beide auf dem Weg zu einer Universität. Meinhardus, der ursprünglich an der Krakauer Universität studiert hatte, will diese zugunsten der berühmten, aber noch neuen, jungen Wittenberger Alma mater verlassen. Reinhardus zieht es aus guten Gründen an

---

[1416] Zit. nach Bauch 1897, 323.

[1417] Der ‚Dialogus illustrate ac Augustissime urbis Albiorene vulgo Vittenberg dicte Situm Amenitatem ac Illustrationem docens Tirocinia nobilium artium iacentibus' wurde ediert, ins Englische übersetzt und eingeleitet von Reinke (1976). Eine deutsche Übersetzung und Kommentierung bietet Treu 1986. Ein Teildruck mit Paraphrasen bei Haußleiter 1903; mit einer recht ausführlichen Besprechung und Zusammenfassung: Grossmann 1975, 56-64.

[1418] Vgl. Friedberg 1898, 147 f., Nr. 44. Wie manche seiner Leipziger Kollegen, etwa auch Stromer von Auerbach, klagte Meinhardi, daß die promovierten Magister erst nach sieben Jahren in die Fakultät rezipiert würden, bis dahin nicht mehr als drei Stunden resümieren dürften, womit sie kaum ihren Lebensunterhalt bestreiten könnten.

[1419] Reinke 1976, 83.

eine andere Universität: *Sanctam agrippinam Colloniam versus*.[1420] Denn die *nobilissimae artes* stünden dort in vollster Lebenskraft, da eine *nova reformatio* soeben durchgeführt worden sei;[1421] außerdem hieße es, man könne in Köln mit wenig Geld seinen Unterhalt finden. Auf die ungläubige Frage des Meinhardus, ob dies wahr sei, bestätigt Reinhardus nochmals: *Verum quidem, non fictum*.[1422] Kein Versuch des Autors Andreas Meinhardi, anschließend Kölns Ruhm herabzusetzen. Im Gegenteil, seine Intention bestand darin, die Leistungen Wittenbergs auch gegenüber den Vorzügen Kölns bestehen lassen zu können, seine junge Universität womöglich noch attraktiver erscheinen zu lassen.

Meinhardi stellte als Vorzug Wittenbergs auch heraus, daß es ein Zentrum des thomistischen und skotistischen Realismus sei. In allen Fächern gebe es *excellentissimi viri*, angefangen bei den Lehrern der Studia humanitatis und den Poeten, bis zu den Theologen: *Divinae scripturae viae utriusque interpretes acutissimi et excellentissimi Divi Thomae Aquinatis, subtilissimi domini Scoti*.[1423] Die Exklusivität dieser beiden realistischen Wege in Wittenberg wird nochmals im Anschluß an einen sehr antikisierten Passus hervorgehoben, als sich die Protagonisten zu einem *publicus actus in collegio* begeben, bei dem ein Magister einer anderen Universität zu respondieren hatte. Auf die Frage, *cuius doctoris opinionem sectatur?*, standen nur die des Thomas oder des Skotus zur Alternative.[1424] Die völlige Ignorierung eines nominalistischen Weges ist erstaunlich. Zwar war seine Gleichberechtigung noch nicht statutarisch abgesegnet, doch lehrte bereits Jodocus Trutfetter, als Meinhardi den Dialogus schrieb. Er erwähnte ihn sogar in seiner Charakteristik von 26 Wittenberger Supposita, die sich in der Reihenfolge fast völlig am Rotulus des Christoph Scheurl orientierte, den Meinhardi kannte und ausführlich vorstellte.[1425] Freilich fällt die Beschreibung des Archidiakons

---

[1420] Reinke 1976, 86.
[1421] Über den Wahrheitsgehalt dieser „Kölner Reform" wird noch zu reden sein. Indirekt könnte hier auch eine Kritik an Leipziger Verhältnissen vorliegen. Eine praktische Seite der Köln-Leipziger Beziehungen wird von Meinhardi im zweiten Kapitel angesprochen, als Reinhardus berichtet, er wolle nach Leipzig und dort bis zur Messe bleiben, um dann heimkehrende Kölner Kaufleute zu begleiten (Reinke 1976, 90).
[1422] Reinke 1976, 86.
[1423] Reinke 1976, 87 (dort ohne die klassische Endung „ae", doch vgl. Haußleiter 1903, 12).
[1424] Reinke 1976, 175; vgl. Haußleiter 1903, 42; Grossmann 1975, 59.
[1425] Vgl. Reinke 1976, 100-105; Haußleiter 1903, 16 ff.; Grossmann 1975, 57 f. (allerdings enthält Meinhardis Liste eben nicht alle Personen des Rotulus).

Trutfetter in Ausführlichkeit und Emphase erheblich gegenüber denen der vorhergenannten Theologen Staupitz und Polich ab.

Die Vermutung, daß der Dialogus durchaus den Spannungen an der Wittenberger Universität von einer thomistischen Warte aus Rechnung trägt, läßt sich weiter stützen. Von den ordentlich besoldeten Lehrern *in humanis litteris* führte Meinhardi zwar Scheurl und Sibutus auf, doch nicht Balthasar Phaccus![1426] Stattdessen nannte er den Poeta Italus Ricardus Sbrulius (*hic etate etsi fere adolescens, ingenio tamen perfectus*).[1427] Kaum verwunderlich, daß er auch Kilian Reuter als Poeten pries (*felicia pegaseo cultu scribit carmina*), seinen trotz der göttlichen Talente fehlenden Hochmut hervorhob.[1428] Bemerkenswert allerdings, wie wir bei der folgenden Vorstellung des Georg Sibutus in den Kern der im Hintergrund stehenden Kontroverse geführt werden. Im Anschluß an die Darstellung der Bescheidenheit Reuters heißt es: *Item cultissimus vates Georgius Sibutus Daripinus. Is omne studium suum, omnem operam et sollicitudinem et curam quo poetice ac oratorie doctrinas perquireret, persequeretur et disceret, adhibuit .... Ita ut iam non solum vates verumetiam orator videatur*.[1429] Die Präsenz des Streites mit Phaccus wird noch evidenter. Der Erfurter hatte beispielsweise Kilian Reuter 1505 getadelt: *Neque albioris, neque albiburgum: sed Wittenburgum esse scribendum, hoc ab omnibus observari video*.[1430] Meinhardi betitelte 1507 seinen humanistischen Dialog zur Werbung für Wittenberg: ‚Dialogus illustrate ac Augustissime urbis Albiorene vulgo Vittenberg dicte'! Und in Reuters Commendatio findet sich schon in der zweiten Zeile der Begriff *Albioris*.[1431] Meinhardi nahm diesen Streitpunkt am Schluß seines Dialogs unter der Überschrift *De origine nominis illustrate urbis Wittinberg* nochmals auf, warnte schließlich erneut vor der unbegrenzten Zahl von Neidern, mit denen er in gemeinsamer Frontstellung mit Kilian Reuter die Grammatici gemeint haben dürfte.[1432]

[1426] Hierauf machte Treu 1989, 75, aufmerksam. Phaccus als Ordinarius der humanistischen Fächer (er las 1507 über ‚Eneida Vergilii' und ‚Bellum Iugurthinum Salustii'): Friedensburg 1926, 16.

[1427] Reinke 1976, 105. Zu Sbrulius, später einer der Panegyriker Kaiser Maximilians, vgl.: Müller 1982 s.v.; Füssel 1987 s.v.; Machilek 1988, 227 f.; Schmid 1989 pass., bes. 101 f.

[1428] Reinke 1976, 104.

[1429] Reinke 1976, 104 f.

[1430] Treu 1989, 74.

[1431] Reinke 1976, 83.

[1432] Dies hebt m.E. Treu (1989, 75) sehr richtig hervor.

Halten wir uns nochmals die Warnung Karlstadts vor dem Neid der Gegner vor Augen, die er Ende 1507 in ‚De intentionibus' aussprach.[1433] Erinnern wir uns der humanistischen Verse in den ‚Distinctiones Thomistarum', in deren Widmung an Friedrich den Weisen es am Schluß heißt: *En ducis tanti sub alis / (Nam sub unius fugiunt ducatum / Parvuli grandesque virique vates) / Vivere semper*.[1434] Beide Werke des Kölner Thomisten, der ja auch mit Sibutus und Cranach befreundet war, schmückte ebenfalls Sbrulius mit Versen.[1435] Erwägen wir schließlich den erbitterten Kampf von Karlstadt und Polich gegen Jodocus Trutfetter mit der letztendlichen „Eroberung" des Archidiakonats. Liegt es da nicht nahe, bei Karlstadts Gegnern ebenfalls an Nominalisten und Erfurter Grammatici zu denken? Um die Problematik auf eine prinzipielle Ebene zu führen: mir scheint sich hier eine grundlegende Differenz zwischen den thomistischen (und den ihnen nahestehenden) Humanisten sowie den Humanisten der nominalistischen Schule zu eröffnen. Denn wenn gerade die thomistischen Humanisten den *vates* einer religiös-metaphysischen Kategorie zuordneten und sie für sich proklamierten, dürfte dies nicht unwesentlich in ihrer realistisch-philosophischen Denkhaltung begründet liegen. Die philologisch-grammatikalische Akribie des aus der Erfurter Nominalistenschule stammenden Phaccus scheint mir hingegen mit der durch Usingen und Trutfetter seit ca. 1497 systematisch und programmatisch vollzogenen Erneuerung des Nominalismus zu korrespondieren, mit der in radikaler Schärfe jeder Spekulation und Phantasterei der Boden entzogen werden sollte. Doch werden wir in dieser Frage genauer differenzieren müssen.[1436]

[1433] Vgl. Barge 1905, I, 10, 19; Bubenheimer 1980, 12 (mit m.E. offensichtlicher Fehlinterpretation, da Montaner als Gegner angenommen).
[1434] Bauch 1898, 54.
[1435] Barge 1905, I, 19, 27 f.
[1436] Denn die der nominalistischen Schule nahestehenden oder ihr entstammenden Humanisten bezeichneten den Poeten natürlich ebenfalls als *vates* (man vgl. nur die exemplarische Äußerung Mutians an Urban vom Juli 1506 über die Dichterkrönung des von ihm zögernd protegierten Trebelius: *Olim in publicis poetarum certaminibus coronabantur vates a doctis probati judicibus*; Krause 1885, 94 f., Nr. 86 [mit falscher Datierung]), vermutlich jedoch vor einem anderen philosophisch-metaphysischen Hintergrund. Eine detaillierte Analyse nach Auflistung der einschlägigen Zeugnisse kann hier nicht vorgenommen werden. Doch die grundsätzliche Problematik scheint mir evident. In die bis zur Antike zurückreichende, immer wieder von Kontroversen erschütterte Tradition des „Dichtertheologen", des „göttlichen Sängers und Sehers", konnte vom Selbstverständnis her eher ein (scholastischer) Humanist

Kilian Reuter blieb seiner Grundhaltung treu. 1509 vollbrachte er seine wohl bedeutendste Leistung, als er auf eigene Kosten die erste moderne Übersetzung eines aristotelischen Werkes in Druck gab, den ‚Liber de Anima nuper per Joannem Argiropilum de Greco in Romanum sermonem elegantissime traductus'.[1437] Doch Reuter wollte nicht nur einen humanistischen Ansprüchen genügenden Aristoteles zur Verfügung stellen. Er schrieb dazu einen Kommentar, den er ganz aus den Schriften des Thomas von Aquin schöpfte und exegetisch wie historisch entwickelte, in verfeinerter sprachlicher Form und unter Beseitigung barbarischer, leerer

---

treten, der die Theologie stets als einen integrativen Bestandteil seines Unterrichts (beispielsweise auch in Grammatik oder Rhetorik) an der Artisten-Fakultät erfahren hatte und der auch später eine entsprechende Synthese lehrte, (vgl. zur Vates-Tradition die grundlegenden Ausführungen bei Curtius 1984, 155, 222-228, 467 f.: fast paradigmatisch der Streit zwischen Albertino Mussato und dem Dominikaner Giovannino von Mantua Anfang des 14. Jahrhunderts, in welchem Mussato die Lehre von der Poesie als zweiter Theologie vertrat, den *vates* als *vas Dei* verstand, der Dominikaner dagegen den höheren Rang der Theologie, die notwendige Distanz zur Poesie verteidigte; hierzu jetzt auch Müller 1987, bes. 39-42 (Lit.); vgl. ferner Rüfner 1955, 264-267. An französischen Beispielen untersuchte die platonische Tradition des göttlich inspirierten Dichtes jüngst Britnell 1989. Obwohl vom Titel her naheliegend, ging Guthmüller in seinem Aufsatz über den „Mythos zwischen Theologie und Poetik" nicht auf die Vates-Tradition ein; vgl. Guthmüller 1983.). Die Angriffe auf den *vates* als Dichtertheologen kamen dann nicht von ungefähr hauptsächlich von zwei Seiten: von den „reinen" Theologen, welche die theologische Wahrheit und Autorität durch die Verquickung mit der Poetik in Gefahr sahen, und von den „reinen" Poeten, die korrekte philologisch-sachliche Verskunst mit dem „furor divinus" nicht vereinbaren zu können glaubten. Mit Recht hat Wuttke nachdrücklich auf das Selbstverständnis des (aus dem philosophischen Realismus kommenden) Konrad Celtis als eines Dichterphilosophen hingewiesen, für den „des Menschen Weisheit, Gelahrtheit, Priester- und Dichtertum eine Einheit bildeten", für den der Dichter dem Seinsgesetz und dem Geheimnis der Schöpfung besonders nahe ist (Wuttke 1986, 723, 727). In ähnlicher Weise verstand sich auch der dem Hof Maximilians nahestehende *poeta eruditus* Riccardo Bartolini als *vates*, als ein Mittler zwischen Menschen und Göttern (vgl. allgemein Füssel 1987; Füssel 1987, bes. 35. Immerhin hatte Bartolini auch einige Zeit Theologie studiert; vgl. Füssel 1987, 35). Schmid zielt m.E. am Kern vorbei, wenn er den Begriff *vates* auf die Berater- und Diplomatentätigkeit der von Maximilian gekrönten Dichter bezieht (vgl. Schmid 1989, 76 f.), weil diese Humanisten auch vom Kaiser die Bezeichnung *poeta laureatus, vates et orator* erhielten bzw. sich selbst *vates* und *poeta* nannten (vgl. Schmid 1989, 107 u. 76, Anm. 67). Die Bezeichnung *vates* dürfte hier weniger als ein Synonym für die anderen Eigenschaften, vielmehr als eine eigene Qualität zu verstehen sein. Zur Problematik mit Bezug auf Cristoforo Landino vgl. jetzt: Stillers 1988, bes. 97-101.

[1437] Bauch 1897, 323 f.; vgl. Steinmetz 1952, 116. Zu der „important early humanist translation of the ‚De anima' ... made by Johannes Argyropylus" s. Cranz 1976, 360-364 (Reuter als Kommentator nicht erwähnt).

Ausdrücke. Gegen einen ungenannten Widersacher, der ihn und seine Freunde öffentlich als Hindernis der philosophischen Studien angegriffen hatte,[1438] berief er sich auf Hermolaus Barbarus. Wenn Bauch[1439] das trotz der humanistischen Intention hinsichtlich der Termini technici immer noch scholastische Latein bemängelte, griff er damit ein grundsätzliches Problem auf, von dem auch die Kölner Realisten nicht unberührt blieben. Martin Polich brachte es auf den Punkt. 1511 gab er seinen ‚Cursus logicae' zum Druck, den er schon in Leipzig unter Benutzung der Werke von Pariser und Kölner Thomisten bearbeitet und noch in Wittenberg weiter verbessert hatte.[1440] Entschieden verteidigte er es gegen den Vorwurf einer sprachlich barbarischen Erklärung des Aristoteles. Er habe zum öffentlichen Nutzen aller Schüler Konzessionen an die scholastische Terminologie machen müssen, weil sich die Philosophie allgemein noch nicht für die *eloquentia* entschieden habe, und weil der Inhalt der Dialektik naturgemäß schwer mit Wortschmuck gelehrt werden könne.[1441] Georg Sibutus empfahl das thomistische Logikbuch mit lobenden Versen.

Polich muß sich tatsächlich in einem Zwiespalt befunden haben. Dank der Freistellung durch den Kurfürsten konnte er ebenso den Cursus zur Physik aus Leipziger Zeiten für den Druck aufbereiten. Wiederum ging er auf die sprachliche Form ein. Mit seiner unkultivierten Sprache habe er unter didaktischen Gesichtspunkten gehandelt, denn für die thomistischen Studenten sei die scholastische Terminologie leichter verständlich, einleuchtender und klarer. (Humanistische Wendungen hätten demnach wohl zusätzliche und verwirrende Erklärungen gefordert.) Seine Achtung für die humanistischen Studien sei jedoch ungebrochen, sein Grundsatz noch immer: *praeclare cum studiis liberalibus agi, si eruditioni coniungeretur eloquentia.*[1442] Offenbar hatte Polichs Verteidigung reale Hintergründe. Denn der scholastisch wie humanistisch gebildete Otto Beckmann von Warburg, einer der Reformatoren, die das Buch nach Polichs Tod im Dezember 1513 herausgaben, schrieb in seiner Vorrede gegen die *lividi osores, qui Polichii lucubrationes commenta*

[1438] Hier ist weniger an einen Gegner aus dem längst vergangenen Wimpina-Polich-Streit zu denken (so Bauch 1897, 324) als an einen philosophischen Gegner aus der nominalistischen Schule.
[1439] Bauch 1897, 324.
[1440] Vgl. Bauch 1897, 325.
[1441] Bauch 1897, 325.
[1442] Bauch 1897, 326.

sordida et rudes nugas appellant.[1443] Die Universität Wittenberg übernahm beide thomistischen Cursus als offizielle Lehrbücher, trug zumindest die Kosten für den ‚Cursus logicus' – und sorgte damit für eine institutionalisierte Verankerung thomistischer Montana-Doktrinen in Wittenberg.

Kilian Reuter hatte für seine Ausgabe des Aristoteles in der Argyropoulos-Übersetzung den literarischen Beistand eines bemerkenswerten Humanisten erhalten: Tileman Conradi von Göttingen al. Conradus Tiloninus Philymnus Syasticanus.[1444] Conradi war erst 1509 als Erfurter Bakkalar nach Wittenberg gegangen. In gewisser Weise hatte er ähnliche Erfahrungen wie Reuter hinter sich. Sein poetisches Erstlingswerk von 1507, ein Gedicht auf die Jungfrau Maria, wurde von Mutianus Rufus in Bausch und Bogen als unreif, dunkel und sogar verrückt verdammt, von Euricius Cordus, einem Poeten des Erfurter Humanistenkreises, verspottet.[1445] Im Sommer 1509 wechselte er nach Wittenberg und erwarb das Magisterium. Sofort schloß er sich dem Humanistenkreis um Polich und Reuter an. Im September 1509 veröffentlichte er seine ‚Comoedia, cui nomen Teratologia de latini sermonis Sanie'.[1446] Conradi widmete sie Martin Polich; Kilian Reuter schrieb ein empfehlendes Gedicht, ebenfalls Christian Beyer aus dem fränkischen Niederlangheim, der schon 1506 im Reuter-Sibutus-Kreis als Darsteller in der ‚Silvula' des Sibutus aufgetreten war.[1447] Die schwelende Brisanz der Phaccus-Kontroverse wird dadurch ersichtlich, daß Beyer den Abtrünnigen aus Erfurt als *novus vates* im Wittenberger Humanistenzirkel willkommen hieß![1448] Bemerkenswert die Zielgruppe der Satire: die scholastischen Geistlichen, *obscena sanies latini sermonisque sacerculorum*, mit ihrer Unkenntnis in der Bibel und der hebräischen wie

---

[1443] Bauch 1897, 326.

[1444] Zu Tileman Conradi: Bauch 1904 s.v., bes. 163-168; Volz 1967; Grossmann 1975 s.v.; vgl. Bauch 1897, 324.

[1445] Vgl. Bauch 1904, 163; Volz 1967, 80. Mutian kritisierte noch 1514 den altertümlichen und dunklen Stil des Conradi. Zu Euricius Cordus vgl. jetzt Möncke 1985, hier 83 f.; Schmidt 1988, bes. 311 f.

[1446] Vgl. Bauch 1896, 83 f.; Bauch 1904, 164; Kleineidam 1969, 199; Volz 1967, 83 f.; Möncke 1985, 84.

[1447] Vgl. Bauch 1904, 164; Volz 1967, 83 f. (doch Conradi widmete Polich die Komödie sicherlich nicht allein „im Interesse seiner akademischen Laufbahn").

[1448] Bauch 1904, 158; Volz 1967, 84. Interessant wäre die Überlegung, ob der in Erfurt als dunkel und verworren bezeichnete Stil des Conradi nicht unter den Wittenberger *vates* bewußt positiv und als Auszeichnung aufgenommen wurde.

griechischen Sprache.[1449] Daß Conradi angesichts seiner am Werk beteiligten Freunde nicht die thomistische Scholastik angriff, dürfte sich von selbst verstehen, dürfte die Spannungen mit den Erfurter Nominalisten – Trutfetter weilte ja noch in Wittenberg – überdies erheblich verschärft haben. Der *novus vates* suchte gezielt den Konflikt. Ein Gedicht seiner Comoedia fertigte Euricius Cordus ab, der verächtlich als *poetellus coniugalis* abqualifiziert wurde.[1450]

Verfolgen wir den weiteren Verlauf dieser erbitterten Auseinandersetzung, da sie schließlich zu einer literarischen Verdammung Conradis in den ‚Dunkelmännerbriefen' führte – ein für den Kölner Hintergrund nicht ganz unerhebliches Resultat. Nachdem Tileman 1511 eine sinnlich inspirierte Gedichtsammlung unter dem Titel ‚Triumphus Bacchi, Cupido, Xenia' herausgegeben hatte, folgte am 1. März 1513 die erste griechische Textedition in Wittenberg, die fälschlich Homer zugeschriebene ‚Batrachomiomachia', der Froschmäusekrieg, den Conradi auch in lateinische Hexameter übersetzte.[1451] Georg Sibutus schrieb eine poetische Empfehlung für die Edition.[1452] Die Widmung wurde erstaunlicherweise an zwei Erfurter Professoren gerichtet, den damaligen Rektor und Theologen Johann Werlich und den humanistisch gebildeten Scholastiker Maternus Pistoris.[1453] Offenbar suchte Conradi den Boden zu bereiten für eine folgende Lehrtätigkeit in Erfurt, allerdings *in arte poetica*. Trotz des Verbotes der Artisten-Fakultät hielt er Privat-Vorlesungen über lateinische und griechische Schriftsteller, Lucan, Hesiod, Juvenal.[1454] Conradi hatte nun Maternus Pistoris mit den Erfurter Sophisten, den scholastischen Philosophen und Theologen gegen sich, auf deren Seite sich besonders zwei Humanisten schlugen: Johannes Femilius und Euricius Cordus. Conradi, der sprachlichen Ungenauigkeit in seiner Wittenberger „Homer"-Edition angeklagt,

---

[1449] Bauch 1896, 83 f.; Volz 1967, 83.
[1450] Bauch 1896, 84; Bauch 1904, 164; Möncke 1985, 84.
[1451] Bauch 1896, 87 f.; Bauch 1904, 165; Grossmann 1975, 97 (vgl. dort, 96 f., auch zu den vorgenannten Werken des Conradi). Unter den abschließenden Epitaphien finden sich auch zwei ‚Nobilis parasiti Oulenspigel', womit Eulenspiegel erstmals in der Literatur Erwähnung fand.
[1452] Gedruckt: Volz 1967, 84, Anm. 49.
[1453] Volz 1967, 85 f. Zu den beiden Erfurtern: Kleineidam 1969 s.v.; vgl. auch Bauch 1904 s.v., bes. 220-225.
[1454] Vgl. die Darstellung bei Bauch 1904, 165 f., 223 f.; Kleineidam 1969, 200; Möncke 1985, 84 f.

konnte Femilius erfolgreich als unwissenden scholastischen Dummkopf lächerlich machen. Selbst Mutian zürnte anfänglich dem Euricius, daß er sich durch Scholastiker wie Trutfetter und Maternus zum Kampf gegen Conradi habe bewegen lassen, daß dadurch die Sache des Humanismus und der Reuchlinschen Angelegenheit gefährdet werde, stellte sich dann jedoch wie auch Eoban Hesse auf die Seite des Cordus und tadelte Conradis *convicia* gegen die *litterarum antesignanos*.[1455] Die Erfurter Nominalisten und Humanisten hatten 1513 also einen Bund geschlossen, unter den Attacken des Wittenberger Magisters gegen die nominalistische Scholastik und ihre humanistischen Verbündeten.

Tileman Conradi zog die Konsequenz, verließ Erfurt und richtete aus Wittenberg 1515 einen scharfen Angriff gegen Cordus und Femilius mit seiner „bitterbösen lateinischen Streitschrift"[1456] ‚Choleamynterium (Abwehr der Galle) in Fellifluum Phylymnomastigiam Hercinefurdensem', für die Aesticampianus – er hatte Conradi in Erfurt getroffen – ein einleitendes Gedicht schrieb.[1457] Im Juni 1515 antwortete Euricius Cordus mit einer Sammlung von 61 polemischen Epigrammen ‚Contra maledicum Thiloninum Philymnum defensio', die Eobanus Hessus mit einem Vor- und Nachwort begleitete. Conradis Verzicht auf eine Fortführung der Polemik schützte ihn nicht mehr vor dem vernichtenden Stoß, den man in Erfurt gegen ihn setzte.

Im 38. Brief des wesentlich von Crotus Rubeanus zu verantwortenden ersten Teils der ‚Dunkelmännerbriefe', im Oktober 1515 erschienen, wurde Conradi ohne Nennung des Namens lächerlich gemacht und zum Poetenfeind gestempelt.[1458] Ein Wittenberger

---

[1455] Vgl. Bauch 1904, 166, 223 f.; Volz 1967, 86 f. Es ist nicht auszuschließen, daß Trutfetter mit seinem Kampf gegen Conradi auch seine alten Wittenberger Gegner um Polich und Karlstadt treffen wollte.
[1456] Volz 1967, 88.
[1457] Volz 1967, 88 f.
[1458] Vgl. Bömer 1924, II, 66 ff., Nr. 38 (Bömer vermutete im Register zu Teil I, 161, zu Unrecht Sibutus hinter dem *notabilis et magistralis poeta*); Volz 1967, 89 f., Anm. 78. Bauch (1896, 89 f.) machte mit Recht darauf aufmerksam, daß „die Seitenhiebe gegen die Poeten der mit Erfurt rivalisierenden Wittenberger Universität" noch nicht genügend erkannt worden seien. Angesichts der engen Verbindung zwischen Köln und Wittenberg sowie dessen Poeten wird man die Angriffe gegen Köln in den ‚Dunkelmännerbriefen' auch vor diesem Hintergrund betrachten müssen. In der Forschung wird vielfach zu undifferenziert die Berechtigung der satirischen Kritik an den „scholastischen Dunkelmännern" entweder unbegründet vorausgesetzt oder behauptet.

Dunkelmann berichtet darin dem Kölner Albertisten Ortwin Gratius (K 36) von einem merkwürdigen Poeten. Dieser habe sich einen großen Titel beigelegt, nenne sich *poeta poetarum* und leugne, daß es außer ihm noch einen Poeten gebe. Er habe einen *tractatum metrice* geschrieben, der einen auffälligen Titel trug, ungefähr: *de ira et cholericis* (eine unzweideutige Anspielung auf Conradis ‚Choleamynterium'). Darin greife er viele Magister an und andere Poeten, die ihn hinderten *legere in universitate propter suam luxuriosam artem* (womit die Erfurter Vorgänge gemeint waren). Doch die Magister bzw. Obscuri hätten ihm seine mangelhaften poetischen Fähigkeiten bewiesen, vor allem dank Alexander de Villa Dei und Ortwin Gratius (damit sollte Conradi also noch unter den Kölner Obscuri stehen). Allerdings habe dieser Magister in der Poetik darlegen können, daß Tugend den Gegensatz zum Laster bilde, da er *secundum Petrum Hispanum in Praedicamentis* verfahren sei! Da Ortwin Gratius wie die Gracchen über den Römern über allen Poeten stehe, müsse jener Wittenberger Poet schweigen und sich demütigen; obwohl sonst von gründlichem Wissen, sei er gegenüber Ortwin *unus puer*. Diesen Beweisweg bestätigten u.a. Eobanus Hessus, Ritius Euritius (Euricius Cordus), Georgius Spalatinus und Ulricus Hutenus.

Es ist evident, daß eine fehlende humanistische Bildung hier mitnichten den Grund der Kritik bot – ebensowenig wie hinsichtlich der Vorwürfe an Martin Polich. Maßstab war vielmehr die Zugehörigkeit zu bestimmten humanistischen Freundeskreisen, die sich mehr oder weniger explizit zu einer konkurrierend-kämpferischen philosophischen Schule mit ihrer jeweiligen Denkhaltung bekannten. Hier lag der grundlegende Nährboden und Rahmen für die erbitterten persönlichen Fehden. Man wird diesen Sachverhalt berücksichtigen müssen, wenn man einzelnen Kölner Magistern – wie etwa dem humanistisch gebildeten Montaner Valentin von Geldersheim (M 43) – als Obscuri wiederbegegnet.[1459] Ein aus Erfurt geführter Schlag gegen die Konkurrentin Wittenberg, dies dürften die bisherigen Ausführungen deutlich gemacht haben, traf und meinte direkt oder indirekt immer auch die Kölner Realisten, insbesondere die Thomisten der Montana.

[1459] S.u. 688.

Wie sehr auch der an den Briefen beteiligte Ulrich von Hutten unter dem Eindruck der Wittenberg-Erfurter Kontroverse Sympathien zu Antipathien werden ließ, läßt sich recht anschaulich verfolgen. Urteilte er 1509 noch über Sibutus: *Est quoque Thuringius, cui fama urgente, Sibutus, Caesareae lauros imposuere manus*, widmete er auch Kilian Reuter ein Exemplar seiner ‚Querela', so schrieb er im zweiten Teil der ‚Dunkelmännerbriefe' (9. Brief), nachdem er 1510/11 in Wittenberg Gast des Balthasar Phacchus gewesen und dessen enger Freund geworden war, über den Wittenberger Poeta laureatus: *... in Saxonia, ubi fui studens in logica, quam docuit me Sibutus, qui est in medicina imbutus, et habet antiquam vetulam, quae vendit bonam cerevisiam.*[1460] Ausgerechnet Sibutus unterrichtet also gemäß den eigentlichen Neigungen des Obscurus in der Logik – eine offensichtliche Analogie auch zu Conradi, der ebenso, vielleicht durch die thomistischen Freunde, eher als primitiver Scholastiker denn als Poet dargestellt wird. Der wahre Wittenberger Poet wird dagegen gleich im Anschluß genannt: *Tunc est ibi unus poeta, qui vocatur Balthasar de Facha, qui me* (sc. den Obscurus Schlauraff) *tribulavit, quod mihi valde doloravit.*[1461]

Versuchen wir zum Abschluß, das Band zwischen Wittenberg und der Montana noch etwas stärker zu straffen, um dabei zugleich schon auf weitere übergreifende Phänomene verweisen zu

---

[1460] Bömer 1924, II, 105, Nr. 9; vgl. Treu 1989, 78, 82 f. Zu Hutten als Verfasser des 9. Briefs im zweiten Teil: Brecht 1904, 290-295. Zur Leistung Huttens als Satiriker in den ‚Epistolae' jüngst Hahn (1989; mit interessanten Entschlüsselungen realer Gegebenheiten der Leipziger Universität).

[1461] Bömer 1924, II, 105, Nr. 9. Im 3. Brief des 1. Teils, von Crotus Rubeanus verfaßt, wurde Sibutus noch ganz im Sinne des Verfassers als weltlicher Poet, Verächter der Theologen – was er so pauschal gewiß nicht war – und Feind der Obscuri charakterisiert (vgl. Bömer 1924, II, 11 f., Nr. 3). Bezeichnend dann wieder, wie unbarmherzig Huttens im 51. Brief des 2. Teils Sibutus unter Verschärfung der Charakteristik im 9. Brief lächerlich machte. Johannes Helferich berichtete Ortwin: *Sed ille poeta* (Sibutus) *nunc est Wittenbergk et ibi accepit unam antiquam vetulam, quae vixit annis septuaginta octo vel paulo plus.* Dieser ehemalige Wiener Schüler des Celtis habe ihm versichert, die alte Vettel sei nicht seine Mutter, sondern seine Frau, da sie *adhuc bona in fornicatione* sei, viel Geld habe und *bonam cerevisiam* zu brauen verstehe; er nenne sie *Carinna mea, Lesbia mea et Cynthia mea*. Vgl. Bömer 1924, II, 175, Nr. 51. Mir erscheint es unabdingbar, auch die Brutalität dieses satirischen Angriffs zur Sprache kommen zu lassen, um angesichts des Schicksals des anerkannten, dem Köln-Wittenberger Thomisten-Kreis verbundenen Poeten so manchen Tiefschlag gegen Kölner Magister ins rechte Licht zu rücken und etwas zu relativieren. Zum 51. Brief vgl. auch Brecht 1904, 342 (u.a. Hinweis auf die Freundschaft Huttens mit Phacchus). Machilek (1988, 231 f.) hat m.E. diesen Charakterisierungen noch zu viel reale Entsprechung beigemessen.

können. Einer der angesehensten Humanisten in Wittenberg war der bereits genannte Otto Beckmann von Warburg, ein Schüler der Leipziger Universität.[1462] Mit Unverständnis und Tadel wurde registriert, daß er trotz seiner hervorragenden Leistungen auf dem Felde der Studia humanitatis „der Scholastik Schlepperdienste" leistete, keine Anstalten zur Entthronung der herrschenden Schulphilosophie machte – fürwahr: hier trat „Halbheit" zu Tage, ein ursächlicher „Mangel an Charakterfestigkeit".[1463] Was stand dahinter? Beckmann gehörte allem Anschein nach zum Humanistenkreis um Martin Polich. So verzierte er zusammen mit Sbrulius den von Polich angeregten ‚Dialogus' des Meinhardi mit einem empfehlenden Schlußgedicht, hielt am 11. März 1510 als Vertreter des verhinderten Kilian Reuter seine berühmteste Rede, die ‚Oratio in laudem philosophiae ac humaniorum litterarum'.[1464] 1514 gab er – wie angeführt – Martin Polichs ‚Cursus physicus' mit eigenen Gedichten und einer Warnung an die *lividi osores* des Thomisten heraus.[1465] Erstaunlicherweise und vielleicht nicht zufällig hielt er sich 1513 zur gleichen Zeit wie Tileman Conradi einige Wochen in Erfurt auf,[1466] sicherlich nicht als Anhänger der Nominalisten und ihrer humanistischen Freunde.

Das Spannungsfeld und Beziehungsnetz wird uns vielmehr durch Konrad Kluppel von Korbach[1467] deutlicher, der seit 1508 an der Montana sowohl die Artes als auch die Studia humanitatis studiert hatte, Köln und dieser Burse für lange Jahre verbunden blieb.[1468]

[1462] Immer noch instruktiv zu Beckmann: Müller 1911, 224-237; über den Wittenberger Aufenthalt Beckmanns hinausgehend und abwägender im Urteil als Müller: Honselmann 1964; vgl. auch Friedensburg 1917 s.v., bes. 72 f.; Grossmann 1975 s.v., bes. 72 f.

[1463] Müller 1911, 236; gegen die voreingenommenen Wertungen Müllers sprach sich auch Honselmann (1964, 254) aus.

[1464] Müller 1911, 232 ff.; Grossmann 1975, 57, 72; vgl. Bauch 1897, 328; Honselmann 1964, 245 f. Es mag Zufall sein, könnte aber auch für eine Freundschaft mit Reuter sprechen, daß Beckmann seinen 1509 verfaßten Panegyrikus auf Bischof Erich von Paderborn und Osnabrück *in famigeratissima Academia Vittenburgensi* ähnlich wie Reuter durch *Calliope per somnia* überreichen ließ (vgl. Müller 1911, 233).

[1465] Bauch 1897, 326; Müller 1911, 232 f.; Grossmann 1875, 72.

[1466] Müller 1911, 228.

[1467] M 479,9.

[1468] Vgl. die instruktiven Zeugnisse des Konrad Kluppel in seinen Briefen (Jürges 1914, 116-164). Schon 1508, also im Jahr seiner Immatrikulation, schrieb er eine Abhandlung zum Lobe der humanistischen Studien, die u.a. mit langen Zitaten aus Cicero durchsetzt war (163 f.); im gleichen Jahr verfaßte sein Landsmann Dietmar

Am 17. März 1512 schrieb Kluppel aus Wolfhagen in humanistischer Form einen Brief an seinen Landsmann, den Warburger *scholasticus* Heinrich Melen.[1469] Er bat ihn darin, Melen möge ihm die Oratio des Otto Beckmann *de laudibus philosophiae* zuschicken, also die Wittenberger Lobrede auf die humanistischen Studien von 1510. Kluppel erhielt die ‚Oratio' in den folgenden Wochen, denn in einem Brief vom 31. Dezember 1512 an seinen alten Montana-Kommilitonen Heinrich Glarean in Köln, seit August 1512 vom Kaiser gekrönter Poeta laureatus, zitiert er längere Passagen aus der Rede Beckmanns.[1470] Und worauf hebt Kluppel besonders ab? Auf die uns seit Calidomius immer wieder in diesem Humanistenumfeld begegnende grundlegende Eigenschaft des wahren Poeten! So zitiert er aus Beckmann: *Verum divina haec poesis tam sacratissima creditur, ut absque summi maximique omnium rerum opificis afflatu acquiri nequeat. Qui vero sine Pieridum afflatu, superno illo spiritu ... ad poeticam aspirat, frustra conatur. Sed solum carmina illa divina censenda sunt Musarumque numinibus infusa, quae, dum humano concentu promuntur, et cantorem ipsum et audientes quodammodo inflammant, ut huius furoris divinitatem sentiant, mentemque hominis paene raptam incredibili quadam voluptate et mira suavitate afficiunt.* Kluppels Fazit lautet demnach auch, daß nur der mit dem *furor poeticus* inspirierte Poet die würdigen Dinge voller Bewunderung besingen könne.

Wie Beckmann verfügte auch Kluppel über Beziehungen nach Erfurt. Doch in ihrer Konsequenz dürften sie den Thüringern kaum behagt haben. In einem Brief vom 19. April 1514 an Glarean in Köln empfahl ihm Kluppel den Studenten Franciscus Leusmann[1471], Sohn des Korbacher Bürgermeisters.[1472] Dieser, ein überaus gebildeter Rechtsgelehrter, habe seinen Sohn *in Ubiorum urbem Agrippinam*

Rummel ein humanistisches Gedicht auf den *alumnus academiae montanae* (116 f.), welches schon einige griechische Begriffe enthielt und mit dem griechischen telos endete. Zum Montana-Humanismus später ausführlicher.

[1469] Gedruckt: Jürges 1914, 126 f., Nr. 4; zum Kontakt zwischen Kluppel und Beckmann vgl. auch Honselmann 1964, 247 f.

[1470] Jürges 1914, 127 ff., Nr. 5. Die gemeinsame Studienzeit in der Montana spricht er beispielsweise so an: *qui dudum Minervalis exercitii palestritae commilitonesque in montano exercitu una sudavimus* ... 1515 trat Kluppel dann in einen direkten Briefkontakt mit Beckmann (vgl. Jürges 1914, 135 ff., Nr. 13).

[1471] M 505,57 (14.3.1515 imm. ad iur.).

[1472] Jürges 1914, 133 ff., Nr. 11.

Coloniam, ubi tu felicissime degis, missus, quo post ebibita philosophica rudimenta in Erfordiensi gymnasio[1473] *eloquentiae quoque et iurisprudentiae navet operam.* Er vertraue Glarean also den jungen Korbacher an, damit er *nitidior elegantiorque redeat in patriam*. 1518 schließlich wird uns Kluppel in Köln als Mentor des Georg Lösken genannt, Sohn des waldeckschen Kanzlers Volmar Lösken.[1474] Georg hatte sich am 4. Januar 1518 in Köln für ein Jurastudium immatrikuliert,[1475] dürfte sich wie Kluppel der Montana angeschlossen haben. Denn der am gleichen Tag immatrikulierte Konrad Raeden von Korbach,[1476] der vermutlich ebenfalls unter der Aufsicht Kluppels stand,[1477] trat als Schüler der Artes in die thomistische Burse ein. Auch Georg Lösken hatte seit 1512 zuerst in Erfurt studiert, wo er, so Kluppel, in *Minervalem palestritam sacris philosophiae* eingeweiht worden sei, doch sei er dann mit Kluppel zur Mutter der Wissenschaften, an die Kölner Universität gegangen, *litterarum altricem*.[1478]

Otto Beckmann von Warburg wehrte sich nicht nur gegen eine Abschaffung des traditionellen Universitätsstoffes, sondern auch – nach anfänglicher Sympathie – gegen die Reformation. 1523 verließ er Wittenberg für immer; mit der Unterstützung des in Mainz tätigen Landsmannes Johann Reuß von Warburg wurde er Pfarrer an einer Kirche seiner Heimatstadt.[1479] Johann Reuß aber ist uns aus früheren Jahren als Mitglied des Mainzer Thomistenkreises bekannt: schon als Scholaster an St. Mariengraden mit Georg Beheim (L 70) verbunden, wurde er 1515 einer von Beheims Rechtsvertretern in Mainz, wie auch der Thomisten-Regent Holtmann von Ahaus.[1480] Das Netz trug. Bereits 1525 schrieb Beckmann eine ‚Precatio dominica contra impios et seditiosos Lutheranorum errores', verteidigte den Katholizismus auch weiterhin als Propst

---

[1473] 1511 hatte sich Franciscus Leusmann in Erfurt immatrikuliert (vgl. Jürges 1914, 133, Anm. 2).
[1474] Vgl. Jürges 1914, 140 ff., Nr. 16.
[1475] M 517,5.
[1476] M 517,7.
[1477] Vgl. Jürges 1914, V.
[1478] Jürges 1914, 141 u. Anm. 3.
[1479] Müller 1911, 231; Honselmann 1964, 249-252; vgl. auch Friedensburg 1917, 171.
[1480] Vgl. Schaper 1960, 214 (sie identifizierte den Magister Ahus, Kanoniker an St. Johann, nicht, doch kann es sich nur um den oben genannten Regenten der Schenkenberg-Burse gehandelt haben).

in Münster und auf dem Augsburger Reichstag 1530.[1481] Ein anschauliches Beispiel für seine kontinuierliche Verbundenheit mit der Kölner Montana bietet der Studiengang des Jodocus Beckmann von Warburg, eines nahen Verwandten wohl.[1482] Am 15. November 1534 immatrikulierte sich Jodocus in Köln, trat in die Montana ein und erwarb als deren Schüler 1535 und 1537 beide artistischen Grade.

9. Goldberg

Analog zu Pforzheim bildet auch das in Schlesien gelegene Goldberg keinen universitären Knotenpunkt im thomistischen Personenverbund. Doch ähnlich wie dort Tübingen, Köln oder Mainz korrespondierten, ordnet sich Goldberg in die Achse zwischen Köln und Wittenberg ein. Auch dieser Ort erhellt gleichsam indirekt, wie durch einen fernen Spiegel, unser Bild über die Montana und bestätigt die bisherigen Erkenntnisse.

Eine Person wird im folgenden im Mittelpunkt stehen: Hieronymus Gürtler.[1483] Sein Verdienst ist die Schöpfung der im 16. Jahrhundert weit gerühmten, humanistisch ausgerichteten Goldberger Schule; großen Anteil hatte er an der Ausbreitung der humanistischen Gelehrsamkeit im Osten Deutschlands. Seine Bildung erhielt er an der Kölner Montana, der er auch später die Treue bewahrte. Am 9. Juni 1496 ließ sich Hieronymus in Köln immatrikulieren, bereits mit der latinisierten Namensform Cingulatoris de Aureo monte.[1484] Unter Theodoricus de Busco (M 39) konnte er am 30. Mai 1497 das Bakkalaureat erwerben. Offenbar um eine Lehrerstelle anzutreten, bat er anschließend um einen Dispens, bekam ihn am 17. Juni und unterbrach vorläufig sein Studium.[1485] Nach einigen Jahren kehrte er jedoch an die Montana zurück, um am 15. März

---

[1481] Müller 1911, 231 f.
[1482] M 583,38. Müller (1911, 232) nennt nur einen natürlichen Sohn Anton.
[1483] Über ihn hat – soweit ich sehe – bisher allein Bauch (1895 und – mit einigen Verbesserungen, aber weitgehend wiederholend – 1921, 10-41) gearbeitet. Hieronymus war ein Bruder des Fabian Gürtler al. Fabius Zonarius, der vor allem von Rupprich (1931) als Verfasser des ‚Eccius dedolatus' angesehen wurde, während jüngst Holzberg (1981, bes. 190-195) in erster Linie Pirckheimer als Autor gelten lassen möchte, die Argumente für Zonarius allerdings nicht gebührend berücksichtigt.
[1484] M 430,198.
[1485] Vgl. Bauch 1895, 9; Bauch 1921, 11.

1501 unter Valentin Engelhardt von Geldersheim (M 43) sein Magisterium zu erlangen. Es folgte eine kurzfristige Tätigkeit als Rektor an der Schule der Gregorianer in Kulm, einer Zweigniederlassung der Brüder vom gemeinsamen Leben, ehe er um 1504 in Goldberg die allein von ihm gestaltete Schule einrichtete.[1486]

Cingulatoris begab sich ohne Umschweife an die Ausarbeitung eigener Lehrbücher für seine Schüler. 1506 legte er eine umfangreiche Grammatik vor, die Laurentius Corvinus mit einem Gedicht empfahl.[1487] Vieles übernahm er aus Wimpfelings ‚Isidoneus', manches aus der ‚Glosa notabilis' des Kuckaners Gerardus de Zutphania (K 24), generell griff er Alexander de Villa Dei scharf an. Ein reineres Latein war das Ziel, Sprachübungen sollten in Disputationsform erfolgen. Als klassische Quellen für die Darlegung der Syntax- bzw. Diasynthetica-Regeln bot er Cicero, Sallust, Seneca, Horaz, Vergil, Ovid, Tibull, Juvenal und Terenz auf, aber auch Textstellen aus der Vulgata.[1488] Diesen Weg konnte er durchaus an der Montana kennen- und schätzengelernt haben. Auch die Brieflehre stützte sich auf anerkannte Klassiker: Filelfo, Cicero und Enea Silvio; die Poetik fußte wesentlich auf der ‚Structura carminum' des Laurentius Corvinus.

1510 sorgte Gürtler für eine klassisch gereinigte Neuausgabe seiner Grammatik (1511 gedruckt), in der er ganz auf das ‚Doctrinale' Alexanders verzichtete, und die seine Schüler in wenigen Monaten zu wahrer Latinität führen sollte.[1489] Sie enthielt Kapitel über „De condendis carminibus" nach Heinrich Bebel, über Briefsteller und den römischen Kalender. Sein Bekenntnis zu Köln und zur Montana drückte er an zentraler Stelle, im Titel, aus: ‚Grammatica II Hieronymi Cingulatoris Chroysopolitani Augustissimi Colonien(sis) Gymnasii Magistri Grammatica'. Eine Neuausgabe dieser verbesserten Grammatik folgte bereits 1515; nun neben Jakob Henrichmanns auch Aldus Manutius und der Tübinger Realist Georg Simler als Autoritäten.[1490]

Das traditionelle Trivium erschloß der Goldberger Rektor in den Jahren 1506 und 1509 ferner mit einer zweibändigen Rhetorik und Stilistik, die sich wiederum auf Wimpfeling und Corvinus

---

[1486] Bauch 1895, 9-13; Bauch 1921, 12 f.
[1487] Bauch 1895, 16-23; Bauch 1921, 14-23.
[1488] Bauch 1895, 22.
[1489] Bauch 1895, 28 ff.; Bauch 1921, 29-32.
[1490] Bauch 1895, 32 f.; Bauch 1921, 34.

stützte, aber auch aus der Scriptura schöpfte.[1491] Nach Bauch ersetzte das umfangreiche Werk für die damalige Zeit ein Lexikon. Zielgruppe waren ihm die *oratores* und jene, die *volentes politam et cultam latinitatem consequi*. Aber keineswegs sei er ein Gegner der *ecclesiastici, dialectici et grammatistae*.[1492] Im gleich Jahr wie der zweite Band der Rhetorik, 1509, erschien von ihm eine Schulausgabe der ‚Epistolae familiares' des Cicero, ein oft nachgedrucktes Werk.[1493] Doch Cingulatoris stellte seinen Gymnasialschülern nicht nur die nach humanistischer communis opinio unabdingbaren Lehrbücher zur Verfügung. Seine Schüler und künftigen Studenten sollten auch wichtige Grundlagen in der Dialektik vermittelt bekommen. Zu diesem Zwecke begann er im November 1511, ein logisches Schulbuch zu erarbeiten, das er im Januar 1512 beendete und 1513 herausgab.[1494] Der Titel lautete: ‚Hieronymi Cingularii Chrysopolitani in omnes Petri Hispani tractatulos enarratiuncula'. Sein Freund Laurentius Corvinus empfahl das Werk mit einem „heroischen Epigramm".[1495] Cingulatoris wollte nicht nur eine einfache Einführung in die Dialektik geben; er stellte ganz bewußt die wissenschaftsgeschichtlichen Weichen. Der den Text begleitende Kommentar war weitgehend thomistisch, das Latein scholastisch. Man mag dies bei einem Humanisten beklagen, doch zu erinnern sei an die Erklärungen Martin Polichs zum Druck seiner Logik: die Dialektik sei eine Disziplin, die sich nun einmal nicht mit humanistischen Wortornamenten darstellen lasse.[1496] Es fällt schwer, an eine zufällige Koinzidenz zu glauben: Gerade in den Jahren 1511 und 1512 suchte Hieronymus Cingulatoris mit Unterbrechungen die Universität Wittenberg auf, um das medizinische Doktorat zu erwerben.[1497] Wir kennen seinen Doktorvater nicht, doch im gegebenen Kontext ist in erster Linie an Martin Polich zu denken. In Begleitung Gürtlers befand sich im übrigen Franciscus Baltmannus, auch er ein Schüler der Montana, wie gleich zu zeigen sein wird. Das thomistische Logikbuch für das Goldberger Gymnasium entstand also offenbar nicht in einem individuell

---

[1491] Bauch 1895, 26 f.; Bauch 1921, 26 f.
[1492] Bauch 1895, 27; Bauch 1921, 27.
[1493] Bauch 1895, 28; Bauch 1921, 28 f.
[1494] Bauch 1895, 32; Bauch 1921, 33 f.
[1495] Bauch 1895, 32.
[1496] S.o. 629.
[1497] Bauch 1895, 31; Bauch 1921, 32 f.

und lokal isolierten Raum, sondern in einem lebendigen Dialog der Köln-Wittenberger Thomistenschule. Seine Produktivität und Vielseitigkeit stellte Cingulatoris nochmals 1512 unter Beweis, als er eine häufig rezipierte Zusammenstellung von Synonymen und poetischen Umschreibungen als Schulbuch herausgab, das 1513 in Wittenberg gedruckt wurde und 1515 selbst von Mutian für seine Hausgenossen erworben wurde.[1498] In jenem Jahr wirkte der Verfasser bereits als Stadtphysikus in Thorn, ohne daß er jedoch sein literarisches Schaffen für das Schulwesen aufgegeben hätte.[1499]

Bemerkenswert nun, daß Cingulatoris während seines Goldberger Rektorats offensichtlich den Kontakt mit der Montana aufrechterhielt. Eine prosopographische Analyse erlaubt näheren Einblick. Mit dem rasch einsetzenden Zulauf an Schülern stellte sich für Gürtler das Problem, Unterlehrer, sogenannte Kollaboratoren, in dauerhafter Anstellung zu gewinnen. Zur Sicherung der Besoldung gewährte ihm der Breslauer Bischof daher 1507 die Übertragung dreier Altarbenefizien an der Goldberger Kirche für die Lehrer.[1500] Das erste Benefizium erhielt noch im gleichen Jahr der Senior-Kollaborator Nicolaus Edeler von Haynau.[1501] Edeler besaß damals das artistischen Bakkalaureat, welches er wie Gürtler an der Montana erworben hatte. Schon bei seiner Immatrikulation am 22. Oktober 1499 gehörte er der Montana an, denn Valentin Engelhardt (M 43) bürgte für seinen Status als Pauper.[1502] Am 30. November 1500 determinierte Edeler unter Theodoricus de Novimagio (M 49). Wie sein Vorgesetzter kehrte nun auch er Jahre später in die Montana zurück, um das Artes-Studium mit dem Magisterium abzuschließen. Sicherlich war hier nicht zuletzt das Einverständnis, wenn nicht sogar der Wunsch Gürtlers ausschlaggebend. Am 23. März 1509 wurde Edeler durch Rutger de Venlo (M 52) promoviert. Noch

---

[1498] Bauch 1895, 33 f.; Bauch 1921, 35 f.; Rupprich 1931, 51 f., Anm. 73.
[1499] So schrieb er beispielsweise 1542 für die Schulen eine Epitome der aristotelischen Naturphilosophie, 1543 für das Kulmer Gymnasium eine solche der Dialektik, die sich nun freilich ganz zur humanistischen Logik bekannte und auf Agricola, Valla, Melanchthon und dem Kölner Caesarius aufbaute (Bauch 1895, 40 f.; Bauch 1921, 39).
[1500] Bauch 1895, 23 f.; Bauch 1921, 23 ff.
[1501] Bauch 1895, 25; Bauch 1921, 25.
[1502] M 444,6. Edeler war mit zwei weiteren Goldbergern nach Köln gereist, Thadeus Schulteti (M 444,7) und Christoph Helmerich (444,8), die sich am gleichen Tag immatrikulieren ließen, ebenfalls in die Montana eintraten und auch zusammen mit Edeler determinierten.

im gleichen Jahr verfaßte er in Goldberg ein empfehlendes Dekastichon für Gürtlers Ausgabe der ‚Epistolae familiares' des Cicero.[1503] Nach 1513 übernahm er als Rektor die Schule von Löwenberg, wo er über die Ämter eines Stadtschreibers und Ratsherren bis zum Bürgermeister aufstieg.[1504]

Die beiden Bände der Rhetorik Gürtlers von 1506 und 1509 zierten unter anderem Verse des Goldberger Schülers Franciscus (Silvius) Baltmannus von Naumburg, der sich im zweiten Band bereits Hypodidascalus titulierte.[1505] Cingulatoris ermunterte ihn offenbar, wegen seiner zukünftigen Laufbahn ein Universitätsstudium aufzunehmen. Erste Adresse war – fast möchte man sagen: selbstredend – die Montana. (Das humanistische Gymnasium stand also durchaus nicht nur in Konkurrenz zu Burse und Universität, sondern begriff sich als Vorstufe.) Mit der latinisierten Form Franciscus Novimontanus immatrikulierte er sich am 28. August 1510 in Köln[1506] und determinierte am 25. Juni 1511 unter dem Montaner Henricus de Fredenborch (M 54). Nach Erteilung des erbetenen Dispens kehrte er nach Goldberg zurück, begleitete dann im Sommer 1512 als Kölner Bakkalar Cingulatoris nach Wittenberg, wo er 1513 zum Magister promoviert wurde.[1507] Auch zur Ausgabe von dessen ‚Synonymorum collectanea' von 1512 trug er Verse bei.[1508] Später verschwägerte er sich mit Gürtler und führte als dessen Nachfolger das Rektorat in Goldberg fort.[1509]

[1503] Bauch 1895, 28; Bauch 1921, 29.
[1504] Bauch 1921, 41 (Korrektur seiner Angaben in Bauch 1895, 25).
[1505] Bauch 1895, 25 ff.; Bauch 1921, 27.
[1506] M 487,47.
[1507] Bauch 1895, 25.
[1508] Bauch 1895, 34; Bauch 1921, 35. Die zweite poetische Beigabe stammte von einem weiteren Unterlehrer Gürtlers, Bernhard Buchwald al. Fagilucus von Löwenberg (Diözese Breslau, bei Goldberg; vgl. zu ihm Bauch 1895, 25, 34; Bauch 1921, 25, 35, 43 f.). Bauch stellte sich die Frage nicht, doch erscheint es mir sehr gut möglich, daß Bernardus Fagilucus ein naher Verwandter, eventuell Bruder, des Sigismund Buchwald al. Fagilucus von Breslau ist. Dieser aber ist uns als poetischer Schützling Martin Polichs in Leipzig bekannt, als maßgeblich Beteiligter in der Kontroverse mit Wimpina. Träfe das Verwandtschaftsverhältnis zu, könnten wir nicht nur das personelle Netz enger knüpfen und die Verbindung Gürtlers mit Polich in Wittenberg wahrscheinlicher werden lassen. Bestätigt würde dadurch einmal mehr die fundierende wie korrelativ resultierende inhaltliche Ebene, die von dem entsprechenden Personenkreis in Köln, Leipzig, Wittenberg und Goldberg getragen wurde sowie die einzelnen Wirkungsorte gleichsam kompatibel machte und analoge Handlungsresultate hervorrief.
[1509] Vgl. Bauch 1921, 41 ff., 44 f.

Gürtlers ehemaliger Schüler Bernardinus Bogentantz von Liegnitz bereicherte die Neuausgabe der Grammatik von 1510 mit einem Epigramm.[1510] Sein akademischer Cursus weist nahezu den gleichen Verlauf auf wie der Edelers und Baltmanns. Offenbar mit zwei Goldbergern, Georg Nicolai[1511] und Jasper Johannis[1512], war Bogentantz 1508 nach Köln gekommen, ließ sich am 29. Juli immatrikulieren.[1513] Wie Nicolai und Johannis schloß er sich der Montana an, determinierte allerdings mit zwei anderen Schülern dieser Burse am 12. Juni 1509 unter dem Laurentianer Johannes de Venlo (L 62).[1514] Kurz darauf muß er zu Cingulatoris nach Goldberg zurückgekehrt sein. Einen Bruch mit der Montana bedeutete dies nicht. Zur Fortsetzung seines Studiums suchte er sie wieder auf und wurde am 6. März 1516 durch Matthias von Aachen (M 55) zum Magister promoviert. Auf den bedeutenden Musiktheoretiker Bogentantz – schon 1515 trat er mit dieser Begabung an die Öffentlichkeit – werden wir später im Zusammenhang mit dem Humanismus an der Montana nochmals eingehen.[1515]

10. Nürnberg

Goldberg bildete nicht nur einen regionalen Baustein für den umfassenden Thomistenverbund; es bestätigte und verstärkte die Erkenntnis, daß die Montana sowohl Humanisten heranbildete als auch reichsweit bei den realistisch-thomistisch orientierten Humanisten auf eine überaus starke Akzeptanz stieß. In einer ersten Annäherung möchten wir die Anziehungskraft auf eine programmatische Synthese von anspruchsvoller traditioneller Universitätsbildung und pädagogisch-christlichem Humanismus zurückführen. Ein letzter lokaler Knotenpunkt soll Nürnberg sein, das als herausragendes Pars pro toto die bisherigen Ergebnisse gleichsam wie in einem Brennspiegel bündelt, konzentriert und so verdeutlicht. Wenn von den zwei entscheidenden Lehrkräften für das 1509/10

[1510] Bauch 1895, 30 f.; Bauch 1921, 32.
[1511] M 479,15.
[1512] M 479,17.
[1513] M 479,16.
[1514] Vgl. Un. 481, f. 62v. Die Zugehörigkeit zur Montana wurde bei diesen dreien ausdrücklich erwähnt.
[1515] S.u. 695 f.

neuorganisierte humanistische Schulwesen der fränkischen Reichsstadt einer aus der Kölner Montana kam, mag man dies noch ohne größeres Erstaunen zur Kenntnis nehmen; wenn aber der zweite als schon amtierender Nürnberger Lehrer durch offensichtliche Veranlassung der Organisatoren vor Antritt seiner neuen Stellung eigens für den letzten akademischen Schliff in die thomistische Burse nach Köln gesandt wird, fällt es schwer, sich mit der bloßen Tatsache zu begnügen. Um es vorwegzunehmen: der Vorgang verliert alles Befremdliche, wenn man ihn in den bisher eruierten Zusammenhang einordnet. Das jüngst recht apodiktisch gefällte Urteil: „(Die Universität) Köln eröffnet den Zugang zu jener Form des Thomismus, der gegenüber sich die aufstrebende Bildungswelt in Deutschland allergisch zeigte"[1516], dürfte sich gerade aus dieser Perspektive als haltlos erweisen.

Die Vorgeschichte der zu besprechenden Ereignisse führt uns in den Nürnberger Humanistenkreis um Konrad Celtis zurück. Dieser hatte bei seinen häufigen Besuchen in Nürnberg wohl erstmals 1491 die Gründung einer rein humanistischen, vom Rat getragenen Schule angeregt, sollte auf Wunsch seiner Freunde gar selbst Leiter der schließlich Poetenschule genannten Einrichtung werden.[1517] Die erfolgreiche Eröffnung 1496 verfolgte er mit viel Anteilnahme; aus der entscheidenden Vorphase, dem Spätsommer 1496, liegt der schon einmal angesprochene Brief des Dietrich Ulsenius an Celtis vor, in dem er von den Briefen des Martin Polich berichtet, aber auch vom Stand der Dinge um die Poetenschule.[1518] Polich stand dann auch bei der Vorlage der Roswitha-Edition in Nürnberg als Mitglied der Sodalitas litteraria sowohl an der Seite Willibald Pirckheimers, der wie sein Vater Johann zu den treibenden Kräften bei der Errichtung bzw. Erhaltung der Schule gehört hatte, als auch an

---

[1516] Oberman 1979, 6.
[1517] Am ausführlichsten zur Poetenschule und bis heute kaum überholt: Bauch 1901, hier 6 ff.; neuere Zusammenfassungen und Ergebnisse bieten Holzberg 1981, 73-79; Miner 1987, 13 f. (handelt ansonsten trotz des allgemein gehaltenen Titels primär über die humanistische Schulreform seit 1509); wenig ergiebig die sehr kursorisch gehaltenen Ausführungen von Pfanner (1971, bes. 129 f.) zum humanistischen Schulwesen in Nürnberg; vgl. auch Hamm 1989, 103 f. (mit Blickwinkel auf die Anstrengungen und Interessen des Stadtrates).
[1518] Rupprich 1934, 202 f., Nr. 122; s.o. 604 f.

der Heinrich Grieningers, des Rektors der Poetenschule.[1519] Auch Georg Sibutus hatten wir bereits als Vertrauten Pirckheimers und Grieningers in Nürnberg kennengelernt, bevor er dann nach Köln weiterreiste.[1520]

Unmittelbar nach dem erfolgreichen Start der Poetenschule hatte deren Rektor wie ihr Schöpfer, der Rat, gegen erbitterte Angriffe der Dominikaner zu kämpfen, die von den Kanzeln an St. Sebald und St. Lorenz – auch diesen Kirchen waren städtische Lateinschulen angeschlossen – wetterten.[1521] Die Angriffe der Dominikaner richteten sich nicht allein gegen die Studia humanitatis; dies zu behaupten würde die Bedeutung der Auseinandersetzung verflachen. Es ging vielmehr um den einen Punkt, dem wir schon so oft im Zusammenhang mit dem thomistischen Humanismus nachzugehen hatten: den religiösen Anspruch des Poeten![1522] Da gerade die Montana die zentrale Rolle bei der Besetzung der Rektorate an den humanistischen Schulen, welche die Nachfolge der Poetenschule antraten, einnehmen wird, kommt diesem Nürnberger Konflikt eine prinzipielle Bedeutung von kaum zu unterschätzender Tragweite zu.

Hören wir die Nürnberger Dominikaner.[1523] Sie warfen Grieninger vor, er verderbe die Knaben sittlich in seiner Poetenschule, die von ihm gelehrte Ars humanitatis sei von den Kirchenvätern verworfen worden. Die Kernanklage aber lautete: die göttliche Dichtkunst, zu der Grieninger sich bekenne, sei Unrecht und eine Schande, die göttlichen Dichter seien schlimmer als Ketzer und die Lehrer der Poetik würden den Knaben süßes Gift einträufeln, aller Irrtum im Glauben komme von den gottlosen Dichtern, den falschen Propheten, und schließlich: die Dichter seien Lästerer

---

[1519] Vgl. Rupprich 1934, 468 ff., Nr. 268; zur Beteiligung der beiden Pirckheimer: Holzberg 1981, 55, 71-74 (Holzbergs wiederholt geäußerter kritischer Einwand, aus den offiziellen Dokumenten lasse sich zwar eine amtliche Beteiligung Willibalds, jedoch kein persönliches Interesse an der Gründung der Poetenschule konstatieren, wirken in Anbetracht des geistigen Umfeldes etwas kokett-kritisch); mit entgegengesetzter Wertung jetzt Hamm 1989, 113 f.
[1520] S.o. 619 f.
[1521] Ausführlich zu dieser Auseinandersetzung: Bauch 1901, 20-28; vgl. Holzberg 1981, 73 f. (Angriffe konkurrierender und neidischer Schulmeister in Nürnberg waren kaum von grundlegender Bedeutung).
[1522] Vgl. die Problematisierung o. 627 u. A. 1436.
[1523] Die Vorwürfe der Dominikaner sind zu erschließen aus den Verteidigungsbriefen Grieningers, wie sie in Auszügen bei Bauch (1901, 22-26) vorgestellt wurden; nach ihm die Paraphrase.

Christi, weil sie die Dichtkunst der heiligen Theologie und den göttlichen Schriften, damit das Geschaffene dem Schöpfer vorzögen. Unweigerlich fühlen wir uns an die gleichzeitig in Leipzig stattfindende Kontroverse der Sodalen Polich, Calidomius (und Fagilucus) mit dem auf der Seite der Dominikaner stehenden Konrad Wimpina erinnert, der die Problematik ebenso zu einem Rangstreit Theologie-Poetik gewendet hatte.[1524]

Bekannt klingt auch die Verteidigung des Nürnberger Sodalen Grieninger. Die heiligen Doktoren hätten sich selbst mit den Studia humanitatis, den heidnischen Dichtern und Oratoren beschäftigt; manche (offenbar auch eine Anspielung auf den Doctor sanctus Thomas von Aquin, analog zu Leipzig) hätten sogar gemeint – sofern man sie nur unvoreingenommen lese –, die Poetik sei an erster Stelle zu nennen. Durch die humanistischen Studien werde man nicht nur sittlich gebildet, sondern auch zur Erkenntnis der göttlichen Dinge aufsteigen. Viele berühmte geistliche und weltliche Männer hätten die fast göttliche Dichtkunst nachgeahmt. Keineswegs seien die Poeten Ketzer, vielmehr würden gerade sie in gläubiger Haltung oft beim Schreiben die göttliche Hilfe anrufen.

Wie ein Aufschrei denn auch Grieningers Epigramm in der Roswitha-Ausgabe, in dem der zentrale Begriff genannt wird: *Invide, divinos non cessas carpere v a t e s / tanquam mendaces vaniloquosque viros.*[1525] Seitens des Rates – und, was meist übersehen wird, der Sodalengemeinschaft – wandte sich auch Willibald Pirckheimer gegen die Vorwürfe der Dominikaner.[1526] Im Hause Pirckheimers wehrte sich 1502 der kaum minder betroffene Konrad Celtis in der an Kaiser Maximilian gerichteten Vorrede zu seinen ‚Libri amorum': die Schriften der Poeten seien nicht, wie deren Hasser behaupteten, leere Hirngespinste, die Anhänger dieser hohen und göttlichen Disziplin keine Doktoren der Schandtaten.[1527] Vor diesem Hintergrund

---

[1524] S.o. 602-608.

[1525] Rupprich 1934, 469 (Sperrung durch Verf.; die weiteren Zeilen lauten: *Nonne vides, quantum haec monialis carmine possit, / historias sacras virgo diserta canens?*). Vgl. auch Bauch 1901, 20.

[1526] Holzberg 1981, 74.

[1527] Rupprich 1934, 497 f., Nr. 275; vgl. Bauch 1901, 28; Burger 1969, 312. Eine gründliche Analyse und Interpretation des Dürer-Holzschnittes der Philosophia, der in den „Quattuor Libri Amorum" enthalten ist, bietet Wuttke 1986, 700-729 (mit dem Fazit: der Zentralbegriff für Celtis und den deutschen Humanismus – wobei man hier hinsichtlich der anderen Humanisten m.E. differenzieren müßte, ob sie dem Celtis'schen Humanismusverständnis anhängen – sei nicht der poeta, sondern der philosophus; ihm habe Celtis als poeta entsprechen können, indem er die Bedeutung

wird uns nun auch klarer, welche Bedeutung es hatte, wenn Sibutus Pirckheimer in seinem Kölner Panegyrikus von 1505 als *vates* bezeichnete, ihn aufforderte, Grieninger weiterhin vor der *rabies saevissima* der Dominikaner zu schützen.[1528] Wir ahnen zugleich, weshalb der Montaner und Sibutus-Freund Kilian Reuter sofort nach seiner Ankunft 1505 in Wittenberg durch Balthasar Phacchus verächtlich beschimpft wurde, er sei kein *vates*, sondern ein *versificator*.[1529] Mehr als erstaunlich scheint es nun, daß man angesichts dieser Vorgänge in Nürnberg gerade die Theologen der Montana für die geeignetsten Lehrer der zukünftigen humanistischen Rektoren hielt, nicht die Professoren der sonst als so fortschrittlich gerühmten Universitäten. Erstaunlich, gar verwunderlich? Nein, die Nürnberger handelten ganz und gar konsequent.

1506 resignierte Grieninger vor den andauernden Anfeindungen und trat für kurze Zeit als Geheimsekretär in den Dienst des Würzburger Bischofs Lorenz von Bibra.[1530] (Lorenz von Bibra war im übrigen – um die Komplexität des Netzwerkes anzudeuten – ein Bruder des kaiserlichen und kurkölnischen Rates Wilhelm von Bibra, der dem Thomisten und Raemsdonck-Schüler Robert Blitterswijk sehr nahe stand, welcher wiederum enge humanistische Verbindungen nach Würzburg besaß.[1531]) 1508 trug man Grieninger, mittlerweile wieder in Nürnberg als Lehrer tätig, eine Meßpfründe an St. Clara an, allerdings unter der Voraussetzung, daß der eigentlich vorgesehene Kandidat verzichten würde.[1532] Dies war Georg Beheim von Nürnberg (L 70). Der vom Rat mit der Pfründenvergabe Beauftragte hieß Willibald Pirckheimer. Wir hatten im Zusammenhang mit dem Mainzer Knotenpunkt diesen Vorgang bereits kurz angeschnitten,[1533] müssen ihn hier aber noch einmal

---

des Begriffs poeta sehr weit faßte, als Einheit von Weisheit, Gelehrtheit, Priester- und Dichtertum).

[1528] Reicke 1940, 236 f., Nr. 69bis; vgl. Bauch 1901, 21 f.; Holzberg 1981, 74; Machilek 1988, 216.

[1529] S.o. 620 ff.

[1530] Bauch 1901, 40.

[1531] Ausführlicher hierzu u. 668-679.

[1532] Die präziseste Darstellung wiederum bei Bauch 1901, 40 f.; vgl. auch Schaper 1960, 202 f.; Holzberg 1981, 74 (Schaper und Holzberg jedoch nur mit partieller Berücksichtigung des Kontextes). Noch bis zum 30.5.1509 erhielt Grieninger städtischen Sold, der nach anfänglichen Erwägungen wohl durch die Einnahmen aus dem Benefizium ersetzt werden sollte (so zu folgern aus der Darstellung bei Bauch 1901, 40 f.).

[1533] S.o. 593.

klarer konturieren, um aus diesem Blickwinkel Beheims Verzicht besser würdigen zu können. Wie aus Pirckheimers Brief, der kurz nach dem 24. Oktober 1507 geschrieben wurde, hervorgeht, ging es dem Nürnberger Patrizier in erster Linie darum, seinen Freund *in patriam*, also nach Nürnberg, zurückzuholen.[1534] Die *occasio* bot sich durch den Tod Sixtus Tuchers, der neben der Propstei an St. Lorenz eben auch jene residenzpflichtige Meßpfründe an St. Clara innehatte, wo Willibalds Schwester Charitas seit 1503 Äbtissin war.[1535] Pirckheimer wußte, daß das jährlich 40 fl. einbringende Benefizium (freilich: *nulam tamen animarum curam habet*[1536]) nicht sehr attraktiv erscheinen konnte, doch wenn Georg aus finanziellen Gründen absagen sollte, dann würden sich *amici iuvantes* finden und vor allem: *Adde, quod in patria et solutis curis vivere poteris*.[1537] Trotz des Drängens Pirckheimers auf eine rasche Entscheidung muß sich Beheim noch Ende Oktober 1508, als Grieninger alternativ zur Wahl stand, unschlüssig gezeigt haben. Die Erklärung dürfte auf der Hand liegen. Am 4. Dezember 1507 war sein Freund Ivo Wittich gestorben, der ihn zu seinem Testamentsvollstrecker bestimmt hatte. Anfang Oktober 1508 erlebten wir Georg Beheim, wie er in dieser Funktion die finanzielle Fundierung des ersten deutschen Lehrstuhls für Geschichte in Mainz abschloß.[1538] Vor dem 13. März 1509, als Pirckheimer gemäß Ratsbeschluß Grieninger den Klarissen präsentierte,[1539] muß Georg Beheim definitiv abgesagt haben. Denn Entscheidendes hatte er noch in Mainz zu leisten. Es galt, die thomistische Burse Schenkenberg materiell, personell und inhaltlich (nämlich thomistisch-humanistisch) neu und dauerhaft zu etablieren.[1540]

Vor einer fast vergleichbaren Aufgabe stand zur selben Zeit Willibald Pirckheimer, der dabei wie sein Freund Georg Beheim

---

[1534] Reicke 1940, 10 ff., Nr. 174.
[1535] Zu Charitas Pirckheimer, vor allem in ihrer Verbindung zum Nürnberger Humanistenkreis und zu Celtis: Machilek 1977, 38-41.
[1536] Reicke 1940, 11.
[1537] Reicke 1940, 11.
[1538] S.o. 594.
[1539] Bauch 1901, 41.
[1540] Je mehr sich der Hintergrund weitet, desto verständlicher wird die Regentschaft des Poeten aus der Celtis-Schule und Montana-Studenten Nikolaus Gerbel; s.o. 595-600. Bemerkenswert ist, daß er, der sein humanistisches Credo ja nicht aufgegeben hatte, offenbar keine Kontroversen mit den Mainzer Dominikanern auszufechten hatte, diese vielmehr mit seinen Kollegen im Regentenvertrag in die Burse integrierte.

mit den Kölner Thomisten der Montana kooperierte. Grieningers Einsetzung in das Benefizium im Mai 1509 kam einer Pensionierung gleich; die Poetenschule existierte nicht mehr.[1541] Doch die Idee einer humanistisch geprägten städtischen Partikularschule starb nicht. Forciert wurde sie durch Willibald Pirckheimer, im Verein mit Anton Kreß, dem neuen Propst an St. Lorenz.[1542] Schon am 7. Mai 1509 übertrug der Rat Pirckheimer die Aufgabe, die Schulen an St. Sebald und St. Lorenz zu visitieren, *auf das solch lernung in ain bestendigen wesen gepracht wird*.[1543] *Damit die jungen schuler desto er ... mit einem guten grund zu künftiger lernung und studio versehen werden*, sollten an den vorhandenen Schulen *zwu sondere stett oder loca* eingerichtet werden, in denen *in der neuen regulierten grammatica und poesie oder arte oratoria* für einen Zusatzlohn von 20 fl. jährlich unterrichtet werden sollte.[1544] Wir stellen uns im folgenden primär die Frage, wie der von Pirckheimer und seinen Freunden getragene Entscheidungs- und Handlungsprozeß verlief, der schließlich Johannes Cochläus (M 56) und Johannes Romming von Bayreuth auf die Schulmeisterstellen führte. Folgen wir dem chronologischen Leitfaden.

Aus dem Erfurter Kreis um Mutian und Crotus Rubeanus hatte sich am 26. August 1508 der Trutfetter-Schüler Georg Spalatin an Pirckheimer gewandt, sich über dessen seit vier Jahren andauernde Schweigsamkeit beklagt und am Schluß die Hoffnung ausgedrückt: *Verum utcunque sit, te facturum spero, ut aliquando scholae poeticae in urbe ista praeficiar*.[1545] Pirckheimer ging in seinem wenig später geschriebenen Antwortbrief mit keinem Wort auf das Anliegen

---

[1541] Vgl. Bauch 1901, 41.
[1542] Zur Rolle Pirckheimers: Holzberg 1981, 75 ff.
[1543] Zit. nach Holzberg 1981, 75.
[1544] Holzberg 1981, 74 f. (lies: „schuler" statt „schulen", denn die jungen Schüler sollten natürlich die Grundlagen für ein künftiges Studium erhalten; vgl. auch Bauch 1901, 43; Hamm 1989, 104).
[1545] Reicke 1940, 28 f., Nr. 177; vgl. zum Brief: Bauch 1901, 42; Höss 1978, 36 ff.; Höss 1989, 38 f. (zu korrigieren ist allerdings die dortige Behauptung, Spalatin habe seit 1497 als Schüler der Lateinschule an St. Sebald Heinrich Grieninger als Lehrer gehabt [vgl. auch Höss 1989, 6-9]. Gerade die Sebalder Schule sah in der überdies nicht kirchlich gebundenen Poetenschule eine erbittert zu bekämpfende Konkurrentin, wobei es tatsächlich – freilich nach der Schulzeit Spalatins – zu schweren tätlichen Übergriffen kam [vgl. etwa Bauch 1901, 31-36].). Zu Spalatin im Erfurter Kreis s. etwa Grossman 1975, 20 f.; Junghans 1985 s.v., hier bes. 45 f.; Höss 1989, 9-38.

Spalatins ein, der dann auch bekanntlich im Herbst 1508 als Prinzenerzieher an den Hof Friedrichs des Weisen ging.[1546] Mehr Unterstützung fand der humanistisch gebildete Unterlehrer an St. Sebald, Johannes Romming, der im Sommer 1503 sein Studium in Leipzig begonnen und mit dem Bakkalaureat abgeschlossen hatte.[1547] Wes Geistes Kind er war, bewies Romming schon im Juli 1509 in seiner Lehrfunktion an der St. Sebald-Schule.[1548] Am 28. des Monats gab er in Nürnberg ein Buch heraus, in welchem er allgemein für *eruditio* und *virtus* plädierte und vor allem die sapphische Ode des Celtis auf den hl. Sebaldus erneuert, emendiert und mit Noten für seine Schüler herausgab.[1549] Dazu präsentierte er, der die Ode zweifellos mit Gesang durch seine Schüler aufführen ließ, eine Einleitung in Genus und Aufbau des ‚carmen sapphicum', pries schließlich die christlichen Dichter vor den alten.[1550] Kurz darauf muß er sich zum Magistrandenstudium an die Montana begeben haben, doch wechseln wir hierfür den Schauplatz.

Am 6. Juni 1509 unterstrich Johannes Cochläus (M 56), *magister exercens in bursa montis*, in einem Brief an den St. Lorenzer Propst Anton Kreß mit Nachdruck sein Interesse an einer der Schulmeisterstellen an St. Sebald oder St. Lorenz.[1551] Cochläus empörte sich, daß seine vorherigen Briefe unbeantwortet blieben, wies das Gerücht zurück, er habe die Stelle wegen zu geringen

---

[1546] Zum Brief Pirckheimers: Reicke 1940, 29-34, Nr. 178. Zum Zeitpunkt der Bewerbung Spalatins war Grieninger noch im Amt, liefen parallel die Verhandlungen Pirckheimers mit Georg Beheim.

[1547] Vgl. zu Romming: Bauch 1901, 43 ff., 56-60; Wuttke 1964 s.v.; Holzberg 1981, 79.

[1548] Nach Wuttke (1964, 77; 1989, 202, Anm. 12, Nr. 481; ihm folgend: Hamm 1989, 86, Anm. 69) stand Romming schon 1509 der Schule an St. Sebald als Rektor vor. Die folgenden Ausführungen werden allerdings erweisen, daß Romming 1509 nur ein dem Rektor untergeordneter Lehrer an St. Sebald gewesen sein kann; Ende 1509 wurde er dann nach der Resignation des amtierenden Rektors zu dessen Nachfolger designiert, mußte aber offenbar erst sein Magisterium an der Kölner Montana erlangen, bevor er das Rektorat an der nunmehr humanistischen Lateinschule antreten durfte (s.u. 652 ff.).

[1549] Vgl. Bauch 1901, 43 ff.; Wuttke 1964, 78, Anm. 17, 165. Zur Entstehung der Ode auf den hl. Sebald, eine Gemeinschaftsarbeit zwischen Celtis und Sebald Schreyer, s. Caesar 1969, 144 ff.

[1550] In der die Hälfte des Bandes ausmachenden ‚Epistola de virtutis laude' wurden nach Wuttke (1964, 88, 284) vorwiegend Lactanz, Cicero, Vergil, Horaz und Enea Silvio als Quellen durch Romming benutzt.

[1551] Gedruckt: Kress 1888, 26 f., s. auch 21; vgl. Miner 1987, 17. Zu Cochläus hier vorerst: Machilek 1978, 51 ff. (Lit., Schwerpunkt auf Frühzeit des Cochläus); Bäumer 1980 (Lit., jetzt einschlägig für theologische Haltung und Spätzeit des Cochläus).

Gehaltes ausgeschlagen und forderte Klarheit über seine Chancen. Unmittelbar nach dem initiierenden Ratsbeschluß im Mai 1509 war er also schon als humanistischer Schulleiter ins Gespräch gebracht worden. Der Kölner Magister nannte die vermittelnde Person in seinem Brief beim Namen. Georg Hallstadt, Famulus und Sekretär des Propstes Kreß, hatte diesem Cochläus als Kandidaten vorgeschlagen. Hallstadt scheint uns für Köln kein Unbekannter zu sein. Vermutlich ist er identisch mit Georg Moller von Hallstadt, der sich am 6. Juli 1505 nach vorherigem Studium in Leipzig in Köln immatrikulieren ließ,[1552] zu einer Zeit also, als Pirckheimer – übrigens seit längerem ein enger Freund des Anton Kreß[1553] – auf dem Kölner Reichstag weilte. Hallstadt könnte sowohl Cochläus als auch Pirckheimer damals kennengelernt haben.

Der Franke Johannes Dobeneck von Wendelstein al. Cochläus (M 56) hatte sich am 26. April 1504 in die Kölner Matrikel eintragen lassen.[1554] Außer seinem Determinator Theodoricus de Novimagio (M 49) kennen wir als seine Lehrer Theodoricus de Busco (M 39) und dessen Neffen Andreas de Bardwijck (M 51) sowie Rutger de Venlo (M 52), die Cochläus etwa in seiner ‚Brevis Germaniae descriptio' besonders rühmte.[1555] Schon vor seinem Kölner Studium hatte er seine Neigung und Befähigung zur Entwicklung der humanistischen Musiklehre unter Beweis gestellt; auf seine herausragende Bedeutung für die bezeichnenderweise von den Thomisten geprägte Kölner Schule, unter anderem als Lehrer von Glarean und Bernhardin Bogentantz, wird noch einzugehen sein.[1556] Im Mai 1509 wurde Cochläus als Magister in die Fakultät rezipiert und wirkte als Examinator für seine Burse.[1557]

Am 24. Juni 1509 antwortete Kress auf den Brief des Montaners.[1558] Er bestätigte, daß sein Famulus Hallstadt ihm *de doctrina et moribus* des Cochläus berichtet und ihn für die Rektorstelle empfohlen habe. Sicherlich zeichneten ihn hierfür die gemeinsame

---

[1552] M 467,5.
[1553] Vgl. Reicke 1940 s.v.; Holzberg 1981, 77.
[1554] M 462,20.
[1555] Langosch 1976, 154; vgl. Spahn 1898, 5; Machilek 1978, 52.
[1556] S.u. 693 ff.
[1557] Im gleichen Monat immatrikulierte sich im übrigen ein gleichnamiger Verwandter in Köln (M 481,85). Dieser Johannes Dobeneck von Wendelstein, der von Keussen wie gesagt mit Cochläus verwechselt wurde, trat ebenfalls in die Montana ein und determinierte schon im Dezember 1509 unter dem Lieblingslehrer des Cochläus, Andreas Herl von Bardwijk (M 51).
[1558] Kress 1888, 21 f., 27 f.; vgl. Miner 1987, 17.

patria sowie die *doctrina et morum honestas* aus. Doch trotz seines Wunsches könne er, Kress, Cochläus noch keine Zusicherung geben, da die Stelle noch nicht frei sei. Der Antwortbrief aus Köln offenbart aufschlußreiche Details aus dem Selbstverständnis des Interessenten wie seiner Burse. Cochläus war über die grundsätzliche Zusage des Propstes äußerst erfreut und fragte sich, wie er die Zwischenzeit am besten nützen könne.[1559] Vertrauensvoll wandte er sich an Kress um einen Rat, ob er noch den Grad eines theologischen Bakkalars in Köln erwerben solle, bevor er nach Nürnberg gehe. Denn es sei doch wohl ungewöhnlich, mit einer solchen (hohen) Qualifikation den Knaben vorzustehen. Vielleicht sei es ratsamer, sich dem Examen für diesen Grad schon zu unterwerfen,[1560] dann in den nächsten Sommerferien (also 1510) zu disputieren, so daß er bei einer späteren, geplanten Rückkehr nach Köln und mit ausreichend Geld versehen (*numatior*) ohne Verzögerung den theologischen Grad erwerben könne. Im übrigen würden auch die anderen Exercentes das theologische Bakkalaureat nicht vor dem fünften Jahr ihres Magisteriums erhoffen. Cochläus rechnete also fest damit, als humanistischer Schulmeister an die Montana zurückzukehren, um das erste theologische Examen formal abzuschließen. Köln blieb demnach ein selbstverständlicher Teil seiner weiteren Lebensplanung; genauso wie eine Lehrtätigkeit *in grammatica und poesie*[1561] für den Montaner keinen Widerspruch zu einem parallelen Theologiestudium darstellte.

Der folgende Brief[1562] des Cochläus vom 2. November 1509 läßt unversehens das Innenleben des Köln-Nürnberger Zusammenspiels lebendig werden, mit welchem die Neuordnung des humanistischen Schulwesens in der fränkischen Reichsstadt realisiert wurde. Cochläus hatte in Köln den zukünftigen Schulmeister an St. Sebald kennengelernt. Von diesem erfuhr er nicht nur, daß Kress einen (noch nicht bei Cochläus eingetroffenen) Brief an ihn geschrieben habe, sondern ebenso, daß der Rektor Rumpfer an St. Lorenz gleichzeitig mit dem Rektor an St. Sebald sein Amt niederlegen wolle. Der Montaner bat um Nachricht auf seinen Brief, den der Dominikaner Thomas nach Nürnberg überbringen werde. Die Weichen waren in

---

[1559] Kress 1888, 22, 29 f.; vgl. Miner 1987, 18.
[1560] Cochläus konnte sich nach seinem artistischen Lizentiat 1507 höchstens im dritten Jahr seines Theologiestudiums befunden haben; regulär war der Erwerb des theologischen Bakkalaureats nach fünf Jahren möglich.
[1561] S.o. 649.
[1562] Kress 1888, 22, 31.

personeller Hinsicht also bereits im November 1509 gestellt. So wie Cochläus zum Schulmeister an St. Lorenz designiert war, stand der humanistische Rektor von St. Sebald fest. Dieser muß in den voraufgegangenen Wochen unmittelbaren Einblick in den politischen Entscheidungsprozeß erhalten haben, der wesentlich von Willibald Pirckheimer gesteuert wurde. Nach Klärung der Personalfrage ging der zukünftige Schulmeister an St. Sebald nach Köln. Es kann sich bei ihm nur um Johannes Romming gehandelt haben. Dies geht unzweideutig aus dem nächsten Brief des Cochläus hervor.[1563]

Dieses Schreiben an Kress datiert vom 12. März 1510.[1564] Cochläus hatte den Brief des Propstes vom 2. Februar 1510 erhalten. Etwas gereizt und mißmutig wegen des unsicheren Zeitpunkts der Rektoratsübernahme erzählte er, daß er wie geraten noch warten wolle, wenn Aussicht bestünde, innerhalb eines Jahres Rektor zu werden. Wenn dies nicht möglich sei, wolle er das *sacerdotium* annehmen. Auch rieten ihm seine Kölner Freunde und Lehrer, nicht vor dem theologischen Bakkalaureat zu gehen, besser die *sacri ordines* als eine Schule zu empfangen. Jedoch hoffe er vorerst auf die Schulstelle. Er habe sich nämlich dem nunmehr schon promovierten Magister Johannes anvertraut, so daß dieser ihm sobald als möglich zurückschreibe. Wenn Kress die Antwortbriefe zu lästig würden, möge er den Inhalt dem von Cochläus unvergleichlich geliebten Magister (Johannes) anvertrauen, damit dieser ihm den Rat des Propstes verkünde.

Der Magister Johannes war niemand anders als der zukünftige Schulmeister an St. Sebald, Johannes Romming, der sich an der Montana mit seinem künftigen Kollegen anfreundete. Der Nürnberger Lehrer hatte zum Erwerb des Magisteriums nicht seine alte Leipziger Universität aufgesucht, sondern die Kölner Montana.[1565] Vor November 1509 muß er hier angekommen sein; im Juli hatte er noch die Ode des Celtis herausgegeben. Im Februar 1510 ging der Bakkalar Johannes (Romming) de Bareit als Angehöriger *de domo Montis* in das Lizentiats-Examen, an seiner Seite im übrigen als Schüler der gleichen Burse Heinrich Glarean;[1566] am 11. März erhielt er durch den Vizekanzler das Lizentiat. Diesen Akt sprach

---

[1563] Die Vermutung von Kress (1888, 22), dieser künftige Rektor könne Burckhard Mathesius gewesen sein, trifft nicht zu.
[1564] Kress 1888, 22 f., 31 f.; vgl. Miner 1987, 18 f.
[1565] M-Ntr. 1508; vgl. Bauch 1901, 57 u. Anm. 1. Holzberg (1981, 79) erwähnt das Kölner Studium Rommings mit keinem Wort.
[1566] Vgl. Un. 481, f. 66r.

Cochläus in seinem Brief vom 12. März an, als er schrieb, Magister Johannes sei *hic jam promotus*.[1567] Formal erwarb sich Romming diesen Titel allerdings erst mit seiner unverzüglich darauf erfolgenden Inzeption am 13. März 1510 unter Rutger de Venlo (M 52), ebenso einem der Lieblingslehrer des Cochläus. Romming inzipierte sogleich im ersten Inzeptionsakt nach dem Lizentiat.[1568] Ihn trieb offenbar die Eile, wollte und mußte er doch nach Nürnberg zurück. Festzuhalten bleibt, daß die Betreiber der Schulreform, also die Männer um Pirckheimer und Kress, ein offensichtliches Interesse daran hatten, daß auch ihr zweiter Rektorkandidat an der Montana sein Studium abschloß. Denn ohne deren Einverständnis und Wunsch hätte er wohl kaum sein Amt an St. Sebald verlassen. Bis zur endgültigen Ablösung der alten Rektoren ließ sich die Zeit trefflich mit einer höheren akademischen Qualifizierung nutzen. Es spricht für den Anspruch, den man mit den neuen Schulen verband, daß beide Schulmeister zumindest das Magisterium vorweisen konnten.

Als Cochläus am 12. März in Köln noch recht skeptisch einer baldigen Anstellung entgegenschaute, bestand bereits Grund zur Freude. Am 7. März durfte Kress ihm endlich mitteilen, daß er die Stelle trotz vieler Mitbewerber bekommen habe.[1569] Er und seine Freunde – voran mit Sicherheit Willibald Pirckheimer[1570] – hätten sich jedoch für ihn eingesetzt. Auch die Gehaltsfrage sei befriedigend gelöst worden. Denn zu den üblichen 80 fl. bekomme er zusätzlich 20 fl., *ut in litteris humanitatis juventutem huius parochiae erudiat, quod exercitium vobis non iniucundum erit*.[1571] (Die Nürnberger Humanisten wußten demnach sehr genau um die an der Montana genossene humanistische Bildung des Cochläus.) Kress konnte nun auch den Grund für seine Zurückhaltung angeben: es gebe eine starke feindliche Gruppe in Nürnberg, vor der er sich hüten möge. Alle Briefe solle Cochläus am besten vorher dem Propst zeigen; das gelte ebenso für das Schreiben an den Nürnberger Senat, für welches er einen des regionalen Stils Kundigen konsultieren möge, *quoniam ex litteris vestris senatus non parvum iudicium sumet, quid de vobis sperandum sit*.[1572]

[1567] Kress 1888, 32.
[1568] Vgl. Un. 481, f. 67r.
[1569] Kress 1888, 23 f., 33 f.; Miner 1987, 18.
[1570] Vgl. Holzberg 1981, 76 f.
[1571] Kress 1888, 34.
[1572] Kress 1888, 34.

Cochläus beherzigte den Rat und fand, wie er dem Propst am 18. März schrieb, einen Vertrauten, *qui majorem habet linguae nostrae peritiam quam ego*.[1573] Es war Sebastian Holfelt,[1574] der unsere Kenntnis vom Zusammenwirken des Köln-Nürnberger Kreises ebenfalls etwas vertiefen kann. Denn bei ihm handelt es sich um Sebastian Nagel aus dem zwischen Bamberg und Bayreuth gelegenen Hollfeld, der nach kurzem Studienaufenthalt in Leipzig am 18. April 1506 an die Montana gegangen war und als deren Schüler am 22. Mai 1506 determiniert hatte.[1575] Einer der gegen Cochläus und die Pirckheimer-Partei intrigierenden Nürnberger, Anton Tetzel, offenbarte sich selbst am 9. März 1510, indem er in vorgeblich gutgemeinter Absicht Cochläus von der Annahme der Stelle abriet und um Vernichtung seiner Zeilen bat.[1576] Doch Cochläus trat voller Eifer um Pfingsten 1510 sein Amt an; den Brief Tetzels und weitere Stücke seiner Korrespondenz übergab er der Obhut seines Gönners Pirckheimer.[1577]

Von Interesse erscheint nun natürlich die Frage, ob der von der Montana geprägte Thomismus auch nach 1510 einen Einfluß in Nürnberg ausüben konnte. Das läßt sich zweifellos bestätigen. Der Stadtrat schuf recht schnell die Grundlagen für eine fruchtbare Lehrtätigkeit. Am 25. Mai 1510 beschloß er amtlich, daß die beiden Schulmeister an St. Sebald und St. Lorenz zusätzlich 20 fl. für ihre Lektionen *in arte humanitatis* erhalten sollen, deren Visitation Hieronymus Ebner, Hieronymus Holzschuher und Willibald Pirckheimer oblag.[1578] Die optimalen räumlichen Voraussetzungen bot man mit der Fertigstellung eigener humanistischer Lektorien an den beiden Pfarrschulen.[1579] Sowohl Romming als auch Cochläus schufen in der Folge in inhaltlicher Hinsicht Werke, die an frühere Leistungen anknüpften bzw. den in Köln gelehrten christlichen Humanismus tradierten. Romming veröffentliche 1514 *ex gymnasio meo litterario* ein Schulbuch über Lactanz, in welchem er in einer Zuschrift an seinen Propst, den kaiserlichen Rat Melchior Pfintzing, seine Intention erklärte.[1580] Der christliche Dichter

---
[1573] Kress 1888, 23 f., 36 f.
[1574] Vgl. Kress 1888, 37.
[1575] M 470,6.
[1576] Kress 1888, 23, 35 f.; vgl. Holzberg 1981, 76.
[1577] Holzberg 1981, 76 f.
[1578] Bauch 1901, 46.
[1579] Bauch 1901, 55.
[1580] Vgl. Bauch 1901, 57 f. Zu Melchior Pfintzing – ein Schüler des Celtis und Grieningers im übrigen – vgl. jetzt Weiß 1991 (Lit.).

war für ihn ein Vollender Ciceros, ein vorzüglicher Kenner des menschlichen Wesens, der überdies die heidnischen Philosophen, besonders Epikur, widerlegen konnte. Die gleiche, auf pädagogische Zwecke ausgerichtete Synthese von klassisch-humanistischer Form und christlich-moralischem Inhalt findet sich auch in seinem 1516 herausgegebenen ‚Parvulus Philosophiae moralis'.[1581] Dieses Buch widmete er bereits im November 1515 seinem zweiten Gönner Willibald Pirckheimer.[1582] In ihm bezog sich Romming dezidiert auf die an der Montana vermittelten thomistischen Autoritäten, aber ebenso auf Kirchenväter und die Schriften Ciceros. Bauch charakterisierte das Werk als „humanistische(n) Versuch, ohne scholastisch-sophistische Argumentationen den aristotelischen ‚Parvulus' durch einen sachlichen, begrifflich und historisch exerzierenden Kommentar zu behandeln".[1583] Auch als sich Romming als Mentor mehrerer Schüler 1517 an der Universität Ingolstadt aufhielt und dabei in Kalamitäten geriet, lag ihm vordringlich daran, Pirckheimer von seiner Integrität zu überzeugen und sich dessen Freundschaft zu versichern.[1584]

Früher und sicherlich nachhaltiger setzte Cochläus an St. Lorenz sein pädagogisches Geschick in humanistischer Form um. In rascher Folge erschienen 1511/12 vier wegweisende Lehrbücher, die von einer umfassenden Bildung zeugen. Auf Anregung Pirckheimers erschien zuerst eine humanistische Grammatik, die sowohl zum Lesen antiker Autoren als auch zum eigenständigen Verfassen von Briefen und Gedichten befähigen sollte.[1585] Seinen Schülern, Kress und Pirckheimer widmete er sein bekanntes ‚Tetrachordum musices', welches seinen Kölner Traktat für die (auch praktischen) Belange der Partikularschule darbot und allein in anderthalb Jahren sechs weitere Auflagen sah.[1586] Die Ausgabe von 1511 zierten Epigramme und ein Carmen, deren Verfasser den humanistischen

---

[1581] Vgl. Bauch 1901, 59.
[1582] S. auch Holzberg 1981, 79; das Widmungsdatum 1515 bei Bauch 1901, 59.
[1583] Bauch 1901, 59.
[1584] Vgl. Wuttke 1989, 200 ff., Nr. 480 (Brief des Ingolstädter Juristen Michael Marstaller vom 25.10.1517 an Pirckheimer, in welchem er berichtet, Romming sei von seinen Schülern verlassen worden, was aber sicherlich nicht an mangelnder Lehrfähigkeit oder Aufsichtspflicht gelegen habe [*michi videtur vir bonus, diligens et eruditus*]; hiervon sollte er sich auf Bitten Rommings überzeugen und dies an Pirckheimer weiterleiten).
[1585] Machilek 1978, 54; Holzberg 1981, 77. Vgl. Reicke 1956, 65-70, Nr. 188. Zu den Lehrbüchern des Cochläus s. auch Bäumer 1980, 15 f.
[1586] Machilek 1978, 54; Holzberg 1981, 77. Vgl. Reicke 1956, 79-82, Nr. 191.

Freundeskreis veranschaulichen: zwei Epigramme stammten aus den Federn des Benedict Chelidonius, einem Freund des verstorbenen Celtis, und Willibald Pirckheimers; ein ‚carmen laudationis musicae' verfaßte der Kölner Montaner Heinrich Glarean.[1587] Einem besonderen Interesse Pirckheimers entsprach er mit seinem geographischen Lehrbuch, das die Erdbeschreibung des Pomponius Mela, eine erdkundliche Einführung und die bereits genannte ‚Brevis Germaniae descriptio' enthielt.[1588] Widmungen richteten sich wiederum an Kress und Pirckheimer, dem er – freilich ohne ihn beim Namen zu nennen – in der ‚Germania' ein rühmendes Denkmal setzte.[1589] Wie er Pirckheimer im Kapitel „De Norinberga, Germanie Centro", als Inbegriff humanistischer Gelehrsamkeit in Nürnberg würdigte, so machte Cochläus in der Beschreibung Kölns auch die Quelle seiner eigenen Bildung unvergänglich und bekannte sich zu ihr: *Agrippina Colonia ... dulcissima mihi quondam alumna ... Gaudet insuper ... florentissimo omnium artium gymnasio venerabili presertim cetu theologorum famato. Ubi mihi preceptores integerrimi simul atque doctissimi extitere et philosophie et theologie candidati. In Monte quidem Aquinati et morum et doctrine prefulgida sane exemplaria.*[1590] Von den Kölner Bursen und ihren Regenten wurde nur die Montana mit ihren ausgezeichneten Ebenbildern des Aquinaten – die drei namentlich Aufgeführten lernten wir bereits kennen – in dem wohl ersten geographischen Schulbuch über Deutschland herausgehoben. An sie wandte er sich wahrscheinlich auch, als er für die Ausgabe des Pomponius Mela Exemplare aus Köln bestellte, die er allerdings offensichtlich nicht rechtzeitig erhielt.[1591] Wenn Cochläus schließlich in seinem vierten Lehrbuch, der aristotelischen Meteorologie in der Paraphrase des Faber Stapulensis mit eigenem Kommentar, in einer Zwischenwidmung an Pirckheimer teilweise aus eigener Erfahrung heftige Kritik an alten scholastischen Doktrinen, Texten und Lehrern übte,[1592] so dürfte er gerade nicht seine verehrten Kölner Magister gemeint haben.[1593]

[1587] Vgl. Niemöller 1983, 80.
[1588] Machilek 1978, 54; Holzberg 1981, 77 f.; Reicke 1956, 121-125, Nr. 200.
[1589] Langosch 1976, 88.
[1590] Langosch 1976, 156.
[1591] Vgl. Reicke 1956, 123 f., Anm. 4.
[1592] Machilek 1978, 54; Holzberg 1981, 77 f.; Reicke 1956, 131-139, Nr. 204.
[1593] Eine Kritik an den Kölner Lehrern nimmt Reicke (1956, 138, Anm. 22) an, weil er die Cochläus zuteil gewordene *calamitas* auch auf Köln ausdehnt und dort

Der frühe Tod des Anton Kress am 8. September 1513 führte nun nach vielen Juristen erstmals wieder einen Theologen, genauer: einen Thomisten in das Propstamt.[1594] Schon am 9. September nominierte der Rat Georg Beheim (L 70), der diesmal dem Angebot aus Nürnberg folgte und Mainz verließ. Mit Cochläus verband ihn schnell mehr als nur ein Dienstverhältnis. Der Schulmeister widmete Beheim sein ‚Epikedeion' auf Kress, in welchem er wiederum Pirckheimer glorifizierte.[1595] Noch während seines Italienaufenthaltes nach 1515 stand Cochläus mit dem Propst in einem direkten Briefaustausch.[1596] Von fundamentaler Bedeutung wird das innige Freundschaftsband zwischen Kress, Pirckheimer, Cochläus und dann auch Beheim in der noch zu besprechenden Zinskontroverse mit Johannes Eck und den Augsburgern, in welcher nicht nur die gemeinsame, konfrontative Haltung der genannten Nürnberger entscheidend werden wird, sondern auch eine anzunehmende opponierende Allianz der Augsburger mit den Albertisten der Kölner Laurentiana.[1597] Auf Seiten der Nürnberger Befürworter eines strikten kanonischen Zinsverbotes befand sich auch Christoph Scheurl, der uns als enger Wittenberger Freund und Interessenvertreter des Jodocus Trutfetter begegnet ist.[1598] Scheurl blieb auch in Nürnberg (dort wieder seit 1512) ein Verehrer

---

generell nur eine scholastische Erziehung annimmt. In erster Linie scheint Cochläus aber den vor Köln erfahrenen Unterricht anzuprangern (vgl. Machilek 1978, 52).

[1594] Vgl. Schaper 1960, 204 f.; Schlemmer 1980, 82 f. (Betonung der erstmaligen Wahl eines Theologen zum Propst einer der beiden Nürnberger Pfarrkirchen; Zeugnisse für Bemühen Beheims um religiöse Intensivierung, auch im privaten Bereich; vgl. 97 f., 344, 348). Zur (in Quantität und Qualität bescheidenen) Stiftungstätigkeit Beheims als Propst vgl. jetzt Schleif 1990, 222 ff.; als mögliche Gründe für den gegenüber Tucher und Kreß geringeren Aufwand: fehlende finanzielle Mittel, kein Studium „in den humanistischen Zentren Italiens", sondern in Leipzig und dem „Hauptsitz der Spätscholastik", Köln (zu korrigieren die Angabe auf 223, Beheim habe den theologischen Doktorgrad in Köln erworben); das zweite Argument ist nach den Forschungen Schmids (1990) zu Köln zumindest fragwürdig (vgl. etwa die umfangreiche Stiftungstätigkeit bestimmter Kölner Theologen oder die immense des Kölner Spätscholastikern sehr nahe stehenden Peter Rinck und seiner Verwandten).

[1595] Vgl. Reicke 1956, 249, Anm. 2; Schaper 1960, 211.

[1596] Vgl. Wuttke 1989, 72-78, Nr. 422 (schickt Teile seiner Querelen gegen Justinian an Beheim, der sie Pirckheimer zum Lesen geben soll; der Unterricht sei in Italien nicht besser, Griechisch könne man genauso gut und fruchtbarer bei Caesarius [in Köln] lernen), 87 ff., Nr. 429 (Beheim habe gefordert, daß er nicht ohne Doktorat nach Nürnberg zurückkomme), 110 ff., Nr. 446 (Cochläus berichtet Pirckheimer vom Brief an Beheim); Schaper 1960, 211 f.

[1597] S.u. 768-782.

[1598] Vgl. etwa Graf 1930, 46 f.

Trutfetters,¹⁵⁹⁹ den er nun – und das ist vor allem wissenschaftsgeschichtlich nicht ganz uninteressant – mit Georg Beheim zu befreunden suchte.¹⁶⁰⁰ Die Initiative ging eindeutig von Scheurl und Trutfetter aus. Der Erfurter Nominalist schickte Beheim 1512 einen seiner Traktate, offenbar *in rationali philosophia*.¹⁶⁰¹ Aus den erhaltenen Schriftzeugnissen geht hervor, daß Trutfetter ernste Zweifel hatte, ob Beheim überhaupt Interesse an seinen Werken und seiner Freundschaft habe, und daß Scheurl diese Skepsis mit dem Verweis auf die guten Charaktereigenschaften Beheims, *totus theologus*, zu zerstreuen suchte.¹⁶⁰² Zwar lud Georg Beheim den Erfurter sogar zu sich ein – bezeichnenderweise genau 1514 auf dem Höhepunkt der Zinskontroverse mit Eck, in der Scheurl den Erfurter auf die Nürnberger Seite ziehen wollte¹⁶⁰³ –, doch wie brüchig und unsolide die Verbindung zwischen beiden war, wie sehr der Wegestreit in ihre Beziehung hineinspielte, wird schlaglichtartig durch einen Brief Scheurls vom 16. April 1515 deutlich.¹⁶⁰⁴ Der Nürnberger Jurist war bei Trutfetter in Erfurt zu Gast gewesen, und dort hatte sich der Nominalist die Frage gestellt, ob Beheim sein Unterrichtssystem billige. Scheurl, der Trutfetter schlechthin als *modernorum principem*¹⁶⁰⁵ titulierte, antwortete lapidar: *noster vero praepositus in philosophia insignitus est Lipsii*.¹⁶⁰⁶ Ein Verächter

---

¹⁵⁹⁹ Vgl. die einschlägigen Briefe bei Soden/Knaake 1867/72, pass.; Bauch 1898a, pass.
¹⁶⁰⁰ Scheurl kannte Georg Beheim spätestens seit 1508 (vgl. Bauch 1898a, 409, Nr. 33f.).
¹⁶⁰¹ Vgl. Soden/Knaake 1867, 103 ff., Nr. 66; Bauch 1898a, 428, Nr. 63b; Schaper 1960, 203 f.
¹⁶⁰² Instruktiv Scheurls Brief vom 5.11.1512 an Trutfetter (Soden/Knaake 1867, 103 ff., Nr. 66). Schaper (1960, 204, 213) bewertet die zurückhaltenden, freundlich-unverbindlichen Antworten Beheims zu unkritisch als positive Reaktionen.
¹⁶⁰³ Vgl. Bauch 1898a, 446 f., Nr. 84d, 89a, 90a; Schaper 1960, 212; Holzberg 1981, 189.
¹⁶⁰⁴ Bauch 1898a, 447 f., Nr. 91c; Schaper 1960, 213.
¹⁶⁰⁵ Vgl. etwa Scheurls Brief vom 12.8.1513 (Soden/Knaake 1867, 123, Nr. 80).
¹⁶⁰⁶ Schaper 1960, 213. Schaper interpretiert die Antwort unzutreffend als Beruhigung für Trutfetter, der mit dieser Information seine Erwartung positiv bestätigt gesehen habe. Doch hat sie die Differenzierung der Wege und Trutfetters Nominalismus nicht thematisiert. Auf diese Problematik dürfte jedoch der dezidierte Verweis auf die philosophische (eben nicht theologische!) Haltung Beheims anspielen. Uninformativ die Paraphrase Bauchs (1898a, 448 f., Nr. 91c). Wenn Trutfetter nach dreijähriger Bekanntschaft eine solch skeptische und zugleich entscheidende Frage stellt, zeugt dies nicht gerade von einem tieferen Verständnis und einer bestehenden engen Freundschaft zwischen beiden, die offenbar in erster Linie ein Anliegen Scheurls war (bezeichnend, fast entlarvend die Bemerkung Scheurls vom 13.9.1513

von Trutfetters Richtung sei er deswegen jedoch nicht – was wir mit Blick auf die Bucherwerbungen Beheims auch schon für die Kölner Zeit feststellen konnten.[1607]

Während Beheim nach dieser Frontenklärung, von der ihm Scheurl anschließend in Nürnberg berichtet haben dürfte, offenbar keinen weiteren Kontakt mit Trutfetter wünschte, pflegte Scheurl desungeachtet mit beiden Seiten die Verbindung. Die im Juli 1515 von ihm herausgegebenen ‚Vierzig Sendbriefe‘, in denen er die Briefe seines Gönners Sixtus Tucher an Charitas Pirckheimer und Apollonia Tucher ins Deutsche übertrug und zusammenstellte, widmete er Georg Beheim.[1608] Vermutlich ist dieser Nähe zu Beheim in wesentlichem Maße eine Handlung Scheurls zu verdanken, die äußerst aufschlußreiche Informationen über das Köln-Nürnberger Verhältnis vermittelt. Am 4. Mai 1517 schrieb Scheurl nach Köln an den aus Schwabach bei Nürnberg stammenden Dominikaner Johannes Ketzmann.[1609] Er bat den Mönch, ob er ihm *alteras obscuras epistolas ad theologum Ortwinum et illam fictitiam Italiae Huteni* in Köln besorgen könne. Ausgerechnet in Köln bei einem Dominikaner bestellte er also den neu herausgekommenen zweiten Teil der ‚Dunkelmännerbriefe‘! Es wird noch erstaunlicher. Scheurl berief sich nämlich bei seinem Anliegen auf den gemeinsamen Freund Johannes Cochläus (M 56), einen Verwandten des Dominikaners. Er wußte auch, wo sich Ketzmann in Köln aufhielt: *Koloniae in conventu montis, bonis litteris operam navantem.*[1610] Da es kein Montana-Kloster gab – Scheurl konnte sich den Dominikaner offenbar nur in einem Konvent vorstellen –, befand sich Ketzmann demnach in der Montana-Burse, wo er humanistische Studien betrieb.[1611]

Nicht nur dies werden wir sogleich bestätigt finden, wir lernen zugleich einen möglichen Grund kennen. Am 24. Juni 1517

---

an einen Unbekannten: Neuer Propst an St. Lorenz sei Georg Beheim geworden, *quem ego nostro Eysenachio conferre soleo* [Soden/Knaake 1867, 128, Nr. 82]).
[1607] S.o. 587.
[1608] Vgl. Graf 1930, 59; Schaper 1960, 213; Hamm 1989, 131, Anm. 265.
[1609] Soden/Knaake 1872, 15 f., Nr. 129; vgl. Graf 1930, 62; Schaper 1960, 212. Eine gründliche Untersuchung zu Ketzmann fehlt; unergiebig gerade für unsere Thematik die beiden neueren Artikel von Gerhard Hirschmann in: NDB 11 (1977), 559; und in: Imhoff 1984, 108.
[1610] Soden/Knaake 1872, 15, Nr. 129.
[1611] Durch seinen Status als Dominikanermönch erklärt sich auch, daß er in der Kölner Matrikel nicht verzeichnet ist.

schrieb Scheurl erneut an seinen Freund Ketzmann.[1612] Dessen Briefe erwiesen ihn in ausgezeichneter Weise *et humanitatis et bonarum litterarum candidatum*. Er solle nun direkt an Georg Beheim und Hieronymus Ebner schreiben, um ihr Wohlgefallen zu erringen. *Hi docti doctos amant*.[1613] Worauf Scheurl hier anspielte, war die Nachfolge des Schulmeisters an St. Lorenz. Genaueres erfahren wir von Johannes Cochläus. Er hatte schon am 7. März 1517 sowohl an Beheim als auch an Pirckheimer geschrieben, um seinen Favoriten für die nächste freiwerdende Rektorenstelle einer der beiden Schulen zu präsentieren.[1614] *Est mihi Coloniae quidam cognatus*, der vorher fünf Jahre in Schwabach als Lehrer gewirkt habe, *haud sine laude*. Er sei ein *vir bonus et diligens, cantu et literis satis ad scholas regendas eruditus, voce item et statura mediocri*. Wie auch andere sei Cochläus davon überzeugt, daß der Kölner *ad eiusmodi officium bene esse idoneum et utilem*. Kein Zweifel, daß er den Dominikaner Ketzmann meinte. Dieser hatte sich *10. Calendas Junias*, also am 23. Mai (1517), aus Köln direkt an den Nürnberger Senator Michael Behaim gewandt, um sich für das Rektorat an St. Lorenz zu bewerben.[1615] Hervorzuheben ist Ketzmanns Betonung seiner musikalischen Kenntnisse und seiner Hochschätzung der humanistischen Disziplinen,[1616] sein Bezug auf das 1516 durch Erasmus herausgegebene Neue Testament[1617] – mit allem wird er sich an der Montana beschäftigt haben – sowie sein Verweis auf die *amicitia inter Pirckhamerum ac Joannem Cocleum, mihi iunctissimum*, in deren Freundschaftsbund er der dritte

---

[1612] Soden/Knaake 1872, 19 f., Nr. 134.
[1613] Soden/Knaake 1872, 20, Nr. 134; vgl. Schaper 1960, 212.
[1614] Wuttke 1989, 72-78, Nr. 422; vgl. Schaper 1960, 212.
[1615] Der Brief ist gedruckt bei Rensing 1928, 322 f. (die angenommene Jahreszahl wird in 1517 zu ändern sein), der jedoch die Briefe Scheurls, die Ordenszugehörigkeit Ketzmanns, dessen Verwandtschaft mit Cochläus sowie das Kölner Studium unbekannt waren (vgl. Rensing 1928, 323-329). Ihr folgte Niemöller (1969, 330 f.), der in Ketzmann einen Kölner Schüler des Cochläus vermutete. Doch das ist aus biographischen Gründen unmöglich.
[1616] *Quandoquidem quid magni desideratur ex eo hoc munus suscipiente? Imprimis videlicet musicae rei peritia, dein oris facundia, postremo emunctior dicendi norma, qua iuvenum animi infantiliter vitulantes arceantur ac cultiores (repulsa procul omni barbarie) disciplinae instillentur* (Rensing 1928, 322 f.).
[1617] *Sed scrupuli illud animum turbat iniecti meum, quod celebrior sit quam quod ingredienti illotis, ut dicitur, pedibus peritorum illi in urbe degentium patescat coetus, quem Desiderius Erasmus, vir impense doctus, albissimo nuper calculo in Novi Testamenti volumine approbavit, Bilibaldum Pirckamerum Norimbergicae civitatis apud Germanos omnibus paene nominibus principis senatorum praedicans* (Rensing 1928, 323).

sein wollte[1618] und in welchem er offensichtlich bereits mit einem Fuß stand. Ketzmann ist tatsächlich noch 1517 als Nachfolger des Johann Ruß (1515-1517) dritter humanistischer Schulmeister an St. Lorenz geworden und bekleidete bis 1542 – mittlerweile zum Protestantismus übergetreten – dieses Amt.[1619]

Wie Cochläus hatte er somit seine humanistische Bildung in Köln an der Montana erhalten, die ihm sicherlich durch seinen Verwandten empfohlen wurde. Die thomistische Burse war also in ganz besonderer Weise Pflanzstätte für die Leitung einer der anerkannt fortschrittlichsten und bekanntesten Schulen Deutschlands. Überdies mag es so gar nicht in ein weitverbreitetes Bild über die gelehrten Gegnerschaften im spätmittelalterlichen Deutschland passen, daß Pirckheimer, Ebner und Beheim während der kulminierenden Reuchlin- und Dunkelmännerkontroverse einen an der Montana humanistisch ausgebildeten Dominikaner in die Schulleitung an St. Lorenz beriefen. (Wo doch die Dominikaner zudem Jahre zuvor Gegner Pirckheimers und Grieningers waren.) Bei Beheim kann dies vor allem nach seiner Mainzer Wirksamkeit nicht verwundern. Der Reuchlinist Pirckheimer erregt da schon eher unsere Aufmerksamkeit. Doch auch er verfügte über personelle Fäden zur Montana, besonders zu Valentin Engelhardt von Geldersheim (M 43).[1620]

Diese Verbindung dürfte wesentlich über den fränkischen Grafen Johann von Rieneck gelaufen sein, dessen Stammsitz nicht fern von Hammelburg liegt.[1621] Willibald Pirckheimer und Johann von Rieneck (wie dessen Bruder Thomas) sind für 1494 als gemeinsame

---

[1618] Rensing 1928, 323.

[1619] Vgl. Rensing 1928, 324 f.; Holzberg 1981, 78 (dort freilich nur die Daten, keine Ausführung des Bildungshintergrundes und des konfessionellen Status). Eine Bestätigung für den Konfessionswechsel Ketzmanns könnte ein mutmaßlicher Verwandter bieten, Peter Ketzmann von Nürnberg, der 1552 durch die Stadt Augsburg als einer von sechs lutherischen Predigern angeworben wurde, schon bald aber wegen seiner besonderen Aggressivität gegenüber den zwinglianisch ausgerichteten Prädikanten die Stadt verlassen mußte (vgl. Sieh-Burens 1986, 177 u. 307; Anm. 420, 422). Besonders aufschlußreich in diesem Zusammenhang das Zeugnis des Welser-Faktors Lucas Rem aus seinem Tagebuch: Am 15.4.1533 schickte der lutherisch gewordene Lucas Rem seinen zehnjährigen gleichnamigen Sohn *gen Nierenperg zuo her Johanes Ketzman, mit fil costen seiner Jugendt halb* (vgl. Greiff 1861, 67 u. 108, Anm. 300).

[1620] Zur Besetzung einer so exponierten und für die Nürnberger Bürgerschaft wichtigen Position hätte die Fürsprache des Cochläus wohl kaum allein ausgereicht, wenn sich die verantwortlichen Ratsherren nicht auch ein zufriedenstellendes Bild von den Bildungsvoraussetzungen gemacht hätten.

[1621] Vgl. zu ihm hier nur Fouquet 1987, 740 f., Nr. 305.

Studienfreunde in Pavia bezeugt.[1622] Die Freundschaft zwischen ihnen muß nicht nur Bestand gehabt, sie scheint sich auch vertieft zu haben. Denn an bemerkenswerter Stelle, in seiner an den Kölner Domkanoniker Graf Hermann von Neuenahr gerichteten Dedikationsepistel vom 15. Mai 1518 zu seiner lateinischen Übersetzung von Lukians ,Fugitivi' (gedruckt März 1520), grüßte der Nürnberger seine Paveser Studienfreunde Thomas und Johann von Rieneck.[1623] Zündstoff bot auch dieses Werk Pirckheimers, wählte er Lukian doch zur Entlarvung der Reuchlin-Gegner, die er zudem selbst gezielt in seinem Brief an Neuenahr angriff.[1624]

Die Grafen Rieneck und Neuenahr hatten wohl vornehmlich im Kölner Domkapitel zueinander gefunden. Dort stieß wahrscheinlich auch Valentin Engelhardt zu ihnen.[1625] Auf die Tatsache, daß er noch kurz vor seinem Tod einer der meist humanistisch gesinnten Domkanoniker war, die Hermann von Neuenahr 1526 ihre Stimme bei dessen Wahl zum Dompropst gaben, müssen wir später ausführlicher eingehen.[1626] Entscheidender ist in diesem Zusammenhang das enge Vertrauensverhältnis des Montana-Prinzipals zu Johann von Rieneck. Die gemeinsame fränkische Patria dürfte kein unwichtiges Bindeglied gewesen sein. Valentin Engelhardt ernannte den Grafen in seinem Testament von 1523 zum ersten seiner vier Testamentsvollstrecker.[1627] Damit stand Rieneck nicht nur an der Seite führender Montana-Regenten, er verpflichtete sich auch, die inhaltlichen und institutionellen Bestimmungen Engelhardts für die thomistische Burse umzusetzen. Noch kurz vor seinem Tod am 4. März 1526 übertrug Engelhardt die Verwaltung des von ihm gestifteten und nicht unbedeutenden Spitals zu Geldersheim Graf Johann von Rieneck, der sich der Aufgabe bis zu seinem Tod 1532

[1622] Vgl. Sottili 1984, 33 f.; zu Pirckheimers Paveser Studium: Holzberg 1981, 43.
[1623] ... *magnanimiter contemnas Generosis et vere probis Comitibus Thomae et Iohanni de Ryneck concanonicis tuis, et olim Ticini condiscipulis meis, ac me commendes.* (Goldast 1610, 242). Ein weiterer Gruß richtete sich an den Kölner Humanisten Johannes Cäsarius. Zu dieser Lukian-Übersetzung und dem Widmungsbrief vgl. Holzberg 1981, 185 f., 255-258.
[1624] Zu Hermann von Neuenahr vgl. Meuthen 1988 s.v.; Nauert 1988.
[1625] Valentin Engelhardt wurde erstmals 1505 ein Kanonikat mit Präbende am Dom verliehen. Er verlor es jedoch wieder 1510, um nach einem Prozeß 1515 erneut in das Amt eines Priesterkanonikers am Dom einzutreten (vgl. Meissner 1968, 16 ff.).
[1626] Vgl. vorerst Meissner 1968, 19; s.u. 747 f.
[1627] Vgl. Meissner 1968, 48, Anm. 173. Schon 1518 wirkte Engelhardt als Sachwalter Johanns von Rieneck (Meissner 1968, 18).

aktiv annahm und dabei auch mit dem neuen Prinzipal-Regenten der Montana, Matthias von Aachen (M 55), kooperierte.[1628]

Willibald Pirckheimer besaß somit auch über Graf Johann von Rieneck persönliche Verbindungen zur Montana, die desungeachtet durchaus schon während des Kölner Reichstages 1505 geknüpft worden sein können. Nicht zu vergessen ist seine langjährige und überaus enge Freundschaft mit Georg und Lorenz Beheim. Ganz offensichtlich schätzte er die besondere Form scholastisch-humanistischer Bildung an der Kölner Montana, denn sonst wäre kaum verständlich, daß Pirckheimer mit seinen Freunden drei maßgebliche Rektoren für die besonders von ihm getragene neue Einrichtung der humanistisch ausgerichteten Stadtschulen aus der Montana berief bzw. einen vermutlich sogar eigens vorher zwecks akademischer (und humanistischer?) Qualifizierung an diese Burse sandte. Vollends erklärlich und konsequent wird diese Haltung allerdings erst dann, wenn wir den an der Montana gelehrten Humanismus näher umreißen können, ihn in seiner Eigenart von vergleichbaren Bestrebungen an den anderen Bursen abzusetzen in der Lage sind.

[1628] Vgl. Meissner 1968, 65 f. Wegen der Aufsicht über das Spital wurde Rienecks Hauptverantwortung als Testamentsvollstrecker anderen Personen übertragen.

V.
BURSEN-HUMANISMUS UND BURSEN-SCHOLASTIK IN KÖLN

Das in der Überschrift angezeigte Spannungsverhältnis kommt nach vorauslaufenden Entwicklungsphasen erst in den neunziger Jahren des 15. Jahrhunderts recht eigentlich zum Tragen. Vorher scheint der Humanismus noch nicht so durchschlagskräftig gewesen zu sein, daß er die Schulen in eigentümlicher und abgrenzender Weise geprägt hätte. Die bestehende Differenzierung, personell wie inhaltlich, mußte aber auch zu einer jeweils besonderen Adaption humanistischer Geisteshaltung führen. Überaus auffällig ist es, daß eine Vertiefung der Gegensätze, ein bewußtes Sich-Abheben von denen, die man als Gegner empfand, in konzentrierter Form Mitte der neunziger Jahre erfolgte. Dies geschah also zu einer Zeit, für die wir an vielen Orten analoge Tendenzen feststellen konnten, in Erfurt, Leipzig, Nürnberg etwa. Fast hat man den Eindruck, als hätte sich jede Gruppe und Schule unter dem Eindruck des endenden Säkulums zu einer klareren Konturierung ihres spezifischen Profils veranlaßt, ja gar gezwungen gesehen. Indem wir diesen Vorgang nun für Köln näher ins Auge fassen, die dortigen Bestrebungen direkt verfolgen und weniger von außen her beleuchten, verlassen wir doch nicht das tragende Fundament des bisher geknüpften Netzes und des korrespondierenden wissenschaftsgeschichtlichen Bekenntnisses. Vielmehr bedeutet das Vorherige die Voraussetzung für einen erfolgreichen Wechsel der Perspektive.

A. Die thomistische Schule

1. Das aus der Raemsdonck-Burse erwachsene politisch-humanistische Umfeld – Die Nähe zu den Habsburgern[1]

Es mag befremdlich wirken, wenn in einer Geschichte der Kölner Bursen eine politische Dimension als eigener Bereich reklamiert wird. Wir glauben aufzeigen zu können, daß es ihn gerade bei den Thomisten in nachhaltiger Form gab. Ist ihnen aber ein solches Spezifikum zuzuschreiben, dann mußte es zu einer Abgrenzung gegenüber den Vertretern der albertistischen Schule beigetragen haben.

Der Konnex des Kölner Thomismus zur Politik geht entscheidend auf die Regenten der Raemsdonck-Burse zurück.[2] Wegbereitend wirkte Ulrich Kreidweiß (R 3). Seine Herkunft aus einer der wirtschaftlich wie politisch führenden Familien der Reichsstadt Esslingen prädestinierte ihn für herausragende Aufgaben in und vor allem außerhalb der Universität.[3] Durch die vielfältigen und vertrauenvollen Verbindungen seiner engsten Verwandten zu den badischen Markgrafen – und damit zu den Habsburgern – wurde er schon unmittelbar nach seiner Wahl zum Kölner Domkapitular 1471 in ein Zentrum der Reichspolitik getragen, in der Kölner Stiftsfehde mit anspruchsvollen Aufgaben durch die kaisernahe Partei und sogar durch Friedrich III. selbst betraut. Eine Anerkennung seiner Verdienste zeigte sich nicht nur in der raschen Karriere unter Hermann von Hessen, dem Verweser und späteren Erzbischof (seit 1480) des Kölner Erzstiftes, die ihn zum Siegler und Generalvikar avancieren ließ; sie offenbarte sich auch in der Berufung in die beiden Ratsgremien Hermanns durch Friedrich III., der ihn damit an die Seite Bertholds von Henneberg und der Brüder Hessler stellte.

Eine besondere Auszeichnung des Esslinger Theologen ist sicherlich in seiner aktiven Beteiligung an der Krönungszeremonie Maximilians am 9. April 1486 in Aachen zu sehen. Nach dem Gesang der Epistel und des Halleluja in der Kirche verlas Ulrich *us bevelhe des*

---

[1] Eine Differenzierung nach Bursen in der Darstellung ist hier nur noch wenig ergiebig, da die thomistischen Bursen Raemsdonck, Corneliana und Montana bei den zu behandelnden Themenkomplexen weitestgehend eine homogene Einheit bildeten. Wenn dabei Unterschiede hervortreten, wird auf sie hingewiesen.

[2] S. etwa o. 161-194, 434-437.

[3] Eine vorläufige Zusammenschau bei Tewes 1988.

EB von Coln dem Kg. etlich artikel fur zum ersten in latin, darnach in tutsch, die der König zu halten versprach.[4] Gesandtschaften als Rat Hermanns von Hessen führten ihn beispielsweise schon im Mai 1486 nach Würzburg und zu Erzbischof Berthold von Henneberg nach Mainz.[5]

Die erstaunliche und steile Laufbahn des Kölner Bürgers Robert von Blitterswijck als Rat und Vertrauter Maximilians scheint ohne die Protektion des Ulrich Kreidweiß so kaum vorstellbar. In einem ganz anderen, scheinbar entlegenen Umfeld hatten wir ihn kennengelernt. Der Schüler von Theodoricus de Busco (R 4) und Jakob Welder (R 2) hatte gewissermaßen den Stein des Anstoßes in der Raemsdonck-Kontroverse gebildet; ihn bzw. seinen Vater glaubten wir federführend hinter der Forderung nach einer offiziellen Anerkennung der „Politik" im Artesstudium zu erkennen.[6] Der frühe Interessengleichklang zwischen Blitterswijck und den Regenten seiner Burse sollte bald gewichtige Folgen haben. Über seinen mutmaßlichen Mentor Ulrich Kreidweiß und entsprechende Bildungsvoraussetzungen rückte er als Vertrauter und Rat in die unmittelbare Nähe der Habsburger vor. Schon als Lizentiat der Rechte wird er für den Oktober 1476 als Diener Kaiser Friedrichs genannt, der bei diesem finanzielle Erleichterungen für seine Vaterstadt zu erlangen suchte,[7] 1477 wurde er dann von der Stadt Köln mit einer Gesandtschaft zum Kaiser betraut.[8] Nach seiner Doktorpromotion *in iure civili* am 21. April 1478[9] übernahm er nach bisherigem Wissen offenbar eher kurzfristige Missionen vor allem für seine Vaterstadt Köln, die ihn hauptsächlich nach Holland führten.[10] Ein genaueres Bild über seinen Aufstieg erlauben

---

[4] Angermeier 1989, II, 933, Nr. 915; s.o. 560. Als weiterer Vertreter des Kölner Domstifts bei der Krönung wird der Dekretist, Rat und Offizial Hermanns von Hessen, Heinrich Steinweg, genannt (Angermeier 1989, II, 932, Nr. 915), dessen Studienstiftung für die Montana (vor 1499), die 1513 durch Valentin Engelhardt (M 43) nochmals gesondert angenommen wurde, wir bereits erörtert haben (s.o. 271). Die durch sein Studium nicht zu erkennende Verbindung zu den Montana-Thomisten wird angesichts der personellen Bezüge im Domkapitel und an der erzbischöflichen Kurie etwas verständlicher.
[5] Vgl. Angermeier 1989, I, 407, Nr. 349, 415, Nr. 363.
[6] S.o. 166-169.
[7] Vgl. Regesten 1990, 303, Nr. 586.
[8] HAStK, Briefbuch 31, 175.
[9] Vgl. Un. 273, f. 56v (zusammen mit Blitterswijck wurde der ehemalige Montana- und Ottonis-Schüler Georg Hagelstein von Straßburg promoviert; beide wurden noch am gleichen Tag in das Kollegium aufgenommen, vgl. Un. 273, f. 57v).
[10] Vgl. Anm. zu M 297,70.

die neuen Editionen der Reichstagsakten.[11] 1486 erscheint er als Gesandter und Diener König Maximilians in Aachen.[12] In gleicher Funktion, nun aber sowohl für den Kaiser als auch dessen Sohn, ist er für den April 1487 in Rom bezeugt.[13] Robert Blitterswijck muß die an ihn gestellten Erwartungen erfüllt haben, denn seit September 1488 vertrat er die kaiserlichen und königlichen Interessen beim Hl. Stuhl.[14] Am 4. und 7. September 1488 beglaubigten Friedrich wie Maximilian ihren Rat Dr. Ruprecht von Blitterswijck zu Verhandlungen mit Innozenz VIII., unter anderem wegen der Bestrafung der aufsässigen Flamen.[15] Im April und Mai 1489 betraute ihn Maximilian mit Gesandtschaften zum Schwäbischen Bund, führte ihn im Juli als seinen Rat zum Frankfurter Reichstag mit.[16] Herauszuheben ist Roberts Mission als kaiserlicher Gesandter auf dem sogenannten Türkenkongreß in Rom 1490.[17] Er befand sich in Begleitung zweier Personen, die freilich eher andeutungsweise die

---

[11] Angermeier 1989, I/II; Bock 1972/1973.
[12] Angermeier 1989, I, 496, Nr. 502, 513, Nr. 527; vgl. Regesten 1990, 357, Nr. 713.
[13] Angermeier 1989, I, 305, Nr. 310.
[14] Bock 1972, 97, Nr. 1a, Anm. 1.
[15] Bock 1972, 106, Nr. 1k u. 1l. Die diplomatische Aufgabe Blitterswijcks hatte einen recht brisanten Hintergrund. Denn während der Gefangennahme Maximilians in Brügge von März bis Mai 1488 erwies sich Erzbischof Hermann von Hessen als überzeugter Anhänger des Königs, bemühte sich um dessen Freilassung und um die Festigung der habsburgischen Herrschaft in den Niederlanden. An der Spitze der Reichshilfe zur Befreiung Maximilians befanden sich im übrigen auch die badischen Markgrafen, die einmal mehr ihre Treue zum Haus Habsburg unter Beweis stellten. Ein nicht unwesentlich von Hermann bewirktes päpstliches Monitorium poenale gegen die aufständischen flämischen Städte ließ er als päpstlicher Exekutor verkünden und verhängte nach weiterem Widerstand sogar das Interdikt über die Städte. Dieser Akt wurde dann im Januar 1489 vom Papst rückgängig gemacht, der Blitterswijck am 3. bzw. 8.1.1489 über die Gründe informierte, die ihn zur Suspension des Interdikts bewogen hatten. Vgl. hierzu Bock 1972, 67-74 u. 144, Nr. 7i, 232, Nr. 35c. Diese politische Ebene ist für unsere Betrachtung nicht ganz unwichtig. Denn zum einen zeigt sie uns das einvernehmliche Handeln zwischen der Kölner Kurie und dem Kaiser bzw. König, das eben entscheidend von dem Kreis um Ulrich Kreidweiß getragen wurde. (Genauere Untersuchungen wären hier aber erforderlich.) Zum anderen stand dieses Handeln auf dem Boden universitärer Interessengruppen, die insbesondere von den Bursen und ihren inhaltlichen Bekenntnissen geformt und zusammengehalten wurden.
[16] Bock 1972, 701, Nr. 177ss, 770 f., Nr. 202g, 785 f., Nr. 206a-d; Bock 1973, 1024 f., Nr. 264b. Auch auf dem Reichstag setzte sich Blitterswijck (in der Zollstreit-Problematik) für die Interessen des Kölner Kurfürsten ein (vgl. Bock 1973, 1049 f., Nr. 270c).
[17] Zur Gesandtschaft 1490 in Rom vgl. Lichnowsky 1844, DCCXXIX f., Nr. 16, 19; Bock 1972, 177 f., Nr. 14b, Anm. 116; Bock 1973, 1025, Nr. 264b, Anm. 35.

Komplexität des personellen wie inhaltlichen Beziehungsgeflechts umreißen. Wilhelm von Bibra war nicht nur kaiserlicher, sondern auch kurkölnischer Rat und Hofmeister. Wie Blitterswijck hatte er 1488 sowohl in Rom als auch in den Niederlanden gewirkt, stets als Interessenvertreter sowohl des Kaisers als auch Hermanns von Hessen.[18] Bernhard Perger hatten wir bereits als humanistischen Universitätslehrer und Reformator in Wien vorgestellt;[19] 1486 wird er im Vorfeld des Frankfurter Reichstages und auf diesem selbst als Protonotar und Kanzler Kaiser Friedrichs genannt, der ihn in den folgenden Jahren mit weiteren wichtigen Missionen betraute.[20]

Um 1489 hatte der Kaiser den Ritter Robert Blitterswijck zum Lateranensischen Pfalzgrafen bestellt – zweifellos ein Ausdruck der Würdigung seiner reichs- und kaisertreuen Gesinnung.[21] Ungleich bedeutungsvoller stellt sich eine praktisch-politische Konsequenz des Vertrauens in Blitterswijck und seine Fähigkeiten dar. Schon 1483 wird er als Kanzler in Geldern genannt.[22] Damit stand Robert dem Habsburger Statthalter in Geldern, Adolf von Nassau, zur Seite, befand sich zugleich im Brennpunkt eines größeren Spannungsgebietes, vor allem seit den massiven politischen Aktionen Karls VIII. von Frankreich gegen Maximilian, die verstärkt 1488 einsetzten, und seit der Rückkehr des geldrischen Herzogs Karl von Egmond 1491 aus französischer Gefangenschaft.[23] Möglicherweise ist die Immatrikulation des Franciscus Cranevelt de Novimagio[24] in diesen Kontext zu stellen. Denn Franciscus war der Sohn des Sekretärs von Herzog Karl von Geldern, Hermann Cranevelt, weswegen ihm die Gebühren erlassen wurden *(propter secretarium ducis*

---

[18] Vgl. Bock 1972, 97, Nr. 1a, 100, Nr. 1b, 174-179, Nr. 14a, b.
[19] S.o. 568, 597.
[20] Vgl. Angermeier 1989, I/II s.v. „Berger"; Worstbrock, in: Verfasserlexikon 7 (1989), hier Sp. 405.
[21] Vgl. hierzu Arndt 1964, XVI f. (Robert Blitterswijck ist in diesem Werk nicht erwähnt, doch s. Anm. zu M 297,70; möglicherweise lassen sich noch frühere Belege als 1489 für seinen Status als Lateranensischer Pfalzgraf finden). Zum Hofpfalzgrafenamt, das vom Kaiser bis zum 18. Jahrhundert durchschnittlich nur fünfmal im Jahr an angesehene Persönlichkeiten, meist führende Juristen, vergeben wurde, vgl. auch G. Dolezalek, Art. „Hofpfalzgraf", in: HRG 2 (1978), Sp. 212 f.
[22] Vgl. Oediger 1979, Sp. 285, Nr. 393.
[23] Zur geldrischen Problematik vgl. etwa Nettesheim 1863, 91-104; sowie die einleitende Darstellung bei Bock 1972, bes. 51-60; ferner Wiesflecker 1971, 378-382; Wiesflecker 1975, 143-146.
[24] M 436,51.

Geldrensis).[25] Und er suchte die Montana-Burse auf, in der er 1498 sein Bakkalaureat unter Valentin von Geldersheim (M 43), 1500 sein Magisterium unter seinem Landsmann Theodoricus de Novimagio (M 49) erwarb. Nicht nur wegen der politischen Dimension[26] ist diese Tatsache von Bedeutung, auch wegen der geistesgeschichtlichen. War doch Cranevelt, seit 1522 Mitglied des Großen Rates in Mecheln, gleichzeitig ein anerkannter Humanist und ein enger Freund des Erasmus.

Robert Blitterswijck und seine Familie blieben den Regenten seiner Burse tief verbunden. Sein Sohn Bruno studierte an der Montana die Artes und determinierte im Juni 1494 unter Valentin Engelhardt (M 43).[27] Von 1505 bis zu seinem Tod 1524 war er Kölner Ratsherr und Bürgermeister.[28] Ein anschauliches Zeugnis finden wir im Testament von Roberts Bruder Peter von Blitterswijck, welches dieser am 24. April 1495 abfaßte.[29] Neben den engsten Angehörigen Peters, unter ihnen natürlich auch Robert mit den anderen Brüdern Matthias und Johann, erscheint der Name des Theodoricus de Busco (R 4, M 39), unter dem Robert 1467 determiniert hatte. Auch Peter hatte sich dem Raemsdonck- und Montana-Thomisten als Schüler angeschlossen. Im Testament gab er offensichtlich nicht nur seinen Dank, sondern auch einem Freundschaftsverhältnis Ausdruck: *Für Meister Diederich van dem Busch, siime Schoeilmeister, dem almechtigen got vur eyn zo bidden, ouch eyne silveren Schale, van zwelff loiden.* Das gleiche wertvolle Geschenk erhielt Peters Neffe, Bertram von der Ketten.

Wenn sich im gleichen Zeitraum niemand anders als die zweite Frau König Maximilians, Bianca Maria von Sforza, mehrmals nachdrücklich in Köln dafür einsetzt, daß man Theodoricus de Busco eine bestimmte Pfründe verleihen möge, werden wir diesen Vorgang kaum anders als vor dem oben skizzierten thomistisch-politischen Hintergrund mit seinem tragenden personellen Geflecht erklären

---

[25] Vgl. zu Franciscus Cranevelt: C.G. van Leijenhorst, Art. „Frans van Cranevelt", in: Contemporaries 1985, 354 f. Die dortigen Angaben über das Studium Cranevelts sind allerdings völlig falsch, da die schon bei Allen (IV, 1922, 349, Nr. 1145) zu findenden unpräzisen Aussagen nochmals phantasiereich ausgeschmückt wurden.

[26] Eine genaue personenbezogene Analyse der damaligen politischen Beziehungen zwischen Geldern, insbesondere Karl von Egmond und seiner Entourage, und dem Habsburger Hof kann hier freilich nicht geleistet werden.

[27] M-Ntr. 1148.

[28] Schleicher 1982, 80.

[29] HAStK, Testamente 3/B 535.

können. Am 10. September 1496 wandte sich Bianca Maria von Worms aus an die Stadt Köln.[30] Schon vor zwei Jahren während ihres ersten Aufenthaltes in Köln (also im Jahr ihrer Heirat) habe sie für den lic.decr. (lies: lic.theol.) Dietrich von dem Busch eine Pfründe erbeten, die von ihr und den Provisoren verliehen werden sollte. Da man ihr diese zugesagt habe, bitte sie jetzt um Verleihung der freigewordenen Pfründe an St. Ursula. Vier Tage vorher hatte sich die Kölner Universität in der gleichen Angelegenheit an die Stadt gewandt.[31] Die durch den Tod des (Laurentiana-Regenten) Konrad von Kampen (L 44) freigewordene Universitätspfründe sei bisher immer von Theologieprofessoren besetzt worden[32] und da Mangel an Professoren und Vorlesungen herrsche, sollten die Provisoren den langjährigen und hochgelehrten Lizentiaten der Theologie Dietrich von dem Borssche (lies: Busche), der nach Erhalt des Kanonikats Doktor werden wolle, präsentieren. Ob Theodoricus de Busco von der Fürsprache der Königin profitierte, wissen wir freilich nicht.[33]

Wie sehr der Freundeskreis, der sich während der Raemsdonck-Kontroverse um Ulrich Kreidweiß (R 3) konstituiert hatte, in die Reichs- und Habsburgerpolitik involviert wurde, verdeutlicht ein weiterer Theologe: Johannes Peregrini de Bercka. Der ehemalige Erfurter, von der Basler Universität ca. 1460 vergeblich für eine theologische Professur geworben, lehrte seit 1458 in Köln.[34] Ende der sechziger Jahre hatte er sich allem Anschein nach mit den Regenten der Raemsdonck-Burse angefreundet; nachdem Ulrich Kreidweiß den umstrittenen Nikolaus Raemsdonck in dessen erstem Turnus als theologischer Intrans zum Rektor gewählt hatte, nahm Johannes Peregrini diese Funktion für den zweiten Turnus am 24. März 1471 wahr, zusammen mit dem artistischen Intrans und

---

[30] R 2107.
[31] R 2105.
[32] Heinrich von Gorkum (M 1) und die Kuckaner Johannes de Aqua de Bercka (K 2) und Henricus Bays de Breda (K 6) waren beispielsweise Vorgänger.
[33] Keussen vermutete in dem Prätendenten den 1473 immatrikulierten Montana-Schüler Theodoricus Hoevel de Busco. Doch da dieser keine weiteren Grade erhielt und die Angaben der Gesuche allein auf den damals schon recht betagten Bursen-Regenten zutreffen können, ist Keussens Identifizierungsvorschlag unsinnig.
[34] M 280,13. Vgl. die Kurzbiographie bei Kleineidam 1985, 311. Manche Daten zu Peregrini scheinen aus einer Verwechslung mit Johannes de Aqua de Bercka (K 2) zu resultieren, doch ist eine genaue Überprüfung in jenen Fällen fast unmöglich, wo nur der Ort als Namensangabe erscheint.

„besonderen Schützling" Hermanns von Hessen, Simon von Jülich.[35] In den habsburgernahen Beraterkreis Hermanns von Hessen berief ihn am 8. September 1475 Friedrich III., als er Peregrini wie auch Kreidweiß zu Mitgliedern des großen Rates ernannte.[36] Johannes Peregrini nahm dann auch wenige Tage später, am 11. September 1475, an jener Zusammenkunft des Kölner Domkapitels teil, auf der Servatius Göswein seine Instruktionen für die Gesandtschaft nach Rom erhielt.[37] Offensichtlich wurde Peregrini zur Zeit des Frankfurter Reichstages ebenfalls mit einer diplomatischen Mission zum Papst betraut, allerdings nicht durch eine Kölner Institution, sondern durch Maximilian selbst. Am 1. April 1486 übermittelte Innozenz VIII. dem künftigen König seine Antwort auf die Relation *dilecti filii Joannis de Bercha, sacre theologie professoris, nuntii tui*.[38] Mit größter Wahrscheinlichkeit handelt es sich bei diesem Nuntius Maximilians um Johannes Peregrini de Bercka.[39]

Seine Gesandtschaft verdeutlicht einmal mehr, daß sich aus der Raemsdonck- und Montana-Burse heraus ein Personennetz gebildet hatte, welches in vielfältiger Weise mit den Habsburgern und diesen nahestehenden dynastisch-politischen Gruppierungen verbunden war. Eine Voraussetzung für den Transfer der politischen Bezüge in die Montana bestand sicherlich in dem Wechsel des Theodoricus de Busco (R 4, M 39) in die Montana. Gleichzeitig wirkte der von ihm wie Ulrich Kreidweiß (R 3) vertretene Thomismus für ein geistiges Bindeglied. Eine Bestätigung für diese Sichtweise glauben wir ferner in der zielsicheren Laufbahn des Nicasius Hackeney zu sehen. Der Sohn des gleichnamigen Kölner Goldschmiedes hatte sich im September 1479 in Köln immatrikuliert, um dann in die Montana

---

[35] Vgl. M 329 u. 330; R 1738 (Symon von Jülich 1481 als Schützling Hermanns von Hessen); jetzt Schwinges 1992, 79.
[36] Vgl. Tewes 1988, 59.
[37] Tewes 1988, 59; s.o. 543 f.
[38] Angermeier 1989, 1, 296, Nr. 299.
[39] Der Theologie-Professor Johannes de Aqua de Bercka (K 2) war seit 1482 tot. Angermeier (1989, II, Register) setzt den Theologieprofessor Johannes de Bercka (von Rheinberg) mit dem 1488 als Orator Maximilians genannten Dominikaner Johannes, Prior des Antwerpener Konvents, gleich (vgl. zu dessen Mission Angermeier 1989, I, 306, 308, Nr. 310). Doch bei dem Prior des Antwerpener Dominikaner-Konvents dürfte es sich um den bis 1497 amtierenden Johannes de Beca (nach Orbis latinus 1971[4], 46, 61: Beca = Brakel/Westf.) gehandelt haben (vgl. zu ihm etwa Hansen 1901, 376-379).

einzutreten.[40] 1480 und 1482 erwarb er beide artistischen Grade unter Ego de Driel (M 32). Sein verblüffend schneller Aufstieg unter den Habsburgern begann in Geldern. Für 1486 wird er als Diener des Generalstatthalters Adolf von Nassau genannt.[41] Verbindungen zwischen der Montana und der Habsburgerpartei in Geldern mögen auch ein wesentlicher Grund gewesen sein, daß der *filius naturalis* des verstorbenen Herzogs Adolf von Geldern, Wilhelm, nach kurzen Aufenthalten an der Kölner[42] und Erfurter Universität 1487 und 1489 sein Artes-Studium an der Montana absolvierte. Zum Bakkalar graduierte ihn Remigius de Malmundario (M 41), zum Magister aber Ego de Driel (M 32). Für diesen wirkte Wilhelm von Geldern am 26. Juni 1489 sogar als Zeuge bei der Abfassung des Testamentes.[43] Nicasius Hackeney zog es bald an den Habsburger Hof, wo er seit 1492 sein beachtliches kaufmännisches und organisatorisches Geschick unter Beweis stellte: Rechenmeister in Innsbruck, Buchhalter an der Reichshofkammer, Finanzverwalter in den Niederlanden, Eintreiber der Türkengelder und des Jubelablasses – sein Tätigkeitsfeld ist mit diesen Aufgaben noch längst nicht erschöpfend dargestellt.[44]

---

[40] M 363,59. Zu Nicasius Hackeney vgl. jetzt Schmid 1988. Bei Wiesflecker wird der Kölner Bezug gänzlich ausgeblendet; Casius bzw. Nicasius Hacquenay, Maximilian freundschaftlich und treu verbunden, wird stets mit dem Attribut „burgundischer Fach- und Finanzbeamter" versehen (vgl. Wiesflecker 1975 s.v.; Wiesflecker 1977 s.v.; Wiesflecker 1986 s.v.).

[41] Vgl. Angermeier 1989, II, 763, Nr. 839. Schmid (1988, 38, 40) möchte das Gläubigerverhältnis des älteren Nicasius zu Kaiser Friedrich III. (er übernahm 1477 eine Schuld von Erzherzog Albrecht über 4000 ungarische Gulden) und geschäftliche Kontakte zwischen dem Goldschmied und Maximilian als wesentliche Voraussetzung für die Karriere des jüngeren Nicasius ansehen, die er freilich erst mit dem 1492 faßbaren Einstieg in die habsburgische Finanzverwaltung beginnen läßt. Sicherlich bahnten die Kontakte des Vaters auch den Weg; der Beginn der Laufbahn in Geldern und der rasche Aufstieg scheinen mir jedoch eher für eine Protektion durch die universitären „Habsburger" zu sprechen.

[42] M 370,201. Wilhelm ließ sich im Juni 1481 in Köln mit seinen Brüdern Johannes und Reynerus immatrikulieren, mit denen er dann 1482/83 nach Erfurt weiterzog.

[43] R 1905.

[44] Vgl. Schmid 1988, 40 ff. Erwähnenswert noch, daß Nicasius Hackeney maßgeblich die Unterbringung der Reichstagsteilnehmer 1505 in Köln organisierte, anschließend den palastähnlichen, repräsentativen Hackeneyschen Hof am Neumarkt baute – „das erste Denkmal der Frührenaissance in Köln" (Schmid 1988, 46) –, der dem Kaiser als Residenz diente, wenn er sich in Köln aufhielt (hierzu auch Vogts 1914, 337 f.; Vogts 1966, II, 443-446).

Die politische Dimension ist wohl untrennbar mit einer geistesgeschichtlichen verbunden, dem Bekenntnis zur humanistischen Bildung. Wiederum steht in diesem Kontext Ulrich Kreidweiß (R 3) an der Spitze. Möglicherweise trug er bereits eine humanistische Vorbildung nach Köln. Ein enger Freund der Familie, der Frühhumanist und Esslinger Stadtschreiber Niklas von Wyle, mag erste Impulse gegeben haben,[45] die von Ulrichs Onkel Johann Kreidweiß, dem bereits genannten Rat und Kanzler des Trierer Erzbischofs, verstärkt worden sein konnten. Denn Johann Kreidweiß war schon seit gemeinsamen Zeiten an der Universität Padua ein enger Freund Peter Luders und Anhänger der Studia humanitatis, wurde mit dieser Haltung auch an zentraler Stelle in Luders Antrittsrede 1456 in Heidelberg erwähnt.[46] Ulrich Kreidweiß wird vor allem durch seine Handschrift eindeutig als erklärter Anhänger der humanistischen Bildung ausgewiesen. Schon für 1472, als Kreidweiß noch als Regent der Raemsdonck-Burse für deren Statuserhöhung kämpfte[47], läßt sich seine humanistische Handschrift nachweisen, die vollkommen den Schriftzügen seiner Rektoratseintragungen von 1482/83 entspricht.[48] Da er seine humanistische Geisteshaltung

---

[45] Zu Wyle und seinem Verhältnis zu den Esslinger Kreidweiß: Tewes 1988, 34-45 (Lit.).
[46] Vgl. Tewes 1988, 62 ff.
[47] S.o. 161-194.
[48] Den wichtigen Hinweis auf das Schriftzeugnis des Ulrich Kreidweiß von 1472 verdanke ich dem freundlichen Entgegenkommen von Herrn Dirk Wassermann, Köln. Bei der Bearbeitung der Marginalien der Kölner Domkapitelsprotokolle, die er im Auftrag von Herrn Werner Beutler vornimmt, stieß er im Protokollband HAStK, Domstift, Akten 142 (Zeitraum 1480-1494), f. 63r, auf den nachträglich eingefügten Zettel mit der Handschrift des Domkanonikers Ulrich Kreidweiß aus dem Jahr 1472; vgl. Anlage 5. Die Handschrift stimmt vollkommen mit der Schrift während des Rektorats 1482/83 überein, wie sie bei den Matrikeleintragungen zu erkennen ist. Sie ist von mir schon früher analysiert worden (vgl. Tewes 1988, 62 f.) und wird hier in einem vergrößerten Auszug (aus Un. 38, f. 107r, zu Dezember 1482) in Anlage 6 zum Vergleich nochmals vorgelegt. Die Identität der Schriftzüge zeigt sich besonders deutlich in der Niederschrift des Eigennamens. Hervorstechende humanistische Charakteristika sind das lange Schluß-„s" (in „kridwiss"; doch wandte Kreidweiß das lange Schluß-„s" nicht nur beim Doppel-„s" an, sondern auch beim einzelnen: s. Un. 38, f. 107v, „baldwinus bartholomei de goes", zum März 1483), das steile „d" sowie besonders auffallend das der karolingischen Minuskel entlehnte „g" mit der betont abgesetzten Unterlänge. M.W. stellt Ulrichs Schriftzeugnis von 1472 nicht nur die ausgeprägteste Form einer humanistischen Handschrift in Köln im 15. Jahrhundert dar, sondern auch – zumindest im akademischen Bereich – den frühesten Beleg für eine Kölner Humanistenhand. Daß sie von einem thomistischen Theologen stammte, der nur in Deutschland studiert hatte – Johannes de Cervo (s.o. 428) war ein in Pavia promovierter Jurist –, macht das Phänomen noch

bereits als Regent der Raemsdonck-Burse vertrat, ging es in der Kontroverse nicht nur um eine Prinzipien- und Autonomiefrage, sondern offenbar auch um den Versuch der Stadt, eine dem humanistischen Bildungsprogramm offene Burse für städtische Schul- und Ausbildungsinteressen formen zu können, allerdings wohl weniger um eine Auseinandersetzung zwischen scholastischen und humanistischen Lagern. Die Verkoppelung mit der Autonomiefrage mußte das städtische Unternehmen freilich scheitern lassen. Möglicherweise deutet die Tatsache, daß der Kölner Ratsherr und Goldschmied Andreas Lederbach, einer der vehementen Befürworter der Raemsdonck-Burse, 1472 von dem italienischen Humanisten Stephanus Surigonus mit einem Gedicht geehrt wurde,[49] auf humanistische Neigungen unter einigen städtischen Förderern der Burse.

Ulrichs humanistische Bildung scheint formend, vielleicht sogar bedingend, in zwei seiner Tätigkeitsfelder eingegangen zu sein. Die für einen Theologen bemerkenswerten politischen Missionen und Aufträge[50] dürften ihm nicht zuletzt deshalb überantwortet worden sein, weil er eben auch durch einen hohen Grad anspruchsvoller Bildung überzeugen konnte. Zum anderen dürfte sie seine intensiven Reformbemühungen auf dem kirchlich-theologischen Feld geprägt haben. Ulrich Kreidweiß bemühte sich in den achtziger und neunziger Jahren vor allem um eine Erneuerung der Kölner Benediktinerklöster im Sinne der Bursfelder Kongregation.[51] Verwunderlich war es daher kaum, wenn gerade er in dem Streit des Johannes Trithemius mit dem Dominikaner Wigand Wirt um die Lehre der Unbefleckten Empfängnis zugunsten des Benediktiners vermittelte.[52] Vermutlich führte dieser Anlaß Trithemius und Kreidweiß Mitte der neunziger Jahre im Kölner Makkabäerkloster, einem der vier Benediktinerinnenklöster, zusammen. Aufschlußreich sind die Gespräche, die der Abt dabei mit Kreidweiß und weiteren Freunden führte. Denn sie zielten auf zentrale Fragen der humanistisch-philologischen Bibelkritik, erwiesen gerade den Kölner Thomisten als beschlagenen Kenner ältester Bibelhandschriften, als geschulten

---

bemerkenswerter. Humanistische Einflüsse auf die Schrift könnte Kreidweiß schon in Esslingen unter Niklas Wyle erfahren haben; sie könnten ebenso von seinem Onkel Johann Kreidweiß ausgegangen sein.

[49] Vgl. Keussen 1899, 354, 369; Tewes 1986, 59 f. Zu Surigonus vgl. Ijsewijn 1975 s.v.; Hay 1975, 361.
[50] Vgl. Tewes 1988, 48-60.
[51] Tewes 1988, 61 (Lit.).
[52] Tewes 1988, 60 f.

Philologen, der ihm zweifelhaft vorkommende Bibelstellen mit der Hilfe des Trithemius durch den Rückgang auf griechische und sogar hebräische Texte zu lösen suchte.[53] In Ulrich Kreidweiß werden wir also einen thomistischen Theologen vor uns sehen, der als Vertreter des christlichen Humanismus für eine griechische und hebräische Sprachschulung an der Kölner Universität eingetreten sein dürfte. Sein Einfluß auf die Montana wie sein deutliches Bekenntnis zu ihr[54] könnten eine Erklärung bieten, warum diese Studien gerade an jener Burse am frühesten und intensivsten gepflegt wurden. Einen Beleg für seine dezidiert thomistische Haltung[55] glauben wir in dem bemerkenswerten Phänomen erblicken zu können, daß die ersten Drucke der theologischen Werke Heinrichs von Gorkum (M 1) schon Anfang der siebziger Jahre gerade bei Konrad Fyner in Esslingen erschienen – gut zehn Jahre früher als in Köln.[56]

---

[53] Vgl. Tewes 1988, 61 f. (Lit.).
[54] Gerade die prosopographische Analyse bietet weitere Indizien. So nimmt der jüngere Bruder Ulrichs, Johannes Kreidweiß (M 358,17), 1478 sein Studium an der Montana auf, nachdem Theodoricus de Busco (R 4, M 39) die alte Raemsdonck-Burse in ihr aufgehen ließ. Johannes determinierte dann im Dezember 1478 unter Ego de Driel (M 32) und inzipierte im April 1480 unter Theodoricus de Busco. Auch seinem *consanguineus* Conradus de Eslinghen (M 396,89) empfahl Ulrich nach der Immatrikulation im Oktober 1487 den Eintritt in die Montana, in der Conradus Ende 1489 unter Everardus de Wesalia (M 42) sein Bakkalaureat und 1492 unter Valentin Engelhardt (M 43) sein Magisterium erwarb.
[55] Das Bekenntnis des Ulrich Kreidweiß zum Thomismus wird im übrigen durch den Dominikaner Servatius Fanckel bezeugt (vgl. Löhr 1926, 23).
[56] Vgl. v.a. Scholderer 1966, 224-228 (dort ebenso Vermutung einer auf Ulrich Kreidweiß zurückgehenden Initiative. Die nicht auszuschließende Möglichkeit einer Kooperation von Kölner und Esslinger Dominikanern erscheint mir weniger wahrscheinlich.). 1473 oder früher wurden die beiden kurzen Traktate ‚De observatione festorum' und ‚De superstitiosis quibusdam casibus', die aus Bibelvorlesungen Heinrichs hervorgegangen waren, in einem Band bei Fyner gedruckt; 1474 folgten die Traktate ‚De praedestinatione et reprobatione divina' und ‚De simonia circa sepulturam'. Das bedeutendste Werke des Montana-Thomisten, ‚Quaestiones in Summam Sancti Thomae', wurde ebenfalls schon 1473 in Esslingen gedruckt. (Zu den Traktaten vgl. Weiler 1962, 89-98, dort Hinweise auf ausführliche Besprechungen Weilers.) Möglicherweise beabsichtigte Kreidweiß eine gezielte Veröffentlichung in reformtheologischer Absicht, da nicht nur nahezu alle Werke Heinrichs von Gorkum strittige und praktisch-theologische Fragen diskutierten. Der Druck von 1474, der mit der Prädestinationsproblematik eines der am heftigsten debattierten Themen enthielt, beinhaltete vielmehr ebenfalls Traktate des Erfurter Reformtheologen und Kartäusers Jakob von Jüterbog (‚De valore et utilitate missarum pro defunctis') sowie des Kölner Albertisten Johannes de Mechlinia (L 4; Die Determinationes: ‚Utrum docti et indocti, clerici et laici, nobiles et plebei sint immortales inimici'; ‚Utrum perfecta dei opera possint impediri demonis malicia'; vgl. hierzu Pattin 1976, 126).

Durch seine humanistisch-theologische Bildung zog Ulrich Kreidweiß auch die Bewunderung des italienischen Humanisten und Presbyters Hieronymus Estensis de Paduano auf sich.[57] Dieser hatte sich am 29. September 1497 in Köln für ein juristisches Studium immatrikuliert,[58] scheint sich aber schon länger in Köln aufgehalten zu haben, denn um 1496 veröffentlichte er bei Ulrich Zell seinen ‚Libellus in preconium urbis Agrippine et de bello eius conditoris adversus Persas'.[59] Hieronymus Estensis rühmte den Theologen gleich mit zwei längeren Gedichten, aus denen nicht nur eine aufrichtige Anerkennung der sittlichen und geistigen Bildung Ulrichs spricht, sondern auch eine nähere Bekanntschaft zwischen beiden.[60]

Der niederrheinische Frühhumanist Arnold Heymerick bestätigt die Autorität, die Ulrich Kreidweiß auf dem politisch-öffentlichen Feld gewonnen hatte. Mehrmals zitiert er Kreidweiß in seinem Hauptwerk, dem 1484 vollendeten ‚Registrum sophologicum', dessen Spruch- und Beispielsammlung statt durch Bibel- und Väterzitate duch die Weisheit der Antike (v.a. Cicero und Seneca) und der

---

[57] Hieronymus Estensis ist in der Forschung so gut wie unbekannt, sein Kölner Aufenthalt bisher noch nicht genauer untersucht worden. Vgl. zu ihm Stohlmann 1979, 7 ff.
[58] M 435,48.
[59] Voulliéme 1903, Nr. 574. Eingesehen wurde das Exemplar UStB, RhG 3168. Zu diesem Städtelob, das v.a. die Stadtpatrone Marsilius und Agrippa verherrlicht und die an sie geknüpften Sagen in humanistische Form kleidet, vgl. Stohlmann 1979, 4-10; Stohlmann 1980, 9, Anm. 12, 56 (dort der Hinweis auf ein Exemplar des Libellus in der Bibliothek Hartmann Schedels; vgl. Mittelalterliche Bibliothekskataloge III, 3, 835). Auf einen vor 1496 anzusetzenden Aufenthalt deutet etwa hin, daß Hieronymus auch den 1490 gestorbenen Kanonisten und Doktor beider Rechte Johannes Koelner de Vankel (M 309,25; vgl. zu ihm Meuthen 1988, 137 f.) mit einem Gedicht ehrte (posthum?), dieser übrigens ein Schüler der Montana (UStB, RhG 3168, 80).
[60] RhG 3168, 34 ff.: *Preclarissimo viro Udalrico de Eßlyngen, sacre theologie doctori, et Sigillifero eximii patris Hermanni de Hassia Metropolis agrippine Archipresulis. Salve magnanimum doctor generose parentum, / Qui nisi quod sapiens comprobet urbe facis* ... Ulrich werde durch den Erzbischof (*antistes*) begünstigt und er sei *eloquio clarus, virtute insignis*. Weiter unten geht Hieronymus auf die politischen Aktivitäten Ulrichs ein: *Nam scis quid sit opus, qua sint ratione regendi / Imperii fines* ... Erstaunlich dann der erneute Bezug auf die familiäre Herkunft, die dem humanistischen Dichter offensichtlich näher bekannt war: *Nulla tibi desunt prestantis signa parentis, / Est tibi larga manus, sunt tibi divitie* ... Auf Blatt 77 f. folgt das zweite Gedicht: *Ad preclarissimum Udalricum sacre theologie doctorem ac Sigilliferum alme agrippine archipresulis. O lux Hermani, specimen, laus, fama decusque, / O nunc de Esslingen spes generosa patrum* ...

Gegenwart getragen wurde.[61] Bemerkenswert oft und ausführlich läßt Heymerick Ulrich Kreidweiß, den *profundissimus sacrarum literarum professor atque vir pretera magnis rebus accomodus*,[62] zu Wort kommen. Zweimal wird er mit Aussagen gegen den Tyrannen wiedergegeben,[63] dreimal werden seine Weisheiten über die Freundschaft,[64] zweimal solche christlich-ethischen Inhalts der Öffentlichkeit vorgestellt.[65] An dieser Stelle erscheinen denn auch zwei weitere Thomisten, Lambertus (M 24) und Gerardus de Monte (M 4), die ihre Ansicht über den *sanctus vir* und das höchste Gut äußern.[66]

Eine humanistische Bildung, zumindest Neigung, hat allem Anschein nach in nicht unerheblichem Maße auch bei Robert Blitterswijck Aufmerksamkeit und Achtung bei seinen Zeitgenossen hervorgerufen. Bei seinem Aufenthalt 1490/91 in Rom nahm er auf Bitten der Stadt Augsburg auch deren Interessen wahr, offensichtlich so gut, daß der im Sommer 1491 in Rom weilende Konrad Peutinger sich in einer bestimmten Angelegenheit mehr von Blitterswijck als von Bischof Peraudi versprach.[67] Während seiner Aufenthalte in Rom scheint sich Blitterswijck mit dem Humanisten Engelhard Funck al. Scintilla aus dem fränkischen Schwabach (dem Heimatort auch des mit Cochläus verwandten Johannes Ketzmann![68]) angefreundet zu haben, der als Jurist ebenfalls des öfteren für Augsburg als Sachwalter fungierte.[69] Seit ca. 1500 lebte er als Dekan am Stift Neumünster in Würzburg, wo er 1513 starb. Für seinen Freund Robert Blitterswijck schrieb er nach dessen Tod 1505 ein warmherziges Epitaphium.[70] Möglicherweise ist die Freundschaft zwischen Scintilla und Blitterswijck auch in den um

---

[61] Gedruckt durch Oediger 1939, 134-309; vgl. Worstbrock, Art. „Heymerick, Arnold", in: Verfasserlexikon 3 (1981), Sp. 1206-1210 (anders als bei Oediger 1487 als Vollendungsjahr).
[62] Oediger 1939, 226.
[63] Oediger 1939, 226.
[64] Oediger 1939, 250 ff.
[65] Oediger 1939, 301, 306.
[66] Oediger 1939, 301 f. Weitere bekannte Kölner Autoritäten Heymericks sind der Dechant zu Kleve, Johannes Peregrini de Bercka (194, 198), sowie der Laurentianer Jacobus de Straelen (L 30; 304 ff.), an den Heymerick 1485 auch einen Brief schrieb (50).
[67] Vgl. König 1923, 1-7, Nr. 1, hier: 7 u. Anm. 1; Lutz 1958, 13.
[68] S.o. 660 ff.
[69] Zu Scintilla vgl. Holstein 1891, 446-459; König 1923, 11, Anm. 2; Reicke 1940, 47 ff.; Rupprich 1970, 604 sowie jüngst: Wendehorst 1989, 345 ff.
[70] Gedruckt bei Holstein 1891, 457.

Nürnberg konzentrierten fränkischen Humanistenkreis einzubinden. Denn Celtis war mit Scintilla schon während dessen Aufenthalt in Rom vertraut,[71] und auch Willibald Pirckheimer schrieb bereits in seiner Studienzeit in Italien mehrere Epigramme Scintillas ab. Nach Deutschland zurückgekehrt, muß Pirckheimer weiterhin in näherem und freundschaftlichem Kontakt zu ihm gestanden haben, da sich in seinem Nachlaß ein in Würzburg geschriebener Brief Scintillas befindet.[72] Noch 1517 nahm er *Engelhardus Funck* in seiner berühmten, an Lorenz Beheim adressierten ‚Epistola apologetica' unter die fortschrittlichen Theologen und Reuchlinisten auf.[73] Doch Blitterswijck wurde nicht nur durch diesen Humanisten geehrt, auch in seiner Heimat schätzte man seine Bildung. Hermann von dem Busche schrieb dem *ornatissimo viro Roberto Blytersuich equiti aurato et iuris vtriusque interpreti doctissimo* ein Gedicht, das in seine große, 1498 erschienene Epigrammata-Ausgabe einging.[74]

2. Der Humanismus an Montana und Corneliana

a) Der Montana-Prinzipal Valentin Engelhardt von Geldersheim als eine „Bedingung der Möglichkeit"

Bisher hatten wir primär Kenntnis von dem an der Montana gelehrten Humanismus erhalten, indem wir aus dem mit dieser Burse verknüpften Netz[75] Personen namhaft machten, die entweder mit einer schon vorhandenen humanistischen Bildung und Überzeugung die Montana aufsuchten oder aber sie mit der entsprechenden Haltung verließen. Dieses Phänomen konzentrierte sich vor allem

---

[71] Vgl. Rupprich 1934, 58 ff., Nr. 34 (Sigismund Fusilius, ein Krakauer Schüler des Celtis und Corvinus, schrieb 1492 aus dem Haus des Poeten Funck an Celtis), 267 ff., Nr. 160 (Thomas Truchseß schickte 1497 aus Speyer Epigramme an Celtis, die er hoch lobte, von denen er aber nicht sicher wußte, ob sie *ex officina Engelhardi Funckh* stammen).

[72] Reicke 1940, 47 ff.

[73] Wuttke 1989, 146-172, Nr. 464, hier: 162. Große Anerkennung fanden die Gedichte Scintillas bei Jakob Wimpfeling (vgl. Holstein 1891, 446 ff.; Knepper 1902 s.v.).

[74] Vgl. Liessem 1884, 6, Anm. 25. Als weitere Gleichgesinnte und Freunde des Buschius begegnen etwa Johannes und Hermann Rinck, Johannes Trithemius, Andreas Kanter und der Dominikaner Jakob von Gouda.

[75] Die Corneliana war nach ihrem Statusverlust in den siebziger Jahren offensichtlich nicht in der Lage, ein Personengeflecht aufzubauen, durch welches sie überregional in nachhaltigerer Weise Institutionen prägen konnte.

auf die Jahre der Regentschaft Valentin Engelhardts (M 43). Die Dichte der humanistisch gebildeten Personen und die Breite der Wirkungsorte würden allein schon das Attribut Montana-Humanismus rechtfertigen. Doch wir wollen versuchen, ihn inhaltlich näher zu charakterisieren, seine Verwandtschaft mit analogen Bestrebungen an der Corneliana darzustellen, um ihn dann von jenem Humanismusverständnis abzugrenzen, das die albertistische Schule in Köln pflegte. Bisherige Ergebnisse werden dabei eine Grundlage bilden, zukünftige wiederum auf den gewonnenen Differenzierungen aufbauen. Blicken wir zurück.

Eine intensivere Vertrautheit mit dem Humanismus und erste Ansätze zu seiner Förderung konnten wir bereits bei Johannes Tinctoris (C 4) konstatieren, durften sie auch bei den Lehrern des nach Heidelberg gegangenen Thomisten Herwich von Amsterdam (C 10) vermuten.[76] Unabhängig von bestimmten Bursen zeigte sich die Fakultät insgesamt zu einem recht frühen Zeitpunkt den neuen Studia humanitatis gegenüber offen. Für den 12. Oktober 1460 protokollierte der Montana-Dekan Gerardus de Elten (M 19), man habe an jenem Tag den in Löwen promovierten Magister Cornelius (Borch) de Zierikzee in das Konsilium der Fakultät rezipiert. Er sei *per facultatem admissus et ordinatus ad legendum rethoricam in scolis facultatis*; für diese Vorlesung habe man ihm die bei der Rezeption anfallenden zwei fl. erlassen.[77] Die Fakultät ließ ihn also nicht privatim Rhetorik lesen, sondern ernannte ihn offiziell zum Lehrer dieses zentralen Faches der Studia humanitatis, mit öffentlichen Vorlesungen in der zentralen Artistenschule. Die von der Fakultät gebotene Besoldung war freilich mehr als dürftig. An den fehlenden institutionellen Grundlagen für eine gesicherte Finanzierung der Vorlesung scheiterte denn auch bald das Unternehmen. Am 6. Mai 1461 berief Cornelius de Dordraco (C 3)[78] die Fakultät ein, um zu entscheiden, ob Cornelius Borch auch nach dem halben Jahr weiterhin *stipendio facultatis* seine Rhetorikvorlesung halten

---

[76] S.o. 505 f.

[77] Un. 480, f. 14r. Cornelius Borch hatte sich am 3.10.1460 für ein Medizinstudium in Köln einschreiben lassen (M 286,71), als „ehrenwerter Person" wurden ihm die Immatrikulationsgebühren erlassen. Sein Magisterium hatte er schon 1437 in Löwen erhalten. Dort gab es seit 1447 einen ordentlichen Lehrstuhl für Rhetorik (vgl. Ijsewijn 1975, 222).

[78] Die Tatsache, daß gerade ein Montana- und Corneliana-Dekan bei der Einstellung des Rhetoriklehrers federführend waren, muß mit Blick auf die Heidelberger Verbindung von Scholastik und Humanismus nicht unbedingt Zufall sein.

solle oder nicht.[79] Die Mehrheit beschloß, daß der bisherige Modus nicht fortgeführt werden sollte. Wenn Borch allerdings *stipendio magistrorum aut aliorum audiencium legere vellet*, würde das der Fakultät zusagen. Der Inhalt und die Art der Vorlesung boten demnach keinerlei Anlaß zur Kritik; im Gegenteil, der Hinweis auf die Hörergelder der Magister läßt schließen, daß gerade sie und nicht die Artes-Studenten zu den Besuchern der Rhetorik-Vorlesung gehörten. Eine befriedigende Lösung war jedoch mit diesem Modus ebenfalls nicht gefunden. Denn am 3. Juli 1461 beklagte sich der immer noch *rethoricam* lesende Cornelius Borch, daß er nun schon mehr als ein halbes Jahr der Fakultät gedient habe, die daraufhin beschloß, ihn für diesen Zeitraum aus ihrer Kasse zu entlohnen.[80]

Von dieser Rhetorik-Vorlesung erfahren wir anschließend nichts mehr. Doch das Interesse an der humanistischen Veranstaltung scheint eher gewachsen zu sein. Offenbar fand die Artisten-Fakultät auch einen Ausweg für die finanzielle Problematik. Denn 1464 schaltete sich die Universität ein, um einen anerkannten italienischen Rhetorikprofessor für Köln zu gewinnen (wovon dann nicht nur die Artisten profitiert hätten). Vom 1. Januar 1464 stammte ihr Brief an den in Pavia lehrenden Juristen und Rhetorikprofessor Balthasar Rasinus, dem die Kölner eine Anstellung als Orator und Poeta in der Funktion eines *nostre coloniensis facultatis aromaticus curator rectorque perpetuus* anboten.[81] Eine gemeinschaftliche

---

[79] Un. 480, f. 16r.
[80] Un. 480, f. 17r. Zur Rhetorikvorlesung Borchs in Köln vgl. auch Keussen 1934, 188 f. Die dortige Behauptung, daß die Artisten-Fakultät wegen nicht zu ermittelnder Widerstände die Vorlesung aufgeben mußte, darf als Legende Keussens angesehen werden. Das Problem bestand in der Finanzierung, welche sich nicht durch Hörergelder für nur eine Vorlesung sichern ließ, die zudem keine Pflichtveranstaltung darstellte.
[81] Der Brief und die abschlägige Antwort (Universität Pavia und Mailänder Herzog würden Zustimmung verweigern) gedruckt bei Bertalot 1975, I, 152 ff. Zum Vorgang vgl. R 1333 (mit Zweifeln an der Echtheit des Kölner Briefes, da eine Gesandtschaft in den Rektoratsrechnungen nicht verzeichnet sei – sicherlich ein wenig stichhaltiges Argument); Keussen 1934, 189 (die Einladung wird nun als gesichert und als „Zeugnis für das ... erwachte humanistische Interesse" in Köln gewertet); Sottili 1982, 125 ff. (Keussens Skepsis wird überbetont, Einwände werden formuliert, die so bei Keussen, sc. R 1333, nicht zu finden sind); Meuthen 1988, 206.

Aktion der gesamten Kölner Universität, die von den humanistischen Verdiensten des Rasinus erfahren hatte,[82] lag hier also vor. Doch wird man den Einfluß der zu jener Zeit an der Spitze der Universität stehenden Personen nicht als gering einschätzen dürfen; ohne ihre Förderung wird der enthusiastische Brief an den „zweiten Cicero" kaum offiziell abgesegnet worden sein können. Wir stoßen durchweg auf alte Bekannte. Rektor war der Montana-Theologe Gerardus de Elten (M 19); der Dekan der Theologischen Fakultät hieß Johannes Peregrini de Bercka[83], jener der Juristischen Johannes Fastrardi de Busco (später als Freund bedeutender Humanisten bezeugt[84]). In der Medizinischen Fakultät amtierte vermutlich der als Mathematiker und Astronom hervorgetretene Albertist Gerardus Hoefmans de Hamont (L 3), an der Artistischen mit Sicherheit der Cornelianer Petrus de Leydis (C 34).[85] Die Dominanz von Bursen-Regenten und ihnen nahestehenden Personen dürfte kaum zufällig sein.

Insgesamt scheint es in den drei folgenden Jahrzehnten bei den Artisten kein energisches Interesse an der Etablierung humanistischer Lehrer oder Fächer mehr gegeben zu haben. Die Namen der zahlreichen Humanisten, die sich wie anderswo auch für kurze Zeit in Köln aufhielten, belegen freilich, daß sich die Grundhaltung damit nicht ins Gegenteil verkehrt hatte.[86] Bezeichnend für das institutionelle Defizit eines humanistischen Lehrangebots an der Artisten-Fakultät die berühmte Klage des Konrad Celtis in seiner Ode an Wilhelm Mommersloch von Köln.[87] Beide studierten offenbar 1478/79 zusammen an der Kuckana-Burse, an der Celtis am 1. Dezember 1479 unter Hermannus de Clivis (K 17) sein Bakkalaureat erwarb.[88] Zwar erinnert Celtis seinen Mitstudenten

---

[82] Der von Sottili (1982, 126 f.) hier als personelles Bindeglied ins Spiel gebrachte Johannes von Linz, Jurist und kurkölnischer Kanzler, der 1436 oder 1437 als Rektor in Pavia eine Laudatio von Balthasar Rasinus erhalten hatte, war ein Schüler der Montana und hatte unter Gerardus de Monte (M 4) 1425 determiniert (M 138,51), ehe er über Erfurt nach Italien reiste.

[83] S.o. 671 f.

[84] Vgl. Anm. zu M 266,14.

[85] Vgl. die entsprechenden Angaben bei Keussen 1934, 392-493.

[86] Vgl. die instruktive Zusammenschau bei Meuthen 1988, 206 f.

[87] Pindter 1937, 86 f. (Odarum liber III, 21).

[88] M 360,18; immatrikuliert 14.10.1478 (in der Forschung wird – ohne Angabe eines Grundes – die Ansicht vertreten, Celtis habe schon früher, 1477 oder gar 1476, sein Studium in Köln begonnen; vgl. Wuttke 1987, 272; Spitz 1957, 2, geht von einem falschen Immatrikulationsdatum [9.10.1477] aus). Zu dem ansonsten recht unbekannten Wilhelm Mommersloch: M-Ntr. 885.

mit anerkennenden Worten daran, daß man in die *sacros libros sophiae* eingedrungen sei und die Naturphilosophie des Albertus Magnus und Thomas von Aquin kennengelernt habe. Doch niemand habe die lateinische Grammatik unterrichtet, Rhetorik, Mathematik, Astronomie und Poetik.[89] Allerdings bedeutete die Kritik des „Erzhumanisten" keine Anklage gegen die Via antiqua, sonst hätte er sich wohl kaum nach seiner Heidelberger Immatrikulation im Dezember 1484 erneut der *via realistarum* angeschlossen und unter einem Schüler des Burckhard Wenck sein Magisterium erworben, hätte auch nicht (wie oben angeführt[90]) in Ingolstadt und Wien scharfe Ausfälle gegen die Moderni geübt.

Gerade das Beispiel Celtis zeigt nun, daß wir die Kritik des Humanisten als Momentaufnahme ansehen müssen. Celtis erlaubt zudem eine instruktive Einsichtnahme in den grundlegenden Wandel, der sich besonders an der Montana vollzogen hatte. Spätestens in den neunziger Jahren muß der Humanismus an dieser Burse unverrückbar in das traditionelle scholastische Lehrprogramm integriert worden sein. (Die Folgen sahen wir etwa in Wittenberg und Nürnberg.) Alles deutet auf Valentin Engelhardt von Geldersheim (M 43), den auf Lambertus de Monte (M 24) folgenden Prinzipalregenten, als Hauptantriebskraft hin.[91] Denn wir glauben, mit gutem Grund behaupten zu können, daß Valentin Engelhardt ein Sodale des Celtis war, ein Mitglied der Deutschland umfassenden Sodalitas litteraria Celtica. Die Beweisführung soll auf zwei Ebenen erfolgen: zunächst auf einer eher materialen, sodann auf einer eher formalen. Als Quelle dient der an Konrad Celtis gerichtete Antwortbrief Engelhardts vom 11. Juli 1496.[92]

Dieser Brief bietet Einblick in eine schon länger bestehende Freundschaft zwischen beiden. Wer oder was sie gestiftet hat, läßt sich nicht ermitteln. Zu denken wäre an den Sodalen und Freund des Celtis, Martin Polich von Mellrichstadt, den Valentin während seines Leipziger Studiums kennengelernt haben könnte.[93] Wesentliche Bindeglieder bildeten der (thomistische) Realismus, die

---

[89] Vgl. Spitz, 1957, 2; Wuttke 1987, 272 f.; Meuthen 1988, 226.
[90] S.o. 585, A. 1204.
[91] Neben der einschlägigen Arbeit von Meissner 1968 vgl. zu Valentin Engelhardt die Kurzbiographie von Engelhardt (1969/70).
[92] Gedruckt bei Rupprich 1934, 198 f., Nr. 119; vgl. Meuthen 1988, 228.
[93] S.o. 528 f. Die Vermutung Rupprichs (1934, 198, Anm. 1), Celtis habe Valentin schon 1479 in Köln kennengelernt, halte ich für wenig wahrscheinlich; auf jeden Fall ist eine seit diesem Jahr bestehende Freundschaft kaum plausibel.

fränkische Patria sowie die Begeisterung für die humanistischen Studien. Alle drei Elemente erscheinen in Valentins Brief, der einer ausführlicheren Paraphrase wert ist, steht er doch exemplarisch für die geistige Haltung des thomistischen Prinzipal-Regenten und Theologen, wurde er zudem in der Forschung kaum oder gar nicht beachtet.[94]

Hervorzuheben ist bereits die Anrede Valentin Engelhardts, der sich ausdrücklich als *bursae montis conrector* bezeichnet und Celtis als *doctor egregius* der Künste und der Poesie tituliert, ihn als seinen *promotor* und *fautor singularissimus* rühmt. Valentin Engelhardt sah sich demnach in einem Verhältnis zu Celtis, in welchem er – sicherlich auf die humanistische Bildung bezogen – von diesem profitierte. Spätestens seit 1495 muß die Freundschaft zwischen Celtis und Engelhardt bestanden haben, denn der Kölner beklagt sich gleich zu Beginn seines Briefes bei dem *disertissime domine doctor*, es sei nun ein Jahr vergangen, ohne daß er Briefe von ihm erhalten habe.[95] Celtis habe ihm doch versprochen, Gedichte (*carmina*) abzufassen; dies nicht einzuhalten verstoße gegen die alte, innige Freundschaft (*vetus nostra familiaritas*) und die Verbundenheit durch die gemeinsame Patria (*patriae etiam unitas*). Nun erlaubt uns Valentin in anschaulicher Weise, einen Blick in das alltägliche Leben des Freundeskreises zu werfen. Am Festtag Kilians (8.7.), *patroni nostri*, habe er (vermutlich in seiner Wohnung in der Montana) mit weiteren Ostfranken bis in den Abend hinein fröhlich gefeiert,[96] als ihm gleich ein ganzer Packen von Briefen gebracht wurde, die teils an ihn, teils an andere Personen gerichtet waren, und welche er rasch zu den einzelnen Empfängern gebracht habe. Nun, drei Tage später also, sende er die von ihm wieder eingesammelten Antwortbriefe zurück.[97] (An Konrad Celtis in Ingolstadt!)

Beide, Celtis wie Engelhardt, fungierten demnach als Anlaufstelle und Verteiler der Briefe, die sie wechselweise zugesandt bekamen

---

[94] Vgl. auch den entsprechenden Hinweis bei Meuthen 1988, 488, Anm. 210.

[95] Die gleiche Klage äußerte 1496 Dietrich Ulsenius wiederholt gegenüber seinem Freund Celtis (vgl. Rupprich 1934, 186, Nr. 111, 193 ff., Nr. 117).

[96] Zu denken wäre etwa an den Kölner Bürger Jakob Schlegel von Hildburghausen, der mit Valentin befreundet war und Stiftungen für die Montana und den St.-Kilians-Altar am Dom verfügte; s.o. 267 ff.

[97] *Sed cum ipso die Kiliani, viri sanctissimi, patroni nostri, cum ceteris Francis orientalibus ad vesperum usque laetissimus fuissem, venit ad me pondus quoddam litterarum partim meam, partim aliorum concernentium personas, et singulas mox suis deputavi locis, omni deposita morula. Responsivas denuo receptas nunc rursum transmitto* (Rupprich 1934, 199).

oder bei sich sammelten. Dies bedeutet aber zugleich, daß sie im Mittelpunkt eines auf ihre Person ausgerichteten Freundeskreises standen, daß der Montana-Theologe einem Kreis humanistisch interessierter Kölner vorstand, der sich in einem eingespielten Modus brieflich mit dem um Celtis konzentrierten Zirkel austauschte. Auch Valentin Engelhardt korrespondierte dabei nicht nur mit Celtis, sondern auch mit dessen Freunden, erhielt er doch mit dem Brief des Celtis gleichzeitig mehrere andere.

Valentin Engelhardt vermittelt uns weiterhin Einzelheiten der praktisch-inhaltlichen Seite seiner Freundschaft mit dem Humanisten, der anscheinend bei einem literarischen Projekt mit ihm zusammenarbeitete. Denn er fährt in seinem Brief an Celtis fort: Über die um- oder abzuschreibenden Bücher wisse er nichts bestimmtes, er habe sich aber schon ganz darauf eingestellt, in Bargeld zu bezahlen, wenn die Bücher, welche er bisher noch nicht gesehen habe, in seine Hand gelangten. Nach einem ganz im humanistischen Stil gefaßten *Valete, humanissime vir*, drängte Valentin schließlich nochmals darauf, Celtis möge die erst neulich versprochenen zahlreichen wie äußerst langen Gedichte demnächst fertigstellen bzw. veröffentlichen, damit er sie mit Eifer lesen könne, wodurch Celtis ihm höchstes Vergnügen bereiten würde.[98] Zum Schluß versicherte der Montana-Regent, daß er den Neffen des Celtis mit Freude aufnehmen und sich persönlich darum kümmern werde, daß ihm jegliche Zuneigung und Hilfe zuteil werde. Nach der patriotischen und humanistischen Dimension hier also die wissenschaftsgeschichtliche. Denn hätte Celtis seinen nahen Angehörigen in eine thomistische Burse empfohlen, wenn er nicht selbst ein Vertreter, zumindest Anhänger, dieser Richtung gewesen wäre?

Zu gern wüßten wir die Namen der humanistischen Briefpartner Valentins. Nicht unbedingt der Brief an Celtis bzw. der Bestimmungsort, wohl aber einige der darin enthaltenen Äußerungen des Kölners weisen auf eine Verbindung mit Martin Polich von Mellrichstadt hin, ergänzen somit frühere Ergebnisse. Nach der *unitas patriae* ist vor allem die Begeisterung für die poetischen Carmina zu

---

[98] *De [litteris] libris rescribendis nil certi susceperim; fuissem paratissimus in nummis exponendis, si libri ad manum venissent, quos hucusque nec videre potui nec tangere. Valete, humanissime vir, et si quicquam agere studeatis, quo gaudeam maxime, facite, quaeso, ut propediem carmina nuper mihi promissa plurima et longissima lectitem* (Rupprich 1934, 199). Engelhardt stand mit seinem Wunsch in einer Reihe mit vielen Freunden des Celtis, die ihn in jenen Jahren zur Fertigstellung seiner Werke drängten (vgl. Wuttke 1987, 278).

nennen. Celtis, Polich und Engelhardt hatten zweifellos das gleiche poetische Verständnis, wodurch sich auch eine gemeinsame Haltung gegenüber den bzw. potentiellen Widersachern ergeben haben dürfte. Die Datierung des Briefes führt uns unweigerlich in die großen Kontroversen, in welche gerade diese Poeten bzw. ihre Anhänger in Leipzig, Nürnberg und später Wittenberg verstrickt waren. Die Mobilität einiger Betroffener, die Dynamik des personell-gedanklichen Austausches ließ auch Köln, wohl mit Valentin Engelhardt im Zentrum, zu einem Eckpfeiler dieser poetisch-humanistischen Gemeinschaft werden. Erstaunlicherweise waren die Vorkämpfer und Opfer der Kontroverse zugleich jedesmal Führer oder Mitglieder der jeweiligen regionalen Sodalitäten, von Lupinus über Polich und Grieninger bis zu Celtis. Gerade die Veterani der Sodalitas Leucopolitana bzw. Polychiana in Leipzig und Wittenberg, Lupinus und Polich, hatten die Poetik und den *divinus vates* wiederholt mit dem Hinweis auf Thomas von Aquin verteidigt. Das gleiche poetische Verständnis finden wir bei den aus Köln bzw. der Montana nach Wittenberg reisenden Kilian Reuter von Mellrichstadt und Georg Sibutus. Gibt es zwar keinen Beleg für eine Korrespondenz zwischen der Montana und der Leipzig-Wittenberger Sodalitas, so möchte ich doch in Anbetracht der geschilderten Phänomene zumindest eine geistige Zugehörigkeit zu Polichs Sodalitas für sehr wahrscheinlich, die zur Sodalitas Celtica für gewiß halten.

Diese Überzeugung ergibt sich neben dem für sich sprechenden Inhalt des Briefes und in Verbindung mit ihm aus dessen Analyse unter formalen Gesichtspunkten. Der Engelhardt-Brief findet sich nämlich nicht zufällig, durch eine glückliche Überlieferung etwa, im Celtis-Briefwechsel. Celtis selbst hat ihn abschreiben lassen und ihm einen bestimmten Platz innerhalb der seit etwa 1500 von ihm zusammengestellten Briefsammlung zugewiesen.[99] Für die aus den Federn von 125 Autoren stammende Sammlung der 266

---

[99] Vgl. die instruktive Einleitung von Rupprich (1934, V-XII) zum Codex epistolaris: teilweise hatte Celtis bei den Briefen noch eigenhändig Korrekturen vorgenommen; inhaltlich ordnete er die Briefe nach bestimmten Gesichtspunkten und baute geschlossene Briefgruppen auf; eine chronologische Reihenfolge gab es nicht, erstaunlicherweise ließ er mit den Briefen des Jahres 1491 seinen *primus annus laureae* beginnen, wobei es innerhalb der Laureatsjahre auch keine chronologische Stringenz gab (warum er nicht Briefe der Jahre von 1487 an, dem tatsächlichen Jahr der Krönung zum Poeta laureatus durch Kaiser Friedrich III., unter diesen *primus annus* und die folgenden subsumierte, wird durch Rupprich nicht erörtert; eine Thematisierung in der Forschung ist mir nicht bekannt). Zum Celtis'schen Epistolarium vgl. auch Csáky 1986, 754 f.

aufgenommenen Briefe schrieb er eigenhändig den Titel: ‚Libri epistolarum et Carminum / Sodalitatis litterarie Ad Conradum Celten', unter den er in Anspielung auf Enea Silvio das Motto *Utinam talis essem qualem illi / me predicant / Malo tamen vel falso laudari quam vere vituperari* setzte.[100] Sein Epistolarium teilte er in 14 *anni laureae* ein, in die er mehr unter inhaltlichen als chronologischen Kriterien Briefe der Jahre 1491 bis 1505 aufnahm. (Der frühe Tod verhinderte dann die geplante Drucklegung.) Dem Brief von Valentin Engelhardt gab er im *sextus annus laureae*, das mit 44 Briefen die meisten Zeugnisse seiner Sodalen aufwies, die vierte Nummer.[101] Fest steht also, daß Celtis mit dem Epistolarium briefliche Zeugnisse seiner literarischen Sodalen zusammenstellte und der Nachwelt überliefern wollte.[102] Da Valentin Engelhardts Beispiel humanistischer Freundschaft mit Celtis, die sich durch die Tatsache der Briefaufnahme im Verbund mit dem Inhalt des Briefes unzweideutig erweist, durch diesen in den ‚Libri epistolarum' seinen Platz erhielt, zählte ihn der „Erzhumanist" folglich selbst zu

---

[100] Rupprich 1934, V.
[101] Vgl. Rupprich 1934, VI f. u. 198, Nr. 119. Der *septimus annus laureae* enthielt mit 38 Briefen die zweitgrößte Anzahl, gefolgt vom *decimus annus laureae* mit 32 Briefen. Da der *sextus annus laureae* mit Engelhardts Brief tatsächlich meist Briefe des Jahres 1496 enthält, stellt er in gewisser (im einzelnen zu klärender) Weise zumindest quantitativ den Höhepunkt in diesem Gebilde dar.
[102] Csákys Urteil (1986, 755), daß die Sodalitas in den ‚Libri epistolarum' „keine engere Interessengemeinschaft von humanistisch gesinnten homines litterati" sein könne, da sie „offenkundig alle Briefschreiber bzw. Verfasser dieses Epistolariums" umfasse, d.h. „alle, die zu Celtis in schriftliche Verbindung getreten waren, also zu seinem Bekanntenkreis gehörten – auch Kaiser Maximilian I.!", kann ich mich nicht anschließen, da der Argumentationsgang (Maximilian als „Bekannter" im Epistolarium der Sodalitas, daher diese keine humanistische im engeren Sinne) falsch ist. Denn zum einen ist von Kaiser Maximilian I. kein privater Brief an Celtis bekannt, zum zweiten ist Maximilian nur mit einem offiziellen Dokument in den ‚Libri epistolarum' vertreten, dem Berufungsschreiben für Celtis als Professor für Rhetorik und Poetik an der Wiener Universität vom 7.3.1497 (Rupprich 1934, 260 f.; Nr. 155). Dieses hatte für Celtis derart exzeptionelle Bedeutung, bedeutete zugleich eine so illustre Anerkennung seiner humanistischen Fähigkeiten wie der humanistischen Studien überhaupt durch Maximilian, daß die Aufnahme des Schreibens nur zu verständlich ist und mir auf keinen Fall das Sodalitas-Verständnis des Celtis als einer humanistisch gesinnten Gemeinschaft in Frage zu stellen scheint. Zum dritten hätte Celtis den ‚Libri epistolarum et carminum Sodalitatis litterariae' nicht diesen Titel gegeben und einen solchen Aufwand hinsichtlich der Gestaltung gewidmet, wenn er die Briefe nicht tatsächlich als der Nachwelt würdige Zeugnisse seiner humanistischen und vom Humanismus begeisterten Freunde aus seiner überregionalen Sodalitas verstanden hätte.

den Mitgliedern seiner Sodalitas litteraria![103] Der Einwand, Valentin Engelhardt sei in den ‚Dunkelmännerbriefen' gerade als Feind der Poeten[104] verhöhnt worden, dürfte mit dem Hinweis auf Reuter, Sibutus und Tileman Conradi, auf deren Fehde mit den Erfurter Poeten,[105] relativierend und entkräftend vor allem in den Kontext der Köln-Leipzig-Wittenberger Gemeinschaft thomistischer Humanisten zu stellen sein.

Einen Beleg für das humanistische Band zwischen Leipzig und der Montana wie für die Förderung junger Poeten durch Valentin Engelhardt (M 43) scheint Balthasar Kittel von Pirna zu bieten. Seit 1493 in Leipzig immatrikuliert, wechselte er 1495 an die Montana, ließ sich am 3. Dezember 1495 in die Kölner Matrikel eintragen und erlangte sein Bakkalaureat am 13. Juli 1496 unter Valentin Engelhardt.[106] Offensichtlich erhielt Balthasar in Leipzig und Köln nicht nur eine artistisch-scholastische, sondern auch eine poetisch-humanistische Schulung. Denn schon als junger Artist trat er als Poet und Herausgeber klassischer Werke hervor. Nach seiner Determination kehrte er an die Leipziger Universität zurück

---

[103] Mit dem Fehlen einer humanistischen Sodalitas in Köln befaßte sich jüngst Chaix (1990, 197). Mir scheint jedoch, daß Chaix das Wesen der Sodalitas zu starr und lokal gebunden begreift. Festere Strukturen scheint es nur sehr selten (in Augsburg vielleicht noch am ehesten) gegeben zu haben. Meist waren sowohl die Namen der einzelnen Sodalitäten als auch die Grenzen der Zugehörigkeit fließend, wesentlich immer an Personen mit ihren jeweiligen Aufenthaltsorten gebunden. Bestes Beispiel ist Celtis (zu verweisen ist nochmals auf den Überblick bei Lutz 1984; Csáky 1986). Insgesamt besteht hier aber noch ein Forschungsdesiderat.

[104] Bömer 1924, II, 16 f., Nr. 7 (genauer: Valentin hielt die Lektüre des Poeten [!] Sallust für überflüssig). In diesem Brief wird im übrigen auch der Leipziger Realist Paulus Niavis als Vertreter der rückständigen Autoren angeprangert, der sich in seinen Schriften gerade nicht als Feind der humanistischen Bildung erwiesen hatte (vgl. etwa Rupprich 1970, 591 f.). Bedenkt man, wie eindringlich Niavis in seinem ‚Latinum ydeoma' den Realismus der Leipziger Universität positiv betonte und ihn gegen den Nominalismus der Erfurter absetzte, seine Studenten gar vor der Erfurter Via moderna ins realistische Leipzig fliehen ließ (vgl. etwa Streckenbach 1972, 208 f.), so scheint auch die Ebene der wissenschaftsgeschichtlichen Konkurrenz eine Rolle gespielt zu haben. Immerhin sahen sich die Erfurter gerade nach Gründung der Wittenberger Universität einer überaus starken realistischen Vormacht in ihrer Region ausgesetzt. Zu weiteren Verunglimpfungen Valentin Engelhardts vgl. Bömer 1924, I, 42, u. s.v.

[105] S.o. 620-634.

[106] M 428,118.

(8.10.1496 Rezeption), wo er ungefähr 1497 eine Liebeselegie auf eine von ihm umworbene Cynthia veröffentlichte.[107]

Die humanistische Begeisterung Valentin Engelhardts war keine zeitlich begrenzte Erscheinung. Er verstand es, sie mit seinem Thomismus zu synthetisieren. Ein eindrucksvolles Zeugnis geben die 150 Titel seiner 1526 hinterlassenen Bibliothek. Die 22 Bücher, welche er den Magistri exercentes der Montana unter der Bedingung vermachte, daß sie unter der Aufsicht des *magistri presidentis* im Gymnasium verbleiben und ihre Titel auf eine Tafel *in stufa mense commensalium* eingetragen werden, sprechen für sich.[108] Unter ihnen befanden sich Autoren wie Thomas von Aquin (‚Politicorum', ‚Thomas super epistulas Pauli'), Capreolus und Skotus (‚Super sententias')[109] neben einer überwiegenden Mehrzahl humanistischer Verfasser: Georgius Vallensis, Titus Livius, Iuvenalis, Erasmus (‚Opus Adagiorum'), Philippus Beroaldi (‚Commentationes'), Cicero (‚Rhetorica', ‚Officia cum ceteris opusculis'), Priscianus, Marsilius Ficinus, Vergilius (‚Opera'), Julius Firmicus (‚Libri astronomicorum'), Lucanus, Johannes Tortellius. Die Handschrift Valentin Engelhardts zeigt deutliche humanistische Einflüsse, erreicht freilich nicht die Konsequenz der Humanistenhand des Ulrich Kreidweiß (R 3).[110]

---

[107] Bauch 1899, 70 u. Anm. 4 (‚In osculum Cynthie Bal. Kittel Pirnensis Panegyris'); nach Bauch (ibid.) gab Kittel in Leipzig noch heraus: ‚Mithica historia Joannis Boccatii poete laureati de Tito romano Gisippoque Atheniensi philosophie tironibus ac commilitonibus amicitie vim elucidans nuper per Philippum Beroaldum ex italico in latinum transversa'.

[108] Vgl. Meissner 1968, 161; Meuthen 1988, 228.

[109] Mit Blick auf Skotus ist an Andreas Karlstadt zu erinnern, der Engelhardt als seinen Lehrer rühmend hervorhob und sich in Wittenberg recht bald als guter Kenner, dann auch Anhänger des Skotismus erwies.

[110] Vgl. aus den Matrikeleintragungen Engelhardts im Juli und Oktober 1503 Anlage 7 (Un. 39, f. 5v) u. 8 (Un. 39, f. 6v). Die deutlichste Adaption humanistischer Schriftzüge zeigt sich bei der von ihm verfaßten Niederschrift seines Namens und bei der fast stilisierten Formung der Monatsnamen. Bei den Matrikeleintragungen finden sich das steile und unziale „d", aber auch die traditionelle kursive Form mit Schleife; ein langes, gerades Schluß-„s" benutzt er bei Johannes Byess de Colonia (Anlage 8, zum 13.10.), ansonsten wechselt Engelhardt zwischen rundem und sigmaförmigem Schluß-„s". Auffallend noch die Häufung von sonst seltenen Majuskel-Formen, etwa bei „Ad artes" (v.a. in Anlage 8). Als Kontrast zu Engelhardts Hand möge die traditionelle gotische Schrift des Pedells dienen sowie die Handschrift des Albertisten Thomas Lyel de Scotia, der unmittelbar vor Engelhardt das Rektorat bekleidet hatte: s. Anlage 9 (Un. 39, f. 5r; ab 8. Juni 1503, zum 14.6. im übrigen die Immatrikulation Andreas Karlstadts). Lyels Hand kennt weder steiles noch unziales „d", weder langes noch rundes Schluß-„s", sondern meist sigmaförmiges, teilweise auch bretzelförmiges Schluß-"s".

b) Poetik und humanistische Musiklehre

Es nimmt nicht Wunder, daß die Montana unter Engelhardts Ägide eine Pflanzstätte humanistischer Gelehrter unterschiedlichster Begabung werden sollte. Einige haben wir bereits kennengelernt, andere werden das Bild noch klarer konturieren. Eine Leistung ganz besonderer Art, die der unter ihm geförderte Humanismus hervorbrachte, stellt die „neue Kölner Musiklehre" dar, die in der allgemeineren wissenschaftsgeschichtlichen Forschung erst sehr spät angemessen gewürdigt wurde.[111] In der Entwicklung der humanistischen Musiklehre dürfen wir sicherlich eine weitere Gemeinsamkeit zwischen dem Kölner Thomisten und dem bekanntermaßen musikbegeisterten Celtis sehen. Zudem wird sie einen nicht unerheblichen Grund für das personelle und geistige Band zwischen der Montana und den humanistischen Reformatoren des Nürnberger Schulwesens gebildet haben.[112] Nicht zuletzt öffnet sich mit diesem Bereich aber auch die Bursenperspektive, da besonders in ihm eine Gemeinschaftsleistung der beiden thomistischen Bursen, also auch der Corneliana, sichtbar wird. Schließlich und endlich entstand die humanistische Musiklehre auf dem Boden des Köln-Leipziger Thomistenverbundes.

Als erster bekannter humanistischer Lehrer der Musik an einer Kölner Burse gilt Melchior Schanppecher von Worms.[113] Nach seiner Kölner Immatrikulation am 20. Dezember 1496 determinierte er am 11. Dezember 1497 unter Theodoricus de Busco (M 39). Auffällig, daß er sich mit dem Abschluß des Artes-Studiums recht viel Zeit ließ. Im Sommer 1502 wechselte er zunächst nach Leipzig, kehrte von dort jedoch in die Montana zurück, um unter dem Neffen seines Determinators, Andreas de Bardwijck (M 51), im April 1505 zu inzipieren. Sowohl in Leipzig als auch in Köln gab er dann 1506 eine Einführung in die Astronomie heraus.[114] Schon vor seinem Leipziger Aufenthalt veröffentlichte

---

[111] S. jetzt Meuthen 1988, 208 f., wo diese Errungenschaft der Kölner Bursen im Rückgriff v.a. auf die einschlägigen Forschungen Niemöllers erstmals gebündelt in den Rahmen der Kölner und allgemeinen Universitätsgeschichte gestellt wurde. Eine spezielle Abhandlung zum Thema bei Fellerer 1969.

[112] S.o. 648-662.

[113] M 432,193. Vgl. zu ihm Niemöller 1961; Meuthen 1988, 208. Noch ungeklärt ist, ob der Cornelianer und spätere Dominikaner Magdalius von Gouda regulären Musikunterricht gab (vgl. Niemöller 1956, 50 ff.).

[114] Vgl. Niemöller 1956, 46 u. Anm. 1 u. 2.

der thomistische Bakkalar im Verein mit seinem Schüler Nikolaus Wollick von Serrouville 1501 das wegweisende musiktheoretische Werk ‚Opus aureum musicae'.[115] Wollick gehörte allerdings der Corneliana an, in der er im Juli 1499 unter Henricus de Delft (C 60) determinierte und im Mai 1501 unter Adam Folckmar von Boppard (C 58) inzipierte.[116] Er gab das vierteilige ‚Opus aureum' heraus und zeichnete für die ersten beiden Teile verantwortlich, schrieb ein elegisches „Epigramma ad lectorem"[117] und widmete das Werk seinem Artes-Lehrer Adam Folckmar.[118] Während Wollick über die Musica Gregoriana handelte, verfaßte Schanppecher die Kapitel „De Musica figurativa" und „De modo componendi". Gerade dieser Teil demonstriert die im Opus grundlegende Hinwendung zum „schöpferisch-künstlerischen Bereich der Musik",[119] durch die es sich trotz Wahrung traditioneller Elemente auszeichnet. Entscheidend ist die „Eliminierung der (mathematisch-) spekulativen Gebiete der Monochord- und Proportionslehre",[120] d.h. die unter didaktischen Prinzipien stehende Erweiterung der musica practica durch eine Kompositionslehre, die untrennbar mit dem Poetik-Unterricht verbunden war.[121] Tatsächlich bezeugt Nicolaus Wollick in seinem Widmungsbrief ausdrücklich, daß er nicht nur *in artibus*, sondern auch *in musica et poetica* täglich Unterricht erhalten habe.[122] Erst recht muß dies für Melchior Schanppecher, den Verfasser der Kompositionslehre, gelten. Freilich: wer ihn in der Dichtkunst an der Montana unterrichtete, muß offen bleiben; doch mit Valentin Engelhardt (M 43) und den Carmina des Celtis hätte er gewiß einen guten Lehrer und anerkannte Vorlagen erhalten.

Für die Corneliana wäre etwa an Magdalius von Gouda zu denken.[123] Im September 1489 immatrikuliert, trat er in die Corneliana ein und determinierte in ihr 1490 unter Mathias de Venlo (C 49).[124] Sein Inzeptor von 1495 ist unbekannt. Magdalius war nicht nur der griechischen und hebräischen Sprache mächtig, sondern auch

---

[115] Vgl. Niemöller 1956; Niemöller 1961; Meuthen 1988, 208.
[116] M 438,36.
[117] Gedruckt: Niemöller 1955, 2.
[118] Niemöller 1956, 40 f., 289 ff. (Druck des Widmungsbriefes).
[119] Niemöller 1961, V.
[120] Niemöller 1956, 261.
[121] Vgl. Niemöller 1956, 258-262; Fellerer 1969, 123; Niemöller 1983, 84 f.; Meuthen 1988, 208.
[122] Niemöller 1956, 44, 290.
[123] Vgl. zu ihm in diesem Kontext Meuthen 1988, 208, 216 f.
[124] M 403,113.

in Poetik und Musik bewandert wie anerkannt. 1496 oder 1497 schloß er sich dem Dominikanerorden an.[125] Dies hielt ihn freilich nicht davon ab, seine christlich-humanistische Bildung weiter zu vertiefen. Recht früh konnte er sich offensichtlich in den angesehensten Humanistenkreisen einen Namen machen. Die Spur führt uns wiederum in den Celtis-Kreis. Ende des Jahres 1500 schickte Vinzenz Lang aus Rom, wo er mit Aesticampian weilte, unter anderem die von Magdalius verfaßten ‚Carmina ad imitationem Rabani (Mauri)' an Celtis nach Wien.[126] Es ist für unseren Kontext nicht ganz unwichtig zu wissen, daß Lang oder besser Longinus dann dort seit 1501 neben Celtis als zweiter Lehrer am Collegium poetarum die poetisch-rhetorischen Fächer lehrte, von Celtis als *musicus et poeta* bezeichnet wurde, und daß zudem Willibald Pirckheimer mit ihm korrespondierte – und zwar 1502 auf dem Höhepunkt des Streites mit den Nürnberger Dominikanern, mit heftigen Attacken gegen die philosophischen Vertreter des Alten.[127] Der Kölner Humanist und Dominikaner Magdalius stand offensichtlich in einem anderen Licht. Eindringlich bestätigt dies gerade Ulrich von Hutten, der 1510 bei seiner Vorstellung deutscher Poeten für Köln feststellte: *Nutrit honoratos sacrata Colonia vates ... Prima est ante alios Jacobo gloria Gaudae / Qui miscet sacris musica sacra suis.*[128] Mit Recht rühmte Hutten die musikalischen und poetischen Fähigkeiten des Dominikaners, der allem Anschein nach eben auch noch im Ordensgewand die Artisten unterrichtete.[129] Neben der ‚Stichologia' von 1503, einer umfangreichen Anleitung für lateinische Dichtung und Verslehre,[130] wird vor allem in dem 1501

---

[125] Löhr 1948, 282. Erstaunlicherweise trat ungefähr um die gleiche Zeit ein zweiter Cornelianer, Magistrand ebenfalls unter Mathias de Venlo, in den Dominikanerorden ein: Johannes de Heyer (M 371,120), der 1482 und 1484 graduiert worden war, von 1489 bis 1497 an der Corneliana lehrte (C 57), gleichzeitig Theologie studierte und 1499 als Dominikaner bezeugt ist.

[126] *Mitto tuae d(ominationi) ex peregrinatione nostra collecta carmina fratris Iacobi de Ganda (sic) ad imitationem Rabani fabricata cum litteris sparsis, ita, ut singuli versus singulas habeant triginta litteras* (Rupprich 1934, 435-443 [hier: 442], Nr. 256); vgl. Niemöller 1955/57a, 132 f.

[127] Vgl. Rupprich 1934, 375 f., Anm. 1; Reicke 1940, 172-175, Nr. 52. Longinus starb 1502 durch Suizid. Vgl. zu ihm auch Schmid 1989 pass., bes. 97 f.

[128] Vgl. Löhr 1948, 283 f.; Meuthen 1988, 217. Nach der Kritik des Magdalius an Reuchlin wegen seiner judenfreundlichen Haltung sah die Sache allerdings ganz anders aus.

[129] Löhr 1948, 284.

[130] Vgl. Löhr 1948, 285 f.

veröffentlichten ‚Erarium aureum poetarum' seine humanistisch-poetische Bildung evident.[131] Ausführlich behandelte er die griechische und hebräische Sprache, ihre Aussprache und Orthographie; Autoritäten der Darlegungen über Poetik waren Ovidius, Juvenalis, Martialis, Persius, Catullus, Propertius, Tibullus oder Lucretius. Bemerkenswert die mehrmaligen direkten Wendungen an Johannes Rinck, dem Magdalius zu Beginn ein Carmen schrieb und dessen Verdienste für die Kirche St. Kolumba er zum Schluß nochmals besonders betonte.[132]

Nochmals hinzuweisen ist auf das Phänomen der Kooperation der beiden thomistischen Bursen. Die Herausgabe eines völlig neuen Typus von Universitätslehrbuch, welches in seiner Konzeption „den ersten Ansatz zur Aufteilung in musica theorica, practica und poetica und damit ein Vorbild für die gesamte humanistische Musiklehre des 16. Jahrhunderts"[133] bietet, setzt einen so hohen Grad an vorheriger intensiver Zusammenarbeit voraus, daß eine isolierte Initiative von Verfassern und Verleger (Heinrich Quentell)[134] unwahrscheinlich anmutet. Realistischer dürfte die Vermutung sein, daß führende Regenten der Corneliana und Montana die entscheidenden Anstöße gaben.

Gerade die Montana intensivierte denn auch in der Folge die humanistische Reform des Musikunterrichts, so daß die vor allem an ihr verwurzelte „Kölner Theoretikergruppe ... alle ähnlichen, an anderen Universitäten bestehenden Theoretikergruppen an Bedeutung" überragte.[135] Erstaunlicherweise konnte Cochläus (M 56) bereits vor seinem Kölner Studium Einfluß auf die humanistische Musiklehre nehmen, wurde doch einer seiner vor 1501 zu datierenden anonymen Musiktraktate zu einer intensiv benutzten Vorlage für das ‚Opus aureum'.[136] So kam er mit einer ansprechenden musikalischen Vorbildung 1504 an die Montana. Vielleicht ist es mit Blick auf seine Wirksamkeit für die humanistische Musiktheorie

---

[131] Eingesehen wurde das Exemplar UStB, GBII^a, 254^c (gedruckt: Köln, Mai 1506, bei Quentell, vom Autor selbst erneut durchgesehen).

[132] Möglicherweise deutet sich hier bei Magdalius bereits eine Hinwendung zum Kreis der Albertisten um Rinck an, die für die Parteinahme des Dominikaners im Reuchlinstreit nicht unerheblich wäre, wird dieser doch – wie zu zeigen sein wird – wesentlich von den Kölner Albertisten und ihren Freunden getragen.

[133] Niemöller 1956, 262.

[134] Zu dieser Annahme tendiert Niemöller (1956, 77 f.).

[135] Niemöller 1956, 263.

[136] Niemöller 1956, 250 f.; Niemöller 1961, II.

kein Zufall, daß er die Lehrer des Melchior Schanppecher, Theodoricus de Busco (M 39) und Andreas de Bardwijck (M 51), ebenso als seine Kölner Lehrer rühmte. Das von Schanppecher mitverfaßte ‚Opus aureum' besaß maßgebliche Vorbildfunktion für Cochläus, der ja selbst schon Einfluß auf das ‚Opus aureum' gehabt hatte. Aus seiner 1507 in Köln veröffentlichten ‚Musica' entstand durch eine Umarbeitung für die Bedürfnisse der Nürnberger Lateinschule 1511 das bereits genannte ‚Tetrachordum musices'.[137] Auch Cochläus bot in diesem bahnbrechenden Werk eine Kompositionslehre und erstmals für eine Partikularschule eine Einführung in den metrischharmonischen Hymnengesang.[138]

In die Gruppe der Kölner Musiktheoretiker reihte sich nun Heinrich Loriti ein, besser bekannt als Glarean.[139] Am 5. Juni 1507 ließ er sich in die Matrikel eintragen, wenige Tage vor seinem Bursenkommilitonen Nicolaus Gerbellius. Im übrigen scheint auch dieser thomistische Humanist eine musikalische Unterweisung an der Montana erfahren zu haben, denn 1515 empfahl Gerbel in Straßburg die ‚Institutiones musicae' des Ottomar Luscinius mit einem Hexastichon.[140] Glarean erwarb 1508 und 1510 beide artistischen Grade unter Theodoricus de Novimagio (M 49). Die Montana hatte er mit musikalischen Vorkenntnissen betreten, die ihm an der Rottweiler Lateinschule durch deren „ausgezeichneten" Rektor Michael Röttlin al. Rubellus zuteil geworden waren.[141] Rubellus hatte seinen Artes-Unterricht an der Montana erhalten. Als Michael Reytlyn von Rottweil wurde er am 30. Oktober 1494 in die Kölner Matrikel eingetragen;[142] er determinierte im November 1495 unter Fredericus Keutenbrauer de Nussia (M 45) und wurde als Pauper anschließend dispensiert.[143] Glarean gehörte in seinem Musikunterricht zu den Schülern des Cochläus (M 56), wozu er

---

[137] Vgl. etwa Gurlitt 1966, 70 ff.; Niemöller 1969, 337 ff.; Meuthen 1988, 208 f.
[138] Gurlitt 1966, 71.
[139] M 473,137.
[140] Vgl. Niemöller 1955/57, 106.
[141] Fritzsche 1890, 3 f.; Stüssi, in: Glarean 1983, 30 f.; Aschmann, in: Glarean 1983, 151.
[142] M 424,25.
[143] Rubellus drückte seine weitere Verbundenheit mit der Montana nicht nur dadurch aus, daß er sie Glarean empfahl. Auch sein Schüler Berchthold Haller von Rottweil (M 486,71), der spätere berühmte Reformator Berns, wird 1510 die Montana aufsuchen und dort determinieren. In der Forschung ist das thomistische Studium des Rubellus, welches für den Werdegang Glareans ja nicht ganz unwichtig ist, m.W. bisher nicht bekannt.

sich noch im hohen Alter rühmend bekannte. Seine 1516 in Basel erschienene ‚Isagoge in musicen' nahm entscheidende Anregungen des Cochläus auf;[144] in seinem musikalischen Hauptwerk, dem 1547 gedruckten ‚Dodekachordon', rühmt Glarean seinen verehrten Kölner Lehrer am Schluß in einem Panegyrikon und bezieht sich gerade bei seinen pädagogischen Beispielen auf ihn.[145] Im übrigen stellte Glarean neben Matthias von Aachen (M 55) und Rutger von Venlo (M 52) noch 1554 ebenfalls Andreas de Bardwijck (M 51) als hoch geschätzten Lehrer heraus.[146] Bekanntlich hat Glarean seine musikalischen Fähigkeiten in Köln erfolgreich umgesetzt, als er am 25. August 1512 anläßlich des Kölner Reichstages seinen Panegyrikon auf Kaiser Maximilian singend, nach dorischer Tonart, vortrug und daraufhin vom Kaiser zum Poeta laureatus gekrönt wurde.[147] Er könnte damit Georg Sibutus gefolgt sein, der seinen Panegyrikus am 24. Juni 1505 auf dem Kölner Reichstag möglicherweise ebenfalls musikalisch vorgetragen hatte.[148]

Als letzten humanistischen Musiktheoretiker der Montana haben wir Bernhardin Bogentantz von Liegnitz in den Kreis einzufügen. Vorstellen brauchen wir ihn ja nicht mehr; den Goldberger Schüler des Cingulatoris haben wir schon bei seiner Determination 1509 und seiner Inzeption 1516 als Student der Montana kennengelernt.[149] Bereits am 10. Oktober 1515 veröffentlichte Bogentantz seinen musiktheoretischen, ebenso von Cochläus beeinflußten Traktat ‚Collectanea utriusque cantus'.[150] Die humanistischen Widmungsgedichte am Beginn weisen auf die anhaltende Begeisterung für die Musik an der Montana hin. Ein Decastichon ‚Ad praeclaram juventutem bonarum artium studiosam' wurde von Heinrich Scheve von Kloppenburg verfaßt.[151] Dieser hatte sich nach einem ersten humanistischen Unterricht an der Münsteraner Domschule unter seinen Lehrern Kemner und Peringius – zwei ehemalige Montaner[152] – am 30. Oktober 1505 in Köln immatrikuliert und trat

---

[144] Aschmann, in: Glarean 1983, 154.
[145] Aschmann, in: Glarean 1983, 168, 180.
[146] Fritzsche 1890, 4.
[147] Vgl. Fritzsche 1890, 8 f.; Stüssi, in: Glarean 1983, 32; Feller-Vest, in: Glarean 1983, 96 ff.; Schmid 1989, bes. 101.
[148] Niemöller 1955/57, 131 f. u. Anm. 18; vgl. auch Schmid 1989, bes. 99.
[149] S.o. 643.
[150] Niemöller 1955/57, 102; vgl. auch Niemöller 1956, 78 f.; Fellerer 1969, 128.
[151] Vgl. Niemöller 1955/57, 102 ff. (mit biographischen Notizen zu Scheve, die über die Angaben bei Nordhoff [1880] hinausgehen).
[152] Hierzu später ausführlicher; s.u. 697 f.

ebenfalls in die Montana ein.[153] Im Dezember 1506 determinierte er unter Theodoricus de Novimagio (M 49); unter Matthias von Aachen (M 55) erwarb er im Juni 1508 sein Magisterium. Noch 1514 und später gehörte er dieser Burse an,[154] der auch Johannes (Hinne) Rodius[155] nahe gestanden haben muß.[156] Der spätere Rektor der Hieronymusschule in Utrecht und Sekretär der Stadt Lüneburg (um 1525)[157] schrieb für Bogentantz ein Panegyrikon ‚In laudem musices' sowie ein Distichon ‚Ad puerum musices studiosem'.[158]

c) Die Korrelation zwischen der Montana und dem humanistischen Schulwesen: Münster und Emmerich

Eine thematische Strukturierung inhaltlicher Art ist für die weitere Darstellung des Humanismus an der Montana (und der weniger bedeutenden Corneliana) nicht im gleichen Maße wie bei der humanistischen Musikpflege möglich. Auch diese war wesentlich personengebunden, aus einem umfassenderen Rahmen heraus zu verstehen. In noch stärkerem Maße sind die übrigen Spielarten humanistischer Betätigung an den Bursen in ihrer jeweiligen Ausformung primär durch die tragende Person zu erschließen sowie durch die Gruppe, in der sie steht. Denn vor den Statutenreformen von 1523 und 1525 gab es keine verbindlichen humanistischen Fächer oder Texte bzw. Fächer, die nach humanistischen Anforderungen ausgerichtet waren.[159] Poetik, Griechisch, Hebräisch oder eine speziell humanistische Musiklehre blieben vorerst an individuelle Initiativen gebunden. Daher also die lehrenden und fördernden Personen als Ausgangspunkt, um zu den Eigenarten des humanistischen Bursenprofils zu gelangen.

Eine entscheidende Grundlage für den Humanismus an den Bursen, für den der Montana im besonderen, bildeten die humanistischen Schulen, deren Lehrämter von Angehörigen der Burse eingenommen wurden. Sie sandten dann wiederum in der Regel –

---
[153] M 468,38; vgl. M-Ntr. 1724 (bei Niemöller 1955/57, 103 f., Verwechslung des Determinationsdatums mit dem der Immatrikulation).
[154] Vgl. Niemöller 1955/57, 104.
[155] M 429,7: 4.1.1496 für juristisches Studium immatrikuliert.
[156] Niemöller 1955/57, 105.
[157] Vgl. Ekker 1863, 23 f.; Niemöller 1955/57, 105.
[158] Niemöller 1955/57, 102.
[159] Zu den Statutenreformen jetzt: Meuthen 1988, 229-236.

Exklusivität und Verbindlichkeit gab es dabei prinzipiell natürlich nicht – ihre studierwilligen Schüler zum Universitätsstudium an die Montana. Dieses korrelative Verhältnis wirkte überaus traditionsbildend, verfestigend wie innovativ. Was für Pforzheim vorausgesetzt werden durfte,[160] für Goldberg bereits – da die Achse nach Wittenberg erhärtend – eruiert wurde,[161] gilt im besonderen Maße für Münster und Emmerich. Dort finden wir zwei herausragende humanistische Schulen, die zu bestimmten Zeiten besonders durch thomistische Montana-Absolventen geprägt wurden, sich aber nicht als Konkurrenz verstanden, sondern als institutioneller und bildungsmäßiger Unterbau. Die personellen Einflüsse der albertistischen Kölner Schule werden noch zur Sprache kommen, Abgrenzungen bestätigend. Spannungen werden sichtbar, die in den Kölner Bursen ihre Wurzeln hatten, aber beileibe nicht oder nicht allein aus leeren, erstarrten Parteigegensätzen resultierten, sondern wesentlich auf geistigen Grundhaltungen beruhten.

MÜNSTER: Auch die humanistisch reformierte Münsteraner Domschule blieb von dem Spannungsfeld nicht verschont. Die Reform der Domschule ging vermutlich auf maßgebliche Anregungen des Münsteraner Propstes am Alten Dom und Humanisten Rudolf von Langen zurück,[162] auf den wir als engen Freund des Kölner Albertistenkreises noch ausführlicher zurückkommen werden.[163] Den ersten humanistischen Rektor berief aber nicht Langen, sondern der Scholaster Wennemar von der Horst im Jahre 1500.[164] Dies ist nicht ganz unwichtig, denn die Schulleitung wurde einem ehemaligen Schüler der Montana übertragen. Timan Kemner[165] hatte im Juni 1488 unter Theodoricus de Busco (M 39) determiniert, 1490 unter Remigius de Malmundario (M 41) inzipiert. Von 1500 bis 1530 sollte er der reformierten Schule vorstehen. Die Anstellung der unter ihm tätigen Lehrer war dann wiederum seine Aufgabe.[166] Als einen seiner Lektoren ernannte er Johannes op Wederick de

---

[160] S.o. 560-563.
[161] S.o. 638-643.
[162] Löffler 1930, 355.
[163] S.u. 715-726.
[164] Reichling 1900, 22 f. u. Anm. 5 (die Berufung durch den Scholaster wird ausdrücklich vom Rektor betont); Löffler 1930, 355 f.
[165] M 394,103; vgl. zu ihm außer Reichling (1900) und Löffler (1930): Bücker 1961, bes. 52 f.; Ijsewijn 1971, 316 ff. (Druck seiner humanistischen Invektive gegen die Modisten ‚Epistola in regiminum vires modosque significandi'); Ijsewijn 1975 s.v.; Meuthen 1988, 233, 258 f.; Butzer/Wald 1986, bes. 67 (Lit.), 87-96.
[166] Reichling 1900, 23.

Buderick al. Peringius, einen Zögling seiner alten Burse. Peringius[167] steht in der Matrikel neben dem Musiktheoretiker Nikolaus Wollick, mit dem er auch parallel das Studium absolvierte, allerdings nicht in der Corneliana. Er wählte im Juni 1499 den gleichen Determinator wie sein Münsteraner Rektor, nämlich Theodoricus de Busco. Im April 1501 inzipierte er unter Valentin Engelhardt (M 43), um noch im selben Jahr in Münster als Lektor der Tertia zu beginnen, gleichermaßen als milder Pädagoge wie Kenner der Klassiker gerühmt. Dies Lob gebührt sicherlich auch seinen Kölner Lehrern. 1507 zum Konrektor aufgestiegen, wechselte er zwischen 1512 und 1518 mehrmals die Wirkungsstätte in Münster, bevor er schließlich nach Wesel berufen wurde. Noch in Münster bildete er seine hebräischen Sprachkenntnisse soweit aus, daß er 1517 eine ‚Exhortatio studiosae iuventutis ad linguam Hebraicam in frequenti scholasticorum coetu habita, cum auspicaturus esset Hebraicae linguae rudimenta' veröffentlichte, die er seiner in Köln gedruckten Sentenzensammlung aus Lorenzo Vallas Schriften ‚De verbo bono' anfügte.[168]

Als dritter ausgewiesener Schüler der Montana übernahm Johannes Hagemann von Münster[169] nach dem Magisterium von 1509 eine Lehrtätigkeit. Im Dezember 1507 hatte er unter Andreas de Bardwijck (M 51) sein Bakkalaureat erworben; er mußte freilich im April 1509 unter dem Laurentianer Johannes de Campis (L 65) inzipieren. Hervorzuheben ist sein Unterricht im Griechischen, den er nach der kurzen Lehrzeit des Johannes Caesarius 1512/13 übernahm.[170] Als nächster Thomist und wohl auch Humanist folgte um 1519 Homerus Buter de Hasellunis,[171] der 1514 sein Bakkalaureat unter Matthias von Aachen (M 55), 1517 sein Magisterium unter Andreas de Bardwijck (M 51) erworben hatte. Ein weiterer bekannter Humanist, gleichfalls ein Kölner Magister, trat nach 1510 in den Schuldienst, Bernhard Berninck von Münster al. Gwering.[172] Wo er seine Bildung in Köln erfuhr, ist gänzlich unbekannt. Doch

---

[167] M 438,35; vgl. zu ihm Reichling 1880 s.v.; Reichling 1900 s.v., bes. 69-73.
[168] Vgl. Löffler 1912, 304 f. S. auch die kurze, vom ‚Auctarium' Butzbachs ausgehende biographische Beschreibung bei Krafft/Crecelius 1871, 270 f.
[169] M 471,73; vgl. zu ihm Reichling 1880 s.v.; Reichling 1900 s.v.
[170] Reichling 1900, 52; vgl. Bücker 1961, 73 f., Anm. 44.
[171] M 498,71. Seit 1525 hielt er sich in Wittenberg, Braunschweig und Herford auf, lehrte als Lutheraner.
[172] M 477,15; vgl. zu ihm Reichling 1900 s.v.; Meuthen 1988, 259.

1514 konnte er bereits in Münster ‚Selectiora carmina ex Horatio, Juvenali et Persio' als Schulschrift herausgeben.[173]

Die literarisch-pädagogischen Verdienste Kemners beruhten auf der Veröffentlichung von Gedichten, einer Textausgabe dreier Satiren Juvenals, vor allem aber auf seiner humanistischen Revision der traditionellen Grammatik des Alexander de Villa Dei, des ‚Doctrinale'.[174] Doch vermutlich ersetzte er sie bereits 1502 durch eine eigene, ganz humanistische Grammatik, das ‚Compendium aureum etymologiae et syntacticae grammatices'.[175] Es verdient Erwähnung, daß auch der Humanist und Musikliebhaber Heinrich Scheve den humanistischen Unterricht unter seinen Lehrern Kemner und Peringius noch Jahre später rühmte,[176] die beide wohl keinen geringen Einfluß auf Scheves Wahl der Montana als Kölner Studienstätte hatten. Die humanistische Bildung kann also nicht ausschlaggebend gewesen sein, als sich Kemner mit seinem Konrektor Johannes Murmellius, einem hervorragenden Pädagogen und Humanisten, um 1507 hoffnungslos zerstritt.[177] Man hat einen herrischen, überheblichen Charakterzug des Rektors hierfür verantwortlich machen wollen, den auch Caesarius in seiner Klage über eine ungenügende Besoldung durch Kemner herausstellte.[178] Rivalitäten und persönliche Eitelkeiten der beiden Humanisten mögen sicherlich eine Rolle gespielt haben.

Ein ganz anderer Hintergrund ist gleichwohl ebensowenig von der Hand zu weisen. Murmellius soll das Konrektorat 1500 wesentlich der Fürsprache Rudolfs von Langen verdankt haben.[179]

---

[173] Reichling 1900, 26.
[174] Vgl. Krafft/Crecelius 1871, 265 ff.; Reichling 1900, 62 f.; Ijsewijn 1975, 245; Meuthen 1988, 233.
[175] Reichling 1900, 37, 63; Butzer/Wald 1986, 87-96 (zur humanistischen Vorrede Peter Gymnichs zum Kompendium). Es folgten beispielsweise noch ein Kompendium zur Rhetorik, zur Dialektik und zur Naturphilosophie. Wie in Goldberg legte also auch dieser humanistische Thomist Schulbücher vor, die auf das traditionelle Artes-Studium vorbereiteten.
[176] Niemöller 1955/57, 103; vgl. o. 695.
[177] Vgl. hierzu Reichling 1880, 69-76; Bömer 1895, 1, 5, 10 f.; Bücker 1961, 53 u. 73, Anm. 39 (erste Anzeichen des Streites bereits 1504 in Murmellius' Lobgedicht auf Münster sichtbar). Der Thomist Peringius bekleidete nach dem Ausscheiden des Murmellius, der 1508 die Leitung der Münsteraner Ludgerischule übernahm, das Konrektorat an der Domschule.
[178] Reichling 1900, 49-53, 61 f. (Reichling urteilt bei der Darstellung des Konflikts freilich stark aus der Perspektive „seines Helden" Murmellius); vgl. auch Bücker 1961, 53.
[179] Reichling 1880, 25; Reichling 1900, 64; Bömer 1895, 1, 5; Bücker 1961, 52. Doch Legende und plausible Annahme sind hier nur schwer voneinander zu trennen.

Unwahrscheinlich wäre dies nicht. Denn Murmellius kam direkt aus der Laurentiana nach Münster, hatte nach seiner Immatrikulation am 14. April 1496 im Dezember des gleichen Jahres unter Everardus de Amersfordia (L 54) determiniert und im April 1500 unter Johannes de Harderwijck (L 55) inzipiert.[180] Noch 1507, in seinen ‚Elegiarum moralium libri quatuor', schrieb er ein langes Gedicht auf Albertus Magnus, welches er Arnold von Tongern als Rektor der Laurentiana widmete, ihn und die Burse, die alle anderen überstrahle, rühmte.[181] Murmellius dedizierte die Elegien seinem Gönner Rudolf von Langen, den er zugleich in mehreren Gedichten verherrlichte.[182] Gewiß, Murmellius setzte damit nicht Thomas von Aquin hintan, den er ebenfalls in einer an seinen Münsteraner Kollegen Ludolph Bavinck gerichteten Elegie pries.[183] Doch die Montana als Hort thomistischer Studien wird eben nicht erwähnt. Zieht man zudem in Rechnung, daß Rudolf von Langen nicht nur ein ausgesprochener Verehrer des Albertus Magnus war, sondern auch den Kölner Albertisten sehr nahe stand, ihnen zahlreiche Epigramme schrieb, die dann in den offiziellen Lehrbüchern der Laurentiana gedruckt wurden,[184] so werden Bindungen sichtbar, die durchaus persönliche Animositäten verschärfen konnten.

EMMERICH: Das Gymnasium zu Emmerich gilt nach seiner humanistischen Reformierung Ende des 15. Jahrhunderts als die bedeutendste Schule am Niederrhein.[185] Nachdem von ungefähr 1475 bis 1513 Zöglinge der Kölner Albertistenschule in der Schulleitung dominierten,[186] läßt sich für die folgenden Jahrzehnte eine erstaunliche, kontinuierliche Abfolge von Rektoren feststellen, die aus der Montana kamen.[187] Die Reihe begann mit Kaspar Raffel von

---

[180] M 430,9; vgl. zu Murmellius etwa Nauwelaerts 1951 (202 f. zum Kölner Studium); Bücker 1961, bes. 52 f. u. Anm. 6 (mit weiterer Lit.); Meuthen 1988 s.v.

[181] Gedruckt: Bömer 1895, 3, 63-67; vgl. Reichling 1881, 22-28; Nauwelaerts 1951, 203.

[182] Vgl. Bömer 1895, 3, 4-9, 44 f., 74-77, 99 ff., 108 f.

[183] Bömer 1895, 3, 93-98. Bavinck, der aus Metelen stammte, ist in der Kölner Matrikel nicht nachzuweisen. Warum gerade ihm die Elegie auf Thomas von Aquin gewidmet wurde, warum nicht den Münsteraner Schülern der Montana (die Murmellius ja auch mit Gedichten beschenkte), erscheint schleierhaft.

[184] S.u. 719-726.

[185] Meuthen 1988, 259; vgl. Ennen 1983, 238; Ulrich 1984, 13 f.

[186] Zu ihnen u. 717 ff.

[187] Hierauf weist Meuthen (1988, 259 f.) explizit hin.

Glogau.[188] Mit zwei weiteren Studenten aus dem schlesischen Glogau hatte er sich im August 1504 in Köln immatrikulieren lassen, um dann mit ihnen in die Montana einzutreten. Kaspar dürfte mit dem Bakkalaureat einer anderen Universität gekommen sein, denn bereits im Mai 1507 konnte er unter Theodoricus de Novimagio (M 49) inzipieren. Noch im gleichen Jahr wurde er Lehrer in Emmerich;[189] von 1513/15 bis 1524/28 – die genauen Zahlen lassen sich nicht mehr ermitteln – bekleidete er das Rektorat. Sein auf Köln ausgerichtetes Wirken in Emmerich war von nicht unwesentlicher Tragweite. 1511 oder 1512 sandte er den späteren Emmericher Lehrer (1517) und Rektor (1559-1572) Heinrich Uranius (Coelicus, Selicus) von Rees[190] an seine alte Burse. *Caspari monitu* zog es Uranius insbesondere zum künftigen Poeta laureatus, zu Glarean, unter dem er Griechisch lernte.[191] Am 19. April 1512 trug sich Uranius in die Kölner Matrikel ein, zusammen mit einem Landsmann aus Rees und einem Studenten aus Emmerich, der vermutlich von der gleichen Schule kam, auf jeden Fall ebenfalls in die Montana eintrat.[192] Uranius determinierte im Mai 1513 unter Henricus de Fredenborch (M 54), wurde im März 1515 durch Rutger de Venlo (M 52) zum Magister promoviert. Da Glarean im Frühjahr 1514 Köln verließ, hatte Uranius seinen Griechisch-Unterricht als Montaner während der ersten zwei Jahre seines Artes-Studiums erhalten. Ob er in Köln auch schon Grundlagen in Hebräisch erhielt, ist ungewiß. Doch als Lehrer in Emmerich beherrschte er diese Sprache so gut, daß er 1532 ein ‚Compendium Hebraeae grammaticae' herausgab.[193]

Die Vernetzung der Bildung zwischen der Montana und Emmerich war damit bei weitem nicht abgeschlossen. Zwei gleichnamige Mitglieder der Familie Homphäus aus Cochem, Petrus und sein Neffe, trugen einen erheblichen Teil dazu bei. Petrus Homphäus d.Ä. wird von dem noch näher zu behandelnden Heinrich Bullinger als sein Lehrer während seiner Schulzeit in Emmerich genannt.[194]

---

[188] M 463,26; vgl. Köhler 1882, 22, 25, 39; Köhler 1883, 89 f.; Oediger 1973, 385; Ulrich 1984, 13; Meuthen 1988, 259.

[189] Ulrich 1984, 13.

[190] M 494,14; vgl. Köhler 1882, 38-42; Köhler 1883, 93-97; Meuthen 1988, 259 f.

[191] Köhler 1882, 38 ff. (Uranius erzählt von diesem Vorgang in einem Epigramm auf Glarean, welches er in sein Exemplar des ‚Elementale introductorium' schrieb, das wiederum Grundlage des Griechischunterrichts unter Glarean war).

[192] Vgl. M 494,12 u. 13.

[193] Köhler 1882, 42 (Aufführung weiterer Schriften des Uranius, u.a. einer lateinischen Grammatik für den Schulgebrauch in Emmerich).

[194] Egli 1904, 3.

Von ungefähr 1528 bis 1532 stand er der Schule als Rektor vor.[195] Sein Bildungsgang ist durchaus ungewöhnlich. Denn wir vermuten in ihm jenen Petrus de Koechem, der sich am 3. November 1505 in Köln immatrikulieren ließ.[196] Sein Studium an der Montana beendete er aber vorerst mit dem Bakkalaureat, das er am 17. Juni 1507 unter Theodoricus de Novimagio (M 49) erlangte. Gut acht Jahre wirkte er dann wahrscheinlich als Lehrer an einer Partikularschule, möglicherweise schon in Emmerich. Wohl 1515 wandte er sich erneut nach Köln, um an der Montana sein Studium mit dem Magisterium abzuschließen, welches ihm Rutger de Venlo (M 52) am 4. März 1516 erteilte.[197] Von der humanistischen Bildung, die Homphäus schon während seines Magistrandenstudiums besaß, zeugt eine sapphische Ode, die er 1516 verfaßte. Dieses Datum dürfte unsere Identifizierung bestätigen, weist es doch eindeutig nach Köln. Denn die Ode wurde in der im gleichen Jahr veröffentlichten ‚Vita beati Antonii' gedruckt, die aus der Feder des Humanisten (und Reuchlinisten!) Jacobus Sobbius[198] stammte. Der Cornelianer Sobbius hatte wie Homphäus mit einer langen Unterbrechung sein Artes-Studium absolviert und wenige Tage nach ihm, am 12. März 1516, unter dem humanistischen Corneliana-Regenten Jacobus Greselius de Osnaburgis (C 68) inzipiert, nachdem er schon 1509 determiniert hatte. Kurz vor seiner Promotion gab er die ‚Vita beati Antonii monachi Aegyptii ... in latinam linguam quam elegantissime traducta' heraus.[199] *Ex diatriba nostra Corneliana* widmete er sie dem Propst an St. Kunibert, Andreas von Venraedt.[200] Wenn Homphäus sich mit seiner Ode[201] an diesem Werk beteiligte, bezeugt dies neben seiner humanistischen Bildung in gewisser Weise auch den geistigen Gleichklang zwischen der Montana und der Corneliana.

Unmittelbar danach muß sich Homphäus (wieder?) nach Emmerich begeben haben, wo er ein lateinisches Grammatik-Kompendium nach den Institutionen des Aldus Manutius (gedruckt

---

[195] Köhler 1882, 24 f.; Ulrich 1984, 11.
[196] M 468,63.
[197] Eventuell ging diese späte Promotion auf eine Initiative Raffels von Glogau oder des Uranius zurück, der ja genau ein Jahr vorher, am 15.3.1515, ebenfalls unter Rutger de Venlo inzipiert hatte.
[198] M 478,83; zu Sobbius vorerst Meuthen 1988 s.v.
[199] Krafft 1869, 231.
[200] M 338,79 (in den siebziger Jahren des 15. Jahrhunderts Schüler der Laurentiana, später Humanistenfreund).
[201] Gedruckt: Krafft 1869, 206, Anm. 1; Köhler 1882, 24 f.

1530 bei Soter in Köln) veröffentlichte. Er unterrichtete nicht nur Bullinger, sondern vermutlich auch seinen gleichnamigen Neffen, den der Schweizer Reformator Petrus Hompheus Ernestensis nannte.[202] Homphäus d.J. ließ sich am 19. Dezember 1517 in Köln immatrikulieren, um sich ebenfalls der Montana anzuschließen.[203] Drei Jahre später, im Dezember 1520, determinierte er unter Arnold von Wesel (M 58); 1522 erlangte er das Lizentiat, vermutlich auch das Magisterium, doch hier macht sich die Krisenzeit mit Lücken im Dekanatsbuch bemerkbar.[204] Für 1526 ist Homphäus d.J., der als hervorragender Kenner des Lateinischen und Griechischen gilt,[205] mit großer Wahrscheinlichkeit als Lehrer an der Emmericher Schule bezeugt, also entweder noch unter dem Rektorat des Kaspar Raffel von Glogau oder schon unter dem seines Onkels. Die Quelle ist ein Brief Bullingers an Homphäus d.J., dem er sein Erstlingswerk (,Vergleichung der uralten und unserer Zeiten Ketzereien') übersandte, dabei auch die alten Lehrer grüßte und von früheren Studienfreunden erzählte.[206]

Dieser humanistische Freundeskreis hatte sich um 1520 an der Montana gebildet und sollte von einer teilweise bemerkenswerten Treue ausgezeichnet sein, die trotz der konfessionellen Gegensätze bestehen konnte – auch Homphäus d.J. war ein Gegner der lutherischen Lehre.[207] Grundlage waren Tradition und die bestehende personelle Vernetzung. Johannes Reinhart Bullinger von Bremgarten, älterer Bruder Heinrichs, hatte die Lateinschulen in Rottweil, Bern und Heidelberg besucht, ehe er als Lehrer nach Emmerich ging und unter anderem seinen Bruder *in linguae Latinae rudimentis* unterrichtete.[208] Im Februar 1519 reisten die Geschwister gemeinsam von Emmerich in die schweizerische Heimat, von dort nach Köln, wo Johannes ein Artes-Studium an der Montana aufnahm,[209] während Heinrich vorerst den Unterricht an der Emmericher Stiftsschule fortsetzte.[210] Johannes Bullinger studierte

---

[202] Egli 1904, 4.
[203] M 516,110.
[204] Vgl. Un. 481, f. 143v.
[205] Vgl. Krafft 1869, 263; Köhler 1882, 26.
[206] Bullinger 1973, 113 f., Nr. 17.
[207] Vgl. Krafft 1869, 261 ff. (dort auch Druck des Briefes an Homphäus und Nachrichten über dessen Bildung und Werdegang).
[208] Krafft 1869, 206 f.; Egli 1904, 2; Bullinger 1973, 114, Anm. 17.
[209] M 522,47.
[210] Egli 1904, 3.

jedoch nur bis zum Bakkalaureat, welches er unter Andreas von Bardwijk (M 51) am 13. Juni 1520 erlangte, um dann als Kaplan in Bremgarten zu wirken.[211] Dort dürfte die Montana im übrigen seit längerem einen guten Namen gehabt haben, denn ein Jacobus de Bremgarten[212] hatte schon zwischen 1502 und 1505 sein Artes-Studium an der thomistischen Burse absolviert und auch jener 1506 immatrikulierte Johannes de Bremgart wird diese Burse aufgesucht haben.[213]

Zusammen mit Johannes Bullinger determinierte im Juni 1520 Johannes von Glogau[214] unter Andreas von Bardwijk. Er hatte sich etwas früher als der ältere Bullinger in Köln immatrikuliert, wurde *famulus burse* und war eventuell von Kaspar von Glogau aus Emmerich an die Montana geschickt worden. Mit Sicherheit aber lehrte er unter seinem Landsmann nach 1520 als *sextaneus (lector) Embricae*.[215] Ungefähr im März 1519 ließ sich ebenfalls Michael Wüst von Bremgarten[216] in die Kölner Matrikel eintragen, der nun nachweislich von der Emmericher Stiftsschule gekommen war, denn Heinrich Bullinger führte seinen Vetter und Freund in seinem Diarium unter den Emmericher *sodales* auf.[217] Auch Michael Wüst determinierte im Juni 1520 unter Andreas de Bardwijck (M 51).

---

[211] Bullinger 1973, 114, Anm. 17 (er ist freilich 1520 nicht Magister in Köln geworden).

[212] M 453,106: Mai 1502 immatrikuliert, im Dezember 1503 und im Mai 1505 beide artistischen Grade unter Theodoricus de Novimagio (M 49).

[213] M 470,73: 18.5.1506 immatrikuliert; Vermutung des Eintritts in die Montana, weil die am gleichen Tag immatrikulierten Landsleute Balthasar und Leonhard von Zürich (M 470, 71 u. 72) in die Montana gingen und im Juni 1507 unter Theodoricus de Novimagio (M 49) determinierten. In jenem Monat kamen im übrigen zusammen mit Glarean zwei weitere Züricher nach Köln (M 473,135 u. 136), die ebenfalls die Montana aufsuchten und ein Jahr später wie Glarean unter Theodoricus de Novimagio das Bakkalaureat erlangten. Da Glarean ebenso wie später Johannes Bullinger von der Rottweiler Lateinschule (mit ihrem ehemaligen Zögling der thomistischen Burse als Rektor) aus den Weg an die Montana fand, wäre die Annahme eines analogen Bildungsweges bei den übrigen Schweizer Montana-Studenten nicht unwahrscheinlich. Der Ruf dieser Kölner Burse dürfte demnach auch beträchtliche regionale Ausmaße gehabt haben (es lehrte ja kein Landsmann als Regent), der von dem fortwährenden Bekenntnis ehemaliger Studenten getragen und ausgebaut wurde.

[214] M 522,17.

[215] Vgl. Anm. zu M 522,17 (nach entsprechender Notiz im artistischen Dekanatsbuch).

[216] M 522,33.

[217] Egli 1904, 4; vgl. zu Wüst: Krafft 1869, 207; Bullinger 1973, 83, Nr. 12, Anm. 1.

Im September 1519 kam schließlich Heinrich Bullinger nach,[218] der am 4. Dezember 1520 unter Arnold von Wesel (M 58) determinierte, im aktenmäßig schlecht dokumentierten Jahr 1522 das Lizentiat als Montaner erwarb.

Verfolgen wir in diesem Zusammenhang noch den weiteren Einfluß der Montana auf das humanistische Schulwesen in Emmerich, bevor wir ausgehend von den wertvollen Selbstzeugnissen Bullingers Personen und Inhalte des Montana-Humanismus erschließen. Am 8. Mai 1521 immatrikulierte sich Matthias Bredenbach von Kierspe an der Kölner Universität,[219] um die Artes an der Montana zu studieren. Wenn die Angabe des allzuoft legendenhaft berichtenden westfälischen Geschichtsschreibers Hermann Hamelmann stimmt, dann hätte Bredenbach wie schon Heinrich Uranius von Rees vorher die Münsteraner Domschule unter Timan Kemner besucht.[220] Eine Empfehlung der Montana wäre dann wie bei Heinrich Scheve naheliegend. Der mittlerweile gut dreiundzwanzigjährige Bredenbach (1499 geboren) determinierte im Juni 1522 unter Arnold von Wesel (M 58), erhielt im März 1524 das Lizentiat mit einem Pauperitätszeugnis des Matthias von Aachen (M 55).[221] Sofort im Anschluß an sein Examen trat er mit 25 Jahren in den Emmericher Schuldienst ein, den er von 1533 bis zu seinem Tod 1559 als Rektor prägte. Er unterrichtete vor allem die oberste Klasse in Latein, Griechisch und Hebräisch, folgte einem dezidiert katholisch-christlichen Humanismus und Bildungsprogramm.[222] Mit Johannes Sijpen de Halveren[223] konnte die Montana nochmals einen Lektor der Emmericher Schule heranbilden. Sijpen hatte sich im Oktober 1524 immatrikuliert, wurde im November 1525 zum Bakkalaureats-Examen zugelassen und inzipierte im April 1527 als Montana-Schüler unter Johannes Lunensis (M 63); Matthias von Aachen bezeugte Sijpens Armut. Wilhelm von Harlem (M

---

[218] M 523,55.
[219] M 530,35.
[220] Vgl. Ulrich 1984, 7 u. Anm. 5. Ulrich möchte den auf Emmerich bezogenen Aussagen Hamelmanns freilich Glaubwürdigkeit zumessen, da dieser von 1540 bis 1544 Schüler unter Bredenbach war (Ulrich 1984, 11).
[221] Die Dekanatsaufzeichnungen waren auch im März 1524 sehr lückenhaft, so daß ein Magisterium dort nicht nachgewiesen werden kann, aber doch anzunehmen ist (vgl. Un. 481, f. 154r/155r). Zu den Lebensdaten Bredenbachs: Ulrich 1984, 50 f.
[222] Vgl. Köhler 1883, 96 f.; Kuckhoff 1929, 12-25; Ulrich 1984, 19-43, 46-49 (Zusammenstellung der Werke Bredenbachs); Meuthen 1988, 259 f.
[223] M 543,38.

61) notierte bei der Protokollierung dieses Examens, daß Sijpen nunmehr *lector Embricensis* sei.[224]

Die Zusammenstellung dieser humanistischen Lehrkräfte in Emmerich erfolgte nicht gezielt unter dem Blickwinkel einer Montana-Herkunft. Für die gesamte erste Hälfte des 15. Jahrhunderts konnten wir keinen Absolventen der übrigen drei Kölner Bursen als späteren Lehrer in Emmerich ermitteln. Der Einfluß der Kölner Thomisten auf das Bildungsprogramm dieser bedeutenden, humanistisch reformierten Schule muß demnach für jene Zeit als überwältigend angesehen werden. Hervorzuheben sind die engen personellen Verschränkungen beider Bildungsanstalten, die kooperative Verzahnung der Bildungssysteme.[225]

d) Der Humanismus an der Montana im zweiten Jahrzehnt des 16. Jahrhunderts

Heinrich Bullinger wohnte während seines Kölner Studiums bei Dietrich Lysen von Wipperfürth, Diakon an St. Maria Ablaß, und wurde dessen *convictor* nach der Abreise seines Bruders im Juni 1520.[226] Eine zufällige Wahl bedeutete dieses Hospitium nicht. Denn Lysen hatte ebenfalls in der Montana studiert, im Juni 1500 unter Valentin Engelhardt (M 43) determiniert, im April 1502 unter Andreas von Bardwijk (M 51) inzipiert.[227] Lysen war zugleich der Onkel des Dietrich Bitter von Wipperfürth al. Pikronius Montensis,[228] den Bullinger zu seinen Kölner Sodales und zeitlebens zu seinen engen Freunden zählte.[229] Pikronius, ein Montaner ebenfalls, stand schon seit 1517 in der Matrikel. Er determinierte 1519 unter Matthias von Aachen (M 55) und erhielt 1521 das Lizentiat. Wenn

---

[224] Vgl. Un. 481, f. 169v.

[225] Der personelle Austausch zwischen Emmerich und Köln darf natürlich nicht schematisch gedacht werden. Mit Nicolaus Mameranus etwa oder Hermann Weinsberg gibt es berühmte Beispiele für Absolventen der Emmericher Schule, die in der Folge die Laurentiana aufsuchten (vgl. hierzu Meuthen 1988, 260 f., der ebenfalls das Zusammenspiel beider Bildungsstätten betont). Es bleiben für jeden Einzelfall umfassendere individuelle Bindungen und Präferenzen zu berücksichtigen. Die vorherrschende Tendenz bleibt davon allerdings unberührt.

[226] Egli 1904, 4, 7.

[227] M 442,40.

[228] M 514,85.

[229] Vgl. Krafft 1869, 251 (zu Theodoricus Lysias); Egli 1904, 7; Bullinger 1982/1983 s.v.

er in der Folge Stiftsschullehrer an St. Ursula wurde,[230] werden wir hier nicht nur eine Fürsprache seines Onkels vermuten, da die Pfarrkirche St. Maria Ablaß dem Stift angeschlossen war. Vielmehr dürften Strukturen eines Netzwerkes zum Tragen gekommen sein, das wir in seiner Herausbildung schon ausführlich für andere Pfarrkirchen dargestellt haben, und welches eine erhebliche Bedeutung für bestimmte Entscheidungs- und Handlungsprozesse hatte.[231] Seit Ende der achtziger Jahre des 15. Jahrhunderts wirkte Johannes Erwini de Ratingen als Pfarrer an St. Maria Ablaß,[232] den wir bereits 1452 als mutmaßlichen Realisten in Heidelberg kennengelernt haben und der mit Ulrich Kreidweiß (R 3) – beide im übrigen Domkanoniker und Generalvikare des Kölner Erzstifts[233] – befreundet gewesen zu scheint.[234] Auf Erwini folgte bis 1532/33 der Montaner Johannes Hesseli von Deventer[235], der schon ein Kanonikat an St. Ursula besaß.[236] Unter Erwinis und Hesselis Pastorat verknoteten die Thomisten offensichtlich die Pfarre mit ihrem Netz. Sonst hätte Valentin Engelhardt (M 43) in seinem Testament von 1526 die Pfarrkirche kaum zur Stätte einer umfassenden Memorialstiftung, finanziert *ex communi erario regentie*, für alle verstorbenen Regenten, Magister und Supposita der Montana bestimmt.[237]

Weitere Freunde Bullingers in Köln,[238] allesamt Montaner, waren Jacobus Buchserus Surensis,[239] Antonius Prothegensis Treviren-

---

[230] Krafft 1869, 249 f.
[231] S.o. 439-465.
[232] Schäfer 1903, 136-139.
[233] Vgl. Güttsches 1932, 41-44, Nr. 15 u. 17.
[234] Vgl. Anm. zu M 252,25 (Erwini erhielt von Kreidweiß das Werk des Albertus Magnus ‚De laudibus Marie').
[235] M 398,72; vgl. zu ihm o. 239.
[236] Vgl. Anm. zu M 398,72 (zu frühes Todesjahr); Schäfer 1903, 139.
[237] *Item volo et coram iusto iudice require ..., ut successores mei servent et peragent singulis annis unam solemnem memoriam defunctorum in ecclesia Indulgentiarum iuxta designationem ibidem in tabula memoriarum factam ex communi erario regentie pro salute animarum magistrorum Gerardi et Lamberti de Monte, domini Valentini Engelhart de Gelterßhem theologie professorum, Theodorici de Busco, Egonis de Driel licentiatorum, Everhardi de Wesalia inferioris bacchalarii formati ac omnium magistrorum et suppositorum defunctorum olim de bursa Montis, ut aliquamdiu extat...* (Meissner 1968, 153). In einer Kopie aus einem alten Missale der Pfarrkirche wird noch Heinrich von Gorkum (M 1) namentlich als erster der Regenten aufgeführt, der Beginn der Messen mit dem Jahr 1512 angegeben, was freilich weniger glaubhaft klingt (vgl. Schäfer 1903, 138 f., Nr. 52).
[238] Vgl. Egli 1904, 4, 7.
[239] M 518,11: April 1518 immatrikuliert, Januar 1519 Determination unter Matthias von Aachen (M 55), 1522 Lizentiat; vgl. zu ihm Bullinger 1973, 114, Anm. 18.

sis[240] und Chrysantus Boess Monasteriensis[241] neben den genannten Homphäus und Pikronius. Sie alle hatten den traditionellen scholastischen Lehrstoff zu bewältigen: Petrus Hispanus, die aristotelische Logik und Philosophie, die Kopulate der Montana.[242] Es gab gleichwohl Alternativen innerhalb der Burse, die von den Sodales denn auch begeistert aufgegriffen wurden. Die jungen Regenten Johannes Frissemius (M 59) und Arnold Halderen von Wesel (M 58), beide damals auch Studenten der Theologie, boten den Aristoteles völlig anders als die *commentarii vulgares*.[243] Von Homphäus, Protegensis und Chrysantus Monasteriensis berichtete Bullinger, daß sie die Kopulate immer wieder als ein wahres Hindernis der Studien attackierten. So hörte man also bei Frissemius Vorlesungen über Erasmus (,De copia verborum'), Rudolf Agricola (,De inventione dialectica'), Cicero (,De lege Manilia'), Vergil (,Aeneis'), den Römerbrief, eine Einführung in die griechische Sprache und über Plutarch (,Gryllus'), während Arnold von Wesel die ,Georgica' Vergils, die Oden des Horaz sowie traditionellen aristotelischen Stoff (,De syllogismo', ,de anima') erklärte. Weitere humanistische Lektionen (von Homer bis Erasmus) hörte Bullinger privatim, bei Caesarius etwa und Sobbius.[244] Wir werden auf die genannten Personen und ihr Wirken im weiteren Verlauf noch näher eingehen.

Das verstärkte Eindringen humanistischen Lehrstoffes blieb nicht auf eine euphorische Phase beschränkt; institutionell wurde er durch die Lehrplanreformen von 1523 und 1525 gesichert.[245] Dies Phänomen zeitigte ein zweites, wohl kaum weniger wichtiges: Die mathematischen Fächer, am Beginn des 15. Jahrhunderts rasch zur Bedeutungslosigkeit herabgesunken[246] und danach kaum noch erwähnt, erhielten im Zuge humanistischer Umwälzungen neuen Auftrieb. Ihre Präsenz in den Reformstatuten[247] sagt allein noch recht wenig. Lebendiger stellt sich eine Quelle vom 8. Oktober

---

[240] M 516,93: November 1517 immatrikuliert, 1520 Determination unter Arnold von Wesel (M 58), 1522 Lizentiat; vgl. Bullinger 1973, 114, Anm. 19.

[241] M 523,7: Juli 1519 immatrikuliert, 1520 Determination unter Andreas de Bardwijck (M 51), 1522 Lizentiat.

[242] Egli 1904, 4.

[243] Egli 1904, 4; vgl. Meuthen 1988, 254.

[244] Egli 1904, 4 f.; vgl. Meuthen 1988, 254 (mit ausführlicher Darlegung der oben aufgeführten Titel, die dennoch erneut ausgebreitet werden sollten, da instruktiv für die Spannbreite des humanistischen Angebots an der Montana).

[245] Vgl. Meuthen 1988, 229-235; s.u. 802 f.

[246] S.o. 132 f.

[247] Vgl. Meuthen 1988, 232.

1526 dar, die uns wiederum in die Montana als Knotenpunkt der Erneuerung führt – die praktischen Folgen der Wechselwirkung innerhalb des Netzwerkes aufs neue veranschaulichend.[248] Arnold von Wesel (M 58) hatte von einem ehemaligen Schüler der Montana zwei *codices* erhalten, beide *eleganter* in Holz eingebunden. Bei dem Schüler handelte es sich um Johannes Wenger de Nova Civitate[249], der 1516 unter Matthias von Aachen (M 55) inzipiert hatte, daraufhin über Ingolstadt nach Wien wechselte,[250] bei den Büchern zum einen um die ‚Quindecim elementorum libri in artem geometriae Euclidis' – des *perspicacissimi*, wie der Dekan Johannes Volsius (M 63) anfügte –, zum andern um die ‚Elucidatio fabricae ususque astrolabii a Joanne Stoflero Iustingensi', den Volsius als *vir Germanus atque totius Sphericae doctissimus* charakterisierte.[251] Der Humanist Johannes Stöffler, seit 1507/11 eine neugeschaffene Professur für Astronomie an der Tübinger Universität bekleidend, hatte in der Tat ein hohes Ansehen unter seinesgleichen wie überhaupt als Mathematiker, Astronom und Geograph.[252] Die 1513 erstmals gedruckte ‚Elucidatio astrolabii' hatte Melanchthon mit schmückenden Versen versehen.[253]. Der *medicinarum doctor expertissimus* Johannes Wenger nun, *ex gymnasio Montano quondam in artium magistrum Coloniae promotus,* hatte die Bücher, wie Volsius dank des Berichts seines *suavissimi collegae* Arnold von Wesel der Nachwelt anvertrauen durfte, dem Montana-Regenten aus zwei Gründen geschenkt: wegen seiner besonderen Zuneigung gegenüber der Montana (*ex singulari quadam affectione*) und damit die Bände der gesamten Fakultät zum Nutzen der Exerzenten *in mathematicis* übergeben würden.[254] Ein eindringliches Beispiel tieferer Verbundenheit mit der Burse – zehn Jahre nach der Magisterpromotion –, das wir hier anführen konnten, zugleich ein solches wachen Interesses an den fernen Bemühungen um eine humanistische Reform des Unterrichts.

---

[248] Un. 481, f. 166r.
[249] M 489,120.
[250] In diesem Kontext hatten wir ihn bereits, noch namenlos, kurz angesprochen; s.o. 569, A. 1113.
[251] Vgl. Keussen 1929, 161, 187 f. (zu korrigieren die Angabe, Arnold von Wesel sei damaliger Dekan gewesen).
[252] Umfassend zu Stöffler: Haller 1927/29 s.v.; vgl. auch Karl Hartfelder, Art. „Stöffler, Johannes", in: ADB 36 (1893), 317 f.
[253] Haller 1929, 100*
[254] Un. 481, f. 166r.

Der oben genannte Montana-Humanist Frissemius (M 59) soll uns schließlich mit einer seiner frühen humanistischen Leistungen, einer recht bedeutenden zudem, an das Spannungsfeld der konkurrierenden Kölner Schulen heranleiten. 1518 gab er mit zwei weiteren Personen in Köln Rudolf Agricolas Werk ‚De inventione dialectica' heraus, mit dem der Friese seinen Ruf als Begründer der humanistisch-rhetorischen Dialektik erworben hatte.[255] Die beteiligten Personen sowie nähere Umstände des Unterfangens öffnen die Tür zu einem Schauplatz, auf dem unversehens die Laurentiana mit ihrem personellen Netz polarisierend in das Geschehen eingreift – noch nicht direkt, aber ein langer Arm wird sichtbar.

Die Mitherausgeber des Frissemius hießen Alardus von Amsterdam und Reinhard von Hadamar. Ersterer hatte sich am 12. September 1515 in Köln immatrikuliert.[256] Wenn Reinhard Hadamar mit jenem Studenten identisch ist, der als Reynhardus Loerich de Hadenae de Aquisgrano[257] am 4. Dezember 1520 unter Arnold von Wesel (M 58) determinierte, dann müßte er als junger Artist an der Druckausgabe beteiligt gewesen sein. Durch die Herkunft aus der Montana wäre dies nicht unwahrscheinlich. Die Editio princeps der Dialektik Agricolas wurde erst 1515 in Löwen gedruckt, der 1516 eine von Alardus betreute Kölner Ausgabe folgte.[258] Die Vorlage bestand allerdings aus einer unzulänglichen Handschrift; der Verbleib des Autographs war unbekannt. Bereits 1508 hatte Erasmus eine Suchanzeige nach dem Manuskript aufgegeben.[259] Die Geschichte der Urschrift von Agricolas Dialektik ist in der Tat spannend und scheint bis heute noch nicht einwandfrei aufgeklärt zu sein.[260] Agricola hatte seine Handschrift ‚De inventione dialectica' nach der endgültigen Abfassung in Dillingen dem Freund und

---

[255] Hierzu konzentriert und erschöpfend: Meuthen 1988, 234, 246 ff. (Lit.).
[256] M 507,54. Kölker (1963, 10) hält diese Identifizierung für wenig wahrscheinlich, da er kein sonstiges Zeugnis für einen Aufenthalt des Alardus in Köln vor 1529 gefunden, dieser sich 1515 in Löwen aufgehalten und wohl sein Vater einen anderen Vornamen als den in Köln angegebenen (Conradus) gehabt habe. Die Begründungen Kölkers sind wenig stichhaltig, auch weist seine Arbeit erhebliche Mängel auf (vgl. hierzu auch Meuthen 1988, 490, Anm. 342).
[257] M-Ntr. 1745. Vgl. die Zweifel bei Meuthen 1988, 490, Anm. 357; Schulten (1989, 64) hingegen behauptet eine Identität (falsch die Aussage, Hadamar sei seit dem 4.12.1520 in Köln gewesen).
[258] Kölker 1963, 26; Vasoli 1968, 252; Kessler 1979, 151; Meuthen 1988, 246.
[259] Adelmann 1976, 36; Adelmann 1981, 27.
[260] Vgl. die Darstellung Adelmanns (1976, 34 f. u. 106 f., Anm. 164-169; und 1981, 26-29) und Jardines (1988, 42 ff.) Das Autograph Agricolas war nach seinem Tod 1485 nicht mehr aufzufinden. Daß die Dialektik mehrere Jahrzehnte gleichsam

Widmungsadressaten der Dialektik, Dietrich von Plieningen, zur Verfügung gestellt, der sie in dem von ihm und seinem Bruder Johannes abgefaßten Werk ‚De vita Agricolae' kopierte – mit der freilich nie ausgeführten Absicht, die Dialektik im Druck herauszugeben.[261] Die Tatsache, daß eine erste mangelhafte Drucklegung mehr als 30 Jahre auf sich warten ließ, könnte mit der Person des Nachlaßverwalters zusammenhängen, dem Agricola vor seinem Tod 1485 seine Werke vermachte: Adolf Occo.[262] Der friesische Arzt und Humanist wirkte vor allem in Augsburg, war ein enger Vertrauter der Fugger. Als Occo 1503 starb, vermachte er seine gut 2000 Bände umfassende Bibliothek mit dem Agricola-Nachlaß seinem Neffen Pompejus Occo, der sie als Fuggerfaktor 1511 nach Amsterdam mitnahm.[263] Nun zum Kölner Kontext, dessen Tragweite allerdings im einzelnen schwer exakt zu bestimmen ist: Adolf Occo verfügte allem Anschein nach über nähere Kontakte zum Kölner Albertistenkreis an der Laurentiana, der wiederum in personeller Verbindung zu den Fuggern stand. Anders ist es kaum zu erklären, daß der 1483 geborene Pompejus Occo Ende 1503, spätestens im Januar 1504, gerade die Kölner Universität aufsuchte, in der Bursa Ottonis und Laurentiana studierte und unter Johannes Wanger von Nürtingen (L 61), dessen Verbindung zum Augsburger Fuggerkreis wir noch näher darlegen werden,[264] sein Bakkalaureat erwarb.[265] Schon zu diesem Zeitpunkt hatte ihn Jakob der Reiche für wichtige Aufgaben in seinem Haus bestimmt.[266] Die Wahl des Studienortes dürfte demnach einem gemeinsamen Wunsch seines Onkels und der Fugger entsprungen sein. Ob und inwieweit noch zu besprechende Gegensätze zwischen den Kölner Albertisten im

---

verschollen war, dürfte wohl kaum – wie Adelmann (1981, 27) behauptet – daran gelegen haben, daß „die Übermittlung von Nachrichten" damals soviel schwieriger gewesen sei.

[261] Adelmann 1976, 13, 35 f.; vgl. auch Weiss 1981, 34-37.

[262] Zu ihm zuletzt: Peter Assion, Art.: „Occo, Adolf I.", in: Verfasserlexikon 7 (1989), Sp. 12 ff. Zum Buchvermächtnis an Adolf Occo vgl. Adelmann 1981, 27; Jardine 1988, 42; Hermans 1988, 130.

[263] Nübel 1972, 33 ff.; Nübel 1973, 84 f. Hierzu und zum Folgenden jüngst: Jardine 1988, bes. 42 ff.

[264] S.u. 774-782.

[265] M 461,6. Pompejus Occo wurde am 24.1.1504 in Köln immatrikuliert, erscheint als Angehöriger der Ottonis wie Laurentiana und determinierte am 17.6.1505 unter Johannes Wanger.

[266] Nübel 1972, 34 f. Noch während des Kölner Studiums, im Oktober 1504, wurde ihm offensichtlich auf Initiative der Fugger durch Kaiser Maximilian ein Wappen verliehen (vgl. auch Nübel 1973, 84).

Verbund mit den Augsburgern auf der einen Seite und den Thomisten mit den Nürnberger Konkurrenten der Augsburger auf der anderen[267] in die erfolglose Suche nach der Agricola-Handschrift hineinspielten, läßt sich nach bisherigem Erkenntnisstand kaum feststellen. Das hier Gebotene versteht sich daher wesentlich auch als Anregung für weitere Untersuchungen. Auffällig ist immerhin, daß sich der spätestens 1518 mit Johannes Frissemius kooperierende Alardus von Amsterdam 1516, als bekannt wurde, daß der Agricola-Nachlaß sich in Pompejus Occos Händen befand, vergeblich mit der Bitte an diesen wandte, wegen seiner Agricola-Edition die Bibliothek des Fuggerfaktors benutzen zu dürfen.[268] Entgegen der Erwartung des Alardus lehnte der sonst so hilfsbereite Occo ab, was ihm ein beißendes Spottgedicht des Amsterdamers einbrachte.[269] Erst 1528 berichtete ihm Occo, daß die Handschrift vor etwas mehr als zwölf Jahren durch einen dänischen Hofbeamten entwendet worden sei, daß er sich seitdem um die Zurückgabe bemüht habe, die jetzt gelungen sei, und daß Alardus nun seine Bibliothek benutzen dürfe.[270] Verwunderlich ist es allerdings, daß Occo diesen Grund nicht bereits 1516 mitteilte, wenn er denn an einer Edition durch Alardus interessiert gewesen wäre. Erstaunlich ist weiterhin, daß Pompejus Occo, der die Handschrift bis 1515/16 also offensichtlich zusammen mit dem Bibliotheksnachlaß in seinem Besitz hatte, auf die Suchanzeige des Erasmus von 1508 nicht antwortete. Schon im März 1529 korrespondierte Frissemius (M 59) mit dem Amsterdamer wegen der Handschrift, forderte ihn zum Druck der ‚Inventio' auf und lud ihn nach Köln ein.[271] Doch schnell entstanden Zweifel an der Echtheit,[272] und erst 1539 gab Alardus bei Gymnich in Köln die Dialektik *ad autographi exemplaris fidem* heraus[273] – wobei bis heute nicht geklärt ist, welches Exemplar als Vorlage diente.[274]

Wir dürfen vermuten, daß Alardus schon bei seinen ersten Aufenthalten 1515 und 1516 in Köln Johannes Frissemius kennenlernte und dabei den Grund legte für die weitere Zusammenarbeit

---

[267] S.u. 768-781.
[268] Nübel 1972, 235.
[269] Gedruckt: Sterck 1934, 64; Nübel 1972, 236.
[270] Sterck 1934, 66-69; Nübel 1972, 236 f.; Adelmann 1976, 36; Jardine 1988, 43.
[271] Vgl. Kölker 1963, 81.
[272] Kölker 1963, 82.
[273] Kölker 1963, 279; Jardine 1988, 43 f.
[274] Vgl. Adelmann 1976, 106 f., Anm. 164; Adelmann 1981, 28 f.

mit dem Montana-Humanisten. Wenn Pompejus Occo noch 1516 seinen Kölner Lehrern eng verbunden gewesen, wenn er sich als Amsterdamer Fuggerfaktor weiterhin zu dem Netzwerk zwischen der Laurentiana und den Augsburgern bekannt haben sollte, dann wäre angesichts der umfassenden Parteienbildungen jener Zeit eine entsprechende Motivation bei der Absage an Alardus von Amsterdam nicht auszuschließen, wäre eventuell sogar schon 1508 eine Aversion gegen Erasmus und dessen Freunde wie Geisteshaltung im Spiel gewesen. Occos offensichtliche Abneigung, Alardus mit dem Agricola-Nachlaß und dessen Schicksal vertraut zu machen, könnte aber auch andere, bisher noch unbekannte Gründe gehabt haben. Wenden wir uns seiner Kölner Bildungsstätte zu. Da Pompejus Occo schon vor seinem Studium als Kenner der römischen Antike gerühmt wurde,[275] dürfte die Laurentiana seinen Interessen nicht gerade diametral entgegengesetzt gewesen sein. Inwieweit fand der Humanismus also Akzeptanz und Förderung an den albertistischen Bursen, und vor allem, in welcher Prägung?

B. Die albertistische Schule

1. Charakterisierung humanistischer Bestrebungen an den albertistischen Bursen

Beginnen müssen wir mit einer negativen Abgrenzung. Analoge Entwicklungen zu den humanistischen Traditionen und Strukturen der thomistischen Schule gab es bei den Albertisten kaum. Einzelfälle verdeutlichen eher den Unterschied. Einen politisch-humanistischen Kreis auf höchster Ebene mit gleichzeitiger Rückbindung an seine Burse können wir nicht namhaft machen. In der Politik tätige albertistische Bursen-Regenten ließen sich freilich nennen. So nahm der nicht unbedeutende Laurentianer und Kuckaner Johannes de Aqua de Bercka (L 7, K 2) über Jahrzehnte als Gesandter und Rat der Stadt Köln politische Missionen wahr.[276] Den Laurentiana-Regenten Henricus de Horst (L 33) haben wir von ca. 1462 bis 1469

---

[275] Nübel 1973, 84.
[276] Der erste Beleg dürfte vom Dezember 1447 stammen (vgl. HAStK, Briefbuch 18, f. 215v), der letzte wahrscheinlich vom Juli 1463 (Briefbuch 27, f. 50v). Meist waren es wirtschaftspolitische Probleme, die ihn an Hansestädte oder an den burgundischen Hof führten (vgl. etwa Briefbuch 25, f. 13v, 137v, 140v, 147r/v u.ö., für die Jahre 1459/60 v.a. in der Streitsache Rosenkranz).

als Rat Herzog Adolfs von Geldern erlebt.[277] Für seine Heimatstadt Groningen setzte sich der Laurentianer Hermann Eldervelt (L 39), ebenfalls ein Theologe, des öfteren als Diplomat ein, wurde aber vom Kölner Rat beispielsweise 1490 zurückberufen, damit er sich wieder seinen Aufgaben an der Artisten-Fakultät widme.[278] Noch im Juli 1489 hatte Köln allerdings seine Vertreter auf dem Frankfurter Reichstag unter Bezug auf ein Empfehlungsschreiben Groningens angewiesen, dem Kirchherrn Hermann Eldervelt, Gesandter der führenden westfriesischen Stadt, *in synem gewerfe, sovill uch zemlich ind gedoelich ist, beredich ind behulplich* zu sein.[279] Verbindungen zu Humanisten konnten diese politisch engagierten Bursen-Regenten offensichtlich nicht aufbauen, geschweige denn daß sie selbst derartige Interessen gehegt hätten. Ebensowenig gelang es den Albertisten in der humanistischen Musiktheorie, eine eigene Gruppe und Schule mit entsprechenden Außenwirkungen hervorzubringen. Eher bezeichnend das musikalische Werk des Erasmus Heritius, der an der Laurentiana seine maßgebliche artistische Bildung erhielt.[280] Nach einem zweijährigen Aufenthalt in Erfurt wandte er sich im Mai 1488 nach Köln, trat in die Laurentiana ein und determinierte im Dezember unter Everardus de Amersfordia (L 54). Er dürfte an dieser Burse auch das Magisterium erworben haben, da er in der Folge stets den Titel Magister Coloniensis angab.[281] Der bedeutende Mathematiker gab 1498 in Ingolstadt eine ‚Musica speculativa' heraus, die ganz „das gleichsam durch Tradition geheiligte quadruviale Gebiet der Musik, die mathematische Intervallehre, im Anschluß an Boethius" behandelte.[282] Besonders in der spekulativen Ausrichtung werden wir wohl eine Umsetzung bekannter albertistischer Grundhaltungen zu vermuten haben.

---

[277] S.o. 445.
[278] R 1940. Seine Vertrauten werden mit den Nachlaßverwaltern Thomas Lyel de Scotia und Gerardus de Harderwijck (L 50) sichtbar (vgl. R 2144).
[279] Vgl. Bock 1973, 1048 f., Nr. 270a (Groningen versuchte in jenen Jahren, mit Hilfe der Reichsgewalt seine dominierende Stellung in Westfriesland auszubauen; vgl. 1048 f., Anm. 87).
[280] M 398,140.
[281] Pietzsch 1971, 46; vgl. zu ihm auch Bauch 1904, 34 f.
[282] Niemöller 1956, 263; vgl. zu Eritius und seiner traditionellen Musiktheorie, die eben nicht den Übergang zur poetisch-kompositorischen Musiklehre der (thomistisch-) humanistischen Kölner Theoretiker suchte: Fellerer 1969, 129; Niemöller 1983, 80 (mit weiterer Lit.).

Eben diese oben ausführlich abgehandelten philosophisch-theologischen Kategorien der Kölner Albertisten bestimmten in entscheidendem Maße ihr humanistisches Grundverständnis, die Grenzen auch der Aufnahme humanistischen Gedankengutes. Niemand kann dies besser illustrieren als Rudolf von Langen.

a) Der Münsteraner Albertisten-Kreis um Rudolf von Langen

Rudolf von Langen erhielt bekanntlich seine akademische Bildung von 1456 bis 1460 an der Universität Erfurt.[283] Die dort gelehrte Scholastik rief bei ihm allerdings größte Gegenwehr hervor. In seinen Briefen etwa, die er 1469 aus dem Kloster Aduard an Antonius Liber und Lubbert Zedeler schrieb, richtete er harsche Angriffe gegen die scholastische Philosophie, insbesondere gegen ihre nominalistische Spielart, stritt für Rhetorik und Ethik (nach Cicero und Aristoteles) anstelle der Dialektik mit ihren Modi significandi, wodurch Hieronymus, Augustinus, Cyprian und Laktanz nicht erschlossen werden könnten.[284] Sein humanistisches Ethos drückte Langen vor allem in seinen Gedichten aus, die ganz im Dienst eines sittlich strengen, religiös inbrünstigen christlichen Humanismus stehen.[285] Diese Grundhaltung möchten wir als ursächlich dafür ansehen, daß der in Langens Gedichten und Briefen zu erschließende Freundeskreis in erstaunlicher Dichte aus Personen bestand, die den beiden albertistischen Bursen in Köln angehörten, entstammten oder nahestanden. Soweit zu sehen, ist kein einziger Thomist unter ihnen zu finden. Das ist beileibe keine zufällige Erscheinung.

Betrachten wir zuerst seine Freunde, die außerhalb Kölns lebten, aber Bezüge dorthin aufweisen. Sie konzentrierten sich auf zwei Orte, Münster und Emmerich. Für seine westfälische Heimatstadt ist hier der Scholaster an St. Mauritius (seit ca. 1483), Bernhard Tegeder von Münster, zu nennen. Er wurde nicht nur von Langen, sondern auch von dessen Freunden Buschius und Murmellius

---

[283] Bauch 1904 s.v., bes. 41 ff.; Löffler 1930, 345 f.; Kleineidam 1985, 447.
[284] Bauch 1904, 41 ff.; Löffler 1930, 348 ff. Zu Rudolf von Langen in Aduard vgl. jetzt aus der neueren Lit.: Akkerman/Santing 1987, bes. 8, 20 f.; Akkerman 1988, 9 f.; Akkerman 1989, 26.
[285] Vgl. Löffler 1930, 350 ff.

wegen seiner humanistischen Interessen gerühmt.[286] Tegeder hatte an der Kuckana studiert.[287] Im November 1471 immatrikuliert, determinierte er im Dezember 1472 unter Adrianus de Breda (K 14), um nach kurzer Studienunterbrechung im Mai 1475 unter Johannes de Breda (K 15) zu inzipieren. Er leistete sogar sein Biennium ab und wurde 1477 in die Fakultät rezipiert. Aus der kleineren albertistischen Burse kam ein weiterer Freund Langens, der Schulrektor (möglicherweise an der Domschule) Johannes Kerckmeister.[288] Er hatte sich am 8. Mai 1466 in die Kölner Matrikel eintragen lassen und erwarb als Kuckaner beide artistischen Grade 1467 und 1470 unter Cornelius de Breda (K 12).[289] Bekannt wurde Kerckmeister durch seine 1485 zu Münster gedruckte lateinische Schulkomödie, den ‚Codrus'.[290] Die handelnden Personen unterscheiden sich allein nach ihrer Zugehörigkeit zu einer bestimmten Bildungsgruppe: die Kölner Studenten sind Vertreter der sprachlich-humanistischen Gelehrsamkeit, der Schulmeister Codrus, neu an die Kölner Hochschule gekommen, um einen artistischen Grad zu erwerben, das lächerliche Exemplar einer barbarischen Latinität und Bildungslosigkeit, die sich freilich in Köln beseitigen läßt. Kerckmeisters Plädoyer für die humanistische Bildung und die damit korrespondierende Hochschätzung Kölns läßt nicht unbedingt auf negative Erinnerungen an sein Kuckana-Studium schließen.[291]

---

[286] Parmet 1869, 68, Anm. 1, 108, 197 f.; Krafft/Crecelius 1871, 271; Reichling 1880, 27, 52; Reichling 1900, 32; Löffler 1930, 353. Zu Buschius vgl. Bömer 1930; zuletzt Mehl 1989 (482-487: biographischer Überblick zu Buschius [Lit.], doch wiederholt Mehl die falsche Behauptung, Buschius habe in der Laurentiana gelehrt, „which was the largest and most humanistically-inclined college at the conservative university" [483; s. auch 485]; Buschius stand der Laurentiana zweifellos lange Zeit sehr nahe, als einer ihrer Regenten wirkte er jedoch nicht).

[287] M 332,43.

[288] Reichling 1880, 29; Reichling 1900, 33-36; Bömer 1906, 71-76; Löffler 1930, 353; Mundt 1969, 106-109 (nicht immer exakt in den Angaben zum Kölner Studium und zu den Münsteraner Schulverhältnissen).

[289] M 309,31.

[290] Ediert: Mundt 1969; vgl. Schulze 1882; Bömer 1906, 71-76; Rupprich 1970, 634 f.; Michael 1971, 249; Meuthen 1988, 258.

[291] Eine verfehlte Leugnung jeglicher humanistischer Bildung Kerckmeisters bietet Reichling (1900, 33-36), der von irrigen Prämissen und Interpretationen ausgeht. Angesichts der Tatsache, daß ein Kuckana-Magister Köln als Hort wahrer Latinität in einem komödiantisch-satirischen Stück darstellt, wäre die Überlegung nicht uninteressant, ob die konterkarierende Wendung in den ‚Dunkelmännerbriefen' (gerade die Kuckana als Zentrum barbarischer Latinität) nicht in gewisser Weise auch eine „Retourkutsche" an den ‚Codrus' beinhaltet.

Die Reihe der gelehrten albertistischen Freunde Langens in Münster – von Murmellius ganz abgesehen – ist damit noch nicht beendet. Zu ihnen gehörte auch der Magister Johannes Grovius von Münster,[292] ein Kuckaner, der nach seiner Immatrikulation im Mai 1471 – wenige Monate vor seinem Bursengefährten Bernhard Tegeder – im Juni 1472 unter Adrianus de Breda (K 14) determinierte und im April 1474 unter Severinus de Moneta (K 9) inzipierte. Seine Stellung im Kreis um den Dompropst bezeugt auch Buschius in seinen ‚Carmina‘ von 1490, die von seinem Gönner und Verwandten Langen sowie dessen Freund Alexander Hegius angeregt und gefördert worden waren.[293] Murmellius schließlich schrieb eine lange und warmherzige Elegie auf den Tod des von ihm verehrten Grovius (1502), rühmte dessen Eloquenz und humanistische Gelehrsamkeit.[294] Buschius bedachte von den Freunden seines Münsteraner Mentors ferner den Ludimagister Degenhard Witten mit einem Gedicht.[295] Er soll an der Ludgeri-Schule gelehrt haben. Vermutlich handelt es sich bei ihm um den Laurentianer Degenhardus de Witten de Coesfeldia,[296] der 1485 unter Antonius de Swolgen (L 52) determiniert hatte und den Johannes de Harderwijck (L 55) im März 1490 zum Magister promovierte, nachdem Degenhard schon 1487 das Lizentiat erworben hatte. Wahrscheinlich unterrichtete er in jenen drei Jahren nach der Lizenz in Münster, eventuell auch noch kurze Zeit nach 1490. 1504 wurde er zum Doctor decretorum promoviert und schlug als Kanzler dreier Kölner Erzbischöfe, Hermanns von Hessen, Philipps und Hermanns von Wied, eine beachtliche Laufbahn ein. Mit Blick auf dieses eindeutige Schwergewicht der Albertisten um Langen verstärkt sich die Annahme, daß die Berufung des Thomisten Kemner nicht auf seine Initiative zurückging.[297]

Für den Emmericher Kreis ist zuerst der schon genannte Anton Liber (Frey) von Soest anzuführen. Vor Alexander Hegius (1474) für kurze Zeit Rektor in Emmerich,[298] blieb der Freund eines

---
[292] M 330,113.
[293] Liessem 1884, 3 f. u. Anm. 19; vgl. Parmet 1869, 68, Anm. 1; Bücker 1961, Anm. 45; Löffler 1930, 353 (Grovius im Langen-Kreis). Bemerkenswert, daß Grovius auch mit Langens Freund Rudolf Agricola in Verbindung stand (vgl. Van der Velden 1911, 146).
[294] Bömer 1895, 3, 81 ff.; vgl. Reichling 1880 s.v.; Reichling 1881, 46-50.
[295] Liessem 1884, 4, Anm. 19; vgl. Reichling 1880, 28, 29, 76; Löffler 1930, 353.
[296] M 384,4.
[297] S.o. 697.
[298] Köhler 1882, 15; Oediger 1973, 385; Ulrich 1984, 10.

Hegius, Langen, Agricola u.a. doch auch während seiner folgenden Lehrtätigkeiten etwa in Groningen, Kampen und Alkmaar[299] der Emmericher Schule und ihrem Leiter verbunden. Auf seine oder Langens Veranlassung soll Arnold Bevelen von Hildesheim dort Rektor geworden sein.[300] Bevelen hatte von 1454 bis 1457 in Köln die Artes studiert, vermutlich durchgehend an der Kuckana.[301] Zwar ist sein Determinator nicht bekannt, doch inzipierte er 1457 unter dem Kuckana-Regenten Johannes Richardi de Scotia (K 10). Um 1475 wirkte er als Schulmeister in Groningen, wie wir aus der an ihn gerichteten Widmung erfahren, die Anton Liber seinem vermutlich in jenem Jahr in Köln gedruckten ‚Familiarium epistolarum compendium' voransetzte.[302] Die Intention des Werkes wird aus dem erweiterten Titel deutlich: *ex diversis hinc inde probatissimis autoribus pro communium studencium profectu futurorumque Rhetorum ac Oratorum eruditione*. In seiner dem Werk beigegebenen Epistula an den „überaus gelehrten" Arnold von Hildesheim bekennt Liber, daß jener ihn aufgefordert habe, in Köln die Bibliotheken nach klassischen lateinischen Briefen zu durchforschen (Cicero stand Pate), um eine Mustersammlung herauszugeben, die er seinen Groninger Schülern im Unterricht vorlegen könne.[303] Möglicherweise schrieb Liber nach der erfolgreichen Suche in Köln sein Werk ‚De laude Colonie'.[304] 1477 hielt Bevelen sich selbst noch einmal in Köln auf, um eine ausstehende Geldleistung zu begleichen. Bis zu seinem Tod 1502 leitete er dann die Emmericher Schule.[305] Daß er sogar schon des Griechischen mächtig war, bezeugt ein Brief des offenbar leicht indignierten Rudolf von Langen, der dem mit Griechisch-Studien beschäftigten

---

[299] Vgl. etwa Van Gelder 1905, 83 f.; Bot 1955, 35, 96; Ijsewijn 1975 s.v.; Akkerman/Santing 1987 pass., bes. 21 f.; und generell: Agricola 1988 s.v. (Liber hatte ebenfalls enge Bindungen an das Kloster Aduard; er ist z.B. von den Aduarder Mönchen auf deren Kosten zum Universitätsstudium geschickt worden).

[300] Zu Bevelen: Krafft/Crecelius 1871, 245 (Butzbach rühmte ihn als *vir divinis scripturis probe eruditus et in secularibus litteris egregie doctus, philosophus poeta et orator quam prestantissimus, ingenio excellens et disertus eloquio, metro exercitatus et prosa ...*); Köhler 1882, 17 ff.; Ulrich 1984, 11; Akkerman/Santing 1987, bes. 25 f., Anm. 17; Meuthen 1988, 259.

[301] M 262,54.

[302] Voulliéme 1903, 336, Nr. 751; vgl. Köhler 1882, 18 f. (angenommenes Erscheinungsjahr: 1473 oder 1474); Akkerman/Santing 1987, 22.

[303] Köhler 1882, 18 f.

[304] Vgl. Krafft/Crecelius 1871, 267.

[305] Oediger 1973, 385.

Bevelen vorhielt, ihn, der ja nur das Lateinische beherrsche, zu vernachlässigen.[306]

Nachfolger Bevelens in Emmerich wurde wiederum ein Albertist, nun jedoch ein Laurentianer. Lambert von Venroed,[307] Rektor von 1502 bis mindestens 1513, hatte im Juli 1492 unter Everardus de Amersfordia (L 54) determiniert, 1494 dann das Lizentiat erhalten.[308] Noch unter Bevelen und ihm besuchte Jakob Siberti von Münstereifel, ein Freund des Johannes Butzbach und späterer Benediktiner, die Emmericher Schule. Siberti schrieb unter anderem ein ‚Panegiricon ad Rodolphum Langium‘, belegt damit den Einfluß und die Präsenz des Münsteraner Humanisten in Emmerich zu jener Zeit.[309]

Rudolf von Langen suchte ganz offensichtlich die Nähe und Freundschaft der Kölner Albertisten und förderte sie, sofern ihm dies möglich war. Ein solches Verhalten ist nur zu erklärlich, wenn wir betrachten, welchen Kölner Universitätslehrern er in seinen Gedichten seine Verbundenheit bezeugt hatte. Es waren, wie gesagt, durchweg Albertisten. In seinen 1486 erstmals gedruckten ‚Carmina‘[310] drückt er in mehreren Gedichten seine Verehrung für die Kölner Albertistenschule aus. Das 25. Carmen enthält ein Epitaphium auf den 1475 verstorbenen Laurentiana-Regenten Johannes de Mechlinia (L 4).[311] Er lobte den Theologen als *maximus interpres morum* und *splendida lampas* der Kölner Universität, hob seine Vizekanzlerschaft und sein Pastorat an St. Kolumba hervor. Im 27. Gedicht folgt ein Epitaphium auf Johannes (de Aqua) de Bercka (L 7, K 2; 1482 gestorben).[312] Explizit sprach Langen Berckas Verdienste um die albertistische Schule (*Socratico veluti gremio Platona fovendum, / Agrippina parens quem tibi Bercka dedit, /*

---

[306] *In magistrum Arnoldum Hildensemensem, virum quidem optimum, sed qui Graecorum sciolus litterarum Rhodolphum Langium nunc insalutatum relinquat, cuius aliquando tenues licet ac modicas Latinas litteras amavit coluitque. Graeca iuvat doctum spectat quem laurea vatem / Quid Latii tenuem posthabuisse virum? / Cuius academiis hausit quae pauca Latinis, / Talis in Arnoldum nec sua Musa fuit.* (Parmet 1869, 202; vgl. Köhler 1882, 18).

[307] M 410,145 (da angesichts der Tradition und des Umfeldes ein Kölner Universitätsstudium anzunehmen ist, dürfte es sich um den hier Immatrikulierten handeln; ein anderer Kölner Student kommt nicht in Frage).

[308] Vgl. zu ihm Krafft/Crecelius 1871, 245 (*philosophus et poeta non spernendus*); Köhler 1882, 19; Oediger 1973, 385; Meuthen 1988, 259.

[309] Vgl. Krafft/Crecelius 1871, 246 ff.

[310] Gedruckt: Parmet 1869, 171-213; vgl. Löffler 1930, 350.

[311] Parmet 1869, 195 f.

[312] Parmet 1869, 197.

Alberti evexit sectatum fulmina magni, / Quam stupidum celsis theologia scholis) oder auf dem politischen Feld[313] an (*Orator Sicula dixit facundus in aula, / Consilio accitur Gallica sceptra iuvans*).

Bezeichnend dann unter den später erschienenen ‚Carmina varia' ein Gedicht, das er dem Laurentiana-Regenten Gerardus de Harderwijck widmete: ‚Adversus capitalia mortiferaque crimina septem, pestilentissimos animae nostrae morbos, ex septem benedicti et sacratissimi sanguinis Jesu Christi, domini nostri, effusionibus deprompta remedia ad doctissimum probatissimumque virum M. Gerardum Harderwicensem, philosophum acutum et theologum eminentem, Laurentiani apud Coloniam Gymnasii rectorem et principem'.[314] 1493 verfaßte Langen auch ein Gedicht auf den Ahnherrn dieser Schule.[315] Sein ‚Epitaphion' „In magnum Albertum, venerabilem rareque virtutis pontificem" besitzt durchaus Bekenntnischarakter; ein Gedicht auf Thomas von Aquin hat Langen allem Anschein nach nie geschrieben.

Seine Bindung an die Kölner Albertistenschule ist mit diesen Gedichten noch nicht angemessen erschlossen. Wesentlicher noch für die programmatische, auf eine breite Öffentlichkeit zielende Intention scheinen mir die Veröffentlichungen in den Schulbüchern der Laurentiana. Offenbar handelt es sich hierbei um eine Gemeinschaftsarbeit des Dompropstes mit den Laurentiana-Regenten, vor allem wohl mit Gerardus de Harderwijck (L 50). Das ‚Epitaphion' auf Albertus Magnus schmückt den Schluß der 1493 bei Zell in Köln erschienenen ‚Commentarii in omnes tractatus parvorum logicalium Petri Hispani', für die Gerardus de Harderwijck verantwortlich zeichnete und in denen er sich mit den Traktaten der Nominalisten wie Buridan oder Marsilius von Inghen kritisch auseinandersetzte.[316] Frühere Beobachtungen werden bestätigt, wenn Langen in dem fünfzigzeiligen Gedicht, das mit einem zusätzlichen Interlinear- und Marginalkommentar versehen

---

[313] S.o. 713.

[314] Parmet 1869, 245 f.; vgl. Nordhoff 1874, 31 f. (das Gedicht schließt mit *Telos* und den Worten *Soli, Deo, Gloria*). Auf das griechische Telos in einem durch Gerardus de Harderwijck (L 50) verfaßten Kompendium der Naturphilosophie machte jüngst Wuttke (1988, 119 ff.) aufmerksam.

[315] Vgl. Nordhoff 1874, 2-15 (Druck des ‚Epitaphion': 13 ff.); ein unvollständiger Abdruck bei Parmet 1869, 239; vgl. auch Löffler 1930, 350.

[316] Eingesehen wurde das Exemplar UStB Köln, AD^s/83^c; vgl. Vouilliéme 1903, Nr. 446. Nordhoff (1874, 10) ging irrtümlicherweise davon aus, daß Langens Gedicht auf Albertus Magnus zuerst in dem 1499 in Köln gedruckten ‚Liber de muliere forti' der Öffentlichkeit bekannt wurde.

wurde, am Ende gerade den Hermes Trismegistos als geistigen Vater des großen Dominikaners hervorhebt.[317] Das ‚Epitaphion' fand im übrigen auch Eingang in Harderwijcks 1494 herausgegebenes Werk ‚Commentum super veterem artem Aristotelis' sowie in die im gleichen Jahr veröffentlichten ‚Commentaria in quattuor libros novae logicae'.[318] In diesem Zusammenhang ist auch auf ein Gedicht des Johannes Murmellius ‚In laudem Magni Alberti philosophi theologique maximi' hinzuweisen, das in Arnold von Tongerns (L 60) 1511 bei Quentell vorgelegter Überarbeitung der ‚Commentaria Nove logice Aristotelis' des Gerardus de Harderwijck gedruckt wurde.[319] Das auf der Rückseite des Deckblattes befindliche, bis dahin offensichtlich ungedruckte Gedicht werden wir wegen seines kämpferischen Charakters, der eine erbitterte Kontroverse sichtbar werden läßt, weiter unten genauer vorstellen.[320]

In mehreren Drucken der Laurentiana wurde gleichfalls ein Epitaphium Rudolfs von Langen auf Jacobus de Amersfordia (L 49) veröffentlicht – wiederum mit erklärenden Interlinearglossen –, in welchem er den *Gymnasii princeps Laurenti* als streitbaren Theologen für den christlichen Glauben rühmt.[321] Ein poetischer Nekrolog Langens auf den blinden Kanonisten und Theologen Nicasius de Voerda, welches sich neben denen auf Johannes de Mechlinia und

---

[317] *Magnus erat, forma celsus, virtute coruscus, / Doctrina exundans: hinc trimegistus erat. / Terra premit libyes, asie tegit utraque magnos; / Hic magni (celo spiritus) ossa manent* (AD^s/83c, f. Jj-ii-a; nach korrekter Lagenzählung); vgl. Nordhoff 1874, 15.

[318] Voulliéme 1903, Nr. 439 f.; vgl. Hamelmann/Detmer 1905, 90.

[319] Vgl. UStB Köln, GBII^b/373^a (Am Schluß, f. CCXLIX: ‚Commentarii totius artis Logices veteris ac nove Aristotelis secundum Magni Alberti ... per Gerardum Harderwicensem olim editi, et nunc demum opera magistri Arnoldi Tungri ... eiusdem quondam discipuli examussim revisi in planiorem quoque intelligentiam pro captu scholasticorum (ubi id expedire visum est) redacti'.)

[320] S.u. 731 f.

[321] Vgl. UStB Köln, Ad^{bl} 405 ('Commentarii in libros Metheororum Aristotelis'; die Ausgabe des Jacobus de Amersfordia wurde in revidierter Form durch Arnold von Tongern (L 60) 1513 bei Quentell herausgegeben). Im gleichen Sammelband befinden sich die 1512 revidierten ‚Commentarii librorum parvorum naturalium Aristotelis' des Jacobus de Amersfordia, die auf der Rückseite des Deckblattes das Epitaphium Langens tragen; das Gedicht ist in leicht veränderter Form, um vier Zeilen gekürzt, dafür mit einem griechischen *TELOS*, wiedergegeben. Es befindet sich schließlich ebenfalls in dem ‚Commentum super veterem artem Aristotelis' sowie den ‚Commentaria in quattuor libros novae logicae' des Gerardus de Harderwijck (Quentell, 1494); vgl. Voulliéme 1903, Nr. 439 f. Vgl. hierzu Hamelmann/Detmer 1905, 90 f., wo sich auch ein Abdruck des Epitaphiums auf Jacobus de Amersfordia findet.

Jacobus de Amersfordia in Harderwijcks Kommentar zur ‚Vetus ars' befindet,[322] unterstreicht unsere Vermutung über die Zugehörigkeit des Nicasius zur Albertistenschule. Frühere Beobachtungen über das städtische Umfeld dieser Gruppe werden ebenso durch Gedichte und Widmungen des Münsteraner Humanisten gestützt und vertieft. Namen wie Mechlinia, Harderwijck oder Voerda wiesen bereits auf den albertistischen Knotenpunkt St. Kolumba, aus dem heraus auch die Familie Rinck ihre vielfältigen Beziehungen zu den Kölner Albertisten gestaltete. Wenn Rudolf von Langen nun die Rinck als einzige Kölner Familie literarisch rühmte, so ehrte er nicht nur ihre hervorragende Stellung und Bildung, sondern auch ihre geistig-religiöse Haltung, ihre aktive Rolle im albertistischen Freundeskreis. 1493 widmete Langen sein tief religiöses, kaum noch poetisches ‚Rosarium beatissimae virginis Mariae' dem Juristen Peter Rinck mit einem umfangreichen Dedikationsbrief.[323] 1496 folgten die ‚Horae de sancta cruce pindaribus versibus', wiederum ein Werk streng christlicher Frömmigkeit, das er nun Johann (II) Rinck zueignete.[324] Es scheint thematisch, zeitlich wie auch vom personellen Umfeld her mit dem Gerardus de Harderwijck (L 50) zugedachten Carmen ‚Adversus capitalia crimina septem' zusammenzuhängen.[325] Ein ausführlicher Brief an Rinck sowie ein verehrendes Gedicht gehen den ‚Horae' voran. Interessant ist der Bericht Langens im Widmungsbrief, er sei in Rudolf Agricolas ‚Epistula Ad Barbirianum de studiorum institutione' mehrmals auf die lobende Erwähnung Rincks gestoßen, den er bis dahin nicht gekannt habe, bis ihm Freunde in jenem Jahr (1496) von seinen hervorragenden Eigenschaften erzählt hätten.[326] Johann (II) Rincks (1458-1516) Freundschaft mit Agricola und anderen hervorragenden Humanisten, sein Mäzenatentum ihnen

---

[322] Hamelmann/Detmer 1905, 91 ff. (mit Abdruck des Epitaphiums); vgl. Vouliéme 1903, Nr. 439.
[323] Gedruckt: Parmet 1869, 217-226; vgl. Nordhoff 1874, 36-39.
[324] Parmet 1869, 227-236.
[325] Vgl. Parmet 1869, 121.
[326] Parmet 1869, 229. Zu den Briefen Agricolas an Jacobus Barbirianus von Antwerpen s. jetzt Kooiman 1988, hier bes. 140; vgl. Van der Velden 1911, 201-208. Der Brief, eher unter dem Titel ‚De formando studio' bekannt und wegen seines grundsätzlichen pädagogisch-humanistischen Inhalts oft zitiert, ist von Agricola 1484 in Köln und Heidelberg geschrieben worden. Das Incipit lautet: *dedi Colonia discedens litteras Iohanni rinco communi amico nostro* (vgl. Agricola 1988, 324, Nr. 38).

gegenüber, sind bekannt und doch noch nicht hinreichend erfaßt.[327] Seine Frömmigkeit war intensiv und wahrhaftig. Aus ethischen Gründen sah er den von ihm ausgeübten Beruf des Handelsherrn durchaus in kritischer Distanzierung, empfahl seinen Söhnen daher den Beruf eines Universitätslehrers; in seinem Haus Königstein besaßen die auch von Peter Rinck begünstigten Franziskanerobservanten Gastrecht.[328] Besonders aber widmete er sich mit Stiftungen dem Konvent Lämmchen auf der Burgmauer,[329] dessen personelle Verzahnung mit der Laurentiana wir schon dargestellt hatten.[330]

An dieser Stelle ist es geboten, endgültig die immer wieder zu lesende Behauptung aus der Welt zu schaffen, Rudolf von Langen habe sich höchst abfällig über den humanismusfeindlichen Charakter der Kölner Universität geäußert.[331] Man kann sich des Eindrucks nicht erwehren, daß in allzu unkritischer Haltung alte Vorurteile über die Rückständigkeit der Kölner mittels dieses Zeugnisses bestätigt werden sollen. Allein die bisherigen Ergebnisse lassen eine Gegnerschaft des Münsteraner Humanisten zu Köln absurd erscheinen. In der Tat gibt es ein Gedicht Langens ‚Ad clarissimam Coloniam Agrippinensem' (also an die Stadt, nicht an die Universität!), in welchem er Kritik am Verhalten der Stadtväter

---

[327] Vgl. jetzt Worstbrock 1987, 256 ff. u. Anm. 58, 62. Prosopographische Untersuchungen dürften hier weitere Verbindungen sichtbar machen. Beispielsweise reiste Flavius Guillermus Ramundus Mithridates, der 1485 mit einem Empfehlungsschreiben Johann Rincks an Agricola nach Heidelberg gekommen war, nach kurzem Aufenthalt mit einer Empfehlung des friesischen Humanisten nach Straßburg zu dem dortigen Drucker Adolf Rusch (Worstbrock 1987, 257). Dieser nun war nicht nur mit Rudolf Agricola (vgl. hierzu etwa die Briefzeugnisse bei Hartfelder 1886 s.v.), sondern ebenfalls mit Rudolf von Langen befreundet, der ein längeres Carmen auf ihn in seine Gedichtsammlung aufnahm (Parmet 1869, 187 f.). Man wird die Verbindungsstränge in diesen Freundeskreisen nicht schematisieren dürfen, doch zweifellos wurden sie nicht nur durch das Bekenntnis zum Humanismus, sondern durch differenziertere gemeinsame Haltungen geistiger wie geistlicher Art geprägt. Regionale Bindungen (Kanter, Agricola, Occo oder auch Langen in Aduard mit ihrer friesischen Verwurzelung etwa) kamen bedingend hinzu, verknüpft wiederum mit geistig-religiösen Strömungen wie der Devotio moderna. So wäre es auch nicht verwunderlich, wenn die westfriesische Herkunft vieler Laurentiana-Regenten (Kampen, Groningen, Harderwijk) in maßgeblicher Weise zu ihrer Verknüpfung mit diesen Personen und Strömungen beigetragen hätte.

[328] Irsigler 1973, 320-327; Schmid 1990, bes. 244-252, 257-261.

[329] Irsigler 1973, 327; Schmid 1990, 237-244.

[330] S.o. 469 f.

[331] Exemplarisch zuletzt Chaix auf Köln bezogen: „Cité des ‚hommes obscurs', tot dénigrée par les humanistes R. Agricola, R. Langen ou C. Celtis" (Chaix 1990, 195).

übt.³³² Langen tadelte freilich nicht, daß die Stadt die Humanisten oder gar die humanistischen Studien verachte. Sein Vorwurf war ganz profaner Natur. Angesichts der antiken und ruhmreichen Vergangenheit Kölns warf er dem Rat vor, daß er die *vates et poetas humanitatisque professores*, welche die glanzvolle Stadtgeschichte in ihren Versen der Nachwelt überliefern könnten, finanziell nicht angemessen oder gar nicht entgelte (*in pretio non habeat*). Mit Blick auf den Zeitpunkt der Abfassung des Gedichts (um 1498) und den Inhalt der Klage wäre etwa an den bereits genannten Presbyter Hieronymus Estensis³³³ zu denken, der ja vermutlich Mitte der neunziger Jahre seinen ‚Libellus in preconium urbis Agrippine et de bello eius conditoris adversus Persas' abfaßte. Wenn er in Köln außer seinem Werk kaum Spuren hinterließ, könnte dies auf eine Zurückweisung seitens der Stadt schließen lassen. Die Freundschaft des Estensis zu Hermann Buschius,³³⁴ der im gleichen Zeitraum (1495-1500) in Köln weilte,³³⁵ würde die Brücke zu Rudolf von Langen schlagen. Noch naheliegender allerdings scheint es mir, an Buschius selbst zu denken. Anfang 1498 veröffentlichte er eine größere Gedichtsammlung, in der sich eine fast gleichlautende Klage an die Stadt Köln findet: *Ad Coloniam Agrippinensem. Spernis Apollineos dux Agrippina poetas / Curaque fontanas non amat ulla deas.*³³⁶ Es ist gut vorstellbar, daß Buschius hierbei auf seine eigene Situation anspielte, auf eine mangelnde materielle Unterstützung seitens der Stadt (denn an der Universität besaß er ja keine feste finanzielle Absicherung). Offenbar hatte er sich vergeblich – trotz der Gedichte an Peter von Ercklens, Johann und Hermann Rinck³³⁷ – um eine Anstellung und Besoldung als „Stadtpoet" bemüht.³³⁸ Rudolf von Langen verteidigte dann kurz darauf die Empörung seines Schützlings. Beide hatten freilich nicht die Universität im

---

³³² Parmet 1869, 208 f.; vgl. R 2181.
³³³ S.o. 677.
³³⁴ Vgl. Stohlmann 1979, 8.
³³⁵ M 427,56. Am 8.10.1495 immatrikuliert für ein juristisches Studium, nachdem er gut ein Jahr poetische Vorlesungen gehalten hatte. Vgl. Meuthen 1988, 223 f.
³³⁶ Liessem 1884, 6. Es folgen ähnlichklingende Beschwerden wie bei Langen: *Unde tibi nomen videas, que gentis origo, / Cuius es Auspiciis condita prima ducis. / Roma colit Musas, amat has Agrippa sorores. / Non decet a patria degenerare tua.* Bei Langen etwa lauten die Schlußzeilen: *Si rebus servandus honos, quas maxima liquit / Roma tibi, Musis cur sua dona negas?* (Parmet 1869, 209).
³³⁷ Vgl. Liessem 1884, 6, Anm. 25.
³³⁸ In einem späteren Gedicht wiederholte Buschius seine Verärgerung über die unzureichende Unterstützung der Poeten in der Stadt (vgl. Liessem 1884, 9).

Auge, wie die zur gleichen Zeit erfolgende Zusammenarbeit Langens mit den Laurentianern sowie das Lobgedicht des Buschius von 1498 auf den „Platonischen Tempel", das Laurentiana-Gymnasium, erweisen.[339]

Ein tiefgreifender Zwist kann zwischen Langen und der Stadt Köln nicht entstanden sein. Unmittelbar auf die poetische Kritik am Geiz der Stadtväter folgt in den ‚Carmina' eine 120 Zeilen umfassende sapphische Ode ‚In sanctos ac venerabiles Magos et Gloriosos quondam apud Orientem reges', die er *Ad illustrem Coloniae Agrippinensem senatum* richtete.[340] Auch in Schulbücher der Laurentiana, etwa in den Kommentar des Gerardus de Harderwijck (L 50) zur Logik des Petrus Hispanus von 1493, wurden Panegyrika Langens auf die Stadt Köln aufgenommen.[341] Vollends in den Bereich der Fama gehört schließlich die auf Hamelmann zurückgehende Angabe, die Kölner Universität habe sich gegen die humanistische Reform der Münsteraner Domschule gesperrt.[342] Vielmehr pflegte Langen mit Kölner Universitätslehrern und Bürgern einen intensiven freundschaftlichen Verkehr, der zudem offensichtlich von Exklusivität gezeichnet war, denn alle bekannten Personen gehörten dem Albertistenkreis an. Dies muß als programmatisches Bekenntnis gewertet werden. Die humanistische Bildung stand bei

---

[339] Liessem 1884, 6 (*Hic sunt Democriti risus et tecta platonis, / Docta Cleanteis hec strepit aula sonis. / Hic coeunt Samie secreta silentia turbe, / Hic et socratice concaluere vie. / Cernitur hic victis florens achademia grecis. / Aduolet huc spretis Gallia Parisiis.*).

[340] Parmet 1869, 209-213.

[341] ‚Ad urbem agripinensem sanctam coloniensem civitatem' (UStB Köln, AD^s/83^c, f. 74r). Vgl. analog zu einem anderen Werk: Voulliéme 1903, Nr. 439.

[342] Vgl. Reichling 1900, 16-20, v.a. 19, Anm. 2 (mit Zweifeln an Hamelmanns Behauptung); ähnlich: Detmer in Hamelmann/Detmer 1905, 90, Anm. 2. Hamelmanns zum Topos gewordenes Verdikt gegen die barbarischen Kölner als Feinde des Humanismus und aller Humanisten (*sophistae barbari ac monachi inepti vel professores absurdi in academia Coloniensi*; vgl. Hamelmann/Detmer 1905, 15) führte vermutlich zu dieser Behauptung, die von Bömer (1906, 69 f.), Kontakte zu den Kölner herunterspielend, ohne sachliche Begründung eisern verteidigt wurde und für die es überhaupt keinen Anhaltspunkt gibt (die prosopographische Analyse erweist eher das Gegenteil). Wahrscheinlich entwickelte sie sich aus der Kenntnis Hamelmanns von der Warnung der Kölner Theologen vor den paganisierenden Dichtern und der Empfehlung der christlichen (vgl. auch R 2539). Bekannt ist diese Warnung der Kölner Theologen allein dadurch, daß sie der Ausgabe der ‚Libri sex' des Alcimus Avitus, Bischofs von Vienne, durch Murmellius 1508/09 beigegeben wurde (vgl. Reichling 1880, 89, 144). Da Murmellius den frühchristlichen Bischof als *Poeta christianissimus* pries und sein Werk rein religiösen Inhalts ist, dürfte er das Sendschreiben mit seinem Plädoyer für die christliche Dichtkunst (statt der heidnischen) gleichsam als „werbende Legitimation" beigegeben haben.

ihnen im Dienst einer nach innen gewendeten Frömmigkeit, einer sittlichen Ernsthaftigkeit und Strenge, die der Beschäftigung mit den Studia humanitatis zugleich ihre Grenzen setzte.

b) Humanismus und humanistisches Umfeld an den albertistischen Bursen um 1500

Ähnlich wie an den thomistischen Bursen läßt sich der Humanismus auch bei den Albertisten in nachhaltiger Weise erst Mitte der neunziger Jahre personell greifen. Wenn er Förderung erfuhr, dürfte dies bei der größeren Burse in erster Linie auf ihren Prinzipal-Regenten, Gerardus de Harderwijck (L 50), zurückzuführen sein. Er war es bekanntlich, der den humanistisch gebildeten, dabei in sich gekehrten und ethisch rigorosen Georg Beheim (L 70) an die Laurentiana band und ihn zu einem seiner Nachfolger in der Bursenleitung bestimmte. Gerardus muß um den geistigen Horizont Beheims gewußt haben, um seine Interessen an der mystisch-nominalistischen Theologie, mit der Harderwijcks Freund Rudolf von Langen sich ebenfalls bei seinen Aufenthalten in Aduard auseinandergesetzt hatte, in den Gesprächen mit Wessel Gansfort etwa. Mit der testamentarischen Ernennung Beheims hatte Harderwijck ein Zeichen gesetzt, das umso beachtlicher war, als er keinen Zögling der Laurentiana, keinen erfahrenen albertistischen Artes-Lehrer berief. Arnold von Tongern war zwar jünger als Georg Beheim, doch anders als dieser hatte er den traditionellen Cursus honorum durchschritten und amtierte bereits seit sieben Jahren als alleiniger Prinzipal, mußte sich durch die gleichberechtigte Stellung des Nürnbergers in der Regentschaft brüskiert fühlen.

Um 1495 nahm Gerardus de Harderwijck den auch Georg Beheim verbundenen Petrus Kamerer von Nürnberg als Kommensalen in seinem Haushalt auf. Beide Regenten werden einen erheblichen Einfluß auf die Zusammenstellung der Bibliothek Kamerers gehabt haben. Wir haben die imponierende Auswahl antiker und moderner humanistischer Autoren wie Homer, Terenz, Juvenal, Cicero oder Filelfo bereits vorgestellt.[343] Gewiß ist es eine ahistorische und hypothetische Überlegung, doch angesichts der späteren Haltung der Laurentiana-Regenten fragt man sich unweigerlich, welchen Weg die Burse wohl genommen hätte, wenn Beheim nicht 1503

---

[343] S.o. 586, A. 1214.

nach Mainz gegangen, Kamerer nicht schon 1503 gestorben wäre. Nicht zuletzt wird uns durch diese Frage noch einmal das durchaus aufgeschlossene und fortschrittliche Klima an der Laurentiana um 1500 vor Augen gehalten. Es muß auch auf den geistigen Habitus von Regenten gewirkt haben, deren Öffnung gegenüber dem Humanismus bis jetzt noch nicht bekannt war. Der bereits angesprochene[344] Brief des Johannes de Buscoducis (L 67), der unter den Papieren der Basler Amerbach-Offizin gefunden wurde und über eine Edition der ‚Summae' des Albertus Magnus handelte, wirft ein bemerkenswertes Schlaglicht. Denn Johannes schrieb um 1506, als Baccalaureus formatus der Theologie, in seinem Brief an den unbekannten Basler Korrektor konsequent eine „e-caudata" und benutzte die klassische römische Datierung – lange bevor diese beispielsweise im artistischen Dekanatsbuch gebräuchlich wurde.[345]

Des Buschius Panegyrikus auf die Laurentiana von 1498 – eine Lobrede auf andere Bursen ist eben nicht bekannt – bestätigt sowohl die humanismusfreundliche Atmosphäre an der Laurentiana als auch die enge Verbundenheit zwischen seinem Mentor Rudolf von Langen und dieser Burse. Als Buschius 1508 nach Köln zurückkehrte – diesmal hatte er Anlaß, mit seiner ‚Flora' der Stadt ein Lobgedicht zu schenken[346] – schloß er sich wiederum der Laurentiana an. Deren Regenten veröffentlichten im gleichen Jahr eine Neuausgabe der von Marcellinus geplanten ‚Vita divi Swiberti', denn der hl. Suitbert war Schutzpatron des Klosters Kaiserswerth, in dem Gerardus de Harderwijck (L 50) im Pestjahr 1503 Schutz finden durfte.[347] Aus Dank beabsichtigte der Prinzipal-Regent die Neuausgabe, die nun nach seinem Tod von den Magistern der Burse fortgeführt wurde. Buschius empfahl das Werk mit einem Epigramm von 10 Distichen.[348] Ein zweites Gedicht stammte von dem Kuckaner Ortwin Gratius (K 36), der offensichtlich bei diesem Unternehmen mit Buschius kooperierte.[349]

---

[344] S.o. 383.
[345] S.u. 737. Zum Brief vgl. Hartmann 1942, 471 f., Anh. Nr. 1. Ob Johannes de Busco eine humanistische Bildung nur sporadisch – wie in einem solchen Brief an die nichtuniversitäre „gebildete Außenwelt" – anwandte oder konsequent, läßt sich mangels weiterer Zeugnisse nicht feststellen. Immerhin scheint er bei den humanistisch geprägten Quodlibeta von 1523 eine humanismusoffene Haltung eingenommen zu haben (vgl. u. 745 f.).
[346] Stohlmann 1980.
[347] R 2524; vgl. Reichling 1884, 29.
[348] Gedruckt: Liessem 1885, 43 f.; Anm. 4
[349] Vgl. Mehl 1975, 83, 161.

Gratius, mit dem Buschius schon 1509 wegen der Benutzung des Donat im Universitätsunterricht (der Kuckaner wertete ihn als Grammatik für Partikularschulen ab) in einen heftigen und äußerst persönlichen Streit geriet,[350] hatte erst 1508 seine im voraufgegangenen Jahr gehaltene humanistische Programmrede, die ‚Orationes quodlibeticae', veröffentlicht. Der Schüler des Gerardus de Zutphania (K 24) und des Adrianus de Breda (K 32) war gerade 1507 in die Artisten-Fakultät rezipiert worden. In der scholastischen Disputationsform gehalten, trat er dezidiert für die humanistischen Studien in der universitären Lehre ein, vor allem für Grammatik, Rhetorik und Poetik.[351] Trotz seiner Hochachtung der traditionellen scholastischen Autoritäten stellte er Albertus Magnus, den er noch zusätzlich mit einem Schlußgedicht pries, doch über alle, da der Dominikaner die guten Eigenschaften der anderen, bis hin zur Eloquenz eines Cicero, in sich vereine.[352] Selbst ein Neotericus[353] und Poeta laureatus wie (der Tübinger) Heinrich Bebel habe Albertus erst vor kurzem hoch gerühmt.[354] Wir werden noch sehen, daß Gratius hier einen offenen Seitenhieb gegen die ignoranten Thomisten anbrachte. Bezeichnend denn auch seine Bewertung der Musik. Das von ihm am meisten geschätzte Fach des Quadriviums lobte er eben nicht aus der theoretisch-wissenschaftlichen Perspektive, sondern wegen ihres emotionalen und ästhetischen Gehalts, ihrer Bedeutung in der klassischen Vergangenheit, ihrer Wirkung auf die Moralität.[355] Erstaunlich, daß Gratius entschieden die Lektüre der antiken, heidnischen Poeten gegen die Angriffe lächerlicher Fanatiker verteidigte, die darin eine Gefahr für den christlichen Glauben sähen. Auch unter den Kölner Professoren sah und wußte er einige *semiphilosophos*, die sich gegen die Eloquenz und die *bonas artes* stemmten, doch die führenden Kölner Professoren hätten die Bedeutung der Studia humanitatis anerkannt und ihnen einen Platz in der Universität zugewiesen.[356]

---

[350] Meuthen 1988, 224 (Lit.).
[351] Mehl 1975, 43-70; Chomarat 1979, 266-273 (kritische Bewertung eines „etikettenhaften" Humanismus bei Gratius); Mehl 1981; Meuthen 1988, 223. Teildruck: Rupprich 1935, 149-157.
[352] Rupprich 1935, 154-157; vgl. Mehl 1975, 56 ff.; Mehl 1981, 62.
[353] Obwohl der Begriff in jener Zeit üblicherweise für den Anhänger der Via moderna stand, dürfte er hier mit „Zeitgenosse" gleichbedeutend sein, da Bebel sich gerade über die Parteiungen im Wegestreit stellte (vgl. Overfield 1984, 148).
[354] Rupprich 1935, 156.
[355] Mehl 1975, 68 f.; Mehl 1981, 66 f.; Meuthen 1988, 223.
[356] Mehl 1975, 63-66; Mehl 1981, 65 f.; Meuthen 1988, 223.

Der Kuckaner strebte eine Synthese von philosophischem und humanistischem Universitätsunterricht an, die wir freilich für die meisten Bursen – zumindest in der inoffiziellen Praxis – als weitgehend verwirklicht betrachten dürfen. Die größten Gegner wird er in seinen eigenen Reihen gefunden haben. So ist es doch signifikant, daß neben seinem humanistischen Freund Petrus Ravennas ausgerechnet ein Montaner, Rutger de Venlo (M 52), *bonarum artium professor* (!) *ac sacrae paginae licentiatus vir plane non paucis clarior*, Ortwin zur raschen Veröffentlichung seiner ‚Orationes' drängte – sicherlich nicht, um damit die exklusive Preisung des Albertus Magnus und die abwertende Ausgrenzung der thomistischen Bursen[357] zu unterstützen.[358] Es verwundert kaum, daß Gratius bei seinen Bursen-Regenten keine Unterstützung fand. Denn der von ihm verehrte Jurist und Humanist Petrus Ravennas stand vor allem wegen der Frage der Beerdigung Hingerichteter in einer Kontroverse mit dem Dominikaner-Theologen und Inquisitor Jakob Hoogstraten, dessen Befürworter aus dem Kreis der Bursen-Regenten wiederum – soweit bekannt – ausschließlich aus Kuckana-Theologen bestanden.[359] Bei ihnen handelte es sich um die leitenden Regenten Gerardus de Zutphania (K 24) und Petrus Sultz (K 30), die Hoogstraten kaum an Eifer nachstanden.[360] Möglicherweise ist es auf den Druck seiner Regenten zurückzuführen, daß Gratius bald die Seiten wechselte. Hatte er Ravennas noch 1508 in seinem ‚Criticomastix' gegen Schmähungen verteidigt, so schrieb er in Hoogstratens drittem Traktat gegen den Italiener, dem im Juni 1509 verfaßten ‚Protectorium', ein Distichon auf den Inquisitor.[361]

Doch hier befinden wir uns bereits in Kontroversen, deren Gegensätze nicht unwesentlich, wenn nicht sogar entscheidend, von grundlegenden Differenzen zwischen den thomistischen und alber-

---

[357] Hierzu u. 734 f. ausführlicher.

[358] Gratius berichtet dies in einem den ‚Orationes' beigegebenen Brief an seinen früheren Deventer Schulfreund Winand Pfeiffer (Mehl 1975, 43 f., Anm. 33). Pfeiffer war im übrigen ebenfalls ein Kuckaner (M 473,3). Er hatte sich am 31.12.1506 in Köln immatrikuliert, Ortwins Rede also noch miterlebt, und wurde 1507 und 1509 durch Christian Pistoris (K 35) und Petrus de Wylich (K 34) graduiert.

[359] Zur Kontroverse, die sich wesentlich an dem Streit entzündete, ob der Jurist oder der Theologe bei der Klärung des Problems größere Kompetenz besitze, vgl. Meuthen 1988, 212 f. (Lit.).

[360] Vgl. Nauert 1971, 620, 623 f., 626, 629 f.; Mehl 1975, 80 f.

[361] Nauert 1971, 620, 626.

tistischen Bursen getragen wurden. Dies angemessen darzustellen, soll unsere nächste Aufgabe sein.

C. Der Gegensatz der Schulen

1. Das Kölner Forum

a) Die Druckwerke

Die Bündelung und Bindung der Schulen setzte Mitte der neunziger Jahre des 15. Jahrhunderts in bis dahin nicht gekannter Intensität ein. Wie in Erfurt oder Leipzig betonte und propagierte man stärker denn je die jeweiligen Positionen. Dies erfolgte nicht in isolierten Zirkeln, sondern in bewußter Hinwendung zu Gleichgesinnten. Die Bestätigung von außen untermauert das Wissen um das Charakteristische. Humanistische Bestrebungen, Öffnungen zu bestimmten Humanisten-Kreisen, erhalten vor diesem Hintergrund ihr eigentümliches Profil. Untrennbar ist dieser nach außen gewendete Prozeß mit einer Besinnung auf die philosophischen, wissenschaftsgeschichtlichen Grundlagen verknüpft. Seit Ende der achtziger Jahre setzt eine Flut von Druckwerken ein, in denen vor allem die beiden großen Bursen ihre Lehrtraditionen aufgreifen, konzentrieren und nicht zuletzt prononciert neu formulieren, indem Kommentare der alten Bursen-Autoritäten gegenwärtigen Bedürfnissen entsprechend überarbeitet werden. Doch dienten sie nicht nur der Verbreitung thomistischer und albertistischer Schuldoktrinen zu den unterschiedlichsten Lehrstoffen. Vielmehr wurden die Drucke gerade in den neunziger Jahren als akademische Waffe benutzt, mit welcher der Gegner diskreditiert werden sollte. Vor allem die Albertisten der Laurentiana schürten das Feuer. Ihre immer wieder von Unerbittlichkeit gezeichnete Grundhaltung wird hier von neuem evident.

Erst im Licht der bisher gewonnenen Ergebnisse wird die in den Druckwerken sichtbare Kontroverse der Schulen in ihrer umfassenderen Dimension deutlich; nun läßt sie sich auch vertiefend in den Lauf der Ereignisse einbinden. Rekapitulieren wir![362] Seit

---

[362] Hier ist generell auf die Ausführungen im Kapitel über die Tradierung des Bursen-Realismus mit den entsprechenden Quellenangaben zu verweisen; s.o. 360-394.

1480 erlebte der 1456 erstmals veröffentlichte Konkordanz-Traktat des Gerardus de Monte (M 4) mehrere Auflagen im Druck. Dem Thomisten ging es darin um den Nachweis, daß es jene grundlegenden Differenzen zwischen Thomas und Albertus nicht gebe, wie sie Heymericus de Campo (L 1) um 1425 in seinem ‚Tractatus problematicus' entwickelt hatte. Heymericus hatte daraufhin von Löwen aus seine ‚Invectiva' gegen die Kölner Thomisten geschleudert, in der er jeglichen Nivellierungsversuch der Thomisten schroff zurückwies. Mit der daraufhin verfaßten ‚Apologia' des Gerardus de Monte, aus der allein der Inhalt der nicht mehr vorhandenen ‚Invectiva' zu erschließen ist, schien die Kontroverse vorerst beendet. Bis in die neunziger Jahre lag keine der Schriften in gedruckter Form vor, mit Ausnahme des thomistischen ‚Tractatus concordantiae'. Er aber machte den Albertisten die autoritative Grundlage ihrer Schuldoktrin streitig, indem er aufzeigte, daß die Via Alberti gar nicht so sehr auf den Lehren des Albertus Magnus beruhe, sondern einem eigenwilligen peripatetischen, stark neuplatonischen Weg folge – wozu sich Heymericus freilich auch bekannte.

Im März 1496 nun sah sich die Laurentiana erstmals veranlaßt, das theoretische Fundament ihres albertistischen Weges und ihres Gegensatzes zur Via Thomae einer breiteren Öffentlichkeit durch die Drucklegung zugänglich zu machen. Ein Intimus des Gerardus de Harderwijck (L 50), Arnoldus de Dammone (L 66), ebenfalls mit der Pfarre St. Kolumba verbunden, sorgte für die Herausgabe eines verbesserten und studentischen Ansprüchen zuträglicheren Exemplars. Wäre es nur beim Abdruck der ‚Problemata inter Albertum Magnum et Sanctum Thomam' geblieben, hätte der Band wohl kaum für größeren Zündstoff gesorgt. Doch Arnoldus de Dammone und die hinter ihm stehenden Regenten begnügten sich nicht allein mit dem Text der Kontroversschrift. Sie gaben ihr ein äußerst kämpferisches Schlußgedicht bei, das sich nach zwei Seiten hin unversöhnlich zeigte, gegenüber den Nominalisten und den Thomisten.[363] Man wird die Polemik nicht als plakatives und werbewirksames Instrument abwerten dürfen. Dazu war der Ton zu kompromißlos. Das Buch sei gedacht für den akademischen Athleten, der in den *scolastica bella* schon so manchen Band durchforscht habe und nun gelehrte Speere erbitte und sich vor ihrer Anwendung nicht fürchte. Die geeignete Waffe erhalte er mit den ‚Problemata', die ihm erst die verschwiegenen Geheimnisse

---

[363] UstB, Ennen 284, f. o-ii-b; vgl. die Wiedergabe des Gedichts o. 381.

der Weisheit eröffneten und Ockhams Lehre als nichtige Lüge entlarvten. Heymericus aber habe diese Waffen zusammengetragen, weil Thomas von Aquin die reinen Lehren (*dogmata sana*) seines Vaters Albertus verlassen habe. Zum Schluß dann die Aufforderung an den Leser, der ohne Umschweife Albertus Magnus auf dessen Weg folge, das Werk anzunehmen, damit er nicht als Parteigänger des Thomas verschmäht oder verspottet werde (*felicis ne spreveris assecla thome*). Konnte man die Gräben zum Gegner noch tiefer aufreißen?[364]

Wir konnten bereits beobachten, daß die Thomisten der Montana nicht gewillt waren, diesen Angriff widerstandslos hinzunehmen. Im September 1497 gaben die Regenten in einem Band mit Kommentaren des Gerardus de Monte (M 4) zu Schriften des Aquinaten erneut den ‚Tractatus concordantiae' heraus.[365] Doch offenbar erstmals in einem Druck zielten sie auf die verheerende Wirkung der ‚Problemata' ab, deren streitsüchtige Polemik einigen (sc. den Albertisten) einst den Zündstoff des Hasses, anderen (sc. den Nominalisten) die Gelegenheit zur „Zerstörung" beider Doktoren geliefert habe. Auf diesen Traktat folgte die ‚Apologia' des Gerardus de Monte (M 4) auf die ‚Invectiva' des Heymericus, die vorher noch nie gedruckt worden waren. Im Titel dieser Schrift zeigten die Thomisten freilich, daß sie die Waffe der Polemik gleichfalls zu handhaben verstanden. Hatte Heymericus in seiner ‚Invectiva' mit Blick auf sich als unerfahrenen Verfasser der ‚Problemata' und ihrer Mängel eingeräumt, er sei damals (um 1425) zwar ein junger und glanzvoller Philosoph, aber ein noch unvermögender Theologe gewesen, so charakterisierten die Montaner 1497 den nun anerkannten Theologen und greisen Autor der ‚Invectiva' mit diesen Attributen.[366]

Die Atmosphäre zwischen den Bursen, zwischen den wissenschaftsgeschichtlichen Schulen war vergiftet. Es gab offensichtlich

---

[364] Daß es sich bei der Verschärfung der Kontroverse um eine gezielte Kampagne handelte, zeigt auch der Druck verschiedener Problemata zwischen Albertus und Thomas auf dem Gebiet der Naturphilosophie, den die Laurentiana unmittelbar darauf im Mai 1496 veröffentlichte; vgl. Voulliéme 1903, Nr. 983.

[365] Vgl. Voulliéme 1903, Nr. 150.

[366] Verschärfend kam hinzu, daß die von Gerardus zwecks Widerlegung zitierte ‚Invectiva' nicht nur den ‚Tractatus problematicus' als notwendig zur Klärung der unterschiedlichen Wege der Aristotelesinterpretation verteidigte, sondern auch in einem schwülstigen, nahezu unverständlichen Latein voller Bitterkeit und Unversöhnlichkeit geschrieben worden war. All dies mußte also durch die Veröffentlichung auf die Albertisten zurückfallen.

kaum etwas zu beschönigen. Statt dessen sah man dem Konflikt ins Auge und trug ihn nach außen. Etwa 1498 ließ Lambertus de Monte (M 24) seine vielbeachtete ‚Quaestio de salvatione Aristotelis' drucken.[367] Uns soll hier nicht interessieren, ob der gegenüber den Albertisten strengere Aristotelismus der Thomisten im Verein mit der neu aufgeflammten Kontroverse zu der Frage nach der Seligkeit und damit der Autorität ihres Princeps philosophorum führte.[368] In dem uns vorliegenden Druck, der nach dem Tod des Lambertus herausgegeben wurde, steht unter dem Titel das bemerkenswerte Distichon: *Livida ne timeas rabidi canis ora, libelle, / Ibis in adversos, qui tueatur habes*! Sicherlich wird man bei den „rasenden Hunden" mit ihrem mißgünstigen Gerede zuerst an die Kölner Opponenten denken. Auf der Rückseite des Deckblattes findet sich dann ein humanistisches Epigramm von 16 Versen auf Lambertus de Monte.[369]

Die Humanisten der Montana standen nicht an, auch ihren Heerführer Thomas von Aquin öffentlich mit einem Epigramm zu rühmen. Das hier angesprochene ziert die Rückseite des Deckblattes

---

[367] Eingesehen wurde das Exemplar UStB, Ennen 232. Vgl. Voulliéme 1903, Nr. 732. Eine gründliche Analyse und Interpretation der Quästio bietet Senger 1982.

[368] Ganz unberührt von der Kontroverse mit den Albertisten scheint die Quästio nicht zu sein. (Senger [1982, 301] möchte eine albertistische Kritik als Anlaß ausschließen, da die Albertisten die Einwände des Albertus Magnus gegen Teile der aristotelischen Lehre nicht mehr aufgriffen.) Die Problematik heidnisch-christlicher Philosophie spielte schon in der Auseinandersetzung zwischen Heymericus de Campo und Gerardus de Monte eine nicht unwesentliche Rolle. Gerardus hatte in seiner ‚Apologia' Heymericus vorgeworfen, zu sehr Alberts Philosophie rezipiert und diese dann ohne das theologische Korrektiv zu intensiv mit der Heiden in Einklang gebracht zu haben. Bezeichnend für die Kontroverse nun ein von Johannes Wanger de Nurtingen (L 61) 1510 herausgegebener und revidierter Kommentar des Gerardus de Harderwijck (L 50) zu ‚De anima' (UStB, Ad^bl/405; vgl. R 2578a). Am Schluß fügte der Herausgeber eine Apologia an, in der Albertus Magnus als *Princeps philosophorum* bezeichnet wird, um dann in Klammern zu ihm zu ergänzen: *qui erroribus scatentem ethnicorum philosophiam non parva ex parte purgavit atque raso mulieris captive capite, superciliis, pilis et unguibus amputatis iuxta domini in Deutronomio preceptum de ancilla atque captiva fecit israelitem*. Das gespannte Klima an der Fakultät sprach Wanger dann nochmals an, als er dem potentiellen *sycophanta* den Wind aus den Segeln zu nehmen suchte. Für den Albertisten Ortwin Gratius (K 36) wiederum war zwar Aristoteles ebenfalls Princeps philosophorum, doch Plato galt ihm als *clarissimus philosophorum deus* (Rupprich 1935, 154). Eine eingehendere Untersuchung kann hier aber nicht geleistet werden, so daß die Hinweise genügen sollen.

[369] *In eximium excellentemque artium et sacre sophie professorem dominum Lambertum de Monte Epigramma. Te decet eterne vir sollertissime fame / Munus et in nullo laus obitura die* (etc. Vers 15 f.:) *Pro meritis versus licet et referantur honores / In laudes huius nil satis esse potest* (UStB, Ennen 232, f. A-i-b).

der ‚Expositio saluberrima circa tres libros de Anima Arestotelis', die Lambertus de Monte (M 24) 1498 auf der Grundlage der Kommentare seines Onkels Gerhard und des Thomas von Aquin herausgegeben hatte.[370] Der Titel des Epigramms lautete: ‚In profundissimum divinissimumque Thomam gymnici montis patriarcham'. In immer neuer metaphorischer Wendung wird die Überlegenheit des Aquinaten in Verse gebracht, so daß das Fazit schließlich lauten kann: *Sic inter doctos late prefulget Aquinas, / Et tenet excelsi pulpita prima chori.*[371] An humanistischer Dichtkunst übertroffen wurde dieses Gedicht durch ein Carmen von 42 Versen auf das Gymnasium selbst, mit denen die ‚Compilatio' des Lambertus de Monte zu den acht aristotelischen Büchern der Physik empfohlen wurde.[372] Der Band stammte ebenfalls von 1498; die Verse wurden wiederum auf die Rückseite des Deckblattes gedruckt. Das Carmen wurde tituliert: ‚De laudibus Montis gymnici apud Coloniam Agrippinensem in platea quam sedecim domos nuncupant'.[373] Mit zahlreichen Zeugnissen humanistischer Gelehrsamkeit preist der Dichter die Montana als Stätte heiteren akademischen Wetteiferns und Lernens, wo eine umfassende traditionelle wie klassische Bildung vermittelt wird. Auch wenn das Gedicht unter der Ägide des Lambertus de Monte entstand (der es sicherlich gutgeheißen hatte), Form und Inhalt scheinen die Handschrift Valentin Engelhardts (M 43) zu tragen. Der Verfasser ist zwar unbekannt, doch käme beispielsweise Kilian Reuter von Mellrichstadt in Frage, der sich Vates nannte und Lambertus als seinen Lehrer rühmte. Auch diese Form der Werbung trug letztendlich zur Konkurrenzsituation unter den Bursen bei. Der philosophisch-theologische Patriarch des thomistischen Weges, die Institution wie ihr Prinzipal wurden in betont humanistischer Wendung aufs Podest gehoben und von der Konkurrenz abgesetzt.

Diese wiederum dachte gar nicht daran, sich ins hintere Glied stellen zu lassen. Ortwin Gratius (K 36) gestaltete seine ‚Orationes

---

[370] UStB, Ennen 208 (‚Expositio saluberrima Lamberti de Monte'); vgl. Voulliéme 1903, Nr. 726.

[371] UStB, Ennen 208 (‚Expositio saluberrima'), f. A-i-b.

[372] UStB, Ennen 208 (‚Compilatio commentaria Lamberti de Monte'); vgl. Voulliéme 1903, Nr. 731.

[373] UStB, Ennen 208 (‚Compilatio commentaria'), f. Ad-i-b: *Si phas aut nostro foret hec industria plectro, / Ut mea gymniacum celebrarent carmina montem* (etc. Vers 41 f.:) *Est bene certamen, facilis labor, unde capessas / Semper adorande titulos et nomina fame.*

quodlibeticae' 1507 nicht nur als Plädoyer für eine Integration humanistischer Studien in den Artes-Unterricht und als Panegyrikus für Albertus Magnus. Nachdem er diesen über alle anderen Philosophen gestellt hatte, ging er vor der versammelten Universität auf die wahren Nachfolger Alberts ein.[374] Hauptsächlich zwei Kollegien habe man an der Kölner Universität errichtet, die ihm und seiner Lehre folgten; das erste sei Bursa Kuyck, das andere aber Bursa Laurentii genannt worden. Sie bildeten das eigentliche Zentrum der *disciplinae liberales* wie der gelehrtesten Männer. Zwar erwähnt Ortwin anschließend noch Thomas von Aquin als hervorragenden Schüler Alberts, um zu guter Letzt den *divus Albertus* und *pius pontifex* mit einem Panegyrikus zu rühmen; auf die anderen Bursen aber geht er mit keinem Wort ein. Deren Vertreter werden die exklusive Preisung der albertistischen Bursen kaum als Zeichen gewachsener Kooperation gewertet haben. Umso erstaunlicher, daß der Thomist Rutger de Venlo (M 52) Ortwins ‚Orationes' so schnell wie möglich in den Druck geben wollte. Vielleicht ging es ihm jedoch in erster Linie um den Einsatz des Kuckaners für die Studia humanitatis. Davon unberührt blieb der vom offensichtlichen Willen zur Konfrontation geprägte Graben zwischen den beiden Schulen.

Die Konsequenz offenbart sich exemplarisch in dem Lobgedicht des Münsteraner Schulmeisters Johannes Murmellius auf Albertus Magnus, welches er der von Arnold von Tongern (L 60) 1511 revidierten Fassung des Harderwijkschen Logikkommentars beigab.[375] Die Verse mögen für sich sprechen: *‚In laudem Magni Alberti philosophi theologique maximi'. Ioannes Murmellius Ruremundensis. Extremas Magni nomen volitavit in oras / Alberti, templis gymnasiisque frequens / in cathedris magnus resonat, per pulpita passim / Ac ubicunque loqui docta corona solet, / Magnus habet nomen maius quam Cesaris hostis, / Quam vel Alexander maximus ille ducum, / Invida quod nunquam poterit abolere vetustas, / Sacrilegae turbae vel rabiosa lues. / Est etenim tantum, ut nullius carmine crescat / Nullis depereat dentibus invidie.*

Erstaunlicherweise schlug sich der unversöhnliche Gegensatz zwischen den Schulen in den Protokollen des Dekanatsbuches erst Jahre später nieder, um 1520 beginnend. Trotz ihres offiziellen

---

[374] Rupprich 1935, 156.
[375] UStB, GBII[b]/373[a] (Gerardus de Harderwijck, ‚Commentaria Nove logice Aristotelis ... opera Arnoldi Tungri'), Rückseite des Deckblattes.

Charakters bleiben die Eintragungen von den Spannungen nicht frei. Wir werden sehen, daß die Fronten nicht nur dieselben geblieben sind, sondern daß sie gleichzeitig die tragenden geistigen Grundhaltungen der konkurrierenden Bursen widerspiegeln.

b) Das Dekanatsbuch

Das offizielle Amtsbuch des Dekans der Kölner Artisten-Fakultät ist uns als Quelle von großem Wert bereits in den ersten Kapiteln begegnet. Wenn wir es nun für die Auseinandersetzungen zwischen Scholastik und Humanismus bzw. zwischen den entsprechenden Ausprägungen der beiden Kölner Schulen heranziehen, sind einige quellenkritische Vorbemerkungen unerläßlich. Der Dekan hatte alle amtlichen Vorgänge seines Dekanats zu protokollieren, die für die Fakultät konstitutiv waren. Mehr nicht. Was er im einzelnen aufnahm und mit welcher Sorgfalt, blieb ihm überlassen. Wenn er von Begebenheiten berichtete, die den Rahmen des Notwendigen überstiegen, wenn er dabei gar den nüchternen Ton des Sachwalters verließ und seinen Bericht mit individuellen Noten bereicherte, werden wir in freudiger Überraschung eines facettenreichen Persönlichkeitsprofils gewahr. Dieser Dekan protokolliert dann nicht nur – informativer als andere – äußere Ereignisse, er erzählt vielmehr von sich selbst. Freilich bleiben die Informationen an seine Person und Perspektive gebunden.

Auf den amtlichen Charakter des Dekanatsbuches und auf die immanente Begrenztheit aussagekräftiger Personen wird es zurückzuführen sein, daß die Feder des Dekans wesentlich später als der realen Entwicklung entsprechend von humanistischem Geist geführt wurde. Das erste Zeugnis eines Dekans, der sich eindeutig zu seiner humanistischen Grundhaltung bekannte, stammt vom Dezember 1518 und aus der Hand eines Montaners. Arnold Halderen von Wesel (M 58) hatte in einer Pestzeit im Oktober 1518 das Dekanat übernommen und begann seine Eintragungen mit seiner Wiederwahl am 29. Dezember 1518.[376] Seine Gesinnung offenbart sich schon im klaren, formierten Schriftbild seiner Eintragungen. Weniger die Form der Buchstaben als vor allem der saubere, gleichmäßige Schriftzug (weitgehende Vermeidung von Kürzeln, deutliches Ausschreiben der Buchstaben, Vermeidung von Schlingen und

---

[376] Un. 481, f. 125v. S. Anhang, Anlage 10.

zu langen Unter- und Oberlängen) und die häufige Verwendung von Majuskeln verrät die Intention,[377] die vor dem Kontrast der vorangehenden, kaum lesbaren und gänzlich gegensätzlichen Schrift des Laurentianers Nicolaus de Traiecto (L 75) umso betonter erscheinen mußte.[378] Mit seiner Schrift stand Arnold allerdings in einer Tradition, in der es noch markantere Beispiele gab. Wirklich neu waren sein Stil und seine Begrifflichkeit. Obwohl der Begriff Gymnasium statt bzw. neben Burse schon in den neunziger Jahren in den gedruckten Lehrbüchern gängig wurde,[379] wird er im Dekanatsbuch erstmals am 29. Dezember 1518 durch Arnold von Wesel angewandt. *In absentia gymnasiorum* sei er durch eine Versammlung der Magister *de gremio* (auch dieser Begriff ist neu) *facultatis* gewählt oder besser bestätigt worden.[380] Eine bewußte Absetzung von seinen Amtsvorgängern in der Terminologie demonstriert Arnold auch in der vorher nicht zu beobachtenden Benutzung des Verbs *deligere* statt *eligere* (*delectus est in promotorem Joannes Campis*).[381]

Es dauerte nun wiederum einen Bursen-Turnus, bis das Protokoll durch den nächsten Montana-Dekan erneut vom Spiritus humanitatis beseelt wurde. Mit der Amtsübernahme des Johannes Frissemius (M 59) „an den siebten Iden des Oktobers" 1522 präsentierte sich freilich nicht nur ein Humanist reinsten Schlages – wie schon die erstmalige Anwendung des römischen Kalenders oder die dezidiert humanistische Schriftform erweist –; mit ihr wurden auch die tiefen, seit langem andauernden Spannungen in der Fakultät gleichsam aktenkundig. Das Aufeinandertreffen zweier geistiger Welten, wie sie in den thomistischen Bursen Montana und Corneliana und bei den albertistischen Laurentianern und Kuckanern entwickelt worden waren, wurde in schlaglichtartiger Weise dem Wissen der Nachwelt anvertraut. Das Forum bildete der Rand des Dekanatsbuches; als Waffe wählte man die Glosse. Die Handschriften erweisen, daß es

---

[377] Man wird die Schrift des Humanisten Arnold von Wesel wohl unter die Semigotica rechnen dürfen. Doch dürfte sein Stil weniger als ein Stil innerhalb der Gotik denn als Aufbruch aus der Gotik zu betrachten sein. Zur Problematik jüngst Gumbert 1988, bes. 65 f., der auch bei humanistisch fühlenden Personen eher von einer gotikimmanenten Schrift ausgehen möchte.
[378] Vgl. Un. 481, f. 125r; s. Anlage 11.
[379] Vgl. Meuthen 1988, 98, sowie die einschlägigen Titel bei Voulliéme 1903, etwa unter Aristoteles, Lambertus de Monte oder Gerardus de Harderwijck.
[380] Un. 481, f. 125v.
[381] Un. 481, f. 125v.

jeweils nur zwei Personen waren, die in dieser Form miteinander rangen. Gleich neben den ersten Aufzeichnungen des Frissemius findet sich folgende, von humanistischer Hand (im folgenden mit A bezeichnet) geschriebene Glosse: *Semidocta malitia nec digna cui multis respondeatur, et nisi nasus me fallit, subolet mihi multorum in Phrissemium superstitem invidia, quam sibi conflavisse videtur ex eo, quod nova et suo saeculo paene sepulta literatura instructus antiquum scholae morem fastidierit ac passim insectatus sit, nescius quam difficile sit inveteratas consuetudines repente convellere.*[382] Eine traditionellere Hand (B), zweifellos ein Gegner, schrieb darüber: *Semiplena narratio nec digna annotatione.* Die kritische, gleichzeitig geistreiche Bemerkung über die unvollständige und unwürdige Darstellung richtete sich an einen Humanisten, der ganz offensichtlich nicht nur Frissemius' humanistische Reformbemühungen teilte, sondern auch das Wissen um den Neid der Gegner und die daraus resultierenden Rückschläge. Neben der Person, die anhand der Schrift bisher noch nicht identifiziert werden konnte – keiner der folgenden Dekane besaß eine vergleichbare Handschrift –, bleibt der Zeitpunkt der Glosseneintragungen problematisch. Da die von A geschriebene Glosse im Stil einer Rückschau gehalten ist, dürfte sie nach dem Dekanat des Frissemius geschrieben worden sein, doch nicht wesentlich später. Denn der Terminus ante quem läßt sich durch die noch zu erörternde Person des Kontrahenten B mit einiger Sicherheit auf die Jahre 1527 bis 1530 eingrenzen.

Der bekenntnisfreudige Geist der Humanisten, der sich in einem Kölner Amtsbuch und in dieser Form bis dahin eben noch nicht artikuliert hatte, offenbarte sich anknüpfend an Frissemius' Dekanat noch ein zweites Mal in aller Deutlichkeit. Eine der letzten Amtshandlungen des Montana-Dekans im Februar und März 1523 bestand in der Protokollierung des Lizentiats-Examens und der anschließenden Magisterpromotionen. Doch wie schon im voraufgegangenen Jahr[383] besaß der Dekan keine Übersicht über die Promovierten – nach der damals üblichen Frequenz eine Zahl von ungefähr 60.[384] Mit großen Schriftzügen hatte Frissemius noch notiert:

---

[382] Un. 481, f. 145r; vgl. Krafft 1869, 212 f.; Meuthen 1988, 249. S. Anlage 12.
[383] Vgl. das Dekanat des Hermannus de Venroed (L 78; Un. 481, f. 143v).
[384] 1521 wurden beispielsweise 67 Magistranden zum Examen zugelassen (Un. 481, f. 138v), 1524 waren es 60 (Un. 481, f. 152v). Die Listen mit den Namen der Promovierten wurden dem Dekan durch den Pedell übermittelt (vgl. etwa Un. 481, 154r: laut Statut durften die Inzeptoren die Namen nicht direkt an den Dekan weiterleiten), doch erhielt sie offenbar vorher noch der Rezeptor; dazu kam, daß in

Das Kölner Forum 739

Nomina eorum, qui eo die (sc. *pridie idus martias*) *licentiati creati sunt, sequuntur pagella sequenti.*[385] Tatsächlich konnte er jedoch nur vier Inzeptionsakte mit jeweils drei Promovierten protokollieren, wobei drei Akte seine Burse betrafen, einer aus der Laurentiana zu vermelden war.[386] Resigniert und zugleich etwas süffisant schrieb er daher mit kleiner Schrift unter seinen Verweis auf die Liste der Namen: *Nomina adhuc scribentur, utinam haberi possent.*[387] Diese Klage veranlaßte den Schreiber A zu einem erneuten Kommentar: *Nosse licet, cupias modo noscere nomina, nempe haec omnia, ni fallor, scripta receptor habet.* Mit noch kleinerer Schrift fügte er nun rechts davon ein eindringliches Zeugnis persönlicher Betroffenheit hinzu: *Istud quum in aliis multis quoque desiderari posset, tamen siletur, verum hic efflagitetur, quid impreceris tam invidis hominibus ubique venantibus, si quid possint invenire, quod reprehendant in iis, quos oderunt, et si quid forte praetermissum est aut non plene narratum quorsum attinet tam procaciter incessere.*[388]

Die Aussage wird im Kern der Wahrheit entsprochen haben. Darüber hinaus spiegelt sie analoge Erfahrungen der beiden Humanisten wider. Nicht nur Frissemius (M 59) hatte sich durch seine klassische Bildung und die Geringschätzung der herkömmlich scholastischen den Neid der Traditionalisten zugezogen; die mißgünstigen Jäger verfolgten auch den Glossenschreiber A mit ihrem Haß. Von besonderem Interesse ist daher die Frage, wo diese Gegenspieler verwurzelt waren. Wir haben das Glück, daß uns einer von ihnen allem Anschein nach selbst auf die Spur führt. Mit großer Wahrscheinlichkeit fügte B, der Schreiber der Replik auf die erste Randbemerkung von A, auch der zweiten einen kritischen Kommentar hinzu. In einem einzigen Wort, *optime*, drückte er seine ganze ironische, ja gar sarkastische Distanz aus. Aber es war nicht nur eine persönliche Gegnerschaft, die hier zum Ausdruck kam. Der Opponent von A schrieb über die ersten Dekanatseintragungen des Frissemius eine Glosse, mit der er zum einen demonstrierte, daß er ebenfalls dem Montana-Dekan ablehnend gegenüber stand, die zum

---

der Krisenzeit auch der Verwaltungsablauf litt, teilweise bedingt durch die verhärtete Konkurrenz der Bursen.
[385] Un. 481, f. 148r (*pagella* ist von ihm durchgestrichen und durch *facie* ersetzt worden). Vgl. Anlage 13.
[386] Un. 481, f. 149r.
[387] Un. 481, f. 148r; vgl. Anlage 13.
[388] Un. 481, f. 148r; vgl. Anlage 13.

andern aber auch den prinzipiellen Charakter der Feindschaft offenbart: *Venus fugit lucem arbitrosque; hinc est, quod Venere multi periere.*[389] Offenbar wollte der Schreiber B damit die warnende Mahnung aussprechen, daß der von der Göttin Venus Geleitete sich zwangsläufig in einer Sphäre des Halbdunklen, der Halbwahrheit befinde und letztendlich dadurch zugrunde gehe, gerichtet werde.[390] Die Plazierung der Glosse zeigt, daß B den impliziten Vorwurf des ethisch nicht Korrekten, Unsittlichen, gleichsam programmatisch über die gesamten Ausführungen des Frissemius setzte. Stellvertretend für diesen reagierte denn auch prompt der Schreiber A und fügte in seiner kleinen Glossenschrift lapidar-ironisch hinzu: *Et hoc in Phrissemium scriptum apparet.*

Sowohl inhaltlich wie schrifttypisch bietet der Opponent B nun immer aussagekräftigere Hinweise auf seine Person, vor allem wenn wir abschließend jene Glosse betrachten, die er zu einem früheren Ereignis schrieb. Es handelt sich um einen Beschluß der Fakultät bzw. genauer: jener Mitglieder, die am 2. Mai 1516 zur Wahl der Examinatoren zusammenkamen, mit dem unkontrollierte öffentliche Poetikvorlesungen in der Artistenschule unterbunden werden sollten.[391] Das Gebäude sollte jenen, die in der Poesie oder ähnlichem lesen wollten, nur noch nach vorheriger Genehmigung

---

[389] Un. 481, f. 145r; vgl. Krafft 1869, 212, Anm. 2 (Abdruck der Glosse und der Replik). Vgl. Anlage 12.

[390] Vermutlich spielte der Schreiber B auf Erzählungen der klassischen Mythologie (in der Odyssee Homers und den Metamorphosen Ovids) an. Denn wenn man das Licht auf die Sonne bzw. den Sonnengott Helios und „arbiter" weniger auf den Schiedsrichter als den Zeugen und Mitwisser bezieht, vor denen Venus flüchtet, dürfte dem moralisierenden Spruch jene Episode zugrunde gelegen haben, in der Helios das unzüchtige Liebesverhältnis zwischen Venus/Aphrodite und Mars/Ares als erster durch sein Licht (der Wahrheit) erblickte und dem betrogenen Gatten Vulcanus/Hephaistos meldete, der die beiden dann in seinem Netz fesselte und öffentlich schmähte. Möglicherweise richtete sich die Kritik auch allgemein gegen eine sinnenfrohe humanistische Geisteshaltung, wie sie etwa in den Elegien des Celtis in seinen ‚Quattuor libri amorum' zum Vorschein kommt. Gerade in ihnen wird überaus oft die *sacra* bzw. *diva venus* verherrlicht (vgl. Pindter 1934 pass.; zum Inhaltlichen etwa Burger 1969, 312-323; Wuttke 1986, bes. 702 f.).

[391] Un. 481, f. 109r; vgl. Keussen 1934, 196. Die dort zu findende Wendung von einem „einmütigen" Beschluß der Artisten-Fakultät trifft die Sachlage nicht ganz richtig, da das vom Dekan angesprochene gemeinsame Einverständnis aller zum einen auch als Topos durch einen Mehrheitsbeschluß gerechtfertigt sein konnte, zum anderen nur durch die gerade Anwesenden erzielt. Da dieser sogenannte Poetikbeschluß immer wieder für eine grundlegende Poetik- und Humanismusfeindlichkeit der Kölner Universität herhalten muß, ist differenzierend anzumerken, daß es sich um keine Versammlung handelte, die für alle Mitglieder der Fakultät verbindlich war („sub pena iuramenti"), und daß routinemäßige Zusammenkünfte wie zu einer

durch den Dekan oder die Fakultät offenstehen. Doch ein Gegner dieser restriktiven Maßnahme durchkreuzte den Beschluß im Dekanatsbuch daraufhin mehrfach. Vermutlich im Anschluß daran vermerkte B, also der Schreiber der gegen A gerichteten Glossen, unter dem Beschluß: *Rationabile statutum*, und umrahmte ihn.[392] Mit größter Wahrscheinlichkeit stammte dieser Kommentar von dem Laurentiana-Regenten Henricus Buschers de Tongeris (L 74), der allen Grund hatte, den Poetik-Beschluß als vernünftig zu rechtfertigen. Denn er war der Dekan, der die Fakultät zu diesem Schritt bewogen hatte, der das Resultat dann auch protokollierte. Nicht nur sachlich kommt er als B, als Verfasser der Glossen in Frage, auch deren stets gleiche Schriftzüge weisen auf ihn hin. Von allen Dekanatseintragungen zwischen ca. 1510 und 1535 ähnelt Buschers Schrift dem Buchstabenbestand der Glossen am meisten, während alle anderen Dekane typische Buchstabenformen aufweisen, die mit denen der Glossen nicht kongruent sind.[393] Die tiefen Gräben in der

---

Wahl der Prüfer für das Bakkalaureats-Examen meist nicht von einer größeren Zahl frequentiert wurden. Mit einem differenzierenden Bezug auf den Gesamtkontext: Meuthen 1988, 222 (zum dort angesprochenen Hintergrund des Reuchlin-Streites s.u.).

[392] Un. 481, f. 109r. Vgl. Anlage 14. Links unten die Namen der am 2.5.1516 gewählten Examinatoren. Rechts daneben der sog. Poetik-Beschluß: *Eadem illa congregatione per dominos de facultate tunc presentes* ...

[393] Einzelne typische Buchstaben, die sowohl in den Glossen als auch in Buschers offiziellen Dekanatseintragungen (1516, 1527, 1530; vgl. als Beispiel Anlage 15 aus dem Dekanat 1527, Un. 481, f. 169r, und Anlage 16, Un. 481, f. 176v) vorkommen: ein sehr rundes „m" und „n", bei denen der letzte Abstrich oft kürzer ist; das „p" ist in allen Glossen identisch, stimmt z.B. mit dem „p" in dem von Buschers protokollierten Poetik-Beschluß (etwa: „per dominos ... tunc presentes") vollkommen überein, ebenso mit dieser „p"-Form bei seinen anderen Dekanatseintragungen. Eine zweite Form des „p" (ohne Anstrich zum Schaft) ist gleichfalls in den Glossen sowie in den sonstigen Texten zu finden. Markant ist ein öfter von Buschers geschriebenes gerades „l" mit leichtem Aufstrich von links oben zur Spitze. Es erscheint in den Glossen bei „lucem", „semiplena", „rationabile" und im abgekürzten „vel" des Poetik-Beschlusses. Dieses eigentümliche „l" wird zugleich durch Buschers in seinem Dekanat von 1527 häufig geschrieben. Eine zweite Form des „l" ist oben rund geschlossen und in den Glossen wie den Dekanatsschriften zu finden. Auf eine gleiche Hand in beiden Textgruppen weisen schließlich auch zwei dominierende Formen des „r", ein auffälliges „b", das wie ein „v" mit aufgesetztem runden, nach rechts kippenden „l" erscheint sowie ein leicht rechts-konkaves „t" mit kurzem Aufstrich von links oben (wie beim „l") und einem nicht durchgezogenen t-Strich, der von der Mitte aus nach rechts geht. Gerade dieses prägnante „t" wird von Buschers nicht nur in den Glossen, sondern vor allem in seinem Dekanat von 1527 angewandt. Die gegenüber dem Dekanat von 1516 dickere Feder und dunklere Tinte aller Glossen zeichnet ebenso seine Schrift im Dekanat von 1527, aber auch 1530 aus. Vermutlich stammen die Glossen daher aus den Jahren um bzw. vor 1527, da Buschers das Dekanatsbuch wahrscheinlich bereits vorher zur Verfügung hatte.

Der Gegensatz der Schulen

Fakultät werden in der Tatsache sichtbar, daß auch die Bemerkung *Rationabile statutum* von späterer Hand durchgestrichen wurde.

Die Feindschaft bestand demnach nicht nur zwischen Buschers, dessen Identität mit dem Glossenschreiber B wir nun behaupten zu können glauben, und dem Schreiber A sowie Frissemius, sondern ist cum grano salis auf die führenden Bursen zu übertragen, für die Buschers und Frissemius in gewisser Weise stellvertretend stehen.[394] Es war allerdings kein Gegensatz zwischen „humanistischer Bildung" und „scholastischer Unbildung". Denn der Laurentianer kann beileibe nicht als „Reaktionär" bezeichnet werden. Von einer gelehrteren Bildung zeugt allein schon der Stil und Inhalt der Glossen. In seinem Dekanat 1527 benutzte er durchaus neue Termini, teilweise den römischen Kalender und schrieb anders als 1516 mit stark purierter Schrift (geringere Ober- und Unterlängen, kaum noch Schleifen und Schlingen, weitaus weniger Abkürzungen), die auch den Doppelpunkt in der Interpunktion und die e-caudata kannte.[395] Nein, mit den Glossen wird ein Gegensatz anderer grundsätzlicher Natur sichtbar. Zwei unterschiedliche Geisteshaltungen, wie wir sie zwischen Thomisten und Albertisten mit ihren jeweiligen Anhängern wiederholt beobachten konnten, wurden nun in d e m Amtsbuch der Fakultät dokumentiert. Hier der extrovertiertere Humanist A, der über und man darf wohl sagen: für den humanistischen Juristen Frissemius schrieb, von dem der Montana-Schüler (1516-1519) und humanistische Lehrer an St. Mariengraden (bis 1523) Johannes Rivius de Attendaer[396] berichtet, er sei wegen seiner klassischen Neigungen nicht zum

---

[394] Der Glossenschreiber A wird unter den Humanisten der thomistischen Bursen Montana und Corneliana zu vermuten sein; ein Opponent Buschers aus dem „eigenen Lager" ist nach den Kölner Bursenverhältnissen sehr unwahrscheinlich. Wenn er dennoch aus Laurentiana oder Kuckana gestammt haben sollte, dann mit Sicherheit als Vertreter einer isolierten Minderheit. Die genannten grundsätzlichen, bursegebundenen Gegensätze zwischen Reformern und Traditionalisten wären dadurch nicht aufgehoben, eher komplexer. Ein eindringliches Beispiel für den isolierten Laurentiana-Humanisten wird mit Hermannus Schottenius (L 80) noch geschildert werden; s.u. 747.

[395] Vgl. Un. 481, f. 169r-171r (an neuen Termini benutzte er z.B.: *novus decanatus, administratus per Henricum Tungarum, cognomento Buschers; intrantibus (ut dicunt) designatis*). Doch verwandte Buschers konsequent den traditionellen Begriff „domus" statt „gymnasium". S. Anlage 15.

[396] M 511,34: Determination 1517 unter Mathias de Aquis (M 55), Inzeption 1519 unter Andreas de Bardwijck (M 51). Rivius wurde später ein erfolgreicher Schulmeister in Sachsen; neben Saxenberger 1886 vgl. jetzt auch Klein 1990, 301.

theologischen Lizentiat zugelassen worden und habe daraufhin seine Hinwendung zu den Heiden verkündet.[397] (Tatsächlich erwarb Frissemius nur das Bakkalaureat in der Theologie, konnte dagegen 1525 zum Doctor decretorum promoviert werden.) Er und sein Mitstreiter A stellen den mehr weltoffenen, aufgeklärten Typus dar. Dort der Theologe Buschers in seiner sittlich ernsteren, strengeren Haltung – durchaus vergleichbar dem Albertisten-Freund Rudolf von Langen. Der Laurentianer fühlte sich als legitime moralische Instanz, die lasziven oder paganisierenden Tendenzen (auch bei dem Poetik-Beschluß tragend) Einhalt zu gebieten hat, als „arbiter" der Sittlichkeit.

Dieser Dichotomie kommt umso größeres Gewicht bei, als wir sie in ihrer Struktur eben so bereits für frühere Jahre erfassen konnten. Stets traten die Albertisten rigoroser, kompromißloser, abgrenzender auf als die Thomisten. Ob es um die Haltung gegenüber dem philosophischen Gegner, den Buridanisten, ging oder um die Adaption säkularer humanistischer Bestrebungen: die Albertisten zogen schärfere Trennlinien und suchten die oft genug polemische Kontroverse mit den Thomisten, denen sie im Kern immer mangelnde doktrinäre Standhaftigkeit vorwarfen. Ihrer albertistischen Position maßen sie in jeder Hinsicht einen höheren Grad an Wahrhaftigkeit zu. Konsequenzen hatte dies auf verschiedenen Feldern und Ebenen. Sie konnten wie in der Reuchlin-Kontroverse weit über Köln hinauswirken oder aber wie in der fakultätsinternen Umsetzung humanistischer Begeisterung auf den engeren Bereich der Universität begrenzt bleiben. Folgen wir vorerst den Spuren des Humanismus im Spiegel des Dekanatsbuches, bevor wir die über Köln hinausgreifenden Folgen darstellen.

Die Humanisten hatten offensichtlich das alljährliche Quodlibet der Fakultät als Forum entdeckt und mit neuem Leben erfüllt.[398] Schweigt das Dekanatsbuch in der Regel zu den Rednern und Themen der Quodlibet und bewahrt lediglich den Namen des Quodlibetars, so ändert sich das Bild mit dem Dekanat des Johannes Frissemius (M 59) grundlegend. Eine von humanistischem Geist erfüllte Aufbruchsstimmung wird erkennbar. Erstmals protokollierte ein Dekan nicht nur die Namen aller Redner, sondern auch weitere Begleitumstände der Disputation. Euphorisch war sich Frissemius

---

[397] Krafft 1869, 212.
[398] Zu den Quodlibet und ihren Kölner Erscheinungen: Meuthen 1988 s.v., bes. 24, 366 f. (Neubelebung im 16. Jahrhundert).

des Neuen bewußt. So notiert er für den 15. Dezember 1522, daß Arnold von Wesel (M 58), sein thomistischer Bursenkollege, *theologiae licentiatus, graecae ac latinae linguae longe doctissimus, neque inscius Hebraicae,* die quodlibetalische Disputation begonnen habe.[399] Neu an dieser Disputation sei zum ersten, daß diesmal keine Ordensgeistlichen teilnähmen, die sich sonst bei solchen Anlässen stets die Hauptrollen herauszunehmen pflegten.[400] Dann habe sogar der Theologie-Professor (und Laurentianer) Johannes de Busco (L 67), am selben Tag zum Rektor gewählt, selbst letzte Hand angelegt. Schließlich habe, was vorher noch nie zu sehen war, einer der beiden „Konsuln", Johann von Reidt, die letzten drei Tage ununterbrochen der Disputation oder besser der *collatio* (denn so Frissemius: *ita enim nunc loquimur*)[401] beigewohnt. Ihm habe sich am letzten Tag der „Quästor"[402] Adolph Rinck zugesellt.[403]

Der hochgestimmte Bekenntnisdrang der Humanisten wird in vielen Details greifbar. Analysieren wir die protokollierten Namen[404] auf ihre Bursenherkunft, so wird eine überwältigende Dominanz der thomistischen Bursen, besonders der Montana, erkennbar. Von den 18 Rednern der fünf Disputationstage stammten zehn

---

[399] Un. 481, f. 146v; vgl. Krafft 1869, 214 f. (mit einigen Transkriptionsfehlern); Meuthen 1988, 228 f.

[400] *Novum in hac disputatione fuit primum illud, quod nulli ei interfuere fratres, qui tamen vel primas sibi in eiusmodi negotiis sumere solent* (Un. 481, f. 146v).

[401] Un. 481, f. 146v.

[402] Frissemius benutzte diesen klassischen Terminus erstmals auch für den Finanzverwalter der Artisten-Fakultät. Für den 21.12.1522 protokollierte er: *creandus erat novus quaestor, sive, ut receptiori vocabulo utar, receptor* (Un. 481, f. 147v). Sein Bericht über diese Wahl erlaubt zugleich einen aufschlußreichen und exemplarischen Einblick in das Innenleben der Fakultät. Denn am festgesetzten Tag konnte die Wahl gar nicht stattfinden, da die einen nicht anwesend waren, die anderen sich deshalb allmählich einer nach dem anderen heimlich entfernten. Am folgenden Tag wurde dann der Cornelianer Georgius Roterodamus (C 72) gewählt. Die Distanz des Frissemius zu den Laurentianern kommt abschließend erneut zum Vorschein, als er berichtet, der Amtsvorgänger Theodoricus Halveren (L 73) habe gebeten, man möge ihm einen aus der privaten Kasse ausgelegten fl. zurückerstatten. Frissemius hatte für das Anliegen überhaupt kein Verständnis: *Verum repulsam tulit*, denn sonst könnte ja jeder nach ihm kommen und das Gleiche verlangen.

[403] Reidt wohnte der Disputation u.a. auch deshalb bei, um – wie Frissemius anschließend berichtete (Un. 481, f. 146v/147r) – sich von der Haltlosigkeit eines Häresievorwurfs zu überzeugen, den ein Erfurter Mönch gegen Frissemius und Sobbius gerichtet hatte. Vgl. hierzu auch Scribner 1975/76, 231; Meuthen 1988, 229 („Die Teilnahme des Johann von Reidt war jedoch mehr eine Demonstration [sc. für die Unterstützung der humanistischen Bildung durch die Stadt] als eine Inquisition".).

[404] Un. 481, f. 147r; vgl. Krafft 1869, 215.

aus der Montana und zwei aus der Corneliana. Unter ihnen junge Humanisten wie der Bullinger-Freund Chrysantus Monasteriensis oder Petrus Segensis al. Pherntorsius,[405] Nachfolger des Johannes Rivius als Stiftsschullehrer an St. Mariengraden und Freund des bekannten Humanisten Graf Hermann von Neuenahr. Hervorzuheben ist auch die Beteiligung des Montaners Hermannus de Hammone (M 62), später juristischer Schüler des Frissemius und nach Ausweis seiner Handschrift und Dekanatsprotokolle von profunder humanistischer Bildung.[406] Die Corneliana vertraten ebenfalls zwei Humanisten, Jakob Sobbius[407] und Johannes Lunensis (C 76), der nach dem Untergang der Corneliana in die Montana wechselte.[408] Aus der Laurentiana erschienen lediglich fünf Teilnehmer, rechnet man den Rektor hinzu. Außer dem Regenten Nicolaus Traiectensis (L 75) sprachen Gulielmus Leodiensis,[409] Matthaeus Tungrus, ein Bakkalar des weltlichen Rechts[410] sowie der Mediziner und Humanist Gulielmus Insulanus Menapius[411]. Aus der Kuckana beteiligte sich niemand; ein Jurist[412] läßt sich keiner Burse zuordnen. Diese Gewichtung dürfte weitgehend repräsentativ für die Interessen an den einzelnen Bursen sein.

Sie bestätigt sich in dem Quodlibet des folgenden Jahres. Es wurde geleitet von dem Cornelianer Johannes Volsius Lunensis (C 76), der zugleich das Dekanat bekleidete und sich wegen des Doppelamtes kritischer Kommentare seiner *zoili* zu wehren hatte.[413] Offenbar unterstellte man dem Baccalaurius formatus der Theologie kirchenfeindliche Ansichten, denn Volsius führte in seinem Protokoll als Argument für seine Rechtgläubigkeit die Begegnung mit dem der humanistischen Bildung – wie gesehen[414] – durchaus

---

[405] M 518,43: Schüler des Arnold von Wesel (M 58); vgl. zu ihm Krafft 1869, 216 f.
[406] Vgl. etwa Un. 481, f. 175v. S. Anlage 17.
[407] M 478,83; vgl. Meuthen 1988 s.v.
[408] Zu Johannes Volsius Lunensis vgl. hier: Meuthen 1988, 229 f., 251. Die übrigen Montana-Redner außer den genannten hießen neben Arnold von Wesel und Johannes Frissemius: Johannes Calcarius (M 516,46; aus Altersgründen nicht: M 530,23), Alphardus Sutphaniensis (M 516,25), Johannes Arnhemius (M 518,104), Antonius Linnichensis (M 512,22), Ditmarus Unnensis (M 473,95).
[409] M 522,44.
[410] M 489,109.
[411] M 489,30.
[412] Arnoldus Buscoducensis (M 529,5).
[413] Vgl. Un. 481, f. 152r.
[414] S.o. 727.

aufgeschlossenen Theologen und Pastor an St. Paul, Johannes de Busco (L 67), an, der ihn mit Handschlag begrüßt und dabei festgestellt habe, über den gesamten Zeitraum seiner Disputation sei das Lob Gottes gut vorgetragen worden.[415] Die religiösen Spannungen werden zwischen den Zeilen ebenfalls spürbar, als Volsius berichtet, an der Disputation habe kein einziger Mönch außer als Zuhörer teilgenommen. Anschließend listete er nicht nur die Namen der Rhetoren (*declamatorum*) auf, sondern auch die *argumenta*.[416] Das Verhältnis zwischen thomistischen und albertistischen Bursen – die Kuckana stellte diesmal mit dem Juristen Johannes de Horst (K 45) einen Teilnehmer – gestaltete sich 1523 bei 17 Rednern 9:5 (Rektor und Dekan eingeschlossen); drei können keiner Burse zugeordnet werden. Zu einem großen Teil sprachen die gleichen Personen wie 1522. Auffällig die vielen Themen religiösen Inhalts. Vorwiegend säkular-humanistisch dürften die Reden des Cornelianers Johannes Kempensis[417] (*de arte dicendi*) und des Montaners Chrysantus Monasteriensis (*de vera eruditione*) gewesen sein. Theologische Problematiken werden bereits der Cornelianer Petrus Ubelius Vuormariensis (C 73; *de necessitate hebraicae linguae*), anstelle und im Habitus des Dekans, sowie der schon für 1522 genannte Montaner Petrus Pherntorsius Segensis (*de tribus linguis*) angesprochen haben. Die konfessionellen Gegensätze wurden bei den Montanern Ditmarus Unnensis (*de militante ecclesia*) und Jacobus Cremerius de Aquis (M 64; *de sacramentis contra Lutherum*), einem Humanisten im übrigen,[418] tragend. Johannes Lunensis (C 76) schließlich sprach *de charitate et pace christiana*.

Es erstaunt, daß die Laurentiana weder durch angesehene Regenten noch durch markante Themen Zeichen setzte. Der Mediziner Franciscus Ruremundensis[419] redete *de periodo humanae vitae*, während etwa Hermannus Kyver de Nussia[420] *de laude medicinae* disputierte. Die führenden Albertisten schienen das humanistische Quodlibet zu boykottieren; mehr noch: sie hinderten sogar gewillte

---

[415] Un. 481, f. 152r.
[416] Un. 481, f. 152r; vgl. Krafft 1869, 215 f.
[417] M 492,25 (1511/14 noch Laurentianer, dann *exercens in diatriba Corneliana*).
[418] Vgl. Schrift und Ausführungen in seinem Dekanat, etwa zum 26.11.1527 (Un. 481, f. 172r).
[419] M 500,48.
[420] M 506,36 (1518 Inzeption unter Johannes de Campis [L 65]).

Bursalen an der Teilnahme! Volsius (C 76) notierte in einer Glosse,[421] daß eigentlich auch der Laurentianer Hermannus Schottenius (L 80) *de institutione puerorum in patria* sprechen wollte, doch sei er durch (den damals leitenden Laurentiana-Regenten) Johannes de Campis (L 65) daran gehindert worden, weil Schottenius wegen bestimmter Vergehen in seiner Lebensweise durch seinen Regenten mit kirchlicher Zensur (*censuris ecclesiasticis ob debita quedam victus*) belegt worden sei. Nach Ansicht des Cornelianers bedeutete dies nichts anderes, als daß durch die *privata res* eines Magisters die *res publica* der ganzen Fakultät zu leiden hatte – *queritur, quid sit iuris*.[422] Und in der Tat: obwohl Schottenius schon 1522 in die Fakultät rezipiert worden war, begann er seine artistische Lehrtätigkeit erst 1531, nachdem Johannes de Campis 1530 gestorben war und Henricus Buschers de Tongeris (L 74) die Prinzipal-Regentschaft übernommen hatte. Gerade Schottenius muß jedoch als äußerst innovativer Humanist bezeichnet werden.[423] Schon 1525 erwies er sich mit seiner Ausgabe lateinischer Schülergespräche, den ‚Confabulationes tironum litterariorum ad amussim Colloquiorum Erasmi Roterodami' als überzeugter Erasmianer.[424] Die gleiche humanistische Haltung offenbarte er 1526 und 1527 mit seinen Schuldramen ‚Ludus Martius' und ‚Ludus Imperatorius', in denen er zeitnahe Themen (Bauernkrieg und Kaiserherrschaft) verarbeitete. Weltlichen Dingen zugewandte Humanisten gab es also auch in der Laurentiana. Doch der Unterschied zu den thomistischen Bursen ist evident. Während sich die Humanisten in Montana und Corneliana recht frei entfalten konnten, gefördert wurden und selbst führende Positionen bekleideten, unterlagen sie in den albertistischen Bursen weitaus eher restriktiven Maßnahmen.

Schlaglichtartig soll dies durch ein vorerst letztes Beispiel aus dem Dekanatsbuch beleuchtet werden. Euphorisch konnte Johannes Volsius (C 76) am 19. Januar 1524 in seinem Amtsbuch notieren,

---

[421] Vgl. auch Krafft 1869, 216, Anm. 1 (doch schrieb die Glosse nicht der betroffene Hermann Schottenius zu einem späteren Zeitpunkt – so Krafft –, sondern Volsius, wie sich einwandfrei aus der Schrift ergibt).

[422] Un. 481, f. 152r.

[423] Vgl. Meuthen 1988, 226 f. (Lit.); jüngst beschäftigte sich Macardle (1989) mit Schottenius und dessen Drama ‚Ludus Martius', die Ausführungen zur Person sind allerdings etwas enttäuschend (vgl. etwa auf 391, Anm. 1: „He [Schottenius] may have been a master at the Bursa Laurentiana in the University of Cologne, though this is not certain".).

[424] Vgl. Bömer 1899, 128-145.

daß der an Bildung und Sittlichkeit *me hercule* herausragende Graf Hermann von Neuenahr zum Dompropst und damit Kanzler der Universität gewählt worden sei.[425] In seine Wahl hätten alle *docti ac probi* eingestimmt, umsonst hingegen hätten einige *bonarum literarum osores* gegrummelt bzw. gemurrt. Dem Reuchlinisten und Freund Willibald Pirckheimers[426] gab auch der Montana-Prinzipal Valentin Engelhardt von Geldersheim (M 43) seine Stimme.[427]

2. Konsequenzen des Gegensatzes

a) Die Reuchlin-Kontroverse

Wird man sich der harschen Konfrontation der beiden Kölner Schulen sowie der bedingenden Wurzeln und resultierenden Inhalte eingedenk, so wäre es mehr als verwunderlich, wenn eine solch grundlegende Auseinandersetzung wie jene um die Schriften der Juden nicht auch von den unterschiedlichen Standpunkten in Köln geprägt worden wäre. Bedenkt man nun weiterhin das vorhandene personelle Netzwerk zu Beginn der Kontroverse, etwa die zahlreichen mit Reuchlin befreundeten oder sympathisierenden Schüler und Partner der Montana, so wird man vollends entsprechende Folgen in Köln vermuten dürfen. In der Tat, untersucht man die gegen die Judenbücher und Reuchlin handelnden Akteure auf ihre Bursenzugehörigkeit, so treten in bemerkenswerter Geschlossenheit Angehörige der albertistischen Bursen in den Vordergrund. Es handelt sich dabei weder um ein zufälliges noch um ein beliebiges Phänomen.

Im folgenden kann es nicht darum gehen, die Reuchlin-Kontroverse in extenso auszubreiten.[428] Vielmehr soll sich die Perspektive primär auf die Rolle der Bursen-Regenten richten, sollen

---

[425] Un. 481, f. 152v.
[426] Vgl. etwa Holzberg 1981 s.v. (Nuenar); s.o. 663.
[427] Meissner 1968, 19.
[428] Ein ebenso instruktiver wie komprimierter Überblick jüngst bei Meuthen 1988a, 56-60 (mit der einschlägigen Literatur). An weiteren neueren Untersuchungen zum Thema wären noch zu nennen: Eckert 1989 (grundlegende Ausführungen zum Verhältnis von Juden und Christen, den Ursachen der gegenseitigen Intoleranz und zur Rolle der Kölner Universität); Kirn 1989 (mit einer profunden und wohltuend differenzierten Darstellung der kontroversen Standpunkte Reuchlins und Pfefferkorns, ihres jeweiligen Judenbildes wie des umfassenden historischen Kontextes; ergänzend zu Pfefferkorn aus jüdischer Sicht: Spanier 1935).

die treibenden Kräfte aufgezeigt und hinterfragt werden. Nachdem der konvertierte Jude Johannes Pfefferkorn 1507 mit seiner ersten Streitschrift, dem in Köln gedruckten ‚Judenspiegel',[429] seine missionarische Tätigkeit zur Bekehrung der früheren Glaubensbrüder literarisch begonnen hatte,[430] wird 1509 mit dem Kuckaner Ortwin Gratius (K 36) nachweislich erstmals ein Bursenangehöriger als sein Mitstreiter sichtbar. Die im März 1509 gedruckte lateinische Version von Pfefferkorns ‚Judenfeind', den ‚Hostis iudeorum', begleitete Gratius mit einem Epigramm von neun Distischen *De pertinacia iudeorum*, in welchem er die Juden als gottloses, grausames und auf das Böse hoffendes Volk brandmarkte.[431] Pfefferkorn bezeugte in dieser lateinischen Fassung, daß Gratius schon *multa contra iudeos* geschrieben habe.[432]

Diese Feststellung findet in einer zweiten Schrift Pfefferkorns Bestätigung, die ebenfalls 1509 veröffentlicht wurde. Im Januar ließ er in Köln sein ‚Osterbüchlein' (‚Wie die blinden Juden ihr Ostern feiern')[433] drucken, dem sogleich im Februar die lateinische Übersetzung (‚Quomodo ceci illi iudei suum pascha servent') folgte.[434] Hier treten nun nicht nur einzelne Bursen-Regenten, sondern die albertistischen Bursen als Institution mit ihrer nachdrücklichen Unterstützung von Pfefferkorns missionarischem Anliegen an die Öffentlichkeit. Ortwin Gratius (K 36) empfahl auch dieses mit einem Epigramm von 18 Versen. Auf der Rückseite des Deckblattes ließ er seine Dedikation an Arnold von Tongern (L 60) drucken, den Lizentiaten der Theologie und bekannten Prinzipal-Regenten der Laurentiana. Explizit erklärte er, diese Widmung stamme *ex collegio*

---

[429] Ediert: Kirn 1989, 205-230.
[430] Zusammenstellung der Streitschriften Pfefferkorns bei Böcking 1869, 53-115 (mit weiteren Texten zur Reuchlin-Kontroverse); Kirn 1989, 201-204.
[431] Vgl. Böcking 1869, 68 f.; Geiger 1871, 213; Reichling 1884, 91; Mehl 1975, 95 f.; Kirn 1989, 187 (gegen die in der älteren Forschung ausgesprochene Annahme einer Übersetzertätigkeit Ortwins für Pfefferkorn. Mit Sicherheit läßt sich für die ins Lateinische übertragenen Frühschriften Pfefferkorns nur ein Übersetzer namhaft machen: der friesische Humanist und von 1503 bis 1509 in Köln als Stadtpoet angestellte Andreas Kanter [M 411,16], der 1510 die an Maximilian gerichtete Schrift ‚In lob und eer' übersetzte [hierzu: Kirn 1989, 185; vgl. auch Böcking 1869, 71-74].).
[432] Vgl. Böcking 1869, 69.
[433] Zu dieser Schrift Kirn 1989, bes. 46-54 (typologisch-allegorische Auslegung der jüdischen Pessachbräuche, wobei einige Riten den Christen als Vorbild und Mahnung zur inneren Umkehr, zur Umsetzung kirchlicher Wertmaßstäbe hingestellt und gleichzeitig Vorurteilen wie dem des Ritualmordvorwurfs der Boden entzogen werden sollte).
[434] Vgl. Böcking 1869, 64 ff.; Kirn 1989, 202.

nostro quam vulgo bursam Kuyck vocant.[435] Selbst wenn Gratius dabei nicht das Placet seiner Haupt-Regenten besessen haben sollte,[436] in den Augen der Öffentlichkeit dürfte der Bursenname gleichsam programmatisch hinter dem Anliegen des Konvertiten gestanden haben.

Gratius gab sich in seinem mit dem 20. Februar 1509 datierten Brief an Tongern den Juden gegenüber erbarmungslos im Ton: *O monstra. O portenta hominum.*[437] Pfefferkorn dagegen, der als Konvertit ständig heuchlerische Vorurteile der Christen zu gewärtigen hatte,[438] wurde von dem Kuckaner wegen seiner erklärt christlichen Glaubenshaltung und wegen seines konfliktreich durchgestandenen Kampfes gegen die eigene Art gewürdigt.[439] Gleiche Unterstützung fand ein zweiter konvertierter und von den Christen angefeindeter Jude, der ehemalige Rabbiner Viktor von Karben.[440] Sein 1509 gedrucktes ‚Opus aureum' über alle Fehler und Sitten der Juden begleitete Gratius wiederum mit einem Epigramm. Er rühmte den Konvertiten als gelehrten und mutigen Mann, der mit seinem Werk alle Juden wie mit einem zweischneidigen Schwert vernichtet habe.[441]

Die Mitstreiter Pfefferkorns standen also schon vor seiner Kontroverse mit Reuchlin fest. Man darf annehmen, daß sie aus Überzeugung und Eifer für die Sache Pfefferkorns eintraten. Bekanntlich hatte Kaiser Maximilian bereits 1509 Pfefferkorn die Erlaubnis zur Konfiszierung der nichtbiblischen jüdischen Literatur gegeben, dann aber im Juli 1510 den Mainzer Erzbischof Uriel von Gemmingen beauftragt, zur Prüfung der Angelegenheit Gutachten verschiedener Universitäten (Köln, Mainz, Erfurt, Heidelberg) und Gelehrter (Jakob Hoogstraten, Viktor von Karben, Johannes Reuchlin)

---

[435] Böcking 1869, 66; Reichling 1884, 90. Diese Beteiligung von Gratius und Tongern kommt bei Kirn (1989, etwa 181) nicht zur Sprache. Sie würde freilich die von Pfefferkorn 1516 im ‚Streitbüchlein' geäußerte Behauptung, er habe kaum Kontakte zur Kölner Universität gehabt, noch stärker in Frage stellen.

[436] Die Tatsache der Nennung der Kuckana allein weist noch nicht auf ein Einverständnis seiner Prinzipal-Regenten hin, denn im ‚Criticomastix', seiner Verteidigungsschrift für Petrus Ravennas von 1508, ist die Angabe ebenso zu finden (Reichling 1884, 88). Sie wird allerdings wohl wenig Zustimmung bei seinen Bursenleitern gefunden haben.

[437] Vgl. Mehl 1975, 96.
[438] Vgl. etwa Kirn 1989, 62.
[439] Mehl 1975, 97.
[440] Zu Viktor von Karben hier: Kirn 1989 s.v., bes. 62 ff. u. Anm. 22.
[441] Vgl. Böcking 1869, 63 f.; Reichling 1884, 91 f.; Mehl 1975, 96 ff.

Konsequenzen des Gegensatzes 751

einzuholen.[442] Einzig Reuchlin plädierte in seinem im Oktober 1510 abgefaßten ‚Ratschlag' gegen die Beschlagnahmung der jüdischen Bücher unter Ausnahme offenkundiger Schmähschriften. Er argumentierte dabei trotz grundsätzlicher Feindschaft gegenüber den Juden (jüdischer Glaube als selbstverschuldete Todsünde) von einer juristischen Warte aus für eine Wahrung bestehenden Rechts, welches die jüdischen *concives* im reichsrechtlichen Sinne vor Willkür zu schützen habe und trat für eine Bekehrung durch Belehrung ein.[443] Pfefferkorn hatte Reuchlins Gutachten, das er dem Mainzer Erzbischof übergeben sollte, vermutlich widerrechtlich geöffnet und gelesen, mußte unter anderem Reuchlins Zweifel an seiner Lauterkeit zur Kenntnis nehmen, sah darin aber auch eine Abkehr von früheren Zugeständnissen Reuchlins.[444] Noch im Frühjahr 1511 veröffentlichte Pfefferkorn daraufhin seinen ‚Handspiegel', in welchem er Reuchlins Argumente attackierte, dabei die Juden als Mitbürger des Teufels verdammte und ihnen eine notwendige Illoyalität und Feindschaft gegenüber Kaiser und Reich zuschrieb, wodurch eine Klärung rechtlicher Rahmenbedingungen überflüssig und gefährlich erschien.[445] Seinen Verbündeten stellte Pfefferkorn offen vor. Es war weder Ortwin Gratius (K 36) (da vielleicht akademisch zu gering gestellt) noch der Dominikaner und Inquisitor Jakob Hoogstraten, sondern Arnold von Tongern (L 60). Ihm als Doktor der Theologie und *der loblichen Bursz zu Collen genant Laurentiana obersten regierer* dedizierte er den ‚Handspiegel', und es hat den Anschein, als ob Tongern selbst auf eine rasche Veröffentlichung der Schrift und Widerlegung Reuchlins gedrungen hatte.[446]

Die Erbitterung in dem nun folgenden literarischen Schlagabtausch resultierte nicht allein aus prinzipiellen Gegensätzen; persönliche Polemik wirkte verschärfend.[447] Pfefferkorn hatte in sei-

---

[442] Vgl. etwa Meuthen 1988a, 57 f.; Eckert 1989, 503 f.; Kirn 1989, 121.
[443] Oberman 1981, 38 f.; Raeder 1981, 41 f.; Eckert 1989, 504; Kirn 1989, 121-124. Eine differenzierende Untersuchung der Problematik bei Trusen 1987, 132-136 (123 ff.: Darlegung der Differenzen aller Gutachten – auch des Kölners – zu Pfefferkorns Standpunkt).
[444] Vgl. Böcking 1869, 75, 77 (Darstellung von Pfefferkorns Unrechtshandlung in Reuchlins Rechtfertigungsschrift ‚Ain clare verstentnus in tütsch'); Kirn 1989, 167 f.
[445] Kirn 1989, 124-131.
[446] Kirn 1989, 124, Anm. 18; vgl. Böcking 1869, 75; Geiger 1871, 243.
[447] So unterscheidet denn auch Kirn bei dem Streit zwischen Reuchlin und Pfefferkorn in fruchtbarer Weise zwischen dem um die Sache und dem um die Person (Kirn 1989, 121-185). Ähnlich differenzierend: Trusen 1987, 126 f.

nem ‚Handspiegel' Reuchlin, dem allseits anerkannten Begründer der christlichen Hebraistik, Kirchenschädigung und Bestechlichkeit durch die Juden, dann aber auch Aufschneiderei vorgeworfen, ihn verspottet, Hebräisch nur so weit verstehen zu können, wie eine deutsche oder lateinische Übersetzung beigegeben sei, die hebräische Grammatik (‚De rudimentis hebraicis') zwar gedruckt, aber nicht selbst verfaßt zu haben.[448] Dieser, entrüstet über die Unterstellungen und Verleumdungen, gekränkt in seinem Bildungsstolz, ging mit seinem ‚Augenspiegel' vom August 1511 zum Gegenangriff über.[449] Im rein sachlichen ersten Teil druckte er sein Gutachten und weitere Urkunden zum Streit ab und gab entsprechende Erläuterungen zum Ablauf. Im zweiten Teil griff er Pfefferkorn persönlich an – aber nur ihn – und widerlegte in 34 Artikeln die einzelnen, gegen ihn vorgebrachten „Unwahrheiten".[450] Der Vorwurf der Unbildung richtete sich nun gegen den Konvertiten, den er zudem mit dem verachtenden Begriff „Taufjude" (*taufft iud*) und mit anderen Ausfällen gegen die „angeborenen Charakterfehler" der Juden beschimpfte.[451]

Wichtig ist nun, daß die Kölner Universität immer mehr auf einer offiziellen Ebene in die Kontroverse involviert wurde. Doch was unsere Fragestellung betrifft: die agierenden Personen stammten weiterhin aus dem Kreis der albertistischen Bursen-Regenten. Bis auf eine noch zu nennende Ausnahme ist kein einziger Montaner und Cornelianer quellenmäßig faßbar, mehr noch, sie scheinen sich im Rahmen des Möglichen gegen das Vorgehen der Reuchlin-Gegner gesträubt zu haben. Gleich nach Veröffentlichung des ‚Augenspiegels' sandte der für Pfefferkorn eintretende Frankfurter Stadtpfarrer Peter Meyer ein Exemplar nach Köln, das – wie ein mit Reuchlin befreundeter Dominikaner am 26. Oktober 1511 berichten konnte – seitens der Theologischen Fakultät Arnold von Tongern (L 60), *qui jam principalis reputatur inter seculares*, zur Prüfung übergeben wurde.[452] Postwendend schrieb Reuchlin nun am 28. Oktober 1511 je einen Brief an Arnold von Tongern und an seinen schwäbischen Landsmann, Konrad Köllin,[453] Regens des

---

[448] Kirn 1989, 169.
[449] In einem Neudruck wurde der ‚Augenspiegel' (nach dem Tübinger Druck von 1511) 1961 durch Benzing herausgegeben und mit einem Nachwort versehen: Reuchlin 1511; vgl. Böcking 1869, 76.
[450] Im Tübinger Druck von 1511 auf f. 32v-41v.
[451] Vgl. Kirn 1989, 169 f.; Eckert 1989, 504 f.
[452] Geiger 1871, 256 ff.; Geiger 1875, 136 f., Nr. 129; vgl. Trusen 1987, 138 f.
[453] Vgl. zu ihm Meuthen 1988 s.v., bes. 180 f. (Lit.).

Kölner Generalstudiums der Dominikaner und einer der führenden Thomisten.[454] (Jener Reuchlin am 26.10. warnende Freund war im übrigen Ulrich Köllin, Bruder des Kölners, und Beichtvater der Dominikanerinnen in Steinheim.)[455] Am 2. Januar 1512 antworteten die Kölner Theologen, vertreten durch ihren Dekan Jakob Hoogstraten, und forderten Reuchlin unter Auflistung der anstößigen Stellen aus dem ‚Augenspiegel' zum Widerruf auf; einen gesonderten Brief schrieb am gleichen Tag Konrad Köllin, der Reuchlin in freundschaftlicher Verbundenheit Ratschläge und Trost (es sei ja nicht verwunderlich, wenn ein Jurist sich die theologischen Subtilitäten nicht aneigne!) gab, ihn über den Stand der Dinge in Köln aufklärte und ihn vor bestimmten *religiosi et seculares* warnte, die *omnes parati sunt adversus vos insurgere*.[456] Zu dieser Erhebung sollte es bald kommen. Trotz mehrmaliger Briefwechsel im Januar und Februar 1512 leistete Reuchlin weder den gewünschten Widerruf noch vernichtete er die vorhandenen Exemplare seines ‚Augenspiegels', veröffentlichte diesen vielmehr am 22. März 1512 in deutsch.[457]

In dieser Phase der Auseinandersetzung spielte sich ein bemerkenswerter Vorgang ab, der die treibende Rolle des Laurentiana-Prinzipals unterstreicht. Arnold von Tongern (L 60) hatte Ende Januar oder Anfang Februar 1512 zwei Reuchlin betreffende Briefe an Peter Meyer in Frankfurt geschickt, die ein Magister Georg von Nürnberg dem Stadtpfarrer dann am 9. Februar überbracht hatte.[458] Wer war nun dieser Georg von Nürnberg? Man hat hinter ihm Georg Beheim von Nürnberg (L 70) vermutet, der mit

---

[454] Geiger 1875, 137-144, Nr. 130, 131.
[455] Vgl. Wilms 1941, 35.
[456] Geiger 1875, 149 f., Nr. 134; vgl. Wilms 1941, 36-41 (Köllin blieb Reuchlin auch in der Folge verbunden und zog sich, als dieser den Konflikt mit seinen Kölner Widersachern suchte, aus der ganzen Affäre zurück).
[457] Vgl. die Darstellung bei Geiger 1871, 261 ff.
[458] Schaper 1960, 204. Der ganze Vorgang ist nur durch das Antwortschreiben Meyers vom 10.2.1512 bekannt, welches Pfefferkorn in seiner ‚defensio' abdruckte (Böcking 1864, 129; vgl. Böcking 1869, 122). Darin berichtet Meyer, daß er durch Magister Georg von Nürnberg zwei Briefe Arnolds von Tongern erhalten habe, einen, in dem Tongern Anweisungen zum ‚Augenspiegel' gab, und einen, der Abschriften der Briefe Reuchlins enthielt. Vgl. hierzu auch Reicke 1940, 32 f., Anm. 1 (Hinweis auf den Magister Georg von Nürnberg als Briefboten Tongerns; das die Anm. und Identifizierungsfrage veranlassende Gedicht Pirckheimers *Ad Georium Nurenberger* richtete sich freilich mit Sicherheit an Georg Beheim).

Tongern in dessen Kampf gegen den judenbegünstigenden Reuchlin kooperiert habe.[459] Aber wäre dies plausibel angesichts der offensichtlich spannungsreichen Trennung Beheims von Tongern, die trotz der testamentarischen Verfügung Harderwijcks erfolgt war; angesichts der Errichtung einer streng thomistischen Burse in Mainz, die gerade in jenen Jahren mit der Montana personell verknüpft wurde und einen erklärten Reuchlinisten als Regenten besaß; angesichts der auch in Nürnberg als Propst an St. Lorenz fortgeführten Zusammenarbeit mit den Kölner Thomisten? Wäre denn Georg Beheim, von dem in der Reuchlin-Kontroverse nie ein grundsätzlicher Gegensatz zu seinem Bruder und Pirckheimer spürbar wurde, von Willibald Pirckheimer 1517 in seine Lorenz Beheim gewidmete ‚Epistola apologetica' als Reuchlinist aufgenommen worden, wenn er als Handlanger Tongerns gedient hätte und noch 1516 in Pfefferkorns ‚Defensio' als solcher öffentlich vorgestellt worden wäre?[460] Daneben mahnen ganz praktische Gründe zur Skepsis. Peter Meyer sprach nur von einem Magister Georg, während Beheim Lizentiat der Theologie war. So wie Meyer den akademischen Titel bei Tongern hervorhob, hätte er zweifellos auch Beheims Würde niemals unterschlagen. Ferner ist es in Anbetracht der Aufgaben und der Stellung Beheims in Mainz kaum vorstellbar, daß er als Briefträger und Bote Tongerns zwischen Köln und

---

[459] Diese Ansicht vertritt Schaper (1960, 204). Doch war ihr der gesamte Kölner Hintergrund mit seinen vielfältigen Spannungen und Gegensätzen nicht bekannt. So sieht sie Beheim noch für 1512 in einem „besonders engen Vertrauenverhältnis" zu Tongern, erklärt ihn für die Mainzer Zeit als Gegner Reuchlins und bewundert, daß sich Lorenz und Georg darüber nicht entzweit hätten. Die Brisanz, die hinter einer solchen Identifizierung stände, erfordert eine genauere Kritik.

[460] Zu Pirckheimers Rolle als Reuchlinist ausführlich: Holzberg 1981, 179-186. Allerdings wunderte sich Pirckheimer, der Georg Beheim ein Exemplar des Lukian mitsamt der Apologie geschenkt hatte, in einem Brief an Lorenz Beheim über das Schweigen Georgs. Dessen Bruder erklärte es sich am 8.11.1517 dadurch, daß Georg nichts habe, was er gegen Pirckheimers Veröffentlichung vorbringen könne, die erkannte Wahrheit werde der *vir bonus* niemals bekämpfen. Ihm habe er aber auch nicht geschrieben, was er von jenem (dem Lucian) oder ihm (Lorenz) halte, der gleichfalls als *Capnionista* genannt worden sei (Wuttke 1989, 211-214, Nr. 484; vgl. Schaper 1960, 215). Die Überlegungen von Pirckheimer und Lorenz Beheim sind schwer zu interpretieren. Möglicherweise hatte Georg Beheim Vorbehalte gegenüber dem Inhalt (Pirckheimer äußerte sich beispielsweise sehr zurückhaltend gegenüber dem Studium des Thomas von Aquin, Skotus und anderer spekulativer Theologen, während er das Studium der Heiligen Schrift klar vorzog; vgl. Wuttke 1989, 146-172, Nr. 464, hier: 163), der Form (Pirckheimer benutzte die Übersetzung der Satire[n] Lukians bekanntlich zur „Demaskierung der Gegner Reuchlins"; vgl. Holzberg 1981, 186) oder der Tatsache der Veröffentlichung.

Frankfurt fungiert hätte. Zudem hatte Georg Beheim Mainz genau Anfang 1512 nicht Richtung Köln, sondern Richtung Süddeutschland verlassen, denn über die Osterfeiertage hielt er sich in Bamberg bei seinem Bruder Lorenz auf und anschließend wahrscheinlich in Nürnberg bei Willibald Pirckheimer.[461] Schließlich und endlich hätte Pfefferkorn eine solche Funktion des Pirckheimer-Freundes 1516 propagandistisch ausgewertet. Als Mittler zwischen Arnold von Tongern und Peter Meyer muß Anfang 1512 also jemand anders gedient haben, ein vermutlich an seiner Burse promovierter Magister artium.[462]

Arnold von Tongern (L 60) intensivierte nun seinen Einsatz gegen Reuchlin. Im August 1512 veröffentlichte er seine ‚Articuli', mit denen er unter rein theologischen Gesichtspunkten Reuchlin anhand der im ‚Augenspiegel' vorgebrachten Argumente der Judenbegünstigung bezichtigte.[463] Zugleich stand Tongern nicht zurück, seine tiefen Aversionen gegenüber den „dämonischen Juden" in immer neuer Form zum Ausdruck zu bringen.[464] Explizit brachte der Theologie-Professor sein Handeln mit seiner Stellung als *regens primarius* (*semperque honorandus*) des Laurentiana-Kollegiums in Verbindung. Man wird diesen institutionellen Konnex berücksichtigen müssen, wenn durch Reuchlin und seine Freunde immer wieder pauschal die Kölner Universität als Gegner hingestellt wurde. Die Titelseite der ‚Articuli' schmückte ein Elogium (*In iudeos iudeorumque amatores preposteros*) des Hermannus Buschius Pasiphilus, der hier erneut seine langjährige, maßgeblich durch Rudolf von

---

[461] Schaper 1960, 203; vgl. auch o. 597.

[462] Mit Sicherheit läßt sich in der Kölner Matrikel niemand nachweisen. Ob der am 10.4.1493 immatrikulierte Georgius de Nurenberga (M 418,9) in Frage kommt, ist sehr zweifelhaft, da ein weiterer Studiengang in den Kölner Akten nicht erkennbar ist.

[463] Böcking 1869, 78 f.; vgl. Geiger 1871, 266; Eckert 1989, 505.

[464] Vgl. Overfield 1984, 261 ff.; auf den Seiten 253-297 eine grundlegende Untersuchung der Reuchlin-Kontroverse, die freilich teilweise an mangelnden Detailkenntnissen krankt (etwa 254: Arnold von Tongern als Mitglied des Dominikanerordens; 260: Konrad Köllin wird pauschal als „another Cologne scholastic" abqualifiziert), so daß wichtige Differenzierungen nicht getroffen werden können. Eine profunde Kritik des Werkes von Overfield: Johannes Helmrath, „Humanismus und Scholastik" und die deutschen Universitäten um 1500. Bemerkungen zu einigen Forschungsproblemen, in: ZHF 15 (1988), 187-203.

Langen gestiftete Verbundenheit mit der Laurentiana demonstrierte.[465] Ungeachtet seiner Auseinandersetzung mit Buschius fand sich auch Ortwin Gratius (K 36) bereit, als Kölner Lehrer der Rhetorik und Poetik den ‚Articuli' ein Carmen gegen Reuchlin beizufügen. Als weiteren Humanisten gewann Arnold von Tongern den Dominikaner Jakob Magdalius von Gouda, den wir bereits 1506 in seinem ‚Erarium aureum poetarum' mit engen Bezügen zu Johann Rinck und der Kirche St. Kolumba kennenlernten.[466] Doch gilt es gerade bei Jakob Magdalius zu differenzieren. Zweifellos leitete ihn nicht die gleiche Besessenheit wie Tongern oder Hoogstraten. So konnte denn auch der Montaner Heinrich Glarean in seinem Brief an Reuchlin am 2. Januar 1514 berichten, Magdalius habe sein Gedicht aus Gehorsam gegenüber seinem Prior Hoogstraten geschrieben und bedauere dies nun sehr, wie Magdalius ihm selbst berichtet habe.[467] Gleiches konnte Glarean für Hermann Buschius feststellen, der dann im Laufe des Jahres 1514 offen für Reuchlin eintreten sollte.[468] Buschius hatte nicht nur das ‚Erarium aureum' des Magdalius mit einem Epigramm empfohlen, sondern auch dessen 1508 erschienene Bibelstudie (‚Correctorium Biblie cum difficilium quarundam dictionum luculenta interpretatio') mit einem Tetrastichon begleitet.[469] Interessanterweise hatte Magdalius bei der Bearbeitung der einst hebräischen Teile auch auf Reuchlin zurückgegriffen, zugleich von seinem Lehrer Viktor von Karben profitiert.[470] Nehmen wir dieses Werk als Ausgangspunkt, um nun noch weiter in das Zentrum der Kölner Reuchlin-Gegner und ihrer Motive vorzustoßen.

Vermutlich 1510 erwarb der Pfarrer an St. Johann Baptist, Johannes Hoelem de Venrath (L 63), ein Exemplar des ‚Correctorium Biblie'.[471] Der Laurentiana-Theologe besaß zugleich eine Passion, die schlaglichtartig die bisherige Darstellung erhellt: Hoelem sah – nicht anders als Pfefferkorn[472] – seine Lebensaufgabe in der Juden-

---

[465] Vgl. zum Epigramm des Buschius: Liessem 1889, 27 f. (in einem Brief an Murmellius vom 6.1.1513 erneuerte Buschius sein Unverständnis darüber, daß Reuchlin sich zum Anwalt der Juden gemacht habe); Meuthen 1988, 221.
[466] S.o. 692 f.
[467] Geiger 1875, 209 f., Nr. 178; vgl. Geiger 1871, 360.
[468] Vgl. Geiger 1871, 361 ff.; Liessem 1905, 43 f.
[469] Vgl. Liessem 1885, 42 f.; Liessem 1888, 17.
[470] Liessem 1885, 42 (für die Bearbeitung des neutestamentlichen Teils griff Magdalius beispielsweise auf Lorenzo Valla zurück).
[471] Liessem 1888, 17, Anm. 3.
[472] Zu Pfefferkorns Selbstzeugnis, er habe sein ganzes Leben der Judenbekehrung gewidmet, s. Böcking 1864, 84; Geiger 1871, 380.

bekehrung. In seinem Testament von 1530 drückte er seine feste Überzeugung aus, ein gewünschtes Entgegenkommen des Kölner Erzbischofs durch nichts mehr verdient zu haben, als durch sein selbstloses Engagement für die christliche Unterweisung und Bekehrung der in der Erzdiözese wohnenden Juden (*in cathezizandis et baptisandis iudeis ad sacratissimam nostram fidem conversis in diocesi*).[473] In deren Interesse habe er die größten Opfer, Mühen und Beschwerden auf sich genommen (nur einmal seien ihm durch erzbischöfliche Vermittlung sechs fl. seitens eines in Siegburg getauften Juden gezahlt worden). Einzelne Konvertiten hätte er sogar in seine Wohnung aufgenommen, andere auf seine Kosten in klösterlichen Gemeinschaften untergebracht. Dieser missionarische Eifer stützt nicht nur unsere Beobachtung, daß die Überzeugung von der Notwendigkeit einer aktiven Bekehrung der Juden gerade an den albertistischen Bursen verwurzelt war. Er gewinnt verstärkte Bedeutung durch die universitären Ämter, die Hoelem zu entscheidenden Zeitpunkten übertragen wurden bzw. um die sich der Laurentianer damals bemühte. Denn er blieb in seiner missionarischen Aufgabe der Universität und seiner Burse verbunden. Um die gestaltungskräftigen Ämter an der Universität bewarb er sich auffälligerweise und vermutlich gezielt in der kritischen Phase des Reuchlinstreites, um dabei gerade durch albertistische Freunde unterstützt zu werden.

Das Zusammenspiel der Albertisten kam von Anfang an zum Tragen, ersichtlich nicht nur in der Beteiligung an den antijüdischen Streitschriften. Im Juni 1510 wurde der Kuckaner Petrus Sultz (K 30), der Prinzipal mithin des Ortwin Gratius (K 36), zum dritten Mal hintereinander seit dem Dezember 1509 in das Rektorat gewählt; Intrans der Theologischen Fakultät war Johannes Hoelem von Venraedt (L 63).[474] Damit fand die Sitzung der Universitätskommission, die nach dem kaiserlichen Mandat gebildet wurde, *ad tractandum super negocio iudeorum*, noch unter seiner Leitung statt.[475] Bestimmte Kräfte hatten offensichtlich ein Interesse, daß der Kuckaner auch noch die folgenden Monate an der Spitze

---

[473] Vgl. Liessem 1888, 18.
[474] M 487. In diesem Zusammenhang ist nochmals auf den Einsatz des Kuckaners für die Albertisten Johannes Hoelem und Thomas Lyel hinzuweisen, bei dem sich Sultz im Januar 1510 gegen den Dompropst stellte (vgl. R 2551; s.o. 421). Ohne einen (nicht zu belegenden) Konnex zur Judenfrage herstellen zu wollen, geht es hier allein um das übergreifende Zusammenwirken des betreffenden Personenkreises.
[475] Vgl. Liessem 1888, 19.

der Universität blieb. Denn Petrus Sultz bewarb sich im Oktober 1510 ein viertes Mal um das Rektorat. Dies war nicht die Regel, kam aber auch nicht zum ersten Mal vor. (Einjährige Rektorate begegnen erst seit 1500, erstaunlicherweise bis 1545 nur bei albertistischen Rektoren!)[476] Der theologische Intrans stammte mit Arnoldus de Dammone (L 66) wiederum aus der Laurentiana, die ebenso den artistischen Intrans, Adam de Harderwijck, stellte.[477] Petrus Sultz sorgte kurz darauf für lateinische Übersetzungen der Briefe des Kaisers und des Mainzer Erzbischofs *in causa iudeorum*.[478]

In den Jahren 1512 und 1513 trieb die Schärfe der literarischen Auseinandersetzung einem Höhepunkt entgegen. Ende 1512 schrieb Pfefferkorn seinen ‚Brandspiegel‘, in welchem er sich beispielsweise über den demütigen Ton Reuchlins in dessen erstem Brief an die Kölner lustig machte; Reuchlin antwortete in der ersten Jahreshälfte 1513 mit seiner ‚Defensio contra calumniatores suos Colonienses‘, schreckte in haltlosem Zorn auch vor übelsten Schimpfwörtern nicht zurück.[479] Die Kölner bemühten sich seit dem Frühsommer 1513 auf breiter Linie, eine Verurteilung Reuchlins, insbesondere des ‚Augenspiegels‘, zu bewirken. Doch auch auf dieser neuen Stufe der Auseinandersetzung betritt noch immer kein Thomist der Montana oder Corneliana als Akteur die Bühne. Als Deputierter der Kommission für die Reuchlin-Angelegenheit informierte der Albertist Thomas Lyel de Scotia die Universität am 7. Mai 1513 von den Beschlüssen des Ausschusses.[480] Schon im April 1512 hatte er sich als einer der wesentlichen Akteure erwiesen, als er der Theologischen Fakultät die *scandalosissima contenta in libro famoso Reuchlini contra facultatem theologicam Coloniensem et doctores certos et universitatem* vortrug und zum Handeln

---

[476] Vgl. Keussen 1934, 395-398: Als erster Rektor mit einer viermaligen Wahl erscheint 1500/01 Gerardus de Harderwijck (L 50), gefolgt 1502/03 von Thomas Lyel, dem dann Petrus Sultz nacheiferte. Die weiteren Rektoren mit einjähriger Amtszeit hießen: Johannes de Campis (L 65), Arnoldus de Tongeris (L 60), Arnoldus de Dammone (L 66), Theodoricus de Halveren (L 73), Johannes de Busco (L 67) und Theodoricus de Gelria (K 44) – bis auf den letztgenannten Kuckaner alle Laurentianer. Das Phänomen läßt sich nur schwer erklären, scheint aber auf das generell zu beobachtende gesteigerte Pflichtbewußtsein der Albertisten zurückzuführen zu sein.

[477] M 488. Adam de Harderwijck (M 406,110) war seit 1505 Magister artium und wandte sich dann offenbar primär der Theologie zu. In einem artistischen Amt wird er nur 1510 und 1520, als Intrans, genannt.

[478] Liessem 1888, 19.

[479] Böcking 1869, 79 ff.; vgl. Geiger 1871, 270-277; Trusen 1987, 144-150.

[480] Un. 481, f. 90r; vgl. Liessem 1988, 20.

mahnte.[481] Am 27. Mai 1513 wandten sich Thomas Lyel, dessen Freund Arnold von Tongern (L 60) sowie der Kuckaner Gerardus de Zutphania (K 24) als Vertreter der Universität an den Kölner Rat, er möge sich beim Kaiser für die Universität in ihrer Klage gegen den Begünstiger der verblendeten Juden einsetzen.[482] Seitens des Rates trat namentlich der langjährige Bürgermeister Gerhard vom Wasservas d.Ä. (gestorben 1520)[483] für dieses Ansinnen ein. Hier dürfte die geistige und geistliche „Verschmelzung" gerade von Familien wie den Wasservas und den Rinck mit den Laurentiana-Albertisten an St. Kolumba zum Tragen gekommen sein, mit praktischen Konsequenzen von nicht unerheblicher Bedeutung. Es war ja nur eines von vielen Indizien, wenn sowohl Gerhard vom Wasservas als auch Peter Rinck ihre Söhne in der Laurentiana studieren und unter Arnold von Tongern promovieren ließen. Tatsächlich schrieb die Stadt am 30. Juni 1513 an den Kaiser und unterstützte die Universität, vor allem die Theologische Fakultät, gegen Reuchlins neuerlichen Attacken (in der ‚Defensio').[484] Am 8. Juli beschloß die Theologische Fakultät, eine Injurienklage gegen Reuchlin anzustrengen.[485] Einen Tag später erfolgte ein kaiserlicher Befehl zur Konfiszierung der Schriften Reuchlins, der sich insbesondere auf die Schmähungen der ‚Defensio' stützte.[486]

Blicken wir auf die Artisten-Fakultät. Welche Rolle nahm sie ein? In ihrer Gesamtheit scheint sie sich ganz und gar nicht in den Vordergrund gedrängt zu haben. Handelnd traten die bekannten Personen in Erscheinung. Am 30. Juni 1513 hatte Johannes Hoelem de Venraedt (L 63) für ein Jahr das theologische Dekanat übernommen.[487] Seit dem Juni 1510 nahmen damit nach Arnold von Tongern (L 60), Jakob Hoogstraten und Petrus Sultz (K 30) nur Reuchlin-Gegner dieses zentrale Amt ein. Am 18. Juli 1513 begab sich Hoelem zusammen mit Thomas Lyel zur versammelten Artisten-Fakultät, um diese im Namen der Theologischen Fakultät um ein Darlehen von 100 fl. zu bitten, *ad prosequendum causam iniuriam contra quendam doctorem iuris, dictum suo cognomine*

---

[481] Vgl. Trusen 1987, 140.
[482] R 2667/68.
[483] Groten 1981, 128.
[484] R 2671.
[485] R 2671.
[486] R 2673.
[487] Vgl. Keussen 1934, 418 (unter Nr. 112 muß es heißen: Petrus Sultz de Colonia); falsche Datierung bei Liessem 1888, 19 f.

Ruchgellen.⁴⁸⁸ Der hier Reuchlin so despektierlich nennende Dekan war im übrigen der Kuckaner Petrus de Wylich (K 34). Obwohl Hoelem und Lyel eine verbriefte Obligation der gesamten Universität in Aussicht stellen konnten, sträubte sich die Fakultät ganz offensichtlich. Mit Nachdruck forderte sie die mit dem Siegel des Rektors abgesicherte Bürgschaft als Voraussetzung. Und dennoch war es nur eine *pluralitas votorum*, die schließlich zustimmte, der Theologischen Fakultät das Geld zu leihen, aber auch wirklich nur für den genannten Zweck. Am 25. Juli 1513 konnte Johannes Hoelem dann die Summe *ex cista facultatis artium* in Empfang nehmen.⁴⁸⁹ Anwesend waren als obligatorische Vertreter der vier Bursen: Petrus Sultz (K 30), Arnold von Tongern (L 60), Adam de Bopardia (C 58) und Andreas de Bardwijck (M 51).⁴⁹⁰

Als damaliger Rezeptor der Artisten fungierte der Montaner Theodoricus Born de Novimagio (M 49). Er scheint der einzige thomistische Bursen-Regent gewesen zu sein, der sich aktiv in die gegen Reuchlin gerichteten Anstrengungen einschaltete. Als theologischer Dekan präsentierte er am 11. September 1515 der Theologischen Fakultät ein Breve Papst Sixtus IV., in welchem die Kölner zum Vorgehen gegen Ketzer, Glaubensabweichler und Hexen aufgefordert wurden.⁴⁹¹ Man beschloß daraufhin, das Breve an Hoogstraten in Rom zu schicken, um so seine Position im Prozeß gegen Reuchlin zu stärken. Theodoricus de Novimagio propagierte offenbar auch später eine rigorose theologische und im Endeffekt humanismusfeindliche Haltung. Denn als Jakob Sobbius, der zusammen mit anderen Erasmianern wie Graf Neuenahr Erasmus von Rotterdam für den Niederrhein zu gewinnen suchte, dem großen Humanisten am 28. Dezember 1525 schrieb, seine Sorgen seien überflüssig, *per Hochstratos, Noviomagos* habe er nichts mehr zu befürchten,⁴⁹² konnte er eigentlich nur Theodoricus Born de Novimagio gemeint haben, der von 1515 bis zu seinem Tod 1530 als Theologie-Professor lehrte. Nun ist freilich darauf hinzuweisen, daß der Prinzipal-Regent der Montana, Valentin Engelhardt

---

⁴⁸⁸ Un. 481, f. 91v; vgl. Liessem 1888, 20 f.
⁴⁸⁹ Un. 481, f. 91v; vgl. Liessem 1888, 21.
⁴⁹⁰ Die Fakultät zeigte sich in der Folge sehr ungeduldig gegenüber der Rückzahlung, bewilligte jedoch zwischen 1514 und 1519 weitere Darlehen zur Verfolgung des Reuchlin-Prozesses (vgl. R 2695 u.ö.; Liessem 1888, 21).
⁴⁹¹ R 2733a. Gemeint war das der Kölner Universität 1479 durch Papst Sixtus IV. übertragene Zensurrecht (vgl. Meuthen 1988, 149 f.).
⁴⁹² Vgl. R 2883; Krafft 1869, 238 f.; Gail 1951, 33.

von Geldersheim (M 43), der im übrigen – obwohl gleichfalls Theologe – kein einziges Mal in den Quellen als Reuchlin-Gegner genannt wurde, sich besonders mit einem Regenten seiner Burse in heftigem Widerstreit befunden hatte: Theodoricus Born de Novimagio. In seinem zweiten Testament vom Februar 1526 ging Valentin eigens auf den erbitterten Streit ein.[493] Angesichts des nahen Todes wünschte er einen Ausgleich mit Theodoricus. Wenn er diesem einen Anlaß zum Zorn gegeben habe, so möge er ihm verzeihen; er hoffe, daß nicht er persönlich den Grund geliefert habe, über den Anlaß wolle er nicht richten. Immerhin sah Valentin den Konflikt als derart gravierend und nachhaltig an, daß er zum Schluß *amore dei* bat, der Streit möge nicht seine umfassende Bursenstiftung gefährden.[494] Wir werden Theodoricus de Novimagio demnach nicht als repräsentativ für die Montana ansehen dürfen; nicht nur Erasmus, auch der Montana-Prinzipal sah offenbar grundlegende Differenzen zu ihm.

An den bestehenden Fronten änderte dies freilich nichts. Daß sie bestanden, wurde bei der geplanten Wahl des Albertisten und Judenbekehrers Hoelem (L 63) zum Rektor im März 1514 evident. (Hoelem bemühte sich im übrigen nur 1513 und 1514 um die einflußreichen Universitätsämter.) Der Jurist Christian Konresheim von Köln, ehemals Schüler der Raemsdonck-Burse, hatte seit Oktober 1513 für zwei Amtsperioden das Rektorat bekleidet und beabsichtigte offenbar, im März 1514 für einen dritten Turnus zu kandidieren. Dagegen stand die Absicht Hoelems, so schnell wie möglich für die Theologische Fakultät das Amt zu erringen.[495] Der Laurentianer besaß zwei potente Fürsprecher, Albertisten wie er. Als Intrantes der Theologischen und Artistischen Fakultät wählten ihn Thomas Lyel de Scotia und Ortwin Gratius (K 36). Daraufhin votierten der Jurist Heribertus de Blisia[496] und der Cornelianer

---

[493] Meissner 1968, 154.

[494] *Item venerando magistro nostro domino preposito magistro Theoderico de Novimagio tres florenos aureos semel dandos. Et rogo, si umquam dederim occasionem ire contra me, ut mihi remittat propter deum, spero etiam me non fuisse causam, sed de occasione accepta non iudico et rogo amore dei, ut non turbet fundationem meam* (Meissner 1968, 154). Auf diese Auseinandersetzung scheint ein Protokoll des Laurentiana-Dekans Jacobus de Campis (L 79) anzuspielen. Im Dezember 1525 berichtete er, daß das diesjährige Quodlibet *ob controversiam quorundam magistrorum in domo Montis* ausgefallen sei (Un. 481, f. 163v).

[495] Vgl. M 502, Anm. 1; Liessem 1888, 21.

[496] M 319,58.

Wolterus de Dordraco (C 71) als Intrans der Mediziner für Konresheim und baten ihn, eine weitere Amtszeit zu übernehmen. Doch um den Konflikt aus dem Weg zu räumen, gab Konresheim seine entscheidende Stimme dem Laurentiana-Theologen.

Als Johannes Hoelem am 24. März 1514 zum Rektor gewählt wurde, war er zugleich immer noch (bis zum Juni des Jahres) theologischer Dekan! Allem Anschein nach hatten gleichgesinnte Freunde diese Ballung der Macht in seiner Person nachhaltig gefördert. Man wird die Folgen für die Haltung der Kölner Universität in der Reuchlin-Kontroverse kaum zu gering anschlagen dürfen, die sich mit der Besetzung der zentralen Ämter durch erklärte Reuchlin- und Judengegner ergaben. Mit ihrer Amtsgewalt konnten sie initiatorisch wie realisierend wirken. Unter Hoelems Ägide als Dekan der Theologischen Fakultät beschloß diese beispielsweise Anfang September 1513, den ‚Augenspiegel' durch den Inquisitor Hoogstraten verbrennen zu lassen.[497] Am 10. Februar 1514 erfolgte dann die Verbrennung durch den süddeutschen Inquisitor Johannes de Colle. Als zustimmende Personen werden namentlich der Kölner Offizial und Reuchlin-Gegner Martin Oed von Kempen,[498] Johannes Hoelem (L 63) als Dekan der Theologen sowie Arnold von Tongern (L 60) genannt.[499] Der Kölner Offizial ist uns mit Blick auf die Laurentiana-Geschichte beileibe kein Unbekannter. Zusammen mit Arnold von Tongern war Martin Oed von Kempen 1511 maßgeblich an der Fundierung der Studienstiftung beteiligt, die Johannes Fabri von Meppen für die Laurentiana verfügt hatte.[500] Zur Frankfurter Ostermesse 1514 veröffentlichte Ortwin Gratius (K 36) daraufhin – denn das kaiserliche Mandat hatte nur Reuchlin, Tongern und Pfefferkorn Stillschweigen auferlegt – eine Schrift gegen den ‚Augenspiegel', in welcher er die Bücherverbrennung verteidigte und Reuchlin als Talmudisten und Greis beschimpfte, dessen Name zu Recht von „Rauch" herrühre.[501]

---

[497] R 2678a; Meuthen 1988a, 58 f.
[498] M 370,107; vgl. zu ihm auch Güttsches 1932, 46 f., Nr. 20. Martin Oed hatte im übrigen Anfang 1513 Hermann Buschius bewogen, auf der Frühjahrssynode des Kölner Klerus in seinem Namen und Auftrag eine Rede (*De studio et lectione sacrarum literarum*) zu halten. Buschius stellte in ihr sein ganzes theologisches Wissen und Verständnis unter Beweis (vgl. Liessem 1889, 32 ff.).
[499] R 2686; vgl. Geiger 1871, 301; Meuthen 1988a, 58 f.
[500] S.o. 274.
[501] Böcking 1869, 81; Geiger 1871, 321.

Kaum minder an Bedeutung für die energische Haltung bestimmter Teile der Universität in der Judenfrage war die enge Verbundenheit der gleichgesinnten Kräfte. Ein ums andere Mal konnten wir die bemerkenswerte Geschlossenheit und Kooperation innerhalb dieses Kreises beobachten. Wenn Thomas Lyel de Scotia vor seinem 1517 oder 1518 eingetretenen Tod Johannes Hoelem (L 63), Arnold von Tongern (L 60) und dessen Bruder Johannes Luyde zu seinen Testamentsexekutoren bestimmte,[502] wird uns auf dieser Wissensstufe die richtungsweisende Bedeutung des Vorgangs um einiges verständlicher.

Runden wir den Kreis mit Johannes Pfefferkorn ab. In seiner ‚Defensio' von 1516 berichtete der Konvertit, daß sein Sohn Laurentius ihn bei seinen literarischen Arbeiten unterstütze.[503] Dieser gebe sich bereits mit viel Inbrunst dem Studium der freien Künste wie der Poesie hin. Dank seiner Lehrer wie privater Studien verfüge er über eine beachtliche Sammlung an Rhetoren- und Poetenwendungen, die er seinem Vater zur Verfügung stelle. Diese Aussage ist erstaunlich. Denn Laurentius Pfefferkorn wurde erst Anfang 1519 an der Kölner Universität immatrikuliert.[504] Er trat – womit wir den Bogen zu den ersten oben angesprochenen Verbindungen zwischen Pfefferkorn und Tongern zurückschlagen – in die Laurentiana ein, determinierte am 5. Juli 1519 unter Johannes de Venlo (L 62) und erwarb im März 1521 Lizentiat und Magisterium.[505] Anscheinend hatte er aber schon früher Unterricht durch Laurentiana-Magister oder aber auch durch Ortwin Gratius (in Poesie etwa) erhalten.

Als historisches Phänomen dürfte demnach gelten, daß die führenden Albertisten die dominierende und treibende Kraft der Auseinandersetzung mit Reuchlin darstellten. Ihr philosophischer Standort war den Zeitgenossen dabei durchaus gegenwärtig, wie ein Brief Mutians vom August 1513 zeigt, der Arnold von Tongern (L 60) vorhielt, sich auf die schwache Autorität eines Albertus Magnus zu stützen, der doch den Vergleich mit den bei Reuchlin

---

[502] Vgl. R 3003.
[503] Vgl. Kirn 1989, 187 f.
[504] M 521,7.
[505] In den Kölner Dekanatsakten ist nur das Lizentiat verzeichnet; das Magisterium bestätigt Johannes Pfefferkorn in seiner letzten, 1521 entstandenen Schrift ‚Ein mitleidiche clag' (vgl. Kirn 1989, 188, 204).

angeführten bei weitem nicht standhalten könne.[506] Die philosophische Säule der albertistischen Schule dürfte daher mit erschüttert worden sein, wenn sich nun als landläufiges Schimpfwort für die Reuchlin-Gegner schlechthin (nicht nur für die Kölner) die Begriffe *Arnoldistae* oder *Arnobardistae* einbürgerten.[507]

Freilich gilt es zu unterscheiden: nicht jeder Schüler oder Angehörige der Laurentiana oder Kuckana ist als potentieller *Arnoldista* anzusehen. Es lassen sich Schüler der Laurentiana nennen (doch keine Regenten), die als einflußreiche Reuchlin-Anhänger bekannt sind. So nennt Hermann Buschius am 30. September 1514 in einem Brief an Reuchlin den Kölner Franciscus Struß, der von allen Bürgern am stärksten für den umstrittenen Humanisten eintrete, den ‚Augenspiegel' auswendig kenne und stets *in sinu* bei sich trage.[508] Franciscus Struyss de Colonia hatte sich 1491 in Köln immatrikuliert,[509] allerdings erst zwölf Jahre später, 1503, unter Johannes de Nurtingen (L 61) in der Laurentiana determiniert, um dann 1505 das Lizentiat zu erwerben.[510] Zu den gleichen Terminen wie Struyss wurde der Laurentianer Henricus Bysselinch de Wesalia examiniert,[511] der vermutlich mit dem Kölner Reuchlinisten Heinrich Monoceros von Wesel identisch ist.[512] Ein zweifelsfreier und zugleich äußerst einflußreicher Anhänger Reuchlins kam mit Johannes Engelberti de Wyck aus der Laurentiana. Wyck hatte 1498 sein Bakkalaureat unter Johannes de Harderwijck (L 55) erworben.[513] Als Doktor beider Rechte wurde er dann in Rom Prokurator Reuchlins.[514]

---

[506] Im Brief Mutians an Urban (August 1513): Arnold von Tongern habe seinen Articuli nicht nur *nugas versificatorum* (gemeint sind die Gedichte des Buschius und Gratius) beigefügt, sondern stütze sich generell auf *futiles auctoritates. Est enim levis auctoritas Alberti et consimilium, praesertim comparata gravissimis testibus, quibus nititur Reuchlin.* Vgl. Krause 1885, 350-354, Nr. 287, hier 351 f.; s.auch Geiger 1871, 349 f. (mit falscher Datierung).

[507] Vgl. etwa Krause 1885, 387 u. Anm. 3, 400.

[508] Vgl. Böcking 1870, 746 (Abdruck des Briefes); Geiger 1871, 366.

[509] M 410,158.

[510] Struyss, der bei seinem Lizentiat als „pauper" geführt wurde, übte eine Tätigkeit als Organist in Köln aus (vgl. Drux 1955/57).

[511] M 452,56.

[512] Zu ihm: Geiger 1871, 366.

[513] M 438,98; nicht – wie Keussen es tat – mit M 416,23 zu verwechseln (Identität ergibt sich aus Stupperich 1973, 10 f.).

[514] Vgl. etwa Geiger 1871, 365 u.ö.; Geiger 1875, 235, Anm. 5; Bömer 1924, 1, 15; Güldner 1905, 261, Anm. 1 (Erwähnung eines Briefes Wycks an den Reuchlin-Freund Jakob Questenberg, der im übrigen wiederum mit Lorenz Beheim eng

Die als Kölner Reuchlinisten zugleich aktiv lehrenden Bursen-Angehörigen sind allerdings den thomistischen Bursen zuzuzählen. Glarean, der ja zeitlebens seine Montana-Lehrer verehrte und noch 1514 privatim *in studia humanitatis* gelesen hatte,[515] haben wir bereits angesprochen.[516] Er versuchte sogar, wie seinem Brief an Reuchlin vom 2. Januar 1514 zu entnehmen ist,[517] Ortwin Gratius (K 36) von seinem Weg abzubringen, warnte ihn unter Hinweis auf Homer, daß ihm die Strafe der Götter sicher sei. Ferner bringt Glarean den interessanten Hinweis, daß die Universität in ihrer Mehrheit nicht geneigt sei, etwas gegen Reuchlin zu unternehmen. Ortwin und seine gleichgesinnten Theologen bildeten eine isolierte Gruppe.

Thomismus, Humanismus und Eintreten für die Reuchlin-Sache standen auch bei dem Cornelianer Jakob Sobbius in keinem Widerspruch. Während des langen Intervalls zwischen Bakkalaureat und Magisterium hielt er sich nicht nur bei Aesticampian auf, sondern besuchte auch Mutian in Gotha, um ihm über den Stand der Dinge (etwa: *Ortuinum persistere in sua pertinacia; Hochstratus Coloniae in coenobio suo libros omnes humanitatis secluserit, imo in tetrum carcerem conjecerit, facto decreto, ut, qui deinceps Musas amaverit, vita saluteque careat*) zu unterrichten.[518] Seine eindeutige Position hinderte Sobbius freilich nicht, an die Corneliana zurückzukehren, im März 1516 das Magisterium zu erwerben und kurz darauf *ex diatriba Corneliana* unter poetischer Mitwirkung des Montaners Petrus Homphäus sein Werk über den hl. Antonius herauszugeben.[519] Im September konnte Sobbius dann an exponiertem Ort seine Begeisterung für die Reuchlin-Sache kundtun. Im Kölner Dom verlas er mehrmals triumphierend einen Brief des römischen Prokurators Wyck über einen günstigen Prozeßentscheid.[520] Reuchlins zahlreichen Anhänger hätten daraufhin gejubelt, während die

---

befreundet war). Ausführlicher zu Johannes de Wyck, dem späteren evangelischen Syndikus der Stadt Bremen, jetzt Stupperich 1973, hier bes. 10-14, und Stupperich 1989, hier 43 f.

[515] So hatte der Montaner Konrad Kluppel ja noch am 19.4.1514 einen in Erfurt vorgebildeten Bekannten an Glarean empfohlen, damit er ihn in den Studia humanitatis unterweise (Jürges 1914, 133 f.; s.o. 636 f.).

[516] S.o. 756.

[517] Geiger 1871, 359 f.; Geiger 1875, 209 f., Nr. 178 (Abdruck in Auszügen).

[518] Krause 1885, 433 ff., Nr. 363; Krafft 1869, 229 f.

[519] S.o. 702.

[520] Geiger 1875, 257 f., Nr. 225 (Bericht des Propstes Johannes Potken an Reuchlin vom 13.9.1516); vgl. Krafft 1869, 231; Geiger 1871, 365; von den Brincken 1969, 93. Vermutlich werden Reuchlinisten im Domkapitel Sobbius den Weg gebahnt

herbeigeeilten Gratius (K 36) und Pfefferkorn betreten den Dom verlassen hätten. Dies berichtete Johannes Potken in seinem Brief an Reuchlin vom 13. September 1516.[521] Der Propst an St. Georg, nach längerem Rom-Aufenthalt seit Anfang des Jahres erst wieder in Köln, lud Reuchlin sogar zu sich nach Köln ein. Der Kritik des Ortwin Gratius, ausgedrückt 1518 in den ‚Lamentationes', konnte er sicher sein.[522] Obwohl Potken mit der Universität keine nähere Verbindung unterhielt, stand er allem Anschein nach dem Engelhardt-Kreis an der Montana nahe. Denn 1518 lieh er sich die stattliche Summe von 200 fl. bei dem Kölner Bürger Johannes Beyss.[523] Dieser aber hatte von 1503 bis 1505 an der Montana studiert[524] und stand noch später in vertrautem Kontakt mit Valentin Engelhardt (M 43).[525]

Die bemerkenswerte Beobachtung, daß der leitende Regent der neben der Laurentiana wichtigsten Burse in Köln als Theologe in der zentralen Reuchlin-Kontroverse seine angegriffenen Kollegen offensichtlich nicht in Schutz nahm, vielmehr mit großer Wahrscheinlichkeit eher für Reuchlin als gegen diesen Partei ergriff, ist nach den bisherigen Ausführungen kaum verwunderlich. Personell stand er über Johann von Rieneck, Hermann von Neuenahr und nicht zuletzt über die Montana-Schüler Johannes Cochläus (M 56) und Johannes Romming mit Willibald Pirckheimer in Verbindung

---

haben. Zu denken wäre in erster Linie an Hermann von Neuenahr; doch gehörte zu dessen Freunden unter den Priesterkanonikern seit 1515 auch wieder Valentin Engelhardt (M 43). Mit dem Montana-Prinzipal wie mit Neuenahr war schließlich der Domherr Johann von Rieneck eng befreundet.

[521] Grundlegend zu ihm: von den Brincken 1969. Zu Potken im Kreis der Humanisten und Reuchlin-Anhänger in Rom vgl. auch Güldner 1905, 252, 257.

[522] Vgl. von den Brincken 1969, 94. Zu den ‚Lamentationes' vgl. etwa Overfield 1984, 273-277 (doch wiederum irreführende und falsche Verallgemeinerungen, so 273: hier „Hochstraten, Tungern or any other scholastic theologian(s)", dort „Ortwin Gratius, the ill-fated Cologne humanist who had sided with Pfefferkorn". Die tatsächlichen Bindungen und Motive – denn Gratius etwa war primär „albertistischer Humanist" – lassen sich mit solchen Gegenüberstellungen nicht erfassen.

[523] Von den Brincken 1969, 94.

[524] M 459,92: Determination im Juni 1505 unter Theodoricus de Novimagio (M 49).

[525] Johannes Beyss hatte zusammen mit seinem Bruder Bartholomäus den Montana-Prinzipal gebeten, eine rechtliche Angelegenheit des befreundeten Johannes Dorst finanziell zu unterstützen. Valentin stellte daraufhin – wie er in seinem Testament 1526 berichtet – dem Magister Wilhelm Franck elf hgl. zur Verfügung, damit er für Dorst gegen dessen Widersacher ein kaiserliches Mandat erwirke (vgl. Meissner 1968, 156). Vermutlich ist Beyss mit dem Kölner Fernhändler Johann Byse identisch; vgl. zu ihm Kellenbenz 1975, 391 f.

– erinnern wir uns, daß 1517 der mit Cochläus verwandte Dominikaner Johannes Ketzmann an der Montana studierte und anschließend u.a. von Georg Beheim (L 70) und Pirckheimer auf das Schulrektorat an St. Lorenz berufen wurde![526] Gerade Pirckheimer, der 1517 seine ‚Epistola apologetica' für Reuchlin veröffentlichte, hätte unter keinen Umständen einen von der Kölner Universität gekommenen Dominikaner – selbst als Cochläus-Verwandter – als humanistischen Schulleiter in Nürnberg akzeptiert, wenn dieser ihm nicht zweifelsfrei als Vertreter der „fortschrittlichen Gebildeten" bekannt gewesen wäre. Unter der Regentschaft des Celtis-Freundes Engelhardt wurden nicht nur intensive humanistische Studien an der Montana betrieben, zu einem großen Teil in Zusammenarbeit mit der Corneliana; schon vor Ausbruch der Kontroverse suchten Reuchlinisten wie Nikolaus Gerbellius die Montana auf, oder blieben ihr, wie Glarean, auch während der Auseinandersetzung verbunden. Wäre denn Jakob Sobbius, der *acerrimus defensor* Reuchlins in Köln,[527] an die Corneliana zurückgegangen, wenn es dort eine nachhaltigere feindliche Stimmung gegen diesen gegeben hätte?

Wie aber erklärt sich die offensichtliche Trennlinie zwischen den thomistischen und den albertistischen Bursen-Regenten in der Reuchlin-Kontroverse? Die Front verlief ja nicht schematisch zwischen Humanisten und Scholastikern.[528] Das jeweilige Verständnis über Inhalte und Grenzen humanistischer Studien zeigt bei Thomisten und Albertisten allerdings grundlegende Unterschiede auf, wie durch die Auseinandersetzung des Frissemius (M 59) und seines Freundes, des Glossenschreibers A, mit dem Laurentianer Henricus Buschers (L 74), dem Verfechter des sog. Poetik-Beschlusses, oder wie durch das divergierende Poetik-Verständnis Engelhardts (M 43) und Harderwijcks (L 50) nebst anderen Albertisten, das sich hinsichtlich der Gedichte des Celtis bzw. Rudolfs von Langen zeigte, paradigmatisch eruiert. Präferenzen konnten hier durchaus ihre Wurzeln haben. Mochten die Thomisten eventuell auch nur deshalb nicht zu den Feinden des Pforzheimers aufschließen, weil diese eben aus dem konkurrierenden Lager kamen? Eine solche Annahme wäre sicherlich zu kurz gegriffen. Denn das Engagement für Pfefferkorns

---

[526] S.o. 660 ff.
[527] So Potken am 13.9.1516.
[528] Vgl. Meuthen 1988, 221; Meuthen 1988a, 59 (mit jeweiliger Bündelung der Forschungsergebnisse).

Sache bestand bei den Albertisten ja schon vor Reuchlins Bekenntnis zur Diskrepanz! Diese war eher ein zwangsläufiges Resultat. Sie mußte sich so gravierend gestalten, weil die Wurzel der erbitterten Auseinandersetzung in der ethischen Grundhaltung und dem Theologieverständnis der Albertisten begründet lag, welches sich schon allein durch die philosophische Fundierung erheblich von dem der Bursen-Thomisten unterschied. Obwohl die Antipathie den Juden gegenüber vermutlich auch bei den Thomisten verbreitet war, ist es doch aufschlußreich, daß sich von ihnen keiner an den Streitschriften Pfefferkorns beteiligte. Exemplarisch dagegen die missionarische Haltung des Laurentianers Johannes Hoelem de Venraedt (L 63), der nach eigener Aussage unter persönlichen Entbehrungen die Bekehrung der Juden zur Aufgabe seines Lebens machte. Kompromißloser war die philosophisch und theologisch begründete Einstellung der Albertisten, pflichtbewußter ihrer Ansicht nach ihr Handeln, mit dem sie die Prinzipien christlicher Theologie sicherer, konsequenter und wahrhaftiger bewahren zu können glaubten. Aus diesem Grunde waren es auch die Kölner Albertisten, die als erste rigoros Luther bekämpften, während die humanistisch geprägten katholischen Reformbemühungen am Niederrhein nicht von ungefähr in erster Linie durch Angehörige der thomistischen Kölner Schule betrieben wurden. Wenden wir uns den personellen Wurzeln des Kreises der frühen Luther-Gegner zu. Die Struktur der Bursen und ihrer Gegensätze wirkte sich auch auf diesem nicht unbedeutenden Feld prägend aus.

b) Zins-Kontroverse und frühe Luther-Sache[529]

Zeitgleich zum Reuchlin-Streit spielte sich auf einem süddeutschen Schauplatz, den vor allem die Städte Nürnberg und Augsburg bildeten, eine scharfe Auseinandersetzung über die Legitimation des kanonischen Zinsverbotes ab. Allem Anschein nach blieben die führenden Kölner Bursen von der Kontroverse nicht unberührt. Denn ähnlich wie die Montana wichtige personelle Brücken nach Nürnberg geschlagen hatte, bestanden solche für die Laurentiana zum konkurrierenden Augsburg. In Nürnberg hatte Anton Kreß,

---

[529] Dieser Problemkreis soll in einem Aufsatz nochmals gesondert und präziser dargestellt werden; die folgenden Ausführungen sind also ausdrücklich nicht als abschließend und erschöpfend zu verstehen.

der Propst an St. Lorenz (gestorben 8.9.1513), noch 1513 ein ‚consilium' verfaßt, in welchem er die Thesen des Augsburger Juristen Sebastian Ilsung attackierte, der in seiner ‚consultatio' für die Erlaubtheit eines fünfprozentigen Zinssatzes eingetreten war.[530] Der Ansicht des Propstes, der fünf Prozent Zins für sündhaften Wucher erklärte, sollten sich in der Folge sein Nachfolger Georg Beheim (L 70), Johannes Cochläus (M 56), Christoph Scheurl und Willibald Pirckheimer mit Nachdruck anschließen. Die Augsburger Gegenseite konnte mit dem jungen Ingolstädter Theologen Johannes Eck, den Peutinger für die Professur empfohlen hatte, einen gewandten Fürsprecher gewinnen.[531] Seit dem Frühjahr 1514 befaßte sich Eck, zuerst in Ingolstadt, mit der Zinsproblematik, wobei er eine dem Augsburger Kapital entgegenkommende Lösung empfahl.[532] Es folgte im Sommer 1514 eine Disputation im Augsburger Karmeliterkloster, das in engen Verbindungen zu den Fuggern stand. Aus ihr ging ein Traktat Ecks hervor, in welchem er nun konkret den Zins verteidigte.[533] Im Oktober 1514 kündigte er dann in Ingolstadt durch Intimation seiner Thesen eine Fortsetzung in Form einer universitären Disputation an.[534] Nun freilich intervenierten die Nürnberger. Pirckheimer und sein Freund Bernhard Adelmann, Eichstätter und Augsburger Domherr sowie ein erbitterter Feind der Fugger, konnten durch ihren Einfluß auf den Kanzler der Universität Ingolstadt, den befreundeten Eichstätter Bischof Gabriel von Eyb, einen Vetter Adelmanns im übrigen, ein Verbot der Disputation erreichen.[535]

Beide Seiten versuchten jetzt fieberhaft und unverblümt, die akademische Welt für ihren Standpunkt zu gewinnen.[536] Offen berichtete Christoph Scheurl im November und Dezember 1514 unter anderem an seine Wittenberger Freunde, daß ihn Bischof Gabriel von Eyb gebeten habe, sich mit gelehrten Personen über das Für und Wider der Disputation auszutauschen. Scheurl brachte

---

[530] Vgl. etwa Pölnitz 1949, 314; Holzberg 1981, 187.
[531] Zu Johannes Eck zuletzt: Iserloh 1981; Iserloh 1984 (Lit.) sowie die einschlägigen Aufsätze in Iserloh 1988.
[532] Pölnitz 1940, 689 f.; Pölnitz 1949, 314; Holzberg 1981, 188; Iserloh 1981, 249.
[533] Pölnitz 1940, 690; Oberman 1979, 176 f.
[534] Pölnitz 1940, 691; Pölnitz 1951, 329.
[535] Holzberg 1981, 188; zu Adelmann und Eyb vgl. auch Fink-Lang 1985, 273 f., 281. Immer noch wertvoll zu Adelmann: Thurnhofer 1900.
[536] Oberman 1979, 177.

dabei unmißverständlich zum Ausdruck, daß es darum gehe, den „jähzornigen und von den Augsburger Kaufleuten bestochenen Theologen" Eck in die Schranken zu weisen.[537] Theoretisches und argumentatorisches Rüstzeug besaß Scheurl in einem Traktat, den Georg Beheim gegen Ecks Zinsauffassung geschrieben hatte, und der nun von Scheurl unter anderem nach Erfurt und Wittenberg weitergesandt wurde.[538]

Eck bekam seine Instruktionen in jener Zeit ohne Zweifel aus Augsburg, von Peutinger vor allem und Jakob Fugger. Aufschlußreich der Brief Peutingers vom 19. Dezember 1514.[539] Mit dem Schreiben an Eck übersandte der Augsburger Humanist zwei Entwürfe für ein durch Jakob Fugger beim Papst zu erwirkendes Breve, das den Weg für Ecks Zinsdisputation freigeben sollte. Der erste Entwurf stammte von Fugger, der zweite von Sebastian Ilsung und Peutinger. Nach heftigen Ausfällen gegen den Eichstätter Bischof und die höhere, Pfründen häufende Geistlichkeit ermahnte Peutinger Eck, unbedingt Stillschweigen über das zu bewahren, was Fugger nach Rom schreibe, damit dort niemand Böses gegen ihn (Eck) im Schilde führen könne. Er hoffe, daß Eck aus dieser Kontroverse unsterblicher Ruhm erwachse; daher solle er so fortfahren, wie er begonnen habe.[540] Weiteres werde er dann von Ilsung persönlich

---

[537] Instruktiv die Briefe Scheurls an Johannes Toltz und Jodocus Trutfetter: Soden/Knaake 1867, 134-137, Nr. 87 ff.; vgl. Oberman 1979, 178 f.

[538] Vgl. die Briefe Scheurls vom November und Dezember 1514 an Trutfetter in Erfurt und Rüdiger in Eichstätt: Bauch 1898a, 446, Nr. 89a,b; Soden/Knaake 1867, 137 ff., Nr. 90. S. auch Schaper 1960, 212 f. Wir haben oben schon darauf hingewiesen, daß Beheim den Kontakt mit Trutfetter erstaunlicherweise nur in diesem Zeitraum suchte; taktische Erwägungen beim Werben von Verbündeten scheinen nicht ausgeschlossen. Der Erfolg, einen der führenden Nominalisten gegen Ecks Auffassung theoretisch argumentieren zu lassen, hätte vor allem unter dem Gesichtspunkt enorme Durchschlagskraft gehabt, daß die „oeconomia moderna" und Ecks Eintreten für die Zinslehre wesentlich auf dem Boden der Via moderna stand, zu der sich auch Eck trotz gewisser Kritik grundsätzlich bekannte; vgl. Oberman 1979, 161-175 (so dichtete Bebel nach der Rückkehr Ecks aus Bologna: „Freut euch, Moderni / aus der Schule Ockhams, / Euer Eck ist wieder da," [163]); zu Ecks „lässigem" Nominalismus, der freilich in der zentralen Universalienfrage unzweideutig war, vgl. die grundlegende Arbeit von Seifert 1978.

[539] König 1923, 249 ff., Nr. 153; vgl. Schlecht 1915, 25 f.; Pölnitz 1940, 692 f.; Pölnitz 1949, 315 f.; Lutz 1958, 109.

[540] *Quid Fuggerus Romam scribat, velim a secretis observes, ne Romae contra te quis machinetur. Spero ex hoc scismate et laudem tibi inmortalem comparari; quare perge ut incepisti* (König 1923, 251). Den eigenen Brief wünschte Peutinger wieder zurück, da er unausgereift sei (womit er wahrscheinlich seine scharfen Ausfälle gegen Eyb meinte).

erfahren. Eck arbeitete in den folgenden Monaten seinen umfangreichen Traktat ‚De contractu quinque de centum' aus, in welchem er auch die Vorteile der Arbeit mit einem Zinskapital für die Volkswirtschaft beleuchtete und als Beispiel Augsburg mit seinen hervorragenden Kaufleuten anführte.[541] Der Traktat wurde am 9. März 1515 abgeschlossen, aber anders als geplant nicht gedruckt. In unserem Zusammenhang kommt ihm besondere Bedeutung zu, weil Eck – worauf gleich näher einzugehen sein wird – am Schluß ankündigte, ihn auch der Kölner Universität zur Begutachtung vorlegen zu wollen. Da Gabriel von Eyb trotz erneuter Interventionen sein Disputationsverbot für Ingolstadt aufrechterhielt, begab sich Eck im Juni 1515 in offensichtlicher Abstimmung mit Peutinger, Ilsung und Fugger, der ihm auch die Reise erleichterte, auf den Weg nach Bologna, um an der dortigen Universität im Juli die Disputation über die Zinsfrage zu führen. Bekanntlich äußerte sich der anwesende Johannes Cochläus anschließend polemisch und vernichtend über den Disputationserfolg Ecks, so daß selbst sein Freund Pirckheimer ihn zur Mäßigung mahnen mußte.[542]

Im Laufe des Jahres 1516 verlor die Zinskontroverse immer mehr an Bedeutung, vermutlich auch deshalb, weil die eigentlichen Interessenten angesichts der mangelnden positiven Resonanz an den Universitäten eine weitere Diskussion für fruchtlos erachteten.[543] Eck hatte in seinem Großen Zinstraktat, der im März 1515 fertiggestellt worden war, angekündigt, jene Universitäten um Gutachten zu bitten, an denen er studiert habe (also Köln, Heidelberg, Freiburg, Tübingen und Ingolstadt), denen er noch Mainz hinzufügen wolle.[544] Tatsächlich hatte Johannes Eck von Ende 1501 bis Juni 1502 in Köln studiert.[545] Allerdings ließ er sich nicht immatrikulieren. Die detaillierten Angaben zu seinem Studium verdanken wir den Ausführungen in Ecks gegen Bucer gerichteten ‚Replica' von

---

[541] Pölnitz 1940, 693 f.; Holzberg 1981, 189.
[542] Vgl. Schlecht 1915, 29 f., 32-36; Pölnitz 1940, 696-699; Pölnitz 1949, 316-319; Pölnitz 1951, 330-333; Holzberg 1981, 189 f.; Iserloh 1981, 249 f.
[543] Pölnitz 1940, 699 f.; Holzberg 1981, 190.
[544] *Ad trutinam reuocent celebres Germaniae nostre Achademiae, in quibus bonarum litterarum stipendia merui Coloniens., Heidelbergen., Frieburgen., Tibingen. et Ingoldstatten ... Addo his almum Moguntiarum Gymnasium, quod studium meum non adeo improbat* (München UB, Cod. Ms. 125, f. 229r. Ich verdanke dieses Zitat der freundlichen Mitteilung von Herrn Hans-Jörg Gerste, Münster, der den Eck-Briefwechsel [bis Februar 1518] bearbeitet. Der Korrespondenz mit Herrn Gerste verdanken die folgenden Ausführungen wichtige Hinweise.).
[545] M-Ntr. 1299.

1543.⁵⁴⁶ Nach dem Studienbeginn im April 1498 in Heidelberg sei er im Februar 1499 nach Tübingen gegangen, wo er *in contubernio Neotericorum*, also in der Nominalisten-Burse, im Januar 1501 mit 14 Jahren das Magisterium erworben habe.⁵⁴⁷ Wegen der in Schwaben grassierenden Pest habe ihn sein Onkel dann im Oktober 1501 nach Köln geschickt, wo dieser selbst *primam lauream in artibus* erhalten habe.⁵⁴⁸ Während sein Onkel Martin Eck von 1471 bis 1478 in der Raemsdonck-Burse studiert hatte, schloß sich Johannes offenbar den Laurentianern während seines siebenmonatigen Theologiestudiums in Köln an. Denn in seiner ‚Replica' erwähnt er außer dem Dominikaner und Thomisten Dietrich von Susteren,⁵⁴⁹ der *magna diligentia regebat Theologiam*, nur Arnold von Tongern (L 60): *Laurentianus amabat tantillae aetatis studium*.⁵⁵⁰ Dies deutet darauf hin, daß Eck bei dem Laurentianer theologische Vorlesungen hörte, doch besitzen wir über eine Bursenzugehörigkeit keine konkreten Zeugnisse. Freilich gibt es einen gar nicht so vagen Hinweis, der aus einer handschriftlichen Anmerkung Ecks in einem seiner Bücher resultiert. Er besaß ein Exemplar der 1498 in Basel veröffentlichten ‚Varia carmina' des Sebastian Brant, welches (*hanc invectivam*) er *in studio Coloniensi* mit fast 15 Jahren (am 13.11.1501 wurde er 15) interpretiert habe.⁵⁵¹ Nun stellt gerade das Werk Sebastian Brants ein wichtiges Bindeglied zur Laurentiana dar. Denn Gerhard von Harderwijk (L 50) hatte in seinem 1496 gedruckten Kompendium zur Naturphilosophie im Rahmen seines Physikkommentars die Frage nach der Ursache von Naturwundern erörtert und dabei nicht nur Beispiele aus Augustinus und Albertus Magnus entnommen, sondern auch ein zeitgenössisches angeführt: die Geburt der siamesischen Zwillinge 1495 bei Worms, wobei er ein Gedicht Sebastian Brants zitierte, das diesen Vorgang beschrieb.⁵⁵² Die Wormser Zwillinge finden ebenfalls in den ‚Varia carmina' Brants Erwähnung, in denen ein zweites „Naturwunder"

---

⁵⁴⁶ Eingesehen wurde das Exemplar der ‚Replica': UStB, GBIV/442 (Ingolstadt, 1543).
⁵⁴⁷ GBIV/442 („Replica'), f. 53r.
⁵⁴⁸ M 331,78: Martinus de Egg; Oktober 1471 immatrikuliert, 11.12.1472 Determination unter Theodoricus de Busco (R 4) (also in der Raemsdonck-Burse), 4.6.1478 Dispens (ohne das Magisterium angestrebt zu haben).
⁵⁴⁹ Vgl. zu ihm Meuthen 1988, 180.
⁵⁵⁰ ‚Replica', f. 53r/v.
⁵⁵¹ Ich verdanke die entsprechende Fotokopie und die Mitteilung dem freundlichen Entgegenkommen von Herrn Gerste.
⁵⁵² Vgl. Wuttke 1988, 119-122.

in äußerst unappetitlicher Form beschrieben wird: die Blut- und Wurmkrankheit einer Straßburgerin, die trotz hohen Blutverlustes nicht daran starb.[553] Bedenken wir noch, daß Georg Beheim (L 70) 1501 in Köln Sebastian Brants ‚Nichil sine causa' erwarb, so verdichtet sich die Vermutung, daß dieser Autor an der Laurentiana nicht nur für die Naturphilosophie zu den bevorzugteren zeitgenössischen Autoren gehörte. Eck könnte somit durch Harderwijk oder Beheim zu den ‚Varia carmina' Brants geführt worden sein. Falls er sich, wie anzunehmen ist, an der Laurentiana aufhielt, muß er den Regenten Georg Beheim kennengelernt haben, der dreizehn Jahre später zu seinen Gegnern in der Zinsfrage gehören sollte.

Im Juni 1502 verließ Eck wegen der Pest Köln und suchte Freiburg auf. Philosophiegeschichtlich kann ihn der Kölner Aufenthalt nicht nachhaltig geprägt haben, denn wie schon in Tübingen begab sich Eck auch in Freiburg in das nominalistische Lager, wo er als leitender Regent am Collegium Pavonicum zu den eifrigsten Streitern der Via moderna gehörte.[554] Obwohl Eck in späteren Jahren deutliche Kritik an nominalistischen Auswüchsen (vor allem in der Terminologie) und an Ockham übte, blieb seine Erkenntnistheorie „im wesentlichen nominalistisch"; besonders in der zentralen Universalienfrage behielt er seine nominalistische Position bei.[555] Gerade mit den Laurentianern konnte Eck in dieser philosophischen „Gretchenfrage" unmöglich einen Konsens gefunden haben. Noch 1496 hatten die Albertisten ihre grundlegende Kontroversschrift, die ‚Problemata' Heymericks, drucken lassen, und damit ihren Vorwurf der gefährlichen Nominalismus-Nähe der Thomisten neu aufleben lassen.[556]

Durfte Eck also 1515, Gutachten für seinen Großen Zinstraktat anfordernd, in Köln auf ähnlich Gleichgesinnte hoffen wie in Freiburg oder Tübingen (wo ein Schwiegersohn Fuggers, der

---

[553] Wuttke 1977, 229, Anm. 21; Wuttke 1988, 122 ff.

[554] ... *quamvis a pueritia fuerim post meum ab Heidelberga recessum satis studiosus defensor viae modernae Friburgi et Tibingae* ... (Zit. nach Seifert 1978, 147, Anm. 95, vgl. auch S. 72). Es fällt auch auf, daß der Bericht Ecks über sein Kölner Studium in der ‚Replica' verglichen mit denen über Tübingen und Freiburg mehr als dürftig ist. Im Gegensatz zu den dortigen Regenten nennt er die Kölner auch nicht direkt als seine Lehrer. Allerdings hebt er in seinem 1514 entstandenen Werk über die Rechtfertigungslehre, dem ‚Chrysopassus', Dietrich von Susteren als seinen theologischen Lehrer hervor (vgl. Greving 1906 s.v., bes. 50). Zu Eck in Freiburg vgl. auch Schlecht 1915, 4-10.

[555] Vgl. Seifert 1978, 58-73.

[556] S.o. 731 f.

württembergische Kanzler Georg Lamparter, für das Gutachten eintrat),[557] vor allem wenn seine Zinslehre ebenfalls auf dem Boden der „modernen" ökonomischen Tübinger Schule gestanden haben sollte?[558] Augenscheinlich besaß Eck berechtigte Hoffnungen. In einem Schreiben an die Tübinger Theologen vom 8. Februar 1515 mahnte er die Fakultät zur Eile, denn seinen Kölner Lehrern habe er die gleichen Unterlagen für das Zinsgutachten zugeschickt.[559] Sie hätten auch schon Gutachter bestellt und die Theologische Fakultät habe jede Hilfe versprochen. Tatsächlich gibt es Anzeichen, daß die Kölner aktiv wurden. Im Februar oder März 1515 richtete der Dominikaner Konrad Köllin eine Anfrage an seinen Ordensgeneral Kajetan, ob ein fünfprozentiger Zins erlaubt sei.[560] Dieser sprach sich gegen das Zinsnehmen aus.[561] Wenn sich Eck mit seinem Anliegen an seine Kölner Lehrer gewandt hatte, dann dürfte er neben Susteren auch Arnold von Tongern (L 60) angesprochen haben. An dessen Seite und Burse befanden sich zudem Personen, die dem Ingolstädter zugesichert haben konnten, für seine Position einzutreten. Gehörten sie doch dem engen Umkreis der Augsburger Fugger an.

Genannt hatten wir in diesem Zusammenhang bereits den Laurentiana-Regenten Johannes Wanger von Nürtingen (L 61). Einen ersten Hinweis auf nähere Verbindungen zum Augsburger Fuggerkreis durften wir darin sehen, daß sich Pompejus Occo am 17. Juni 1505 Wanger zu seinem Determinator für die Verleihung seines Bakkalaureats wählte.[562] Zu diesem Zeitpunkt hatte Jakob Fugger Pompejus bereits fest für eine herausgehobene Laufbahn in seinem Handelshaus vorgesehen – sichtbar ausgedrückt durch die mit großer Wahrscheinlichkeit auf Fugger zurückgehende kaiserliche Wappenverleihung am 20. Oktober 1504, als Occo also noch an der Laurentiana studierte. Wenn Fugger aber nach dem Tod Adolph Occos 1503 den Lebensweg des Pompejus in seine Hand

---

[557] Vgl. Oberman 1979, 181-184.
[558] Hierzu Oberman 1979, 161-175 (168: zum „modernen" Begriffsapparat der Nominalisten).
[559] Gedruckt: Oberman 1979, 426 f.
[560] Paulus 1903, 119; Wilms 1941, 41.
[561] Dagegen Pölnitz 1940, 694: Kajetan habe sich für den ‚Contractus trinus' (den Eck theoretisch entwickelt hatte) ausgesprochen (zu korrigieren ist die Angabe bei Pölnitz, Konrad Köllin sei Prior des Ulmer Klosters gewesen); wiederholt in Pölnitz 1951, 332 (trotz Berufung auf Paulus 1903).
[562] S.o. 711.

nahm, dürfte die Wahl der ja nicht unbedingt nahe liegenden Laurentiana in seinem Interesse, vielleicht auch auf seinen Wunsch hin geschehen sein.[563] Pompejus Occo kehrte dann 1505 nach Augsburg zurück, arbeitete sich in die weltweiten Handelsverbindungen der Fugger ein, um schließlich seit 1510/11 mit enormem Erfolg als Faktor in Amsterdam zu wirken.[564] Möglicherweise entschloß sich noch auf seine Anregung hin der Augsburger Mathias Ulman, 1508 sein Studium an der Laurentiana aufzunehmen, an der er ebenfalls unter Johannes Wanger von Nürtingen 1509 determinierte.[565]

Als Johannes Eck seinen Zinstraktat an die Kölner Theologen geschickt hatte, lebte Wanger vermutlich noch. Vom August 1515 stammt das erste Zeugnis über seinen Tod.[566] Ortwin Gratius (K 36) schrieb ihm ein langes und warmherziges ‚Carmen sepulchrale elegiacum', das er in seine im März 1518 veröffentlichte ‚Epistola apologetica ad obscuram Reuchlinistarum cohortem' aufnahm – neben Gedichten gegen die *obscuros* und die *perfidi iudei* sowie für den verstorbenen Kuckana-Regenten Gerardus de Zutphania (K 24).[567] Am 19. August 1515 wurde im schwäbischen Nürtingen

---

[563] Möglicherweise hatte schon Adolph Occo aufgrund seiner friesischen Herkunft Präferenzen für die stark friesisch geprägte Laurentiana geäußert. Pirckheimer hatte sich im übrigen äußerst abfällig über Adolph Occo in einem Brief an Celtis (Anfang 1503) geäußert: *hominum illum penitus expertem humanitatis* ... wolle er nicht, wie von Celtis vorgeschlagen, in Griechisch schreiben; er verstehe auch nicht, warum Celtis mit ihm – dem Mitglied der Sodalitas literaria Augustana – befreundet sei: ... *nilque in eo, quod amare possis, praeter litteras esse* (Reicke 1940, 191-194, Nr. 58, hier: 191 f.; vgl. Holzberg 1981, 60 f., 104 f., 112 f.). Ob solche Querverbindungen in den Kontext zu integrieren sind, läßt sich weder mit Sicherheit feststellen noch ausschließen. Sie zeigen aber in verdichtender Weise die Dynamik des umfassenden personellen Netzes an, in welchem regionale Distanzen nicht als trennende Gräben mißverstanden werden dürfen. Als Pompejus Occo, der als Fuggervertrauter und Agricola-Nachlaßverwalter für die Humanisten nicht uninteressant sein konnte, am 17.6.1505 in Köln zum Bakkalar graduiert wurde, weilte auch Willibald Pirckheimer als Nürnberger Gesandter anläßlich des Kölner Reichstages in der Stadt und dürfte über Sibutus und Kilian Reuter, vielleicht auch über den Celtis-Freund Valentin Engelhardt (M 43), Verbindungen zur Montana unterhalten haben – die sich dann ja wenig später fruchtbar auf das Nürnberger Schulwesen ausgewirkt haben.

[564] Nübel 1972, 35.

[565] M 480,11: Immatrikulation 25.10.1508; Magisterium 1511 unter Johannes de Venlo (L 62). Mathias Ulman konnte bisher noch nicht im Augsburger Umfeld identifiziert werden.

[566] R 2729.

[567] Gedruckt: Böcking 1864, 412 f. In dem ‚Carmen sepulchrale' auf Wanger, *Agrippinensis quoque gymnasii (quod nostri lauretum, graeci vero daphnona vocant) regentis providi*, hebt Gratius besonders auf die Glaubenstreue des Schwaben ab und sagt explizit, daß er die *doctrina Alberti* gelehrt habe. Die Gedichte waren nicht nur

die Verwaltung des Wangerschen Nachlasses geregelt.[568] Instruktiv die Namen der beteiligten Personen. Die Eheleute Margarethe und Hans Schwab sowie weitere Verwandte des Laurentiana-Regenten bevollmächtigten den Grötzinger Bürger Friedrich Cloewer und den aus Nürtingen stammenden Symon Wanger (wohl ebenfalls ein Verwandter), den Nachlaß des in Köln Verstorbenen zu regeln. Nun wird es interessant. Denn Cloewer und Wanger setzten nicht nur den Laurentiana-Prinzipal Arnold von Tongern (L 60) als Treuhänder des Johannes Wanger (L 61) ein, sondern ebenfalls den Theologen Michael Schwab von Augsburg.[569] Wenn Michael Schwab – wie zu vermuten – mit den obengenannten Eheleuten verwandt war, gehörte er auch zu den nahen Angehörigen des Laurentiana-Regenten.

Schwabs enge Verbindung zur Laurentiana, besonders zu Arnold von Tongern, ist von einiger Tragweite: denn Michael Schwab von Augsburg ist mit größter Wahrscheinlichkeit ein Vertrauter der Fugger gewesen. (Damit verdichten sich natürlich auch die Bezüge Wangers nach Augsburg.) Der Eintritt in den Albertisten-Kreis schien anfangs freilich gar nicht selbstverständlich. Hatte Schwab doch 1495 sein Studium als Montaner begonnen und im Dezember 1496 unter Theodoricus de Busco (M 39) determiniert.[570] Ein Wechsel ins albertistische Lager könnte sich angebahnt haben, als Schwab nach dem Bakkalaureat in die Bursa Ottonis wechselte, die damals unter maßgeblichem Einfluß der Laurentiana stand, und im Juli 1500 unter Petrus de Dunen (O 4) inzipierte. 1511 wird Schwab erstmals als Professor der Theologie genannt. Seine Entscheidung als theologischer Intrans im Dezember 1511 verstärkt unsere Vermutung über den nach 1496 vollzogenen Wechsel zu den Albertisten. Denn er wählte den Laurentianer und Pfarrer an St.

---

gegen die Reuchlinisten gedacht; gerade das letzte für Wanger sollte nach Gratius zeigen, daß – wohl mit einem Seitenhieb auf Reuchlin – *nos superioris Alemaniae alumnos maximi semper fecisse, mihique in hunc usque diem fuisse charissimos* (Böcking 1864, 414). Auch hier wird noch einmal die enge Verbindung zwischen den Albertisten der Kuckana und Laurentiana deutlich, wie sie besonders in der Reuchlin-Kontroverse zum Ausdruck kommt.

[568] R 2729.
[569] Vgl. R 2750: Am 19.11.1516 übergaben Arnold von Tongern und Michael Schwab als Treuhänder Wangers einen Rentbrief von einem fl. für eine Memorienstiftung an St. Paul, die der Laurentianer und stellvertretende Pfarrer Johannes de Busco (L 67) in Empfang nahm. Wir sind bereits im Kapitel über St. Paul hierauf eingegangen; s.o. 458 f.
[570] M 428,23.

Kolumba Arnoldus de Dammone (L 66), für den als artistischer Intrans der Laurentianer Quirinus de Wylich (L 69) stimmte.[571] In seinem Rektorat von Juni bis Dezember 1516 immatrikulierte Schwab den Kölner Bürgerssohn Jaspar Eicheister, der ihm offenbar näher stand, denn Schwab erließ ihm den Gebührenanteil, der ihm als Rektor zustand.[572] Eicheister trat anschließend in die Laurentiana ein und determinierte im November 1516 unter Johannes de Venlo; von 1529 bis 1550 wirkte Eicheister als Ratsherr für die Geschicke der Reichsstadt,[573] seit 1542 ist er – das Laurentiana-Netz verdichtend – als Kirchmeister an St. Kolumba bezeugt, damals den Albertisten Hermann Blanckenfort de Monasterio (L 81) als neuen Pfarrer vereidigend und einführend.[574] Die Rektoratseintragungen Schwabs lassen im übrigen eine ausgeprägt humanistische Schrift erkennen[575] – ein in Anbetracht seiner Freundschaft mit Arnold von Tongern nicht bangloses Detail. Diese läßt sich auch auf religiös-institutioneller Ebene nachweisen. Denn Schwab, der offenbar an der Straße „Auf der Burgmauer" in der Nähe der Laurentiana wohnte, hinterließ eine Stiftung für den Konvent Lämmchen auf der Burgmauer,[576] an dem Arnold von Tongern (L 60) als Oberster und Visitator wirkte und dem gerade die Familie Rinck innig verbunden war.[577]

Nun zu den Verbindungen zwischen der Familie Schwab und den Fuggern.[578] Ein erster wichtiger Namensträger und mutmaßlicher

---

[571] M 493. Bei der Wiederwahl des Arnoldus de Dammone am 27.3.1512 fungierte wohl nicht zufällig der Albertist Thomas Lyel de Scotia als theologischer Intrans (vgl. M 494; der artistische Intrans wurde nicht genannt).
[572] M 512,41.
[573] Vgl. Schleicher 1982, 170.
[574] Schaefer 1903, 193, Nr. 234. Die Fernhändler-Familie Eicheister war nicht nur sehr begütert, sie gehörte auch zur politischen Führungsschicht Kölns; vgl. etwa Kuske 1917/34 s.v.; Baumeister 1936, Sp. 21 ff.; Kellenbenz 1974, 270, 277.
[575] Un. 39, f. 82r-85v. Vgl. Anlage 18 zu f. 82v (bemerkenswert neben dem klaren, hellen und formierten Schriftbild das häufig vorkommende gerade „d" und das runde Schluß-„s").
[576] Vgl. Anm. zu M 428,23.
[577] S.o. 469 f.
[578] Da es m.W. über diese Familie noch keine Untersuchung gibt und Vertreter des Namens nicht ungewöhnlich sind, verstehen sich die folgenden Ausführungen unter einem gewissen Vorbehalt und unter den generellen Einschränkungen, wie sie am Anfang des Kapitels vorgebracht wurden (besonders die folgenden Ausführungen werden in dem angesprochenen Aufsatz ausführlicher und literaturgesättigter vertieft werden). Plausibilität soll durch Berücksichtigung nur jener Angehörigen gewonnen werden, die nähere Kontakte nach Augsburg und zu den Fuggern unterhielten.

Verwandter Michaels wird sogleich an einem für die Fugger zentralen Ort sichtbar. Georg Schwab lebte und arbeitete als Kuriale in Rom und gilt „als erster namensmäßig bekannter deutscher Beauftragter der Fugger" in dieser Stadt, der seit ca. 1495 primär mit Finanzangelegenheiten betraut wurde.[579] In Augsburg selbst läßt sich ein Goldschmied Markus Schwab nachweisen, der beispielsweise 1527 im Auftrag der Fugger einen Siegelring für Graf Rudolf von Sultz anfertigte, 1533 mit dem beträchtlichen Betrag von 2100 fl. als Kreditor Anton Fuggers genannt wird und offenbar nur zwei Häuser von diesem entfernt wohnte.[580] Der Würzburger Goldschmied Lorenz Schwab wird 1537 gar als Ehemann der Justina Fugger (vom Reh) genannt.[581] Michael Schwab schließlich besaß offensichtlich ein Haus in Hall (Tirol), welches 1527 in den Besitz der Fuggergesellschaft überging und die dortige Faktorei aufnahm.[582] Bekannt ist, daß die bedeutende Fuggerfaktorei in Hall, das vor allem durch den Kupfer- und Silberbergbau für die Fugger von großem Interesse war, Handelsverbindungen mit Köln unterhielt, die meist über die Schnittstelle Augsburg liefen.[583] Können wir auch nicht zweifelsfrei nachweisen, ob der Hausbesitzer in Hall mit dem Kölner Theologie-Professor identisch ist, so gibt es doch außer der Namensgleichheit und den bestehenden Verbindungen anderer Angehöriger der Familie Schwab mit den Fuggern weitere positive Anhaltspunkte. Wenn das Haus in Hall gerade 1527 in den Besitz der Fugger überging, könnte dies auf den nahenden Tod Michael Schwabs zurückgehen, dessen Exequien 1529 gefeiert wurden. Weiterhin mutet ein Immobilienbesitz in Tirol bei dem Sohn der Stadt Augsburg keineswegs verwunderlich an. Immerhin hatte auch Adolph Occo Fäden nach Tirol gesponnen, indem er in den dortigen Bergbau investierte.[584] Für eine länger bestehende

---

[579] Pölnitz 1951, 64, vgl. auch 80, 204. Georg Schwab scheint nicht direkt ein Faktor gewesen zu sein, sondern wurde als ursprünglich selbständig Arbeitender in den Dienst der Fugger gezogen.

[580] Vgl. Pölnitz 1958, 437, Anm. 55, 460, 621, Anm. 148; Pölnitz 1963, Anm. 203; Pölnitz/Kellenbenz 1986, 285, 603, Anm. 163 f.

[581] Pölnitz 1963, 383, Anm. 8. Zu weiteren Geschäftsverbindungen zwischen den Fuggern und Lorenz Schwab sowie offensichtlichen Familienzweigen in Nürnberg (Bartholomäus Lorenz Schwab) vgl. Pölnitz 1963, 324, Anm. 149, 409, Anm. 134, 427, Anm. 3.

[582] Pölnitz 1958, 450, Anm. 133, 481, Anm. 41, 625 u. 627, Anm. 148.

[583] Vgl. Unger 1967 s.v., bes. 209.

[584] Vgl. Peter Assion, Art. „Occo, Adolf I.", in: Verfasserlexikon 7 (1989), Sp. 13.

und intensive Integration Michael Schwabs in das engmaschige Fuggernetzwerk spricht ein letztes Indiz. In dem noch zu besprechenden bekannten Brief, den Eck am 24. Juli 1519 an Jakob Hoogstraten in Köln schrieb, legte er dem Dominikaner nahe, dieser möge seinen Antwortbrief dem mit beiden befreundeten Michael Schwab anvertrauen, der ihn dann *per Sueteros aut Vualeros* gefahrlos nach Ingolstadt befördern lassen könne.[585] Mit großer Wahrscheinlichkeit plädierte Eck an dieser Stelle dafür, die sicheren und hervorragenden Fuggerschen Postverbindungen in Anspruch zu nehmen, die oft von Freunden des Handelshauses genutzt wurden.[586] Als einer dieser engen Freunde wäre dann aber nicht nur Johannes Eck, sondern auch Michael Schwab von Augsburg anzusehen. Die von Eck genannten Namen bezogen sich vermutlich auf Angehörige der Familien Suiter (Hans Suiter war beispielsweise langjähriger Fugger-Faktor in Innsbruck)[587] und Walther[588] (Hieronymus Walther fungierte als Welser-Faktor in Leipzig, gehörte zu den führenden Verteidigern der alten Kirche und stammte aus einer Memminger Familie, die in näherer Verbindung zur Vöhlin-Welser-Gesellschaft stand)[589]. Wie geläufig und erprobt dieses Verfahren war, bezeugt u.a. nicht zuletzt Johannes Cochläus, der am 30. Juli 1532 mit Blick auf die Briefbeförderung an Aleander schrieb: *licebit semper ad me per bancum Welserorum scribere, ea cautione ut literae tradantur*

---

[585] Vgl. jetzt Fabisch/Iserloh 1991, 258-265, hier 265.
[586] Vgl. etwa Schulte 1904, 1, 193; Pölnitz 1951, s.v. „Postbeförderung"; Kellenbenz 1975, 425 f. (Regelung der Postsendungen über den Kölner Faktor der Fugger bzw. über Gesellschaft der Welser).
[587] Vgl. etwa Pölnitz 1949 s.v.; Pölnitz 1951 s.v.; Pölnitz 1958, 398, Anm. 26. Fabisch/Iserloh 1991, 265, Anm. 46, zitieren in diesem Zusammenhang eine Mitteilung von Hans-Jörg Gerste, Münster, („vermutlich Angehörige der Familien Süter und Waler, die im Auftrag der Fugger für die Briefbeförderung zwischen Köln und Süddeutschland (Ingolstadt) sorgten)". Wie mir Herr Gerste mitteilte, sind hier Informationen, die ich ihm auf Anfrage mitteilte, ohne sein Verschulden durch unglückliche Umstände irrig verwertet worden.
[588] Die lateinische Form „Valerus" für den Nachnamen Walther war nicht unüblich, beispielsweise schrieb Celtis eine Ode an den Nürnberger Humanisten und Regiomontan-Schüler Bernhard Walther, den Bruder des Hieronymus, unter dem Titel ‚Ad Bernhardum Valerum' (Pindter 1937, 88; vgl. Hagen 1882, 154, Anm. 17; Hartmann 1889, 55).
[589] Einschlägig zu Hieronymus Walter: Kroker 1908 und Eirich 1987, bes. 116-122; vgl. weiterhin etwa Sommerlad 1938, 57; Pölnitz 1958 s.v. (zur Familie Walther und weitern Angehörigen), bes. 379, Anm. 108, 393, Anm. 18; Smolinsky 1983 s.v. (Hieronymus Walther im Kreis der sächsischen Gegenreformatoren); Eirich 1987, 116-122.

Hieronyma Walthero Lipsiae, qui Welserorum socius et factor (ut vocant) mihique summus est amicus.[590]

Schlagen wir den Bogen zurück zum Jahr 1515, als Johannes Eck sich mit seinem Zinstraktat an die Kölner Theologen wegen eines Gutachten wandte. Die erstaunliche Tatsache, daß ihm sogleich offenbar mehr Unterstützung zugesagt wurde als in Tübingen, wo er zusammen mit Lamparter einen gewissen Druck ausüben mußte, scheint durch das existierende personelle Netz einige erklärende Momente zu finden. Von seinen namentlich bekannten Kölner Lehrern lebte nur noch Arnold von Tongern (L 60); Dietrich von Susteren war mit großer Wahrscheinlichkeit schon gestorben.[591] Der Laurentiana-Prinzipal besaß aber über seine Vertrauten Johannes Wanger (L 61) und Michael Schwab enge Kontakte ins schwäbische Augsburg, wobei schon Pompejus Occo eine personelle Brücke aus der Laurentiana in den Fuggerkreis schlug. Michael Schwab dürfte diese Achse erheblich intensiviert haben. Bedenken wir nun das starke Interesse, das die Fugger an einer universitären Erörterung der Zinsproblematik hatten – wie dies etwa im Brief Peutingers an Eck vom Dezember 1514 zum Ausdruck kam –, um vor allem das Verdikt des Wuchers aus der Welt zu schaffen,[592] so wäre es mehr als verwunderlich, wenn die personelle Verbindung zwischen der Laurentiana und Augsburg hier nicht zum Tragen gekommen wäre. Trotz der evidenten Hoffnungen Ecks auf eine von seinen Kölner Freunden in Gang gesetzte Gutachtertätigkeit der Universität kam es wie an anderen Orten[593] offensichtlich nicht dazu. Wir werden wohl nicht fehlgehen, wenn wir auch jene Personen als bremsende Kräfte in Rechnung stellen, die sich mit den Nürnberger Konkurrenten verbündet fühlten – und hier wäre in erster Linie an die Montaner und ihren Umkreis zu denken.[594] Nicht nur

---

[590] Friedensburg 1898, 234, Nr. 26.
[591] Vgl. Anm. zu M 298,43: nach 1509 gestorben.
[592] Vgl. hierzu auch Oberman 1979, 185, 426 (Eck hatte in seinem Schreiben an die Tübinger im Februar 1515 explizit moniert, daß die Mainzer Theologische Fakultät das für die Augsburger Kaufherren entscheidende Problem des Wuchers nicht zufriedenstellend behandelt habe).
[593] Vgl. Oberman 1979, 186.
[594] Pirckheimer hatte Anfang 1515 auf Anregung Adelmanns die Plutarch-Schrift ‚De vitanda usura' übersetzt und veröffentlicht, die durch ihre harte Kritik des Zinsnehmens als Wucher indirekt gegen die Augsburger Gegner gerichtet war (Holzberg 1981, 217-221, 427, Anm. 120). Daß dann ausgerechnet der Thomist und Montaner Johannes Cochläus (M 56) die Disputation Ecks in Bologna in entscheidender Weise mit einem negativen Vorzeichen versehen sollte, wird auch

in der Reuchlin-Kontroverse hätte somit der alte Hiatus zu den Laurentianern erneut eine nachhaltige, über Köln hinausreichende Wirkung gezeigt.

Oberman kann nur zugestimmt werden, wenn er feststellt, daß nach 1515 die Zinsproblematik zwar ihre Bedeutung verlor, das dabei geknüpfte personelle Netzwerk jedoch auch in der frühen Auseinandersetzung mit Luther von grundlegender Bedeutung blieb.[595] Blicken wir vornehmlich auf die Kölner Bursen. Die Wirkmächtigkeit des angesprochenen Netzwerkes offenbarte sich erstmals 1519 – auf einem Feld freilich, das an Tragweite die vorherigen Kontroversen weit überragen sollte. Unmittelbar nach der Leipziger Disputation (27.6.-16.7.1519),[596] als die Weichen für den Verlauf der Reformationsgeschichte in entscheidender Weise gestellt wurden, treten die freundschaftlichen Verbindungen sichtbar aktiviert in Erscheinung. Dies konnte so problemlos geschehen, weil sie auch vorher gepflegt worden waren. Eine Woche nach Ende der Disputation mit Luther und Karlstadt schrieb Eck – wie oben schon gesagt – noch aus Leipzig an Hoogstraten.[597] (Den Prior der Kölner Dominikaner hatte Eck bereits 1517, also noch im Jahr der Rückkehr Hoogstratens aus Rom vom Reuchlin-Prozeß, auf einer Disputation kennengelernt.[598]) Eck berichtete vom Verlauf der Disputation und von inhaltlichen Kontroverspunkten, um Hoogstraten dann mitzuteilen, daß er dessen Leipziger Ordensbrüdern den Auftrag zur Abschrift eines Disputationsprotokolls gegeben habe, welches sie so schnell wie möglich nach Köln senden sollten. Hoogstraten solle wie Eck den Glauben verteidigen, doch möge er sich nicht öffentlich einmischen, damit er sich und seinen Orden nicht verhaßt mache, sondern möge mit gelehrtem Rat helfen.[599] Sodann hoffte Eck, über Hoogstraten (und seine Löwener

---

die Kölner Laurentianer um Arnold von Tongern verärgert und wird die Aversionen gegenüber den Thomisten verstärkt haben.

[595] Oberman 1979, 177 f.: „(Nach der Bologneser Disputation) blieb doch ein wahres Flechtwerk von Verbindungen, von Sympathien und Antipathien bestehen, das zweieinhalb Jahre später den geschichtlich-wirksamen menschlichen Kontext bildete für die ersten Reaktionen auf den Zusammenprall zwischen Luther und Eck im Jahre 1517".

[596] Zur Leipziger Disputation vgl. etwa Maurer 1969, 54-64; Selge 1973; Iserloh 1981, 253 f.; umfassend: Brecht 1981, 285-332.

[597] Fabisch/Iserloh 1991, 258-265.

[598] ‚Replica', f. 48v (freundlicher Hinweis von Herrn H.-J. Gerste); vgl. Wiedemann 1865, 53.

[599] Vgl. auch Selge 1973, 210, Anm. 162.

Verbindungen) auf die Pariser Universität, die neben Erfurt über die Disputation urteilen sollte, Einfluß gewinnen zu können.[600] Zum Schluß kommt Eck wie selbstverständlich auf die weiteren Kölner Freunde zu sprechen. Hoogstraten möge den Brief auch mit Arnold von Tongern, dem gemeinsamen Lehrer, sowie Michael Schwab erörtern.[601] Denn man sei sich einig: *Nam certissimum est grammatistarum turbam hos inferre errores in ecclesiam.*[602] Damit zielte Eck auf den „Grammaticus" Melanchthon; zugleich meinten er und seine Kölner Freunde jedoch jene christlichen Humanisten bis zu Erasmus, die mit dem Ideal der klassischen Sprache nur noch die Kirchenväter gelten lassen wollten und Autoritäten wie die scholastischen Theologen verdammten.[603] Schließlich bezeugte Eck indirekt, daß er schon vor dem Juli 1519 mit Arnold von Tongern (L 60) im Briefkontakt stand. Denn bedauernd erwähnt er, daß er dem Laurentianer wegen der großen Beanspruchung überhaupt nicht schreiben (womit Eck nicht einen generell ersten Brief an Tongern gemeint haben konnte, da er sonst anders formuliert hätte) und Hoogstraten nicht mehr ausführlicher berichten könne. Wenn der Dominikaner zurückschreiben wolle, dann solle er sich – wie gesagt – an Michael Schwab wenden, der den Brief sicher *per Sueteros aut Vualeros* nach Ingolstadt befördern lassen könne. Johannes Eck war also mit Tongern wie Schwab eng vertraut, kooperierte mit beiden vermutlich seit der Zinsdebatte. Schwab und Eck standen sich sogar so nahe, daß beide mit dem gleichen großen Selbstverständnis ein und dieselbe Postverbindung in Anspruch nehmen konnten. Mit großer Wahrscheinlichkeit lief sie über Augsburg.

Wenn die Kölner Theologische Fakultät bereits sechs Tage nach dem Brief Ecks die Schriften Luthers als häretisch und zu verbrennen verurteilte – „die früheste offizielle Verurteilung Luthers"[604] –, so wird man sicher nicht nur eine Initiative Hoogstratens, sondern auch dessen Freundschaft mit Tongern, Schwab und Eck geltend machen dürfen.[605] Wiederum aber stand damit die Laurentiana in

---

[600] Vgl. Selge 1973, 205 u. Anm. 153; Brecht 1981, 322.
[601] *Idque scriptum puta Praeceptori nostro, Domino Arnoldo de Tongris, et Doctori Michaeli Swas* (lies: Swab); Fabisch/Iserloh 1991, 265.
[602] Fabisch/Iserloh 1991, 265.
[603] Vgl. Maurer 1969, 58 f.; Brecht 1981, 309.
[604] Meuthen 1988, 263 (mit kompakt-erschöpfender Darstellung der Vorgänge um die Luther-Verurteilung).
[605] Vgl. auch Tewes 1989, 66.

vorderster Front bei der Verteidigung der römisch-katholischen Glaubenssätze, nun allerdings vor einem ganz anderen Hintergrund als bei ihrem Kampf gegen den „Judenbegünstiger" Reuchlin. Freilich mutet es fast verblüffend an, unter den handelnden Personen die gleichen Akteure wiederzufinden. Im November 1520 versuchte der päpstliche Nuntius Aleander aufgrund der Bannandrohungsbulle ‚Exsurge Domine'[606] die Universität in ihrer Gesamtheit für die Verbrennung der lutherischen Schriften zu gewinnen.[607] Diese sah jedoch die Kompetenz nicht bei sich, sondern bei den geistlichen oder weltlichen Obrigkeiten. Wenn der Nuntius einzelne Personen bei der Verbrennung anwesend wünsche, solle er sie direkt ansprechen. Am 12. November erfolgte sie dann tatsächlich auf dem Domhof. Dekan der Theologischen Fakultät war zu diesem Zeitpunkt Arnold von Tongern (L 60). Aus seiner Burse kam gleichfalls der auf Deutsch *contra damnatos Lutheri errores* die Schlußrede haltende Theologe: Johannes Hoelem de Venraedt (L 63),[608] uns mittlerweile gut als Pastor an St. Johann Baptist und als Judenbekehrer bekannt. Seinen Eifer auch für diese Sache unterstreicht die Tatsache, daß er damals nicht als Inhaber irgendeines akademischen Amtes auftrat. Für die Bewahrung des Katholizismus in Köln wird man das Engagement und die eingehend dargelegte Grundhaltung der Albertisten wohl nicht zu gering veranschlagen dürfen. Vor allem aber ist in diesem Zusammenhang an die intensive personelle Verankerung führender Albertisten an den geistlichen Institutionen Kölns – insbesondere den Pfarrkirchen – zu erinnern, an den Einfluß, den sie dort ausübten, an die Bestätigung, die sie fanden sowie an den engen Schulterschluß mit einigen der einflußreichsten Kölner Familien. Die Frage, warum es in Köln keine Reformation gab,[609] soll und kann hier nicht neu aufgegriffen werden; das besonders tatkräftige Wirken des Albertisten-Kreises wird jedoch stärker als bisher als ein wesentlicher Grund in Rechnung zu stellen sein. Immer wieder schieben sie sich in den Quellen in den Vordergrund. Als im Juli und August 1525 eine hochrangige Delegation des Kölner

---

[606] Neu ediert bei Fabisch/Iserloh 1991, 364-411.
[607] Meuthen 1988, 264.
[608] Meuthen 1988, 264 (Hinweis, daß Hoelem zu jener Zeit kein akademisches Amt bekleidete); vgl. auch Rotscheidt 1907, 151 f., 164 f. (*Joannes Venradt ... germanice contra damnatos Lutheri errores peroravit*).
[609] In dieser Formulierung von Scribner (1975/76) in einem einschlägigen Aufsatz thematisiert, dessen Ergebnisse sich um die hier angeführten Überlegungen ergänzen ließen.

Rates wegen Häresieverdacht u.a. zu den Augustinern geschickt wird, gehört ihr neben Vertretern der Dominikaner, Karmeliter und Franziskaner nur ein Bursentheologe an: Arnold von Tongern (L 60).[610] Am 7. August 1525 verstärken drei Pfarrer die Untersuchungskommission, die dann auch mit den Ordensvertretern das Verhör des der Ketzerei verdächtigen Gerhard Westerburg[611] vornahm: es waren die Seelsorger der drei albertistisch geprägten Pfarreien St. Kolumba, St. Johann Baptist und St. Paul, nach unseren Untersuchungen die drei Laurentianer Arnoldus de Dammone (L 66), Johannes Hoelem de Venroed (L 63) und (vermutlich als für St. Paul maßgeblicher Vizekurat) Johannes de Buscoducis (L 67)![612]

Wir wollen die Thomisten der Montana keinesfalls als Lutheraner einordnen. Doch der Unterschied zu den Albertisten ist evident. Während diese (zu denen wir nun auch Michael Schwab zählen wollen) spätestens seit der Leipziger Disputation in Luther den Feind der Kirche sahen, dessen Wirken einen „Angriff auf die Struktur der Kirche bedeutete",[613] setzten die Thomisten anfangs Hoffnung in ihn. Johannes Cochläus, der ja selbst noch bis 1520 mehr Positives als Negatives in dem Reformator sah,[614] berichtete 1544 unter eindeutigem Hinweis auf den greisen Kanoniker (an St. Gereon) Andreas Herl de Bardwijck (M 51),[615] den verehrtesten seiner Lehrer, daß dieser *a principio plus satis candide Luthero favebat*.[616] Durchaus exemplarisch dürfte ein Beispiel aus Nördlingen zu werten sein. Dort hatte der Montana-Schüler Gregor Romming (Ramung) von Nördlingen seit 1496 ein Amt als Kaplan an der Stadtkirche und parallel als Lehrer an der städtischen Lateinschule inne.[617] Vorher konnte er, nach Erwerb des Bakkalaureats in Leipzig, unter Wilhelmus de Harlem (M 38) 1486 das Magisterium an der Montana erwerben, um anschließend Theologie zu studieren

---

[610] Ratsbeschlüsse 1988, 242 f., Nr. 571, 581.
[611] Zu ihm Meuthen 1988, 271.
[612] Vgl. Ratsbeschlüsse 1988, 245, Nr. 602, 255, Nr. 687. Auch am 21.2.1526 wird wiederum nur Arnold von Tongern als Initiator von städtischen Maßnahmen gegen Anhänger Luthers in Köln genannt (Ratsbeschlüsse 1988, 298, Nr. 137).
[613] Iserloh 1981, 254; Iserloh 1984, 67.
[614] Vgl. etwa Spahn 1898, 62-73; Machilek 1978, 56; Iserloh 1981, 20 f.
[615] S. auch Tewes 1989, 66 f. (gerade Andreas von Bardwijk wird in seinem Haus an St. Gereon Personen um sich sammeln, die der katholischen Reformbewegung entscheidende Impulse verliehen).
[616] Spahn 1898, 121 f., 122, Anm. 1.
[617] Vgl. Häfele 1988, 366 f., Nr. 523.

(bacc. theol. 1493).[618] Traditionen und Lehrgut seiner Burse führte Romming von Köln nach Nördlingen mit, wie aus dem von Glauning veröffentlichten Katalog seiner Bibliothek hervorgeht.[619] Neben den ‚Conclusiones' des Heinrich von Gorkum (M 1) zu den Sentenzen des Petrus Lombardus finden sich Schriften des Thomas von Aquin neben den ‚Rudimenta grammatices' des Niccolò Perotti, Werken von Guarinus von Verona und Johannes Reuchlin.[620] Für unseren Zusammenhang besonders bemerkenswert ist die stattliche Zahl von 40 Luther-Bänden, die sich in Rommings Besitz befanden und intensiv, in der Wertung positiv-kritisch, kommentiert wurden. Deutlich zeigt sich, daß er Luthers Lehre in den Anfangsjahren grundsätzlich begrüßte, nach 1521 allerdings kein Werk mehr von ihm erwarb.[621]

Wie lange der Montana-Regent Andreas Herl (M 51) in Luther den Initiator einer erwünschten katholischen Reform sah, ist nicht bekannt. Aber zur gleichen Zeit, als führende Laurentiana-Regenten bereits die Schriften des Wittenbergers verbrannt sehen wollten, hörte Heinrich Bullinger mit seinen humanistischen Bursenfreunden in der Montana Vorlesungen über Erasmus und über den Römerbrief, verfolgte er aufmerksam die kontroversen Diskussionen – denn sie gab es an der Universität – über die lutherische Lehre.[622] In der Bibliothek der Dominikaner las er nicht nur die Kirchenväter Origines und Augustinus, sondern auch Luthers ‚De captivitate Babylonica' und ‚De libertate christiana', die Bücher des Neuen Testaments und die ‚Loci communes' Philipp Melanchthons.[623] Gefestigt in der *religio vera* verließ er nicht etwa die Kölner Universität, sondern schloß sein Studium an der Montana 1522 ohne Repressalien mit dem Magisterium ab. Die Montana blieb katholisch, Bullinger ging den Weg eines Schweizer Reformators. An seiner alten Burse verfolgte man seinen Werdegang; aber bezeichnend für die an der Montana herrschende größere Toleranz (im Vergleich zur Laurentiana) ein Vorgang vom 5. Mai 1529:

---

[618] M 386,93.
[619] Vgl. Glauning 1917.
[620] Vgl. Glauning 1917, 22-61 (interessant auch die Benutzung von Predigten des Heidelberger Theologen Jodocus Eichmann durch Romming).
[621] Glauning 1917, 66 ff.
[622] Die kontroversen Diskussionen mußte Bullinger nicht unbedingt (nur) im Konvent der Dominikaner gehört haben, wie teilweise geschlossen wurde (vgl. Staedtke 1962, 16 f.).
[623] Egli 1904, 5 f.; vgl. Krafft 1869, 259.

Bullingers Freund aus der Montana, der Erasmianer Dietrich Bitter von Wipperfürth, hatte von dem Reformator jenen fl. erhalten, den er seinem Montana-Prinzipal nach dem Examen noch schuldig geblieben war.[624] Matthias Kremer von Aachen (M 55) protokollierte, daß er *florenum aureum Tigurinum, missum ab honorando* (!) *magistro Henrico Bremgartino* erhalten habe. Anschließend gab er seinen persönlichen Wunsch mit Blick auf die reformatorische Haltung seines ehemaligen Schülers zu Papier: *optans ipsi unicae sponsae Christi ejusque corporis unicam Ecclesiae Catholicae fidem, per dilectionem operantem, atque si minus recte sentiat, resipiscentiam et ad unius ovilis corporisque reditum et unionem.*[625] Dieser milde und wohl auch verständnisvoll-bekehrende, nicht verdammende Ton wäre bei einem Prinzipal der Laurentiana undenkbar. Wenn die prosopographische Analyse nun aufzeigt, daß die maßgeblichen Erasmianer des Niederrheins in bemerkenswerter Dominanz aus der thomistisch-humanistischen Schule der Montana kamen, scheint uns darin eine eindrucksvolle Bestätigung der getroffenen Differenzierungen zu liegen.

c) Erasmianer und kirchliche Reformbewegung

Es gab an den niederrheinischen Residenzen nicht wenige Humanisten, die sich zu Erasmus und seinem Geisteskosmos bekannten, ihn verehrten und seinem christlich-humanistischen Verständnis nacheiferten, es praktisch umzusetzen suchten. In erster Linie sind die Höfe von Kurköln und Jülich-Kleve-Berg zu nennen, an denen diese Personen einen nicht unerheblichen Einfluß auf die kirchlichen Reformbemühungen gewinnen konnten.[626] Die Bursen hatten an diesen Vorgängen keinen unmittelbaren Anteil. Doch sind sie andererseits nicht bar jeder Bedeutung, da sie in maßgeblicher Weise Ausgangspunkt und Zentrum der geistigen Prägung sowie nicht zuletzt der gleichgesinnten Personengruppen waren. Wesentlich ist

---

[624] Vgl. Krafft 1869, 265; zu Bitter in diesem Kontext: Bullinger 1982 u. 1983 s.v.

[625] Krafft 1869, 265.

[626] Eine grundlegende Zusammenschau zur kirchlichen Reformbewegung am Niederrhein aus der Perspektive der Kölner Universität jetzt bei Meuthen 1988, 274-279. An Einzelstudien wären für unseren Kontext zu nennen: Hashagen 1921; Redlich 1938; Gail 1951; Franzen 1964. Eine detaillierte prosopographische Studie steht freilich aus.

hier jedoch, die bursenrelevanten Personen namhaft zu machen, um auf diese Weise das Profil bestimmter Säulen der Artisten-Fakultät weiter schärfen zu können.

Die in der Kirchenpolitik handelnden Erasmianer stammten zum größten Teil aus der Montana. Beginnen wir mit dem Hof des Kölner Erzbischofs. Ein enger Freund des Erasmus wurde der Kölner Bürger Tilmann vom Graben (de Fossa). Er hatte 1496 sein Studium an der Montana aufgenommen.[627] Im Dezember 1497 determinierte er unter Theodoricus de Busco (M 39), 1499 folgte dann sein Magisterium unter Valentin Engelhardt (M 43). Sein weiterer akademischer Werdegang ist unbekannt, doch erscheint er seit 1530 in den Funktionen eines Notars, Sekretärs des Domkapitels und Schreibers des Generalvikars. Für den 16. Oktober 1528 ist ein Brief von ihm an Erasmus bekannt, mit dem er schon länger korrespondierte.[628] Neben Alltäglichem sprach er auch die von Erasmus in Angriff genommene neue Augustinus-Ausgabe an, der er und seine Freunde bereits mit hohen Erwartungen entgegen sahen. Das enge Verhältnis zwischen beiden bestätigt Erasmus selbst. Ende Juni 1531 schrieb er Tilmann vom Graben von Freiburg aus in persönlich-vertrautem Ton. Aus dem Brief ist zu erfahren, daß Tilmann wie Erasmus mit dem Basler Griechisch-Professor Simon Grynaeus befreundet war. Als seinen besten Freund bezeichnete Erasmus den Kölner sogar in einem Brief an Johann Choler vom 5. Oktober 1532.[629] Wenn Erasmus 1528 seinen Freund Jakob Theyng von Horn al. Ceratinus, einen Theologen und Gräzisten, in einem Brief an den befreundeten Bürgermeister Johann von Reidt (wir hatten ihn schon im Zusammenhang mit Frissemius als dem Humanismus aufgeschlossen erlebt) gerade nach Köln empfahl (allerdings vergeblich), dürften gerade Personen wie Tilmann vom Graben die Stadt für ihn empfehlenswert gemacht haben.[630] Möglicherweise

---

[627] M 431,93. Zu Tilmann vom Graben (Gravius, a Fossa): Varrentrapp 1878, I, 90, II, 53; Hashagen 1922, 52; Frank Golczewski/Peter Bietenholz, Art. „Tielmannus Gravius", in: Contemporaries 1986, 125f. (Zusammenstellung der einschlägigen Briefe bei Allen 1906/58; Lit.).

[628] Allen 1906/58, VII, Ep. 2068, frühere Briefe aus dem Jahr 1527: VII, Epp. 1829, 1865; vgl. Krafft 1875, 166 f.

[629] Zur Vermittlerfunktion Tilmanns vom Graben zwischen Erasmus und den niederrheinischen Humanisten vgl. auch Gail 1951, 32 f.

[630] Allen 1906/58, VII, Ep. 2058; vgl. auch Bauch 1904, 155. Ceratinus hatte 1517 ohne Immatrikulation in Köln studiert, vermutlich unter Cäsarius, dann in Erfurt, Leipzig und Löwen gelehrt; geschätzt wurde er auch von Pirckheimer (Marie-Thérèse Isaac/Peter Bietenholz, Art. „Jacobus Ceratinus", in: Contemporaries 1985, 288 f.; vgl. Bauch 1904, 153 ff.).

kam dabei eine weitere bekannte Verbindung zum Tragen. Johannes Ceratinus, Stadtarzt von Amsterdam und wahrscheinlich ein Bruder Jakobs, war ein Intimus des Alardus de Amsterdam.[631] Dieser nun hatte – wie oben schon ausgeführt[632] – gerade 1528 Zutritt zum Agricola-Nachlaß gefunden, der ihm bis dahin von Pompejus Occo verwehrt worden war. Sogleich nahm Alardus seine alte Verbindung zu dem Montaner Johannes Frissemius (M 59) wieder auf, um eine verbesserte Edition der Dialektik Agricolas voranzutreiben.[633] Die Empfehlung Jakob Theyngs könnte also auch in diesen Strang des Netzwerkes eingebettet gewesen sein. Freilich streifen wir damit nur ein Partikel des komplexen Geflechts der Kölner und niederrheinischen Anhänger des großen niederländischen Humanisten.

Zu dessen Verehrern dürfen wir sicherlich auch Frissemius zählen. Bullinger etwa hatte bei dem Montaner eine Vorlesung über des Erasmus ‚De duplici copia verborum ac rerum' gehört und dieses für die Textgestaltung und Verbesserung des sprachlichen Ausdrucks der Literaten gedachte Werk sehr geschätzt und für den Unterricht empfohlen.[634] Frissemius muß wie Fossa ebenfalls in den erasmianischen Kreis am Hof Erzbischof Hermanns von Wied integriert gewesen sein. Denn sonst hätte dieser – selbst ein Verehrer des Erasmus[635] – ihn wohl kaum 1532 oder Anfang 1533 zu seinem Kanzler bestellt. Die Information verdanken wir einem Brief des Frissemius-Schülers Dietrich Bitter, des Schulmeisters an St. Ursula, der am 24. März 1533 an seinen *besonderenn gueten frunde* Heinrich Bullinger schrieb: *Phrysemius was uffgenommen und deputiert voir eynen canceler des busschoffs van Collen, ist aber neulich mit doide abgegangen.*[636]

Einflußreicher als der so früh verstorbene Frissemius konnte ein weiterer Schüler der Montana werden, Bernhard von Hagen bzw. von Geseke. Er hatte 1504 unter Andreas von Bardwijk

---

[631] Kölker 1963 s.v. (allerdings keine Thematisierung des Verhältnisses zwischen Johannes und Jakob Teyng, das doch wiederum für die literarische Kooperation zwischen Erasmus und Alardus wichtig wäre).
[632] S.o. 710-713.
[633] Vgl. Kölker 1963, 81 f. (bekannt ist ein Antwortbrief des Frissemius vom 27.3.1529 an Alardus; erneut ist aber darauf hinzuweisen, daß die Chronologie der Freundschaft zwischen Alardus de Amsterdam und Frissemius bei Kölker völlig unzureichend dargestellt ist).
[634] Vgl. Bullinger 1987, II, 101.
[635] Redlich 1938, 50.
[636] Bullinger 1983, 91, Nr. 201.

(M 51) determiniert, 1506 dann das Lizentiat erworben.[637] Schon 1518 wurde der Doktor beider Rechte (1516) Siegler des Kölner Erzbischofs, zwischen 1518 und 1526 Generalvikar und von 1526 bis 1556 soll er schließlich das Kanzleramt versehen haben.[638] Den Einfluß des Erasmianers[639] in der Geistlichkeit zeigt die Übertragung der Propstei St. Andreas 1527.[640] Ein Brief des Erasmus an Tilmann Gravius von 1531 bestätigt das feste Freundschaftsband zwischen den Kölner Erasmianern Gravius, Graf Hermann von Neuenahr, Bernhard von Hagen und dem gleich zu nennenden Thomisten Johannes Gropper.[641]

Als Generalvikar des Kölner Erzbischofs wurde 1526 Arnold Broichschmidt von Lemgo genannt, der anschließend als Offizial wirkte (vermutlich bis 1530) und 1500/01 an der Montana studiert hatte.[642] Das Offizialat der Kölner Kurie blieb nach 1530 „in der Hand der Montana-Thomisten". Wie Bernhard von Geseke hatte auch Bernhard Georgii de Paderborn[643] 1504 unter Andreas von Bardwijk (M 51) determiniert. Im März 1506 promovierte ihn Rutger von Venlo (M 52) zum Magister. Nach seinem Doktorat im kanonischen Recht 1521 wurde er 1528 Offizial des Domstifts, 1530 Offizial der Kölner Kurie und im gleichen Jahr Dekan an St. Kunibert.[644]

Einen der am nachhaltigsten wirkenden thomistischen Humanisten entsandte die Corneliana mit dem Siegler und erzbischöflichen

---

[637] M 459,78. Bernhard von Geseke steht in einer wahren Tradition von Geseker Montana-Schülern. Unter Theodoricus de Busco (M 39), Valentin Engelhardt (M 43) oder Andreas von Bardwijk (M 51) examinierten bereits Gerardus de Geseke (M 416,12; 1492-1497 in Montana), Johannes de Geseke (M 416,33; 1492-1496), Johannes Rijssinck de Geseke (M 453,37; 1502-1505), Johannes Vleisinghen de Geseke (M 458,79; 1503-1506), der ebenso wie Johannes Padder, Johannes Plagmer und Ciriacus Brant de Geseke (M 459, 75-77; alle drei zusammen mit Bernhard von Geseke am 3.10.1503 immatrikuliert) ein Studienfreund Bernhards in der Montana gewesen war.

[638] Vgl. Anm. zu M 459,78 (bezug auf Aussage Weinsberg). Wie damit die beabsichtigte Übertragung des Kanzleramtes an Frissemius in Verbindung zu bringen ist, bleibt unklar. Zu Bernhard von Hagen: Güttsches 1932, 44 f., Nr. 18; Rolf Decot, Art. „Bernhard von Hagen", in: Contemporaries 1986, 156 f. (Lit.).

[639] Redlich 1938, 50.

[640] Vgl. auch Krafft 1869, 275 u. Anm. 2.

[641] Allen 1906/58, IX, Ep. 2508.

[642] M 447,86; vgl. Güttsches 1932, 47, Nr. 21.

[643] M 458,15.

[644] Bernhard von Paderborn wurde später von Rom aus seines Amtes als Dekan an St. Kunibert enthoben, das gesamte Kapitel exkommuniziert (vgl. Krafft 1869, 274 f.; Erwähnung des Vorgangs durch Dietrich Bitter im Brief vom 16.4.1532 an Bullinger: Bullinger 1982, 106, Nr. 88); vgl. auch Braunisch 1977, 68 f., Anm. 11.

Berater Johannes Gropper.[645] Er hatte 1517 und 1519 unter Cornelius de Venlo (C 65) bzw. Petrus de Wormaria (C 73), einem humanistisch gebildeten und in der Montana geschulten Corneliana-Regenten,[646] seine artistischen Grade erworben, denen schon 1525 der Doctor legum folgte. Wie der ebenfalls Hermann von Wied nahestehende Hermann von Neuenahr wird auch der politisch äußerst aktive Gropper dem Kölner Kreis der Anhänger des Erasmus und seines Theologieverständnisses zuzuordnen sein.[647] Die frühe Berufung Groppers als Großsiegler 1526 könnte maßgeblich auf Neuenahr zurückgegangen sein, der seine Verbundenheit mit Gropper schon 1525 unter Beweis gestellt hatte, als er ihn zu seinem Offizial ernannte. 1527 setzte ihn Hermann von Wied dann als Scholaster an St. Gereon durch. Nach den bisher gewonnenen Erkenntnissen scheint dies eine programmatische Entscheidung gewesen zu sein. Denn der Thomist und Vertraute des Hermann von Neuenahr trat an die Stelle des mit Arnold von Tongern (L 60) befreundeten

---

[645] M 510,116. Zu Johannes Gropper hier: Braunisch 1974; Braunisch 1974a; Rolf Decot, Art. „Johann Gropper", in: Contemporaries 1986, 138 f.; Meuthen 1988, 276 f. (Lit.). Instruktiv: Braunisch 1977 (ausführliche Daten zu Leben und Werk, Briefwechsel Groppers von 1529-1547, der die enge Verbindung zu Tilmann Gravius, Bernhard von Hagen und weiteren Erasmianern aufzeigt).

[646] Petrus Wormariensis hatte beispielsweise auf dem „humanistischen Quodlibet" 1523 über die Notwendigkeit des hebräischen Sprachstudiums gesprochen.

[647] Zu Gropper als Erasmianer vgl. etwa Lipgens 1951, 28 f.; Gail 1951, 67. V.a. Lipgens baute einen der Sache undienlichen und undifferenzierten Gegensatz zwischen Humanismus und Theologie auf (29: Gropper sei nicht später als 1527 zum Priester geweiht worden. „Nichtsdestoweniger (!) zählte er vorerst zu denen, die im Kreise Hermann von Neuenahrs auf Mönch und Kloster, Scholastik und theologische Rückständigkeit, Papsttum und Ablaß schimpften und begeistert Reform nach humanistischen Prinzipien forderten."). Damit unterstellte Lipgens dem späteren designierten Kardinal eine antikirchliche Haltung, die den hervorragenden Gropper-Forscher Braunisch veranlaßte, nun seinerseits Groppers Geisteshaltung kritisch von erasmianischen Einflüssen abzugrenzen (grundlegend in Braunisch 1974a). Doch wenn Braunisch (1974a, 199) zu dem Urteil kommt, Gropper habe „als Theologe und Kirchenmann nie zur Gefolgschaft des Erasmus" gezählt, dürfte dieses apodiktische Urteil in seiner Ausschließlichkeit ebenso verfehlt sein. Bleiben zwar eingehende Untersuchungen abzuwarten, so wird man des Erasmus Hoffnung auf Gropper, eine Protektion Neuenahrs sowie Groppers Stellung im Umkreis der Kölner Erasmus-Anhänger wohl kaum nachvollziehen können, wenn er sich außerhalb der Gefolgschaft gestellt hätte. Ein insgesamt positiveres Urteil denn auch bei Braunisch 1984, 118 (Verbindung zu Neuenahr als Indiz, daß er „den reformfreudigen humanistischen Fortschrittsoptimismus der Erasmusverehrer geteilt und mit deren Anliegen, das religiöse und staatliche Leben durch Frömmigkeit und Bildung zu erneuern, sympathisiert haben mag"; ein katholischer Theologe, „geschult an der Bibel und den Vätern und belesen in den Werken des Erasmus und der Reformation.").

Albertisten Michael Schwab von Augsburg,[648] dessen Amtspolitik zweifellos eine anti-erasmianische, konträre Geisteshaltung zugrunde lag. Offenbar stehen diese von Hermann von Wied umfassend betriebenen Amtseinsetzungen gleichgesinnter Vertrauter vor dem Hintergrund, größeren Einfluß auf die Kölner Geistlichkeit zu gewinnen – ein Unterfangen, das im Falle Groppers von besonderer Bedeutung war. Denn der Scholaster an St. Gereon war traditionell „os cleri", also Sprecher des gesamten Kölner Sekundarklerus.[649]

Ein ähnliches Bild thomistisch-erasmianischer Konzentration bietet sich in Kleve oder Düsseldorf, den Höfen des Herzogs von Jülich-Kleve-Berg. Möglicherweise führte die gleiche geistige Herkunft zu der intensiven Zusammenarbeit beider Personengruppen besonders in Fragen der Kirchenreform. Johannes von Vlatten, Angehöriger eines Jülicher Ministerialengeschlechts, begann im Juli 1516 sein Studium an der Montana als Kanoniker des Aachener Marienstifts, an dem er seit dem Januar 1517 – vorerst unter Befreiung von der Residenz – das Scholasteramt bekleidete.[650] Im November 1517 wurde er als Montaner zum Bakkalaureat präsentiert, doch sind weder Determinator noch Erwerb des Magisteriums bekannt. Im Juni 1519 meldete er sich als artistischer Bakkalar zur zweiten Residenz in Aachen, doch kehrte er schon im Spätsommer 1520 nach Köln zurück, um von dort zu einem juristischen Studium in Orléans aufzubrechen. Möglicherweise lernte er Erasmus schon Ende 1520 in Köln kennen, als dieser zwischen Luther und Aleander zu vermitteln und eine Bücherverbrennung zu verhindern suchte.[651] Mit Sicherheit freundete sich Vlatten mit dem Rotterdamer während seines Aufenthaltes in Freiburg 1522/23 an. Erasmus widmete ihm seine im November 1523 in Basel erschienenen ‚Tusculanae Quaestiones'.[652] Als Beweis tieferer Verbundenheit folgte 1528 die Dedizierung des ‚Ciceronianus' an Vlatten, den Erasmus als Staatsmann wie Scholaster ansprach – mit ihm einig über die Gefahr

---

[648] Vgl. Tewes 1989, 66.
[649] Vgl. etwa Nattermann 1960, 363; Meuthen 1988, 276. Zum Vorgang s. auch Braunisch 1977, 68 f., Anm. 11.
[650] M 511,15. Zu Vlatten einschlägig: Gail 1951; Gail 1966; Premier Livre 1978/85, Nr. 698 (Lit.); Anton J. Gail, Art. „Johann von Vlatten", in: Contemporaries 1987, 414 ff. (einschlägig für Korrespondenz Vlatten-Erasmus).
[651] Vgl. Gail 1951, 13 u. Anm. 2; Brecht 1981, 396-400 (zu Erasmus in Köln).
[652] Gedruckt: Allen 1906/58, V, Ep. 1390; vgl. Gail 1951, 13.

der paganisierenden und religions-ästhetisierenden Tendenzen bei manchen verbissenen Ciceroepigonen.[653]

In Freiburg erhielt Vlatten im Frühjahr 1523 eine weitere humanistische Widmung. Der dortige Griechisch-Professor Konrad Heresbach dedizierte ihm seine nach der griechischen Urschrift verbesserte Strabo-Ausgabe, deren rasche Entstehung ganz seinem humanistischen Patron Vlatten, dessen Drängen und Kritik, zu verdanken sei.[654] Dieses Verhältnis verdient Beachtung. Denn Vlatten und Heresbach dürften sich nicht nur zwischen 1516 und 1520 an der Montana kennengelernt haben, dort war vielmehr Heresbach der Ältere und Gebende. Schon am 20. Oktober 1512 hatte er sich in Köln immatrikuliert.[655] Als Montaner wurde er im November 1513 zum Bakkalaureat präsentiert; im Juli 1515 inzipierte er unter Matthias von Aachen (M 55). Bis 1517 blieb er in Köln, kehrte aber 1519/20 nach auswärtigen juristischen Studien zurück. Erasmus dürfte während seines Aufenthaltes in Köln Ende 1520 auf den Magister der Montana aufmerksam geworden sein, denn auf seine Veranlassung ging Heresbach im Dezember 1520 als Korrektor zu Froben nach Basel.[656] Als Heresbach in Freiburg lehrte, wurde er Mentor von Johann Erasmius Froben, dem Patenkind des Erasmus.[657]

Für den Geist an der thomistischen Burse spricht, daß sich Heresbach als ihr Mitglied Reuchlins Verteidigungs- und Angriffsschriften eigenhändig abschreiben konnte.[658] Möglicherweise begann er schon unter Glarean seine Griechisch-Studien, daneben widmete er sich bereits an der Montana dem Hebräischen. Beide Sprachen scheint er wohl ab 1516 unter Arnold von Wesel (M 58) studiert zu haben, denn eine nähere Beziehung muß es zwischen ihnen gegeben haben, wie ein bemerkenswertes Zeugnis der Kooperation

---

[653] Gedruckt: Allen 1906/58, VII, Epp. 1948, 2088 (Widmung an Vlatten in zweiter Auflage Basel, Jan. 1529); vgl. Gail 1951, 22 ff. (Vlatten sandte Erasmus daraufhin einen wertvollen Silberbecher als Zeichen des Dankes).

[654] Wolters 1867, 32; Gail 1951, 16. Zu Heresbach ferner: Beutler/Irsigler 1980; Anton J. Gail, Art. „Konrad Heresbach", in: Contemporaries 1986, 183 f.; vgl. auch die knappen biographischen Notizen in: Premier Livre 1978/85, App., 502.

[655] M 496,5.

[656] Wolters 1867, 20 f.; Gail 1951, 15 f. u. Anm. 8.

[657] Wolters 1867, 28 f.

[658] Wolters 1867, 15. Diese Angabe dürfte glaubhaft sein, da Wolters den heute nicht mehr vorhandenen Katalog der 2000 Bände umfassenden Bibliothek Heresbachs eingesehen, leider jedoch keine näheren Auskünfte zu den Reuchlin-Abschriften gegeben hatte (Wolters 1867, 227-240).

von 1526 nahelegt. Diese aktive Verbundenheit mit dem humanistischen Montana-Regenten ist vor allem daher bedeutungsvoll, weil Heresbach seit September 1523 – offensichtlich durch Vermittlung von Erasmus und Vlatten[659] – als Erzieher des Jungherzogs Wilhelm und allgemein als Rat am Klevischen Hof wirkte, wohin wenig später Johann Vlatten als *consiliarius primarius* und Vizekanzler des Herzogs von Kleve folgen sollte.[660] Heresbach hatte wie gesagt Vlatten seine Strabo-Edition gewidmet. Da der Gräzist den durch Curio in Basel besorgten Druck als verunglückt ansah, entschied er sich nun, verbesserte Übersetzungen der ursprünglich von Lorenzo Valla in Angriff genommenen lateinischen Ausgabe der neun Bücher des Herodot und des Thukydides zusammen mit einer lateinischen Übertragung ‚De genere vitaque Homeri' durch den Kölner Verleger Hittorp bei Cervicornus drucken zu lassen.[661] Er habe sich vor allem deshalb dazu entschlossen, so Heresbach in seiner Widmungsvorrede an Johann Gogreff, den damaligen Propst an St. Georg in Köln,[662] da der Theologe Arnold von Wesel die Korrektur lesen werde. Wir werden diesen lebendigen Verkehr zwischen dem Schüler und Lehrer der Montana kaum unterschätzen dürfen, wenn wir die kirchenpolitischen Bestrebungen am Niederrhein ins Auge fassen werden – zumal die Zahl der aus der Montana stammenden, gerade auf diesem Gebiet maßgeblichen Hofbeamten noch nicht vollzählig ist.[663]

Auch Johann Gogreff ist zu den Schülern der thomistischen Burse zu rechnen. Im April 1514 in Köln immatrikuliert, determinierte er als Montaner im Juni 1515 unter Henricus de Fredenborch (M 54), um noch im gleichen Jahr sein juristisches Studium in

---

[659] Vgl. Allen 1906/58, V, Ep. 1390 (in Widmung der ‚Tusculanae Quaestiones' an Vlatten von ca. Oktober 1523 spricht Erasmus explizit das weitere Schicksal Konrad Heresbachs an [*et quem Principem nactus sit patronum.*]).

[660] Gail 1951, 16 ff.

[661] Wolters 1867, 237; vgl. Bissels 1965, 28 f., 32, 36.

[662] Vgl. zu Gogreff: Premier Livre 1978/85, Nr. 582 (Lit.); Anton J. Gail, Art. „Johann Gogreve", in: Contemporaries 1986, 112 f. (Lit.).

[663] Heresbach unterhielt zu jener Zeit nicht nur mit Arnold von Wesel eine nähere Verbindung, er stand auch mit Jakob Sobbius im Briefwechsel, der ebenfalls zu dem Freundeskreis der Erasmianer gehörte. Vgl. den Brief von Heresbach an Vlatten aus dem Jahr 1525 (Redlich 1908, 169-175, Nr. 2) und generell Eugen Hoffmann/Peter G. Bietenholz, Art. „Jacobus Sobius of Cologne", in: Contemporaries 1987, 262 f.

Orléans aufzunehmen.⁶⁶⁴ Dort setzte er auch seine in Köln begonnenen humanistischen Studien fort.⁶⁶⁵ Noch als Propst an St. Georg (bis 1530) gehörte er zu den engen Freunden Heresbachs, wurde er auch 1528 jülich-bergischer Kanzler, bevor er 1530 die klevische Kanzlei übernahm. Angesichts der starken Präsenz ehemaliger Montaner in der Regierung des Herzogtums erstaunt es nicht, wenn diese wiederum Vertreter der gleichen Schule an sich zogen.

Zögling Arnolds von Wesel (M 58) war Hilgerus Born, Sohn einer Kölner Kaufmanns- und Ratsfamilie.⁶⁶⁶ Born hatte 1522 und 1524 beide artistischen Grade unter dem Montaner erworben, studierte seit 1527 in Orléans die Rechte. Wie sein thomistischer Lehrer in Köln zählt Born zu den Freunden des Konrad Heresbach. Seit 1536 als Doktor beider Rechte jülich-bergischer Rat, wirkte er sowohl in Düsseldorf als auch in Köln, beispielsweise als Advokat der Kölner Kurie.

Eine ähnliche Verknüpfung zwischen Köln und den vereinigten niederrheinischen Herzogtümern finden wir bei Dietrich ter Laen von Lennep.⁶⁶⁷ Er schloß sich 1519 bei seinem Bakkalaureats-Examen in der Montana Arnold von Wesel (M 58) an, erhielt dann 1521 das Lizentiat, beendete sein Studium aber erst 1524 mit dem durch Matthias von Aachen (M 55) verliehenen Magisterium. Der Legist ter Laen wird für 1535 als Klevischer Rat genannt, seit 1539 auch als *consiliarius* des Kölner Erzbischofs Hermann von Wied.

Wenn wir nun in knappen Strichen wichtige Stationen kirchenpolitischer Reformtätigkeit am Niederrhein skizzieren, werden wir primär auf den vorgestellten Personenkreis stoßen. Einen Vertreter der albertistischen Bursen können wir ihnen nicht hinzufügen. Sollte es einen gegeben haben, dann dürfte er freilich kaum noch die Grundsätze seiner Burse anerkannt haben. Denn die leitenden Albertisten – Personen wie Hermann Schottenius (L 80) bestätigen gerade die Regel – sahen in der erasmianischen Christlichkeit eine gefährliche Abkehr von essentiellen katholischen Doktrinen. Thomistische Humanisten wie Johannes Vlatten, ein entschiedener Gegner Luthers, bestärkten ihren Freund Erasmus mit Blick auf den *amor erga christianam rem publicam* in seinem Bemühen um

---

⁶⁶⁴ M 502,15; vgl. Premier Livre 1978/85, Nr. 582.
⁶⁶⁵ Vgl. Redlich 1938, 26.
⁶⁶⁶ M 530,41; vgl. zu ihm Premier Livre 1978/85, Nr. 768.
⁶⁶⁷ M 522,45; vgl. zu ihm Finger/Benger 1987, 48-52; Meuthen 1988, 275.

Herausgabe und Interpretation der Kirchenväter.[668] Vlatten war denn auch einer der eifrigsten der Erasmianer, die sich vor allem zwischen 1525 und 1530 bemühten, das verehrte Vorbild zu einem Wechsel an den Niederrhein zu bewegen. Sie alle zogen hier an einem Strang: in Köln etwa Jakob Sobbius, Tilmann vom Graben, Johannes Gropper, Graf Hermann von Neuenahr oder auch der ehemalige Laurentiana-Schüler und nunmehrige Mediziner Simon Riquinus.[669]

Die erste reformierte Klevische Kirchenordnung aus den Jahren 1532/33, die sich ganz auf katholischen Boden stellte und einzig Mißstände zu beseitigen suchte, ist bekanntlich Erasmus persönlich zur Begutachtung vorgelegt worden, auf dessen Gedankengut zahlreiche Reformbestimmungen gründeten.[670] Sie dürften schon von seinen Anhängern eingebracht worden sein. Die Einbeziehung des Erasmus in das kirchliche Reformprogramm wurde maßgeblich von Konrad Heresbach, Johannes Vlatten, Johannes Gogreff sowie den Räten Karl Harst und Heinrich Olisleger betrieben, beide ebenfalls in Köln vorgebildet.[671] Vlatten, Gogreff und Olisleger gehörten denn auch zu den 1533 ausgesandten Visitatoren.[672]

Gab es zwar seitens Kurköln mit Blick auf kirchenrechtliche Kompetenzen gewisse Vorbehalte gegenüber den Reformbemühungen im Herzogtum,[673] so war man sich über Inhalt und Notwendigkeit weitgehend einig.[674] Erste gemeinsame Gespräche zwischen

---

[668] So im Brief Vlattens an Erasmus vom 30.11.1527. Vgl. Hashagen 1921, 209; Gail 1951, 21 f. Zu der selbst von den Dominikanern bescheinigten „Immunität" Vlattens und auch Gogreffs gegenüber dem Luthertum vgl. auch Hashagen 1921, 211 f.

[669] M 524,50: 1520 Determination unter Quirinus de Wylich (L 69). Zu den Bemühungen um Erasmus: Hashagen 1921, 208-214; Gail 1951, 29, 32-37.

[670] Ausführlich: Hashagen 1921, bes. 197-208; vgl. Redlich 1938, 28-31; Gail 1951, 50-59.

[671] Harst: M 488,16; 1510 für Artes-Studium immatrikuliert. Olisleger: M 492,29; 1511 für Jura-Studium immatrikuliert, seit 1534 Klevischer Kanzler; vgl. Premier Livre 1978/85, Nr. 584 (nicht immer richtig in den Angaben; z.B. kann Rudolf Agricola dem um 1500 geborenen Olisleger kein Werk gewidmet haben, gemeint ist wohl Bartholomäus Latomus mit seiner ‚Epitome commentariorum Dialecticae inventionis' von 1530).

[672] Zu den Visitationen: Redlich 1938, 31-43.

[673] Redlich 1938, 42 f.; Gail 1951, 63 f.

[674] Kritisch gegenüber einer geistigen Übereinstimmung zwischen Köln und Düsseldorf mit Blick auf Johannes Gropper: Braunisch 1974a, 198 f. Doch Braunisch betont allein das Trennende, während das Gemeinsame in den Hintergrund tritt bzw. gar nicht erörtert wird. Dies möglicherweise ein Resultat der fragwürdigen Prämisse Braunischs, daß der Humanismus erasmischer Provenienz auf kirchlich-

den Räten beider Territorien fanden seit Juni 1535 statt, wobei auf Kölner Seite Johannes Gropper, auf Düsseldorfer Gogreff, Vlatten, Olisleger und Heresbach im Vordergrund standen.[675] Mit der Reformsynode im März 1536 übernahm nun der Kölner Erzbischof die Initiative, d.h. im Grunde sein Siegler Johannes Gropper, der nicht nur die Statuten der Synode entwarf, sondern mit seinem 1538 gedruckten ‚Enchiridion christianae institutionis' dem erasmianischen Bekenntnis zur Heiligen Schrift und zur Theologie der Kirchenväter (besonders Augustinus) zumindest für einige Zeit nachhaltigeren Einfluß im praktischen Kirchenleben verschaffen konnte.[676] Bemühungen zwischen Kurköln und Jülich-Kleve-Berg um ein gemeinsames Vorgehen in der Kirchenreform wurden 1536/37 nochmals intensiviert,[677] doch führten unterschiedliche Auffassungen in Fragen der geistlichen Jurisdiktion und der Visitation und vor allem der Konflikt um das geldrische Erbe zwischen Herzog Wilhelm und Kaiser Karl V. vorerst zu getrennten Entwicklungen.

Der reformfreudige, von Heresbach erzogene und von dessen Vorstellungen geprägte Herzog Wilhelm von Jülich-Kleve-Berg hatte sich mit der Übernahme des 1538 verwaisten Herzogtums Geldern in einen machtpolitischen Gegensatz zu den Habsburger Ansprüchen gebracht, die durch seine Suche nach Verbündeten im protestantischen Fürstenlager noch verschärft wurden.[678] Seine militärische Niederlage gegen Karl V. 1543 zwang ihn nicht nur zur Aufgabe der Ansprüche auf Geldern, sondern auch zur bedingungslosen Rückkehr zur katholischen Religion. Freilich bedeutete dies keine Beendigung der Reformbemühungen. Neue Kirchenordnungsentwürfe gingen wieder auf die ehemaligen Montaner Vlatten, Heresbach und Gogreff zurück.[679] Bezeichnend auch das Bestreben dieser drei, das gehobene Düsseldorfer Schulwesen im erasmianischen Sinne zu gestalten.[680] Als Rektor des *gymnasium illustre*

---

theologischem Gebiet eine eher unverbindliche Einstellung gezeigt habe (198), mit der Gropper dann natürlich „nichts gemein" hatte.

[675] Redlich 1938, 50 f.; Gail 1951, 67.
[676] Grundlegend: Braunisch 1974; zusammenfassend: Braunisch 1981, 118; vgl. Lippgens 1951, 68-108; Meuthen 1988, 276.
[677] Redlich 1938, 53.
[678] Meuthen 1988, 274 f. (Lit.).
[679] Gail 1951, 109 (zusammenfassend); Franzen 1964, 100 f.
[680] Kuckhoff 1929, 26-32; Redlich 1938, 70 f.; Gail 1951, 98; Meuthen 1988, 261, 279.

beriefen sie 1545 Johannes Monheim, der die gleiche akademische Schule wie sie durchlaufen hatte, 1530 durch den Montana-Prinzipal Matthias von Aachen (M 55) zum Magister promoviert worden war.[681]

So wie die Düsseldorfer Erasmianer in einer zeitgenössischen Dominikanerchronik als *immunes a lutheranica factione* bezeichnet wurden,[682] bewahrten auch die Kölner konfessionelle Beständigkeit. Johannes Gropper und der kurfürstliche Kanzler Bernhard von Hagen sind hier zuallererst zu nennen. Überaus eng zusammenarbeitend bestimmten sie in maßgeblicher Weise die kurfürstliche Politik.[683] Zusammen mit Konrad Köllin, Arnold von Wesel (M 58) und Graf Hermann von Neuenahr gehörten sie zur Begleitung des Kölner Kurfürsten auf dem Augsburger Reichstag 1530, wo vor allem Bernhard von Hagen maßgeblich an den Religionsverhandlungen beteiligt wurde.[684] Bei den Religionsgesprächen auf dem Regensburger Reichstag 1541 gehörte Gropper nicht nur zu den drei katholischen Kolloquenten.[685] Er setzte sich auch in Geheimverhandlungen dezidiert für die politischen Pläne Herzog Wilhelms von Jülich-Kleve-Berg ein, der besonders seinen Rat Johannes Vlatten zu entsprechenden Konsultationen mit dessen Freund Gropper beauftragte.[686] Auch bei den folgenden Vermittlungs- und Friedensverhandlungen wegen des Geldern-Konfliktes nahm Gropper die führende Rolle ein, wobei nun der Kanzler Johannes Gogreff stärker in Erscheinung trat. Entscheidend ist, daß nicht nur über die politischen Ziele Gemeinsamkeit bestand, sondern daß auch erneut und optimistisch Verhandlungen über ein Zusammengehen in Fragen der Kirchenreform aufgenommen wurden.[687] Waren sich diese erasmianischen Reformkräfte über eine innerkatholische Reform einig, so wandten sie sich ebenso entschieden gegen den Versuch Hermanns von Wied, Kurköln zum Protestantismus zu

---

[681] M 551,35.
[682] Vgl. auch Franzen 1964, 100.
[683] Instruktiv die entsprechenden Briefe aus Groppers Briefwechsel: Braunisch 1977 (vgl. XX-XXIV u. s.v. „Hagen").
[684] Vgl. etwa Rotscheidt 1931, 34-37; Nauert 1988, bes. 78 zu Hermann von Neuenahr auf dem Reichstag.
[685] Vgl. etwa Lipgens 1951, 126-132; Braunisch 1977, 190-196, Nr. 56.
[686] Vgl. Braunisch 1977, 29 u. Anm. 1, 197-199, Nr. 58-60 (die Zeugnisse des Briefwechsels dürften die skeptische Wertung Braunischs [1974a] über Groppers Verhältnis zu den Düsseldorfer Räten relativieren).
[687] Vgl. Braunisch 1977, 203-222, Nr. 65-79 u.ö.

führen.[688] Als der Erzbischof den Reformator Martin Bucer 1542 an seinen Hof berief und ihn im Bonner Münster predigen ließ, kündigte Gropper seine frühere Freundschaft zu Bucer und wurde zu dessen erbittertstem Gegner im Kölner Domkapitel – neben ihm als zweiter „Leithammel" der Katholischen der Kanzler Bernhard von Hagen.[689]

Ein entschiedener, gleichwohl innovativer Widerstand wurde auch aus den Bursen heraus vorgetragen. Ein Zentrum bildete erneut die Montana, die auch auf dieser Entwicklungsstufe ihren grundlegenden Zug zur Erneuerung unter Beweis stellte – nun aber mit der Absicht, die Tradition zu bewahren.[690] Neben dem Karmelitenprovinzial Eberhard Billick und dem Kartäuserprior Gerhard Kalckbrenner führte Johannes Gropper die literarische Auseinandersetzung mit den Lutheranern an.[691] Auch der Montana-Prinzipal Matthias von Aachen (M 55) beteiligte sich mit einem ‚Christlich Bericht, worauf zu grundfestigen, der standhaftig will bleiben in dem aufrichtigen Christglauben'.[692] Johannes Gropper suchte in

---

[688] Hierzu Franzen 1968; Franzen 1971; Pollet 1985, I, 83-234; Meuthen 1988, 275-279. Zur antilutherischen Haltung Gogreffs, Heresbachs und Vlattens zuletzt Pollet 1985, I, 98 f.; vgl. auch Gail, in: Contemporaries 1986, 113.

[689] Vgl. Lipgens 1951, 132-159; Franzen 1971, 86-89; Braunisch 1981, 119; Pollet 1985, I, 161-177 (166: Gropper und Bernhard von Hagen als *leithemmel*).

[690] Damit soll den Regenten der übrigen Bursen der Einsatz für die katholische Sache nicht abgesprochen werden, ganz im Gegenteil. Doch die richtungweisenden, wirkmächtigen Anstöße kamen primär aus der thomistischen Burse.

[691] Meuthen 1988, 277 (Lit.).

[692] Lipgens 1951, 141. Dieser Einsatz des Montaners wird in einem bemerkenswerten Brief des Lutheraners und kurfürstlichen Vertrauten Peter Medmann (zu ihm: M 556,13; Pollet 1985, bes. I, 254-263 [Lit.]) vom 20.1.1547 an Heinrich Bullinger erwähnt (gedruckt: Pollet 1985, II, 171-179, Nr. 48). Das Schreiben bestätigt in vielem bisherige Ausführungen. Bullinger hatte offenbar in warmherziger Erinnerung von seinen alten Lehrern und Freunden in Emmerich und an der Kölner Montana erzählt. Medmann ging hierauf ausführlich ein. Er habe zwar auch in Emmerich Unterricht erhalten, doch habe er dann seit 1522 – als Bullinger gerade Köln verließ – an der Laurentiana studiert. (Medmann hatte sich damals freilich nicht immatrikuliert, scheint auch keinen Grad erworben zu haben.) Seine dortigen Lehrer seien Johannes Campensis (L 65) und Nicolaus de Traiecto (L 75) gewesen. Offenbar fühlte er sich jedoch wesentlich stärker zu Johannes Cäsarius und den Montana-Regenten hingezogen. 1523 habe er die Vorlesung des Frissemius (M 59) über Agricola gehört. Medmann bestätigt in diesem Zusammenhang die Abneigung des Montaners gegen die Mönche (*risit omnes religiones*), wie sie schon bei dessen Dekanatsaufzeichnungen zum Ausdruck kam, und – in despektierlicher Form – dessen Wechsel von der Theologie zur Jurisprudenz (*a bobus ad asinos descendit, hoc est, a sanctis studijs contulit se ita ad forenses actiones, ut etiam linguam in causis longe turpissimis uenalem haberet*). Lobend äußert er sich zu Jakob Sobbius,

mehrfacher Hinsicht die Nähe und das Bündnis der Montana-Regenten, wie er denn auch ein großer Wohltäter dieser Burse wurde.⁶⁹³ (Das gemeinsame thomistische Band wird hierbei entscheidend gewesen sein.) Folgeträchtig wurde seine Freundschaft mit dem Montana-Studenten Petrus Canisius.

Petrus Canisius de Noviomago hatte sich am 18. Januar 1536 in Köln immatrikuliert, wurde im November des gleichen Jahres schon zum Bakkalaureat zugelassen, erwarb 1538 das Lizentiat, um am 25. Mai 1540 unter seinem Landsmann Johannes Bronkhorst (M 66) zu inzipieren.⁶⁹⁴ Die erstaunliche Toleranz an der Montana wird gerade mit Blick auf den „Magistervater" des späteren Jesuiten verdeutlicht. Denn der Humanist Bronkhorst, Kommilitone des Johannes Monheim und wie dieser Schüler des Matthias von Aachen,⁶⁹⁵ verließ 1542/43 Köln wegen seiner evangelischen Neigungen.⁶⁹⁶ Doch am 23. Juli 1543 hielt er sich kurzzeitig wieder in Köln auf, anläßlich der Fundation zweier Meßstiftungen an St. Andreas, die Hermann Keutenbrauer von Neuß für zwei Montana-Lektoren und gleichzeitige Theologiestudenten gestiftet hatte.⁶⁹⁷ Johannes Bronckhorst, den man ja als Inhabitator der Artisten-Schule beurlaubt hatte, wurde durch den Dekan aus der Montana, Hermannus Schilderus Embricensis (M 70), in eben dieser Funktion und als *baccalaureus legum* aufgeführt; mit keinem Wort

---

abfällig über den Papisten Arnold von Wesel (M 58), der gegen die Lutheraner geschrieben habe. Nach dessen unerwartetem Tod (1534) hat er es geschafft, in Wesels *Musaeum* eingelassen zu werden, doch habe er dort nichts außer ein paar Briefen des (Anti-Lutheraners) Cochläus (M 56) und einigen Übersetzungen aus dem Griechischen (Chrysostomos) gefunden, dazu die Abhandlung zum Dekalog, aber keinen griechischen oder lateinischen Autor außer Horaz mit bemerkenswerteren Anmerkungen Wesels. Matthias von Aachen (M 55) schließlich lebe noch, doch: *ausus fuit scribere ad nostrum senem, praestare habere viginti concubinas quam unam vxorem legitimam.* Zur Zeit sei er der *summus theologus* in Köln. Zum Schluß berichtete Medmann noch vom Schicksal des Chrysantus Monasteriensis und des Petrus Pherntorsius, der alten Bursenfreunde Bullingers – womit erneut die „longue durée" solcher nichtuniversitären Freundschaften anschaulich wird.

⁶⁹³ Lipgens 1951, 24 u. Anm. 1, 185, Anm. 4.

⁶⁹⁴ M 589,5. Eventuell studierte Canisius bereits seit 1534 an der Montana, in deren *album contubernii* er schon für dieses Jahr eingetragen worden sein soll (Tesser 1932, 19; Meuthen 1988, 294).

⁶⁹⁵ Vgl. auch Tesser 1932, 49 (48-66: grundlegende Ausführungen zu Bronckhorst); vgl. zu Bronckhorst ferner Finger/Benger 1987, 54 f. (Betonung des Verbleibens im Katholizismus).

⁶⁹⁶ Meuthen 1988, 261 (Ende 1542 wirkte Bronckhorst schon in Rostock und ließ sich in die Artisten-Fakultät rezipieren, 1543/44 wurde er zum Rektor gewählt).

⁶⁹⁷ Un. 481, f. 227r/v.

ging der Dekan auf die lutherische Gesinnung Bronkhorsts ein oder kritisierte sie gar.

Seine geistliche Formung erhielt Petrus Canisius in seinem Kölner Domizil, dem in der Immunität von St. Gereon gelegenen Haus des Montaners Andreas Herl von Bardwijk (M 51).[698] Der auch von Cochläus verehrte Lehrer beherbergte in seinen Räumen den Landsmann Nicolaus Eschius von Osterwijk.[699] 1533 hatte dieser ein Jurastudium in Köln aufgenommen, stand jedoch im Geiste der Kartause und der Devotio moderna. Canisius erfuhr nicht zuletzt durch ihn jene geistliche Umkehr, die ihn den Frömmigkeitsidealen der Devoten und dem Reformkreis an der Kartause zuführte.[700] 1542 wurde er durch den ebenfalls bei Herl wohnenden und in Köln studierenden spanischen Jesuiten Alvarus Alfonso mit den Zielen der Societas Jesu bekannt,[701] begab sich dann 1543 zu Petrus Faber nach Mainz, um der Gemeinschaft beizutreten.[702] Auch als Jesuit wohnte Canisius wie Alfonsus 1543 weiterhin bei Andreas Herl.[703] Als die um einige Mitglieder angewachsene Gruppe das im Mai 1544 gemietete Haus an der Burgmauer nach städtischer Intervention wenige Wochen später wieder aufgeben und die Gemeinschaft auflösen mußte, fanden die einzelnen Jesuiten vor allem bei Andreas Herl (so etwa Canisius) und in der Montana Unterkunft, wo der Großteil auch studierte.[704] Canisius hielt 1544 und 1545 theologische Vorlesungen an der thomistischen Burse.[705] Als er im Dezember 1544 auf dem Quodlibet sprach, konnte er besonders die Anwesenheit

---

[698] Stellvertretend für die vielen Zeugnisse über den Wohnort vgl. die Selbstaussage des Canisius in seinen ‚Confessiones': Braunsberger 1896, 17.

[699] M 579,10.

[700] Vgl. Tesser 1932, 70-82; Buxbaum 1973, 72; Diez 1986, 90; Meuthen 1988, 296.

[701] Braunsberger 1896, 43, Anm. 3; vgl. Buxbaum 1973, 74.

[702] Meuthen 1988, 297 (Lit.).

[703] Vgl. etwa die Briefe Fabers aus Mainz an Canisius (*in edibus Mag. Andree Bardwick licentiati theologie Canonici ad gereonis Coloniae*) vom 21.6.1543 (Braunsberger 1896, 93 f., Nr. 7) und an Canisius wie Alfonsus vom 28.11.1543 (Braunsberger 1896, 98-101, Nr. 10).

[704] Instruktiv der Bericht des Canisius an Faber vom 27.8. bzw. 27.9.1544: Braunsberger 1896, 102-113, Nr. 13 (Leonhard Kessel [M 620,57] etwa, den Faber zum Oberen der Kölner Gemeinschaft eingesetzt hatte, und Thomas Balwich [M 620,61] fanden *victum et domicilium* bei den Kartäusern, besuchten aber täglich die Montana, andere mieteten Zimmer an der Burse); vgl. auch Kuckhoff 1931, 88 f.; Greven 1935, 102 f.

[705] Braunsberger 1896, 112, 667; Tesser 1932, 84; Meuthen 1988, 297. Buxbaum (1973, 73) weist darauf hin, daß Canisius auch Jahre später in Ingolstadt Theologievorlesungen auf thomistischer Grundlage hielt.

von Johannes Gropper und Andreas Herl konstatieren.⁷⁰⁶ Gropper, der bis 1548 das Scholasteramt an St. Gereon versah, dürfte vor allem über Andreas Herl Zuneigung zu Canisius gewonnen haben. 1545/46 beauftragte er den Jesuiten dreimal mit wichtigen Missionen an den Kaiserhof, um für Unterstützung gegen Hermann von Wied zu werben.⁷⁰⁷ Jahre später noch gedachte Canisius seiner Kölner Freunde und Gönner. In einem Brief vom 27. April 1553 an Andreas Herl bat er diesen nicht nur, Grüße an Johannes Gropper auszurichten, sondern auch an die Montana-Regenten Matthias von Aachen (M 55) und Johannes Volsius Lunensis (M 63).⁷⁰⁸ Am 30. April 1554 wandte er sich – wiederum von Wien aus – an den Kölner Jesuiten Leonhard Kessel und hob Gropper als Freund und Beschützer der Gemeinschaft hervor.⁷⁰⁹

d) Ausblick

Wenn auch die Montana den Sammelpunkt und Halt der jungen Kölner Jesuitengemeinschaft bildete, ein exklusiver Gönner dieser Reformbewegung war sie nicht. Als sich am 25. Juni 1544 neun Jesuiten um Leonhard Kessel in Köln gemeinsam immatrikulierten,⁷¹⁰ konnten sie die Gebühr aus dem Testament des Laurentiana-Theologen Johannes de Buscoducis (L 67) begleichen. Er war in Ausübung seines Rektorats im November 1543 gestorben, in welchem ihm sein Bursenkollege Hermann Blanckfort Monasteriensis (L 81) folgte.⁷¹¹ Auch er gilt als Förderer der Jesuiten.⁷¹²

---

⁷⁰⁶ Braunsberger 1896, 124 f.; vgl. Tesser 1932, 84.
⁷⁰⁷ Lipgens 1951, 154 ff.
⁷⁰⁸ Braunsberger 1896, 420-424, Nr. 129.
⁷⁰⁹ Braunsberger 1896, 465-468, Nr. 150.
⁷¹⁰ M 620,55-63.
⁷¹¹ M 620b.
⁷¹² Vgl. Greven 1935, 102; Meuthen 1988, 297. Mit Blick auf die innerkatholischen Reformbemühungen wäre hier auch an die mit Nachdruck vorgetragenen Forderungen des Ortwin Gratius nach einer Reform der katholischen Kirche hinzuweisen, die gleichwohl jede häretische Implikation auszuschließen suchten (vgl. Mehl 1985; Meuthen 1988, 269 f.). Die Laurentianer Johannes de Buscoducis (L 67) und Hermannus de Monasteriensis (L 81) hatte man im übrigen 1538 zusammen mit Eilardus de Emeda (L 77), ebenfalls ein Laurentianer, als *apostolos ad Phrisiam orientalem* vorgeschlagen, um dem Gesuch der Grafen Enno und Johann von Ostfriesland nach geeigneten Lehrern zur Bekämpfung des Luthertums entgegenzukommen (vgl. R 3136, 3140, 3141; Meuthen 1988, 273). Ist zwar die Geschlossenheit der Laurentiana-Gruppe bemerkenswert, so dürften doch im Zuge

Generell scheinen sich seit Mitte der zwanziger Jahre des 16. Jahrhunderts unter dem Eindruck der Reformation und der tiefen Krise der Universität die Frontstellungen zwischen den beiden Schulen entschärft zu haben, obwohl die prinzipiellen Gegensätze bestehen blieben. Zu spüren war dies schon während der Bemühungen um eine Unterrichtsreform an der Artisten-Fakultät, die seit 1522 unter den Dekanaten der thomistischen Regenten Frissemius (M 59) und Volsius (M 63) einsetzten,[713] freilich nicht (zumindest nicht auf institutioneller Ebene) schon vor 1507, wie Andreas Meinhardi in seiner Werbeschrift für die Wittenberger Universität glauben machen wollte.[714] Die Notwendigkeit einer statutarischen Reform zur Hebung der Studentenzahlen wurde offensichtlich von allen Bursen eingesehen, wenn auch Initiativen und inhaltliche Intentionen unterschiedlich gelagert gewesen sein dürften. Die Reformbeschlüsse von 1525 beispielsweise wurden von zwei Laurentianern, Arnold von Tongern (L 60) und dem nunmehrigen Weihbischof Quirin von Wylich (L 69), sowie von Hermann von Neuenahr ausgearbeitet; das voraufgegangene Gutachten hatten die gleichen Personen bis auf Arnold von Tongern vorgelegt, wobei der Montaner Arnold von Wesel (M 58) als dritter hinzukam.[715] Widerstand gegen die Reformstatuten läßt sich außerhalb der Artisten-Fakultät namhaft machen, erstaunlicherweise an der Juristischen.

Am 5. Oktober 1523 hatte der Kuckaner und Rektor Wilhelm von Zons (K 33) die Dekane der vier Fakultäten sowie je zwei *juniores regentes* der einzelnen Gymnasien bzw. Bursen wegen der Approbationsfähigkeit des Statutenentwurfs einberufen.[716] Da man sich *de lectionum ordinatione* nicht einigen konnte, blieb die Sache unerledigt und der Dekan Johannes Volsius (M 63) konnte notieren, daß Judocus Wyltberch de Erbach,[717] Dekan der Juristen, eine Intervention der Stadt prophezeite, falls nicht rasch dem Niedergang der Artisten-Fakultät Einhalt geboten würde. Gerade

---

der gegenreformatorischen Anstrengungen die alten Gegensätze der Schulen immer stärker unwirksam geworden sein.

[713] Erschöpfend und unter Einbeziehung der allgemeinen Entwicklung behandelt bei Meuthen 1988, 229-236, 280-287; vgl. jetzt Nauert 1991.

[714] S.o. 625. Möglicherweise bezog sich Meinhardi verallgemeinernd auf jene humanistischen Neuerungen im Artes-Unterricht, die wir seit Ende des 15. Jahrhunderts insbesondere an den thomistischen Bursen verwirklicht sahen.

[715] Meuthen 1988, 231.

[716] Un. 481, f. 151v.

[717] M 423,4.

dieser Jurist, ein Schüler der Montana im übrigen,[718] sollte sich als Hemmnis schneller Entscheidungen herausstellen. An einer erneuten Versammlung am 22. Dezember 1523 nahm Judocus wegen privater Angelegenheiten nicht teil; dem Vorschlag des Dekans und seiner „gelehrten" Freunde, Beschlüsse auch ohne die vollständig versammelten Dekane herbeizuführen, verweigerten sich dann aber die *primores regentes* der Bursen.[719] Nachdem man sich im Februar 1524 über die neue Lehrordnung einig geworden war, galt es nur noch, eher organisatorische Fragen mit den anderen Fakultäten abzustimmen.[720] Doch Johannes Volsius Lunensis mußte am 17. oder 18. März gestehen, daß es ihm trotz größter Anstrengungen nicht gelungen sei, einen Konsens mit den übrigen Dekanen zu erzielen. Zwei hätten freilich gern zugestimmt, allein der Dekan der Juristischen Fakultät habe es sich erlaubt, *rem publicam procrastinare*.[721] Wiederum richtete sich der Tadel an Judocus Erbach, während aus der Theologischen Fakultät ihr damaliger Dekan Michael Schwab von Augsburg, der Freund Arnolds von Tongern (L 60), das reformierte Gemeinwohl der Artisten unterstützt haben muß.[722] Das Interesse der Albertisten an einer humanistischen Reform der Statuten, wie es auch 1525 bei Arnold von Tongern zum Ausdruck kommen sollte, kollidierte demnach nicht grundsätzlich mit dem der Thomisten.

Bemerkenswert, daß im Dekanatsbuch in den folgenden Jahrzehnten bis 1550 kaum noch Zeugnisse persönlicher Gegensätze auftauchen. Wir können beispielsweise beobachten, wie sich der ehemals mit Zensur belegte[723] Humanist Hermann Schottenius (L 80) nach langem Warten seit 1531 um artistische Ämter bemühen darf, im März 1533 gar für ein ganzes Jahr in das Dekanat gewählt wird. Dabei bestätigte er die fruchtbare Verzahnung der Kölner Bursen mit den umliegenden niederrheinischen Gymnasien. Auf die Anfrage Kölner Ratsherren nach den Gründen für den Rückgang der Studenten erklärte Schottenius, daß dies kein Wunder sei,

---

[718] Artistische Grade 1495 und 1497 unter Theodoricus de Novimagio (M 49) und Valentin Engelhardt (M 43).
[719] Un. 481, f. 152v. Johannes Lunensis wollte ein Desinteresse an den Angelegenheiten der Artisten-Fakultät bei dem Juristen Erbach nicht ausschließen.
[720] Meuthen 1988, 230.
[721] Un. 481, f. 154v.
[722] Der Dekan der Mediziner war entweder der Cornelianer Henricus de Sittart (C 61) oder Johannes Grevenbroich de Colonia (M 471,45); vgl. Keussen 1934, 475.
[723] S.o. 747.

da überall die *literaria gymnasia* wegen des Luthertums und der Glaubensspaltung brach lägen oder reduziert würden.[724]

Da gab es zwar noch, wie eh und je, den Streit zwischen den Bursen, ausgelöst beispielsweise am 9. Oktober 1526 bei der beabsichtigten Wahl des ehemaligen Montaners, nunmehrigen Kuckaners Wilhelm von Harlem (M 61, K 46), gegen die der Montana-Rektor Matthias von Aachen (M 55) heftig mit der Feststellung einschritt, eine solche Wahl sei *contra mutuam gymnasiorum concordiam*, da die Kuckaner (aus ihren Reihen hatte turnusmäßig der neue Dekan zu kommen) hier einen Mann an die Spitze der Fakultät stellen wollten, den sie ohne das Einverständnis *regentiae Montanae* aufgenommen hätten.[725] Die Wahl wurde tatsächlich um drei Tage verschoben. Doch nun konnte der noch amtierende Montana-Dekan Johannes Volsius (M 63) berichten, zu der zweiten Wahl hätten sich neben fast allen vorherigen nicht nur einige Personen zusätzlich gesellt, sondern zu ihr sei jetzt auch der *eximius magister noster Arnoldus Tongris* (L 60) erschienen. Wahrhaft erwähnenswert, nach allen bisherigen Kontroversen, wie der humanistische Montaner im weiteren den als doch so streithaft bekannten Albertisten schilderte, wie dessen Handeln! Arnold von Tongern – *ut pacis et concordiae semper fuit amantissimus* – habe *pia sua et modesta adhortatione* bewirkt, daß die Magister der Montana schließlich in die Wahl des umstrittenen Wilhelm von Harlem eingestimmt hätten.

Ein weiterer Humanist der thomistischen Burse, Sebastian Niermoell von Duisburg (M 69), hinterließ in seinem Dekanat zum 25. Mai 1540 ein vielleicht noch eindrucksvolleres Protokoll[726], welches das vorherige von jeglicher Beliebigkeit befreit. An jenem Tag inzipierte sein Schüler Petrus Canisius, der vermutlich mit Niermoells Ausgabe der „modernen" Grammatik des Despauterius gearbeitet hatte,[727] unter dem Montana-Regenten Johannes Bronkhorst Noviomagus (M 66). Mit spürbarer Ergriffenheit notiert Niermoell die Anwesenheit des greisen Arnold von Tongern (*mirae gravitatis simul ac pietatis vir*) bei diesem Promotions-Akt der Montana. (Tongern residierte seit ca. 1533 als Kanoniker in Lüttich, wo er auch am 28.8.1540 starb.) Die Fakultät beschließt, ihn gleich

---

[724] Un. 481, f. 191v. Weitere Gründe waren für Schottenius (fast obligatorisch) die Beraubung der universitären Privilegien und Freiheiten durch die Stadt.
[725] Un. 481, f. 166v.
[726] Un. 481, f. 216r/v.
[727] Tesser 1932, 46 ff.; Meuthen 1988, 233.

der Theologischen Fakultät mit einem Gastmahl zu ehren, da er sich für viele Jahre hervorragend um die Fakultät verdient gemacht habe. Am 1. Juni 1540 feierte die Fakultät das *convivium*, zu dem sie auch den Rektor und dem Konsilium der Artisten noch inkorporierte Doktoren der anderen Fakultäten eingeladen hatte. Abschließend beglückwünschte der Dekan den Gast zu seiner wohlbehaltenen Ankunft und dankte ihm: *seni huic, per quem amabiles lachrymae profluebant in signum, quid dicam amplius, summae humilitatis ac pietatis.*[728]

Eine Harmonisierung, das Ganze zum Schluß recht nett abrundend, haben die obigen Ausführungen gewiß nicht zum Ziel. (Zweifellos wäre uns bei einem solchen Versuch auch sofort der advocatus thomistarum entschieden ins Wort gefallen und hätte betont, daß allein von Thomisten solche Äußerungen bekannt seien, von Albertisten bezeichnenderweise eben nicht!) Dennoch: wenn über so viele Jahrzehnte (und Seiten) hinweg, einsetzend sofort mit dem status nascendi der Bursen-Schulen, ausklingend erst mit der Festigung der Reformation, immer wieder von erbitterten, prinzipienschweren Auseinandersetzungen zwischen den Protagonisten der Bursen und verwandten Parteiungen zu erzählen war, dann haben gerade die letzten beiden Quellen durchaus etwas Tröstliches an sich.

---

[728] Un. 481, 216r/v.

VI.
SCHLUSSGEDANKEN

Es würde zu weit führen, wollten wir an dieser Stelle nochmals eine Zusammenfassung des Dargestellten bieten. Wichtige Phänomene sollen gleichwohl akzentuiert werden. Wir hoffen, daß die verschiedenen Abschnitte der Arbeit durch den prosopographischen Ansatz als eine Einheit zu erkennen sind. Denn so heterogen sie erscheinen mögen, immer geht es um unterschiedlich geartete Handlungsergebnisse ein und desselben Personenkreises; und mehr noch: so manches Untersuchungsfeld eröffnete sich erst, indem wir den Spuren von Handlungswegen folgten, die vorher gar nicht im Blickfeld lagen.

Die drei führenden Prinzipal-Bursen wurden von Theologen dominiert und geleitet. Das hatte in mehrfacher Hinsicht Konsequenzen. Da die Regenten zum größten Teil noch als Professoren der Theologie mit intensivem Engagement ihre Bursen leiteten, trugen sie den höchsten akademischen Status in ihre Einrichtungen hinein. Dies muß den Bursen bei den Außenstehenden ein heute kaum noch nachvollziehbares Ansehen verschafft haben. Zugleich sahen sich die Theologen weitaus weniger als Juristen oder Mediziner in außeruniversitäre, „profane" Verpflichtungen oder Indienstnahmen verquickt. Sie konnten sich also viel konzentrierter ihren Bursen widmen. Der geistliche Status läßt sich zugleich als Ursache dafür ansehen, daß sie ihr beträchtliches Eigentum zur Fundierung der Bursen verwandten. Sie finanzierten damit Hauskäufe, Renovierungen oder Studienstiftungen. Angesichts der untrennbaren geistesgeschichtlichen Bursenkomponente möchte ich diesen Vorgang nicht nur als Investition eines Bursenunternehmers betrachten. Die Corneliana bietet den Kontrast. Offensichtlich durch Verfehlungen ihres Regenten Cornelius de Dordraco (C 3) mußte sie einen erheblichen Statusverlust hinnehmen. Die Dordrechter Familie blieb im Besitz des Bursengebäudes; statt eines Theologen konnte nun aber eine Medizinerdynastie über den Besitz verfügen. Die Mediziner allerdings setzten sich weder nachhaltig für die artistische Lehre ein noch vergrößerten sie aus ihrem Privatvermögen den Bursenbesitz.

Im Gegenteil, der bei seinem Tod hoch verschuldete Wolterus de Dordraco (C 71) trieb die Corneliana in den Untergang. Die Relevanz der materiellen Verfügbarkeit wird bei Adam Folckmar de Bopardia (C 58) sichtbar. Der angesehene Regent, 1510/14 sogar Vizekanzler und noch 1531 als *olim regens burse Corneliane* und Theologieprofessor am Geschehen der Artisten-Fakultät teilnehmend, konnte das Schicksal der Burse 1524 nicht beeinflussen, da er die Immobilien der Burse nicht in seiner Hand hielt. Über sie verfügte der Mediziner Henricus de Sittart (C 61), der – es ist fast signifikant – kein Interesse an einer Wiederbelebung des Hauses hatte.

Wenn sich die kleinste der Prinzipal-Bursen, die Kuckana, über die Krisenjahre retten konnte, mag dies nicht zuletzt daran gelegen haben, daß der Theologie-Professor Petrus de Sultz 1503 die Burse als Eigentum erwarb und eine straffes Leitungssystem mit klarer Kompetenzverteilung vertraglich festlegte. Die späte Gründung der Burse mag andererseits dazu geführt haben, daß sie den gut dreißigjährigen Vorsprung der anderen Bursen nicht mehr wettmachen konnte und mit ihrer Schülerzahl im Schatten der anderen blieb.

Die nackten Zahlen am Anfang dürften sich teilweise mit Leben gefüllt haben, als wir sowohl einige der Lehrer wie auch der Schüler näher kennen lernten. Nachdem wir beispielsweise einen gewissen Einblick in das Umfeld oder die geistige Haltung eines Theodoricus de Busco (R 4, M 39) und seines Neffen Andreas de Bardwijck (M 51) erhielten, wird die quantitative Aussage anschaulicher, daß ein Viertel aller Montana-Magister zwischen 1450 und 1550 durch diese beiden Regenten promoviert wurde. Diese Bündelung dürfte für die thomistische Formung der Schüler nicht unerheblich gewesen sein.

Steht die Geschichte der Bursen generell unter dem Vorzeichen einer Konzentrationsbewegung, so bleibt festzuhalten, daß der Prozeß um 1490 einen Höhepunkt erreichte. Die gestiegene Schüler- und Regentenzahl ließ die Bildung zweier Leitungsgremien notwendig erscheinen. Sie bestanden zwar schon vorher, doch nun hielt man eine geregeltere Funktionstrennung für notwendig. Erstaunlicherweise korrelierte der administrative Konzentrationsprozeß mit dem wissenschaftsgeschichtlichen. Er aber scheint mir nicht unbedingt nur eine Reaktion auf quantitative Maximalbewegungen gewesen zu sein. In den neunziger Jahren des 15. Jahrhunderts beginnt generell eine verschärfte Abgrenzung gegenüber den konkurrierenden geistigen Strömungen, begleitet von einer Neigung, fast Lust zur Konfrontation und Polemik. Ohne dieses allerorten zu beobachtende Phänomen sind auch die Kölner Vorgänge nicht zu verstehen; auf der anderen Seite wirkte Köln personell wie doktrinär in die auswärtigen Knotenpunkte hinein. An den Bursen ging die Initiative zur Konfrontation von den Albertisten aus, von jener wissenschaftsgeschichtlichen Strömung also, die in der Via antiqua den extremsten Standort hielt. Schon als die Albertisten um 1425 in Abgrenzung von den Nominalisten und Thomisten eine realistische Schuldoktrin erarbeiteten, sprechen die literarischen und amtlichen Quellen für diese Zeit von haßerfüllten, schismatischen Grabenkämpfen an der Fakultät. Der gemäßigten, den Nominalisten weniger feindselig gegenüberstehenden Haltung der Thomisten dürfte es damals zu verdanken gewesen sein, daß der Realismus unter den mißtrauischen Augen der nominalistisch beeinflußten Öffentlichkeit nicht von vornherein diskreditiert wurde. Zugleich bedeutete dies den Wendepunkt für den späteren, in Heidelberg einsetzenden Siegeszug des thomistischen Kölner Realismus, der in Wittenberg seinen vorläufigen End- und Höhepunkt fand.

Angesichts einer vorherrschenden nominalistischen Mehrheit konnte der extremere Albertismus sich allein an der neugegründeten Löwener Universität und in Schottland durchsetzen, dort aber weder dominierend noch endgültig. (Mit großen Abstrichen kann noch von einem Einflußgewinn in Krakau gesprochen werden.) Wie kam es zu dieser erstaunlich geringen Akzeptanz des Kölner Albertismus? Zwei Faktoren scheinen mir wesentlich. Zum ersten dürfte die albertistische Philosophie, wie sie von Heymericus de Campo (L 1) geprägt wurde, der breiten Masse zu subtil und spekulativ gewesen sein, das Begriffsvermögen vieler überstiegen haben. Da die jungen Studenten in Köln oder Löwen sich aber kaum wesentlich von denen der anderen Universitäten unterschieden, scheint die Tradition, der Hintergrund eines vorhandenen Nominalismus an den übrigen Universitäten die eigentliche Ursache gewesen zu sein. Denn von einer nominalistisch geformten Denkhaltung aus bedeutete der Schritt zu einer albertistischen Geisteshaltung die fundamentalste Konversion. Hätte ein albertistischer Weg neben einem nominalistischen existiert, wären zugleich die potentiell größten und grundlegendsten Gegensätze vorprogrammiert gewesen.

(Wir sahen, wie anschaulich Paulus Niavis diese Problematik in seinem ‚Latinum ydeoma' zum Ausdruck gebracht hatte, als der Thomist die Errungenschaften des Nominalismus anerkannte, sogar würdigte und führenden Nominalisten ihre Gelehrsamkeit attestierte, der Albertist jedoch zu keinerlei Konzession bereit war.) Ein thomistischer Weg (und dies gilt erst recht für den skotistischen) ließ sich wesentlich problemloser neben dem Nominalismus etablieren; er mußte in der Regel auch leichter von einem nominalistisch vorgebildeten Schüler erfaßt werden können.

Von dem ersten läßt sich der zweite Grund für die schwache Resonanz auf die albertistische Doktrin kaum trennen. Der Kölner Albertismus und seine führenden Vertreter zeigten sich durchweg strenger, rigoroser, kompromißloser und konfrontationsfreudiger als die Thomisten und dürften bei den Außenstehenden damit eher Aversionen denn Sympathien geerntet haben. Die Ursache für diese Haltung scheint mir nicht nur in einer Konkurrenzsituation zu liegen. Vielmehr dürften die aufgezeigten philosophischen Prämissen, die sich stark dem Universalienrealismus annäherten, eine entsprechend extremere, eben prinzipientreuere Grundhaltung bewirkt haben. Möglicherweise ergab sich der Rigorismus auch deshalb, weil der Albertismus in philosophischen Doktrinen heterogener als der Thomismus war, intensiver fremde und heidnische peripatetische Traditionen aufnahm und sich von daher einem stärkeren Zwang zur Rechtfertigung ausgesetzt sah. Dies mag dann vor allem in theologische Fragen hineingespielt haben. Wie dem auch sei, allem Anschein nach führte der albertistische Rigorismus im Vergleich mit den Thomisten nicht nur zu einer fanatischeren Auseinandersetzung mit den Juden, sondern auch zu einer schnelleren Bekämpfung und Verurteilung Luthers, wobei generell die feste und dichte Verwurzelung der Albertisten an den geistlichen Institutionen Kölns in Rechnung zu stellen ist. Die Thomisten dagegen erwiesen sich anfangs länger kompromißbereit; aus ihrer Schule, aus ihren Bursen erwuchs aber auch in erster Linie der zukunftsweisende Weg einer innerkatholischen Reform. Diese Entwicklung wiederum ist untrennbar mit der vorherigen Ausbildung eines thomistischen Humanismus verbunden. Ihn anzuerkennen bedeutet aber, das Spannungsfeld Humanismus-Scholastik/Wegestreit bilanzierend aufzugreifen.

Daß es d e n Gegensatz zwischen Humanisten und Scholastikern nicht gab, ist mittlerweile Allgemeingut der neueren Forschung.[1] Doch auch in der älteren hatte beispielsweise Gerhard Ritter mit Recht nachdrücklich vor einer scharfen Scheidung der beiden Typen gewarnt.[2] Strittig bleibt jedoch nach wie vor, ob die scholastischen Viae eine besondere Anlage zum Humanismus in sich trugen. Seit Friedrich Zarnckes und Heinrich Hermelinks unseligem, weil überzogenem und undifferenziertem Plädoyer für eine von Italien unabhängige Geburt des deutschen Humanismus aus der Via antiqua[3] konzentrierte die maßgebliche Forschung sich über Gebühr auf eine Widerlegung der Thesen, wobei sich die Erörterung rasch auf ein wetteiferndes Argumentieren zuspitzte, welche Via mehr für den Humanismus und damit letztendlich für den Fortschritt getan habe. Galionsfigur der Hermelink-Gegner wurde Gerhard Ritter, der nun seinerseits in dem Bemühen, die Via antiqua (bei ihm meist identisch mit dem Neuthomismus) als geistig unfruchtbare, humanismusferne Reaktions- bzw. kirchliche Restaurationsbewegung zu erweisen, den Boden sachlicher und unvoreingenommener Analyse verließ.[4] Für Ritter war die Via antiqua und der zuerst aus Köln erfolgte Ruf nach einer Rückkehr zu den Alten, zu Albert und Thomas, schlicht nicht mehr als eine „romantische Reaktion"; ihm erschien sie „(auf deutschem Boden jedenfalls) als ein Unternehmen, das in der Wurzel krank war, krank an Sehnsucht und Illusionen".[5] Unverhohlen wird bei Ritter gleichzeitig immer wieder eine Sympathie für die Via moderna deutlich, für ihr selbständigeres und klareres Denken, obwohl er mit Kritik an ihren formalistischen Auswüchsen nicht sparte, ihr auch keinen größeren Einfluß auf die Ideen der neuen Zeit zusprach

---

[1] Vgl. das Fazit bei Overfield 1984, 329; dazu in seiner profunden Rezension Helmrath 1988, hier 189.
[2] Vgl. etwa Ritter 1922, 127
[3] Zarncke 1854, XX; Hermelink 1906, bes. 151-154; Hermelink 1907, bes. 10-15.
[4] Vgl. v.a. Ritter 1922, 115-131. Fast zum Topos werden dabei Äußerungen wie: Köln als „Hochburg der ‚Dunkelmänner'" (129); wer von den niederrheinisch-westfälischen Humanisten in Köln oder Löwen studiert hatte, habe „natürlich die Elemente der realistischen Philosophie in sich aufgenommen, ohne ihnen darum die humanistischen Inhalte seiner Bildung zu verdanken" (126); Via antiqua und Humanismus seien im Kern ihres Wesens grundverschiedene Bewegungen: „Ausklang einer verhallenden Symphonie die eine, Vorspiel eines mächtigen neuen Werkes die andere" (131); nichts kennzeichne stärker „die geistige Unfruchtbarkeit der neuthomistischen Reaktionsbewegung", als das schnelle Verwelken des Interesses am Wegestreit (128).
[5] Ritter 1922, 99.

und überhaupt den immer mehr zum inhaltsleeren Schulgezänk degenerierenden Wegestreit für überschätzt hielt.[6]

Die zweite große Autorität in der Erforschung des Wegestreits ist nach Ritter zweifellos Heiko A. Oberman, Kritiker wie geistiger Nachfolger Ritters. Völlig zu Recht hat Oberman stets betont, daß Ritters These von der zunehmenden Bedeutungslosigkeit des Wegestreits nicht haltbar ist.[7] Konform ging er dagegen mit ihm in der Zurückweisung von Hermelinks These, der Humanismus sei in Deutschland aus der Via antiqua hervorgegangen.[8] Über Ritter geht Oberman schließlich hinaus, wenn er – und mit ihm eine breite Schüler- und Anhängerschaft – die Via moderna zum Ausgangspunkt und Träger „moderner" Errungenschaften werden läßt: so konnte „die via moderna eben deshalb den modernen Naturwissenschaften Raum verschaffen, weil bei ihr die Unterscheidung von wahr und unwahr nicht – wie bei [dem Realisten] Heynlin – dem tatsächlichen Befund vor-, sondern nachgeschaltet zu sein hatte";[9] vielleicht habe der Nominalismus wegen dieses Erfahrungsbezuges (sc. hinsichtlich *experimentum* und *experientia*) auch Fragen der Wirtschaft und des Pastorats angenommen, womit er in die Anfänge der Neuzeit hineinreiche und diese sogar ermöglicht habe.[10] Ohne daß Oberman die Frage nach dem Humanismusbezug der Viae, der Via antiqua im besonderen, aufgegriffen oder näher untersucht hätte, sind die Fronten für ihn klar: „Nicht das nominalistische Beharren auf klarer Begriffsbestimmung und Gedankenführung, sondern das ‚realistische' Vertrauen der via antiqua auf den Ewigkeitsbezug der professoral-prophetisch geschauten Ideen und auf die postulierte Priorität der Abstraktion vor der Erfahrung – und an der Erfahrung vorbei! – hat die Verunglimpfung der Universität als Elfenbeinturm begünstigt."[11] Ebenso sauber werden die einzelnen Horte der Reaktion und des Fortschritts voneinander geschieden: „so erweist sich Heidelberg als der Sammelpunkt des ‚vor-erasmianischen Humanismus', für den der Begriff ‚Scholastik' noch

---

[6] Vgl. v.a. das Fazit bei Ritter 1922, 144 ff.; ähnlich das Urteil bei Overfield 1984, 53-60 (doch unterschiedliche Aussagen über die Essenz des Streites machen diesen als solchen nicht blutleer, und Zeugnisse für kindische Auswüchse der Parteiungen machen die Parteiung bzw. die Gegensätze als solche nicht kindisch!).
[7] S. etwa Oberman 1979, 40 u. Anm. 43.
[8] Oberman 1979, 46.
[9] Oberman 1979, 52.
[10] Oberman 1979, 7.
[11] Oberman 1979, 7.

kein Schimpfwort war; Köln eröffnet den Zugang zu jener Form des Thomismus, der gegenüber sich die aufstrebende Bildungswelt in Deutschland allergisch zeigte; Erfurt belegt die philosophische Schaffensfreude der via moderna, und Wittenberg führt uns schließlich an die neue reformatorische Theologie heran."[12] Wenn es denn so einfach wäre!

Denn wenn dank der prosopographischen, interuniversitären und universitätsüberschreitenden Analyse eines als Ergebnis herausgestellt werden darf, dann dieses: nicht der Thomismus – im Gegenteil! –, der Albertismus zeigte sich bewahrender, reaktionärer und erneuerungsfeindlicher; nur in den aus seinen philosophisch-theologischen Prämissen gezogenen Grenzen tolerierte, akzeptierte oder pflegte er den Humanismus. Viele Fragen bleiben gleichwohl offen. Zu konstatieren sind starke Verbindungen des Kölner Albertisten-Kreises um die Laurentiana- wie Kuckana-Theologen oder die Rinck nach Münster und Friesland, zu dem Humanistenzirkel um Rudolf von Langen, Murmellius, Rudolf Agricola und wohl auch Adolph Occo. In welchem Bedingungsverhältnis lokale bzw. regionale und geistige (religiöse, humanistische) Faktoren dabei jeweils stehen, bedarf einer genaueren Klärung.

Als offener für den Humanismus, für einen säkularen zudem, erweisen sich die Thomisten – von Beginn an. Johannes Tinctoris (C 4) ist ein leuchtender Ausgangspunkt; es folgen die in Köln wie in Heidelberg und Leipzig Verwurzelten mit ihren Verbindungen zu Peter Luder, Hartmann Schedel, Ivo Wittich oder Martin Polich von Mellrichstadt. Sowohl die Tatsache des vielfältig miteinander verflochtenen Freundeskreises wie die des geistigen Austausches und der gemeinsamen Inhalte, zwischen Köln (und das heißt primär der Montana), Heidelberg, Leipzig, Trier, Mainz, Pforzheim, Nürnberg und Wittenberg z.B. zirkulierend, weist auf einen thomistisch, eventuell besser: von Thomisten geprägten Humanismus hin, in welchem auch Konrad Celtis ein unverrückbarer Platz zuzuweisen ist. Kein Zweifel: hier kann das eine (Thomismus) von dem anderen (Humanismus) nicht getrennt werden, kann auch nicht auf zufällige Gleichklänge oder wenige isolierte Personen reduziert werden. Hier ist mit Celtis und seinen Freunden ein Humanismus angesprochen, der eine überaus enge und lebendige Beziehung zur Theologie aufwies (trotz aller verweltlichten Themen) – und damit eben auch zur (humanistischen) Scholastik. (Untersuchenswert schiene mir in

---
[12] Oberman 1979, 6.

diesem Kontext etwa die Frage, welcher Via – falls bekannt – die Celtis'schen Sodalen anhingen bzw. entstammten. Eine Dominanz der thomistischen Via antiqua würde mich nicht überraschen.)

Nach den gewonnenen Ergebnissen ist es nicht nur legitim, sondern geboten, die Frage nach der spezifischen Verknüpfung zwischen Via antiqua, hier in seiner thomistischen Spielart, und Humanismus neu aufzugreifen. Eine gründliche Klärung können wir noch nicht anbieten; wohl aber glauben wir uns zugute halten zu können, der Thematik neue Relevanz verliehen zu haben. Wenn man freilich nur auf Zarnckes und Hermelinks verfehlte These rekurriert, fällt eine Leugnung jeglicher Bedeutung nicht schwer; ebenso, wenn man die Problematik nur auf die Frage reduziert, welche Via den größeren Anteil an der Entwicklung des Humanismus hatte. Denn daß der Humanismus aus der Via antiqua entstammte, würde heute niemand mehr behaupten wollen; und Verdienste um ihn hatten Vertreter beider Wege. Lohnender dürfte eine Untersuchung darüber sein, welchen besonderen humanistischen Inhalten sich die jeweiligen Vertreter einer Via zuwandten und warum; oder von der anderen Seite her: was faszinierte bestimmte Humanisten an den Doktrinen der ihnen zusagenden scholastischen Schule. Ein herausragendes Spezifikum der Verbindung zwischen Via antiqua und „korrespondierenden" Humanisten hatte Oberman angesprochen: Die bei den Antiqui praktizierte gezielte Zuordnung der Philosophie zur Theologie war eher zu vereinbaren mit dem humanistischen Ideal der philosophia, der frommen Weisheit, als der nominalistische Versuch, die Eigenständigkeit der Philosophie zu begründen und sie aus der Umklammerung durch die Theologie zu befreien.[13] Gerade bei Celtis und seinen Freunden haben wir dieses Ideal, personifiziert im Dichtertheologen, in ausgeprägter Form vorgefunden!

Ein weiterhin im einzelnen zu klärender Gegensatz scheint, ohne schematisieren zu wollen, zwischen realistischen Humanisten und den Humanisten aus der nominalistischen Schule bestanden zu haben. Mit letzteren sind in erster Linie die des Erfurter Kreises angesprochen, der sich allem Anschein nach von Kölner, Leipziger und

---

[13] Oberman 1979, 44. Für eine erneute Diskussion des Verhältnisses Via antiqua – Humanismus plädierte auch Helmrath (1988, 196, Anm. 13). Der Ansicht von Nauert, daß individueller oder universitärer Humanismus „nothing at all" mit einer jeweils vertretenen philosophischen Via zu tun hätten, kann ich mich nicht anschließen (vgl. Nauert 1986, 289).

Wittenberger Thomisten eingekreist fühlte und sich mit Blick auf philosophisch-theologische Bekenntnisse generell von den humanistischen Thomisten unterschied. In diesem Zusammenhang wären dann auch Hutten und seine Freunde sowie die entsprechenden Auseinandersetzungen (‚Dunkelmännerbriefe') zu berücksichtigen. Daß von der Reuchlinkontroverse, d e m Ausgangspunkt für die ‚Dunkelmännerbriefe', eine direkte personelle wie inhaltliche Linie zur Frühphase der Reformation führt, ist als evident zu erachten, wird aber noch näher untersucht. Es sei resümierend nicht allein betont, daß die Kölner bei diesen Vorgängen eine zentrale Rolle einnahmen; gerade bei den Ereignissen jener Jahre führten die divergierenden Haltungen der Albertisten und Thomisten zu gleichermaßen charakteristischen wie folgenreichen Konsequenzen. Mag damals auch an anderen Universitäten der Streit der Wege bedeutungslos geworden sein (was eingehendere Forschungen allerdings erst noch zu erweisen hätten), in Köln zeigte sich die Differenzierung innerhalb der Via antiqua noch keineswegs inhaltsleer.

UNGEDRUCKTE QUELLEN:

Köln, Historisches Archiv der Stadt (HAStK)

Briefbuch 18, 25, 27.
Domstift, Akten 142.
Geistliche Abtlg. 56 (Testament Joh. Stommel)
Ratsmemoriale 2.
Ratsprotokolle 7.
Schickungsbuch C 17.
Schreinsbuch 262 (Niederich ad Portam, 1391-1483).
Testamente 3/B 535.

Universität (Un.), Akten:
Un. 2 (Handbuch der Provisoren).
Un. 31 F (Literalien).
Un. 36-39 (1.-4. Matrikel der Universität, 1389-1559).
Un. 70 (Akten zum Prozeß der Universität gegen den Kollektor der Annaten, 1461).
Un. 74 (Conceptus dati per singulas facultates super reformatione universitatis, 1525).
Un. 84 (Th. Riphaen, Descriptio academiae Col., 1590/91).
Un. 92 (Testamente und Nachlaß-Inventare verschiedener Universitätsprofessoren).
Un. 229 (Theolog. Dekanatsbuch, Auszüge von Crombach [Cr] und Hartzheim [H]).
Un. 273 (Rechnungsbuch der Juristen-Fakultät, 1433-1526).
Un. 317 (Sammlung Broelman II, 85-93: Akten zur Univ.-reform).
Un. 478-481 (1.-4. Dekanatsbuch der Artisten-Fakultät, 1406-1565).
Un. 514-516 (Rechnungsbücher der Artisten-Fakultät, 1475-1564).
Un. 522 (Baurechnung Artistenschule).
Un. 570 (Einkünfte, Stiftungen und Einrichtungen des Montana-Gymnasiums)
Un. 748 (Joh. G. de Fabri, Series sive successio ... Montis Gymnasii regentum, 1724).
Un. 760 (Arn. v. Tongern, Origo et progressus Gymnasii, quod Bursam Laurentii vocant, ex eius annalibus).

Un. Urkunden:
Un. Dep. U. 2/27.

München, UB, Cod. Ms. 125 (Joh. Eck, Zins-Traktat 1515).

Wien, Nationalbibliothek, CVP 5104.

DRUCKWERKE BIS 1600:

Köln, Universitäts- und Stadtbibliothek (UStB):

Jacobus de Amersfordia, Commentaria in libros de generatione et corruptione Aristotelis, Köln (ca.) 1512.
Jacobus de Amersfordia, Commentarii librorum parvorum naturalium Aristotelis, Köln 1512.
Jacobus de Amersfordia, Commentarii in libros Metheororum Aristotelis ... revisa et castigata per Arnoldum de Tungri, Köln 1513.
Jacobus de Amersfordia, Commentaria librorum de Anima Aristotelis ... revisa et redacta per Joannem de Nurtingen, Köln 1510.
Heymericus de Campo, Problemata inter Albertum Magnum et Sanctum Thomam, Köln 1496.
Johannes Eck, Replica adversus scripta secunda Buceri apostatae super actis Ratisponae, Ingolstadt 1543.
Hieronymus Estensis, Libellus in praeconium urbis Agrippinae ..., Köln (ca.) 1496.
Jacobus Gaudensis, Erarium aureum poetarum, Köln 1506.
Gerardus Harderwijck, Commentaria Nove logice Aristotelis ... opera Arnoldi Tungri, Köln 1511.
Gerardus Harderwijck, Commentarii in omnes tractatus parvorum logicalium Petri Hispani, Köln 1493.
Lambertus de Monte, Copulata circa octo libros physicorum Aristotelis, Köln 1485.
Lambertus de Monte, Expositio circa tres libros de anima Aristotelis, Köln 1498.
Lambertus de Monte, Quaestio de salvatione Aristotelis, Köln 1498.
Joannis Tritemii Abbatis Spanhemensis Epistolarum familiarium libri duo, Hagenau 1536.

Nürnberg, Landeskirchliches Archiv (LkAN):

Quodlibet sancti Thome, 1485 (Fenitzer IV, 578, 2^0).

MÜNZABKÜRZUNGEN:

alb. Albus
fl. Florin
gl. Gulden
hgl. Hornsche Gulden
mk. Mark

LITERATURVERZEICHNIS

AAWGPh: Abhandlungen der Akademie der Wissenschaften in Göttingen. Philologisch-historische Klasse.

Abe 1967: Abe, Horst Rudolf, Die artistische Fakultät der Universität Erfurt im Spiegel ihrer Bakkalaurei- und Magisterpromotionen der Jahre 1392-1521, in: Beiträge zur Geschichte der Universität Erfurt 13 (1967), 33-90.

Acquoy 1875/80: Acquoy, J.G.R., Het klooster te Windesheim en zijn invloed, I-III, Utrecht 1875-1880 (ND Amsterdam 1968).

Acta 1964: Acta Facultatis Artium Universitatis Sanctiandree, hg. von Annie I. Dunlop (St. Andrews University Publications 56), Edinburgh-London 1964.

Acta 1988: Acta Conventus Neo-Latini Guelpherbytani. Proceedings of the Sixth International Congress of Neo-Latin Studies (Wolfenbüttel 12 August to 16 August 1985), hg. von Stella P. Revard, Fidel Rädle, Mario A. di Cesare (Medieval and Renaissance texts and studies 53), Bingthamton, New York, 1988.

Actes 1903: Actes ou procès-verbaux des séances tenues par le conseil de l'Université de Louvain, I (31 mai 1432 – 21 septembre 1443), hg. von E. Reusens (Collection de chroniques belges 32,1), Brüssel 1903.

Adelmann 1976: Adelmann, Franziska Gräfin, Dr. Dietrich von Plieningen zu Schaubeck, geb. um 1453, gest. am 26.2.1520, in: Ludwigsburger Geschichtsblätter 28 (1976), 9-140.

Adelmann 1981: Adelmann, Franziska Gräfin, Dietrich von Plieningen: Humanist und Staatsmann (Schriftenreihe zur Bayerischen Landesgeschichte 68), München 1981.

Aders 1932: Aders, Günter, Das Testamentsrecht der Stadt Köln im Mittelalter (VKGV 8), Köln 1932.

Agricola 1988: Rodolphus Agricola Phrisius 1444-1485. Proceedings of the International Conference at the University of Groningen 28-30 October 1985, hg. von F. Akkerman und A.J. Vanderjagt, Leiden usw. 1988.

AHDL: Archives d'histoire doctrinale et littéraire du moyen-age.

AHGA: Archiv für hessische Geschichte und Altertumskunde.

AHVN: Annalen des historischen Vereins für den Niederrhein.

AKG: Archiv für Kulturgeschichte.

Akkerman 1983: Akkerman, F., Rudolf Agricola, een humanistenleven, in: Algemeen Nederlands tijdschrift voor Wijsbegeerte 75 (1983), 25-43.

Akkerman 1985: Akkerman, F., De Neolatijnse epistolografie – Rudolf Agricola, in: Lampas. Tijdschrift voor Nederlandse classici 18 (1985), 321-337.

Akkerman 1988: Akkerman, F., Agricola and Groningen. A humanist on his origin, in: Agricola 1988, 3-20.

Akkerman 1989: Akkerman, F., Onderwijs en geleerdheid in Groningen tussen 1469 en 1614, in: „Om niet aan onwetendheid en barbarij te bezwijken": Groningse geleerden 1614-1989, hg. von G.A. van Gemert, J. Schuller tot Peursum-Meijer, A.J. Vanderjagt, Hilversum 1989, 13-29.

Akkerman/Santing 1987: Akkerman, F. – Santing, C.G., Rudolf Agricola en de Aduarder academie, in: Groningse volksalmanak. Historisch Jaarboek voor Groningen 1987, 6-28.

Aland 1952: Aland, Kurt, Die Theologische Fakultät Wittenberg und ihre Stellung im

Gesamtzusammenhang der Leucorea während des 16. Jahrhunderts, in: 450 Jahre Universität Wittenberg 1952, 155-237.
Alberts 1955: Alberts, Hildegard, Reuchlins Drucker Thomas Anshelm mit besonderer Berücksichtigung seiner Pforzheimer Presse, in: Johannes Reuchlin 1455-1522. Festgabe seiner Vaterstadt Pforzheim zur 500. Wiederkehr seines Geburtstages, hg. von Manfred Krebs, Pforzheim 1955, 205-265.
Albertus Magnus 1980: Albertus Magnus. Ausstellung zum 700. Todestag. Historisches Archiv der Stadt Köln. 15. November 1980 bis 22. Februar 1981.
Albertus Magnus and the Sciences 1980: Albertus Magnus and the Sciences. Commemorative Essays 1980, ed. by James A. Weisheipl, Toronto 1980.
Albertus Magnus, Doctor universalis 1980: Albertus Magnus, Doctor universalis: 1280/ 1980, hg. von Gerbert Meyer und Albert Zimmermann (WSPhR 6), Mainz 1980.
Allen 1906/58: Allen, P. S. - Allen, H. M. - Garrod, H. W. (Hgg.), Opus epistolarum Des. Erasmi Roterodami, I-XII Oxford 1906-1958.
Allen 1914: Allen, P. S., The Adwert Academy, in: Ders., The Age of Erasmus, Oxford 1914, 7-32.
Anderson 1910/11: Anderson, James Maitland, The Beginnings of St. Andrews University, 1410-1418, in: SHR 8 (1910/11), 225-248, 333-360.
Angermeier 1989: Angermeier, Heinz (Bearb.), Deutsche Reichstagsakten unter Maximilian I. I: Reichstag zu Frankfurt 1486 (RTA. MR I), 2 Teile Göttingen 1989.
Ankwicz-Kleehoven 1959: Ankwicz-Kleehoven, Hans, Der Wiener Humanist Johannes Cuspinian. Gelehrter und Diplomat zur Zeit Kaiser Maximilians I., Graz-Köln 1959.
ARG: Archiv für Reformationsgeschichte.
Arndt 1964: Arndt, Jürgen (Bearb.), Hofpfalzgrafen-Register I, Neustadt/Aisch 1964.
Arnold 1971: Arnold, Klaus, Johannes Trithemius (1462-1516) (Quellen und Forschungen zur Geschichte des Bistums und Hochstifts Würzburg 23), Würzburg 1971.
Arnold 1989: Arnold, Klaus, Vates Herculeus. Beiträge zur Biographie des Humanisten Janus Tolophus, in: Poesis et Pictura. Studien zum Verhältnis von Text und Bild in Handschriften und alten Drucken. Festschrift für Dieter Wuttke zum 60. Geburtstag, hg. von Stephan Füssel und Joachim Knape (Saecula Spiritalia, Sonderband), Baden-Baden 1989, 131-155.
Artes Liberales 1959: Artes Liberales. Von der antiken Bildung zur Wissenschaft des Mittelalters, hg. von Josef Koch, Leiden-Köln 1959.
Arts libéraux 1969: Arts libéraux et philosophie au Moyen Age. Actes du IVe congrès international de philosophie médiévale (27.VIII.-2.IX.1967), Montreal-Paris 1969.
Aschbach 1865: Aschbach, Joseph, Geschichte der Wiener Universität im ersten Jahrhundert ihres Bestehens, Wien 1865 (ND Farnborough 1967).
Asen 1927: Asen, Johannes, Die Beginen in Köln. Erster Teil, in: AHVN 111 (1927), 81-180.
Asen 1928: Asen, Johannes, Die Beginen in Köln. Zweiter Teil, in: AHVN 112 (1928), 71-148.
Asen 1928a: Asen, Johannes, Die Beginen in Köln. Dritter Teil, in: AHVN 113 (1928), 13-96.
AUC: Acta Universitatis Carolinae. Historia Universitatis Carolinae Pragensis.
Auctarium 1935: Auctarium Chartularii Universitatis Parisiensis, edd. Henricus Denifle OP, Aemilius Chatelain, III: Liber Procuratorum Nationis Anglicanae (Alemanniae) ab Anno 1466 ad Annum 1492, edd. Carolus Samaran, Aemilius A. van Moé, Susanna Vitte, Paris 1935.
Auctarium 1937: Auctarium Chartularii Universitatis Parisiensis, edd. Henricus Denifle OP, Aemilius Chatelain, I: Liber Procuratorum Nationis Anglicanae (Alemanniae) ab Anno 1333 usque ad Annum 1406, II: Liber procuratorum Nationis Anglicanae (Alemanniae) ab Anno 1406 usque ad Annum 1466, Paris 1937.

Auctarium 1964: Auctarium Chartularii Universitatis Parisiensis, produxerunt Astricus L. Gabriel, Gray C. Boyce, VI: Liber Receptorum Nationis Anglicanae (Alemanniae) ab Anno 1425 ad Annum 1494, Paris 1964.

Barge 1905: Barge, Hermann, Andreas Bodenstein von Karlstadt, 2 Teile Leipzig 1905.

Baron 1966: Baron, Frank, The Beginnings of German Humanism: The Life and Work of the Wandering Humanist Peter Luder, University of California, Berkeley, Ph.D., 1966, Ann Arbor (Mich.) 1966.

Baron 1971: Baron, Frank, Stephan Hoest: Reden und Briefe. Quellen zur Geschichte der Scholastik und des Humanismus im 15. Jahrhundert (Humanistische Bibliothek. Texte 3), München 1971.

Bartoš 1965: Bartoš, František M., Husitská revoluce, I: Doba Žižkova 1415-1426, Prag 1965.

Bartoš/Spunar 1965: Bartoš, František M. – Spunar, Pavel, Soupis pramenU k literární innosti M. Jana Husa a M. Jeronyma Pražskeho, Prag 1965.

Bauch 1884: Bauch, Gustav, Johannes Rhagius Aesticampianus in Krakau, seine erste Reise nach Italien und sein Aufenthalt in Mainz, in: Archiv für Literaturgeschichte 12 (1884), 321-370.

Bauch 1895: Bauch, Gustav, Der Begründer der Goldberger Particularschule Hieronymus Gürtler von Wildenberg. Ein Beitrag zur Schulgeschichte Schlesiens und Westpreußens im XVI. Jahrhundert, Breslau 1895.

Bauch 1896: Bauch, Gustav, Die Anfänge des Studiums der griechischen Sprache und Litteratur in Norddeutschland, in: MGdES 6 (1896), 47-98, 163-193.

Bauch 1897: Bauch, Gustav, Wittenberg und die Scholastik, in: Neues Archiv für Sächsische Geschichte und Altertumskunde 18 (1897), 285-339.

Bauch 1898: Bauch, Gustav, Andreas Carlstadt als Scholastiker, in: ZKG 18 (1898), 37-57.

Bauch 1898a: Bauch, Gustav, Zu Christoph Scheurls Briefbuch, in: Neue Mitteilungen aus dem Gebiete historisch-antiquarischer Forschungen 19 (1898), 400-456.

Bauch 1899: Bauch, Gustav, Geschichte des Leipziger Frühhumanismus mit besonderer Rücksicht auf die Streitigkeiten zwischen Konrad Wimpina und Martin Mellerstadt (Beiheft zum Centralblatt für Bibliothekswesen 22), Leipzig 1899.

Bauch 1901: Bauch, Gustav, Die Nürnberger Poetenschule 1496-1509, in: MVGN 14 (1901), 1-64.

Bauch 1901a: Bauch, Gustav, Die Anfänge des Humanismus in Ingolstadt. Eine litterarische Studie zur deutschen Universitätsgeschichte (Historische Bibliothek 13), München-Leipzig 1901.

Bauch 1903: Bauch, Gustav, Die Reception des Humanismus in Wien. Eine litterarische Studie zur deutschen Universitätsgeschichte, Breslau 1903.

Bauch 1904: Bauch, Gustav, Die Universität Erfurt im Zeitalter des Frühhumanismus, Breslau 1904.

Bauch 1907: Bauch, Gustav, Aus der Geschichte des Mainzer Humanismus, in: Archiv für hessische Geschichte und Altertumskunde NF 5 (1907), 3-86.

Bauch 1909: Bauch, Gustav, Geschichte des Breslauer Schulwesens vor der Reformation (Codex Diplomaticus Silesiae 25), Breslau 1909.

Bauch 1921: Bauch, Gustav, Valentin Trozendorf und die Goldberger Schule (MGP 57), Berlin 1921.

Baumeister 1931/35/36: Baumeister, Wilhelm, Die Rolinxwerd und ihr Verwandtenkreis. Ein Beitrag zur Geschichte Kölner Familien des 15. Jahrhunderts, in: MWGF 7 (1931/35), Sp. 401-409, 441-451; 8 (1936), 12-25.

Bäumer 1980: Bäumer, Remigius, Johannes Cochläus (1479-1552). Leben und Werk im Dienst der katholischen Reform (KLK 40), Münster 1980.

Bäumer 1984: Bäumer, Remigius, Johannes Cochläus (1479-1552), in: Katholische Theologen der Reformationszeit 1 (KLK 44), Münster 1984, 72-81.
Bäumer 1986: Bäumer, Remigius, Konrad Wimpina (1460-1531), in: Katholische Theologen der Reformationszeit 3 (KLK 46), Münster 1986, 7-17.
Baumgart 1984: Baumgart, Peter, Humanistische Bildungsreform an deutschen Universitäten des 16. Jahrhunderts, in: Humanismus 1984, 171-197.
Becker 1987: Becker, Hans-Jürgen, Die Entwicklung der juristischen Fakultät in Köln bis zum Jahre 1600, in: Humanismus 1987, 43-64.
Beiträge 1909: Beiträge zur Geschichte der Universität Leipzig im fünfzehnten Jahrhundert, zur Feier des 500jährigen Jubiläums der Universität gewidmet von der Universitäts-Bibliothek, Leipzig 1909.
Belgien in Köln 1981: Belgien in Köln. Eine Ausstellung des Historischen Archivs der Stadt Köln im Belgischen Haus Köln. 9. April bis 27. Mai 1981.
Benary 1919: Benary, Friedrich, Via antiqua und via moderna auf den deutschen Hochschulen des Mittelalters mit besonderer Berücksichtigung der Universität Erfurt (Zur Geschichte der Stadt und der Universität Erfurt am Ausgang des Mittelalters 3), Gotha 1919.
Benrath 1974: Benrath, Gustav A., Traditionsbewußtsein, Schriftverständnis und Schriftprinzip bei Wyclif, in: MM 9 (1974), 359-382.
Bernhard 1976: Bernhard, Michael, Goswin Kempgyn de Nussia, Trivita studentium. Eine Einführung in das Universitätsstudium aus dem 15. Jahrhundert (Münchener Beiträge zur Mediävistik und Renaissance-Forschung 26), München 1976.
Bernoulli 1907: Bernoulli, Carl Christoph (Hg.), Die Statuten der Philosophischen Fakultät der Universität Basel, Basel 1907.
Bertalot 1975: Bertalot, Ludwig, Studien zum italienischen und deutschen Humanismus, hg. von Paul Oskar Kristeller, I/II (Storia e Letteratura 129/130), Rom 1975.
Betts 1969: Betts, Reginald R., The Great Debate about Universals in the Universities of the Fourteenth Century, in: Betts 1969d, 29-41.
Betts 1969a: Betts, Reginald R., The Influence of Realist Philosophy on Jan Hus and His Predecessors in Bohemia, in: Betts 1969d, 42-62.
Betts 1969b: Betts, Reginald R., Jan Hus, in: Betts 1969d, 176-194.
Betts 1969c: Betts, Reginald R., Jerome of Prague, in: Betts 1969d, 195-235.
Betts 1969d: Betts, Reginald R., Essays in Czech History, London 1969.
Beutler/Irsigler 1980: Beutler, Corinne – Irsigler, Franz: Konrad Heresbach (1496-1576), in: RhL 8 (1980), 81-104.
BGPhMA: Beiträge zur Geschichte der Philosophie (und Theologie) des Mittelalters.
Bianco 1850: Bianco, Franz Joseph von, Die ehemalige Universität und die Gymnasien zu Köln, so wie die an diese Lehr-Anstalten geknüpften Studien-Stiftungen von ihrem Ursprunge bis auf unsere Zeiten, II. Theil, 2. Aufl., Köln 1850 (ND Aalen 1974).
Bianco 1855: Bianco, Franz J. von, Die alte Universität Köln und die späteren Gelehrten-Schulen dieser Stadt, I. Theil, Erste Abtheilung: Die alte Universität Köln, Köln 1855 (ND Aalen 1974).
Bigelmair/Zoepfl 1938: Bigelmair, Andreas – Zoepfl, Friedrich, Nikolaus Ellenbog, Briefwechsel (Corpus Catholicorum 19/21), Münster 1938.
Bischoff 1986: Bischoff, Bernhard, Paläographie des römischen Altertums und des abendländischen Mittelalters (Grundlagen der Germanistik 24), Berlin 1986².
Bissels 1965: Bissels, Paul, Humanismus und Buchdruck. Vorreden humanistischer Drucke in Köln im ersten Drittel des 16. Jahrhunderts, Nieuwkoop 1965.
Black 1970: Black, Antony J., Heymericus de Campo: The Council and History, in: Annuarium Historiae Conciliorum 2 (1970), 78-86.
Black 1977: Black, Antony J., The Realist Ecclesiology of Heimerich van den Velde, in: Facultas 1977, 273-291.

Bock 1972/73: Bock, Ernst (Bearb.), Deutsche Reichstagsakten unter Maximilian. 3. Bd.: 1488-1490 (RTA, MR III), 2 Halbbde. Göttingen 1972-1973.

Bockelmann 1984: Bockelmann, Eske, Die Metrikvorlesung des Frühhumanisten Peter Luder (Gratia. Bamberger Schriften zur Renaissanceforschung 14), phil. Diss. München, Bamberg 1984.

Böcking 1859: Epistolae Ulrichi Hutteni equitis item ad eundem deque eodem ab aliis ad alios scriptae. Collegit, recensuit, adnotavit Eduardus Böcking, I, Leipzig 1859.

Böcking 1864/69/70: Ulrichi Hutteni equitis Operum supplementum. Epistolae obscurorum virorum cum inlustrantibus adversariisque scriptis. Collegit, recensuit, adnotavit Eduardus Böcking, I-III, Leipzig 1864-1870.

Boehm 1976: Boehm, Laetitia, Humanistische Bildungsbewegung und mittelalterliche Universitätsverfassung. Aspekte zur frühneuzeitlichen Reformgeschichte der deutschen Universitäten, in: Grundwissenschaften und Geschichte. Festschrift für Peter Acht (Münchener Historische Studien. Abteilung Geschichtl. Hilfswissenschaften 15), Kallmünz 1976, 311-333.

Boehner 1952: Boehner, Philoteus, Medieval Logic. An Outline of Its Development from 1250 to c. 1400, Chicago 1952.

Boley 1987/88: Boley, Karl H., Die alte Universität und deren Studienstiftungen, in: MWGF 33 (1987/88), 121-142.

Bolte 1887/88: Bolte, Johannes, Zwei Humanistenkomödien aus Italien, in: Zeitschrift für Vergleichende Litteraturgeschichte und Renaissance-Litteratur NF 1 (1887/88), 77-84, 231-244.

Bömer 1895: Bömer, Aloys (Hg.), Ausgewählte Werke des Münsterischen Humanisten Johannes Murmellius, Münster 1895.

Bömer 1897/99: Bömer, Aloys, Die lateinischen Schülergespräche der Humanisten, 1. Teil: Vom Manuale scholarium bis Hegendorffinus c. 1480-1520; 2. Teil: Von Barlandus bis Corderius 1524-1564 (Texte und Forschungen zur Geschichte der Erziehung und des Unterrichts in den Ländern deutscher Zunge I/1,2), Berlin 1897-1899 (ND Amsterdam 1966).

Bömer 1898: Bömer, Aloys, Paulus Niavis. Ein Vorkämpfer des deutschen Humanismus, in: Neues Archiv für Sächsische Geschichte und Altertumskunde 19 (1898), 51-94.

Bömer 1906: Bömer, Aloys, Das literarische Leben in Münster bis zur endgültigen Rezeption des Humanismus, Münster 1906.

Bömer 1924: Epistolae Obscurorum Virorum. Hg. von Aloys Bömer, I/II (Stachelschriften Ä.R. I,1/2), Heidelberg 1924.

Bömer 1930: Bömer, Aloys, Hermann Buschius, in: WL 1 (1930), 50-67.

Bonjour 1960: Bonjour, Edgar, Die Universität Basel von den Anfängen bis zur Gegenwart 1460-1960, Basel 1960.

Boockmann 1986: Boockmann, Hartmut, Die Stadt im späten Mittelalter, München 1986.

Boockmann 1986a: Boockmann, Hartmut, Ikonographie der Universitäten. Bemerkungen über bildliche und gegenständliche Zeugnisse der spätmittelalterlichen deutschen Universitäten-Geschichte, in: Schulen 1986, 565-599.

Boockmann 1987: Boockmann, Hartmut, Die Lebenswelt eines spätmittelalterlichen Juristen. Das Testament des *doctor legum* Johannes Seeburg, in: Philologie 1987, 287-305.

Bot 1955: Bot, P.N.M., Humanisme en onderwijs in Nederland, Utrecht-Antwerpen 1955.

Boysen 1909: Boysen, Karl (Hg.), Das älteste Statutenbuch des kleinen Fürstenkollegs, in: Beiträge 1909, Teil I.

Braakhuis 1983: Braakhuis, H., Heymeric van de Velde (a Campo), denker op een kruispunt van wegen. De ‚logische' kwesties uit zijn *Problemata inter Albertum Magnum et*

Sanctum Thomam, in: Algemeen Nederlands Tijdschrift voor Wijsbegeerte 75 (1983), 13-24.
Braakhuis 1989: Braakhuis, H. A. G., School Philosophy and Philosophical Schools. The Semantic-Ontological Views in the Cologne Commentaries on Peter of Spain, and the „Wegestreit", in: MM 20 (1989), 1-18.
Brandis 1917: Brandis, Carl G., Beiträge aus der Universitätsbibliothek zu Jena zur Geschichte des Reformationsjahrhunderts (Zeitschrift des Vereins für Thüringische Geschichte und Altertumskunde NF Achtes Beiheft), Jena 1917.
Brandmüller 1991: Brandmüller, Walter, Das Konzil von Konstanz 1414-1418, Bd. I: Bis zur Abreise Sigismunds nach Narbonne (Konziliengeschichte: Reihe A, Darstellungen), Paderborn usw. 1991.
Braunisch 1974: Braunisch, Reinhard, Die Theologie der Rechtfertigung im „Enchiridion" (1538) des Johannes Gropper. Sein kritischer Dialog mit Philipp Melanchthon (RST 109), Münster 1974.
Braunisch 1974a: Braunisch, Reinhard, Johannes Gropper zwischen Humanismus und Reformation, in: RöQ 69 (1974), 192-209.
Braunisch 1977: Braunisch, Reinhard, Johannes Gropper, Briefwechsel I: 1529-1547 (CC 32), Münster 1977.
Braunisch 1984: Braunisch, Reinhard, Johannes Gropper (1503-1559), in: Katholische Theologen der Reformationszeit 1 (KLK 44), Münster 1984, 116-124.
Braunsberger 1896: Braunsberger, Otto (Hg.), Beati Petri Canisii, Societatis Iesu, epistulae et acta, I: 1541-1556, Freiburg/Br. 1896.
Brecht 1904: Brecht, Walter, Die Verfasser der Epistolae obscurorum virorum (Quellen und Forschungen zur Sprach- und Culturgeschichte der germanischen Völker 93), Straßburg 1904.
Brecht 1981: Brecht, Martin, Martin Luther. Sein Weg zur Reformation 1483-1521, Stuttgart 1981.
Brecht 1991: Brecht, Martin, Via antiqua, Humanismus und Reformation – der Mainzer Theologieprofessor Adam Weiß, in: ZKG 102 (1991), 362-371.
Brieger 1890: Brieger, Theodor, Die theologischen Promotionen auf der Universität Leipzig 1428-1539, Leipzig 1890.
Britnell 1989: Britnell, Jennifer, Poetic fury and prophetic fury, in: Renaissance Studies 3 (1989), 106-114.
BRMG: Beiträge zur rheinischen Musikgeschichte.
Bubenheimer 1977: Bubenheimer, Ulrich, Consonantia Theologiae et Iurisprudentiae. Andreas Bodenstein von Karlstadt als Theologe und Jurist zwischen Scholastik und Reformation, Tübingen 1977.
Bubenheimer 1980: Bubenheimer, Ulrich, Andreas Rudolff Bodenstein von Karlstadt. Sein Leben, seine Herkunft und seine innere Entwicklung, in: Andreas Bodenstein von Karlstadt 1480-1541. Festschrift der Stadt Karlstadt zum Jubiläumsjahr 1980, hg. von Wolfgang Merklein, Karlstadt 1980, 5-58.
Bubenheimer 1981: Bubenheimer, Ulrich, Andreas Bodenstein von Karlstadt, in: Gestalten 1981, 105-116.
Bubenheimer 1991: Bubenheimer, Ulrich, Andreas Bodenstein genannt Karlstadt (1486-1541), in: Fränkische Lebensbilder 14 (1991), 47-64.
Bucherer 1925: Bucherer, Fritz, Aus Pforzheims Humanistenzeit, in: Badische Heimat 12 (1925), 192-205.
Büchle 1886: Büchle, Adolf, Der Humanist Nikolaus Gerbel aus Pforzheim, Durlach 1886.
Buchner 1907: Buchner, Maximilian, Die innere weltliche Regierung des Speierer Bischofs Mathias Ramung (1464-1478). Ein Beitrag zur deutschen Territorialgeschichte, phil. Diss. München, Speyer 1907.

Buchner 1909: Buchner, Maximilian, Die Stellung des Speierer Bischofs Mathias von Ramung zur Reichsstadt Speier, zu Kurfürst Friedrich I. von der Pfalz und zu Kaiser Friedrich III. Ein Beitrag zur Geschichte des ausgehenden Mittelalters, in: ZGO NF 24 (1909), 29-82, 259-301.

Buchner 1909a: Buchner, Maximilian, Die Stellung des kurpfälzischen Kanzlers und Speierer Bischofs Mathias Ramung († 1478) zum geistigen Leben seiner Zeit, in: NHJb 16 (1910), 81-94.

Bücker 1961: Bücker, Hermann, Das Lobgedicht des Johannes Murmellius auf die Stadt Münster und ihren Gelehrtenkreis, in: WZ 111 (1961), 51-74.

Bullinger 1973/82/83: Heinrich Bullinger Briefwechsel, I: Briefe der Jahre 1524-1531, bearb. von Ulrich Gäbler und Endre Zsindely; II: Briefe des Jahres 1532, bearb. von Ulrich Gäbler, Endre Zsindely, Kurt Maeder und Matthias Senn; III: Briefe des Jahres 1533, bearb. von Endre Zsindely und Matthias Senn (Heinrich Bullinger Werke. Zweite Abtlg.: Briefwechsel 1-3), Zürich 1973-1983.

Bullinger 1987: Heinrich Bullinger, Studiorum ratio – Studienanleitung, hg. von Peter Stotz, I/II (Heinrich Bullinger Werke. Sonderband: Studiorum ratio – Studienanleitung), Zürich 1987.

Burger 1969: Burger, Heinz Otto, Renaissance – Humanismus – Reformation. Deutsche Literatur im europäischen Kontext (Frankfurter Beiträge zur Germanistik 7), Bad Homburg v.d.H.-Berlin-Zürich 1969.

Burger 1986: Burger, Christoph, Aedificatio, Fructus, Utilitas. Johannes Gerson als Professor der Theologie und Kanzler der Universität Paris (Beiträge zur historischen Theologie 70), Tübingen 1986.

Burie 1977: Burie, Luc, Proeve tot inventarisatie van de in handschrift of in druk bewaarde werken van de Leuvense theologieprofessoren uit de XVe eeuw, in: Facultas 1977, 215-272.

Burmeister 1974: Burmeister, Karl Heinz, Das Studium der Rechte im Zeitalter des Humanismus im deutschen Rechtsbereich, Wiesbaden 1974.

Burns 1962: Burns, James Henderson, Scottish Churchmen and the Council of Basle, in: The Innes Review 13 (1962), 3-53, 157-189.

Butzer/Wald 1986: Butzer, Paul L. – Wald, Rainer, Auf den Spuren dreier um 1510 in Münster/Westf. wirkender rheinischer Mathematiker, in: AHVN 189 (1986), 65-96.

Buxbaum 1973: Buxbaum, Engelbert M., Petrus Canisius und die kirchliche Erneuerung des Herzogtums Bayern 1549-1556 (Bibliotheca Instituti Historici S.I. 35), Rom 1973.

Caesar 1969: Caesar, Elisabeth, Sebald Schreyer, ein Lebensbild aus dem vorreformatorischen Nürnberg, in: MVGN 56 (1969), 1-213.

Cavigioli 1981: Cavigioli, Jean D., Les écrits d'Heymericus de Campo (1395-1460) sur les œuvres d'Aristote, in: FZPhTh 28 (1981), 293-371.

Cavigioli/Imbach 1981: Cavigioli, Jean D. – Imbach, Ruedi, Quelques compléments aux catalogues des œuvres d'Heymericus de Campo, in: Codices manuscripti 7 (1981), 1-3.

CC: Corpus Catholicorum. Werke katholischer Schriftsteller im Zeitalter der Glaubensspaltung 1 ff., Münster 1919 ff.

Ccáky 1986: Csáky, Moritz, Die „Sodalitas litteraria Danubiana": historische Realität oder poetische Fiktion des Conrad Celtis?, in: Österreichische Literatur 1986, Teil 2, 739-758.

Chaix 1990: Chaix, Gérald, Humanisme et élites urbaines à Cologne au XVIe siècle, in: Humanismus 1990, 195-210.

Chomarat 1979: Chomarat, Jacques, Les Hommes obscurs et la poésie, in: Humanisme allemand 1979, 261-283.

Chroniken XIV: Die Chroniken der niederrheinischen Städte. Cöln. Dritter Band (Die Chroniken der deutschen Städte vom 14. bis ins 16. Jahrhundert XIV), Leipzig 1877.

Claeys Bouuaert 1959: Claeys Bouuaert, F., Contribution à l'histoire économique de l'ancienne université de Louvain (Bibliothèque de la Revue d'Histoire Ecclésiastique 32), Löwen 1959.
Clasen 1951/52: Clasen, Sophronius, Walram von Siegburg, OFM, und seine Doktorpromotion an der Kölner Universität (1430-1435), in: Archivum Franciscanum Historicum 44 (1951), 257-317, und 45 (1952), 72-126, 323-396.
Clasen 1959: Clasen, Sophronius, Der Studiengang an der Kölner Artistenfakultät, in: Artes Liberales 1959, 124-136.
Clasen 1960: Clasen, Sophronius, Collectanea zum Studien- und Buchwesen des Mittelalters. (Mit besonderer Berücksichtigung der Kölner Universität und der Mendikantenstudien), in: Archiv für Geschichte der Philosophie 42 (1960), 159-206, 247-271.
Classen 1983: Classen, Peter, Libertas scolastica – Scholarenprivilegien – Akademische Freiheit im Mittelalter, in: Ders., Studium und Gesellschaft im Mittelalter, hg. von Johannes Fried (Schriften der Monumenta Germaniae Historica 29), Stuttgart 1983, 238-284.
Clemen 1905/06: Clemen, Otto, Beiträge zur sächsischen Reformationsgeschichte I-IV, in: ARG 3 (1905/06), 172-190.
Clemen 1906: Clemen, Otto, Aus den Anfängen der Universität Wittenberg, in: Neue Jahrbücher für das klassische Altertum, Geschichte und deutsche Literatur und für Pädagogik 18 (1906), 133 ff.
Collegi 1991: I collegi universitari in Europa tra il XIV e il XVIII secolo. Atti del convegno di studi della commissione internazionale per la storia delle università, Siena-Bologna, 16-19 maggio 1988, a cura di Domenico Maffei e Hilde de Ridder-Symoens (Orbis Academicus. Saggi e documenti di storia delle università IV), Mailand 1991.
Colomer 1964: Colomer, Eusebius, Nikolaus von Kues und Heimeric van den Velde, in: Mitteilungen und Forschungsbeiträge der Cusanus-Gesellschaft 4 (1964), 198-213.
Combes 1973: Combes, André, Jean Gerson: commentateur dionysien (Pour l'histoire des courants doctrinaux à l'université de Paris à la fin du XIVe siècle) (Études de Philosophie Médiévale 30), Paris 1973².
Contemporaries 1985/86/87: Contemporaries of Erasmus. A biographical register of the Renaissance and Reformation, hg. von Peter G. Bietenholz, I-III, Toronto-Buffalo-London 1985-1987.
Copiale 1930: Copiale Prioratus Sanctiandree: The letter-book of James Haldenstone, Prior of St. Andrews 1418-1443, hg. von James Houston Baxter (St. Andrews University Publications 31), London 1930.
Corsten 1985: Corsten, Severin, Universität und Buchdruck in Köln. Versuch eines Überblicks für das 15. Jahrhundert, in: Ders., Studien zum Kölner Frühdruck. Gesammelte Beiträge 1955-1985 (Kölner Arbeiten zum Bibliotheks- und Dokumentationswesen 7), Köln 1985, 123-137.
Council 1961: The Council of Constance. The Unification of the Church, translated by Louise R. Loomis, edited and annotated by John H. Mundy and Kennerly M. Woody (Records of Civilization. Source and Studies 63), New York-London 1961.
Courtenay 1987: Courtenay, William J., Antiqui and Moderni in Late Medieval Thought, in: Journal of the History of Ideas 48 (1987), 3-10.
Cranz 1976: Cranz, F. E., Perspectives de la Renaissance sur le „De Anima", in: Platon et Aristote à la Renaissance. XVIe Colloque international de Tours (De Pétrarque à Descartes 32), Paris 1976, 359-376.
Csapodi-Gárdonyi 1988: Csapodi-Gárdonyi, Klara, Die Wolfenbütteler Tolhopf-Corvine. Der Hofastronom Johannes Tolhopf und seine Handschrift für den ungarischen König Matthias Corvinus, in: De captu lectoris. Wirkungen des Buches im 15. und 16. Jahrhundert dargestellt an ausgewählten Handschriften und Drucken, hg. von Wolfgang Milde und Werner Schuder, Berlin-New York 1988, 87-104.

Curtius 1984: Curtius, Ernst Robert, Europäische Literatur und Lateinisches Mittelalter, Bern-München 1984[10].

De Bont 1896: De Bont, Bernard J. M., Meester Herwijch Gijsbertszoon van Amsterdam, priester, in: De Katholiek 109 (1896), 188-194.

De Jongh 1911: De Jongh, H., L'ancienne Faculté de Theologie de Louvain au premier siècle de son existence (1432-1540). Ses débuts, son organisation, son enseignement, sa lutte contre Érasme et Luther, Löwen 1911.

De Libera 1985: De Libera, Alain, Ulrich de Strasbourg, lecteur d'Albert le Grand, in: FZPhTh 32 (1985), 105-136.

De Maesschalck 1978: De Maesschalck, Edward, Scholarship Grants and Colleges Established at the University of Louvain up to 1530, in: Universities 1978, 484-494.

De Maesschalck 1984: De Maesschalck, Edward, De strijd om de Leuvense pedagogieën (1426-1569). Eigendomsrecht en macht in de Faculteit van de artes, in: De Brabantse Folklore Nr. 243 (Sept. 1984), 163-201.

De Maesschalck 1991: De Maesschalck, Edward, Foundation and Evolution of Colleges at Louvain in the Late Middle Ages, in: Collegi 1991, 155-162.

De Rijk 1962: De Rijk, Lambert M., Logica Modernorum. A Contribution to the History of Early Terministic Logic, I, Assen 1962.

De Rijk 1970: De Rijk, Lambert M., Die Bedeutungslehre der Logik im 13. Jahrhundert und ihr Gegenstück in der metaphysischen Spekulation, in: MM 7 (1979), 1-22.

De Rijk 1985: De Rijk, Lambert M., La philosophie au moyen âge, Leiden 1985.

De Vooght 1960: De Vooght, Paul, L'hérésie de Jean Huss (Bibliothèque de la Revue d'Histoire Ecclésiastique 34), Löwen 1960.

De Vooght 1960a: De Vooght, Paul, Hussiana (Bibliothèque de la Revue d'Histoire Ecclésiastique 35), Löwen 1960.

De Vries 1983: De Vries, Josef, Grundbegriffe der Scholastik, Darmstadt 1983[2].

Denifle 1885: Denifle, Heinrich, Die Entstehung der Universitäten des Mittelalters bis 1400, Berlin 1885 (ND Graz 1956).

Diel 1949: Diel, Karl, Florentius Diel und die geistigen Strömungen in der Frühzeit der Mainzer Universität, in: Festschrift Dr.theol., Dr.phil. h.c. August Reatz zu seinem 60. Geburtstag dargeboten, Mainz 1949, 361-373.

Diener 1974: Diener, Hermann, Die Gründung der Universität Mainz 1467-1477 (Akademie der Wissenschaften und der Literatur. Abh. Geistes- und Sozialwiss. Klasse Jg. 1973, Nr. 15), Mainz 1974.

Diez 1986: Diez, Karlheinz, Petrus Canisius SJ (1521-1597), in: Katholische Theologen der Reformationszeit 3 (KLK 46), Münster 1986, 88-102.

Dirlmeier 1978: Dirlmeier, Ulf, Untersuchungen zu Einkommensverhältnissen und Lebenshaltungskosten in oberdeutschen Städten des Spätmittelalters (Mitte 14. bis Anfang 16. Jahrhundert) (AHAWPh Jahrgang 1978-1. Abhandlung), Heidelberg 1978.

DJb: Düsseldorfer Jahrbuch.

Dohna/Wetzel 1979: Dohna, Lothar Graf zu – Wetzel, Richard (Bearb.), Johann von Staupitz, Libellus de exsecutione aeternae praedestinationis. Mit der Übertragung von Christoph Scheurl „Ein nutzbarliches Büchlein von der entlichen Volziehung ewiger Fürsehung", bearb. von Lothar Graf zu Dohna und Albrecht Endriss (Spätmittelalter und Reformation. Texte und Untersuchungen 14. Johann von Staupitz: Sämtliche Schriften, hg. von Lothar Graf zu Dohna und Richard Wetzel, 2: Lateinische Schriften II), Berlin-New York 1979.

Donati 1989: Donati, Silvia, Una questione controversa per i commentatori di Aristotele: Il problema del soggetto della fisica, in: MM 20 (1989), 111-127.

Dörr 1953: Dörr, Margarethe, Das Mariengredenstift zu Mainz, phil. Diss. (masch.) Mainz 1953.

Dotzauer 1977: Dotzauer, Winfried, Ivo Wittich – Historiker, Jurist und Gutenbergforscher, in: Tradition und Gegenwart 1977, 80-99.
Drux 1955/57: Drux, H., Ein Liedsatz von Franciscus Strus, in: MARMG 1 (1955/57), 17-20.
Duchhardt 1978: Duchhardt, Heinz, Die Generalstatuten der Universität Trier von 1475, in: Jahrbuch für westdeutsche Landesgeschichte 4 (1978), 129-189.
Düchting 1963: Düchting, Reinhard, Hrotsvitha von Gandersheim, Adam Wernher von Themar und Guarino Veronese, in: Ruperto-Carola 33 (1963), 77-89.
Dunlop 1947: Dunlop, Annie I., Scottish Student Life in the Fifteenth Century, in: SHR 26 (1947), 47-63.
Dunlop 1950: Dunlop, Annie I., The Life and Times of James Kennedy, Bishop of St. Andrews (St. Andrews University Publications 46), Edinburgh-London 1950.
Durkan/Kirk 1977: Durkan, John – Kirk, James, The University of Glasgow 1451-1577, Glasgow 1977.
Durkan/Ross 1961: Durkan, John – Ross, Anthony, Early Scottish Libraries, Glasgow 1961.

Eberhard 1802: Eberhard, Chr. Frider. (Hg.), Conradi Wimpinae almae universitatis studii Lipsiensis et urbis Lipsiae descriptiones poeticae una cum Hermanni Buschii Pasiphili Lipsicis, Leipzig 1802.
Eckert 1989: Eckert, Willehad P., Die Universität Köln und die Juden im späten Mittelalter, in: MM 20 (1989), 488-507.
Eckertz 1874: Eckertz, G., Die Revolution in der Stadt Köln im Jahre 1513, in: AHVN 26/27 (1874), 197-267.
Egli 1904: Egli, Emil (Hg.), Heinrich Bullingers Diarium (Annales vitae) der Jahre 1504-1574 (Quellen zur Schweizerischen Reformationsgeschichte 2), Basel 1904 (ND Zürich 1985).
Ehrle 1925: Ehrle, Franz, Der Sentenzenkommentar Peters von Candia, des Pisaner Papstes Alexander V. Ein Beitrag zur Scheidung der Schulen in der Scholastik des vierzehnten Jahrhunderts und zur Geschichte des Wegestreits (FS, Beih. 9), Münster 1925.
Eirich 1987: Eirich, Raimund, Bernhard Walther (1430-1504) und seine Familie, in: MVGN 74 (1987), 77-129.
Ekker 1863: Ekker, A., Die Hieronymusschool te Utrecht, I: 1474-1636, Utrecht 1863.
Emden 1957/59: Emden, A. B., A Biographical Register of the University of Oxford to A.D. 1500, I-III, Oxford 1957-1959.
Engelhardt 1969/70: Engelhardt, Walther, Valentin Engelhardt von Geldersheim. Domherr und Regens des Montaner Gymnasiums zu Köln, in: MWGF 24 (1969/70), 209-213.
Ennen 1983: Ennen, Edith, Die Lateinschule in Emmerich – niederrheinisches Beispiel einer bedeutenden Schule in einer kleinen Stadt, in: Studien 1983, 235-242.
Erler 1895/97/03: Erler, G. (Hg.), Die Matrikel der Universität Leipzig 1409-1559 (Codex diplomaticus Saxoniae regiae II, 16-18), I-III, Leipzig 1895-1903.
Esser 1885: Esser, Wilhelm, Geschichte der Pfarre St. Johann Baptist in Köln, Köln 1885.

Fabisch/Iserloh 1988/91: Fabisch, Peter – Iserloh, Erwin (Hgg.), Dokumente zur Causa Lutheri (1517-1521). Teil 1: Das Gutachten des Prierias und weitere Schriften gegen Luthers Ablaßthesen (1517-1518); Teil 2: Vom Augsburger Reichstag 1518 bis zum Wormser Edikt 1521 (Corpus Catholicorum 41, 42), Münster 1988-1991.
Facultas 1977: Facultas S.Theologie Lovaniensis 1432-1797. Bijdragen tot haar geschiedenis, ed. Edmond J. M. van Eijl (Bibliotheca Ephemeridum Theologicarum Lovaniensium XLV), Löwen 1977.
Feckes 1935: Feckes, Karl, Das Opusculum des hl. Thomas von Aquin „De ente et essentia" im Lichte seiner Kommentare, in: Aus der Geisteswelt des Mittelalters. Studien

und Texte Martin Grabmann zur Vollendung des 60. Lebensjahres von Freunden und Schülern gewidmet, hg. von Albert Lang, Joseph Lechner, Michael Schmaus (Beiträge zur Geschichte der Philosophie und Theologie des Mittelalters, Suppl.-Bd. 3, 2 Halbbde.), 1. Halbband Münster 1935, 667-681.

Fellerer 1969: Fellerer, Karl G., Die Kölner Musiktheoretische Schule des 16. Jahrhunderts, in: Renaissance-Muziek 1400-1600. Donum natalicum René Bernard Lenaerts (Musicologica Lovaniensia 1), Löwen 1969, 121-130.

Ferrier 1878: Ferrier, C. H., Die St. Columba-Pfarre zu Köln. Ein Beitrag zur kölner Specialgeschichte, Köln 1878.

Festschrift 1938: Festschrift zur Erinnerung an die Gründung der alten Universität Köln im Jahre 1388, hg. von H. Graven, Köln 1938.

Finger/Benger 1987: Finger, Heinz – Benger, Anita, Der Kölner Professor Gisbert Longolius – Leibarzt Erzbischof Hermanns von Wied – und die Reste seiner Bibliothek in der Universitätsbibliothek Düsseldorf (Schriften der Universitätsbibliothek Düsseldorf 3), Düsseldorf 1987.

Fink 1964: Fink, Karl August, Zu den Quellen für die Geschichte des Konstanzer Konzils, in: Das Konzil von Konstanz. Beiträge zu seiner Geschichte und Theologie, hg. von August Franzen, Wolfgang Müller, Freiburg-Basel-Wien 1964, 471-476.

Fink-Lang 1985: Fink-Lang, Monika, Untersuchungen zum Eichstätter Geistesleben im Zeitalter des Humanismus (Eichstätter Beiträge 14. Abtlg. Geschichte), phil. Diss. Eichstätt, Regensburg 1985.

Finke 1972: Finke, Karl Konrad, Die Tübinger Juristenfakultät 1477-1534. Rechtslehrer und Rechtsunterricht von der Gründung der Universität bis zur Einführung der Reformation (Contubernium 2), Tübingen 1972.

Flasch 1986: Flasch, Kurt, Das philosophische Denken im Mittelalter. Von Augustin zu Machiavelli, Stuttgart 1986.

Fleischer 1967: Fleischer, Hans-Heinrich, Dietrich Gresemund der Jüngere. Ein Beitrag zur Geschichte des Humanismus in Mainz (Beiträge zur Geschichte der Universität Mainz 8), phil. Diss. Mainz, Wiesbaden 1967.

Fleischer 1968/69: Fleischer, Hans-Heinrich, Johannes Rhagius Aesticampianus, in: Mainzer Zeitschrift 63/64 (1968/69), 79-85.

Fleischer 1977: Fleischer, Hans-Heinrich, Anfänge historischer Forschung und Lehre an der kurfürstlichen Universität Mainz, in: Tradition und Gegenwart 1977, 54-79.

Fouquet 1983: Fouquet, Gerhard, St. Michael in Pforzheim. Sozial- und wirtschaftsgeschichtliche Studien zu einer Stiftskirche der Markgrafschaft Baden, in: Pforzheim im Mittelalter. Studien zur Geschichte einer landesherrlichen Stadt, hg. von Hans-Peter Becht (Pforzheimer Geschichtsblätter 6), 107-169.

Fouquet 1987: Fouquet, Gerhard, Das Speyerer Domkapitel im späten Mittelalter (ca. 1350-1540). Adlige Freundschaft, fürstliche Patronage und päpstliche Klientel (Quellen und Abhandlungen zur mittelrheinischen Kirchengeschichte 57), phil. Diss. Siegen, 2 Teile Mainz 1987.

Frank 1968: Frank, Isnard W., Hausstudium und Universitätsstudium der Wiener Dominikaner bis 1500 (Archiv für österreichische Geschichte 127), Wien 1968.

Frank 1973: Frank, Barbara, Das Erfurter Peterskloster im 15. Jahrhundert. Studien zur Geschichte der Klosterreform und der Bursfelder Union (VMPIG 34; Studien zur Germania Sacra 11), Göttingen 1973.

Frank 1974: Frank, Isnard W., Der Wiener Dominikaner Johannes Werd († 1510) als Verfasser von Thomaskommentaren, in: Thomas von Aquino 1974, 609-640.

Franklin 1875: Franklin, Alfred, La Sorbonne: Ses origines, sa bibliothèque. Les débuts de l'imprimerie à Paris et la succession de Richelieu d'après des documents inédits, Paris 1875^2 (ND Amsterdam 1968).

Franzen 1964: Franzen, August, Das Schicksal des Erasmianismus am Niederrhein im 16.

Jahrhundert. Wende und Ausklang der erasmischen Reformbewegung im Reformationszeitalter, in: HJ 83 (1964), 84-112.

Franzen 1971: Franzen, August, Bischof und Reformation. Erzbischof Hermann von Wied in Köln vor der Entscheidung zwischen Reform und Reformation (KLK 31), Münster 1971.

Fredericq 1922: Fredericq, Paul (†), Codex documentorum sacratissimarum indulgentiarum neerlandicarum. Verzameling van stukken betreffende de pauselijke aflaten in de Nederlanden (1300-1600) (Rijks Geschiedkundige Publicatien. Kleine Serie 21), 's-Gravenhage 1922.

Freudenberger 1987: Freudenberger, Theobald, Hieronymus Dungersheim. Schriften gegen Luther (CC 39), Münster 1987.

Friedberg 1898: Friedberg, Emil, Die Universität Leipzig in Vergangenheit und Gegenwart, Leipzig 1898.

Friedensburg 1898: Friedensburg, Walter, Beiträge zum Briefwechsel der katholischen Gelehrten Deutschlands im Reformationszeitalter. Aus italienischen Archiven und Bibliotheken. IV: Johannes Cochläus, in: ZKG 18 (1898), 106-131, 233-297, 420-463, 596-636.

Friedensburg 1917: Friedensburg, Walter, Geschichte der Universität Wittenberg, Halle/S. 1917.

Friedensburg 1926: Friedensburg, Walter (Bearb.), Urkundenbuch der Universität Wittenberg, I: 1502-1611 (Geschichtsquellen der Provinz Sachsen und des Freistaates Anhalt, N.R. 3), Magdeburg 1926.

Fritzsche 1890: Fritzsche, Otto F., Glarean. Sein Leben und seine Schriften, Frauenfeld 1890.

FS: Franziskanische Studien.

Füssel 1987: Füssel, Stephan, Riccardus Bartholinus Perusinus. Humanistische Panegyrik am Hofe Kaiser Maximilians I. (Saecula Spiritalia 16), phil. Diss. Göttingen, Baden-Baden 1987.

Füssel 1988: Füssel, Stephan, „Quo me Phoebe rapis ..." Überlegungen zum Dichterselbstverständnis im italienischen Späthumanismus, in: Acta 1988, 33-43.

FZPhTh: Freiburger Zeitschrift für Philosophie und Theologie.

Gabriel 1969: Gabriel, Astrik L., The English-German Nation at the University of Paris from 1425-1494, in: Ders., Garlandia. Studies in the History of the Mediaeval University, Notre Dame (Ind.)-Frankfurt 1969, 167-200.

Gabriel 1974: Gabriel, Astrik L., „Via antiqua" and „via moderna" and the Migration of Paris Students and Masters to the German Universities in the Fifteenth Century, in: MM 9 (1974), 439-493.

Gabriel 1978: Gabriel, Astrik L., Intellectual Relations between the University of Louvain and the University of Paris in the 15th Century, in: Universities 1978, 82-132.

Gail 1951: Gail, Anton, Johann von Vlatten und der Einfluß des Erasmus von Rotterdam auf die Kirchenpolitik der vereinigten Herzogtümer, in: DJb 45 (1951), 1-109.

Gail 1966: Gail, Anton J., Johann von Vlatten (vor 1500-1562), in: RhL 2 (1966), 53-73.

Gall/Szaivart 1967: Gall, Franz – Szaivart, W. (Hgg.), Die Matrikel der Universität Wien, II, Wien-Graz-Köln 1967.

Gechter 1983: Gechter, Marianne, Kirche und Klerus in der stadtkölnischen Wirtschaft im Spätmittelalter (Beiträge zur Wirtschafts- und Sozialgeschichte 28), phil. Diss. Bonn, Wiesbaden 1983.

Geiger 1871: Geiger, Ludwig, Johann Reuchlin. Sein Leben und seine Werke, Leipzig 1871 (ND Nieuwkoop 1964).

Geiger 1875: Geiger, Ludwig (Hg.), Johann Reuchlins Briefwechsel (Bibliothek des Litterarischen Vereins in Stuttgart 76), Tübingen 1875 (ND Hildesheim 1962).

Gerig 1960: Gerig, Hans, Kolpinggruft, Sacellum Conresheim und Marienaltar in der Minoritenkirche zu Köln, in: Im Schatten von St. Gereon. Erich Kuphal zum 1. Juli 1960 (VKGV 25), Köln 1960, 79-96.

Gerson 1960/73: Jean Gerson. Œuvres Complètes. Introduction, texte et notes par Mgr. Glorieux, I-X, Paris-Tournai-Rom usw. 1960-1973.

Gescher 1938: Gescher, Franz, Die Statuten der theologischen Fakultät an der alten Universität Köln, in: Festschrift 1938, 43-107.

Gestalten 1981: Gestalten der Kirchengeschichte, hg. von Martin Greschat, V: Die Reformationszeit I, Stuttgart usw. 1981.

GiK: Geschichte in Köln.

Gilbert 1974: Gilbert, Neal W., Ockham, Wyclif, and the „via moderna", in: MM 9 (1974), 85-125.

Glarean 1983: Der Humanist Heinrich Loriti genannt Glarean 1488-1563. Beiträge zu seinem Leben und Werk, Mollis 1983.

Glauning 1917: Glauning, Otto, Der Holzdeckelkatalog in der Stadtbibliothek zu Nördlingen. Das Bücherverzeichnis eines Geistlichen aus der ersten Hälfte des 16. Jahrhunderts, in: Historischer Verein für Nördlingen und Umgebung 6 (1917), 19-72.

Glorieux 1959: Glorieux, Palémon, Le Chancelier Gerson et la réforme de l'enseignement, in: Mélanges offerts à Étienne Gilson de l'Académie Francaise (Études de Philosophie Médiévale, Hors Série), Toronto-Paris 1959, 285-298.

Glorieux 1959a: Glorieux, Palémon, Les origines du Collège de Sorbonne (Texts and Studies in the History of Mediaeval Education 8), Notre Dame (Ind.) 1959.

Glorieux 1965: Glorieux, Palémon, Aux Origines de la Sorbonne, II: Le Cartulaire. Édition critique (Études de Philosophie Médiévale 54), Paris 1965.

Glorieux 1966: Glorieux, Palémon, Aux Origines de la Sorbonne, I: Robert de Sorbon: L'homme – Le collège, les documents (Études de Philosophie Médiévale 53), Paris 1966.

Goldast 1610: V. illustris Bilibaldi Pirckheimeri ... Opera politica, historica, philologica et epistolica ... omnia nunc primum edita ex bibliotheca Pirckheimerana ... collecta, recensita ac digesta a Melchiore Goldasto Haiminsfeldo, Frankfurt 1610 (ND Darmstadt o.J.).

Gössmann 1974: Gössmann, Elisabeth, Antiqui und Moderni im Mittelalter. Eine geschichtliche Standortbestimmung (Veröffentlichungen des Grabmann-Institutes 23), München-Paderborn 1974.

Grabmann 1926/36/56: Grabmann, Martin, Mittelalterliches Geistesleben. Abhandlungen zur Geschichte der Scholastik und Mystik, I-III, München 1926-1956.

Grabmann 1926a: Grabmann, Martin, Studien über Ulrich von Straßburg. Bilder wissenschaftlichen Lebens und Strebens aus der Schule Alberts des Großen, in: Grabmann 1926, 147-221.

Grabmann 1926b: Grabmann, Martin, Die Schrift „De ente et essentia" und die Seinsmetaphysik des heiligen Thomas von Aquin, in: Grabmann 1926, 314-331.

Grabmann 1926c: Grabmann, Martin: Die Entwicklung der mittelalterlichen Sprachlogik (Tractatus de modis significandi), in: Grabmann 1926, 104-146.

Grabmann 1936a: Grabmann, Martin, Der Einfluß Alberts des Großen auf das mittelalterliche Geistesleben, in: Grabmann 1936, 324-412.

Grabmann 1936b: Grabmann, Martin, Hilfsmittel des Thomasstudiums aus alter Zeit (Abbrevationes, Concordantiae, Tabulae). Auf Grund handschriftlicher Forschungen dargestellt, in: Grabmann 1936, 424-489.

Grabmann 1956a: Grabmann, Martin, Der Anteil Deutschlands am Aristotelismus des Mittelalters, in: Grabmann 1956, 219-231.

Grabmann 1956b: Grabmann, Martin, Der Sentenzenkommentar des Magister Henricus de Cervo und die Kölner Dominikanertheologie des 14. Jahrhunderts, in: Grabmann 1956, 352-369.

Grabmann 1956c: Grabmann, Martin, Der belgische Thomist Johannes Tinctoris (+1469) und die Entstehung des Kommentars zur Summa theologiae des heiligen Thomas von Aquin, in: Grabmann 1956, 411-432.

Graecogermania 1989: Graecogermania: Griechischstudien deutscher Humanisten. Die Editionstätigkeit der Griechen in der italienischen Renaissance (1469-1523); Ausstellung im Zeughaus der Herzog August Bibliothek Wolfenbüttel vom 22. April bis 9. Juli 1989, unter Leitung von Dieter Harlfinger bearb. von Reinhard Barm u.v.a. (Ausstellungskatalog der Herzog August Bibliothek 59), Weinheim 1989.

Graf 1930: Graf, Wilhelm, Doktor Christoph Scheurl von Nürnberg (Beiträge zur Kulturgeschichte des Mittelalters und der Renaissance 43), Leipzig-Berlin 1930.

Gramulla 1971: Gramulla, Gertrud S., Kölner Kaufleute im Handel mit dem Ostseeraum am Ende des 15. und im 16. Jahrhundert, in: Köln, das Reich und Europa (Mitteilungen 60), Köln 1971, 553-598.

Grant 1971: Grant, Edward, Physical Science in the Middle Ages, Cambridge 1971.

Grant 1981: Grant, Edward, The Condemnation of 1277, God's Absolute Power, and Physical Thought in the Late Middle Ages, in: Ders., Studies in Medieval Science and Natural Philosophy, London 1981, 211-244, Nr. 13.

Graven 1935: Graven, Hubert, Die alte Kölner Universität und die Kunst, Köln 1935.

Gregor von Rimini 1981: Gregor von Rimini. Werk und Wirkung bis zur Reformation, hg. von Heiko A. Oberman (Spätmittelalter und Reformation. Texte und Untersuchungen 20), Berlin-New York 1981.

Greiff 1861: Greiff, B. (Hg.), Tagebuch des Lucas Rem aus den Jahren 1494-1541. Ein Beitrag zur Handelsgeschichte der Stadt Augsburg, in: 26. Jahres-Bericht des historischen Kreis-Vereins im Regierungsbezirke von Schwaben und Neuburg für das Jahr 1860, Augsburg 1861, V-XX, 1-110.

Greven 1935: Greven, Joseph, Die Kölner Kartause und die Anfänge der katholischen Reform in Deutschland (KLK 6), Münster 1935.

Greving 1899: Greving, Joseph, Die Bilder der Pfarrer von St. Kolumba, in: WZGK 18 (1899), Korr.-Bl. Sp. 32-40.

Greving 1900: Greving, Joseph, Steuerlisten des Kirchspiels St. Kolumba in Köln vom 13.-16. Jahrhundert (= Mitteilungen 30), Köln 1900.

Greving 1902: Greving, Joseph, Protokoll über die Revision der Konvente der Beginen und Begarden zu Köln im Jahre 1452, in: AHVN 73 (1902), 25-77.

Greving 1906: Greving, Joseph, Johann Eck als junger Gelehrter. Eine literar- und dogmengeschichtliche Untersuchung über seinen Chrysopassus praedestinationis aus dem Jahre 1514 (Reformationsgeschichtliche Studien und Texte 1), Münster 1906.

Grossmann 1975: Grossmann, Maria, Humanismus in Wittenberg 1485-1517, Nieuwkoop 1975.

Großmann 1929: Großmann, Karl, Die Frühzeit des Humanismus in Wien bis zu Celtis Berufung 1497, in: Jahrbuch für Landeskunde von Niederösterreich 22 (1929), 150-325.

Groten 1981: Groten, Manfred, Gerhard vom Wasservas (um 1450-1520). Ein kölnischer Bürgermeister, in: JKG 52 (1981), 93-130.

Grüneberg 1952: Grüneberg, Theodor, Martin Pollich von Mellerstadt, der erste Rektor der Wittenberger Universität, in: Wittenberg 1952, 87-91.

Güldner 1905: Güldner, Friedrich, Jakob Questenberg, ein deutscher Humanist in Rom, in: Zeitschrift des Harz-Vereins für Geschichte und Altertumskunde 38 (1905), 213-276.

Gumbert 1988: Gumbert, J. P., Italienische Schrift – humanistische Schrift – Humanisten-

schrift, in: Renaissance- und Humanistenhandschriften, hg. von Johanne Autenrieth (Schriften des Historischen Kollegs. Kolloquien 13), München 1988, 63-70.
Gurlitt 1966: Gurlitt, Wilibald, Musik und Rhetorik. Hinweise auf ihre geschichtliche Grundlageneinheit, in: Ders., Musikgeschichte und Gegenwart. Eine Aufsatzfolge. Teil 1: Von musikgeschichtlichen Epochen, hg. von Hans Heinrich Eggebrecht (Beihefte zum Archiv für Musikwissenschaft 1), Wiesbaden 1966, 62-81.
Guthmüller 1983: Guthmüller, Bodo, Der Mythos zwischen Theologie und Poetik, in: Die Antike-Rezeption in den Wissenschaften während der Renaissance, hg. von August Buck und Klaus Heitmann (Mitteilung X der Kommission für Humanismusforschung), Weinheim 1983, 129-148.
Güttsches 1932: Güttsches, Arnold, Die Kölner Generalvikare von 1390-1600. Biographische Notizen, in: JKGV 14 (1932), 30-53.

Haacke 1980: Haacke, Rhaban (Bearb.), Die Benediktinerklöster in Nordrhein-Westfalen (Germania Benedictina 8: Nordrhein-Westfalen), Siegburg 1980.
Haenselmann 1896: Haenselmann, Ludwig (Hg.), Henning Brandis' Diarium. Hildesheimsche Geschichten aus den Jahren 1471-1528, Hildesheim 1896.
Häfele 1988: Häfele, Rolf, Die Studenten der Städte Nördlingen, Kitzingen, Mindelheim und Wunsiedel bis 1580. Studium, Berufe und soziale Herkunft (Trierer Historische Forschungen 13/1,2), 2 Teile Trier 1988.
Haffner 1961: Haffner, Franz, Die kirchlichen Reformbemühungen des Speyerer Bischofs Matthias von Rammung in vortridentinischer Zeit (1464-1478), theol. Diss. Mainz, Speyer 1961.
Hagen 1882: Hagen, Rudolf, Willibald Pirckheimer in seinem Verhältnis zum Humanismus und zur Reformation, in: MVGN 4 (1882), 61-211.
Hahn 1989: Hahn, Reinhard, Huttens Anteil an den ‚Epistolae obscurorum virorum', in: Ulrich von Hutten 1488-1988. Akten des Internationalen Ulrich-von-Hutten-Symposions 15.-17. Juli 1988 in Schlüchtern, hg. von Stephan Füssel (Pirckheimer-Jahrbuch 4/1988), 79-111.
Halkin 1930: Halkin, Léon-E., Le Cardinal de la Marck. Prince-Évêque de Liége (1505-1538) (Bibliothèque de la Faculté de Philosophie et Lettres de l'Université de Liége 43), Lüttich 1930.
Haller 1927/29: Haller, Johannes, Die Anfänge der Universität Tübingen 1477-1537, I/II, Stuttgart 1927-1929.
Hamelmann/Detmer 1905: Hermann Hamelmanns geschichtliche Werke. Kritisch neu hg. von Heinrich Detmer. I: Schriften zur niedersächsisch-westfälischen Gelehrtengeschichte; H. 2: Oratio de Rodolpho Langio. De vita, studiis, itineribus, scriptis et laboribus Hermanni Buschii, Münster 1905.
Hamm 1989: Hamm, Berndt, Humanistische Ethik und reichsstädtische Ehrbarkeit in Nürnberg, in: MVGN 76 (1989), 65-147.
Hammer 1953: Hammer, Kunibert, Johannes von Mecheln, ein Theologe des 15. Jahrhunderts, in: RTAM 20 (1953), 322-327.
Hansen 1901: Hansen, Joseph, Quellen und Untersuchungen zur Geschichte des Hexenwahns und der Hexenverfolgung im Mittelalter, Bonn 1901.
Hartfelder 1880: Hartfelder, Karl, Werner von Themar, ein Heidelberger Humanist, in: ZGO 33 (1880), 1-101.
Hartfelder 1886: Hartfelder, Karl, Unedierte Briefe von Rudolf Agricola. Ein Beitrag zur Geschichte des Humanismus, in: Festschrift der Badischen Gymnasien. Gewidmet der Universität Heidelberg zur Feier ihres 500jährigen Jubiläums, Karlsruhe 1886, 1-36.
Hartfelder 1891: Hartfelder, Karl, Zur Gelehrtengeschichte Heidelbergs am Ende des Mittelalters, in: ZGO NF 6 (1891), 141-171.

Hartmann 1889: Hartmann, Bernhard, Konrad Celtis in Nürnberg, in: MVGN 8 (1889), 1-68.
Hartmann 1942/43: Hartmann, Alfred (Hg.), Die Amerbachkorrespondenz, I: Die Briefe aus der Zeit Johann Amerbachs 1481-1513; II: Die Briefe aus den Jahren 1514-1524, Basel 1942-1943.
Hartzheim 1747: Hartzheim, Josephus, Bibliotheca Coloniensis, in qua vita et libri typo vulgati et manuscripti recensentur omnium archidioecesis Coloniensis, ducatuum Westphaliae, Angariae, Moersae, Cliviae ... indigenarum et incolarum scriptorum, Köln 1747.
Hashagen 1921: Hashagen, Justus, Erasmus und die Klevischen Kirchenordnungen von 1532/33, in: Festgabe Friedrich von Bezold dargebracht zum 70. Geburtstag, Bonn-Leipzig 1921, 181-220.
Hashagen 1922: Hashagen, Justus, Hauptrichtungen des rheinischen Humanismus, in: AHVN 106 (1922), 1-56.
Hasselwander 1954: Hasselwander, Norbert, Aus der Gutachter- und Urteilstätigkeit an der alten Mainzer Juristenfakultät, phil. Diss. Mainz (masch.) 1954.
Haubst 1951: Haubst, Rudolf, Johannes Wenck aus Herrenberg als Albertist, in: RTAM 18 (1951), 308-323.
Haubst 1952: Haubst, Rudolf, Zum Fortleben Alberts des Großen bei Heymerich von Kamp und Nikolaus von Kues, in: Studia Albertina. Festschrift für Bernhard Geyer zum 70. Geburtstag, hg. von Heinrich Ostlender (BGPhMA Suppl.-Bd. 4), Münster 1952, 420-447.
Haubst 1955: Haubst, Rudolf, Studien zu Nikolaus von Kues und Johannes Wenck. Aus Handschriften der Vatikanischen Bibliothek (BGPhMa 38,1), Münster 1955.
Haubst 1974: Haubst, Rudolf, Die Rezeption und Wirkungsgeschichte des Thomas von Aquin im 15. Jahrhundert, besonders im Umkreis des Nikolaus von Kues († 1464), in: Theologie und Philosophie 49 (1974), 252-273.
Haubst 1980: Haubst, Rudolf, Albert, wie Cusanus ihn sah, in: Albertus Magnus, Doctor universalis 1980, 167-204.
Haußleiter 1903: Haußleiter, Johannes, Die Universität Wittenberg vor dem Eintritt Luthers. Nach der Schilderung des Mag. Andreas Meinhardi vom Jahre 1507, Leipzig 1903.
Hautz 1862/64: Hautz, Johann F., Geschichte der Universität Heidelberg, I/II, Mannheim 1862-1864.
Hay 1975: Hay, Denys, England and the Humanities in the Fifteenth Century, in: Itinerarium 1975, 305-367.
Heimann 1991: Heimann, Heinz-Dieter, Stadtideal und Stadtpatriotismus in der „Alten Stadt" am Beispiel der „laudationes Coloniae" des Mittelalters und der frühen Neuzeit, in: HJ 111 (1991), 3-27.
Heimpel 1969: Heimpel, Hermann (Hg.), Zwei Wormser Inquisitionen aus den Jahren 1421 und 1422 (AAWGPh 3,73), Göttingen 1969.
Heimpel 1969a: Heimpel, Hermann (Hg.), Drei Inquisitions-Verfahren aus dem Jahre 1425. Akten der Prozesse gegen die deutschen Hussiten Johannes Drändorf und Peter Turnau sowie gegen Drändorfs Diener Martin Borchard (VMPIG 24), Göttingen 1969.
Heimpel 1982: Heimpel, Hermann, Die Vener von Gmünd und Straßburg 1162-1447. Studien und Texte zur Geschichte einer Familie sowie des gelehrten Beamtentums in der Zeit der abendländischen Kirchenspaltung und der Konzilien von Pisa, Konstanz und Basel (VMPIG 52), 3 Teile Göttingen 1982.
Heiß 1938: Heiß, Robert, Der Aristotelismus in der Artisten-Fakultät der alten Universität Köln, in: Festschrift 1938, 288-315.

Helbig 1953: Helbig, Herbert, Die Reformation der Universität Leipzig im 16. Jahrhundert (Schriften des Vereins für Reformationsgeschichte 171), Gütersloh 1953.

Helmrath 1987: Helmrath, Johannes, Das Basler Konzil 1431-1449. Forschungsstand und Probleme (Kölner Historische Abhandlungen 32), phil. Diss. Köln, Köln-Wien 1987.

Helmrath 1988: Helmrath, Johannes, ‚Humanismus und Scholastik' und die deutschen Universitäten um 1500. Bemerkungen zu einigen Forschungsproblemen, in: ZHF 15 (1988), 187-203.

Helssig 1909: Helssig, Rudolf, Die wissenschaftlichen Vorbedingungen für Baccalaureat in artibus und Magisterium im ersten Jahrhundert der Universität, in: Beiträge 1909, Teil II.

Herborn 1972: Herborn, Wolfgang, Zur Rekonstruktion und Edition der Kölner Bürgermeisterliste bis zum Ende des Ancien Régime (Zugleich ein Verzeichnis der Verdienten Amtleute der Richerzeche bis 1391), in: RhV 36 (1972), 89-183.

Herborn 1977: Herborn, Wolfgang, Die politische Führungsschicht der Stadt Köln im Spätmittelalter (Rheinisches Archiv 100), phil. Diss. Bonn 1977.

Herborn 1980: Herborn, Wolfgang, Verfassungsideal und Verfassungswirklichkeit in Köln während der ersten zwei Jahrhunderte nach Inkrafttreten des Verbundbriefes von 1396, dargestellt am Beispiel des Bürgermeisteramtes, in: Städtische Führungsgruppen und Gemeinde in der werdenden Neuzeit, hg. von Wilfried Ehbrecht (Städteforschung A/9), Köln-Wien 1980, 25-52.

Herborn 1985: Herborn, Wolfgang, Der graduierte Ratsherr. Zur Entwicklung einer neuen Elite im Kölner Rat der frühen Neuzeit, in: Bürgerliche Eliten in den Niederlanden und in Nordwestdeutschland. Studien zur Sozialgeschichte des europäischen Bürgertums im Mittelalter und in der Neuzeit, hg. von Heinz Schilling und Herman Diederiks (Städteforschung A/23), 337-400.

Herding/Mertens 1990: Herding, Otto – Mertens, Dieter (Hgg.), Jakob Wimpfeling: Briefwechsel (Jacobi Wimpfelingi Opera Selecta III/1), 2 Teilbde. München 1990.

Hermans 1988: Hermans, Jos. M. M., Rudolph Agricola and his books, with some remarks on the scriptorium of Selwerd, in: Agricola 1988, 123-135.

Hermelink 1906: Hermelink, Heinrich, Die theologische Fakultät in Tübingen vor der Reformation 1477-1534, Tübingen 1906.

Hermelink 1907: Hermelink, H[einrich], Die religiösen Reformbestrebungen des deutschen Humanismus, Tübingen 1907.

Herold 1985: Herold, Vilém, Pražská Univerzita a Wyclif. Wyclifovo učení o ideách a geneze husitského revolučního myšlení, Prag 1985.

Herold 1987: Herold, Vilém, Wyclifs Polemik gegen Ockhams Auffassung der platonischen Ideen und ihr Nachklang in der tschechischen hussitischen Philosophie, in: Hudson/Wilks 1987, 185-215.

Herold 1989: Herold, Vilém, Magister Hieronymus von Prag und die Universität Köln. Ein Beitrag zur Geschichte der Differenzierung in der spätmittelalterlichen Philosophie, in: MM 20 (1989), 255-273.

Herrmann 1907: Herrmann, Fritz, Die Mainzer Bursen „Zum Algesheimer" und „Zum Schenkenberg" und ihre Statuten, in: Archiv für hessische Geschichte und Altertumskunde NF 5 (1907), 94-124.

Herrmann 1914: Herrmann, Fritz (Hg.), Quellen zur Topographie und Statistik der Stadt Mainz. Häuser und Steuerlisten aus der Zeit von 1497-1541 (Beiträge zur Geschichte der Stadt Mainz 3), Mainz 1914.

HG: Hansische Geschichtsblätter.

HJ: Historisches Jahrbuch.

Hofacker 1978: Hofacker, Heidrun, Der „Liber decanatus" der Tübinger Artistenfakultät 1477-1512. Edition und Kommentar (Werkschriften des Universitätsarchivs Tübingen. Reihe 1: Quellen und Studien 2), Tübingen 1978.

Höfler 1864: Höfler, Carl A., Magister Johannes Hus und der Abzug der deutschen Professoren und Studenten aus Prag 1409, Prag 1864.
Hofmeister 1899: Hofmeister, Adolph (Hg.), Die Matrikel der Universität Rostock, I, Rostock 1899.
Höhn 1974: Höhn, Erich, Köln als der Ort der ersten Kommentare zur „Summa Theologiae" des Thomas von Aquin, in: Thomas von Aquino 1974, 641-655.
Holeton 1989: Holeton, David R., Wyclif's Bohemian Fate. A Reflection on the Contextualization of Wyclif in Bohemia, in: Communio viatorum 32 (1989), 209-222.
Holstein 1891: Holstein, Hugo, Ungedruckte Gedichte oberrheinischer Humanisten, in: Zeitschrift für Vergleichende Litteraturgeschichte und Renaissance-Litteratur 4 (1891), 359-382, 446-473.
Holstein 1893: Holstein, Hugo, Zur Gelehrtengeschichte Heidelbergs beim Ausgang des Mittelalters (Osterprogramm des Königlichen Gymnasiums zu Wilhelmshaven 1893), Wilhelmshaven 1893, 3-26.
Holzberg 1981: Holzberg, Niklas, Willibald Pirckheimer. Griechischer Humanismus in Deutschland (Humanistische Bibliothek. Abhandlungen 41), München 1981.
Honselmann 1964: Honselmann, Klemens, Otto Beckmann und sein Sammelband von Reformationsschriften, in: Westfälische Zeitschrift 114 (1964), 243-268.
Horning 1918: Horning, Wilhelm, Der Humanist Dr. Nikolaus Gerbel, Förderer lutherischer Reformation in Strassburg (1485-1560) (Beiträge zur Landes- und Volkskunde von Elsass-Lothringen und den angrenzenden Gebieten 53), Straßburg 1918.
Höss 1978: Höss, Irmgard, Georg Spalatin, in: Fränkische Lebensbilder 8 (1978), 35-50.
Höss 1989: Höss, Irmgard, Georg Spalatin 1484-1545. Ein Leben in der Zeit des Humanismus und der Reformation, Weimar 1989^2.
Hossfeld 1907/08: Hossfeld, Max, Johannes Heynlin aus Stein, in: Basler Zeitschrift für Geschichte und Altertumskunde 6 (1907), 309-356; 7 (1908), 79-219, 235-431.
Hübener 1974: Hübener, Wolfgang, Der theologisch-philosophische Konservativismus des Jean Gerson, in: MM 9 (1974), 171-200.
Hubien 1976: Hubien, Hubert (Hg.), Johannis Buridani Tractatus De Consequentiis (Philosophes Médiévaux 16), Löwen-Paris 1976.
Hudson/Wilks 1987: Hudson, Anne – Wilks, Michael (Hgg.), From Ockham to Wyclif (Studies in Church History. Subsidia 5), Oxford 1987.
Humanisme allemand 1979: L'Humanisme allemand (1480-1540). XVIIIe Colloque international de Tours (HumB 38 = De Pétrarque à Descartes 37), München-Paris 1979.
Humanismus 1984: Humanismus im Bildungswesen des 15. und 16. Jahrhunderts, hg. von Wolfgang Reinhard (Mitteilung XII der Kommission für Humanismusforschung), Weinheim 1984.
Humanismus 1987: Der Humanismus und die oberen Fakultäten, hg. von Gundolf Keil, Bernd Moeller und Winfried Trusen (Mitteilung XIV der Kommission für Humanismusforschung), Weinheim 1987.
Humanismus 1990: Humanismus und höfisch-städtische Eliten im 16. Jh. 23. Deutschfranzösisches Historikerkolloquium des Deutschen Historischen Instituts Paris in Verbindung mit dem Fachbereich Geschichtswissenschaften der Philipps-Universität in Marburg vom 6.-9. April 1987, hg. von Klaus Malettke und Jürgen Voss (Pariser Historische Studien 27), Bonn 1990^2.
Humanismus 1991: Humanismus und Historiographie: Rundgespräche und Kolloquien, hg. von August Buck, Weinheim 1991.
Humansimus 1991: Humanismus in Köln. Humanism in Cologne, hg. von James V. Mehl (Studien zur Geschichte der Universität zu Köln 10), Köln-Weimar-Wien 1991.
HumB: Humanistische Bibliothek
Hummel 1940: Hummel, Gerhard, Die humanistischen Sodalitäten und ihr Einfluß auf die Entwicklung des Bildungswesens der Reformationszeit, phil. Diss. Leipzig 1940.

Hürbin 1897: Hürbin, Jos., Peter von Andlau: Der Verfasser des ersten deutschen Reichsstaatsrechts. Ein Beitrag zur Geschichte des Humanismus am Oberrhein im XV. Jahrhundert, Straßburg 1897.

Huyskens 1915: Huyskens, Albert, Junggraf Wilhelm von Waldeck an der Universität Köln 1509/10, in: AHVN 97 (1915), 78-110.

Hyma 1965: Hyma, Albert, The Christian Renaissance. A history of the „Devotio moderna", Hamden (Conn.) 1965².

Ijsewijn 1971: Ijsewijn, Jozef, Alexander Hegius († 1498), „Invectiva in Modos Significandi", in: Forum for Modern Language Studies 7 (1971), 299-318.

Ijsewijn 1975: Ijsewijn, Jozef, The Coming of Humanism to the Low Countries, in: Itinerarium 1975, 193-301.

Imbach 1979: Imbach, Ruedi, Theologia Raymundi Lulli memoriter epylogata. Das Ramon Llull gewidmete Kapitel im ‚Centheologicon' des Heymericus de Campo (1395-1460), in: Estudios Lulianos 23 (1979), 185-193.

Imbach 1980: Imbach, Ruedi, Einheit des Glaubens. Spuren des Cusanischen Dialogs „De Pace fidei" bei Heymericus de Campo, in: FZPhTh 27 (1980), 5-23.

Imbach 1987: Imbach, Ruedi, Neue Perspektiven für die Erforschung der mittelalterlichen Philosophie (Diskussion einer Veröffentlichung von L.-M. De Rijk: La philosophie au Moyen Age), in: FZPhTh 34 (1987), 243-256.

Imhoff 1984: Imhoff, Christoph von (Hg.), Berühmte Nürnberger aus neun Jahrhunderten, Nürnberg 1984.

Immenkötter 1982: Immenkötter, Herbert, Hieronymus Vehus. Jurist und Humanist der Reformationszeit (KLK 42), Münster 1982.

Inciarte 1974: Inciarte, Fernando, Die Suppositionslehre und die Anfänge der extensionalen Semantik, in: MM 9 (1974), 126-141.

Irsigler 1973: Irsigler, Franz, Hansekaufleute – Die Lübecker Veckinchusen und die Kölner Rinck, in: Hanse in Europa. Brücke zwischen den Märkten 12. bis 17. Jahrhundert. Ausstellung Kunsthalle Köln. 9. Juni bis 9. September 1973, 303-327.

Irsigler 1974: Irsigler, Franz, Soziale Wandlungen in der Kölner Kaufmannschaft im 14. und 15. Jahrhundert, in: HG 92 (1974), 59-78.

Irsigler 1975: Irsigler, Franz, Peter Rinck († 8. Februar 1501), in: RhL 6 (1975), 55-69.

Irsigler 1979: Irsigler, Franz, Die wirtschaftliche Stellung der Stadt Köln im 14. und 15. Jahrhundert. Strukturanalyse einer spätmittelalterlichen Exportgewerbe- und Fernhandelsstadt (VSWG. Beihefte 65), Wiesbaden 1979.

Irsigler/Lassotta 1989: Irsigler, Franz – Lassotta, Arnold, Bettler und Gaukler – Dirnen und Henker, München (dtv) 1989.

Iserloh 1981: Iserloh, Erwin, Johannes Eck (1486-1543). Scholastiker, Humanist, Kontroverstheologe (KLK 41), Münster 1981.

Iserloh 1984: Iserloh, Erwin, Johannes Eck (1486-1543), in: Katholische Theologen der Reformationszeit 1 (KLK 44), Münster 1984, 64-71.

Iserloh 1988: Iserloh, Erwin (Hg.), Johannes Eck (1486-1543) im Streit der Jahrhunderte. Internationales Symposion der Gesellschaft zur Herausgabe des Corpus Catholicorum aus Anlaß des 500. Geburtstages des Johannes Eck vom 13. bis 16. November 1986 in Ingolstadt und Eichstätt (Reformationsgeschichtliche Studien und Texte 127), Münster 1988.

Itinerarium 1975: Itinerarium Italicum. The Profile of the Italian Renaissance in the Mirror of its European Transformations. Dedicated to Paul Oskar Kristeller on the occasion of his 70th birthday, ed. by Heiko A. Oberman with Thomas A. Brady Jr. (SMRT 14), Leiden 1975.

Jardine 1988: Jardine, L., Distinctive Discipline: Rudolph Agricola's influence on methodical thinking in the humanities, in: Agricola 1988, 38-57.
Jeauneau 1979: Jeauneau, Edouard, Plato apud Bohemos, in: Mediaeval Studies 9 (1974), 126-141.
JKGV: Jahrbuch des Kölnischen Geschichtsvereins.
JMRS: The Journal of Medieval and Renaissance studies.
Joachimsohn 1893: Joachimsohn, Paul (Hg.), Hermann Schedels Briefwechsel (1452-1478) (Bibliothek des litterarischen Vereins in Stuttgart 196), Tübingen 1893.
Junghans 1985: Junghans, Helmar, Der junge Luther und die Humanisten, Göttingen 1985.
Jürges 1914: Jürges, Paul (Hg.), Konrad Kluppels Chronik und Briefbuch, in: Waldecker Chroniken, bearb. von Paul Jürges, Albert Leiß, Wilhelm Dersch (Veröffentlichungen der Historischen Kommission für Hessen und Waldeck VII,2), Marburg 1914, I-XXXVII, 1-179.

Kaemmerer 1963: Kaemmerer, Walter (Hg.), Deutsche Reichstagsakten unter Kaiser Friedrich III. Dritte Abtlg. 1442-1445 (RTA. ÄR XVII), Göttingen 1963.
Kalivoda 1963: Kalivoda, Robert, Joannes Wyclifs Metaphysik des extremen Realismus und ihre Bedeutung im Endstadium der mittelalterlichen Philosophie, in: MM 2 (1963), 716-723.
Kaluza 1971: Kaluza, Zénon, Dialogus Heimerici de Campo cum Godefrido de Campo, in: RTAM 38 (1971), 273-289.
Kaluza 1984: Kaluza, Zénon, Le chancelier Gerson et Jérôme de Prague, in: AHDL 51 (1984), 81-126.
Kaluza 1986: Kaluza, Zénon, Le ‚De universali reali' de Jean de Maisonneuve et les ‚epicuri litterales', in: FZPhTh 33 (1986), 469-516.
Kaluza 1988: Kaluza, Zénon, Les querelles doctrinales à Paris. Nominalistes et réalistes aux confins du XIVe et du XVe siècles, Bergamo 1988.
Kaminsky 1972: Kaminsky, Howard, The University of Prague in the Hussite Revolution: The Role of the Masters, in: Universities in Politics. Case Studies from the Late Middle Ages and Early Modern Period, ed. by John W. Baldwin and Richard A. Goldthwaite, Baltimore-London 1972, 79-106.
Kattermann 1935: Kattermann, Gerhard, Markgraf Philipp I. von Baden (1515-1533) und sein Kanzler Dr. Hieronymus Veus in der badischen Territorial- und in der deutschen Reichsgeschichte bis zum Sommer 1524, phil. Diss. Freiburg/Br., Düsseldorf 1935.
Keil 1917: Keil, Leonhard (Bearb.), Akten und Urkunden zur Geschichte der Trierer Universität. Erstes Heft: Das Promotionsbuch der Artisten-Fakultät (Trierisches Archiv. Erg.-Heft 16), Trier 1917.
Kellenbenz 1974: Kellenbenz, Hermann, Die wohlhabendsten Kölner Bürger um 1515, in: Geschichte in der Gesellschaft. Festschrift für Karl Bosl, hg. von F. Prinz, F.-J. Schmale, F. Seibt, Stuttgart 1974, 264-291.
Kellenbenz 1975: Kellenbenz, Hermann, Wirtschaftsgeschichte Kölns im 16. und 17. Jahrhundert, in: Hermann Kellenbenz, Zwei Jahrtausende Kölner Wirtschaft, I, Köln 1975, 321-427.
Kenny 1985: Kenny, Anthony, Wyclif (Past Masters), Oxford 1985.
Kessler 1979: Kessler, Eckhard, Humanismus und Naturforschung bei Rudolf Agricola, in: Humanisme allemand 1979, 141-157.
Keussen 1890/91: Keussen, Hermann, Die Stadt Köln als Patronin ihrer Hochschule von deren Gründung bis zum Ausgange des Mittelalters, I, in: WZGK 9 (1890), 344-404; II, in: WZGK 10 (1891), 65-108.
Keussen 1899: Keussen, Hermann, Beiträge zur Geschichte der Kölner Universität. I: Die

älteren Bibliotheken, insbesondere die Artistenbibliothek; II: Der Humanist Stephan Surigonus und sein Kölner Aufenthalt, in: WZGK 18 (1899), 315-369.

Keussen 1910: Keussen, Hermann, Topographie der Stadt Köln im Mittelalter, I/II (Preis-Schriften der Mevissen-Stiftung 2), Bonn 1910 (ND – unter Berücksichtigung des „Revidierten Sonderabdrucks" Bonn 1918 – Düsseldorf 1986).

Keussen 1929: Keussen, Hermann, Die Stellung der Universität Köln im großen Schisma und zu den Reformkonzilien des 15. Jahrhunderts, in: AHVN 115 (1929), 225-254.

Keussen 1929a: Keussen, Hermann, Die alte Kölner Universitätsbibliothek, in: JKGV 11 (1929), 138-190.

Keussen 1934: Keussen, Hermann, Die alte Universität Köln. Grundzüge ihrer Verfassung und Geschichte, Köln 1934.

Keussen 1936: Keussen, Hermann, Wilhelm Kurmann von Werden, der erste Vizerektor der Universität Ingolstadt und sein Prozeß mit der Universität Köln, in: ZBLG 9 (1936), 99-107.

Kibre 1948: Kibre, Pearl, The Nations in the Medieval Universities, Cambridge (Mass.) 1948.

Kießling 1971: Kießling, Rolf, Bürgerliche Gesellschaft und Kirche in Augsburg im Spätmittelalter. Ein Beitrag zur Strukturanalyse der oberdeutschen Reichsstadt (Abhandlungen zur Geschichte der Stadt Augsburg 19), phil. Diss. München, Augsburg 1971.

King 1985: Jean Buridan's Logic. The Treatise on Supposition, the Treatise on Consequences, translated, with a philosophical introduction by Peter King (Synthese Historical Library. Texts and Studies in the History of Logic and Philosophy 27), Dordrecht 1985.

Kink 1854: Kink, Rudolf, Geschichte der kaiserlichen Universität zu Wien, I/II, Wien 1854 (ND Frankfurt 1969).

Kirn 1909: Kirn, Otto, Die Leipziger Theologische Fakultät in fünf Jahrhunderten (Festschrift zur Feier des 500jährigen Bestehens der Universität Leipzig 1), Leipzig 1909.

Kirn 1928: Kirn, Paul, Das Urkundenwesen und die Kanzlei der Mainzer Erzbischöfe im fünfzehnten Jahrhundert, in: AHGA NF 15 (1928), 302-347, 533-573.

Kirn 1989: Kirn, Hans-Martin, Das Bild vom Juden im Deutschland des frühen 16. Jahrhunderts dargestellt an den Schriften Johannes Pfefferkorns (Texts and Studies in Medieval and Early Modern Judaism 3), Tübingen 1989.

Klauser 1961: Klauser, Renate, Aus der Geschichte der Philosophischen Fakultät Heidelberg, in: Ruperto-Carola 1961, 235-336.

Klein 1990: Klein, Thomas, Humanismus und höfisch-städtische Eliten im sächsisch-thüringischen Raum vor der Reformation, in: Humanismus 1990, 279-307.

Kleineidam 1969: Kleineidam, Erich, Universitas Studii Erffordensis. Überblick über die Geschichte der Universität Erfurt im Mittelalter 1392-1521. Teil II: 1460-1521 (Erfurter Theologische Studien 22), Leipzig 1969.

Kleineidam 1985: Kleineidam, Erich, Universitas Studii Erffordensis. Überblick über die Geschichte der Universität Erfurt. Teil I: Spätmittelalter 1392-1460 (Erfurter Theologische Studien 14), Leipzig 1985^2.

Klicman 1898: Klicman, Ladislav (Hg.), Processus Judiciarius contra Jeronimum de Praga. Habitus Viennae A. 1410-1412 (Historický Archiv České Akademie 12), Prag 1898.

Klicman 1900: Klicman, Ladislaus, Der Wiener Prozess gegen Hieronymus von Prag 1410-12, in: MIÖG 21 (1900), 445-457.

Klientelsysteme 1988: Klientelsysteme im Europa der Frühen Neuzeit, hg. von Antoni Mączak, unter Mitarbeit von Elisabeth Müller-Luckner (Schriften des Historischen Kollegs. Kolloquien, 9), München 1988.

KLK: Katholisches Leben und Kämpfen (ab 25/26, 1967 ff.: Kirchenreform) im Zeitalter der Glaubensspaltung 1 ff., Münster 1927 ff.

Kneale 1962: Kneale, William and Martha, The Development of Logic, Oxford 1962.
Knepper 1902: Knepper, Joseph, Jakob Wimpfeling (1450-1528). Sein Leben und seine Werke (Erläuterungen und Ergänzungen zu Janssens Geschichte des deutschen Volkes III,2-4), Freiburg/Br. 1902.
Knod 1899: Knod, Gustav C., Deutsche Studenten in Bologna (1289-1562). Biographischer Index zu den Acta nationis Germanicae universitatis Bononiensis, Berlin 1899 (ND Aalen 1970).
Köhler 1882: Köhler, J., Rückblick auf die Entwicklung des höheren Schulwesens in Emmerich von seinen Anfängen bis zur Gegenwart, I, Emmerich 1882.
Köhler 1883: Köhler, J., Nachträge und Ergänzungen zu dem 1. Teil des „Rückblicks auf die Entwicklung des höheren Schulwesens in Emmerich von seinen Anfängen bis zur Gegenwart." (Beilage zu dem Osterprogramm des Gymnasiums zu Emmerich 1883), Emmerich 1883.
Kölker 1963: Kölker, A. J., Alardus Aemstelredamus en Cornelius Crocus. Twee Amsterdamse Priester-Humanisten. Hun leven, werken en theologische opvattingen. Bijdrage tot de kennis van het Humanisme in Noord-Nederland in de eerste helft van de zestiende eeuw, Nijmegen-Utrecht 1963.
König 1923: König, Erich (Hg.), Konrad Peutingers Briefwechsel (Humanistenbriefe 1), München 1923.
Konzili 1975/76/77: Konzili, Jürgen, Studien über Johann Ulrich Surgant (ca. 1450-1503), in: Zeitschrift für Schweizerische Kirchengeschichte 69 (1975), 265-309; 70 (1976), 107-167, 308-388; 71 (1977), 332-392.
Kooiman 1988: Kooiman, P., The letters of Rodulphus Agricola to Jacobus Barbirianus, in: Agricola 1988, 136-146.
Korolec 1967/68: Korolec, Jerzy B., Compendium divinorum Heimeryka de Campo w rkp. BJ 695; I: Studia nad dziejami Albertyzmu Kolońskiego, in: Studia Mediewistyczne 8 (1967), 19-74; II: Dokończenie, in: Studia Mediewistyczne 9 (1968), 3-90.
Korolec 1981: Korolec, Jerzy B., Heymeric de Campo et sa vision néoplatonicienne de Dieu, in: MM 14 (1981), 208-216.
Köstlin 1887: Köstlin, Julius, Die Baccalaurei und Magistri der Wittenberger Philosophischen Fakultät 1503-1517. Aus der Fakultätsmatrikel veröffentlicht (Osterprogramm der Universität Halle-Wittenberg 1887), Halle 1887.
Krafft 1868: Krafft, Carl, Mitteilungen aus der Matrikel der alten Cölner Universität zur Zeit des Humanismus, in: Zeitschrift für preußische Geschichte und Landeskunde 5 (1868), 467-503.
Krafft 1869: Krafft, Carl, Mittheilungen aus der niederrheinischen Reformationsgeschichte, in: ZBGV 6 (1869), 193-340. Mit einem Anhang textgleich, aber mit unterschiedlicher Seitenzählung, ebenfalls erschienen als: Krafft, Carl, Aufzeichnungen des schweizerischen Reformators Heinrich Bullinger über sein Studium zu Emmerich und Köln (1516-1522) und dessen Briefwechsel mit Freunden in Köln, Erzbischof Hermann von Wied etc. Ein Beitrag zur niederrheinisch-westfälischen Kirchen-, Schul- und Gelehrtengeschichte, Elberfeld 1870.
Krafft/Crecelius 1871: Krafft, Karl – Crecelius, W., Mittheilungen über Alexander Hegius und seine Schüler, sowie andere Gelehrte, aus den Werken des Johannes Butzbach, Priors des Benedictiner-Klosters am Laacher See, in: ZBGV 7 (1871), 213-288.
Krause 1885: Krause, Carl (Hg.), Der Briefwechsel des Mutianus Rufus (Zeitschrift des Vereins für hessische Geschichte und Landeskunde. N.F. 9. Supplement), Kassel 1885.
Kress 1888: Kress, Georg Freiherr von, Die Berufung des Johannes Cochläus an die Schule bei St. Lorenz in Nürnberg im Jahre 1510, in: MVGN 7 (1888), 19-38.
Kristeller 1987: Kristeller, Paul Oskar, Scholastik und Humanismus an der Universität Heidelberg, in: Humanismus 1987, 1-20.
Kroker 1908: Kroker, Ernst, Hieronymus Walter, der Vorkämpfer der Katholiken, in:

Ders., Beiträge zur Geschichte der Stadt Leipzig im Reformationszeitalter (Neujahrsblätter der Bibliothek und des Archivs der Stadt Leipzig, IV, 1908), 93-134.
Kuckhoff 1929: Kuckhoff, Josef, Der Sieg des Humanismus in den katholischen Gelehrtenschulen des Niederrheins 1525-1557 (KLK 3), Münster 1929.
Kuckhoff 1931: Kuckhoff, Josef, Die Geschichte des Gymnasiums Tricoronatum (Veröffentlichungen des Rheinischen Museums in Köln 1), Köln 1931.
Kuhn 1971: Kuhn, Werner, Die Studenten der Universität Tübingen zwischen 1477 und 1534. Ihr Studium und ihre spätere Lebensstellung (Göppinger Akademische Beiträge 37/38), phil. Diss. Tübingen, 2 Teile Göppingen 1971.
Kühnel 1980: Kühnel, Harry, Abbild und Sinnbild in der Malerei des Spätmittelalters, in: Europäische Sachkultur des Mittelalters. Gedenkschrift aus Anlaß des zehnjährigen Bestehens des Instituts für mittelalterliche Realienkunde Österreichs (Veröffentlichungen des Instituts für mittelalterliche Realienkunde Österreichs 4; Sitzungsberichte der Österreichischen Akademie der Wissenschaften. Philosophisch-historische Klasse, 374), Wien 1980, 83-100.
Kuksewicz 1989: Kuksewicz, Zdzislaw, Die Einflüsse der Kölner Philosophie auf die Krakauer Universität im 15. Jahrhundert, in: MM 20 (1989), 287-298.
Kulenkampff 1987/88: Kulenkampff, Angela, Stifter und Stiftungen in der Pfarre St. Kolumba in Köln in der Zeit von 1464-1487, in: Wallraff-Richartz-Jahrbuch 48/49 (1987/88), 443-452.
Kümmerling 1988: Kümmerling, Harald, Zeugnisse für die Musikpflege in der Hardenrath-Kapelle, in: Colonia Romanica 3 (1988), 96 ff.
Kuske 1917/34: Kuske, Bruno (Hg.), Quellen zur Geschichte des Kölner Handels und Verkehrs im Mittelalter (PGRGK 33), I-IV, Bonn 1917-1934.

Lacomblet 1858: Lacomblet, Theodor (Hg.), Urkundenbuch für die Geschichte des Niederrheins, IV, Düsseldorf 1858 (2. ND Aalen 1966).
Ladner 1985: Ladner, Pascal, Revolutionäre Kirchenpolitik am Basler Konzil? Zum Konziliarismus des Heymericus de Campo (Vorträge der Aeneas-Silvius-Stiftung an der Universität Basel 19), Basel 1985.
Lang 1937: Lang, Albert, Heinrich Totting von Oyta. Ein Beitrag zur Entstehungsgeschichte der ersten deutschen Universitäten und zur Problemgeschichte der Spätscholastik (BGPhMA 33), Münster 1937.
Langosch 1976: Langosch, Karl (Hg.), Johannes Cochlaeus, Brevis Germaniae Descriptio (1512), mit der Deutschlandkarte des Erhard Etzlaub von 1501 (Ausgewählte Quellen zur deutschen Geschichte der Neuzeit. Freiherr vom Stein-Gedächtnisausgabe 1), Darmstadt 1976³.
Lebenslehren 1989: Lebenslehren und Weltentwürfe im Übergang vom Mittelalter zur Neuzeit. Politik – Bildung – Naturkunde – Theologie (Bericht über Kolloquien der Kommission zur Erforschung der Kultur des Spätmittelalters), hg. von Hartmut Boockmann, Bernd Moeller und Karl Stackmann (AAWGPh, 3. Folge, Nr. 179), Göttingen 1989.
Leeuwenberg 1972: Leeuwenberg, H. L. Ph., Lambertus van 's-Heerenberg (de Monte Domini) († 1499), een nederlands geleerde aan de universiteit van Keulen, in: TG 85 (1972), 325-349.
Leube 1928: Leube, M., Bursa und Stift in Tübingen, in: Blätter für württembergische Kirchengeschichte NF 32 (1928), 1-10.
Lhotsky 1965: Lhotsky, Alphons, Die Wiener Artistenfakultät 1365-1497, Wien 1965.
Lichnowsky 1844: Lichnowsky, E. M., Geschichte des Hauses Habsburg. Achter Theil: Kaiser Friedrich III. und sein Sohn Maximilian 1477-1493, Wien 1844.
Liess 1980: Liess, Albrecht, Die artistische Fakultät der Universität Ingolstadt 1472-1588,

in: Die Ludwig-Maximilians-Universität in ihren Fakultäten, hg. von Laetitia Boehm und Johannes Spörl †, II, Berlin 1980, 9-35.

Liessem 1884-1889/1905-1908: Liessem, Hermann J., Hermann van dem Busche; sein Leben und seine Schriften (Programm bzw. Jahresbericht des Kaiser Wilhelm-Gymnasiums zu Köln), Köln 1884-1889, 1905-1908.

Lipgens 1951: Lipgens, Walter, Kardinal Johannes Gropper (1503-1559) und die Anfänge der katholischen Reform in Deutschland (Reformationsgeschichtliche Studien und Texte 75), Münster 1951.

LMaxF: Ludovico Maximilianea. Forschungen.

Löffler 1912: Löffler, Klemens, Die Anfänge des hebräischen Unterrichts in Westfalen, in: ZVGA 70 (1912), 304-309.

Löffler 1919: Löffler, Klemens, Das Gedächtnisbuch des Kölner Fraterhauses Weidenbach, in: AHVN 103 (1919), 1-47.

Löffler 1930: Löffler, Klemens, Rudolf von Langen, in: WL 1 (1930), 344-357.

Löhr 1926: Löhr, Gabriel M., Die theologischen Disputationen und Promotionen an der Universität Köln im ausgehenden 15. Jahrhundert nach den Angaben des P. Servatius Fanckel O. P. (QGDOD 21), Leipzig 1926.

Löhr 1951: Löhr, Gabriel M., Die Dominikaner an der Universität Heidelberg, in: AFP 21 (1951), 272-293.

Lohr 1967/68/70-74: Lohr, Charles H., Medieval Latin Aristotle Commentaries, in: Traditio 23 (1967), 313-413; 24 (1968), 149-245; 26 (1970), 135-216; 27 (1971), 251-351; 28 (1972), 281-396; 29 (1973), 93-197; 30 (1974), 119-144.

Lohr 1987: Lohr, Charles, Medieval Latin Commentaries on Aristotle in Manuscripts in Libraries Outside of Italy, in: FZPhTh 34 (1987), 531-542.

Looz-Corswarem 1980: Looz-Corswarem, Clemens von, Die Kölner Artikelserie von 1525. Hintergründe und Verlauf des Aufruhrs von 1525 in Köln, in: Kirche und gesellschaftlicher Wandel in deutschen und niederländischen Städten der werdenden Neuzeit, hg. von Franz Petri (Städteforschung A/10), Köln-Wien 1980, 65-153.

Looz-Corswarem 1980a: Looz-Corswarem, Clemens von, Unruhen und Stadtverfassung in Köln an der Wende vom 15. zum 16. Jahrhundert, in: Städtische Führungsgruppen und Gemeinde in der werdenden Neuzeit, hg. von Wilfried Ehbrecht (Städteforschung A/9), Köln-Wien 1980, 53-97.

Lorenz 1985: Lorenz, Sönke, Libri Ordinarie Legendi. Eine Skizze zum Lehrplan der mitteleuropäischen Artistenfakultät um die Wende vom 14. zum 15. Jahrhundert, in: Argumente und Zeugnisse, hg. von Wolfram Hogrebe (Studia Philosophica et Historica 5), Frankfurt/M.-Bern-New York 1985, 204-258.

Lossen 1907: Lossen, Richard, Staat und Kirche in der Pfalz im Ausgang des Mittelalters (Vorreformationsgeschichtliche Forschungen 3), Münster 1907.

Ludolphy 1984: Ludolphy, Ingetraut, Friedrich der Weise, Kurfürst von Sachsen 1463-1525, Göttingen 1984.

Ludwig 1986: Ludwig, Walther, Burgermeister und Schöfferlin. Untersuchungen zur Adelsbestätigung der Brüder Paul und Johann Stephan Burgermeister von Deizisau, in: Esslinger Studien. Zeitschrift 25 (1986), 69-131.

Ludwig 1987: Ludwig, Walther, Römische Historie im deutschen Humanismus. Über einen verkannten Mainzer Druck von 1505 und den angeblich ersten deutschen Geschichtsprofessor (Berichte aus den Sitzungen der Joachim Jungius-Gesellschaft der Wissenschaften, Jg. 5, 1987, H. 1), Göttingen 1987.

Ludwig 1989: Ludwig, Walther, Südwestdeutsche Studenten in Pavia 1451-1500, in: Zeitschrift für Württembergische Landesgeschichte 48 (1989), 97-111.

Ludwig 1991: Erasmus und Schöfferlin – vom Nutzen der Historie bei den Humanisten, in: Humanismus 1991, 61-88.

Luscombe 1978: Luscombe, David, Some Examples of the Use made of the Works of the

Pseudo-Dionysius by University Teachers in the Later Middle Ages, in: Universities 1978, 228-241.
Lutz 1958: Lutz, Heinrich, Conrad Peutinger. Beiträge zu einer politischen Biographie (Abhandlungen zur Geschichte der Stadt Augsburg 9), Augsburg 1958.
Lutz 1984: Lutz, Heinrich, Die Sodalitäten im oberdeutschen Humanismus des späten 15. und frühen 16. Jahrhunderts, in: Humanismus 1984, 45-60.
Lyall 1985: Lyall, R. J., Scottish Students and Masters at the Universities of Cologne and Louvain in the Fifteenth Century, in: The Innes Review 36 (1985), 55-73.
Lymant 1988: Lymant, Brigitte, Das Heller-Fenster in St. Maria im Kapitol, in: Colonia Romanica 3 (1988), 89-95.

M: Die Matrikel der Universität Köln, I-III, bearb. von Hermann Keussen, I: 1389-1475, Bonn 1928[2] (ND Düsseldorf 1979); II: 1476-1559, Bonn 1919 (ND Düsseldorf 1979); III: Nachträge 1389-1559 und Register zu I/II, Bonn 1931 (PGRGK 8). Wenn nicht (durch den Hinweis: S.) anders angegeben, ist nicht nach Seiten, sondern nach Matrikelnummern zitiert.
Macardle 1989: Macardle, Peter, Our Reading of an Early ‚Documentary Drama': Schottennius's „Ludus Martius" (1526), in: Daphnis 18 (1989), 391-420.
Macdougall 1977: Macdougall, Norman A.T., Foreign Relations: England and France, in: Scottish Society 1977, 101-111.
Machilek 1977: Machilek, Franz, Klosterhumanismus in Nürnberg um 1500, in: MVGN 64 (1977), 10-45.
Machilek 1978: Machilek, Franz, Johannes Cochläus, in: Fränkische Lebensbilder 8 (1978), 51-69.
Machilek 1988: Machilek, Franz, Georg Sibutus Daripinus und seine Bedeutung für den Humanismus in Mähren, in: Studien zum Humanismus in den böhmischen Ländern, hg. von Hans-Bernd Harder und Hans Rothe, Köln-Wien 1988, 207-241.
MacQueen 1967: MacQueen, John, Some Aspects of the Early Renaissance in Scotland, in: Forum for Modern Language Studies 3 (1967), 201-222.
MacQueen 1977: MacQueen, John, The literature of fifteenth-century Scotland, in: Scottish Society 1977, 184-208.
Markowski 1976: Markowski, Mieczyslaw, Johannes Buridans Kommentare zu Aristoteles' Organon in Mitteleuropas Bibliotheken, in: The Logic of John Buridan 1976, 9-20.
Markowski 1981: Markowski, Mieczyslaw, Albert und der Albertismus in Krakau, in: MM 14 (1981), 177-192.
Markowski 1984: Markowski, Mieczyslaw, L'influence de Jean Buridan sur les universités d'Europe Centrale, in: Preuve et Raisons à l'Université de Paris. Logique, Ontologie et Théologie au XIV Siècle, éd. par Zénon Kaluza et Paul Vignaux (Études de Philosophie Médiévale, Hors Série), Paris 1984, 149-163.
Markowski 1989: Markowski, Mieczyslaw, Die wissenschaftlichen Verbindungen zwischen der Kölner und der Krakauer Universität im Mittelalter, in: MM 20 (1989), 274-286.
MARMG: Mitteilungen der Arbeitsgemeinschaft für rheinische Musikgeschichte.
Martene-Durand 1717: Martene, Edmundus – Durand, Ursinus, Thesaurus Novus Anecdotorum, II, Paris 1717 (ND Farnborough 1968).
Martin 1990: Martin, Dennis D., The „Via Moderna", Humanism, and the Hermeneutics of Late Medieval Monastic Life, in: Journal of the History of Ideas 51 (1990), 179-197.
Matheus 1980: Matheus, Michael, Das Verhältnis der Stadt Trier zur Universität in der zweiten Hälfte des 15. Jahrhunderts, in: Kurtrierisches Jahrbuch 20 (1980), 60-139.
Mathy 1977: Mathy, Helmut, Die Universität Mainz 1477-1977, Mainz 1977.

Mathy 1986: Mathy, Helmut, Entschlüsselte Schilder. Straßennamen auf dem Campus, Mainz 1986.

Maurer 1967/69: Maurer, Wilhelm, Der junge Melanchthon zwischen Humanismus und Reformation, I: Der Humanist; II: Der Theologe, Göttingen 1967-1969.

Mayer 1900: Mayer, Otto, Geistiges Leben in der Reichsstadt Eßlingen vor der Reformation der Stadt, in: Württembergische Vierteljahreshefte für Landesgeschichte N.F. 9 (1900), 1-32, 311-367.

Mayer 1926: Mayer, Hermann, Die alten Freiburger Studentenbursen (Beihefte zur Zeitschrift der Gesellschaft für Beförderung der Geschichts-, Altertums- und Volkskunde von Freiburg, dem Breisgau und den angrenzenden Landschaften 3), Freiburg/Br. 1926.

Meersseman 1932: Meersseman, Gilles G., Les origines parisiennes de l'Albertisme colonais, in: AHDL 7 (1932), 121-142.

Meersseman 1933/35: Meersseman, Gilles G., Geschichte des Albertismus. I: Die Pariser Anfänge des Kölner Albertismus; II: Die ersten Kölner Kontroversen, Rom 1933-1935.

Meersseman 1933a: Meersseman, Gilles G., Een Nederlands Koncilietheoloog, Emeric van de Velde, in: Thomistisch Tijdschrift 4 (1933), 675-687.

Meersseman 1935a: Meersseman, Gilles G., Ergänzungen zur Kenntnis des literarischen Nachlasses des Kölner Professors Gerhard ter Steghen de Monte, in: JKGV 17 (1935), 264-268.

Meersseman 1936: Meersseman, Gilles G., Eine Schrift des Kölner Universitätsprofessors Heymericus de Campo oder des Pariser Professors Johannes de Nova Domo, in: JKGV 18 (1936), 144-168.

Meersseman 1937: Meersseman, Gilles G., La lutte entre thomistes et albertistes parisiens vers 1410, in: Divus Thomas (Piacenza), 3,14 (1937), 397-403.

Mehl 1975: Mehl, James V., Ortwinus Gratius: Cologne Humanist, Columbia (Miss.) 1975 (masch., Exemplar in UStB).

Mehl 1981: Mehl, James V., Ortwin Gratius' „Orationes Quodlibeticae": humanist apology in scholastic form, in: JMRS 11 (1981), 57-69.

Mehl 1984: Mehl, James V., The 1509 Dispute over Donatus. Humanist Editor as Controversialist, in: Publishing History 16 (1984), 7-19.

Mehl 1985: Mehl, James V., Ortwin Gratius, Conciliarism, and the Call for Church Reform, in: ARG 76 (1985), 169-194.

Mehl 1989: Mehl, James V., Hermann von dem Busche's „Vallum humanitatis" (1518): A German Defense of the Renaissance Studia Humanitatis, in: RQ 42 (1989), 480-506.

Mehl 1991: Mehl, James V., Humanism in the Home Hown of the „Obscure Men", in: Humanismus 1991, 1-38.

Meissner 1968: Meissner, Monika, Valentin Engelhardt und seine Spitalstiftung in Geldersheim, in: Mainfränkisches Jahrbuch für Geschichte und Kunst 20 (1968), 1-190.

Menn 1950: Menn, Walter, Der erste Rektor der Universität Mainz: Jakob Welder von Siegen (Rheingauer Drucke 1), Wiesbaden 1950.

Mensching 1989: Mensching, Günther, Die Kölner Spätscholastik in der Satire der ‚Epistolae obscurorum virorum', in: MM 20 (1989), 508-523.

Merker 1923: Merker, Paul, Der Verfasser des Eccius dedolatus und anderer Reformationsdialoge. Mit einem Beitrag zur Verfasserfrage der Epistolae obscurorum virorum (Sächsische Forschungsinstitute in Leipzig. Forschungsinstitut für Neuere Philologie. II. Neugermanistische Abtlg. 1), Halle 1923.

Merlo 1889: Merlo, J. J., Kunstwerke, gestiftet von der Kölner Patrizierfamilie von Wasserfaß, in: Zeitschrift für christliche Kunst 2 (1889), Sp. 75-80.

Mertens 1972: Mertens, Dieter, Johannes Hiltebrant, ein Humanist aus dem Umkreis

Reuchlins. Ein Beitrag zur Personen- und Bildungsgeschichte des südwestdeutschen Humanismus, in: ZGO 120 (1972), 247-268.
Meuthen 1979: Meuthen, Erich, Rota und Rotamanuale des Basler Konzils. Mit Notizen über den Rotanotar Johannes Wydenroyd aus Köln, in: Gatz, Erwin (Hg.), Römische Kurie. Kirchliche Finanzen. Vatikanisches Archiv. Studien zu Ehren von Hermann Hoberg (Miscellanea historiae pontificiae 46), II, Rom 1979, 473-518.
Meuthen 1985: Meuthen, Erich, Das Basler Konzil als Forschungsproblem der europäischen Geschichte (Rheinisch-Westfälische Akademie der Wissenschaften. Vorträge G 274), Opladen 1985.
Meuthen 1988: Meuthen, Erich, Kölner Universitätsgeschichte. I: Die alte Universität, Köln-Wien 1988.
Meuthen 1988a: Die ‚Epistolae obscurorum virorum', in: Ecclesia militans. Studien zur Konzilien- und Reformationsgeschichte, II, hg. von Walter Brandmüller, Herbert Immenkötter und Erwin Iserloh, Paderborn 1988, 53-80.
Meuthen 1989: Meuthen, Erich, Die deutsche Legationsreise des Nikolaus von Kues 1451/1452, in: Lebenslehren 1989, 421-499.
Meuthen 1989a: Meuthen, Erich, Die Artesfakultät der alten Kölner Universität, in: MM 20 (1989), 366-393.
Meuthen 1991: Meuthen, Erich, Humanismus und Geschichtsunterricht, in: Humanismus 1991, 5-50.
MGdES: Mitteilungen der Gesellschaft für deutsche Erziehungs- und Schulgeschichte.
MGP: Monumenta Germaniae Paedagogica.
MHRhKG: Monatshefte für Rheinische Kirchengeschichte.
Michael 1971: Michael, Wolfgang F., Das deutsche Drama des Mittelalters (Grundriss der Germanischen Philologie 20), Berlin-New York 1971.
Michael 1985: Michael, Bernd, Johannes Buridan: Studien zu seinem Leben, seinen Werken und zur Rezeption seiner Theorien im Europa des späten Mittelalters, phil. Diss. Berlin (FU) 1985.
Militzer 1979: Militzer, Klaus, Die Kölner Neubürger Bruno und Heinrich Junge aus Nordhausen in Thüringen, in: JKGV 50 (1979), 91-118.
Miner 1987: Miner, John N., Change and Continuity in the Schools of Later Medieval Nuremberg, in: The Catholic Historical Review 73 (1987), 1-22.
MIÖG: Mitteilungen des Instituts für Österreichische Geschichtsforschung.
Mitteilungen: Mitteilungen aus dem Stadtarchiv von Köln.
Mittelalterliche Bibliothekskataloge III,3: Mittelalterliche Bibliothekskataloge Deutschlands und der Schweiz. III,3: Bistum Bamberg, bearb. von Paul Ruf, München 1939 (ND 1961).
MM: Miscellanea Mediaevalia. Veröffentlichungen des Thomas-Instituts der Universität zu Köln.
Mojsisch 1985: Mojsisch, Burkhard, Grundlinien der Philosophie Alberts des Großen, in: FZPhTh 32 (1985), 27-44.
Monballieu 1974: Monballieu, A., Johannes de Mechlinia en Rogier van der Weydens Columba-altaar, in: Rogier van der Weyden en zijn tijd. International Colloquium 1964 (Koninklijke Academie voor Wetenschappen, Letteren en Schone Kunsten van Belgie), Brüssel 1974, 103-111.
Möncke 1985: Möncke, Gisela, Der hessische Humanist Euricius Cordus und die Erstausgabe seines Bucolicon von 1514, in: Daphnis 14 (1985), 65-98.
Monumenta 1830: Monumenta Historica Universitatis Carolo-Ferdinandeae Pragensis, I,1: Liber Decanorum Facultatis Philosophicae Universitatis Pragensis ab anno Christi 1367 usque ad annum 1585, 1: 1367-1419, Prag 1830.
Moody 1975: Moody, Ernest A., Jean Buridan, in: Moody 1975c, 441-453.

Moody 1975a: Moody, Ernest A., Buridan and a Dilemma of Nominalism, in: Moody 1975c, 353-370.
Moody 1975b: Moody, Ernest A., Ockham, Buridan, and Nicholas of Autrecourt, in: Moody 1975c, 127-160.
Moody 1975c: Moody, Ernest A., Studies in Medieval Philosophy, Science and Logic, Los Angeles 1975.
Moonan 1976: Moonan, Lawrence, Pavel Kravar, and some writings once attributed to him, in: The Innes Review 27 (1976), 3-23.
Moonan 1987/88: Moonan, Lawrence, The Scientific Writings of Lawrence of Lindores (d. 1437), in: Classica et Mediaevalia 38 (1987), 217-266; 39 (1988), 273-317.
Moraw 1988: Moraw, Peter, Über Patrone und Klienten im Heiligen Römischen Reich des späten Mittelalters und der frühen Neuzeit, in: Klientelsysteme 1988, 1-18.
MPhP: Mediaevalia Philosophica Polonorum.
Müller 1911: Müller, Nikolaus, Die Wittenberger Bewegung 1521 und 1522. Die Vorgänge in und um Wittenberg während Luthers Wartburgaufenthalt, Leipzig 1911².
Müller 1982: Müller, Jan Dirk, Gedechtnus. Literatur und Hofgesellschaft um Maximilian I., München 1982.
Müller 1987: Müller, Hubert, Früher Humanismus in Oberitalien. Albertino Mussato: Ecerinis (Studien zur klassischen Philologie 31), Frankfurt/M.-Bern-New York 1987.
Müller 1989: Müller, Jan-Dirk, Der siegreiche Fürst im Entwurf der Gelehrten. Zu den Anfängen eines höfischen Humanismus in Heidelberg, in: Höfischer Humanismus, hg. von August Buck (Mitteilung 16 der Kommission für Humanismusforschung), Weinheim 1989, 17-50.
Müller 1990: Müller, Heribert, Die Franzosen, Frankreich und das Basler Konzil (1431-1449) (Konziliengeschichte. Reihe B: Untersuchungen), 2 Teile Paderborn usw. 1990.
Mundhenk 1980: Mundhenk, Johannes, Die Seele im System des Thomas von Aquin. Ein Beitrag zur Klärung und Beurteilung der Grundbegriffe der thomistischen Psychologie, Hamburg 1980.
Mundt 1969: Mundt, Lothar (Hg.), Johannes Kerckmeister, Codrus. Ein neulateinisches Drama aus dem Jahre 1485 (Ausgaben deutscher Literatur des XV. bis XVIII. Jahrhunderts. Reihe Drama 3), Berlin 1969.
MVGN: Mitteilungen des Vereins für Geschichte der Stadt Nürnberg.
MWGF: Mitteilungen der Westdeutschen Gesellschaft für Familienkunde.

NAK: Nederlandsch Archief voor Kerkgeschiedenis.
Nattermann 1960: Nattermann, Johannes Christian, Die Goldenen Heiligen. Geschichte des Stiftes St. Gereon zu Köln (Veröffentlichungen des Kölnischen Geschichtsvereins 22), Köln 1960.
Nauert 1971: Nauert, Charles G., Jr., Peter of Ravenna and the ‚Obscure Men' of Cologne: A Case of Pre-Reformation Controversy, in: Renaissance Studies in Honor of Hans Baron, ed. by Anthony Molho and John A. Tedeschi, Florenz-Dekalb 1971, 607-640.
Nauert 1986: Nauert, Charles G., Jr., The Humanist Challenge to Medieval German Culture, in: Daphnis 15 (1986), 277-306.
Nauert 1988: Nauert, Charles G., Jr., Graf Hermann von Neuenahr and the Limits of Humanism in Cologne, in: Historical Reflections/Réflexions Historiques 15 (1988), 65-79.
Nauert 1991: Nauert, Charles G., Jr., Humanists, Scholastics, and the Struggle to Reform the University of Cologne, 1523-1525, in: Humanismus 1991, 39-76.
Nauwelaerts 1951: Nauwelaerts, M. A., Joannes Murmellius, Roermond 1480 – Deventer 1517, in: Historische opstellen over Roermond en omgeving, Roermond 1951, 201-234.

Negwer 1909: Negwer, Joseph, Konrad Wimpina. Ein katholischer Theologe aus der Reformationszeit (Kirchengeschichtliche Abhandlungen 7), Breslau 1909.

Nettesheim 1863: Nettesheim, Friedrich, Geschichte der Stadt und des Amtes Geldern mit Berücksichtigung der Landesgeschichte, Krefeld 1863 (ND Kevelaer 1963).

NHJb: Neue Heidelberger Jahrbücher.

Niemöller 1955/57: Niemöller, K. W., Zur Biographie des Kölner Musiktheoretikers Bernhardin Bogentantz, in: MARMG 1 (1955/57), 98-109, 118 f.

Niemöller 1955/57a: Niemöller, K. W., Notizen zur Musikgeschichte Kölns um 1500, in: MARMG 1 (1955/57), 129-137.

Niemöller 1955: Niemöller, Klaus W., Die Musica Gregoriana des Nicolaus Wollick. Opus aureum, Köln 1501, pars I/II (BRMG 11), Köln 1955.

Niemöller 1956: Niemöller, Klaus W., Nicolaus Wollick (1480-1541) und sein Musiktraktat (BRMG 13), Köln 1956.

Niemöller 1961: Niemöller, Klaus W., Die Musica figurativa des Melchior Schanppecher. Opus aureum, Köln 1501, pars III/IV (BRMG 50), Köln 1961.

Niemöller 1969: Niemöller, Klaus W., Untersuchungen zu Musikpflege und Musikunterricht an den deutschen Lateinschulen vom ausgehenden Mittelalter bis um 1600 (Kölner Beiträge zur Musikforschung 54), Regensburg 1969.

Niemöller 1983: Niemöller, Klaus W., Zum Einfluß des Humanismus auf Position und Konzeption von Musik im deutschen Bildungssystem der ersten Hälfte des 16. Jahrhunderts, in: Musik in Humanismus und Renaissance, hg. von Walter Rüegg und Annegrit Schmitt (Mitteilung VII der Kommission für Humanismusforschung), Boppard 1983, 77-97.

Nordhoff 1874: Nordhoff, J. B., Denkwürdigkeiten aus dem Münsterischen Humanismus, Münster 1874.

Nordhoff 1880: Nordhoff, J. B., Henrich Scheve. Ein Beitrag zur Geschichte des norddeutschen Humanismus, in: Zeitschrift für Preußische Geschichte und Landeskunde 17 (1880), 636-652.

Novotný 1932: Novotný, Václav (Hg.), Fontes rerum Bohemicarum, VIII: Petri de Mladonowic opera historica nec non aliae de M. Johannes Hus et M. Hieronymo Pragensi relationes et memoriae, Prag 1932.

Nübel 1972: Nübel, Otto, Pompejus Occo 1483 bis 1537, Fuggerfaktor in Amsterdam (Studien zur Fuggergeschichte 24), Tübingen 1972.

Nübel 1973: Nübel, Otto, Das Geschlecht Occo (1447-1606), in: Lebensbilder aus dem Bayerischen Schwaben 10 (1973), 77-113.

ÖAWPh: Österreichische Akademie der Wissenschaften. Philosophisch-historische Klasse.

Oberman 1965: Oberman, Heiko A., Spätscholastik und Reformation. I: Der Herbst der mittelalterlichen Theologie, Zürich 1965.

Oberman 1979: Oberman, Heiko A., Werden und Wertung der Reformation. Vom Wegestreit zum Glaubenskampf, Tübingen 1979².

Oberman 1981: Oberman, Heiko A., Wurzeln des Antisemitismus. Christenangst und Judenplage im Zeitalter von Humanismus und Reformation, Berlin 1981.

Oberman 1987: Oberman, Heiko A., Via antiqua and Via moderna: Late Medieval Prolegomena to Early Reformation Thougt, in: Hudson/Wilks 1987, 445-463; und (textgleich): Journal of the History of Ideas 48 (1987), 23-40.

Ochs 1821: Ochs, Peter, Geschichte der Stadt und Landschaft Basel, V, Basel 1821.

Oediger 1939: Oediger, Friedrich W. (Hg.), Schriften des Arnold Heymerick (PGRGK 49), Bonn 1939.

Oediger 1973: Oediger, Friedrich W., Die niederrheinischen Schulen vor dem Aufkommen

der Gymnasien, in: Ders., Vom Leben am Niederrhein. Aufsätze aus dem Bereich des alten Erzbistums Köln, Düsseldorf 1973, 351-408.
Oediger 1979: Oediger, Friedrich W. (Hg.), Die Stiftskirche des hl. Viktor zu Xanten. Zwei Briefbücher des Stiftes Xanten 1469-1484 und Briefe zumeist aus den Jahren 1506-1512 (Veröffentlichungen des Xantener Dombauvereins 11), Xanten 1979.
Oehler 1989: Oehler, Jürgen, Der akademische Austausch zwischen Köln und England/Schottland zur Zeit der Ersten Kölner Universität, phil. Diss. Köln 1989.
Oergel 1894: Oergel, G., Das Collegium majus zu Erfurt, Erfurt 1894.
Oergel 1904: Oergel. G., Das Bursenwesen der mittelalterlichen Universitäten, insbesondere Erfurts, in: Korrespondenzblatt des Gesamtvereins der deutschen Geschichts= und Altertumsvereine 52 (Nr. 4/5, 1904), Sp. 151-159.
Österreichische Literatur 1986: Die Österreichische Literatur. Ihr Profil von den Anfängen im Mittelalter bis ins 18. Jahrhundert (1050-1750), unter Mitwirkung von Fritz Peter Knapp (Mittelalter) hg. von Herbert Zeman, 2 Teile Graz 1986.
Ott/Fletcher 1964: Ott, H. – Fletcher, J. M., The Mediaeval Statutes of the Faculty of Arts of the University of Freiburg im Breisgau (Texts and Studies in the History of Mediaeval Education 10), Notre Dame (Ind.) 1964.
Overfield 1976: Overfield, James H., Scholastic Opposition to Humanism in Pre-Reformation Germany, in: Viator 7 (1976), 391-420.
Overfield 1984: Overfield, James H., Humanism and Scholasticism in Late Medieval Germany, Princeton 1984.
Ozment 1970: Ozment, Steven E., The University and the Church. Patterns of Reform in Jean Gerson, in: Mediaevalia et Humanistica n.s. 1 (1970), 111-126.

Palacz 1970: Palacz, Ryszard, La ‚Positio de Universalibus' d'Etienne de Palecz, in: Mediaevalia Philosophica Polonorum 14 (1970), 113-129.
Palacz 1981: Palacz, Ryszard, Das Universalienproblem in Johannes Buridans früheren polemischen Schriften, in: MM 13,1 (1981), 504-510.
Paqué 1970: Paqué, Ruprecht, Das Pariser Nominalistenstatut. Zur Entstehung des Realitätsbegriffs der neuzeitlichen Naturwissenschaft (Occam, Buridan und Petrus Hispanus, Nikolaus von Autrecourt und Gregor von Rimini) (Quellen und Studien zur Geschichte der Philosophie 14), phil. Diss. Köln, Berlin 1970.
Paquet 1958: Paquet, Jacques, Salaires et prébendes des professeurs de l'Université de Louvain au XVe siècle (Studia Universitatis „Lovanium". Faculté de Philosophie et Lettres 2), Léopoldville 1958.
Paravicini 1975: Paravicini, Werner, Guy de Brimeu. Der burgundische Staat und seine adlige Führungsschicht unter Karl dem Kühnen (Pariser Historische Studien 12), Bonn 1975.
Park 1980: Park, Katharine, Albert's Influence on Late Medieval Psychology, in: Albertus Magnus and the Sciences 1980, 501-535.
Parmet 1869: Parmet, Adalbert, Rudolf von Langen. Leben und gesammelte Gedichte des ersten Münster'schen Humanisten. Ein Beitrag zur Geschichte des Humanismus in Deutschland, Münster 1869.
Patronage 1989: Patronage und Klientel. Ergebnisse einer polnisch-deutschen Konferenz, hg. von Hans-Heinrich Nolte (Beihefte zum AKG 29), Köln-Wien 1989.
Patschovsky 1989: Patschovsky, Alexander, Ekklesiologie bei Johannes Hus, in: Lebenslehren 1989, 370-399.
Pattin 1976: Pattin, A., Tekststudie. Jan von Hulshout (1405-1475). Vlaams wijsgeer en theoloog van de Universiteit te Keulen, in: TFil 38 (1976), 104-128.
Pattin 1977: Pattin, A., Tekstuitgave. Le ‚Tractatus de homine' de Jean de Malines. Contribution à l'histoire de l'Albertisme à l'Université de Cologne, in: TFil 39 (1977), 435-521.

Paulus 1903: Paulus, Nikolaus, Die deutschen Dominikaner im Kampfe gegen Luther (1518-1563) (Erläuterungen und Ergänzungen zu Janssens Geschichte des deutschen Volkes, IV/1,2), Freiburg 1903.

Peter of Spain 1972: Peter of Spain (Petrus Hispanus Portugalensis). Tractatus called afterwards Summule logicales. First Critical Edition by Lambert M. De Rijk (Philosophical Texts and Studies 22), Assen 1972.

Petri Hispani Summulae 1947: Petri Hispani Summulae logicales quas e codice manu scripto Reg. Lat. 1205 edidit I. M. Bochénski, Turin 1947.

Pfanner 1971: Pfanner, Joseph, Geisteswissenschaftlicher Humanismus, in: Nürnberg – Geschichte einer europäischen Stadt, hg. von Gerhard Pfeiffer, München 1971, 127-133.

Pflüger 1862: Pflüger, J. G. F., Geschichte der Stadt Pforzheim, Pforzheim 1862.

PGRGK: Publikationen der Gesellschaft für Rheinische Geschichtskunde.

Philologie 1987: Philologie als Kulturwissenschaft. Studien zur Literatur und Geschichte des Mittelalters. Festschrift für Karl Stackmann zum 65. Geburtstag, hg. von Ludger Grenzmann, Hubert Herkommer, Dieter Wuttke, Göttingen 1987.

Pick 1977: Pick, Eckhart, Mainzer Reichsstaatsrecht, Inhalt und Methode. Ein Beitrag zum Ius publicum an der Universität Mainz im 18. Jahrhundert (Recht und Geschichte 7), Wiesbaden 1977.

Pietzsch 1971: Pietzsch, Gerhard, Zur Pflege der Musik an den deutschen Universitäten bis zur Mitte des 16. Jahrhunderts. Nachdruck mit Vorwort, Ergänzungen und neuer Literatur, Darmstadt 1971.

Pilný 1974: Pilný, Josepha, Jerôme de Prague: un orateur progressiste du moyen âge, Genf 1974.

Pinborg 1976: Pinborg, Jan, Diskussionen um die Wissenschaftstheorie an der Artistenfakultät, in: MM 10 (1976), 240-268.

Pinborg 1976a: Pinborg, Jan, The Summulae, Tractatus I De introductionibus, in: The Logic of John Buridan 1976, 71-90.

Pindter 1934: Pindter, Felicitas (Hg.), Conradus Celtis Protucius, Quattuor libri amorum secundum quattuor latera Germaniae, Germania generalis, accedunt carmina aliorum ad libros amorum pertinentia (Bibliotheca scriptorum medii recentisque aevorum. Saecula XV-XVI.), Leipzig 1934.

Pindter 1937: Pindter, Felicitas (Hg.), Conradus Celtis Protucius, Libri odarum quattuor, Liber epodon, Carmen saeculare (Bibliotheca scriptorum medii recentisque aevorum. Saecula XV-XVI.), Leipzig 1937.

Pindter 1945: Pindter, Felicitas (Hg.), Conradus Celtis Protucius, Ludi Scaenici (Ludus Dianae – Rhapsodia) (Bibliotheca scriptorum medii recentisque aevorum. Saecula XV-XVI.), Budapest 1945.

Pluta 1986: Pluta, Olaf, Kritiker der Unsterblichkeitsdoktrin in Mittelalter und Renaissance (Bochumer Studien zur Philosophie 7), Amsterdam 1986.

Podlech 1988: Podlech, Wilfried, Tilman Joel von Linz († 1461). Kanzler, Rat und Gesandter rheinischer Kurfürsten, Neustadt/W. 1988.

Pohl 1971: Pohl, Hans, Köln und Antwerpen um 1500, in: Köln, das Reich und Europa (Mitteilungen 60), Köln 1971, 469-598.

Pollet 1985: Pollet, J. V., Martin Bucer. Études sur les relations de Bucer avec les Pays-Bas, l'électorat de Cologne et l'Allemagne du Nord, I/II (SMRT 33/34), Leiden 1985.

Pölnitz 1940: Pölnitz, Götz Freiherr von, Die Beziehungen des Johannes Eck zum Augsburger Kapital, in: HJ 60 (1940), 685-706.

Pölnitz 1949/51: Pölnitz, Götz Freiherr von, Jakob Fugger, Kaiser, Kirche und Kapital in der oberdeutschen Renaissance, I/II, Tübingen 1949-1951.

Pölnitz 1958/63: Pölnitz, Götz Freiherr von, Anton Fugger, I: 1453-1535; II: 1536-1548, Teil 1: 1536-1543 (Studien zur Fuggergeschichte 13, 17), Tübingen 1958-1963.

Pölnitz/Kellenbenz 1986: Pölnitz, Götz Freiherr von – Kellenbenz, Hermann, Anton Fugger III: 1548-1560, Teil 2: 1555-1560. Die letzten Jahre Anton Fuggers, Anton Fuggers Persönlichkeit und Werk (Studien zur Fuggergeschichte 29), Tübingen 1986.

Post 1922/23: Post, R. R., Het Sint-Bernhardsklooster te Aduard. Eene Bijdrage tot de Geschiedenis der Kloosters in de Provincie Groningen, in: Archief voor de Geschiedenis van het Aartsbisdom Utrecht 47 (1922), 168-277; 48 (1923), 1-236.

Post 1968: Post, R. R., The Modern Devotion. Confrontation with Reformation and Humanism (SMRT 3), Leiden 1968.

Praetorius 1952: Praetorius, Otfried, Professoren der Kurfürstlichen Universität Mainz 1477-1797, in: Familie und Volk 1 (1952), 90-100, 131-139.

Prantl 1867/70: Prantl, Carl, Geschichte der Logik im Abendlande, III/IV, Leipzig 1867-1870 (ND Graz 1955).

Premier Livre 1978/85: Premier Livre des Procurateurs de la Nation Germanique de l'ancienne Université d'Orléans 1444-1546. Seconde partie. Biographies des étudiants, I-III, par Hilde de Ridder-Symoens, Detlef Illmer, Cornelia M. Ridderikhoff, Leiden 1978-1985.

Probst 1989: Probst, Veit, Petrus Antonius de Clapis (ca. 1440-1512). Ein italienischer Humanist im Dienste Friedrich des Siegreichen von der Pfalz (Veröffentlichungen des Historischen Instituts der Universität Mannheim 10), phil. Diss. Mannheim, Paderborn 1989.

QFIAB: Quellen und Forschungen aus italienischen Archiven und Bibliotheken.
QGDOD: Quellen und Forschungen zur Geschichte des Dominikanerordens in Deutschland.

R: Keussen, Hermann, Regesten und Auszüge zur Geschichte der Universität Köln 1388-1559 (Mitteilungen 15), Köln 1918. Zitierung nach Nummern, nicht nach Seiten.

Raeder 1981: Raeder, Siegfried, Johannes Reuchlin, in: Gestalten 1981, 33-51.

Ramm 1988: Ramm, Isa, Die Herkunft des Humanisten und Fuggerfaktors Pompejus Occo (um 1483 bis 1535), in: Jahrbuch der Gesellschaft für bildende Kunst und vaterländische Altertümer zu Emden 68 (1988), 39-64.

Ratsbeschlüsse 1988/89/90: Beschlüsse des Rates der Stadt Köln 1320-1550. I: Die Ratsmemoriale und ergänzende Überlieferung 1320-1543, bearb. von Manfred Huiskes, Düsseldorf 1990; II: 1513-1520, bearb. von Manfred Groten, Düsseldorf 1989; III: 1523-1530, bearb. von Manfred Groten, (I-III = PGRGK LXV), Düsseldorf 1988.

Redlich 1908: Redlich, Otto R., Freundesbriefe Conrads von Heresbach an Johann von Vlatten (1524-1536), in: ZBGV 41 (1908), 160-184.

Redlich 1938: Redlich, Otto R., Staat und Kirche am Niederrhein zur Reformationszeit (SVRG 164), Leipzig 1938.

Regesten 1990: Regesten Kaiser Friedrichs III. (1440-1493); nach Archiven und Bibliotheken geordnet, hg. von Heinrich Koller; Heft 7: Die Urkunden und Briefe aus den Archiven und Bibliotheken des Regierungsbezirks Köln, bearb. von Thomas R. Kraus, Wien-Köln-Graz 1990.

Reichling 1880: Reichling, D., Johannes Murmellius. Sein Leben und seine Werke, Freiburg/Br. 1880 (ND Nieuwkoop 1963).

Reichling 1881: Reichling, D. (Hg.), Ausgewählte Gedichte von Johannes Murmellius. Urtext und metrische Übersetzung, Freiburg/Br. 1881.

Reichling 1884: Reichling, D., Ortwin Gratius. Sein Leben und Wirken. Eine Ehrenrettung, Heiligenstadt 1884.

Reichling 1893: Reichling, Dietrich, Das Doctrinale des Alexander de Villa-Dei. Kritisch-exegetische Ausgabe (MGP 12), Berlin 1893.

Reichling 1900: Reichling, Dietrich, Die Reform der Domschule zu Münster im Jahre

1500 (Texte und Forschungen zur Geschichte der Erziehung und des Unterrichts in den Ländern deutscher Zunge 2), Berlin 1900.
Reicke 1906: Reicke, Emil, Der Bamberger Kanonikus Lorenz Beheim, Pirckheimers Freund, in: Forschungen zur Geschichte Bayerns 14 (1906), 1-40.
Reicke 1940/56: Reicke, Emil (Hg.), Willibald Pirckheimers Briefwechsel, I/II (Humanistenbriefe 4, 5), München 1940-1956.
Reinhard 1979: Reinhard, Wolfgang, Freunde und Kreaturen. „Verflechtung" als Konzept zur Erforschung historischer Führungsgruppen. Römische Oligarchie um 1600 (Schriften der Philosophischen Fachbereiche der Universität Augsburg 14), München 1979.
Reinhard 1988: Reinhard, Wolfgang, Oligarchische Verflechtung und Konfession in oberdeutschen Städten, in: Klientelsysteme 1988, 47-62.
Reinke 1976: The ‚Dialogus' of Andreas Meinhardi. A Utopian Description of Wittenberg and its University, 1508, edited and translated into English with introduction and notes by Edgar C. Reinke, Ann Arbor (Mich.) 1976.
Rektorbücher 1990: Die Rektorbücher der Universität Heidelberg, I: 1386-1410 (zugleich das erste Amtsbuch der Juristischen Fakultät), Heft 2, hg. von Jürgen Miethke, bearb. von Heiner Lutzmann und Hermann Weisert unter Mitarbeit von Thomas Pleier und Ludwig Schuba, Heidelberg 1990.
Rensing 1928: Rensing, Elfriede, Ein Bewerbungsschreiben Johann Ketzmanns um das Rektorat an der Schule zu St. Lorenz in Nürnberg vom Jahre 1516, in: MVGN 27 (1928), 322-329.
Reuchlin 1511: Reuchlin, Johann, Augenspiegel (Quellen zur Geschichte des Humanismus und der Reformation in Faksimile-Ausgaben 5), Tübingen 1511 (ND München 1961).
Reusens 1903: Reusens, E., Documents relatifs à l'histoire de l'Université de Louvain (1425-1797), in: Analectes pour servir à l'histoire ecclésiastique de la Belgique 30 (1930), 5-284.
RhL: Rheinische Lebensbilder 1 ff., Düsseldorf bzw. Köln 1961 ff.
RhV: Rheinische Vierteljahrsblätter.
Ritter 1921: Ritter, Gerhard, Studien zur Spätscholastik, I: Marsilius von Inghen und die okkamistische Schule in Deutschland (SBHAWPh Jg. 1921, 4. Abh.), Heidelberg 1921.
Ritter 1922: Ritter, Gerhard, Studien zur Spätscholastik, II: Via antiqua und via moderna auf den deutschen Universitäten des XV. Jahrhunderts (SBHAWPh Jg. 1922, 7. Abh.), Heidelberg 1922.
Ritter 1923: Ritter, Gerhard, Über den Quellenwert und Verfasser des sog. „Heidelberger Gesprächbüchleins für Studenten" (manuale scholarium um 1490), in: ZGO NF 38 (1923), 4-32.
Ritter 1923a: Ritter, Gerhard, Aus dem Kreise der Hofpoeten Pfalzgraf Friedrichs I. Mitteilungen aus vatikanischen Handschriften zur Charakteristik des Heidelberger Frühhumanismus, in: ZGO NF 38 (1923), 109-123.
Ritter 1927: Ritter, Gerhard, Studien zur Spätscholastik, III: Neue Quellenstücke zur Theologie des Johann von Wesel (SBHAWPh Jg. 1926/27, 5. Abh.), Heidelberg 1927.
Ritter 1936: Ritter, Gerhard, Die Heidelberger Universität. Ein Stück deutscher Geschichte, I: Das Mittelalter (1386-1508), Heidelberg 1936.
Robertini 1991: Robertini, Luca, Kilian Reuther, imitatore di Rosvita, in: Res Publica Litterarum 14 (1991), 209-215.
Röll 1988: Röll, Walter, Bernhard Schöfferlins Vorrede zum ersten Teil der ‚Römischen Historie' (1505), in: Zeitschrift für Deutsches Altertum und deutsche Literatur 117 (1988), 210-223.
RöQ: Römische Quartalschrift.
Rosen 1972: Rosen, Josef, Die Universität Basel im Staatshaushalt 1460 bis 1535. Die

Gehälter der Dozenten, in: Basler Zeitschrift für Geschichte und Altertumskunde 72 (1972), 137-219.
Roth 1899: Roth, F. W. E., Westfälische Gelehrte zu Mainz im XV. und XVI. Jahrhundert. 1442-1591, in: ZVGA 57 (1899), 104-124.
Roth 1900: Roth, F. W. E., Niederrheinische Gelehrte an der Mainzer Universität im XV.-XVII. Jahrhundert, in: Beiträge zur Geschichte des Niederrheins 14 (1900), 180-194.
Roth 1909: Roth, F. W. E., Aus dem Leben einiger Theologieprofessoren zu Mainz im 15.-16. Jahrhundert, in: Der Katholik 89 (1909), 422-431.
Rotsaert 1977: Rotsaert, Mark, De oudste statuten von de theologische faculteit te Leuven en hun litteraire afhankelijkheid, in: Facultas 1977, 53-67.
Rotscheidt 1904: Rotscheidt, W. (Hg.), Warum eine Reformation im „hilligen Cöln"? Eine Antwort Melanchthons aus dem Jahre 1543, Köln 1904.
Rotscheidt 1907: Rotscheidt, W., Reformationsgeschichtliche Vorgänge in Köln im Jahre 1520, in: MHRhKG 1 (1907), 97-115, 145-172.
Rotscheidt 1931: Rotscheidt, Wilhelm, Kölns Vertreter auf dem Reichstag zu Augsburg 1530, in: Monatshefte für Rheinische Kirchengeschichte 25 (1931), 33-40.
RQ: Renaissance Quarterly.
RTA: Deutsche Reichstagsakten, hg. durch die Historische Kommission bei der Bayerischen Akademie der Wissenschaften.
RTAM: Recherches de Théologie ancienne et médiévale.
Rückbrod 1977: Rückbrod, Konrad, Universität und Kollegium. Baugeschichte und Bautyp, Darmstadt 1977.
Rücklin-Teuscher 1933: Rücklin-Teuscher, Gertrud, Religiöses Volksleben des ausgehenden Mittelalters in den Reichsstädten Hall und Heilbronn (Historische Studien 226), Berlin 1933.
Rüfner 1955: Rüfner, Vinzenz, Homo secundus Deus. Eine geistesgeschichtliche Studie zum menschlichen Schöpfertum, in: Philosophisches Jahrbuch der Görres-Gesellschaft 63 (1955), 248-291.
Rüger 1984: Rüger, Hans P., Karlstadt als Hebraist an der Universität zu Wittenberg, in: ARG 75 (1984), 297-308.
Ruperto-Carola 1961: Ruperto-Carola. Sonderband (1). Aus der Geschichte der Universität Heidelberg und ihrer Fakultäten, hg. von Gerhard Hinz, Heidelberg 1961.
Rupprich 1931: Rupprich, Hans, Der Eckius dedolatus und sein Verfasser, Wien-Leipzig 1931.
Rupprich 1934: Rupprich, Hans (Hg.), Der Briefwechsel des Konrad Celtis (Veröffentlichungen der Kommission zur Erforschung der Geschichte der Reformation und Gegenreformation. Humanistenbriefe 3), München 1934.
Rupprich 1935: Rupprich, Hans (Hg.), Humanismus und Renaissance in den deutschen Städten und an den Universitäten (Deutsche Literatur. Sammlung literarischer Kunst- und Kulturdenkmäler in Entwicklungsreihen 8, Reihe Humanismus und Renaissance 2), Leipzig 1935.
Rupprich 1970: Rupprich, Hans, Die deutsche Literatur vom späten Mittelalter bis zum Barock. Erster Teil: Das ausgehende Mittelalter, Humanismus und Renaissance 1370-1520 (Geschichte der deutschen Literatur von den Anfängen bis zur Gegenwart IV/1), München 1970.

Sauthoff 1988: Sauthoff, Stephan, Adliges Studentenleben und Universitätsstudium zu Beginn des 16. Jahrhunderts. Darstellung anhand des Ausgabenbüchleins von Conrad zu Castell (Europäische Hochschulschriften III/367), Frankfurt/M.-Bern-New York 1988.
Saxenberger 1886: Saxenberger, Otto, Johannes Rivius, sein Leben und seine Schriften, phil. Diss. Leipzig, Breslau 1886.

SBHAWPh: Sitzungsberichte der Heidelberger Akademie der Wissenschaften. Philosophisch-historische Klasse.
Schäfer 1901/03/07: Schäfer, Heinrich, Inventare und Regesten aus den Kölner Pfarrarchiven, I-III, in: AHVN 71 (1901), 76 (1903), 83 (1907).
Schaper 1960: Schaper, Christa, Lorenz und Georg Beheim, Freunde Willibald Pirckheimers, in: MVGN 50 (1960), 120-221.
Schlecht 1915: Schlecht, Joseph, Dr. Johann Ecks Anfänge, in: HJ 36 (1915), 1-36.
Schleicher 1982: Schleicher, Herbert M., Ratsherrenverzeichnis von Köln zu reichsstädtischer Zeit von 1396-1796 (Veröffentlichungen der Westdeutschen Gesellschaft für Familienkunde NF 19), Köln 1982.
Schleif 1990: Schleif, Corine, Donatio et Memoria. Stifter, Stiftungen und Motivationen an Beispielen aus der Lorenzkirche in Nürnberg (Kunstwissenschaftliche Studien 58), München 1990.
Schlemmer 1980: Schlemmer, Karl, Gottesdienst und Frömmigkeit in der Reichsstadt Nürnberg am Vorabend der Reformation (forschungen zur fränkischen kirchen- und theologiegeschichte), theol. Diss., Würzburg 1980.
Schmid 1988: Schmid, Wolfgang, Nicasius Hackeney (†1518), in: RhL 11 (1988), 37-58.
Schmid 1989: Schmid, Alois, „Poeta et orator a Caesare laureatus". Die Dichterkrönungen Kaiser Maximilians I., in: HJ 109 (1989), 56-108.
Schmid 1990: Schmid, Wolfgang, Stifter und Auftraggeber im spätmittelalterlichen Köln, phil. Diss. masch. Trier 1990.
Schmid 1990a: Schmid, Wolfgang, Kunststiftungen im spätmittelalterlichen Köln, in: Materielle Kultur und religiöse Stiftung im Spätmittelalter. Internationales Round-Table-Gespräch Krems an der Donau 26. September 1988 (ÖAWPh, SB 554. Veröffentlichungen des Instituts für mittelalterliche Realienkunde Österreichs 12), Wien 1990, 157-185.
Schmidt 1867: Schmidt, Oswald Gottlob, Petrus Mosellanus. Ein Beitrag zur Geschichte des Humanismus, Leipzig 1867.
Schmidt 1988: Schmidt, Paul Gerhard, Euricius Cordus, in: Acta 1988, 307-313.
Schmidt/Heimpel 1977: Schmidt, Aloys – Heimpel, Hermann, Winand von Steeg (1371-1453), ein mittelrheinischer Gelehrter und Künstler und die Bilderhandschrift über Zollfreiheit des Bacharacher Pfarrweins auf dem Rhein aus dem Jahr 1426 (Handschrift 12 des Bayerischen Geheimen Hausarchivs zu München), München 1977.
Schoenen 1892: Schoenen, Gerhard, Die Kölnischen Studienstiftungen, Köln 1892.
Scholderer 1966: Scholderer, Victor, Notes on the Incunabula of Esslingen, in: Ders., Fifty Essays in Fifteenth- and Sixteenth-Century Bibliography, Amsterdam 1966, 224-228.
Schrauf 1895: Schrauf, Karl, Zur Geschichte der Studentenhäuser an der Wiener Universität während des ersten Jahrhunderts ihres Bestehens, in: MGdES 5 (1895), 141-214.
Schröcker 1970: Schröcker, Alfred, Unio atque concordia. Reichspolitik Bertholds von Henneberg 1484 bis 1504, phil. Diss. Würzburg 1970.
Schucan 1977: Schucan, Luzi, Das Gedicht des Georg Sibutus auf das Wittenberger Turnier von 1508, in: Akten des Kolloquiums zur Baseler Cranach-Ausstellung 1974, Basel 1977, 37-52.
Schulen 1986: Schulen und Studium im sozialen Wandel des hohen und späten Mittelalters, hg. von Johannes Fried (Vorträge und Foschungen 30), Sigmaringen 1986.
Schulte 1904: Schulte, Aloys, Die Fugger in Rom 1495-1523. Mit Studien zur Geschichte des kirchlichen Finanzwesens jener Zeit, I/II, Leipzig 1904.
Schulten 1989: Schulten, Franz, Magister Reinhardus Lorich – Hadamar. Ein Schulmeister der Reformationszeit in Wetzlar, in: Archiv für mittelrheinische Kirchengeschichte 41 (1989), 61-79.
Schulze 1882: Schulze, Wilhelm, Codrus. Lateinische Schulkomödie aus dem Jahre 1485, in: Archiv für Litteraturgeschichte 11 (1882), 328-341.
Schulze 1973: Schulze, Ingrid, Lucas Cranach und die Universität Wittenberg, in: Lucas

Cranach. Künstler und Gesellschaft (Referate des Colloquiums mit internationaler Beteiligung zum 500. Geburtstag Lucas Cranachs d.Ä. Staatliche Lutherhalle Wittenberg 1.-3. Oktober 1972), hg. von Peter H. Feist, Ernst Ullmann und Gerhard Brendler, Wittenberg 1973, 71-76.

Schulze 1981: Schulze, Manfred, ‚Via Gregorii‘ in Forschung und Quellen, in: Gregor von Rimini 1981, 1-126.

Schumann 1974: Schumann, Sabine, Die „nationes" an den Universitäten Prag, Leipzig und Wien. Ein Beitrag zur älteren Universitätsgeschichte, phil. Diss. Berlin (FU) 1974.

Schwarz 1988: Schwarz, Brigide, Über Patronage und Klientel in der spätmittelalterlichen Kirche am Beispiel des Nikolaus von Kues, in: QFIAB 68 (1988), 284-310.

Schwinges 1986: Schwinges, Rainer Chr., Deutsche Universitätsbesucher im 14. und 15. Jahrhundert. Studien zur Sozialgeschichte des alten Reiches (Veröffentlichungen des Instituts für Europäische Geschichte Mainz, Abt. Universalgeschichte, 123), Stuttgart 1986.

Schwinges 1986a: Schwinges, Rainer Chr., Sozialgeschichtliche Aspekte spätmittelalterlicher Studentenbursen in Deutschland, in: Schulen 1986, 527-564.

Schwinges 1986b: Schwinges, Rainer Chr., Zur Prosopographie studentischer Reisegruppen im Fünfzehnten Jahrhundert, in: Medieval Lives and the Historian. Studies in Medieval Prosopography, ed. by Neithard Bulst and Jean-Philippe Genet, Kalamazoo (Mich.) 1986, 333-341.

Schwinges 1992: Schwinges, Rainer Chr., Rektorwahlen. Ein Beitrag zur Verfassungs-, Sozial- und Universitätsgeschichte des alten Reiches im 15. Jahrhundert. Mit Rektoren- und Wahlmännerverzeichnissen der Universitäten Köln und Erfurt aus der zweiten Hälfte des 15. Jahrhunderts (Vorträge und Forschungen, Sonderband 38), Sigmaringen 1992.

Scott 1965: Scott, T. K., John Buridan on the Objects of Demonstrative Science, in: Speculum 40 (1965), 654-673.

Scott 1977: Johannes Buridanus: Sophismata, critical edition with an introduction by T. K. Scott (Grammatica Speculativa. Sprachtheorie und Logik des Mittelalters 1), Stuttgart-Bad Canstatt 1977.

Scottish Society 1977: Scottish Society in the Fifteenth Century, hg. von Jennifer M. Brown, London 1977.

Scribner 1975/76: Scribner, R. W., Why was there no Reformation in Cologne?, in: Bulletin of the Institute of Historical Research 48/49 (1975/76), 217-241.

Seibt 1957: Seibt, Ferdinand, Johannes Hus und der Abzug der deutschen Studenten aus Prag 1409, in: AKG 39 (1957), 63-80.

Seibt 1965: Seibt, Ferdinand, Hussitica. Zur Struktur einer Revolution, Köln-Graz 1965.

Seifert 1971: Seifert, Arno, Statuten- und Verfassungsgeschichte der Universität Ingolstadt (1472-1586) (LMaxF 1), Berlin 1971.

Seifert 1974: Seifert, Arno, Die Universitätskollegien – eine historisch-typologische Übersicht, in: Stiftungen aus Vergangenheit und Gegenwart (Lebensbilder deutscher Stiftungen 3), Tübingen 1974, 353-372.

Seifert 1978: Seifert, Arno, Logik zwischen Scholastik und Humanismus. Das Kommentarwerk Johann Ecks (Humanistische Bibliothek. Abhandlungen 31), München 1978.

Seifert 1984: Seifert, Arno, Der Humanismus an den Artistenfakultäten des katholischen Deutschland, in: Humanismus 1984, 135-154.

Selge 1973: Selge, Kurt-Victor, Der Weg zur Leipziger Disputation zwischen Luther und Eck im Jahr 1519, in: Bleibendes im Wandel der Kirchengeschichte. Kirchenhistorische Studien, hg. von Bernd Moeller und Gerhard Ruhbach, Tübingen 1973, 169-210.

Senger 1981: Senger, Hans G., Albertismus? Überlegungen zur „via Alberti" im 15. Jahrhundert, in: MM 14 (1981), 217-236.

Senger 1982: Senger, Hans G., Was geht Lambert von Heerenberg die Seligkeit des Aristoteles an?, in: MM 15 (1982), 293-311.
SHR: The Scottish Historical Review.
Sicherl 1978: Sicherl, Martin, Johannes Cuno: Ein Wegbereiter des Griechischen in Deutschland. Eine biographisch-kodikologische Studie (Studien zum Fortwirken der Antike 9), Heidelberg 1978.
Sieh-Burens 1986: Sieh-Burens, Katarina, Oligarchie, Konfession und Politik im 16. Jahrhundert. Zur sozialen Verflechtung der Augsburger Bürgermeister und Stadtpfleger 1518-1618 (Schriften der Philosophischen Fakultäten der Universität Augsburg, histor.-sozialwiss. Reihe, 29), phil. Diss. Augsburg, München 1986.
Sikora 1988: Sikora, Michael, Die Universität Köln und der „Wegestreit", in: GiK 23 (1988), 65-90.
Šmahel 1966: Šmahel, František, Leben und Werk des Magisters Hieronymus von Prag, in: Historica 13 (1966), 81-111.
Šmahel 1966a: Šmahel, František, Jeroným Pražský, život revolučniho intelektuála, Prag 1966.
Šmahel 1967: Šmahel, František, Le mouvement des étudiants à Prague dans les années 1408-1412, in: Historica 14 (1967), 33-75.
Šmahel 1967a: Šmahel, František, Pražské universitní studentstvo v předrevolučním období 1399-1419. Statisticko-sociologická studie (Rozpravy Československé Akademie Věd: Řada společenskych věd 77,3), Prag 1967.
Šmahel 1968: Šmahel, František, „Universalia Realia Sunt Heresis Seminaria". Filosofie pražského extremniho realismu ve světle doktrinálně instituconální kritiky, in: Česke časopis historický 16 (1968), 797-818.
Šmahel 1970/71: Šmahel, František, Pramen Jeronýmova Chvály svobodných umění, in: Strahovská knihovna 5-7 (1970-1971), 169-180.
Šmahel 1970: Šmahel, František, „Doctor evangelicus super omnes evangelistas": Wyclif's Fortune in Hussite Bohemia, in: Bulletin of the Institute of Historical Research 43 (1970), 16-34.
Šmahel 1980: Šmahel, František, Verzeichnis der Quellen zum Prager Universalienstreit 1348-1500, in: MPhP 25 (1980), 5-189.
Šmahel 1981: Šmahel, František, Kvodlibetní diskuse ke kvestii principalis mistra Michala z Malenic roku 1412, in: AUC 21,1 (1981), 27-52.
Šmahel 1981a: Šmahel, František, Jan Hus a viklefské pojetí universalíí, in: AUC 21,2 (1981), 49-68.
Šmahel 1982: Šmahel, František, Universitní kvestie a polemiky mistra Jeronýma Pražského, in: AUC 22,2 (1982), 7-41.
Smolinsky 1976: Smolinsky, Heribert, Johannes Gerson (1363-1429), Kanzler der Universität Paris, und seine Vorschläge zur Reform der Theologischen Studien, in: HJ 96 (1976), 270-295.
Smolinsky 1983: Smolinsky, Heribert, Augustin von Alveldt und Hieronymus Emser. Eine Untersuchung zur Kontroverstheologie der frühen Reformationszeit im Herzogtum Sachsen (Reformationsgeschichtliche Studien und Texte 122), Münster 1983.
SMRT: Studies in Medieval and Reformation Thought.
Soden/Knaake 1867/72: Soden, Franz Freiherr von – Knaake, Joachim K. (Hgg.), Christoph Scheurl's Briefbuch, ein Beitrag zur Geschichte der Reformation und ihrer Zeit, I: Briefe von 1505-1516, II: Briefe von 1517-1540, Potsdam 1867-1872 (ND Aalen 1962).
Sommerlad 1938: Sommerlad, Bernhard, Die Faktorei der Fugger in Leipzig, in: Schriften des Vereins für die Geschichte Leipzigs 22 (1938), 39-67.
Sottili 1968: Sottili, Agostino, Studenti tedeschi a Padova e le opere del Petrarca in Germania durante il Quattrocento, in: Quaderni per la storia dell'Università di Padova, 49-71.

Sottili 1982: Sottili, Agostino, Wege des Humanismus: Lateinischer Petrarchismus und deutsche Studentenschaften italienischer Renaissance-Universitäten, in: From Wolfram and Petrarch to Goethe and Grass. Studies in Literature in Honour of Leonard Forster, hg. von D. H. Green, L. P. Johnson, Dieter Wuttke (Saecula Spiritualia 5), Baden-Baden 1982, 125-149.

Sottili 1984: Sottili, Agostino, Tunc floruit Alamannorum natio: Doktorate deutscher Studenten in Pavia in der zweiten Hälfte des fünfzehnten Jahrhunderts, in: Humanismus 1984, 25-44.

Sousedik 1973: Sousedik, Stanisláv, Stanislaus von Znaim (+1414), Eine Lebensskizze, in: MPhP 17 (1973), 37-56.

Spahn 1898: Spahn, Martin, Johannes Cochläus. Ein Lebensbild aus der Zeit der Kirchenspaltung, Berlin 1898.

Spanier 1935: Spanier, Meier, Zur Charakteristik Johannes Pfefferkorns, in: Zeitschrift für die Geschichte der Juden in Deutschland 6 (1935), 209-229.

Spengler 1898: Spengler, Franz, Kilian Reuther von Melrichstadt, in: Forschungen zur neueren Literaturgeschichte. Festgabe für Richard Heinzel, Weimar 1898, 123-129.

Spinka 1968: Spinka, Matthew, John Hus. A Biography, Princeton (New Yersey) 1968.

Spitz 1957: Spitz, Lewis W., Conrad Celtis. The German Arch-Humanist, Cambridge (Mass.) 1957.

Spitz 1975: Spitz, Lewis W., The Course of German Humanism, in: Itinerarium 1975, 371-436.

Spunar 1985: Spunar, Pavel, Repertorium auctorum Bohemorum provectum idearum post universitatem Pragensem conditam illustrans, T. 1 (Studia Copernicana 25), Bratislava-Warschau-Krakau usw. 1985.

St. Alban 1941: [Löcherbach, Heinrich,] Geschichte der Pfarre St. Alban zu Köln, hg. anläßlich des goldenen Priesterjubiläums ihres Pfarrers Felix Heusch am 15. August 1941 von der dankbaren Pfarre, Köln 1941.

Stauber 1908: Stauber, Richard, Die Schedelsche Bibliothek. Ein Beitrag zur Geschichte der Ausbreitung der italienischen Renaissance, des deutschen Humanismus und der medizinischen Literatur (Studien und Darstellungen aus dem Gebiete der Geschichte VI,2,3), Freiburg/Br. 1908.

Steer 1967: Steer, Georg (Hg.), Johannes Wenck von Herrenberg: Das Büchlein von der Seele (Kleine deutsche Prosadenkmäler des Mittelalters 3), München 1967.

Steiner 1989: Steiner, Jürgen, Die Artistenfakultät der Universität Mainz 1477-1562 (Beiträge zur Geschichte der Universität Mainz 14), phil. Diss. Mainz, Stuttgart 1989.

Steinmann 1976: Steinmann, Martin, Die humanistische Schrift und die Anfänge des Humanismus in Basel, in: Archiv für Diplomatik 22 (1976), 376-437.

Steinmetz 1952: Steinmetz, Max, Die Universität Wittenberg und der Humanismus (1502-1521), in: Wittenberg 1952, 103-139.

Sterck 1934: Sterck, J. F. M., Onder Amsterdamsche Humanisten, Haarlem 1934.

Stillers 1988: Stillers, Rainer, Humanistische Deutung. Studien zu Kommentar und Literaturtheorie in der italienischen Renaissance (Studia humaniora 11), Düsseldorf 1988.

Stohlmann 1979: Stohlmann, Jürgen, Texte und Thesen zur Marsilius-Sage, in: GiK 5 (1979), 3-15.

Stohlmann 1980: Stohlmann, Jürgen, Zum Lobe Kölns. Die Stadtansicht von 1531 und die ‚Flora' des Hermann von dem Busche, in: JKGV 51 (1980), 1-56.

Stohlmann 1989: Stohlmann, Jürgen, „In signis illic bibliotheca asservatur." Die Kölner Professoren und ihre Bibliothek in der Frühzeit der Universität, in: MM 20 (1989), 433-466.

Streckenbach 1970/72: Streckenbach, Gerhard, Paulus Niavis, „Latinum ydeoma pro novellis studentibus" – ein Gesprächsbüchlein aus dem letzten Viertel des 15. Jahrhunderts, in: Mittellateinisches Jahrbuch 6 (1970), 152-191; 7 (1972), 187-251.

Strnad 1970: Strnad, Alfred A., Der Apostolische Protonotar Dr. Georg Heßler, in: RöQ 65 (1970), 29-53.

Stübel 1879: Stübel, Bruno (Hg.), Urkundenbuch der Universität Leipzig von 1409 bis 1555 (Codex Diplomaticus Saxoniae Regiae, zweiter Haupttheil, XI. Band), Leipzig 1879.

Studien 1983: Studien zum städtischen Bildungswesen des späten Mittelalters und der frühen Neuzeit. Bericht über Kolloquien der Kommission zur Erforschung der Kultur des Spätmittelalters 1978 bis 1981. Hg. von Bernd Moeller, Hans Patze und Karl Stackmann (AAWGPh 3,137), Göttingen 1983.

Stupperich 1973: Stupperich, Robert, Dr. Johann von der Wyck. Ein münsterscher Staatsmann der Reformationszeit, in: WZ 123 (1973), 9-50.

Stupperich 1989: Stupperich, Robert, Dr. Johann von der Wyck und seine Wirksamkeit in Bremen, in: 1200 Jahre St. Petri-Dom in Bremen (Hospitium Ecclesiae. Forschungen zur Bremischen Kirchengeschichte 17), hg. von Ortwin Rudloff, Bremen 1989, 43-52.

Sturlese 1981: Sturlese, Loris, Albert der Große und die deutsche philosophische Kultur des Mittelalters, in: FZPhTh 28 (1981), 133-147.

SVRG: Schriften des Vereins für Reformationsgeschichte.

Swanson 1977: Swanson, R. N., The University of Cologne and the grat schism, in: Journal of Ecclesiastical History 28 (1977), 1-15.

Swiezawski 1974: Swiezawski, Stefan, Le problème de la „via antiqua" et de la „via moderna" au XVe siècle et ses fondements idéologiques, in: MM 9 (1974), 484-493.

Teeuwen 1938: Teeuwen, P., Dionysius de Karthuizer en de philosophisch-theologische Stroomingen aan de Keulsche Universiteit, Brüssel-Nimwegen 1938.

Tesser 1932: Tesser, J. H. M., Petrus Canisius als humanistisch geleerde, Paris-Amsterdam 1932.

Teufel 1977: Teufel, Waldemar, Universitas Studii Tuwingensis. Die Tübinger Universitätsverfassung in vorreformatorischer Zeit (1477-1534) (Contubernium 12), Tübingen 1977.

Teufel 1977a: Teufel, Waldemar, Die Gründung der Universität Tübingen. Wagnis und Gelingen – Anstöße und Vorbilder, in: 500 Jahre Eberhard-Karls-Universität Tübingen. Beiträge zur Geschichte der Universität Tübingen 1477-1977, hg. von Hansmartin Decker-Hauff, Gerhard Fichtner und Klaus Schreiner, Tübingen 1977, 3-32.

Tewes 1986: Tewes, Götz-Rüdiger, Die Studentenburse des Magisters Nikolaus Mommer von Raemsdonck – Ein Konflikt zwischen Rat und Universität im spätmittelalterlichen Köln, in: Gik 20 (1986), 31-66.

Tewes 1988: Tewes, Götz-Rüdiger, Die Esslinger Kreidweiß an den Höfen der Markgrafen von Baden und der Kurfürsten von Trier und Köln in der zweiten Hälfte des 15. Jahrhunderts, in: Esslinger Studien. Zeitschrift 27 (1988), 33-66.

Tewes 1989: Tewes, Götz-Rüdiger, Das Stift St. Gereon und die alte Kölner Universität, in: Colonia Romanica 4 (1989), 63-67.

Tewes 1991: Tewes, Götz-Rüdiger, Die Kölner Universität und das Kartäuserkloster im 15. Jahrhundert – eine fruchtbare Beziehung, in: Die Kölner Kartause um 1500, hg. von Werner Schäfke, Köln 1991, 154-168.

TFil: Tijdschrift voor Filosofie.

TG: Tijdschrift voor Geschiedenis.

The Logic of John Buridan 1976: The Logic of John Buridan. Acts of the 3rd European Symposium on Medieval Logic and Semantics, Copenhagen 16.-21. November 1975, ed. by Jan Pinborg, Kopenhagen 1976.

Thomas von Aquino 1974: Thomas von Aquino. Interpretation und Rezeption, hg. von Willehad P. Eckert (WSPhR 5), Mainz 1974.

Thurnhofer 1900: Thurnhofer, Franz X., Bernhard Adelmann von Adelmannsfelden, Humanist und Luthers Freund (1457-1523). Ein Lebensbild aus der Zeit der beginnenden Kirchenspaltung in Deutschland (Erläuterungen und Ergänzungen zu Janssens Geschichte des deutschen Volkes II/1), Freiburg 1900.

Toepke 1884/86/93: Toepke, Gustav (Hg.), Die Matrikel der Universität Heidelberg von 1386 bis 1662, I-III, Heidelberg 1884-1893 (ND Nendeln 1976).

Toulouse 1939: Toulouse, Madeleine, La nation anglaise-allemande de l'Université de Paris des origines à la fin du XVe siècle, Paris 1939.

Tradition und Gegenwart 1977: Tradition und Gegenwart. Studien und Quellen zur Geschichte der Universität Mainz mit besonderer Berücksichtigung der Philosophischen Fakultät. Teil 1: Aus der Zeit der kurfürstlichen Universität, hg. von Hermann Weber (Beiträge zur Geschichte der Universität Mainz 11), Wiesbaden 1977.

Trapp 1957: Trapp, Damasus, CLM 27034. Unchristened Nominalism and Wycliffite Realism at Prague in 1381, in: RTAM 24 (1957), 320-360.

TRE: Theologische Realenzyklopädie 1ff., Berlin 1974ff.

Treu 1986: Andreas Meinhardi, Über die hochberühmte und herrliche Stadt Wittenberg. Übersetzung, Einleitung und Anmerkungen von Martin Treu, Leipzig 1986.

Treu 1989: Treu, Martin, Balthasar Fabritius Phacchus – Wittenberger Humanist und Freund Ulrichs von Hutten, in: ARG 80 (1989), 68-87.

Trusen 1987: Trusen, Winfried, Johannes Reuchlin und die Fakultäten. Voraussetzungen und Hintergründe des Prozesses gegen den ‚Augenspiegel', in: Humanismus 1987, 115-157.

Uiblein 1968: Uiblein, Paul (Hg.), Acta Facultatis Artium Universitatis Vindobonensis 1385-1416 (Publikationen des Instituts für Österreichische Geschichtsforschung, 6. Reihe, 2. Abtlg.), Graz-Wien-Köln 1968.

Ulrich 1984: Ulrich, Herbert, Matthias Bredenbach (1499-1559). Lebensbild eines niederrheinischen Humanisten. Ein Beitrag zur Reformations- und Schulgeschichte, Emmerich 1984.

Unger 1967: Unger, Eike E., Die Fugger in Hall i.T. (Studien zur Fuggergeschichte 19), rer. pol. Diss. Erlangen-Nürnberg, Tübingen 1967.

Universiteit 1986: De Universiteit te Leuven 1425-1985 (Fasti Academici 1), Löwen 1986.

Universities 1978: The Universities in the Late Middle Ages, ed. by Jozef Ijsewijn and Jacques Paquet (Mediaevalia Lovaniensia I/VI), Löwen 1978.

Urban 1981: Urban, Wolfgang, Die ‚via moderna' an der Universität Erfurt am Vorabend der Reformation, in: Gregor von Rimini 1981, 311-330.

Van Balberghe 1979: Van Balberghe, Émile, Les théologiens et la „Vauderie" au XVe siècle. A propos des œuvres de Jean Tinctor à la bibliothèque de l'abbaye de Parc, in: Miscellanea Codicologica F. Masai dicata, ed. Pierre Cockshaw, Monique-Cécile Garand et Pierre Jodogne, Gent 1979, 393-411.

Van Belle 1978: Van Belle, André, La Faculté des Arts de Louvain: quelques aspects de son organisation au XVe siècle, in: Universities 1978, 42-48.

Van Buijtenen 1964: Van Buijtenen, M. P., Windesheimers in Bazel; St.-Leonhard 1462-1525, in: Postillen over kerk en maatschappij in de vijftiende en zestiende eeuw, Utrecht-Nijmegen 1964, 200-233.

Van der Essen 1945: Van der Essen, Léon, L'université de Louvain (1425-1940), Brüssel 1945.

Van der Lecq 1983: Johannes Buridanus: Questiones longe super librum Perihermeneias, ed. with an introduction by Ria van der Lecq, Leiden 1983.
Van der Velden 1911: Van der Velden, Henricus Eduardus Josephus, Rodolphus Agricola (Roelof Huusman). Een nederlandsch humanist der vijftiende eeuw, phil. Diss. Leiden 1911.
Van Doorslaer 1927: Van Doorslaer, J., Notes bio-bibliographiques sur Jean van Hulshout (1405-1475), in: Mechlinia 6 (1927), 65-75.
Van Eeghen 1941: Van Eeghen, Isabella Henriette, Vrouwenkloosters en Begijnhof in Amsterdam van de 14e tot het eind der 16e eeuw, Diss. Amsterdam 1941.
Van Eijl 1977: Van Eijl, Edmond J. M., De theologische faculteit te Leuven in de XVe en XVIe eeuw. Organisatie en opleiding, in: Facultas 1977, 69-153.
Van Eijl 1977a: Van Eijl, Edmond J., Bibliografie-Bibliography-Bibliographie, in: Facultas 1977, 495-557.
Van Gelder 1905: Van Gelder, H. E., Geschiedenis der Latijnsche school te Alkmaar, I: De Groote school tot 1572, Alkmaar 1905.
Van Rhijn 1917: Van Rhijn, Maarten, Wessel Gansfort, 's Gravenhage 1917.
Van Rhijn 1927: Van Rhijn, Maarten, Engelbert van Leiden, in: NAK 20 (1927), 289-295.
Van Rhijn 1933: Van Rhijn, M., Studien over Wessel Gansfort en zijn tijd, Utrecht 1933.
Van Rhijn 1946/47: Van Rhijn, Maarten, Bernard van Reida, in: NAK 35 (1946-1947), 81-84.
Van Werveke 1904: Van Werveke, N., Esquisse de l'histoire de l'enseignement et de l'instruction dans le Luxembourg, in: Histoire de l'instruction publique dans le Grand-Duché de Luxembourg. Recueil de Mémoires, Luxembourg 1904, 1-345.
Van Werveke 1983: Van Werveke, Nicolas, Kulturgeschichte des Luxemburger Landes. Neue Auflage hg. von Carlo Hury, I, Esch-sur-Alzette 1983.
Vansteenberghe 1910: Vansteenberghe, Edmond, Le ‚De ignota litteratura' de Jean Wenck de Herrenberg contre Nicolas de Cuse. Texte inédit et étude (Beiträge zur Geschichte der Philosophie des Mittelalters. Texte und Untersuchungen 8,6), Münster 1910.
Varrentrapp 1878: Varrentrapp, Carl, Hermann von Wied und sein Reformationsversuch in Köln. Ein Beitrag zur deutschen Reformationsgeschichte, Leipzig 1878.
Vasoli 1968: Vasoli, Cesare, La dialettica e la retorica dell'Umanesimo. „Invenzione" e „Metodo" nella cultura del XV e XVI secolo, Mailand 1968.
Vennebusch 1976: Vennebusch, Joachim, Theologische Disputationen an der Universität Köln (1421-1428), in: RTAM 43 (1976), 237-248.
Vennebusch 1976a/86: Vennebusch, Joachim, Die theologischen Handschriften des Stadtarchivs Köln, Teil 1-4 (Mitteilungen. Sonderreihe: Die Handschriften des Archivs, Heft 1-4), Köln-Wien 1976-1986.
Verfasserlexikon: Die deutsche Literatur des Mittelalters. Verfasserlexikon 1ff., Berlin-New York 1977² ff.
Vischer 1860: Vischer, Wilhelm, Geschichte der Universität Basel von der Gründung 1460 bis zur Reformation 1529, Basel 1860.
VKGV: Veröffentlichungen des Kölnischen Geschichtsvereins.
VMPIG: Veröffentlichungen des Max-Planck-Instituts für Geschichte.
Vogts 1914: Vogts, Hans, Das Kölner Wohnhaus bis zum Anfang des 19. Jahrhunderts, Köln 1914.
Vogts 1936: Vogts, Hans, Die Kolumbakirche in Köln (Rheinische Kunststätten. Reihe 6: Köln, Nr. 6), Düsseldorf 1936.
Vogts 1966: Vogts, Hans, Das Kölner Wohnhaus bis zur Mitte des 19. Jahrhunderts, I/II, Köln 1966.
Volkmann 1929: Volkmann, Ludwig, Ars memorativa, in: Jahrbuch der kunsthistorischen Sammlungen in Wien NF 3 (1929), 111-200.

Volz 1967: Volz, Hans, Der Humanist Tileman Conradi aus Göttingen. Ein Beitrag zum Thema: Humanismus und Reformation, in: Jahrbuch der Gesellschaft für niedersächsische Kirchengeschichte 65 (1967), 76-116.
Von den Brincken 1969: Von den Brincken, Anna-Dorothee, Johann Potken aus Schwerte, Propst von St. Georg in Köln, der erste Äthiopologe des Abendlandes, in: Aus kölnischer und rheinischer Geschichte. Festgabe Arnold Güttsches zum 65. Geburtstag (VKGV 29), Köln 1969, 81-114.
Von den Brincken 1989: Von den Brincken, Anna-Dorothee, Die Statuten der Kölner Artistenfakultät von 1398, in: MM 20 (1989), 394-414.
Von der Hardt 1699: Von der Hardt, Hermann (Hg.), Rerum Concilii Constantiensis. Corpus Actorum et Decretorum Magni Constantiensis Concilii De Ecclesiae Reformatione, Unione Ac Fide, T. 4, Frankfurt-Leipzig 1699.
Voulliéme 1903: Voulliéme, Ernst, Der Buchdruck Kölns bis zum Ende des fünfzehnten Jahrhunderts (PGRGK 24), Bonn 1903 (ND Düsseldorf 1978, mit einem Nachwort von Severin Corsten).
VSWG: Vierteljahrschrift für Sozial- und Wirtschaftsgeschichte.

Wackernagel 1911/16: Wackernagel, Rudolf, Geschichte der Stadt Basel, II/1,2, Basel 1911-1916.
Wackernagel 1951: Wackernagel, H. G. (Hg.), Die Matrikel der Universität Basel, I, Basel 1951.
Wagner 1983: Wagner, David L. (Hg.), The Seven Liberal Arts in the Middle Ages, Bloomington 1983.
Walsh 1986: Walsh, Katherine, Vom Wegestreit zur Häresie: Zur Auseinandersetzung um die Lehre John Wyclifs in Wien und Prag an der Wende zum 15. Jahrhundert, in: MIÖG 94 (1986), 25-47.
Walther 1989: Walther, Helmut G., Gelehrtes Recht, Stadt und Reich in der politischen Theorie des Basler Kanonisten Peter von Andlau, in: Lebenslehren 1989, 77-111.
Walz 1923/24: Walz, Angelus, De magistri Gerardi de Elten O.P. lectura super I partem Summae S. Thomae, in: Analecta Sacri Ordinis Fratrum Praedicatorum 31/32 (1923/24), 84-87.
Watkins 1967: Watkins, Renee N., The Death of Jerome of Prague: Divergent Views, in: Speculum 42 (1967), 104-129.
Wattenbach 1869: Wattenbach, Wilhelm, Peter Luder, der erste humanistische Lehrer in Heidelberg, in: ZGO 22 (1869), 33-127.
Wattenbach 1871: Wattenbach, Wilhelm, Hartmann Schedel als Humanist, in: Forschungen zur deutschen Geschichte 11 (1871), 349-374.
Wéber 1980: Wéber, Edouard H., L'interprétation par Albert le Grand de la Théologie mystique de Denys le ps-Aréopagite, in: Albertus Magnus, Doctor universalis 1980, 409-439.
Weber 1988: Weber, Christoph, Familienkanonikate und Patronatsbistümer. Ein Beitrag zur Geschichte von Adel und Klerus im neuzeitlichen Italien (Historische Forschungen 38), Berlin 1988.
Weijers 1989: Weijers, Olga, Le vocabulaire de l'enseignement et des examens de l'université de Cologne, in: MM 20 (1989), 415-432.
Weiler 1962: Weiler, Antonius G., Heinrich von Gorkum († 1431). Seine Stellung in der Philosophie und der Theologie des Spätmittelalters, Hilversum 1962.
Weiler 1964: Weiler, Antonius G., Nederlanders in Keulen en Heidelberg rond magister Herwich Gijsbertszoon van Amsterdam (1440-1481), in: Postillen over kerk en maatschappij in de vijftiende en zestiende eeuw, Utrecht-Nijmegen 1964, 257-283.
Weiler 1968: Weiler, Antonius G., Un traité de Jean de Nova Domo sur les Universaux, in: Vivarium 6 (1968), 108-154.

Weiler 1969: Weiler, Antonius G., Realisme, Nominalisme, Humanisme. De wegenstrijd in de laat-scholastiek en het humanistisch antwoord, in: Vox Theologica 39 (1969), 58-79.
Weiler 1972: Weiler, Antonius G., Een kernpunkt uit de universitaire wegenstrijd: de vooronderstellingen van de „moderne", terministische logica, in: TG 85 (1972), 301-324.
Weiler 1978: Weiler, Antonius G., Les relations entre l'université de Louvain et l'université de Cologne au XVe siècle, in: Universities 1978, 49-81.
Weinforth 1982: Weinfort, Friedhelm, Studien zu den politischen Führungsschichten in den klevischen Prinzipalstädten vom 14. bis 16. Jahrhundert (Kölner Schriften zu Geschichte und Kultur 2), Köln 1982.
Weisheipl 1969: Weisheipl, James A., The Place of the Liberal Arts in the University Curriculum during the XIVth and XVth Centuries, in: Arts libéraux 1969, 209-213.
Weiss 1981: Weiss, James M., The Six Lives of Rudolph Agricola: Forms and Functions of the Humanist Biography, in: Humanistica Lovaniensia 30 (1981), 19-39.
Weissenborn 1881: Weissenborn, Hermann (Bearb.), Acten der Erfurter Universität, 1. Theil: 1. Päpstliche Stiftungsbullen, 2. Statuten von 1447, 3. Allgemeine Studentenmatrikel 1. Hälfte (1392-1492) (Geschichtsquellen der Provinz Sachsen und angrenzender Gebiete 8), Halle 1881.
Weiß 1991: Weiß, Dieter J., Melchior Pfinzing (1481-1535), in: Fränkische Lebensbilder 14 (1991), 14-29.
Wendehorst 1989: Wendehorst, Alfred (Bearb.), Das Bistum Würzburg. 4: Das Stift Neumünster in Würzburg (Germania Sacra NF 26. Die Bistümer der Kirchenprovinz Mainz), Berlin-New York 1989.
Werhahn 1955: Werhahn, Heinz M., Die Bücher des Dr. Peter Rinck, in: Kölner Schule. Festgabe zum 60. Geburtstag von Rudolf Juchhoff, hg. von Hermann Corsten und Gerhart Lohse (Arbeiten aus dem Bibliothekar-Lehrinstitut des Landes Nordrhein-Westfalen 7), Köln 1955, 181-188.
Werres 1989: Werres, Johannes M., Marianische Umwidmungen des Psalters bei Johannes von Mecheln, in: Ars et Ecclesia. Festschrift für Franz J. Ronig zum 60. Geburtstag, hg. von Hans-Walter Stork, Christoph Gerhardt und Alois Thomas (Veröffentlichungen des Bistumsarchivs Trier 26), Trier 1989, 447-451.
Widmann 1934: Widmann, Simon Peter, Hermann von Kerssenbroch, in: WZ 90 (1934), 33-88.
Wiedemann 1865: Wiedemann, Theodor, Dr. Johann Eck. Professor der Theologie an der Universität Ingolstadt, Regensburg 1865.
Wiesflecker 1975/77/86: Wiesflecker, Hermann, Maximilian I. Das Reich, Österreich und Europa an der Wende zur Neuzeit, I-V, München-Wien 1971-1986.
Wilms 1941: Wilms, Hieronymus, Der Kölner Universitätsprofessor Konrad Köllin (QGDOD 39), Köln 1941.
Winkelmann 1886: Winkelmann, Eduard, Urkundenbuch der Universität Heidelberg, I/II, Heidelberg 1886.
Wittenberg 1952: 450 Jahre Martin-Luther-Universität Halle-Wittenberg, I: Wittenberg 1502-1817, hg. von Leo Stern, Wittenberg 1952.
WL: Westfälische Lebensbilder 1 ff., Münster 1930 ff.
Włodek 1963: Włodek, Sophie, Le commentaire de Nicolas d'Amsterdam sur le De anima d'Aristote. Introduction – Textes inédits, in: MPhP 11 (1963), 23-42.
Włodek 1981: Włodek, Sophie, Albert le Grand et les Albertistes du XVe siècle. Le problème des universaux, in: MM 14 (1981), 193-207.
Wolf 1927: Wolf, Ernst, Staupitz und Luther. Ein Beitrag zur Theologie des Johannes von Staupitz und deren Bedeutung für Luthers theologischen Werdegang (Quellen und Forschungen zur Reformationsgeschichte 9), Leipzig 1927.

Wolters 1867: Wolters, Albrecht, Konrad von Heresbach und der Clevische Hof zu seiner Zeit, Elberfeld 1867.
Woody 1961: Woody, Kennerly M., The Organisation of the Council, in: Council 1961, 52-65.
Worstbrock 1981: Worstbrock, Franz J., Aus Gedichtsammlungen des Wolfgang Marius, in: ZBLG 44 (1981), 491-504.
Worstbrock 1983: Worstbrock, Franz Josef, Die ‚Ars versificandi et carminum' des Konrad Celtis. Ein Lehrbuch eines deutschen Humanisten, in: Studien 1983, 462-498.
Worstbrock 1987: Worstbrock, Franz J., Die Brieflehre des Konrad Celtis. Textgeschichte und Autorschaft, in: Philologie 1987, 242-269.
WSPhR: Walberberger Studien. Philosophische Reihe.
Wuttke 1964: Wuttke, Dieter, Die Histori Herculis des Nürnberger Humanisten und Freundes der Gebrüder Vischer, Pangratz Bernhaubt gen. Schwenter. Materialien zur Erforschung des deutschen Humanismus um 1500, Köln-Graz 1964.
Wuttke 1977: Wuttke, Dieter, Wunderdeutung und Politik. Zu den Auslegungen der sogenannten Wormser Zwillinge des Jahres 1495, in: Landesgeschichte und Geistesgeschichte. Festschrift für Otto Herding zum 65. Geburtstag, hg. von Kaspar Elm, Eberhard Gönner und Eugen Hillenbrand (Veröffentlichungen der Kommission für geschichtliche Landeskunde in Baden-Württembemberg, Reihe B 92), Stuttgart 1977, 217-244.
Wuttke 1986: Wuttke, Dieter, Humanismus als integrative Kraft. Die Philosophia des deutschen „Erzhumanisten" Conrad Celtis. Eine ikonologische Studie zu programmatischer Graphik Dürers und Burgkmairs, in: Österreichische Literatur 1986, Teil 2, 691-738.
Wuttke 1987: Wuttke, Dieter, Conradus Celtis Protucius (1459-1508). Ein Lebensbild aus dem Zeitalter der deutschen Renaissance, in: Philologie 1987, 270-286.
Wuttke 1988: Wuttke, Dieter, Beobachtungen zum Verhältnis von Humanismus und Naturwissenschaft im deutschsprachigen Raum, in: Der Weg der Naturwissenschaft von Johannes von Gmunden zu Johannes Kepler, hg. von Günther Hamann und Helmuth Grössing (ÖAWPh SB 497. Veröffentlichungen der Kommission für Geschichte der Mathematik, Naturwissenschaften und Medizin 46), Wien 1988, 119-138.
Wuttke 1989: Wuttke, Dieter (Hg.), Willibald Pirckheimers Briefwechsel, III, bearb. von Helga Scheible, München 1989.
Wyclif 1893: Johannis Wyclif Tractatus de Logica, ed. by Michael H. Dziewicki, I, London 1893 (ND New York-London-Frankfurt 1966).
Wyclif 1985: Wyclif, John, Tractatus de Universalibus. Text ed. by Ivan J. Mueller, Oxford 1985.
Wyclif 1985a: Wyclif, John, On Universals (Tractatus de Universalibus). Text translated by Anthony Kenny, with an introduction by Paul V. Spade, Oxford 1985.
WZ: Westfälische Zeitschrift. Zeitschrift für vaterländische Geschichte und Altertumskunde.
WZGK: Westdeutsche Zeitschrift für Geschichte und Kunst.
Zarncke 1854: Zarncke, Friedrich (Hg.), Sebastian Brants Narrenschiff, Leipzig 1854 (ND Hildesheim 1961).
Zarncke 1857: Zarncke, Friedrich, Die urkundlichen Quellen zur Geschichte der Universität Leipzig in den ersten 150 Jahren ihres Bestehens, Leipzig 1857.
Zarncke 1861: Zarncke, Friedrich (Hg.), Die Statutenbücher der Universität Leipzig aus den ersten 150 Jahren ihres Bestehens, Leipzig 1861.
ZBGV: Zeitschrift des Bergischen Geschichtsvereins.
ZBLG: Zeitschrift für bayerische Landesgeschichte.
Zenz 1949: Zenz, Emil, Die Trierer Universität 1473-1798, Trier 1949.
ZHF: Zeitschrift für historische Forschung.

Zier 1982: Zier, Hans G., Geschichte der Stadt Pforzheim. Von den Anfängen bis 1945, Stuttgart 1982.
ZKG: Zeitschrift für Kirchengeschichte.
ZVGA: Zeitschrift für vaterländische Geschichte und Altertumskunde.

Nachträge zur Literatur
S. 47 f. u.ö.: Zu Rutger Overhach de Tremonia neuestens Joachim Vennebusch, Art. "Rutgerus de Tremonia (Overhach, R.)", in: Verfasserlexikon 8, Lfg. 2, Sp. 429-434.
S. 504 u.ö.: Zu Hartmann Schedel von Nürnberg neuestens Béatrice Hernad – F.J. Worstbrock, Art. "Schedel, Hartmann", in: Verfasserlexikon 8, Lfg. 2, Sp. 609-621.
S. 606-628 u.ö.: Zur Problematik der Sodalitäten und des vates-Selbstverständnisses s. jetzt auch Christine Treml, Humanistische Gemeinschaftsbildung. Sozio-kulturelle Untersuchung zur Entstehung eines neuen Gelehrtenstandes in der frühen Neuzeit (Historische Texte und Studien 12), phil. Diss. München, Hildesheim-Zürich-New York 1989. Zwar wird (138 f.) Mattaeus Lupinus Calidomius in der primär soziologisch angelegten Dissertation erwähnt, doch wird die Leipzig-Wittenberger Sodalität um Martin Polich von Mellrichstadt nicht thematisiert.
S. 735: Das Murmellius-Gedicht ist ebenfalls gedruckt bei Grabmann 1936a, 381 f.

ANHANG

Anlage 1: HAStK, Un. 478, f. 58v.

Anlage 2a: HAStK, Un. 38, f. 58v
(Rektorat Johannes de Cervo, 1476).

Anlage 2b: HAStK, Un. 38, f. 59r.

Anlage 3: LkAN,
Fenitzer IV, 578 2⁰, f. bi-r (Glossen des Georg Beheim
in seinem Exemplar des Quodlibet sancti Thome).

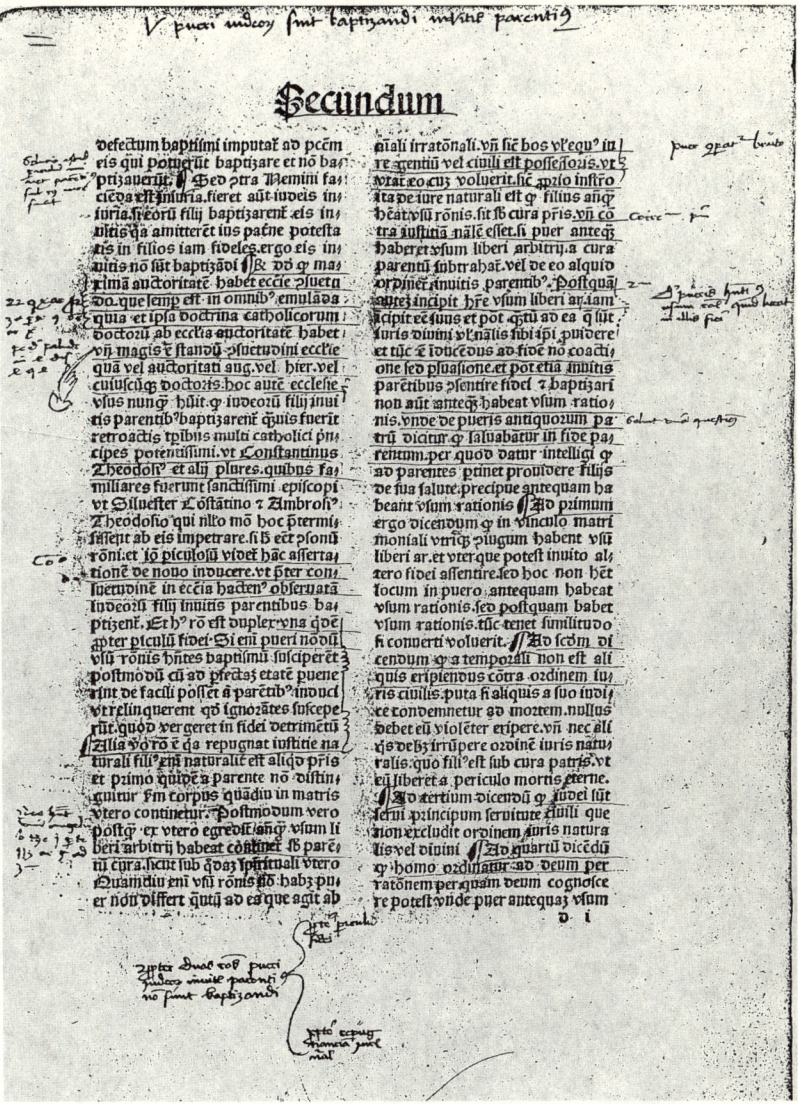

Anlage 4: LkAN, Fenitzer IV, 578 2⁰, f. di-r.

Anlage 5: HAStK, Domstift Akten 142, f. 63r
(Erklärung des Ulrich Kreidweiß von Esslingen, 1472).

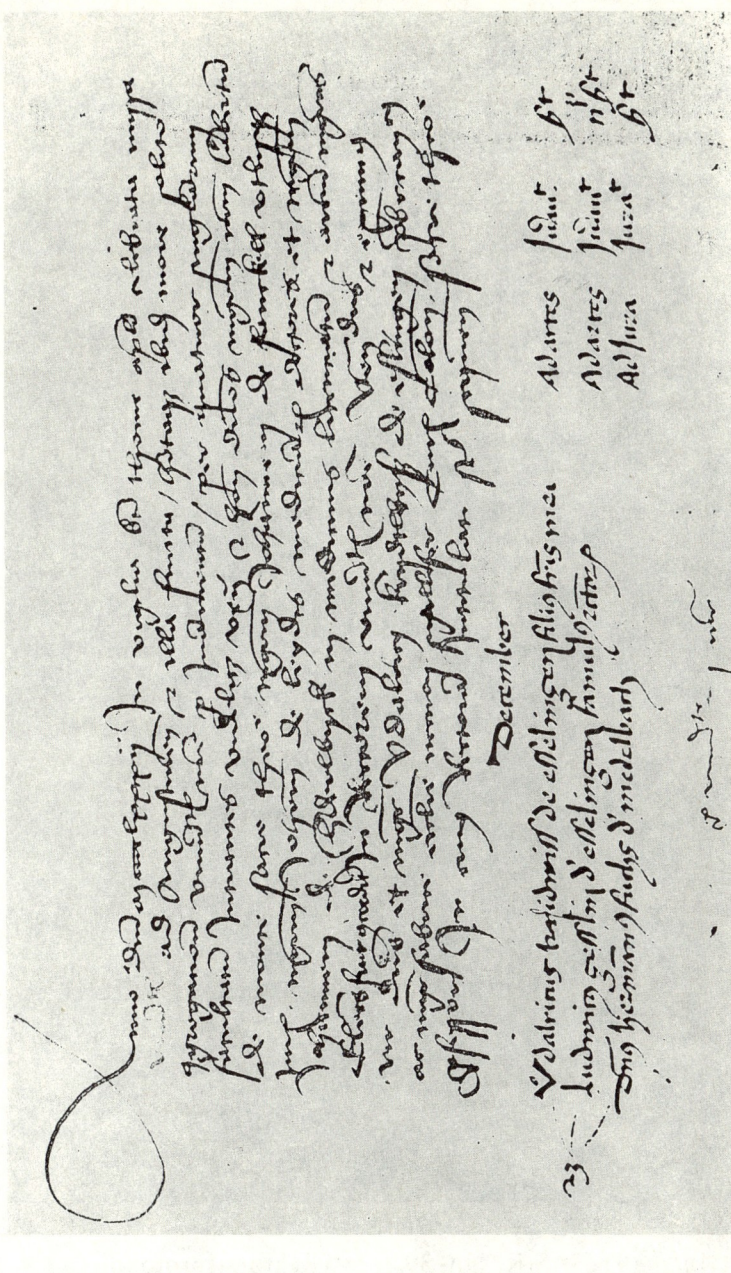

Anlage 6: HAStK, Un. 38, f. 107r (im unteren Teil Rektoratsprotokoll des Ulrich Kreidweiß, Dez. 1482).

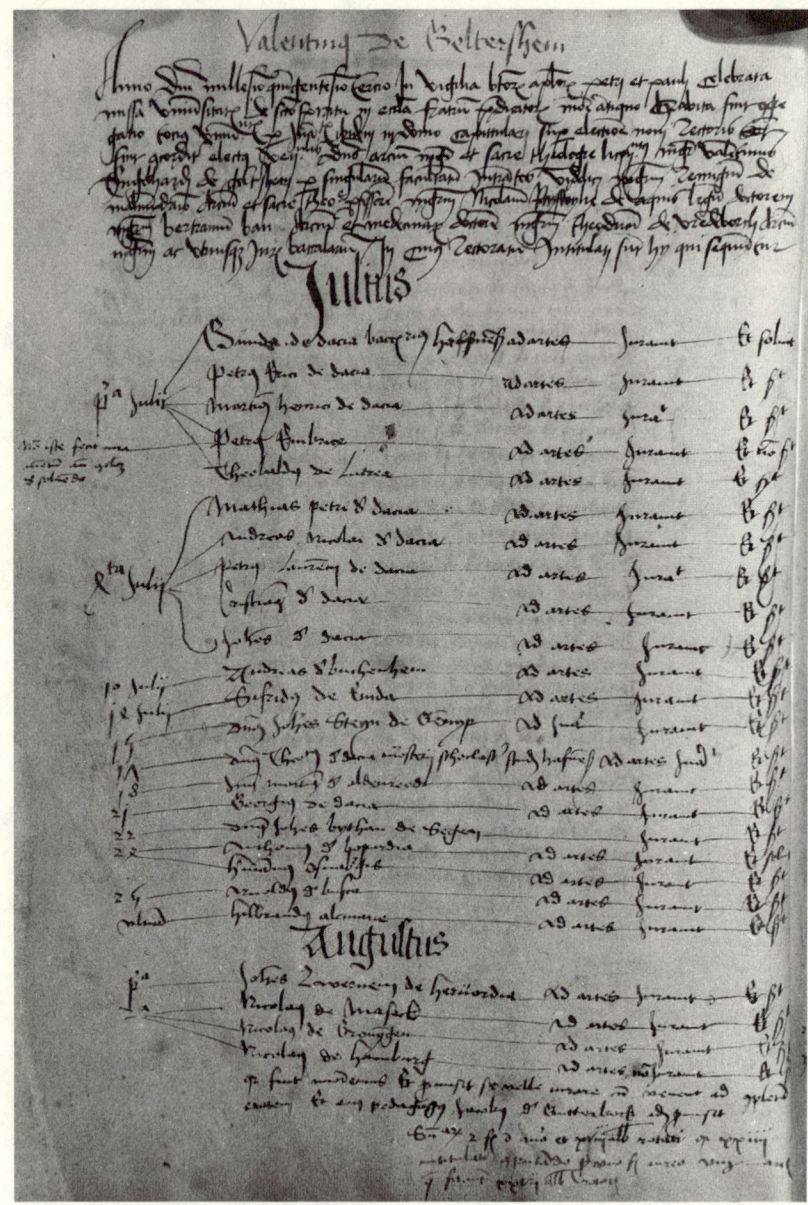

Anlage 7: HAStK, Un. 39, f. 5v (Rektoratsprotokoll des Valentin von Geldersheim, 1503; das Protokoll über seine Wahl stammt nicht aus seiner Hand).

Anlage 8: HAStK, Un. 39, f. 6v.

Anlage 9: HAStK, Un 39, f. 5r (Rektoratsprotokoll des Thomas Lyel de Scotia, Juni 1503).

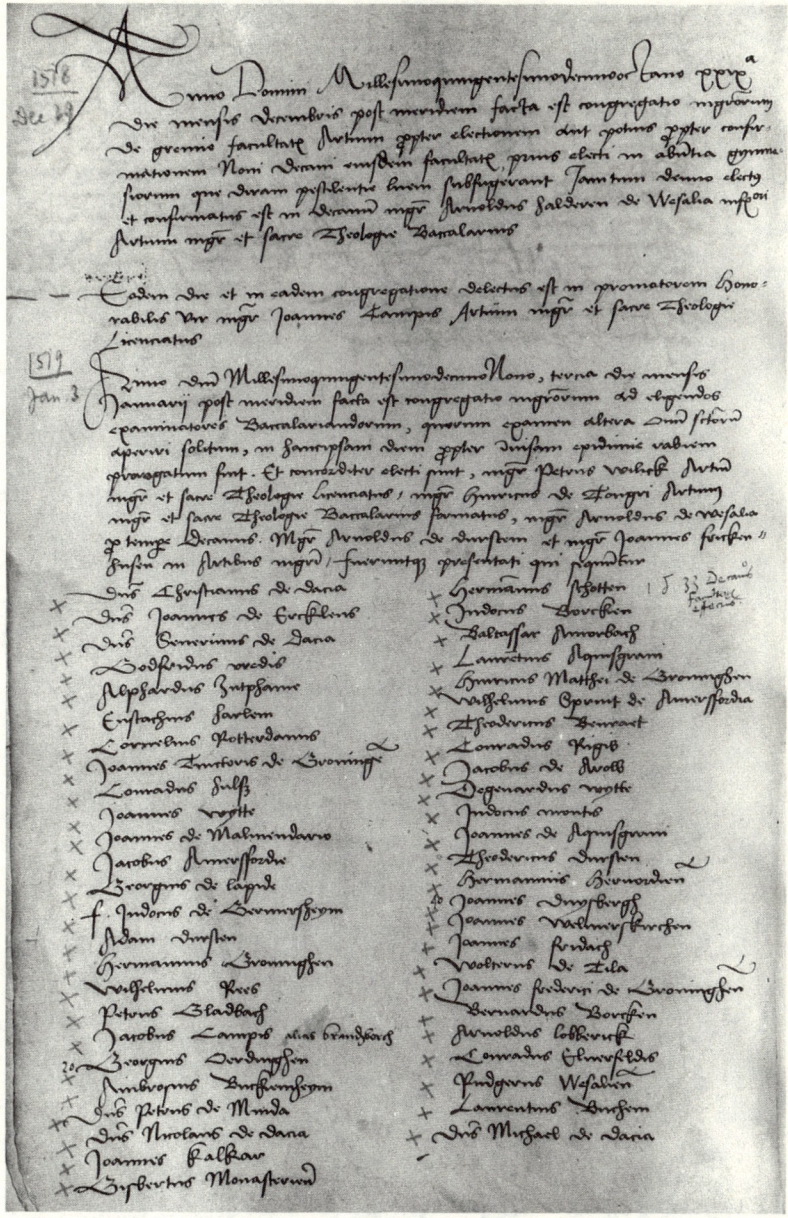

Anlage 10: HAStK, Un. 481, f. 125v
(Dekanatsprotokoll des Arnold von Wesel, 1518/19).

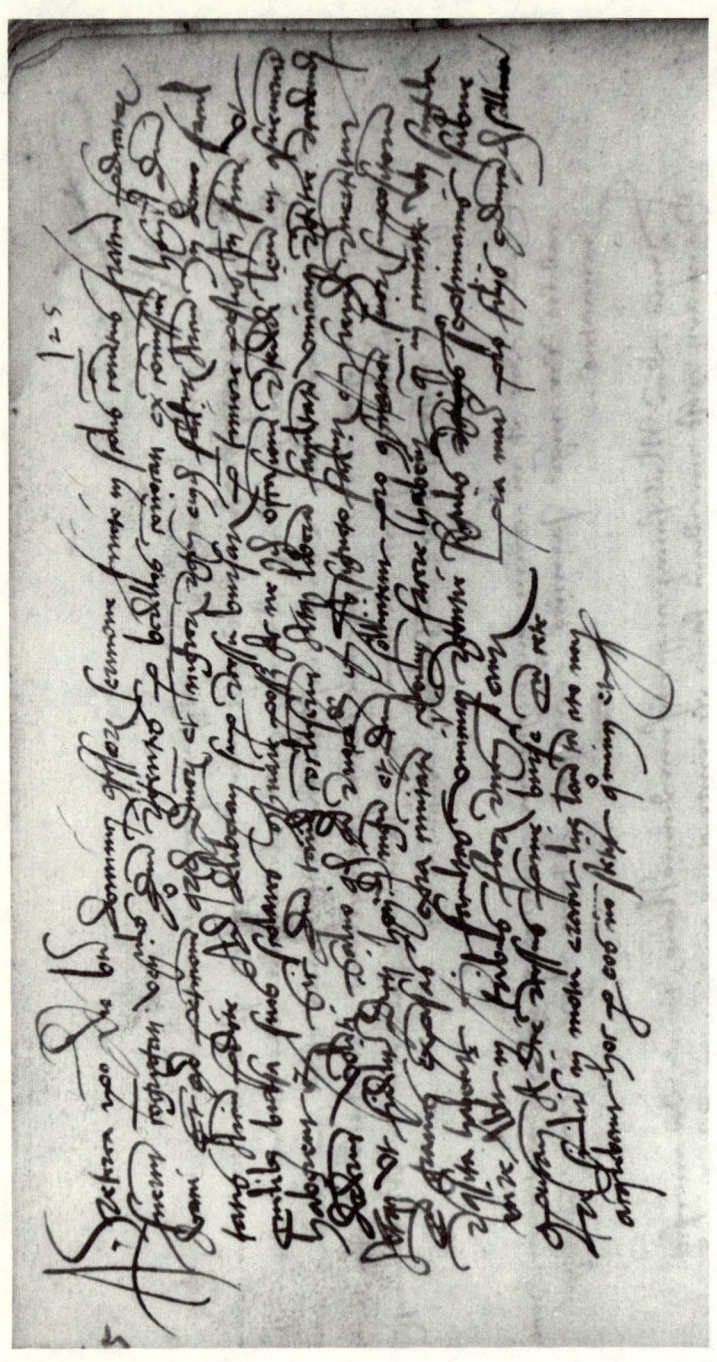

Anlage 11: HAStK, Un. 481, f. 125r (Dekanatsprotokoll des Nicolaus de Traiecto, 1518).

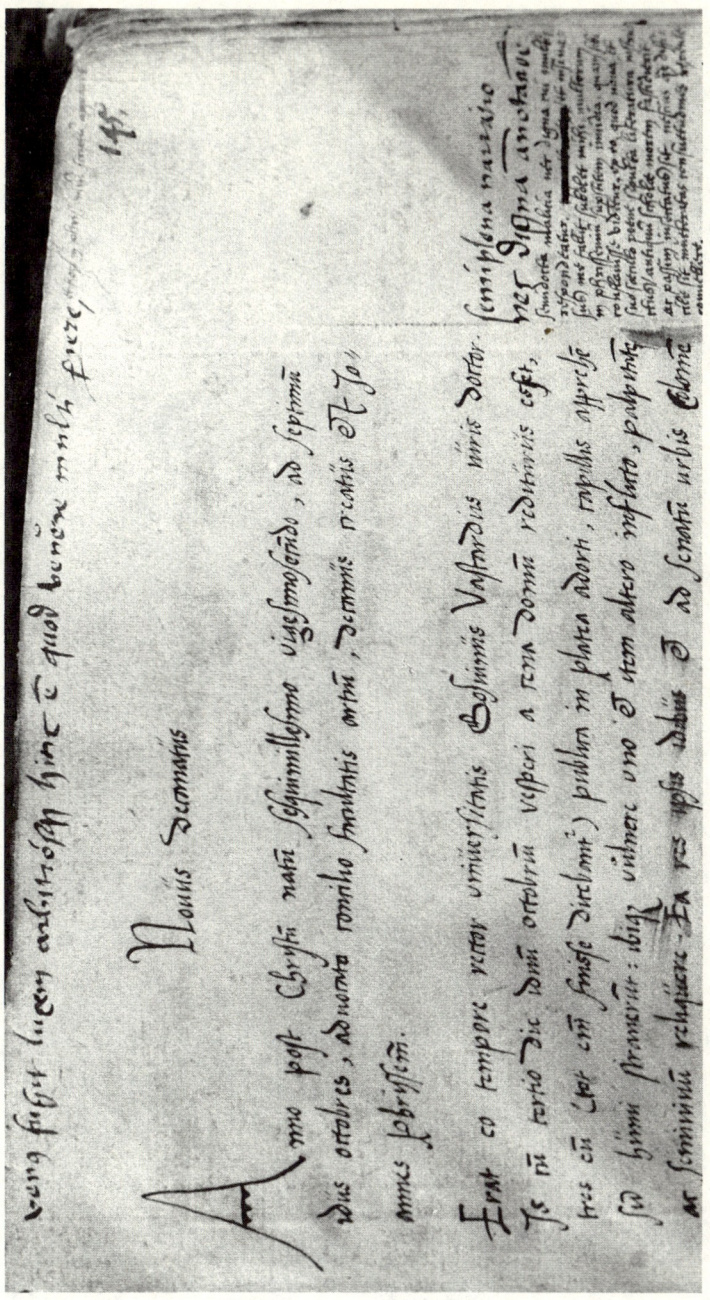

Anlage 12: (mit Vergrößerung der Glossen): HAStK, Un. 481, f. 145r (Dekanatsprotokoll des Johannes Frissemius, 1522).

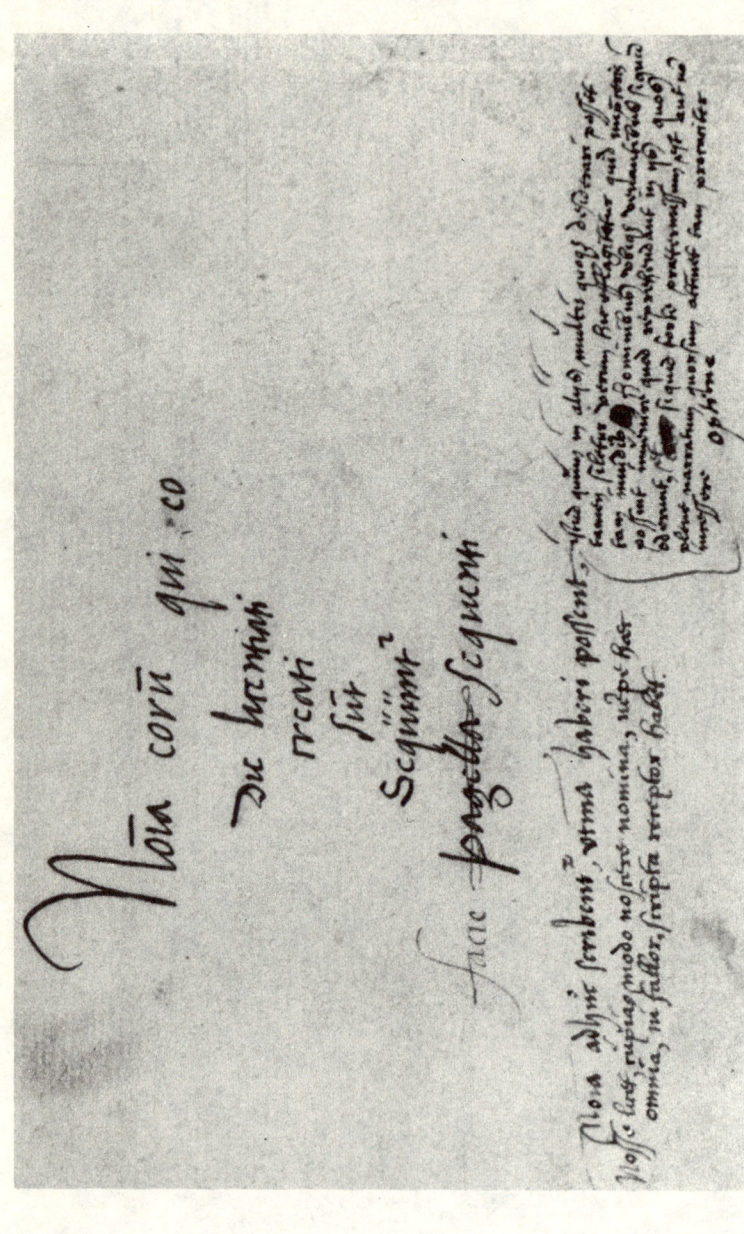

Anlage 13: HAStK, Un. 481, f. 148r (Dekanatsprotokoll des Johannes Frissemius, Februar/März 1523).

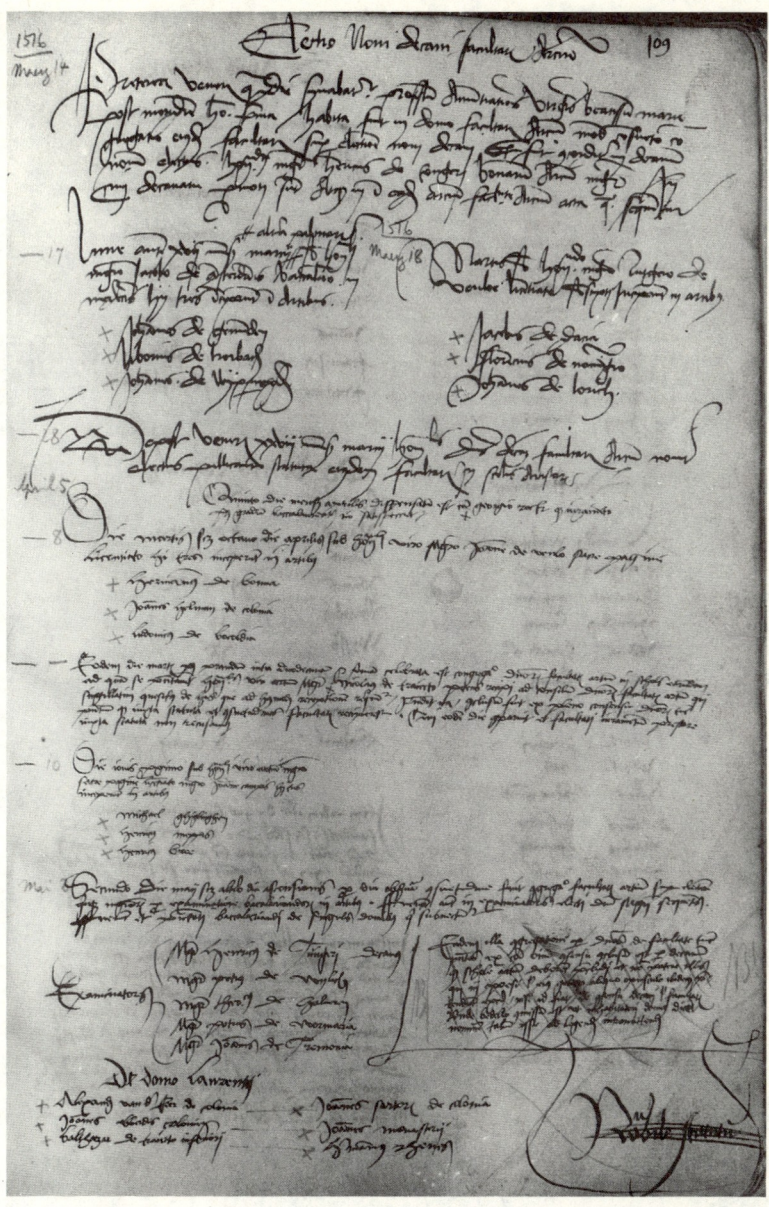

Anlage 14: HAStK, Un. 481, f. 109r (Dekanatsprotokoll des Henricus Buschers de Tongeris, März/Mai 1516, mit dem sog. Poetik-Beschluß rechts unten).

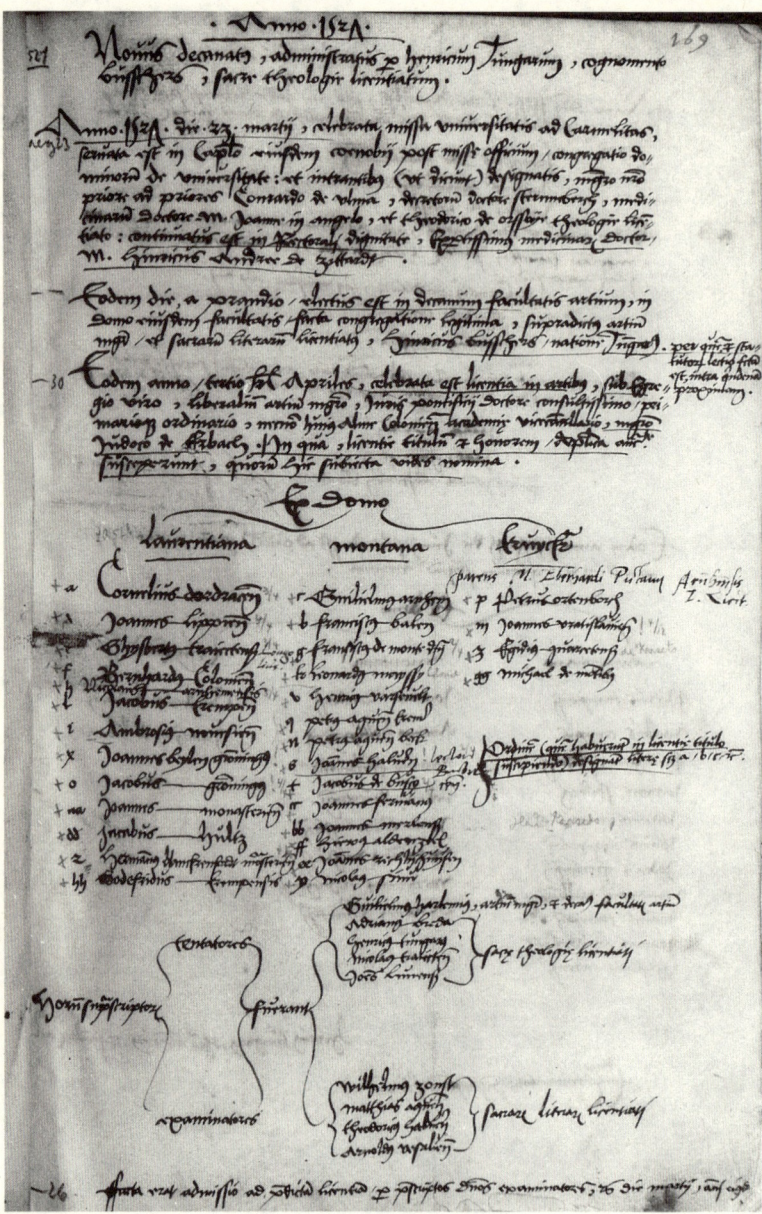

Anlage 15: HAStK, Un. 481, f. 169r (Dekanatsprotokoll des Henricus Buschers de Tongeris, 1527).

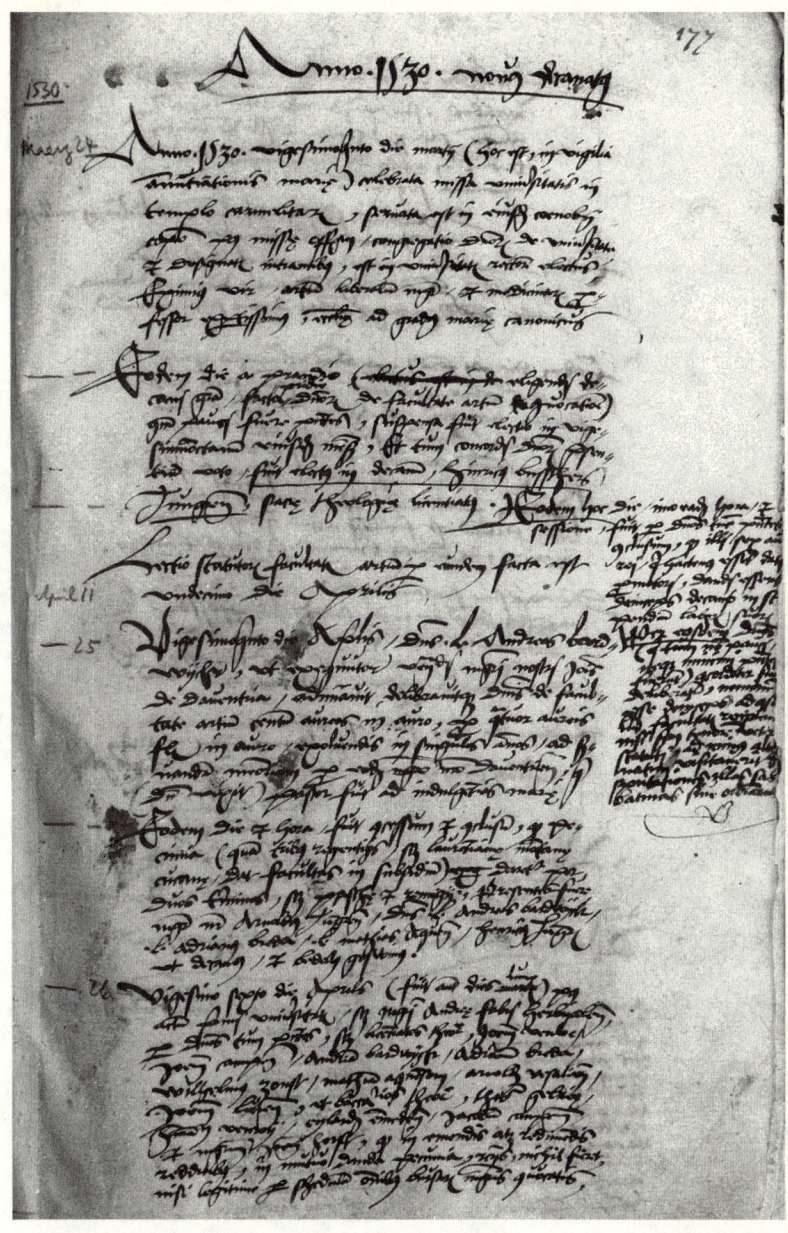

Anlage 16: HAStK, Un. 481, f. 176v (Dekanatsprotokoll des Henricus Buschers de Tongeris, 1530).

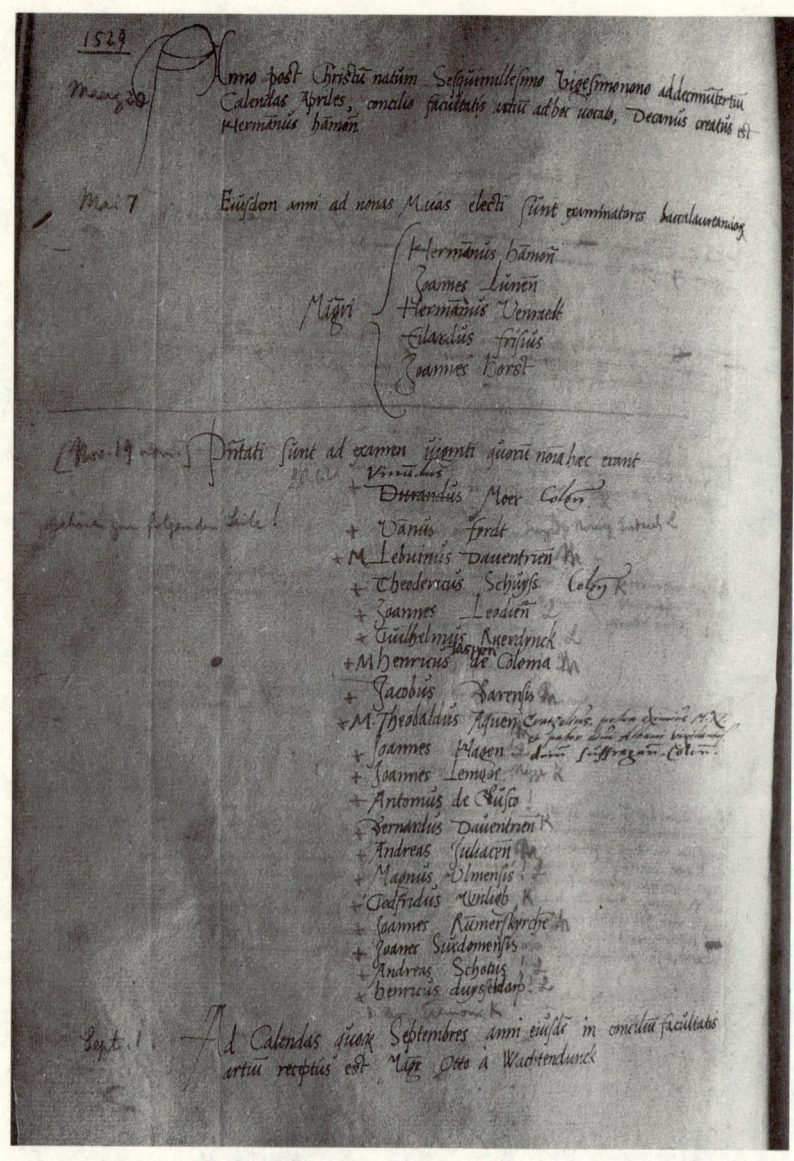

Anlage 17: HAStK, Un. 481, f. 175v (Dekanatsprotokoll des Hermannus de Hammone, 1529).

Anlage 18: HAStK, Un. 39, f. 82v (Rektoratsprotokoll des Michael Schwab von Augsburg, 1516).

REGISTER

Das Register erfaßt Orte, Personen und Sachen des Textes wie der Fußnoten. Alle Personen aus dem Untersuchungszeitraum werden der Einheitlichkeit halber als Personen des Mittelalters behandelt und dementsprechend nach Vornamen aufgelistet; zahlreiche Verweise sollen ein leichteres Auffinden ermöglichen. Die ständig vorkommenden Sachbegriffe aus dem universitären Ämter- und Graduierungsbereich des personalstatistischen Abschnitts (S. 27-110) wurden (mit Ausnahme des Begriffes „Vizekanzler") nicht ins Register aufgenommen. Folgende Abkürzungen wurden im Register verwendet:

a. = auch, al. = alias, allg. = allgemein, B. = Bischof, bes. = besonders, Gf. = Graf, Hg. = Herzog, Hl. = Heiliger, patriz. = patrizisch, philosoph. = philosophisch, St. = Stadt, Stud. = Student, theolog. = theologisch, U. = Universität.

Aachen 263, 273, 519, 559, 560, 666, 668, 791; Marienstift 791
Ablaß 403
Adalbert Theschner von Thorn 524
Adam Bruwer 257
Adam Folckmar de Bopardia 85, 87 ff., 110, 224, 230, 233 f., 237, 253, 258, 425, 691, 760, 808
Adam de Bopardia s. Adam Folckmar de Bopardia (von Boppard)
Adam de Harderwijck 758
Adam de Wickrod (al. op Gastendonc de Becraide) 487
Adam Hepburn 414
Adam Kaltbecker 383
Adam Mayer 469, 477
Adam Overkamp de Colonia 107, 187
Adam Piel 252 f., 268
Adam Sinclair al. de s. Claro de Scotia 61, 411
Adam Werner von Themar 582 f.
Adel, adlige Studenten 171, 178, 265, 431, 554, 560
Adelheit von Straelen 260

Adelmann s. Bernhard A. von Adelmannsfelden
Adolf Rusch 723
Adolf Tegelen de Colonia 61
Adolf von Nassau, Gf. und Erzbischof von Mainz 473, 575
Adolf von Nassau, Statthalter in Geldern 669, 673
Adolf von Rolantzwerde (Rolinxwerd) 428 f.
Adolf, Hg. von Geldern 58, 445, 673, 714
Adolph Bruwer 318
Adolph Occo 711, 774 f., 778, 813
Adolph Rinck 432 f., 744
Adolphus Sartoris de Assendia 29 ff., 33, 128
Adrianus Bernagen de Breda 100 ff., 231, 248, 253, 275, 277, 586, 716 f., 728
Adrianus de Breda s. Adrianus Bernagen de B.; s. Adrianus Endovie de B.
Adrianus de Dordraco 90, 120
Adrianus Endovie de Breda 96 f.
Adrianus Wachtebeke de Biervliet 397

Aduard, „Akademie" von A. 475; Kloster 475, 715, 718, 723, 726
Aelianus 590
Aesticampianus s. Johannes Rhagius A.
Ägidius von Rom 402
Agnes vanme Hirtze (de Cervo) 255 f.
Agricola s. Rudolf A.
Al-Gazali 377
Alardus von Amsterdam 710, 712 f., 788
Albert Varrentrap 349 f., 370, 375, 405, 516
Albert von Minsingen 578
Albert von Sachsen 285, 321
Albertino Mussato 628
Albertismus 4, 46, 165, 298, 301, 323, 333, 335-339, 342, 345 f., 357 ff., 361, 363-374, 376, 378, 382-388, 394-402, 404 f., 407, 409, 411-415, 417, 420 f., 424, 427, 439, 444-447, 449-452, 455, 458, 463, 468, 471, 473 f., 478, 480, 499 f., 510, 515, 522, 524, 526 f., 534, 585-588, 614, 633, 658, 666, 676, 682, 689, 693, 697, 700, 711, 713 ff., 717, 719 f., 722, 726, 730 f., 733, 742 f., 746, 757 f., 761, 763, 767 f., 773, 776, 783 f., 791, 794, 804 f., 809 f., 813, 815
Albertus Adriani de Hollandia 55
Albertus Angeli de Leydis 77
Albertus de Batentrop 139
Albertus de Delft 88
Albertus de Dordraco 135
Albertus Magnus 2, 9, 33, 139, 277, 334-337, 339, 341 f., 357, 359 f., 362-367, 373, 377, 382 ff., 388 f., 402, 406 ff., 414 f., 423, 426, 443, 449, 470, 472, 497, 514 f., 534, 538, 566, 568, 587, 683, 700, 720, 727 ff., 731 ff., 735, 763, 772, 811
Albertus Wilhelmi de Oudewater 492
Albertus Wynkini 25, 258
Albrecht Dürer 604, 646
Albrecht von Mansfeld, Gf. 613
Albrecht VI., Erzherzog 673
Albrecht, Markgraf von Baden 559
Albrecht, Oberschulmeister an Klein St. Martin in Köln 461
Alcimus Avitus, B. von Vienne 725
Aldekerk 278
Aldus Manutius 639, 702
Aleander s. Hieronymus A.
Alexander de Scotia 60
Alexander de Villa Dei 385, 592, 596, 633, 639, 699

Alexander Geddes 412
Alexander Hegius 291, 717 f.
Alexander VI., P. 588
Alexander von Aphrodisias 377
Alexander von Hales 329, 342
Alkmaar 718
Alphardus Sutphaniensis 745
Altenberg, Kloster 252
Altetus de Clivis 256
Altzell, Kloster 534
Alvarus Alfonso 800
Amberg 589
Ambrosius Chirt von Pilsen 528
Ambrosius Engelen 403
Ambrosius Volland 601
Amerbach s. Johannes A.
Amerbach, Druckerei 383, 550, 727
Amersfoort, Studenten 518; s. Andreas Buck de Amersfordia; s. Arnold Schack von A.; s. Everardus Stiger de Amersfordia.; s. Gerardus Keteler de Amersfordia.; s. Henricus Daniels de Amersfordia; s. Jacobus Tymanni de Amersfordia; s. Johannes de Amersfordia
Amorbach, Kloster 477
Amplonius de Bercka s. Amplonius Ratingk de B.
Amplonius de Creveldia 297 f., 303
Amplonius Ratingk de Bercka 341 f.
Amsterdam, Beginenkonvent 508
Amsterdam, Magister und Scholaren 511
Amsterdam 158, 195, 477, 499, 508, 711, 713, 775, 788
Analogielehre 355
Andreas Bodenstein von Karlstadt 602, 609 ff., 613-619, 627, 632, 689, 781
Andreas Buck de Amersfordia 74-77, 79, 123, 125, 258, 346
Andreas de Amersfordia s. Andreas Buck de A.
Andreas de Bardwijck s. Andreas Herl de B.
Andreas de Werdena 18-21, 23-26, 127, 137, 190 f., 294 f., 320, 328
Andreas Emel de Kijrchaen 526 f.
Andreas Herl de Bardwijck 40 f., 43 f., 64, 116, 225, 231, 234, 248, 272, 275, 532, 565, 597, 651, 690, 694 f., 698, 704, 706, 742, 760, 784 f., 788 f., 800 f., 808
Andreas Kanter 679, 749
Andreas Lederbach 173 f., 179, 675

Andreas Meinhardi von Pirna 624 ff., 635, 802
Andreas Moreff de Scotia 79
Andreas Reuter von Mellrichstadt 612
Andreas Schirmer de Oxenfurt 384
Andreas Tolhopf von Kemnat 582
Andreas von Venraedt 702
Anna Bernagen von Breda 277
Anselm von Canterbury 305
Anshelm, Druckerei 566 f., 570, 597
Anthonius Bernagen de Breda 277
Anthonius de Hilperhusen 268
Anthonius de Swolgen 63 f., 66, 418, 434, 456 ff., 526, 558, 717
Anthonius de Velme 137, 324
Anthonius Ferrarii, päpstl. Legat 403
Antiqui s. Via antiqua
Anton Beckmann von Warburg 638
Anton Fugger 778
Anton Kreß 649-654, 656 ff., 768
Anton Liber 717 f.,
Anton Tetzel 655
Anton von Velme s. Anthonius de Velme
Antoniter 602
Antonius, Hl. 702, 765
Antonius Liber (Frey) von Soest 715
Antonius Linnichensis 745
Antonius Petri de Dordraco 548
Antonius Prothegensis Trevirensis 707
Antonius Wipperfurth de Colonia 422
Apollonia Tucher 660
‚Apologia‘ (Traktat) 366, 387 f., 731 f.
Appian 415
Arbroath, Kloster 414
Archibaldus Whitelaw de Scotia 52, 411 f., 415, 476
Argyropulos s. Johannes A.
Aristoteles, Aristotelismus 26, 128, 144 f., 164, 166, 286, 288, 310 f., 316, 319, 326, 330, 337 f., 352, 354, 361-364, 377, 379, 387, 393, 402, 414, 435, 540, 566, 616, 628 ff., 708, 715, 732 f., 737; Aristoteleserklärung 365
Armenstiftung 264
Arnheim 453
Arnold Bevelen von Hildesheim 718 f.
Arnold Brauweiler 427, 432
Arnold Broichschmidt von Lemgo 789
Arnold Halderen von Wesel (de Wesalia) 42 ff., 226, 240, 251, 703, 705, 708 ff., 736 f., 744 f., 792 ff., 797, 799, 802
Arnold Heymerick 677 f.

Arnold Luyde von Tongern 5, 47-50, 52 f., 55, 58 ff., 63, 65, 67 ff., 93, 100, 226, 231, 233, 239, 241, 248, 253, 265, 274 f., 277 f., 298, 379, 382 f., 395, 418-425, 433, 438, 446-450, 453, 455, 458 f., 469, 585, 588 f., 700, 721, 726, 735, 749-756, 758 ff., 762 f., 772, 774, 776 f., 780-784, 790, 802 ff.;
Arnoldista, Arnobardista 764
Arnold Schack von Amersfoort 422 f., 448 f.
Arnold von Straelen 429, 431
Arnold von Tongern s. Arnold Luyde von Tongern
Arnold von Wesel s. Arnold Halderen von Wesel
Arnold von Westerburg 434
Arnoldus Buscoducensis 745
Arnoldus de Amersfordia s. Arnold Schack von Amersfoort
Arnoldus de Campo 401
Arnoldus de Cloetinghen 20-23, 25 f., 124, 127, 137, 149, 157, 197 f., 293-296, 301, 317, 320, 323, 328, 354
Arnoldus de Dammone 69, 380 f., 387, 421, 449 ff., 457 f., 731, 758, 777, 784
Arnoldus de Dreischier s. Arnoldus Simonis de Dreischier
Arnoldus de Harderwijck 425
Arnoldus de Hokyrchen 297, 299 f.
Arnoldus de Leydis 231
Arnoldus de Spina 128, 137, 157, 297, 300 f., 339, 397 f.
Arnoldus de Tongeris (II) 72
Arnoldus de Unckel 57, 142, 574
Arnoldus Dronckeler de Arnhem 450, 458
Arnoldus Florentii de Delft 75
Arnoldus Hildensemensis s. Arnold Bevelen von Hildesheim
Arnoldus Joncher 297, 299
Arnoldus Kaffenberg de Hattingen 85
Arnoldus Leiendecker de Arnhem 68
Arnoldus Nagel de Camen 454
Arnoldus Nicolaus de Dammone 67
Arnoldus Pellio al. Bontmeker de Dorsten 91
Arnoldus Simonis de Dreischier 55, 94
Arnoldus Syndorp de Colonia 160, 223 f.
Arnoldus Vrient de Buscoducis 357

Arnoldus Weert 486
Artes liberales 373, 427, 436, 504; Artes-Studium pass.
Aschaffenburg 269
Asconius 415
Astrologie 400
Astronomie, Astronom 400, 682f., 690, 709
Athilmer s. Johannes A. de Scotia
Augsburg 431, 569, 658, 662, 678, 688, 711 ff., 768 f., 771, 775, 777 f., 780, 782; Dom 769; Karmeliterkloster 769; Kaufleute 780
Augustiner 95, 550; Augustinerregel 466 f., 469; Augustiner-Eremiten 601
Augustinus 310, 335, 337 f., 341, 354, 362 ff., 377, 715, 772, 785, 787, 796
Averroes, Averroist 342, 366, 402
Avicenna 363, 377

Bacharach 375
Bacharach, Kölner Familie 258
Baden, Markgrafen s. Christoph; s. Georg von B.; s. Johann von B.; s. Karl; s. Philipp; Kanzler s. Hieronymus Vehus
Baden, Markgrafen 542, 544, 666, 668; Hof 564
Baden-Baden 543 f.; Altes Schloß 564
Badius Ascensius 614
Bakkalar 17, 476, 481, 598; baccalaureus formatus theologie 116 f., 120, 217
Bakkalaureat 15, 19 f., 113, 125, 215, 225, 266, 318 f., 420, 429, 431 ff., 435, 438, 441, 445, 447, 451, 459, 476, 482 f., 486-489, 492 f., 496, 499, 518, 522 f., 525 f., 528, 530 f., 534, 538, 548, 555, 561 ff., 565, 585 f., 600, 610, 638, 641, 650, 652 f., 670, 676, 682, 688, 698, 701 f., 704, 711, 765, 774, 776, 791 f., 799; Bakkalaureats-Examen 130, 135, 138, 141, 146, 160, 170, 195, 199, 205, 209, 227, 232 f., 236, 247, 259, 347, 349, 479, 481, 485, 517, 556, 585, 705, 741, 794
Baldewilus de Amsterdammis 484
Baldewinus de Beileur 297
Baldewinus Hart (Hirtz) de Delft 79
Baldwini s. Cornelius B. de Dordraco
Baldwinus Bartholomei de Goes 674

Balthasar Fabritius Phaccus 620 ff., 626 f., 634, 647
Balthasar Kittel von Pirna 530, 688
Balthasar Rasinus 681 f.
Balthasar von Zürich 704
Bamberg 597, 655, 755
Barbarus s. Hermolaus B.
Barbirianus s. Jacobus B. von Antwerpen
Bardwijck s. Andreas Herl de B.; s. Theodoricus de Busco(ducis) al. de B.
Bardwijk 272
Baron s. Thomas B. de Scotia
Bartholomäus Arnoldi von Usingen 615, 627
Bartholomäus Beyss von Köln 766
Bartholomäus de Bedborch 423, 434
Bartholomäus de Herkenrode 476, 491
Bartholomäus Egan von Calw 507
Bartholomäus Latomus 795
Bartholomäus Lorenz Schwab 778
Bartholomeus de Kempis s. Bartholomeus Scheyff de K.
Bartholomeus Dunsber de Colonia 519
Bartholomeus Egan de Calw 576
Bartholomeus Rudo de Spando 530
Bartholomeus Scheyff de Kempis 63, 65 ff., 110, 116, 120, 418, 525 ff.
Bartolino s. Riccardo B.
Basel, Druckort 48, 383, 550, 695, 791 ff.; Konzil 138, 344, 350, 375 f., 408, 413; Konzilsdekrete 461; St. 48, 404, 550, 787; St. Leonhard 543, 548; St. Peter 540
Basel, U. 221, 521 f., 534-537, 540 f., 544, 548, 552 f., 555 f., 584, 671; Bursen 13; Pariserburse 539; Bursenvisitation 13; Dekan 13; Konsortium 538; Reform der Studien 539; Statuten 12, 537, 539
Bayerisch-pfälzischer Erbfolgekrieg 1504: 569 f.
Bayreuth 655
Bebel s. Heinrich B.
Beckmann s. Otto B. von Warburg
Begarden 468, 471
Beginen 468
Behaim, Nürnberger Familie 583
Beheim s. Georg B. von Nürnberg; s. Lorenz B. von Nürnberg
Belhart s. Johannes Gisberti B. de Harderwijck

Bemel s. Henricus B. de Xanctis
Benedict Chelidonius 657
Benediktiner 414, 477, 499, 516, 601, 719
Berchem, Kölner Familie 438
Berchthold Haller von Rottweil 694
Bergheim 438
Bern 694; Lateinschule 703
Bernardinus Bogentantz von Liegnitz 643, 651, 695 f.
Bernardus Afflensis s. Bernardus Witte de Affelen
Bernardus Cremerius de Aquis 46, 228, 234
Bernardus de Dorsten 432
Bernardus de Galen 56, 129, 412
Bernardus de Harderwijck 90, 110, 425
Bernardus de Monasterio 318
Bernardus de Reyda 28, 30, 55, 123, 125, 140, 143, 147, 402, 461, 466 ff., 472, 510
Bernardus Pistoris 454
Bernardus van den Bongart al. de Pomerio (von Schwarz-Bongart) 171
Bernardus Witte de Affelen 72, 227 f., 241
Bernhard Adelmann von Adelmannsfelden 769, 780
Bernhard Berninck von Münster al. Gwering 698
Bernhard Buchwald al. Fagilucus von Löwenberg 642
Bernhard Georgii de Paderborn 789
Bernhard Oiglin von Altkirch 541, 584
Bernhard Perger 568, 597, 669
Bernhard Schöfferlin von Esslingen 511 ff., 547 f., 553 f., 590
Bernhard Tegeder von Münster 715 ff.
Bernhard von Clairvaux 354
Bernhard von Hagen (von Geseke) 788 ff., 797 f.
Bernhard Walther 779
Beroaldo s. Filippo B.
Berthold Questenberg 441
Berthold von Henneberg, Erzbischof von Mainz 576, 579, 590-593, 666 f.
Bertholdus Steenwijck de Koevorden 399, 476 f., 499
Bertoldus de Groningen 226
Bertram von der Ketten 670
Beskau s. Matthäus B. von Torgau
Bessarion, Kardinal 542
Bettelwesen 416
Bevelen s. Arnold B. von Hildesheim
Bevis Smeds 272
Bianca Maria von Sforza 670 f.
Bibel (Heilige Schrift), Exegese, Kenntnis, Logik, Studium, Vorlesungen, Wahrheit 307, 355, 579, 630, 754; Bibelkritik (philolog.) 675
Biel s. Gabriel B.
birretum magistrale 16, 122
Blanckenfort s. Hermannus B. de Monasterio
Blitterswijck, Kölner Familie 430; s. Bruno B.; s. Robert B.; s. Robert B. sen.; s. Henricus B.; s. Johann von B.; s. Matthias von B.; s. Peter von B.
Blycher Lantschaden 502
Boccaccio s. Giovanni B.
Boese s. Henricus B. de Horst
Boethius 338, 714
Bogentantz s. Bernardinus B. von Liegnitz
Böhmen 284 f., 314
Bohuslaus von Hassenstein 604, 608
Bologna, U. 31, 523, 609, 613, 770; Zins-Disputation 1515: 771, 780
Bonaventura 329, 334, 342
Bongart, van den, al. de Pomerio (von Schwarz-Bongart), adlige Familie 431
Bonn, St. 375; Münster 798
Borch s. Cornelius B. de Zierikzee
Brabant 445
Brandenburg, B. 527
Brant s. Sebastian B.
Braunschweig 698
Brauweiler s. Arnold B.
Breda 96, 277
Bredenbach s. Matthias B. von Kierspe
Bremen 765
Bremgarten 704
Breslau, St. 400, 607; Diözese 642
Briefkunst (Epistolographie) 436, 520; Briefsammlung (Epistolarium) 686 f.
Brixen, Diözese 486
Bronkhorst s. Johannes B. de Novimagio
Bruder s. Johannes B. de Monasterii
Brüder vom Gemeinsamen Leben 398, 639
Bruderschaften 457
Brügge 668

Bruno Blitterswijck 670
Bucer s. Martin B.
Bücherverbrennung 762, 783, 791; Büchervermächtnis 25, 418, 443, 579, 689
Bullinger s. Heinrich B. von Bremgarten; s. Johannes Reinhart B. von Bremgarten
Burckhard Mathesius 653
Burckhard Wenck von Herrenberg 478, 496, 553, 575, 585, 683
Büren (Beuern), Nonnenkloster Lichtental 543
Burgund, Hof 713
Buridan s. Johannes B.
Bursen, beanium 232, 246; catalogus studiosorum 234; liber regentie 232, 234, 246; neutrale B. (bursae neutrales) 198, 230 ff., 234 f.; regentia 232, 234, 253 f., 256; regierende B. 220, 223; Bursen-Schiedswesen 231; Bursenstreit 195 f., 198, 229, 233 f., 246, 804; Bursenwechsel 131, 149, 171 f., 197 f., 539; Bursenzwang 12, 153, 193; Kölner Bursen s. Corneliana-Burse; s. Kuckana-Burse; s. Montana-Burse; s. Laurentiana-Burse; s. Ottonis, Bursa Ottonis (Ottoniana); s. Raemsdonck-Burse; Bursen anderer Universitäten s. v.
Bursfelder Kongregation 477, 502, 546, 675
Busche s. Hermann von dem B. (Buschius)
Buschers s. Henricus B. de Tongeris
Butzbach s. Johannes B.
Butzbach, Fraterherren 551

Caen 285
Caesarius s. Johannes C.
Calidomius s. Mattaeus Lupinus C.
Calixt III., P. 403
Cambrai, Diözese 135
Campo s. Heymericus de C.
Canisius s. Petrus Canisius de Noviomago
Capreolus s. Johannes C.
Caspar Ulenberg 452
Catullus 693
Celtis s. Konrad C.
Ceratinus s. Jakob Theyng von Horn al. C.; s. Johannes C.

Cervicornus, Druckerei 793
Cervo, de (vanme Hirtze), Kölner Familie 150; s. Hirtze, vanme
Charitas Pirckheimer 648, 660
Chemnitz 514
Christian Beyer von Niederlangheim 630
Christian Engelberti von Köln 174
Christian Konresheim al. Isermenger von Köln 171, 761 f.
Christian Pistoris al. Gleyn de Colonia 101 f., 233, 729
Christian Scoenbeeck de Struyssenberch 531
Christian von Erpel 208
Christian von Zülpich (de Tulpeto) 482, 485, 488, 490 ff., 495 f., 507, 516, 519, 522
Christianus de Brackelvelde 59, 158
Christoforo Landino 628
Christoforus Petri de Goes 94
Christoph Helmerich 641
Christoph Langot 268
Christoph Scheurl 583, 609, 616, 618 ff., 625 f., 658-661, 769 f.
Christoph Schwartz von Dortmund 251
Christoph, Markgraf von Baden 543, 559
Chrysantus Boess Monasteriensis 708, 745 f., 799
Chrysantus Monasteriensis s. Chrysantus Boess Monasteriensis
Chrysostomos 799
Cicero 378, 392, 504, 543, 566, 586, 635, 639 f., 642, 650, 656, 677, 689, 708, 715, 718, 726, 728, 792
Cingulatoris s. Hieronymus Gürtler al. C.
Ciriacus Brant de Geseke 789
Clara de Vorda 243
Clas Barth 464
Clichtoveus 456
Cloewer s. Friedrich C. von Grötzingen
Coburg 270
Cochläus s. Johannes Doebner (Dobneck) de Wendelstein al. C.
commensalis 588
Conrad, Gf. zu Castell 265
Conradi s. Tileman C. von Göttingen
Conradus Coci de Wimpina 534, 561, 577, 584, 603, 606 f., 613, 646
Conradus de Campis s. Conradus Vorn de C.

Conradus de Duysseldorp de Colonia 91
Conradus de Eslinghen 676
Conradus de Hildeshaim 308
Conradus de Lubeck 303
Conradus de Susato 308
Conradus Heymbach (Bucker) de Colonia 445
Conradus Krysch de Ercklens 422
Conradus Langerhans de Bucheim 493
Conradus Lubeck de Wolfhagen 340, 342, 348
Conradus Vorn de Campis 60, 62 ff., 71, 158, 160, 177, 179-181, 183, 196, 206, 208 f., 213, 241, 255 ff., 273, 379, 395, 400, 418, 445, 578, 671
Constantin Lyskirchen 254
Cordus s. Euricius C.
Corneliana-Burse, Gymnasium, diatriba, Cornelianer 2, 5, 23, 33, 36 f., 40, 44, 50 f., 58, 60, 62, 70, 73-92, 95 f., 99, 103, 106-118, 120 f., 123, 127, 129, 131, 133 ff., 140, 147 f., 150 f., 153, 158, 160, 171, 179, 183, 188 f., 195, 198, 201-204, 208 f., 213, 219, 224 ff., 229, 231, 233-237, 247, 258 f., 278, 344, 346, 358, 367 f., 372, 387, 389-392, 405, 425 f., 433, 437 f., 445, 481, 484, 486 f., 492, 494, 499, 516, 518 f., 532, 547, 599, 679 f., 682, 690-693, 696, 698, 702, 737, 742, 744-747, 752, 758, 761, 765, 767, 789, 803, 807 f.
Cornelius Baldwini de Dordraco 73 ff., 77-81, 83 f., 90, 136, 139 f., 147 f., 151, 153, 156, 158, 179, 201 ff., 258, 389, 391, 519, 680, 807
Cornelius Bays de Breda 95 ff., 115, 180, 208 f., 213, 241 f., 384, 413, 443 f., 462, 464, 469, 524, 716
Cornelius Borch de Zierikzee 680 f.
Cornelius de Breda s. Cornelius Bays de B.
Cornelius de Dordraco s. Cornelius Baldwini de D.
Cornelius de Gouda 89 f., 247
Cornelius de Kuyck 93, 141 f.
Cornelius de Venlo s. Cornelius Rens de V.
Cornelius Goes 485
Cornelius Johannis de Leydis 86
Cornelius Rens de Venlo 70, 89 ff., 102, 248, 253, 790

Corvinus s. Laurentius C.
Cranach s. Lukas C.
Cranevelt s. Franciscus C. de Novimagio
Cravar s. Paulus C.
Cremerius s. Bernardus C. de Aquis; s. Jacobus C. de Aquis; s. Mathias C. de Aquis
Crotus Rubeanus s. Johannes C. R.
Curio, Druckerei 793
Cuspinian s. Johannes C. von Schweinfurt
Custodis s. Johannes C. de Attendorn
Cyprian 715

Danckardus de Brilis s. Danckardus Hugonis de B
Danckardus Hugonis de Brilis 79, 82 f., 95, 107, 142, 151, 153, 487, 492
Dänen 35, 106
Daniel Brendel von Homburg, Erzbischof von Mainz 601
Daniel de Biervliet 398, 401
Dauwe, Kölner Familie 430
David Crannach 414
David Guthrie 415, 476
David Ogilvy 405 f., 412
Degenhard Witten von Coesfeld 717
Dekan 8, 11, 19, 122, 124 ff., 128 f., 131 f., 136-143, 146 f., 149-152, 155, 157, 159 f., 162, 164 f., 170, 173-176, 178-181, 183, 185 ff., 190 ff., 194, 196, 199 f., 205-212, 215, 220, 222-226, 228, 230 f., 233-242, 244, 247 f., 253, 275, 277, 294, 299, 305, 318, 320, 329, 349, 354, 371, 397, 399, 402, 406, 408, 539 f., 544, 547, 549, 553, 601, 613, 682, 709, 741, 746, 753, 762, 783, 799 f., 803 ff.; Dekanat 3, 134, 148, 158, 188 f., 198, 203 f., 213, 217, 227, 235, 243, 293, 295, 301, 317, 319, 328, 408, 414, 453, 541, 611, 614, 736, 738, 742, 746, 802
Dekretalen, Dekretalisten 117, 191, 271, 274, 429, 434, 454, 477
Dekretisten 121, 157, 208, 274, 390, 397, 421, 447, 474
Delft 77 f.
Delophinus de Berch sub Dordraco 78
Deposition 245 f.
Deputation, Deputationswesen, Deputierte 3 f., 23 ff., 125, 128 f., 134, 136-140, 143, 145-149, 156 f., 160, 163,

174 ff., 179 ff., 183 f., 186, 190, 196 f., 201 f., 208, 213, 219 f., 238, 240 f., 296, 313 f., 324 f., 327, 398, 408, 538 f., 545
Despauterius 804
Determination, Determinatoren 15 ff., 21 f., 24, 27, 111 ff., 114-117, 136, 142, 170 ff., 225, 234, 319, 346 f., 400, 426, 434, 441, 451, 462, 464, 476, 488, 490 f., 494, 517, 525 f., 529, 548, 569, 597, 651, 688, 690, 695 f., 698, 718, 742, 774, 791
Deutschland 284 f., 572
Deventer 96, 159, 267, 345, 466, 729; Schule 240
Devotio moderna 723, 800
diatriba 91, 702, 746, 765
Diepenveen 466
Diest 48, 357 f., 362, 368, 396
Diether von Isenburg, Erzbischof von Mainz 573-576, 580 f.
Dietmar Rummel 635 f.
Dietrich Bitter von Wipperfürth al. Pikronius Montensis 708, 760, 786, 788 f.
Dietrich Engelhus von Einbeck 314
Dietrich Gresemund d.Ä. 577 f.
Dietrich Heck von Büderich 478, 499
Dietrich Lysen von Wipperfürth 706
Dietrich Schwartz von Dortmund 251
Dietrich ter Laen von Lennep 794
Dietrich Ulsenius 604, 608, 644, 684
Dietrich von Amsterdam 481
Dietrich von Delft 481
Dietrich von Moers, Erzbischof von Köln 440, 465
Dietrich von Plieningen 711
Dietrich von Susteren 772, 774, 780
Dietrich Weiler von Pforzheim 559 f.
Dillingen 710
Dionysius Areopagita 334 ff., 354, 362 ff., 376 f., 471, 587
Dionysius Rickel (der Kartäuser) 362, 468, 601
Dionysius Zilleken de s. Trudone 403
Dispens 20, 22, 30, 32, 50, 74, 77, 84, 102, 109, 126, 131, 135, 138, 207, 228, 256, 293 f., 303, 320, 490, 513, 523 f., 528, 530, 557 ff., 565, 578, 596, 638, 642, 772
Disputationen, Disputationswesen 15, 61, 124, 126 f., 129, 144-147, 184,

198 ff., 290, 304 f., 326 f., 353, 359 f., 384, 472, 506, 571, 743, 746, 769, 781; responsales 129
Disziplinierung, Disziplinarbeschlüsse 11 f., 26, 132, 134, 151, 205, 215, 243, 408, 410
Ditmarus Unnensis 745 f.
Doktorat 153, 207, 217 f., 272, 301, 339, 455, 485, 604, 611
Dôle, U. 265
Dominikaner, Dominikanerorden 33, 87, 305, 334, 382, 384, 386, 417, 465, 509, 569, 580, 587, 599 f., 607, 619, 628, 645 ff., 652, 660 ff., 672, 675 f., 690, 692 f., 721, 729, 755 f., 772, 782, 795
Donat 586, 596
Dordrecht 90, 121
Dresden 624
Driel 263; s. Ego de D.
Duncanus Bunch 412, 414 f.
Dunkelmänner 572, 811
‚Dunkelmännerbriefe‘ 631 f., 634, 660, 688, 716, 815
Duns Scotus, Skotismus (Via Scoti), Skotisten 331 f., 417, 514 f., 538, 563, 568, 609 f., 613-617, 625, 689, 754
Dürer s. Albrecht D.
Düsseldorf 791; Hof 794-797; Schulwesen 796
Duycker s. Johannes D. von Venlo

Eberhard Billick 798
Eberhard im Bart, Gf. von Württemberg 550 ff., 554, 590
Eberhard vanme Hirtze (de Cervo) jun. 109, 255 f., 428
Eberhard vanme Hirtze (de Cervo) sen. 109, 179, 428
Eberhard von Reipoltzkirchen 494
Ebner s. Hieronymus E.
Eck s. Johannes E.; s. Leonhard E.; s. Martin E.
Eckhartisten 471
Edinburgh 413
Edmund Frunt 468
Egidius Bachut 135
Egidius de Juliaco de Diest 357
Egidius Moysen de Mechlinia 53
Egidius Rysingen de Buscoducis 357
Ego Arnoldi de Driel 36-39, 107, 183, 187, 200, 203 f., 208, 210, 252, 260,

262 ff., 267, 270, 273, 429, 432, 511, 527 f., 530 f., 579, 673, 676, 707
Ego de Driel s. Ego Arnoldi de Driel
Eicheister s. Jaspar E.
Eicheister, Kölner Familie 777
Eichmann s. Jodocus E. von Calw; s. Johannes E. von Calw
Eichstätt, Dom 769
Eilardus de Emeda 70, 455, 801
Eisenach 622
Eitelwolf von Stein vom Steineck 582
Ekklesiologie 310 f.
Eldervelt s. Hermannus E. de Groningen
Elisabeth Kannengießer 429
Elogius Jostenhofer 581
Elten s. Gerhard von E.
Emmerich 263, 697, 701 f., 715, 717; Gymnasium 700-706, 718 f., 798
Enea Silvio 503, 586, 639, 650, 686
Engelbert Schut von Leiden 75, 196 f., 392, 510
Engelbertus de Yserenlon 295 f.
Engelhard Funck al. Scintilla von Schwabach 678 f.
Engelhardt s. Valentin E. von Geldersheim
England, Engländer 285, 404
Enno, Gf. von Ostfriesland 801
Eobanus Hessus 632 f.
Epikur 656
Epitogium 143
Epp s. Sigismund E.
Erasmus Arnym de Chycho 530
Erasmus Heritius 714
Erasmus von Rotterdam 196, 392, 596, 661, 670, 689, 708, 710, 712 f., 760 f., 782, 785-795; Erasmianer 747, 760, 786 f., 789, 795, 797
Erfurt, St. 623, 632, 649, 676, 744, 814
Erfurt, U. 3, 19, 32, 76, 188, 268, 279, 284, 287, 296, 298 f., 313, 319-322, 340 ff., 349, 477, 494 f., 515 ff., 519, 522, 535, 544, 554, 568, 574, 578, 580, 596, 610, 614 f., 620 f., 626 f., 630 f., 633-637, 659, 665, 671, 673, 682, 688, 714 f., 730, 750, 765, 770, 782, 787, 813; Bursen und Kollegien 13 f.; Bursen-Visitation 14; Dekan 322; Kollegien 221; Kollegium Amplonianum 188, 341 f.; Kollegi-

um maius 14, 188; Konsilium 221; Quodlibet 1497: 615
Erhard Knab 488
Erhard von der Marck, B. von Lüttich 463 f., 559
Erhardus Kuol de Alpibus 518
Erich, B. von Paderborn und Osnabrück 635
Ernestus Traiectensis 228
Ernst von Sachsen, Erzbischof von Magdeburg 585, 604
Esslingen 666, 674 f., 677; Druckort 676; Studenten 511
Ethik 132, 134 f., 143 ff., 164 ff., 362, 393, 398, 586, 715; Lehrstuhl für Moralphilosophie 591
Ettlingen, Stift 560
Eucharistielehre 306, 309
Euklid 133, 709
Euricius Cordus 630-633
Everardus Aurifabri de Montabaur 31
Everardus Buch de Venlo 273
Everardus de Amersfordia s. Everardus Stiger de A.
Everardus de Cervo s. Eberhard vanme Hirtze (de C.)
Everardus de Wesalia s. Everardus Dinslaken de W.
Everardus Dinslaken de Wesalia 38 ff., 116, 262, 267, 530, 612, 676, 707
Everardus Stiger de Amersfordia 63, 65 ff., 89, 382, 425, 454, 527, 586, 700, 714, 719
Ewaldus de Bachgraco 106
Ewaldus Novesiensis (von Neuß) 46
Ewigkeitslehre 329
Examina, Prüfungen, Prüfungswesen 3, 7, 11, 17, 19, 132, 154, 162, 170, 174, 198, 223 f., 227, 232 f., 247, 266, 293, 556, 652; Prüfungsgelder 248
Examinator-Amt, Examinatoren 15 ff., 27, 120, 129 ff., 142, 149 f., 152 f., 162, 170 f., 175 ff., 180 f., 185 ff., 217, 232, 236, 247 f., 349, 476, 651, 740 f.; deputierte Examinatoren des Vizekanzlers 27, 156 f., 168, 177, 213, 236, 354
exercitia (Übungen) 11 f., 132 f., 210, 230, 245, 264 f., 269; s. a. Heidelberg, U.
„Exsurge Domine", Bulle 1520: 783
Eyb s. Gabriel von E.

Faber Stapulensis s. Jakob F. St.
Fabian Gürtler al. Fabius Zonarius 638
Fabri, Johannes Gabriel de 27 f., 250, 253, 351
Fagilucus s. Sigismund F. (Buchwald) von Breslau
Fakultäten allg. 221
familia 18; familiaris 588
Fastraerd de Busco s. Fastrardus Bareyt de B.
Fastrardus Bareyt de Busco 357, 383, 440
Felix V., P. 413
Femilius s. Johannes F.
Ferrara, U. 82, 84 f., 501
Fettercairn 406
Fichet s. Guillaume F.
Ficino s. Marsilio F.
Filelfo s. Francesco F.
Filippo Beroaldo 531, 689
Firmicus s. Julius F.
Flamen 668
Flamingi s. Johannes F. de Audenardo
Flavius Guillelmus Ramundus Mithridates 723
Florentius Diel 581, 596
Florentius Hirtz de Delft 77 ff.
Florentius Kremer von Holzweiler 494 f., 575
Form-Materie-Verhältnis 361, 394
„formale" Lehrveranstaltungen 125, 142, 153, 158 f., 166, 173, 179, 184, 214
Formalisten 301
Fossa s. Tilmann vom Graben (Gravius) (de F.)
Francesco Filelfo 586, 639, 726
Franciscus (Silvius) Baltmannus von Naumburg (al. Hypodidascalus, al. F. Novimontanus) 640, 642 f.
Franciscus Cranevelt de Novimagio 669 f.
Franciscus Eymeren de Arnhem 64
Franciscus Hercanus 104
Franciscus Irenicus 566
Franciscus Leusmann 636
Franciscus Ruremundensis 746
Franciscus Struß (Struyss) de Colonia 764
Francken von Sierstorff, Kölner Familie 470
Franco Ghiselberti de ts Gravenzande 18
Franco Heck 441

Franken, fränkischer Kreis, fränkische Patria 43, 268 ff., 532 f., 584 f., 600, 605, 608, 612, 663, 684; fränkische Studentenschaft 267
Frankfurt/M. 559, 578, 590, 753, 755; St. Bartholomäus 576
Frankreich 284 f.
Franziskaner, Observanten 723; Tertiarier-Regel 466 f.
Fredericus Beyer de Erbach 528 ff.
Fredericus Dulken 60, 151
Fredericus Keutenbrauer de Nussia (Neuß) 39, 237, 272, 694
Freiberg 624; Stadtschule 532
Freiburg, St. 787, 791 f.
Freiburg, U. 229, 265, 534, 553 f., 563, 568, 570, 771, 773; Bursenstreit 131; Bursen-Visitation 14; Bursenwechsel 131; Collegium Pavonicum 773; Reformedikt 1484: 563
Freiheit (libertas), F. der Examinatoren des Vizekanzlers 354; F. der Fakultät 127, 187, 407; F. der Lehre 290 f., 293, 323 f., 326, 405; F. der Statuten 181; F. der Universität 192; F. der Wahl 3, 175, 177 f., 181, 193, 201; libertas regendi 182
Frickenhausen 43
Fridianus Pighinucius von Lucca 585, 590
Friedrich Bunyng von Groningen 255
Friedrich Cloewer von Grötzingen 776
Friedrich der Weise, Kurfürst von Sachsen 577, 601 f., 604-609, 618, 620 f., 627, 650
Friedrich I., Kurfürst von der Pfalz 480, 501, 504 f., 509 f.
Friedrich III., Kaiser 548, 592, 666-669, 672 f.
Friedrich, Markgraf von Baden 559
Friesland 813
Frissemius s. Johannes Ott de Frickenhusen al. F.
Froben, Druckerei 792
Frontinus 590
Fugger s. Anton F.; s. Justina F. (vom Reh); s. Jakob F. (der Reiche)
Fugger, Augsburger Familie 711, 769, 774, 776-779

Gabriel Biel 551, 587
Gabriel von Eyb, B. von Augsburg 769 ff.

Galeazzo Maria Sforza, Hg. von Mailand 543
Gallus Merringher Boburgensis (de Curia) 525
Gansfort s. Wessel G. von Groningen
Gebhard von Mansfeld, Gf. 613
Geiler s. Johannes G. von Keisersberg
Geirtgin Rinck 441
Geldern s. Adolf, Hg. von G.
Geldern, Herzogtum 670, 673, 796 f.; Kanzler s. Robert Blitterswijck; Statthalter s. Adolf von Nassau
Geldersheim s. Valentin Engelhardt von G.
Geldersheim 267, 270, 600; Spital 663
Geldolphus Haeck de Breda 491
Gengenbach s. Johannes Matthias von G.
Geographie 709
Georg (Moller?) von Hallstadt 651
Georg Beheim von Nürnberg (de Norenberga) 65, 68, 418, 420, 424, 449, 582-589, 591-600, 637, 645, 650, 658-662, 664, 726, 753 ff., 767, 769 f., 773
Georg Hagelstein von Straßburg (de Argentina) 108 f., 150, 152, 667
Georg Hessler 479
Georg Lamparter 773, 780
Georg Lösken 637
Georg Nicolai 643
Georg Nordhofer 563
Georg Pfintzing von Nürnberg 522, 573 ff.
Georg Schar 479
Georg Schwab 778
Georg Seynner de Rensdorp 526
Georg Sibutus 619-623, 626 f., 629-632, 634, 645, 647, 686, 688, 695, 775
Georg Simler von Wimpfen (Jaerdus Sijmmelon?) 561 ff., 563, 566 f., 569 ff., 597, 639
Georg Spalatin 633, 649 f.
Georg von Baden, B. von Metz 542 f., 545
Georg von Hell 593
Georg von Nürnberg 753
Georg von Sayn-Witgenstein, Gf. und Kölner Dompropst 421, 447, 449
Georg, Hg. von Sachsen 533 f.
Georgius Axt de Helburg 528
Georgius de Nurenberga 755

Georgius Johannis de Rotterdammis 91, 744
Georgius Roterodamus s. Georgius Johannis de Rotterdammis
Georgius Vallensis 689
Gerardus Bencken de Bocholdia 437 f.
Gerardus de Amersfordia s. Gerardus Keteler de A.
Gerardus de Bocholdia s. Gerardus Bencken de B.
Gerardus de Bocholdia (Notar) 230
Gerardus de Buderick 93, 141 f., 147, 490
Gerardus de Cairlewisch de Thenismonte 357
Gerardus de Clivis 384
Gerardus de Cortenbac 357
Gerardus de Delft 128 f.
Gerardus de Elborch s. Gerardus Hirt de E. (Elburg)
Gerardus de Elten 32-36, 38, 107, 109, 143, 147, 151, 156, 386, 444, 482, 487, 493, 496, 509, 580, 680, 682
Gerardus de Geseke 789
Gerardus de Groningen 67
Gerardus de Hamont s. Gerardus Hoefmans de H.
Gerardus de Harderwijck 61-65, 67 ff., 98, 207, 225, 256, 378-381, 383, 395, 415, 418-425, 427, 438, 440, 447 ff., 451, 453 f., 457, 460, 525 f., 585 f., 588, 714, 720 ff., 725 ff., 731, 733, 735, 737, 754, 758, 772 f.
Gerardus de Harlem 37, 578
Gerardus de tz Hertzogenraede 88, 103, 117, 422, 425
Gerardus de Monte 29 ff., 34, 75 f., 115, 123, 128 f., 135 f., 139, 143, 157, 160, 179, 195, 223, 251, 359, 364 ff., 371, 373 f., 382, 386-389, 391, 394, 402 f., 413, 442, 510, 678, 682, 707, 731-734, 767
Gerardus de Nova Ecclesia al. de Harderwijck 384
Gerardus de Raemsdonck s. Gerardus Mommer de R.
Gerardus de Venlo 76, 81 f., 96, 147, 481
Gerardus de Wesalia 320
Gerardus de Zutphania 98, 101 f., 216 ff., 230, 239, 384 f., 421, 639, 728 f., 759, 775

Gerardus Eckart de Bercka 483
Gerardus Haghinc de Delft 77
Gerardus Henrici de Harderwijck s. Gerardus de Harderwijck
Gerardus Hirt de Elborch (Elburg) 60 ff., 523
Gerardus Hoefmans de Hamont 49, 93, 120, 357 f., 399 f., 478, 682
Gerardus Inchusen 491
Gerardus Keteler de Amersfordia 75 f., 79, 516 ff., 528
Gerardus Mommer de Raemsdonck 168, 547 f.
Gerardus Noppenhey de Aquisgrano al. de tz Hertzogenraede s. Gerardus de tz Hertzogenraede
Gerardus Petri de Groningen 64
Gerardus Tersteghen de Monte domini s. Gerardus de Monte
Gerardus Westerborch de Colonia 226, 784
Gerardus Wilhelmi de Amsterdam 492
Gerardus Ysbrandi de Harlem s. Gerardus de Harlem
Gerbel s. Nikolaus G. von Pforzheim (al. Nicolaus Musophilus Phorcensis)
Gerberna, Äbtissin von St. Maria im Kapitol in Köln 460
Gerhard (I) vom Wasservas jun. 446 f.
Gerhard (II) vom Wasservas jun. 447
Gerhard Kalckbrenner 798
Gerhard Kranenburch 494
Gerhard vom Wasservas d.Ä. 446-449, 463, 759
Gerhard von Elten s. Gerardus de Elten
Gerhard von Hohnkirchen 478
Gerhard Zierikzee von Köln 464
Gerhard, Unterschulmeister an Klein St. Martin in Köln 461
Gerlacus Gertz de Duren 92
Gerlacus Segen de Colonia 519
Gerolzhofen 269
Gerson s. Johannes Gerson
Gertrud Rinck 430
Geschichte, Lehrstuhl 594
Ghynnecken 277
Gilbertus Porretanus 415
Giovanni Boccaccio 531, 689
Giovannino von Mantua 628
Gisbert de Venrath 456
Gisbert Klinckart von Delft 82, 481

Gisbertus de tz Grevenzande 76 f., 156
Gisbertus Reyneri de Amsterdam 487
Gisbertus Segeri de Buscoducis 40
Glarean s. Heinrich Loriti al. G.
Glasgow, U. 412-416; College of Arts 413; Kollegium 414; Statuten 412
Glogau 701
Gochsheim 564
Godert vom Wasservas d.Ä. 446
Godscalus, Schulmeister an Klein St. Martin in Köln 461
Gogreff s. Johann G.
Goldberg 638-643, 695, 697, 699; Lateinschule, Gymnasium 638, 640
Gorkum s. Heinrich von G.
Gorkum 171
Göswein s. Servatius G. von Koblenz
Goswin de Hueven s. Goswin Hueven de Arnheim
Goswin de Vivario 397
Goswin Hueven de Arnheim 297, 300
Goswin von Orsoy 602, 604
Goswin von Straelen 173, 179, 260, 429 ff., 434
Goswinus Klut de Morsa 486
Goswinus Sluyn de Bonna 32
Gotfridus Arnoldi 491
Gotfridus de Clivis 256
Gotfridus de Dorsten al. de Heege 18 ff., 23, 25 f., 294 ff., 319 f., 324, 327 ff.
Gotfridus de Morsa 484
Gotfridus de Ruremunda 94
Gotfridus de Wylich s. Gotfridus Sartoris al. Thorsenius de W.
Gotfridus Dronckeler de Arnem 458
Gotfridus Milter de Ruremunda 54, 131 f., 134
Gotfridus Sartoris al. Thorsenius de Wylich 104 f., 117, 278
Gotha 765
Gottfried Gropper 240
Gottfried Hittorf (Hittorp) 462
Gottschalckus de Hagdorn 489
Gottschalk Voyss de Carpena 456
Graduierungsgebühren 271, 273, 275
Grammatik, Grammatiker 167, 276 ff., 331, 361, 435 f., 566, 597, 613 f., 622, 626 ff., 639, 643, 652, 656, 683, 699, 701 f., 728, 752; grammatistae, grammatici 782
Gratius s. Ortwin G. de Daventria

Gregor Romming (Ramung) von Nördlingen 784 f.
Gregor XII., P. 322
Gregorius Camens 526
Gregorius Schoylt de Pyrnis 526
Greifswald, U. 319
Greselius s. Iacobus G. de Osnaburgis
Griechen 505
Griechisch 532, 566, 572, 597, 618, 658, 676, 691, 693, 696, 698, 701, 703, 705, 708, 718, 775, 792, 799; Gräzist 787
Grieninger s. Heinrich G. (Groninger)
Groningen 58 f., 475, 714, 718, 723; Studenten 255
Gropper s. Gottfried G.; s. Johannes G.
Grötzingen 776
Grovius s. Johannes G. von Münster
Guarinus von Verona 785
Guillaume Fichet 542 f.
Guldenkopff s. Johann G.
Gulielmus Insulanus Menapius 745
Gulielmus Leodiensis 745
Guytgin (Geirtgin) Dasse 442
Gymnich 712

Haarlem 263
Habitus (Magistral-H.) 124, 143 ff., 204
Habsburg, Hof 670; Habsburger 666 f., 672 f.
Hackeney s. Nicasius H. von Köln
Halderen s. Arnold H. von Wesel
Hall (Tirol) 778
Haller s. Berchthold H. von Rottweil
Hammelburg 662
Hans Paep 419
Hans Schwab 776
Hans Suiter 779
Hardenrath s. Johannes H. de Colonia
Harderwijk 257, 723
Häresie, Häretiker, häretische Lehre 283, 305 f., 308-311, 313 f., 316, 323 f., 326-331, 336, 342, 346, 372, 374 f. 405, 465, 580, 744, 784; Häresieprozeß 290, 370
Hartmann Schedel 504, 506, 519-522, 573, 587-590, 677, 813
Hartmannus Pistoris de Eppingen 508, 575
Hartzheim, Joseph 27, 50
Hassent s. Wigerus H. de Embrica
Hebelin von Heimbach 578, 581
Hebräisch 572, 618, 676, 691, 693, 696, 698, 701, 705, 744, 752, 792; Hebraistik 752
Hegius s. Alexander H.
Heidelberg, St. 278, 370, 722 f.; Dominikanerkloster 509; Heilig-Geist-Kirche 478, 502, 505, 508, 510; Hof 468, 480, 502, 551; Kanzler 473; Kirchen- und Klosterreform 502, 505, 510; Lateinschule 703; Kanzler s. Johann Guldenkopff; s. Matthias von Rammung
Heidelberg, U. 30, 32, 35, 56, 58, 77, 82 ff., 113, 264, 284, 287, 296, 298, 300, 303 f., 306, 308 f., 315 f., 325, 327 f., 345, 347, 349, 357, 374 f., 399, 468, 470 ff., 474-482, 484-489, 491-497, 499 ff., 503 f., 506 f., 509, 511 ff., 516 f., 519, 534-537, 539 f., 547, 549, 551, 553, 555 f., 562, 567 f., 574 ff., 578, 580, 583, 585, 610, 674, 680, 683, 707, 750, 771 ff., 809, 812 f.; Bursen und Kollegien 133; Kölner Burse 498; Neue Burse (Katharinenburse) 498; Pariser Burse (a.: Realistenburse, Predigerburse) 496-499, 509 f., 561, 583; Schwabenburse 498; Pädagogium 497; Artistenkolleg 510; exercitia (Übungen) 133; Reform der Studien/Universität 470, 473, 480, 501 f., 510, 540; Rektor 305; Statuten 12; Textbesitz 144; Theologie, Theologen 315 f.; Vorlesungen 144
Heidenfeld/Main 269
Heinrich Bebel 639, 728, 770
Heinrich Bullinger von Bremgarten 701, 703, 705 f., 708, 745, 785 f., 788 f., 798 f.
Heinrich Franck von Koblenz 501
Heinrich Grieninger (Groninger) 606, 619, 645-650, 655, 662, 686
Heinrich Holzwiler 278
Heinrich Immendorf 455
Heinrich Junge 430
Heinrich Kannengießer 429
Heinrich Loriti al. Glarean 636 f., 651, 653, 657, 694 f., 701, 704, 756, 765, 767, 792
Heinrich Melen 636
Heinrich Monoceros von Wesel 764
Heinrich Olisleger 795
Heinrich Quentell (a. Druckerei) 379, 382 f., 387, 389, 534, 693, 721

Heinrich Retheri 174
Heinrich Rommersheim von Luxemburg 472 ff.
Heinrich Schelert von Beek 443 f.
Heinrich Scheve von Kloppenburg 695, 699, 705
Heinrich Steinweg von Recklinghausen 271 f., 667
Heinrich Stercker von Mellrichstadt 519 ff.
Heinrich Stromer von Auerbach 582
Heinrich Suderman 169, 179 f.
Heinrich Swartz von Köln 251
Heinrich Uranius (Coelicus, Selicus) von Rees 701 f., 705
Heinrich Urban 627, 764
Heinrich von Gorkum 5, 27 ff., 47, 74, 157, 251 f., 300, 319, 334 f., 342-347, 350-356, 358 f., 373 ff., 385 f., 393, 426, 461, 465 f., 599, 671, 676, 707, 785
Heinrich von Luxemburg s. Heinrich Rommersheim von L.
Heinrich Vrunt 461
Heinsberg 57
Hennegau, Gräfin 348
Henricus Andree de Sittart 88, 258 f., 437, 803, 808
Henricus Bacellius 105
Henricus Bays de Breda 58, 94, 96, 148, 160, 173 f., 179, 183, 196, 205, 208, 259, 384, 489 f., 671
Henricus Bemel de Xanctis 47 f., 108, 157, 161, 294, 297 f., 301, 303, 316, 339 f., 342, 348, 375
Henricus Berenbroich Kempensis 105
Henricus Blessen de Steynwich 70
Henricus Blitterswijck 434
Henricus Bloemynck de Thenis 133
Henricus Boese de Horst 37, 57 f., 60, 63, 156, 183, 203, 378, 418, 420, 444-448, 469, 713
Henricus Boetterman de Orsoy 33, 40, 149, 151, 158, 160, 179, 205, 208 f., 238, 386, 556
Henricus Bruchhusen de Nussia 490
Henricus Brunonis de Piro 347
Henricus Buschers de Tongeris 69 f., 73, 104, 227 f., 257, 274 f., 455, 465, 469, 741 ff., 747, 767
Henricus Buschers s. Henricus B. de Tongeris
Henricus Bysselinch de Wesalia 764

Henricus Carnificis 479
Henricus Caseler de Brisach 62, 120
Henricus Cortgeen 80 f.
Henricus Cultellificis de Horb 540
Henricus Danielis de Amersfordia 65
Henricus Das de Colonia 483
Henricus de Bemel s. Henricus Bemel de Xanctis
Henricus de Breda s. Henricus Bays de B.
Henricus de Brisach s. Henricus Caseler de B.
Henricus de Buscoducis 164
Henricus de Campis (Kampen) 36, 58, 62
Henricus de Clivis 425
Henricus de Delft 89 f., 247, 691
Henricus de Embrica 29, 31 ff., 51, 55, 78, 443
Henricus de Essendia 490
Henricus de Fredenborch s. Henricus Leusman de Fredenborch
Henricus de Horst s. Henricus Boese de Horst
Henricus de Hulss 428
Henricus de Judeis 461 f.
Henricus de Monasterio 33, 128
Henricus de Orsoy s. Henricus Boetterman de O.
Henricus de Piro 325, 328
Henricus de Pufelic de Gorichem 28
Henricus de Rees (Reis) 475
Henricus de Sittart s. Henricus Andree de Sittart
Henricus de Stipite 466
Henricus de Susato 32, 34, 36, 82, 106 f., 109, 142, 146, 150, 152, 444, 482-487, 493-496, 516, 575
Henricus de Tegelen s. Henricus Tegelen de Colonia
Henricus de Tongeris s. Henricus Buschers de T.
Henricus de Vorda 243, 423
Henricus de Xanctis s. Henricus Bemel de Xanctis
Henricus de Zierikzee 76, 78, 80, 84
Henricus Driel de Delft 88
Henricus Enent Monasteriensis 46
Henricus Hoveken de Monasterio 30
Henricus Koeler 479
Henricus Kraen Burensis 46
Henricus Leusman de Fredenborch 41, 43, 91 f., 642, 701, 793

Henricus Luet 133
Henricus Maltmyngher de Bercka 342
Henricus Meynershagen 347
Henricus Oerle de Diest 358, 401
Henricus Peregrini de Buscoducis 84, 162
Henricus Pistoris 105
Henricus Ryet de Colonia 224
Henricus Statter (Scatter) 344
Henricus Stipite (vanme Stock) de Colonia 489
Henricus Tegelen de Colonia 61, 84
Henricus Verdonensis 73
Henricus Wellens 397 f.
Henricus Zigeri dict. Dillen de Thenismonte 357, 396
Henricus Zutphanie 434
Heresbach s. Konrad H.
Herford 698
Heribertus de Blisia 761
Heritius s. Erasmus H.
Hermann (I) Rinck 433, 441
Hermann (II) Rinck 679, 724
Hermann Aldenkirchen 459
Hermann Cranevelt 669
Hermann Kaiser von Stolberg (Caesar Caliboritanus) 608, 613
Hermann Kannengiesser von Herford 464
Hermann Schedel 520
Hermann Trebelius 621 f., 627
Hermann Vetter 556
Hermann von dem Busche (Buschius) 613, 620, 679, 715 ff., 724 f., 727 f., 755 f., 762, 764
Hermann von Hessen, Erzbischof von Köln 183, 191, 468, 560, 575, 592 f., 666-669, 672, 677, 717
Hermann von Neuenahr, Gf. 663, 745, 748, 760, 766, 789 f., 795, 797, 802
Hermann von Wied, Erzbischof von Köln 717, 788, 790, 794, 797, 801
Hermann Wegberg 444
Hermann Weinsberg 489, 706
Hermannus Ahuys 598
Hermannus Blanckenfort de Monasterio 71 ff., 227, 237, 257, 275, 450 f., 455, 777, 801
Hermannus de Berchem 86 f., 108 f., 116, 189, 201, 211 ff., 422-428, 432, 434, 438, 449, 453 f.

Hermannus de Clivis 87, 99, 101, 209, 526, 682
Hermannus de Hammone s. Hermannus Deithart de H.
Hermannus de Monasterio s. Hermannus Blanckenfort de M.
Hermannus de Mosa (van der Masen) 168, 430
Hermannus de Venrod s. Hermannus van der Graeff de V.
Hermannus de Wijlre 441
Hermannus Deithart de Hammone 43, 45, 119 f., 241, 745
Hermannus Eldervelt (Elderwolt) de Groningen 59, 418, 420, 714
Hermannus Gamper de Culmach 526
Hermannus Kempis 490
Hermannus Kerssenbroich de Lemgo 278
Hermannus Keutenbrauer de Nussia 238 f., 272, 799
Hermannus Kolerbeck de Munder (al. de Hildessem) 494 f.
Hermannus Kyver de Nussia 746
Hermannus Schilder Embricensis 45, 799
Hermannus Schottenius al. Ortmann de Hassia 71, 742, 747, 794, 803 f.
Hermannus Sijberti al. Nekenyck de Clivis 97
Hermannus Schoem de Torre de Berchem s. Hermannus de Berchem
Hermannus van der Graeff de Venroed 71, 738
Hermannus Vetter de Bernstat 554
Hermes Trismegistos 377, 721
Hermolaus Barbarus 629
Herodot 793
's-Hertogenbosch 263, 300, 339, 443
Herwicus de Amsterdam 33, 58, 60, 76, 82, 108, 481-487, 489, 492, 496, 498 ff., 505-508, 520, 580, 680
Herwicus Gisberti de Amsterdam s. Herwicus de Amsterdam
Hesiod 631
Hesse s. Eoban H.
Hessler, s. Georg H.; s. Johannes H.; s. Nicolaus H.
Hessler, Familie 666
Hexen 760
Heymerick s. Arnold H.
Heymericus de Campo 48-51, 74, 122 f.,

157, 254, 298, 300 f., 333, 336, 338, 343, 357-361, 363-372, 374, 376 ff., 380 f., 383, 387 f., 391, 394, 396-403, 419, 421, 440, 449, 471, 476, 731 ff., 773, 809
Heymericus Heger 271
Heynlin s. Johannes H. von Stein
Hieronimus Rupricht de Bautzen 526
Hieronimus Sculteti de Glogavia 527
Hieronymus Aleander 779, 783, 791
Hieronymus Dungersheim von Ochsenfurt 533
Hieronymus Ebner 655, 661 f.
Hieronymus Estensis de Paduano 677, 724
Hieronymus Gürtler al. Cingulatoris de Aureo monte 638-642, 695
Hieronymus Holzschuher 655
Hieronymus Rinck 433, 446
Hieronymus Schürpf 601
Hieronymus Vehus 570, 622
Hieronymus von Prag (Jeronimus de Praga) 297, 299, 302 ff., 306, 308 f., 311 f., 314, 316 f., 324 ff., 328-331, 336, 338, 340, 343, 348, 370, 372, 374
Hieronymus Walther 779 f.
Hieronymus 715
Hilbrandus de Monikedam 483
Hildburghausen (Hilperhusen) 267 f., 533
Hildebrand Schwartz von Dortmund (jun.) 251
Hildebrand Schwartz von Dortmund (sen.) 251 ff.
Hildebrand Sudermann 450
Hildebrandt s. Johannes H. von Schwetzingen 567
Hilgerus Born 794
Hinricus Ghorickhem 28
Hinricus Nagel de Hoelvelt 532
Hinricus Rosdorp de Colonia 519
Hinricus Sontag de Colonia 519
Hirt s. Gerardus H. de Elborch
Hirtze, vanme (de Cervo) s. Eberhard vanme H.; s. Eberhard vanme H. (jun.); s. Johann vanme H.; s. Johann vanme H. (jun.)
Hispanus s. Petrus H.
Hittorp, Kölner Verleger 793; s. a. Gottfried Hittorf (H.)
Hoefmans s. Gerardus H. de Hamont
Hoelem s. Johannes H. de Venroed (Venrath)

Holcot s. Robert H.
Holland 667
Hollfeld 655
Homer 586, 631, 708, 726, 740, 765
Homerus Buter de Hasellunis 698
Homphäus, Cochemer Familie 701
Hoogstraten s. Jakob Hoogstraten
Horaz 392, 415, 583, 586, 639, 650, 699, 708, 799
Hoss, Pforzheimer Familie 565
Hrabanus Maurus 567
Hubert Mommer (Momber) von Raemsdonck 260
Hubertus Hack de Bommel 78
Hubertus Kannegyeter de Colonia 106
Hugo de Campis 133
Hugo Franconis de Leyden 297, 299
Hulshout s. Johannes H. de Mechlinia (von Mecheln)
Humaniora, Humanismus, Humanisten, humanitatis studia 169, 269, 385, 392, 395, 415, 428, 435 ff., 475, 498, 501, 503 ff., 507, 510-513, 519 f., 522, 529, 532, 536, 540 ff., 561 f., 568, 571 f., 582, 584 f., 591 f., 595 f., 600, 602 ff., 609, 612, 614, 617, 620, 623, 625, 627 ff., 632, 635, 640, 643, 645 f., 655, 665, 670, 674-677, 679 f., 682, 684 f., 688, 690, 692, 696-699, 702, 705, 709, 711, 713 ff., 722, 724, 726-729, 733, 735, 737 ff., 742 f., 745 ff., 764 f., 782, 786, 790, 795, 804, 810-814; Humanismus und Schrift 428, 541, 584, 674, 689, 736 ff., 745, 777
Hus, Hussiten, Hussitismus, Hussitenkriege s. Jan Hus
Hutten s. Ulrich von H.
Hynricus Heynemannus de Brilon 297, 299

Ideenlehre 307-310, 325 f., 329 f., 334, 337, 356
Ilsung s. Sebastian I.
Immatrikulation, Intitulation 17 f., 22, 27, 29, 106, 299, 302, 318, 350, 429, 432, 434 f., 447, 452, 456, 484, 490, 494, 516, 526 f., 553, 562, 571, 575, 579, 612 ff., 620, 641, 669, 676, 683, 690, 696, 700, 717; Immatrikulationsfrequenz 246
Inflation 244, 264
Inghen s. Marsilius von I.

Ingolstadt, St. 684, 779, 782; U. 221, 582 f., 585, 656, 683, 709, 714, 771, 800; Bursen 252; Reform der Lehre 252
Innozenz III., P. 329
Innozenz VIII., P. 462, 668, 672
Innsbruck 673, 779
Inquisition, Inquisitionsverfahren, Inquisitoren 346, 375, 405, 412, 580, 729, 751, 762
Institutionalisierung 8, 18, 121, 125, 131, 135 f., 140, 161, 174, 190, 192, 194, 198, 205, 218 ff., 249, 252, 255, 358, 408, 415, 552, 568, 581, 592, 600
insula Bommelensis 263
Intrantes 16, 27, 34 f., 39 f., 43, 46, 59, 66 f., 69, 83, 85, 90, 95 f., 98, 100 ff., 105, 107, 109, 120, 180, 182, 190 f., 275, 390, 420, 450, 585, 671, 757 f., 761 f., 776
‚Invectiva' (Traktat) 301, 358, 365 f., 369, 371, 387 f., 402 f., 731 f.
Inzeptionen, Inzeptoren, Inzipienten 15 ff., 20 f., 27, 111-117, 122 ff., 126, 136, 150-153, 210, 300, 319 f., 340, 372, 408, 434, 451, 462, 464, 481, 484, 486, 488, 491, 494, 513, 517, 523, 527, 532, 548, 563, 569, 576 f., 579, 597, 654, 691, 695, 738, 742
Italien 285, 428, 520 ff., 527, 541, 590, 597, 658, 679, 811
Ius ubique docendi 279
Ivo Wittich von Hammelburg 513, 582, 584 f., 589-595, 600, 604, 648, 813

Jacobus Amerongen de Traiecto 86
Jacobus Backer de Amsterdam 102 f.
Jacobus Barbirianus von Antwerpen 722
Jacobus Bindopp de Traiecto 390
Jacobus Brandenborch de Campis 71, 236, 761
Jacobus Buchserus Surensis 707
Jacobus Kremer de Hochstraten 45 f., 234, 251
Jacobus Cremerius de Aquis 44, 746
Jacobus Daub de Wachenheim 494
Jacobus de Amersfordia 61-66, 98, 196, 203, 205, 208, 379, 382, 385, 395, 419 f., 434, 448, 453, 462, 524-527, 557, 721 f., 722
Jacobus de Amsterdam 102
Jacobus de Breda 97 f.

Jacobus de Bremgarten 704
Jacobus de Busco de Tornaco 83
Jacobus de Campis s. Jacobus Brandenborch de C.
Jacobus de Colonia 475
Jacobus de Harlem 35, 160, 494
Jacobus de Hochstraten s. Jacobus Kremer de H.
Jacobus de Mosa (van der Masen) 168, 430
Jacobus de Rotterdam 102
Jacobus de Straelen 36, 56-62, 68, 81 f., 95, 142, 147, 153, 177, 179, 181, 205 f., 255, 379, 419, 445, 453, 469, 489, 512, 678
Jacobus de Venraedt 419
Jacobus de Zierikzee 75
Jacobus Dordraci 347
Jacobus Funyficis von Pforzheim 560, 563
Jacobus Gerhardi de Amsterdam 491
Jacobus Greselius de Osnaburgis 90 f., 702
Jacobus Hoss von Pforzheim 563 f.
Jacobus Lindsay (Lindizae) de Scotia 407
Jacobus Magdalius von Gouda 679, 690-693, 756
Jacobus Noetlinck de Straelen s. Jacobus de Straelen
Jacobus Pastoris de Colonia 433
Jacobus Phreymder de Kemnayd 524
Jacobus Savariis 191
Jacobus Sobbius (Sobbe) 702, 708, 744 f., 760, 765, 767, 793, 795, 798
Jacobus Tymanni de Amersfordia s. Jacobus de Amersfordia
Jacobus Ysungen 563
Jakob Fugger (der Reiche) 711, 770 f., 773 f.
Jakob Faber Stapulensis 657
Jakob Henrichmanns 639
Jakob Herinck von Kassel 482
Jakob Hoogstraten 729, 750 f., 753, 756, 759 f., 762, 779, 781 f.
Jakob III., Kg. von Schottland 409, 415
Jakob Jacobi 620
Jakob Pistoris von Alzey 598, 601
Jakob Questenberg 764
Jakob Schlegel (Sleger) von Hildburghausen 267 ff., 533, 684

Jakob Schmitz von Bacharach 547
Jakob Siberti von Münstereifel 719
Jakob Sprenger 580
Jakob Theyng von Horn al. Ceratinus 787 f.
Jakob von Jüterbog 676
Jakob von Wachendorf 474, 477, 516 f.
Jakob Welder d.Ä. 574
Jakob Welder von Siegen 106, 116, 150, 162, 168, 171, 181, 494, 499, 508 f., 528, 546-549, 573-578, 580, 667
Jakob Wimpfeling 498, 505, 507, 566, 580, 596, 639, 679
Jakob zo me Lewen 173
James Kennedy, B. von St. Andrews 409
James Ogilvie 412
Jan Hus, Hussiten, Hussitismus 303, 307, 311, 313, 324, 326-329, 336, 342, 346, 349 f., 355 f., 370 f., 374, 465; Hussitenkriege 372, 375
Jan Slosgin 48
Jan von Jesenic 313
Jaspar de Malmundario 463
Jaspar Eicheister 777
Jaspar Mettelbach von Heilbronn 229
Jaspar Questenberg 434
Jaspar Schocher de Cempnitz 522
Jasper Johannis 643
Jean Petit 356
Jeronymus Mulberch 526
Jesuiten 7, 601, 799 ff.
Joachim Vadian 569
Job Vener 375
Jodocus Beckmann von Warburg 638
Jodocus Dernbecher de Alberswyler 502, 551
Jodocus Eichmann von Calw 472, 480, 496, 502, 504 f., 509, 551, 556, 580, 785
Jodocus Gallus Rubeacensis 551
Jodocus Selbach 600
Jodocus Trutfetter 603, 614 ff., 625 ff., 631 f., 649, 658 ff., 770
Johann (I) Dasse 441
Johann (I) Rinck 441, 444
Johann (II) Dasse 441
Johann (II) Rinck 441, 447 f., 469, 679, 693, 722 ff., 756
Johann Brassican 596
Johann Bruwer von Altenahr 451
Johann Byse 766

Johann Choler 787
Johann Crulmann 184
Johann Düring 269
Johann Erasmius Froben 792
Johann Forst 457
Johann Gogreff 793, 795 ff.
Johann Guldenkopff 473 f., 480, 501 f.
Johann Guylic 319
Johann Kingsattler 561 ff.
Johann Koeoll (Koelgyn) 179
Johann Kreidweiß von Esslingen 544 ff., 674 f.
Johann Krufft 430
Johann Lyskirchen 254
Johann Medeman de Colonia 433
Johann Muysgen 447
Johann ohne Furcht, Hg. von Burgund 33
Johann Penninck 170, 179 f.
Johann Pirckheimer 644 f.
Johann Quattermart von Köln 431, 578
Johann Questenberg 448
Johann Reuß von Warburg 637
Johann Ruchrath von Wesel 580 f.
Johann Rüdiger 770
Johann Ruß 662
Johann Steynkop 261
Johann Tolhopf 582 f.
Johann Ulrich Surgant von Altkirch 541 f.
Johann vanme Dauwe 169 f., 173 f., 179 f., 184
Johann vanme Hirtze (J. Everardi de Cervo) 109, 169, 180, 242, 255, 428, 430 f., 441, 674
Johann vanme Hirtze jun. 428, 431
Johann von Baden, Erzbischof von Trier 543-546, 559
Johann von Blitterswijck 670
Johann von Dalberg, B. von Worms 606, 608
Johann von der Marck 464
Johann von Merle 434
Johann von Reidt 744, 787
Johann von Rieneck, Gf. 662 ff., 766
Johann von Saarwerden, Gf. 486
Johann von Vorburg 324
Johann Voss 430
Johann Wacker 581
Johann Welder 574
Johann Werlich 631
Johann Zmora 400

Johann, Gf. von Ostfriesland 801
Johanna de Voerda 261
Johannes (Hinne) Rodius 696
Johannes Ade de Gulberch 527
Johannes Aldenhoven de Haymborch 431
Johannes Amerbach 542
Johannes Andreas von Aleria, B. 591
Johannes Aqua de Berka (Wegberg) 51, 60, 93, 95, 140, 143, 179, 182, 185 f., 368, 384, 408, 416, 671 f., 713, 719
Johannes Argyropulos 628, 630
Johannes Arnhem de Clivis 99
Johannes Arnhemius 745
Johannes Arnoldi de Zierikzee 83
Johannes Athilmer (John A., Aylmare) de Scotia 52 f., 56, 134, 139 f., 406-416
Johannes Athilmer jun. (al. Zhoman) 410 f., 415
Johannes Bardun 452
Johannes Belhart de Harderwijck 66 ff., 424, 457
Johannes Berchem de Colonia 110, 247, 425, 438
Johannes Berchem de Colonia (II) 425
Johannes Bercken al. Lucht de Horst 104 f., 227, 278
Johannes Bergen de Goch 34
Johannes Bertrandi de Dyonanto 358
Johannes Betzmann von Durlach 535
Johannes Beyss von Köln 766
Johannes Beyssel von Aachen 518
Johannes Blatt 477
Johannes Blocher 492
Johannes Blocker de Holzhusen 535
Johannes Bollichius (Bremarus) Efferensis 456
Johannes Bowman (Boemans) 458
Johannes Boyl 410
Johannes Brandis 495
Johannes Brandt von Rotenburg 529
Johannes Brinckerinck 466
Johannes Bronkhorst de Novimagio 44 ff., 239 f., 242, 799 f., 804
Johannes Bruder de Monasterii 581, 591, 598, 600
Johannes Büchler von Herrenberg 555 f.
Johannes Buridan, Buridanismus, Buridanisten 280, 282-287, 289, 295, 305, 307, 310, 318, 321 ff., 336, 338, 348 f., 352, 370, 372, 380, 402, 404-407, 410 f., 415, 470 f., 516, 586, 743
Johannes Buschuys de Venroed 59
Johannes Butzbach (Zeuge beim Wiener Prozeß) 315
Johannes Butzbach 698, 719
Johannes Buuch de Colonia 99, 241, 423, 427
Johannes Byess de Colonia 689
Johannes Caesarius 641, 658, 663, 699, 708, 787, 798
Johannes Calcarius 745
Johannes Canter 475
Johannes Capreolus 534, 617, 689
Johannes Ceratinus 788
Johannes Cleyman de Monasterio 418
Johannes Coci von Speyer 581
Johannes Colmon de Slusselfeldt 532
Johannes Cornelii de Reymerswael (Remersoellis) 490
Johannes Cornelii 401
Johannes Creyt 440
Johannes Crispus von Freistadt 614
Johannes Crotus Rubeanus 632, 634, 649
Johannes Cuspinian von Schweinfurt 569, 608
Johannes Custodis de Attendorn 50 f., 73 f., 77, 123 f., 133, 135, 258, 346 f., 368, 391, 399
Johannes Dail al. Leyermolen de Novimagio 21, 24, 258, 320, 484
Johannes Danne de Bopardia 485
Johannes de Alen 69
Johannes de Amersfordia 65
Johannes de Antwerpia 226
Johannes de Bacharach 492
Johannes de Beca 672
Johannes de Berchem s. Johannes Berchem de Colonia
Johannes de Berka s. Johannes Aqua de B.; s. Johannes Peregrini de B.
Johannes de Bommel s. Johannes Teets al. Witsellenborch de B.
Johannes de Borsalia (Borsele) 86
Johannes de Breda s. Johannes Moys de B.
Johannes de Bremgart 704
Johannes de Bruxella 95
Johannes de Busco(ducis) 68, 70, 238, 248, 277 f., 383, 419 f., 422, 455, 458,

727, 744, 746, 758, 776, 784, 801; s. a. Johannes Olisleger de B.
Johannes de Busco (Stud. 1422) 357
Johannes de Camera 407
Johannes de Campis 67-71, 103, 230 f., 239, 248, 458, 698, 737, 747, 758, 798
Johannes de Castro 226
Johannes de Cervo s. Johann vanme Hirtze (de C.)
Johannes de Coesfeldia 397
Johannes de Colle 762
Johannes de Colonia 474
Johannes de Dingeden s. Johannes Rodeneve de Dingeden
Johannes de Dinslaken 29 ff., 53 f.
Johannes de Dordraco 78 f.
Johannes de Doytichem s. Johannes Schunde de Dodekum (Totichem)
Johannes de Dumo 18
Johannes de Erpel 208, 241, 544
Johannes de Frankfordia s. Johannes Heller de F.; s. Johannes von Frankfurt
Johannes de Gamundia 474
Johannes de Gent 20
Johannes de Geseke 789
Johannes de Goch 318
Johannes de Gravenbrant 357
Johannes de Hambroich 440, 445, 450
Johannes de Harderwijck 63, 256; s. bes. Johannes Gisberti Belhart de H.
Johannes de Hassel 490
Johannes de Helden 318
Johannes de Hervordie 103
Johannes de Heyer 87, 89, 692
Johannes de Horst s. Johannes Pauli de H.; s. a. Johannes Bercken de H.
Johannes de Kuyck 51-55, 57, 61, 92 ff., 141 f., 153, 368, 384, 411, 413, 419, 444
Johannes de Lapide 347
Johannes de Leydis 334
Johannes de Lunen s. Johannes Lunensis
Johannes de Marcello 423
Johannes de Mechlinia 49, 52-56, 60, 76, 93, 125, 128 f., 134, 140, 143, 157, 174, 254, 365, 368, 376-379, 391, 399, 401, 403, 406, 408 f., 418 f., 440-444, 451, 459, 462, 468, 676, 719, 721 f.
Johannes de Monasterio Eifflie 54, 94 f.
Johannes de Monasterio 129

Johannes de Moneta (van der Muntzen) 95
Johannes de Nova Domo 300 f., 333-339, 341-345, 352, 356 ff., 364, 369, 380, 471
Johannes de Novimagio s. Johannes Dail al. Leyermolen de N.; s. Johannes Meynardi de N.
Johannes de Nuertingen (Nurtingen) s. Johannes Wanger de N.
Johannes de Sommeren 456
Johannes de Spul 18
Johannes de Stommel (Stummel) s. Johannes Stommel (Stummel) de Colonia
Johannes de Suchtelen 420
Johannes de Swendin 484
Johannes de Venlo s. Johannes Duycker de Venlo
Johannes de Voerda 261
Johannes de Wachendorp 47
Johannes de Wesalia 400
Johannes de Ysbruck 226
Johannes de Zierikzee 109
Johannes Delft 433
Johannes Diodona, B. 340 f.
Johannes Dobeneck von Wendelstein (Verwandter des Cochläus) 651
Johannes Doebner (Dobneck) de Wendelstein al. Cochläus 42, 533, 649-658, 660 ff., 678, 693 ff., 766 f., 769, 771, 779 f., 784, 799 f.
Johannes Doliatoris de Heydelberga 486
Johannes Donner von Utrecht 546 f.
Johannes Dorp 348 f.
Johannes Dorst 766
Johannes Drändorf 375
Johannes Düsseldorf al. Sternenborch 464
Johannes Duycker de Venlo 66, 68 f., 72, 115 f., 230 f., 239, 257, 275, 419, 451, 458, 643, 763, 775, 777
Johannes Eck 658 f., 769 ff., 775, 779-782
Johannes Egidii al. Haell de Dordraco s. Johannes de Dordraco
Johannes Eichmann von Calw 496
Johannes Empel de Rees 490
Johannes Engelberti de Wyck 764 f.
Johannes Erclyn von Pforzheim 564
Johannes Erici de Amsterdammis 487

Johannes Erwini de Ratingen 469, 481, 707
Johannes Eyck de Aquis 486
Johannes Fabri de Werdea (Donauwörth) 514
Johannes Fabri von Meppen 274, 762
Johannes Fastrardi de Busco 383, 682
Johannes Femilius 631 f.
Johannes Flamingi de Audenardo 8, 49, 397 ff., 402
Johannes Florentii de Alcmaria (auch: Floris von Leiden) 84, 390
Johannes Fuchsmagen 568
Johannes Gassel von Augsburg 579
Johannes Geiler von Keisersberg 541
Johannes Gera de Jhenis 526
Johannes Gerber de Kitzing 527
Johannes Gerijsen de Ultzen 532
Johannes Gerson 304, 325, 327, 329, 334 f., 339, 341 f., 344, 356, 364, 465
Johannes Gisberti Belhart de Harderwijck 64, 89, 115, 419 f., 423, 425, 446, 449 f., 462, 526, 559, 569, 586, 614, 700, 717, 764
Johannes Grevenbroich de Colonia 803
Johannes Gropper 789 f., 795-798, 801
Johannes Grovius von Münster 717
Johannes Guldenschaff 400
Johannes Gysberti de Amsterdam 103
Johannes Hagemann von Münster 698
Johannes Hall de Dordraco 80
Johannes Hann de Horhen 554 f.
Johannes Hardenrath de Colonia 432
Johannes Harnischmacher von Meinertzhagen 445, 448
Johannes Heller de Francfordia 93, 147
Johannes Hen de Castellino 486
Johannes Henrici de s. Vito 89
Johannes Hertach von Kleinbasel 535
Johannes Hesseli de Daventria 239, 707
Johannes Hessler 479
Johannes Heyer 224
Johannes Heym von Weinheim 585
Johannes Heynlin von Stein 537-543, 548, 550 ff.
Johannes Hildebrandt von Schwetzingen 567, 570
Johannes Hoelem de Venroed (Venraedt, Venrath) 66, 419, 421, 454 f., 457, 756 f., 759-763, 768, 783 f.
Johannes Horens de Weert 472
Johannes Hueven de Arnhem 60, 179

Johannes Hugonis de Alcmaria 78
Johannes Hulshout de Mechlinia (von Mechein) s. Johannes de Mechlinia
Johannes Isbrandy de Delphis 72 f.
Johannes Jacobi de Campis s. Johannes de Campis
Johannes Johannis 346
Johannes Kachel de Guglingen 557
Johannes Keck von Isny 569
Johannes Kempensis 746
Johannes Kerckmeister 716
Johannes Kese de Embrica 483
Johannes Ketzmann von Schwabach 660 ff., 678, 767
Johannes Keyl de Lichtenfels 528
Johannes Keyser al. Gyr de Urdingen 102
Johannes Koelner de Vanckel 677
Johannes Koes (Koß) de Roemhylt ex Hilperhusen 268, 533
Johannes Koppheell de Nortwijck 97
Johannes Kreidweiß von Esslingen 511, 676
Johannes Krysch de Ercklens 422
Johannes Künitz von Bern 537
Johannes Kuyck 476
Johannes Lamberti de Monasterio Eifflie s. Johannes de M. E.
Johannes Landen 381
Johannes Langenberg de Colonia 239 f., 242
Johannes Lapicida de Colonia 597 f.
Johannes Lateranus (Ziegler) 606
Johannes Leckerkerck de Dordraco 80
Johannes Leyendecker 544, 549
Johannes Lire prope Delft 484
Johannes Lueffelt de Xanctis 342
Johannes Lunensis 44 f., 92, 119 f., 705, 709, 745 ff., 801-804
Johannes Luyde von Tongern 275, 419, 455, 763
Johannes Mack de Xanctis 36
Johannes Maer de Treveri 55
Johannes Matthias von Gengenbach 540 f.
Johannes Mellerstadt, „Franco" 269
Johannes Mendich de Brijske 318
Johannes Mercatoris de Bonna 511
Johannes Mettelbach von Heilbronn 229
Johannes Meyer de Haynis 530
Johannes Meynardi de Novimagio 23 f., 125, 296
Johannes Monheim 797, 799

Johannes Montanus al. a Lapide 104
Johannes Morchoven de Herentalz 397
Johannes Moys de Breda 96 f., 116 f., 256, 524, 716
Johannes Mulnhusen de Bercka 342
Johannes Mulsteter de Lawdn 569
Johannes Multoris de Sweinfurdia 532
Johannes Murmellius von Roermond 699 f., 715, 717, 721, 725, 735, 756, 813
Johannes Mussell de Stargadia 525
Johannes Natali de Leodio 56
Johannes Noepel de Lippia (Lippstadt/W.) 72, 275, 450 ff.
Johannes Olisleger de Buscoducis 39
Johannes op Wederick de Buderick al. Peringius 695, 697 ff.
Johannes Ott de Frickenhusen al. Frissemius 43 f., 119, 238, 240, 708, 710, 712, 737-740, 742-745, 767, 787 ff., 798, 802
Johannes Padder 789
Johannes Pauli de Horst 103 f., 248, 746
Johannes Peregrini de Berka 182, 191, 539, 671 f., 678, 682
Johannes Perfusen de Harlo 34, 148, 179
Johannes Petri de Dacia 485, 496, 540
Johannes Pfefferkorn 749-752, 754 ff., 758, 762, 766 ff.
Johannes Plagmer 789
Johannes Potken 765 f.
Johannes Pulchrijohannis 397
Johannes Raemsdonck 548
Johannes Recht de s. Vito 476, 479
Johannes Reichl von Neumarkt 568 f.
Johannes Reinhart Bullinger von Bremgarten 703 f.
Johannes Renicomes zum Steyn, Wild- und Rheingraf 473
Johannes Reuchlin, Reuchlinisten 421, 454, 561 f., 566 f., 571 f., 587, 596 f., 618, 663, 679, 702, 748, 750-753, 755 f., 758 ff., 764-768, 776, 783, 785, 792; Reuchlin-Kontroverse 599, 632, 662, 693, 741, 743, 748, 750, 754 f., 757, 762, 766 ff., 776, 781, 815
Johannes Revens de Bruxella 54, 476
Johannes Reyff de Colonia 99
Johannes Rhagius Aesticampianus 532, 591 f., 632, 692, 765

Johannes Richardi de Scotia 95, 416, 718
Johannes Rijssinck de Geseke 789
Johannes Rijt de Sommeren 456
Johannes Rivius de Attendaer 742, 745
Johannes Rodeneve de Dingeden 54 f., 147 ff., 197
Johannes Roil de Tachonia 526
Johannes Romming von Bayreuth 649 f., 653 f., 656, 766
Johannes Rullonis von Idstein 473
Johannes Ryckmann de Delft 89
Johannes Rysen 474, 477 f.
Johannes Sassenheym de Leydis 83
Johannes Schelder de Lichtenfeltz 530
Johannes Schickenbergh von Kassel 260
Johannes Schrauff de Erbipoli 532
Johannes Schröder von Heidelberg 489, 492
Johannes Schudherink von Neuß 274 f.
Johannes Schunde de Dodekum (Totichem) 29 f., 359, 461
Johannes Schwartz von Dortmund 251
Johannes Schyldo de Peitzen 526
Johannes Scotus 340
Johannes Screepinesse 22
Johannes Scuckinck de Coesfeldia 398
Johannes Sijpen de Halveren 705 f.
Johannes Simonis de Alcmaria 87
Johannes Slosgin 48
Johannes Stabius 569, 606
Johannes Stael de Novimagio 420
Johannes Steger von Kaufbeuren 536
Johannes Stein von Schorndorff 553, 555 f.
Johannes Stern de Coburch 530
Johannes Stöffler 709
Johannes Stommel (Stummel) de Colonia 139, 294, 297 f., 301, 303, 316, 340 f., 344, 440, 459
Johannes Stromer von Auerbach 582
Johannes Sturm de Gandavo 22, 24
Johannes Swelm de Colonia 489
Johannes Syber von Wangen 535, 540
Johannes Teets al. Witsellenborch de Bommel 84, 208, 213
Johannes ten Hoilt de Groningen 59
Johannes Tinctoris de Tornaco (Tournai) 75, 129, 134, 140, 143, 196, 391, 393 f., 403, 408, 485, 510, 680, 813
Johannes Tolhopf 606
Johannes Tortellius 689

Johannes Trithemius 550, 571, 595, 606, 620, 622, 675, 679
Johannes Trutzenbach 479, 481, 491, 493, 508
Johannes Uphoff de Recklinghusen 45
Johannes Vaihinger de Leonberg 476 f.
Johannes van der Hallen 318
Johannes Vergenhans (Nauclerus) 552, 554
Johannes Versor 389 f., 426
Johannes Vilhauer von Heidelberg 576
Johannes Vleisinghen de Geseke 789
Johannes Vogel 302
Johannes von Frankfurt 308, 370, 374 f.
Johannes von Geldern, Hg. 673
Johannes von Glogau 704
Johannes von Linz 682
Johannes von Mecheln 50
Johannes von Plieningen 711
Johannes von Staupitz 531, 583 f., 601, 604, 614, 626
Johannes von Vlatten 791-797
Johannes Vorn de Campis 64, 256
Johannes Vos 401
Johannes Vulpis de Gandavo 320
Johannes Vulsken (Volsius) de Lunen s. Johannes Lunensis
Johannes Wacker von Neckargemund 578
Johannes Wanckheym 456
Johannes Wanger de Nuertingen (Nurtingen) 65, 68, 70 ff., 90 f., 116, 225 f., 238, 248, 382, 419 f., 458 f., 711, 733, 764, 774 ff., 780
Johannes Wartberg 321
Johannes Wede de Campis 57
Johannes Wenck von Herrenberg 319, 345 ff., 356, 362, 468, 471 f., 474, 477 f., 496 f., 500, 503 f., 510, 555, 561
Johannes Wenger de Nova Civitate 709
Johannes Werner 606
Johannes Wernherus Themarensis 583
Johannes Wernigerode von Göttingen 523 f.
Johannes Westerburch de Colonia 434
Johannes Weybeyl (Vibel) 563
Johannes Wickede de Tremonia (Dortmund) 42
Johannes Wildenhertz 483, 490 f., 505
Johannes Witsellenborch de Bommel s. Johannes Teets al. Witsellenborch de Bommel

Johannes Wittich von Hammelburg 584
Johannes Wolbertus 274
Johannes Wolffis de Arnstede 319
Johannes Zebars de Dordraco 80
Johannes Zob de Zwollis 59
John Balfour 410
John de Atholia 410 f.
John Doby 413, 416
John Dun 414
John Lock 411
John Wyclif 303, 305-312, 314 f., 322, 325 f., 331, 335 f., 338 f., 346, 349, 355, 405
John Young 411, 413
Jonas Clement de Dacia 106
Jordanus Nicolai de Ast 357
Juden 749-752, 754-759, 768, 810; Judenbekehrer, Judenbekehrung 454, 756 f., 761, 783; Judenbücher 748; Judengegner 762
Judocus de Monte s. Judocus Finck de Monte s. Gertrudis
Judocus Finck de Monte s. Gertrudis 97, 99 f., 116 f., 211 f., 259, 423, 526
Judocus Wyltberch de Erbach 802 f.
Jülich 791; Hg. von Jülich 429; Herzogtum Jülich-Kleve-Berg 786, 791, 796
Julius Firmicus 689
Julius II., P. 589
Jurisprudenz, Rechtswissenschaft, Rechtsstudium, Juristische Fakultät, Juristen 34, 44, 61, 77, 79, 81, 108, 117-121, 148, 161, 174, 190, 197, 206, 208, 224, 234, 238, 240 ff., 251, 255, 274, 297, 299, 318, 357, 371, 390 f., 398, 413 f., 428 f., 433, 441, 451, 454, 464 f., 472 f., 479, 481, 483, 486, 489, 494, 501, 508, 511, 513, 522 f., 527, 536, 541, 553, 557, 561, 575, 579, 582, 584, 591, 597, 600 f., 609, 613, 620, 622, 637, 656, 658, 669, 674, 677, 681 f., 724, 729, 745 f., 761, 764, 769, 789, 791, 793, 798, 800, 802 f., 807; Juristenschule der U. Köln 476; Rektor der Kölner Juristenschule 95
Justina Fugger (vom Reh) 778
Justinian 658
Juvenal 586, 631, 639, 689, 693, 699, 726

Kairmann s. Wilhelmus K. (Kurneman) de Werdena
Kaiser s. Hermann K. von Stolberg
Kaiser 758 f.
Kaiserswerth 424, Kloster 727
Kajetan s. Thomas K.
Kamerer s. Petrus K. von Nürnberg
Kampen 57, 67, 718, 723
Kannengießer s. Peter K., Heinrich K., Elisabeth K.
Kannengießer, Kölner Familie 429
Kanonistik, Kanonisten, Kirchenrecht 324, 370, 398, 417, 472 f., 475, 481, 505, 518, 540, 592, 677
Kanter, friesische Familie 723
Kanzler der U. 240, 537, 573, 592, 602, 748
Kanzler 554
Karl der Kühne, Hg. von Burgund 474
Karl Harst 795
Karl V., Kaiser 796
Karl VIII., König von Frankreich 669
Karl von Egmond, Hg. von Geldern 669 f.
Karl, Markgraf von Baden 542 f., 545
Karlstadt s. Andreas Bodenstein von K.
Kartäuser 347, 468, 676, 800
Kaspar Kelbel 593 f.
Kaspar Raffel von Glogau 700-704
Kaspar Ulenberg 470
Katharina Bunyng von Groningen 255
Katharina Schlegel 267
Kathringin Kempgin 447
Kemner s. Timan K.
Kempen 57, 278, 458; Bürger 419
Kerckmeister s. Johannes K.
Kerkering s. Theodoricus K. de Monasterio
Keteler s. Gerardus K. de Amersfordia
Ketzer, Ketzerei 275, 372, 645 f., 760, 784
Ketzmann s. Johannes K. von Schwabach
Kilian Reuter von Mellrichstadt (Chilianus Eques Mellerstatinus) 269, 602, 611 f., 614, 619-624, 626, 628, 630, 634 f., 647, 686, 688, 734, 775
Kilian Wolff de Haslach 485
Kittel s. Balthasar K. von Pirna
Kitzingen 113
Kleve 678, 791; Hof 793; Kirchenordnung 1532/33: 795

Kluppel s. Konrad K. von Korbach
Koblenz, St. Florin 24, 544 f., 593
Koes s. Johannes Koes (Koß) de Roemhylt ex Hilperhusen
Kollegien 3, 13, 415
Köllin s. Konrad K.; s. Ulrich K.
Köln, Erzbistum, Erzstift (Erzbischöfe, Kurfürsten), Kirchenprovinz: Erzbischöfe und Kurfürsten 408, 786 f., 797 f.; s. Dietrich von Moers; s. Hermann von Hessen; s. Hermann von Wied; s. Philipp von Wied; s. Ruprecht von der Pfalz (Bayern); Kurie 786, 794 ff.; advocatus curie 147 f., 794; Generalvikare s. Arnold Broichschmidt von Lemgo; s. Bernhard von Hagen; s. Johannes Erwini de Ratingen; s. Ulrich Kreidweiß von Esslingen; Großsiegler s. Johannes Gropper; s. Ulrich Kreidweiß von Esslingen; Kanzler 43; s. Bernhard von Hagen; s. Degenhard Witten von Coesfeld; Offizial s. Albert Varrentrap; s. Arnold Broichschmidt von Lemgo; s. Bernhard Georgii de Paderborn; s. Heinrich Steinweg von Recklinghausen; s. Martin Oed von Kempen; s. Ulrich Kreidweiß von Esslingen; s. Walterus Back de Buscoducis; Stiftsfehde 546, 549, 592, 666
Köln, Stadt:
Stadt und Reformation 783 f.; Stadt (Rat) und U. 13, 132, 153, 167-170, 173-176, 179-186, 188, 191 ff., 200, 204, 260, 423, 427 ff., 432 f., 447, 783, 803 f.; „städtische Professuren" 171; Provisoren 25, 137, 169 f., 173, 179, 208, 259, 437 f., 671; Professoren als Räte u. Gesandte 713; Protonotar s. Johannes Stommel (Stummel) de Colonia; Sekretäre s. Heinrich Retheri; s. Wolter von Blisia; Stadt und Poeten 723 ff.; Stadtpoeten 749; städtische Schule 437; Stadt und Reuchlin-Kontroverse 759; Streitsache Rosenkranz 713; Ratsprotokolle 437 f.
Dom, Gebäude 170, 184, 260, 268, 447, 451 f., 684, 765 f.; Domhof 783; Domkapitel 183, 440, 451, 544 ff., 549, 592, 663, 667, 672, 765, 787, 789 (Offizial des Domstifts), 798; Propst

(Kanzler der U. Köln) 455, 457; s. Georg von Sayn-Witgenstein
übrige Kirchen: St. Alban 455; St. Andreas 255 (Kapitel), 375, 442, 456, 459, 789, 799; St. Apern-Kapelle 440; St. Aposteln 49, 229, 275, 301, 447, 479, 484, 486; St. Cäcilia 275, 445; St. Elogius 455; St. Georg 21, 25, 137, 431, 766, 793 f.; St. Gereon 575, 784, 790 f., 800 f.; St. Johann Baptist 448, 452-457, 459, 756, 783 f.; St. Kolumba 381, 439-449, 451 f., 454-459, 461, 463, 469, 693, 719, 722, 731, 756, 759, 776 f., 784; Georgskapelle an St. Kolumba 446; Marienkapelle an St. Kolumba 441, 444; St. Kunibert 702, 789; St. Laurentius 439; St. Lupus 260; St. Maria Ablaß 210, 253 f., 469, 706 f.; St. Maria ad Gradus 400; St. Maria im Kapitol 275, 431, 460, 462; Groß St. Martin 443, 474; Klein St. Martin 443 f., 460 f., 463 f., 468 f.; St. Paul 257, 381, 449, 456-459, 469, 746, 776, 784; St. Peter 251, 469; St. Severin 422, 452 f.; St. Ursula 671, 707, 788; Pfarreien 427, 439
Kirchmeister (Provisoren) 439-442, 444 f., 447 ff., 451, 461, 777
Klöster und Konvente: Augustiner 784; Beginenkonvente 468 f., 472; Beginenkonvent Schele (Groß Nazareth) 466 ff.; Benediktinerklöster, Benediktiner 469, 675; Dominikaner, -kirche, -kloster, Generalstudium 23, 161, 210, 241, 254, 266, 269, 277, 419, 753, 781, 784; Dominikanerbibliothek 785; Dominikanerinnen (St. Gertrud) 257; Franziskaner 784; Fraterherren am Weidenbach, Brüder vom Gemeinsamen Leben 465 f., 475; Schwestern vom Gemeinsamen Leben 465 f.; Johanniter 445; Karmeliter 784, 798; Kartause, Kartäuser 158, 241, 267, 442 f., 448, 461, 798; Konvent „ad olivas" 443; Konvent Busse (Bethlehem) 108, 422; Konvent Einung (Ver Lore/Elisabeth) 467; Konvent Lämmchen auf der Burgmauer 469, 723, 777; Konvent Zederwald (Lysloch/ Große Einung) 467; Kreuzbrüder 442 f.; Machabäerkloster 28, 250 f.,

675; Mendikanten 443; Regulares ad Corpus Christi 241
Geistlichkeit 791; Klosterreform 546; Parochial- und Stiftsschulen 437; St. Brigiden Pfarrschule 48; St. Mariengraden-Schule 742, 745
Gebäude und Häuser: Haus Aldenwalde 252 f.; „Syntrams" 257; Haus Bornheim 257; Haus Großenwalde 251; Haus Königstein 469, 723; Haus Merzenich 243; Haus Nassau 257; Haus Reil auf dem Büchel 259; Hof Riehl (Rijle) 25, 258, 260 f.; Haus Neuenwalde 252; Haus Stamheym 256 f.; Turm Rodenwichuyss 256; Haus Zederwald 255 f.; Haus Zom gronen Walde 251; Haus Zum Lamm 252, 260; Haus Zum Turm 253; Haus Zum Walde 256 f.; Haus Zum Wolsack 254, 257
Straßen und Plätze: Antonsgasse 467; Burgmauer 439, 777, 800; Brückenstr. 439, 446; Pfuhl 253; Eigelstein 48, 92, 254, 258 f., 422; Eigelsteinpforte 28; Enggasse 252 ff.; Gereonstr. 243, 253, 257, 466; Gertrudenstr. 439; Hohe Straße 439, 446; Kolumbastr. 439, 446; Maria-Ablaß-Platz 252; Marzellenstr. 25, 258, 456; Minoritenstr. 446; Neumarkt 439, 673; Severinstraße 452; Spulmannsgasse 452; Schildergasse 439, 469; Schmierstr. (Komödienstr.) 254 ff., 456, 467; St. Apernstr. 439; Stolkgasse 28, 252; Trankgasse 258, 260; Unter Fettenhennen 439; Unter Sachsenhausen 28, 251-254, 256 f., 456; Ursulastr. 258, 261; Würfelpforte 257; Zeughausstr. 439
Köln, Artisten-Fakultät der U.: Artisten-Fakultät pass.; Bursen s. Corneliana-Burse; s. Kuckana-Burse; s. Laurentiana-Burse; s. Montana-Burse; s. Ottonis, Bursa O. (Ottoniana); s. Raemsdonck-Burse; „Kollegien" 735; Bursenkoch 18, 29
divites (reiche Studenten) 155, 198, 265 f.; imponentes 154 f., 264 f.; medii imponentes 265; medii 266; mediocres 155; pauperes (arme Studenten) 18, 20, 22, 155, 198, 264 ff., 272 ff., 277,

320, 560, 641, 694, 705, 764; visitantes 155
Scholaren 125, 129, 154, 207, 226, 243, 245, 351
Bakkalare, Bakkalaureanden 112-116, 125, 129, 132 f., 136, 138, 142, 144 f., 147, 153 f., 165, 167 f., 170 ff., 199 f., 224-228, 232 ff., 280, 359; Lizentiaten, Lizentianden 113 f., 120, 122 f., 126, 130, 135, 151, 157, 237, 240
Magister, Magistranden, Magisterium (Inauguration) 12, 18, 111, 113 f., 116 f., 120, 122, 126, 128 f., 132, 136, 144-148, 150 f., 153 f., 156, 165 f., 172, 175, 180, 190 f., 194, 197, 199, 209, 211, 214, 216 ff., 228, 237 f., 240, 256, 293, 390; magistri superiores 132, 134, 143; concurrentes (konkurrierende Magister) 138, 166
commensales 151 f., 154 f., 167, 247, 265, 424, 586 f., 726; familia, familiares 101, 419 f., 422 f., 441, 486, 561; famuli 419, 423, 449, 704; servitores 22, 49, 79, 108, 440 f.
exercentes 48, 72, 90 f., 101, 210 f., 230, 276, 652, 689, 709, 746; lectores, legentes 45 f., 50, 53 f., 59 ff., 63, 65 f., 68-73, 104 f., 124, 137, 143, 228, 239, 799; seniores (et primores moderatores), Seniorregenten, Seniorität 85, 124, 128, 134, 137, 140, 149, 156 ff., 160 f., 163, 165, 168, 170-173, 175, 177 f., 181, 184, 190, 195-198, 201, 204 f., 209, 213-218, 220-225, 227, 229-234, 236-242, 244-248, 250, 253, 263, 269, 275, 304 (allg.); Senioren-Kollegium 22, 220 f., 225, 242; regimen facultatis 215, 219, 244
Dekanatsbuch (liber facultatis), Dekanatsprotokolle 7, 14, 17 ff., 20 f., 24, 34, 45, 51, 55 f., 75, 121 ff., 126, 130, 135 f., 142, 171, 190, 200, 205, 210, 215 f., 218, 222 ff., 229, 238, 241, 246 f., 291, 293, 295, 304, 318, 328, 354, 392, 418, 703 ff., 727, 735 ff., 739, 741, 743, 745, 747, 803
Konsilium (a. concilium) 15, 45 f., 71, 101, 137, 185, 189, 212, 216, 220 ff., 226, 228, 236, 426, 556, 680, 805
Artistenschule (in der Stolkgasse) 23, 28, 129, 147, 160, 179, 184, 191, 199, 205, 215, 223, 239 f., 246 f., 256, 259, 545, 680, 740; Inhabitator (Rektor) der Artistenschule 33, 44, 59, 66, 76, 99, 109, 204 f., 213, 238 f., 242, 454, 799; Bibliothek der Artistenschule 2, 139, 143, 147, 156, 392; Garten der Artistenschule 2; Kapelle der Artistenschule 208, 213, 239, 242; Karzer der Artistenschule 2; Statuten der Artistenschule 213; Krankenhaus der Artisten-Fakultät 242 f.
Poetik-Beschluß 1516: 740 f., 743, 767; Quodlibet 727, 743-746, 761, 800; Reform der Fakultät, Statuten, Studien 4, 7, 23, 497, 696, 708 f., 802 f.
Statuten 3, 11-14, 17, 26, 124 f., 136 f., 141, 143 ff., 148 f., 154 f., 166, 171, 175 (Statuten der U.), 176, 200, 209, 224, 227, 236, 243, 245, 249, 256, 265 f., 279, 285, 287
Konrad Berchem 180
Konrad Celtis 569, 571 f., 582-585, 595 f., 600, 604-608, 619, 621 ff., 628, 634, 644, 646, 648, 650, 655, 657, 679, 682-686, 690, 692, 740, 767, 775, 779, 813 f.
Konrad Fyner 676
Konrad Heresbach 792-796
Konrad Huf von Münsingen 555 f.
Konrad Kluppel von Korbach 635 ff., 765
Konrad Köllin 752 f., 755, 774, 797
Konrad Mutian (Mutianus Rufus) 622 f., 627, 630, 641, 649, 763 ff.
Konrad Pellikan 597
Konrad Peutinger 678, 769 ff., 780
Konrad Raeden von Korbach 637
Konrad Schöfferlin von Esslingen 513, 547 ff., 553-556, 579
Konrad Vessler 552-557
Konresheim s. Christian K. von Köln
Konresheim, adlige Familie 431
Konservatoren (der U.) 475, 516, 546
Konstantinopel, Patriarch 328
Konstanz, Konzil 20, 304, 306, 309, 323 f., 327 ff., 339, 345, 349 f., 370; St. 324 f.
Kontroverse Polich-Wimpina 561, 602 ff., 607, 621, 629, 642, 646
Kopulate 385 f., 393, 534, 708
Korbach 636 f.
Krakau, U. 284, 400, 624, 679, 809; Druckort 607

Register   915

Krankenfürsorge 213 f.
Kreidweiß s. Johann K. von Esslingen;
  s. Johannes K. von Esslingen; s. Udalricus Kridwiss de Esselingen; s. Ulrich
  K. von Esslingen
Kreidweiß, Esslinger Familie 544
Kreß s. Anton K.
Kreuznach 518
Kronenburse 234 f.
Kuckana-Burse, Gymnasium, Kuckaner
  2, 5, 36, 43, 51 f., 58, 60, 87, 89, 92-
  105, 110 ff., 114-117, 119, 121, 141 ff.,
  145, 147 f., 151, 171, 176 f., 179, 183,
  185, 188 f., 196, 201, 203, 208 f., 216 ff.,
  225, 229-236, 241, 246 f., 256, 259 f.,
  270, 275, 277 f., 358, 367, 374, 384 f.,
  390, 405, 413, 416 f., 420 f., 423, 425,
  427, 443 f., 458 f., 462, 469, 489 f., 499,
  522, 524, 526, 569, 585 f., 639, 671, 682,
  713, 716 ff., 728 f., 735, 737, 742, 745 f.,
  749 f., 757-760, 764, 775 f., 802, 804,
  808, 813
Kulm, Gymnasium 641; Schule der Gregorianer 639
Kurfürsten 471, Kurfürsten und U.
  370 f.; s. a. Mahnschreiben der Kurfürsten 1425
Kuttenberg, Dekret v. 1409: 312-315,
  317, 349
Kylianus Ruprecht 269

Lactanz 650, 655, 715
Lambert Richtergin von Aachen 579
Lambert von Venroed 719
Lambertus Aldenhoven de Haymborch
  431
Lambertus de Monte 29, 34, 36-39, 106,
  109, 150 ff., 183, 196, 208, 213, 241 f.,
  251 f., 262 ff., 267 f., 273, 351, 353, 386
  f., 442, 495, 513, 522, 555 f., 612, 619,
  623, 678, 683, 707, 733 f., 737
Lambertus Langenhove de Reyss 24,
  137, 320
Lamparter s. Georg L.
Langen s. Rudolf von L.
Latein 572, 629, 640, 703, 705, 719;
  Lateinschulen 497, 696 f.
‚Latinum ydeoma pro novellis studenti-
  bus' (Traktat, Schülergespräch) 513 f.,
  527, 568, 688, 810
Laurence of Lindores 321, 323, 346,
  349, 404 ff., 410 f., 414 f.

Laurentiana-Burse, Gymnasium, Laurentianer 2, 5, 8, 18, 23, 30, 33, 36 f.,
  47-73, 76, 78, 81, 84, 89-95, 98, 100,
  103 f., 110-116, 118, 120, 122, 127 ff.,
  131, 134, 139-143, 147 ff., 151, 153,
  159, 171, 176 f., 179, 183, 188 f., 196,
  201, 203, 208, 212, 216, 225-228, 231-
  236, 239, 242, 246 f., 256 f., 261, 265,
  268, 270, 273-277, 298, 336, 358, 368,
  372, 375, 378 ff., 382-386, 395, 399-
  402, 405-408, 411-416, 418-422, 424-
  427, 429, 434, 437-440, 443 f., 446-451,
  453-460, 462, 465 f., 468 ff., 475 f., 478,
  487, 489, 499 f., 523-527, 529, 557 f.,
  569, 574, 585-589, 598, 613, 643, 658,
  671, 678, 698, 700, 702, 706, 710 f., 713
  f., 716, 719 ff., 723, 725 ff., 730 ff., 735,
  737, 739, 741-747, 749, 751, 755 f., 758,
  762 ff., 766 ff., 772-777, 780 ff., 784 ff.,
  795, 798, 801 f., 813
Laurentius Berungen (Buninch) de Groningen s. Laurentius de Groningen
Laurentius Corvinus 607, 639 f., 679
Laurentius de Dacia 35
Laurentius de Delft 75
Laurentius de Groningen 50-57, 60 f.,
  92, 128, 141 ff., 147 f., 151, 158 f., 179,
  254 f., 368, 379, 419, 444
Laurentius de Jeersseken 33
Laurentius Pfefferkorn 763
Legisten 347, 383, 461, 483, 794
Lehrer-Schüler-Verhältnis 47 f., 74, 106,
  126, 398, 419 (Theologie), 426
Leiden 84, 121, 196, 232; Schüler 392
Leipzig, St. 520, 606, 642, 779, 781; Disputation 1519: 781, 784; Luthergegner 268
Leipzig, U. 39, 43, 68, 76, 113, 221,
  268 f., 284, 287, 313, 321, 349, 475,
  479, 494, 503 f., 506, 513-536, 538, 541,
  555, 561 f., 569, 577, 582-585, 591, 596,
  600, 603 f., 607 f., 610 ff., 615, 624 f.,
  629, 634 f., 642, 646, 650 f., 653, 655,
  658, 665, 683, 686, 688, 690, 730, 784,
  787, 813 f.; Juristen 262; Collegium
  maius 517 f.; Kollegien und Bursen
  514; Konsilium (Gremium) 517, 528,
  530 f.; Natio Bavarorum 516 f.; Natio
  Saxonum 514; Quodlibet 1497: 608,
  613, 619, 621; seniores 514; Statuten
  12; „Schwäbischer Bund" 514
Leonardo Bruni 503

Leonardus Ruckell de Wyntsem 526
Leonhard Eck 252
Leonhard Kessel 801
Leonhard von Zürich 704
Lepra 449
Lescher s. Paul L. von Esslingen 491
‚Liber de causis' 335, 354, 362 f., 377
Liber s. Antonius L. (Frey) von Soest
Lindores s. Laurence of L.
Linz 447
Livinus de Duvelandia s. Livinus Duwlandia de Zierikzee
Livinus Duwlandia de Zierikzee 36, 81, 83, 85, 117, 155
Livius 571, 585, 589 ff., 689
Lizenz, Lizentiaten, Lizentianden 15, 136, 207, 217, 266, 272, 340, 420, 476, 579, 585, 654, 703, 705 ff., 719, 763, 789, 794, 799; Lizentiats-Examen 129 f., 137, 151, 154, 164, 168 f., 176, 486, 738
Logik (Dialektik) 132, 144 f., 180, 276 f., 279 f., 282-287, 292, 300, 303 ff., 307 f., 312, 316, 330 f., 337 ff., 342, 348 f., 351 ff., 361, 379 f., 382, 386, 406 f., 415, 435, 515, 529, 611 f., 615-618, 629, 634, 640 f., 699, 708, 710 ff., 715, 725, 735, 788
Lollarden 346, 405
Longinus s. Vinzenz Lang al. L.
Loppo Walingi de Zierikzee 75, 79, 390 f.
Lorenz Beheim 583, 587 ff., 596 f., 664, 679, 754 f., 764
Lorenz Schwab 778
Lorenz von Bibra, B. von Würzburg 647
Lorenzo Valla 641, 698, 756, 793
Löwen, St. 357, 401, 404; Druckort 710; St., Rechnungsbuch 401; Kloster Bethlehem 401
Löwen, U. 33, 48-52, 54, 56, 79, 81, 90, 94, 105, 226, 246, 323, 344, 347, 357 f., 376, 383, 388, 397-403, 405, 407, 414, 417, 429, 443, 473, 476 f., 479, 486, 500 f., 538, 680, 731, 781, 787, 809, 811; consilium 397; consilium minus 163; Kollegien 399; legentes 164; Nationen 163; Nominalistenverbot v. 1427: 405; Pädagogien 162 ff., 398 f., 402,; Pädagogium Zum Falken 398; senior 398; Statuten 347, 402

Löwenberg, Lateinschule 642
Lozierung bei Examina 130, 154-157, 167 f., 174, 176, 178, 180, 185, 206, 265, 354, 478; Lozierungsordnung 247
Lubbert Zedeler 715
Lucan 415, 631, 689
Lucas Desmoulins 552
Lucas Rem 662
Lucas Schlepplin von Pforzheim 558
Lucius Florus 585, 590
Lucretius 693
Luder s. Peter L.
Ludolph Bavinck von Metelen 700
Ludolph Meistermann 322, 349
Ludowicus de Bocholdia 226
Ludwig IV., Kurfürst von der Pfalz 470
Ludwig von Helmstatt, B. von Speyer 490
Ludwig XI., Kg. von Frankreich 542
Lufart Schiderich 432
Lukas Cranach 619, 623, 627
Lukas Waitzenrode von Thorn 400
Lukian 663, 754
Lullismus 363
Lüneburg 696
Lupinus s. Mattaeus L. Calidomius
Lupold von Bebenburg 587
Lupoldus de Hallis Vallisseni 486
Luther, Lutheraner, Luthertum s. Martin L.
Lüttich, Diözese 93, 300, 339, 357; St. 65, 473, 804; B. 560; Dom 275; St. Dionysius 30; St. Paul 486
Luxemburg, Provinzialrat 474
Luyde, Familie aus Tongern 277; s. Arnold L. von Tongern; s. Johannes L. von Tongern
Lyel s. Thomas L. de Scotia

Maastricht 276
Maess, Kölner Familie 430
Magdalius s. Jacobus M. von Gouda
Magdeburg 585
Magister 13, 15, 285, 300, 311, 314, 318, 333, 598, 609; Magisterzwang 12
Magisterium, Magisterpromotionen, Magisterexamina, Promotionsfeiern 152, 167, 175, 178, 180, 207, 224, 246, 259, 268, 275, 276 (allg.), 277, 294, 297 f., 300, 304, 321, 344 ff., 372, 397, 399, 411, 426, 431 ff., 438, 445, 457

(theolog.), 476, 478, 482 ff., 486 f., 492, 495 f., 500, 512, 518 f., 522, 525 f., 528 ff., 538, 542, 548, 555, 559 f., 562-566, 568, 571, 583, 595 ff., 611 f., 630, 641 f., 652 ff., 670, 676, 680, 683, 696, 698, 701 ff., 709, 714, 717, 738, 763, 765, 772, 784 f., 787, 791, 794

Mahnschreiben der Kurfürsten 1425: 286, 314, 370 f., 375, 377, 500

Mailand, Hg. 681

Mainz, Erzbistum, Kanzler s. Georg von Hell; s. Otto von Breitbach; Erzbischof 758

Mainz, St. 490, 513, 588 f., 599, 637, 658, 667, 755, 800; Domstift 573; Domkapitel 545; Heiligkreuz-Stift 578; St. Johannes 579, 598, 637; St. Mariengraden 69, 574, 577, 581 f., 588, 591, 593, 595, 598, 637; St. Moritz 578; St. Peter 574, 598; St. Stephan 576; St. Viktor 581, 592; Dominikaner 648; Haus Laufenberg 600; Hofgericht 579; Kanoniker 518

Mainz, U. 82, 221, 431, 509, 522, 529, 547, 549, 558, 567, 573, 576-581, 584 f., 592, 594, 597 f., 600, 638, 648, 727, 750, 754, 771, 780, 813; Geschichtslehrstuhl 648; Kollegium Zum Algesheimer (Nominalistenburse), Algesheimer Burse (Hof) 581, 600 f.; Schenkenberger Hof, Schenkenberg-Burse (Bursa realistarum, Thomistenburse) 567, 581, 586, 591, 593 f., 597, 600 f., 637, 648; seniores 599

Malmundario s. Remigius Porta de M.

Mameranus s. Nicolaus M.

Mantua, Druckort 415

Marcellinus 727

Margarete, Äbtissin des Klosters Lichtental in Büren 543

Margarethe Schwab 776

Marktheidenfeld 269

Markus Schwab 778

Marschalk s. Nikolaus M.

Marsilio Ficino 587, 689

Marsilius von Inghen 285 ff., 305, 338, 372, 402, 470

Martial 693

Martin Bucer 771, 798

Martin Eck 772

Martin Kuppel von Bodmann 576, 578

Martin Luther, Lutheraner, Luthertum 533, 613 ff., 698, 703, 746, 768, 781-785, 791, 794 f., 798 f., 801, 804, 810

Martin Oed von Kempen 274, 762

Martin Polich von Mellrichstadt 529, 561, 577, 584, 600, 602, 604, 606-609, 611-617, 619 ff., 623 f., 626 f., 629 f., 632 f., 635, 640, 642, 644, 646, 683, 685 f., 813

Martin V., P. 439, 449, 466

„materiale" Lehrveranstaltung 214; s. a. „formale" Lehrveranstaltungen

Maternus Pistoris 631 f.

Mathematik (mathematische Fächer), Mathematiker 26, 49, 71, 132 f., 167, 399 ff., 436, 682 f., 708 f., 714

Matheus Brande de Gandavo 94

Matheus de Cardana 525

Mathias Besold von Torgau 613

Mathias Cremerius de Aquis (von Aachen) 42-46, 233, 241, 248, 251, 253 f., 273, 275, 643, 664, 695 f., 698, 705 ff., 709, 742, 786, 792, 794, 797 ff., 801, 804

Mathias de Aquis (von Aachen) s. Mathias Cremerius de A.

Mathias de Eversberg 19, 25, 137, 318

Mathias de Lapide 456

Mathias de Tongris 458

Mathias de Tremonia 425

Mathias de Venlo 40, 85, 87 f., 99, 115 f., 433, 691 f.

Mathias Herstrais de Colonia 450

Mathias Huberti de Weert 472

Mathias Johannes de Dacia 36

Mathias Ulman 775

Mathias Walrami de Tilia de Venlo s. Mathias de Venlo

Matrikel 1, 17 f., 27 f., 229, 297, 319 f., 405, 411, 418, 433, 458, 476, 479, 481 f., 485, 490-493, 495 f., 499, 509, 516, 519, 522, 530 f., 536, 552, 559 f., 563, 565 f., 598, 611, 619, 651, 660, 674, 688 f., 694, 698, 701, 704, 706, 716, 755

Mattaeus Lupinus Calidomius 608, 619, 621, 636, 646, 686

Matthaeus Tungrus 745

Matthäus Beskau von Torgau 612 ff.

Matthew de Romanox 413

Matthias Bredenbach von Kierspe 705

Matthias Knín 308, 312

Matthias von Rammung, B. von Speyer 501 ff.

Matthias von Blitterswijck 448, 670
Maximilian I., Kaiser (König) 169, 446, 559 f., 568 ff., 620, 622, 626, 628, 636, 646, 666-670, 672, 687, 711, 749, 750
Mecheln 383, 403; Großer Rat 670
Mechthild, Erzherzogin 553 f.
Medizin, Mediziner, Studium, Fakultät 37, 49, 61, 63, 71, 76 ff., 83 ff., 88, 90 f., 97, 100, 102, 116-121, 156, 190, 206, 208 f., 214, 225, 234, 238, 240 ff., 248, 258 f., 272, 277, 299 f., 324, 344, 348, 391, 399 f., 435 f., 473, 478, 499, 521 f., 529, 537, 547, 549, 557, 576 ff., 586, 603, 613 f., 640, 680, 682, 711, 745 f., 762, 795, 803, 807 f.; Dekanatsbuch 259; Leibarzt 96; Stadtarzt 96
Meinhardi s. Andreas M. von Pirna
Meinrad Zindel von Nördlingen 569
Meißen 624
Melanchthon s. Philipp M. (Schwartzerdt)
Melchior Pfintzing von Nürnberg 655
Melchior Schanppecher von Worms 690 f., 694
Melchior Schenck a Stotzem 228
Mellrichstadt 269, 600
Meppen 274
Merseburg, B. 517
Merzenich 441
Metaphysik 29, 132, 134, 139, 143 ff., 164 f., 169, 280, 282 f., 307, 325, 331 f., 335, 337, 342, 353, 355, 371, 391, 393, 408, 435, 610, 616 f.
Meteorologie 400, 657
Mettelbach 229
Metz 473
Meyer s. Peter M.
Michael Bauerwynck von Braunsberg 523
Michael Behaim 661
Michael de Breda 146
Michael de Lapide al. Phortzem minor 564
Michael Kretzmer von Elwing 400
Michael Kuper de ts Ravenkercke al. de Goes 99
Michael Marstaller 656
Michael Neuwelt von Pforzheim 565 f.
Michael Röttlin al. Rubellus 694
Michael Schwab von Augsburg 458, 776-780, 782, 784, 791, 803
Michael von Straelen 430
Michael Wüst von Bremgarten 704

Michael Zoller von Pforzheim 564
Mindelheim 113
Minorit 329
Minoriten 417
Mithridates s. Flavius Guillelmus Ramundus M.
Moderni s. Via moderna
Modisten 291, 331 f., 697
modus exponendi 292, 316
modus expositionis 289
modus questionis 289 f., 292, 373, 393
Mommer s. Gerardus M. de Raemsdonck; s. Nicolaus M. de Raemsdonck; s. Hubert Mommer (Momber) von R.
Mommersloch s. Wilhelm M. von Köln
Monheim s. Johannes M.
Montana-Burse, Gymnasium, Montaner 2, 5, 17, 23, 27-47, 51, 53, 55, 73, 75 f., 78, 80 ff., 91 f., 100, 103 f., 106-116, 118 ff., 123, 127 ff., 131, 140, 143, 147 f., 150 ff., 156, 158, 160, 171, 177, 179, 183, 188 f., 195, 197 f., 201, 203, 206, 208 ff., 225-229, 231, 233 ff., 237, 239 ff., 247, 250-254, 256 f., 261 ff., 266-269, 270-273, 275, 278, 350 ff., 358, 362, 367 f., 372, 380, 382, 384-387, 389, 391, 395, 400, 405, 421, 425 f., 429, 431, 443 f., 446, 451 f., 458, 461, 463 ff., 468, 477, 482-489, 491, 493-496, 499, 507, 511 f., 522, 525, 527 ff., 530-534, 547 f., 555, 557-561, 563-566, 568 f., 571 f., 575, 578 f., 581, 583, 588, 590, 594-597, 599, 601 f., 605 f., 609-612, 616-620, 627, 630, 633-642, 644 f., 647 f., 652-657, 660-664, 667, 670, 672 f., 676 f., 679 f., 682, 684 ff., 688-691, 693-707, 709 f., 713, 729, 732, 734, 736 f., 739, 742, 744 ff., 748, 752, 754, 756, 758, 760, 765-768, 775 f., 780, 784-794, 796-804, 813
Monte s. Gerardus de Monte; s. Lambertus de M.
Mosellanus s. Petrus M.
München 601
Münster 46, 638, 697-700, 715, 717, 722, 735, 813; Alter Dom 697; Domschule 695, 697, 699, 705, 716, 725; St. Ludgerischule 699, 717; St. Aegidien 69; St. Mauritius 715; Druckort 616
Murmellius s. Johannes M. von Roermond

Musik, Musiklehre, Musiktheorie 620, 643, 651, 690-696, 699, 714, 728
Mutian s. Konrad M. (Mutianus Rufus)
Mütschelin s. Wilhelm M. von Rottenburg
Mystik (mystische Lehre) 362, 587

Nanno de Cempis (Kempen) 53, 55, 57, 139, 413
Nassau, Gräfin 96
Naturphilosophie 379, 382, 386, 391, 435, 611, 641, 683, 699, 732, 772 f.
Neuenahr s. Hermann von N.
Neues Testament 661, 785
Neuplatonismus (neuplatonische Lehre) 330, 336 ff., 356, 360, 362 ff., 368, 376 f., 471, 587, 731
Neuss 231, 274, 276
Neusser Krieg 204, 546
Niavis s. Paulus N.
Nicasius de Voerda s. Nicasius Voerda de Mechlinia
Nicasius Hackeney d. Ä. 673
Nicasius Hackeney von Köln 672 f.
Nicasius Voerda de Mechlinia 383, 420, 447 f., 721 f.
Niccolò Perotti 597, 785
Nicolaus Biceps 305
Nicolaus Blockhoven de Traiecto inferiori 70
Nicolaus Boscher de Thum 532 f.
Nicolaus Cant de Dordraco 83
Nicolaus Czungel 315
Nicolaus de Amsterdam s. bes. Nicolaus Theodorici de Amsterdam (Buridanist); s. bes. Nikolaus von Amsterdam (Nicolaus Mentonis de Amsterdam, Montana-Magister)
Nicolaus de Amsterdammis (Pariser Magister) 319
Nicolaus de Bedbergh 425
Nicolaus de Delft 88
Nicolaus de Dreischier 58
Nicolaus de Edam 85, 109
Nicolaus de Linnich s. Nicolaus Linnich
Nicolaus de Raemsdonck s. Nicolaus Mommer de R.
Nicolaus de Rotterdam 99
Nicolaus de Tarismellis 31
Nicolaus de Traiecto 737, 798

Nicolaus de Wesalia 55, 93
Nicolaus Drey de Edam (a. Nicolaus Johannis de Edam) 83, 106, 446, 492
Nicolaus Edeler von Haynau 641, 643
Nicolaus Eschius von Osterwijk 800
Nicolaus Heerl de Linnich s. Nicolaus Linnich
Nicolaus Heinricus Wilhelmi de Delft 86
Nicolaus Hermanni de Rotterdam 98
Nicolaus Hessler 479
Nicolaus Kopernikus 400
Nicolaus Linnich 87 f., 100, 108 f., 110, 115 f., 170, 188, 213, 422, 425-433, 440, 445, 530
Nicolaus Luydewick de Bruxs 526
Nicolaus Mameranus 706
Nicolaus Meltzer de Glogavia 518
Nicolaus Mommer de Raemsdonck 105 ff., 109, 149, 161 ff., 167 f., 170, 174-178, 180-187, 190 f., 193 f., 260 f., 430, 547 f., 575 f., 671
Nicolaus Oresme 285
Nicolaus Pauli de Harlem 493
Nicolaus Repus de Tornaco 79
Nicolaus Reymann de Coburg 532
Nicolaus Ruysch de Harlem 96
Nicolaus Scholten de Wesalia 51
Nicolaus Simonis de Amsterdam 489
Nicolaus Swartz de Tremonia 251
Nicolaus Tell de Tongris 305, 308, 348 f.
Nicolaus Thein 268
Nicolaus Theodorici de Amsterdam (Buridanist) 19, 21, 318-322, 405, 506, 516
Nicolaus Traiectensis 745
Nicolaus Ulmani de Wormacia 532
Nicolaus Venraedt 231
Nicolaus Wolff de Thum 532 f.
Nicolaus Wollick von Serrouville 691, 698
Niederlande 77, 195, 515, 669, 673; Niederländer 499
Niederrhein, Erasmianer 786 (s. a. Erasmus von Rotterdam); Gymnasien 803 f.; katholische Kirchenreform 768, 781, 786, 794-797; Reformsynode 1536: 796
Niefenbach 564
Niklas von Wyle 507, 512, 674 f.
Nikolaus Fabri von Coburg 527
Nikolaus Gerbel von Pforzheim 564-

567, 569-573, 595-599, 608, 648, 694, 767
Nikolaus Gross von Jauer 374 f.
Nikolaus Haerlem 196
Nikolaus Holtmann von Ahaus 598, 600, 637
Nikolaus Loy von Edam 446
Nikolaus Marschalk 621
Nikolaus Pirckheimer 431
Nikolaus Porst 586
Nikolaus Thein von Hildburghausen 523 f., 527
Nikolaus V., P. 409
Nikolaus von Aachen 180
Nikolaus von Amsdorf 610
Nikolaus von Amsterdam (Nicolaus Mentonis de Amsterdam, Montana-Magister) 31 ff., 35, 80 f., 477, 484, 489, 496, 499
Nikolaus von Amsterdam (Prager Bakkalar) 319
Nikolaus von Dinkelsbühl 328
Nikolaus von Grefrath 451
Nikolaus von Kues 362, 364, 471 f.
Nikolaus von Tweenbergen 183, 204
Nikolaus von Wachenheim 493, 580
Noepel s. Johannes N. de Lippia
Noetlinck s. Jacobus N. de Straelen
Nominalismus, Nominalisten 2, 33, 156, 280, 283, 285, 287-292, 301, 307, 310, 330 ff., 334, 337 ff., 346, 348, 360, 369, 371 ff., 380 f., 409 f., 414, 471, 474, 480, 495, 499, 513, 515 f., 534 f., 540, 544, 555 ff., 563, 568, 578, 580 f., 587, 596, 600 f., 603, 616, 627, 629, 631 f., 635, 659, 688, 715, 720, 731, 770, 809 f.
Nördlingen 113, 784 f.; Lateinschule 784; Stadtkirche 784
Nova Domo s. Johannes de N. D.
Novimagio s. Theodoricus Born de N.
Nürnberg 522, 583, 588, 593, 597 f., 604, 606, 619 f., 643-648, 650, 652-655, 658 f., 660 f., 663, 665, 679, 683, 686, 692, 712, 755, 768 f., 778, 780, 813; Lateinschulen (Partikularschulen) 645, 649; Poetenschule 606, 619 f., 644 f., 649; St. Lorenz-Schule 606, 649, 655 f., 661 f., 694, 767; St. Sebald-Schule 649 f., 655; Schulwesen 690, 775; St. Ägidien 506; St. Clara 647 f.; St. Lorenz 645, 648 ff., 653, 660, 754, 769; St. Sebald 645, 652, 654

Nürtingen 775; s. Johannes Wanger de Nuertingen (Nurtingen); s. Symon Wanger von N.

Occo s. Adolf O., s. Pompejus O.
Occo, friesisch-augsburgische Familie 723
Ochsenfurt 43
Ockham, Ockhamismus s. Wilhelm von O.
Oed s. Martin O. von Kempen
„öffentliche" Vorlesungen 221
Oiglin s. Bernhard O. von Altkirch 541
Ontologie 307, 356
Orden 136, 468; Ordensgeistliche (Mönche) 744, 746; Ordensregel 472
Ordinariat 134
ordinarii libri 293
Ordo 123, 154 f., 203 f., 217 f., 235, 336, 372
Origines 785
Orléans, Hg. 333
Orléans, U. 34, 61, 148, 224, 441, 593, 791, 794
Ortwin Gratius de Daventria 101, 248, 384, 633, 727 f., 733 ff., 749 ff., 756 f., 761-766, 775 f., 801
Ostfriesland, Grafen 455
Otto Aer von Münstereifel 494
Otto Beckmann von Warburg 629, 635 ff.
Otto Ingenlaet de Xanctis 108 f., 150, 152, 169 f., 175, 255, 422, 428 f.
Otto van den Bleeck de Xanctis 108
Otto von Breitbach 593
Otto von Xanten s. Otto Ingenlaet de Xanctis
Ottomar Luscinius 694
Ottonis, Bursa Ottonis (Ottoniana) 2, 5, 86 ff., 90, 99 f., 103, 108 ff., 112-116, 160, 169 f., 172, 177, 187, 189 f., 199, 201, 204, 211 ff., 219, 224, 247, 261, 272, 421, 423-436, 438 f., 445 f., 450, 453 f., 667, 711, 776
Overhach s. Rutger O. de Tremonia
Overstolz-Efferen, patriz. Familie 433
Ovid 204, 392, 618, 622, 639, 693, 740
Oxford, U. 303, 306

Pädagogien 415, 600
Padua, U. 521 f., 537, 541, 544, 574, 674
Palästina 609

Palecz, Prager Magister 350
Pallas Spangel 498, 507 f., 562, 574, 580
Pannarz 589
Papst 551, 574, 770; Papsttum 355
Paris, St. 333, 404; U. 28, 48, 61, 74, 84, 285 f., 289, 296, 298, 300-304, 309, 315 f., 319, 322 f., 325 f., 328, 331 ff., 336, 338 ff., 344, 346 f., 352, 357 f., 389, 397 f., 407, 417, 440, 473, 476, 478, 485, 500 f., 524, 537 f., 542, 552, 629, 782, Collège de Calvi 497; Collège de Sorbon 251, 340 f., 497, 542 f.; Pädagogien 132, 243, 497; Kanzler 334 f.; Magister 285, 288, 297; Natio Anglicana (Alemannica) 298 ff., 303, 319, 333 f., 340, 344 f., 347 f., 358, 390; Natio Picardiae 300, 339, 344, 358; Nominalistenstatut 1340: 283; Nominalismus-Verbot 1474: 542; Reform der Fakultät 344 f.; Rektorat 390; Restitutionsedikt von 1403: 334; Statuten 279; Verteidigungsschreiben der Nominalisten von 1474: 314, 333
Partikularschulen, Trivialschulen 227, 271, 273, 276, 320, 392, 435, 437, 656, 694, 702, 728; Privatschulen 436
Patricius de Scotia 61
Paul II., P. 591
Paul Lescher von Esslingen 491, 507
Paulus Cistificis de Tulpeto 511
Paulus Crapmer de Frantenhausen 526
Paulus Cravar 346
Paulus de Gelria 26
Paulus de Gerresheim 129, 139, 179, 392
Paulus de Wickroede 81, 84 f., 117, 490, 492
Paulus de Wylich s. Paulus W.
Paulus Leend 35 f., 173, 187, 555
Paulus Niavis (Schneevogel) 513 f., 523, 527, 529, 568, 577, 688, 810
Paulus Schiller de Plawen 525
Paulus Wylich 419 f., 422
Paulus, Apostel 392
pauperes (arme Kleriker) 409; s. bes. Köln, Artisten-Fakultät der U., pauperes
Pavia, U. 428, 493, 512 f., 536, 663, 674, 681 f.

Pedelle 23, 183, 204, 231, 233, 243, 261, 423, 428
Pelagius Spyser von Bischofszell 537
Peraudi, B. 678
Peregrinus de Amsterdammis 225
Peregrinus de Wylich 105
Perger s. Bernhard P.
Peringius s. Johannes op Wederick de Buderick al. P.
Peripatetiker 337, 362 ff., 366; Peripatetismus 377
Perotti s. Niccolò P.
Perseus 590
Persius 392, 693, 699
Pest 61, 63, 67, 91 f., 131, 138, 146, 159, 194, 203, 209, 214 f., 258, 424, 622, 736, 772 f.; Bursenauszug wegen Pest 143, 158
Peter Gaszowiec 400
Peter Gymnich 699
Peter Herb von Schongau 536
Peter Kannengießer jun. 429
Peter Kannengießer 429
Peter Ketzmann von Nürnberg 662
Peter Kretzmer von Elwing 400
Peter Luder 503-507, 512, 519-522, 537 f., 541, 545, 566, 574, 584, 674, 813
Peter Medmann 798
Peter Meyer 752-755
Peter Rinck 433, 443, 445-448, 658, 722 f., 759
Peter Turnau 375
Peter von Andlau 536, 539
Peter von Blitterswijck 670
Peter von Clapis 451
Peter von Ercklens 724
Peter von Viersen 82, 529, 547, 549, 576 f., 580, 582, 589, 594 f., 598 ff., 603
Peter zo der Klocken 179
Petrarca 522
Petrus Aldenhoven Endoviensis (von Eindhoven) 73
Petrus Antonius de Clapis (Finariensis) 501, 503
Petrus Becker de Drolshagen 69
Petrus Berchem de Colonia 423, 425, 428, 438
Petrus Boer de Viersen s. Peter von Viersen
Petrus Boll(e) de Dordraco 85, 87 f., 110, 210, 213, 241, 426

Petrus Broester (Brostart) de Hulss (Hüls) 67, 424, 449, 457 f.
Petrus Canisius 799 f., 804
Petrus Capitis de Dunen 109
Petrus de Berchem s. Petrus Berchem de Colonia
Petrus de Bredborch 226
Petrus de Brilis 484 f.
Petrus de Cresco 80, 82, 484
Petrus de Dacia 38, 40, 116, 528
Petrus de Dunen (Duna) 116, 189, 213, 219, 224, 261, 422 f., 425 ff., 432 ff., 438, 454, 776
Petrus de Graft 294
Petrus de Harlem 39
Petrus de Juliaco 25, 75 f., 191, 258
Petrus de Leydis 62, 84 ff., 96, 160, 179 f., 183, 191, 195 ff., 200 f., 203, 205, 391, 492, 682
Petrus de Loe 49
Petrus de s. Vito 479
Petrus de Schanea de Dacia 40
Petrus de Sultz s. Petrus Sultz de Colonia
Petrus de Susato 485
Petrus de Vaucello 552
Petrus de Weert al. Sultz de Colonia s. Petrus Sultz de Colonia
Petrus de Wormaria 236, 790
Petrus de Wylich 101-104, 248, 729, 760
Petrus Dijch de Gripeswaldis 318
Petrus Dudzeel de Brugis 49
Petrus Efferen de Colonia 433
Petrus Faber 800
Petrus Florentii de Gouda 81
Petrus Gerardi de Tila 44
Petrus Hispanus 132, 145, 280, 282 f., 286 f., 352 f., 379 f., 386, 393, 406, 415, 426, 611 f., 633, 640, 708, 725
Petrus Homphäus d. Ä. (P. de Koechem) 701 f.
Petrus Homphäus d. J. al. P. Hompheus Ernestensis 703, 708, 765
Petrus Johannis de Brilis 490 f.
Petrus Johannis de Dacia 37
Petrus Kamerer von Nürnberg 424, 586, 726 f.
Petrus Kannengießer 432
Petrus Krebs de Sezlach 486
Petrus Lombardus 341, 785
Petrus Moriel de Tornaco 80, 82 f.

Petrus Mosellanus 532
Petrus Munich 589
Petrus Nassau de Colonia 432
Petrus Nigri 616 f.
Petrus Ravennas 621, 729, 750
Petrus Rogeri de Aquisgrano 483
Petrus Scheu von Wickersheim 534
Petrus Schippleir de Hachenborch 488
Petrus Segensis al. Pherntorsius 745 f., 799
Petrus Stocz 477
Petrus Sultz de Colonia 100 f., 217, 230, 232 f., 238 f., 241, 248, 259, 416, 421, 425, 455, 729, 757-760, 808
Petrus Tartaretus 616 f.
Petrus Thome de Leydis 81
Petrus Ubbels (Ubelius) de Wormaria 91 f., 746
Petrus Wacker de Sinsheim 494, 575
Petrus Wenck 488, 491
Petrus Werner de Themar 583
Petrus Wernherus Themarensis 583
Petrus Weyselsdorff de Plawen 526
Petrus Wolff al. Lupinus von Radheim 610 f., 613 f., 621
Petrus Yvonis de Alcmaria 475 f.
Petrus Zabeltyts de Lusacia 525
Peutinger s. Konrad P.
Pfalz, Kurfürsten 374
Pfefferkorn s. Johannes Pf.; s. Laurentius Pf.
Pfintzing s. Georg Pf. von Nürnberg; s. Melchior Pf. von Nürnberg
Pforzheim 557 ff., 561-566, 570 f., 595 ff., 697, 813; Lateinschule 561 f., 564-567, 570; St. Michael 558, 560, 564, 566 f.
Phaccus s. Balthasar Fabritius Ph.
Phantasmen, Phantasmenlehre 361 f., 365, 377, 471 f., 500
Pherntorsius s. Petrus Segensis al. Ph.
Philipp der Gute, Hg. von Burgund 403
Philipp Hoss von Pforzheim 564
Philipp Melanchthon (Schwartzerdt) 562, 566 f., 601, 641, 709, 782, 785
Philipp Mulman de Nussia (von Neuß) 46, 272
Philipp von Makedonien 590
Philipp von Wied, Erzbischof von Köln 717
Philipp, Markgraf von Baden 566

Philippus Culmacher de Egra 530
Philosophie, Philosophen 26, 310 f., 325 f., 331, 335, 353, 364 ff., 369, 373, 377, 385, 407, 436, 571, 612, 617, 631, 708, 732 f., 809, 814
Physik 26, 128, 132, 134, 143 f., 164 f., 169, 283, 349, 352, 365, 379, 386, 391, 414 f., 586, 611, 629, 734, 772
Pierre d'Ailly 335
Pighinucius s. Fridianus P. von Lucca 585
Pikronius s. Dietrich Bitter von Wipperfürth al. P. Montensis
Pirckheimer s. Charitas P.; s. Johann P.; s. Nikolaus P.; s. Willibald P.
Pirna 624
Pistoris s. Maternus P.
Pius III., P. 588 f.
Plato(n), Platoniker 280, 310 f., 326, 330, 335-338, 342, 360, 362, 364, 370, 377, 571, 733
Plautus 607, 623
Plieningen s. Dietrich von P.
Plutarch 708, 780
Poesie, Poetik, Poetae, Dichter, Dichtkunst 504, 540, 603 f., 606 ff., 613, 615, 619-622, 624-628, 630, 632 ff., 639, 645 f., 652, 681, 683 f., 686 ff., 691 ff., 696, 724, 728, 740, 756, 763; poetae laureati 604, 620, 634, 636, 701, 728; Dichterkrönungen 569, 620, 622, 627, 686, 695; Dichtertheologen 627, 814 (s. a. vates); Poetiklehrer 537; Poetikprofessur 541; Poetikvorlesungen 740
Poggio Bracciolini 304, 504
Polen 284 f.
Polich s. Martin P. von Mellrichstadt (a. Martin Mellerstadt); s. a. Kontroverse Polich-Wimpina
„Politik" 166-169, 435, 667
Pompejus Occo 711 ff., 774 f., 780, 788
Pomponius Mela 657
Postverbindungen 779, 782
Potken s. Johannes Potken 765
Prädestinationslehre, Prädestinierte 309, 355
Prag St. 608; Erzbischof 312
Prag U. 284, 286 f., 289, 296, 298, 303 f., 306, 310-313, 315, 317 ff., 321 f., 342, 346, 349 f., 370 ff., 516; Abzug der Magister u. Scholaren 313; Natio Bohemorum 306, 312 f.; Natio Saxonum 322; Quodlibet 1409: 308-312, 326; Quodlibet 1412: 312; Quodlibet 1417: 346
Prag s. a. Hieronymus von Prag
Prediger 64, 498
Priscianus 689
,Problemata inter Albertum Magnum et Sanctum Thomam' (a. ,Tractatus problematicus') 360, 362 ff., 367-370, 380 ff., 387 f., 421, 449, 731 f., 773
Procopio de Plzna 346
Procopius de Cladrup 346
Proklos 335, 363 f., 377
Prokurator (Universitätsamt) 390, 397
Promotionen s. Magisterium, Magisterpromotionen
Promotoren (Universitätsamt) 16, 148, 151, 203, 205, 217, 235, 238, 243 f., 737
Propertius 693
Protestantismus 662, 797
Prozeß Wien 1410-12: 305 f., 308 ff., 314, 348

Quadrivium 133
Quaestio. Quaestionen 145, 289, 304, 310, 312, 319, 353, 385 f., 390 f., 552, 619
Quattermart s. Johann Qu.; s. Werner Qu.
Quattermart, Kölner Familie 579
Quentell s. Heinrich Qu.
Questenberg s. Jakob Qu.
Quirinus de Wylich 68, 71 f., 103, 437, 450 f., 777, 795, 802
Quodlibet (Disputationen) 23 f., 104, 414, 505, 563; Quodlibetare 27, 67, 102, 107, 195, 216, 238, 413

Raemsdonck-Burse (a. Bursa Busco), Raemsdonck-Kontroverse 2, 5, 37 f., 85, 105-108, 110, 112-116, 152, 160, 162, 165-171, 173 f., 176-180, 182, 186 ff., 190-193, 195, 200, 212, 219, 260, 263, 427, 429 ff., 434 f., 437, 508, 528, 539, 544-548, 574, 593, 647, 666 f., 670 ff., 674 ff., 761, 772
Raemsdonck s. Gerardus Mommer de R.; s. Hubert Mommer (Momber) von R.; s. Johannes R.; s. Nicolaus Mommer de R.
Raffel s. Kaspar R. von Glogau

Rammung s. Matthias von R.
Rasinus s. Balthasar R.
Ravennas s. Petrus R.; s. Vinzenz R.
Raymundus Lullus 401
Realismus (philosoph.), Realisten 2, 4, 8 f., 144, 161, 286-291, 301 f., 305-308, 316 f., 319, 321 f., 324, 326, 328, 330 ff., 334 f., 339, 342-345, 347, 349-355, 360, 364, 369-374, 380, 393, 398 f., 402-405, 413 f., 416, 440, 471-476, 480, 484 ff., 492, 495, 497 f., 500, 502, 504, 510 f., 513, 515, 517, 534-537, 540 f., 548, 550, 552 f., 556 f., 563, 568, 576, 578, 580 f., 584 f., 595, 598, 625, 629, 633, 639, 683, 688, 707, 809
Recklinghausen 271
Rees 701
Reform, katholische 801, 810
Reform der U. (Unterricht, Fakultäten) 127, 129, 131 f., 134, 148, 165, 172 f., 243, 248 f., 356, 435 ff.
Reformation 268, 271, 567, 596, 637, 783, 802, 805, 815
Regensburg 570
Reichshofkammer 673; Reichskammergericht 590, 592; Reichsregiment 605
Reichstage, Augsburg 1530: 638, 797; Frankfurt 1441: 138; Frankfurt 1486: 669, 672; Frankfurt 1489: 668, 714; Köln 1505: 620, 651, 664, 673, 695, 775; Köln 1512: 695; Nürnberg 1444: 408; Regensburg 1541: 797
Reidt s. Johann von R.
Reinerus Brucken de Sittart 482
Reinhard von Hadamar 710
Reinhard, B. von Worms 502
Rektor, Rektorat 124, 131 f., 140, 149, 151, 156, 170, 174 f., 179-182, 185 f., 190 f., 196, 198, 231-234, 237 f., 248, 302, 319, 324, 401, 413, 419, 421, 428, 433, 444, 446, 450, 453, 455, 473 f., 476, 478, 481-486, 489, 491 ff., 512, 537, 547, 549, 552, 554, 573, 576 f., 580, 592, 594, 602, 615, 621, 631, 639, 671, 674, 689, 744 ff., 757 f., 760 ff., 777, 799; Rektoratsbuch 87; Rektorwahlen 69, 85, 190 f., 420, 758
Remigius de Malmundario 38-41, 100, 248, 253, 271 f., 425 f., 431 ff., 462, 464, 468, 529 ff., 559 f., 569, 611, 673, 697
Remigius Porta de Malmundario (Malmedy) s. Remigius de Malmundario

‚Repertorium aureum' 383
Replikationen 136
Reuchlin, Reuchlinisten, Reuchlin-Kontroverse s. Johannes Reuchlin
Reuter s. Kilian R. von Mellrichstadt (Chilianus Eques Mellerstatinus)
Reyda s. Bernardus de Reyda
Reymbold Overkamp 187 f.
Reynaldus Jerici de Groningen (Rynerus Jharici de Gruningen) 491
Reynerus de Buderick 141 f.
Reynerus von Geldern, Hg. 673
Reynhardus Loerich de Hadenae de Aquisgrano 710
Rezeption (receptio) 35, 40, 43 f., 50, 57, 59, 64, 68, 71 f., 79, 81, 85, 91, 100, 102, 104 f., 210, 216, 226, 262, 304, 523, 527 f., 680, 689
Rezeptor (a. Quästor), Rezeptorat (Universitätsamt) 11, 16, 25, 139, 142, 147, 158, 179, 200 ff., 203 f., 217, 235, 238, 248, 258, 390, 397, 744, 760; Rezeptorbuch 202
‚Rhapsodia' (Festspiel) 569 f.
Rheinland 375
Rhetorik, Redekunst, Rhetoren 167, 169, 361, 378, 436, 506 f., 520 ff., 566, 622, 628, 639 f., 642, 683, 687, 699, 715, 728, 746, 756; Rhetorik-Lehrstuhl 591; Rhetorik-Vorlesungen 680 f.
Ricardus Sbrulius 626 f., 635
Riccardo Bartolini 628
Richard Fridwald 598
Richard Guthrie de Scotia 411, 414
Richtergin s. Lambert R. von Aachen
Rinck, Kölner Familie 429, 432 f., 439, 441 ff., 446, 448, 460, 469 f., 722, 759, 777, 813
Rinck s. Adolph R.; s. Geirtgin R.; s. Hermann (I) R.; s. Hermann (II) R.; s. Gertrud R.; s. Johann (I) R.; s. Johann (II) R.; s. Peter R.; s. Hieronymus R.
Riphaen, Theodor 21, 23, 50, 73 f.
Riquinus Polwijck de Arnheim 31
Rivius s. Johannes R. de Attendaer
Robert Blitterswijck sen. 170, 173, 179
Robert Blitterswijck 167 ff., 434, 647, 667-670, 678 f.
Robert Gaguin 567
Robert Holcot 587
Robert von Blitterswijck s. Robert Blitterswijck

Robert von Flerzheim 494
Robertus de Essy 405, 412
Robertus de Scotia s. Robertus Stodart de S.
Robertus Stodart de Scotia 95-98, 116, 194, 203, 208 f., 213, 259, 384, 416, 523
Rodius s. Johannes (Hinne) R.
Roermond, Kartause 443
Rolantzwerde s. Adolf von R.
Rom 64, 406, 412, 503, 574 f., 587, 589, 591, 668 f., 672, 678 f., 692, 760, 764, 766, 770, 778, 781, 789; Kurie 544, 668
Romanus Siffridi de Tan 100
Römerbrief 708, 785
Romerus de Alcmaria 462
Römhild 533
Romming s. Gregor R. (Ramung) von Nördlingen; s. Johannes R. von Bayreuth
Rostock, U. 28, 33, 35, 56, 79, 239, 319, 321, 799; Dekan 321
Roswitha von Gandersheim 605, 623, 644, 646
Rot gen. Vaihinger, Pforzheimer Familie 559
Rottenburg 554
Rottweil, Lateinschule 694, 703 f.
Rotulus 298
Rubellus s. Michael Röttlin al. R.
Ruchrath s. Johann R. von Wesel
Rüdiger s. Johann R.
Rudolf Agricola 475, 641, 708, 710-713, 717 f., 722 f., 775, 788, 795, 798, 813
Rudolf Ment von Aarau 535
Rudolf von Brüssel 490
Rudolf von Langen 453, 475, 697, 699 f., 715-719, 721-727, 743, 755 f., 767, 813
Rudolf von Sultz, Gf. 778
Rudolphus Harleschem de Hildessem 494 f.
Rufus s. Mutianus R.
Rumpfer, Rektor der St. Lorenz-Schule in Nürnberg 652
Ruprecht von der Pfalz (Bayern), Erzbischof von Köln 441, 501, 546
Rusch s. Adolf R.
Rutger Attendaer 431
Rutger de Sonsbeck 419, 423, 449
Rutger de Venlo 41-44, 226, 231, 248, 532, 565, 641, 651, 654, 695, 701 f., 729, 735, 789
Rutger Overhach de Tremonia 47 f., 298, 339, 376
Rutger ter Rijt de Gelria 40
Rynoldus Swarcz de Colonia 519

Sachsen 742; Sachsen-Meiningen 533
Sallust 392, 639, 688
Sbrulius s. Ricardus S.
Schanppecher s. Melchior Sch. von Worms
Schedel s. Hartmann Sch.
Scheurl s. Christoph Sch.
Scheve s. Heinrich Sch. von Kloppenburg
Schiderich, Kölner Familie 439, 442
„Schisma" (in der U.) 123, 371
Schlesien 638
Schöfferlin s. Bernhard Sch. von Esslingen; s. Konrad Sch. von Esslingen
Scholaren 540, 598
Scholastik 316, 631 f., 634 f., 715; Sch. und Humanismus 603 f., 736, 767, 810, 812 f.
Schottenius s. Hermannus Sch. al. Ortmann de Hassia
Schottland 284, 346, 406, 412, 415, 417, 500, 809; Schotten 405, 407, 413, 415 f., 418, 422; schottische Studenten 404
Schut s. Engelbert Sch. von Leiden
Schwab s. Bartholomäus Lorenz Sch.; s. Georg Sch.; s. Hans Sch.; s. Lorenz Sch.; s. Margarethe Sch.; s. Markus Sch.; s. Michael Sch. von Augsburg
Schwab, Familie 777 f.
Schwabach 660 f.
Schwaben 772
Schwäbischer Bund 553, 668
Schwartz von Dortmund, Kölner und Dortmunder Familie 251, 254
Schweinfurt 267, 269 ff.
Schweinsheim und Pannarz, Druckerei 589
Scintilla s. Engelhard Funck al. S. von Schwabach
Sebald Porst (Borsch, Puesch) von Nürnberg 586
Sebald Schreyer 650
Sebastian Brant 56, 541, 566, 587, 772 f.
Sebastian Ilsung 769 ff.

Sebastian Liesch von Pforzheim 565
Sebastian Nagel von Hollfeld (Holfelt) 655
Sebastian Sprenz 606
Sebastian von Heusenstamm, Erzbischof von Mainz 600
Sebastianus de Pfortzen 490
Sebastianus Niermoell s. Sebastianus Novimola (N.) de Duisburg
Sebastianus Novimola (Niermoell) de Duisburg 69, 451 f., 463, 804
Seelenlehre 352, 361 f., 379
Selbach s. Tilmann S.
Seneca 341, 392, 522, 566, 639, 677
Sentenzen-Vorlesungen 523, 525, 533
Servatius Fanckel 384, 417, 573, 676
Servatius Göswein von Koblenz 488, 506 f., 519 ff., 536 f., 541, 543 f., 593, 672
Severinus de Moneta s. Severinus Moneta de Colonia
Severinus Moneta de Colonia 36, 94 f., 98, 116, 151, 156, 158, 196, 413, 444, 522, 717
Sibutus s. Georg S.
Siegburg 757
Siegmund, Erzherzog 563
Siena, U. 478
Sigismund Epp 611, 617
Sigismund Fagilucus (Buchwald) von Breslau 606 f., 642, 646
Sigismund Fusilius 679
Simler s. Georg S. von Wimpfen
Simon de Amsterdam (a. Simon Nicolai de A.) 32, 477, 499, 516
Simon Grynaeus 787
Simon Kywaert de Venlo 56, 131
Simon Pistoris 603
Simon Riquinus 795
Simon Stein von Penig (Benick) 613 f.
Simon von Heinsberg 486
Simon von Jülich (Symon de Juliaco) 191, 575, 672
Simon von Xanten 458
Simon Wittonis de Zierikzee 81, 390
Sindelfingen, Propstei 550 f.
Sittard 121
Sixtus IV., P. 543, 550, 760
Sixtus Sultzer de Hochsted 530
Sixtus Tucher 648, 658, 660
Sobbius s. Jacobus S. (Sobbe)
Sodalitäten, Sodalen (sodales) 605, 686 f.,
704, 706, 708, 814; Sodalitas (litteraria) Augustana 606, 775; Sodalitas (litteraria) Celtica 605, 683, 686, 688; Sodalitas (litteraria) Danubiana 569, 605 f., 608; Sodalitas Leucopolitana 606 ff., 619, 686; Sodalitas litteraria Collegii poetarum 569 ff.; Sodalitas litteraria Germaniae 605 f.; Sodalitas litteraria per universam Germaniam 605, 644; Sodalitas (litteraria) Rhenana 507, 605 f., 608; Sodalitas Polychiana 606 f., 619, 686; Sodalitas Staupitziana 583
Sokrates 377
Soter, Druckerei 703
Spalatin s. Georg Sp.
Spangel s. Pallas Sp.
Spanien 285
Speyer 490, 558, 679; B. s. Ludwig von Helmstatt; s. Matthias von Rammung
Sponheim, Kloster 572
St. Andrews, Diözese 417; U. 52 f., 79, 285, 323, 405-410, 412, 415 f.; Artisten 412; Bibliothek 414; Pädagogium 409 ff.; St. Salvator College 409, 411 ff.; Statuten 404
Stanislaus von Znaim 306, 311, 322
Statuten (allg.) 286
Staupitz s. Johannes von Staupitz
Stefan Tolhopf von Kemnat 582
Stein 543
Steinheim, Dominikanerinnen-Kloster 753
Steinheim, Schloß 590
Steinweg s. Henricus St. de Recklinghusen
Stephan Pálec (Palecz) 306, 326
Stephan, Hg. von Bayern 184
Stephanus de Scotia s. Stephanus Scot de Scotia
Stephanus Scot de Scotia 98 f., 100 f., 217 f., 222 f., 230, 416, 420
Stephanus Surigonus 675
Stercker s. Heinrich St. von Mellrichstadt
Stilistik 639
Stöffler s. Johannes St.
Stommel s. Johannes St. (Stummel) de Colonia
Strabo 792 f.

Straelen s. Arnold v. St.; s. Goswin v. St.;
s. Michael v. St.; s. Jacobus de St.
Straelen, Kölner Familie 430
Straßburg 150, 723, 773
Stromer s. Johannes St. von Auerbach;
s. Heinrich St. von Auerbach
Studiengebühren, Studiengelder 245,
264 f., 270, 273
Studienstiftungen, Stipendien 8, 238,
253, 262 ff., 266-271, 273-278, 438,
601, 612, 667, 684, 761 f., 807; Stiftung
Collegistarum 272
Stuttgart, Stiftskirche 554
Styngin Steynkop 261
Suiter s. Hans S.
Suiter, Familie 779
Sulpitius Verulanus 614
Sultz s. Petrus S. de Colonia
Suppositionslehre (suppositio commu-
nis, s. naturalis, s. personalis, s. sim-
plex) 280-284, 287, 307 f., 312, 352,
380, 552
Surgant s. Johann Ulrich S. von Altkirch
Surigonus s. Stephanus S.
Susteren s. Dietrich von S.
Symon de Cassia 587
Symon de Tyssow 349
Symon Wanger von Nürtingen 776

Tannrode 620
Tartaretus s. Petrus T.
Tegeder s. Bernhard T. von Münster
Tegelen s. Henricus T. de Colonia
Tell s. Nicolaus Tell de Tongris
Temptamina 15 f., 122, 154, 224 f., 319
Temptatoren 16 f., 27, 131, 133, 150,
155, 157, 162, 168, 175 ff., 180 f., 185-
188, 213, 224, 236, 354, 408, 477, 554
Ter Laen s. Dietrich ter Laen von Lennep
794
Terenz 392, 586, 639, 726
Terminismus, Terministen (terministae)
289-292, 301, 305, 308, 317, 321 f., 324,
326, 328, 331 f., 334, 369, 371, 405
Terministenbeschluß der Kölner Artisten-
Fakultät 1414/16: 293 ff., 297-302,
316, 321 f., 371, 375, 405
Testamente 29, 67 f., 75, 103, 108, 208,
210, 241, 261 f., 264, 267, 270, 274,
277 f., 383, 391, 398, 403, 418 f., 422 f.,
425 f., 438, 441, 443 f., 448 ff., 454,

457 f., 465, 502, 585, 663, 670, 673, 707,
757, 761, 766, 801
Textbesitz (aristotelischer Schriften) 144,
539 f.; Texterklärung 288, 290, 297,
341; Textstudium 568
Thadeus Schulteti 641
Theobaldus Rasoris de Thann 537
Theodoricus Adriani de Dordraco s.
Theodoricus de D.
Theodoricus Alaertz de Antiqua ecclesia
de Gelria 103, 277 f., 459
Theodoricus Balveren de Bommel 62,
80 f., 84, 86 f., 106, 116, 147, 208, 213,
241, 511, 532
Theodoricus Bartholomei de ts Graven-
zand 492
Theodoricus Berschen de Goch 99
Theodoricus Bindopp de Leydis al. de
Traiecto s. Theodoricus de Leydis
Theodoricus Born de Novimagio (Nim-
wegen) s. Theodoricus de N.
Theodoricus de Bommel s. Theodoricus
Balveren de B.
Theodoricus de Buderick 478
Theodoricus de Busco(ducis) (Herzo-
genbusch) al. de Bardwijck 37-41, 64,
85, 107, 110, 114 ff., 162, 168, 177,
187 f., 195, 200 f., 206, 208, 247, 251,
258, 262 f., 267, 271, 425 f., 430 f., 446,
511, 530 f., 534, 547 f., 560, 563, 569,
575, 578 f., 593, 597 f., 638, 651, 667,
670 ff., 676, 690, 694, 697 f., 707, 772,
776, 787, 789, 808
Theodoricus de Colonia 485
Theodoricus de Delft 294
Theodoricus de Dordraco 84 ff., 88,
90 f., 202, 208 f., 214, 225, 241 ff., 248,
390
Theodoricus de Essendia 487
Theodoricus de Gelria 104, 275, 758
Theodoricus de Goch 89
Theodoricus de Halveren s. Theodoricus
Hake de H.
Theodoricus de Hammone 320
Theodoricus de Lederdam 30
Theodoricus de Leydis 37, 82, 151 ff.,
160, 390, 532
Theodoricus de Novimagio 40, 44, 92,
115, 234, 239, 242, 248, 425, 464, 532 f.,
564 f., 571, 641, 651, 670, 694, 696, 701,
704, 760 f., 766, 803

Theodoricus de Novo Lapide (von Neuenstein) 483
Theodoricus de Nussia s. Theodoricus Flass de N.
Theodoricus de Orsoy 43, 46, 272
Theodoricus de Uffel (Oefelt) 31
Theodoricus de Wesalia 22
Theodoricus Flass de Nussia 54, 57, 78, 139
Theodoricus Hake de Halveren 69, 71 f., 225, 248, 744, 758
Theodoricus Hoevel de Busco 671
Theodoricus Johannis de Harlem 347
Theodoricus Kerkering de Monasterio 25, 47, 157, 324, 326 f., 452
Theodoricus Meinertzhagen de Colonia 429
Theodoricus Nicolai de Campis 458
Theodoricus Pasternach de Moersa 55
Theodoricus Philippi de Arnem 482
Theodoricus Polman de Venrath 484 f.
Theodoricus Scatter de Harlem 41
Theodoricus (Symonis) de Amsterdam 35, 487, 492
Theologie, Theologiestudium, Theologische Fakultät, Theologen (a. magistri nostri) 4, 19, 21, 23, 34, 47 f., 50, 52, 61 ff., 65-72, 74-77, 86, 92 f., 95 f., 98, 100, 116-121, 129, 134 ff., 139 f., 142 f., 149, 153-157, 159 ff., 165, 174, 177, 179 f., 182, 184, 190 f., 196 f., 204-209, 213, 217, 223, 226 ff., 231, 233 f., 237-242, 247 f., 250, 253, 258, 268, 276 f., 283, 285, 296, 298, 301, 310, 314, 324 f., 331, 334 f., 337-345, 350 ff., 354 f., 357, 359, 365 ff., 373, 375 ff., 380 ff., 386, 388, 392, 397 f., 402, 406-410, 412, 414, 416 f., 419-422, 431, 438 f., 442, 444 f., 447, 449 ff., 453 f., 460 ff., 469, 472, 475, 477, 479, 497 f., 504, 506 ff., 510 f., 518, 523 f., 527, 529, 532 ff., 537-540, 542 ff., 549, 552 f., 557, 575 ff., 579, 584 f., 587, 596 f., 601, 603, 607 f., 611 f., 614, 625 f., 628, 631, 634, 646 f., 652, 658, 666, 671, 674-677, 679, 682, 684 f., 692, 708, 714, 719, 721, 725 f., 729, 732, 743 f., 746, 751, 753 ff., 757-762, 765 f., 768 f., 772, 774-778, 780, 782 ff., 787, 790, 796, 798 f., 803, 805, 807 f., 813 f.; Dekanatsbuch (der Kölner Theologen) 304
Thomas Baest de Leodio 33, 443 f.

Thomas Balwich 800
Thomas Baron de Scotia 52 f., 61, 407, 411 ff., 444
Thomas de Courcelles 552
Thomas Fridach de Bruxs 532
Thomas Kajetan 774
Thomas Lech (Leitch) 412, 414
Thomas Lyel de Scotia 63, 65, 108, 232, 417-425, 427, 438, 449, 454, 585, 689, 714, 757-761, 763, 777
Thomas Ramsay 407, 410, 414
Thomas Sonck de Horn 483 f.
Thomas Truchseß 679
Thomas von Aquin (a. Doctor sanctus) 2, 9, 26, 75, 139, 267, 277, 330, 334, 337, 342, 352 f., 356, 359 ff., 363, 365 ff., 373, 381 f., 385-389, 391, 393 f., 402, 408, 426, 470, 497, 507, 515, 520, 534, 538, 542, 544, 566, 568, 583, 586, 599, 603, 608, 610, 616 ff., 625, 628, 646, 657, 676, 683, 686, 689, 700, 720, 731-735, 754, 785, 811
Thomas von Rieneck, Gf. 662 f.
Thomas von Zülpich 452
Thomismus (Via sancti Thome) 4, 47, 75, 81 f., 165, 269, 300, 319, 334, 342, 345, 351, 353 f., 356, 359 ff., 364-367, 369, 371, 373 f., 381, 384-389, 391 f., 394 ff., 400, 402 f., 465, 467 f., 471 f., 474, 482 f., 485, 491, 496, 498, 500, 502, 505-510, 512-516, 519 f., 522, 525, 527-531, 534, 536, 544, 547 f., 551, 553, 555, 562, 568, 573, 575 ff., 580 f., 589, 592, 594-604, 608-612, 614 ff., 618-621, 627, 629, 633 ff., 637, 643 f., 647 f., 651, 655, 658, 666 f., 670, 672, 674 ff., 678, 689 f., 698 f., 706 f., 712, 715, 717, 728, 731 ff., 735, 742 f., 753 f., 758, 765, 767 f., 772, 780, 784, 790, 803, 805, 809 f., 813, 815; Neuthomismus 811
Thorn 524, 641
Thovis zom Kessel van Linz 260
Thukydides 793
Tibull 639, 693
Tileman Conradi von Göttingen (al. Conradus Tiloninus Philymnus Syasticanus) 630-633, 635, 688
Till Eulenspiegel 631
Tilman Joel de Linz 24, 132, 466
Tilman Selbach 581 f., 594, 598 f.

Register 929

Tilmann Brandis von Hildesheim 495, 522, 527
Tilmann Brüggen 423, 427, 438
Tilmann vom Graben (Gravius) (de Fossa) 787-790, 795
Tilmannus Ziberti de Colonia 516 f.
Timan Kemner 695, 697, 699, 705, 717
Tinctoris s. Johannes T. de Tornaco
Tirol 778
Tolhopf s. Johann T. von Kemnat; s. Andreas T. von Kemnat; s. Stefan T. von Kemnat
Tongern s. Arnold Luyde von T.; s. Johannes Luyde von T.
Tongern 257, 276 f.
Topik 520
Tortellius s. Johannes T.
Tournai, Diözese 93
‚Tractatus concordiae‘ (a. ‚Tractatus concordantiae‘) 364, 366, 382, 386-389, 403, 731 f.
Transsubstantionslehre 309
Traunskirchen (Trautskirchen bei Nürnberg?) 269
Trebelius s. Hermann T.
Tricoronatum, Gymnasium 1 f., 7, 27
Tridentinum 456
Trier, Diözese 261; Erzbischof 674; Erzbistum, Kanzler s. Johann Kreidweiß von Esslingen; Offizial s. Heinrich Franck von Koblenz; s. Johannes de Erpel; s. Servatius Göswein von Koblenz
Trier, St. 473, 546; Benediktiner 517; Dom 546; Domherren 494; Domkapitel 545, 593; St. Matthias 477, 546; Haus Zur Taube 547
Trier, U. 82, 106 f., 187, 192, 194, 226, 474, 501, 508, 513, 544-549, 554, 574 f., 610, 813; Erfurter Burse 544; Kölner Burse 544, 547; Statuten 549, 576
Trinitätslehre 309, 327 f., 336
Trithemius s. Johannes T.
Trivium 436
Trutfetter s. Jodocus T.
Tschechen 312
Tübingen, St. Georg 550, 553 f.
Tübingen, U. 113, 513, 543, 548 f., 550 ff., 554-559, 562 f., 565, 567, 596 f., 601, 638 f., 709, 728, 771-774, 780; Bursen 556 f.; Nominalistenburse 772; Realistenburse 557, 561, 563, 566;

Bursen-Visitation 14; Dekanatsbuch der Artisten-Fakultät 553, 557; Kollegiaten 553; Konsilium 555 f.
Türkenkongreß Rom 1490: 668
Türkenkreuzzug 542
Turnus 76, 101, 188 f., 201 ff., 213, 235 f., 243, 671, 737, 761

Udalricus Kridwiss de Esselingen (Neffe des Ulrich Kreidweiß von Esslingen) 431
Ulm 519; Dominikanerkloster 774
Ulrich Köllin 753
Ulrich Kreidweiß von Esslingen (Kridwiss de Eslingia) 5, 37, 106, 161 ff., 169, 177 f., 180, 182 f., 186, 191, 271, 428, 430 f., 436, 511, 539, 544 ff., 548 f., 560, 575, 592 f., 666 ff., 671 f., 674, 676, 678, 689, 707
Ulrich von Hutten 633 f., 692, 815
Ulrich von Straßburg 365, 377, 394
Ulrich Zell (a. Druckerei) 380, 677, 720
Ulsenius s. Dietrich U.
Universalien, Universalienfrage, Universalienlehre, Universalienrealismus 280, 284 f., 290, 304, 306-318, 321-324, 327-330, 332, 334, 336 ff., 342, 347 f., 352 f., 355, 360, 369, 373, 380, 770, 773
Unternehmer, Bursen als Unternehmen, Regenten als Unternehmer 113, 255, 266, 351, 599
Urach 550 f.; Amanduskirche 551
Uranius s. Heinrich U. (Coelicus, Selicus) von Rees
Urban s. Heinrich U.
Urban VI., P. 475
Uriel von Gemmingen, Erzbischof von Mainz 750
Usingen s. Bartholomäus Arnoldi von U.
Utrecht, Diözese 171; St. 65; Hieronymusschule 696

Vadian s. Joachim V.
Valentin Engelhardt von Geldersheim 39-43, 230, 241 f., 252 f., 267-271, 395, 426, 464, 528, 531, 533, 571, 582, 588, 599 f., 605 f., 610, 612 f., 616 f., 633, 639, 641, 662 f., 670, 676, 680, 683-691,

698, 706 f., 734, 748, 760 f., 766 f., 775, 787, 789, 803
Valentinus Pferd de Frankfordis 524
Valla s. Lorenzo V.
Varrentrap s. Albert V.
vates 582, 608, 621, 627 f., 630, 646 f., 686, 692, 724, 734
Vehus s. Hieronymus V.
Verbot der Lehre 323
Vergenhans s. Johannes V.
Vergil 392, 520, 639, 650, 689, 708
Versor s. Johannes V.
Vessler s. Konrad V.
Via antiqua (realistarum) 2 f., 84, 131, 141, 144, 165, 176, 331 f., 345-348, 350 f., 353, 358 f., 368, 371, 377, 393, 406, 411, 414 f., 470, 472 ff., 477, 480, 483-493, 496 f., 499-502, 504, 507, 513, 522, 535-540, 542, 549, 552 f., 554 ff., 562 f., 567 f., 575 f., 578, 580-583, 585, 596, 598, 600, 603, 609, 683, 809, 811 f., 814 f.; Antiqui 290 ff., 295 f., 300 f., 303, 331 f., 339-342, 373, 377, 398, 471, 478, 480, 484, 498, 539 f., 596
Via Gregorii (de Rimini) 615
Via moderna 2, 58, 144, 284 f., 321, 323, 331, 353, 373, 492, 498, 508, 511, 514 f., 535 f., 540, 553, 557, 580, 585, 610, 614 f., 728, 770, 773, 811 ff.; Moderni 295, 341, 352, 369, 373, 386, 393, 495, 514, 568, 581, 600, 683
Viktor von Karben 750, 756
Vinzenz Lang al. Longinus 692
Vinzenz Ravennas 621
Vitruv 590
Vitus Liesch von Pforzheim 565 f.
Vizekanzler (Stellvertreter) 241
Vizekanzler 15 ff., 21, 27 f., 39, 48-51, 57, 65, 70, 84, 88, 95 f., 100, 107, 129 f., 135, 156, 161, 168, 185 f., 208, 213, 240, 241 (Stellvertreter), 354, 373, 378, 409, 413, 421, 461 f., 541, 602, 653, 719, 808
Vlatten s. Johannes von V.
Vöhlin-Welser-Gesellschaft 779
Volmar Lösken 637
Volsius s. Johannes Vulsken (V.) de Lunen
Voppo Nicolai de Harlem 37
Vorlesungen, Lektionen, Lektionswesen 23, 61, 67, 125 f., 128 f., 132-135, 143 ff., 159, 164 ff., 210, 234, 236, 264, 269 f.,
273 f., 390, 397, 503, 509, 540, 565, 594, 611, 615; Vorlesungsgebühren (Hörergeld) 125, 138, 141 f., 271, 273; Vorlesungsbescheinigungen (signeta) 129, 141
Vorn s. Conradus V. de Campis; s. Johannes V. de Campis

Walter Back de Buscoducis 56, 441
Walter Stewart 407
Walther s. Bernhard W.; s. Hieronymus W.
Walther, Familie 779
Wanger s. Johannes W. de Nuertingen (Nurtingen); s. Symon W. von Nürtingen
Warburg 636
Wasservas, Kölner Familie 439
Wasservas s. Gerhard (I) vom W. jun.; s. Gerhard (II) vom W. jun.; s. Gerhard vom W. d.Ä.; s. Godert vom W. d.Ä.
Wasservas, Kölner Familie 446, 460, 759
Wegestreit 2, 288, 330 ff., 476, 479, 494, 514, 659, 810 ff., 815
Weiler, Pforzheimer Familie 559, 565
Weinsberg s. Hermann W.
Weißenburg, Kloster 502
Welder s. Jakob W. von Siegen; s. Johann W.
Welser, Handelsgesellschaft 662, 780, 779
Weltgeistliche 417, 442
Wenck s. Johannes W. von Herrenberg; s. Petrus W.
Wenger s. Johannes W. de Nova Civitate
Wennemar von Horst 697
Wenzel IV., König 312 f., 349
Werner Quattermart 431
Werner s. Adam W. von Themar 582
Wesel s. Arnold Halderen von W.
Wesel 267, 698; Kartäuser 267; Kartause 443
Wessel de Elst al. de Ouchten 38
Wessel Gansfort von Groningen 58 f., 475, 487, 489, 496, 500, 726
Wessel Somerhus 447
Westerborch s. Gerardus W. de Colonia
Westerburg, Kölner Familie 442

Westfriesland 714
Whitelaw s. Archibaldus W. de Scotia
Wien, St. 567; Kaiserhof 801
Wien, U. 12 f., 200, 284, 287, 296, 300, 313 ff., 349, 554, 565, 567-571, 585, 595 ff., 608, 619, 634, 669, 683, 687, 692, 709; Bursen 12 f.; Visitation der Bursen 12; Realistenburse 568; Collegium poetarum et mathematicorum 569 f., 596, 692; Dekan 12 f.; Reform der U. 568; Statuten 11 f., 279; Theologen 315, 328
Wigand Wirt 675
Wigandus Eck de Retsbach al. de Karlstadt 529 f.
Wigerus de Embrica s. Wigerus Hassent de Embrica
Wigerus Hassent de Embrica 33 f., 106, 421, 487 f.
Wijnrich Buydel 432
Wilhelm de Cancro de Colonia 519
Wilhelm Franck 766
Wilhelm Gressenich 444
Wilhelm Lyskirchen 431
Wilhelm Mommersloch von Köln 682
Wilhelm Mütschelin von Rottenburg 553-557
Wilhelm Paludonis 452
Wilhelm Schelken von Brüssel 476
Wilhelm Theodorici 558
Wilhelm von Berentzhem (Berenssem) 261
Wilhelm von Bibra 647, 669
Wilhelm von Geldern, Hg. 673
Wilhelm von Hambroich 440, 450
Wilhelm von Ockham, Ockhamismus 280, 282 ff., 305, 323, 338, 381, 402, 568, 615 f., 732, 773
Wilhelm, Hg. von Jülich-Kleve-Berg 796 f.
Wilhelm, Junggraf von Waldeck 265
Wilhelm, Jungherzog von Jülich-Kleve-Berg 793
Wilhelmus Andree de Scotia 53
Wilhelmus Angeren de Gedano 525, 529 f.
Wilhelmus Baldewini de Brilis 85
Wilhelmus Bell de Scotia 52, 139, 408
Wilhelmus Brunonis de Harlem 43, 103, 236, 705, 784, 804
Wilhelmus de Alcmaria 88
Wilhelmus de Bloc 300

Wilhelmus de Diest 357
Wilhelmus de Dordraco s. Wilhelmus Gisberti de D.
Wilhelmus de Gouda 78
Wilhelmus de Harlem s. Wilhelmus Brunonis de H.
Wilhelmus de Herderen 357
Wilhelmus de Leodio s. Wilhelmus Fonte de L.
Wilhelmus de Mylendonk 344, 346
Wilhelmus de Scotia 58 f., 94
Wilhelmus de Veris 102
Wilhelmus de Zons s. Wilhelmus Rokel de Z.
Wilhelmus Delft 492
Wilhelmus Engelberti de Harlem 37
Wilhelmus Fonte de Leodio 30, 51
Wilhelmus Gisberti de Dordraco 78 ff.
Wilhelmus Goes 485
Wilhelmus Gressenich 445
Wilhelmus Jacobi de Dordraco 492
Wilhelmus Kairmann (Kurneman) de Werdena 493 f., 496
Wilhelmus Lochem 319, 345 f.
Wilhelmus Melynck de Colonia 106
Wilhelmus Nanningi de Amsterdam 98
Wilhelmus Parisiensis 587
Wilhelmus Rokel de Zons 101, 802
Wilhelmus Vollenho de Lingen 56
Wilhelmus Vornken 465 f.
Wilhelmus Wijchem de Colonia 241
Willibald Pirckheimer 583, 586, 593, 597, 606, 619 ff., 638, 644-648, 651, 653-658, 661 f., 664, 679, 692, 748, 753 ff., 766 f., 769, 771, 775, 787
Wimpfeling s. Jakob W.
Wimpfen, St. Peter 478
Wimpina s. Conradus Coci de Wimpina; s. a. Kontroverse Polich-Wimpina
Winand Pfeiffer 729
Winand von Steeg 375
Windesheim (bei Bad Kreuznach) 270
Windesheimer Augustiner-Chorherren 465; Windesheimer Kongregation (Konvent) 467, 543, 551
Windheim (Windsheim) 269; Studenten 270
Witten s. Degenhard W. von Coesfeld
Wittenberg, St. 607, 698; Allerheiligen-Stift 613, 615, 618; Schloßkirche 615
Wittenberg, U. 269, 529, 534, 601 f., 608-611, 613-625, 629-635, 638, 640 ff.,

647, 658, 683, 686, 688 f., 697, 770, 802, 809, 813, 815; Reformatoren der U. 611, 613, 629; Rotulus 609, 611; Statuten 601, 611, 615
Wittich s. Ivo W. von Hammelburg; s. Johannes W. von Hammelburg
Wolfgang Amidobatos 607
Wolfgang Stähelin 601
Wolfhagen 636
Wollick s. Nicolaus W. von Serrouville
Wolter von Dordrecht s. Wolterus Hinrici de Dordraco
Wolter von Bilsen (Blisia) 174 f.
Wolterus Boem de Dordraco 86
Wolterus de Dordraco s. Wolterus Hinrici de D.
Wolterus Hinrici de Dordraco 91, 234, 258 f., 762, 808
Worms 549, 590, 671, 772; B. 375; St. Martin 593
Wunsiedel 113

Württemberg 550; Studenten 555
Würzburg 269, 572, 647, 667, 679, 778; Bischöfe 271; Bistum (Diözese) 269, 534; Neumünster-Stift 678; St. Jakob 572
Wüst s. Michael W. von Bremgarten
Wyck s. Johannes Engelberti de W.
Wyclif, Wyclifisten, Wyclifismus s. John Wyclif
Wyle s. Niklas von W.
Wyltberch s. Judocus W. de Erbach 802

Xanten 298

Zell s. Ulrich Z.
Zinsverbot, Zinskontroverse, Zinsproblematik 658, 768 ff., 773 f., 780 ff.
Zisterzienser 412, 475
Zürich, Studenten 704
Zwolle 277; Fraterherren 274; Schule 62, 274